Yvo Escales

Handicapped-Reisen Deutschland

Impressum

Bildnachweis Titelbilder:

Links oben: Familienferiendorf Hübingen, siehe Seite 492
Rechts oben: Bauernhof Laurenz, siehe Seite 444
Links unten: Kolping-Familienferienstätte Salem, siehe Seite 308
Rechts unten: Yachthotel Chiemsee, siehe Seite 180

Escales, Yvo
Handicapped-Reisen Deutschland: Hotel- und Unterkunftsführer für Rollstuhlfahrer / Behinderte / von Yvo Escales
12. überarbeitete und erweiterte Auflage
Bonn: Verlag FMG Fremdenverkehrs-Marketing GmbH
ISBN 3 - 926191 - 16 - 3

Postfach 1547, D-53005 Bonn, Tel: (0228) 96 36 990, Fax: (0228) 96 36 992
E-Mail: fmg-verlag@t-online.de, Internet: www.fmg-verlag.de

Druck: DCM, Druck Center Meckenheim GmbH
D-53340 Meckenheim
Printed in Germany

Idee, Konzept, Marktuntersuchungen, Satz und Gestaltung:
© Verlag FMG Fremdenverkehrs-Marketing GmbH, Bonn
Postfach 1547, D-53005 Bonn

ISBN 3 - 926191 - 16 - 3

Preis: 38,- DM

Yvo Escales

Handicapped-Reisen Deutschland

Hotel- und Unterkunftsführer

für Rollstuhlfahrer / Behinderte

12. Auflage, 2000

Verlag FMG Fremdenverkehrs-Marketing GmbH
Postfach 1547, D-53005 Bonn
Telefon: (0228) 96 36 990
Fax: (0228) 96 36 992
E-Mail: fmg-verlag@t-online.de
Internet: www.fmg-verlag.de

ISBN 3 - 926191 - 16 - 3

Inhaltsverzeichnis

Seite

Innovint

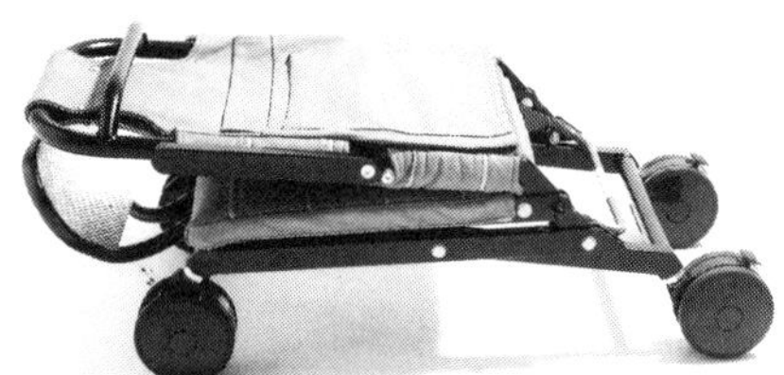

Vorwort zur 12. Auflage

Der Hotel- und Unterkunftsführer "Handicapped-Reisen Deutschland" richtet sich an Rollstuhlfahrer, Gehbehinderte, Körperbehinderte, Geistigbehinderte und andere Behinderte, die eine geeignete Ferienunterkunft oder ein Hotel in Deutschland suchen.

Das vorliegende Verzeichnis enthält über 1.200 Unterkünfte, die entweder rollstuhlgerecht oder behindertenfreundlich sind (Begriffserläuterungen siehe Einleitung, ab Seite 10).

Die Beherbergungsbetriebe werden im Interesse von Rollstuhlfahrern und anderen Behinderten sehr ausführlich beschrieben. Dazu zählen beispielsweise Informationen über Türbreiten, stufenlose Eingänge, rollstuhlgerechte Badezimmer und zusätzliche Hilfsmittel sowie über die Akzeptanz geistig behinderter Gäste.

Seit im Jahr 1984 die erste Ausgabe von "Handicapped-Reisen" erschienen ist, haben sich die Reise- und Unterkunftsbedingungen in Deutschland für Rollstuhlfahrer und andere Behinderte erheblich verbessert. Die Zahl der wirklich rollstuhlgerechten Hotels und Ferienunterkünfte hat seither erheblich zugenommen und die Akzeptanz behinderter Urlaubsgäste (und nicht zu vernachlässigen auch die vielen Geschäftsreisenden, die auf den Rollstuhl angewiesen oder schwer gehbehindert sind) seitens des Beherbergungsgewerbes ist deutlich gestiegen.

Die Buchreihe "Handicapped-Reisen" dürfte hierzu einen erheblichen Beitrag geleistet haben, ist sie doch seit Jahren das Standardwerk, mit welchem sich Behinderte bei der Auswahl eines Hotels oder einer Ferienunterkunft orientieren. Wichtig erscheint hier der Hinweis, daß bei der nun schon seit 16 Jahren dauernden Tätigkeit für "Handicapped-Reisen" die Arbeit nicht nur auf die reine Recherche begrenzt ist, sondern stets auch eine kontinuierliche Aufklärungsarbeit gegenüber der Tourismuswirtschaft geleistet wurde, insbesondere im Beherbergungsbereich, um auf die Belange von behinderten Urlaubern und deren Angehörigen hinzuweisen.

Zahlreiche Beherbergungsbetriebe haben inzwischen ihr Angebot an behindertengerechten Zimmern, Ferienwohnungen und Appartements vergrößert, andere haben neue behindertengerechte Unterkünfte geschaffen.

Auch einige Fremdenverkehrsämter haben die steigende Nachfrage nach behindertengerechten Unterkünften erkannt und regen inzwischen ihrerseits die Beherbergungsbetriebe dazu an, beim Neubau, Aus- und Umbau die Belange behinderter Urlauber zu berücksichtigen.

In der vorliegenden Ausgabe wurden vor allem die Angaben über die rollstuhlgerechten Badezimmer der Unterkünfte präzisiert und die Kriterien, ob die Unterkünfte rollstuhlgerecht oder nur „bedingt rollstuhlgeeignet" sind, strenger ausgelegt. Das bedeutet, daß die von der DIN 18024 und 18025 gesetzten Normen konsequenter als Maßstab angesetzt wurden, ob die Unterkünfte als „rollstuhlgeeignet / rollstuhlgerecht" oder nur als „bedingt rollstuhlgeeignet" bezeichnet werden; letzteres dann, wenn nicht alle Bereiche, vor allem im Badezimmer, mit dem Rollstuhl optimal genutzt werden können. Wichtigstes Kriterium ist hier vor allem der ausreichende Bewegungsfreiraum für Rollstuhlfahrer im Bad und die Unterfahrbarkeit der Dusche mit dem Rollstuhl.

Die Unterkünfte, welche nicht in Anlehnung an die DIN 18024 oder 18025 über rollstuhlgerechte Badezimmer verfügen, werden mit „bedingt geeignet für Rollstuhlfahrer" bewertet.

Hilfreich für Rollstuhlfahrer sind dabei vor allem die Informationen über das Vorhandensein von schwellenlos unterfahrbaren Duschen, stabilen Duschsitzen, Kippspiegeln und Haltegriffen an Dusche, WC und Waschbecken in den Badezimmern der Beherbergungsbetriebe. Darüber hinaus finden Familien und Gruppen mit geistig Behinderten Unterkünfte, in denen sie ausdrücklich willkommen sind.

Auch für die 12. Auflage gilt, daß nur aktuell recherchierte Informationen veröffentlicht werden. Damit weisen alle Angaben ein Höchstmaß an Zuverlässigkeit auf, wie sie in keinem anderen vergleichbaren Nachschlagewerk vorzufinden sind.

"Handicapped-Reisen" gilt in der europäischen Fachliteratur als der umfangreichste und ausführlichste Hotel- und Unterkunftsführer für Behinderte. Die in diesem Buch veröffentlichten Daten wurden in der Zeit von Oktober 1999 bis Januar 2000 erhoben oder aktualisiert.

Weil die Kriterien für die Aufnahme von Unterkünften in dieses Verzeichnis erneut strenger gefaßt wurden, konnten einige Beherbergungsbetriebe nicht mehr aufgenommen werden. Dafür sind neue rollstuhlgeeignete Unterkünfte hinzugekommen.

Nach Abschluß aller Auswertungen und Tests konnten erneut über 1.200 Beherbergungsbetriebe in dieses Verzeichnis aufgenommen werden, darunter zahlreiche neue, erneut auch von Rollstuhlfahrern getestete und empfohlene Unterkünfte. Die Zuverlässigkeit dieses Ratgebers konnte durch zahlreiche Kontrollen der Beherbergungsbetriebe und Testberichte von Betroffenen wieder einmal verbessert werden.

Trotz der sehr sorgfältigen Auswahl und Beschreibung der Beherbergungsbetriebe kann es sicherlich auch einmal Anlaß zu Beschwerden geben, die erfahrungsgemäß vor allem dann auftreten, wenn sich personelle Veränderungen bei den Beherbergungsbetrieben ergeben, so dass Behinderte plötzlich nicht mehr willkommen sind. In diesen Fällen bitten Herausgeber und Verlag die Leser um eine entsprechende Mitteilung, damit solchen Beschwerden nachgegangen werden kann. Auch positive Erfahrungen werden gerne entgegengenommen.

Yvo Escales

Einleitung

Zum besseren Verständnis sind einige Erläuterungen zu diesem Buch unumgänglich. Inhalt, Gliederung, Erhebungsumfang der Informationen und einige Begriffsabgrenzungen sind hier kurz und präzise erläutert, damit sich Rollstuhlfahrer und andere Behinderte mit diesem Verzeichnis besser zurechtfinden.

Inhalt und Gliederung: Der vorliegende Hotel- und Unterkunftsführer enthält Hotels, Pensionen, Bauernhöfe, Ferienwohnungen, Ferienhäuser und Appartements in ganz Deutschland, wobei die 16 Bundesländer in alphabetischer Reihenfolge aufgeführt sind. Innerhalb der Bundesländer sind die jeweiligen Orte ebenfalls in alphabetischer Reihenfolge gegliedert. Leichte Abweichungen von diesem Prinzip erfolgen nur dann, wenn dies aus satztechnischen Gründen unumgänglich ist. Das Ortsverzeichnis im hinteren Teil des Buches erleichtert die gezielte Suche nach Städten und Gemeinden.

Erhebungszeitraum: Die für dieses Verzeichnis erforderlichen Daten wurden zum überwiegenden Teil von Oktober 1999 bis Januar 2000 erhoben bzw. aktualisiert.

Behinderte zunehmend willkommen: Während noch in den 80er Jahren bei vielen Beherbergungsbetrieben eine deutliche Zurückhaltung gegenüber behinderten Gästen zu verzeichnen war, ist seit Beginn der 90er Jahre ein deutlicher Meinungsumschwung festzustellen. Inzwischen bemühen sich deutlich mehr Gastgeber aktiv um die Zielgruppe der Behinderten. So wurden in der Zeit von 1993 bis 1996 bei vielen Neu- und Umbauten von Hotels, Ferienhäusern und Ferienwohnungen die Belange von Rollstuhlfahrern berücksichtigt, indem rollstuhlgerechte Eingänge und Badezimmer gebaut wurden. In den neuen Bundesländern war in dem genannten Zeitraum der Zuwachs an rollstuhlgerechten Unterkünften am deutlichsten ausgefallen. Dieser Trend hat sich in der Zeit von 1996 bis Ende 1999 fortgesetzt: Eine weitere Zunahme rollstuhlgerechter Hotels und Ferienunterkünfte in den neuen Bundesländern, aber auch in Norddeutschland. In Bayern bis 1998 deutliche Zunahmen, seither stagnierend. Das Saarland steht weiterhin an letzter Stelle und bietet kaum behindertengerechte Hotels. In Hessen, Nordrhein-Westfalen und Rheinland-Pfalz stagniert das Angebot, während die übrigen Bundesländer leichte Steigerungen (vor allem Qualitätssteigerungen) zu verzeichnen haben.

Spezielle Hinweise für Rollstuhlfahrer / Behinderte in diesem Verzeichnis: Bei jedem Beherbergungsbetrieb wird darauf hingewiesen, für welche Zielgruppe er geeignet ist, z.B. für Gehbehinderte, Rollstuhlfahrer, Allergiker, Dialysepatienten und andere Behinderte. Hinweise darauf, ob das jeweilige Haus auch für Gruppen geeignet ist, gehen aus dem Text ebenfalls hervor. Außerdem werden Hinweise auf Hilfs- und Pflegedienste (z.B. für Pflegebedürftige, Behinderte und Betagte) gegeben, die entweder von den Beherbergungsbetrieben selbst oder von örtlichen Pflegediensten angeboten werden.

Fast alle in diesem Verzeichnis aufgeführten Beherbergungsbetriebe sind für Rollstuhlfahrer geeignet. Trotzdem kann es bei einigen Hotels und Unterkünften vorkommen, dass einige Einrichtungen, wie z.B. das hauseigene Hallenbad, nicht ohne Hindernisse (Stufen, schmale Türen) erreicht werden können.

Rollstuhlgerechte Unterkünfte: Als „rollstuhlgerecht" gelten die Beherbergungsbetriebe, welche die Kriterien nach der DIN für behindertengerechtes Bauen 18024

bzw. 18025 (Neufassung) vollständig oder in den wesentlichen Punkten erfüllen, mit folgenden Mindestanforderungen: Eingang stufenlos, oder mit Rampe stufenlos erreichbar, Gästezimmer stufenlos erreichbar, Türen mindestens 80 cm breit (wobei in diesem Verzeichnis bei sehr vielen Neu- und Umbauten die Türen über 90 cm breit sind), alle Gänge vom Eingang bis zum Zimmer und Badezimmer mindestens 120 cm breit. Freiraum vor dem Bad/WC 120 x 120 cm. Bewegungsfreiraum oder Freiraum im Bad/WC (d.h. Fläche, die ohne Hindernisse mit dem Rollstuhl genutzt werden kann) von 140 x 140 cm.

Als Hilfsmittel für Rollstuhlfahrer müssen vorhanden sein: Unterfahrbare Dusche, festinstallierter Duschsitz oder stabiler Duschhocker, stabile Haltegriffe an Dusche und WC. Beherbergungsbetriebe, welche die Kriterien erfüllen, werden in diesem Buch mit dem Hinweis **"Geeignet für Rollstuhlfahrer..."** bewertet; der nachfolgende Text präzisiert diesen Hinweis für den jeweiligen Beherbergungsbetrieb.

Ferner werden gemäß der DIN 18024/25 unter anderem folgende Hilfsmittel empfohlen, die jedoch noch nicht alle Einzug in deutsche Beherbergungsbetriebe gehalten haben: Kippspiegel über dem Waschbecken im Bad/WC (inzwischen überwiegend in deutschen Hotels mit behindertengerechten Zimmern anzutreffen), behindertengerechte (erhöhte) Betten (leider noch sehr selten anzutreffen), sowie Kleiderschränke mit Schiebetüren und niedriger Kleiderstange (noch seltener vorhanden). Die Frage nach der Bettenhöhe wurde mit dieser Buchausgabe erneut allen Beherbergungsbetrieben gestellt; das Problem mit zu niedrigen Betten ist ja den Betroffenen hinlänglich bekannt. Die Befragungsergebnisse sind in dieser Buchausgabe schon erheblich besser als in der vergangenen Ausgabe. Zufriedenstellend ist die Situation aber noch nicht. Die meisten Betten sind für Rollstuhlfahrer zu niedrig, aber wenigstens kann nun bei annähernd der Hälfte aller Betriebe die Bettenhöhe genannt werden.

Als "bedingt rollstuhlgeeignet" werden in diesem Verzeichnis solche Beherbergungsbetriebe bezeichnet, die die Kriterien nach der DIN 18024 bzw. 18025 nur teilweise erfüllen, mit folgenden Mindestanforderungen: Eingang stufenlos oder mit Rampe, jedoch maximal eine Stufe vom Eingang bis zum Gästezimmer. Bei mehr als einer Stufe erfolgt der Zusatz ''bedingt geeignet für Rollstuhlfahrer mit Begleitung". Alle Türen mindestens 70 cm breit und Freiraum für Rollstuhlfahrer im Bad/WC von weniger als 120 x 120 cm. Beherbergungsbetriebe, die diese Kriterien erfüllen, werden in diesem Buch mit dem Hinweis "Bedingt geeignet für Rollstuhlfahrer..." bewertet; der nachfolgende Text präzisiert diesen Hinweis für den jeweiligen Beherbergungsbetrieb.

Wenn der Freiraum von 120 x 120 cm im Bad/WC oder die Türbreite von 70 cm unterschritten werden und die Dusche nicht schwellenlos unterfahrbar ist, erfolgt die Bewertung **"Bedingt geeignet für Rollstuhlfahrer mit Begleitung"**. Dies bedeutet, dass Rollstuhlfahrer, die ständig auf ihren Rollstuhl angewiesen sind, möglicherweise ohne Hilfe nicht zurechtkommen.

Als "behindertenfreundlich" gelten die Beherbergungsbetriebe, welche die DIN 18024 bzw. 18025 nicht erfüllen, weil sie nicht oder nur mit erheblichen Einschränkungen für Gehbehinderte und Rollstuhlfahrer geeignet sind, bei denen aber auch andere behinderte Gäste (Körperbehinderte, geistig Behinderte und andere Behinderte) ausdrücklich willkommen sind. Beherbergungsbetriebe, die diese Kriterien erfüllen, werden in diesem Buch beispielsweise mit dem Hinweis "Geeignet für Familien mit geistig Behinderten...", oder "Geeignet für Gruppen mit Behinderten, jedoch nicht für Rollstuhlfahrer..." bewertet; der nachfolgende Text präzisiert diesen Hinweis für den jeweiligen Beherbergungsbetrieb.

Es muß ausdrücklich darauf hingewiesen werden, dass "behindertenfreundliche" Beherbergungsbetriebe nicht automatisch "rollstuhl-" bzw. „behindertengerecht" sind und "rollstuhlgerechte" Beherbergungsbetriebe nicht immer zugleich auch "behindertenfreundlich" sind. Der Begriff "rollstuhl-" bzw. "behindertengerecht" ist objektiv meßbar und beinhaltet in Anlehnung an die DIN 18024 bzw. 18025 vor allem die bauliche Eignung des Gebäudes (Hotel, Pension, Ferienhaus etc.) für Behinderte.

Der Begriff "behindertenfreundlich" ist nicht objektiv meßbar, sondern er beschreibt den menschlichen Aspekt, z.B., ob behinderte Gäste bei den Inhabern bzw. Betreibern und dem Personal von Hotels, Pensionen, Ferienanlagen usw. willkommen sind, und ob sie von der Bevölkerung des Ferienortes akzeptiert werden.

Es gibt Hotels, die barrierefrei gebaut sind und über ein bis zwei rollstuhlgerechte Zimmer und Badezimmer nach DIN 18024 bzw. 18025 verfügen, die jedoch - z.B. nach einem Wechsel in der Geschäftsleitung - plötzlich keine behinderten Gäste mehr aufnehmen wollen. Diese Hotels wurden nicht oder nicht mehr in dieses Verzeichnis aufgenommen.

Reservierung: In vielen Betrieben ist die Zahl der rollstuhlgeeigneten Zimmer begrenzt. Daher muß bei der Zimmerreservierung oder Buchung unbedingt darauf hingewiesen werden, ob ein rollstuhlgeeignetes Zimmer benötigt wird. Reservierungs- und Buchungswünsche müssen direkt an die Beherbergungsbetriebe gerichtet werden.

Preise: Die vorliegende Ausgabe enthält die aktuellen Preise für die Saison 2000. Die meisten Hotels und Ferienunterkünfte haben ihre Preise in den Jahren 1998 und 1999 nicht oder nur geringfügig erhöht.

Da zahlreiche Hotels mit behindertengerechten Zimmern in den Großstädten überwiegend der gehobenen Preiskategorie angehören, sind hier vor allem die moderaten Preise der Ibis-Hotels hervorzuheben. Außerdem wurde, auch wenn in den Großstädten die teuren Hotels oftmals überwiegen, sehr darauf geachtet, auch preiswertere, behindertengerechte Alternativen aufzuzeigen. Dies ist fast immer gelungen. Es ist nicht Aufgabe dieses Nachschlagewerkes, vor allem Stadthotels, die der Luxuskategorie angehören, wegen ihres gehobenen Preisniveaus auszugrenzen; ebensowenig wurden sehr einfache (und damit sehr preiswerte) Unterkünfte ausgegrenzt; entscheidend ist lediglich, ob sie für Behinderte geeignet sind oder nicht.

Preisentwicklung: Auf die drastischen Preiserhöhung der vergangenen Jahre von zahlreichen Familienferienstätten (z.T. von gemeinnützigen Trägern geführt), wurde ja bereits in der 11. Auflage dieses Nachschlagewerkes hingewiesen. Dieser Preisauftrieb ist nun weitgehend gestoppt. Vereinzelt waren jedoch erneut Preiserhöhungen von bis zu 10% zu verzeichnen. Bei vielen Familienferienstätten kann von "besonders preiswerten" Urlaub kaum noch die Rede sein. Sie haben das „marktübliche" Preisniveau bereits erreicht. Dennoch gibt es nach wie vor ausgezeichnete Angebote von gemeinnützigen Trägern, die es sich vor allem zur Aufgabe gemacht haben, für kinderreiche Familien und für große Behindertengruppen geeignete Ferienunterkünfte anzubieten.

Die Ferienbauernhöfe, die in den Jahren 1998/1999 weitestgehend auf Preiserhöhungen verzichtet hatten, blieben erneut weitgehend preisstabil, vereinzelt mit Erhöhungen von im Durchschnitt 5%. Uneinheitlich war die Preisentwicklung bei den privaten und mittelständischen Anbietern von Ferienwohnungen und Ferienhäusern: zum einen Preisstabilität von 1997 bis 2000, zum Teil aber auch Preiserhöhungen von 10 bis 15 %.

Die Jugendherbergen haben von 1998 bis 2000 die Preise nur geringfügig erhöht und befinden sich vor allem für Familien auf einem sehr attraktiven, niedrigen Preisniveau bei gleichzeitiger Komfortsteigerung. Zunehmend werden außer den bekannten Mehrbettzimmern auch Einzel-, Doppel- und Familienzimmer angeboten. Leider kommen ausgerechnet von den einzelnen Jugendherbergen kaum Rückmeldungen für dieses Unterkunftsverzeichnis, obwohl diese bei den Befragungen für dieses Buch selbstverständlich berücksichtigt werden.

Wichtig: Bei den Hotels sind überwiegend die Preise pro Zimmer angegeben. Der Hinweis "Zimmerpreise: EZ 80,- DM, DZ 120,- DM inkl. Frühstück" bedeutet, dass das Einzelzimmer für eine Person inklusive Frühstück 80,- DM kostet, das Doppelzimmer für 2 Personen 120,- DM inklusive Frühstück, also 60,- DM pro Person.

Treff Hotel Limes Thermen — 73431 Aalen

Baden-Württemberg, Schwäbische Ostalb

Osterbucher Platz 1, Tel. (07361) 9440, Fax: 944-550. Hotel mit 147 Zimmern, alle mit Bad/Du/WC, Telefon, Kabel-TV, Radio und Minibar, teilw. Balkon oder Terrasse. Tagungsräume für 40 bis 185 Personen. Parkplatz, Haupteingang, Restaurant und 2 Behindertenzimmer (mit dem Aufzug) stufenlos erreichbar. Innenmaße vom Aufzug: 200 cm Tiefe, 100 cm Breite.

Geeignet für Gehbehinderte (bis 120 Personen) und Familien mit geistig Behinderten. Bedingt geeignet für Rollstuhlfahrer mit Begleitung (2 bis 4 Pers.): zwei Zimmer. Türbreiten der Zimmer 90 cm, der Badezimmer 120 cm. Freiraum in Bad/WC 150 x 150 cm; Schwelle vor Dusche 20 cm; Waschbecken unterfahrbar. Duschhocker und stabile Haltegriffe an Dusche und WC vorhanden.

Lage: Kuranwendungen, Thermalbad (Limes-Thermen) direkt am Haus; Einkaufen, Bahnhof, Arzt, Apotheke, Tennisplatz, Tennishalle 2 km; Krankenhaus 3 km.

Zimmerpreise pro Tag inkl. Frühstücksbuffet: EZ 180,- DM, DZ 230,- DM; 3. Person im Zimmer 60,- DM.

Hotel „Das Goldene Lamm" — 73432 Aalen-Unterkochen

Baden-Württemberg, Schwäbische Ostalb

Kocherstr. 8, Tel. (07361) 9868-0, Fax: (07361) 9868-98. Hotel mit 50 Zimmern und Suiten (alle mit Du/Bad/WC, Telefon, Kabel-TV) und mehreren Tagungsräumen für 24 bis 160 Personen. Parkplatz, Haupteingang (Rampe), Garage und Restaurant (Aufzug) und Zimmer (Aufzug) stufenlos erreichbar. Innenmaße vom Aufzug: 165 x 110 cm.

Geeignet für Gehbehinderte (bis 20 Pers.), Rollstuhlfahrer und Familien mit geistig Behinderten. Ein Zimmer mit Du/WC nach DIN 18024 rollstuhlgerecht: Zimmer- und Badezimmertür 94 cm breit, Freiraum in Du/WC 180 x 130 cm, Freiraum rechts neben WC 90 cm, davor 120 cm. Dusche unterfahrbar, Duschhocker vorhanden, Waschbecken unterfahrbar, stabile Haltegriffe an Dusche und WC vorhanden, verstellbarer Kippspiegel.

Lage: Verkehrsberuhigte Zone, flach, keine Bordsteinkanten. Ortsmitte, Einkaufen 150 m; Arzt 20 m; Apotheke 80 m; Krankenhaus und Bahnhof 4 km; Bus 40 m; Kuranwendungen, Thermalbad 4 km; Tennisplatz und Tennishalle 1 km.

Zimmerpreise pro Tag inkl. Frühstücksbuffet: EZ 89,- bis 148,- DM, DZ 215,- DM; Kinderbett 20,- DM, Zusatzbett 30,- DM, Suite 195,- DM. Preise am Wochenende (Freitag bis Sonntag): EZ 99,- DM, DZ 168,- DM.

Kurzzeitheim Michelbach der Johannes-Anstalten Mosbach — 74858 Aglasterhausen-Michelbach

Baden-Württemberg, Kleiner Odenwald

Tel. (06262) 92380, Fax: (06262) 923833. Das Kurzzeitheim Michelbach ermöglicht in 5 Wohngruppen mit 40 Wohnplätzen und in 1 Appartement mit 4 Betten die Aufnahme von geistig behinderten Menschen aller Altersstufen.

Geeignet für geistig und mehrfach behinderte Menschen, die einen erholsamen Urlaub verbringen möchten, deren Angehörige und Eltern eine Pause von täglich zu leistender Betreuung und Pflege wünschen, oder die sich in einer Notsituation befinden.

In den rollstuhlgerechten Appartements können die Eltern zusammen mit ihrem behinderten Kind Urlaub verbringen.

Preise: Tagessatz für die zeitlich befristete Aufnahme von Behinderten 200,- DM. Urlaubsaufenthalt mit Eltern VP 43,10 DM pro Tag.

Hotel Am Markt — 72458 Albstadt

Baden-Württemberg, Schwäbische Alb

Marktstr. 15, Tel. (07431) 90970, Fax: 909780. Hotel (Fachwerkhaus) direkt am Markt in der Innenstadt. Parkplatz, Eingang und Aufzug (Tiefe 140 cm, Breite 110 cm) stufenlos erreichbar. Restaurant und Zimmer mit dem Aufzug erreichbar. Alle Türen mindestens 80 cm breit.

Geeignet für Gehbehinderte, Familien mit geistig Behinderten; ein Zimmer bedingt geeignet für Rollstuhlfahrer (keine Gruppen). Zimmer- und Badezimmertür 80 cm breit. Freiraum im Badezimmer 160 x 160 cm, Freiraum rechts neben WC 115 cm, davor 160 cm. Keine Dusche sondern Badewanne, keine Haltegriffe, keine besondere Ausstattung für Rollstuhlfahrer. Die übrigen Zimmer haben in den Badezimmern einen Freiraum von circa 94 x 100 cm.

Lage: Im Zentrum; Bahnhof, Einkaufen, Hallenbad 300 m; Bus 200 m; Arzt und Apotheke 50 m.

Zimmerpreise: EZ 75,- bis 98,- DM, DZ 130,- bis 150,- DM.

Appartementhaus Badblick — 79415 Bad Bellingen

Baden-Württemberg, Südlicher Schwarzwald, Markgräflerland

Rheinstr. 4 A, Tel. (07635) 81090, Fax: 81093. Winzerhof mit eigenem Weinanbau; Appartementhaus mit 12 Ferienwohnungen mit gediegen-komfortabler Ausstattung, jeweils mit Terrasse oder Balkon, Dusche oder Bad/WC, Einbauküche, Telefon, SAT-TV. Parkplatz, Eingang, Garten, Schwimmbad und 2 App. im EG stufenlos erreichbar.

Bedingt geeignet für Rollstuhlfahrer. Geeignet für Gehbehinderte und Familien mit geistig Behinderten. Zimmer- und Badezimmertüren 98 cm breit. Freiraum in Bad/WC 100 x 220 cm, Freiraum rechts neben WC 60 cm, davor 100 cm. Schwelle vor Dusche

12 cm. Waschbecken unterfahrbar, Duschsitz und stabile Haltegriffe an Du/WC und Waschbecken vorhanden.

Service: Abholservice vom Bahnhof, morgendlicher Brötchenservice, Getränkeservice.

Lage: Zur Ortsmitte 300 m; Einkaufen, Bahnhof 300 m; Hallenbad, Thermalbad, Arzt und Kuranwendungen 500 m; Spielplatz 600 m; Tennisplatz 800 m; Dialyse 10 km. Umgebung: Ebenerdig mit dem Rollstuhl bis zur Ortsmitte befahrbar.

Preis pro Ferienwohnung je nach Größe, Saison und Belegung 76,- bis 94,- DM pro Tag.

Hotel „Birkenhof" — 79411 Bad Bellingen

Baden-Württemberg, Südlicher Schwarzwald, Markgräflerland

Rheinstr. 76, Tel. (07635) 623, Fax: (07635) 2546. Hotel in idyllischer Lage, 15 komfortable Zimmer mit Du/WC, Balkon, Farb-TV, Safe, Minibar, Durchwahltelefon. Gute Küche, auf Wunsch auch Schonkost, Diät oder Reduktionskost.

Parkplätze am Haus. Eingang stufenlos; Rezeption, Frühstücksraum, Restaurant und Zimmer sind stufenlos erreichbar.

Geeignet für Senioren, Gehbehinderte, Rollstuhlfahrer und Kurgäste, nicht für geistig Behinderte. 1 Zimmer mit Du/WC ist rollstuhlgerecht. Bettenhöhe 55 cm. Türbreite vom Du/WC 100 cm; Raumgröße von Bad/WC ca. 4 qm. Bewegungsfreiraum in Bad/WC 140 x 140 cm, Freiraum links und rechts neben WC 20 bis 30 cm, davor 140 cm. Dusche und Waschbecken unterfahrbar; festinstallierter Duschsitz und stabile Haltegriffe an Dusche und WC vorhanden.

Lage: Zur Ortsmitte 300 m; Sanatorium 300 m; Bhf. und Spielplatz 400 m; Kuranwendungen, Bewegungsbad und Grillplatz 500 m; Freibad 3 km. Umgebung flach bis hügelig.

Preis pro Übernachtung/Person inkl. Frühstück ab 65,- DM, mit Halbpension ab 84,- DM, Vollpension ab 96,- DM. Hunde nur auf Anfrage.

Hotel Wintergarten garni — 79415 Bad Bellingen

Baden-Württemberg, Südlicher Schwarzwald, Markgräflerland

Ebnetstr. 4, Tel. (07635) 823331, Fax: 8114-50. 12 modern und geschmackvoll eingerichtete Zimmer. Eingang stufenlos, Zimmer mit Aufzug erreichbar. Aufzugstür 80 cm breit (Tiefe 150 cm, Breite 110 cm,). Frühstücksraum 2 Stufen.

Geeignet für Rollstuhlfahrer (2 Zimmer) und Familien mit geistig Behinderten (jeweils bis 20 Personen). 2 Zimmer rollstuhlgerecht. Türbreite von Zimmer und Du/WC

94 cm. Freiraum in Du/WC 150 x 150 cm. Freiraum links neben WC 65 cm, davor 160 cm. Dusche unterfahrbar; Kippspiegel, festinstallierter Duschgriff und Haltegriffe an Du/WC vorhanden. Waschbecken unterfahrbar.

Lage: Zur Ortsmitte 500 m; Arzt 50 m; Einkaufen, Apotheke 500 m; Bahnhof, Hallenbad 1 km; Tennisplatz 2 km. Umgebung und Wege flach.
Zimmerpreis pro Tag für EZ 65,- DM, DZ 120,- DM inkl. Frühstück.

Kur- und Ferienhaus „Rheintalblick" — 79415 Bad Bellingen

Baden-Württemberg, Südlicher Schwarzwald, Markgräflerland

Hertingerstr. 10, Tel. (07635) 811811, Fax: 2331. 12 Ferienwohnungen, Parkplatz und Haupteingang stufenlos erreichbar, Garten mit Rampe. Türbreite vom Haupteingang 120 cm.

Geeignet für Rollstuhlfahrer (2 Ferienwohnungen). Zimmertüren 80 cm breit, Badezimmertür 75 cm. Freiraum in Du/WC 120 x 150 cm, Freiraum links neben WC 50 cm bzw. 80 cm, davor 150 cm. Dusche und Waschbecken unterfahrbar; festinstallierter Duschsitz sowie stabile Haltegriffe an Dusche und WC vorhanden.

Lage: Zur Ortsmitte 400 m; Bahnhof 300 m; Einkaufen 500 m; Tennisplatz, Hallenbad, Kuranwendungen, Arzt und Apotheke 1 km. Umgebung flach bis hügelig. Gartenlandschaft mit Fernsicht.
Preis pro Tag je nach Saison 85,- bis 114,- DM.

Kurklinik Waldeck GmbH & Co. — 78073 Bad Dürrheim

Baden-Württemberg, Schwarzwald

Waldstr. 18, Telefon: (07726) 663119, Telefax: (07726) 8001. Internet: www.klinik-waldeck.com. Die Kurklinik mit 140 Zimmern (210 Betten) ist eine **Vorsorge- und Reha-Einrichtung** und **beihilfefähig.** Die medizinische Betreuung erfolgt durch Fachärzte. Schwestern und geschultes Personal im Haus. Aufzug, Zimmer, Speise-, Aufenthalts- und Therapieräume sind rollstuhlgeeignet.

Alle modern eingerichteten Zimmer haben Bad oder Du/WC, Durchwahltelefon, Radio und Kabel-TV, überwiegend mit Balkon. Ein Restaurant, ein Nichtraucher-Restaurant, auf Wunsch vegetarische Kost und alle Diätformen.

Geeignet für Kurgäste, Rollstuhlfahrer, Gehbehinderte, Familien mit Behinderten.
Indikationen: Asthma, Bronchitis, Nebenhöhlen, Zustände nach Lungenoperationen, Herz- und Gefäßerkrankungen, Kreislauf, Bewegungs- und Stützapparat, Stoff-

wechselerkrankungen, Erschöpfungszustände.
Behandlungen: Alle Massagen, med. Bäder, Stangerbad, Solebewegungsbäder, Kneippanwendungen, Krankengymnastik, Fango, Bewegungstherapie, usw.

Preise, Informationen über Kurmittelpreise und Hausprospekt auf Anfrage.

Senioren-Kur-Hotel "Haus Burkhardt" — 97980 Bad Mergentheim

Baden-Württemberg, Taubertal

Denni-Hoffmann-Str. 3, Tel. (07931) 5497-0, Fax: 5497-77. Kurhotel mit 41 Zimmern, ebenerdiger Zugang, alle Zimmer und Räumlichkeiten (außer Hallenbad) per Lift erreichbar. Türbreite vom Aufzug 82 cm (Tiefe 220 x 120 cm).

Geeignet für Senioren, Gehbehinderte und Rollstuhlfahrer: 1 Einzelzimmer mit großem Bad. Türbreite vom Zimmer 92 cm, von Du/WC 120 cm (Schiebetür). Bettenhöhe 57 cm. Freiraum in Du/WC 190 x 200 cm; Freiraum rechts neben WC 120 cm, davor 150 cm. Waschbecken und Dusche schwellenlos unterfahrbar. Kippspiegel, Notruf, festinstallierter Duschsitz sowie stabile Haltegriffe an Dusche, WC und Waschbecken vorhanden. **Lage:** Zur Ortsmitte 200 m; Arzt 50 m; Apotheke 100 m; Krankenhaus und Dialyse 1,2 km. Wege zum Kurpark und zur Stadt sind eben, keine Steigungen.
Zimmerpreise: EZ ab 85,- DM, DZ ab 160,- DM inkl. Frühstück.

Gästehaus Ricker — 88427 Bad Schussenried

Baden-Württemberg, Oberschwaben

Fichtenweg 2, Tel. (07583) 1270, Fax: 91355. 4 Appartements bzw. Ferienwohnungen; 2 Appartements für 3 Personen, stufenlos erreichbarer Parkplatz am Haus. Eingang, Terrasse und Garten stufenlos erreichbar.

Geeignet für Rollstuhlfahrer (2 Appartements). Zimmer stufenlos erreichbar. Türbreiten der Zimmer 90 cm, von Du/WC 81 cm. Raumgröße von Du/WC 4 qm, Bewegungsfreiraum 120 x 140 cm, Dusche und Waschbecken unterfahrbar, Duschsitz vorhanden.

Lage: Zum Zentrum 1 km, Bahnhof, Arzt, Angeln 3 km; Bus 300 m; Einkaufen, Apotheke, Sanatorium, Kuranwendungen, Bewegungsbad, Tennisplatz, Tennishalle und Freibad 2 km; Thermalbad 7 km; Wandern ab Haus. Wege überwiegend befestigt, zum Wandern und Grillplatz Kiesweg, Umgebung flach. Das Haus hat eine schöne Liegewiese und liegt sehr ruhig in der Nähe eines Waldes.

Grundpreis pro Appartement je nach Saison pro Tag 45,- bis 70,- DM bei Belegung mit 1 Person, jede weitere Person zuzüglich 10,- DM pro Tag, inklusive TV-Benutzung; ISDN-Telefon vorhanden. Haustiere willkommen.

Schmid's Bio-Hof — 88339 Bad Waldsee

Baden-Württemberg, Oberschwaben

Wolpertsheim 6, Tel. (07524) 8159, Fax: (07524) 8182. Biologisch-dynamisch bewirtschafteter Bauernhof mit 3 Ferienwohnungen. Überdachter Autoabstellplatz und Eingang stufenlos erreichbar. Türbreite von Eingang, Garten, Terrasse 100 cm; vom Zimmer und vom Badezimmer 95 cm.

Geeignet für Rollstuhlfahrer: 1 Ferienwohnung (80 qm) mit 2 Doppelschlafzimmern. Badezimmer mit schwellenlos unterfahrbarer Dusche, Badewanne mit 2 Haltegriffen. Freiraum im Bad 120 x 120 cm, Freiraum rechts neben WC 140 cm, davor 100 cm.

Lage: Zur Ortsmitte 3 km; Einkaufen 1,5 km; Bahnhof 3,5 km; Krankenhaus 3 km; Arzt, Apotheke, Kuranwendungen, Hallenbad, Thermalbad, Tennishalle 2 km; Tennisplatz 3 km; Spielplatz 1 km, Badesee 2,5 km.

Preise: Ferienwohnung für Rollstuhlfahrer in der Nebensaison 80,- DM, in der Hauptsaison 99,- DM pro Tag.

Ferienanlage Kleinenzhof — 75323 Bad Wildbad

Baden-Württemberg, nördlicher Schwarzwald

Kleinenzhof 1, Tel. (07081) 3435, Fax: 3770. Insgesamt 17 Ferienwohnungen, davon 4 Ferienwohnungen und 1 App. rollstuhlgeeignet. Duschen schwellenlos unterfahrbar. Duschhocker und stabile Haltegriffe an Du/WC. Eigenes Hallen- und Außenschwimmbecken. **Lage:** 4 km von der Ortsmitte entfernt, Umgebung hügelig. **Preise** auf Anfrage.

Ferienappartements Senioren-Dienste Bad Wimpfen — 74206 Bad Wimpfen

Baden-Württemberg, Neckartal, Odenwald

Steinweg 33, Tel. (07063) 9900, Fax: (07063) 6176. Hauptverwaltung: Birkenfeldstr. 11, 72206 Bad Wimpfen, http://www.seniorenanlage-badwimpfen.de. Ein attraktives Angebot für Senioren und behinderte Gäste, die in der alten Staufferstadt Urlaub machen wollen: **betreute Ferienwohnungen** in bester Lage mit behindertengerechter Ausstattung. Auf Wunsch Teilnahme an einem umfangreichen Pflege- und Betreuungsprogramm. Parkplatz, Eingang, Frühstücksraum, Restaurant, Gar-ten und Zimmer stufenlos bzw. mit dem Aufzug (Tiefe 155 cm, Breite 105 cm) stufenlos erreichbar. Türbreite vom Aufzug 88 cm.

Geeignet für Senioren, Rollstuhlfahrer (bis 4 Pers.) und Familien mit geistig Behinderten (4 Pers.). Eine 2-Zimmer-Ferienwohnung (56 qm) mit Südbalkon, Schlafzimmer, Wohnzimmer mit Essecke, Küche und Bad/WC ist rollstuhlgeeignet. Türbreite von Zimmer und Du/WC 95 cm. Notrufanlage und Duschhocker vorhanden, Waschbecken unterfahrbar; Duschschwelle 20 cm. spezielle Haltegriffe an Dusche, WC und Waschbecken vorhanden.

Pflege: Eigener ambulanter Pflegedienst mit Versorgungsvertrag nach SGB V und SGB XI vorhanden. Pflegeleistungen können mit den gesetzlichen Pflegekassen abgerechnet werden. Auf Wunsch auch hauswirtschaftliche Betreuung (Wohnungsreinigung, Wäscheversorgung, Essen, technische Hilfeleistungen).

Lage: Schöne Südhanglage, nur wenige Gehminuten zum mittelalterlichen Stadtkern. Zur Ortsmitte 400 m; Einkaufen, Arzt, Apotheke 300 m; Bahnhof 700 m; Hallenbad 800 m; Freibad 2 km; Tennisplatz 1 km; Tennishalle 3 km; Krankenhaus und Dialyse 8 km.
Preis pro Tag 90,- DM.

Hotel „Am Kurpark" garni — 74206 Bad Wimpfen

Baden-Württemberg, Neckar

Kirschenweg 16, Tel. (07063) 9777-0, Fax: 9777-21, Internet: http://www.indica.de/ kurpark.htm, E-Mail: amkurpark@aol.com. Das Hotel liegt direkt am Kurpark. Die nähere Umgebung des Hauses ist flach (Kuranlagen), die Altstadt ist flach bis hügelig/steil. Das Hotel "Am Kurpark" garni ist geeignet für Senioren, Gehbehinderte, Kurgäste, Behinderte und Körperbehinderte, nicht jedoch für Rollstuhlfahrer (Stufen zum Frühstücksraum) oder geistig Behinderte. Das Frühstück kann bei Bedarf auf das Zimmer gebracht werden. Das Hotel bietet aufmerksames Personal, jedoch kein Pflegepersonal für Pflegebedürftige.

Lage: Bad Wimpfen (190 bis 230 m ü.d.M.) liegt auf einer Anhöhe direkt am Neckar und ist für folgende Anwendungen bekannt: Erkrankungen des Stütz- und Bewegungsapparates, rheumatische Beschwerden sowie Erkrankungen der Atemwege. Bekannt ist die Behandlung von Psoriasis (Hautkrankheit).

Preise: Personen mit Behindertenausweis ab 50% sowie ihre Begleiter können im Hotel „Am Kurpark" garni einen sehr preiswerten Kur- und Erholungsurlaub verbringen. Mindestbuchungsdauer 3 Tage. Die Übernachtung in Komfortzimmern (Bad/Du/WC, Radio, Telefon, TV) inkl. reichhaltigem Frühstücksbuffet und allen angebotenen Nebenleistungen (Normalpreis 97,50 DM) kostet für Behinderte lediglich 35,- DM pro Tag, für eine im Behindertenausweis eingetragene Begleitperson ebenfalls nur 35,- DM pro Tag. Eine Begleitperson ohne Ausweis zahlt 70,- DM pro Tag bei Unterbringung im Doppelzimmer. **Normalpreise** inkl. Frühstücksbuffet: EZ 85,- bis 130,- DM; DZ mit Du/Bad/WC, pro Person 75,- bis 95,- DM, Zusatzbett 55,- DM. Parkplätze direkt am Haus, kostenloser Bustransfer und Gepäckservice zum Bahnhof.

Pflegehotel Schloß Bad Wurzach — 88410 Bad Wurzach

Baden-Württemberg, Allgäu

Marktstr. 9/1, Tel. (07564) 9346-0; Fax: 9346-11. In diesem Pflegehotel können Pflegende und Pflegebedürftige - und das ist ein völlig neuartiges Konzept - miteinander Urlaub machen. Dabei können aber auch Pflegebedürftige alleine ihren Urlaub hier

verbringen. Insgesamt bietet das stilvoll eingerichtete Schloßhotel 22 Appartements. Träger des Pflegehotels ist die Salvator gGmbH, eine gemeinnützige Gesellschaft der Süddeutschen Provinz der Salvatorianer und der Stiftung Liebenau.
Geeignet für Rollstuhlfahrer, Pflegebedürftige, Senioren. 5 Appartements mit Du/WC rollstuhlgeeignet. Türbreite der Zimmer 77 cm, von Du/WC 81 cm. Freiräume in Du/WC ca. 165 x 215 cm. Duschen schwellenlos unterfahrbar.

Lage: Das Schloß liegt im Zentrum von Bad Wurzach, die Wege sind flach; Kurpark in unmittelbarer Nähe.
Preis pro Person inklusive Frühstück ab 85,- DM. Zuschlag für HP 25,- DM, für VP 40,- DM.

Hotel-Gasthof Lang — 72336 Balingen

Baden-Württemberg, Schwäbische Alb

Wilhelm-Kraut-Str. 1, Tel. (07433) 99397-0, Fax: 9939729. 15 Zimmer, Eingang stufenlos, Zimmer mit dem Aufzug stufenlos erreichbar. Türbreite vom Aufzug 100 cm (Tiefe 180 cm, Breite 130 cm).
Geeignet für Rollstuhlfahrer: 1 Zimmer rollstuhlgerecht, weitere 3 Zimmer bedingt rollstuhlgeeignet. Bettenhöhe 50 cm. Türbreite von Zimmer und Du/WC 100 cm. Bad nach DIN 18024 rollstuhlgerecht. Bewegungsfreiraum 150 x 150 cm; Freiraum links neben WC 100 cm, rechts und davor 150 cm. Waschbecken und Dusche unterfahrbar. Notruf, Kippspiegel und Haltegriffe an Dusche und WC.
Lage: Citylage; zur Ortsmitte 100 m; Einkaufen 50 m; Arzt 20 m; Apotheke 150 m; Krankenhaus 600 m; Dialyse 2 km.
Preise: EZ 98,- DM; DZ 160,- DM.

Schwarzwaldgasthof Hotel Schwanen — 79872 Bernau-Oberlehen

Baden-Württemberg, Südlicher Schwarzwald

Todtmooser Str. 17, Tel. (07675) 348, Fax: 1758. Hotel mit 40 Betten, stufenlos erreichbare Parkplätze am Haus. Seit Generationen im Familienbesitz. Freundlich geführtes Haus mit gemütlich eingerichteten Gaststuben und Gästezimmern mit Dusche oder Du/WC, Balkon sowie Telefon- und TV. Eingang, Rezeption, Restaurant, Frühstücksraum, Aufenthaltsraum, Terrasse, Garten und Zimmer im Erdgeschoß stufenlos erreichbar. Alle Türen im Haus mindestens 70 cm breit.

Geeignet für Gehbehinderte, bedingt geeignet für Rollstuhlfahrer (zählen regelmäßig zu den Gästen). Raumgrößen der Badezimmer zwischen 3,6 und 7 qm. Bewegungsfreiraum in Du/WC für Rollstuhlfahrer ca. 120 x 120 cm, Freiraum vor dem WC 100 cm. Dusche nicht schwellenlos unterfahrbar; Duschbecken 35 cm hoch. Stabile Haltegriffe an Dusche, WC und Waschbecken vorhanden; Duschhocker ebenfalls vorhanden. Bettenhöhe 50 cm; höhenverstellbare Betten bis 70 cm hoch.

Lage: Ortsmitte und Kurpark 1,5 km; Einkaufen, Moorbäder, Bewegungs- und Warmwasserbäder, Arzt, Apotheke, Hallenbad, Massage, Fango 2 km; Minigolf 5 km; Freibad 6 km; Sanatorium 8 km; Bus 200 m, Bhf. 20 km. Umgebung überwiegend hügelig, Wege befestigt.

Preise: Übernachtung inkl. Frühstücksbuffet pro Person 50,- bis 65,- DM, EZ-Zuschlag 10,- DM, Zuschlag für Halbpension 25,- DM, für Vollpension 40,- DM. Abholung vom Bahnhof Seebrugg kostenlos auf Wunsch möglich.

Ferienbauernhof Familie Treß — 72525 Bichishausen

Baden-Württemberg, Schwäbische Alb, Lautertal

Steighöfe 9, Tel. (07383) 504. Bauernhof mit biologischer Bewirtschaftung, schöne ruhige Lage, insgesamt 4 Ferienwohnungen für jeweils 2 bis 8 Personen.

Geeignet für Gehbehinderte (2 Wohnungen) und andere Behinderte, bedingt geeignet für Rollstuhlfahrer (1 Ferienwohnung im EG für 5 Personen). Ebenerdiger Terrasseneingang mit Türbreite von 110 cm. Türbreiten der Wohnung und vom Bad/WC 95 cm. Raumgröße vom Bad 330 x 240 cm, vom separaten WC 240 x 140 cm. Freiraum im Bad 160 x 160 cm. Dusche nicht unterfahrbar, Schwelle 25 cm. Abstand links neben WC 180 cm, davor 95 cm.

Lage: Flache Hochebene, Abgang zum Tal in etwa 100 m Entfernung, Wanderungen ab Haus möglich. Der Hof liegt etwas abseits von Dorf und Straße; Grillplatz und Spielplatz hinterm Haus.

Preis für die rollstuhlgeeignete Ferienwohnung pro Tag 75,- DM inkl. Strom und Wasser, Endreinigung 60,- DM. 20 % Nachlaß in der Nebensaison.

Parkhotel Meyle — 74321 Bietigheim

Baden-Württemberg

Freiberger Str. 71, Tel. (07142) 51077, Fax: (07142) 54099. Hotel mit 59 Zimmern, vom Parkplatz zum Eingang 1 Stufe; Haupteingang, Frühstücksraum, Restaurant, Garten, Aufzug und Zimmer (mit dem Aufzug) stufenlos erreichbar. Alle Türen im Haus mindestens 76 cm breit.

Geeignet für Gehbehinderte und Familien mit geistig Behinderten (Gruppen bis 50 Personen); fünf Zimmer mit Du/WC sind bedingt für Rollstuhlfahrer geeignet. Türbreiten der Zimmer 82 cm, der Badezimmer 76 cm. Die Badezimmer haben Badewanne und/oder Dusche; Freiraum 106 x 106 cm; Duschsitz nicht vorhanden.

Lage: Ruhige Lage direkt am Waldrand; Ortsmitte, Freibad, Hallenbad 1,5 km; Einkaufen, Arzt, Apotheke 400 m; Spielplatz 300 m; Bus, Bahnhof, Krankenhaus 1 km.

Zimmerpreise inkl. Frühstück: EZ 100,- bis 118,- DM; DZ 158,- DM.

Öko-Ferienhof A. Retzbach — 74572 Blaufelden

Baden-Württemberg, Hohenlohe-Franken

Naicha 7, Tel. (07953) 542. 3 Ferienwohnungen (87 bis 148 qm), auch Heuhotel vorhanden. Tiere auf dem Hof Kühe, Rinder, Kälber, Schweine, Schafe, Kleintiere. Parkplatz, Eingang und ein Ferienhaus stufenlos erreichbar.

Geeignet für Rollstuhlfahrer (4 Personen) und für Geistig- und Körperbehinderte

Gruppen bis 25 Personen). 1 Ferienhaus rollstuhlgerecht: Türbreiten 94 cm, Du/WC 94 cm. Bewegungsfreiraum in Du/WC 200 x 300 cm; Freiraum links neben WC 200 cm, davor 140 cm. Dusche schwellenlos unterfahrbar.

Lage: Ortsmitte 100 m; Einkaufen 50 m; Arzt, Apotheke, Krankenhaus 7 km; Freibad 2 km; Hallenbad 7 km. Umgebung flach. Anreise: BAB Heilbronn-Nürnberg, Abf. Kirchberg.

Preise: Ferienwohnung für bis 6 Personen 120,- DM pro Tag; jede weitere Person zzgl. 20,- DM pro Tag.

Kapuzinergarten — 79206 Breisach am Rhein

Baden-Württemberg, Südlicher Schwarzwald

Kapuzinergasse 26, Tel. (07667) 93000, Fax: 930093. Am Hang des historischen Breisacher Berges gelegenes Hotel mit einmaligem Panoramablick auf die berühmtesten Weinlagen des Kaiserstuhls.

43 Zimmer; vom schlichten Klosterzimmer bis hin zur Luxus-Maisonette. Eingang stufenlos; alle Zimmer, das Restaurant und die Panorama-Terrassen sind stufenlos mit dem Aufzug erreichbar. Türbreite vom Aufzug 80 cm, Tiefe 140 cm, Breite 110 cm.

Geeignet für Rollstuhlfahrer: 28 Zimmer mit Du/WC rollstuhlgeeignet, teils bedingt rollstuhlgeeignet (Zimmer und Du/WC jeweils unterschiedlich groß). Bettenhöhe 55 cm. Türbreite der Zimmer 80 cm, von Du/WC 75 cm. Bewegungsfreiraum in Du/WC ca. 150 x 135 cm; Freiraum rechts neben WC 120 cm, links 40 cm, davor 120 cm. Teilweise schwellenlos unterfahrbare Dusche, WC-Erhöhung, stabile Haltegriffe an Du/WC und Waschbecken, festinstallierter Duschsitz.

Lage: In der Altstadt am Osthang des Breisacher Berges; Straße mit Kopfsteinpflaster; eigener PKW empfehlenswert. Zur Ortsmitte 800 m; Einkaufen, Arzt, Apotheke, Krankenhaus und Bahnhof 1 km.

Zimmerpreise: EZ ab 85,- DM, DZ ab 115,- DM inkl. Frühstück. Wochenangebote pro Person ab 51,- DM inkl. Frühstück. Das beste rollstuhlgerechte Doppelzimmer kostet 155,- DM für 2 Personen. Empfehlenswertes Haus: freundliche Leitung, einzigartiger Panaromablick von der Restaurantterrasse, sehr gute Badische/Französische Küche.

Gästehaus Thoma — 79206 Breisach

Baden-Württemberg, Schwarzwald, Breisgau

Richard-Müller-Str. 11a, Tel. (07662) 494, Fax: (07662) 947330. Gästehaus in ruhiger und zentraler Lage. 2 Ferienwohnungen für 2-8 Personen (100/130 qm), großes Wohnzimmer, Balkon bzw. Erdterrasse, TV und Münztelefon. Parkplätze und Garage im Hof. Parkplatz, Eingang und Garten stufenlos erreichbar.

Geeignet für Rollstuhlfahrer und Familien mit geistig Behinderten (für 4-6 Personen): 1 Ferienwohnung ist nach DIN 18025 rollstuhlgerecht. Türbreite von Zimmer und Du/WC 100 cm. Dusche und Waschbecken schwellenlos unterfahrbar. Verstellbarer Kippspiegel, Türöffner und Duschhocker vorhanden. Pflegedienst kann von Besitzer(in) des Hauses selbst angeboten werden; haben selbst einen behinderten Sohn in der Familie.

Lage: Zur Ortsmitte sind es 50 m; Einkaufen, Apotheke 200 m; Arzt 20 m; Spielplatz 300 m; Tennisplatz 1 km; Freibad 1 km; Bahnhof 500 m; Krankenhaus 200 m; Dialyse 50 m. Umgebung flach.

Preis für eine Ferienwohnung pro Tag bei Belegung mit 2 Personen 75,- DM; jede weitere Person 10,- DM. Haustier 5,- DM/Tag. Mindestaufenthaltsdauer 7 Tage.

Roswitha Fritz — 79206 Breisach-Gundlingen

Baden-Württemberg, Breisgau-Hochschwarzwald

Breisacherstr. 23, Tel. (07668) 395, Fax: 1072. Ferienwohnungen, eine speziell **für Rollstuhlfahrer geeignet.** Eingang stufenlos, Breite der Zimmertüren und von Du/WC 80 cm. Bettenhöhe 55 cm. Badezimmer nach DIN 18024 rollstuhlgerecht. Bewegungsfreiraum 200 x 120 cm; Freiraum rechts neben WC 120 cm, davor 120 cm. Waschbecken und Dusche mit Rollstuhl schwellenlos unterfahrbar mit festinstalliertem Duschsitz. Kippspiegel und stabile Haltegriffe an Dusche, WC und Waschbecken vorhanden.

Lage: Das Haus liegt am Ortsrand, die Gegend ist flach. Zur Ortsmitte 800 m; Einkaufen 800 m; Bahnhof, Arzt, Apotheke, und Freibad 3 km; Spielplatz 700 m; Tennisplatz und Tennishalle 3 km; Krankenhaus 5 km; **Dialyse** 20 km.

Preis für 2 Personen 65,- DM, jede weitere Person zzgl. 10,- DM pro Tag.

Hotel-Restaurant „Ritter" — 76646 Bruchsal-Büchenau

Baden-Württemberg, Nordschwarzwald

Au in den Buchen 73, Tel. (07257) 880, Fax: (07257) 88111. Hotel mit 103 Zimmern, Eingang, Frühstücksraum, Restaurant, Garten stufenlos erreichbar.
Geeignet für Rollstuhlfahrer (1 Zimmer im EG). Türbreite von Zimmer und Du/WC 70 cm. Bewegungsfreiraum in Du/WC 200 x 200 cm. Dusche unterfahrbar; Festinstallierter Duschsitz und Kippspiegel über dem Waschbecken vorhanden. Bettenhöhe 45 cm.
Lage: Zur Ortsmitte 1 km; Arzt 2 km; Apotheke 5 km; Krankenhaus 6 km. Umgebung flach.
Zimmerpreise: EZ 112,- bis 130,- DM, DZ 150,- bis 190,- DM.

Holzhaus „Rosi" — 97993 Creglingen

Baden-Württemberg, Taubertal, Romantische Straße

Archshofen 197, Tel. (07933) 336, Fax: 1326. Ferienhaus für 6 Personen. Parkplatz und Eingang stufenlos.

Geeignet für Rollstuhlfahrer und Familien mit geistig Behinderten. Bettenhöhe 45 cm. Türbreite der Zimmer und von Du/WC 90 cm. Bewegungsfreiraum in Du/WC 140 x 140 cm. Freiraum links neben WC 140 cm, rechts 40 cm, davor 140 cm. Waschbecken und Dusche schwellenlos unterfahrbar. Duschhocker vorhanden, jedoch keine Haltegriffe. Pflegedienst kann über die Sozialstation in Creglingen bestellt werden: Tel. 07933-7010.

Lage: Umgebung leicht hügelig; direkt am Radweg "liebliches Taubertal"; Tiere und Bauernhof am Haus. Zur Ortsmitte 500 m; Einkaufen, Arzt, Apotheke und Krankenhaus 4 km; Freibad und Hallenbad 8 km,

Preis pro Tag bis 6 Personen 140,- DM, jede weitere Person zzgl. 10,- DM.

Holzhaus „Margit" — 97993 Creglingen

Baden-Württemberg, Taubertal, Romantische Straße

Archshofen 196, Tel. (07933) 83370 Fax: 82064. Ferienhaus für 6-8 Personen. Parkplatz und Eingang stufenlos.

Geeignet für Rollstuhlfahrer und Familien mit geistig Behinderten. Bettenhöhe 45 cm. Türbreite der Zimmer und von Du/WC 90 cm. Bewegungsfreiraum in Du/WC 140 x 140 cm. Freiraum links neben WC 140 cm, rechts 40 cm, davor 140 cm. Waschbecken und Dusche schwellenlos unterfahrbar. Duschhocker vorhanden, jedoch keine Haltegriffe. Pflegedienst über die Sozialstation: Tel. 07933-7010.

Lage: Umgebung leicht hügelig; direkt am Radweg "liebliches Taubertal"; Tiere und Bauernhof am Haus. Zur Ortsmitte 500 m; Einkaufen, Arzt, Apotheke und Krankenhaus 4 km; Freibad und Hallenbad 8 km,

Preis pro Tag bis 6 Personen 140,- DM, jede weitere Person zzgl. 10,- DM.

Jugendherberge Creglingen 97993 Creglingen

Baden-Württemberg, Taubertal, Romantische Straße

Erdbacherstr. 30, Tel. (07933) 336, Fax: 1326. Parkplatz und Eingang mit Rampe stufenlos erreichbar; Frühstücksraum, Speiseraum und 12 Zimmer im Erdgeschoß stufenlos erreichbar.

Geeignet für Rollstuhlfahrer bis 16 Personen. 8 Zweibett-Zimmer im Erdgeschoß für Rollstuhlfahrer geeignet; ein Badezimmer auf der Etage (Erdgeschoß) rollstuhlgerecht mit unterfahrbarer Dusche, festinstalliertem Duschsitz und Kippspiegel über dem Waschbecken; Bewegungsfreiraum 130 x 130 cm. Türbreite der Zimmer und des Badezimmers 100 cm. Bettenhöhe 43,5 cm.

Lage: Am Ortsrand; Einkaufen, Apotheke und Krankenhaus 1 km; Bus 500 m; Arzt 700 m; Tennisplatz 2 km; Hallenbad und Freibad 4 km; Badesee 4,5 km. Hügelige Landschaft; Wanderwege für Rollstuhlfahrer und Radfahrer. Wanderkarte für Rollstuhlfahrer bei der Jugendherberge erhältlich.

Service: Abholservice; Programmgestaltung (Kegeln, Weinprobe, Kutschenfahrten); 1 Rollfiets im Verleih.

Preis pro Person: Übernachtung mit Frühstück 24,- bis 26,- DM; Mittagessen 12,- DM, Abendessen 10,- DM. Vegetarische Kost bei Vorbestellung möglich. Bettwäscheleihgebühr 5,50 DM.

Ferienwohnanlage Pfeiferhans 97993 Creglingen

Baden-Württemberg, Taubertal, Romantische Straße

Craintal 7, Tel. (07933) 91010, Fax: 910130. 11 Ferienwohnungen und 3 Doppelzimmer. Parkplatz, Eingang und Frühstücksraum stufenlos erreichbar.

Geeignet für Rollstuhlfahrer, Körper- und Geistigbehinderte. 3 Ferienwohnungen im EG rollstuhlgeeignet. Bettenhöhe 50 cm. Türbreiten der Zimmer und Badezimmer 100 cm. Bewegungsfreiraum in Du/WC 140 x 140 cm. Freiraum links neben WC 50 cm, rechts 100 cm, davor 140 cm. Dusche und Waschbecken unterfahrbar. Stabile Haltegriffe an Dusche, WC und Waschbecken vorhanden. Med. Versorgung möglich.

Lage: Unterhalb von Rothenburg o.T., Umgebung ebenerdig, am Wasser, ebenerdige Wege. Zur Ortsmitte 40 m; Restaurant 100 m; Einkaufen, Arzt, Apotheke, Krankenhaus, Tennisplatz 1 km; Freibad 2 km; See 5 km.

Preise: Ferienwohnung 48,- bis 60,- DM pro Tag; Doppelzimmer ab 39,- DM inkl. Frühstück.

„Landhaus" Familie Martha Kaulbersch — 97993 Creglingen / Archshofen

Baden-Württemberg, Taubertal, Romantische Straße

Romantische Straße 3, Tel. und Fax: (07933) 408, www.auf-reisen.de. Eine Ferienwohnung mit 3 Schlafzimmern, Wohnküche, Dusche/Bad, 70 qm; pro Tag 48,- DM für 2 Personen. Eine behindertengerechte Ferienwohnung mit 1 Schlafraum, 1 Wohn-Schlafraum, Wohnküche, großer Wendekreis, 50 qm ebenerdig einfahrbar, überdachter Garagenplatz.

Behindertengerechtes Badezimmer (Türbreite 96 cm) mit unterfahrbarer Dusche und Waschbecken. WC seitlich und von vorne anfahrbar. Bewegungsfreiraum in Bad/WC 230 x 160 cm, Freiraum links neben WC 120 cm, davor 160 cm; für Rollstuhlfahrer ideal. Stabiler Duschhocker und Haltegriffe an WC, Waschbecken und Dusche vorhanden. Höhenverstellbares Bett an Kopf- und Fußteil. Bettenhöhe 47 cm. Täglicher Pflegedienst kann über die Sozialstation bestellt werden.

Lage: Arzt, Apotheke und Krankenhaus 3 km; Freibad 2 km; Grillplatz und Tennisplatz am Haus; Seen 2 und 6 km. Umgebung überwiegend flach, Wanderwege hügelig. Umgebung schön zum Wandern, viel Wald, herrliche, naturbelassene Badeseen im Tal und auf den Höhen, 120 km Fahrradwege.

Weltberühmte Herrgottskirche; Fingerhutmuseum, Automobilmuseum, Feuerwehrmuseum, Burgen und Schlösser im Hohenloher Land. Mittelalterliches Rothenburg, behindertengerechtes Schwimmbad in Bad Windsheim. Am Haus: eigenes Angelgewässer „Tauber und Mühlkanal", Tischtennis, Grill, Kinderspielplatz.

Grundpreis für behindertengerechte Ferienwohnung bei Belegung mit 2 Personen 50,- DM pro Tag ab Aufenthaltsdauer von 2 Wochen; jede weitere Person zuzüglich 8,- DM. Die Preise gelten inkl. Strom, Wasser, Heizung und Bettwäsche; sämtliches Koch- und Eßgeschirr vorhanden. Endreinigung wird gesondert berechnet. Die behg. Wohnung wurde in der TV-Sendung "Unterwegs" vorgestellt und empfohlen.

Jugendherberge „Pfahlberg" — 72280 Dornstetten-Hallwangen

Baden-Württemberg, Nordschwarzwald

Auf dem Pfahlberg 39, Tel. (07443) 6469, Fax: 20212. Jugendherberge mit 125 Betten in 27 Schlafräumen, 6 Gruppenleiterzimmer, 5 Aufenthaltsräume mit 12 bis 130 Plätzen. Parkplätze direkt vor der Herberge. Eingang, Frühstücksraum und

Zimmer stufenlos erreichbar. Unmittelbare Umgebung der Herberge flach, gut für Rollstuhlfahrer befahrbar. Es sind regelmäßig Rollstuhlfahrer zu Gast; sie kommen in den Räumen gut zurecht.

Geeignet für Rollstuhlfahrer, Gruppen bis 40 Personen; geeignet für Familien mit geistig Behinderten. 13 Zimmer für Rollstuhlfahrer geeignet, Badezimmer für Rollstuhlfahrer vollständig behindertengerecht. Breite der Zimmer- und Badezimmertüren 94 cm; Freiraum im Bad 140 x 190 cm; Freiraum links und rechts neben WC 81 cm, davor 113 cm. Dusche ist behindertengerecht.

Lage: Direkt am bzw. im Wald. Ortsmitte, Einkaufen, Bahnhof, Arzt, Apotheke, Hallenbad, Kuranwendungen und Spielplatz 3 km; Tennisplatz 2 km; Tennishalle, Krankenhaus, **Dialysezentrum** 9 km.

Preise für Jugendliche, Familien und Gruppen: Übernachtung mit Frühstück 24,50 DM, HP 32,50 DM, VP 36,60 DM.

Brauerei Gasthof Hotel „Roter Ochsen" — 73479 Ellwangen

Baden-Württemberg, Ostalb

Schmiedstr. 16, Tel. (07961) 4071, Fax: 53613. Zentral in der historischen Innenstadt gelegenes Hotel mit Gästehaus; komfortable Zimmer mit Bad/Du/WC, Telefon und TV. Parkplatz, Eingang, Frühstücksraum, Restaurant und Aufzug stufenlos erreichbar. Türbreite vom Aufzug 100 cm (Tiefe 140 cm, Breite 110 cm).

Geeignet für Gehbehinderte und Rollstuhlfahrer. 1 Zimmer im Gästehaus nach DIN 18024 rollstuhlgerecht, mit dem Aufzug erreichbar. Türen mindestens 80 cm breit. Bewegungsfreiraum in Du/WC 150 x 150 cm. Waschbecken und Dusche schwellenlos unterfahrbar. Festinstallierter Duschsitz sowie stabile Haltegriffe an Dusche und WC vorhanden. Freiraum links neben WC 30 cm, rechts 80 cm, davor 140 cm.

Lage: Im Zentrum; Einkaufen, Arzt, Apotheke 100 m; Bahnhof 200 m; Hallenbad, Krankenhaus 500 m; Tennisplatz und Tennishalle 2 km.
Zimmerpreise: EZ 107,- DM; DZ 175,- DM inkl. Frühstück.

Holiday Inn Hotel Karlsruhe/Ettlingen — 76275 Ettlingen

Baden-Württemberg

Beim runden Plom, Tel. (07243) 3800, Fax: 380-666. 195 Zimmer und 4 Suiten. 1 Allergikerzimmer. Alle Zimmer mit Bad oder Du/WC, Radio, Farb-TV und Telefon. Restaurant, 19 Tagungsräume für bis zu 300 Personen. Eingang mit Rampe stufenlos. Rezeption und Restaurant stufenlos erreichbar. Türbreite vom Aufzug 90 cm.
Geeignet für Rollstuhlfahrer und Allergiker. 2 Zimmer mit Bad/WC sind speziell für Rollstuhlfahrer ausgestattet. Türbreite von Zimmer und Bad/WC 93 cm. Bettenhöhe 45 cm. Raumgröße von Bad/WC 230 x 210 cm; Freiraum 230 x 160 cm; Freiraum rechts neben WC 140 cm, davor 80 cm. Dusche unterfahrbar; stabile Haltegriffe an Dusche und WC vorhanden.
Lage: Direkt an der Autobahnausfahrt Karlsruhe-Süd, Nähe der Messe.

Zimmerpreise inkl. Frühstück: EZ 240,- DM, DZ 315,- DM; Wochenendtarif in der Zeit von Freitag bis Sonntag: EZ 184,- DM; DZ 198,- DM inkl. Frühstück.

Familienferienstätte „Haus Gertrud" 79868 Feldberg-Falkau

Baden-Württemberg, Schwarzwald

Schuppenhörnlestr. 74, Tel. (07655) 209, Fax: (07655) 229. 14 Familienappartements mit 91 Betten in 37 Zimmern. Alle Appartements sind mit Du/WC ausgestattet, 4 Appartements sind als rollstuhlgerechte Wohneinheiten ausgebaut. Alle drei Gebäude besitzen Personenaufzüge, die Appartementhäuser haben Teeküchen, Waschmaschinen, Wäschetrockner und Badezimmer.

Geeignet für Rollstuhlfahrer und Familien mit geistig Behinderten. 4 Appartements sind nach DIN 18024/25 rollstuhlgerecht. Bettenhöhe 55 cm. Türbreite der Zimmer und Badezimmer 90 cm. Bewegungsfreiraum in Du/WC 160 x 200 cm; Freiraum links neben WC 80 cm, rechts 50 cm, davor 160 cm. Waschbecken und Dusche unterfahrbar. Kippspiegel, festinstallierter Duschsitz und stabile Haltegriffe an Dusche, WC und Waschbecken vorhanden.

Freizeit: Die Ferienstätte hat eine Spiel- und Liegewiese mit Kinderspielplatz. Im Haus finden die Gäste eine Bibliothek, Billard- und Tischtennisraum, einen Werkraum, Fernsehraum und mehrere Gemeinschaftsräume.

Lage: Das Haus liegt direkt im Herzen des Dreiseengebietes Titisee, Schluchsee und Windgefällweiher. Der Ortsteil Falkau ist Luftkurort und erstreckt sich entlang eines Hochtales in sonniger Südlage mit allen Vorzügen des Mittelgebirgsklimas. Rund um das Haus Wanderwege, Loipen und alpine Skigebiete (Feldberggebiet). Nähere Umgebung der Ferienstätte flach bis hügelig.

Entfernungen: Zur Ortsmitte mit Einkaufen und Arzt 3 km; Bahnhof 2,5 km; Apotheke, Freibad 10 km; Badesee 5 km; Tennisplatz 2 km; Dialysezentrum in Freiburg 39 km. Wege zur Ortsmitte teilweise steil.

Preise auf Anfrage.

Dorint Kongress-Hotel Am Konzerthaus 79098 Freiburg

Baden-Württemberg, Hochschwarzwald, Breisgau

Konrad-Adenauer-Platz 2, Tel. (0761) 3889-0, Fax: 3889-100. Kongreßhotel mit 219 Zimmern, Parkplatz, Eingang, Frühstücksraum, Restaurant, Terrasse, Hallenbad (mit dem Aufzug) stufenlos erreichbar; Türen jeweils 100 cm breit. Türbreite vom Aufzug 110 cm (Tiefe 140 cm, Breite 154 cm).

Geeignet für Rollstuhlfahrer und Familien mit geistig Behinderten. 1 Zimmer nach DIN 18024 rollstuhlgerecht, mit dem Aufzug erreichbar. Türbreite von Zimmer und Du/WC 100 cm. Freiraum in Du/WC 200 x 290 cm, links neben WC 165 cm, davor 230 cm. Dusche und Waschbecken unterfahrbar. Festinstallierter Duschsitz, Notruf

sowie stabile Haltegriffe an Du, WC und Waschbecken vorhanden. In den übrigen Zimmern Freiraum in Du/WC 150 x 150 cm.
Lage: Zum Zentrum 200 m; Bahnhof, Arzt, Apotheke, Hallenbad 200 m; Freibad, Krankenhaus 2 km.

Zimmerpreise: EZ 231,- bis 356,- DM; DZ 261,- bis 356,- DM; Zusatzbett 60,- DM. Wochenend- und Pauschalarrangements auf Anfrage.

Best Western Hotel & Boardinghaus Freiburg — 79110 Freiburg

Baden-Württemberg, Hochschwarzwald, Breisgau

Breisacher Str. 84, Tel. (0761) 89680, Fax: (0761) 8095030. Parkplatz, Eingang stufenlos. Frühstücksraum, Restaurant und Zimmer (mit dem Aufzug) stufenlos erreichbar. Türbreite vom Aufzug 100 cm (Tiefe 110 cm, Breite 140 cm).

Geeignet für Rollstuhlfahrer, Gehbehinderte und Familien mit geistig Behinderten. 11 Zimmer rollstuhlgerecht. Türbreiten der Zimmer und Badezimmer 81 cm. Freiraum in Du/WC 140 x 140 cm. Dusche und Waschbecken unterfahrbar. Festinstallierter Duschsitz, Notruf und stabile Haltegriffe an Dusche und WC vorhanden.

Lage: Zur Stadtmitte 1,8 km; Bahnhof 1,5 km; Arzt, Apotheke, Krankenhaus und Dialyse 500 m.

Zimmerpreise inkl. Frühstück: EZ 150,- DM; DZ 185 DM; zu Messezeiten: EZ 180,- DM; DZ 215,- DM.

InterCity Hotel Freiburg — 79098 Freiburg

Baden-Württemberg, Hochschwarzwald, Breisgau

Bismarckallee 3, Tel. (0761) 38000, Fax: 3800-999. Modernes, komfortables Hotel mit 152 Zimmern, alle mit Duschbad, Farb-TV, Pay-TV, Minibar und Telefon. 8 Konferenzräume für bis zu 80 Personen. Parkplatz stufenlos, Eingang mit Rampe, Frühstücksraum und Restaurant stufenlos erreichbar.
Konferenzräume sowie der Bahnsteig vom Freiburger Bahnhof mit dem Aufzug erreichbar. Innenmaße vom Aufzug: 215 cm Tiefe, 103 cm Breite. Alle Türen im Haus mindestens 90 cm breit; von Du/WC 80 cm.

Geeignet für Rollstuhlfahrer und Familien mit geistig Behinderten. Ein Zimmer mit Du/WC speziell für Rollstuhlfahrer ausgestattet. Türbreite vom Zimmer 90 cm, von Du/WC 80 cm. Freiraum in Du/WC 290 x 93 cm; Freiraum links neben WC 112 cm, rechts 28 cm, davor 97 cm. Dusche schwellenlos unterfahrbar; Haltegriffe an WC, Dusche und Waschbecken vorhanden. Duschhocker, Kippspiegel, Notruf und Infrarotlampe vorhanden. Bettenhöhe 60 cm. Pflegedienst kann auf Wunsch angefordert werden.

Lage: Direkt am Bahnhof; Bushaltestelle direkt am Hotel; Ortsmitte 500 m; Arzt, Apotheke 100 m; Krankenhaus, Hallenbad 1 km; **Dialysezentrum**, Tennisplatz, Tennishalle 2 km; Freibad 3 km; Kuranwendungen und Badesee 5 km.

Zimmerpeise: EZ 180,- bis 190,- DM; DZ 210,- bis 220,- DM. Wochenendpreise auf Anfrage.

Gästehaus Cafe Waldhüsle — 79877 Friedenweiler

Baden-Württemberg, Hochschwarzwald

Familie Schwörer, Klein Eisenbachstr. 40a, Tel. (07651) 7526. Gästehaus mit drei komfortablen Ferienwohnungen mit rustikaler Wohnkultur, direkt am Waldrand gelegen. Jede Wohnung ist ca. 60 qm groß, mit komplett eingerichteter Küche mit Mikrowelle, Wohnzimmer mit TV, Schlafzimmer, Dusche und WC, Balkon oder Terrasse. Bettwäsche, Küchen- und Frottiertücher stehen den Gästen zur Verfügung. Parkplatz, Eingang, Garten und eine Ferienwohnung im EG stufenlos erreichbar.

Geeignet für Rollstuhlfahrer, Gehbehinderte und Familien mit geistig Behinderten. Eine Ferienwohnung nach DIN 18024/25 rollstuhlgerecht: Türbreite der Zimmer und von Du/WC 100 cm. Freiraum in Du/WC 140 x 140 cm; Freiraum links und rechts neben WC 100 cm, davor 140 cm. Dusche und Waschbecken unterfahrbar. Kippspiegel, festinstallierter Duschsitz und stabile Haltegriffe an Dusche und WC vorhanden. Bettenhöhe 50 cm. Pflegedienst kann über Sozialstation Titisee-Neustadt angefordert werden.

Ausflüge: Tagestouren in die Schweiz, nach Frankreich oder an den Bodensee, in den Schwarzwald und ins Glottertal.

Lage: Waldrandlage mit ebenen Wanderwegen; 1.000 m.ü.M.; Titisee-Neustadt liegt ca. 6 km entfernt (gute Busverbindung). Zur Ortsmitte sind es 3 km; Tennisplatz, Freibad/Badesee 3 km; Arzt 2 km; Bahnhof, Krankenhaus, Apotheke 6 km; Dialyse 20 km.

Preis für eine Ferienwohnung 72,- bis 75,- DM pro Tag bei Belegung mit 2 Personen; jede weitere Person 10,- DM pro Tag. Kurtaxe 0,80 DM pro Person/Tag.

Hotel City-Krone — 88045 Friedrichshafen

Baden-Württemberg, Bodensee

Schanzstr. 7, Tel. (07541) 7050, Fax: (07541) 705-100. 65 Doppel- und 15 Einzelzimmer mit Du/Bad/WC, Telefon, Minibar, Kabel-TV, Parkplätze und Garagen. Gesellschaftsräume für über 60 Personen. Eingang stufenlos; Sauna, Hallenbad und Restaurant mit dem Aufzug zu erreichen.

Geeignet für Rollstuhlfahrer und Familien mit geistig Behinderten. 3 Zimmer nach DIN 18024. Freiraum in Du/WC 140 x 140 cm, Freiraum rechts neben WC 100 cm,

davor 120 cm. Dusche und Waschbecken unterfahrbar, stabile Haltegriffe an Du/WC und Waschbecken vorhanden.
Lage: 150 m vom Bodensee entfernt in ruhiger Altstadtlage.
Zimmerpreise inkl. Frühstück: EZ 151,- bis 191,- DM; DZ 232,- bis 292,- DM.

Ferienwohnung Diels — 77723 Gengenbach-Fußbach

Baden-Württemberg, Schwarzwald

Horst und Gisela Diels, Am Eckle 24, Tel. (07803) 600324. Ferienwohnung für 2 bis 4 Personen im Erdgeschoß eines Neubaus, 42 qm, bestehend aus einem Wohn-/Esszimmer mit Schlafsofa und Küchenzeile, Schlafzimmer mit Kinderbett und Duschbad sowie Terrasse.

Geeignet für Gehbehinderte und Familien mit geistig Behinderten (bis 4 Pers.). Nur mit Einschränkungen für Rollstuhlfahrer, da Badezimmer zu klein ist. Eingang 1 Stufe; Türen 69 cm breit. Bettenhöhe 65 cm.

Lage: Arzt 3 km; Einkaufen 500 m; zur Ortsmitte mit Krankenhaus, Freibad, Hallenbad und Bahnhof 5 km. Die Wege in der Umgebung sind flach.
Preis für die Ferienwohnung pro Tag ab 50,- DM.

Feriendorf Gomadingen — 72532 Gomadingen

Baden-Württemberg, Schwäbische Alb

Stuttgarter Weg 1, Tel. (07385) 9698-0, Fax: 9698-18. Familienferienstätte der evangelischen Kirchengemeinde Stuttgart. 40 Ferienwohnungen, 2 Jugendgästehäuser; insgesamt 250 Betten. Parkplatz, Eingang der Haupthäuser, Frühstücksraum, Restaurant, hauseigenes Hallenbad und Ferienwohnungen stufenlos erreichbar. Alle Türen mindestens 90 cm breit.

Geeignet für Gehbehinderte, Rollstuhlfahrer und für Familien mit geistig Behinderten: 3 Ferienwohnungen mit Du/WC rollstuhlgeeignet. Türbreiten der Zimmer und Badezimmer 90 cm. Bewegungsfreiraum circa 120 x 140 cm; Freiraum vor dem WC 110 cm. Dusche schwellenlos unterfahrbar. Festinstallierter Duschsitz sowie stabile Haltegriffe an Du/WC und Waschbecken vorhanden.

Lage: Hanglage direkt am Wald, daher für Rollstuhlfahrer ohne Hilfe nur bedingt geeignet; Begleitperson empfehlenswert. Ortsmitte, Einkaufen, Bus 600 m; Arzt 650 m; Spielplatz 50 m; Tennisplatz 60 m; Apotheke, Krankenhaus, Freibad und Tennishalle 10 km; Kuranwendungen 14 km.
Preise auf Anfrage.

Familienferiendorf Rappenhof — 74417 Gschwend

Baden-Württemberg, Ostalbkreis, Naturpark Schwäbisch-Fränkischer Wald

Bauernhof, Erholungsheim und Feriendorf. Tel. (07972) 9344-0, Fax: (07972) 7103. Zur Feriensiedlung gehören 15 Ferienhäuser mit jeweils 6 Betten und Kleinkinderbetten. Die Ferienstätte ist ganzjährig geöffnet und bietet Spielplatz für Kinder, Springbrunnen mit Planschbecken, Tischtennis, Freiluftschach, Bücherei, etc.

Zur Anlage gehört außerdem ein Bauernhof mit Ponys, Eseln, Weidetieren und Kleintieren. Einkaufsmöglichkeiten gibt es auf dem Rappenhof und in dem 4 km entfernten Ort Gschwend.

Die Ferienhäuser haben vollständig eingerichtete Küchen für Selbstverpflegung. Das Essen kann aber auch in den Gästehäusern abgeholt werden. Die Zimmer in den Gästehäusern werden grundsätzlich mit Vollverpflegung vermietet.

Besonders gut geeignet für Familien mit Behinderten, außerdem für Senioren (30 bis 40 Pers.), für Gehbehinderte (bis 60 Pers.), für Rollstuhlfahrer (bis 20 Pers.) und für Familien mit geistig Behinderten (Gruppen bis 120 Personen).

5 Ferienhäuser mit 6 bis 8 Betten sind **rollstuhlgerecht** eingerichtet. Türbreiten der Zimmer und von Du/WC 95 cm. Bewegungsfreiraum in Du/WC 140 x 140 cm. Freiraum links neben WC 74 cm, rechts 86 cm, davor 130 cm. Dusche rollstuhlgerecht unterfahrbar. Verstellbare Kippspiegel und stabile Haltegriffe an Dusche und WC vorhanden. Jeweils 1 DZ mit Matratzenhöhe 53 cm, sonst 45 cm. Betten mit Lifter unterfahrbar.

Im Gemeinschaftshaus bei den Gruppenräumen Dusche und WC für Rollstuhlfahrer. **Kinderbetreuung** wird in den Hauptferienzeiten regelmäßig angeboten; sonst nach

Absprache. **Preise** pro Tag: Ein Ferienhaus mit 6 Betten kostet 88,- DM, mit 6-8 Betten 124,- DM. Preise zzgl. Strom und Heizung nach Verbrauch. Sonderangebote außerhalb der Ferienzeiten.

Weitere ausführliche Preisliste für Einzel- und Gruppenbelegung mit und ohne Verpflegung sowie mit und ohne Betreuung auf Anfrage. Hausprospekt ebenfalls auf Anfrage. Haustiere sind nicht erlaubt.

Höhenhotel Neu-Eck — 78148 Gütenbach (bei Titisee/Triberg)

Baden-Württemberg, Hochschwarzwald

Vordertalstr. 53-55, Tel. (07723) 2083-84, Fax: (07723) 5361. Hotel mit 65 Zimmern, davon 45 mit Du/WC, Minibar, Telefon und TV. Konferenzräume für 20 bis 200 Personen. Eingang, Restaurant und Rezeption stufenlos erreichbar.

Geeignet für Gehbehinderte, bedingt geeignet für Rollstuhlfahrer (6 Zimmer). Türbreite der Zimmer und Du/WC 120 cm. Freiraum in Du/WC 150 x 100 cm. Freiraum links neben WC 100 cm, davor 100 cm. Dusche nicht unterfahrbar, Schwelle 15 cm, Waschbecken unterfahrbar.

Lage: Ruhige Einzellage zwischen Triberg und Furtwangen gelegen. Wandern und Langlaufloipen ab Haus. Ortsmitte 4 km; Bus 300 m; Bahnhof 18 km. Apotheke, Freibad, Hallenbad, Tennisplatz, Tennishalle und Kuranwendungen 4 km.

Preis pro Person für ÜF 38,- bis 68,- DM; mit HP 65,- bis 90,- DM; VP 85,- bis 110,- DM.

Gästehaus Sonnenschein — 97999 Harthausen (Igersheim)

Baden-Württemberg, Liebliches Taubertal

Familie Wengel/Schlosser, Langestr. 38, Tel. (07931) 51800. Gästehaus mit 4 Ferienwohnungen, davon 1 für Rollstuhlfahrer (für 2 bis 4 Personen). Parkplatz direkt am Haus, ebenerdig. Eingang mit Rampe, Türbreite 85 cm.

Geeignet für Gehbehinderte und Familien mit geistig Behinderten. Bedingt geeignet für Rollstuhlfahrer (keine unterfahrbare Dusche). Behinderte sind als Gäste sehr willkommen. Türbreite der Zimmer und von Du/WC 85 cm. Bewegungsfreiraum in Du/WC 300 x 140 cm, Freiraum links und rechts neben WC 40 cm, davor 140 cm. Dusche nicht unterfahrbar, Waschbecken unterfahrbar. 2 Spiegel in unterschiedlicher Höhe angebracht.

Lage: Zur Ortsmitte 250 m; Einkaufen und Spielplatz 200 m; Apotheke 5 km; Arzt kommt ins Haus. Bahnhof, Krankenhaus, Dialyse, Freibad und Hallenbad (Spaßbad) 8 km. Straße am Haus flach, weitere Umgebung nur leicht hügelig.

Preis für die Ferienwohnung pro Tag 40,- DM für 2 Personen; jede weitere Person zzgl. 5,- DM pro Tag; zzgl. Endreinigung 40,- DM.

Pflege-Pension „Wohnen am Kreisel" — 77710 Haslach

Baden-Württemberg, Schwarzwald

Sandhasstr. 2, Anmeldung: Tel. (07832) 9956-22. Gästehaus: Tel. (07832) 9956-23 Fax: (07832) 9956-35. „Wohnen am Kreisel" ist eine **Pflege-Pension für behinderte und pflegebedürftige Menschen**. Die Gäste können hier vorübergehend Unterbringung finden, wenn die persönlichen Pflegepersonen z.B. in Urlaub sind, oder aus anderen Gründen eine Entlastung oder Pflegepause benötigen. Dies kann für einige Stunden sein oder bis zu mehrere Wochen dauern.

Angeboten wird eine optimale Pflege und wohnliche Atmosphäre, freundlich und gemütlich eingerichtete Schlafräume, Wohn- und Eßzimmer, modernes Pflegebad, rollstuhlgerechte Küchenzeile und großzügige Raumgestaltung. Unterbringung in Einzel- oder Doppelzimmern.

Geeignet für Senioren, Gehbehinderte, Rollstuhlfahrer, andere Behinderte und Pflegebedürftige (keine Gruppen). 1 Zimmer mit Bad/Du/WC rollstuhlgerecht. Höhenverstellbare Betten (max. 65 cm). Türbreite von Zimmer und Bad/WC 95 cm breit.

Bewegungsfreiraum im Bad/WC 160 x 240 cm. Freiraum links neben WC 140 cm, davor 120 cm. Dusche und Waschbecken unterfahrbar. Festinstallierter Duschsitz, stabile Haltegriffe an Dusche und WC sowie Kippspiegel, Hubbadewanne und Lifter vorhanden.

Lage: Zur Ortsmitte 300 m; Einkaufen 100 m; Arzt, Apotheke 200 m; Bahnhof 300 m; Freibad und Tennisplatz 400 m.

Service: „Wohnen am Kreisel" ist Bestandteil eines umfassenden, familiennahen Konzeptes vom Club 82, welches Urlaubs- und Ferienreisen, Hobby-, Kurs- und Sportangebote, familienentlastende Dienste, Kinderfreizeiten, Beratung und pflegerische Dienste bietet. Möglich sind außerdem: Abholservice, Fahrten und Freizeitangebote.

Mit dem Projekt „Alleine Reisen" bietet der Club 82 außerdem einen weiteren Service an. So können verschiedene Hotels, Pensionen und Gasthäuser in der Region Kinzigtal über den Club 82 gebucht werden. Auf Wunsch werden An- und Abreise,

Begleitung oder Pflegedienste, Ausflüge, Einkaufsfahrten, usw. organisiert und vermittelt.

Preise für Kurzzeitpflege (24 Stunden): Pflegestufe I 129,- DM, Pflegestufe II 147,- DM, Pflegestufe III 172,- DM, Pflegestufe IIIa 228,- DM. Zuzüglich Pension: Vollverpflegung 16,- DM, Wohnpauschale 28,50 DM.

Preise für Tages- oder Nachtpflege (bis 8 Stunden): Pflegestufe I 55,56 DM, Pflegestufe II 79,35 DM, Pflegestufe III 95,23 DM. Zuzüglich Pension: Verpflegung/Unterkunft 13,96 DM; Pauschale für Miete, Fahrt 14,19 DM. Hinweis: alle Sätze "Pflegestufe I bis IIIa" werden von der Pflegeversicherung bezahlt.

Weitere Informationen über die Kostenregelung und die angebotenen Leistungen auf Anfrage. In der Regel wird der größte Teil der Kosten von der Pflegeversicherung übernommen, muß jedoch rechtzeitig vorher beantragt werden. Es gibt aber auch andere Kostenträger, die sich je nach Einzelfall an den Kosten beteiligen; weitere Informationen auf Anfrage.

Wildparkhotel Waldlust — 79837 Häusern

Baden-Württemberg, Südlicher Schwarzwald

In der Würze 16-18, Tel. (07672) 502, Fax: 4520, Internet: http://www.sbo.de/hotel-waldlust. Hotel, Restaurant und Café. Eingang, Speiseraum, Restaurant, Café, Sauna, Solarium und Aufzug (Innenmaße 150 x 95 cm) stufenlos erreichbar. Zimmer mit dem Aufzug stufenlos erreichbar. Mindesttürbreite 81,5 cm.

Geeignet für Senioren und Gehbehinderte bis 40 Personen; bedingt geeignet für Rollstuhlfahrer, möglichst mit Begleitung (bis 16 Personen). Raumgröße von Bad/WC 250 x 200 cm. Abstand vor dem WC 100 cm; WC mit Haltegriff an der Wand, nicht seitlich anfahrbar. Dusche nicht unterfahrbar (Schwelle 27 cm), Duschhocker auf Wunsch.

Lage: Ruhiges, am Waldrand gelegenes Familienhotel mit hauseigenem Wildpark; Ortsmitte 500 m; Kuranwendungen im Nachbarort möglich; Freibad 1,5 km; Minigolf und Spielplatz 300 m. Umgebung und Wanderwege teils flach und geteert; teils hügelig bis steil.

Preise inklusive Frühstück pro Tag und Person je nach Ausstattung der Zimmer von 45,- bis 65,- DM. Aufpreis für Halbpension 25,- DM, für Vollpension 40,- DM. Weitere Informationen auf Anfrage.

Gasthaus Backmulde Hotel — 69117 Heidelberg

Baden-Württemberg, Neckar

Schiffgasse 11, Tel. (06221) 53660, Fax: 536660. Hotel mit 13 Zimmern, alle mit Du oder Bad/WC, Radio und Telefon. Hoteleingang und zwei Behindertenzimmer im EG sind stufenlos erreichbar. Frühstücksraum im 1. OG; da das Hotel keinen Aufzug hat, wird das Frühstück auf das Zimmer gebracht. Restaurant für Rollstuhlfahrer im Erdgeschoß gut erreichbar.

Geeignet für Rollstuhlfahrer. Ein geräumiges Doppelzimmer mit Du/WC und ein Appartement (bis 3 Personen) mit Du/WC (12 qm) wurden von einem Architekten rollstuhlgerecht geplant, jeweils mit Du/WC; Dusche unterfahrbar.

Lage: Ortsmitte 50 m; Bahnhof 1 km; Bus, Apotheke, Neckar 300 m; Hallenbad 400 m.

Preis für das Behindertenzimmer als EZ 130,- DM, als DZ 170,- DM; als Dreibettzimmer 230,- DM.

Heidelberg Marriott Hotel — 69115 Heidelberg

Baden-Württemberg, Neckar

Vangerowstr. 16, Tel. (06221) 908-0, Fax: 908-698. 251 komfortable Zimmer mit Bad/Du/WC, Minibar, Radio, TV, Telefon und Klimaanlage. Restaurant, Bierstube, Lobby Bar, Hallenbad mit Sauna, Solarium und Massage, Seminar- und Bankettträume für bis zu 500 Personen. Parkplätze für Behinderte vorhanden.

Geeignet für Gehbehinderte und Rollstuhlfahrer. Ein Zimmer mit Bad/WC ist absolut rollstuhlgerecht ausgestattet; Dusche unterfahrbar, Haltegriffe. Weitere Zimmer des Hotels sind für Rollstuhlfahrer bedingt geeignet. Rampe am Hoteleingang, behindertengerechtes WC im Erdgeschoß. Übrige Einrichtungen des Hotels mit dem Aufzug erreichbar.

Zimmerpreise: EZ und DZ 240,- bis 290,- DM. Frühstücksbuffet 29,- DM pro Person. Wochenendarrangement EZ/DZ 225,- bis 290,- DM inkl. Frühstück. Wochenendpauschale "Happy Weekend".

Crowne Plaza Heidelberg — 69115 Heidelberg

Baden-Württemberg, Neckar

Kurfürstenanlage 1, Tel. (06221) 917-0 Fax: (06221) 917-666. 232 luxuriöse Zimmer mit Bad/Du/WC, Radio, TV, Telefon und Minibar. 8 Konferenzräume für bis zu 300 Personen, hoteleigene Tiefgarage. Eingang, Rezeption, Restaurants, Hallenbad, Solarium, Aufzug und Zimmer stufenlos oder mit dem Aufzug erreichbar.

Geeignet für Gehbehinderte, Rollstuhlfahrer und Dialysepatienten (Dialysezentrum 500 m). Ein Zimmer mit Bad/WC speziell für Rollstuhlfahrer ausgestattet. Türbreiten von Zimmer und Bad/WC 100 cm. Freiraum 140 x 140 cm; Freiraum links neben WC 100 cm, rechts 40 cm, davor 100 cm. Haltegriffe und festinstallierter Duschsitz vorhanden, Dusche unterfahrbar.

Lage: Ortsmitte 200 m; Einkaufen, Bus, Sanatorium 100 m; Arzt und Apotheke gegenüber/neben dem Hotel; Krankenhaus und **Dialysezentrum** 500 m.

Zimmerpreise: EZ 275,- bis 310,- DM; DZ 305,- bis 340,- DM. Frühstücksbuffet pro Person 28,- DM.

Hotel ISG Heidelberg — 69126 Heidelberg

Baden-Württemberg, Neckar

Internationales Seminarzentrum und Gästehaus des EMBL. Im Eichwald 19, Tel. (06221) 38610, Fax: 384380. 51 Zimmer mit Du/WC, TV und Telefon. Haupteingang, Rezeption, Restaurant und Aufzug stufenlos erreichbar. Türbreite vom Aufzug 80 cm (Tiefe 104 cm, Breite 99 cm).

Geeignet für Gehbehinderte, bedingt geeignet für Rollstuhlfahrer mit Begleitung. Zimmer mit dem Aufzug erreichbar. Zimmertür 78 cm breit, von Du/WC 65 cm. Raumgröße von Du/WC 180 x 150 cm; Freiraum 100 x 60 cm; kein Freiraum für Rollstuhl am WC.

Lage: Ortsrand, Bahnhof 5 km; Apotheke 500 m; Hallenbad 1 km; Freibad 4 km.

Zimmerpreise: EZ 130,- DM; DZ 180,- DM inkl. Frühstück.

Hotel Burkhardt Ringhotel Heilbronn — 74072 Heilbronn

Baden-Württemberg, Neckar

Familie Burkhardt, Lohtorstr. 7, Tel. (07131) 62240, Fax: 627828. Komfortables Hotel im Zentrum mit 82 Zimmern mit Du/WC, Radio, TV und Minibar. Eingang, Restaurant, Frühstücksraum und Zimmer (mit dem Aufzug) stufenlos erreichbar. Türbreite vom Aufzug 90 cm (Tiefe 168 cm, Breite 100 cm).

Geeignet für Gehbehinderte, Rollstuhlfahrer (2 Zimmer) und Familien mit geistig Behinderten. 2 Zimmer nach DIN 18024 rollstuhlgerecht. Bewegungsfreiraum in Bad/WC 225 x 180 cm. Türbreite der Zimmer 91 cm, der Badezimmer 94 cm. Freiraum rechts neben WC 115 cm, davor 160 cm. Dusche und Waschbecken unterfahrbar. Festinstallierter Duschsitz, Duschhocker und stabile Haltegriffe an Du/WC und Waschbecken vorhanden.

Lage: Zur Stadtmitte ca. 500 m; Einkaufen, Arzt, Apotheke 500 m; Bahnhof 2 km; Krankenhaus und Dialysezentrum 8 km. Die Wege sind flach; Stadtmitte mit dem Rollstuhl gut erreichbar.

Zimmerpreise: EZ 141,- bis 185- DM; DZ 170,- bis 240,- DM. Preise am Wochenende: EZ 119,- bis 141,- DM; DZ 150,- bis 170,- DM.

Highway-Hotel Herbolzheim — 79336 Herbolzheim

Baden-Württemberg, Schwarzwald

Breisgauallee 6, Tel. (07643) 40031, Fax: (07643) 40038. 76 gemütlich eingerichtete Zimmer mit TV, Pay-TV, Telefon und Bad/WC. Konferenzräume bis 72 qm. Parkplatz, Eingang und Frühstücksraum stufenlos erreichbar.

Geeignet für Rollstuhlfahrer und Familien mit geistig Behinderten. 1 Zimmer nach DIN 18024/25 rollstuhlgerecht. Bettenhöhe 47 cm. Türbreite von Zimmer und Bad/WC 100 cm. Freiraum in Bad/WC 270 x 200 cm. Freiraum links neben WC 140 cm, rechts 90 cm, davor 140 cm. Keine unterfahrbare Dusche sondern Kombibadewanne.

Lage: Gut erreichbar über die A 5; ca. 10-15 Minuten bis zum Europapark Rust; ca. 20 km von Freiburg oder Offenburg entfernt; 50 km bis Straßburg, 80 km bis Basel. Zur Ortsmitte 1,5 km; Einkaufen 800 m; Arzt und Krankenhaus 1,2 km.

Preis pro Pers. im EZ 120,- DM, im DZ 75,- DM; Zustellbett 40,- DM. Frühstück 15,- DM.

Hotel Hasen — 71083 Herrenberg

Baden-Württemberg, Stuttgarter Raum

Hasenplatz 6, Tel. (07032) 2040, Fax: 204100. Komfortables, sehr geschmackvoll eingerichtetes Hotel mit 150 Betten, Tagungsräume für 6 bis 150 Personen. Komfortabel ausgestattete Einzel- und Doppelzimmer mit Du/WC, Radio, TV, Telefon und Minibar.

Tiefgarage mit Aufzug zum Haus stufenlos; Parkplätze vor dem Haus, Eingang, Frühstücksraum, Restaurant und ein Behindertenzimmer im EG sind stufenlos erreichbar; zwei weitere Behindertenzimmer sind mit dem Aufzug (Innenmaße 150 x 110 cm) stufenlos erreichbar. Zusätzliche Behindertentoilette auch für Restaurantgäste.

Geeignet für Gehbehinderte, Rollstuhlfahrer (bis 3 Personen) und für Familien mit geistig Behinderten. Drei Doppelzimmer mit Du/WC sind speziell für Rollstuhlfahrer ausgestattet.

Die Zimmer sind geräumig und gut befahrbar. Notrufanlage in den Behindertenzimmern. Türbreite der Zimmer und Badezimmer 94 cm; Freiraum in Du/WC ca. 160 x 130 cm; Freiraum links und rechts neben WC 90 cm; Dusche schwellenlos unterfahrbar. Kippspiegel, festinstallierter Duschsitz sowie stabile Haltegriffe an WC, Dusche und Waschbecken vorhanden. Alle anderen Zimmer sind behindertenfreundlich ausgestattet; Türbreite jeweils 82 cm.

Lage: Zur Ortsmitte von Herrenberg circa 2 km; von der Autobahnausfahrt Stuttgart-Herrenberg aus circa 2,5 km.

Zimmerpreise: EZ 95,- bis 141,- DM; DZ 140,- bis 190,- DM inkl. Frühstücksbuffet.

Ferienwohnung Walter Schwarz — 72584 Hülben (bei Bad Urach)

Baden-Württemberg, Schwäbische Alb

Hölderlinstr. 6, Tel./Fax: (07125) 6366. Eine Ferienwohnung, Parkplatz, separater Eingang und Garten stufenlos erreichbar. Türbreiten: Eingang 80 cm, Zimmer 80 cm, Bad/Du/WC 70 cm.

Geeignet für Gehbehinderte und Familien mit geistig Behinderten, bedingt geeignet für Rollstuhlfahrer. Bewegungsfreiraum in Bad/Du/WC 120 x 150 cm. Freiraum vor dem WC 150 cm. Dusche nicht unterfahrbar, Waschbecken unterfahrbar, Duschhocker vorhanden. Badewanne ca. 36 cm Einstiegshöhe.

Lage: Zur Ortsmitte 500 m; Einkaufen, Arzt, Apotheke, Wald 500 m; Tennisplatz und Tennishalle 2 km; Krankenhaus, Thermalbad und Hallenbad 5 km, Dialyse 20 km. Wege und Umgebung flach.

Preis pro Woche für die Ferienwohnung 320,- bis 350,- DM inkl. Heizung, Wäsche und Handtücher.

Haus Seehang — 88090 Immenstaad

Baden-Württemberg, Bodensee

Inh. Elisabeth Birkhofer, Seestr. West 28, Tel. (07545) 1521. Rollstuhlgerechte Ferienwohnung im “Haus Seehang”, zentral und ruhig gelegen in einem Obstgarten. Zwei Schlafzimmer, ein Wohnraum mit TV; Küche und Dusche/WC.

Geeignet für Rollstuhlfahrer. Eingang stufenlos. Eingangstür, Tür vom 1. Schlafzimmer und vom Badezimmer 100 cm breit. Rollstuhlgerechte Du/WC mit unterfahrbarem Waschbecken und unterfahrbarer Dusche mit eingehängtem Duschsitz. Haltegriff links am WC (klappbar), rechts fest installiert.

Lage: Zum Bodensee 100 m; Eigener Badestrand und Liegewiese. Arzt, Strand- und Hallenbad 300 m; Dorfmitte 500 m; Krankenhaus 7 km.

Preis für die Ferienwohnung bei Belegung mit 2 Personen pro Tag 100,- bis 120,- DM je nach Saison, jede weitere Person 10,- DM. Endreinigung, Strom, Bettwäsche, Handtücher im Preis enthalten.

Winzerhof — 79241 Ihringen

Baden-Württemberg, Kaiserstuhl

Horst und Elisabeth Stiefel, Bürchleweg 1, Tel. + Fax: (07668) 7013, Mobil: 0170-2708516. Winzerhof, am Ortsrand gelegen, umgeben von Feldern und Obstbäumen. Ruhige Ferienwohnung im EG mit Terrasse und Rasen.

Geeignet für Gehbehinderte, bedingt geeignet für Rollstuhlfahrer. Separater Eingang mit Rampe. Großer Wohnraum mit integrierter Küche (29 qm), 1-2 Schlafzimmer Türen 80 cm breit; Bettenhöhe 52 cm. Du/WC mit Haltegriffe, Bewegungsfreiraum in Du/WC 150 x 240 cm. Freiraum links und rechts neben WC 37 cm (2 Armstützen), vor

dem WC 240 cm Freiraum. **Lage:** Der Hof liegt am Ortsrand, flache Umgebung. Zur Ortsmitte 1,5 km; Einkaufen 200 m; Arzt, Apotheke, Freibad, Tennisplatz und Tennishalle 1,5 km; Hallenbad 15 km; Krankenhaus 6 km; Dialyse 20 km.
Preise: ab 5 Tage Aufenthalt 68,- DM pro Tag für 2 Personen.

Stephanuswerk Isny — 88316 Isny

Baden-Württemberg, Allgäu

Maierhöfener Str. 56, Tel. (07562) 74-0 und 74-1007, Fax: (07562) 74-1772 und 74-1609. Das Rehazentrum Stephanuswerk Isny ist eine überregionale Einrichtung der Diakonie zur Förderung behinderter Menschen. Das Förderkonzept sieht die wesentlichen Bereiche menschlichen Lebens (Arbeit, Lernen, Wohnen, soziale Beziehungen, Freizeit) als eine unzertrennliche Ganzheit. 424 rollstuhlgerechte Plätze, Wohnen und Arbeiten für Behinderte, klinisches Therapiezentrum, Kuren, Ferien, Tagungen, Genesungs- und Fortbildungsangebote gehören zum Angebot des gemeinnützig anerkannten Stephanuswerkes.

Ferienangebote: Mit der Ferien- und Tagungsstätte des Stephanuswerkes wurde eine Einrichtung geschaffen, die Ferien für Behinderte, aber auch Seminare Tagungsveranstaltungen ermöglicht. Das Haus hat 17 Doppel- und 18 Einzelzimmer. Für größere Tagungen werden weitere Zimmer eingerichtet. 4 moderne Tagungsräume eignen sich für Gruppen bis zu 35 Personen. Bei Großveranstaltungen kann zusätzlich die Gymnastikhalle für bis zu 70 Personen genutzt werden.

Vor allem während der Sommerzeit werden spezifische Ferienangebote für Schwerbehinderte durchgeführt. Während des ganzen Jahres steht die Ferien- und Tagungsstätte Gruppen von Behinderten offen. Auskünfte zu diesem Leistungsangebot erteilt Frau Pröhl, Tel. (07562) 74-140.

Die physikalische Abteilung des Stephanuswerkes stellt gleichzeitig das Kurmittelhaus von Isny dar. In der krankengymnastischen Abteilung kommen alle modernen krankengymnastischen Techniken zur Anwendung.
Schwerpunkte: Behandlung chronisch degenerativer Erkrankungen der Gelenke, Zustände nach Operationen am Stütz- und Bewegungsapparat, entzündlich-rheumatische Erkrankungen, neurologische Krankheitsbilder einschließlich Querschnittslähmungen. Im Übungsbad erfolgt Bewegungstherapie einzeln oder in Gruppen. Die Bäderabteilung bietet medizinische und hydroelektrische Bäder, Unterwassermassagen, Fangopackungen, Kneipp'sche Anwendungen, Elektrobehandlungen und manuelle Lymphdrainage. Weitere Informationen und Preise auf Anfrage.

Renaissance Karlsruhe Hotel — 76131 Karlsruhe

Baden-Württemberg

Mendelssohnplatz, Tel. (0721) 3717-0, Fax: 377156. First-Class Hotel mit 215 Zimmern und Suiten mit Bad/WC, Klimaanlage, Telefon und TV. Restaurant, 7 Tagungs- und Bankettträume. Eingang, Rezeption, Restaurant, Frühstücksraum, Bar und Aufzug sind rollstuhlgerecht zugänglich.

Geeignet für Rollstuhlfahrer und Gehbehinderte. Zwei Zimmer mit Bad/WC sind speziell für Rollstuhlfahrer ausgestattet. Dusche unterfahrbar, festinstallierter Duschsitz und Haltegriffe an der Dusche. Bettenhöhe 60 cm.

Lage: Zentrum Karlsruhe, Einkaufen 1 km; Bhf. 2 km; Arzt und Apotheke 500 m; Krankenhaus 3 km; Tennisplatz und Tennishalle 4 km.

Preise: EZ 199,- bis 219,- DM; DZ 249,- bis 269,- DM, Frühstücksbuffet 27,50 DM pro Person. Wochenendpreise: EZ 165,- bis 185,- DM; DZ 195,- bis 215,- DM inkl. Frühstück.

Schlosshotel Karlsruhe — 76137 Karlsruhe

Baden-Württemberg

Bahnhofplatz 2, Tel. (0721) 3832-0, Fax: (0721) 3832-333. First-Class-Hotel mit 96 exklusiv ausgestatteten Zimmern und Suiten. Veranstaltungs- und Konferenzräume, Restaurant, Sauna, Solarium, Dampfbad, Fitnessraum, Beauty.
Parkplatz und Eingang (Rampe) sowie Frühstücksraum, Restaurant und Zimmer (mit dem Aufzug) stufenlos erreichbar. Türbreite vom Aufzug 80 cm (Tiefe 123 cm, Breite 146 cm).

Geeignet für Gehbehinderte, Familien mit geistig Behinderten; bedingt geeignet für Rollstuhlfahrer (2 Zimmer mit Bad/WC). Türbreiten der Zimmer und von Bad/WC 81 cm. Freiraum in Bad/WC 190 x 100 cm. WC nicht seitlich anfahrbar; Freiraum vor dem WC nur 80 cm. Badewanne; keine unterfahrbare Dusche.

Lage: Bahnhofsnähe (200 m); Stadtmitte 1 km; Arzt 200 m; Apotheke 1 km; Krankenhaus und Dialyse 2 km.

Zimmerpreise: EZ 195,- bis 230,- DM; DZ 310,- DM. Wochenendpreise auf Anfrage.

Holiday Inn Garden Court — 73230 Kirchheim / Teck

Baden-Württemberg, Schwäbische Alb

Eichendorffstr. 99, Tel. (07021) 8008-0, Fax: 8008-88. Hotel mit 52 komfortablen Zimmern, alle mit Bad oder Dusche, WC, Telefon, TV, Minibar. Eingang mit Rampe, Frühstücksraum, Restaurant, Garten und Zimmer (mit dem Aufzug) stufenlos erreichbar. Türbreite vom Aufzug 80 cm (Tiefe 98 cm, Breite 103 cm).

Geeignet für Gehbehinderte, Rollstuhlfahrer und Familien mit geistig Behinderten. Nicht für Gruppen. 1 Zimmer für Rollstuhlfahrer: Türbreite vom Zimmer und Du/WC 82 cm. Bewegungsfreiraum 120 x 155 cm; Freiraum rechts neben WC 70 cm, davor 140 cm. Dusche mit Schwelle (15 cm hoch). Stabiler Duschhocker und stabile Haltegriffe an Dusche und WC vorhanden. Waschbecken unterfahrbar. Bettenhöhe

60 cm. **Lage:** Zur Ortsmitte 1,5 km; Arzt 500 m; Bahnhof 1 km; Apotheke 1,5 km; Krankenhaus 3 km.

Zimmerpreise: EZ 119,- bis 212,- DM; DZ 147,- bis 212,- DM. Zusatzbett 50,- DM. Frühstück pro Person 18,- DM. Kinder bis 19 Jahre im Zimmer der Eltern frei. Hund pro Tag 10,- DM.

Hotel- und Restaurant zum Fuchsen — 73230 Kirchheim / Teck

Baden-Württemberg, Schwäbische Alb

Schlierbacher Str. 28, Tel. (07021) 5780, Fax: (07021) 578444. Komfortables Hotel, 80 gemütlich eingerichtete Zimmer, alle mit WC und Bad/Du, Telefon, Radiowecker, Kabel-TV. 6 Tagungsräume für 6 bis 50 Personen. Parkplätze vor dem Haus stufenlos erreichbar. Haupteingang, Frühstücksraum, Restaurant, Garten und Aufzug (Tiefe 100 cm, Breite 100 cm) stufenlos erreichbar. Zimmer mit dem Aufzug erreichbar. Aufzugstür 90 cm breit.

Geeignet für Gehbehinderte und geistig Behinderte, jeweils auch für Gruppen. 2 Zimmer mit Bad/Du/WC sind für Rollstuhlfahrer mit Begleitung aufgrund der Größe bedingt geeignet, da die Dusche nicht unterfahrbar ist (Schwellenhöhe 30 cm). Türbreite der Zimmer 80 cm, der Badezimmer 70 cm. Freiraum in Bad/WC 220 x 120 cm; Freiraum links neben WC 35 cm, rechts 50 cm, davor 110 cm. Waschbecken unterfahrbar, Duschhocker nicht vorhanden, keine Haltegriffe. Bettenhöhe 47 cm.

Lage: Zur Ortsmitte 500 m; Einkaufen, Arzt, Apotheke 500 m; Bahnhof 1,2 km; Bus 10 m; Krankenhaus und Dialysezentrum 1 km; Umgebung flach.

Zimmerpreise inkl. Frühstück: EZ 148,- bis 178,- DM; DZ 198,- bis 240,- DM, Mehrbettzimmer 250,- DM.

Gästehaus Oßwald — 73467 Kirchheim / Am Ries

Baden-Württemberg, Ost-Alb, Nördlinger Ries

Badgasse 8, Tel. (07362) 7139, Fax: (07362) 4419. Gästehaus mit insg. 59 Betten in Einzel- und Doppelzimmern mit Dusche und WC. Gute schwäbische Küche mit Fleisch und Wurstwaren vom eigenen Bauernhof. Auch Vollwertkost, vegetarische Küche und Diäten. Eingang, Frühstücksraum, Restaurant und Aufzug stufenlos. Türbreite vom Aufzug 90 cm (Tiefe 150 cm, Breite 110 cm). Alles ohne Treppen zu erreichen, auch Spielplatz und Garten. Musikabende für Gruppen, Kutschfahrten und Fahrradverleih möglich. Pferdeboxen und Koppeln vorhanden.

Geeignet für Rollstuhlfahrer (Gruppen bis 37 Personen), andere Körperbehinderte und Familien mit geistig Behinderten. 20 Zimmer mit Du/WC rollstuhlgeeignet. Höhenverstellbare Betten vorhanden. Türbreiten der Zimmer und von Du/WC 88 cm. Bewegungsfreiraum in Du/WC 150 x 150 cm. Freiraum links neben WC 100 cm, rechts 50 cm, davor 120 cm. Waschbecken und Dusche schwellenlos unterfahrbar. Verstellbarer Kippspiegel, stabiler Duschhocker und stabile Haltegriffe an Dusche, WC und Waschbecken vorhanden.

Lage: Ruhige Lage am Ortsrand neben dem familieneigenen Bauernhof, umgeben von Wald und Wiesen. Kirchheim am Ries ist ein schwäbisches Dorf in herrlicher Lage auf

500 m Höhe. Zur Ortsmitte 500 m; Arzt 500 m; Krankenhaus 5 km; Dialsyse 25 km; Freibad 5 km; Hallenbad 10 km. Umgebung flach bis hügelig.

Preis pro Person: Übernachtung mit Frühstück ab 40 DM, HP-Zuschlag 15,- DM, VP-Zuschlag 31,- DM.

Ferienwohnung Köllhofer — 79346 Kiechlinsbergen

Baden-Württemberg, Schwarzwald, Kaiserstuhl

Else Köllhofer, Ölbergweg 1, Tel. (07642) 1791. Das Haus liegt außerhalb des Ortes im Weinberg, etwa 5 Minuten bis zur Ortsmitte.

Die Ferienwohnung liegt im Erdgeschoß des Hauses mit eigenem Eingang. 70 qm, ein Doppelzimmer und ein Dreibettzimmer, Kinderbett vorhanden, ein Wohnraum/ Küche, Bad mit WC und eine große Terrasse mit angrenzender Wiese.

Die Zimmer liegen Richtung Süden mit Blick ins Grüne und auf das Dorf. Eingang und Zimmer stufenlos erreichbar. Türbreite vom Eingang 90 cm.

Geeignet für Senioren, Gehbehinderte und Familien mit geistig Behinderten; bedingt geeignet für Rollstuhlfahrer (nur mit Begleitung). Türbreiten: Zimmer 80 cm, Bad mit WC 70 cm. Badezimmer nicht mit dem Rollstuhl befahrbar. Toilettenstuhl für Rollstuhlfahrer vorhanden. Bett kann durch zusätzliche Auflage einer Matratze erhöht werden.

Lage: Ortsmitte und Einkaufen 300 m; Bhf. 2 km; Arzt und Apotheke 4 km; Krankenhaus 10 km. Umgebung hügelig, Wanderwege hügelig.

Preise: die Wohnung kostet für 4 Personen 65,- DM pro Tag, für jede weitere Person 5,- DM. Bettwäsche wird gestellt. Handtücher sind mitzubringen. Für Begleitpersonen sind im Dachgeschoß zusätzlich 2 Doppelzimmer vorhanden.

Hotel Waldhaus Jakob — 78464 Konstanz

Baden-Württemberg, Bodensee

Eichhornstr. 84, Tel. (07531) 81000, Fax: (07531) 810067. Schönes Hotel mitten im Naturschutzgebiet, etwas außerhalb der Konstanzer Innenstadt; 1988 modernisiert und zu einer modernen Bildungsstätte ausgebaut. 39 komfortable Zimmer, Eingang und Garten mit Rampe erreichbar. Frühstücksraum und Restaurant stufenlos, Zimmer mit dem Aufzug erreichbar. Türbreite vom Aufzug 80 cm (Tiefe 200 cm, Breite 125 cm). **Geeignet** für Gehbehinderte und Rollstuhlfahrer. 2 Zimmer rollstuhlgerecht. Türbreiten der Zimmer und Badezimmer 100 cm. Freiraum in Du/WC 140 x 140 cm, Freiraum links/rechts neben WC 40 cm, davor 180 cm. Dusche und Waschbecken unterfahrbar. Kippspiegel, festinstallierter Duschsitz und stabile Haltegriffe an Du/WC und Waschbecken vorhanden.

Lage: Zur Ortsmitte 1,5 km; Bodensee 50 m; Hallenbad und Freibad 50 m; Arzt 500 m; Einkaufen, Apotheke, Krankenhaus 800 m; Bahnhof 1,5 km.
Zimmerpreise: EZ 100,- DM; DZ 180,- DM.

Mago-Hotel garni — 78462 Konstanz

Baden-Württemberg, Bodensee

Bahnhofplatz 4, Tel. (07531) 12891-0, Fax: (07531) 12891-50. Hotel garni mit 31 Zimmern. Parkplatz, Eingang, Frühstücksraum und Zimmer (mit dem Aufzug) stufenlos erreichbar. Türbreite vom Aufzug 80 cm (Tiefe 130 cm, Breite 105 cm).

Geeignet für Gehbehinderte und Familien mit geistig Behinderten; nur mit Einschränkung geeignet für Rollstuhlfahrer mit Begleitung. Türbreite der Zimmer 80 cm, vom Bad nur 62 cm. Badezimmer für Rollstuhl zu klein (Freiraum 65 x 80 cm).

Lage: Zur Ortsmitte 1,5 km; Bodensee 50 m; Hallenbad und Freibad 50 m; Arzt 500 m; Einkaufen, Apotheke, Krankenhaus 800 m; Bahnhof 1,5 km.
Zimmerpreise: EZ 130,- DM; DZ 180,- DM.

Gästehaus Lell — 74653 Künzelsau-Belsenberg

Baden-Württemberg, Hohenlohe

Familie Inge Lell, Leimengrube 7, Tel. und Fax: (07940) 6103. 2 ruhige Ferienwohnungen, ca. 60-70 qm, für 2-6 Personen, mit Wohn-Schlafraum, ein bzw. zwei Schlafzimmer, Du/WC und Eßküche. Eingang mit Rampe.

Geeignet für Rollstuhlfahrer und Familien mit geistig Behinderten bis 6 Personen (1 bis 2 Rollstuhlfahrer). Ferienwohnung im EG rollstuhlgerecht. Türbreiten der Zimmer und von Du/WC 100 cm. Freiraum in Du/WC 150 x 150 cm. Dusche schwellenlos unterfahrbar. Ansonsten keine Hilfsmittel, keine Haltegriffe. Vermieterin ist Krankenschwester.

Lage: Belsenberg ist ein verträumtes Weindorf, 4 km von Künzelsau entfernt. Zur Ortsmitte 1 km; Einkaufen, Arzt, Apotheke, Krankenhaus, Dialyse, Freibad und Hallenbad 4 km (in Künzelsau). Umgebung: am Tal flach, Seitenlagen hügelig bis steil.
Preis für die Ferienwohnung ab 55,- DM bei Belegung mit 2 Personen.

Feriendorf Roseneck 74595 Langenburg

Baden-Württemberg, Hohenloher Land

Roseneck 5, Tel. (07905) 9108-0, Fax: (07905) 9108-20. Das Familienferiendorf Roseneck mit 38 Ferienhäusern (für jeweils 6 bis 8 Personen) liegt am Rande der Stadt Langenburg (Luftkurort 450 m) im Hohenloher Land.

8 Ferienhäuser sind behindertengerecht und für Rollstuhlfahrer eingerichtet. Die Häuser sind familiengerecht, zweckmäßig und komplett eingerichtet mit Wohnzimmer, Küche, Schlafzimmer und 1-2 Kinderschlafräume (Etagenbetten); zusätzliches Kleinkinderbett möglich. Waschraum mit Dusche, WC; Terrasse oder Balkon. Sozial benachteiligte Personengruppen haben bei der Belegung Vorrang.

Geeignet für Gehbehinderte (bis 100 Personen), Rollstuhlfahrer (bis 32 Personen) sowie Familien und Gruppen mit geistig Behinderten (ca. 100 Personen). Parkplatz und Eingang sind stufenlos, die Türen 97 cm breit. Bei 8 Ferienhäusern sind auch die Badezimmer **rollstuhlgerecht**. Türbreiten der Zimmer und von Du/WC 97 cm. Bewegungsfreiraum in Du/WC 200 x 120 cm. Freiraum links neben WC 60 cm, rechts 100 cm, davor 120 cm. Dusche und Waschbecken unterfahrbar, Duschhocker vorhanden. Stabile Haltegriffe an Dusche und WC.

Lage: Zur Ortsmitte 1,5 km; Bushaltestelle, Spielplatz im Feriendorf; Freibad und Kleingolfanlage 400 m (beide rollstuhlgerecht); Halfpipe-Anlage; Hallenbad 7 km; Tennisplatz 1 km; Apotheke 1,2 km; Krankenhaus 16 km; **Dialyse** 25 km. Es gibt flache und geteerte, aber auch hügelige Wanderwege.

Preis pro Haus mit 6 Betten ab 4 Übernachtungen 89,- bis 94,- DM, mit 7-8 Betten 117,- bis 140,- DM; Zusatzbett pro Tag 7,- bis 14,- DM. Bettwäsche pro Person 10,- DM. Energiekosten pro Haus/Tag 8,- bis 20,- DM je nach Saison. Frühstück für Erw. 8,10 DM, Kinder (7-13 J.) 6,10 DM, Kinder (2-6 J.) 4,10 DM. Mittagessen für Erw. 11,20 DM, Kinder (7-13 J.) 8,40 DM, Kinder (2-6 J.) 5,60 DM. Hausprospekt und eine ausführliche Preisliste mit Sonderangeboten kann angefordert werden. Für Familien mit Kindern und für Gruppen besonders empfehlenswert.

Familienferiendorf Langenargen 88085 Langenargen

Baden-Württemberg, Bodensee

Leitung: Ehepaar Kapp, Rosenstr. 11, Tel. (07543) 93210, Fax: (07543) 932155. 23 Ferienhäuser und 11 Ferienwohnungen unterschiedlicher Größen für bis zu 8 Personen (mehrere Duschen im Haus). Rollstuhlgerechte Erdgeschosse mit entsprechenden Naßräumen. Zentrales Haus mit Eßbereichen, Aufzug zur Kegelbahn,

Freizeit- und Gruppenräume, großer Kinderbetreuungsraum, Außenbereich mit Spielplätzen, Tischtennishalle und Grillplatz.

Geeignet für Familien mit behinderten Angehörigen, **Gruppen** bis 150 Personen, darunter 30 Rollstuhlfahrer.

Preise: Familienerholungszeiten Wohnungs- und Hauspreise von 69,- bis 155,- DM pro Tag. Mittagessen für 7,50 und 11,- DM. Für Gruppen gesonderte Preisliste anfordern.

Litz-Apartments — 88085 Langenargen

Baden-Württemberg, Bodensee

Obere Seestr. 11, Tel. (07543) 9311-0, Fax: (07543) 9311-200. In der verkehrsberuhigten Ortsmitte von Langenargen liegen diese 6 neuerbauten Ferienwohnungen (4 rollstuhlgerecht), nur 1 Minute von der herrlichen Uferpromenade des Bodensees entfernt. Stufenlos von den Wohnungen zu allen öffentlichen und privaten Einrichtungen: Kurhaus, Münzhof, Kirchen, Ärzte, Apotheken, Restaurants und sämtliche Einkaufsgeschäfte in nur 1 bis 3 Minuten erreichbar.

Die Apartments haben je nach Größe 1 bis 2 separate Schlafzimmer, Wohnzimmer, Küche, Eßplatz, Kabel-TV, Telefon, Fax-Anschluß, Dusche/WC, teilweise mit Balkon oder Loggia. Parkplatz, Eingang und Apartments (teils im EG, teils mit dem Aufzug) stufenlos erreichbar. Türbreite vom Aufzug 90 cm (Tiefe 140 cm, Breite 110 cm).

Geeignet für Rollstuhlfahrer, Gehbehinderte, Familien mit geistig Behinderten. 4 Apartments sind nach DIN 18024/25 **rollstuhlgerecht.** Türbreite der Zimmer und von Du/WC 96 cm. Bewegungsfreiraum in Du/WC 140 x 180 cm. Freiraum links neben WC 110 cm, rechts 20 cm, davor 180 cm. Waschbecken und Dusche unterfahrbar. Stabiler Duschsitz, Haltegriffe an Dusche und WC, großer Flächenspiegel und Notruf vorhanden.

Lage: Ruhige Lage im Ortszentrum, 1 Minute von der Uferpromenade des Bodensees entfernt. In unmittelbarer Nähe auch der Bootshafen und die Anlegestelle der Bodenseeschifffahrt. Einkaufen, Arzt, Apotheke 100 m; Bahnhof 500 m; Hallenbad 600 m; Freibad, Tennisplatz und Tennishalle 1,5 km; Krankenhaus 9 km; **Dialyse** 10 km. Endlose ebene Spazierwege; Schifffahrten zu vielen schönen Orten am Bodensee sind auch für Rollifahrer kein Problem.

Preis pro Apartment je nach Größe und Saison 130,- bis 170,- DM pro Tag.

Ferienwohnung — 88085 Langenargen

Baden-Württemberg, Bodensee

Christa Quentin und Albert Huthmann, Hungerberg 29, Tel. (07543) 49358. 56 qm große, rollstuhlgerechte Ferienwohnung (Einraumwohnung, eigener Freisitz, eigener Eingang) **für Nichtraucher**, für 2 bis 4 Personen.

Geeignet für Gehbehinderte, Rollstuhlfahrer und Familien mit geistig Behinderten. Eingang stufenlos, alle Türen 100 cm breit. Gefliester Boden - mit dem Rollstuhl optimal befahrbar. Die Küchenzeile ist mit dem Rollstuhl unterfahrbar. Bettenhöhe 48 cm; Kopf- und Fußteil höhenverstellbar. Aufrichthilfen über Bett und WC. Du/WC sind nach DIN 18024/18025 **rollstuhlgerecht.** Die Dusche ist unterfahrbar; stabiler HEWI-Duschhocker und höhenjustierbarer Duschkopf; Bedienungselement vom Duschhocker aus gut erreichbar. Stabile Haltegriffe an Dusche, Waschbecken und WC. WC (mit Gesäßdusche) 52 cm hoch. Waschmaschine vorhanden. Frau Quentin ist Altenpflegerin und hat 10jährige Berufserfahrung mit geistig behinderten Kindern.

Lage: Zum Bodensee 700 m; Freibad, Tennisplatz 1 km; Bus 500 m; zur Ortsmitte, Apotheke, Hallenbad 1,9 km.

Preise: Für 2 Pers. pro Tag 90,- DM, inkl. Endreinigung; jede weitere Person 10,- DM. Besonders empfehlenswertes Haus, von Lesern schon oft gelobt.

Ferienwohnungen-Pension Winterhalder — 79853 Lenzkirch-Kappel

Baden-Württemberg, Schwarzwald

Erlenbachweg 2, Tel. (07653) 244. 2 Ferienwohnungen; Parkplatz, Seiteneingang, Restaurant, Frühstücksraum, Terrasse und Zimmer stufenlos erreichbar. Alle Türen mindestens 100 cm breit.

Die Ferienwohnungen sind für 2 bis 4 Personen geeignet und für Rollstuhlfahrer ausgestattet.

Bad/WC mit Schiebetüren. Bad/Toilette in Ferienwohnung I ist mit Schwenkstützgriffen und Strickleiter ausgestattet; in Ferienwohnung II mit Haltegriffen, Strickleiter, Badehelfer "Meyra 216/17". Freiraum in Bad/WC 170 x 100 cm; im separaten WC 110 x 150 cm.

Sehr gut geeignet für Rollstuhlfahrer und Gehbehinderte. Bereits beim Landeswettbewerb für eine behindertenfreundliche Umwelt 1977/78 ausgezeichnet.

Lage: Im Zentrum; Bus 100 m; Einkaufen 300 m; Arzt, Apotheke, Kuranwendungen und Minigolf 3 km; Krankenhaus 7 km; Freibad, Grillplatz und Tennisplatz 1 km;

Angeln 10 km; Spielplatz und Freiluftschach 500 m. Wege überwiegend befestigt, Umgebung flach bis leicht hügelig.

Preise: Ferienwohnung für 2 Pers. 66,- DM, in der Nachsaison 59,40 DM. Whg. für 4 Personen 84,- DM, in der Nachsaison 75,60 DM; Endreinigung 40,- DM. Weitere Zimmerpreise und Übern./Frühstück auf Anfrage. Kinderermäßigung.

Landgasthof Hotel-Restaurant Roger — 74245 Löwenstein-Hößlinsülz

Baden-Württemberg, Löwensteiner Berge

Heiligenfeldstr. 56, Tel. (07130) 230, Fax: 6033. Gästehaus mit rustikaler Innenausstattung, 43 Gästezimmer mit Bad oder Du/WC, Telefon, TV und überwiegend mit Balkon. Tagungs- und Konferenzräume. Eingang, Rezeption, Restaurant und Aufzug stufenlos erreichbar, alle Türen 100 cm breit, ebenfalls Aufzugstür (Tiefe 150 cm, Breite 120 cm).

Geeignet für Gehbehinderte. Bedingt geeignet für Rollstuhlfahrer: 4 Zimmer mit Bad oder Du/WC, nicht rollstuhlgerecht. Türbreite der Zimmer und Badezimmer 100 cm. Raumgröße von Bad/WC 250 x 200 cm; Freiraum in Bad/WC 130 x 130 cm; Freiraum links und rechts neben WC 35 cm (nicht seitlich anfahrbar), davor 150 cm, Dusche nicht unterfahrbar.

Lage: Ruhige, waldnahe Lage; Ortsmitte 300 m; Bahnhof 2,5 km; Bus 500 m; Apotheke 2,5 km; Spielplatz 50 m; Freibad 1,5 km; Hallenbad 12 km; See 800 m.
Zimmerpreise: EZ 75,- bis 95,- DM; DZ 110,- bis 170,- DM.

Hotel Klosterpost — 75433 Maulbronn

Baden-Württemberg

Frankfurter Str. 2, Tel. (07043) 1080, Fax: 108299. Das Hotel Klosterpost verfügt über einen rollstuhlgerechten Neubau. Zimmer mit Bad/Du/WC, Telefon, Farb-TV, Radio. Eingang, Rezeption, Restaurant und Aufzug stufenlos erreichbar. Alle Türen ausreichend breit, Innenmaße vom Aufzug 120 x 120 cm.

Geeignet für Rollstuhlfahrer, Gehbehinderte und andere Behinderte (auch Gruppen). 3 Zimmer mit Du/WC sind rollstuhlgerecht nach DIN 18024 ausgestattet. Bewegungsfreiraum in Du/WC 140 x 140 cm; Dusche und Waschbecken unterfahrbar. Freiraum rechts neben WC 140 cm. Weitere 17 Zimmer bedingt rollstuhlgeeignet.

Lage: Ortsmitte und Apotheke 100 m; Bus, Tennisplatz und Tennishalle 500 m; Bahnhof 12 km; Freibad 200 m, See 200 m und 2 km.
Zimmerpreise: EZ ab 99,- DM; DZ-Rollstuhlzimmer 199,- für 2 Pers. inklusive Frühstück.

Feriendorf Tieringen — 72469 Meßstetten

Baden-Württemberg, Schwäbische Alb

Tel. (07436) 9291-0, Fax: (07436) 9291-20. Feriendorf mit 40 Häusern mit jeweils 6 oder 8 Betten. Große, weitläufige Anlage, umgeben von Wiesen und Wäldern, großer Abenteuerspielplatz für Kinder. Hallenbad, Sauna, Tischtennisraum, Speisesaal, Theke, Bücherei, Kiosk, Kaminzimmer und zwei Gruppenräume im Haupthaus. Jedes Haus mit Wohnzimmer, Terrasse oder Balkon, Waschraum mit Dusche, ein WC, Küche.

Geeignet für Rollstuhlfahrer (4 Häuser behindertengerecht eingerichtet), andere Behinderte, Familien und **Gruppen**. Bei den 4 behindertengerechten Häusern sind die Duschen unterfahrbar; Duschhocker und stabile Haltegriffe an Dusche und WC vorhanden.

In den Schulferien ist die Anlage Familien mit schulpflichtigen Kindern, Familien mit behinderten Kindern und Alleinerziehenden mit Kindern vorbehalten; außerhalb der Ferien sind auch andere Freizeitgruppen willkommen.

Lage: Westlicher Teil der Schwäbischen Alb, am Ortsrand von Tieringen gelegen, reizvolle Umgebung.

Preise pro Tag für Häuser mit jeweils 6 bis 8 Betten ab 4 Übernachtungen 91,- bis 132,- DM je nach Hausgröße. Ausführliche Preisliste mit Preisen für Verpflegung, Sonderangebote, Ermäßigungen in der Nebensaison usw. auf Anfrage.

Mayerhof
Urlaub auf dem Bauernhof — 88416 Mittelbuch-Ochsenhausen

Baden-Württemberg, Oberschwaben

Manfred Mayer, Dietenwengerstr. 17-19, Tel. (07352) 613 oder 7268, Fax: (07352) 7268. Ferienbauernhof mit einem Ferienhaus und drei Ferienwohnungen. Für Familien mit Kindern besonders empfehlenswert. Ponys auf dem Hof, Schwimmbecken für Kinder, Kinderspielplatz.

Geeignet für Gehbehinderte und Familien mit geistig Behinderten, für Rollstuhlfahrer mit Einschränkungen geeignet. 2 Ferienwohnungen, komplett eingerichtet mit Bad/Du, Küche und TV, sind für Rollstuhlfahrer nur bedingt geeignet, da Bad, Dusche, WC relativ klein sind. Eingang stufenlos, Türbreite 90 cm, Badezimmertür geht nach innen auf, Bewegungsfreiraum 120 x 120 cm, Freiraum vor dem WC 120 cm, links und rechts vom WC ca. 50 cm. Dusche nicht unterfahrbar; keine Haltegriffe vorhanden.

Lage: Ortsmitte, Einkaufen 100 m; Spielplatz am Haus; Bus 50 m; Arzt, Apotheke, Krankenhaus 6 km; Badesee 5 km. Umgebung leicht hügelig.

Preis je Ferienwohnung pro Tag 55,- bis 90,- DM; Endreinigung 40,- DM.

Europa Comfort Hotel Neckarsulm — 74172 Neckarsulm

Baden-Württemberg, Neckarland

Heiner-Fleischmann-Str. 8, Tel. (07132) 9100, Fax: (07132) 910444. Hotel mit 96 komfort. Zimmern mit Du/Bad/WC, Telefon, Minibar, TV, Video, Fax, Hotelbar und Frühstücksraum. 6 Tagungsräume für bis zu 80 Personen. Parkplatz, Eingang, Frühstücksraum und Restaurant (im Nebengebäude) stufenlos erreichbar.

Geeignet für Rollstuhlfahrer, Gehbehinderte und Familien mit geistig Behinderten. 1 Zimmer rollstuhlgerecht. Türbreiten von Zimmer und Bad/WC 80 cm. Dusche schwellenlos unterfahrbar, festinstallierter Duschsitz vorhanden.

Lage: Zur Ortsmitte 1,5 km; Einkaufen, Arzt, Apotheke 500 m; Bahnhof 1,5 km; Krankenhaus 2,5 km.

Zimmerpreise: EZ 129,- bis 167,- DM; DZ 138,- bis 214,- DM inkl. Frühstück.

Park- und Sporthotel Stumpf — 74867 Neunkirchen

Baden-Württemberg, Neckar-Odenwald

Zeilweg 16, Tel. (06262) 9229-0, Fax: (06262) 9229-100. Hotel mit 47 Zimmern, alle mit Bad, WC, Telefon, TV, z.T. mit Balkon. Parkplatz, Eingang, Frühstücksraum, Restaurant und Aufzug (Tiefe 140 cm, Breite 110 cm) und die Zimmer (mit dem Aufzug) stufenlos erreichbar. Alle Türen mindestens 80 cm breit.

Geeignet für Gehbehinderte (10 Zimmer), Familien mit geistig Behinderten und Rollstuhlfahrer (1 Zimmer): Türbreite vom Zimmer 80 cm, von Du/WC 80 cm. Bewegungsfreiraum in Du/WC 300 x 150 cm, Freiraum vor dem WC 150 cm. Dusche und Waschbecken unterfahrbar, Haltegriffe an Du/WC vorhanden. Im Zimmer erhöhte Betten.

Lage: Mitten im Grünen in einer parkähnlichen Anlage. Ortsmitte, Einkaufen, Arzt 1 km; Bus 200 m; Apotheke, Freibad 3 km; Hallenbad im Haus; Bahnhof, Krankenhaus, Kuranwendungen, Tennishalle 12 km; Spielplatz und Tennisplatz am Haus.

Zimmerpreise inkl. Frühstück je nach Ausstattung: EZ 108,- bis 139,- DM; DZ 212,- bis 252,- DM. HP pro Person 28,- DM, VP 42,- DM. Kinder bis 10 Jahre frei; 11 bis 14 Jahre im Zimmer der Eltern 50,- DM.

Hotel Am Schlossberg — 72622 Nürtingen

Baden-Württemberg, Schwäbische Alb

Europastr. 13, Tel. (07022) 704-0, Fax: (07022) 704343. Hotel mit 171 Zimmern mit Bad/Du/WC, Radio, TV, Telefon und Minibar. Hallenbad, Whirlpool, Sauna, Solarium. 16 Konferenzräume für bis zu 450 Personen. Haupteingang und Aufzug stufenlos erreichbar. Türbreiten: Eingang 250 cm, Restaurant 100 cm, Aufzug 80 cm (Tiefe 200 cm, Breite 110 cm).

Geeignet für Gehbehinderte, bedingt geeignet für Rollstuhlfahrer mit Begleitung

(10 Zimmer). Im 1. OG gibt es ein behindertengerechtes WC (mit dem Aufzug erreichbar). Türbreiten der Zimmer 94 cm, Badezimmer/WC 70 cm. Freiraum in Bad/WC 140 x 140 cm; Freiraum rechts neben WC 80 cm, davor 70 cm (eng). Dusche nicht unterfahrbar. Keine spezielle Zusatzausstattung für Rollstuhlfahrer. Bettenhöhe 45 bis 50 cm. Pflegedienst bei der Diakoniestation Nürtingen (Tel. 07022 / 93277-14).

Lage: Ortsmitte und Bahnhof 200 m; Bus 100 m; Apotheke 50 m; ebenerdige Einkaufsmöglichkeiten vorhanden; Spielplatz 200 m.

Preise: EZ 185,- bis 215,- DM; DZ 220,- bis 240,- DM. Fr - So: EZ 138,- DM, DZ 176,- DM.

Ferienbauernhof Breigenhof — 77784 Oberharmersbach

Baden-Württemberg, Schwarzwald, Ortenau

Billersberg 1, Tel. (07837) 615. Ferienbauernhof mit 3 neuen Ferienwohnungen, 2 davon rollstuhlgerecht, für je 6 Pers., 80 qm. Spielplatz, große und kleine Tiere auf dem Hof. Nahrungsmittel aus eigener Produktion (Brotbacken). Zwei Schlafzimmer und ein Wohn-Schlafraum, TV-Anschluß, Küche, Bad/WC. Parkplatz, Eingang und alle Räume stufenlos erreichbar.

Geeignet für Rollstuhlfahrer und Familien mit geistig Behinderten, auch für **Gruppen**. Türbreite von Zimmer und Du/WC 93 cm; Freiraum in Du/WC 120 x 160 cm; Freiraum rechts neben WC 110 cm, davor 120 cm; Waschbecken und Dusche ebenerdig unterfahrbar. Kippspiegel, Lifter, stabiler Duschhocker und stabile Haltegriffe an Dusche und WC vorhanden.

Lage: 1 km entfernt vom Dorf in freier Lage. Umgebung ist flach, hügelig bis steil, jedoch viele Wanderwege mit dem E-Rollstuhl gut befahrbar (Familienmitglied ist selbst Rollstuhlfahrer). Viele Ausflugsziele möglich. PKW vorteilhaft.

Preis pro Tag für die Ferienwohnung für 2 Personen ab 48,- DM; jede weitere Person 7,- DM; Endreinigung 30,- DM. Abholung vom Bahnhof möglich.

Gasthof Familienhotel „Zur Stube" — 77784 Oberharmersbach

Baden-Württemberg, Schwarzwald, Ortenau

Familie Schäck, Tel. (07837) 207, Fax: (07837) 494. Internet: www.zur-stube.de. Kinderfreundliches, gemütliches Hotel mit 50 modernen Zimmern. Parkplatz, Eingang, Frühstücksraum, Restaurant, Garten, Aufzug (Tiefe 150 cm, Breite 110 cm) und die Zimmer (mit dem Aufzug) stufenlos erreichbar. Türen 92 cm breit.

Geeignet für Rollstuhlfahrer und Familien mit geistig Behinderten. 3 Zimmer rollstuhlgerecht: Türbreite der Zimmer und von Du/WC 94 cm. Freiraum in Du/WC 200 x 235 cm, Freiraum links neben WC 64 cm, davor 190 cm. Dusche unterfahrbar, Duschhocker vorhanden, stabiler Haltegriff am WC.

Lage: Reizvolle Umgebung im Herzen des Schwarzwaldes. Einkaufen 50 m; Bahnhof, Bus, Spielplatz 150 m; Arzt, Freibad 1 km; Hallenbad 1,2 km; Tennisplatz 200 m; Apotheke und Krankenhaus 6 km; Tennishalle 7 km. Umgebung flach.

Preis pro Person: Übernachtung mit Frühstück 65,- DM, inkl. Halbpension 85,- DM. Kur-Taxe 1,50 DM/Tag. Für Familien mit Kindern besonders empfehlenswert.

Hotel-Pension Bären — 77784 Oberharmersbach

Baden-Württemberg, Schwarzwald, Ortenau

Rainer Kuber, Dorfstr. 35, Tel. (07837) 92880, Fax: (07837) 1280, E-Mail: Baeren.Oberharmersbach@t-online.de, Internet: www.baeren-oberharmersbach.de. Sehr ruhig gelegene Hotel-Pension mit 85 Doppel- und 30 Einzelzimmern, alle mit Bad/WC, rustikal und im Schwarzwaldstil eingerichtet. Behindertenparkplatz hinter dem Haus.

Geeignete Räume für Tagungen, Konferenzen und Festlichkeiten für bis zu 350 Personen. Große, mit Gesundheitsliegen ausgestattete Liegewiese. Hoteleigene Metzgerei und Konditorei. Mehrfacher Preisträger „Schönes Gästehaus" in der Ortenau. Eingang, Rezeption, Restaurant und Aufzug stufenlos erreichbar. Innenmaße vom Aufzug: Tiefe 200 cm, Breite 100 cm.

Geeignet für Rollstuhlfahrer und Gehbehinderte. 10 Zimmer mit Du/WC sind mit dem Aufzug stufenlos erreichbar. Türbreite der Zimmer und von Du/WC 70 cm, bei 2 Zimmern 82 cm. Raumgröße von Du/WC 300 x 140 cm; Freiraum in 2 Badezimmern mit Du/WC 150 x 140 cm. Dusche schwellenlos unterfahrbar; Duschhocker vorhanden. Bettenhöhe 50 cm. Abholservice vom Bahnhof zum Hotel möglich.

Lage: In der Mitte des kleinen Fremdenverkehrsortes; ruhige Lage; großer Garten und Liegewiese; Bus 100 m; Freibad 1 km; Hallenbad und Apotheke 5 km; Tennishalle 6 km; Tennisplatz 200 m.

Preis für 2 Personen mit Frühstück im DZ 80,- bis 120,- DM (40,- bis 60,- DM pro Person).

Waldpension Hengsthof — 77704 Oberkirch-Ödsbach

Baden-Württemberg, Schwarzwald

Familie Huber, Hengstbachstr. 14, Tel.: (07804) 809, Fax: (07804) 910181, Internet: http://www.badenpage.de/oberkirch/hengsthof. Haus in Einzellage, umgeben von Wald und Wiesen. Doppelzimmer, teilweise mit Du/WC und eine Ferienwohnung mit Du/WC und TV (für 4 Personen).

Das Haus verfügt über beheiztes Hallenbad, Freiland-Kegelbahnen, Tischtennisraum, Gästeküche, separates Eßzimmer, Aufenthaltsraum (Wintergarten), Terrasse. Seit vielen Jahren beherbergt das idyllisch gelegene Haus regelmäßig Behindertengruppen, sowie Bewohner von Pflegeheimen und psychiatrischen Krankenhäusern.

Geeignet für Behinderte, geistig Behinderte, **psychisch Kranke mit Begleitung und in Gruppen bis 45 Personen** sowie für Gehbehinderte und Rollstuhlfahrer. 2 Doppel-/Dreibettzimmer mit Du/WC sind rollstuhlgerecht. Türbreiten der Zimmer und Badezimmer 80 cm; Freiraum in Dusche/WC 140 x 140 cm. Haltegriffe und abnehmbarer Duschsitz vorhanden. Waschbecken und Dusche sind unterfahrbar. Eingang und Gästezimmer sind stufenlos erreichbar.

Lage: Herrliche Einzellage inmitten einer Waldlandschaft, 550 m ü.M., ideale Wandermöglichkeiten. Allerheiligen Wasserfälle 20 km; Straßburg 40 km; Europapark Rust 50 km.

Preise: Übernachtung mit Frühstück ab 30,- DM, mit Vollpension ab 50,- DM pro Tag/Person. Die Gemeinde Oberkirch hat bei verschiedenen Straßenkreuzungen die Bordsteine abgesenkt und Parkflächen sowie den Stadtpark rollstuhlgerecht angelegt. Rollstuhlgerechte Unterkünfte auf Anfrage beim Verkehrsamt, Herr Bühler, Tel. (07802) 872242.

Waldhotel am Notschrei — 79254 Oberried über Freiburg

Baden-Württemberg, Süd-Schwarzwald

Freiburgerstr. 56, Tel. (07602) 9420-0, Fax: (07602) 9420-111, E-Mail: waldhotelam-notschrei@t-online.de. Idyllisch gelegen auf der Paßhöhe Notschrei auf 1121 m Höhe. Das Haus verfügt über Tagungs- und Konferenzmöglichkeiten, Panorama-Hallenbad, Sauna, Solarium, Hydro-Jet-Massageliege, Kegelbahn, Billardtisch, Bar, Café-Terrasse, Kinderspielzimmer, Restaurant. Parkplatz und Eingang stufenlos. Frühstücksraum, Restaurant und die Zimmer mit dem Aufzug stufenlos erreichbar.

Geeignet für Rollstuhlfahrer, Gehbehinderte und Familien mit geistig Behinderten. 2 Zimmer sind nach DIN 18024/25 rollstuhlgerecht ausgestattet, mit Farb-TV und Telefon. Türbreiten der Zimmer und von Du/WC 95 cm. Bewegungsfreiraum in

Du/WC 140 x 140 cm. Freiraum links neben dem WC 140 cm, rechts 40 cm, davor 140 cm. Dusche und Waschbecken unterfahrbar. Stabile Haltegriffe an Dusche und WC vorhanden.

Lage: Das Waldhotel am Notschrei ist zwischen dem Feldberg, Belchen und Schauinsland gelegen, direkt am Waldrand. Zur Ortsmitte 7 km; Einkaufen 3 km; Freibad, Arzt und Apotheke 7 km; Krankenhaus 15 km; **Dialyse** 20 km.

Zimmerpreise: Rollstuhlgerechtes Appartement für 2 Personen 180,- bis 220,- DM, für 3 Personen 230,- bis 250,- DM. Preise inklusive Frühstücksbuffet, Hallenbad- und Saunabenutzung, Billard und Tischtennis. Günstige Pauschalen auf Anfrage.

Hotel „Am Obstgarten" — 88094 Oberteuringen-Bitzenhofen

Baden-Württemberg, Bodensee

Gehrensbergstr. 16/1, Tel. (07546) 9220, Fax: (07546) 92288, E-Mail: info@am-obstgarten.de. Internet: www.am-obstgarten.de, . Hotel-Restaurant in sehr ruhiger Südhanglage. Komfortzimmer mit Balkon, Du/WC, Telefon und Kabel-TV. Lift vorhanden. Neu: Sauna, Dampfbad und Konferenzräume. Hauseingang 1,2 m breit.

Geeignet für Gehinderte und Rollstuhlfahrer: 19 Zimmer für Gehbehinderte geeignet, 2 Zimmer sind rollstuhlgerecht. Türbreite von Zimmer und Du/WC 94 cm. Freiraum links neben WC 120 cm, davor 100 cm. Dusche und Waschbecken rollstuhlgerecht unterfahrbar. Stabiler Duschhocker und stabiler Haltegriff am WC vorhanden.

Lage: Ortsmitte 1,8 km; Tennisplatz 2 km; Hallenbad 6 km; Freibad und Spielplatz beim Haus; Bahnhof 7 km; Flugplatz, Tennishalle, **Dialysezentrum**, Bodensee 10 km; Wassersport am Bodensee, Segeln und Schwimmen. Umgebung hügelig.

Preis pro Person und Tag 55,- bis 98,- DM.

Hotel Restaurant Lamm — 73760 Ostfildern-Scharnhausen

Baden-Württemberg, Raum Stuttgart

Plieninger Str. 3, Tel. (07158) 1706-0, Fax: (07158) 1706-44. Gemütlich und stilvoll eingerichtetes Hotel, seit 7 Generationen von Familie Gehrung geführt, mit 35 Zimmern mit TV, Radiowecker, Telefon, Schreibtisch, WC, Bad oder Dusche. Hauseigene Metzgerei, gute Küche. Konferenzraum für 30 Personen. Sauna und Solarium. Jogging- und Wanderpfade direkt vor der Haustür. Parkplatz, Eingang, Frühstücksraum, Restaurant, Sauna, Garten und die Zimmer (mit dem Aufzug) stufenlos erreichbar. Türbreite vom Aufzug 90 cm (Tiefe 108 cm, Breite 145 cm).

Geeignet für Rollstuhlfahrer und Gehbehinderte: 2 Zimmer nach DIN 18024/25 rollstuhlgerecht. Türbreite der Zimmer 93 cm, von Du/WC 94 cm. Bewegungsfreiraum in

Du/WC 129 x 145 cm; Freiraum links neben WC 24 cm, rechts 98 cm, davor 120 cm. Waschbecken und Dusche unterfahrbar. Festinstallierter Duschsitz, Kippspiegel und stabile Haltegriffe an Dusche und WC vorhanden. Bettenhöhe 49 cm.

Lage: Ortsmitte von Ostfildern; Arzt, Tennisplatz 500 m; Apotheke 100 m; Spielplatz 200 m; Hallenbad, Tennishalle 2 km; Freibad 4 km; Krankenhaus 2 km. Im Körschtal flache Wanderwege.

Zimmerpreise: EZ 118,- bis 178,- DM; DZ 128,- bis 218,- DM.

Holiday Inn Garden Court — 76437 Rastatt

Baden-Württemberg, Schwarzwald

Karlsruher Str. 29, Tel. (07222) 924-0, Fax: 924-115. Hotel mit 129 Zimmern mit Bad/WC, Minibar, Kabel-TV, Radio und Telefon. Frühstücksraum, Restaurant, Bar, Konferenzräume bis 300 qm, Sauna, gebührenfreie Parkplätze. Eingang mit Rampe, ansonsten alle Einrichtungen ebenerdig oder mit dem Aufzug erreichbar. Türbreite vom Aufzug 90 cm (Tiefe 130 cm, Breite 160 cm).

Geeignet für Rollstuhlfahrer, Gehbehinderte, Dialysepatienten (**Dialyse** im Hotel). 3 rollstuhlgerechte Zimmer mit Bad/WC (Verbindungstür zum anliegenden Zimmer). Türbreite von Zimmer und Bad/WC 95 cm. Freiraum in Bad/WC 150 x 150 cm. Abstand rechts neben WC 105 cm, davor 150 cm. Dusche und Waschbecken unterfahrbar, festinstallierter Duschsitz und stabile Haltegriffe an Du/WC und Waschbecken vorhanden.

Lage: Zur Ortsmitte 2 km; Bahnhof und Bus 400 m; Apotheke 400 m; Krankenhaus 2 km; **Dialysezentrum und Arzt** im Hotel; Freibad und Hallenbad 2,5 km. Umgebung überwiegend flach.

Zimmerpreise: EZ und DZ ab 189,- DM. Frühstück 22,- DM pro Person. Preise am Wochenende: EZ/DZ 166,- DM, inkl. Frühstück.

FORA Hotel & Appartements — 72764 Reutlingen

Baden-Württemberg

Am Echazufer 22, Tel. (07121) 9240, Fax: (07121) 924444. Komfortables Hotel mit 104 Zimmern und 47 Appartements mit Bad/Du/WC, TV, Minibar, Telefon und Telefax. Konferenzzentrum, Restaurant, Café, Bar, Sauna und Solarium. Haupteingang stufenlos. Türbreiten: Eingang 115 cm, Aufzug 100 cm (Tiefe 180 cm, Breite 100 cm).

Geeignet für Rollstuhlfahrer und Gehbehinderte. Ein Zimmer mit Bad/WC speziell für Rollstuhlfahrer ausgestattet. Tür vom Zimmer 90 cm breit, vom Bad/WC 120 cm. Raumgröße von Bad/WC 250 x 200 cm; Freiraum 150 x 150 cm. Dusche schwellenlos unterfahrbar; durchgehender Waschtisch mit integriertem Waschbecken, unterfahrbar. Duschhocker und stabile Haltegriffe an Dusche und WC vorhanden. Bettenhöhe 50 cm. Pflegedienst kann auf Anfrage organisiert werden.

Lage: Ortsmitte, Bahnhof 1,5 km; Bus und Apotheke 400 m; Hallenbad 500 m.

Zimmerpreise inkl. Frühstück: EZ 135,- bis 195,- DM; DZ 165,- bis 245,- DM; Zusatzbett 50,- DM. Kinder bis 12 J. im Zimmer der Eltern frei.

Ringhotel Kleber-Post — 88348 Saulgau

Baden-Württemberg, Bodensee-Oberschwaben

Familie Kleber, Hauptstr. 100, Tel. (07581) 501-0, Fax: (07581) 501-461. Traditionsreiches, äußerst gepflegtes und stilvoll eingerichtetes Haus mit 65 bildschönen Zimmern mit Du/Bad/WC, Telefon, Kabel-TV, Radio, Minibar, teilw. Fax-Anschluß. Sehr gute Küche, bestens sortierter Weinkeller mit 150 Weinen (Weinproben werden angeboten). Konferenzen, Tagungen und Seminare für bis zu 90 Personen. Parkplatz, Eingang, Frühstücksraum, Restaurant, Garten, Garage (mit Rampe) und die Zimmer (mit dem Aufzug) stufenlos erreichbar. Türbreite vom Aufzug 90 cm (Tiefe 155 cm, Breite 103 cm).

Geeignet für Rollstuhlfahrer, Gehbehinderte und Familien mit geistig Behinderten. 1 Zimmer nach DIN 18024 rollstuhlgerecht. Türbreite vom Zimmer 82 cm. Freiraum in Du/WC 147 x 147 cm. Freiraum links neben WC 88 cm, rechts 18 cm, davor 147 cm. Waschbecken und Dusche unterfahrbar. Kippspiegel, festinstallierter Duschsitz und stabile Haltegriffe an Dusche, Waschbecken und WC vorhanden. Bettenhöhe 47 cm.

Lage: Das Hotel liegt in der Stadt; Wege zum Stadtrand und Stadtpark sind flach; zum Thermalbad steil. Apotheke 10 m; Arzt 20 m; Bahnhof 50 m; Hallenbad 100 m; Tennisplatz und Tennishalle 500 m; Krankenhaus 150 m; **Dialyse** 30 km.

Zimmerpreise inkl. Frühstück: EZ ab 148,- DM; DZ ab 218,- DM.

Landgasthof Gästehaus Apfelblüte — 88682 Salem-Neufrach

Baden-Württemberg, Bodensee

Familie Partikel, Markdorferstr. 45, Tel. (07553) 92130, Fax: 921390. 1995 erbautes Gästehaus inmitten von Obstplantagen. Insgesamt 29 Zimmer, 55 Betten, alle Zimmer mit Du/WC, Telefon, TV. Parkplatz vor dem Haus stufenlos; Eingang 2 Stufen mit Rampe; vom Haus zum Garten über Rampe. Türbreiten: Eingang, Frühstücksbuffet, Restaurant 100 cm.

Geeignet für Rollstuhlfahrer: Ein Zimmer mit Du/WC im EG (Souterrain). Türbreite vom Zimmer 93 cm, von Du/WC 81 cm. Freiraum in Du/WC 140 x 140 cm, Freiraum links und rechts neben WC 85 cm, davor 140 cm; Dusche und Waschbecken mit Rollstuhl unterfahrbar. Duschhocker, Duschsitz, Haltegriffe an Du/WC und Waschbecken vorhanden.

Lage: In einer Obstplantage. Zur Ortsmitte 500 m; Bahnhof, Arzt 1 km; Bus, Einkaufen 500 m; Apotheke, Freibad, Hallenbad 4 km; Krankenhaus 8 km; **Dialyse** 24 km. Bodensee 10 PKW-Minuten.

Preise pro Person/Tag inkl. Frühstück je nach Ausstattung der Zimmer 40,- bis 60,- DM, HP-Zuschlag 22,- DM. Ferienwohnung je nach Saison 85,- bis 90,- DM pro Tag.

Hotel Mutzel — 79859 Schluchsee

Baden-Württemberg, Südschwarzwald

Im Wiesengrund 3, Tel. (07656) 556, Fax: (07656) 9175. Hotel mit 24 Zimmern, Parkplatz und Eingang stufenlos, Frühstücksraum, Restaurant und Zimmer mit dem Aufzug erreichbar. Türbreite vom Eingang 100 cm, vom Aufzug 80 cm (Tiefe 140 cm, Breite 110 cm).

Geeignet für Gehbehinderte und Rollstuhlfahrer (2 Zimmer). Türbreiten der Zimmer und von Du/WC 90 cm. Bewegungsfreiraum in Du/WC 150 x 150 cm, Freiraum rechts neben und vor dem WC 100 cm. Dusche und Waschbecken unterfahrbar. Festinstallierter Duschsitz und stabile Haltegriffe an Dusche und WC vorhanden.

Lage: Zur Ortsmitte 500 m; Arzt 150 m; Einkaufen, Apotheke, Spielplatz, Tennisplatz und Tennishalle 500 m; Freibad und Hallenbad 1 km.

Preis pro Übernachtung für Behindertenzimmer als EZ 80,- DM; als DZ 160,- DM.

Ferienwohnungen Haus Braun — 75328 Schömberg OT Oberlengenhardt

Baden-Württemberg, Schwarzwald

Zollernstr. 87, Tel. (07084) 9235-0 und 6220, Fax: (07084) 5371. Sechs gemütlich und komfortabel eingerichtete Ferienwohnungen für 2-5 Personen, 55 bis 63 qm groß, mit Schlaf- und Wohnzimmer, Küche, Bad, WC und Balkon. Haus Braun bietet außerdem einen Garten, Spielplatz, Grillhütte, Sauna, Telefon, Aufenthaltsraum mit Küche, Waschmaschine, Trockner und Fahrräder für Ausflüge. Parkplatz, Eingang und Garten stufenlos.

Geeignet für Rollstuhlfahrer (bis 2 Personen), Gehbehinderte (bis 6 Pers.) und Familien mit geistig Behinderten (auch Gruppen bis 16 Personen). Eine Ferienwohnung nach DIN 18024 rollstuhlgerecht. Türbreiten der Zimmer 90 cm, von Du/WC 88 cm. Freiraum in Du/WC 120 x 220 cm; Freiraum links neben WC 30 cm, rechts 83 cm, davor 120 cm. Waschbecken und Dusche unterfahrbar. Kippspiegel, festinstallierter Duschsitz sowie stabile Haltegriffe an Dusche, WC und Waschbecken vorhanden. Bettenhöhe 50 cm. Pflegedienst über die Diakoniestation auf Anfrage.

Lage: Das Haus befindet sich im Ortsteil Oberlengenhardt in sonniger Lage; idealer Ausgangspunkt für Wanderungen und Radtouren. Zur Ortsmitte sind es 3 km; Einkaufen 1 km; Arzt, Apotheke, Hallenbad, Tennisplatz und Tennishalle 3 km; Bahnhof, Freibad 5 km; Krankenhaus und **Dialyse** 15 km. Ebene Wander- und Rolliwege größtenteils flach, teils mit leichten Steigungen; ca. 120 km Rundwanderwege.

Preis pro Ferienwohnung/Tag für die 55 qm-Whg. (barrierefrei) für 2 Pers. je nach Aufenthaltsdauer 75,- bis 100,- DM. Für die 63 qm-Whg. bis 5 Pers. pro Tag 90,- bis 120,- DM. Mehrpreis für jede weitere Person 10,- DM. Preise inkl. Verbrauchs- und Nebenkosten, inkl. Endreinigung. Hinzu kommt die ortsübliche Kurtaxe (0,90 bis

1,10 DM/Tag/Erw.) sowie Telefongebühren (0,40 DM/Einheit). Abholservice vom Bahnhof Pforzheim für Behinderte, die im PKW mitfahren können. Pflegedienst und Pflegebett über die Diakoniestation Schömberg auf Anfrage.

Appartement-Vermietung Schönwald Edeltraud Wandschneider — 78141 Schönwald

Baden-Württemberg, Schwarzwald

Furtwangerstr. 3, Tel. (07722) 7153, Fax: (07722) 920541. 1 Zimmerappartement (Nr. 50, App. "Güttinger") bis 3 Personen, komplett eingerichtete Küche, Bad mit Wanne und WC, Terrasse mit Gartenmöbeln. Parkplatz und Eingang stufenlos, Appartement liegt im Erdgeschoß. Das hauseigene Hallenbad ist nur über 20 Stufen erreichbar.

Geeignet für Gehbehinderte und Familien mit geistig Behinderten. Freiraum in Du/WC 85 x 140 cm, Freiraum rechts neben WC 80 cm, davor 63 cm. Dusche unterfahrbar, keine Haltegriffe. Türbreite der Zimmer 86 cm, vom Bad 76 cm. Bettenhöhe 40 cm.

Lage: An der Südseite des Sommerberges in der Taunusstraße. Zur Ortsmitte 300 m; Arzt, Apotheke 300 m; Freibad und Tennisplatz 700 m; Spielplatz 150 m; Dialysezentrum 2 km; Bahnhof 7 km; Krankenhaus 8 km.

Preise pro Tag für die Ferienwhg. für 2 Personen 49,- DM, für 3. Person zzgl. 6 ,-DM pro Tag, inkl. Endreinigung.

Ringhotel „Zum Ochsen" — 78141 Schönwald

Baden-Württemberg, Schwarzwald

Ludwig-Uhland-Str. 18, Tel. (07722) 1045, Fax: (07722) 3018. Sehr schönes Schwarzwaldhotel inmitten eines 10 ha großen, hoteleigenen Geländes gelegen. 37 komfortabel und gemütlich ausgestattete Zimmer mit Dusche oder Bad/WC, Sat-TV, Telefon und Minibar, größtenteils mit Balkon oder Terrasse.

Vom Parkplatz zum Eingang 3 Stufen; Haupteingang weitere 5 Stufen, zum hauseigenen Hallenbad 12 Stufen. Frühstücksraum, Restaurant, Garten, Liegewiese und Kinderspielplatz stufenlos vom Haus aus erreichbar.

Geeignet für Behinderte, die in diesem Hause ausdrücklich willkommen sind, auch Familien mit geistig Behinderten, jedoch mit Einschränkung für Gehbehinderte (wegen der Stufen); nicht für Rollstuhlfahrer, ebenfalls wegen der Stufen und wegen der nicht rollstuhlgängigen Badezimmer.

Lage: Sehr schöne Lage auf freiem Gelände. Ortsmitte 300 m; Einkaufen 200 m; Bus 250 m; Arzt 350 m; Apotheke, Kuranwendungen, Freibad 500 m; Hallenbad im Hotel; Spielplatz, Tennisplatz und Golfplatz am Hotel, Tennishalle, Krankenhaus, **Dialysezentrum** 9 km.

Preise pro Person und Tag ab 94,- DM. Preis pro Woche je nach Saison und Zimmerkategorie inkl. Frühstück 602,- DM, inkl. HP 875,- bis 1.057,- DM, inkl. VP 970,- bis 1.155,- DM. Auch Vollwertkost oder Diät möglich.

Haus Berghof — 72296 Schopfloch-Oberiflingen

Baden-Württemberg, Schwarzwald

Berghofstr. 5, Tel. + Fax: (07443) 7474. E-Mail: Berghof-Wittig@t-online.de. Ferien- und Tagungshaus, Schullandheim, 12 Zimmer, 40 Betten. Eingang und Zimmer nur im Erdgeschoß ebenerdig zu erreichen. Im Erdgeschoß ein großer Speise- und Aufenthaltsraum, ein kleiner Tagungsraum, Sauna, überdachte Terrasse, Küche auch für Selbstversorger.

Geeignet für Gehbehinderte, Rollstuhlfahrer und geistig Behinderte. Platz für maximal 6 Rollstuhlfahrer. Türbreiten 82 cm, Duschen unterfahrbar, Duschrollstuhl vorhanden. Türbreiten der Zimmer und von Du/WC 86 cm. Bewegungsfreiraum in Du/WC 260 x 160 cm, Freiraum rechts neben und vor dem WC 100 cm. Dusche und Waschbecken unterfahrbar, Duschhocker und stabile Haltegriffe an Du/WC vorhanden. Bettenhöhe 50 cm.

Es werden nur Gruppen ab 15 Personen bis max. 40 Personen aufgenommen! Daher ist jede Gruppe für sich alleine auf dem Berghof.

Lage: 681 m ü.d.M. auf einer Hochebene; viele geteerte Feldwege erleichtern das Befahren mit Rollstühlen; ruhige Ortsrandlage; im Nordschwarzwald zwischen Freudenstadt und Horb gelegen (jeweils 15 km). Kleiner Garten am Haus; Bolzplatz 250 m; Spiel- und Grillplätze im Ort und in der näheren Umgebung; Frei- und Hallenbäder im Umkreis von 5 km; rollstuhlgerechtes Freizeitbad in Freudenstadt (15 km).

Preise mit Vollverpflegung: Erwachsene 40,- DM, Jugendliche bis 18 Jahre 37,- DM, Kinder bis 10 Jahre 34,- DM. Bei Selbstverpflegung 18,- DM pro Tag.

Familienferiendorf Eckenhof — 78713 Schramberg-Sulgen

Baden-Württemberg

Leitung: Ehepaar Schellhorn, Dr. Helmut-Junghans-Str. 50, Tel. (07422) 8644, Fax: (07422) 54128. 26 Ferienhäuser, davon 5 für Rollstuhlfahrer geeignet (bis zu 7 Personen); 11 Ferienwohnungen, davon 4 für Rollstuhlfahrer geeignet. Ebenerdig zugängliche Eßbereiche. Großer Außenbereich mit Grillplatz.

Geeignet für Familien mit behinderten Angehörigen und **Gruppen bis 80 Personen**, davon 15 Rollstuhlfahrer.

Preise: Familienerholungszeiten: Wohnungs- und Hauspreise von 89,- bis 141,- DM pro Tag. Mittagessen für 7,50 DM und 11,- DM.

Haus Waldhof — 77978 Schuttertal-Schweighausen

Baden-Württemberg, Mittlerer Schwarzwald

Vermieter: Club 82, Freizeitclub mit Behinderten e.V., Sandhasstraße 2, 77716 Haslach, Tel. (07832) 99 56 25, Fax: (07832) 99 56 35. **Selbstversorgerhaus nur für Gruppen mit Rollstuhlfahrern und anderen Behinderten.** Zwei getrennte Bereiche (Stockwerke) können einzeln oder zusammen gemietet werden. Jeweils Küche, Waschräume und Toiletten. Eine absolut rollstuhlgerecht ausgestattete Dusche mit Duschsitz und Behinderten-WC. Bereich I ist für 34 Personen geeignet, rollstuhlgerecht. Bereich II ist für 18 Personen geeignet, ebenfalls rollstuhlgerecht.

Das Haus hat überdachte Freiterrasse, Spielwiese mit Schaukel, Wippe, Wellenrutsche und Fußballtor, Grillstelle, Tischfußball, Tischtennis, Billard, TV und Medien für Vortragsveranstaltungen.

Geeignet für Gehbehinderte, Rollstuhlfahrer, Körperbehinderte und geistig Behinderte, **nur für Gruppen bis insgesamt 52 Personen.** Maße vom rollstuhlgerechten Badezimmer mit Dusche, Badewanne, Waschbecken und WC: Türbreite 80 cm, Bewegungsfreiraum 160 x 110 cm. Freiraum rechts neben WC 110 cm, davor 160 cm. Dusche und Waschbecken unterfahrbar. Festinstallierter Duschsitz, Duschhocker und stabile Haltegriffe an Dusche und WC vorhanden.

Lage: Idyllische Einzellage, umgeben von Tannen- und Birkenwäldern, ruhig und sonnig. Nächste Ortschaft 3 km (Schweighausen). Gruppen müssen über eigene Fahrzeuge

verfügen. **Preise** für Selbstverpflegung ab 16,50 DM pro Person bei **Behindertengruppen**. Für Jugendgruppen 17,50 DM pro Tag/Person; andere Gruppen 19,00 DM pro Tag und Person. Weitere Preise und Informationen auf Anfrage.

Mindestgröße der Gruppen 12 Personen im Wohnbereich II, 20 Personen im Wohnbereich I.

Service: Pflegedienst kann angeboten werden. Mit dem Projekt "Alleine Reisen" bietet der Club 82 außerdem einen weiteren Service an. So können verschiedene Hotels, Pensionen und Gasthäuser der Region Kinzigtal über den Club 82 gebucht werden. Auf Wunsch werden An- und Abreise, Begleitung oder Pflegedienste, Ausflüge, Einkaufsfahrten, usw. organisiert und vermittelt. **Für Gruppen besonders empfehlenswertes Haus.**

Hotel „Das Pelikan" — 73525 Schwäbisch Gmünd

Baden-Württemberg, Schwäbische Alb

Türlensteg 9, Tel. (07171) 3590, Fax: 359359. Hotel mit 62 Zimmern und Suiten, alle mit Bad/Du/WC, Radio, TV, Minibar und Telefon. Veranstaltungsräume bis 120 Personen. Eingang, Rezeption, Restaurant, Frühstücksraum, Bar und Aufzug sowie Zimmer stufenlos erreichbar. Innenmaße vom Aufzug 90 x 90 cm (eng).
Geeignet für Gehbehinderte (Gruppen bis 120 Personen). Bedingt geeignet für Rollstuhlfahrer mit Begleitung (bis 20 Personen), für Familien mit geistig Behinderten (bis 120 Personen). Alle Türen im Haus mindestens 90 cm breit. 2 Junior-Suiten für Rollstuhlfahrer am besten geeignet. Freiraum in Bad/WC 96 x 210 cm. WC nicht seitlich anfahrbar, Dusche nicht unterfahrbar.

Lage: Im Zentrum; Einkaufsmöglichkeiten vor dem Haus; Bus und Bahn 500 m; Arzt und Apotheke am Haus. Krankenhaus 800 m.

Zimmerpreise inkl. Frühstück: EZ 99,- bis 155,- DM; DZ 188,- DM; Zusatzbett 35,-DM. Hunde 10,- DM pro Tag. Gruppenpreise auf Anfrage.

Hotel Fortuna — 73525 Schwäbisch Gmünd

Baden-Württemberg, Schwäbische Alb

Hauberweg 4, Tel. (07171) 109-0, Fax: 109113. Modernes Hotel mit 112 Zimmern, alle mit Bad/Du/WC, Kabel-TV, Radio, Telefon und Minibar. Haupteingang, Rezeption, Frühstücksraum und Aufzug stufenlos erreichbar. Restaurant stufenlos über Nebeneingang zu erreichen, Bewirtung kann auch im Frühstücksraum erfolgen. Türbreiten: Eingang und Restaurant 180 cm, Aufzug 90 cm (Tiefe 205 cm, Breite 105 cm).

Geeignet für Gehbehinderte und Rollstuhlfahrer (2 Zimmer). Türbreiten der Zimmer

90 cm, vom Bad 80 cm. Freiraum in Bad/WC 100 x 150 cm, links neben WC 75 cm, rechts 35 cm, davor 90 cm. Dusche unterfahrbar.

Lage: Ortsmitte, Hallenbad 500 m; Bahnhof und Bus 150 m; Apotheke 200 m; Spielplatz 50 m; Freibad 1,5 km.

Zimmerpreise inkl. Frühstücksbuffet: EZ 105,- bis 142,- DM; DZ 168,- bis 184,- DM. Zusatzbett 40,- DM, Kinder bis 6 J. im Zimmer der Eltern frei.

Ferienhof Familie Lang — 74523 Schwäbisch Hall

Baden-Württemberg, Hohenlohe-Franken

Jürgen Lang, Hohenholz 8, Tel. (0791) 51574 oder 56071, Fax: (0791) 56072. Stilvolles Bauernhaus mit 3 Ferienwohnungen, 1 Einzelzimmer, 1 Doppelzimmer. Ferienhaus (altes Backhaus) mit überdachtem Freisitz, Eingang mit Rampe. Neuland-Hof mit Schweinen, Pferden, Hühnern und Kleintieren in artgerechter Haltung. Kaminkeller, Liegewiese, Spielplatz.

Geeignet ist das Ferienhaus für Gehbehinderte und Rollstuhlfahrer, Gruppen und Familien. 8 bis 10 Betten in 4 Schlafzimmern. Komf. Du/WC, rollstuhlgerecht, Küche (mit Spülmaschine) und Aufenthaltsraum. Im 1. Stock 2 Schlafzimmer mit fl. Wasser und separatem WC.

Türbreiten der Zimmer 80 bis 85 cm, von Du/WC 85 cm. Bewegungsfreiraum in Du/WC 160 x 160 cm, Freiraum rechts neben WC 140 cm, davor 120 cm. Dusche und Waschbecken unterfahrbar, Duschhocker und stabile Haltegriffe an Dusche und WC vorhanden.

Lage: Ebener großräumiger Hof, verkehrsarm, von Wiesen und Feldern umgeben, Spiel- und Grillplatz beim Haus. 5 km bis Schwäbisch Hall, Tennis 2 km; Frei- und Sportbad 6 km; Solebad 4 km; Krankenhaus und Bahnhof 5 km; Arzt und Apotheke 2 km.

Preise: Ferienwohnung für 4 Personen ab 85,- DM pro Tag; Ferienhaus ab 150,- DM pro Tag.

Hotel Hohenlohe — 74523 Schwäbisch Hall

Baden-Württemberg, Hohenlohe-Franken

Weilertor 14, Tel. (0791) 75870, Fax: (0791) 758784. 103 geschmackvoll und komfortabel ausgestattete Zimmer, alle mit TV, Radio und Minibar, z.T. mit Faxgerät. Parkplatz, Eingang und Aufzug stufenlos erreichbar. Aufzug-Innenbreite 110 cm. Hauseigenes Hallenbad mit Rampe erreichbar. Frühstücksraum und Restaurant mit Aufzug erreichbar. **Geeignet** für Gehbehinderte (10 Zimmer) und Familien mit geistig

Behinderten, 1 Zimmer für Rollstuhlfahrer geeignet. Türbreite vom Zimmer 80 cm, vom Bad 70 cm. Freiraum im Bad 100 x 180 cm, Freiraum links neben WC 100 cm, davor 80 cm. Dusche und Waschbecken unterfahrbar, festinstallierter Duschsitz und Duschhocker vorhanden. Kippspiegel und stabile Haltegriffe an WC und Dusche vorhanden.

Lage: Ortsmitte, Einkaufen, Apotheke 200 m; Arzt und Bus 400 m; Kuranwendungen und Hallenbad/Freibad im Haus; Spielplatz, Tennishalle, Tennisplatz, Krankenhaus und **Dialysezentrum** 1 km.

Zimmerpreise für EZ 159,- bis 197,- DM; DZ 218,- bis 268,- DM. Preise für Gruppen und Pauschalarrangements auf Anfrage.

Hotel Sonneck — 74523 Schwäbisch Hall

Baden-Württemberg, Hohenlohe-Franken

Fischweg 2, Tel. (0791) 97067-0, Fax: (0791) 97067-89. Hübsches, gemütliches Hotel mit 26 modern und freundlich eingerichteten Zimmern mit Du/WC, Radio, TV, Telefon. Tagungsräume für größere und kleine Gruppen. Gartenterrasse, Restaurant, Bar, Billard und Kegelbahn. Eingang 4 Stufen. Im weiteren Verlauf Frühstücksraum, Restaurant und Zimmer mit dem Aufzug stufenlos erreichbar. Türbreite vom Aufzug 90 cm (Tiefe 150 cm, Breite 120 cm).

Geeignet für Gehbehinderte, bedingt für Rollstuhlfahrer (vorderer Eingang 4 Stufen, hinterer Eingang stufenlos, führt direkt zum Aufzug), Familien mit geistig Behinderten. 1 Zimmer mit Du/WC rollstuhlgeeignet. Türbreite vom Zimmer und von Du/WC 90 cm. Freiraum in Du/WC 120 x 120 cm. Duschschwelle 2 cm, Waschbecken unterfahrbar. Duschhocker und Haltegriffe nicht vorhanden. Bettenhöhe 45 cm.

Lage: In Waldnähe, hügelige Umgebung oberhalb des Kochertals. Zur Ortsmitte 500 m; Einkaufen 500 m; See, Tennisplatz und Tennishalle 1 km; Arzt, Apotheke 1,5 km; Krankenhaus und **Dialyse** 10 km; Freibad und Hallenbad 12 km.

Zimmerpreise: EZ ab 65,- DM; DZ ab 100,- DM inkl. Frühstücksbuffet.

Hotel-Restaurant Kronprinz — 74523 Schwäbisch Hall

Baden-Württemberg, Hohenlohe-Franken

Bahnhofstr. 17, Tel. (0791) 97700, Fax: 9970100. Hotel mit 44 Zimmern, Parkplatz, Eingang, Frühstücksraum und Restaurant stufenlos erreichbar. Türbreite vom Aufzug 90 cm (Tiefe 100 cm, Breite 110 cm).

Geeignet für Gehbehinderte, Familien mit geistig Behinderten und für Rollstuhlfahrer (1 Zimmer im EG, 1 Stufe). Türbreite von Zimmer und Du/WC 80 cm. Dusche und Waschbecken unterfahrbar. Festinstallierter Duschsitz, Notruf sowie stabile Haltegriffe an Dusche und WC vorhanden.

Lage: Zur Ortsmitte 500 m; Bahnhof 200 m; Einkaufen 500 m; Apotheke 300 m; Arzt und Hallenbad 800 m; Krankenhaus, **Dialyse** 2 km; Freibad 3 km; Wege zur Stadt und zum Park leicht abfallend, dann eben.
Zimmerpreise inkl. Frühstück: EZ 98,- bis 135,- DM; DZ 140,- bis 180,- DM.

Ringhotel „Die Krone" — 74523 Schwäbisch Hall - Hessental

Baden-Württemberg, Hohenlohe-Franken

Schmiedgasse 1, Tel. (0791) 9403-0, Fax: (0791) 9403-84. Sehr schönes, ländlich gelegenes Hotel mit 87 gemütlich und geschmackvoll eingerichteten Zimmern mit Bad/Du/WC, Telefon, Radio und TV. Parkplatz, Eingang, Aufzug (Innenmaße 110 x 140 cm) sowie 6 Zimmer im EG stufenlos erreichbar. Speiseraum, Restaurant mit dem Aufzug zu erreichen.

Geeignet für Gehbehinderte (20 Zimmer); geeignet für Rollstuhlfahrer (1 Zimmer): Türbreite vom Zimmer 80 cm, von Du/WC 70 cm. Bewegungsfreiraum in Du/WC 300 x 100 cm, Freiraum links und vor dem WC 100 cm, rechts 60 cm. Dusche und Waschbecken unterfahrbar; festinstallierter Duschsitz, Kippspiegel und stabile Haltegriffe an Dusche und Waschbecken vorhanden.

Lage: Zur Ortsmitte 3 km; Bhf., Freibad und Hallenbad 1 km; Warmwasserbad 3 km. Umgebung flach bis hügelig.

Zimmerpreise inklusive Frühstück: EZ ab 139,- DM; DZ ab 178,- DM.

Ringhotel Adler Post — 68723 Schwetzingen

Baden-Württemberg, Kurpfalz

Schloßstr. 3, Tel. (06202) 27 770, Fax: (06202) 27 77 77. Hotel mit 29 Zimmern, alle mit Du/WC oder Bad/WC, Telefon, Radio und Kabel-TV. Parkplatz auf dem Hof stufenlos; Eingang 1 Stufe (10 cm hoch); Frühstücksraum, Restaurant und 2 Doppelzimmer im EG stufenlos erreichbar.

Geeignet für Rollstuhlfahrer und Gehbehinderte. 2 Zimmer für Rollstuhlfahrer: Türbreite von Zimmer und Du/WC 95 cm. Freiraum in Du/WC 110 x 130 cm; Freiraum links neben WC 50 cm, davor 100 cm. Dusche schwellenlos unterfahrbar. Festinstallierter Duschsitz und stabile Haltegriffe an Dusche und WC vorhanden.

Lage: Zur Ortsmitte 200 m; Einkaufen 100 m; Apotheke 50 m; Bahnhof 1 km; Krankenhaus 1,5 km; Freibad und Hallenbad 1,5 km. Umgebung flach.

Zimmerpreise: EZ 131,- bis 163,- DM; DZ 216,- bis 276,- DM.

Europa Comfort Hotel Schwetzingen — 68723 Schwetzingen

Baden-Württemberg, Kurpfalz

Carl-Benz-Str. 1, Tel. (06202) 281-0, Fax: (06202) 281-222. Komfortables Hotel mit 110 Gästezimmern und 6 Suiten, alle mit Bad/Du/WC, Tel., Minibar, TV, Behinderten- und Nichtraucherzimmer. 5 Tagungsräume für bis zu 50 Personen. Parkplatz, Eingang, Frühstücksraum, Restaurant und die Zimmer stufenlos erreichbar.

Geeignet für Rollstuhlfahrer, Gehbehinderte und Familien mit geistig Behinderten. 1 Zimmer nach DIN 18024/25 rollstuhlgerecht. Türbreite von Zimmer und Du/WC 90 cm. Bewegungsfreiraum in Du/WC 150 x 150 cm. Dusche und Waschbecken unterfahrbar. Festinstallierter Duschsitz sowie stabile Haltegriffe an Dusche, WC und Waschbecken vorhanden. Bettenhöhe 60 cm.

Lage: Zur Ortsmitte 3 km; Einkaufen 100 m; Arzt und Apotheke 1 km; Dialyse 200 m; Krankenhaus und Bahnhof 1,5 km. Umgebung flach.

Zimmerpreise: EZ 152,- DM; DZ 179,- DM; Frühstück pro Person 18,- DM.

Freizeithaus Janicek
Freizeit mit Betreuung für Behinderte — 72297 Seewald-Besenfeld

Baden-Württemberg, Nordschwarzwald

Freudenstädterstr. 10, Tel. (07447) 373. Das Freizeithaus Janicek ist ganzjährig geöffnet und bietet Freizeit mit Betreuung für Behinderte. Das Haus hat insg. 26 Betten in Doppel- und Einzelzimmern, die behindertengerecht eingerichtet sind. Für den Transport der Rollstuhlfahrer wird ein Skalamobil eingesetzt. Fernseh- und Aufenthaltsraum, Tischtennis Fahrräder und eine Blockhütte stehen den Gästen zur Verfügung. Parkplatz, Eingang, Frühstücksraum, Restaurant sind stufenlos erreichbar. Zu den Zimmern für Rollifahrer wird das Skalamobil eingesetzt.

Geeignet für Gehbehinderte, Rollstuhlfahrer und für Familien und Gruppen mit geistig Behinderten . 4 Zimmer für Rollstuhlfahrer, eine große rollstuhlgerechte Dusche mit WC. Türbreite der Zimmer und von Du/WC 85 cm. Freiraum in Du/WC 160 x 250 cm. Freiraum links neben WC 190 cm, rechts 50 cm, davor 160 cm. Dusche und Waschbecken unterfahrbar. Kippspiegel, Duschhocker, automatisches Licht, spezielle Behindertentoilette mit Föhn und Dusche sowie Haltegriffe an Dusche und WC vorhanden. **Pflegedienst** wird den Gästen ebenfalls geboten.

Lage: Das Haus liegt auf einem Hochplateau im Erholungsgebiet Seewald-Besenfeld im Nordschwarzwald, direkt am Orts- und Waldrand. Der Ort liegt ca. 500 bis 800 m hoch und ist umgeben von Wäldern und Wanderwegen. Zur Ortsmitte 500 m; Einkaufen, Apotheke 500 m; Spielplatz 200 m; Tennisplatz 800 m; Arzt 1 km; **Dialyse** 15 km; Krankenhaus, Hallenbad, Freibad 18 km.

Preise: Übernachtung mit Frühstück pro Person 40,- DM, inkl. Vollpension 69,- DM. Betreuung pro Person und Tag zusätzlich 40,- DM. Gruppenbetreuung, wenn keine Betreuer mitreisen: pro Person und Tag zusätzlich 36,- DM. Preisnachlaß ab 20 Personen. Langlaufski, Schlitten, Fahrräder, Freizeitspielgeräte und PC werden kostenlos zur Verfügung gestellt. Außerdem wird ein Abholservice (**Haus-zu-Haus Service**) angeboten. Weitere Preise auf Anfrage.

Hotel Lamm 78224 Singen

Baden-Württemberg, Hegau, Bodensee

Alemannenstr. 42, Tel. (07731) 402-0, Fax: (07731) 402-200. E-Mail: lamm@bodensee-hotels.com, Internet: www.bodensee-hotels.com/lamm. Stadthotel mit ruhigen, komfortablen Zimmern, alle mit Dusche oder Bad, WC, Sat-TV, Telefon. Tagungsmöglichkeiten für 10 bis 120 Personen. Parkplatz zum Haus stufenlos; Eingang und Restaurant mit Rampe, Frühstücksraum und Zimmer mit dem Aufzug erreichbar.

Geeignet für Gehbehinderte und Familien mit geistig Behinderten. Nur mit Einschränkung für Rollstuhlfahrer mit Begleitung geeignet, da keine rollstuhlgeeigneten Badezimmer vorhanden sind.

Lage: Zur Stadtmitte 500 m; Bahnhof 800 m.
Zimmerpreise: EZ 98,- bis 131,- DM; DZ 141,- bis 181,- DM.

Die Sonnenmatte
Das Ferien- und Erlebnisdorf 72820 Sonnenbühl-Erpfingen

Baden-Württemberg, Schwäbische Alb

Sonnenmatte 51, Tel. (07128) 9299-0, Fax: 9299-20. Familiengerechte Ferienanlage mit 55 Ferienhäusern und einem Gästehaus mit 10 Appartements.

Geeignet für Rollstuhlfahrer und Familien mit geistig Behinderten. Sehr gut geeignet für Familien mit Kindern und Gruppen.

Autoabstellplatz bei den 5 rollstuhlgerechten Ferienhäusern direkt am Haus; Eingang und alle Bereiche ebenerdig erreichbar. Die Häuser, jeweils für 4-7 Personen, sind zweigeschossig; der untere Bereich mit Du/WC ist rollstuhlgerecht. Türbreite der Zimmer und Badezimmer 100 cm; Freiraum im Bad ausreichend groß. Dusche schwellenlos unterfahrbar. Festinstallierter Duschsitz sowie stabile Haltegriffe an Dusche und WC vorhanden. Abholung vom Bahnhof mit normalem PKW möglich.

Lage: Zur Ortsmitte mit Einkaufsmöglichkeiten 2 km; Bus 1,5 km; Arzt, Apotheke 4 km; Krankenhaus 20 km.

Preis für ein rollstuhlgerechtes Ferienhaus (155 qm) bei Belegung mit 4 Personen 100,- bis 135,- DM je nach Saison. Bei Belegung mit bis zu 6 Personen 112,- bis 150,- DM. Die Preise gelten inkl. Endreinigung, zuzüglich Strom.

Auhof
Ferien auf dem Bauernhof — 79585 Steinen-Endenburg

Baden-Württemberg, Süd-Schwarzwald

Familie Funk, Auhof 1+2, Tel./Fax: (07626) 1562. Der Auhof ist ein kleiner Hof, ca. 500 m ü.d. Meer, umgeben von Wald und Wiesen, ausgedehnten Wanderwegen, kein Durchgangsverkehr, nahe der Schweiz und Frankreich.

Eine Ferienwohnung für 2 bis 4 Personen, ca. 80 qm mit Telefon und TV. **Rollstuhlgerecht**, auch **geeignet** für **Geh-** und **Geistigbehinderte** Personen. Eingang 1 Stufe (Rampe), Türbreiten in der ganzen Wohnung 82 cm. Freiraum im Bad (mit Dusche/WC, Badewanne) 162 x 160 cm. Freiraum links neben WC 30 cm, rechts 180 cm, davor 150 cm. Dusche unterfahrbar (Schwelle 2 cm), festinstallierter Duschsitz und Haltegriffe vorhanden. Waschbecken unterfahrbar, Haltegriffe an WC und Badewanne vorhanden. Bettenhöhe 45 cm. Abholservice vom Bahnhof, Brötchendienst.

Ein weiteres Einzelappartement für 2 Pers., mit TV, ist **für Geh-** und **Geistigbehinderte** geeignet.

Lage: Ortsmitte 3 km; Spielplatz und Grillhütte am Haus; Einkaufen, Arzt, Apotheke und Freibad 6 km; Bus und Reitmöglichkeiten 600 m; Tennisplatz und Golfplatz 6 km; Hallenbad 10 km; Krankenhaus und **Dialysezentrum** 15 km. Umgebung leicht steigend.

Preise: Ferienwohnung I pro Tag in der Nebensaison 70,- DM, in der Hochsaison 80,- DM. Ferienwohnung II pro Tag in der Nebensaison 50,- DM, in der Hochsaison 60,- DM.

Hotel Domino — 70439 Stuttgart

Baden-Württemberg

Freihofstr. 2-4, Tel. (0711) 809030, Fax: (0711) 8090340. Hotel mit 38 Zimmern, Parkplatz und Eingang stufenlos, Zimmer mit dem Aufzug stufenlos erreichbar. Türbreiten: Eingang 100 cm, Frühstücksraum 120 cm.

Geeignet für Rollstuhlfahrer und Familien mit geistig Behinderten. Ein Zimmer mit Du/WC für Rollstuhlfahrer geeignet. Türbreite von Zimmer und Du/WC 120 cm; Freiraum in Du/WC 140 x 140 cm. Dusche und Waschbecken unterfahrbar; festinstallierter Klapp-Duschsitz und stabile Haltegriffe an Dusche, WC und Waschbecken vorhanden. 6 weitere Zimmer mit dem Aufzug erreichbar, für Gehbehinderte geeignet, für

Rollstuhlfahrer bedingt geeignet. Türbreiten von Zimmer und Bad 100 cm, Freiraum 120 x 120 cm.

Lage: Stuttgart-Nord; Bus und Arzt 50 m; Apotheke 100 m; Bahnhof, **Dialysezentrum** 5 km. Umgebung flach, breite Gehwege.

Zimmerpreise: EZ 120,- DM; DZ 160,- DM.

Mövenpick Hotel Stuttgart-Airport — 70629 Stuttgart (Flughafen)

Baden-Württemberg

Flughafen, Tel. (0711) 7907-0, Fax: (0711) 793585. 229 Zimmer und Suiten, schallisoliert, mit Bad oder Du/WC, TV, Telefon und Minibar. 192 Parkplätze, Haustiere erlaubt. Haupteingang, Rezeption, Restaurant und Aufzug stufenlos erreichbar. Türbreiten: Eingang 250 cm, Restaurant 120 cm, Aufzug 100 cm (Tiefe 120 cm, Breite 120 cm). **Geeignet** für Rollstuhlfahrer. Ein Zimmer mit Bad/WC ist speziell für Rollstuhlfahrer ausgestattet. Türbreite von Zimmer und Bad 100 cm. Freiraum in Bad/WC 200 x 150 cm. Freiraum links neben WC 100 cm, rechts 200 cm, davor 150 cm. Dusche und Waschbecken unterfahrbar. Haltegriffe an Du/WC und Waschbecken vorhanden. Verstellbarer Kippspiegel. Höhenverstellbares Bett (bis 64 cm).

Lage: direkt am Flughafen; U-Bahn 200 m; Stuttgart HBF 15 km.

Zimmerpreise: EZ 274,- bis 303,- DM; DZ 314,- bis 343,- DM; Frühstücksbuffet 27,- DM pro Person. Kinder unter 16 Jahren im Zimmer der Eltern frei.

Stuttgart Marriott Hotel Sindelfingen — 71065 Stuttgart-Sindelfingen

Baden-Württemberg

Mahdentalstraße 68, Tel. (07031) 696-0, Fax: (07031) 696880. 257 komfortabel eingerichtete Zimmer mit Bad/Du/WC, Telefon, Radio, TV, Video und Minibar. Veranstaltungsräume für 10 bis 400 Personen. Eingang, Konferenzraum und Aufzug stufenlos erreichbar. Türbreiten: Eingang 95 cm, Aufzug 115 cm (Innenmaße 165 x 205 cm).

Geeignet für Gehbehinderte und Familien mit geistig Behinderten. Zwei Zimmer für Rollstuhlfahrer geeignet. Türbreiten vom Zimmer 120 cm, vom Bad (mit Dusche, WC und Badewanne) 120 cm. Freiraum im Bad 200 x 200 cm; Freiraum links neben WC 120 cm, rechts 80 cm, davor 100 cm. Waschbecken unterfahrbar, Dusche nicht unterfahrbar, Duschhocker nicht vorhanden; Haltegriffe an Dusche, Waschbecken und WC vorhanden.

Lage: Ortsmitte, Bahnhof, Freibad, Hallenbad 2 km; Einkaufen, Arzt, Apotheke 1 km. Umgebung flach, Stadtrandlage, an Hauptstraße gelegen.

Zimmerpreise von Montag bis Freitag: EZ und DZ 195,- bis 245,- DM. Frühstück 27,- DM pro Person. Preise von Freitag bis Sonntag: EZ und DZ 149,- DM inklusive Frühstück.

Dorint Hotel Fontana Stuttgart — 70563 Stuttgart-Vaihingen

Baden-Württemberg

Vollmoellerstr. 5, Tel. (0711) 7300, Fax: (0711) 7302525. 252 komfortable Zimmer mit Bad oder Du/WC, Radio, Sat-TV, Telefon. Konferenzräume für 5 bis 500 Personen. Haupteingang, Rezeption, Restaurant und 3 Aufzüge stufenlos erreichbar. Türen 110 cm breit. Innenmaße der Aufzüge 110 x 230 cm.

Geeignet für Gehbehinderte und Rollstuhlfahrer. Zwei Zimmer mit Bad/WC sind speziell für Rollstuhlfahrer ausgestattet. Türbreiten der Zimmer 90 cm, von Bad/WC 94 cm. Freiraum in Bad/WC 140 x 140 cm; Freiraum rechts neben WC 145 cm, davor 140 cm. Dusche und Waschbecken unterfahrbar. Stabile Haltegriffe an Du/WC und Waschbecken; Duschsitz vorhanden; Notruf und Verbindungstür.

Lage: Zum Zentrum von Vaihingen 500 m; Bahnhof Vaihingen 200 m.

Zimmerpreise: EZ 278,- bis 363,- DM; DZ 308,- bis 393,- DM. Frühstück 28,- DM p.P. Wochenendpreise: EZ 190,- bis 210,- DM inkl. Frühstück; DZ 210,- bis 230,- DM inkl. Frühstück.

Fora Hotel Zuffenhausen — 70435 Stuttgart-Zuffenhausen

Baden-Württemberg

Schützenbühlstr. 16, Tel. (0711) 8200100, Fax: (0711) 8200101. Komfortables Hotel mit 120 Zimmern, ein Restaurant. Alle Zimmer mit Du/WC, Sat-TV, Telefon und Minibar. Die Rezeption (3 Stufen) ist über die Tiefgarage mit dem Aufzug zu erreichen. Türbreiten: Tiefgarage 85 cm, Eingang 180 cm, Aufzug 90 cm (Tiefe 110 cm, Breite 130 cm).

Geeignet für Gehbehinderte und Rollstuhlfahrer. 4 Zimmer mit Du/WC sind speziell für Rollstuhlfahrer ausgestattet. Dusche schwellenlos unterfahrbar. Festinstallierter Duschsitz.

Lage: 4 km zur Autobahnzufahrt Zuffenhausen; Bahnhof 800 m; Bus 300 m.

Zimmerpreise inkl. Frühstücksbuffet: EZ 198,- bis 238,- DM; DZ 228,- bis 268,- DM. Wochenendtarife: EZ 119,- bis 159,- DM; DZ 149,- bis 189,- DM.

Hotel Adler — 79674 Todtnau-Muggenbrunn

Baden-Württemberg, Südlicher Schwarzwald

Schauinslandstr. 13, Tel. (07671) 783, Fax: (07671) 8268. Schwarzwaldhotel mit 20 Zimmern, alle mit Dusche oder Bad, WC, TV und Telefon. Parkplatz und Eingang mit Rampe; Frühstücksraum, Restaurant und 3 Zimmer im EG stufenlos erreichbar.

Geeignet für Gehbehinderte, Rollstuhlfahrer (3 Zimmer im EG) und Familien mit geistig Behinderten. Türbreite der Zimmer und von Du/WC 90 cm. Bewegungsfreiraum in Du/WC 140 x 140 cm. Freiraum rechts neben WC 40 cm, davor 80 cm. Dusche und

Waschbecken unterfahrbar. Stabile Haltegriffe an Du/WC vorhanden. Bettenhöhe 49 cm. Abholservice vom Bahnhof Freiburg.

Lage: Einkaufen 50 m; Arzt und Apotheke 5 km; Hallenbad 500 m; Freibad 3 km. Umgebung hügelig. Spielgeräte am Haus.

Zimmerpreise inkl. Frühstück: EZ 65,- DM; DZ 90,- bis 120,- DM; Zusatzbett 30,- DM. HP-Zuschlag 25,- DM pro Person. Vollpension zzgl. 40,- DM. Hunde 5,- DM.

Hotel DOMIZIL Tübingen — 72072 Tübingen

Baden-Württemberg, Oberes Neckartal, Schwäbische Alb

Wöhrdstr. 5-9, Tel. (07071) 139-0, Fax: (07071) 139-250, E-Mail: info@hotel-domizil.de, Internet: wwwe.hotel-domizil.de. Komfortables Hotel mit sehr moderner Einrichtung. Für festliche Anlässe, Familienfeiern oder Banketts steht ein geeigneter Raum für bis zu 50 Personen zur Verfügung. 79 komfortabel und geschmackvoll ausgestattete Zimmer mit Du/Bad/WC, Kabel-TV, Selbstwahltelefon und Minibar. Eingang, Rezeption, Restaurant und Aufzug stufenlos erreichbar.

Geeignet für Rollstuhlfahrer und Gehbehinderte. Ein Einzel- und zwei Doppelzimmer, jeweils mit Naßzelle, wurden speziell für Rollstuhlfahrer nach DIN 18024/18025 ausgestattet. Kopf- und Fußteil vom Bett höhenverstellbar. Dusche unterfahrbar. Kippspiegel, stabile Haltegriffe an Dusche und WC (Closomat) sowie Notruf im Bad vorhanden. Es kommen regelmäßig Rollstuhlfahrer als Gäste ins Haus.

Lage: sehr ruhig, direkt am Neckarufer, mit Aussicht auf die Altstadt Tübingens. Bhf. 200 m; Bus und Hallenbad 50 m; Apotheke 10 m; Freibad 500 m.

Zimmerpreise pro Nacht inkl. Frühstücksbuffet: EZ 174,- DM; DZ 207,- bis 230,- DM; Suite 295,- DM; Extrabett 60,- DM; Garagenplatz 15,- DM; Hunde 15,- DM. Wochenendpreise (Freitag bis Sonntag) und Preise zu Messe- und Kongreßzeiten auf Anfrage.

Jugendherberge Tübingen — 72074 Tübingen

Baden-Württemberg, Oberes Neckartal, Schwäbische Alb

Gartenstr. 22/2, Tel. (07071) 23002, Fax: (07071) 25061. 161 Betten in 4-, 2- und 1-Bettzimmern; 15 Familienzimmer mit bis zu 4 Betten und integrierter Waschgelegenheit. Parkplatz, Eingang (mit Rampe), Seminarraum und 6 Zimmer im Erdgeschoß stufenlos erreichbar. Alle Türen 100 cm breit.

Geeignet für Rollstuhlfahrer und Familien mit geistig Behinderten; auch für Gruppen;

je größer die Gruppe, um so frühzeitiger ist die Anmeldung erforderlich. 6 Zimmer für Rollstuhlfahrer geeignet; rollstuhlgerechtes Bad mit Badewanne, unterfahrbarer Dusche und WC auf dem Flur. Duschsitz, Haltegriffe an Dusche, Waschbecken und WC vorhanden.

Lage: Zur Ortsmitte 200 m; Einkaufen 200 m; Bus, Arzt 20 m; Apotheke, Tennisplatz, Tennishalle, Hallenbad 300 m; Bahnhof 1 km; Krankenhaus, **Dialysezentrum** 3 km.
Preise: In Mehrbetträumen p.P. 26,- DM, Preise für Zimmer nach Absprache.

InterCityHotel **Ulm** — **89073 Ulm**

Baden-Württemberg, Alb-Donau

Bahnhofplatz 1, Tel. (0731) 9655-0, Fax: (0731) 9655-999. 135 komfortable Zimmer mit Duschbad, TV, Selbstwahltelefon. Fünf Konferenzräume für bis zu 80 Personen. Parkplatz bis Eingang stufenlos; Haupteingang mit Rampe; Frühstücksraum und das Behindertenzimmer mit dem Aufzug (Tiefe 139 cm, Breite 90 cm) stufenlos erreichbar. Türbreite vom Aufzug 85 cm.

Geeignet für Rollstuhlfahrer. Ein rollstuhlgerechtes Zimmer mit Du/WC. Türbreite vom Zimmer 93 cm, von Du/WC (Schiebetür) 85 cm; Freiraum in Du/WC 140 x 140 cm, Freiraum vor dem WC 100 cm. Waschbecken und Dusche unterfahrbar, festinstallierter Duschsitz vorhanden, Notruf, verstellbarer Kippspiegel.

Lage: direkt am Hauptbahnhof in der City.
Zimmerpreise: EZ/DZ 172,- DM. Wochenende: EZ/DZ 118,- DM. Frühstück 20,- DM.

Comfort-Hotel — **89073 Ulm**

Baden-Württemberg, Alb-Donau

Frauenstr. 51, Tel. (0731) 9649-0, Fax: (0731) 9649-499. 102 komfortable Zimmer mit Du/WC, Telefon, TV. Eingang, Frühstücksraum und Zimmer mit dem Aufzug stufenlos erreichbar. Türbreite vom Aufzug 90 cm (Tiefe 140 cm, Breite 100 cm).

Geeignet für Rollstuhlfahrer und Familien mit geistig Behinderten. 1 Zimmer rollstuhlgerecht. Bettenhöhe 42 cm. Bewegungsfreiraum in Du/WC 140 x 140 cm. Dusche rollstuhlgerecht unterfahrbar, Waschbecken unterfahrbar. Verstellbarer Kippspiegel, festinstallierter Duschsitz und stabile Haltegriffe an Dusche und WC vorhanden.

Lage: Zentral gelegen, Congress-Center, das Ulmer Münster und Hauptbahnhof (1 km) gut erreichbar. Einkaufen 300 m; Apotheke 100 m, Krankenhaus 2 km, Dialyse 4 km.

Zimmerpreise: EZ 145,- DM, DZ 175 DM, Dreibett 185,- DM, Appartement 225,- DM. Frühstück 18,- DM pro Person.

Maritim Hotel Ulm — 89073 Ulm

Baden-Württemberg, Alb-Donau

Basteistr. 40, Tel. (0731) 923-0, Fax: (0731) 923-1000. Komfortables Hotel mit luxuriösem Ambiente, 287 Zimmer, Appartements und Suiten, alle mit Bad/WC, Radio, TV, Minibar und Telefon. Eingang stufenlos; Tiefgarage, Frühstücksraum, Restaurant, Hallenbad und 2 Behindertenzimmer mit dem Aufzug (Tiefe 140 cm, Breite 194 cm) stufenlos erreichbar. Alle Türen mindestens 106 cm breit.

Geeignet für Rollstuhlfahrer und Familien mit geistig Behinderten. Zwei Zimmer mit Du/WC für Rollstuhlfahrer geeignet. Bettenhöhe 50 cm. Türbreite vom Zimmer 86 cm, von Du/WC 81,5 cm. Freiraum in Du/WC 160 x 120 cm; Freiraum links neben WC 110 cm, rechts 56 cm, davor 99 cm. Waschbecken und Dusche unterfahrbar. Festinstallierter Duschsitz, Haltegriffe an WC, Dusche und Waschbecken vorhanden.

Lage: Ortsmitte, Einkaufen und Apotheke 500 m; Bahnhof 1,5 km; Bus 200 m; Arzt 2 km; Krankenhaus 5 km.

Zimmerpreise inkl. Frühstücksbuffet: EZ ab 185,- DM; DZ ab 230,- DM. Familienzimmer vorhanden.

Hotel und Rasthaus Seligweiler — 89081 Ulm-Seligweiler

Landesgrenze Baden-Württemberg/Bayern, Schwäbische Alb

Autobahnausfahrt Ulm-Ost, Tel. (0731) 20540, Fax: 2054-400. Autobahn-Hotel mit 200 Betten, komfortable Gästezimmer mit Du/WC oder Bad/WC, Selbstwahltelefon und Farb-TV. Kein Ferienhotel, jedoch für Zwischenübernachtungen bei Ferienfahrten empfehlenswert; insbesondere bei Ferienreisen von Nord-, Mittel- und Ostdeutschland Richtung Süden über die A 8 Richtung München.

Das Hotel verfügt über Tagungsräume für 8 bis 150 Teilnehmer, 3 Kegelbahnen, Fernsehräume, Hallenbad, Einkaufsmöglichkeiten und Parkmöglichkeiten. Seiteneingang, Restaurant, Hallenbad und ein Zimmer im EG sind stufenlos erreichbar. Alle anderen Zimmer mit dem Aufzug stufenlos erreichbar.

Geeignet für Gehbehinderte, Rollstuhlfahrer und andere Behinderte (Gruppen auf Anfrage). Freiraum in Bad/WC 100 x 140 cm, Dusche nicht unterfahrbar. Auf Wunsch geräumige Zimmer für Behinderte, Behinderten-WC im Restaurantbereich.

Zimmerpreise inkl. Frühstücksbuffet: EZ 89,- bis 115,- DM; DZ 120,- bis 160,- DM.

Feldner Mühle — 78050 Villingen-Schwenningen

Baden-Württemberg, Schwarzwald

Träger: Förderverein für Kinder, Jugendliche und junge Erwachsene mit Behinderung, Feldner Mühle e.V., Kirnacher Str. 40, 78050 Villingen-Schwenningen, Tel. (07721) 1610, Fax: (07721) 502560.

Die Feldner Mühle ist eine **Freizeit- und Begegnungsstätte für Behinderte** und deren Angehörige. Unabhängig von der Behinderung sind Kinder, Jugendliche und junge Erwachsene herzlich willkommen. Hilfe und fachkundige Betreuung in der Feldner Mühle sind gewährleistet. Es stehen folgende Zimmer zur Verfügung: Ein Einzelzimmer, zwei 2-Bett- und drei 3-Bett-zimmer. Außerdem eine Ferienwohnung mit 5 Schlafplätzen. Im EG befindet sich ein Gymnastikraum und eine Hubbadewanne für Reinigungsbäder und medizinische Bäder.

Sehr gut geeignet für Familien mit Behinderten und behinderten Kindern, außerdem für Gruppenaufenthalte mit Behinderten. Die Feldner Mühle ist eine Einrichtung für Behinderte, das bedeutet, Zimmer, Duschen, Badewanne, Toiletten, Aufenthaltsräume, Schlafräume und Küchen sind für Rollstuhlfahrer und Behinderte bequem nutzbar. Sämtliche Einrichtungen des Hauses sind für Rollstuhlfahrer erreichbar.

Betreuung: Kinder, Jugendliche und junge Erwachsene können zu bestimmten Zeiten (auf Anfrage) betreut werden.

Aktivitäten: Spielplatz und große Spielwiese direkt am Haus; Reitplatz am Haus, Ponyreiten und Kutschenfahrten. 10 Minuten zum Freibad und Kurpark; Wanderwege, Naturlehrpfad und Wildgehege in der nahen Umgebung, Langlaufloipe 500 m vom Haus entfernt.

Preise für Gruppenaufenthalte bis 20 Personen (ohne Betreuung) pro Person mit Verpflegung 47,- DM, ohne Verpflegung 28,- DM. Frühstück einzeln 5,- DM, Mittagessen 9,- DM, Abendessen 7,- DM, Endreinigung pro Zimmer 15,- DM. Preis für Ferienwohnung (für max. 5 Personen): 1-2 Pers. pro Tag 60,- DM, jede weitere Pers. 10,- DM, ein behindertes Kind ist kostenfrei. Reinigung bei Abreise 50,- DM. **Betreuung:** Ferien-, Wochenend- und Kurzzeitbetreuung für Mitglieder bei Pflegestufe I DM 120,00; Pflegestufe II+III DM 140,-; für Nichtmitglieder jeweils 20,- DM pro Tag mehr.

Gasthaus und Pension „Drei Lilien" — 69429 Waldbrunn-Mülben

Baden-Württemberg, Odenwald-Neckartal

Odenwaldstr. 27, Tel. (06274) 92040, Fax: (06274) 920410. Pension mit 40 Betten. Parkplatz, Eingang, Frühstücksraum, Restaurant und Zimmer (mit dem Aufzug) stufenlos erreichbar. Türbreite vom Aufzug 95 cm (Tiefe 140 cm, Breite 110 cm).

Geeignet für Rollstuhlfahrer, Gehbehinderte und Familien mit geistig Behinderten. 2 Zimmer nach DIN 18024 rollstuhlgerecht. Türbreiten der Zimmer und von Du/WC 95 cm. Bewegungsfreiraum in Du/WC 200 x 220 cm. Freiraum links neben WC 75 cm, rechts 168 cm, davor 150 cm. Dusche und Waschbecken unterfahrbar. Festinstallierter Duschsitz und stabile Haltegriffe an Dusche und WC vorhanden.

Lage: Waldbrunn ist ein heilklimatischer Luftkurort mit schönen Wanderwegen in waldreicher Gegend. Bus 50 m; Arzt 1,5 km; Apotheke 1,6 km; Kuranwendungen 2 km; Hallenbad 2 km; Freibad 10 km; Tennishalle 2 km; Tennisplatz 2,5 km; Krankenhaus 10 km.

Preise: Übernachtung mit Frühstück ab 50,- DM.

Panoramahotel Waldenburg — 74638 Waldenburg

Baden-Württemberg, Hohenlohe

Hauptstr. 84, Tel. (07942) 9100-0, Fax: (07942) 9100-888, E-Mail: panoramahotel.waldenburg@t-online.de. 69 Zimmer, alle mit Du/WC oder Bad/WC, TV, Telefon. Veranstaltungsräume für bis zu 120 Personen. Eingang, Frühstücksraum, Restaurant, Garten und Aufzug (Tiefe 160 cm, Breite 100 cm) stufenlos erreichbar. Hallenbad und Behindertenzimmer mit Aufzug erreichbar.

Geeignet für Rollstuhlfahrer und Familien mit geistig Behinderten. Ein Zimmer mit Du/WC für Rollstuhlfahrer geeignet. Türbreite von Zimmer und Du/WC 90 cm. Freiraum in Du/WC 190 x 140 cm; Freiraum rechts neben WC 120 cm, davor 190 cm. Dusche und Waschbecken unterfahrbar; Duschhocker und stabile Haltegriffe am WC vorhanden. Alarmklingel in Du/WC.

Lage: Ortsmitte, Einkaufen 500 m; Bahnhof 3 km; Bus 100 m; Arzt 800 m; Apotheke 5 km; Krankenhaus 15 km.

Zimmerpreise inkl. Frühstück: EZ 145,- bis 187,- DM; DZ 229,- bis 249,- DM. Wochenendtarife (Freitag und Samstag): EZ 132,- DM; DZ 179,- DM.

Landgasthof „Bläsi-Stüble" — 79183 Waldkirch-Kollnau

Baden-Württemberg, Schwarzwald

Familie Schneider, Kohlenbachertalstr. 28, Tel. (07681) 7554, Fax: (07681) 4496. Schwarzwaldgasthof (Fachwerkhaus), rustikal eingerichtet, schöne Lage, 7 Doppelzimmer, 2 EZ, alle mit Du/WC, z.T. mit TV, Radio und Balkon. Vom Parkplatz zum Eingang mit Rampe stufenlos; Eingang, Frühstücksraum, Restaurant und Terrasse stufenlos; Zimmer mit dem Aufzug (Tiefe 140 cm, Breite 120 cm) stufenlos erreichbar.

Geeignet für Rollstuhlfahrer (2 Zimmer) und für Familien mit geistig Behinderten. Türbreiten der Zimmer 90 cm, von Du/WC 95 cm. Du/WC nach DIN 18024 behindertengerecht. Freiraum in Du/WC 200 x 200 cm, Freiraum links neben WC 65 cm, rechts 90 cm, davor 150 cm. Waschbecken und Dusche unterfahrbar; Duschhocker und stabiler Haltegriff an Dusche vorhanden. Abholservice vom Bahnhof.

Lage: am Ortsrand von Kollnau, direkt in Waldnähe. Einkaufen, Bus, Arzt, Apotheke, Freibad und Tennisplatz 1 km; Krankenhaus und Dialysezentrum 2 km, Hallenbad 8 km. Wege im Tal flach, Waldwege steil.

Preise: Pro Person und Tag inkl. Frühstück 52,- bis 67,- DM; in den rollstuhlgerechten Zimmern 63,- bis 67,- DM.

Landgasthof Hölzle — 73550 Waldstetten-Weilerstoffel

Baden-Württemberg, Schwäbische Alb, Stauferland

Familie Klaus Schmidt, Waldstetter Str. 19, Tel. (07171) 4005-0, Fax: 4005-31. 17 freundlich und geschmackvoll eingerichtete Zimmer insg. 35 Betten. Jedes Zimmer mit TV, Bad und WC. Tagungs- und Schulungsräume mit Technik sowie Gasträume für 40 bis 240 Gäste vorhanden. Haupteingang 3 Stufen. Frühstücksraum, Restaurant und die Zimmer (mit dem Aufzug) stufenlos erreichbar. Türbreite vom Aufzug 90 cm (Tiefe 210 cm, Breite 105 cm).

Geeignet (mit Einschränkung, da Haupteingang 3 Stufen) für Rollstuhlfahrer: 1 Zimmer rollstuhlgerecht. Bettenhöhe 55 cm. Türbreite von Zimmer und Du/WC 90 cm. Freiraum in Du/WC 120 x 120 cm; Freiraum links neben WC 70 cm, davor 100 cm. Waschbecken und Dusche unterfahrbar. Festinstallierter Duschsitz und stabile Haltegriffe an Dusche, WC und Waschbecken vorhanden.

Lage: Am Fuß der Schwäbischen Alb mit Wander- und Radwegen in unmittelbarer Umgebung. Zur Ortsmitte 3 km; Einkaufen, Arzt, Apotheke 3 km; Freibad 2 km; Hallenbad 8 km; Krankenhaus 13 km.
Zimmerpreise: EZ 75,- bis 90 DM, DZ 125,- bis 145,- DM inkl. Frühstück.

Ferienhof Müller — 97990 Weikersheim-Neubronn

Baden-Württemberg, Taubertal

Kurt- und Barbara Müller, Turmstr. 1, Tel. (07934) 8324, Fax: (07934) 3488. Ferienbauernhof, für Familien mit Kindern empfehlenswert. Doppelzimmer, Mehrbettzimmer, 3 Appartements und ein Ferienhaus. Parkplatz und Eingang stufenlos; Frühstücksraum durch den Garten 2 Stufen; 1 Appartement im Erdgeschoß stufenlos erreichbar.

Geeignet für Gehbehinderte (4 Personen) und für Familien und Kleingruppen mit geistig Behinderten. Bedingt geeignet für Rollstuhlfahrer mit Begleitung: ein Ferienhaus (Anbau), 50 qm. Türbreite vom Zimmer 80 cm, von Du/WC 70 cm. Freiraum in Du/WC 85 x 170 cm; Freiraum links und rechts neben WC 25 cm, davor 80 cm. Dusche mit 12 cm hoher Schwelle; festinstallierter Duschsitz vorhanden. Stabile Haltegriffe an Dusche und WC vorhanden. Bettenhöhe 40 bis 60 cm, variabel. Pflegedienst kann angefordert werden. Abholung vom Bahnhof möglich.

Lage: Zur Ortsmitte 300 m; Spielplatz am Haus; Einkaufen, Bahnhof, Arzt, Apotheke, Krankenhaus, Hallenbad 5 km.

Preis für die Ferienwohnung bei Belegung mit 2 Pers. pro Tag 68,- bis 76,- DM, 4 Personen 80,- DM; weitere Preise auf Anfrage.

ASTRON Hotel Weinheim — 69469 Weinheim

Baden-Württemberg, Rhein-Neckar-Raum

Breslauer Str. 52, Tel. (06201) 103-0, Fax: (06201) 103-300. Business-Hotel mit 187 komfortablen Zimmern. Parkplatz, Eingang, Frühstücksraum, Restaurant, Bar, Terrasse, 2 Behindertenzimmer und die meisten Bankett- und Tagungsräume im EG stufenlos erreichbar. Sauna, Dampfbad und Fitnessraum mit dem Aufzug erreichbar. Türbreite vom Aufzug 80 cm (Tiefe 200 cm, Breite 120 cm).

Geeignet für Rollstuhlfahrer: 2 großzügige Zimmer. Türbreite der Zimmer 94 cm, von Du/WC 78 cm. Freiraum in Du/WC 140 x 140 cm. Freiraum links neben WC 105 cm, rechts 10 cm, davor 190 cm. Dusche und Waschbecken unterfahrbar. Duschhocker und stabile Haltegriffe an Dusche, WC und Waschbecken vorhanden. Pflegedienst in Weinheim abrufbar.

Lage: Zur Ortsmitte 2 km; Einkaufen 850 m; Bahnhof, Arzt, Krankenhaus 1,5 km; Apotheke 1 km.

Zimmerpreise: EZ/DZ 218,- DM. Frühstück pro Person 23,- DM.

Hotel und Gutsgaststätte Rappenhof — 74189 Weinsberg

Baden-Württemberg, Neckarland-Schwaben, Kreis Heilbronn

Rappenhof, Tel. (07134) 5190, Fax: (07134) 51955. Wunderschön gelegenes Landhotel (ehemaliger Bauernhof) mit 34 gemütlich eingerichteten Zimmern mit Du/WC, Radio und TV. Behindertengerechtes Einzelzimmer. Parkplatz, Eingang, Frühstücksraum, Restaurant, Garten und Behindertenzimmer im EG stufenlos erreichbar.

Geeignet für Gehbehinderte, Rollstuhlfahrer und Familien mit geistig Behinderten. 1 EZ speziell für Rollstuhlfahrer: Türbreite vom Zimmer und von Du/WC 100 cm. Freiraum in Du/WC 140 x 140 cm. Dusche und Waschbecken unterfahrbar. Stabiler Haltegriff am WC, festinstallierter Duschsitz. Weitere 5 Zimmer bedingt geeignet für Rollstuhlfahrer.

Lage: Das Hotel liegt inmitten von Wiesen und Weinbergen. Nach Weinsberg 2 km (und ca. 20 Minuten bis Heilbronn). Freibad 400 m; Hallenbad 4 km; Arzt und Apotheke 2 km; Krankenhaus und **Dialyse** 12 km.

Zimmerpreise inkl. Frühstück: EZ 130,- bis 165,- DM; Behindertenzimmer 145,- DM; DZ 170,- bis 205,- DM.

Weinstadt-Hotel *** — 71384 Weinstadt - Beutelsbach

Baden-Württemberg, Remstal

Marktstr. 39/41, Tel. (07151) 99701-0, Fax: (07151) 99701-11, Internet: www.z-online.de/hotels/weinstadthotel. 32 Zimmer mit Bad oder Du/WC, Telefon, TV. Eingang, Frühstücksraum, Restaurant und 5 Zimmer im EG stufenlos.

Geeignet für Rollstuhlfahrer (1 Zimmer). Türbreiten vom Zimmer und Du/WC 95 cm.

Freiraum in Du/WC 140 x 130 cm; Freiraum vor dem WC 150 cm. Waschbecken und Dusche unterfahrbar; festinst. Duschsitz, stabile Haltegriffe an Du/WC. Bettenhöhe 45 cm.

Lage: Zur Ortsmitte 100 m; Arzt 500 m; Apotheke 100 m.
Zimmerpreise inkl. Frühstück: Einzelzimmer 105,- DM, Doppelzimmer 165,- DM, Zustellbett 40,- DM.

Ferienwohnung Peter Knupfer — 72589 Westerheim

Baden-Württemberg, Schwäbische Alb

Hof-Heuberg 2, Tel. (07333) 6844. Eine Ferienwohnung für 2-6 Personen, 55 qm, ebenerdig, separater Eingang, ruhige Lage, Fernsicht, mit einem Schlafzimmer (4 Betten), evtl. 1 Kinderbett, Wohn-Eßraum mit Küchenzeile (Schlafcouch für 2 Personen), TV, Liegewiese, Grillplatz, Tischtennis, Gartenmöbel, Kinderspielplatz, Wintersport am Haus (eigener Skilift), Langlaufloipen. Kühe, 2 Schweine, Hasen, Gänse, Katzen. DLG Gütezeichen.

Geeignet für Gehbehinderte und für Familien mit geistig Behinderten (jeweils 2 bis 6 Personen), bedingt geeignet für Rollstuhlfahrer. Eingang stufenlos, Türbreite vom Eingang und von den Zimmern 82 cm, Türbreite von Du/WC 69 cm. Freiraum in Du/WC 150 x 100 cm; Freiraum links neben WC 100 cm, rechts 80 cm, davor 100 cm. Dusche und Waschbecken nicht unterfahrbar; Duschhocker vorhanden, Haltegriffe nicht vorhanden.

Lage: sonnige, ruhige Lage; Umgebung flach bis hügelig. Ortsmitte, Einkaufen, Arzt, Apotheke, Freibad und Hallenbad 4,5 km; Spielplatz am Haus; Bus 1,5 km; Bahnhof 20 km; Tennisplatz, Tennishalle 4 km; Krankenhaus 10 km.

Preis für die Ferienwohnung pro Tag für 2 Personen 55,- DM, jede weitere Person 5,-DM pro Tag, Endreinigung 40,- DM.

Hotel Palatin Wiesloch — 69168 Wiesloch

Baden-Württemberg, Kraichgau

Ringstr. 17-19, Tel. (06222) 58201, Fax: (06222) 582555. Hotel mit 115 Zimmern. Parkplatz (Tiefgarage mit Aufzug), Eingang, Frühstücksraum (mit Rampe), Restaurant und die Zimmer (mit dem Aufzug) stufenlos erreichbar. Türbreite vom Aufzug 120 cm (Tiefe 140 cm, Breite 190 cm).
Geeignet für Gehbehinderte (50 Pers.), Rollstuhlfahrer (4 Pers.) und Familien mit geistig Behinderten. 2 rollstuhlgerechte Zimmer: Türbreiten der Zimmer und von Du/WC

120 cm. Freiraum in Du/WC 180 x 240 cm, Freiraum links neben WC 120 cm, rechts 60 cm, davor 200 cm. Dusche und Waschbecken unterfahrbar, Duschhocker und stabile Haltegriffe an Dusche, WC und Waschbecken.
Preise: EZ 235,- bis 265,- DM; DZ 291,- bis 361,- DM inkl. Frühstück. Wochenende: EZ 125,- DM; DZ 165,- DM.

Hotel „Moosgrund" — 79695 Wieden

Baden-Württemberg, Südschwarzwald

Steinbühl 16, Tel. (07673) 7915, Fax: (07673) 1793. Hotel-Pension mit 14 Doppelzimmern, 2 Appartements und 3 Ferienwohnungen der gehobenen Kategorie in schöner Lage im Südschwarzwald.

Vom Parkplatz zum Haupteingang stufenloser Zugang, Frühstücksraum, Restaurant und hauseigenes Hallenbad ebenfalls stufenlos erreichbar, im Hallenbad selbst 2 Stufen. Seichter Einstieg ins Schwimmbecken (geflieste Stufen) möglich, jedoch kein Grifflauf als Einstiegshilfe vorhanden.

Geeignet für Rollstuhlfahrer sind zwei Zimmer mit Du/WC. Der Aufzug hat eine Türbreite von 100 cm (die Zimmer ebenfalls) und ist für Rollifahrer mit 182 x 172 cm ausreichend groß. Bewegungsfreiraum im Bad 160 x 120 cm. Freiraum vor dem WC 120 cm. Duschbereich und Waschbecken ebenerdig unterfahrbar, Duschhocker und stabile Haltegriffe an Dusche, WC und Waschbecken vorhanden. Bettenhöhe 50 cm. Pflegedienst vor Ort (Sozialstation „Schönau"). Abholservice vom Bahnhof.

Entfernungen: Zur Ortsmitte mit Einkaufsmöglichkeiten und Tennisplatz 1 km. Gute Wintersportmöglichkeiten, hügelige Umgebung.

Preise pro Person und Tag bei Unterbringung im Doppelzimmer je nach Größe 48,- bis 70,- DM (bei einem Mindestaufenthalt von 3 Tagen) inklusive Frühstück und Hallenbadbenutzung. Zuschlag für Halbpension 30,- DM. 50% Ermäßigung für Kinder unter 10 Jahre, 30 % Ermäßigung für Jugendliche bis 16 Jahre bei 2 vollzahlenden Personen im Doppelzimmer. Prospekt und ausführliche Preisliste auf Anfrage.

Silencehotel Landgasthof Adler — 77709 Wolfach - St. Roman

Baden-Württemberg, Schwarzwald

St. Roman 14, Tel. (07836) 93780, Fax: (07836) 7434. Komfortables und bildschön gelegenes Hotel mit 29 geschmackvoll eingerichteten Zimmern mit Balkon, Telefon, Sat-TV, Dusche/WC oder Bad/WC. Parkplatz, Eingang, Frühstücksraum, Restaurant, Garten und die Zimmer (mit dem Aufzug) stufenlos erreichbar.

Geeignet für Gehbehinderte und Familien mit geistig Behinderten. Für Rollstuhlfahrer bedingt geeignet, da Badezimmer nicht speziell für Rollstuhlfahrer ausgestattet jedoch groß genug sind (10 Zimmer mit Du/WC oder Bad/WC). Dusche nicht schwellenlos unterfahrbar. Türbreiten der Zimmer und von Bad/WC 100 cm. Freiraum in Bad/Du/WC 140 x 140 cm.

Lage: Ruhige, idyllische Lage. Zur Ortsmitte, Einkaufen, Bahnhof, Arzt, Apotheke und Krankenhaus 10 km. Spielplatz, Tennisplatz 10 m.

Preis pro Person im EZ 87,- DM, im DZ 81,- DM inkl. Frühstück.

VdK Kur und Hotel GmbH
Kur- und Erholungszentrum Alttann — 88364 Wolfegg-Alttann

Baden-Württemberg, Württemb. Allgäu

Waldseerstr. 36, Tel. (07527) 29-0, Fax: 29-519. Das VdK Kur- und Erholungszentrum verfügt über 131 Betten in Einzel- und Doppelzimmern mit dem Komfort eines gehobenen Hotels. Alle Zimmer haben eine geschmackvolle Einrichtung, Dusche oder Bad, WC, Telefon und Radio. Das ganze Haus ist leicht zugänglich und barrierefrei.

Parkplatz, Eingang, Frühstücksraum, Restaurant, hauseigenes Hallenbad und 35 Zimmer im EG (oder mit dem Aufzug) stufenlos erreichbar. Verschiedene Gemeinschafts- und Fernsehräume, Kegelbahn, Sauna, Solarium. Türbreite vom Aufzug 90 cm (Tiefe 211 cm, Breite 108 cm).

Geeignet für Rollstuhlfahrer, Kurgäste, Körperbehinderte und Familien mit geistig Behinderten. 35 Zimmer mit Du/WC sind rollstuhlgerecht nach DIN 18024. Bettenhöhe 44 cm, höhenverstellbare Betten vorhanden. Türbreiten der Zimmer und Badezimmer 85 cm. Bewegungsfreiraum in Du/WC 140 x 140 cm. Freiraum links/rechts neben WC 130/30 cm oder 30/130 cm, davor 140 cm. Waschbecken und Dusche unterfahrbar. Notruf, Closomat, Duschhocker sowie Haltegriffe an Dusche, WC und Waschbecken vorhanden.

Kur- und Bäderabteilung: Die Kur- und Bäderabteilung steht unter ärztlicher Aufsicht und bietet alle Möglichkeiten einer optimalen Behandlung nach den neuesten med. Erkenntnissen. Es sind Erholungsurlaube mit mediz. Behandlung möglich, aber auch stationäre Badekuren.

Lage: In malerischer süddeutscher Höhenlandschaft (700 m ü.d.M.), umgeben von Nadelwäldern und Wiesen, mildes Reizklima. Leicht hügeliges Gelände, rollstuhlgerechte Wege. Zur Ortsmitte 50 m; Einkaufen 50 m; Bahnhof, Apotheke 2 km; Arzt im Haus; Krankenhaus 12 km; Dialyse 15 km; Freibad 12 km.

Preise für Vollpension pro Person und Tag für Mitglieder und Begleitperson im EZ 85,- DM, im DZ 83,- DM. Für Nichtmitglieder im EZ 101,- DM, im DZ 98,- DM. Preise und Fragen zu Kuraufenthalten auf Anfrage.

Hotel-Gasthof Ochsen 74549 Wolpertshausen-Cröffelbach

Baden-Württemberg, Hohenlohe, Naturschutzgebiet Bühlertal

Hauptstr. 4, Tel. (07906) 930-0, Fax: (07906) 930-200. Komfortables Hotel mit 30 Zimmern mit Du/WC, TV und Telefon. Parkplatz stufenlos, Eingang mit Rampe, Frühstücksraum, Restaurant und Zimmer (mit dem Aufzug) stufenlos erreichbar. Türbreite vom Aufzug 100 cm (Tiefe 180 cm, Breite 140 cm).

Geeignet für Gehbehinderte (bis 20 Pers.), Rollstuhlfahrer und Familien mit geistig Behinderten. 1 Zimmer nach DIN 18024/25 rollstuhlgerecht. Türbreite von Zimmer und Du/WC 88 cm. Bettenhöhe 60 cm. Freiraum in Du/WC 160 x 160 cm. Freiraum links neben WC 20 cm, rechts und davor 100 cm. Dusche unterfahrbar, Duschhocker und stabile Haltegriffe an Dusche und WC vorhanden.

Lage: Am Ortsrand; Waldnähe; im Naturschutzgebiet Bühlertal gelegen.
Zimmerpreise: EZ 99,- bis 149,- DM; DZ 139,- bis 159,- DM.

Ferienwohnung Haus Gierer — 91720 Absberg OT Igelsbach

Bayern, Mittelfranken, Neues Fränkisches Seenland

Familie Dietmar Gierer, Igelsbach 29, Tel. (09837) 1379, Fax: (09837) 1438. Neu ausgestattete, abgeschlossene Ferienwohnung, 80 qm, für 4-6 Personen, Nichtraucher, im Erdgeschoß eines ehemaligen Bauernhauses, mit zwei Schlafräumen und einer Schlafcouch im Wohnraum, Sat-TV. Komplett ausgestattete Küche u.a. mit Kaffeemaschine, Toaster und Eierkocher.

Geeignet für Rollstuhlfahrer, Gehbehinderte und Familien mit geistig Behinderten (jeweils bis max. 6 Personen, Nichtraucher). Für Rollstuhlfahrer ist der Toilettenbereich eigens ausgestattet, sowie die Einrichtung im Koch-/Wohnbereich und im Doppelbett-Schlafraum mit entsprechendem Wenderaum versehen. Zu überwinden sind lediglich im Eingangsbereich 3 Stufen. Türbreite der Zimmer 80 bis 95 cm, von Du/WC 95 cm. Freiraum in Du/WC 200 x 150 cm. Freiraum links neben WC 60 cm, rechts 200 cm, davor 120 cm. Waschbecken und Dusche unterfahrbar. Duschhocker und niedriger Spiegel mit Ablage sowie höhenverstellbares Bett vorhanden.

Lage: Kleiner, hügeliger Ort in unmittelbarer Nähe des gleichnamigen Sees. Baderampe für Rollstuhlfahrer am Brombachsee (4 km).

Freizeitmöglichkeiten: Direkt ab Haus ausgedehnte Wander- und Radwandermöglichkeiten. Baden, Surfen, Segeln, Bootfahren, Angeln, Radfahren, Wandern; Sitzgruppe im Hofraum mit Grillmöglichkeiten. Spielgeräte und Sandkasten für Kinder.

Preis für die Ferienwohnung in der Hauptsaison bei Belegung bis 4 Pers. 98,- DM pro Tag, jede weitere Person 10,- DM/Tag. In der Nebensaison bei Belegung bis 2 Personen 60,- DM pro Tag, jede weitere Person 10,- DM/Tag.

Privatpension Sochor — 94501 Aidenbach

Bayern, Ostbayern, Landkreis Passau

Plinganserstr. 21, Tel. (08543) 4982. Privatpension mit 15 Zimmern, 30 Betten. Stufenlos erreichbarer Parkplatz am Haus. Eingang, Aufenthaltsraum, Terrasse, Liegewiese und Zimmer im EG stufenlos erreichbar. Alle Türen im Haus mindestens 1 m breit. Alle Zimmer mit Farb-TV.

Geeignet für Familien mit geistig Behinderten; für Gehbehinderte und Senioren (bis 30 Personen). Von den 6 rollstuhlgerechten Zimmern sind 3 Doppelzimmer mit Dusche/WC (Dusche mit Klappsitz oder Duschstuhl) und 2 Doppel- und ein Einzelzimmer mit rollstuhlgerechter Etagendusche/ WC ausgestattet.

Rollstuhlgerechtes Etagenbad (Du/WC) mit folgenden Maßen: Türbreite vom Badezimmer 100 cm. Bewegungsfreiraum 200 x 200 cm; Freiraum links neben WC 180 cm, davor 180 cm. Dusche und Waschbecken unterfahrbar, Duschhocker vorhanden, Haltegriffe an Dusche und WC vorhanden.

Service: Auf Wunsch können die Gäste vom Wohnort mit dem behindertengerechten Kleinbus (6-8 Personen) des Hauses abgeholt werden. Ausflugsfahrten mit diesem Bus ebenfalls möglich. Fahrradverleih.

Lage: Ruhige Lage, zentral. Einkaufen, Arzt, Apotheke, Krankenhaus, Minigolf, Kegelbahn, Hallenbad und Freibad 1 km; Bahnhof 12 km; Bus und Spielplatz 1 km; Bewegungsbad und Thermalbad in Bad Grießbach 18 km; Tennisplatz 1,5 km; Grillplatz am Haus. Wege befestigt, Umgebung hügelig.

Preise pro Person: Übernachtung mit Frühstück 40,- DM, Halbpension 55,- DM.

Hotel-Gasthof-Café Plankl — 84503 Altötting

Bayern, Oberbayern

Familie Plankl, Schlotthamerstr. 4, Tel. (08671) 85151, Fax: 12495. Freundlich geführter Familienbetrieb, stilvolles, komfortables und besonders behindertenfreundliches Haus mit 70 Zimmern und 5 Suiten. Besonders geschmackvoll eingerichtete Zimmer, einige mit Himmelbetten, z.T. Bandscheibenmatratzen, z.T. mit 2,2 m langen Betten, Whirlpoolwanne, Wandsafe, TV, Telefon, Solarium über dem Bett. Alle Zimmer mit Du/WC, Balkon, TV und Telefon.

Alle Zimmer und Einrichtungen des Hauses stufenlos erreichbar. Großer Parkplatz neben dem Hotel; Tiefgarage auch für Rollstuhlfahrer zugänglich. Türbreiten: Haupteingang 120 cm, Rezeption und Restaurant 100 cm, Aufzug 82 cm (Tiefe 130 cm, Breite 180 cm, Bedienungstasten in Rollstuhlsitzhöhe erreichbar).

Sehr gut geeignet für Gehbehinderte, Rollstuhlfahrer, Familien und für Gruppen sowie für Dialysepatienten. (**Feriendialyse** 150 m). 4 Zimmer mit Bad/WC rollstuhlgerecht. Türbreiten der Zimmer und Badezimmer 80 cm. Badewanne mit Lifter ausgestattet. Bewegungsfreiraum in Bad/WC 150 x 160 cm. Freiraum links und vor dem WC 100 cm. Stabiler Haltegriff an WC und Waschbecken vorhanden.

Zahlreiche **Gruppen** von Vereinen und Verbänden sowie verschiedene Seniorengruppen und natürlich auch viele einzelreisende Rollstuhlfahrer zählen zu den zufriedenen Stammgästen des Hauses. Auf die Integration der Gäste mit Handicap legt die Familie Plankl besonderen Wert. Für die Feriengäste werden täglich Ferienprogramme auch für Rollifahrer angeboten. Ein Rollstuhlmonteur repariert, falls erforderlich,

defekte Rollstühle. **Lage:** verschiedene Ärzte in der Nähe; Ortsmitte und Apotheke 200 m; Gästesommergarten und Kinderspielplatz am Haus; Andachtskapelle im Haus; **Feriendialyse** 150 m; Bahnhof 500 m; Freibad 1,5 km, Hallenbad 1 km; Krankenhaus 2 km.

Preise: Übernachtung mit Frühstück für 55,- bis 80,- DM pro Person/Tag, mit Halbpension 64,- bis 89,- DM, je nach Aufenthaltsdauer. Auf Wunsch Diätkost. Sonderpreise von Januar bis April. Besonders empfehlenswertes Haus; von zahlreichen Lesern wegen der besonders freundlichen Hausleitung und dem hervorragenden Service gelobt.

Freizeit- und Erholungsheim für Behinderte St. Elisabeth — 84503 Altötting

Bayern, Oberbayern

Raitenharterstr. 18, Tel. (08671) 13140, Fax: (08671) 881583. Freizeit- und Erholungsheim der Caritas, **speziell für Behinderte und Rollstuhlfahrer.** 7 rollstuhlgerechte Einbettzimmer und 9 rollstuhlgerechte Zweibettzimmer. Zusätzlich 6 Einbett- und 3 Zweibettzimmer für Fußgänger bzw. Helfer im Obergeschoß.

Die 16 Zimmer mit Bad/Du/WC sind vollständig für Körperbehinderte und Rollstuhlfahrer ausgestattet. Alle Badezimmer absolut rollstuhlgerecht; Badewanne mit Hebelift, alles ebenerdig erreichbar, Türen breit genug (90 bis 110 cm). 18 höhenverstellbare Betten.

Sehr gut geeignet für Gehbehinderte, Körperbehinderte, Rollstuhlfahrer, Gruppen mit geistig Behinderten. Für Einzelreisende und für **Gruppen bis 37 Personen.**

Lage: Ortsmitte, Einkaufen, Arzt, Apotheke 1 km; Bus 500 m; Bahnhof 1,5 km; Krankenhaus und **Dialyse** 700 m; Massage 300 m; Tennisplatz 2 km; Freibad und Hallenbad 2,5 km; Badesee 12 km; Spielplatz 400 m.

Service: Medizinisch-ärztliche Betreuung ist jederzeit gewährleistet. Therapeutische Anwendungen durch Fachkräfte. Hilfe durch einen ambulanten Pflegedienst kann organisiert werden. Abholung der Gäste vom Bahnhof und ein attraktives Freizeitprogramm wird angeboten.

Ausflüge: Der hauseigene Reisedienst sorgt mit insgesamt 5 **hauseigenen rollstuhlgerechten Kleinbussen** dafür, daß sich alle Gäste von der einzigartigen Schönheit des Voralpenlandes verzaubern lassen können. Ausflüge und Besichtigungen der mittelalterlichen Stadtbilder der benachbarten Orte Neuötting und Burghausen, ins Salzkammergut, in die Alpen, usw.

Preise: Preiswert und gut. Es wird Vollpension geboten. Beispiel: Einzelzimmer mit Du/WC, rollstuhlgerecht für 72,- DM inkl. Vollpension, im DZ 67,- DM. Essen reichlich und gut. Genaue Preisliste auf Anfrage. Von Lesern wegen des guten und freundlichen Service mehrfach gelobtes Haus. Besonders empfehlenswert.

Ferienwohnung Irene Dorn — 82346 Andechs

Bayern, Fünfseenland

Moosweg 10, Tel. (08152) 925450, Fax: (08152) 925451. Frau Dorn vermietet eine rollstuhl- und kindergerechte Ferienwohnung mit 3 Zimmern, Kochecke, Bad, Diele und Abstellraum. Ruhige Lage. Bei Bedarf steht 1 Kinderbett zur Verfügung.

Geeignet für Rollstuhlfahrer, Familien mit Kindern, Familien mit geistig Behinderten und für Senioren. Erhöhung der Betten nach Wunsch. Türbreiten der Zimmer 82 bis 93 cm. Türbreite von Du/WC 82 cm. Bewegungsfreiraum in Du/WC 160 x 280 cm. Freiraum vor dem WC 130 cm, neben dem WC 100 cm. Waschbecken und Dusche unterfahrbar. Anti-Rutsch-Matten, großer Spiegel, stabile Haltegriffe an Dusche und WC sowie WC-Aufsatz vorhanden. WC-Höhe 42 cm. Wickeltisch und Kinderbadewanne. Pflegedienst vor Ort kann auf Anfrage bestellt werden.

Lage: Sehr ruhige Lage. Einkaufen, Arzt und Apotheke 500 m, möblierte Terrasse und Liegewiese. Die Umgebung ist flach bis hügelig.

Preis für die Ferienwohnung pro Tag je nach Belegung (3 bis 6 Personen) in der Nebensaison 90,- bis 130,- DM, in der Hauptsaison 100,- bis 150,- DM. Mindestaufenthalt 7 Tage.

Hotel Wilder Mann — 63739 Aschaffenburg

Bayern

Löherstr. 51, Tel. (06021) 3020, Fax: 302234. Hotel mit 69 Zimmern mit Du/WC oder Bad/WC, Telefon, TV. Parkplatz, Eingang, Frühstücksraum, Restaurant und Zimmer (mit dem Aufzug) stufenlos erreichbar. Alle Türen mindestens 78 cm breit. Innenmaße vom Aufzug: Tiefe 130 cm, Breite 100 cm.

Geeignet für Rollstuhlfahrer, Gehbehinderte und Familien mit geistig Behinderten. 5 rollstuhlgerechte Zimmer, Dusche nicht schwellenlos unterfahrbar: Schwelle 20 cm.

Lage: Zur Ortsmitte 1 km; Krankenhaus 1 km; Einkaufen, Bus, Arzt 100 m; Apotheke 200 m. Umgebung hügelig.

Zimmerpreise: EZ 115,- bis 130,- DM; DZ 155,- bis 175,- DM; Appartement 180,- bis 230,- DM.

Naturlandhof Krämer — 97215 Auernhofen

Bayern, Franken

Lange Dorfstr. 24, Tel. (09848) 96845, Fax: 96847. Bewirtschafteter Bauernhof, Familienbetrieb, mit Appartements im 1995 sanierten Hofhaus. Parkplatz, Eingang, Frühstücksraum und 1 Appartement im EG stufenlos erreichbar. **Geeignet** für

Gehbehinderte, Rollstuhlfahrer (1 Appartement bis 4 Personen) und Familien mit geistig Behinderten. Bettenhöhe 50 cm. Türbreiten vom Appartement und von Du/WC 100 cm. Bewegungsfreiraum in Du/WC 250 x 200 cm, Freiraum rechts und vor dem WC 180 cm. Dusche und Waschbecken unterfahrbar. Duschhocker und stabile Haltegriffe an Dusche und WC vorhanden. Pflegedienst kann über den ASB vor Ort angefordert werden.

Lage: Zur Dorfmitte 50 m; Einkaufen, Arzt, Apotheke 5 km; Spielplatz 200 m; Freibad 6 km; Krankenhaus, Hallenbad 10 km. Umgebung flach bis leicht hügelig.

Preis für das barrierefreie Appartement pro Tag 80,- DM.

Hotel Augusta — 86152 Augsburg

Bayern, Romantische Straße

Ludwigstr. 2 / Eingang Kesselmarkt, Tel. (0821) 5014-0, Fax: 5014-605. 107 Zimmer zwischen 18 und 60 qm, alle mit Bad oder Du/WC, Farb-TV, Minibar, Radio und Telefon. 7 Konferenzräume, Nichtraucher-Etage. Haupteingang stufenlos, Restaurant mit Aufzug und Rampe, Aufzug stufenlos zu erreichen. Türbreiten: Eingang 97 cm, Restaurant 98 cm, Aufzugstür 81 cm.

Geeignet für Gehbehinderte und Rollstuhlfahrer. 1 Zimmer mit Bad/WC ist speziell für Rollstuhlfahrer ausgestattet. Türen von Zimmer und Bad/WC 94 cm breit. Freiraum in Bad/WC 140 x 140 cm. Freiraum links neben WC 20 cm, rechts 70 cm, davor 180 cm.

Lage: Im Zentrum; Bahnhof 1 km; Apotheke 50 m; Bus 50 m.
Zimmerpreise inkl. Frühstück: EZ 188,- bis 202,- DM; DZ 236,- bis 286,- DM; Zustellbett 65,- DM. Hund 10,- DM pro Tag. Wochenendpreise auf Anfrage.

Alpenhof Ringhotel Augsburg — 86154 Augsburg

Bayern, Romantische Straße

Donauwörtherstr. 233, Tel. (0821) 42040, Fax: 4204200. 130 Zimmer, alle mit Bad oder Du/WC, Radio, TV und Telefon. Haupteingang, Restaurant und Aufzug (Tiefe 90 cm, Breite 110 cm) stufenlos erreichbar. Türbreiten: Eingang und Restaurant 110 cm; Aufzug 75 cm.

Geeignet für Gehbehinderte, bedingt geeignet für Rollstuhlfahrer mit Begleitung. Bettenhöhe 41 cm. Türen von Zimmer und Bad/WC 70 cm breit. Badezimmer unterschiedlich groß. Freiraum 80 x 150 cm bis 140 x 170 cm. Freiraum rechts neben WC 120 cm, davor 80 cm. Dusche nicht unterfahrbar; keine Haltegriffe vorhanden.

Lage: Ortsmitte und Bahnhof 3 km; Bus 50 m; Apotheke 1 km.
Zimmerpreise: EZ 119,- bis 189,- DM; DZ 169,- bis 289,- DM.

CIRA Boarding House + Hotel — 86165 Augsburg

Bayern, Romantische Straße

Kurt-Schumacher-Str. 6, Tel. (0821) 7944-0, Fax: 7944-450. Hotel mit 77 Zimmern, Parkplatz, Eingang, Frühstücksraum (mit Aufzug) und die Zimmer mit dem Aufzug stufenlos erreichbar. Türbreite vom Aufzug 85 cm (Tiefe 210 cm, Breite 110 cm).

Geeignet für Gehbehinderte (200 Pers.), Familien mit geistig Behinderten und für Rollstuhlfahrer. 1 Zimmer nach DIN 18024/18025 speziell für Rollstuhlfahrer ausgestattet. Bettenhöhe 76 cm. Dusche unterfahrbar; festinstallierter Duschsitz und Haltegriffe an Du/WC.

Lage: Zur Stadtmitte 5 km; Arzt, Einkaufen 500 m; Apotheke 700 m; Krankenhaus 4 km. Umgebung flach.

Zimmerpreise: EZ 152,- bis 172,- DM; DZ 192,- bis 212,- DM.

Hotel Ibis Augsburg — 86150 Augsburg

Bayern, Romantische Straße

Hermannst. 25, Tel. (0821) 50310, Fax: 5031300. 104 Zimmer mit Du/WC, TV und Telefon. Restaurant, Tagungsräume. Haupteingang, Rezeption, Restaurant und Aufzug stufenlos erreichbar. Türbreiten: Eingang 130 cm, Restaurant 220 cm, Aufzug 80 cm (Tiefe 140 cm, Breite 110 cm).

Geeignet für Rollstuhlfahrer und Familien mit geistig Behinderten. Zwei Zimmer mit dem Aufzug stufenlos erreichbar, speziell für Rollstuhlfahrer ausgestattet. Türbreiten von Zimmer und Bad/WC 94 cm. Freiraum in Du/WC 140 x 100 cm; Freiraum links neben WC 80 cm, rechts 90 cm, davor 90 cm. Waschbecken und Dusche unterfahrbar; Duschhocker und klappbare Haltebügel an Dusche und WC vorhanden.

Lage: Zentrum, Bus, Arzt und Apotheke 300 m; Bhf. 600 m; Krankenhaus, **Dialyse** 4 km.

Zimmerpreise: EZ und DZ 99,90 DM. Frühstücksbuffet p.Pers. 15,- DM. Hund 8,- DM.

InterCity Hotel Augsburg — 86150 Augsburg

Bayern, Romantische Straße

Halderstr. 29, Tel. (0821) 50390, Fax: 5039999. Komfortables Hotel mit 120 Zimmern mit Du/WC, Telefon, TV. Parkplatz, Eingang und Aufzug (Tiefe 210 cm, Breite 108 cm) stufenlos erreichbar. Frühstücksraum, Restaurant, Tagungsräume und Zimmer mit dem Aufzug erreichbar. Alle Türen mindestens 88 cm breit.

Geeignet für Gehbehinderte und Familien mit geistig Behinderten, für Gruppen bis 120 Personen; geeignet für Rollstuhlfahrer (2 Personen). Ein Zimmer speziell für Rollstuhlfahrer ausgestattet. Türbreite vom Zimmer 91 cm, von Du/WC 95 cm. Freiraum in Du/WC 220 x 120 cm; Freiraum links neben WC 88 cm, rechts 25 cm, davor 120 cm. Waschbecken und Dusche unterfahrbar; festinstallierter Duschsitz, Duschhocker und stabile Haltegriffe an Dusche, WC und Waschbecken vorhanden.
Lage: Bahnhof 40 m; Arzt 50 m; Krankenhaus 200 m; Reha-Zentrum nebenan.

Zimmerpreise inkl. Frühstück: EZ 141,- DM bis 191,- DM; DZ 162,- bis 252,- DM. Am Wochenende: EZ 141,- DM; DZ 162,- DM.

Sport- und Familienhotel St. Georg — 83043 Bad Aibling

Bayern, Chiemgau

Ghersburgstr. 18, Tel. (08061) 479-0, Fax: (08061) 497-105. Besonders familienfreundliches Hotel mit 219 komfortablen Zimmern mit zahlreichen Sportmöglichkeiten (Tennis, Golf, Schwimmen, Wandern, Skilaufen. Parkplatz, Eingang, Frühstücksraum, Restaurant, Hallenbad, Garten und die Zimmer (mit dem Aufzug) stufenlos erreichbar. Türbreite vom Aufzug 80 cm (Tiefe 140 cm, Breite 110 cm).

Geeignet für Rollstuhlfahrer: 4 Zimmer mit Du/WC. Bettenhöhe 60 cm. Türbreite der Zimmer und von Du/WC 80 cm. Freiraum in Du/WC 160 x 130 cm. Freiraum links neben WC 60 cm, rechts 70 cm, davor 160 cm. Dusche schwellenlos unterfahrbar, Waschbecken unterfahrbar. Festinstallierter Duschsitz sowie stabile Haltegriffe an Dusche, WC und Waschbecken vorhanden.

Freizeit & Erholung: Tennis, Golf, Schwimmen, Wandern, Skifahren. Wellness und Schönheitspflege im Kosmetikstudio. Typisch bayerische und internationale Speisen und Getränke im Restaurant. Kinderbetreuung an 5 Tagen pro Woche, im Zimmerpreis enthalten. Kindergerechte Ausstattung des Hauses.

Lage: In der sanften Hügellandschaft des Chiemgaus. Der Chiemsee und die nahegelegenen Berge wie Wendelstein und Kaisergebirge laden zu verschiedenen Freizeitaktivitäten im Freien ein. Gut befahrbare Wege, teilweise hügelig, großteils flach, Waldnähe, sehr ruhig. Zur Ortsmitte mit Einkaufen, Arzt, Apotheke 1 km; Krankenhaus und Tennishalle 1 km; Freibad 1,5 km, Hallenbad im Haus.

Preis pro Person je nach Zimmerkategorie und Saison 89,- bis 159,- DM inkl. Halbpension. Kinder bis 16 Jahre im Zimmer der Eltern frei. Ausführliche Preisliste auf Anfrage.

Silence Parksanatorium Bayersoien — 82435 Bad Bayersoien

Bayern, Oberbayern, Pfaffenwinkel, Soier See

Am Kurplatz 1, Tel. (08845) 120, Fax: (08845) 9695. 94 Zimmer, Parkplatz, Eingang, Frühstücksraum, Restaurant stufenlos erreichbar. Hauseigenes Hallenbad und 2 rollstuhlgerechte Zimmer mit dem Aufzug erreichbar. Türbreite vom Aufzug 80 cm (Tiefe 210 cm, Breite 110 cm).

Geeignet für Rollstuhlfahrer: 2 Zimmer nach DIN 18024/25. Türbreite der Zimmer 91 cm, von Du/WC 101 cm. Bewegungsfreiraum in Du/WC 145 x 145 cm. Freiraum links neben WC 35 cm, rechts 120 cm, davor 160 cm. Dusche und Waschbecken unterfahrbar. Notruf, festinstallierter Duschsitz sowie stabile Haltegriffe an Dusche und WC vorhanden.

Lage: Zur Ortsmitte 1 km; Einkaufen, See, Tennisplatz 1 km; Apotheke 6 km; Krankenhaus 16 km.

Preis pro Person im EZ ab 145,- DM, im DZ ab 99,- DM, HP-Zuschlag 36,- DM.

Silence-Parkhotel Bayersoien — 82435 Bad Bayersoien

Bayern, Oberbayern, Pfaffenwinkel, Soier See

Kirmesauer Str. 19, Tel. (08845) 120, Fax: (08845) 8398 und 9595, Internet: http://www.gaos.de/parkhotel.bayersoien; E-Mail: parkhotel.bayersoien@silence.de. Sehr schönes Kurhotel mit Sanatorium, herrliche Lage am Soier See. Alle Zimmer mit Sitzecke, Du/WC, Farb-TV und Telefon. Eigene Bäderabteilung, Bewegungstherapien, Massagen, Kräuter-Whirl-Bäder. Hauptkurmittel ist das Moor. Bewegungshallenbad mit Dampfbad, Sauna und Solarium. Haupteingang, Restaurants und Aufzug stufenlos erreichbar. Türbreiten: Eingang 220 cm, Restaurant 120 cm, Aufzugstür 88 cm (Tiefe 90 cm, Breite 190 cm).

Geeignet für Kururlauber, Senioren, Gehbehinderte und Rollstuhlfahrer. Zwei Zimmer mit Bad/Du/WC sind speziell für Rollstuhlfahrer ausgestattet. Türen der Zimmer und von Du/WC 100 cm breit. Bewegungsfreiraum in Du/WC 220 x 220 cm; Dusche und Waschbecken unterfahrbar. Festinstallierter Duschsitz, Notruf sowie stabile Haltegriffe an Du/WC und Waschbecken vorhanden.

Lage: Am See (200 m); Bus 400 m; Arztpraxis, Apothekenservice, Kuranwendungen und Hallenbad im Haus; Tennisplatz 800 m.

Preis pro Person inkl. Frühstück im EZ 145,- bis 188,- DM, im DZ 99,- bis 123,- DM. Sonderarrangements in der Vor- und Nachsaison. Kinder bis 6 Jahre im Zimmer der Eltern frei, von 7 bis 12 Jahre 39,- DM inkl. Frühstück. Transfer zum Bahnhof Saulgrub frei. Hunde pro Nacht 20,- DM. Als Sanatorium ist das Haus auch beihilfefähig und für stationäre Kuren über die Krankenkassen zugelassen (§ 111).

Ferienhaus Bruckhuberhof — 84364 Bad Birnbach, OT Hirschbach

Bayern, Ostbayern, Niederbayerisches Bäderdreieck

Rudolf und Maria Bachhuber, Dorfplatz 1, Tel. (08563) 455, Fax: (08563) 975185.
Neues Haus mit Ferienwohnungen in Alleinlage hinter dem denkmalgeschützten "Rottaler Vierseithof" mit zusätzlich zwei sehr gemütlich und komfortabel eingerichteten, rollstuhl- und behindertengerechten Ferienwohnungen. Zur Ausstattung zählen u.a. komplette Küchenzeile, Eßplatz, Sitzgruppe, Sat-TV, CD-Player, Radio, Natur- und Gesundheitsmatratze zum Verstellen.

Vom Parkplatz zum Eingang stufenlos, keine Steigung über 5%; alle Wege gepflastert. Eingang der Ferienwohnungen sowie Garten stufenlos erreichbar.

Geeignet für Rollstuhlfahrer und Familien mit geistig Behinderten. Zwei Ferienwohnungen mit Du/WC (perfekt rollstuhlgerecht), jeweils 70 qm, mit zwei Schlafzimmern sind **nach DIN 18024 rollstuhlgerecht** ausgestattet. Jede Ferienwohnung mit 4 Personen belegbar.

Türbreiten: Eingang, Zimmer und Du/WC 100 cm. Freiraum in Du/WC 200 x 200 cm; Freiraum links neben WC 200 cm, rechts 40 cm, davor 250 cm. Dusche und Waschbecken unterfahrbar und körpergeformt. Festinstallierter Duschsitz, Duschhocker und stabile Haltegriffe an Dusche, WC (beidseitig !) und Waschbecken vorhanden. Großer Spiegel, abgesenkt für Sitzende. Rutschhemmende Fußbodenfliesen im Bad. In den Ferienwohnungen pflegeleichter Fußboden; keine Teppichböden! Höhenverstellbare Betten (43 bis 60 cm). Zwei weitere Ferienwohnungen mit Du/WC sind ebenfalls groß genug für Rollstuhlfahrer.

Service: Privater Pflegedienst vor Ort vorhanden. Abholservice und nach Terminab-

sprache Fahrservice; Termine für Badearzt und Anwendungen, Massage, usw. in Bad Birnbach. Das Haus ist ganzjährig geöffnet. Ebenso das Thermalbad in Bad Birnbach.

Lage: ruhige Einzellage, mitten im Grünen, alle Wege befestigt, gut befahrbar. Hirschbach liegt zwischen Pfarrkirchen und Bad Birnbach. Ortsmitte, Einkaufen, Bus 200 m; Spielplatz 150 m; Bahnhof 3 km; Kuranwendungen, Badesee, Hallenbad und Tennishalle 4 km; Tennisplatz 2 km; Freibad 7 km; Krankenhaus und **Dialyse** 9 km.

Preis pro Tag für Ferienwohnung mit 50 qm bei Belegung mit 2 Pers. 80,- DM, jede weitere Person 10,- DM; Ferienwohnung mit 70 qm für 90,- DM bei 2 Personen, jede weitere Person 10,- DM. **Besonders empfehlenswertes Haus,** perfekte Ausstattung.

Kurhotel Kunzmann — 97708 Bad Bocklet

Bayern, Unterfranken, Rhön

An der Promenade 6, Tel. (09708) 78-0, Fax: 78100. Kurhotel und Sanatorium mit 79 Zimmern, 112 Betten, stufenlos erreichbarer Parkplatz am Haus.

Eingang mit 6 Stufen (je 15 cm) mit einer Rampe überbrückt. Rezeption, Restaurant, Frühstücksraum, Bar, Terrasse, Garten, Sauna, Solarium, hauseigenes Hallenbad mit Jet-Stream und mit Whirl-Pool, Aufzug und Zimmer stufenlos erreichbar.

Alle Türen im Haus mindestens 80 cm breit. Ausnahme: Bad/WC 67,5 cm. Raumgröße vom Badezimmer circa 4 qm, Freiraum für Rollstuhlfahrer 100 x 130 cm.

Geeignet: Das Kurhotel ist für Gehbehinderte, Senioren und Kururlauber besonders gut geeignet, für Rollstuhlfahrer bedingt geeignet. Notruf in Bad und am Bett vorhanden. Pflegedienst im Ort vorhanden.

Lage: Ortsmitte, Bus, Einkaufen und Minigolf ca. 250 m; Bhf. 10 km; Arzt, Sanatorium, Kuranwendungen, Bewegungsbad und Thermalbad im Haus; Spielplatz und Tennisplatz 500 m; Angeln 300 m; Tennishalle und Freibad 10 km. Wege befestigt, Umgebung flach bis hügelig.

Kurangebote: Das Kurhotel ist zu empfehlen bei orthopädischen und rheumatischen Erkrankungen, bei Herz- und Kreislaufleiden, Gefäß-, Blut- und Stoffwechselerkrankungen, bei vegetativer Dystonie, Managerkrankheit und bei Erschöpfungszuständen. Original Schrothkuren, 14 Tage ohne Kurpackung und ärztliche Untersuchungen, von 1.400,- DM bis 1.694,- DM.

Der Preis für eine **Pauschalkur** schließt eine Wohnung mit Zimmer, Balkon, Dusche/WC, Telefon, Vollpension mit Frühstücksbuffet, Mittagessen mit Menuewahl ein; 6 Anwendungen in der med. Abteilung, ärztliche Untersuchungen. Die 14-tägige Kur kostet je nach Saison 1.973,- bis 2.267,- DM.
Außerdem werden **Schlankheitskuren** angeboten. Das Angebot umfaßt Unterbringung, Vollpension, 6 Anwendungen in der medizinischen Abteilung pro Woche, ärztliche Untersuchungen, Massagen, Kneippgüsse, Wirbelbäder, Gruppengymnastik usw. als Privatkur. Preisbeispiel: 14 Tage Schlankheitskur je nach Saison 2.029,- DM bis 2.323,- DM. **Preise** ohne Kuranwendungen inkl. Vollpension je nach Zimmertyp

und Saison im EZ oder DZ pro Person 110,- bis 131,- DM. Unterbringung in Zimmern mit Du/WC und Telefon, z.T. mit Balkon. **Sanatorium beihilfefähig** nach § 30 Gew O. Stationäre bzw. ambulante Vorsorge- oder Rehabilitationsmaßnahmen nach § 111 SGB V. Preisgünstiger Abholservice von Haus zu Haus. Kostenloser Abholdienst vom Bahnhof Bad Kissingen.

Caritas-Kurhaus — 97708 Bad Bocklet

Bayern, Unterfranken, Rhön

Kurhausstr. 2, Tel. (09708) 770, Fax: 77199. Kurhaus und Sanatorium mit 90 Zimmern mit Du/WC und Telefon. Parkplatz und Eingang stufenlos; Frühstücksraum und Restaurant mit Rampe, Hallenbad, Garten und Kurmittelabteilung mit dem Aufzug erreichbar. Türbreite vom Aufzug 80 cm (Tiefe 135 cm, Breite 110 cm).
Geeignet für Gehbehinderte und Rollstuhlfahrer. 1 Zimmer mit Du/WC rollstuhlgerecht. Bewegungsfreiraum in Du/WC 140 x 110 cm, Freiraum links und rechts neben WC 80 cm, davor 120 cm. Dusche und Waschbecken unterfahrbar, Notruf im Zimmer, festinstallierter Duschsitz, stabile Haltegriffe an Du/WC und Waschbecken vorhanden.
Lage: Direkt am Kurpark. Umgebung flach.
Zimmerpreise pro Tag inkl. Vollpension im Sanatorium für das EZ 94,- DM; DZ 172,- DM. VP-Preise im Haus Lioba: EZ 70,- DM; DZ 134,- DM. Das Sanatorium ist beihilfefähig gemäß § 7, Abs. 4 der Beihilfevorschriften.

VdK-Kurklinik Schwarzenberg — 83075 Bad Feilnbach

Bayern, Oberbayern, Wendelstein

Schwarzenbergstr. 17, Tel. (08066) 8890, Fax: 889150. Die Kurklinik des VdK-Landesverbandes Bayern bietet 69 Gästezimmer mit Bad oder Dusche/WC, Durchwahltelefon, Farb-Fernseher und Balkon oder Terrasse. Speiseraum, Restaurant, Aufenthaltsraum, Sauna, Hallenbad (30 ° C, 12,5 x 6,5 m) und der Aufzug im Erdgeschoß sind stufenlos erreichbar. Für das Hallenbad ist ein Lifter vorhanden.

Die Zimmer im 1. Stock sind über den Aufzug erreichbar. 7 Zimmer sind nur durch Stufen zugänglich. Zur Terrasse gelangt man über eine Rampe, zum Garten gibt es keinerlei Stufen. Alle Kureinrichtungen im Haus sind mit einem Behindertenlift ausgestattet.

Die Kurklinik eignet sich für Kurgäste, Senioren, Gehbehinderte und Rollstuhlfahrer (bis 12 Personen). Bei den behindertenfreundlichen Zimmern sind die Türen 90 cm breit, ansonsten messen die Türen 80 bis 85 cm. Im Saunaraum beträgt die Türbreite 80 cm, zur Saunakabine 60 cm. Die Aufzugstür ist 80 cm breit, Innenmaße 110 x 140 cm. Der Duschraum in den behindertenfreundlichen Zimmern mißt 205 x 210 cm, die Duschkabine in gleicher Ebene 100 x 105 cm. Das WC ist 45 cm hoch. In sechs

Badezimmern ist das Waschbecken unterfahrbar; Waschbeckenhöhe 83 cm. Haltegriffe an Dusche und WC vorhanden.

Lage: Die Kurklinik liegt in **Bad Feilnbach am Hang**, ca. 10 Gehminuten vom Ortszentrum entfernt. Zu den Einkaufsmöglichkeiten sind es 500 m, zum Bahnhof und zur Kurverwaltung ca. 900 m, zum Bus 500 m und zur Apotheke 600 m. Die Kurklinik bietet eine schöne, gepflegte Gartenanlage mit herrlicher Liegewiese und einem Teich. Die Wanderwege führen direkt vom Haus weg, die Umgebung ist hügelig. Neben sportlichen Aktivitäten bietet Bad Feilnbach auch viel Kultur und Unterhaltung.
Die Klinik bietet auch Schnupperwochen, Osteoporose- und Rheumakuren an. **Abgerechnet wird mit allen Kassen.** Beihilfefähig. **Preise** auf Anfrage.

Appartementhotel Waldeck — 94072 Bad Füssing

Bayern, Niederbayern, südöstliches Bäderdreieck

Paracelsusstr. 12, Tel. (08531) 29050, Fax: (08531) 290560, E-Mail: waldeck-fuessing@t-online.de, www.hotel-waldeck.de. Appartementhotel mit insgesamt 41 Appartements, 1 davon rollstuhlgerecht. Parkplatz, Eingang, Frühstücksraum, Restaurant, Hallenbad und Garten stufenlos erreichbar.

Die Zimmer sind direkt von der Tiefgarage aus mit dem Aufzug erreichbar. Türbreite vom Aufzug 80 cm (Tiefe 110 cm, Breite 110 cm). Im Haus ein eigenes Café, eine Arztpraxis für Ganzheitsmedizin und Naturheilverfahren, eine Praxis für Physikalische Therapie, Massagepraxis.

Geeignet für Rollstuhlfahrer: 1 Appartement rollstuhlgerecht; 53 qm groß mit sep. Schlafzimmer, insges. 4 Betten. Bettenhöhe 53 cm, Kopf- und Fußteil höhenverstellbar. Türbreite von Zimmer und Du/WC 80 cm. Bewegungsfreiraum in Du/WC 160 x 160 cm. Freiraum links neben WC 60 cm, rechts 120 cm, davor 160 cm. Festinstallierter Duschsitz sowie stabile Haltegriffe an Dusche und WC.
Lage: Im Kurpark von Bad Füssing, zwischen der Therme II und dem Johannesbad. Zur Ortsmitte mit Einkaufsmöglichkeiten 500 m; Apotheke 400 m; Arzt im Haus; Freibad, Tennisplatz und Tennishalle 1 km; Krankenhaus 8 km. Umgebung flach.
Preis für das rollstuhlgerechte Appartement pro Tag 119,- bis 132,- DM.

Appartementhaus „Im Anger" — 94072 Bad Füssing

Bayern, Niederbayern, südöstliches Bäderdreieck

Packinger Str. 7, Tel. (08531) 925055, Fax: (08531) 925050. Appartementhaus mit einem rollstuhlgerechten Appartement. Parkplatz und Eingang stufenlos. Türbreite vom Aufzug 80 cm (Tiefe 125 cm, Breite 110 cm).
Geeignet für Rollstuhlfahrer mit Begleitung. Türbreite der Zimmer und von Du/WC 92 cm. Bettenhöhe 60 cm. Bewegungsfreiraum in Du/WC 120 x 120 cm. Freiraum links neben WC 140 cm, rechts 50 cm, davor 120 cm. Dusche nicht schwellenlos

unterfahrbar. Waschbecken unterfahrbar. Festinstallierter Duschsitz und stabile Haltegriffe an Dusche und WC vorhanden.
Lage: Zur Ortsmitte 500 m; Einkaufen 300 m; Arzt 100 m; Apotheke, Freibad, Hallenbad, Tennisplatz und Tennishalle 500 m; Krankenhaus 8 km; Bahnhof 5 km.
Preis pro Tag je nach Saison 70,- bis 85,- DM.

Sanatorium DER TANNENHOF — 94072 Bad Füssing

Bayern, Niederbayern, südöstliches Bäderdreieck

Kurallee 25, Tel. (08531) 276-0, Fax: (08531) 276460. Gepflegtes Sanatorium, bestens geeignet für alle Erkrankungen des Bewegungsapparates. 96 Betten in 74 Zimmern, davon 9 Zimmer rollstuhlgerecht, alle mit Du/WC, Balkon, Durchwahltelefon. Nichtraucherräume. Facharzt (Allgemeinmedizin und Naturheilverfahren) und sehr umfangreiches Therapieangebot im Haus. Hallenbad (37 °C) mit Hebelift und Außenbecken (30-32 °C) mit dem Bad Füssinger Thermalheilwasser aus der Ursprungsquelle, Thermalwassertrinkbrunnen. Sehr gute Küche, auch mit Diät-, Reduktions- und Schonkost.

Geeignet für Rollstuhlfahrer sowie Personen mit orthopädischen Erkrankungen: 9 Zimmer mit Du/WC rollstuhlgerecht. Bettenhöhe 52 cm. Türbreiten der Zimmer und von Du/WC 95 cm. Bewegungsfreiraum in Du/WC 230 x 230 cm. Freiraum vor dem WC 180 cm. Waschbecken und Dusche unterfahrbar. Festinstallierter Duschsitz und stabile Haltegriffe an Dusche und WC vorhanden.

Lage: Zentral und dennoch ruhig, direkt am Eingang zum großen Kurpark gelegen. Ortsmitte und Einkaufen 200 m. Apotheke 100 m; Tennisplatz und Tennishalle 500 m; Bahnhof 5 km; Krankenhaus 15 km.

Flache Gegend mit gut ausgebautem Fahrrad- und Fußgängerwegenetz, großer Kurpark in unmittelbarer Nähe, Freizeitpark ca. 200 m entfernt, vielfältiges kulturelles und gesundheitsbezogenes Freizeitprogramm (200 m); Spielbank ca. 500 m entfernt.

Preis pro Person inkl. Vollpension 152,- DM und 157,- DM. Benutzung des Thermalbades von 6.30 bis 31.30 Uhr 15,- DM pro Tag (obligatorisch), Kurtaxe 3,- DM/Tag. Ermäßigte Spezialwoche auf Anfrage.

Ferienwohnungen Pusch 93333 Bad Gögging

Bayern, Niederbayern, Donautal

Pfarrer-Rüth-Str. 20, Tel. (09443) 2190, Fax: (09443) 903375. Im Jahr 1997 neuerbautes Haus in ruhiger Wohngegend mit 6 Ferienwohnungen. Parkplatz und Eingang stufenlos (Rampe); Eingangstür elektrisch öffnend. Alle Wohnungen sind ausgestattet mit kompletter Küche, Farb-Sat-TV, Radio, Selbstwähltelefon, Balkon/Terrasse. Stellplatz am Haus, Bettwäsche wird gestellt, **Nichtraucherhaus,** keine Haustiere.

Geeignet für Rollstuhlfahrer, Gehbehinderte und Familien mit geistig Behinderten. 2 Ferienwohnungen sind **nach DIN 18024/25 rollstuhlgerecht**. Bettenhöhe 55 cm. Schränke mit Schiebetüren. Türbreite von Eingang, Zimmer und Du/WC 94 cm. Freiraum in Du/WC mindestens 140 x 140 cm. Freiraum links neben WC 140 cm, rechts 30 cm, davor 140 cm. Waschbecken und Dusche unterfahrbar. Spiegel reicht bis Oberkante Waschbecken. Duschklappsitz und stabiler Haltegriff an Dusche sowie an WC (beidseitig, klappbar) vorhanden.

Lage: Ruhige Lage; zur Ortsmitte mit Einkaufsmöglichkeiten sind es 500 m; Apotheke 100 m; Arzt 300 m; Bahnhof, Freibad, Hallenbad 5 km; Tennishalle 500 m; Krankenhaus 15 km. Umgebung überwiegend flach, mit dem Rollstuhl gut befahrbar.

Preis für die 50 qm große Ferienwohnung je nach Saison 49,- bis 58,- DM pro Tag. Für die 60 qm-Whg. 54,- bis 66,- DM.

Hotel Sonnenhügel 97688 Bad Kissingen

Bayern, Franken, Rhön

Burgstr. 15, Tel. (0971) 830, Fax: 834828. Hotel und Appartements mit insgesamt 400 großen Zimmern (40 qm) mit Bad/WC, Kühlschrank, Radio, TV und Telefon. Parkplatz, Eingang, Restaurant, Frühstücksraum, Terrasse, Aufzug und Zimmer stufenlos erreichbar.

Geeignet für Gehbehinderte; bedingt geeignet für Rollstuhlfahrer mit Begleitung, da Badezimmertüren nur 67 cm breit; Dusche nicht unterfahrbar; Freiraum im Bad/WC nur 70 x 120 cm. Zimmertüren 80 cm breit. Bettenhöhe 50 cm.

Lage: Einkaufen, Apotheke 1,5 km; Arzt kommt ins Hotel; Krankenhaus 800 m; Auffahrt zum Hotel relativ steil, ansonsten Umgebung im Ort flach.

Preis inklusive Frühstück pro Person im DZ ab 89,- DM; inkl. HP 103,- DM pro Person. Ausführliche Preisliste und Prospekt auf Anfrage.

Apart-Hotel / Restaurant Haus Hohenzollern 97688 Bad Kissingen

Bayern, Franken, Rhön

Familie Kanz, Kurhausstr. 29, Tel. (0971) 71900, Fax: (0971) 719040. Persönlich geführtes Apart-Hotel in verkehrsberuhigter Lage Bad Kissingens. 20 freundlich und elegant eingerichteten App. für 2-3 Pers., alle mit Kabel-TV, Direktwahltelefon, Küche, Bad/Dusche. Parkplatz und Eingang stufenlos. Frühstücksraum und Restaurant 2 x 2 Stufen mit Rampe. Zum Aufzug 1 Stufe. Türbreite vom Aufzug 100 cm, Aufzug behindertengerecht.

Geeignet für Rollstuhlfahrer, Familien mit geistig Behinderten. 2 Appartements roll-

stuhlgeeignet. Türbreite von Zimmer und Bad/Du/WC 90 cm. Dusche und Waschbecken unterfahrbar. Festinstallierter Duschsitz und stabiler Haltegriff an der Dusche vorhanden.
Lage: verkehrsberuhigte Lage. Zur Ortsmitte 400 m; Arzt 250 m; Krankenhaus 900 m; **Dialyse** 3 km; Freibad 1 km; Hallenbad 500 m, Parkanlage 80 m, Kurgarten 200 m; flache Parkwege, Fußgängerzone gut befahrbar.
Preis pro App./Tag je nach Größe und Saison für 2 Pers. 49,- bis 145,- DM.

VdK-Kurzentrum Bad Kissingen — 97688 Bad Kissingen

Bayern, Franken, Rhön

Marbachweg 2, Tel. (0971) 8049-0, Fax: (0971) 8049-608. Das VdK Kurzentrum ist behindertenfreundlich eingerichtet. Es bietet 81 moderne Zimmer mit Dusche, WC, Telefon und Farbfernseher. Park- und Garagenplätze gibt es ausreichend. Der Haupteingang hat zwar Stufen, doch es gibt einen weiteren Eingang, der mit dem Aufzug (Innenmaße 100 x 130 cm) erreichbar ist.
Die Einrichtungen wie Speiseraum, Restaurant, Aufenthaltsraum, Terrasse, Garten, Sauna, Solarium und die Badeabteilung mit den Kuranwendungen im Haus sind alle stufenlos erreichbar.
Für gute Laune, Unterhaltung und Entspannung sorgen gesellige Abende mit Musik und Tanz, eine Liegewiese, Sauna und die Sonnenbank. Für die Kuranwendungen benötigt der Gast einen Kurmittelscheck oder eine Verordnung des Hausarztes.

Das VdK-Kurzentrum eignet sich für Kururlauber, Senioren, Gehbehinderte und Rollstuhlfahrer. Die Türen sind generell 90 cm breit, zum Beispiel die Tür vom DZ ins Badezimmer. Die Eingangs-, Aufzugstür und die Tür in das Zimmer sind 1 m breit. Der Freiraum in Bad/WC beträgt in 10 Doppelzimmern 120 x 120 cm, vor dem WC 120 cm und rechts 70 cm. Das WC ist 45 cm hoch und im Bad sind Haltegriffe vorhanden. Zudem sind Dusche und Waschbecken im DZ unterfahrbar und es gibt einen Duschhocker.

Lage: Das VdK Kurzentrum liegt absolut ruhig in der Nähe des Kurmittelhauses. Die Ortsmitte, Hallenbad, Spielplatz und Angelmöglichkeiten sind nur 1 km entfernt. Zum Bahnhof, Krankenhaus und Freibad sind es 3 km, zur nächsten Apotheke sind es 800 m, zum Bus und zum Arzt nur 300 m. Minigolf und Tennisplatz sind 2 km entfernt. Im Ort befindet sich auch eine Feriendialyse. Die örtliche Umgebung ist flach, die Wanderwege teils flach, teils hügelig.

Die Preise für Vollpension pro Person und Tag: 11. April bis 25. Oktober 96,- bis 102,- DM. Weihnachtspauschale 101,- bis 107,- DM. 26. Oktober bis10. April 67,- bis 73,- DM. Der Einzelzimmerzuschlag beträgt 10,- DM.

Westpark Hotel Werlich Barié — 97688 Bad Kissingen

Bayern, Franken, Rhön

Rosenstr. 2, Tel. (0971) 71560, Fax: (0971) 715690. Sehr gepflegtes Hotel mit persönlichem Stil, in exzellenter Lage und mit großzügigen, geschmackvollen Zimmern mit allem Komfort. Schönheitsfarm, Massagen, Sauna, Solarium, Sportmedizin, Naturheilverfahren, Heilfasten, Mooranwendungen. Parkplatz, Eingang (Rampe), Frühstücksraum, Restaurant und die Zimmer (teils im EG, teils mit dem Aufzug) stufenlos erreichbar. Türbreite vom Aufzug 90 cm (Tiefe 210cm, Breite 150 cm).

Geeignet für Rollstuhlfahrer (bis 14 Personen), Gehbehinderte (bis 20 Pers.) und Familien mit geistig Behinderten. 8 Zimmer sind rollstuhlgeeignet. Türbreiten der Zimmer 90 cm, von Du/WC 80 cm. Bewegungsfreiraum in Du/WC 160 x 120 cm. Freiraum links neben WC 100 cm, rechts 115 cm, davor 115 cm. Dusche und Waschbecken unterfahrbar. Festinstallierter Duschsitz und stabiler Haltegriff an der Dusche vorhanden. Bettenhöhe 55 cm. Pflegedienst im Haus.

Lage: Ruhige Lage. Zur Ortsmitte mit Einkaufsmöglichkeiten und Apotheke 200 m; Krankenhaus, Freibad 2 km; Hallenbad 1 km. Ebene Wege zum Kurpark.

Preise pro Person: Übernachtung im EZ inkl. Frühstück 75,- bis 85,-DM, im DZ 70,- bis 80,- DM. Übern./Halbpens: im EZ 105,- bis 115,- DM, im DZ 100,- bis 110,- DM. Vollpension: im EZ 135,- bis 145,- DM; im DZ 130,- bis 140,- DM.

Kurhotel Gertraud — 82433 Bad Kohlgrub

Bayern, Werdenfelser Land

Carl-Mair-Kehrerstr. 22, Tel. (08845) 850, Fax: 8544. Sehr schönes und schön gelegenes Kurhotel mit 17 Zimmern, gemütlich ausgestattet mit Du/WC, Telefon, TV, Radio, Kühlbar, Balkon mit Panoramablick. Zum Eingang 1 Stufe (10 cm); Frühstücksraum und 6 Zimmer im Erdgeschoß stufenlos erreichbar.

Geeignet für Gehbehinderte, bedingt geeignet für Rollstuhlfahrer mit Begleitung. Türbreite vom Bad nur 69 cm; Freiraum nur 125 x 95 cm. Dusche nicht unterfahrbar (Schwellenhöhe 20 cm).

Lage: Sehr schöne Lage, umgeben von Grün; Blick auf die Voralpenlandschaft. Ortsmitte, Einkaufen, Apotheke 800 m; Arzt 400 m; Bahnhof und Bus 1,4 km; Hallenbad 50 m; Spielplatz und Tennisplatz 300 m; Freibad und Tennishalle 10 km; Krankenhaus und **Dialyse** 12 km.

Preis pro Person und Tag inkl. Frühstück je nach Saison im EZ 50,- bis 70,- DM, im DZ (je nach Komfort) 50,- bis 73,- DM.

Reha-Klinik Prinzregent Luitpold — 83435 Bad Reichenhall

Bayern, Oberbayern, Berchtesgadener Land

Traunfeldstr. 13, Tel. (08651) 7740, Fax: (08651) 774442. Reha-Klinik für innere Erkrankungen mit Schwerpunkt Atemwegserkrankungen. Alle 85 Zimmer mit Naßzelle, Durchwahltelefon, TV, überwiegend mit Balkon oder Terrasse. Eingang, Restaurant, Terrasse, Garten, hauseigenes Hallenbad, Aufzug (Innenmaße 200 x 180 cm) und Zimmer stufenlos erreichbar. Türbreiten 90 cm. Hauseigenes Bewegungsbad mit Hebeschwenklift.

Geeignet für Patienten und Kururlauber (Kuren für Mitglieder aller gesetzlichen Krankenkassen), für Rollstuhlfahrer und Gehbehinderte. Zwei Zimmer mit Bad/WC sind speziell für Rollstuhlfahrer ausgestattet. Türbreiten der Zimmer und Badezimmer (mit Du/WC) 90 cm. Freiraum in Du/WC 140 x 140 cm; Freiraum rechts neben WC 67 cm, davor 150 cm. Dusche und Waschbecken unterfahrbar; festinstallierter Duschsitz sowie stabile Haltegriffe an Dusche und WC vorhanden. Bettenhöhe 60 cm. Höhenverstellbare Betten vorhanden. Pflegedienst kann in begrenztem Maße angeboten bzw. vermittelt werden.

Lage: ruhige Lage, inmitten der Kurzone Bad Reichenhalls, in unmittelbarer Nähe zum Kurpark sowie zum Solebewegungsbad. **Dialyse** 1 km.

Preis für eine Kurwoche inkl. Vollpension im EZ 1.200,- DM, im DZ 1.150,- DM.

Hotel Bayerischer Hof — 83435 Bad Reichenhall

Bayern, Oberbayern, Berchtesgadener Land

Bahnhofplatz 14, Tel. (08651) 6090, Fax: 609111. Rustikal eingerichtetes Hotel mit 64 gemütlich ausgestatteten Zimmern mit Bad/WC, Telefon, Radio, Sat-TV und Getränkekühlschrank. Hallenschwimmbad, Sauna, Massagen, Kegelbahnen, auf Wunsch Diät oder Vollwertkost. Eingang, Rezeption, Restaurant und Aufzug stufenlos erreichbar. Türbreiten: Eingang und Restaurant 90 cm, Aufzug 78 cm (Tiefe 210 cm, Breite 100 cm).

Geeignet für Kururlauber und Gehbehinderte. Bedingt geeignet für Rollstuhlfahrer mit Begleitung: 5 Zimmer mit Du/WC. Bewegungsfreiraum in Du/WC 200 x 150 cm. Waschbecken unterfahrbar, Dusche nicht unterfahrbar. Bettenhöhe 45 cm.

Lage: Ortsmitte 500 m; ärztliche Betreuung, Kuranwendungen und Hallenbad im Haus.

Zimmerpreise inkl. Frühstück je nach Saison: EZ 90,- bis 142,- DM; DZ 150,- bis 265,- DM; Zusatzbett 46,- DM. Günstige Wochenendpauschalen auf Anfrage.

Hotel „Tölzer Hof" — 83646 Bad Tölz

Bayern, Oberbayern, Isarwinkel

Rieschstraße 21, Tel. (08041)8060, Telefax: 806333. Hotel mit 85 Zimmern mit Bad/Du/WC in der Größe von 30 bis 40 qm, mit Balkon, Fön, Selbstwahltelefon, Radio, Farb-TV und Minibar ausgestattet. Parkplatz, Eingang, Rezeption, Restaurant, Frühstücksraum, Halle, Bar, Terrasse, Garten, Aufzug und Zimmer stufenlos erreichbar. Innenmaße vom Aufzug 120 x 150 cm.

Geeignet für Senioren, Kurgäste, Gehbehinderte und Rollstuhlfahrer; für **Gruppen** bis 50 Personen. Alle Türen 80 cm breit; Badezimmertüren 70 cm breit. **12 Zimmer mit Bad/WC sind speziell für Rollstuhlfahrer ausgestattet;** Badezimmer mit Badewanne mit Einstiegshilfe. Raumgröße von Bad/WC 6 qm; Freiraum für Rollstuhlfahrer 150 x 200 cm. Haltegriffe an Badewanne und WC sowie Toilettenstuhl vorhanden. Höhenverstellbare Betten vorhanden. Pflegedienst vor Ort: Malteser Hilfsdienst.

Kuren: Den zur Kur angereisten Gästen steht ein Arzt zur Verfügung. Anwendungen, med. Bäder und Massagen im benachbarten, modern eingerichteten Kurbad. Hier können die Hausgäste das Thermalbad mit 30 °C zu den Öffnungszeiten kostenlos benutzen. Für Rollstuhlfahrer steht ein Lift am Eingang zur Verfügung.

Lage: Zentrum und Krankenhaus 1 km; Einkaufen und Apotheke 200 m; Bhf. 3 km; Bus, Wandern und Tennisplatz 300 m; Angeln 400 m; Minigolf 10 m.

Preis pro Person inklusive Frühstücksbuffet im Doppelzimmer 98,- bis 120,- DM, im Einzelzimmer 120,- bis 150,- DM; Zuschlag für Halbpension 28,- DM. Weitere Preise, auch für Pauschal-Kur-Angebote für 1 bis 4 Wochen, auf Anfrage.

Hotel Alpenhof — 83646 Bad Tölz

Bayern, Oberbayern, Isarwinkel

Buchener Str. 14, Tel. (08041) 78740, Fax: 72383. 25 Doppel- und 2 Einzelzimmer, alle mit Telefon, TV, Radio, Bad/WC; hauseigenes Hallenschwimmbad. Parkplatz, Eingang, Garten und Aufzug (Tiefe 200 cm, Breite 100 cm) stufenlos erreichbar. Frühstücksraum, Hallenbad und Zimmer mit dem Aufzug erreichbar.

Geeignet für Gehbehinderte, Rollstuhlfahrer und Familien mit geistig Behinderten. 1 Zimmer mit Bad, Du/WC nach DIN 18024 speziell für Rollstuhlfahrer ausgestattet. Dusche und Waschbecken unterfahrbar; Duschhocker und stabile Haltegriffe an Dusche und WC vorhanden.

Lage: Ortsmitte 1 km; Einkaufen und Arzt 500 m; Bus 200 m; Schrothkuren im Haus; sonstige Kuranwendungen 200 m; Apotheke 700 m; Krankenhaus, Freibad, Bahnhof 2 km. Umgebung flach.

Preis pro Person und Tag inkl. Frühstück je nach Saison und Zimmerausstattung im EZ 90,- bis 115,- DM, im DZ 75,- bis 90,- DM; Zusatzbett 50,- DM. Kinderbett 15,- DM.

Wiesseer Hof „Der Kirchenwirt" — 83707 Bad Wiessee

Bayern, Tegernseer Tal

Sanktjohanser Str. 46, Tel. (08022) 8670, Fax: (08022) 867165. Seit 4 Generationen familiengeführtes Haus mit gemütlicher Atmosphäre, neu renoviert und erweitert. 52 Zimmer, alle ausgestattet mit Bad/Dusche, WC, Fön, Durchwahltelefon, Radiowecker, Sat-TV, Zimmersafe und Balkon. Sauna, Dampfbad und Fitneßbereich.

Geeignet für Gehbehinderte und Rollstuhlfahrer. 4 Zimmer sind rollstuhlgerecht nach DIN 18024/25. Türbreiten von Zimmer und Du/WC 100 cm. Freiraum links und rechts neben WC 75 cm, davor 115 cm. Dusche und Waschbecken unterfahrbar. Festinstallierter Duschsitz, Kippspiegel und stabile Haltegriffe an Dusche, WC und Waschbecken vorhanden. Bettenhöhe 60 cm. Pflegedienst in der Nachbarschaft kann angefordert werden.

Lage: Der Wiesseer Hof liegt an der Hauptstrasse, unterhalb der Kirche von Bad Wiessee. Zur Ortsmitte 350 m; Einkaufen 350 m; Arzt 250 m; Apotheke 300 m; Krankenhaus 800 m; Freibad/See 300 m; Hallenbad, Tennisplatz und Tennishalle 800 m. Umgebung mit leichten Steigungen.

Preis pro Person/Tag im rollstuhlgerechten Zimmer inkl. Frühstücksbuffet ab 96,- DM.

Landhaus-Hotel MIDAS garni — 83707 Bad Wiessee

Bayern, Tegernseer Tal

Setzbergstr. 12, Tel. (08022) 81150, Fax: (08022) 99577, Internet: http//www.indica.de/midas.htm; E-Mail: hotelmidas@aol.com. Mitten im Herzen des internationalen Kur- und Erholungsortes Bad Wiessee (735 m ü.M.) nicht weit vom Seeufer entfernt, steht das Landhaus MIDAS.

Sehr gute **Lage** des Garni-Hotels in der Kurzone I und in nächster Nähe des Jod/ Schwefelbades mit vielseitigen **Kureinrichtungen** sowie dem neu gestalteten Badepark.
Mit über 10% mehr Sonnenscheindauer im Jahresmittel ist Bad Wiessee gegenüber anderen Heilbädern bevorzugt.

Geeignet für Kururlauber, Senioren, Gehbehinderte und Rollstuhlfahrer in Begleitung. Die Einzelzimmer im Erdgeschoß des Hauses sind **rollstuhlfreundlich,** d.h. Türeingänge von Zimmer und Bad sind 85 cm breit. Kleiderschrank mit spezieller Vorrichtung, die Garderobe ist bequem vom Rollstuhl aus erreichbar. Dusche unterfahrbar; stabile Haltegriffe an Dusche und WC vorhanden.

Die Zimmer liegen nebeneinander und haben eine ebenerdige Gartenterrasse in Südlage. Weil der Frühstücksraum nicht rollstuhlgängig ist, steht ein Zimmerservice kostenlos zur Verfügung. Sonderpreise: Personen mit Behindertenausweis ab 50%, sowie deren Begleiter können im Landhaus-Hotel MIDAS einen sehr preiswerten Kur- oder Erholungsurlaub verbringen (Mindestbuchungsdauer 3 Tage).

Die Übernachtung im Komfortzimmer mit Bad, Dusche/WC und luxuriöser Ausstattung (Radio, Kabel-TV, Telefon) inkl. reichhaltigem Frühstücksbuffet und allen angebotenen Nebenleistungen (Normalpreis für EZ 95,- bis 115,- DM, im DZ 80,- bis 105,- DM pro Person) kostet in der Zeit vom 15. November bis 15. Mai eines jeden Jahres **für Behinderte lediglich 35,- DM pro Tag.** Für eine im Behindertenausweis eingetragene Begleitperson ebenfalls nur 35,- DM pro Tag.
Eine Begleitperson ohne Ausweis bezahlt lediglich 70,- DM pro Tag bei Unterbringung im Doppelzimmer. Voraussetzung: Gültiger Behindertenausweis; Mindestaufenthaltsdauer von 3 Tagen.

Heilanzeigen Bad Wiessee: Herz-, Gefäß- und Kreislauferkrankungen, rheumatische und Wirbelsäulenbeschwerden, Krankheiten der Atemwege, Stirn-, Kiefer- und Augenkrankheiten sowie Hautleiden.

Kurhotel Residenz 91438 Bad Windsheim

Bayern

Erkenbrechtallee 33, Tel. (09841) 91-0, Fax: (09841) 912663. Kurhotel in erholsamer, ruhiger Lage, unmittelbar am Kurpark, mit 119 Zimmern, insgesamt 187 Betten. Alle Zimmer äußerst komfortabel und geschmackvoll eingerichtet, mit Bad, WC, größtenteils mit Loggia, Selbstwähltelefon, Radiowecker, Minibar und Farb-TV. Eingang, Restaurant, Frühstücksraum, hauseigenes Hallenbad, Aufzug und Zimmer stufenlos erreichbar.

Das Haus verfügt außerdem über 14 Tagungs- und Seminarräume von 26 bis 400 qm, zwei Pools, Pool-Billard, Bowling und Darts und eine Bar.

Geeignet für Senioren, Gehbehinderte, Kururlauber und Rollstuhlfahrer. Das Hotel verfügt über eine **eigene Kurmittelabteilung** und ein Bewegungsbad. Innenmaße vom Aufzug 100 x 200 cm. Türbreiten 80 cm. Raumgröße vom Badezimmer 3,5 qm, Freiraum im Badezimmer 120 x 140 cm. Dusche schwellenlos unterfahrbar. Festinstallierter Duschsitz sowie stabile Haltegriffe an Dusche und WC vorhanden. Bettenhöhe 49 cm. **Pflegedienst** vorhanden.

Lage: Zentrum 1,5 km; Bhf. 800 m; Apotheke 1,3 km; Sanatorium und Minigolf 300 m; Freibad 2,3 km.

Preis pro Person inklusive Vollpension ab 114,-DM. Zusatzbett im Doppelzimmer 40,- DM. Kinder bis 12 Jahre im Zimmer der Eltern frei.

Hotel Sonnengarten 86825 Bad Wörishofen

Bayern, Allgäu

Adolf-Scholz-Allee 5, Telefon: (08247) 3090, Fax: 1068. Kur- und Tagungshotel mit 78 Zimmern und Appartements, alle mit Kabel-TV, Radio, Telefon, Bad/Dusche. Massage- und Kosmetikabteilung. 6 Tagungsräume, Kneippsche Kuranwendungen, ambulantes Rehazentrum im Haus. Parkplatz, Eingang stufenlos; Frühstücksraum/Restaurant, Hallenbad, Sauna, Solarium, Terrasse, Garten und Zimmer mit dem Aufzug (Tür 80 cm, Tiefe 150 cm, Breite 105 cm) stufenlos erreichbar.

Geeignet für Rollstuhlfahrer: Ein Zimmer mit Du/WC. Türbreite vom Zimmer 88 cm, von Du/WC 90 cm. Freiraum in Du/WC 140 x 140 cm; Freiraum links neben WC 25 cm, rechts 100 cm, davor 140 cm. Dusche und Waschbecken unterfahrbar. Festinstallierter Duschsitz, stabile Haltegriffe an Dusche, WC und Waschbecken, verstellbarer Spiegel und spezieller Wasserhahn mit Verlängerung vorhanden.

Lage: schöne, ruhige Lage, umgeben von Wald und Wiesen. Ortsmitte, Einkaufen 300 m; Arzt 100 m; Apotheke 150 m; Bahnhof 800 m; Hallenschwimmbecken im Haus; Krankenhaus 8 km.

Preise: Doppelzimmer für 2 Personen inkl. Frühstück je nach Saison 290,- bis 395,- DM, Behindertenzimmer (Einzelzimmer) im Haus “Elias Holl” 140,- DM.

Hotel Ibis Bamberg — 96047 Bamberg

Bayern, Franken

Theatergassen 10, Tel. (0951) 980480, Fax: (0951) 98048452. 50 Zimmer mit Du/WC, Direktwahl-Telefon und TV. Reservierter Behindertenparkplatz, Eingang, Frühstücksraum und Zimmer (mit dem Aufzug; 120 cm Tiefe, 80 cm Breite) stufenlos erreichbar. Türbreite vom Aufzug 90 cm.
Geeignet für Gehbehinderte, Rollstuhlfahrer und Familien mit geistig Behinderten. 1 Zimmer rollstuhlgerecht: Türbreite vom Zimmer 75 cm, von Du/WC 80 cm. Freiraum in Du/WC 120 x 140 cm. Freiraum rechts neben WC 120 cm, davor 80 cm. Dusche unterfahrbar (Spritzkante 2 cm); festinstallierter Duschhocker und stabile Haltegriffe an Dusche, Behinderten-WC und Waschbecken vorhanden. Bettenhöhe 50 cm.
Lage: Ortsmitte, Einkaufen, Bus, Arzt und Apotheke 300 m; Bahnhof 2 km.
Zimmerpreise pro Tag: EZ 89,- bis 120,- DM; DZ 109,- bis 120,- DM; Frühstück pro Pers. 15,- DM.

Treff Hotel Residenzschloss — 95444 Bayreuth

Bayern, Oberfranken

Erlanger Str. 37, Tel. (0921) 7585-0, Fax: 7585-601. Hotel mit 104 erstklassig ausgestatteten Zimmern, alle mit Du/WC, TV, Telefon, Minibar. Parkplatz, Eingang, Frühstücksraum, Restaurant stufenlos erreichbar. Türbreite vom Aufzug 110 cm (Tiefe 125 cm, Breite 150 cm).

Geeignet für Gehbehinderte und Familien mit geistig Behinderten; für Rollstuhlfahrer ein Zimmer: Bewegungsfreiraum in Du/WC 140 x 160 cm, Freiraum links und vor dem WC 100 cm. Dusche und Waschbecken unterfahrbar, festinstallierter Duschsitz, stabile Haltegriffe an Du/WC und Waschbecken, Kippspiegel vorhanden.
Lage: Nähe Stadtmitte, an einem Park. **Zimmerpreise** inkl. Frühstück: EZ 120,- bis 220,- DM; DZ 160,- bis 280,- DM, 3. Pers. 60,- DM.

Ferienwohnungen Schneider — 83671 Benediktbeuern

Bayern, Oberbayern

Kaminskistr. 4, Kornelia Schneider, Tel. (08857) 1295. Eine Ferienwohnung mit Bad/WC, TV und Telefon im Erdgeschoß mit stufenlosem Eingang, Küche, Schlafzimmer mit einem Einzelbett, eine ausziehbare Couch im Wohnbereich.

Geeignet für Rollstuhlfahrer und Familien mit geistig Behinderten; für 2 Erwachsene mit maximal 2 Kindern. Türbreiten 94 cm; großes Badezimmer; Freiraum links und vor dem WC 100 cm, WC-Höhe 46 cm, Dusche und Waschbecken unterfahrbar. Stabile Haltegriffe im Duschbereich und links und rechts neben dem WC. Rutschfeste Matten und stabiler Duschhocker. Küche unterfahrbar. Einzelbett 120 cm breit, 45 cm hoch. Pflegedienst kann über Sozialstation Peißenberg angefordert werden.
Lage: Ortsmitte, Einkaufen 800 m; Bhf. 2 km; Arzt 300 m; Kuranwendungen, See, Minigolf, Hallenbad 7 km; Freibad 1,5 km; Spielplatz 1 km; Wandern 200 m; Umgebung hügelig in Richtung der Berge, in Richtung Moos flach.
Preis für die rollstuhlger. Whg. pro Tag für 2 Pers. 56,- DM, jede weitere Pers. 8,- DM.

Ferienwohnung Kornelia Treiber — 91790 Bergen-Geyern

Bayern, Naturpark Altmühltal, Neues Fränkisches Seenland

Bergener Str. 4, Tel. (09148) 95011. Ehemaliger Gutshof, nach der Totalrenovierung im Jahr 1996 vom Bezirk Mittelfranken denkmalprämiert. Im Frühjahr 1998 wurden die Ferienwohnungen in Anlehnung an die Hotelklassifizierung mit **3 Sternen** bewertet. Parkplatz und Eingang sind stufenlos erreichbar.

Geeignet für Rollstuhlfahrer, Gehbehinderte, Familien mit Kindern und Familien mit geistig Behinderten: 1 Ferienwohnung **nach DIN 18024/25 rollstuhlgerecht.** Der zur Wohnung gehörende eigene Eingang führt in eine 60 qm große Wohnhalle. Anschließend kommt man in das Treppenhaus, von wo aus die im 1. Stock liegende Wohnung über einen Aufzug (Türbreite 90 cm, Innen 140 cm tief, 90 cm breit) schwellenfrei erreicht wird. Treppe zusätzlich vorhanden.

Die Wohnung besteht aus einem Zweibettzimmer (Schiebetür 100 cm breit, Betten 58 cm hoch). Der Wohnraum ist 28 qm groß, mit unterfahrbarem Küchenblock, Spülmaschine, Mikrowelle, 4-Platten-Ceranfeld (unterfahrbar), Kühlschrank ausziehbar, Kaffeemaschine, Toaster, Essecke, Couchgarnitur, Sat-TV, Radio und Telefon. Kinderbetten und Hochstühle vorhanden. Im 2. Schlafzimmer je nach Bedarf ein Einzelbett für Behinderte oder Stockbetten.

Das Bad mit Du/WC ist 7 qm groß, nach DIN 18025 ausgebaut: Schiebetür 100 cm breit. Bewegungsfreiraum in Du/WC 220 x 160 cm. Die Dusche ist schwellenfrei unterfahrbar (110 x 110 cm), mit Duschstuhl und mit Haltegriffen. Waschbecken unterfahrbar (Haltegriffe). WC von beiden Seiten und von vorne anfahrbar (Haltegriffe zum Klappen). Freiraum links neben WC 160 cm, rechts 90 cm, davor 160 cm. Spiegel bis auf Waschbeckenhöhe. Bei Bedarf kann die in der gesamten Wohnung vorhandene Notrufanlage eingeschaltet werden.

Lage: Das Dorf Geyern liegt auf dem Fränkischen Jura zwischen dem Fränkischen Seenland und dem Naturpark Altmühl. In Nennslingen, das 4 km entfernt liegt, befinden sich Post, Bank, Bäcker, Apotheke, Ärzte, Supermarkt, Metzger, Gasthöfe, etc. Zum nächsten Bäcker mit Lebensmittelladen 2 km. Im 13 km entfernten Weissenburg gibt es Fachärzte, ein Krankenhaus, Dialysezentrum und ein für Rollstuhlfahrer benutzbares Hallenbad. In Treuchtingen, 25 km entfernt, gibt es ein neuerbautes Thermalbad mit therapeutischen Einrichtungen.

Preis für die Ferienwohnung pro Tag 65,- DM inklusive Strom und Heizungskosten.

Vorbildlich behindertengerecht ausgestattetes, empfehlenswertes Haus.

Peterhof
Urlaub auf dem Bauernhof — 94139 Breitenberg OT Hirschenberg

Bayern, Südlicher Bayerischer Wald

Familie Elfriede und Georg Lichtenauer, Kramerhügel 20, Tel. (08584) 335 und 962216, Fax: 962217. Einzelhof in ca. 750 m Höhe in südlicher Lage, 30 km nördlich von Passau, umgeben von weitläufigen Wiesen und Wäldern. Mehrere im bäuerlichen Stil eingerichtete Ferienwhg. im Wohnhaus oder im Gästehaus. Spiel- und Liegewiese, Kinderspielplatz, Blockhütte mit Außengrill. Angelmöglichkeiten im hauseigenen Forellenteich. Täglich werden auf Wunsch Milch, frische Brötchen, Honig, Eier, usw. für das Frühstück bereitgestellt. DLG-Gütezeichen. Eingang und Garten stufenlos erreichbar.

Geeignet für Gehbehinderte, Familien mit geistig Behinderten und für Rollstuhlfahrer (1 Ferienwohnung bis 5 Personen). Türbreite der Zimmer 80 cm, vom Bad 80 cm, vom sep. WC 100 cm. Bewegungsfreiraum im Bad/WC 200 x 200 cm. Dusche und Waschbecken unterfahrbar; Duschsitz zum Einhängen vorhanden. Stabile Haltegriffe an Dusche, WC und Waschbecken vorhanden; verstellbarer Kippspiegel. Bettenhöhe 53 cm. Ein Pflegedienst vor Ort bietet Pflege für Senioren und Behinderte an.

Einzellage; zur Ortsmitte 3 km; Arzt, Einkaufen 3 km; Spielplatz am Hof; Freibad 2 km; Hallenbad 11 km; Apotheke 8 km; Krankenhaus 11 km. Wege und Umgebung sind hügelig. Im Winter sehr gute Rodelmöglichkeiten gleich am Haus; dichtes Netz von gespurten Loipen und Skipisten aller Schwierigkeitsgrade in unmittelbarer Nähe.

Preis für die rollstuhlgerechte FeWo pro Tag 90,- DM. Saisonermäßigung auf Anfrage.

Ferienwohnung Max Schropp — 86977 Burggen

Bayern, Pfaffenwinkel

Ortsteil Tannenberg, Nr. 99, Tel. (08860) 390. Eine **rollstuhlgerechte Ferienwohnung für 3-4 Personen** mit einem Schlafzimmer mit 2 Betten, ausziehbare Couch, 1 Einzelzimmer, komplett ausgestattete Küche, Wohnzimmer mit Südbalkon und TV, Du/WC. Parkplatz und Hauseingang stufenlos erreichbar.

Geeignet für Rollstuhlfahrer (wird vorzugsweise an Rollstuhlfahrer vermietet). Die Ferienwohnung liegt im 1. OG; ein rollstuhlgerechter Treppenlift ist vorhanden; Tragkraft 150 kg, max. Breite für Rollstuhl 63 cm. Bettenhöhe 54 cm, mit höhenverstellbarem Kopf- und Fußteil. Türbreite von Zimmer und Badezimmer 83 cm. Freiraum in Du/WC 400 x 128 cm; Freiraum links neben WC 180 cm, rechts 170 cm, davor 71 cm. Dusche und Waschbecken unterfahrbar, festinstallierter Duschsitz sowie stabile Haltegriffe an Dusche und WC sind vorhanden. Verstellbarer Kippspiegel über dem Waschbecken.

Lage: schöne, ruhige Lage am Waldrand, auch für Gäste mit Kindern geeignet, da kein Durchgangsverkehr. Garten mit kleinem Sandkasten. Einkaufen 200 m; Badesee 3 km; Arzt, Apotheke 6 km; Bahnhof 11 km; Freibad, Hallenbad, Tennishalle und Krankenhaus 12 km. Die Umgebung ist hügelig und steil.
Preis für die Ferienwohnung pro Tag 50,- DM. Haustiere nach Rücksprache.

Ferienwohnungen Irmi Bichler — 83339 Chieming

Bayern, Oberbayern, Chiemsee

Markstatt 10, Tel. (08664) 231, Fax: (08641) 63171. 1 Ferienwohnung für 2-4 Personen mit Schlafzimmer (2 Pers.), Küchenzeile, Bad, Wohn-Schlafraum (mit Ausziehcouch) und kleine Terrasse. Parkplatz und sep. Eingang der Ferienwohnung stufenlos. Türbreite vom Eingang 90 cm.

Geeignet für Rollstuhlfahrer, Gehbehinderte, Familien mit Kindern und Familien mit geistig Behinderten. Bettenhöhe 50 cm. Türbreite der Zimmer und von Du/WC 100 cm. Bewegungsfreiraum in Du/WC 140 x 160 cm. Freiraum links neben WC 40 cm, rechts 120 cm, davor 140 cm. Dusche und Waschbecken unterfahrbar. Stabiler, abnehmbarer Duschsitz und stabile Haltegriffe an Dusche und WC vorhanden.

Lage: Direkt am Chiemsee (20 m) an der Strandpromenade. 7 km Badestrand, Freibadgelände, Wege flach, Dampfersteg und Café in unmittelbarer Nähe, großer Garten, Kinder erwünscht. Zur Ortsmitte 500 m; Einkaufen 250 m; Arzt 500 m; Apotheke 800 m; Spielplatz 150 m; Tennisplatz 2 km; Tennishalle 8 km; Krankenhaus und Dialysezentrum 10 km; Hallenbad 15 km.

Preis für die Ferienwohnung vom 15.06. bis 20.09. 80,- DM pro Tag; vom 21.09. bis bis 14.06. 70,- DM pro Tag.

Europa Congress Hotel — 96450 Coburg

Bayern

Ketschendorfer Str. 86, Tel. (09561) 821-0, Fax: 821-444. Hotel mit 123 Zimmern, Eingang stufenlos; Frühstücksraum, Restaurant und Zimmer mit dem Aufzug stufenlos erreichbar. Türbreite vom Aufzug 90 cm (Tiefe 215 cm, Breite 100 cm).
Geeignet für Rollstuhlfahrer: 4 Zimmer rollstuhlgerecht. Türbreite der Zimmer und von Du/WC 93 cm. Freiraum in Du/WC 100 x 150 cm. Waschbecken und Dusche unterfahrbar. Duschhocker, Notruf, Kippspiegel und stabile Haltegriffe an Dusche und WC vorhanden. Bettenhöhe 50 cm.

Lage: Innenstadtnähe; zur Stadtmitte 1,5 km; Bahnhof 1,5 km; Arzt, Krankenhaus und Dialyse 100 m. **Preise** auf Anfrage.

Ferienbauernhof Ohr
- DLG Ferienhof des Jahres 1998 - **91598 Colmberg**

Bayern, Mittelfranken, Romantisches Franken, Nähe Rothenburg o.T.

Ferienbauernhof Ohr , Binzwangen 34, Tel. (09803) 229 und 289, Fax: 233. Sehr schöner kinder-, familien- und behindertengerechter Ferienhof mit mehreren Ferienwohnungen in drei Häusern.

Freizeiten für Gruppen bis 50 Personen möglich. Großküche, Gruppenraum, Spielscheune (Billard, Tischtennis, Kasperltheater) vorhanden. Die Spiel- und Liegewiese ist mit einer Hecke umgeben. Das Gelände ist flach, die Häuser stufenlos. Vollbewirtschaftete Hof, viele Tiere, Streicheltiere und 8 Ponys zum Reiten. Waschmaschine, Trockner, Trockenraum, Garage vorhanden.

Geeignet für Gehbehinderte, Rollstuhlfahrer und für Familien; Familienfreizeiten. **Gruppen bis 50 Personen,** Selbstversorgung möglich. Zwei Ferienwohnungen im EG vom Neubau sind für Rollstuhlfahrer gut geeignet. Türbreite der Zimmer 100 cm, der Badezimmer (mit Du/WC) 90 cm. Freiraum in Du/WC 140 x 140 cm; Dusche und Waschbecken unterfahrbar. Duschhocker, stabile Haltegriffe an Dusche, WC und Waschbecken sowie Kippspiegel vorhanden.

Lage: Ortsrandlage; Bahnhof, Arzt, Tennisplatz und Tennishalle 4 km; Freibad 1 km; Apotheke 6 km; Hallenbad, Krankenhaus und **Dialyse** 10 km. Umgebung flach, mit dem Rollstuhl gut befahrbar.

Preis pro Ferienwohnung und Tag je nach Größe 50,- bis 110,- DM. Ideal für Gruppen. Besonders empfehlenswerter Ferienhof für Familien mit Kindern.

Ferienwohnungen auf dem Bauernhof Ida Schmidt
91598 Colmberg

Bayern, Mittelfranken, Romantisches Franken, Nähe Rothenburg o.T.

Ortsteil Binzwangen, Nr. 7 a, Telefon: (09803) 290. Bewirtschafteter Bauernhof (Ackerbau) mit Hund, Katzen, Hühner, Enten und Schafen. Zwei Ferienwohnungen, eine für 2-4 Personen, eine für 2-6 Personen. Parkplatz, Eingang, Garten und Zimmer stufenlos erreichbar.

Geeignet für Gehbehinderte und Familien mit geistig Behinderten, eine Ferienwohnung bedingt geeignet für Rollstuhlfahrer. Alle Türen 82 cm breit. Badezimmer (mit Badewanne und Dusche) bedingt geeignet für Rollstuhlfahrer mit Begleitung. Freiraum 100 x 250 cm; Freiraum rechts vor dem WC 50 cm, davor 100 cm. Dusche nicht unterfahrbar, Duschhocker vorhanden; Haltegriff am WC vorhanden. **Lage:** ruhige Ortsrandlage; zur Ortsmitte 150 m; Spielplatz 500 m; Einkaufen und Tennisplatz 5 km; Badesee 4 km; Bahnhof 6 km; Freibad, Hallenbad, Apotheke und Krankenhaus 12 km.

Preis pro Ferienwohnung und Tag ab 50,- DM bei Belegung mit 2 Personen. In der Nachsaison Wochenendurlaub möglich.

Parkhotel Donauwörth — 86609 Donauwörth

Bayern, Nordschwaben

Sternschanzenstr. 1, Tel. (0906) 706510, Fax: 70651-80. 45 Zimmer mit 65 Betten, alle Zimmer mit Bad oder Du/WC, Radio, TV und Telefon. Konferenzräume für 25 bis 55 Personen. Eingang, Garten 5 Stufen. Restaurant, Frühstücksraum, Terrasse und Zimmer im EG stufenlos erreichbar.

Geeignet für Gehbehinderte, bedingt geeignet für Rollstuhlfahrer mit Begleitung (14 Zimmer). Alle Türen mindestens 90 cm breit. Freiraum in Bad/WC 140 x 140 cm; Bad nicht für Rollstuhlfahrer ausgestattet, Duschen nicht unterfahrbar (Schwelle 15 cm).

Lage: Ortsmitte, Hallenbad 1 km; Bahnhof 2 km; Freibad 200 m; Tennishalle 500 m.
Preise für Einzelreisende und Gruppen auf Anfrage.

Historikhotel „Klosterbräu-Landidyll" — 96157 Ebrach

Bayern, Oberfranken, Steigerwald

Marktplatz 4, Tel. (09553) 180, Fax: 1888; Internet: www.landidyll.de/Klosterbraeu. E-Mail: Klosterbraeu@landidyll.de.

Historisches Gebäude, exklusive Einrichtung. 41 Zimmer mit Du/WC, Direktwahltelefon, Radio, Farb-TV, Schreibtisch und Minibar. Suite, Wohnstudio, Restaurant, Wintergarten, Tagungsräume für 10 bis 50 Personen, Vortragsraum für 80 Personen, Sauna, Whirlpool, Solarium. Behindertenparkplatz vor dem Haus.

Auszeichnungen: Staatspreis des Bayerischen Staatsministeriums für Ernährung, Landwirtschaft und Forsten im Wettbewerb „Bayerische Küche" 1998. Ausgezeichnet außerdem mit dem RAL- Gütezeichen für anerkannte Diätverpflegung. Umweltsiegel in Silber. Familien-/Kinderfreundliches Hotel.

Geeignet für Gehbehinderte und Rollstuhlfahrer. Eingang, Restaurant, Aufzug stufenlos erreichbar. Türbreiten: Eingang 90 cm, Restaurant 100 cm, Aufzug 88 cm (Tiefe 140 cm, Breite 110 cm). Ein Wohnstudio mit Bad/WC ist speziell für Rollstuhlfahrer ausgestattet. Dusche unterfahrbar. Bettenhöhe 60 cm. Pflegedienst gibt es vor Ort.

Lage: im Zentrum, Bus vor dem Haus; Apotheke 500 m; Spielplatz, Freibad und Tennisplatz 1 km. Ärztliche Betreuung und Pflege am Ort.

Preis pro Person inkl. Frühstück 80,- DM, EZ-Zuschlag 15,- DM. Hausprospekt mit Pauschalangeboten auf Anfrage.

Landgasthof „Zum Weissen Rössl" — 97483 Eltmann

Bayern, Nördlicher Steigerwald

Frankenstr. 24, Tel. (09522) 399, Fax: 70421. Gasthof mit 16 Zimmern mit Du/WC, Farb-TV und Telefon. Parkplatz, Eingang, Frühstücksraum, Restaurant und die Zimmer (mit dem Aufzug) stufenlos erreichbar. Türbreite vom Aufzug 80 cm (Tiefe 150 cm, Breite 120 cm).

Geeignet für Gehbehinderte und Rollstuhlfahrer: 1 Zimmer mit Du/WC. Türbreite vom Zimmer 95 cm, von Du/WC 83 cm. Freiraum in Du/WC 120 x 170 cm. Freiraum vor dem WC 120 cm. Dusche und Waschbecken unterfahrbar. Kippspiegel, festinstallierter Duschsitz und stabile Haltegriffe an Dusche und WC. Bettenhöhe 50 cm.

Lage: Im Ort; Einkaufen, Arzt, Apotheke 5 km; Krankenhaus 13 km.

Preise: EZ mit Du/WC 60,- DM; DZ 78,- bis 100,- DM inkl. Frühstück. Ab 2 Übernachtungen 10,- DM Ermäßigung.

Landgasthof Hotel „Weisses Lamm" — 91238 Engelthal

Bayern, Frankenalb

Familie Schwab, Hauptstr. 24, Tel. (09158) 92 999-0, Fax: (09158) 92 999-92. Landgasthof mit 25 Gästezimmern in ruhiger Lage, alle mit Du/WC, Telefon, TV. Gutbürgerliche Küche. Eingang, Frühstücksraum, Restaurant Garten und die Zimmer (mit dem Aufzug) stufenlos erreichbar. Türbreite vom Aufzug 90 cm (Tiefe 110 cm, Breite 110 cm).

Geeignet für Gehbehinderte, Familien mit geistig Behinderten; bedingt geeignet für Rollstuhlfahrer mit Begleitung. Gruppen bis 25 Personen. Türbreite der Zimmer 70 cm, von Bad/Du/WC 70 cm. Freiraum in Bad/WC 140 x 120 cm. Keine unterfahrbare Dusche, keine spezielle Ausstattung für Rollstuhlfahrer.

Lage: Die Ortschaft Engelthal ist umgeben von Wiesen und Wäldern. 30 Fahrminuten bis nach Nürnberg. Einkaufen 50 m; Arzt 500 m; Apotheke, Krankenhaus, Freibad, Hallenbad 7 km.

Preise: EZ je nach Ausstattung 45,- bis 70,- DM; DZ 80,- bis 110,- DM inkl. Frühstücksbuffet.

Hotel garni Luise — 91052 Erlangen

Bayern

Sophienstraße 10, Telefon: (09131) 1220, Fax: 122100. Freundliches Familienhotel (Hotel garni) in ruhiger Stadtlage. Vom Bayerischen Umweltministerium zweimal als umweltfreundlichstes Hotel von Mittelfranken ausgezeichnet.

Alle Zimmer verfügen über Bad/Du/WC, Durchwahltelefon, Radio und Farb-TV. Haupteingang stufenlos. Speiseraum und Konferenzraum 4 Stufen, Schienen vorhanden. Hallenbad, Rezeption und 80 Zimmer stufenlos erreichbar. Türbreiten 80 cm.

Geeignet für Senioren, Gehbehinderte, Rollstuhlfahrer mit Begleitung und für Familien mit geistig Behinderten. Nur für Einzelreisende, nicht für Gruppen. **1 spezielles Behindertenzimmer**. Dusche mit festinstalliertem Duschsitz schwellenlos unterfahrbar. Stabile Haltegriffe an Dusche und WC vorhanden. Seitliche WC-Spülung, Notruf, tiefer Spiegel, Schiebetür. Bettenhöhe 49 cm. Desweiteren mehrere bedingt rollstuhlgeeignete Zimmer vorhanden.
Preise auf Anfrage.

ZUR KREDENBACHER „ROSE" — 97839 Esselbach-Kredenbach

Bayern, im Naturpark Main-Spessart

Dorfstr. 3, Tel. (09394) 2226 oder 8586, Fax: (09394) 8641. Gasthof-Pension und Appartementhaus mit 4 rollstuhlgerechten Appartements. Parkplatz, Eingang, Garten und 4 Appartements im EG stufenlos erreichbar, jeweils mit Schlafmöglichkeiten für 2-4 Personen, kleine Teeküche, TV und Telefon. Frühstücksraum und Restaurant sind mit Rampe stufenlos erreichbar.

Geeignet für Gehbehinderte und Rollstuhlfahrer (jeweils 4 Wohnungen für insgesamt 8 Behinderte und 4 Begleiter). Türbreite der Zimmer und Badezimmer (mit Dusche, Wanne, WC) 101 cm. Bettenhöhe 52 cm. Freiraum in Bad/WC 120 x 140 cm. Freiraum links neben WC 120 cm; rechts 20 cm, davor 140 cm. Dusche und Waschbecken unterfahrbar. Duschhocker, stabile Haltegriffe an Du/WC und Waschbecken, WC-Sitz in Rollstuhlhöhe sowie Kippspiegel vorhanden.

Service: Fahrdienst für Rollstuhlfahrer über Rotes Kreuz in Karlstadt am Main (mindestens 1 Woche vorbestellen). Pflegedienst: Sozialstation in Marktheidenfeld. Helfende Hände in Kredenbach.

Lage: Ortsmitte, Einkaufen und Spielplatz 400 m; Bus 100 m; Arzt 1 km; Apotheke

30 m; Kuranwendungen, Tennisplatz und Tennishalle 3 km; Freibad, Hallenbad und Krankenhaus 6 km.

Preise: Bei 1-3 Übernachtungen mit Frühstück im DZ-Appartement 65,- DM pro Person; als EZ 75,- DM. Ab dem 4. Tag 10% Rabatt. Bei einer Woche Halbpension nur 70,- DM im DZ und im EZ 1 Woche 75,- DM pro Tag/Person. Zzgl. 0,50 DM Fremdenverkehrsabgabe pro Tag und Person.

Jugendhaus Thalhäusl — 83730 Fischbachau

Bayern, Oberbayern

Thalhäusl 1, Tel. (08066) 1707, Fax: 8463. Das Thalhäusl ist eine Einrichtung des Jugendwerks St. Georg e.V. und eine Begegnungsstätte für behinderte und nichtbehinderte Jugendliche für Ferien- und Wochenendfreizeiten, Kurse, Seminare und Tagungen im Winter und im Sommer.

1 Achtbettzimmer, 6 Vierbett-, 3 Dreibett-, 2 Zweibett- und 1 Einbettzimmer mit einfacher Ausstattung. Ein Speise- und Gruppenraum; zwei Gruppenräume, eine Spiel- und Mehrzweckhalle.

Geeignet für Gehbehinderte, Rollstuhlfahrer und Familien mit geistig Behinderten, jeweils auch für Gruppen bis 40 Personen. 7 Zimmer mit Etagenduschen für Rollstuhlfahrer geeignet. Die Badezimmer (unterschiedlich groß) sind mit Dusche, Waschbecken, Badewanne und WC ausgestattet. Türen 95 cm breit. Freiraum in den Badezimmern 200 x 200 cm; Freiraum links und rechts neben WC 150 cm; davor 130 bis 180 cm. Dusche und Waschbecken unterfahrbar, Duschstuhl und Toilettensitzhilfen vorhanden.

Lage: Ruhige Alleinlage, umgeben von Wäldern und Bergwiesen, direkt an einem Wildbach. Spielplatz am Haus (20 m); Ortsmitte, Einkaufen, Bus, Kuranwendungen, Freibad, Apotheke und Tennisplatz 4 km; Bahnhof 12 km; Krankenhaus und Hallenbad 15 km; **Dialysezentrum** 25 km. Umgebung hügelig bis steil.

Preis pro Person und Tag inkl. Vollpension für Erwachsene 42,- DM, Kinder bis zum 3. Lebensjahr 8,- DM; bis zum 15. Lebensjahr 38,- DM.

Wagenlanders Ferienwohnungen — 91555 Feuchtwangen

Bayern, Mittelfranken

Unterahorn 8, Tel. (09855) 476. Drei gemütliche Ferienwohnungen, für 2 bis 4 und 4 bis 8 Personen, mit Holzböden und Massivholzmöbeln, Küche, Du/WC und TV ausgestattet. Parkplatz und Eingang stufenlos.

Geeignet für Rollstuhlfahrer und Familien mit geistig Behinderten. Eine Ferienwohnung rollstuhlgerecht. Türbreite der Zimmer 83 cm, von Du/WC 85 cm. Freiraum in Du/WC 140 x 200 cm. Freiraum vor dem WC 140 cm. Kippspiegel, Duschhocker und stabile Haltegriffe an Dusche und WC vorhanden. Dusche unterfahrbar.

Lage: Alleinstehendes Haus, 200 m vom Wald entfernt. Arzt 4 km; Apotheke, Krankenhaus, Dialysezentrum, Freibad, Hallenbad 6 km. Umgebung leicht hügelig.

Preise: Ferienwhg. für 2-4 Pers. 50,- bis 70,- DM; für 4-8 Pers. 80,- bis 120,- DM.

Larrieder Mühle,
Ferien auf dem Bauernhof **91555 Feuchtwangen-Larrieden**

Bayern, Naturpark Frankenhöhe, Romantische Straße

Familie Schätzel, Larrieden 67, Tel. (09857) 1031, Internet: www.Larrieder-muehle.de. **Kinder-, familien- und behindertenfreundlicher Bauernhof** mit Kühen, Kälbern, Ferkeln, Katzen, Hühnern, Hasen und Enten. Große Liegewiese mit Kinderspieleinrichtungen, Spieltenne, großer Fuhrpark. Viele gemeinsame Aktionen wie Wald- und Wiesenfahrten mit dem Schlepper und Anhänger, Lagerfeuer, Nachtwanderungen, usw.; Grillmöglichkeiten. Selbsterzeugtes vom Bauernhof: Brot, Wurst, Schinken, Milch und Honig.

Eingang Aufenthaltsraum und Stall stufenlos erreichbar. Frühstücksraum 1 Stufe. Alle Türen mindestens 93 cm breit; vom Frühstücksraum 83 cm.
5 Ferienwohnungen für 3-5 Personen. **Geeignet** für Gehbehinderte und Rollstuhlfahrer (3 Personen), für Familien mit geistig Behinderten, **besonders geeignet für Gruppen mit Betreuern bis 13 Personen**. Eine neue Ferienwohnung für 3 bis 5 Personen ist für Rollstuhlfahrer geeignet: Freiraum in Du/WC 150 x 150 cm; Freiraum links neben WC 120 cm, davor 140 cm. Dusche und Waschbecken unterfahrbar. Duschhocker und stabile Haltegriffe an Dusche, Waschbecken und WC sind vorhanden.

Lage: 7 km nördlich von Dinkelsbühl, 4 km südlich von Feuchtwangen; Ortsmitte von

Larrieden 500 m; Einkaufen, Bus, Bahnhof, Arzt, Apotheke, Krankenhaus, Freibad, Hallenbad, Tennisplatz und Tennishalle 4 km; therapeutisches Reiten 500 m, siehe auch ReitTherapieZentrum Larrieden; unten, Seite 119.

Preis pro Ferienwohnung und Tag 65,- bis 95,- DM. Im Preis sind Strom und Endreinigung enthalten. Frühstück oder Halbpension für Gruppen möglich.

ReitTherapieZentrum Larrieden — 91555 Feuchtwangen-Larrieden

Bayern, Naturpark Frankenhöhe, Romantische Straße

Larrieden 40, Tel. (09857) 1743; Fax: (09857) 1720. **Therapeutisches Reiten im Urlaub/Ferien auf dem Land:** Das Reit TherapieZentrum Larrieden bietet für die unterschiedlichsten Personengruppen Therapeutisches Reisen an. Die Therapiebehandlungen und Reitstunden werden von Fachkräften unter Einsatz speziell ausgebildeter Therapiepferde durchgeführt.

Hippotherapie: Krankengymnastische Behandlung auf dem Pferd auf neurophysiologischer Grundlage. Geeignet bei Erkrankungen und Schädigungen des Zentralnervensystems, des Stütz- und Bewegungsapparates und bei Sinnensschädigungen. Die Therapie, bei der nach Verordnung und Gutachten des behandelnden Arztes eine freiwillige Kostenerstattung der Krankenkasse (Einzelfallentscheidung) und Beihilfegewährung möglich ist, wird im RTZ Larrieden von Physiotherapeuten und Reitausbildern mit Zusatzausbildung für das Therapeutische Reiten durchgeführt.

Heilpädagogisches Reiten/Voltigieren: Heilpädagogische Einzel- und Gruppenmaßnahme zur ganzheitlichen und individuellen Förderung für Kinder und Jugendliche mit Auffälligkeiten wie Lernprobleme, Konzentrationsschwäche, Kontaktarmut, Wahrnehmungsstörungen, Störungen in der Grob- und Feinmotorik Hyperaktivität, Verhaltensauffälligkeiten.
Das HPVR wird von Pädagogen und Psychologen mit spezieller Zusatzausbildung durchgeführt.

Reitsport für Behinderte: Ausübung des Reitens als Sport für Körperbehinderte sowie geistig und seelisch behinderte Jugendliche und Erwachsene unter Berücksichtigung des jeweiligen Handicaps. Durchführung der Reitstunden von Reitausbildern mit der entsprechenden Lizenz für den Behindertenreitsport.

Entspannungs- und Motivationstraining mit Pferden: Zur Streßbewältigung, Erholung und Steigerung der Lebensqualität für berufstätige Behinderte und Familienangehörige. **Urlaub mit dem eigenen Pferd:** Reitausbildung und Pferdeausbildung und -korrektur auf Wunsch (Einzelstunden).
Familienreitstunden: Reitstunden - individuell abgestimmt - für Familien (Longen-

stunden, Dressurausbildung, geführte Ausritte). **Wohnmöglichkeiten:** Stellplatz für Wohnmobil und Wohnwagen ab 20,- DM pro Tag. Zeltplatz 10,- DM/Tag; Frühstück 8,- DM/Tag. Wohnmöglichkeiten in der „Larrieder Mühle", Familie Schätzel, behindertengerechte Ferienwohnung (auch für Rollstuhlfahrer), Tel. (09857) 1031, siehe Seite 118.

Landhotel - Gasthof Brodinger — 94078 Freyung

Bayern, Bayerischer Wald

Zuppingerstr. 3, Tel. (08551) 4342, Fax: 7283, Internet: www.brodinger.de. Familienbetrieb, rustikal eingerichtet, 23 EZ und DZ mit Du/WC und Kabel-TV. Hallenbad, Sauna, Dampfbad, Solarium und Kegelbahn im Haus. Eingang ebenerdig. Aufzug (Breite 110 cm, Tiefe 140 cm). Restaurant, Tagungsräume für bis zu 100 Personen. Alle Türen mindestens 80 cm breit.

Geeignet für Gehbehinderte; 2 Zimmer mit Bad/WC für Rollstuhlfahrer bedingt geeignet. Dusche nicht unterfahrbar, Duschsockel 20 cm. Freiraum in Bad/WC 250 x 150 cm. Bettenhöhe 50 cm. Anerkannter Pflegedienst kann jederzeit bestellt werden, **Feriendialyse** möglich.

Lage: ruhige Ortsrandlage, umgeben von Wald und Wiesen; direkt gegenüber dem Freibad. Zentrum, Arzt, Apotheke, Einkaufen, Bus und Kuranwendungen 1 km; Krankenhaus 800 m; Hallenbad 1,5 km; Umgebung und Wanderwege hügelig.
Preise pro Person/Tag inkl. Frühstück je nach Saison 50,- bis 75,- DM.

Gasthaus Pension Raab — 83413 Fridolfing-Götzing

Bayern, Oberbayern, Salzachgau

Franz und Lisi Raab, Bahnhofstr. 36, Tel. (08684) 253, Fax: 9397. Gepflegtes Gasthaus mit angenehmer Atmosphäre, persönlich geführtes Haus. 23 freundlich eingerichtete Zimmer mit Du/WC, Radio- und TV-Anschluß. Eingang 1 Stufe; Rezeption, Speiseraum, Restaurant und 2 Zimmer im EG stufenlos erreichbar.

Geeignet für Gehbehinderte (bis 3 Personen) und Familien mit geistig Behinderten (Gruppen 35 bis 45 Personen); für Rollstuhlfahrer nicht geeignet. Der Freiraum im Zimmer (140 x 140 cm) ist zwar groß genug, das Bad/WC ist jedoch nicht befahrbar, zu klein für Rollstuhlfahrer.

Lage: Das Haus liegt in unverfälschter Natur, umgeben von grünen Hügeln und Wiesen. Zur Ortsmitte, Einkaufen, Arzt, Apotheke und Krankenhaus mit Massagen und Krankengymnastik sind es 2 km; Bhf. 200 m; Spielplatz am Haus; Waginger See 5 km; Tennisplatz 3 km. Wandern ab Haus, Wege eben, zum Teil hügelig.

Preis Übernachtung pro Person inkl. Frühstück 38,- DM, HP-Zuschlag 17,- DM, VP-Zuschlag 27,- DM; EZ-Zuschlag 10,- DM. Ermäßigungen bei längerem Aufenthalt und in Vor- und Nachsaison. Abholung vom Bahnhof Fridolfing (200 m) kostenlos.

Ferienbauernhof Familie Geißendörfer — 91605 Gallmersgarten / Steinach (Ens)

Bayern, Mittelfranken

Hauptstr. 10, Tel. (09843) 716, Fax: 733. Ferienbauernhof mit sechs Ferienhäusern, alle biologisch gebaut und daher für Allergiker sehr gut geeignet; alle mit Du/WC, komplett ausgestatteter Küchenbereich mit Mikrowelle, Eßecke; Telefon-Anschluß, Sat-TV-Anschluß; rollstuhlfreundlich gebaut. Jedes Haus für 2-5 Personen. Gemeinschaftshaus mit Grill. Großer Spielplatz mit Schaukel und Sandkasten. Liegewiese; Gruppierung der Häuser um einen gemeinsamen Dorfplatz. Parkplatz, Haupteingang, Garten und Eingänge der Ferienhäuser stufenlos. Besonders empfehlenswert für Familien mit Kindern. Viele Spielmöglichkeiten. Kinder dürfen beim Füttern von Kühen, Schweinen und Streicheltieren helfen.

Neu: Großer Aufenthaltsraum, ca. 40 Sitzplätze, große Küche, Waschraum, WC's und Spielegalerie. Für gemütliche Stunden und Gemeinschafts-Aktionen.

Service: Frische Produkte vom Bauernhof, täglich Brötchenservice. Frühstück auf Anfrage. Abholservice vom Bahnhof.

Geeignet für Gehbehinderte, Allergiker, Rollstuhlfahrer und Familien mit geistig Behinderten; jeweils 2 bis 5 Personen pro Haus. Alle 6 Häuser für Rollstuhlfahrer geeignet. Türbreiten der Zimmer und von Du/WC 95 cm. Freiraum in Du/WC 120 x 160 cm; Freiraum links neben WC 160 cm, rechts 40 cm, davor 110 cm. Dusche und Waschbecken unterfahrbar; Duschhocker und stabile Haltegriffe an Dusche und WC vorhanden.

Lage: Ortsmitte und Bus 200 m; Einkaufen und Bahnhof 1 km; Arzt, Apotheke und Freibad 5 km; Hallenbad und Krankenhaus 10 km.

Preis für ein Ferienhaus bis 4 Personen pro Tag 90,- DM.

Hotel Rheinischer Hof — 82467 Garmisch-Partenkirchen

Bayern, Werdenfelser Land

Zugspitzstr. 76, Tel. (08821) 912-0, Fax: 59136. Komfortables Hotel mit 32 Zimmern bzw. Appartements, alle mit Bad oder Du/WC, Radio, TV, Minibar und Telefon.

Geeignet für Rollstuhlfahrer. Das Hotel verfügt über ein Nebenhaus "Haus Windrose" mit 2 Appartements im EG mit behindertenfreundlichen Einrichtungen. Erreichbar über stufenlosen, leicht ansteigenden Eingang (Breite 92 cm). Türbreiten: Zimmer 75 cm, Badezimmer 79 cm, Schlafzimmer 77 cm, Durchgang zum Wohnzimmer 100 cm. Im Schlafzimmer höhenverstellbare Betten; Bettgalgen möglich. Bewegungsfreiraum in Du/WC 120 x 160 cm, Freiraum links neben WC 140 cm, davor 120 cm. Waschbecken und Dusche unterfahrbar, Spiegel höhenverstellbar, Galgen im Bad, festinstallierter Duschsitz vorhanden. WC mit beidseitig klappbaren Haltegriffen. Pflegedienste im Ort vorhanden.

Lage: Ortsmitte 800 m; Bus vor dem Haus; Bahnhof, Hallenbad und See 2 km; Apotheke, Spielplatz 500 m; Kuranwendungen 1 km; Freibad, Tennisplatz und Tennishalle 1,5 km.

Preis für das rollstuhlfreundliche Zimmer für 2 Pers. 240,- DM pro Tag inkl. Frühstück. Wochenpauschalen auf Anfrage. HP-Zuschlag pro Person und Tag 28,- DM.

Haus Panoramablick — 93477 Gleissenberg

Bayern, Naturpark Oberer Bayerischer Wald

Eduard Gruber, Tel.: (09975) 504, Fax: (09975) 504. Neues ökologisches Holzhaus mit DLG-Gütezeichen „Landurlaub". Sechs komplett eingerichtete Ferienwohnungen (45 und 60 qm groß) mit Wohnküche, zwei Schlafzimmern und Dusche/WC, evtl. auch Badewanne. Jede Wohnung hat Balkon und Telefonanschluß. Sat-TV Geräte können ausgeliehen werden. Unterbringung von 4 bzw. 5 Personen möglich.

Ausreichend Parkplätze, Liegewiese mit Spielplatz, Spielhaus, Grillplatz und Kneippbecken, Tischtennisplatte und Tischfußball. Parkplatz, Eingang, Garten und Wohnung stufenlos erreichbar. Alle Türen mindestens 90 cm breit.

Geeignet für Rollstuhlfahrer mit Begleitung und Familien mit geistig Behinderten. Bettenhöhe 50 cm. Bewegungsfreiraum in Du/WC 175 x 150 cm. Freiraum vor dem WC 180 cm, links 25 cm, rechts 30 cm. Dusche nicht unterfahrbar. Verstellbarer Kippspiegel, festinstallierter Duschsitz und stabile Haltegriffe an Dusche, WC und Waschbecken vorhanden.

Lage: Sehr ruhige Lage am Ortsrand mit schönem Panoramablick. Vom Haus zum Parkplatz ebenerdig, danach hügelig. In unmittelbarer Nähe zum Haus der Waldrand, eine Pferdekoppel und eine Kuhweide. Der staatl. anerk. Erholungsort Gleissenberg liegt im Naturpark Oberer Bayerischer Wald, ca. 500 m ü.M. Zur Ortsmitte, Einkaufen 500 m; Freibad, Tennisplatz 700 m; Arzt 6 km; Bahnhof, Apotheke, Krankenhaus, Hallenbad 10 km.

Preis für eine Wohnung in der Hauptsaison (16.06. - 14.09.) für 4 Pers. 75.,- DM, die 5-Pers.Whg. 83,- DM pro Übernachtung. In der Nebensaison (15.09. - 15.06.) Preis für alle Wohnungen 60,- DM. Endreinigung und Nebenkosten inklusive.

Ferienwohnung Luise Burger
Ferien auf dem Bauernhof

91608 Geslau

Bayern, Mittelfranken, Franken-Hohenlohe

Familie Burger, Unterbreitenau 4, Tel. (09867) 453. Bauernhaus mit typischem fränkischen Fachwerk; eine Ferienwohnung im EG (65 qm) und eine im OG (75 qm); Fernseher auf Wunsch. Besonders gut für Familien mit Kindern geeignet; mit Streichelzoo (Hasen, Meerschweinchen, Hund, Kühe, Ziegenbock); Spielplatz, Sitzecke, Fahrradverleih, Spielesammlung.

Geeignet für Gehbehinderte, Rollstuhlfahrer und Familien mit geistig Behinderten. Behinderte sind ausdrücklich willkommen. Eine Ferienwohnung im EG, 65 qm, mit 2 Schlafzimmern, Wohnzimmer, Küche, Du/WC für Rollstuhlfahrer geeignet. Du/WC speziell für Rollstuhlfahrer ausgestattet. Türbreite der Zimmer und von Du/WC 100 cm. Freiraum in Du/WC 130 x 120 cm; Freiraum vor dem WC 100 cm. Dusche und Waschbecken unterfahrbar; Duschhocker und stabile Haltegriffe an Dusche und WC.

Lage: ruhige Waldrandlage; Ortsmitte 10 m; Einkaufen 4 km; Bahnhof, Arzt, Apotheke, Krankenhaus, Freibad, Hallenbad 10 km; **Dialysezentrum** 20 km.

Preis für eine Ferienwohnung 40,- DM pro Tag bei Belegung mit 2 Personen; jede weitere Person 10,- DM pro Tag.

Urlaub auf dem Bauernhof
Hilde + Richard Meyer

91608 Geslau - Dornhausen

Bayern, Mittelfranken, Franken-Hohenlohe

Dornhausen 6, Tel.: (09867) 1217, Fax: (09867) 94959. Neuerbautes Ferienhaus mit 4 Appartements für 2-3 Personen, ausgestattet mit Naturholzmöbeln, TV und Telefonanschluß.

Aktiv-Bauernhof mit Streicheltieren und Pony, deshalb beliebt bei Familien mit Kindern. Ausgezeichnet mit dem DLG-Gütezeichen „Urlaub auf dem Bauernhof". Parkplatz bis Eingang stufenlos. Türbreiten 80 cm.

Geeignet für Gehbehinderte und Rollstuhlfahrer (1 Appartement). Türbreiten der Zimmer und von Du/WC 80 cm. Bewegungsfreiraum in Du/WC 140 x 140 cm, Freiraum links neben WC 130 cm, davor 120 cm. Dusche und Waschbecken unterfahrbar. Festinstallierter Duschsitz und stabile Haltegriffe an Dusche und WC vorhanden. **Lage:** Einkaufen, Freibad, See 3 km; Arzt 5 km; Apotheke 6 km; Spielplatz am Haus. **Preise** auf Anfrage.

Pension am Wald — 91327 Gößweinstein

Bayern, Fränkische Schweiz

Norbert und Petra Gröschel, OT Leutzdorf 24 a, Tel. + Fax: (09242) 269, Internet: www.pension-am-wald.de. 3 Doppelzimmer und 3 Ferienwohnungen in ruhiger Südhanglage.

Geeignet für Gehbehinderte und Familien mit geistig Behinderten; für Rollstuhlfahrer mit Einschränkung mit Begleitung geeignet: 1 Ferienwohnung. Türbreite von Zimmer und Du/WC 80 cm. Freiraum in Du/WC 120 x 150 cm. Dusche nicht unterfahrbar (Badewanne). Bettenhöhe 45 cm.

Lage: Die Pension liegt am Waldrand, Südhang, ruhig. Umgebung hügelig. Zur Ortsmitte 3 km; Arzt, Apotheke 2 km; Krankenhaus, Dialyse 7 km; Freibad, Hallenbad 3 km. **Preis** für eine Ferienwohnung 60,- bis 75,- DM.

Gästehaus „Mona Lisa" — 83355 Grabenstätt

Bayern, Oberbayern, Chiemgau

Max und Centa Pertl, Hauptstr. 7, Tel. + Fax: (08661) 626. Hübsches, in der Ortsmitte gelegenes Gästehaus mit einer Ferienwhg. für 2-5 Personen im EG, mit sep. Eingang (1 Stufe, 13 cm), 2 Schlafzimmer, Wohnküche, TV, Grillplatz, Schaukel, Gartenmöbel, PKW-Stellplatz. Jeweils eine Schwelle zum Zimmer und Bad/WC von 2 cm Höhe, Bettenhöhe 45 cm. Türbreiten: Eingang 100 cm, Zimmer 80 cm, Bad/WC 73 cm.

Geeignet für Gehbehinderte und Familien mit geistig Behinderten. Bedingt geeignet für Rollstuhlfahrer mit Begleitung. Freiraum im Bad 85 x 160 cm (eng), Freiraum links neben WC 80 cm, rechts 85 cm, davor 70 cm (für Rollstuhlfahrer nur mit Hilfe). Dusche nicht unterfahrbar (Schwellenhöhe 10 cm). Bettenhöhe 45 cm. Pflegedienst über Malteser Hilfsdienst in Traunstein und Häusliche Alten- und Krankenpflege Grassau. Abholservice vom Bahnhof Traunstein auf Wunsch.

Lage: In der Ortsmitte; Einkaufen 50 m; Apotheke 100 m; Arzt 500 m; Krankenhaus, Dialyse und Hallenbad 10 km; Freibad 8 km.
Preis für die Ferienwohnung pro Tag 55,- bis 85,- DM.

Berger-Hof — 83355 Grabenstätt / Marwang

Bayern, Oberbayern, Chiemgau

Roswitha und Josef Hofmann, Tel. + Fax: (08661) 780. Urlaub auf dem Bauernhof. Eingang, Frühstücksraum und Zimmer im EG stufenlos. Gästezimmer mit Dusche und WC; Bergblick; ganzjährig geöffnet, TV-Anschluß im Zimmer, großer Grillplatz, Parkplatz vor der Haustüre. Eingang eine Stufe (12 cm). Frühstücksraum und Zimmer stufenlos erreichbar.

Geeignet für Rollstuhlfahrer und Familien mit geistig Behinderten. 1 Zimmer rollstuhlgerecht. Türbreite von Zimmer und Du/WC 80 cm. Bettenhöhe 40 cm. Bewegungsfreiraum in Du/WC 130 x 150 cm. Freiraum links neben WC 30 cm, rechts

25 cm, davor 155 cm. Waschbecken und Dusche unterfahrbar. Festinstallierter Duschsitz und stabile Haltegriffe an Dusche und WC vorhanden.

Lage: Zur Ortsmitte 1,5 km; Einkaufen 300 m; Arzt, Apotheke, See 1,5 km; Krankenhaus, Dialyse, Freibad 8 km; Hallenbad 20 km. Wege ums Haus flach und geteert. Flache Umgebung, gut rollstuhlgängig.

Preis pro Person im Doppelzimmer ab 5 Übernachtungen 30,- DM inklusive Frühstück. **Empfehlenswert: preiswert und gut!**

Ferienwohnungen Saaleblick — 97782 Gräfendorf

Bayern, Spessart, Rhön

Eidenbacher Weg 24, Tel. (09357) 99963, Fax: 99965. Acht sehr schön und ruhig gelegene Ferienwohnungen, umgeben von Wiesen und Wäldern, weite, unverbaute Sicht; gemütlich ausgestattet im fränkischen Landhausstil, jeweils 50 bis 75 qm, für 2 bis 5 Personen. Parkplatz, Eingang, Frühstücksraum, Balkon oder Garten stufenlos erreichbar. Waschmaschine, Wäschetrockner, Spülmaschine und Hallenbad vorhanden.

Geeignet für Gehbehinderte und Familien mit geistig Behinderten; nur bedingt geeignet für Rollstuhlfahrer, da Du/WC sehr klein. Freiraum in Du/WC 120 x 120 cm; Freiraum links und rechts neben WC 50 cm, davor 90 cm. Dusche nicht unterfahrbar.

Lage: Ruhige Lage am Ortsrand; Bus, Einkaufen, Arzt 500 m; Spielplatz am Haus.
Preis pro Wohnung je nach Größe und Saison pro Woche 455,- bis 735,- DM.

Landhotel Lindenhof — 91729 Gräfensteinberg

Bayern, Fränkisches Seenland

Familie Werner, Dorfstr. 18, Tel. (09837) 97000, Fax: 970040, Internet: www.gunzenhausen.com. 4 komfortable Appartements. Parkplatz, Eingang, Frühstücksraum, Restaurant und 1 Appartement stufenlos im EG erreichbar.

Geeignet für Gehbehinderte und Rollstuhlfahrer. Das "Korbhaus", 10 m vom Haupthaus entfernt, wurde durch und durch behindertengerecht geplant und gebaut. Alles stufenlos, auch der Zugang zum Fisch-Restaurant und zum Biergarten. 1 Appartement (für 4 Personen) im EG; Türbreite vom Eingang und von Du/WC 95 cm. Freiraum in Du/WC 170 x 143 cm; Freiraum rechts neben WC 120 cm, davor 110 cm. Dusche und Waschbecken unterfahrbar; Duschsitz sowie stabile Haltegriffe an Dusche, Waschbecken und WC vorhanden.

Lage: Abseits der Höhenverbindungsstraße Almühlsee-Brombachsee, mitten im fränkischen Seenland. Einkaufen 200 m; Bus 100 m; Spielplatz 500 m; Arzt, Apotheke, Krankenhaus, **Dialysezentrum**, Kuranwendungen, Freibad, Hallenbad, Badesee, Tennisplatz und Tennishalle 4 km;

Preis pro Ferienwohnung für 2 Personen ab 3 Tage Aufenthalt pro Tag 90,- DM.

Haus Wienertoni — 82491 Grainau

Bayern, Werdenfelser Land, Zugspitzdorf

Zugspitzstr. 4 und 6, Tel. (08821) 82555, Fax: 82829. Ganzjährig geöffnetes Haus mit 12 Ferienwohnungen, alle komplett eingerichtet mit Kabel-TV, Radio und Küche. Davon sind zwei Wohnungen im EG für Familien mit Gehbehinderten oder Rollstuhlfahrern geeignet. Eine Wohnung für 2 bis 3 Personen, die andere für 4 bis 6 Personen.

Geeignet für Gehbehinderte, Senioren, Rollstuhlfahrer und Familien mit geistig Behinderten. Dusche schwellenlos unterfahrbar. Festinstallierter Duschsitz, zurückklappbar. Stabile Haltegriffe an Dusche und WC vorhanden. Bettenhöhe 53 cm; Kopf- und Fußteil lassen sich verstellen.

Lage: In wenigen Gehminuten erreicht man die Zugspitzbahn, Bus, Geschäfte, den Kurpark, den Arzt (50 m), Lokale sowie das Frei- und Hallenbad (500 m). Nähere Umgebung flach bis hügelig. Wanderwege flach bis hügelig und steil.

Preis: Pro Tag zwischen 60,- und 140,- DM pro Ferienwohnung je nach Anzahl der Personen und Jahreszeit; auf Wunsch mit Frühstück. Ein Hausprospekt kann kostenlos angefordert werden.

Hotel Mercure am Hofgarten — 89312 Günzburg

Bayern, Schwäbischer Barockwinkel

Am Hofgarten, Tel. (08221) 351-0, Fax: 351-333. 90 komfortabel eingerichtete Zimmer mit Du/Bad/WC, Minibar, Telefon und TV. 4 Konferenzräume bis 35 Pers.; Konferenzzentrum in der Nähe bis 800 Pers. Parkplatz, Eingang, Frühstücksraum und Zimmer (mit dem Aufzug) stufenlos erreichbar. Türbreite vom Aufzug 90 cm (Tiefe 140 cm, Breite 110 cm).

Geeignet für Rollstuhlfahrer und Familien mit geistig Behinderten. 1 Zimmer rollstuhlgerecht nach DIN 18024. Türbreite vom Zimmer 90 cm, von Du/WC 93 cm. Freiraum in Du/WC 160 x 180 cm. Freiraum rechts neben WC 140 cm, davor 160 cm. Dusche und Waschbecken unterfahrbar. Notruf, festinstallierter Duschsitz und stabile Haltegriffe an Dusche und WC vorhanden. Bettenhöhe 48 cm.

Lage: Im Zentrum in der Fußgängerzone; Kopfsteinpflaster ohne Stufen; Bahnhof 1 km; Arzt 500 m; Apotheke 200 m; Krankenhaus 1 km.

Zimmerpreise: EZ 120,- bis 157,- DM; DZ 165,- bis 202,- DM inkl. Frühstücksbuffet.

Ferienhof am Büchelberg — 91710 Gunzenhausen

Bayern, Neues Fränkisches Seenland, Naturpark Altmühltal

Familie Amslinger, Büchelberg 128/41, Tel. (09831) 67180, Fax: 671828, E-Mail:Kurt.Amslinger@t-online.de; Internet: www.urlaubstip.de/ferienwohnun gen-amslinger. Bauernhof mit Ferienhaus mit insgesamt 9 Ferienwohnungen, alle mit TV-Anschluß und Telefon.

Im Bauernhaus befinden sich im stufenlosen Parterre 3 rollstuhlgerechte Ferienwohnungen. Weitere vier bedingt rollstuhlgerechte Ferienwohnungen sind im Gästehaus ebenfalls stufenlos zu erreichen. Im neuen Betriebsleiterwohnhaus, oberhalb des Bauernhofes, mit Panoramablick auf Hahnenkamm und Altmühlsee, liegt die abgeschlossene rollstuhlgerechte Ferienwhg. Nr. 8. Diese Wohnung ist über einen Behindertenweg (nicht mehr als 6 % Gefälle) im Souterrain zu erreichen. Die Wohnung bietet eine große Behindertennaßzelle (12 qm) mit Einfahrdusche, HEWI-Handlauf mit Einhängesitz, Toilette mit zwei Klappstützgriffen, Küche mit unterfahrbarem Spülbecken, Auszugskühlschrank, Wohn-Schlafraum mit gemütlicher Essecke und Doppelbettcouch. Türbreite in allen Räumen 1 m. Bettenhöhe 53 cm.

Alle Wohnungen besitzen Kabel-TV-Anschluß und Telefon. Der Bauernhof selbst hat 2.000 qm Bewegungsfläche. Zum Hof gehören zwei Ponies und ein Haflinger, außerdem Katzen, Hühner, Hasen, Schafe und Meerschweinchen.

Ideal ist der Bauernhof für **Behindertengruppen bis 40 Personen**, da er einen Aufenthaltsraum mit Küche (Mikrowelle, Ceranfeld, Spülmaschine, Backofen) und angeschlossener behindertengerechter Naßzelle bietet. Zum Service gehören Brötchendienst und Getränkemarkt.

Landschaft und Natur: Im Neuen Fränkischen Seenland ist Wasser nicht nur das belebende Element der Landschaft, sondern auch Rückzugsgebiet für selten gewordene Vögel. So nisten sie in großer Zahl z.B. auf der Vogelinsel im Altmühlsee, nahe bei Gunzenhausen. Das Neue Fränkische Seenland entwickelte sich in den letzten Jahren zum Eldorado für Radfahrbegeisterte wegen seines hervorragend ausgebauten Radwegenetzes.

Ferienwohnungspreise von 52,- DM (2 Personen in der Nebensaison) bis 111,- DM (4 Personen in der Hauptsaison). Hauptsaison vom 01.06. bis 25.06.2000 und vom 08.07. bis zum 17.09.2000

Bauernhof Silvia Klein — 91710 Gunzenhausen

Bayern, Neues Fränkisches Seenland, Naturpark Altmühltal

Laubenzedel 31, Tel. (09831) 9988, Fax: (09831) 612163. Gemütliche, mit Vollholzmöbeln ausgestattete Ferienwohnung auf dem Bauernhof für 2 bis 4 Personen im fränkischen Seenland. Separates Ferienhaus mit Sitzmöglichkeiten im Vorgarten.

Ferienwohnung I ist behindertenfreundlich ausgestattet: 2 Zweibettzimmer, Wohnraum mit Couchgarnitur, kompl. Küche mit Eßecke (Kinderhochstuhl), Du/WC, Sat-TV. Waschmaschine und Trockner vorhanden. Brötchenservice. Kinderspielecke mit Sandkasten und Schaukel, Tischtennis.

Geeignet für Gehbehinderte, Familien mit geistig Behinderten und für Rollstuhlfahrer (Fewo I): Eingang 2 Stufen mit Rampe. Türbreite von Zimmer und Du/WC 80 cm. Bewegungsfreiraum in Du/WC 200 x 400 cm; Freiraum rechts neben WC 100 cm, davor 140 cm. Dusche schwellenlos unterfahrbar mit Duschhocker.

Lage: Ebene Rad- und Wanderwege, 2 km zum Altmühlsee. Einkaufen, Arzt, Apotheke, Hallenbad 2 km; Freibad 4 km; Krankenhaus 3 km. Wege am Haus und in der Ortschaft sind flach.

Preis für die rollstuhlgeeignete Ferienwohnung pro Tag in der Hauptsaison (15.6. bis 15.9.) bei Belegung mit 4 Personen 82,- DM; jede weitere Person 8,- DM/Tag. In der Nebensaison 56,- DM für 4 Personen, jede weitere Person 5,- DM/Tag.

Ferien auf dem Bauernhof
Ferienwohnungen Erich Laux — 91710 Gunzenhausen

Bayern, Neues Fränkisches Seenland, Naturpark Altmühltal

Erich Laux, OT Streudorf, Nr. 46, Tel. (09831) 1817 oder 3241. Ein Ferienhaus mit 6 Ferienwohnungen. Garten mit Liegewiese, Gartenlaube, Grill, Angelmöglichkeit am Altmühlsee. Tiere: Rinder, Schafe, Hühner, Enten.

Geeignet für Gehbehinderte und Rollstuhlfahrer: eine Ferienwohnung für 3 Personen mit Wohn-Schlafraum (2 Betten); Couch- und Sesselgarnitur; Eßplatz, Kochnische mit Küchenblock, Du/WC. Die Wohnung befindet sich im Parterre. Eingang 1 Stufe (10 cm hoch; Holzrampe wird bei Bedarf gestellt). Türbreiten: Eingang, Zimmer und Du/WC 80 cm. Bettenhöhe 50 cm. Rollstuhlgeeignet gebaut mit rollstuhlgängiger Du/WC. Dusche und Waschbecken unterfahrbar. Freiraum in Du/WC 110 x 150 cm; Freiraum rechts neben WC 100 cm, davor 150 cm. Bettenhöhe 50 cm. Ebenerdiger Freisitz.

Preis für die Ferienwohnung pro Tag bei Belegung mit 2 Personen in der Hauptsaison 48,- DM, in der Nebensaison 45,- DM, für die 3. Person zzgl. 6 DM.

Parkhotel Altmühltal 91710 Gunzenhausen

Bayern, Neues Fränkisches Seenland, Naturpark Altmühltal

Zum Schießwasen 15, Tel. (09831) 5040, Fax: 89422, E-Mail: aktiv-parkhotel@t-online.de, Internet: www.aktiv-parkhotel.de. Attraktives 4-Sterne-Hotel mit stilvoller Innenarchitektur und bildschön eingerichteten Zimmern. Ebenfalls sehr schönes hauseigenes Hallenschwimmbecken (über den Aufzug und dann über 3 Stufen erreichbar) mit Sauna und Dampfbad.

Eingang, Frühstücksraum und Restaurant stufenlos erreichbar; Zimmer mit dem Aufzug erreichbar. Türbreite vom Aufzug 80 cm (Tiefe 140 cm, Breite 100 cm). Zusätzliche Behindertentoilette im EG.

Geeignet für Gehbehinderte, Familien mit geistig Behinderten; Bedingt geeignet für Rollstuhlfahrer (3 Zimmer mit Du/WC): Türbreiten der Zimmer 80 cm, von Du/WC 70 cm. Bewegungsfreiraum in Du/WC 100 x 100 cm. Freiraum links/rechts neben WC 40 cm, davor 100 x 90 cm. Dusche und Waschbecken mit Rollstuhl unterfahrbar. Duschhocker und stabiler Haltegriff am WC vorhanden.

Lage: Ruhige Lage, zur Ortsmitte 500 m; Arzt, Apotheke 500 m; Krankenhaus und Bahnhof 1,5 km. Umgebung flach, viele ebene Rad- und Wanderwege vorhanden.

Preise pro Person und Tag je nach Zimmerkategorie und Saison 90,- bis 200,- DM inkl. Frühstück. HP-Zuschlag 35-, DM, VP-Zuschlag 63,- DM.

Ferienhaus „Sonnengarten" 91710 Gunzenhausen

Bayern, Neues Fränkisches Seenland, Naturpark Altmühltal

Laubenzedel 40, Tel. (09837) 437, Fax: (09837) 978479. Ferienhaus am Ortsrand mit großem Hof, schöner Garten mit Liegewiese. Tiere: Ziegen, Katzen, Hasen, Enten, etc. 6 Ferienwohnungen unterschiedlicher Größe für 4-8 Personen. Parkplatz, Eingang und Garten mit Rampe stufenlos.

Geeignet für Gehbehinderte (Whg. I und II); für Familien mit geistig Behinderten (alle Wohnungen). Wohnung II bedingt für Rollstuhlfahrer geeignet, da Bad mit dem Rollstuhl befahrbar, jedoch nicht rollstuhlgerecht. Türbreiten in Wohnung II 85 cm. Freiraum im Bad (Badewanne, WC) 135 x 200 cm; Freiraum links neben WC 200 cm, rechts 40 cm, davor 70 cm.

Lage: Ortsrand; Einkaufen, Bahnhof 1,5 km; Arzt, Apotheke, Hallenbad, Badesee 1 km; Krankenhaus 3 km.

Preise pro Ferienwohnung je nach Größe und Saison 45,- bis 80,- DM zuzüglich Nebenkosten (Strom).

Müllner Hof 92256 Hahnbach

Bayern, Oberpfalz

Familie Schuller, Kümmersbuch 7, Tel. (09664) 202. Ferienhaus mit 4 gemütlichen Ferienwohnungen im Erdgeschoß, in allen Bereichen rollstuhlgängig. Parkplatz, Eingang, Garten, Frühstücksraum und Ferienwohnungen stufenlos erreichbar. Alle Türen mindestens 80 cm breit.
Geeignet für Rollstuhlfahrer und Familien mit behinderten Angehörigen. 2 Zimmer mit Du/WC rollstuhlgerecht. Bettenhöhe 40 bzw. 45 cm. Türbreite der Zimmer 93 cm, von Du/WC 83 cm. Freiraum in Du/WC 120 x 160 cm. Freiraum links neben WC 40cm, rechts 140 cm, davor 100 cm. Waschbecken und Dusche unterfahrbar. Festinstallierter Duschsitz und stabile Haltegriffe an Dusche, WC und Waschbecken.
Lage: Umgebung flach, der Ort eben erreichbar. Auch das hauseigene fließende Gewässer ist mit dem Rollstuhl erreichbar. Einkaufen 1 km; Hallenbad 1 km; Arzt, Apotheke 2 km; Dialyse, Freibad 6 km; Krankenhaus 9 km.
Preise: Appartement ca. 40 qm, bis 3 Pers., 60,- DM pro Tag. Ferienwohnung, 60 qm, bis 5 Personen 90,- DM.

Urlaub auf dem Bauernhof Ferienhaus Schleinkofer 94353 Haibach

Bayern, Südlicher Bayerischer Wald

Marianne Schleinkofer, Weingarten 2, Tel. (09963) 459. Idyllisch gelegenes Ferienhaus mit 85 qm Wohnfläche, gemütlich eingerichtet, Küche mit Spülmaschine. Großer Garten und eine Südterrasse (1,4 x 4 m groß). Stufenloser Eingang, barrierefrei.

Geeignet für Familien mit Kindern, Gehbehinderte, Rollstuhlfahrer mit Begleitperson und Mehrfachbehinderte bis 6 Personen. Eine Familie bzw. Gruppe bewohnt das Haus mit dem Garten immer allein. Alle Türen 1 m breit. Dusche und Waschbecken unterfahrbar. Freiraum in Du/WC 250 x 140 cm, Freiraum rechts neben WC 75 cm. Stabile Haltegriffe an Dusche und WC vorhanden. Bettenhöhe 60 cm.

Lage: Sehr stille, ruhige Lage, umgeben von Wiesen und Wäldern; wunderschöne Aussicht. Gepflegte Gastronomie, Freibad, Tennisplatz und Arzt am Ort. Apotheke 6 km. 9 km zum Wintersportort St. Engelmar. In 1 km Entfernung ein von der Familie Schleinkofer bewirtschafteter Bauernhof.

Preis für das Ferienhaus bei Belegung mit 2 Personen einschl. Bettwäsche und Handtücher 58,- DM pro Tag, jede weitere Person 10,- DM/ Tag; zuzüglich Strom, Heizung, Wasser und Telefongebühren. Auf Wunsch TV, 3 DM/ Tag. Endreinigung 50,- DM.

Ferienwohnung Sandrock 91230 Happurg-Förrenbach

Bayern, Franken, Hersbrucker Schweiz

Aichaer Tal 2, Tel. (09151) 1536, Fax: (09151) 824277. 1 Komfortable, ruhig gelegene Ferienwohnung für 4 Pers., 55 qm, mit Radio, Kabel-TV, Telefon, Südterrasse, Liegewiese und Spielplatz. Parkplatz und Eingang stufenlos.
Geeignet für Gehbehinderte und Familien mit geistig Behinderten. Bedingt geeignet

für Rollstuhlfahrer. Die Wohnung wurde rollstuhlgeeignet gebaut. Türen der Zimmer und von Du/WC 80 cm breit. Freiraum in Du/WC 200 x 160 cm. Freiraum links und rechts neben WC 60 cm, davor 140 cm. Stabile Haltegriffe an Dusche und WC vorhanden, Dusche nicht unterfahrbar: Schwelle 20 cm.

Lage: Ruhige Lage, zur Ortsmitte 800 m; Einkaufen 800 m; Arzt 1,5 km; Apotheke, Krankenhaus, **Dialyse** , Freibad und Hallenbad 8 km. Wege der näheren Umgebung flach. **Preis** für die Ferienwohnung pro Tag 80,- DM.

Ferienwohnungen Familie Weydringer — 91729 Haundorf

Bayern, Neues Fränkisches Seenland, Naturpark Altmühltal

Eichenberg 51, Tel. (09837) 397. Das Haus liegt am südlichen Ortsrand von Eichenberg. Die Ferienwohnung mit sep. Eingang und Terrasse, bietet auf 50 qm Wohnfläche Platz für 4-6 Personen. Parkplatz, Eingang stufenlos.

Geeignet für Gehbehinderte und Familien mit Begleitung; bedingt geeignet für Rollstuhlfahrer mit Begleitung. Türbreite 70 cm; Badezimmer zu klein für Rollstuhl, aber mit Begleitperson waren bisherige Rollstuhlfahrer sehr zufrieden. Bettenhöhe 45 cm.

Lage: Ortsrandlage; Einkaufen, Arzt, Apotheke, Krankenhaus, Freibad und Hallenbad 6 km. Altmühlsee 5 km; Brombachsee 10 km.

Preis für die Fewo in der Haupts. 60,- bis 74,- DM, in der Nebens. 45,- bis 59,- DM.

Bauernhof-Pension Albert Reidelshöfer — 91729 Haundorf

Bayern, Neues Fränkisches Seenland, Naturpark Altmühltal

Georgentalweg 3, Tel. (09837) 314, Fax: 1404. Bauernhofpension mit 14 Ferienwohnungen. Parkplatz, Eingang, 2 Ferienwohnungen im EG für 2-4 Personen, mit Telefon und TV-Anschluß stufenlos erreichbar.

Geeignet für Gehbehinderte; bedingt geeignet für Rollstuhlfahrer mit Begleitung (Ferienwohnung Nr. V und VI). Freiraum im Bad (mit Wanne, Du, WC) 110 x 110 cm; Freiraum links neben WC 25 cm, rechts 35 cm, davor 90 cm. Keine unterfahrbare Dusche, keine zusätzlichen Haltegriffe.

Lage: Sehr ruhige Ortsrandlage, unmittelbar am Rande des 2000 Hektar großen Mönchswaldes; Spielplatz 200 m; Bus 20 m; Einkaufen, Bahnhof, Arzt, Apotheke, Freibad, Hallenbad, Tennisplatz und Tennishalle 8 km; Badesee 6 bis 15 km. Gebiet flach bis leicht hügelig.

Preis pro Tag bei Belegung mit 4 Personen für Fewo Nr. V 75,- DM, Fewo Nr. VI 83,- DM in der Hauptsaison (15.6. bis 15.9.). In der Vor- und Nachsaison (2 Pers.) Fewo Nr. V 49,- DM, Fewo Nr. VI 53,- DM.

Gasthof-Pension Landhaus Sponsel-Regus 91332 Heiligenstadt

Bayern, Fränkische Schweiz, am Naturschutzgebiet Leidingshofer Tal

Veilbronn Nr. 9, Tel. (09198) 222 und 92970, Fax: 1483. Das Haus hat über 100 Betten und liegt sonnig am Waldrand, abseits der Hauptstraße. Komfortzimmer mit Sat-TV, Durchwahltelefon, Safe, Sitzecke, Fön, fast alle mit Balkon, ca. 32 qm groß - sehr großer Raumzuschnitt.

Parkplatz, Eingang, Frühstücksraum, Restaurant, Garten und die Zimmer (mit dem Aufzug) stufenlos erreichbar. Türbreite vom Aufzug 90 cm (Tiefe 100 cm, Breite 120 cm).

Geeignet für Gehbehinderte und Familien mit geistig Behinderten. Bedingt geeignet für Rollstuhlfahrer mit Begleitung: 12 Zimmer. Türbreite der Zimmer 81 cm, von Du/WC 81 cm, separates WC 71 cm. Freiraum im Bad 120 x 140 cm; Dusche mit Sitz. Freiraum links und rechts neben WC 34 cm, davor 100 cm.

Lage: Ruhige Waldrandlage; reizvolle Wander- und Rundwege, zum Teil behindertengerecht angelegt, sämtlich mit zahlreichen Ruhebänken gut ausgebaut, auch für ältere Menschen leicht und bequem zu gehen. Arzt, Apotheke 3 km; Bahnhof, Krankenhaus, Freibad, Hallenbad 5 km.
Preis pro Person und Tag 40,- bis 50,- DM.

Ferienhof Rogg 88178 Heimenkirch

Bayern, Westallgäu

Mothen 74, Tel. (08381) 7514, Fax: (08381) 7504. Von Wiesen und Wald umgebenes, kinderfreundliches Haus mit 2 Doppel- und 1 Einzelzimmer im Erdgeschoß (ebenerdig) mit Aufenthaltsraum. Die Zimmer haben z.T. Du/WC. Behindertenparkplatz vor dem Haus.

Geeignet für Senioren, Gehbehinderte, bedingt für Rollstuhlfahrer; geeignet auch für **Gruppen bis 15 Personen**, Anzahl Rollstuhlfahrer nach Rücksprache. Türbreiten: Hauseingang 95 cm (stufenlos), Zimmer 80 cm, Bad/WC 70 cm. Freiraum im Bad mit Dusche 200 x 200 cm; Badewanne und Behinderten WC. Dusche nicht unterfahrbar (Schwellenhöhe 25 cm), Waschbecken unterfahrbar. Stabiler Haltegriff am WC vorhanden.

Lage: relativ flache Wanderwege ab Haus in der Voralpenlandschaft; Ortsmitte, Apotheke, Tennisplatz und Minigolf 3 km; Bahnhof 6 km; Bus 1 km; Spielplatz am Haus; Freibad 2 km; Hallenbad 5 km.

Preise: Übernachtung mit Frühstück 25,- bis 30 DM pro Person und Tag; Kinderermäßigung.

Begegnungsstätte, Bildungsstätte und Schullandheim Wartaweil — 82211 Herrsching

Bayern, Oberbayern, Ammersee

Wartaweil 45, Tel. (08152) 9398-0, Fax: (08152) 9398-98. Wartaweil ist wegen seiner vorbildlichen Barrierefreiheit besonders gut für behinderte Personen, **für Gruppenurlaub und Seminarveranstaltungen** geeignet. So kommen zum Beispiel Schülerinnen und Schüler mit ihren Betreuern und Lehrern in diese Einrichtung, um unter veränderten Bedingungen zu lernen (Schullandheim).

Träger dieser Einrichtung ist der Landesverband Bayern für Körper- und Mehrfachbehinderte e.V. mit Sitz in München.

Sehr gut geeignet für Gehbehinderte und Rollstuhlfahrer **(auch Gruppen, ca 50 Personen)** und Familien/Gruppen mit geistig Behinderten **(Gruppen, ca. 80 Personen).** Gruppen aus Behinderteneinrichtungen, Schulklassen, andere Gruppen mit behinderten und nichtbehinderten Kindern, Jugendlichen und Erwachsenen finden neben **rollstuhlgerechten Unterkünften** auch umfassende Freizeitmöglichkeiten vor.

Für Behindertengruppen, die in Deutschland eine geeignete Ferieneinrichtung suchen, die sowohl Urlaub als auch Seminar- und Tagungsmöglichkeiten anbietet, ist die Bildungs- und Begegnungsstätte Wartaweil in Herrsching am Ammersee bestens geeignet.

Das gesamte Gebäude wurde nach DIN 18024/18025 behindertengerecht gebaut. Alle Bereiche der Einrichtung sind stufenlos erreichbar. Die Türen sind alle breit genug für Rollstuhlfahrer. **32 Zimmer sind rollstuhlgerecht,** ebenso die Badezimmer (Türen 90 cm breit). Die Bewegungsfreiräume in den Badezimmern betragen mindestens 140 x 140 cm, die Toiletten sind entweder links oder rechts anfahrbar, die Duschen schwellenlos unterfahrbar. An Duschen und WC sind stabile Haltegriffe angebracht, die Spiegel reichen bis Rollstuhlhöhe, zum Teil gibt es hydraulische Badewannen. Als weitere Hilfsmittel für Behinderte gibt es z.B. hydraulische Liegen, Liege- und Sitzlifter, etc.

Lage: Direkt am Ammersee auf einem 27.000 qm großen parkähnlichen Gelände. Zur Ortsmitte sind es 2,5 km; Einkaufen, Apotheke, Krankenhaus 2 km; Tennisplatz, Tennishalle 2,5 km; Bahnhof 3 km.

Aktivitäten: Spielplatz für Kinder. Spaziermöglichkeiten im angrenzenden Wald, Fußball, Basketball, Tischtennis, abends am Lagerfeuer sitzen. Ab der Saison 2000 ist es auch behinderten Personen möglich, durch die bis dahin angebrachten Hebeanlagen vom Steg aus in den Ammersee zu gelangen.

Seminare/Veranstaltungen: Die Bildungsstätte Wartaweil bietet außerdem gute Voraussetzungen für fachspezifische Seminare im Themenbereich Körper- und Mehrfachbehinderung bis hin zu kreativen und besinnlichen Themen wie Märchenerzählungen und Meditationskurse. Die Seminare richten sich z.B. an Eltern behinderter Kinder oder an Fachkräfte aus der Behindertenarbeit (Ärzte, Pädagogen, Logopäden, usw.). Eine Terminübersicht über die jedes Jahr in Wartaweil stattfindenden Seminare kann angefordert werden beim Landesverband Bayern für Körper- und Mehrfachbehinderte e.V., Frankfurter Ring 15 in 80807 München, Tel. (089) 3574810.

Preise: Kinder bis 3 Jahre im Kinderbett kostenlos; Kinder (3-6 Jahre) im Doppelzimmer je nach Saison 28,- bis 40,- DM; Schüler im DZ je nach Saison 35,- bis 50,- DM; Erwachsene im DZ je nach Saison 48,- bis 65,- DM. Alle Preise inklusive Vollpension. Ermäßigung bei Unterbringung im Mehrbettzimmer, Zuschlag für Einzelzimmer. Ausführliche Preisliste kann angefordert werden.

DU - Familotel Krone — 87541 Hindelang-Unterjoch

Bayern, Oberallgäu

Familie Angi und Werner Probst, Sorgschrofenstr. 6, Tel. (08324) 98201-0, Fax: 9820-199, E-Mail: kroneuj@t-online.de, Internet: www.bibi.de.

Sehr persönlich und familiär geführtes Haus mit 35 Zimmern und Familienappartements sowie 18 Ferienwohnungen, alle behindertengerecht, davon 3 Familienappartements rollstuhlgerecht. Alle mit Du/WC, TV, Telefon, Balkon oder Terrasse. Bandscheibenmatratze und Allergiebettwäsche sind Standard. Auf Wunsch elektrisch höhenverstellbare Betten und Einlagerahmen. Dusche und WC unterfahrbar, Lokale und Terrasse ebenerdig, Parkplatz direkt neben dem Eingang. Shuttle-Service vom Bahnhof Kempten mit Hotelbus, Rampen vorhanden. Viele Ausflugsmöglichkeiten gegeben, ob per Auto oder mit E-Rolli.

Attraktive Pauschalangebote in den Nebensaison-Zeiten (Angebote auf Anfrage).

Preise jeweils pro Tag und Person mit Frühstücksbuffet inkl. allen Hotelleistungen: Doppelzimmer behindertenfreundlich ab 66,- DM, rollstuhlgerechte Familienappartements ab 85,- DM; Ferienwohnung für Selbstversorger z.B. ab 4 Pers./Tag ab 135,- DM. Wer mehr über das Du-Familotel erfahren möchte, kann ausführliche Informationen anfordern.

Gasthaus-Metzgerei Mayerhofer — 94146 Hinterschmiding

Bayern, Bayerischer Wald

Familie Mayerhofer, Dorfplatz 24, Tel. (08551) 389, Fax: (08551) 7809. Familiärer Betrieb mit gutbürgerlicher Küche und hauseigener Metzgerei. 29 moderne Zimmer mit Dusche, WC, größtenteils mit Balkon, auf Wunsch mit TV. Im rustikalen Stil eingerichtetes Restaurant sowie Aufenthaltsraum mit TV, Sauna, Solarium und Kegelbahnen; große Liegewiese.

Parkplatz, Eingang, Frühstücksraum, Restaurant stufenlos erreichbar. Zimmer mit dem Aufzug stufenlos erreichbar. Türbreite vom Aufzug 81 cm (Tiefe 140 cm, Breite 110 cm).

Geeignet für Rollstuhlfahrer: 4 Zimmer mit Du/WC sind rollstuhlgerecht. Bettenhöhe 46 cm. Türbreite der Zimmer und von Du/WC 80 cm. Bewegungsfreiraum in Du/WC 210 x 220 cm. Freiraum links neben WC 120 cm, davor 140 cm. Waschbecken und Dusche unterfahrbar. Kippspiegel, festinstallierter Duschsitz und stabile Haltegriffe an Dusche, WC und Waschbecken vorhanden. Mobile Altenpflege und med. Versorgung kann organisiert werden.

Lage: Hinterschmieding (720 m ü.M.) bietet herrliche Wanderwege und Langlaufloipen. Skilifte in unmittelbarer Nähe. Einkaufen 50 m; Arzt 500 m; Freibad, Hallenbad, Apotheke, Krankenhaus, Dialysezentrum 5 km. Die Umgebung ist teilweise hügelig.

Preise pro Person: Übernachtung mit Frühstück 32,- DM, mit Halbpension 45,- DM, mit Vollpension 50,- DM.

Gasthof-Pension „Hohenauer Hof" — 94545 Hohenau

Bayern, Bayerischer Wald

Inh. Bernhard Hobelsberger, Dorfplatz 18, Tel. (08558) 1056, Fax: 2856. Gasthof mit Pension an einem idyllischen Dorfplatz gelegen; das Gästehaus ca. 100 m entfernt mit sehr ruhiger, sonniger Lage. Alle Zimmer mit Du/WC oder Bad/WC und Balkon, mit weitem Panoramablick über den südlichen Bayerischen Wald. Hauseigenes Hallenbad mit Sauna und Solarium mit dem Aufzug stufenlos erreichbar. Nur 2 m vom Parkplatz zum Eingang (stufenlos); Eingang von der Hofseite aus stufenlos erreichbar. Türbreite vom Aufzug 80 cm (Tiefe 105 cm, Breite 160 cm).

Geeignet für Gehbehinderte, Rollstuhlfahrer und Familien mit geistig Behinderten. 2 Zimmer mit dem Aufzug erreichbar, rollstuhlgerecht. Bewegungsfreiraum im Bad (mit Dusche und Badewanne) 230 x 190 cm. Freiraum rechts neben WC 130 cm, davor 170 cm. Dusche und Waschbecken unterfahrbar, festinstallierter Duschsitz sowie stabile Haltegriffe an Du/WC und Waschbecken vorhanden.

Lage: In der Dorfmitte; Arzt 400 m; Apotheke, Krankenhaus und **Dialyse** 9 km; Spielplatz und See 200 m.

Preise: Übernachtung mit Frühstück pro Person 40,- DM, mit Halbpension 55,- DM.

Café-Pension „Egerstau" & Ferienhof Seidel — 95691 Hohenberg / Eger

Bayern, Fichtelgebirge

Egerweg 40 und 41, Neuhaus / Eger, Tel. (09233) 3669, Fax: 9435. Café, Pension und Ferienhaus, sehr schön und ruhig gelegen, umgeben von Wald und Wiesen.

Gemütlich und freundlich eingerichtete Gästezimmer. Café, Frühstücksraum, Garten und Liegewiese stufenlos erreichbar.

Geeignet für Senioren, Gehbehinderte, Rollstuhlfahrer (3 Zimmer und 1 Ferienwohnung rollstuhlgerecht), Familien mit Behinderten sowie Gruppen mit geistig Behinderten und Rollifahrern mit Begleitpersonen, Ruhesuchende und Wanderer. Gruppen bis zu 60 Personen. 3 Zimmer mit verbreiterten Türen im Erdgeschoß haben rollstuhlgerechte Dusche mit WC. Dusche ebenerdig unterfahrbar, WC erhöht, stabile Haltegriffe vorhanden. Freiraum in Bad/WC 200 x 220 cm. Freiraum rechts und vor dem WC 140 cm. Verstellbarer Kippspiegel über dem Waschbecken.

Lage: Das Haus liegt im Hufeisen des Fichtelgebirges, in Berge und Wälder eingebettet, im romantischen Naturschutzgebiet Egertal. Angelgewässer direkt am Haus. Freibad 6 km; Arzt und Apotheke 7 km; Krankenhaus und Hallenbad 10 km. Wege befestigt, Umgebung hügelig.

Preis für Übernachtung mit Frühstück pro Person/Tag je nach Unterbringung und Aufenthaltsdauer 30,- bis 45,- DM. EZ-Zuschlag 5,- bis 10,- DM. Ferienwohnung für 2 Personen 50,- DM pro Tag; für 4 bis 5 Personen 80,- DM; jeweils bei einem Mindestaufenthalt von 5 Tagen.

Ferienwohnung Kloiber — 94545 Hohenau

Bayern, Bayerischer Wald

Hanelore Kloiber, Haslach 13, Tel. + Fax: (08558) 1563. Ferienwohnung im Erdgeschoß mit sep. Eingang, ruhige Südlage, für 2-5 Personen. Parkplatz und Eingang stufenlos.

Geeignet für Gehbehinderte und Familien mit geistig Behinderten. Für Rollstuhlfahrer nicht geeignet, da Bad/WC zu klein. Türbreite von Zimmer und Bad/WC 80 cm.

Lage: Ruhige Südlage; zur Ortsmitte 200 m; Tennisplatz, Einkaufen, Arzt 1 km; Apotheke, Krankenhaus, Dialyse, Freibad, Hallenbad 5 km; Tennishalle 500 m; See 300 m. Umgebung in unmittelbarer Nähe des Hauses ist flach.

Preis für die Ferienwhg. pro Tag 45,- bis 47,- DM für 2 Pers.; jede weitere Pers. 10,- DM.

Ferienwohnung Haus Käser — 87509 Immenstadt / Stein

Bayern, Allgäu

Familie Käser, Jörgstr. 2, Tel. (08323) 7139, Fax: 2867. Exklusiv eingerichtete, rollstuhlgerechte Ferienwohnung von ca. 95 qm mit Zentral- und Fußbodenheizung (für 2 bis 6 Personen), großem Wohnzimmer mit Doppelbettcouch, 1 Doppelschlafzimmer (Kinderbetten können noch eingeschoben werden), komplett eingerichteter Küche inkl. Spülmaschine sowie Badezimmer mit Dusche und WC, Farb-TV, Radio, Telefon, Sonnenterrasse Südseite. Liege- und Spielwiese sowie Autoabstellplatz.

Außerdem ein neues Appartement, ebenfalls rollstuhlgerecht, mit ca. 45 qm, Zentral- und Fußbodenheizung (für 2-4 Personen), einem Wohn-Schlafraum mit Farb-TV und Telefon, sep. Badezimmer mit Dusche, Badewanne und WC sowie eine eigene Küche. Sonnenterrasse Südseite, Liegewiese, Autoabstellplatz. Kinderspielplatz vorhanden. Kinderfreundliche Atmosphäre.

Haustür, Zimmertüren und alle übrigen Türen sind vom Rollstuhl aus zu öffnen. Die Flure in der Wohnung sind sehr breit. Als Rollstuhlfahrer kann man überall wenden. Sämtliche Zimmer, WC, Bad, Küche und sonstige Räume der Ferienwohnung haben keinerlei Schwellen. Im Schlafzimmer ein gutes, erhöhtes Doppelbett.

Geeignet für Gehbehinderte, Rollstuhlfahrer und Familien mit geistig Behinderten. Eingang mit Rampe stufenlos. Türbreiten der Zimmer und von Du/WC 80 cm. Bewegungsfreiraum in Du/WC 120 x 200 cm. Bewegungsfreiraum im sep. WC: links und rechts 38 cm, davor 120 cm. Dusche und Waschbecken unterfahrbar. Handbrause am Waschbecken, Kippspiegel. Festinstallierter, klappbarer Duschsitz und stabile Haltegriffe an Dusche und WC vorhanden. Bettenhöhe in der Ferienwohnung 57 cm; im Appartement 45-50 cm. Von Rollifahrern getestet und empfohlen.

Service: Brötchendienst, Getränke im Haus, Abholservice vom Bahnhof. Waschmaschine, Trockner, Sauna, Solarium und Telefon können gegen Gebühr genutzt werden.

Lage: Ruhige Lage am Rand von Immenstadt, umgeben von Wiesen und Bäumen, mit freiem Blick auf die Allgäuer Gebirgskette. Im Sommer gute Wandermöglichkeiten, im Winter Loipen; 5 PKW-Minuten entfernt das Skigebiet des Mittagberges (1450 m Höhe). Die Fellhornbahn und die Nebelhornbahn sind auch für Rollstuhlfahrer geeignet.

Einkaufen 2,5 km; Bahnhof, Apotheke, **Dialyse** , Hallenbad 4 km; Freibad und See 5 km; Krankenhaus 3 km; Arzt kommt ins Haus. Nähere Umgebung des Hauses flach, weitere Umgebung hügelig.

Preis für die Ferienwohnung pro Tag ab 90,- DM, App. ab 60,- DM. Prospekt und Preisliste auf Anfrage. Familie Käser ist sehr umsichtig und freundlich.

Gästehaus Katharina **83334 Inzell**

Bayern, Chiemgau

Inh. Christine Ehrenböck, Prälat-Michael-Höck-Str. 6, Tel. (08665) 7891, E-Mail: Villa.Katharina@t-online.de.

Eignung: Die Luxuswohnungen übertreffen die Anforderungen nach DIN 18025 (Behindertengerecht). Türbreiten mindestens 88 cm, Hauseingang 98 cm. Eigener Parkplatz. Geräumiges Bad: Bewegungsfreiheit in Dusche/WC mindestens 180 x 300 cm, neben WC 95 cm, andere Seite 45 cm, davor mindestens 130 cm. Dusche und Waschbecken unterfahrbar. Duschhocker und stabile Haltegriffe an Dusche, WC, Bidet und Waschbecken vorhanden; grosser Spiegel.

Alles ist auf die Anforderungen von Mitmenschen mit Behinderung des Bewegungsapparates oder der Sinnesorgane sowie Allergiker ausgerichtet. Aber auch ältere

Menschen bieten die luxuriös ausgestatteten Wohnungen durch ihre spezielle Einrichtung verbesserte Lebensqualität. Einziges Handicap: In den Wohnungen darf nicht geraucht werden, da sie allergikergerecht sind. Drei der insg. 12 Wohnungen sind rollstuhlgerecht, vier Wohnungen sind für Allergiker und Nichtraucher konzipiert.

Ausstattung: Eichemassivholzmöbel wachsölbehandelt, Mauertresor, Farb-TV mit Kopfhörer, erhöhte (53 cm) und unterfahrbare Betten mit elektrisch verstellbarem Lattenrost; Cottofliesen in den Wohnräumen, rutschfeste Bodenfliesen in den Bädern, Sprechanlage zu Haustür-Erdgeschosswohnungen-Gastgeberin; unterfahrbare Kochzeile mit Mikrowelle, Kaffeemaschine, Induktionskochstelle, Auszugskühlgefrierschrank, Besteck, Geschirr, Musikanlage mit CD-Auswahl, Funkwecker, Seesuckerbettwäsche, Dusch-, Hand- und Geschirrtücher, Terrasse mit Sitzgruppe und DeckChair in Teakholz.

Lage: Zur Ortsmitte 200 m; Einkaufen 200 m; Apotheke 250 m; Krankenhaus 300 m; Arzt 150 m; Dialyse 16 km; Spielplatz 100 m; Reiten 3 km; Frei- und Hallenbad 500 m; See 2 km. Umfeld: Drei Gehminuten zum Ortskern, inmitten einer gewachsenen Dorfstruktur. Inzell bietet viele Wanderwege, Langlaufloipen, Eislaufstadion, Skatepark, Rodelbahn, Tennis- und Minigolfplatz. Ausgeschilderte Wanderwege, auch für Rollifahrer geeignet.

Preise: Abhängig von der Saison liegen die Preise für eine 4-Bett-Luxuswohnung zwischen 165,- und 200,- DM, für eine 2-Bett-Luxuswohnung zwischen 120,- und 160,- DM. Zu den Rosazeiten (1. März bis 30. April und 18. Okt. bis 18. Dez.) gilt 14 Tage buchen, nur 10 Tage bezahlen.

Hotel Ambassador Ingolstadt — 85055 Ingolstadt

Bayern

Goethestr. 153, Tel. (0841) 5030, Fax: 5037, Internet: www.ambassador.de, E-Mail: info@ambassador.de. 119 First-Class-Zimmer (44 EZ, 75 DZ) mit Telefon, Minibar, Farb-TV. Parkplatz, Eingang, Rezeption, Restaurant, Aufzug stufenlos erreichbar. Alle Türen im Hotel mindestens 95 cm breit. Innenmaße vom Aufzug 200 x 150 cm.

Geeignet für Gehbehinderte und Familien mit geistig Behinderten, bedingt geeignet für Rollstuhlfahrer (1 Zimmer): Türbreite vom Zimmer 86 cm, von Bad/WC 94 cm. Freiraum in Bad/WC 181 x 165 cm, unterfahrbare Dusche. Freiraum links neben WC 79 cm, davor 143 cm.
Lage: Zum Zentrum 3 km; Bahnhof 7 km; Arzt, Apotheke 100 m.
Zimmerpreise: EZ 140,- bis 270,- DM; DZ 170,- bis 320,- DM.

Biolandhof Gabriele Schwarzfischer — 92280 Kastl

Bayern, Ostbayern

Wolfsfeld 1, Tel. (09625) 91245, Fax: 91247, Internet: www.g-schwarzfischer.de. 4 Ferienwohnungen, davon 2 für Rollstuhlfahrer. Baby- und Kleinkinderausstattung, Hofladen, Spielzimmer, Tischtennis- und Kickerraum, überdachter Freisitz. Eingang mit Rampe stufenlos.

Geeignet für Rollstuhlfahrer: 2 Ferienwohnungen. Türbreiten 94 cm. Freiraum in Du/WC 140 x 140 cm. Freiraum links neben WC 140 cm, rechts 25 cm, davor 105 cm. Dusche und Waschbecken unterfahrbar. Großer Spiegel über dem Waschbecken, stabile Haltegriffe an Dusche und WC vorhanden, Duschsitz vorhanden. Bettenhöhe 50 cm.

Lage: Ab Hof gibt es gut befestigte Straßen und Flurwege, mit dem Rollstuhl gut befahrbar. Die weitere Umgebung ist leicht hügelig. Zur Ortsmitte mit Arzt, Apotheke, Freibad und Tennisplatz 5 km; Bahnhof, Krankenhaus und **Dialyse** 15 km.

Preis für die rollstuhlgerechten Ferienwohnungen im EG pro Tag bei Belegung bis 4 Personen 110,- DM, jede weitere Pers. zzgl. 10,- DM.

Hotel Aukoferbräu — 93309 Kelheim / Donau-Altmühl

Bayern, Ostbayern, Naturpark Altmühltal

Alleestr. 27, Tel. (09441) 2020, Fax: 21437. 50 Zimmer mit Bad/Du/WC, auf Wunsch mit TV. Haupteingang 3 Stufen (je 18 cm), Seiteneingang 1 Stufe (18 cm). Zimmer mit dem Aufzug stufenlos erreichbar.

Geeignet: für Gehbehinderte (bis 50 Pers.), für Familien mit geistig Behinderten (bis 20 Pers.). Bedingt geeignet für Rollstuhlfahrer mit Begleitung; Bad nicht rollstuhlgerecht. Freiraum rechts neben dem WC 120 cm, Dusche nicht unterfahrbar.

Lage: Zur Ortsmitte 400 m; Arzt und Apotheke 300 m; Freibad und Hallenbad 2 km; Nähere Umgebung des Hauses flach (Tallage): weitere Umgebung teils hügelig.

Zimmerpreise inkl. Frühstück: EZ 59,- bis 79,- DM; DZ 100,- bis 134,- DM, je nach Ausstattung der Zimmer.

Landhotel Geyer — 85110 Kipfenberg-Pfahldorf

Bayern, Naturpark Altmühltal

Alte Hauptstr. 10, Tel. (08465) 905011, Fax: 3396. Freundlich geführter Familienbetrieb in reizvoller Lage auf dem Plateau zwischen Anlauter- und Altmühltal. 45 Zimmer mit Bad/Du/WC, teilweise Balkon, TV und TV-Anschluß. Hoteleingang, Restaurant und Aufzug (Haupthaus) stufenlos erreichbar. 5 Appartements mit Kochgelegenheit im Landhaus. Im Wettbewerb "Bayerische Küche" mehrmalige Auszeichnungen.

Sehr gut geeignet für Senioren, Gehbehinderte, Rollstuhlfahrer, Familien und Gruppen mit geistig Behinderten. Alle Zimmer mit Bandscheibenmatratzen. 5 Zimmer im Erdgeschoß ebenerdig erreichbar. Ein Zimmer mit Du/WC ist rollstuhlgerecht ausgestattet. Bewegungsfreiraum im Zimmer 160 x 180 cm. Raumgröße von Du/WC 160 x 260 cm. Dusche und Waschbecken schwellenlos unterfahrbar.

Lage: 5 km zur BAB 9 München-Nürnberg. 5 km zur Altmühltalklinik Kipfenberg (Reha-Zentrum). Arzt, Apotheke, Einkaufen und beheiztes Freibad 5 km.

Preise: Übernachtung mit Frühstücksbuffet EZ 60,- DM; DZ 94,- DM. Halbpension nach Vereinbarung. Ein Hausprospekt wird auf Anfrage gerne zugeschickt.

Ferienwohnung Paul Seybold — 82431 Kochel am See

Bayern, Oberbayern, Zwei-Seen-Landschaft

Kapellenweg 1, Tel. + Fax: (08851) 1688. Zwei Ferienwohnungen in einem neuerbauten Landhaus für 2-6 Personen, 77 u. 27 qm Wohnfläche, sep. Eingang stufenlos. Ebenerdiger Parkplatz vor dem Landhaus.

Geeignet für Gehbehinderte und Familien mit geistig Behinderten. Bedingt geeignet für Rollstuhlfahrer mit Begleitung. Türbreite der Zimmer 90 cm, von Du/WC 70 cm. Freiraum in Du/WC 150 x 100 cm, rechts neben WC 90 cm, davor 100 cm. Dusche nicht unterfahrbar.

Lage: Zur Ortsmitte mit Einkaufen, Arzt, Apotheke, Tennisplatz, Freibad und Hallenbad 3 km; Krankenhaus, Tennishalle 15 km; Dialyse 20 km.

Preis für die Ferienwhg. je nach Saison und Belegung 60,- bis 120,- DM pro Tag. Frühstück auf Anfrage.

Gasthof-Hotel zur Post — 82431 Kochel am See

Bayern, Oberbayern, Zwei-Seen-Landschaft

Schmied von Kochel Platz 6, Tel. (08851) 92410, Fax: 924150. Hotel mit komfortablen Zimmern. Parkplatz, Eingang, Frühstücksraum, Restaurant, Zimmer (mit dem Aufzug) stufenlos erreichbar.

Geeignet für Gehbehinderte und Familien mit geistig Behinderten, jeweils Gruppen bis 30 Personen. 15 Zimmer nur mit Einschränkung geeignet für Rollstuhlfahrer mit Begleitung. Türbreite der Zimmer 100 cm, von Du/WC 80 cm. Freiraum in Du/WC ca. 80 x 100 cm, Dusche nicht unterfahrbar. Freiraum vor dem WC 80 cm, sehr eng.

Lage: in der Ortsmitte; Einkaufen 10 m; Bus vor dem Haus; Bahnhof, Arzt, Apotheke 200 m. **Zimmerpreise** inkl. Frühstück: EZ 90,- DM; DZ ab 55.- DM.

Hotel Arkadenhof — 86343 Königsbrunn

Bayern, Landkreis Augsburg

Rathausstr. 2, Tel. (08231) 96830, Fax: (08231) 86020. Neuerbautes Hotel mit 60 Zimmern mit Du/WC oder Bad/WC, TV, Minibar, Schreibtisch. Veranstaltungsräume für 5 bis 50 Gäste. Parkplatz, Eingang, Frühstücksraum und die Zimmer (mit dem Aufzug) stufenlos erreichbar. Türbreite vom Aufzug 90 cm (Tiefe 135 cm, Breite 105 cm).
Geeignet für Rollstuhlfahrer: 2 Zimmer nach DIN 18024/25. Bettenhöhe 48 cm. Bewegungsfreiraum in Du/WC 141 x 141 cm. Freiraum links neben WC 138 cm, rechts 14 cm, davor 143 cm. Dusche und Waschbecken unterfahrbar. Verstellbarer Kippspiegel, hochklappbarer Duschsitz und stabile Haltegriffe an Dusche und WC vorhanden. Pflegedienst im Ort kommt auf Bestellung.
Lage: im Ortszentrum von Königsbrunn. Kinocenter, Königstherme und Restaurants in unmittelbarer Nähe. Apotheke 100 m; Arzt 200 m; Krankenhaus, Dialyse 2,5 km.
Zimmerpreise: EZ ab 125,- DM; DZ ab 160,- DM inkl. Frühstücksbuffet.

Hotel Amberger Hof — 93444 Kötzing

Bayern, Bayerischer Wald

Torstr. 2, Tel. (09941) 9500, Fax: 950110. Hotel mit 33 Zimmern. Vom Parkplatz zum Eingang mit Rampe, Frühstücksraum, Restaurant, med. Bäderabtl. und Zimmer (mit dem Aufzug) stufenlos erreichbar. Türbreite vom Aufzug 90 cm (Tiefe 140 cm, Breite 100 cm).
Geeignet für Gehbehinderte, Rollstuhlfahrer und Familien mit geistig Behinderten. 1 Zimmer für Rollstuhlfahrer: Türbreite vom Zimmer 90 cm, von Du/WC 90 cm. Freiraum in Du/WC 120 x 120 cm. Freiraum rechts neben WC 60 cm, davor 70 cm. Dusche unterfahrbar. Kippspiegel, festinstallierter Duschsitz sowie stabile Haltegriffe an Dusche und WC vorhanden.

Lage: Zentrale Lage in der Ortsmitte; Einkaufen und Apotheke 100 m; Arzt 20 m; Bahnhof 500 m; Krankenhaus 800 m. **Preise** auf Anfrage.

Kolping-Familienferienstätte — 93462 Lambach

Bayern, Bayerischer Wald

Lambach 1, Tel. (09943) 94070, Fax: 940710. Anmeldungen: Kolping-Familienferienwerk e.V., Postfach 100428, 50448 Köln, Tel. (0221) 20701-123. Familienferienstätte mit 45 Appartements, jeweils mit Elternschlafzimmer, zwei Kinderzimmern, Du/WC und zum Teil Balkon. Hauseigener Kindergarten, Hauskapelle für Andachten, Kegelbahn, Minigolf, Tischtennis, Bücherei, Lesezimmer, Fernsehräume, Kinderspielplatz, Freizeitanlage und Sporthalle. In Lam ein Hallen- und Freibad.

Geeignet für Familien und für Behinderte, auch für Rollstuhlfahrer. Die gesamte Anlage ist behindertengerecht eingerichtet. Während der Schulferien ist die Anlage Familien mit Kindern vorbehalten. Außerhalb der Saison auch für Gruppen.

Preise inkl. Vollpension: Kinder 3 bis 6 Jahre 33,55 DM, 7 bis 11 Jahre 42,70 DM, 12 bis 17 Jahre 51,85 DM; Erwachsene ab 18 Jahre 61,- DM.

Europa Comforthotel Landsberg — 86899 Landsberg

Bayern, Oberbayern, Romantische Straße

Graf-Zeppelin-Str. 6, Tel. (08191) 92900, Fax: 9290444. Hotel mit 107 komfortablen Doppelzimmern. Öffentliche Räume, Restaurant und 2 Zimmer stufenlos erreichbar.

Geeignet für Rollstuhlfahrer und Familien mit geistig Behinderten. 2 Zimmer nach DIN 18025 rollstuhlgerecht. Türbreite von Zimmer und Du/WC 94 cm. Freiraum in Du/WC 180 x 180 cm. Freiraum links neben WC 110 cm, rechts 40 cm, davor 145 cm. Dusche und Waschbecken unterfahrbar, Duschhocker, Kippspiegel und stabile Haltegriffe an Dusche und WC vorhanden. Bettenhöhe 50 cm.

Lage: Zur Ortsmitte 3 km; Apotheke 300 m; Bhf, Arzt, Krankenhaus, Dialyse 3 km.
Zimmerpreise: EZ/DZ 138,- bis 224,- DM inkl. Frühstück.

Jugendherberge Landshut — 84028 Landshut

Bayern

Richard-Schirrmann-Weg 6, Tel. (0871) 23449, Fax: 274947. Innen wie außen schöne Jugendherberge, zweckmäßig und modern ausgestattet. 100 Betten in 2-, 4-, 6- und 8-Bettzimmern. Zwei Waschräume mit jeweils drei Duschen. Parkplatz bis Eingang mit Rampe stufenlos; Frühstücksraum, Fernsehraum, Gruppenräume und 3 Zimmer im Erdgeschoß stufenlos erreichbar.

Geeignet für Gehbehinderte (Gruppen bis 50 Personen), für Rollstuhlfahrer (3 Zimmer, 6-8 Personen) und für Familien mit geistig Behinderten (7 Familienzimmer). Ein rollstuhlgerechter Waschraum mit unterfahrbarer Dusche und Waschbecken,

Duschsitz, Duschhocker und stabilen Haltegriffen an Dusche, WC und Waschbecken vorhanden. Freiraum circa 120 x 120 cm; Freiraum links und rechts neben WC 20 cm (Haltestangen), davor 120 cm.

Lage: Ortsmitte 200 m; Einkaufen, Bus 150 m; Bahnhof 2 km; Arzt, Apotheke, Krankenhaus, **Dialysezentrum**, Freibad und Hallenbad 1 km.

Preis pro Person: Übern. 15,- bis 21,- DM, Frühstück 6,- DM. Bettwäsche 5,50 DM.

Landhotel Seerose — 90579 Langenzenn-Horbach

Bayern, Franken

Gräfenweg 13, Tel. (09101) 90940, Fax: 909497. 35 Zimmer, Parkplatz und Eingang stufenlos. Frühstücksraum stufenlos, Restaurant 6 Stufen, Zimmer im EG stufenlos.

Geeignet für Gehbehinderte und Rollstuhlfahrer (bis auf Restaurant, 6 Stufen). 1 Zimmer mit Du/WC rollstuhlgerecht. Türbreite von Zimmer und Du/WC 93 cm. Freiraum in Du/WC 153 x 140 cm. Freiraum links neben WC 130 cm, davor 142 cm. Dusche und Waschbecken unterfahrbar. Verstellbarer Kippspiegel, festinstallierter Duschsitz und stabile Haltegriffe an Dusche und WC vorhanden. Bettenhöhe 55 cm.

Lage: Zur Ortsmitte, zum Bahnhof und Krankenhaus 1 km; Arzt, Apotheke 700 m.

Zimmerpreise: EZ 85,- DM; DZ 125,- bis 150,- DM.

Ferienwohnung Greif — 91359 Leutenbach

Bayern, Oberfranken, Fränkische Schweiz

Ortspitz 12, Tel. (09197) 8707. Ferienwohnung für 2-6 Personen. Parkplatz, Eingang, Garten stufenlos erreichbar. Türbreiten: Eingang 100 cm, Zimmer 80 cm, Badezimmer 70 cm.

Geeignet für Gehbehinderte und Familien mit geistig Behinderten; bedingt geeignet für Rollstuhlfahrer. Freiraum im Bad (mit Wanne und Dusche) 180 x 180 cm; Freiraum links neben WC 30 cm, rechts 160 cm, davor 180 cm. Dusche nicht unterfahrbar, Waschbecken unterfahrbar. Keine zusätzlichen Haltegriffe.

Lage: Ortsmitte 50 m; Spielplatz am Haus; Einkaufen 2 km; Bus 2,5 km; Arzt und Apotheke 4,5 km; Hallenbad 5 km; Freibad 8 km; **Dialyse** 11 km; Krankenhaus 12 km. Die Wege sind flach.

Preis für die Ferienwohnung bei Belegung mit 2 Personen pro Tag 55,- DM, jede weitere Person 5,- DM.

Hotel-Pension-Restaurant Nagel — 88131 Lindau

Bayern, Bodensee

Bregenzerstraße 193 a, Tel. (08382) 96085, Fax: 960825. Sehr schönes Hotel, 18 Zimmer mit Du/WC, 2 Zimmer mit Bad/Du/WC. Alle Zimmer sind mit Farb-TV und Telefon ausgestattet. In vorbildlicher Weise wurden 5 Zimmer mit Badezimmer rollstuhlgerecht angebaut und mit allen erforderlichen Einrichtungen ausgestattet.

Eingang, Rezeption, Speiseraum, Restaurant und Aufenthaltsraum sind stufenlos erreichbar. Alle Türen 100 cm breit. Außerdem wurde das beheizte Freibad (24 - 28 °C) behindertengerecht ausgebaut; für Schwerbehinderte steht eine Hebevorrichtung zur Verfügung.

Sehr gut geeignet für Senioren, Gehbehinderte und Rollstuhlfahrer. Sehr großes, rollstuhlgerechtes Badezimmer mit unterfahrbarer Dusche, festinstallierter Duschsitz für Rollstuhlfahrer. Außerdem ausreichende Haltegriffe an Dusche und WC. Das Waschbecken ist ebenfalls unterfahrbar, Kippspiegel vorhanden. Absolut rollstuhlgerecht. Bettenhöhe 50 cm.

Lage: Am Ortsrand von Lindau, nur 5 Minuten zum Bodensee; Einkaufen und Wandermöglichkeiten in unmittelbarer Nähe; Arzt und Apotheke vor Ort; Freibad und Warmwasserbad 2 km; Krankenhaus 4 km; Grillplatz 1 km; Tennisplatz 2 km; Minigolf 4 km.

Preis pro Person inkl. Frühstück im Doppelzimmer 74,- DM. Zuschlag für HP (Essen à la carte) 25,50 DM pro Person und Tag. Preis für Ferienwohnung, nur 5 Minuten von der Insel Lindau entfernt, behindertengerecht, 95,- DM pro Tag. Weitere ausführliche Informationen und Preise auf Anfrage.

Jugendherberge Lindau — 88131 Lindau

Bayern, Bodensee

Herbergsweg 11, Tel. (08382) 96710, Fax: 967150. Jugendherberge mit 65 Zimmern, insg. 240 Betten. Parkplatz, Eingang, Frühstücksraum, Bistro und Aufzug jeweils mit Rampe sowie 9 Zimmer im EG stufenlos erreichbar.

Geeignet für Gehbehinderte (bis 70 Pers.), Rollstuhlfahrer (bis 19 Pers.) und Familien mit geistig Behinderten (bis 70 Pers.). 9 Zimmer im EG nach DIN 18025 rollstuhlgerecht. Türbreite der Zimmer und von Du/WC 91 cm. Freiraum in Du/WC 120 x 160 cm. Freiraum links neben WC 98 cm, rechts 123 cm, davor 130 cm. Dusche und Waschbecken schwellenlos unterfahrbar. Notruf, Spiegel bis zum Boden, festinstallierter Duschsitz und stabile Haltegriffe an Dusche und WC vorhanden.

Lage: Zur Ortsmitte 1 km; Bahnhof, Arzt, Apotheke 200 m; See 1 km. Ausgewählte Wanderwege für Rollstuhlfahrer am Bodensee; Übersichtskarte auf Anfrage.

Preis pro Tag und Person inkl. Frühstück 29,- DM; mit HP 37,- DM; VP 43,50 DM.

Hotel Anker — 97828 Marktheidenfeld

Bayern, Unterfranken, Main-Spessart

Obertorstr. 6-8, Tel. (09391) 6004-0, Fax: 6004-77, E-Mail: info@hotel-anker.de, Internet: www.hotel-anker.de.
Sehr schönes Hotel, rustikale Inneneinrichtung, 39 geräumige und geschmackvoll eingerichtete Zimmer. Parkplatz, Eingang, Rezeption, Frühstücksraum, Restaurant und Aufzug stufenlos erreichbar.

Geeignet für Gehbehinderte, Rollstuhlfahrer und Familien mit geistig Behinderten. 1 Zimmer mit Du/WC rollstuhlgerecht. Dusche schwellenlos unterfahrbar, Waschbecken unterfahrbar. Kippspiegel, stabiler Duschhocker und stabile Haltegriffe an Dusche, WC und Waschbecken vorhanden. Schiebetüren an den Schränken.
Alle übrigen Zimmer und Badezimmer sind ausreichend groß für Rollstuhlfahrer; für die Badezimmer mit Badewanne wurden Badewannensitze angeschafft. Rollstuhlfahrer zählen seit Jahren zu den zufriedenen Stammgästen.

Service: Pflegedienst wird angeboten und kann außerdem über Pflegestation in der Nachbarschaft bestellt werden. Abholservice, Incentive-Programme (behindertengerecht). **Lage:** Im Zentrum; Freibad 1,6 km.

Zimmerpreise pro Tag inkl. Frühstück: EZ 119,- bis 138,- DM; DZ 179,- bis 230,- DM. Sonderarrangements ab 1 Woche Aufenthalt möglich. Hausprospekt und ausführliche Preisliste mit Pauschalangeboten auf Anfrage.

Steigerwald-Bauernhof Krafft — 91480 Markt Taschendorf

Bayern, Steigerwald, Schwarzenberger Land

Marianne und Albert Krafft, Hombeer 18, Tel. (09552) 404, Fax: (09552) 6380. Kinderfreundlicher Bauernhof in Waldnähe, viel Freiraum zum Spielen, Spielscheune, kein Durchgangsverkehr. Tiere auf dem Hof: Pferde, Kühe, Kälber, Hühner, Stallhasen. Große Liegewiese mit Spiel- und Grillmöglichkeiten.

7 neue, komfortable Ferienwohnungen, jede 60 qm groß für bis zu 6 Personen. 3 Ferienwohnungen und der Aufenthaltsraum sind für Rollstuhlfahrer und Allergiker geeignet. TV- und Telefon in jeder Wohnung. Parkplatz, Eingang, Frühstücksraum, Aufenthaltsraum, Kuhstall und Pferdekoppel sind stufenlos erreichbar.

Geeignet für Gehbehinderte und Rollstuhlfahrer: **3 neue Ferienwohnungen für Rollstuhlfahrer** geeignet. Türbreiten der Zimmer und von Du/WC 90 cm. Freiraum in Du/WC 140 x 140 cm. Freiraum links neben WC 130 cm, rechts 100 cm, davor 150 cm. Dusche und Waschbecken unterfahrbar. Kippspiegel, Duschhocker und stabile Haltegriffe an Du/WC und Waschbecken vorhanden.

Service: Zusätzliche Kinderbetten auf Wunsch. Bettwäsche, Hand- und Geschirrtücher gehören zum Service. Frühstücksangebot mit selbstgebackenem Holzofenbrot im gemütlichen Aufenthaltsraum. Für Gruppen Halb- oder Vollpension möglich. Brötchenservice. Einkaufen auf dem Bauernhof: selbstgeb. Brot, Wurst, Käse, Eier, Marmelade, Honig, Kuchen. Getränke, Milch. Pflegedienst kommt auf Anfrage.

Lage: Am Ortsrand; Bus 200 m; Einkaufen 2 km; Arzt, Apotheke, Freibad, Tennisplatz 5 km; Krankenhaus und Tennishalle 17 km. Die historischen Städte Rothenburg, Bamberg, Nürnberg, Würzburg und Ansbach sind in ca. 50 Min. und der Vogel-Pony-Märchenpark Geiselwind in 20 Min. zu erreichen.

Preis für eine Ferienwohnung bei Belegung mit 2 Personen in der Nebensaison pro Tag 75,- DM; in der Hauptsaison (1.7. bis 15.9.) pro Tag 85,- DM. Jede weitere Person 10,- DM pro Tag.

Ferienhaus Mergner — 95168 Marktleuthen

Bayern, Fichtelgebirge

Bahnhofstr. 29, Tel. + Fax: (09285) 5927. Ferienhaus mit 4 Zimmern für 8 Personen. Eingang, Liegewiese und Zimmer stufenlos erreichbar. **Geeignet** für Gehbehinderte, Rollstuhlfahrer, Familien, Familien mit geistig Behinderten und für Behindertengruppen. Alle Türen im Haus mindestens 81 cm breit. Freiraum in Du/WC 150 x 150 cm, Dusche unterfahrbar. Strickleiter am WC. Bettenhöhe 43-50 cm.

Lage: Ruhige Lage am Ortsrand; Bahnhof und Einkaufen 500 m; Arzt, Apotheke 1 km; Freibad 1,5 km; Krankenhaus 12 km. Umgebung flach bis hügelig.

Preise: Ferienhaus pro Tag 120,- DM; 125,- DM bei Mietzeit unter einer Woche. Strom, Gas und Wasser nach Verbrauch.

Pension St. Georg — 91802 Meinheim

Bayern, Altmühltal, Neues Fränkisches Seenland

Familie Bach/Wolf, Römerstr. 22, Tel. (09146) 408, Fax: 447. Gemütliche Pension in herrlicher Lage inmitten eines typisch fränkischen Altmühlendörfchens, das von Wiesen und Wäldern umgeben ist. Insgesamt 15 Einzel-, Doppel- und Mehrbettzimmer, alle mit Du/WC. Drei Aufenthaltsräume, ein Saal und ein großer Garten für Sport und Spiel. Biergarten, Gaststube, Aufenthaltsräume sowie WC ebenerdig befahrbar. Die Zimmer sind in der 1. und 2. Etage.

Geeignet für Geistigbehinderte, Familien mit Kindern, bedingt geeignet für Gehbehinderte, Gruppen bis 36 Personen. Zimmer in der 1. und 2 Etage. **Das Haus ist besonders gut geeignet für Freizeiten mit geistig Behinderten.**

Lage: Das Haus liegt inmitten der Ortschaft in ruhiger Seitengasse. Kleiner Bauernhof der Familie in unmittelbarer Nähe. Die Ortschaft Meinheim liegt im Oberen Altmühltal an der Schnittstelle zum Neuen Fränkischen Seenland mit vielen behindertengerechten Freizeiteinrichtungen und Ausflugszielen.

Entfernungen/Ausflüge: Altmühltal und Brombachsee (mit behindertengerechter Baderampe) 10 km; Thermalbad Treuchtlingen (mit Kuranwendungen) 10 km; Erlebnisfreibad und Hallenbad (mit Solebecken) in Gunzenhausen (10 km); Einkaufen und Arzt 4 km; Spielplatz 100 m; **Reitmöglichkeit für Behinderte 2 km**; Wanderwege ab Haus flach bis leicht hügelig; Angelmöglichkeit an den Seen und an der Altmühl. Tagesausflüge nach Nürnberg, Eichstätt, Nördlingen, Dinkelsbühl oder Rothenburg ob der Tauber.

Preise: Übernachtung mit Frühstück 38,- DM, Halbpension 46,- DM, Vollpension 55,- DM.

Ferienhaus „Barbara" — 91802 Meinheim

Bayern, Naturpark Altmühltal, Neues Fränkisches Seenland

Christine und Ulrich Wolf, Hagenbuchring 30, Tel. (09146) 1677. Neuerbautes Gästehaus mit 4 komfortabel ausgestatteten Ferienwohnungen und großem Gemeinschaftsraum mit Küche und Grillterrasse. Zwei weitere Ferienwohnungen im Haus der Gastgeber nebenan.

Alle Ferienwohnungen haben TV und Telefon-Anschluß sowie Balkon bzw. Terrasse. Sie bestehen aus jeweils 2 Doppelschlafzimmern, einem Wohn-Schlafraum mit Eßecke und komplettem Küchenblock sowie geräumigem Bad.

Baby- und Kleinkinderservice mit Wickelauflage, Hochstuhl, Kinderbettchen, Fläschchenwärmer, Bobbycar und was man sonst so braucht ist inbegriffen.

Zwei Wohnungen im Erdgeschoß sind **behindertengerecht nach DIN 18025.** Türbreiten 100 cm, Freiraum im Bad/Du/WC 150 x 150 cm, Freiraum seitlich vom WC 150 bzw. 50 cm, davor 200 cm. Dusche ebenerdig befahrbar, Hauszugang vom Parkplatz her ebenerdig.

Tischtennis, Volleyball, Garten mit Spielgeräten für Kinder, Waschmaschine und Trockner vorhanden. Seminargruppen können weitere Arbeitsräume in der zur Familie Wolf gehörenden Pension (500 m entfernt) nutzen.

Geeignet für Rollstuhlfahrer, Gehbehinderte, Geistigbehinderte und Familien mit Kindern. Besonders **geeignet für Gruppen (bis 36 Pers.)**. Verpflegung oder Selbstversorger.

Lage: Das Haus liegt am ruhigen Ortsrand und grenzt an Wiesen und Wälder. Kleiner Bauernhof der Familie in unmittelbarer Nähe. Die Ortschaft Meinheim liegt im Oberen Altmühltal an der Schnittstelle zum Neuen Fränkischen Seenland mit vielen behindertengerechten Einrichtungen und Ausflugszielen. Altmühl- und Brombachsee (mit behindertengerechter Baderampe). Erlebnisbad 10 km; **Reiten für Behinderte** 2 km; Wanderwege ab Haus flach bis leicht hügelig.

Die Gastgeber, Fam. Wolf, haben selbst langjährige Erfahrung in der Freizeitarbeit mit behinderten Menschen. Mithilfe bei Organisation und Programmgestaltung ist deshalb selbstverständlich.

Preis für eine Ferienwohnung für Familien 80,- DM. Preise für Gruppen: Selbstversorger DM 22,- pro Tag/Person; Vollpension 52,- DM, Halbpension 42,- DM. Übernachtung mit Frühstück 30,- DM.

Hotel Falken — 87700 Memmingen

Bayern, Allgäu

Am Roßmarkt 3-5, Tel. (08331) 94510, Fax: 9451500. Hotel garni mit rustikaler Einrichtung, insg. 64 Betten. Alle Zimmer mit Bad/WC, TV und Telefon. Türbreiten: Eingang und Frühstücksraum 90 cm, Aufzug 80 cm (Tiefe 130 cm, Breite 105 cm).

Geeignet für Gehbehinderte, bedingt geeignet für Rollstuhlfahrer (11 DZ mit Bad); keine unterfahrbaren Duschen, Schwelle 26 cm. Waschtisch unterfahrbar, Duschhocker vorhanden. Alle Zimmer sind über den Aufzug ab Tiefgarage stufenlos erreichbar. Türbreiten der Zimmer 80 cm, von Bad/WC 69 cm. Freiraum in Bad/WC 190 x 200 cm, Freiraum links neben WC 160 cm, davor 130 cm. Bettenhöhe 52 cm.

Lage: im Zentrum; Apotheke 10 m; Bus 100 m; Bahnhof 800 m; Spielplatz und Freibad 1 km; Kuranwendungen 50 m; See, Tennishalle 2 km; Tennisplatz 1,5 km.

Zimmerpreise inkl. Frühstück: EZ 120,- bis 130,- DM; DZ 190,- bis 215,- DM, Dreibettzimmer 240,- DM, Kinderbett 35,- DM.

Hotel Weisses Ross — 87700 Memmingen

Bayern, Allgäu

Inh. Familie Halder, Kalchstr. 16, Tel. (08331)9360, Fax:(08331) 936150. 3-Sterne Hotel in einem denkmalgeschützten Gebäude aus dem 15. Jahrhundert, inmitten der Altstadt von Memmingen. 55 Zimmer mit großzügigen Bädern, Kabel-TV, Garage. Tagungsräume bis 40 Personen. Vom Parkplatz zum Eingang mit Rampe stufenlos. Frühstücksraum, Restaurant und die Zimmer (mit dem Aufzug) stufenlos erreichbar. Türbreite vom Aufzug 100 cm (Tiefe 180 cm, Breite 120 cm).

Geeignet für Rollstuhlfahrer und Familien mit geistig Behinderten. 1 Zimmer mit Du/WC bedingt rollstuhlgeeignet. Bettenhöhe 47 cm. Türbreite vom Zimmer 80 cm, von Du/WC 70 cm. Bewegungsfreiraum in Du/WC 140 x 140 cm. Freiraum links neben WC 60 cm, rechts 140 cm, davor 160 cm. Dusche nicht unterfahrbar, aber Duschhocker vorhanden. Waschbecken unterfahrbar. Stabile Haltegriffe an Dusche und WC. Bei Anmeldung ist Hilfe über mobile Pflegestation möglich (MHD). Das Hotel Weisses Ross ist regelmäßig Treffpunkt der Behindertenkontaktgruppe in Memmingen.

Lage: Zentral in der Ortsmitte von Memmingen; Bahnhof 250 m; Einkaufen, Arzt und Apotheke 50 m; Krankenhaus, Dialyse, Freibad 2 km.

Zimmerpreise: EZ 80,- bis 105,- DM; DZ 130,- bis 160,- DM. Am Wochenende DZ für 2 Pers. 120,- DM. Sonderarrangements am Wochenende auf Anfrage.

Ferienwohnungen Haus Teubner — 91732 Merkendorf

Bayern, Mittelfränkisches Seengebiet

Franz Teubner, Marktplatz 9, Tel. + Fax:(09826) 1318, E-Mail: Franz.Teubner@t-online.de. Die zwei komfortablen, vollständig rollstuhlgerecht eingerichteten 3-Sterne-Ferienwohnungen befinden sich in dem schmucken Städtchen Merkendorf, nur 5 Autominuten vom Altmühlsee entfernt.

Die beiden Wohnungen haben einen eigenen stufenlosen Eingang und bestehen aus je 1-Zweibett-Schlafraum (Wohnung III mit weiterem Zweibett-Schlafraum),Wohn-/Schlafraum (Schlafcouch) mit unterfahrbarer, kompletter Küchenzeile (Mikrowelle, Toaster, Kaffeemaschine, Brotschneidemaschine, u.a.) und Eßecke. SAT-TV-Anschluss und Telefon. Terrasse, ruhige Liegewiese mit Gartenmöbeln, Tischtennis, Bogenschiessen, neue Spielscheune, überdachter Freisitz mit Grill.

Geeignet für Gehbehinderte und Rollstuhlfahrer (2 Ferienwohnungen).

Wohnung II: 45 qm für 4 Pers.; Mindesttürbreite 94 cm; stufenlos, freie Bewegungsfläche im Bad/WC 150 x 185 cm, Freiraum links neben WC 173 cm, rechts 43 cm, davor 125 cm. Haltegriffe vorhanden, HEWI-Duschsitz zum Einhängen;Dusche und Waschbecken unterfahrbar.

Wohnung III: 56 qm für 4-6 Personen. Mindesttürbreite 94 cm; stufenlos, freie Bewegungsfläche im Bad/WC 140 x 155 cm, Freiraum links neben WC 180 cm, rechts 80 cm, davor 80 cm. HEWI-Duschsitz zum Einhängen, Haltegriffe vorhanden. Dusche und Waschbecken unterfahrbar.

Lage: Das Fränkische Seenland ist eine reizvolle Landschaft mit viel Natur und herrlichen Badeseen (z.T. mit Baderampen und rollstuhlgerechten Umkleidekabinen), sowie einem großzügigen Netz an Wanderwegen, eingebettet in einem sanft hügeligen Gelände, welches auch für Gäste mit einer Behinderung wegen seiner guten Freizeiteinrichtungen gut geeignet ist.

Preis pro Tag für Whg. II bei einer Belegung von 7 Tagen (kürzere Aufenthalte nach Vereinbarung) 68,- DM bis 4 Personen. Preis pro Tag für Whg. III 73,- DM bis 4 Personen, jede weitere Person 8,- DM. Strom und Telefon nach Verbrauch. Preise gelten für die Hauptsaison (15.06. bis 15.09.); in der Nebensaison werden für 7 Tage Urlaub nur 6 Tage berechnet.

Bauernhof Familie Klinger — 87719 Mindelheim OT Bergerhausen

Bayern, Allgäu

Bergerhausen 4, Tel. + Fax: (08261) 8335. Schöne Ferienwohnung mit 70 qm Wohnfläche, sep. Eingang, rollstuhlgängig, geräumiges Bad mit Du/WC. Familien mit Kindern herzlich willkommen, Mitarbeit und Beteiligung am Hofleben jederzeit möglich und erwünscht. Frische Milch täglich kostenlos. Für die Kleinen wird geboten:

Schaukel, Sandkasten, Fahrräder, Tischtennis und viele Tiere wie Kühe, Kälber, Hühner, Hasen und Katzen. Parkplatz, Eingang, Frühstücksraum und die Ferienwohnung stufenlos erreichbar. Alle Türen mindestens 90 cm breit.

Geeignet für Rollstuhlfahrer mit Begleitung und Familien mit geistig Behinderten. Bettenhöhe 40 cm. Türbreiten der Ferienwohnung, auch von Du/WC 90 cm. Bewegungsfreiraum in Du/WC 130 x 150 cm. Freiraum links neben WC 30 cm, rechts 100 cm, davor 90 cm. Dusche nicht schwellenlos unterfahrbar, Duschhocker vorhanden, Waschbecken unterfahrbar. Keine Haltegriffe an Dusche und WC.

Lage: Inmitten der kleinen Ortschaft Bergerhausen, umgeben von Wiesen und Wäldern. Einkaufen 2 km; Hallenbad, Arzt, Apotheke 5 km; Bahnhof, Krankenhaus, Freibad 6 km.

Preis für die Ferienwohnung für 2 Personen 50,- DM pro Tag, jede weitere Person zzgl. 20,- DM, je Kind 10,- DM, Hund 5,- DM.

Kasers Gästehaus
Ferienwohnungen Köppel — 91734 Mitteleschenbach

Bayern, Mittelfränkisches Seengebiet

Anna und Nikolaus Köppel, Kermgasse 6, Tel. (09871) 9024. 2 Ferienwohnungen, großräumig aufgeteilt, mit Schlafraum, Eßplatz und Schlafcouch, Wohnküche, Du/WC, TV-Anschluß und Telefon. Gartenhaus mit Gartenmöbeln, Grill, Kinderspielecke mit Schaukel. Parkplatz und Eingang stufenlos.

Geeignet für Gehbehinderte, bedingt geeignet für Rollstuhlfahrer mit Begleitung. Türbreiten: Eingang 90 cm, Zimmer 80 cm, Badezimmer 80 cm. Freiraum in Du/WC 150 x 150 cm. Freiraum links neben WC 70 cm, davor 200 cm. Dusche nicht unterfahrbar (Duschtasse 24 cm und 31 cm hoch). Duschhocker vorhanden. Bei Bedarf kann vom Vermieter Pflegehilfe angeboten werden. Abholservice von der Bahn.

Preis für FeWo I: 4 Pers. pro Tag 98,- DM. Für FeWo II: 2 Pers. pro Tag 49,- DM.

„Der Kresenzer Hof" — 82477 Mittenwald

Bayern, Oberbayern, Werdenfels

Kresenzer Weg 5, Tel. (08823) 4477, Fax: 4478. 4 Ferienappartements, 48-60 qm, für 2-4 Personen, mit Küchenzeile, Schlafzimmer, Wohn-Eßzimmer, Du/WC, Kabel-TV. Parkplatz und Eingang stufenlos.

Geeignet für Gehbehinderte, bedingt geeignet für Rollstuhlfahrer. 3 Ferienwohnungen im Erdgeschoß stufenlos erreichbar. Türbreiten der Zimmer und von Du/WC 82 cm. Bewegungsfreiraum in Du/WC 150 x 150 cm. Freiraum links neben WC 70 cm, davor 130 cm. Dusche und Waschbecken nicht unterfahrbar.

Lage: Zur Ortsmitte 800 m; Arzt, Apotheke 900 m; Freibad und Hallenbad 700 m.

Preis pro Ferienwohnung und Tag je nach Saison 85,- bis 135,- DM.

Bauernhof-Urlaub
Bioland-Hof Heidi Strößner — 95213 Münchberg

Bayern, Fichtelgebirge, Frankenwald

Laubersreuth 7, Tel. + Fax: (09251) 5845. Bioland Bauernhof, Familienbetrieb, mit Forstwirtschaft und Ackerbau, Milchvieh, Jungkühe und zwei Ponys. Grillplatz, Spielplatz mit Schaukel und Sandkasten. Geführtes Reiten für Kinder möglich. Ein neues Ferienhaus im Obstgarten am Hof, eine Ferienwohnung für Rollstuhlfahrer (für 2-4 Personen) mit Küchenzeile, Eßecke, Sofa (Bettcouch), 2-Bett-Schlafzimmer, Terrasse, Du/WC, TV und Telefon. Eine weitere Ferienwohnung stufenlos sowie eine Ferienwohnung im Dachgeschoß.

Geeignet für Gehbehinderte, Rollstuhlfahrer und für Familien mit geistig Behinderten. Die rollstuhlgerechte Ferienwohnung für 2 bis 4 Personen hat Türbreiten von 100 cm (auch in Du/WC). Freiraum in Du/WC 120 x 140 cm; Freiraum links neben WC 30 cm, rechts 100 cm, davor 150 cm. Dusche unterfahrbar; festinstallierter Duschsitz sowie stabile Haltegriffe an Dusche und WC vorhanden. Bettenhöhe 53 cm.

Lage: Ortsmitte, Einkaufen 50 m; Gasthof in der Ortsmitte stufenlos erreichbar; Bus 1 km; Krankenhaus 2 km; Bahnhof, Arzt, Apotheke, Freibad, Hallenbad, Tennisplatz und Tennishalle 3 km; kleiner Badesee 4 und 8 km, großer Badesee (Surfen, Segeln) 18 km. Flurweg z.T. befestigt, flach bis hügelig.

Preis für die rollstuhlgerechte Ferienwohnung für 2-4 Personen ab 60,- DM pro Tag. Die übrigen Ferienwohnungen 55,- bis 75,- DM pro Tag. Abholservice vom Bahnhof möglich.

Landhotel Olymp — 85386 München-Eching

Bayern

Wielandstr. 3, Tel. (089) 327100, Fax: 32710112. 92 Zimmer mit Telefon, Kabel-TV, Radio, Minibar, Bad oder Du/WC. Eingang 1 Stufe, Frühstücksraum und Restaurant stufenlos, Hallenbad 3 Stufen, 1 Behindertenzimmer im EG stufenlos, übrige Zimmer mit dem Aufzug erreichbar.

Geeignet für Gehbehinderte (30 Pers.), Rollstuhlfahrer (2 Pers.) und Familien mit geistig Behinderten. Türen vom rollstuhlgerechten Zimmer 90 cm, von Du/WC 92 cm breit. Bewegungsfreiraum in Du/WC 165 x 120 cm. Freiraum rechts neben WC 40 cm, davor 125 cm. Dusche und Waschbecken unterfahrbar. Stabiler Haltegriff an Du/WC und Waschbecken.

Lage: Zur Ortsmitte Elching 500 m; Einkaufen 100 m; Arzt 500 m; Bahnhof 1 km; Freibad 1 km; Hallenbad 5 km.

Zimmerpreise: EZ ab 140,- DM; DZ ab 150,- DM; Zusatzbett 50,- DM.

Platzl Ringhotel 80331 München

Bayern

Sparkassenstr. 10, Telefon: (089) 237030, Telefax: 23703800. First-Class Hotel mit 167 komfortablen Zimmern mit Bad/Du/WC, 12 Zimmer mit Du/WC; alle Zimmer schallgeschützt, mit Telefon, Radio, Kabel-TV und Minibar ausgestattet. Sieben stilvolle Veranstaltungsräume für 5 bis 140 Personen. Parkplatz stufenlos, Haupteingang mit Rampe, Rezeption, Speiseraum, Konferenzraum und Aufenthaltsraum stufenlos erreichbar. Restaurant und Bar zwei Stufen (je 15 cm). Türbreiten: Eingang 170 cm, Aufzugstür 99 cm (Innenmaße 140 x 110 cm).

Geeignet für Senioren, Gehbehinderte, Rollstuhlfahrer und Familien mit geistig Behinderten. Drei für Behinderte geeignete Zimmer mit dem Aufzug stufenlos erreichbar. Türbreite der Zimmer und Badezimmer 93 cm. In den rollstuhlgeeigneten Zimmern sind Dusche und Waschbecken unterfahrbar. Dusch-Wandklappsitz mit Armlehnen vorhanden. Freiraum in Bad/WC 160 x 430 cm. Abstand rechts neben WC 290 cm, vor dem WC 180 cm (Idealmaße), WC-Höhe 48 cm, Waschbeckenhöhe 85 cm.

Lage: Ortsmitte, Einkaufen, Arzt, Apotheke und Bus 200 m; Bahnhof 1,5 km; Krankenhaus 3,8 km; Sanatorium 6,9 km. Umgebung flach. Zum Hotel gehört das historische Restaurant „Pfistermühle" mit bayerischer Gastronomie sowie einer gemütlichen Hotelbar.

Zimmerpreise inkl. Frühstück: EZ 245,- bis 355,- DM; DZ 320,- bis 440,- DM. Zusatzbett 50,- DM. Ein Kind bis 12 Jahre im Zimmer der Eltern frei.

Hotel Ibis München City 80335 München

Bayern

Dachauer Str. 21, Tel. (089) 551930, Fax: 55193102. Hotel mit 202 Zimmern mit Du/WC, Radio, Farb-TV und Direktwahltelefon. Eingang, Rezeption, Frühstücksraum und Bar stufenlos erreichbar.

Geeignet für Gehbehinderte und Rollstuhlfahrer. Zwei Zimmer mit Du/WC sind speziell für Rollstuhlfahrer ausgestattet. Türbreiten der Zimmer und von Du/WC 93 cm; Freiraum in Du/WC 120 x 150 cm; Freiraum links neben WC 150 cm, rechts 20 cm, davor 150 cm. Dusche und Waschbecken unterfahrbar; festinstallierter Duschsitz und stabiler Haltegriff am WC vorhanden, Notruf neben dem WC.

Lage: in der City, Bhf. 300 m, Wege und Umgebung flach.
Zimmerpreise: EZ und DZ 139,- bis 185,- DM; Frühstück pro Person 15,- DM. Kinder 4-12 Jahren im Zimmer der Eltern frei; Frühstück 7,50 DM.

München Marriott Hotel — 80805 München

Bayern

Berliner Str. 93, Tel. (089) 360020, Fax: 36002200. 348 Zimmer und Suiten, alle mit Klimaanlage, Selbstwahltelefon, Farb-TV mit Videoanschluß, Radio und Minibar. Nichtraucherzimmer, Behindertenzimmer, Restaurant, Sports-Bar, Konferenzräume für bis zu 520 Personen. Swimming-Pool, Whirlpool, Sauna, Solarium.

Geeignet für Rollstuhlfahrer und Gehbehinderte: Vier Zimmer mit Bad/WC sind speziell für Rollstuhlfahrer ausgestattet. Einrichtungen niedriger installiert, Dusche unterfahrbar, Schiebetüren.

Lage des Hotels: 6 km zum Zentrum und zum Hauptbahnhof; Apotheke 150 m. U-Bahnstation 300 m, mit einem Lift, der zugänglich ist für Rollstuhlfahrer und Gehbehinderte.

Zimmerpreise: EZ und DZ von 219,- bis 479,- DM pro Zimmer und Nacht, exklusive Frühstück. Wochenende: EZ/DZ 219,- DM inkl. Frühstück pro Zimmer und Nacht.

Hotel-Restaurant Neumayr — 81377 München

Bayern

Heiglhofstr. 18, Tel. (089) 741144-0, Fax: 7193376. 55 Zimmer mit Du/WC oder Bad/WC und TV. Eingang, Rezeption, Restaurant und Aufzug stufenlos erreichbar. Aufzugstür 80 cm (Tiefe 95 cm, Breite 100 cm).

Geeignet für Gehbehinderte, bedingt geeignet für Rollstuhlfahrer mit Begleitung (2 Zimmer im EG, 2 Zimmer im 1. OG). Dusche nicht unterfahrbar. Das Uni-Klinikum Großhadern und das bekannte Reha-Kinderzentrum liegen in unmittelbarer Nähe und sind zu Fuß erreichbar.

Preise inkl. Frühstück: EZ mit Du/WC 130,- bis 160,- DM; DZ mit Du/WC oder Bad/WC 195,- bis 220,- DM.

Privat-Quartier Ce Be eF — 80807 München

Bayern

Club Behinderter und ihrer Freunde e.V., Knorrstr. 25, Tel. (089) 3568808, Fax: 3596500. Ruhiges, rollstuhlgeeignetes Privatquartier für Rollifahrer mit Begleitung, maximal für 3 Personen, im Stadtteil Milbertshofen. Türbreiten: Eingang 90 cm, Zimmer 82 cm, Du/WC 80 cm. Ein Dreibettzimmer, Bad, Küchenbenutzung für Frühstück, zwei Betten und ein Klappbett. Bettenhöhe 56 cm und 67 cm, WC-Höhe 42 cm, Aufsatz vorhanden, Waschbeckenhöhe 83 cm. Dusche unterfahrbar.

Preise pro Person und Nacht 25,- DM, Klappbett 15,- DM, Reinigung 10,- bis 30,- DM.

ECONTEL München

81243 München

Bayern, München, Stadtteil Pasing

Bodenseestr. 227, Tel. (089) 871890, Fax: (089) 87189-400. Modernes, komfortables Hotel mit 69 Zimmern in 4 verschiedenen Ausstattungsvarianten: Economy Class, Family Class, Business Class und Junior Suite. Alle Zimmer sind modern möbliert und funktionell ausgestattet, haben Direktwahltelefon, Farb-TV mit Fernbedienung, Satellitenempfang, elektronischen Zimmersafe, Schallschutzfenster sowie ein geräumiges Badezimmer mit Wanne und WC. Lobby-Bar, Parkplätze und Tiefgaragenplätze, Konferenz- und Besprechungsräume von 3 bis 100 Personen mit moderner Tagungstechnik.
Parkplatz, Eingang, Frühstücksraum und Zimmer (mit dem Aufzug) stufenlos erreichbar. Türbreite vom Aufzug 90 cm (Tiefe 130 cm, Breite 90 cm).

Geeignet für Gehbehinderte, bedingt geeignet für Rollstuhlfahrer (alle Zimmer). Türbreite der Zimmer 80 cm, von Bad/WC 65 cm. Freiraum in Bad/WC 150 x 150 cm. Freiraum links und rechts neben WC 30 cm, davor 100 cm. Waschbecken unterfahrbar; keine unterfahrbare Dusche. Bettenhöhe 45 cm.

Lage: Im Westen Münchens, im Stadtteil Pasing. Zur S-Bahn-Station Neuaubing 2 Minuten zu Fuß. Stadtmitte München 7 km; Arzt 500 m; Apotheke 200 m; Krankenhaus 3 km.

Preis pro Person/Übernachtung: Economy Class im EZ 135,- bis 170,- DM, im DZ 72,- bis 97,- DM. Aufpreis für Business Class 10,- DM pro Person/Nacht im DZ und 20,- DM im EZ; Aufpreis für Junior Suite 40,- DM pro Person/Nacht im EZ und 20,- DM im DZ. Wochenendpreise von Freitag bis Montag pro Person/Übernachtung im DZ 54,50 DM, im EZ 109,- DM, jede weitere Pers. 20,- DM. Happy-Day Preise zu besonderen Ereignissen in München (Termine auf Anfrage): EZ und DZ 99,- DM, Familienzimmer 112,- DM. Frühstück 17,- DM pro Person.

Hotel Einhorn

80336 München

Bayern

Paul-Heyse-Str. 10, Tel. (089) 539820, Fax: 53982-663. 112 Zimmer mit 230 Betten; davon 32 Zimmer mit Du/WC, 80 Zimmer mit Bad/Du/WC. Alle Zimmer mit Telefon, Radio und Farb-TV ausgestattet. Parkplatz und Seiteneingang stufenlos, Haupteingang 8 Stufen. Rezeption, Frühstücksraum, Bar, Konferenzraum, Aufenthaltsraum und Aufzug stufenlos erreichbar.

Geeignet für Gehbehinderte (bis 50 Personen), bedingt geeignet für Rollstuhlfahrer. 10 behindertenfreundliche Zimmer (Zimmer und Bad sehr geräumig) mit dem Aufzug stufenlos erreichbar. Freiraum in diesen Zimmern und Badezimmern 160 x 160 cm bis 160 x 300 cm. Badezimmergröße 5 bis 6 qm. Freiraum vor dem WC 2 m, links neben

WC 80 cm, WC-Höhe 50 cm, Dusche nicht unterfahrbar: Schwelle 10 cm.
Lage: Ortsmitte 1,5 km; Bahnhof 300 m; Einkaufen und Arzt 50 bis 200 m; Bus 50 m; Apotheke 100 m; Krankenhaus 1 km. Wege flach.
Preise pro Person in der Zeit vom 15. Nov. bis 10. März im EZ 115,- DM, im DZ 85,- DM. Vom 11. März bis 14. Nov. im EZ 140,- DM, im DZ 95,- DM pro Person. Messezeiten und Oktoberfest: im EZ 220 DM, im DZ 140,- DM pro Person.

Internationales Jugendgästehaus und Hotel „4 you München" — 80335 München

Bayern

Hirtenstr. 18, Tel. (089) 552166-0, Fax: 552166-66, Internet: www.the4you.de, E-Mail: info@the4you.de. Das Haus untergliedert sich in 2 Bereiche mit insg. 212 Betten: 3 Etagen für Jugendübernachtungen (mit rollstuhlgerechten Zimmern) und 2 Etagen Hotel (keine behindertengerechte Zimmer). Parkplatz, Eingang, Frühstücksraum und Zimmer (mit dem rollstuhlgerechten Aufzug) stufenlos erreichbar.
Geeignet für Rollstuhlfahrer und Familien mit geistig Behinderten. In jeder Jugendgästehaus-Etage jeweils 1-2 Zimmer rollstuhlgerecht. Türbreite der Zimmer und von Du/WC 95 cm. Bewegungsfreiraum in Du/WC 140 x 140 cm. Freiraum links neben WC 150 cm, rechts 30 cm, davor 140 cm. Dusche und Waschbecken unterfahrbar. Duschhocker und stabile Haltegriffe an Du/ WC vorhanden. Bettenhöhe 43 cm.
Lage: Am Hauptbahnhof München; Zentrum 1 km; Einkaufen, Arzt, Apotheke 200 m.
Preis pro Person in der Jugendherberge im 12-Bett-Zimmer 26,- bis 28,- DM, 4-8-Bettzimmer 32,- bis 34,- DM, im DZ 40,- bis 43,- DM und im EZ 56,- bis 60,- DM. Bettwäsche 5,- DM, Frühstück 8,- DM, HP 18,- DM.

Westside Hotel garni — 80999 München

Bayern

Eversbuschstr. 192, Tel. (089) 892685-0, Fax: (089) 882685-333. Einzel- und Doppelzimmer sowie Appartements für bis zu 4 Personen, alle modern und komfortabel eingerichtet, mit Bad/WC, Telefon, Farb-TV, Radio und Minibar. Parkplatz, Eingang, Frühstücksraum und Zimmer (mit dem Aufzug) stufenlos erreichbar. Türbreite vom Aufzug 90 cm (Tiefe 130 cm, Breite 110 cm).
Geeignet für Gehbehinderte (alle Zimmer) und Rollstuhlfahrer: 1 Zimmer rollstuhlgerecht. Türbreite vom Zimmer 80 cm, von Du/WC 90 cm (Schiebetür). Waschbecken und Dusche unterfahrbar. Kippspiegel, Notrufklingel, festinstallierter Duschsitz und stabile Haltegriffe an Dusche und WC vorhanden.
Lage: Zur Stadtmitte 12 km; Apotheke 500 m; Einkaufen und Arzt 1 km; Krankenhaus 10 km.
Zimmerpreise: EZ 165,- DM; DZ 190,- DM inkl. Frühstück.

Domicil Hotel München Puchheim — 82178 München-Puchheim

Bayern

Lochhauser Str. 61, Tel. (089) 80007-0, Fax: 80007-400, E-Mail: kontakt@domicil-hotel.de, Internet: www.domicil-hotel.de. 100 moderne Gästezimmer mit Telefon, TV, Minibar und Safe. Tiefgarage mit Zugang zum Aufzug, Eingang, Frühstücksraum, Restaurant und Zimmer (mit dem Aufzug) stufenlos erreichbar. Türbreite vom Aufzug 140 cm (Tiefe 200 cm, Breite 180 cm).

Geeignet für Gehbehinderte und Familien mit geistig Behinderten; bedingt geeignet für Rollstuhlfahrer mit Begleitung (Gruppen jeweils bis 100 Personen). Türbreite der Zimmer 90 cm, von Du/WC 60 cm. Freiraum in Du/WC 120 x 160 cm. Freiraum links und rechts neben WC 30 cm, davor 160 cm. Dusche mit festinstalliertem Sitz, kleine Schwelle mit 5 cm. Keine weiteren Hilfsmittel. Bettenhöhe 60 cm.

Lage: Zur Ortsmitte von Puchheim 300 m; zum Bahnhof Nord Puchheim 800 m; Einkaufen, Apotheke 300 m.
Zimmerpreise: EZ ab 99,- DM (50 Euro); DZ ab 111,- DM (57 Euro).

Hotel Ibis München Nord — 80805 München

Bayern

Ungererstr. 139, Tel. (089) 360830, Fax: 363793. 138 Zimmer mit Farb-TV, Dusche, WC und Telefon. Restaurant, Bar, Konferenz- und Seminarräume. Eingang, Restaurant und Aufzug stufenlos erreichbar. Türbreiten: Eingang 110 cm, Aufzug 80 cm (Tiefe 200 cm, Breite 95 cm).
Geeignet für Gehbehinderte und Rollstuhlfahrer (3 Zimmer, mit dem Aufzug erreichbar). Türbreiten vom Zimmer 80 cm, von Bad/WC 75 cm. Raumgröße von Bad/WC 230 x 180 cm, Freiraum in Bad/WC 140 cm 140 cm, Freiraum rechts neben WC 120 cm, davor 130 cm. Dusche und Waschbecken unterfahrbar; festinstallierter Duschsitz sowie stabile Haltegriffe an Du/WC und Waschbecken vorhanden.
Lage: Ortsmitte und Bahnhof 6 km, U-Bahn 50 m, Apotheke 300 m.
Zimmerpreise: EZ/DZ ab 133,- bis 185,- DM ohne Frühstück. Frühstücksbuffet 15,- DM pro Person.

München Airport Marriott Hotel — 85354 München Airport, Freising

Bayern

Alois-Steinecker-Str. 20, Tel. (08161) 966-0, Fax: 966-281, Internet: www.marriotthotels.com. Hotel mit 252 Gästezimmern mit Bad/WC, Minibar, Kabel-TV, Klimaanlage und Telefon (auch im Bad). Hallenbad, Sauna, Solarium, Restaurant und Tagungsräume. Zimmer mit dem Aufzug stufenlos erreichbar. **Geeignet** für Rollstuhlfahrer (1 Zimmer). Türbreite vom Zimmer 92 cm, vom Bad (mit Badewanne, keine Dusche) 93 cm. Bewegungsfreiraum im Bad/WC 140 x 185 cm, Freiraum rechts neben WC 90 cm, davor 145 cm. Verstellbarer Kippspiegel am Waschbecken, Notruf sowie stabile Haltegriffe an WC und Waschbecken vorhanden.

Zimmerpreise: EZ und DZ ab 199,- DM. Frühstücksbuffet pro Person 27,- DM. Wochenendpreise: EZ und DZ ab 124,- DM.

Regent Hotel — 80335 München

Bayern

Seidlstr. 2, Tel. (089) 55159-0, Fax: 55159-154. Komfortables Hotel mit 182 Zimmern. Parkplatz, Eingang, Frühstücksraum, Restaurant und Zimmer (mit dem Aufzug) stufenlos erreichbar. Türbreite vom Aufzug 70 cm (Tiefe 120 cm, Breite 80 cm.

Geeignet für Gehbehinderte, bedingt geeignet für Rollstuhlfahrer (Aufzugstür mit 70 cm zu knapp bemessen). 2 Zimmer rollstuhlgerecht: Türbreite der Zimmer 90 cm, von Du/WC 81 cm. Freiraum in Du/WC 237 x 226 cm. Freiraum links neben WC 44 cm, rechts 155 cm, davor 170 cm. Dusche und Waschbecken unterfahrbar, jedoch kein Duschsitz und keine Haltegriffe vorhanden.
Lage: Zentrum 200 m; direkt am Bahnhof-Nordseite.
Zimmerpreise: EZ 280,- DM; DZ 318,- DM.

Comfort Hotel and Suites Airport München — 85445 München-Aufkirchen

Bayern, Nähe Flughafen München

Dorfstr. 15 a, Tel. (08122) 8670, Fax: 867867, Internet: www.comfort-hotel.de, E-Mail: info@comfort-hotel.de. 80 großzügige Ein-und Zweizimmer-Appartements mit Bad/WC und Einbauküche, mit Schreibtisch, Kabel-TV, Zimmersafe, Telefon, PC- und Faxanschluß. 9 Veranstaltungsräume für bis zu 300 Personen. Parkplatz, Eingang, Frühstücksraum und Zimmer im EG stufenlos erreichbar. Übrige Zimmer mit dem Aufzug erreichbar. Türbreite vom Aufzug 90 cm (Tiefe 135 cm, Breite 120 cm).

Geeignet für Gehbehinderte (bis 40 Pers.), Rollstuhlfahrer und Familien mit geistig Behinderten. Ein Zimmer rollstuhlgerecht. Türbreite von Zimmer und Du/WC 81 cm. Freiraum in Du/WC 110 x 125 cm. Freiraum links neben WC 125 cm, rechts 55 cm, davor 100 cm. Dusche und Waschbecken unterfahrbar. Festinstallierter Duschsitz, Notruf und stabile Haltegriffe an Dusche und WC vorhanden. Bettenhöhe 45 cm.
Zimmerpreise: EZ ab 145,- DM; DZ ab 160,- DM inkl. Frühstück.

Hotel Amadeus — 85375 München-Neufahrn

Bayern

Dietersheimerstr. 58, Tel. (08165) 6300, Fax: 630-100. Hotel mit 59 Doppelzimmern und 58 EZ mit Du/WC, Fön, Telefon, Minibar und Kabel-TV. Parkplatz, Eingang, Frühstücksraum, Restaurant und die Zimmer (mit dem Aufzug) stufenlos erreichbar. Türbreite vom Aufzug 80 cm (Tiefe 129 cm, Breite 105 cm).
Geeignet für Rollstuhlfahrer: 1 Zimmer mit Du/WC. Türbreite vom Zimmer 90 cm,

von Du/WC 92 cm. Bettenhöhe 48 cm. Bewegungsfreiraum in Du/WC 230 x 170 cm. Freiraum links neben WC 15 cm, rechts 120 cm, davor 110 cm. Dusche schwellenlos, Waschbecken unterfahrbar. Festinstallierter Duschsitz und stabile Haltegriffe an Dusche und WC.

Lage: Am Ortsausgang, Umgebung flach. Zur Ortsmitte 1 km; Einkaufen, Apotheke 1 km; Arzt 600 m; Bahnhof 2 km; Krankenhaus 1,5 km.

Zimmerpreise: EZ 148,- DM, DZ 178,- DM inkl. Frühstück. Wochenendarrangements (außer Oktoberfest und Messezeiten): 2 Übernachtungen zum Preis von einer. Fr.-So. oder Sa.-Mo. für das EZ 148,- DM, DZ 178,- DM inkl. Frühstück.

ASTRON Hotel München Airport — 85445 Schwaig (bei München)

Bayern, Flughafen München

Lohstr. 21, Tel. (08122) 967-0, Fax: 967100. Hotel mit 236 Zimmern, alle mit Bad oder Du/WC, Radio, Telefon und TV. Eingang, Restaurant, Garten und Zimmer (mit dem Aufzug) stufenlos erreichbar.

Geeignet für Rollstuhlfahrer und Familien mit geistig Behinderten: 2 Doppelzimmer mit Du/WC. Bettenhöhe 50 cm. Türbreite der Zimmer 93 cm, von Du/WC 82 cm. Bewegungsfreiraum in Du/WC 200 x 160 cm. Freiraum links neben WC 20 cm, rechts 60 cm, davor 150 cm. Dusche und Waschbecken unterfahrbar. Notruf, festinstallierter Duschsitz und stabile Haltegriffe an Dusche, WC und Waschbecken vorhanden.

Lage: Flughafen München; im Erdinger Moos alles sehr flach, Umgebung gut mit dem Rollstuhl befahrbar. Zur Ortsmitte mit Einkaufen 2 km; Arzt, Apotheke 5 km; Krankenhaus 8 km.

Zimmerpreise: EZ 180,- DM; DZ 240,- DM. Frühstück 23,- DM pro Person.

Arabella Sheraton Airport Hotel München — 85445 Schwaig (bei München)

Bayern, Flughafen München

Freisinger Str. 80, Tel. (089) 92722-0, Fax: 92722-800. Modernes, komfortables Hotel. Eingang, Frühstücksraum, Restaurant (Hallenbad mit dem Aufzug), Tagungsräume und Zimmer (mit dem Aufzug) stufenlos erreichbar.

Geeignet für Rollstuhlfahrer und Familien mit geistig Behinderten. 1 Zimmer rollstuhlgerecht. Türbreite vom Zimmer und von Du/WC 93 cm. Freiraum in Du/WC 160 x 160 cm. Freiraum links neben WC 30 cm, rechts 150 cm, davor 190 cm. Dusche und Waschbecken unterfahrbar. Festinstallierter Duschsitz und stabile Haltegriffe an WC und Waschbecken vorhanden. Bettenhöhe 50 cm.

Lage: Mitten im Grünen, in der unmittelbaren Nachbarschaft des Flughafens (4 km), unweit des neuen Messegeländes. Kostenfreier Shuttle-Service zum Flughafen. Umgebung flach. Zur Ortsmitte, Arzt 1 km; Bahnhof 15 km; Krankenhaus 16 km.

Zimmerpreise: EZ 136,91 bis 391,17 DM; DZ 156,47 bis 391,17 DM.

Mövenpick Hotel München Airport — 85399 Hallbergmoos (bei München)

Bayern

Ludwigstr. 43, Tel. (0811) 8880, Fax: 888444. Hotel mit 165 Betten, alle Zimmer mit Bad oder Du/WC, Radio, Telefon und TV. Eingang, Restaurant und Zimmer (mit dem Aufzug) stufenlos erreichbar.

Geeignet für Gehbehinderte und Rollstuhlfahrer (1 Zimmer mit Du/WC). Türbreite vom Zimmer 93 cm, von Du/WC 94 cm. Freiraum in Du/WC 140 x 140 cm. Freiraum links neben WC 130 cm. Dusche und Waschbecken unterfahrbar. Festinstallierter Duschsitz, Notruf und stabile Haltegriffe an Du/WC und Waschbecken vorhanden.
Lage: 4 km zum Flughafen; Zentrum, Einkaufen 2 km; Bahnhof 11 km.

Zimmerpreise: EZ, DZ oder 3-Bettzimmer 215,- bis 275,- DM pro Nacht, am Wochenende 147,- DM (außerhalb Messezeiten oder Oktoberfest). Frühstücksbuffet 26,- DM pro Person.

Ferienwohnung Gerda Krug — 91735 Muhr am See

Bayern, Franken, Neues Fränkisches Seenland, Altmühlsee

Julienstr. 2, Tel. + Fax: (09831) 50385. Neubau an stiller Nebenstrasse. Garten mit Rasen, Gartengrill, hauseigener Parkplatz. Fischräucherofen. Spielwiese gegenüber dem Grundstück. Fahrrad- und Spielgarage.

Zwei in sich abgeschlossene Ferienwohnungen, mit 3 Sternen klassifiziert, mit eigenem Eingang, jeweils 2 Schlafräume, komplett eingerichtete Wohnküche, Eßecke und Couchgarnitur, Toilettenraum mit Waschbecken, Dusche und WC. Jede Whg. mit eigener überdachter Terrasse mit Zugang zum Garten. Farb-TV, Radio, Kinderbett vorhanden. Parkplatz stufenlos; Eingang und Garten mit Rampe (8 cm) stufenlos erreichbar.

Geeignet für Gehbehinderte, Rollstuhlfahrer und Familien mit geistig Behinderten. **Ferienwohnung II** ist rollstuhlgerecht. Türbreite von Zimmer und Du/WC 87 cm. Freiraum in Du/WC 60 x 100 cm. Freiraum links neben WC 65 cm, rechts 120 cm, davor 60 cm. Dusche schwellenlos unterfahrbar (bei Ferienwohnung II; bei Ferienwohnung I Duschschwelle 16 cm). Haltegriffe an den Duschen beider Ferienwohnungen vorhanden. Bettenhöhe 53 cm.

Lage: Zur Ortsmitte 500 m; Einkaufen 150 cm; Bahnhof, Arzt 600 m; Apotheke 500 m; Freibad, Krankenhaus, Dialyse 7 km; Hallenbad 6 km; See 1 km; Tennisplatz 700 m. Muhr am See ist direkt am Altmühlsee gelegen. Seezentrum Muhr am See mit Bootsverleih, Surf- und Segelhafen, Badestrände.
Preis pro Ferienwohnung in der Hochsaison für 4 Personen 72,- DM, in der Nebensaison 53,- DM. Bei Belegung in der Nebensaison mit 2 Personen 46,- DM.

Alpenhof Murnau — 82418 Murnau am Staffelsee

Bayern, Oberbayern, Staffelsee

Ramsachstr. 8, Tel. (08841) 4910, Fax: 5438. Wunderschön gelegenes, stilvoll eingerichtetes Hotel mit 77 Zimmern (Standard, Komfort, Deluxe, Appartements und Suiten) mit hochwertiger, geschmackvoller Einrichtung. Alle Zimmer mit Südbalkon mit Blick auf ein atemberaubendes Gebirgspanorama.

Für Feiern und Seminare stehen sechs stilvoll eingerichtete Räume zur Verfügung.
Restauration: mit einem Michelin-Stern ausgezeichnetes Gourmet-Restaurant (100 Plätze), Moosberg-Castel (35 Plätze) und Sonnenterrasse (70 Plätze).

Die Moosberg-Therme des Hotels bietet Schwimmbad (15 x 5 m), Sauna, Tepidarium, Solarium und Fitneßraum. Im Haus außerdem ein unter ärztlicher Leitung stehendes medizinisches Gesundheitszentrum und ein professionell geleitetes Kosmetikstudio.

Parkplatz, Eingang, stufenlos; Frühstücksraum, Restaurants, Moosberg-Therme, Außenschwimmbecken, Garten und die Zimmer mit dem Aufzug stufenlos erreichbar. Türbreite vom Aufzug 110 cm (Tiefe 210 cm, Breite 130 cm).

Geeignet für Rollstuhlfahrer und Familien mit geistig Behinderten: 2 Zimmer mit Durchgang zum Nebenzimmer sind rollstuhlgerecht. Türbreite der Zimmer 90 cm, von Du/WC 100 cm. Bettenhöhe 44 cm. Bewegungsfreiraum in Du/WC 130 x 140 cm. Freiraum links neben WC 140 cm, rechts 30 cm, davor 90 cm. Dusche schwellenlos, Waschbecken unterfahrbar. Kippspiegel, festinstallierter Duschsitz und stabile Haltegriffe an Dusche und WC vorhanden.

Lage: Bevorzugte, sehr ruhige Südlage mit Panoramablick auf die Bayerischen Alpen. Umgebung des Hotels flach. Zur Ortsmitte 2 km; Einkaufen, Apotheke, Krankenhaus, Dialyse 2 km; Arzt im Haus; Freibad und Hallenbad im Haus.

Zimmerpreise je nach Saison: Standard-EZ 195,- bis 220,- DM; Komfort-EZ 260,- bis 295,- DM; Standard-DZ 270,- bis 305,- DM; Komfort-DZ 360,- bis 395,- DM; Deluxe DZ 440,- bis 475,- DM. Alle Preise inkl. Frühstück und Nutzung der Badelandschaft. Hausprospekt und ausführliche Preise auf Anfrage.

Urlaub auf dem Bauernhof
Manfred und Rita Lang

95119 Naila

Bayern, Frankenwald

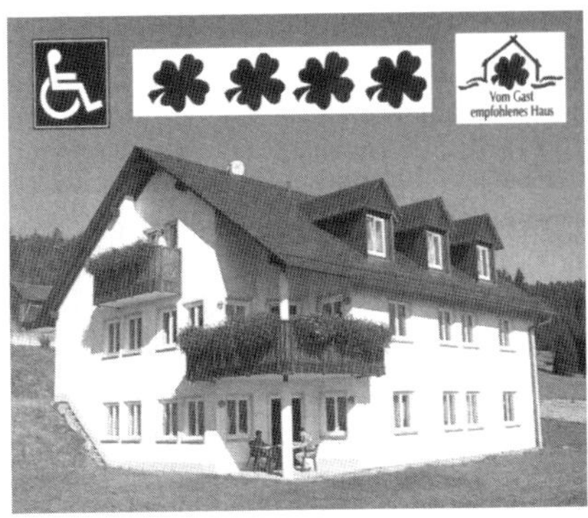

Dreigrün 2, Tel. (09282) 95216 oder Tel. (09282) 98340, Fax: 95218. Einzelhof mitten im Grünen, direkt am Waldrand. Sehr ruhige Lage und fern von Hauptverkehrsstraße, Straßenlärm und Alltagshektik. Bewirtschafteter bäuerlicher Familienbetrieb mit Kühen, Kälbchen, Hühnern, Enten und einem Pferd. Dazu gehören noch ein Hund, Katzen, Stallhasen und ein Forellenteich.

Neuerbautes Gästehaus mit 3 Ferienwohnungen. 1. Fewo (bis 5 Personen) ca. 86 qm, 2 Schlafräume, Wohnzimmer mit Eßecke und Küchenzeile, Dusche mit WC, Terrasse. 2. Ferienwohnung (bis 5 Pers.) mit ca. 80 qm, wie Fewo 1, aber mit Balkon. 3. Ferienwohnung (bis 3 Pers.) ca. 60 qm, 1 Schlafraum, Wohnzimmer mit Eßecke und Küchenzeile, Du/WC, Balkon. Das Gästehaus ist ausgezeichnet mit **4 Sternen,** der Urkunde "**Vom Gast empfohlenes Haus**" und dem **DLG-Gütezeichen.**

Alle Wohnungen behinderten- und rollstuhlgerecht gebaut und mit Sat-TV und Telefon ausgestattet. Grillplatz, Gartenmöbel, Kinderbett und Kinderstuhl sowie Spielplatz mit Sandkasten und Kinderschaukel vorhanden.

Geeignet für Gehbehinderte, Rollstuhlfahrer und für Familien mit behinderten Kindern. Türbreiten der Wohnungen 100 cm. Freiraum in Du/WC 150 x 150 cm. Freiraum links neben WC 40 cm, rechts 100 cm, davor 150 cm. Waschbecken und Dusche unterfahrbar. Duschsitz, stabile Haltegriffe an Dusche und WC, Kippspiegel über Waschbecken sowie Waschmaschine vorhanden.

Lage: Einzelhof im Grünen, direkt am Waldrand. Ferienwohnungen mit schönem Panoramablick. Einkaufen, Ärzte, Apotheken, Krankenhaus, Freibad, Tennisplatz, Tennishalle, Minigolf, Kinderspielplätze, Fitneßstudio und Bahnhof ca. 2 km; Hallenbad 5 km.

Preise: Wohnung 1 und 2 ab 80,- DM pro Tag; Wohnung 3 ab 65,- DM pro Tag. Einkaufs- und Brötchenservice sind in diesem Haus selbstverständlich.

Hotel Am Fluss

86633 Neuburg / Donau

Bayern, Donau

Ingolstädter Str. 2, Tel. (08431) 67680, Fax: 676830. Komfort-Hotel mit moderner Architektur, 23 komfortable, hell und freundlich eingerichtete Zimmer, Konferenzraum für 25 bis 35 Personen. Parkplatz, Eingang, Frühstücksraum und Zimmer im EG stufenlos erreichbar.

Geeignet für Gehbehinderte (bis 12 Pers.), Rollstuhlfahrer und Familien mit geistig

Behinderten. 2 Zimmer im EG mit Du/WC rollstuhlgerecht. Türbreite von Zimmer und Du/WC 95 cm. Freiraum in Du/WC 120 x 160 cm. Freiraum links neben WC 90 cm, rechts 35 cm, davor 160 cm. Dusche und Waschbecken unterfahrbar. Duschsitz und Haltegriffe nicht vorhanden. Verstellbarer Kippspiegel vorhanden. Bettenhöhe 55 cm.

Lage: Verkehrsgünstig aber ruhig und schön gelegen direkt an der Donaubrücke, gegenüber dem mächtigen Schloß. Zur Ortsmitte 250 m; Einkaufen 50 bis 200 m; Arzt, Apotheke 300 m; Krankenhaus 1,5 km; Bahnhof 2 km. Umgebung flach.

Zimmerpreise inkl. Frühstück: EZ 98,- bis 120,- DM; DZ 150,- bis 190,- DM; Dreibettzimmer 220,- DM.

Ferienwohnung „KLINGE-BERG"
Familie Spiegel — 91790 Nennslingen

Bayern, Neues Fränkisches Seenland

Klingenbergstr. 17, Tel. (09147) 293, Fax: (09147) 1524. Zwei neuerbaute, ebenerdige Ferienwohnungen für 5 bzw. 3 Personen. FeWo 1 (54 qm) mit kompletter Küche und Eßplatz, Schlafzimmer, Wohnzimmer, Dusche/WC und Freisitz im Garten.
FeWo 2 (45 qm) mit kompletter Küche, Wohn-Schlafzimmer,Kinderzimmer, Dusche/WC sowie großer Veranda.

Parkplatz und großer Spielplatz direkt an den Ferienwohnungen. Beide Ferienwohnungen mit TV-Anschluß, großen behindertengerechten Sanitärräumen und stufenlosen, breiten Eingängen. Für die Gäste steht zusätzlich ein großer Grillplatz zur Verfügung. Auf Wunsch werden Einkäufe für die Gäste erledigt und für einen ambulanten Pflegedienst gesorgt. Zum Haus gehören außerdem Pferde, Hunde, Katzen, Ziegen und Hasen.

Geeignet für Rollstuhlfahrer, Geh- und Mehrfachbehinderte, Schmerz- und Dialysepatienten. Wohn- und Sanitärbereiche, Türen und Fenster sowie Freiflächen wurden speziell für diesen Personenkreis abgestimmt. Auf Wunsch werden die Gäste zu den vielfältigen Sehenswürdigkeiten oder zu notwendigen Behandlungseinrichtungen gebracht.

Lage: Die Marktgemeinde Nennslingen liegt eingebettet in einer naturhistorisch gewachsenen, leicht hügeligen Landschaft zwischen dem Naturpark Altmühltal und dem Neuen Fränkischen Seenland. Die Ferienwohnungen selbst liegen an der Ortsrandlage, unmittelbar angelehnt an Wald und Flur. Spazier- und Wanderwege beginnen direkt vor den Ferienwohnungen.

Preise: Ferienwohnung 1: 68,- DM pro Tag. Ferienwohnung 2: 48,- DM pro Tag zzgl. Stromkosten.

Haus Fabelhaft Ferienwohnungen für Rollifahrer — 94089 Neureichenau

Bayern, Unterer Bayerischer Wald

Gerhard und Ursula Kälberer, Riedelsbach 46, Tel. (08583) 2454, Fax: (08583) 91435, Internet: http://www.Haus-Fabelhaft.de, E-Mail: Haus.Fabelhaft@t-online.de.

Die vier Ferienwohnungen sind nach den Richtlinien für behindertengerechtes Bauen für Rollstuhlfahrer konzipiert, jeweils ca. 55 qm groß, jeweils für bis zu 5 Personen. Sie sind im rustikalen Landhausstil eingerichtet und bieten eine große Wohnküche, zwei Schlafzimmer, Du/WC, Telefon, SAT-TV und Radio. Parkplatz, Eingang, Garten, Grillplatz, Spielplatz, Tischtennis und Sauna sind stufenlos erreichbar. Den Gästen steht außerdem eine Waschküche mit Waschmaschine und Trockner zur Verfügung.

Geeignet für Rollstuhlfahrer und Familien mit Behinderten; für Gruppen bis max. 18 Personen. Türbreiten der Zimmer und Badezimmer (mit Du/WC) 100 cm. Freiraum in Du/WC 160 x 130 cm. Freiraum links neben WC 100 cm, rechts 30 cm, davor 130 cm. Dusche und Waschbecken unterfahrbar. Duschhocker sowie stabile Haltegriffe an Dusche, WC und Waschbecken vorhanden.

Service: Mobiler Pflegedienst in Neureichenau. Pflegebett kann für 10,- DM pro Tag ausgeliehen werden. Abholservice vom Bahnhof.

Lage: Außerhalb des Ortes in ruhiger Lage. Zwei Gaststätten und auch der nahegelegene Riedelsbacher Stausee sind für Rollstuhlfahrer ohne PKW erreichbar. Ortsmitte, Einkaufen, Arzt, Apotheke, Freibad 5 km; Badesee 1 km; Tennisplatz 2 km; Hallenbad und Tennishalle 8 km; Krankenhaus und **Dialysezentrum** 21 km. Im Winter Loipeneinstieg und Rodelmöglichkeit direkt am Haus.

Preis für eine Ferienwohnung bis 5 Personen inklusive aller Nebenkosten pro Tag 110,- DM bis 130,- DM. Ein Hausprospekt kann angefordert werden.

Villa Kunterbunt — 94089 Neureichenau

Bayern, Unterer Bayerischer Wald

Klafferstraß, Haus Nr. 111, Tel. (08584) 91033, Fax: 91034. Die Villa Kunterbunt verfügt über 3 Ferienwohnungen und 9 Gästezimmer. Für Familien mit Kindern besonders gut geeignet. Mehrere Sandkästen, Schaukeln, Spielhaus, Kletterbaum, etc.

Geeignet für Gehbehinderte (bis 10 Pers.), Familien und Gruppen mit geistig

Behinderten (bis 36 Pers.), bedingt geeignet für Rollstuhlfahrer mit Begleitung (2 Ferienwohnungen). Die FeWos liegen im EG, mit Rampe stufenlos erreichbar. Türbreiten der Zimmer 80 cm, von Du/WC 80 cm. Freiraum in Du/WC 100 x 100 cm, rechts neben WC 50 cm, davor 100 cm. Dusche mit Schwelle 5 cm.

Lage: Das Haus liegt in einem langgestreckten Tal am Fuße des Dreisesselberges im sogenannten Dreiländereck (BRD, Österreich, CZ), eingebettet zwischen Wiesen, Wäldern und Bächen in wunderbarer Landschaft. Zur Ortsmitte 500 m; Einkaufen 500 m; Arzt und Apotheke 1 km; Freibad 2 km; Hallenbad 5 km.

Preis für eine Ferienwohnung bei Belegung bis zu 4 Pers. 100,- DM, jede weitere Person zzgl. 10,- DM, Endreinigung 50,- DM. Ausführliche Preisliste (Zimmer- und Gruppenpreise) auf Anfrage.

Ferienwohnung „Zur Gänseliesel" — 97845 Neustadt am Main

Bayern, Spessart

Am Silberlochbach 2, Tel. (09393) 405. Das Haus liegt idyllisch am Waldrand von Neustadt, am Grundstück entlang fließt der Silberlochbach. 1000 qm großer Garten, mit dem Rollstuhl über verschiedene Wege gut befahrbar. Vom Parkplatz zum Haus insgesamt 3 Stufen (je 10 cm). Hauseingang 1 Stufe (ca. 12 cm). Ferienwohnung im EG mit großer Wohnküche (30 qm), Wohn-/Schlafzimmer mit Kabel-TV und ein Schlafzimmer für 2 Personen.

Geeignet für Gehbehinderte und Familien mit geistig Behinderten, bedingt geeignet für Rollstuhlfahrer mit Begleitung. Türen der Zimmer und von Bad/WC 70 cm breit. Freiraum im Bad 98 x 290 cm. Dusche nicht unterfahrbar: Badewanne. WC separat: WC nicht seitlich anfahrbar, vor dem WC 107 cm; sehr klein, nur mit Hilfe erreichbar. Behinderte Menschen sind als Gäste sehr willkommen. Abholservice vom Bahnhof.

Lage: Zur Ortsmitte 500 m; Einkaufen, Bahnhof, Arzt, Apotheke, **Dialyse** und Krankenhaus 8 km.

Preis für die Ferienwohnung pro Tag 50,- bis 65,- DM bei Belegung mit 2 Personen, jede weitere Person 5,- DM.

Bauernhof Mültner — 97647 Nordheim

Bayern, Unterfranken, Rhön

Hinterm Dorf 6, Tel. (09779) 270. Bauernhof mit Ackerbau und vielfältiger Tierhaltung, Spielplatz, kinderfreundlich. 4 Ferienwohnungen, davon eine ebenerdig. Parkmöglichkeit, Eingang, Stall und Hof stufenlos erreichbar. Türbreiten: Eingang und Frühstücksraum 95 cm.

Geeignet für Gehbehinderte und Familien mit geistig Behinderten; bedingt geeignet für Rollstuhlfahrer (1 Ferienwohnung). Türbreiten der Zimmer 95 cm, von Du/WC 82 cm. Freiraum in Du/WC 180 x 90 cm (für Rollstuhlfahrer kaum Wendemöglichkeit); Freiraum vor dem WC 90 cm; Dusche nicht unterfahrbar (Schwelle 15 cm), keine Haltegriffe.

Lage: Am Ortsrand; Zur Ortsmitte, Einkaufen, Bus 400 m; Arzt, Tennisplatz 800 m; Apotheke, Hallenbad, Tennishalle 4 km; Freibad 6 km; Krankenhaus 13 km.

Preis für die Ferienwohnung bei Belegung mit 2 Personen 65,- DM pro Tag, jede weitere Person zzgl. 10,- DM.

Holiday Inn Nürnberg — 90480 Nürnberg

Bayern, Franken

Valznerweiherstr. 200, Tel. (0911) 40290, Fax: 404067. Vier-Sterne-Hotel mit 152 Zimmern mit Bad/Du/WC, TV, Radio und Telefon. 20 Tagungsräume für bis zu 350 Personen. Haupteingang, Rezeption, Restaurant und Aufzug stufenlos erreichbar. Türbreiten: Haupteingang und Restaurant 200 cm, Aufzug 80 cm (Tiefe 220 cm, Breite 100 cm).

Geeignet für Allergiker, Gehbehinderte und Rollstuhlfahrer. Zwei spezielle Allergiker-Zimmer. Zwei Zimmer mit Bad/WC speziell für Rollstuhlfahrer ausgestattet, im 1. OG mit dem Aufzug erreichbar. Türbreiten von Zimmer und Bad/WC 80 cm. Freiraum in Bad/WC 160 x 140 cm. Freiraum links neben WC 30 cm, rechts 40 cm, davor 130 cm. Dusche und Waschbecken unterfahrbar, stabiler Duschhocker und stabile Haltegriffe an Dusche und WC vorhanden. Bettenhöhe 55 cm.

Lage: Zentrum und Bahnhof 6 km; Messe und Stadion in unmittelbarer Nähe; Bus 50 m; Apotheke 1,5 km; Freibad, Tennishalle und Tennisplatz 50 m; Hallenbad im Haus.
Zimmerpreise: EZ ab 250,- DM; DZ ab 300,- DM. Frühstücksbuffet extra. Wochenendpreise auf Anfrage.

InterCityHotel Nürnberg — 90443 Nürnberg

Bayern, Franken

Eilgutstr. 8, Tel. (0911) 24780, Fax: 2478-999. Komfortables Hotel direkt am Bahnhof, mit 158 Zimmern, alle mit Du/WC, Radio, Telefon und TV. Öffentlicher Parkplatz, Eingang, Frühstücksraum, Restaurant, Aufzug sowie die Zimmer mit dem Aufzug stufenlos erreichbar.
Geeignet für Rollstuhlfahrer: 1 Zimmer mit Du/WC. Türbreite des Zimmers 93 cm, von Du/WC 76 cm. Freiraum in Du/WC 140 x 160 cm; Freiraum links neben WC 65 cm, rechts 25 cm, davor 100 cm. Dusche und Waschbecken unterfahrbar. Festinstallierter Duschsitz, Duschhocker, sowie stabile Haltegriffe an Du/WC und Waschbecken (mit verstellbarem Kippspiegel) vorhanden.
Lage: Direkt am Bahnhof; Zentrum 400 m; Apotheke 400 m; Arzt 800 m; Krankenhaus 2 km. Umgebung flach.
Zimmerpreise: EZ 180,- bis 275,- DM; DZ 215,- bis 330,- DM. Frühstück 20,- DM pro Person.

Maritim Hotel Nürnberg — 90443 Nürnberg

Bayern, Franken

Frauentorgraben 11, Tel. (0911) 23630, Fax: 2363836. Luxushotel mit 316 Appartements, Suiten, Doppel- und Einzelzimmern. Restaurants, Hotelbar, Hallenschwimmbad, Kongreßbereich mit 9 Tagungsräumen für bis zu 850 Personen. Tiefgarage. Haupteingang, Restaurant, Aufzug stufenlos erreichbar. Türbreiten: Eingang 200 cm, Restaurant 150 cm, Aufzug 110 cm (Tiefe 150 cm, Breite 180 cm).

Geeignet für Gehbehinderte und Rollstuhlfahrer. Zimmer Nr. 152 und Nr. 252 im

Erdgeschoß sind speziell für Rollstuhlfahrer ausgestattet. Raumgröße von Bad/WC 290 x 160 cm; Freiraum in Bad/WC 104 x 160 cm; Freiraum links neben WC 83 cm, rechts 65 cm, davor 100 cm.

Lage: Im Zentrum; Bahnhof und Bus 150 m; Apotheke 100 m.
Zimmerpreise inkl. Frühstück: EZ 259,- bis 419,- DM; DZ 312,- bis 502,- DM, Zusatzbett 85,- DM.

Hotel Ibis Nürnberg Marientor — 90402 Nürnberg

Bayern, Franken

Königstorgraben 9, Tel. (0911) 24090, Fax: 2409413. 152 moderne, freundliche Zimmer mit Du/WC, Telefon, Kabel-TV und Radio. Eingang und Aufzug (Tiefe 130 cm, Breite 100 cm) stufenlos erreichbar. Tiefgarage, Frühstücksraum und 2 Behindertenzimmer mit dem Aufzug stufenlos erreichbar.

Geeignet für Rollstuhlfahrer und Familien mit geistig Behinderten. Türbreite der Zimmer 87 cm, von Du/WC 93 cm. Freiraum in Du/WC 130 x 180 cm. Freiraum links neben WC 80 cm, rechts 20 cm, davor 130 cm. Dusche und Waschbecken unterfahrbar. Festinstallierter Duschsitz, stabile Haltegriffe an Du/WC und Waschbecken sowie Notruf im Bad vorhanden.

Lage: Direkt in der Altstadt von Nürnberg; Einkaufen, Arzt 100 m; Bus, Bahnhof, Apotheke 200 m; Freibad, Hallenbad, Krankenhaus und **Dialysezentrum** 5 km.
Zimmerpreise: EZ und DZ 120,- DM. Frühstück pro Person 15,- DM.

Le Meridien Grand Hotel — 90402 Nürnberg

Bayern, Franken

Bahnhofstr. 1-3, Tel. (0911) 23220, Fax: 2322-444, Internet: www.grand-hotel.de, E-Mail: sales@grand-hotel.de. Luxuriöses Hotel mit 182 Gästezimmern und Suiten, alle mit Farb-TV-Radio, Telefon, Hosenbügler und Minibar. Eingang (Seiteneingang), Frühstücksraum, Restaurant und Zimmer (mit dem Aufzug) stufenlos erreichbar. Türbreite vom Aufzug 72 cm (Tiefe 215 cm, Breite 103 cm).

Geeignet für Gehbehinderte, Rollstuhlfahrer und Familien mit geistig Behinderten. 1 Zimmer rollstuhlgeeignet (Durchfahrt Aufzug und Bad 72 cm). Türbreite vom Zimmer 86 cm, von Du/WC 72 cm. Freiraum in Du/WC 140 x 140 cm, Freiraum links neben WC 100 cm, rechts 40 cm, davor 150 cm. Dusche und Waschbecken unterfahrbar. Festinstallierter Duschsitz und stabile Haltegriffe an Dusche und WC vorhanden. Bettenhöhe 41 cm. **Lage:** Im Zentrum, direkt an der historischen Stadtmauer, gegenüber vom Bahnhof (100 m). Einkaufen, Arzt, Apotheke 100 m; Krankenhaus, Dialyse 3 km. **Zimmerpreise:** EZ je nach Standard 230, - bis 330,- DM; DZ 330,- bis 410,- DM. Frühstücksbuffet 25,- DM. Kinder unter 12 Jahre im Zimmer der Eltern frei.

Jugend-Hotel Nürnberg — 90411 Nürnberg

Bayern, Franken

Rathsbergstr. 300, Tel. (0911) 5216092, Fax: 5216954. 44 geräumige, zweckmäßig eingerichtete 2- bis 6-Bett-Zimmer mit Du/WC. Eingang 6 Stufen (je 17 cm), Seiteneingang, Restaurant, Frühstücksraum, Terrasse und Garten je 3 Stufen (je 17 cm), Rampe vorhanden.

Geeignet für geistig Behinderte und Gehbehinderte; nur bedingt geeignet für Rollstuhlfahrer mit Begleitung, da Bad nicht rollstuhlgeeignet. Auch für Gruppen geeignet. Zimmer im Erdgeschoß stufenlos erreichbar. Türbreiten im Haus 80 cm, zum Bad/WC teilweise nur 57 cm, Waschbecken unterfahrbar.

Lage: Zentrum und Bhf. 5 km; Arzt und Apotheke 1 km.

Preis pro Person/Übernachtung 25,- bis 37,- DM; Gruppen wird ein Freiplatz für jede 21. Person gewährt. Weitere Preise und Prospekt auf Anfrage.

Jugendgästehaus Nürnberg — 90403 Nürnberg

Bayern, Franken

Burg 2, Tel. (0911) 2309360, Fax: 230936-11. 314 Betten in 2- bis 6-Bettzimmern; insgesamt 72 Zimmer, 4 davon für Rollstuhlfahrer. Parkplatz 1 Stufe; Eingang, Frühstücksraum, Speiseraum und Aufzug (Tiefe 208 cm, Breite 110 cm) stufenlos erreichbar. Zimmer mit dem Aufzug erreichbar.

Geeignet für Gehbehinderte und Rollstuhlfahrer (bis 16 Personen) sowie für Familien mit geistig Behinderten. Vier Zimmer für Rollstuhlfahrer geeignet. Du/WC gegenüber der Zimmer; Freiraum in Du/WC 190 x 160 cm; Freiraum links neben WC 160 cm, davor 160 cm. Dusche und Waschbecken unterfahrbar. Notruf, Kippspiegel, Duschhocker und stabile Haltegriffe an Du/WC und Waschbecken vorhanden.

Lage: Das Jugendgästehaus liegt im mittelalterlich geprägten Zentrum Nürnbergs. Ortsmitte, Einkaufen 300 m; Bus, Arzt und Apotheke 200 m; Bahnhof und Krankenhaus 1 km. Umgebung hügelig; Wege mit Kopfsteinpflaster.

Preise: Übernachtung mit Frühstück 30,- DM, inkl. HP 38,- DM, inkl. VP 44,50 DM.

Landhotel & Gasthaus Rottner — 90431 Nürnberg-Großreuth

Bayern, Franken

Winterstr. 15, Tel. (0911) 658480, Fax: 65848203. Landhotel mit 37 Zimmern mit Du/WC. Räume für Tagungen und Feiern für bis zu 50 Personen. Parkplatz, Eingang, Frühstücksraum stufenlos, Restaurant 1 Stufe, Zimmer im EG stufenlos erreichbar.

Geeignet für Rollstuhlfahrer: 2 Zimmer mit Du/WC. Bettenhöhe 50 cm. Türbreite der Zimmer 95 cm, von Du/WC 90 cm. Bewegungsfreiraum in Du/WC 140 x 140 cm. Freiraum rechts neben WC 70 cm, davor 120 cm. Waschbecken unterfahrbar, Dusche schwellenlos. Kippspiegel + Fön in 100 cm Höhe, festinstallierter Duschsitz und stabile Haltegriffe an Dusche und WC vorhanden.

Lage: am südwestlichen Stadtrand Nürnbergs im Dorfkern von Großreuth.

Zimmerpreise: EZ 180,- DM, DZ 240,- DM inkl. Frühstück.

Mövenpick Hotel Nürnberg-Airport — 90411 Nürnberg

Bayern, Franken

Flughafenstr. 100, Tel. (0911) 3501-0, Fax: 3501-350. Komfortables Hotel mit 150 Zimmern, alle mit Bad oder Du/WC, Telefon, TV. Parkplatz, Eingang, Frühstücksraum stufenlos, Zimmer mit dem Aufzug stufenlos erreichbar. Türbreite vom Aufzug 80 cm (Tiefe 200 cm, Breite 100 cm).

Geeignet für Gehbehinderte und Familien mit geistig Behinderten (Gruppen bis 150 Personen); für Rollstuhlfahrer geeignet, 1 Zimmer rollstuhlgerecht: Türbreiten vom Zimmer und von Du/WC 81 cm, Freiraum in Du/WC 150 x 160 cm. Freiraum vor dem WC 160 cm. Dusche und Waschbecken unterfahrbar. Notruf, Kippspiegel, festinstallierter Duschsitz und stabile Haltegriffe an Dusche und WC vorhanden. Alle übrigen 150 Zimmer mit Du/WC sind bedingt geeignet, der Freiraum in Du/WC beträgt 130 x 160 cm, Freiraum vor dem WC 130 cm.

Lage: Zur Ortsmitte 6 km; Arzt 1 km; Apotheke 3 km; Krankenhaus 4 km.

Zimmerpreise: EZ und DZ 195,- DM pro Tag; am Wochenende 130,- DM. Frühstücksbuffet 24,- DM pro Person. Kostenlose Benutzung der U-Bahn im ganzen Stadtgebiet.

Best Western Hotel Arvena Park — 90473 Nürnberg-Langwasser

Bayern, Franken

Görlitzer Str. 51, Tel. (0911) 89220, Fax: 8922-115. Hotel mit 244 Komfortzimmern und Suiten, alle mit Telefon, Faxanschluß, TV, Radio, Minibar, Safe, Fön und Hosenbügler. 15 Tagungs- und Konferenzräume mit moderner Technik für bis zu 500 Personen. Parkplatz, Eingang, Frühstücksraum (mit Aufzug), Restaurant und Zimmer (mit dem Aufzug) stufenlos erreichbar. Türbreite vom Aufzug 100 cm (Tiefe 240 cm, Breite 100 cm).

Geeignet für Gehbehinderte und Familien mit geistig Behinderten; bedingt geeignet für Rollstuhlfahrer: 1 Zimmer mit Du/WC. Freiraum in Du/WC 160 x 160 cm, Freiraum links neben WC 48 cm, rechts 80 cm, davor 115 cm. Dusche nicht unterfahrbar. Keine zusätzlichen Hilfsmittel im Bad vorhanden.

Lage: Erreichbar über die A 6, Ausfahrt Nürnberg Langwasser. Zum Stadtzentrum von Nürnberg 12 km. Einkaufen, Arzt, Apotheke (in Langwasser) 1 km.

Zimmerpreise: EZ je nach Kategorie 175,- bis 366,- DM; DZ 230,- bis 446,- DM.

Astron Suite Hotel Nürnberg Fürth — 90762 Nürnberg-Fürth

Bayern, Franken

Königstr. 140, Tel. (0911) 74040, Fax: 7404400. Hotel mit 118 Suiten. Von Tiefgarage bis zur Rezeption mit dem Aufzug. Eingang, Frühstücksraum, Restaurant und Zimmer mit dem Aufzug stufenlos erreichbar. Türbreite vom Aufzug 80 cm (Tiefe 140 cm, Breite 120 cm).

Geeignet für Gehbehinderte, Rollstuhlfahrer und Familien mit geistig Behinderten. 1 Zimmer nach DIN 18024 rollstuhlgerecht. Türbreite vom Zimmer und von Du/WC 110 cm. Freiraum in Du/WC 150 x 150 cm. Waschbecken und Dusche unterfahrbar. Notruf und stabile Haltegriffe an Dusche und WC vorhanden. Bettenhöhe 40 cm.

Lage: Zur Stadtmitte von Fürth und zum Bahnhof 300 m; Arzt, Apotheke 20 m; Krankenhaus, Dialyse 3 km.
Preise auf Anfrage.

Berggasthof „Am Dreistelz" — 97789 Oberleichtersbach

Bayern, Bayerische Rhön

Dreistelzhof 5, Tel. (09741) 911500, Fax: 911530. Der Berggasthof liegt in 550 m Höhe am Fuße des Dreistelzberges, einem der schönsten Aussichtspunkte der Gegend.

Das renovierte Haus hat gemütliche Gasträume und 20 behaglich eingerichtete Zimmer (insg. 38 Betten) mit Du/WC sowie ein Zimmer für Rollstuhlfahrer.

Parkplatz, Eingang, Frühstücksraum, Restaurant und Aufzug stufenlos erreichbar. Zimmer mit dem Aufzug (Tiefe 135 cm, Breite 88 cm) erreichbar. Türbreiten: Eingang 180 cm, Frühstücksraum 83 cm, Restaurant 93 cm.

Geeignet für Gehbehinderte (alle Zimmer), für Rollstuhlfahrer (1 Zimmer) und für Familien mit geistig Behinderten. Türbreite vom rollstuhlgeeigneten Zimmer 93 cm, von Bad/WC 93 cm. Freiraum im Bad/WC (Badewanne niedriger Einstieg, mit Badewannensitz) 120 x 170 cm. Freiraum links neben WC 120 cm, rechts 25 cm, davor 110 cm. WC etwas höher als normal, stabiler Haltegriff am WC; Waschbecken unterfahrbar; kippbarer Spiegel. Bettenhöhe 58 cm. Bestellung von Fahrservice für Behinderte über Rotes Kreuz Bad Kissingen möglich.

Lage: Einkaufen, Bahnhof, Arzt, Apotheke, Krankenhaus, Freibad, Hallenbad und Tennisplatz 4 km; Tennishalle 5 km. Nähere Umgebung flach.

Preis pro Person und Tag je nach Ausstattung der Zimmer und Aufenthaltsdauer inkl. Frühstück 28,- bis 48,- DM; Halbpension zzgl. 15,- DM, VP zzgl. 21,- DM pro Person.

Viktoria Appartements und Ferienwohnungen — 87561 Oberstdorf-Rubi

Bayern, Oberallgäu

Familie Harzheim, Oberstdorfer Str. 10, Tel. (08322) 96790, Fax: (08322) 967923, E-Mail: Viktoria-fewo-app@t-online.de.

Nach Fertigstellung der Umbau- und Renovierungsmaßnahmen im großen Stil und Einbau eines Aufzuges im Herbst 1997 bietet das Haus insgesamt 15 Einheiten, davon 10 rollstuhlgerecht: Komfortzimmer, Appartements und Ferienwohnungen mit Du/WC, unterfahrbaren, teilweise flexiblen Betten (d.h. sie können verschoben werden), Durchwahltelefon, Sat-TV, überwiegend Kochnische/Minibar, Wohnteil/ Sitzecke bzw. getrennte Wohn- und Schlafzimmer, Terrasse/Balkon oder Süd-Panoramafenster mit Blick auf die Allgäuer Berge.

Barrierefrei: Restaurant, Allgäuer Stube, ausgewiesene Behindertenparkplätze, Liegewiese, Eingang, hauseigenes Hallenbad mit Lifter. Parkplatz, Eingang stufenlos. Die Zimmer teils im EG stufenlos oder über den Aufzug erreichbar. Hallenbad mit dem Aufzug erreichbar. Türbreite vom Aufzug 90 cm (Tiefe 145 cm, Breite 120 cm).

Sehr gut geeignet für Gehbehinderte, Rollstuhlfahrer, Familien und geistig Behinderte. **10 Appartements sind nach DIN 18024/25 rollstuhlgerecht.** Türbreite der Zimmer: 1 x 80 cm, Rest 93 cm, von Du/WC 80 bis 93 cm. Freiraum in Du/WC 140 x 140 cm. Freiraum links oder rechts und vor dem WC 110 cm. Duschen und Waschbecken schwellenlos unterfahrbar. Duschhocker, Duschstuhl, Kippspiegel und stabile Haltegriffe an Dusche, WC und Waschbecken vorhanden. Bettenhöhe ab 40 cm bis 46 cm. Höhenverstellbare Betten vorhanden.

Sonstige Leistungen: Massage im Haus möglich; Arzt kommt ins Haus; Zusammenarbeit mit Pflegediensten. Verleih von Hilfsmitteln, z.B. Pflegebett, Dusch/Toilettenstuhl mit Rollen, Patientenlifter, Drehscheibe, etc. Sauna, Solarium, Garage, **Abhol- und Bringservice,** Ausflugsfahrten, Organisation von Kutsch- und Schlittenfahrten (Terminvereinbarungen werden auf Wunsch übernommen).

Lage: Im Ortsteil Rubi; zur Ortsmitte von Oberstdorf 3 km. Bus 50 m; Einkaufen, Arzt, Apotheke, Krankenhaus, **Dialyse** und Bahnhof 3 km; Hallenbad im Haus; Freibad 5 km; See 15 km; Tennisplatz und Tennishalle 2 km. Ca. 40 km rolligeeignete Wander- und Spazierwege, beginnend am Haus, im Winter geräumt.

Preis für Übernachtung mit Frühstück pro Person ab 70,- bis 98,- DM; Zusatzperson 45,- DM. Einzelbelegung 115,- bis 145,- DM. Aufschläge pro Person für HP 22,- DM und VP 39,- DM jeweils auf den ÜF-Preis.

Ferienwohnung für 2 Personen 120,- bis 165,- DM, Zusatzperson 20,- DM. Kinderermäßigung bei 2 Vollzahlern. **Sonderwochen mit Sonderpreisen/ Gruppenarrangements.** Hunde auf Anfrage.

VCH Hotel Gasthof „Viktoria" — 87561 Oberstdorf / Rubi

Bayern, Allgäu

Riedweg 5, Tel. (08322) 977840, Fax: 9778486. Seit Generationen von der Familie Eß geführter Allgäuer Gasthof mit viel Atmosphäre, nach Umbau 1991 und 1998 vollständig rollstuhlgerecht. Das komfortable, absolut ruhig gelegene Haus mit Aufzug bietet Restaurant sowie Halb- und Vollpension.

Es können **bis zu 12 Rollstuhlfahrer** aufgenommen werden. Eingang zum Hotel, Restaurant, Rezeption, Kachelofenstüble, Terrasse, Liegewiese, Hallenbad, Sauna, Solarium, Fitnessraum, Aufzug und Zimmer stufenlos erreichbar. Ebenso die ausgewiesenen Behindertenparkplätze.

Sehr gut geeignet für Rollstuhlfahrer, Gehbehinderte, Senioren, Familien und Gruppen (bis 12 Rollstuhlfahrer zuzüglich Familienangehörige, Begleitung, usw.).

Eingang stufenlos, Türbreite 100 cm. Aufzug: Flurbreite vor dem Aufzug 280 cm; Türbreite 85 cm; Tiefe 140 cm, Breite 110 cm.

Zimmer: Türbreite 95 cm, Schrank mit Kleiderlift, Zimmerservice, Telefon, Farb-TV. Bettenhöhe 43 bis 58 cm, Freiraum vor der Bettlängsseite 140 cm, vor dem Fußende 180 cm. Balkon mit Überfahrbrücke erreichbar. Türbreite 98 cm, Breite 670 cm, Tiefe 150 cm. **Pflege- und Seniorenbetten**, Aufrichthilfe.

Badezimmer: Türbreite 93 cm, stufenlos, Bewegungsfreiraum 190 x 240 cm; freier Platz am WC 140 x 160 cm; unterfahrbares Waschbecken, verstellbarer Spiegel, Handbrause, ebenerdig unterfahrbare Dusche, abklappbarer Duschsitz, Haltegriffe, Notruf, fahrbarer Duschstuhl, Toilettenstuhl.

Lage: 3 km vor Oberstdorf, sehr ruhig, freie Sicht auf die Oberstdorfer Berge, ca. 40 km ebene Spazier- und Wanderwege vom Haus aus erreichbar. Kuranwendung,

Apotheke, Krankenhaus und **Dialyse** 3 km; Bus 50 m. Massage und Krankengymnastik im Haus; Sauna und Solarium rollstuhlfahrergeeignet.

Service: Einkaufsservice, Zusammenarbeit mit Pflegediensten, Rolli- und Hilfsmittelverleih, Organisation von Kutsch- und Schlittenfahrten, Ausflugsfahrten, Terminvereinbarungen werden auf Wunsch übernommen. Garagen; **Abhol- und Bringservice mit Spezialbus innerhalb Deutschlands**; Arzt kommt ins Haus. Tagungsmöglichkeiten: Tagungs- und Seminarraum vorhanden.

Preise: 80,- bis 90,- DM pro Person und Tag im Doppelzimmer; 110,- DM pro Person und Tag im Appartement. Kinder bis 12 Jahre im Zimmer der Eltern 15,- DM. Halbpension zzgl. 22,- DM, Vollpension zzgl. 39,- DM. Gruppenermäßigung, Vor- und Nachsaisonpreise. Besonders empfehlenswertes Haus.

Hotel Garni Gerberhof — 87561 Oberstdorf

Bayern, Allgäu

Zweistapfenweg 7, Tel. (08322) 7070, Fax: 707100. Schönes Hotel mit insgesamt 72 Betten, mit geschmackvoll eingerichteten Doppel- und Einzelzimmern mit Bad/WC oder Du/WC, Balkon oder Terrasse, Zimmer- und Amtstelefon, teilweise Kabel-TV. Hauseigenes Hallenschwimmbecken, Sauna und Solarium, hauseigene Parkplätze. Schön angelegter Garten mit herrlichem Blick auf die Berge.

Stufenlos erreichbarer Parkplatz am Haus. Eingang 5 Stufen (je 20 cm), Seiteneingang, Rezeption, Frühstücksraum, Aufenthaltsraum, Terrasse, Garten, Liegewiese, Sauna, Solarium, Aufzug und Zimmer stufenlos erreichbar. 2 Stufen zum Hallenbad (29 °C) mit Gegenstromanlage. Alle Türen im Haus mindestens 90 cm breit. Innenmaße vom Aufzug: Breite 120 cm, Tiefe 140 cm.

Geeignet für Senioren, Kurgäste, Gehbehinderte, Rollstuhlfahrer und Dialysepatienten (**Dialyse** 2 Gehminuten). Badezimmer mit Dusche/Badewanne. Freiraum in Bad/WC 100 x 150 cm. Freiraum vor dem WC 160 cm. Dusche nicht schwellenlos unterfahrbar, Duschhocker vorhanden. Etwa 30 Rollstuhlfahrer pro Jahr zählen regelmäßig zu den zufriedenen Gästen.

Lage: Zum Zentrum, Tennisplatz und Freiluftschach 400 m; Bhf., Minigolf und Spielplatz 500 m; Bus und Apotheke 300 m; Einkaufen, Arzt und Kuranwendungen 200 m; Krankenhaus und Grillplatz 700 m; See 1,5 km; Freibad und Tennishalle 1 km; Eislaufzentrum 800 m. Wege befestigt, nähere Umgebung des Hauses flach. Auf Wunsch werden Behinderte vom Bahnhof Oberstdorf kostenlos abgeholt. Hausarzt kommt jederzeit ins Hotel, Kuranwendungen in nächster Nähe.

Preis pro Tag und Person inkl. Frühstücksbuffet im DZ 69,- bis 93,- DM, im EZ 83,-

bis 105,- DM. Zusatzbett 50 % Nachlaß. 2-Zimmer-Appartement ohne Kochgelegenheit 85,- bis 98,- DM. Für Kinder richtet sich der Preis nach dem Alter.

Mitbringen von Hunden auf Anfrage, Unterbringung pro Tag ohne Futter 10,- DM. Saunabenutzung 10,- DM, Sonnenbank-Gebühr 5 ,- DM.

Hausprospekt und ausführliche Preisliste für Hotelappartements und Ferienwohnungen auf Anfrage. Frühzeitige Buchung erforderlich, da nicht alle Zimmer rollstuhlgeeignet sind.

Gasthof „Alte Post" — 91286 Obertrubach

Bayern, Fränkische Schweiz

Trubachtalstr. 1, Tel. (09245) 322, Fax: 690. Gasthof mit 40 rustikal und gemütlich eingerichteten Zimmern mit Bad/Du/WC, teilweise mit Balkon/Terrasse. Parkplatz, Eingang, Frühstücksraum, Restaurant, Behinderten-WC im EG und 4 Zimmer im EG stufenlos erreichbar. Alle Türen 100 cm breit.

Geeignet für Gehbehinderte, Familien mit geistig Behinderten, bedingt geeignet für Rollstuhlfahrer mit Begleitung. Das Haus wird sehr oft von körperlich und geistig behinderten Gästen aufgesucht, alle zufrieden. Türbreiten der Zimmer und von Du/WC (von 4 Zimmern) 100 cm breit. Freiraum links und rechts neben WC 35 bis 50 cm; Freiraum vor dem WC je nach Zimmer 100 bis 250 cm. Waschbecken unterfahrbar, Dusche (Duschwanne) nicht unterfahrbar (Schwellenhöhe 25 cm), Duschhocker und stabiler Haltegriff am WC vorhanden.

Lage: In der Ortsmitte; Einkaufen 20 m; Bus und Arzt 200 m; Kuranwendungen 400 m; Spielplatz 500 m; Freibad 8 km; Hallenbad 10 km. Umgebung ebenerdig zum Haus; es gibt flache und steile Wanderwege.

Preis pro Person: Übernachtung mit Frühstück 40,- DM; mit Halbpension 55,- DM, mit Vollpension 60,- DM.

Ferienwohnung Gabriele Steigenberger — 82441 Ohlstadt

Bayern, Oberbayern, bei Garmisch-Partenkirchen

Unterdorfstr. 4, Tel. (08841) 7596, Fax:(08841) 7596. Eine Ferienwohnung für bis zu 5 Personen, ca. 87 qm, 2 Doppelzimmer. Vom Parkplatz zum Eingang mit Rampe stufenlos. Frühstücksraum und Terrasse stufenlos.

Geeignet für Rollstuhlfahrer und Familien mit geistig Behinderten. Türbreite der Zimmer und von Du/WC 82 cm. Bettenhöhe 46 cm; Kopf- und Fußteil höhenverstellbar. Bewegungsfreiraum in Du/WC 262 x 240 cm. Freiraum links neben WC 170 cm, rechts 30 cm, davor 170 cm. Dusche schwellenlos, Waschbecken unterfahrbar, Spiegel durchgehend bis Waschbeckenrand. Festinstallierter Duschsitz und stabile Haltegriffe an Dusche und WC vorhanden. Strickleiter (statt Galgen); Hilfeleistung; Pflege nach Absprache (Vermieterin ist examinierte Krankenschwester).

Lage: Zur Ortsmitte mit Einkaufsmögl. 500 m; Arzt 100 m; Apotheke, Hallenbad 1 km; Freibad, Bahnhof 2 km; Staffelsee, Krankenhaus 7 km; Dialyse 8 km.

Wanderwege mit vielen Bänken zum Ausruhen. Wege relativ eben; Schotter oder Asphalt.

Preis für die Ferienwohnung pro Tag bei 2 Personen 80,- DM; jede weitere Person zzgl. 6,- DM (Max. 5 Personen).

Georgshof — 97645 Ostheim

Bayern, Rhön

Frickenhäuser Str. 11, Tel. (09777) 1256, Fax: (09777) 3234. Vier Ferienwohnungen, je 70 qm, 2 Schlafzimmer, Du/WC, großer Wohnraum mit integrierter Küche, Balkon oder Terrasse. Hauseigene Sauna, Grillplatz, Tischtennis- und Bastelraum. Parkplatz und Eingang stufenlos.

Geeignet für Gehbehinderte, Familien mit geistig Behinderten. Für Rollstuhlfahrer nur bedingt geeignet, da Du/WC nicht rollstuhlgeeignet. Türen von Zimmer und Du/WC 100 cm breit.

Lage: Zwischen Ostheim und Frickenhausen, ca. 2 km vor Ostheim, neben der Reithalle. Zur Ortsmitte 2,5 km; Einkaufen, Arzt, Apotheke, Hallenbad 2,5 km; Krankenhaus 3 km; Freibad 5 km; Dialyse 17 km.

Preis für die Ferienwohnung pro Tag bei 2 Personen 59,- DM; jede weitere Person zzgl. 10,- DM.

Urlaub auf dem Bauernhof Familie Schmidt — 97645 Ostheim

Bayern, Bayerische Rhön

Grundweg 4, Tel. (09777) 1447, Fax: 1641. Bauernhof in ruhiger Ortsrandlage mit Ackerbau und Viehhaltung. Auf dem Hof leben Pferde, Kaninchen, Katzen, Hühner und zwei Hunde. Kinderspielplatz mit Holzhütte, Pergola mit Grill, Tischtennis, Federball. 3 Ferienwohnungen für 4-5 Personen und ein Appartement. Eingang mit Rampe, Türen 80 cm breit.

Geeignet für Gehbehinderte, Familien mit psychisch oder physisch behinderten Menschen; bedingt geeignet für Rollstuhlfahrer (3 Ferienwohnungen für jeweils 2 bis 4 Personen). Türbreiten der Zimmer und von Du/WC 80 cm; Freiraum in Du/WC ca. 120 x 140 cm; Freiraum links neben WC 60 cm, rechts 20 cm, davor 140 cm. Dusche nicht unterfahrbar (Schwelle 20 cm), Duschsitz und Haltegriff am WC vorhanden.

Bettenhöhe 50 cm. Abholservice vom Bahnhof. Brötchendienst.

Lage: Am Ortsrand; zur Innenstadt mit Ärzten, Apotheken und Kneippanlage 1 km; Angelteich 500 m; Hallenbad 1,5 km; Freibad und Krankenhaus 7 km. In Ostheim gibt es außerdem Minigolf, Reitmöglichkeiten, Kutschfahrten, Segelflugplatz und Fahrradverleih. Idyllischer Ort, viele Freizeitmöglichkeiten im Sommer und im Winter.

Preis für eine Ferienwohnung je nach Personenzahl und Saison 40 bis 80 DM pro Tag. Auf Wunsch Frühstück. Mitbringen von Haustieren nach vorheriger Absprache möglich.

Kolping Familienferienstätte — 87459 Pfronten-Rehbichl

Bayern, Allgäu

Kolpingstr. 23, Tel. (08363) 9126-0, Fax: 9126-56. Anmeldungen beim Träger: Familienwerk der Deutschen Kolpingfamilie e.V., Kolpingplatz 5-11, 50667 Köln, Tel. (0221) 20701-0. Familienferienstätte mit insgesamt 131 Betten, 32 Appartements, jeweils mit Dusche und WC ausgestattet.

Die Ferienstätte ist modern und behaglich eingerichtet und bietet Kindergarten, Säuglingsküche und Waschmaschinen. Zur Ferienstätte gehören außerdem: Kinderspielplatz, Spielzimmer, Bücherei, Tischtennis, Kegelbahn, Sporthalle und Hauskapelle.

Geeignet für Gehbehinderte, Rollstuhlfahrer und Familien mit geistig Behinderten. 2 Appartements (6 Zimmer) sind speziell für Rollstuhlfahrer ausgestattet. Türbreiten der Zimmer 84 cm, von Du/WC 80 cm. Freiraum in Du/WC 120 x 150 cm. Dusche und Waschbecken unterfahrbar, festinstallierter Duschsitz und stabiler Haltegriff an Dusche vorhanden.

Lage: Ruhige Lage, umgeben von Wiesen und Wäldern, mit Blick auf die Allgäuer Berge, mit einer Höhenlage von 900 m. Freizeitmöglichkeiten in der Umgebung: Wandern, Tennis, Radfahren, Reiten, Bergbahnen, Hallenbad und Freibad; Lifte und Loipen für die Wintergäste.

Preise pro Tag/Person inkl. Vollpension ab 3 Tage Aufenthalt: Erwachsene ab 18 Jahre 68,- DM (EZ-Zuschlag 11,- DM). Ermäßigungen: Jugendliche 12-17 Jahre 15%; Kinder 7-11 Jahre 30 %; Kinder 3-6 Jahre 45%, Kinder unter 3 Jahren frei. Kurtaxe pro Tag für Erwachsene und Kinder ab 14 Jahre 1,50 DM, Kinder 7 bis 13 Jahre 1,- DM.

Ferienwohnung Bernhard Endres — 91785 Pleinfeld

Bayern, Neues Fränkisches Seenland

Gündersbach 8, Tel. (09144) 93080, Fax: 93082, E-Mail: b.endres@web.de. Der Vermieter, Bernhard Endres, ist selbst Rollstuhlfahrer. **Eine rollstuhlgerechte Ferienwohnung** in einer 1994 fertiggestellten Wohnanlage, 75 qm, ein Wohn-Schlafraum mit Eßecke, Farb-TV, Telefon, ein großes Zweibettzimmer, eine Einbauküche mit Spülmaschine (unterfahrbar sind Arbeitsplatte und E-Herd).

Zum Garten gehört eine gepflasterte Terrasse. Die ganze Wohnung ist mit Ausnahme vom Bad mit einem Parkettfußboden ausgelegt.

Geeignet für Rollstuhlfahrer, Gehbehinderte und Familien mit geistig behinderten Personen. Türbreite vom Aufzug 80 cm; alle übrigen Türen sind mindestens 82 cm breit. Der Eingang ist stufenlos. Von der Tiefgarage aus gelangt man mit dem Aufzug ebenfalls stufenlos zur Wohnung.

Rollstuhlgerechtes Bad/WC mit unterfahrbarer Dusche. Festinstallierter Duschsitz und stabile Haltegriffe an Dusche und WC vorhanden. Freiraum in Du/WC 150 x 150 cm. Freiraum links neben WC 90 cm, rechts 30 cm, davor 175 cm. Bettenhöhe 50 cm.

Lage: Pleinfeld liegt ca. 50 km südl. von Nürnberg. Das Haus grenzt an ein idyllisches, parkähnliches Gelände mit altem Baumbestand. Kinderspielplatz, Wanderwege und Asphaltkegelbahn. Ortsmitte, Einkaufen, Apotheke, Freibad und Hallenbad 600 m; Spielplatz 50 m; Bahnhof 300 m; Arzt 400 m; Tennisplatz 700 m; Brombachsee, Angeln, Minigolf 2 km; kleiner Brombachsee mit **rollstuhlgerechter Baderampe** 7 km; Krankenhaus, **Dialysezentrum** 10 km. Caritas-Pflegedienst vor Ort.

Preis für die Ferienwohnung pro Tag in der Nebensaison 75-, DM oder 21 Tage zum Aktionspreis von 1.200,- DM. In der Hauptsaison (1.6. bis 15.9.) pro Tag 89,- DM. Handy-Bike Verleih - auch mit Rollstuhl.

Freizeitheim „Berlin" Polstermühle — 92539 Polster / Schönsee

Bayern, Oberpfalz

Tel: (09674) 523. Träger des Freizeitheims: Vereinigung für Jugendhilfe Berlin e.V., Grenzallee 53, 12057 Berlin. Tel. (030) 68281-3, Fax: (030) 68281-520. Heimverwaltung: Monika Rückerl, Polster 10, 92539 Schönsee/Opf., Tel. (09674) 247, Fax: (09674) 68281-455. 9 Räume mit insgesamt 35 Betten. Für Betreuer stehen Zimmer zur Verfügung. Fl. w+k Wasser in allen Zimmern.

Großer Tagesraum mit Farb-TV und Stereoanlage, Tischtennisraum, Schreib- und Leseraum, Duschraum, große Spiel- und Liegewiese. Große Küche mit Kühlschrank

und Geschirrspüler, Selbstbewirtschaftung. Lieferung von warmen Malzeiten auf Anfrage. Einkaufsmöglichkeiten in Eslarn und in Schönsee (ca. 5 km).
Geeignet für Behindertengruppen bis 35 Pers., für Schwerstbehinderte und Rollstuhlfahrer nur bedingt geeignet; das EG kann von 2 Rollifahrern bewohnt werden. Türbreiten der Zimmer 83 cm, von Du/WC 94 cm. Dusche und Waschbecken unterfahrbar. Haltegriffe an Dusche und WC vorhanden.

Lage: Inmitten von Wiesen und Wäldern, in der Nähe zwei Bauernhöfe.
Preis pro Person und Übernachtung 15,- DM. Einmalige Bettwäschegebühr 10,- DM.

BRK-Ferienhaus Sonnenhang — 92714 Pleystein

Bayern, Oberpfälzer Wald

Schullandheimweg 9, Tel. (09654) 92030, Fax: 1525. Sehr ruhig in Südlage gegenüber dem historischen Ort Pleystein gelegen, inmitten der bewaldeten Hügel des Oberpfälzer Waldes, 25 km von der Stadt Weiden entfernt.

Behindertengerechte Anlage für Rollstuhlfahrer mit 36 Familien- und **16 Behindertenappartements**, alle mit Balkon, Kochnische, Bad oder Dusche und WC. Die Dusche ist für Rollstuhlfahrer schwellenlos unterfahrbar, stabile Haltegriffe an Dusche und WC vorhanden. Bettenhöhe in den Behindertenappartements 50 bis 60 cm.

Kinderbetreuung von Ostern bis Oktober und über Weihnachten. Bastelraum, Fernsehraum, Sauna, Solarium, Fitnessraum, Kegelbahn, Schach im Freien, großer Spielplatz, Terrasse, gemütliche Eßräume, Frühstücksbuffet. Pflegeperson für pflege- oder hilfsbedürftige Urlauber mit einem Handikap kann bestellt werden, Überweisungsschein für "Häusliche Pflege" ist notwendig. Auf Wunsch Abholung vom Bahnhof Weiden möglich, pro Fahrt 40,- DM.
Geeignet für Senioren und Gehbehinderte (bis 140 Pers.), für Rollstuhlfahrer (Gruppen bis 30 Pers.), für Familien u. Gruppen mit geistig Behinderten (bis 80 Personen).

Preise in der Hauptsaison: Kinder bis 2 Jahre frei; Kinder ab 2 Jahre im Zimmer der Eltern HP 14,50 DM, VP 16,- DM; Kinder ab 6 Jahre HP 34,50 DM, VP 38 DM; Jugendliche ab 12 Jahre HP 46,50 DM, VP 48,- DM; Erwachsene ab 18 Jahre HP 57,- DM, VP 59,- DM. Hauptsaisonzeiten vom 01.06. bis 30.09. und vom 01.12. bis 30.01.

Vor- und Nachsaisonspreise: Kinder bis 2 Jahre frei; Kinder ab 2 Jahre HP 14,50 DM, VP 16,- DM; Kinder ab 6 Jahre HP 34,50 DM, VP 38,- DM; Jugendliche ab 12 Jahre HP 46,50 DM, VP 48,- DM; Erwachsene ab 18 Jahre HP 57,- DM, VP 59,- DM. HP-Preise jeweils gültig für Mittagessen; HP mit Abendessen jeweils ca. 2 bis 3 DM preiswerter. In der Vor- und Nachsaison ca. 3,- bis 4,- DM Ermäßigung pro Person. Personentransporte: Pro km 1,- DM; Bahnhoffahrten DM 40,- pro Bus.

Hotel Lindenhof Ringhotel Hersbruck — 91224 Pommelsbrunn

Bayern, Mittelfranken, Frankenalb

Hubmersberg 2, Tel. (09154) 270, Fax: 27370. Hotel mit 45 Zimmern, alle mit Bad oder Du/WC, Telefon und TV. Parkplatz stufenlos, Eingang 1 Stufe, Frühstücksraum und Restaurant stufenlos, Hallenbad 1 Stufe, Zimmer mit dem Aufzug stufenlos erreichbar. Türbreite vom Aufzug 90 cm (Tiefe 140 cm, Breite 107 cm).
Geeignet für Gehbehinderte und Familien mit geistig Behinderten. Bedingt geeignet für Rollstuhlfahrer mit Begleitung (8 Zimmer). Türbreiten der Zimmer und von Bad oder Du/WC 80 cm. Freiraum in Bad/Du/WC 120 x 160 cm. Freiraum rechts neben WC 30 cm, davor 100 cm. Waschbecken unterfahrbar, Dusche nicht unterfahrbar: Schwelle 15 cm, Duschhocker auf Wunsch.
Lage: Einkaufen, Arzt, Apotheke 3 km; Krankenhaus und Freibad 5 km; hauseigenes Hallenbad. Preise und Hausprospekt auf Anfrage.

Ferienwohnung und Gästehaus „Luise" — 96332 Pressig

Bayern, Frankenwald

Luise Welsch, Marienroth 60, Tel. (09265) 1530, tagsüber (09261) 6064-0, Fax: (09261) 6064-1. Eine Ferienwohnung, ca. 100 qm für bis zu 7 Personen, drei Schlafräume, zwei Drei-Bett und ein Einzelzimmer, Küche, Farb-TV, Dusche und WC. Parkplatz und Eingang stufenlos. Gartenmöbel, Liegewiese und Tischtennis.

Geeignet für Gehbehinderte und Familien mit geistig Behinderten bis 7 Personen. Türbreiten der Zimmer und vom Bad 80 cm, Freiraum im Bad/WC 170 x 210 cm. Waschbecken unterfahrbar, Duschwannenhöhe 22 cm, Duschhocker vorhanden. Bettenhöhe 48 cm.

Lage: Bhf., Arzt, Apotheke, Freibad und Hallenbad 5 km; Bus 150 m.
Preis pro Woche für 4 Personen 500,- DM, jede weitere Person zzgl. 50,- DM pro Woche (bis 7 Personen). Preis für die Ferienwohnung pro Tag ab 65,- DM.

Bootsverleih Volkmar Stöffl — 83209 Prien am Chiemsee

Bayern, Chiemsee

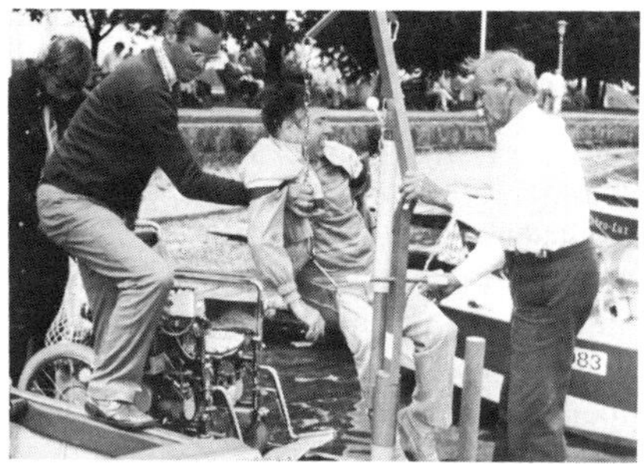

Seestr. 64, Tel. (08051) 2000 oder 1616. Bootsverleih an der Strandpromenade von Prien am Chiemsee, hauptsächlich mit Elektrobooten. Die Boote haben eine Größe für bis zu 8 Personen und können von den Gästen selbst ohne Bootsschein gefahren werden. Außerdem wurde ein Hebelifter bereitgestellt, womit auch Rollstuhlfahrer und Gehbehinderte in die Boote hereingehoben werden können.

Yachthotel Chiemsee — 83209 Prien am Chiemsee

Bayern, Chiemsee

Harrasser Str. 49, Tel. (08051) 6960, Fax: 5171. Schönes Hotel der gehobenen Klasse (4-Sterne) mit herrlicher Lage direkt am Chiemsee. 102 Zimmer mit Bad/Du/WC, Telefon, Farb-TV und Minibar; 2 rollstuhlgerecht ausgestattete Zimmer. Eingang, Einrichtungen, Zimmer und Restaurant stufenlos erreichbar. Kuranwendungen im Haus möglich.

Geeignet für Senioren, Gehbehinderte, Kurzurlauber und Rollstuhlfahrer. **Feriendialyse** in Prien.

Lage: bezaubernde Landschaft mit Blick auf die Alpen; große Liegewiese am Haus; Badesteg; hoteleigene 2-Mast-Segel-Yacht; Tennis, Golf, Bergwandern in der Nähe, Spaziergänge direkt ab Hotel; Zirbel-Stüberl, Gourmet-Restaurant, See-Pavillon, Seeterrasse.

Zimmerpreise inkl. Frühstück: EZ 195,- bis 260,- DM; DZ für 2 Personen 255,- bis 320,- DM. Aufpreis für HP 45,- DM, für VP 75,- DM pro Person. Weitere Preise und Gruppenpreise auf Anfrage. Ein Hausprospekt sowie die Sonderarrangements mit zum Teil stark reduzierten Zimmerpreisen über das ganze Jahr können angefordert werden.

Freizeit- und Erholungsstätte Kastell Windsor — 93191 Rettenbach

Bayern, Oberpfalz

Tel. (09484) 298, Fax: 952992. Träger ist das Diakonische Werk Regensburg. Die 3 Häuser der Erholungs- und Freizeitstätte bieten zusammen 160 Plätze in freundlich und familiengerecht ausgestatteten Appartements sowie in 2- und 3-Bettzimmern und sind für Familien, Gruppen und Jugendgruppen sehr gut geeignet. Hallenschwimmbad, mehrere Gruppenräume, eine Kegel- und Bocciabahn. Gutbürgerliche Küche, auf Wunsch Vollwertkost oder vegetarische Küche.

Geeignet auch für Rollstuhlfahrer, Gehbehinderte, geistig Behinderte und andere Behinderte (und Gruppen). 14 Zimmer sind rollstuhlgerecht. Freiraum in Du/WC 140 x 140 cm. Dusche und Waschbecken unterfahrbar. Duschhocker, Haltegriffe an Dusche und WC sowie Kippspiegel vorhanden. 5 weitere Zimmer bedingt rollstuhlgeeignet.

Preise inkl. VP: Erwachsene und Jugendliche 46,50 bis 61,- DM, Kinder von 7 bis 11 Jahren 43,50 bis 55,- DM; von 2 bis 6 Jahren 36,50 bis 45,- DM. Preisnachlässe in der Vor- und Nachsaison. Unterbringung in Doppelzimmern. EZ-Zuschlag 15,- DM.

Ferien auf dem Bauernhof
Ferienwohnungen Konrad Mader 94209 Regen

Bayern, Bayerischer Wald

Sallitz 28, Tel. + Fax: (09921) 3385. Der Bauernhof mit vielen großen und kleinen Tieren in idyllischer Alleinlage nahe dem Regenfluß ist bestens geeignet für Familien mit Kindern, Kindergruppen mit Erziehern und Behindertengruppen mit Betreuern.

Es gibt 5 große Ferienwohnungen für 6 bis 12 Personen. 3 Wohnungen sind über Treppen und 2 Wohnungen sind ohne Stufen erreichbar. Jede Wohnung hat einen Eingang, Bad, Waschmaschine, 2 WC, Wohnküche, Geschirrspülmaschine, SAT-TV und 2, 3 oder 4 Schlafräume. Kinderbetten und Bettwäsche vorhanden.

Preis pro Ferienwohnung bis 4 Personen 60,- DM / Tag. Jede weitere Person 10,- DM pro Tag. Außerhalb der Ferienzeiten gilt 7 Tage wohnen, 6 Tage bezahlen oder 14 Tage wohnen und 11 Tage bezahlen. Außer der Kurtaxe sind alle Nebenkosten im Preis enthalten.

Sorat Insel-Hotel Regensburg — 93059 Regensburg

Bayern, Ostbayern, Oberpfalz

Müllerstr. 7, Tel. (0941) 81040, Fax: 8104444. 75 geräumige Zimmer, 10 Suiten, alle mit Fußbodenheizung, Telefon, Faxanschluß, Sat-TV, Radio, Minibar, teilw. Klimaanlage. 5 Konferenzräume für bis zu 80 Personen. Von Tiefgarage zum Empfang per Aufzug stufenlos. Eingang, stufenlos. Frühstücksraum und Restaurant je 3 Stufen. Türbreite vom Aufzug 90 cm (Tiefe 140 cm, Breite 110 cm).

Geeignet für Gehbehinderte und Rollstuhlfahrer (bis auf die 3 Stufen zum Frühstücksraum/Restaurant). 1 Zimmer rollstuhlgerecht: Türbreite vom Zimmer 86 cm, von Du/WC 80 cm. Freiraum in Du/WC 265 x 180 cm. Dusche und Waschbecken unterfahrbar. Festinstallierter Duschsitz, Duschhocker, Kippspiegel, Notruf und Haltegriffe vorhanden.

Lage: Im Zentrum; Arzt, Apotheke 500 m; Krankenhaus 3 km; **Dialyse** 5 km.

Zimmerpreise: EZ 200,- bis 260,- DM; DZ 240,- bis 300,- DM inkl. Frühstück. Ermäßigte Wochenendpreise auf Anfrage.

Hotel Ibis Castra Regina — 93047 Regensburg

Bayern, Ostbayern, Oberpfalz

Bahnhofstr. 22, Tel. (0941) 56930, Fax: 5693-505. Hotel mit 119 komfortablen Zimmern, alle mit Du/WC, Radio, TV und Telefon. Eingang, Restaurant und Aufzug stufenlos erreichbar. Türbreite vom Aufzug 80 cm.

Geeignet für Rollstuhlfahrer (2 Zimmer) und Familien mit geistig Behinderten. Türbreite von Zimmer und Du/WC 80 cm. Freiraum in Du/WC 240 x 240 cm. Freiraum links neben WC 180 cm, davor 180 cm. Dusche und Waschbecken unterfahrbar; Duschhocker und stabiler Haltegriff an Dusche vorhanden.

Lage: Ortsmitte 1 km; Bahnhof und Bus 200 m; Arzt und Apotheke 10 m; Hallenbad 1 km; Freibad und Krankenhaus 5 km.

Zimmerpreise: EZ und DZ 89,90 DM; Zustellbett 30,- DM. Frühstück 15,- DM pro Person. Gutes Preis-Leistungsverhältnis.

Ferienwohnung Obinger — 83242 Reit im Winkl

Bayern, Chiemgauer Alpen

Erika und Hans Obinger, Mühlenweg 1, Tel. (08640) 1535. Neuerbaute Ferienwohnung für 2-4 Personen in einem sehr schönen Haus in bester Lage in Reit im Winkl.

Geeignet für Gehbehinderte, bedingt geeignet für Rollstuhlfahrer, aber keine unterfahrbare Dusche. Türbreite vom Eingang 77 cm, vom Zimmer 80 cm, von Du/WC 80 cm. Freiraum in Du/WC 170 x 200 cm (sehr groß). Freiraum links neben WC

120 cm, rechts 65 cm, davor 90 cm. WC-Höhe 43 cm. Dusche nicht unterfahrbar. Waschbecken unterfahrbar. Keine weiteren Hilfsmittel vorhanden. Bettenhöhe 50 cm.

Lage: Ruhige Lage; zur Ortsmitte 1,2 km; Einkaufen 800 m; Arzt, Apotheke, Tennisplatz und Tennishalle 1 km; Spielplatz 500 m; Freibad und Hallenbad 1,2 km. Viele Wege zum Wandern mit nur leichten Steigungen.
Preis für die Whg. im Sommer 80,- bis 100,- DM, im Winter 100,- bis 130,- DM/ Tag.

Ferienwohnung Hof Bücherl — 92444 Rötz / Trobelsdorf

Bayern, Oberpfälzer Wald, Waldmünchner Urlaubsland

Johann und Renate Bücherl, Trobelsdorf 3, Tel. (09976) 902080, Fax: 902081. Hof mit DLG-Gütezeichen, in ruhiger Ortsrandlage am Südhang, umgeben von Wald und Wiesen, mit einer neuen Ferienwohnung, 55 qm, für 4 bis 6 Personen (zwei Schlafzimmer).

Die Wohnung hat einen eigenen Eingang und verfügt über Farb-TV, Zentralheizung, vollständig eingerichtete Küche, Terrasse und Liegewiese. Auf dem Hof gibt es einen Kinderspielplatz, Katzen und Kälber. Vom befestigten Parkplatz zur Wohnung ca. 20 m. Eingang, Zimmer und Bad stufenlos (Eingangsschwelle 2 cm hoch). Terrasse ebenfalls stufenlos erreichbar.

Geeignet für Gehbehinderte und für Familien mit geistig Behinderten; für Rollstuhlfahrer ebenfalls geeignet, Du/WC etwas eng, aber mit dem Rollstuhl befahrbar. Türbreiten von Zimmer und Du/WC 82 cm. Raumgröße von Du/WC 325 x 150 cm; Freiraum 140 x 90 cm; Freiraum rechts neben WC 80 cm, davor 90 cm. Haltegriff links neben WC; klappbarer Haltegriff an der Dusche. Duschschwelle 1,5 cm, Duschhocker vorhanden. Waschbecken und WC sind seitlich und von vorne anfahrbar. Bettenhöhe 42 cm.

Service: Pflegedienst nach vorheriger Terminabsprache kann organisiert werden. Den Gästen werden Grillabende, Heukranz binden, usw. angeboten. Bei schlechtem Wetter kann ein Spiel- und Aufenthaltsraum genutzt werden.

Lage: Ortsmitte, Spielplatz 100 m; Bus, Apotheke, Hallenbad, Tennisplatz 3 km; Tennishalle 7 km; See 12 km; Minigolf, Freibad 15 km; Dialysezentrum 25 km. Umgebung leicht hügelig.

Preis pro Tag bei Belegung mit 4 Personen 50,- DM; für jede weitere Person zzgl. 5 ,- DM. Bettwäsche, Geschirr- und Handtücher werden gestellt.

Hotel „Zur Post" 83101 Rohrdorf

Bayern, Chiemgau, Wendelstein

Familie Albrecht-Stocker, Dorfplatz 14, Tel. (08032) 1830, Fax: 5844, Internet: www.post-rohrdorf.de. Sehr schönes, renommiertes Hotel in bester Lage, mit 110 komfortablen, geschmackvoll eingerichteten Zimmern mit Dusche oder Bad/WC, TV und Telefon. Gemütliche Restaurants; Garten-Restaurant mit frischen Produkten aus eigener Metzgerei und Landwirtschaft.

Vom Parkplatz zum Eingang mit Rampe, Frühstücksraum, Restaurant und Zimmer (mit dem Aufzug) stufenlos erreichbar. Zum Garten eine Stufe. Türbreite vom Aufzug 108 cm (Tiefe 140 cm, Breite 108 cm).

Geeignet für Gehbehinderte (bis 50 Pers.), Familien mit geistig Behinderten; bedingt geeignet für Rollstuhlfahrer (30 Zimmer). Türbreite der Zimmer 81 cm, von Bad/WC 62 bis 72 cm. Freiraum in Bad oder Du/WC 110 x 140 cm. WC nicht seitlich anfahrbar; Freiraum vor dem WC 103 cm. Keine unterfahrbare Dusche, keine weiteren Hilfsmittel vorhanden.

Lage: Im ruhigen Ortskern von Rohrdorf, am nördlichen Ausläufer des Samerberg- und Hochriesgebietes. Rohrdorf selbst ist flach, gut mit dem Rollstuhl befahrbar. Einkaufen 100 m; Bahnhof 8 km; Arzt 700 m; Apotheke 300 m; Krankenhaus, Dialyse 10 km; Freibad 4 km; Hallenbad 8 km.

Preise: EZ je nach Kategorie 79,- bis 88,- DM; DZ 106,- bis 118,- DM. Besonders empfehlenswertes Hotel.

Panorama Hotel Rosenheim 83022 Rosenheim

Bayern, Voralpenland, Chiemsee

Brixstr. 3, Tel. (08031) 3060, Fax: 306-415. Komfortables 3-Sterne Hotel mit 89 Zimmern, alle mit Bad oder Du/WC, TV und Telefon. Parkplatz, Eingang, Frühstücksraum und Zimmer (mit dem Aufzug) stufenlos erreichbar. Türbreite vom Aufzug 185 cm (Tiefe 200 cm, Breite 110 cm).

Geeignet für Gehbehinderte (20 Pers.), Rollstuhlfahrer und Familien mit geistig Behinderten. 1 Zimmer rollstuhlgerecht. Türbreite vom Zimmer 80 cm, von Du/WC 92 cm. Freiraum in Du/WC 140 x 140 cm. Freiraum links neben WC 45 cm, rechts 130 cm, davor 140 cm. Dusche und Waschbecken unterfahrbar. Festinstallierter

Duschsitz, Kippspiegel und stabile Haltegriffe an Dusche und WC vorhanden.
Lage: In der Stadtmitte, direkt am Kongresszentrum und Eisstadion. Einkaufen, Arzt, Apotheke 200 m; Krankenhaus, Dialyse, Freibad und Hallenbad 1 km.

Preise: EZ 160,- DM; DZ 195,- DM. Wochenendtarife (auf Anfrage, nach Verfügbarkeit): EZ 80,- bis 125,- DM; DZ 160,- DM.

Allgäu-Ferienhaus Strobel 87672 Roßhaupten

Bayern, Allgäu

Füssener Str. 30, Tel. (08367) 532, Fax: (08367) 577. Neues, gemütliches Haus mit 12 behaglich eingerichteten Ferienwohnungen. Erholsamer, naturverbundener Urlaub mitten im Ferienland Ostallgäu. Blick auf Allgäuer Alpen. Familiäre Atmosphäre. Alle 12 Ferienwohnungen haben alle Balkon/Terrasse, Küche, Kaffeemaschine, Farb-TV, Telefon, Bett- und Frotteewäsche. Im Haus Fitness- und Spielraum, gemütlicher Aufenthaltsraum, sonnige Liegewiese mit Gartengrill, Sauna mit Whirlpool. Eingang mit Rampe über 1 Stufe, alle Türen mindestens 80 cm breit.

Geeignet für Gehbehinderte und für Rollstuhlfahrer mit Begleitung und für Familien mit geistig Behinderten: 5 Ferienwohnungen im EG. Bettenhöhe 40 cm, Erhöhung auf 60 cm möglich. Türen der Zimmer und von Bad/WC mehr als 80 cm breit. Bewegungsfreiraum in Bad/WC 140 x 140 cm. Keine rollstuhlgerechte Ausstattung; Badewanne mit Duschvorhang. Keine Haltegriffe.

Freizeitangebote in der Umgebung: Baden, Surfen, Segeln und Angeln, Wandern, Ausflugsfahrten zum Schloß Neuschwanstein, etc.

Lage: Am ruhigen Ortsrand des Dorfes Roßhaupten. Sehr gute Wintersportmöglichkeiten; Familienskilift direkt vor der Haustür. Zur Ortsmitte 500 m; Einkaufen, Apotheke 500 m; Arzt 200 m; Krankenhaus, Dialyse, Freibad, Hallenbad 10 km; Tennisplatz, Forggensee 2 km. Umgebung um das Haus flach.

Preis für eine Ferienwohnung je nach Größe, Personenzahl und Saison pro Tag 61,- bis 100,- DM, zzgl. Endreinigung 40,- bis 50,- DM und zzgl. Kurabgabe (z.Zt. 0,50 bis 1,- DM pro Tag/Person). Hausprospekt und ausführliche Preisliste auf Anfrage.

Gästehaus Brühlhof
Ferien auf dem Bauernhof

91610 Insingen / Nähe Rothenburg o.d.T.

Bayern, Mittelfranken

Familie Hoch, Am Brühl 2, Tel. (09869) 671, Fax: 1354, E-Mail: Bruehlhof@t-online.de. Ferienbauernhof mit Ponys, Ziegen, Schweinen, Hühnern, Hasen, Katzen und Hofhund Bello. Liegewiese, Kinderspielgeräte und -fahrzeuge, Zeltmöglichkeiten für Kinder, Grill, Lagerfeuer, Tischtennisplatte, Fußballkicker, Billard, Fahrräder, Planwagenfahrten. Sauna, Solarium, Fitneßgeräte unter dem Dach; Kräutergarten, kleine Kneipp-Anlage (Wassertretbecken, Handgußbecken).

Zum Parkplatz und Garten mit Rampe; Eingang, Frühstücksraum und Terrasse stufenlos erreichbar. Insgesamt 3 Ferienwohnungen und 4 Appartements - alle Einheiten mit Balkon, Telefon und Sat-TV-Anschluß.

Geeignet: eine Ferienwohnung, ein Einzel- und ein Doppelzimmer geeignet für Gehbehinderte, Rollstuhlfahrer und Familien mit Behinderten. Breite der Zimmertüren 92 cm, von Du/WC 82 cm. Freiraum links neben WC 35 cm, rechts 85 cm, davor 100 cm. Dusche und Waschbecken unterfahrbar; festinstallierter Duschsitz, Duschhocker und stabile Haltegriffe an Dusche, WC und Waschbecken vorhanden.

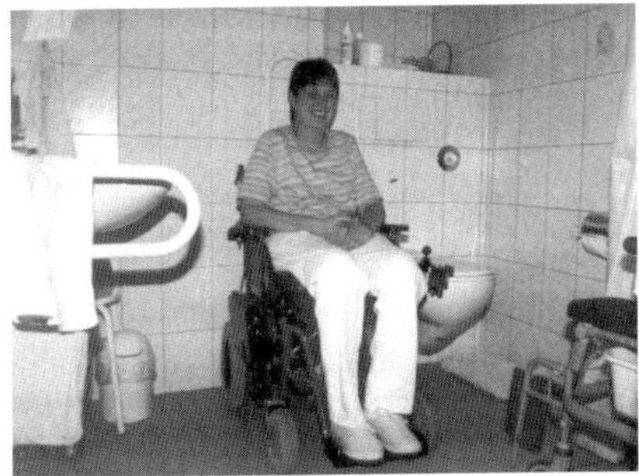

Service: Reichhaltiges Frühstück auf Wunsch. Waschmaschine, Trockner und Bügelgelegenheit vorhanden. Aufenthaltsraum vorhanden. Komplette Babyausstattung, Bettwäsche, Handtücher und Geschirrtücher. Kostenloser Abholservice für Bahnreisende. Frisch vom Bauernhof: hausgemachte fränkische Wurstspezialitäten, geräucherter Schinken, selbstgebackenes Brot, frische Eier, Honig und Marmelade, Frankenwein vom Winzer.

Lage: Nähe Rothenburg o.d.T., im oberen Taubergrund, im Naturpark Frankenhöhe, an der Romantischen Straße, ruhig am Ortsrand, ohne Durchgangsverkehr. Zur Ortsmitte ca. 300 m; Bäckerei / Lebensmittel / Postagentur ca. 400 m; Bus 150 m; Tennisplatz 700 m; See 6 km; Arzt, Apotheke, Krankenhaus, Frei- und Hallenbad ca. 10 km. Gut ausgebaute und beschilderte Rad- und Wanderwege.

Gruppen in der Vor- und Nachsaison willkommen. Preisermäßigung auf Anfrage. Halbpension für Gruppen möglich.

Preise pro Tag: Einzelappartement: 40,- DM, Doppelappartement 60,- bis 65,- DM; Ferienwohnung 80,- bis 85,- DM; Ferienwohnung mit zweitem Schlafraum (bis 6 Personen) 115,- DM. Jede weitere Person 10,- DM. Frühstück auf Wunsch 10,- DM pro Person, Kinder bis 12 Jahre 6,- DM; Hund 5,- DM. Hausprospekt kann angefordert werden.

AKZENT- HOTEL - GASTHOF **91541 Rothenburg ob der Tauber**

Bayern, Kreis Ansbach, Romantische Straße

Schrannenplatz 6-7, Telefon: (09861) 95500, Fax: 9550150. Familienbetrieb mit 90 Betten. Freundlich eingerichtete Zimmer mit Dusche, Bad, WC Telefon und TV. Eine Stufe zum Parkplatz. Eingang, Rezeption, Frühstücksraum und Terrasse 3 Stufen (je 17 cm); Seiteneingang, Garten und Zimmer 1 Stufe (17 cm). Aufzug vorhanden. Alle Türen im Haus mindestens 80 cm breit. Ausnahme: Bad/WC 55 cm.

Geeignet für Senioren (bis 90 Personen), für Gehbehinderte (bis 40 Personen). Bedingt geeignet für Rollstuhlfahrer mit Begleitung. Türbreite der Zimmer 80 cm, von Bad/WC 55 cm. Freiraum in Bad/WC 110 x 120 cm. Duschschwelle 24 cm.

Lage: Zentrum und Einkaufen 500 m; Bus am Haus; Bahnhof 1,5 km; Arzt und Wandern 100 m; Apotheke 400 m; Krankenhaus, Hallenbad und Freibad 2 km; Spielplatz 300 m. Wege befestigt, Umgebung flach, Wanderwege zum Teil hügelig.

Preise inkl. Frühstück: EZ mit Du oder Bad/WC 95,- DM; DZ mit Du oder Bad/WC 170,- DM; Dreibettzimmer mit Du/WC oder Bad/WC 180,- DM.

Ferien im Vorhof
Familie Reif **91635 Nordenberg / Rothenburg o.d.T.**

Bayern, Mittelfranken, bei Rothenburg ob der Tauber

Vorhofstr. 14, Tel. (09861) 95580, Fax: (09861) 955833. Ferienhof inmitten von Wiesen direkt am Waldrand. 4 neuerbaute Ferienwohnungen mit viel Komfort, liebevoll ausgestattet mit Massivholzmöbeln.

Die Wohnungen haben komplett eingerichtete Küchen, Telefon, TV-Sat-Anschluß und Terrasse bzw. Balkon. Für alle Bewohner steht ein gemeinsamer Aufenthaltsraum mit Kachelofen und großer Gästeterrasse zur Verfügung. Große Liegewiese, Gartenmöbel, Grillplatz, Kinderspieleinrichtung und Tischtennisplatte. Parkplatz und Eingang sind stufenlos erreichbar.

Geeignet für Gehbehinderte, Senioren, Rollstuhlfahrer und Familien mit Behinderten, keine Gruppen. 2 Ferienwohnungen sind rollstuhlgerecht. Türbreiten der Zimmer und von Du/WC 100 cm. Bewegungsfreiraum in Du/WC 150 x 150 cm. Freiraum rechts neben WC 150 cm, davor 100 cm. Dusche und Waschbecken unterfahrbar, Duschhocker und stabile Haltegriffe an Dusche und WC vorhanden. Spiegel bis auf Waschbeckenhöhe. Bettenhöhe 45 cm.

Service: Brötchenservice. Frische Milch und Eier vom Bauernhof. Eigener Angelweiher am Waldrand. **Lage:** 7 km nördlich von Rothenburg ob der Tauber. Ortsrand, sehr ruhige Lage, kein Durchgangsverkehr. Zur Ortsmitte 400 m; Spielplatz am Haus; Einkaufen, Bahnhof, Arzt, Apotheke, Krankenhaus 7 km; Freibad und Hallenbad 8 km; See 1,5 km. Umgebung hügelig.

Preis für eine rollstuhlgerechte Ferienwohnung pro Tag 95,- DM bei Belegung bis 4 Personen; jede weitere Person zzgl. 8,- DM/Tag. Preise inkl. Handtücher, Bettwäsche, Strom, Wasser und Endreinigung.

Gästehaus „Anzengruber" — 83700 Rottach-Egern

Bayern, Oberbayern, Tegernsee

Anzengruberweg 10, Tel. (08022) 9215-0, Fax: 9215-25, Internet: www.tegernsee.de/ludwig-thoma. Gästehaus mit 14 komfortabel ausgestatteten Zimmern, Appartements und Ferienwohnungen von 30-105 qm für 1 bis 8 Personen.
Geeignet für Rollstuhlfahrer und Familien mit Kindern (auf Wunsch Kinderbetten, Hochstuhl, Babybadewanne, etc.). Türbreiten jeweils ca. 100 cm. Freiraum in Bad/Du/WC 150 x 150 cm. Freiraum links, rechts und vor dem WC ca. 100 cm; WC-Höhe circa 45 cm. Duschwanne bodeneben eingelassen mit Klappsitz; Waschbecken unterfahrbar, teilweise Kippspiegel. Auf Wunsch Allergikerbetten. Betten auf Wunsch höhenverstellbar (45 bis 65 cm); alle Kleiderschränke mit Schiebetüren.
Lage: Ruhige Lage; Zentrum, Kuranwendungen, Hallenbad, Freibad 500 m; Thermalbad 4 km; Arzt 200 m; Apotheke 400 m; Dialyse ca. 5 km; Bahnhof 3 km.
Zimmerpreise je nach Saison: EZ 75,- bis 110,- DM; DZ/App. 100,- bis 180,- DM. Ferienwohnungen je nach Größe und Saison pro Tag 80,- bis 180,- DM, zzgl. Endreinigung. Frühstück pro Person und Tag 12,50 DM; weitere Preise auf Anfrage.

Casparyhof — 83324 Ruhpolding

Bayern, Chiemgauer Land

Ursula Dorrer, Bibelöd 4, Tel. (08663) 1873, Fax: (08663) 883390. Ferienwohnung im Erdgeschoß eines gepflegten Bauernhofes mit zwei Schlafzimmern, Wohnzimmer, Küche, Bad, ca. 70 qm. Separater Garten mit Kaffeeplatz, Liegestühle, usw. Auf Wunsch kostenlose Fahrräder. Parkplatz, Eingang und alle Zimmer der Ferienwohnung stufenlos erreichbar. Tiere: 2 Pferde, Enten, Gänse und Hühner (frische Eier). Abgeschlossenes Grundstück mit 7500 qm.

Geeignet für Gehbehinderte und Familien mit geistig Behinderten. Geeignet für Rollstuhlfahrer mit Begleitung, mehrfach erprobt. Türbreiten der Zimmer 82 cm, von Bad/WC (mit Badewanne, keine Dusche) 70 cm. Freiraum im Bad mit 90 x 185 cm etwas eng für Rollstuhlfahrer.

Lage: Der unter Denkmalschutz stehende Casparyhof liegt idyllisch im Ortsteil Bibelöd, wenige Schritte vom Gebirgsflüßchen Traun. Alle Gehwege (etwa 10 Min. zur

Ortsmitte) sind eben und ideal für Rollstuhlfahrer. Einkaufen, Arzt, Apotheke und Krankenhaus 1 km; Freibad und Hallenbad 1,3 km.

Preis: Vorsaison 70,- DM für 2 Personen, jede weitere Person 10,- DM. Hauptsaison 80,- DM für 2 Personen; Endreinigung 40,- DM.

Ferienwohnung Theresia Vogl — 93486 Runding OT Rieding

Bayern, Bayerischer Wald

Waltinger Str. 4, Tel. + Fax: (09977) 1297. Komplett eingerichtete Ferienwohnung, ca. 80 qm, für 2-5 Personen, sep. Eingang. 25 qm großer Wohnraum mit Eßecke, Polstergarnitur, Küchenzeile, SAT-TV, Radio, Telefon und für kalte Wintertage ein Kachelofen. 2 Schlafräume mit höhenverstellbaren Betten im Kopf- und Fußteil.

Geeignet für Senioren, Gehbehinderte und Rollstuhlfahrer. Die Türen sind alle 82 bis 93 cm breit. Bettenhöhe 65 cm. Ab Autostellplatz bzw. Garage und im gesamten Wohnbereich keine Schwelle höher als 2 cm. Rollstuhlfahrer gelangen problemlos in alle Außenbereiche, wie Terrasse, Spiel- und Liegewiese, Gartenlaube. Das Bad ist mit 9 qm groß genug für Rollstuhlfahrer. Dusche unterfahrbar, fahrbarer Duschsitz; Haltegriffe vor und in der Dusche. WC mit Haltegriffen (rechte Seite klappbar), unterfahrbares Waschbecken mit extra Spiegel für Rollstuhlfahrer.

Lage: Rieding liegt in ländlicher, waldreicher Landschaft zwischen Cham und Furth im Wald im Gemeindebereich Runding. Das Haus hat ruhige Ortsrandlage. Die Fewo liegt auf der Rückseite des Hauses. Einkaufen, Arzt, Tennis, Reiten, Angeln 2 km; Apotheke 4 km; Hallen- und Freibäder 13 km; Dialyse 27 km. Pflegedienst kommt auf Anfrage.

Der **Preis** der Ferienwohnung beträgt das ganze Jahr über 50,- DM inkl. Nebenkosten für 2 Personen; jede weitere Person 5,- DM Aufpreis. Bettwäsche, Tisch- und Handtücher sind im Preis enthalten.

Gästehaus Allgäu — 88175 Scheidegg

Bayern, Allgäu, Nähe Bodensee

Familie Rieger, Am Blumenbühl 11, Tel. (08381) 925620, Fax: 92562-50. Gästehaus in herrlicher Einzellage, umgeben von Wiesen, mit 13 komfortablen Zimmern und einer Ferienwohnung (60 qm). Alle Zimmer mit Bad/WC, Farb-TV, Telefon und größtenteils mit Balkon oder Terrasse. Parkplatz, Eingang, Frühstücksraum, Restaurant und Zimmer im EG stufenlos erreichbar.

Geeignet für Gehbehinderte, Rollstuhlfahrer und Familien mit geistig Behinderten; auch Kleingruppen mit 6-8 Personen. 1 Zimmer rollstuhlgerecht. Türbreite von

Zimmer und Bad/WC 100 cm. Freiraum in Bad/WC 150 x 130 cm. Freiraum links neben WC 120 cm, rechts 30 cm, davor 150 cm. Einstieghilfe für Badewanne und Strickleiter, Waschbecken, Duschhocker und stabile Haltegriffe an WC und Waschbecken vorhanden. Höhenverstellbare Betten. Pflegedienst über Sozialstation Lindenberg möglich.

Lage: Schöne Einzellage, unmittelbare Umgebung des Hauses überwiegend flach, weitere Umgebung leicht hügelig. Schöne, ebene Wege für Rollstuhlfahrer (Nähe Bodensee. Zur Ortsmitte mit Arzt und Apotheke 800 m; Einkaufen 500 m; Krankenhaus 4 km; Dialyse, Hallenbad 2 km; Freibad 1 km; See 3 km; Tennisplatz und Tennishalle 500 m.

Preis pro Person je nach Saison im EZ 39,- bis 59,- DM, im DZ 37,- bis 59,- DM inkl. Frühstück.

Ferienhof Kapfhammer — 94532 Schöllnach

Bayern, Niederbayern, Bayerischer Wald

Josef Kapfhammer, Leutzing 1, Tel. und Fax: (09903) 1885, Fax: 942871. Drei komfortabel ausgestattete Ferienwohnungen in ruhiger Feriengegend im Bayrischen Wald, davon 1 rollstuhlgerecht, für 5 Personen, 1995 fertiggestellt. Jede Wohnung mit Küche, einem rustikalen Wohnraum mit Telefon, Sat-TV, Eßecke und Schlafsofa; 2 modern eingerichtete Schlafräume mit direktem Zugang zur Terrasse bzw. Balkon. Bad mit Dusche, Waschbecken und WC. Waschmaschine für alle Ferienwohnungen zur gemeinsamen Nutzung. Parkplatz, Eingang und Garten sind stufenlos erreichbar. Vor dem Gebäude ein Gartenhaus mit Grillplatz, Spielplatz, daneben eine Pferdekoppel mit 2 Pferden; alles mit dem Rollstuhl befahrbar.

Geeignet für Rollstuhlfahrer: 1 Ferienwohnung für 5 Pers. im EG mit stufenlosem Eingang. Alle Türen mindestens 100 cm breit. Bad mit Badewanne (mit Wannenlift) und unterfahrbarer Dusche. Festinstallierter Duschsitz, verstellbarer Kippspiegel und stabile Haltegriffe an Dusche, WC und Waschbecken vorhanden.

Lage: Ruhige Lage, fast am Ortsende gelegen. Zur Ortsmitte 1 km; Einkaufen, Arzt, Apotheke, Hallenbad und Freibad 3 km; See 5 km; Spielplatz 20 m; Tennisplatz 200 m; Krankenhaus 20 km.

Preis pro Tag bei Belegung bis 4 Personen für die behindertengerechte Wohnung 90,- DM, mit 5 Personen 100,- DM. Preise inklusive Nebenkosten und Bettwäsche.

Ferienwohnung Birgit Walch — 83471 Schönau am Königssee

Bayern, Berchtesgadener Land, Königssee

Fischmichlstr. 20, Tel. + Fax: (08652) 1828. 1 Ferienwohnung mit 2 Zimmern, Du/WC, Kabel-TV. Parkplatz und Eingang stufenlos.

Geeignet für Gehbehinderte, Rollstuhlfahrer und Familien mit geistig Behinderten (1 bis 4 Personen).Türbreite der Zimmer und von Du/WC 82 cm. Freiraum in Du/WC 120 x 160 cm. Freiraum links neben WC 115 cm, rechts 30 cm, davor 106 cm. Dusche und Waschbecken unterfahrbar. Festinstallierter Duschsitz und stabile Haltegriffe an Dusche und WC vorhanden. Bettenhöhe 46 cm.

Lage: leichte Hanglage; Umgebung teils flach, teils bergig. Zur Ortsmitte mit Freibad, Arzt und Apotheke 500 m; Königssee 1 km; Hallenbad 5 km; Krankenhaus 6 km; **Dialyse** 4,5 km.

Preis pro Tag je nach Saison und Anzahl der Personen 90,- bis 140,- DM.

Landhotel Huberhof — 87645 Schwangau OT Brunnen am Forggensee

Bayern, Allgäu, Forggensee

Seestr. 67, Tel. (08362) 81362, Fax: 81811. Schöner, gepflegter Landhof, rustikal und gemütlich eingerichtet. Parkplatz, Eingang, Frühstücksraum, Restaurant und die Zimmer im EG stufenlos erreichbar.

Geeignet für Rollstuhlfahrer: 3 Zimmer. Türbreite von Zimmer und Du/WC 93 cm. Freiraum in Du/WC 170 x 160 cm. Freiraum links neben WC 115 cm, rechts 30 cm, davor 160 cm. Dusche und Waschbecken unterfahrbar. Festinstallierter Duschsitz und stabile Haltegriffe an Dusche und WC vorhanden. Bettenhöhe 64 cm.

Lage: Sehr schöne Lage, umgeben von einer traumhaften Bergkulisse in einer der schönsten Landschaften des Allgäus. Zur Ortsmitte mit Arzt, Apotheke, Einkaufen und Freibad 1,5 km; Forggensee 150 m; Bahnhof, Krankenhaus, Dialyse 5 km. Sehr flache Umgebung.

Preise auf Anfrage.

Ferienwohnung „Zum Schweizer" — 82418 Seehausen

Bayern, Oberbayern, Staffelsee

Johann Ott, Dorfstr. 13, Tel. + Fax: (08841) 2540. 3 Ferienwohnungen für 2-6 Personen, davon eine Fewo im EG. Parkplatz und Eingang mit 1 Stufe (Rampe vorhanden).

Geeignet für Gehbehinderte und Familien mit geistig Behinderten. Mit Einschränkung für Rollstuhlfahrer mit Begleitung geeignet. Türbreite der Zimmer 80 cm, von Bad/WC 65 cm. Freiraum in Bad/WC 100 x 100 cm. Badewanne, keine unterfahrbare Dusche, keine Hilfsmittel.

Lage: In Seehausen am Staffelsee, im alten bayerischen Ortskern, nur 3 Gehminuten vom See entfernt.

Preis für die Ferienwohnung im EG je nach Belegung und Saison 60,- bis 105,- DM; Endreinigung 60,- bis 85,- DM.

Sporerhof 82418 Seehausen-Riedhausen

Bayern, Werdenfelser Land

Christel Trinks, Mauritiusstr. 8, Tel. (08841) 5276, Fax: (08841) 1260. Der Sporerhof in Seehausen besteht aus einem Bauernhaus und einem Appartementhaus. Er verfügt über 6 Ferienwohnungen, eine davon ist rollstuhlgerecht, geeignet für Familie mit 4 Personen (davon max. 2 Rollstuhlfahrer).
Parkplatz und Eingang sind stufenlos, zum Frühstücksraum 1 kleine Schwelle, ca. 5 cm hoch. Den Gästen des Hauses stehen ein großer Aufenthaltsraum und eine große Liegewiese zur Verfügung.
Geeignet für Rollstuhlfahrer: Die Ferienwohnung liegt im Erdgeschoß. Türbreite der Zimmer 95 cm, von Du/WC 88 cm. Freiraum in Du/WC 195 x 125 cm. Freiraum links neben dem WC 110 cm. Dusche und Waschbecken sind rollstuhlgerecht unterfahrbar. Kippspiegel, Telefon, festinstallierter Duschsitz sowie stabile Haltegriffe an Dusche und WC vorhanden.
Neu: Ein Gartenhaus, 55 qm, Schlafzimmer, Wohn-Schlafzimmer, Telefon, TV, Küche, rollstuhlgerechte Du/WC (Freiraum 230 x 250 cm. Kippspiegel, festinstallierter Duschsitz, Haltegriffe an Du/WC.

Service: Pflegedienst am Ort verfügbar. Waschmaschine und Trockner stehen den Gästen zur Verfügung. Vorbildlich: Für die Gäste stellt Familie Sporer-Trinks eine sehr gut aufbereitete Informationsmappe zur Verfügung, in der rollstuhlgerechte Spazierwege, Ausflugsziele, öffentliche Einrichtungen, Banken, usw. aufgelistet sind.

Lage: Das Haus liegt in einem großen, ebenen Obstgarten mit sonnigen und schattigen Sitz- und Liegeflächen, Grillplatz und Kinderspielplatz. Zur Ortsmitte sind es 1000 m; Einkaufsmöglichkeiten 400 m; Arzt, Apotheke, Dialyse und Spielplatz 500 m; Freibad/See 2 km; Tennisplatz, Tennishalle 3 km. 3 Hallenbäder im Umkreis von 15 bis 25 km. Pflegedienst am Ort zu bestellen; Dialyse 5 Min. vom Haus.

Preise: Die rollstuhlgerechte Ferienwohnung für 4 Personen kostet je nach Saison 80,- bis 120,- DM, das Gartenhaus 80,- bis 140,- DM pro Tag.

Gabrielhof 83370 Seeon-Roitham

Bayern, Oberbayern, Chiemgau

Anna und Ludwig Schuster, Kohlstattweg 17, Tel. + Fax: (08667) 7820. Ferienhof mit Milchviehbetrieb in ruhiger Lage, gepflegte Gästezimmer mit Du/WC und eine Ferienwohnung. Terrasse, Liegewiese, Kinderspielplatz, Grillplatz. Hofeigene Produkte, auf Wunsch Frühstück.
Geeignet für Gehbehinderte und Familien mit geistig Behinderten; bedingt geeignet für Rollstuhlfahrer mit Begleitung. Ferienwohnung für 2-3 Personen, 35 qm, ebenerdig

erreichbar. Türbreiten der Zimmer und von Du/WC 80 cm. Freiraum in Du/WC 135 x 140 cm. Freiraum rechts neben WC 40 cm, davor 155 cm. Dusche nicht unterfahrbar: Schwelle 24 cm.

Lage: Ruhige Lage am Ortsrand; Einkaufen, Arzt, Apotheke 3 km; See 2 km; Freibad 12 km; Hallenbad und Krankenhaus 14 km. Hofgelände flach, Ort hügelig.
Preis für die Ferienwohnung pro Tag 60,- bis 65,- DM.

Hotel garni Sterff — 82402 Seeshaupt

Bayern, Oberbayern, Starnberger See

Penzberger Str. 6, Tel. (08801) 9063-0, Fax: (08801) 9063-40. Neuerbautes Hotel, rustikaler Stil, 22 Zimmer, 1 Ferienwohnung im 2. OG, alle Zimmer mit Bad/Du/WC, TV und Telefon, überwiegend mit Balkon. Terrasse, Liegewiese und Parkplätze vorhanden. Eingang mit Rampe stufenlos erreichbar, Türbreite 100 cm. Kein Aufzug im Haus.

Geeignet für Gehbehinderte und Rollstuhlfahrer. 1 Zimmer mit Bad/WC im Erdgeschoß ist speziell für Rollstuhlfahrer ausgestattet. Türbreiten vom Zimmer und Bad/WC 80 cm, Freiraum im Bad/WC 140 x 140 cm. Freiraum links neben WC 130 cm, rechts 50 cm, davor 130 cm. Dusche und Waschbecken unterfahrbar. Festinstallierter Duschsitz, Kippspiegel am Waschbecken und stabile Haltegriffe an Dusche, WC und Waschbecken vorhanden. Ein zusätzliches Zimmer im EG für Gehbehinderte, bzw. für Rollstuhlfahrer, die noch etwas gehen können.

Service: Abholservice vom Bahnhof. Pflegedienst kann bei der Ökumenischen Sozialstation in Seeshaupt, Tel. (08801) 908040, bestellt werden.

Lage: Am Südufer des Starnberger Sees; ruhige Lage in der Ortsmitte von Seeshaupt Ortsmitte; Bahnhof 1 km; Bus 150 m; Apotheke gegenüber vom Hotel; Massagepraxis im Haus; Spielplatz, Tennisplatz und Tennishalle 250 m; Freibad und Starnberger See 300 m; Hallenbad 13 km.

Zimmerpreise inklusive Frühstück: Einzelzimmer 85,- DM, Doppelzimmer 135,- DM, Zusatzbett 40,- DM.

CVJM-Hof — 82402 Seeshaupt

Bayern, Oberbayern, Starnberger See

Magnetsried 33, Tel. (08801) 1697, Fax: 1287. Träger des Hofs ist der CVJM München. Der Hof bietet 90 Übernachtungsmöglichkeiten in 2- bis 4-Bettzimmern. Fast jedes Zimmer mit Du/WC. Der Hof wird als Selbstversorgerhaus geführt, aufgeteilt in vier selbständig zu bewirtschaftende Wohnbereiche. Eingang, Speiseraum und Aufzug stufenlos erreichbar. Türbreiten: Eingang 140 cm, Speiseraum 84 cm, Aufzug 80 cm (Tiefe 140 cm, Breite 110 cm).

Geeignet für Gehbehinderte, Rollstuhlfahrer und andere Behinderte, **auch für Gruppen** (Größe auf Anfrage). 5 Zimmer im EG mit 3 Du/WC-Räumen sind speziell für Rollstuhlfahrer ausgestattet; 3 Toiletten mit Behindertenausstattung. Türbreiten der Zimmer und von Du/WC 140 cm; Freiraum in Du/WC 140 x 140 cm, Freiraum links neben WC 100 cm, davor 100 cm. Dusche und Waschbecken unterfahrbar. Festinstallierter Duschsitz und stabile Haltegriffe am WC vorhanden. Bettenhöhe 50 cm.

Lage: Einzellage, nähere Umgebung des Hauses ebenerdig bis leicht hügelig. Ortsmitte 200 m; Apotheke 6 km; Bahnhof, Freibad und Hallenbad 8 km; Spielplatz am Haus; Starnberger See 6 km.

Preise: Erwachsene 23,- bis 29,- DM. Für Kinder, Jugendliche, Behinderte und Arbeitslose 8,- bis 19,- DM. Gruppenermäßigung.

Fränkische Landherberge Hotel garni — 96145 Seßlach

Bayern, Oberfranken, Oberes Maintal/Coburger Land

Hans-Reiser-Str. 33, Tel. (09569) 92270, Fax: 9227-50. Ein nach ökologischen Gesichtspunkten gebautes Hotel mit 33 Zimmern mit Bad oderDu/WC, Kabel-TV und Selbstwahltelefon. Parkplatz, Eingang, Frühstücksraum und Zimmer im EG stufenlos erreichbar.

Geeignet für Gehbehinderte (bis 30 Pers.), Rollstuhlfahrer (1 Zimmer) und für Familien/Gruppen mit geistig Behinderten (bis 30 Pers.). 1 Zimmer rollstuhlgerecht. Türbreite vom Zimmer 80 cm, von Du/WC 90 cm. Freiraum in Du/WC 170 x 180 cm. Freiraum links neben WC 100 cm, rechts 25 cm, davor 175 cm. Dusche und Waschbecken unterfahrbar. Festinstallierter Duschsitz und stabile Haltegriffe an Dusche und WC vorhanden. Bettenhöhe 49 cm.

Lage: Seßlach liegt 15 km südlich von Coburg an der B 4 nach Bamberg (18 km). Zur Ortsmitte mit Einkaufenund Arzt 500 m; Apotheke 400 m; Bahnhof, Krankenhaus, Dialyse 15 km.

Zimmerpreise: EZ ab 65,- DM; DZ ab 100,- DM inkl. Frühstücksbuffet.

Haus Silberbach — 95100 Selb

Bayern, Oberfranken, Fichtelgebirge

Tel. (09287) 9682-0, Fax: (09287) 60616. Träger ist das Evangelische Jugend- und Fürsorgewerk e.V. Sehr schöne, gepflegte und modern eingerichtete Ferienanlage. Eingang, Aufenthaltsraum, hauseigenes Schwimmbad, Aufzug und Zimmer sind stufenlos erreichbar.

Geeignet für Senioren (30 bis 50 Personen), für Gehbehinderte und Rollstuhlfahrer (15 bis 20 Personen) und für Familien mit geistig Behinderten (5 Familien) oder für andere Familien sowie für Körperbehinderte, Sehbehinderte/Blinde. Die Zimmertüren

sind circa 80 cm breit, die Türen der rollstuhlgerechten Badezimmer im Erdgeschoß und im I. OG von Haus Kiefernblick sind 90 cm breit. Bettenhöhe 45 bis 48 cm.

Bewegungsfreiraum in den rollstuhlgerechten Badezimmern 140 x 140 cm. Freiraum links neben WC 100 cm, davor 160 cm. Die Duschen sind rollstuhlgerecht unterfahrbar. Kippspiegel über den Waschbecken, Haltegriffe an Duschen und WC vorhanden. Rutschfeste Matten können ausgeliehen werden.

Service: Rollstuhlfahrer können mit dem hauseigenen Bus vom Bahnhof abgeholt werden.

Lage: Haus Silberbach liegt am Rande des Fichtelgebirges, umgeben von dichten Wäldern. Großer separater Waldspielplatz für Kinder. Zur Ortsmitte von Silberbach 200 m; Bus 100 m; Bhf. und Krankenhaus 6 km; Einkaufen und Arzt 4 km; Freibad 5 km; Hallenbad im Haus.

Weitere Informationen, Hausprospekt und eine ausführliche Preisliste für Einzelreisende, Familien und Gruppen auf Anfrage.

Urlaub auf dem Bauernhof Ferienhof Karolina Moser — 94164 Sonnen

Bayern, Bayerischer Wald

Karolina Moser, Stüblhäuser 1, Tel. (08584) 859-1618. Der bewirtschaftete Ferienbauernhof ist DLG geprüft und liegt mitten im Bayerischen Wald.

Kinderfreundlich; Kinder können sich auf dem von Wiesen umgebenen Gelände frei bewegen, da der Hof sehr ruhig und abseits vom Durchgangsverkehr liegt. Eigene Quelle mit Planschbecken für Kinder.

Für Gäste stehen drei Ferienwohnungen für Familien mit Kindern und Gruppen zur Verfügung. Ferienwohnungen für 2-6 Personen, Sat-TV, Bad, Du/WC, Wohnküche, 2 Schlafzimmer und Terrasse. Parkplatz, Eingang, Spielplatz und Garten sind stufenlos erreichbar.

Geeignet für Gehbehinderte, Rollstuhlfahrer und Familien mit geistig Behinderten. Eine rollstuhlgeeignete Ferienwohnung für 2-4 Personen: Naßzelle 2,40 x 2,70 m groß. Dusche und Waschbecken unterfahrbar; Duschsitz und stabiler Haltegriff am WC vorhanden.

Service: Auf Wunsch wird Frühstück angeboten. Aufenthaltsraum vorhanden. Kinderbett und Hochstuhl vorhanden. Bettwäsche und Handtücher werden gestellt.

Lage: Ruhige Einzellage; zur Ortsmitte 1,5 km; Einkaufen, Arzt, Apotheke, Tennisplatz 1,5 km; Bus und Freibad 1 km; Krankenhaus, Badesee und Tennishalle 10 km.
Preise: Ferienwohnung pro Tag 65,- DM. Ein Doppelzimmer: Übernachtung mit Frühstück 28,- DM pro Person.

Freizeithaus für behinderte Menschen — 87527 Sonthofen

Bayern, Allgäuer Alpen

Brigitte und Heinz Weber, Burgweg 10, Tel. (08321) 83179. **Vermietung nur an Menschen mit Behinderung.** Familiär und behindertenfreundlich geführtes Haus, ganzjährig geöffnet. Selbstversorgung. Teilverpflegung nach vorheriger Absprache möglich. Dusch- und Toilettenstuhl vorhanden. Hauseingang stufenlos erreichbar. 1 km bis zur Stadtmitte. **Ideal für Gruppen von 7-35 Personen.** Hausprospekt kann angefordert werden.

Ferienwohnung Rieger — 91174 Spalt

Bayern, Fränkisches Seenland

Christa Rieger, Tel. (09175) 1389. Ferienwohnung im Erdgeschoß, in ruhiger Lage, für 4-5 Personen (50 qm), Schlafzimmer, Kinderzimmer, (Kinderbett und Hochstuhl vorhanden), Küche mit Eßecke, TV, Du/WC. Großer Garten mit Spielwiese (Schaukel,

Sandkasten), Gartenmöbeln, Grill, Tischtennis. Eigener Eingang über die Gartenterrasse.

Geeignet für Gehbehinderte und Familien mit geistig Behinderten; bedingt geeignet für Rollstuhlfahrer mit Begleitung. Parkplatz/Garage, Eingang und Zimmer stufenlos erreichbar. Türbreiten: Eingang 85 cm, Küche 80 cm, Kinderzimmer und Du/WC 70 cm. Freiraum in Du/WC 150 x 110 cm; Freiraum links und rechts neben WC 25 cm, davor 110 cm. Dusche nicht unterfahrbar: Schwelle 38 cm, Waschbecken unterfahrbar, Duschhocker vorhanden. Bettenhöhe 55 cm.

Lage: Einkaufen, Arzt, Apotheke, Tennisplatz 2 km; Bus 100 m; Badeseen 3 und 5 km; Bahnhof 11 km; Freibad und Hallenbad 15 km.
Preis für die Ferienwohnung je nach Saison und Belegung 40,- bis 58,- DM pro Tag.

Ferienhof Gästehaus Ferienwohnungen Hausmann — 91174 Spalt

Bayern, Fränkisches Seenland

Familie Hausmann, Ottmannsberg 1, Tel. + Fax: (09175) 1091. 3 Komfort-Ferienwohnungen (4 Sterne), davon 1 für Rollstuhlfahrer geeignet. Parkplatz und Eingang stufenlos.

Geeignet für Gehbehinderte, Rollstuhlfahrer und Familien mit geistig Behinderten (jeweils bis 4 Pers.). Türbreite von Eingang, Zimmer und Du/WC 80 cm. Freiraum in Du/WC 240 x 150 cm. Freiraum links neben WC 70 cm, rechts 60 cm, davor 150 cm. Dusche und Waschbecken unterfahrbar. Festinstallierter Duschsitz und stabile Haltegriffe an Dusche und WC vorhanden. Bettenhöhe 58 cm.

Lage: Einkaufen, Arzt, Apotheke 3 km; See 700 m; Freibad und Hallenbad 14 km; Krankenhaus 12 km; Dialyse 15 km.
Preis für eine Ferienwohnung je nach Saison und Anzahl der Personen. Bei 4 Personen 60,- bis 85,- DM.

Ferien auf dem Bauernhof Alfred und Maria Kraus — 96264 Spiesberg-Altenkunstadt

Bayern, Franken

Zum Leitenholz 8, Tel. + Fax: (09572) 805. Bewirtschafteter Ferienbauernhof mit Kühen, Kälbern, Schweinen und Streicheltieren. Spielplatz und ein schönes Spielhaus für die Kleinen. 5 Ferienwohnungen, mit Du/WC, Telefon, TV, 1 bis 2 Schlafzimmer.

Geeignet für Gehbehinderte, Rollstuhlfahrer und Familien mit geistig Behinderten. Eine Ferienwohnung rollstuhlgerecht. Eingang stufenlos, Türen von Eingang, Zimmer und Du/WC 100 cm breit. Freiraum in Du/WC 200 x 180 cm. Freiraum links neben WC 115 cm, davor 120 cm. Dusche (Schwelle 2 cm) und Waschbecken unterfahrbar. Kippspiegel, festinstallierter Duschsitz und stabile Haltegriffe an WC und Dusche vorhanden. Bettenhöhe 50 cm.

Lage: Zur Ortsmitte 200 m; Einkaufen, See 4 km; Bahnhof, Arzt, Apotheke, Freibad und Hallenbad 5 km; Krankenhaus, **Dialyse** 7 km.
Preis pro Ferienwohnung und Tag je nach Saison bei Belegung mit 2 Personen 50,- bis 65,- DM, jede weitere Person zzgl. 7,50 DM pro Tag.

Frankenwald-Bauernhof Groß — 95346 Stadtsteinach

Bayern, Oberfranken

Werner Groß, Unterzaubach 1, Tel. (09225) 95170, Fax: 95178. 1 Ferienwohnung, rollstuhlgerecht; Eingang 1 Stufe. **Geeignet** für Gehbehinderte, Rollstuhlfahrer und Familien mit geistig Behinderten. Bad und WC sind fachgerecht ausgestattet. Besonders gut geeignet für Familien mit Kindern. Für Gruppen mit Begleitpersonen ebenfalls geeignet. Die Gäste werden auf Wunsch vom Bahnhof abgeholt.
Preis für die Ferienwohnung je nach Personenzahl 60,- bis 150,- DM pro Tag.

Obermain Therme — 96231 Staffelstein

Bayern, Oberfranken, Oberes Maintal

Am Kurpark 1, Tel. (09573) 9619-0, Fax: (09573) 9619-10. Die neue Obermain Therme in Staffelstein ist ein behinderten- und rollstuhlgerecht ausgestattetes Thermalsolbad mit Kurmittelhaus. Unter den täglich etwa 2.500 Badegästen sind auch eine Vielzahl von behinderten Gästen. Das Personal ist mit dem Umgang mit Behinderten gewöhnt und jederzeit gerne behilflich.

Die Obermain Therme bietet den Gästen auf einer Fläche von 1.600 qm eine abwechslungsreiche Badelandschaft: Im Innenbereich der neue Badesee (34 °C) mit Massagedüsen, Wasserfall und Lichtergrotte, dazu zwei neue Warmsprudelbecken (36 °C). Im Außenbereich das große Herz-Kreislaufbecken (28 °C), die drei gestaffelten Warmsprudelbecken (36 °C) und die eiskalte Kneippanlage. Neu sind auch ein weiteres Außenbecken (34 °C) mit Massagedüsen und Strömungskanal.

Das Therapiebecken ist mit einem Aufzug ausgestattet. In die verschiedenen Innen- und Außenbecken gelangt man entweder über eine Behindertenrampe oder mit Hilfe des Aufsichtspersonals. Parkplatz, Eingang und Restaurant sind stufenlos erreichbar. Umkleiden und sanitäre Anlagen (Duschen, WC's) sind für Rollstuhlfahrer vorhanden. Kippspiegel, Notruf und stabile Haltegriffe an Dusche und WC sind vorhanden.

Die Obermain Therme bietet keine Unterbringungsmöglichkeiten für Gäste, ist jedoch ein attraktives Angebot für behinderte Gäste, die in Staffelstein und Umgebung ihren Urlaub verbringen. Im Jahr 1999 wurde in Staffelstein der Kurpark eröffnet.

Ferienwohnungen an der Kopfweide — 96231 Staffelstein-Horsdorf

Bayern, Oberfranken, Oberes Maintal

Familie Beifuss, Zur Fuchsenmühle 2, Tel. + Fax: (09573) 7097. Neuerbaute 1-, 2- und 3-Zimmer-Ferienwohnungen mitten im Grünen, am Fuße des Staffelbergs. Neubau in ökologischer Bauweise, Topausstattung mit Wohn-Küche (Spülmaschine, Waschmaschine), Sat-TV mit Video, Direktwahl-Telefon. Vom Parkplatz zum Eingang stufenlos mit Rampe.

Geeignet für Gehbehinderte und Rollstuhlfahrer: 1 Ferienwohnung rollstuhlgerecht nach DIN 18025. Türbreite vom Eingang 98 cm, vom Zimmer 100 cm, von Dusche/WC 90 cm. Freiraum in Du/WC 150 x 150 cm. Freiraum links neben WC 30 cm, rechts 120 cm, davor 150 cm. Waschbecken und Dusche schwellenlos unterfahrbar. Stabiler Duschsitz zum Einhängen, stabiler Haltegriff am WC vorhanden. Bettenhöhe 50 bis 60 cm. Pflegedienst kann vermittelt werden: Rotes Kreuz, Caritas, privat.

Lage: Ruhige Lage, ländliche Gegend, mitten im Grünen. Im Dorf (Horsdorf) gibt es keine Randsteine, für Rollstuhlfahrer gut geeignet. Staffelstein und die Obermaintherme (siehe Seite 198; nur 1,5 km entfernt) können ohne Schwellen auf dem Fahrradweg erreicht werden. Staffelstein ist ein staatl. anerkannter Kurort, mit Reha-Klinik Oberfranken, Bezirksklinikum, Facharztpraxen, Gesundheitszentren, Massage, usw. Medizinische Betreuung in nächster Umgebung vorhanden. Einkaufen, Arzt, Apotheke 1,5 km; Tennisplatz, Hallenbad 2 km; See, Freibad 2,5 km; Krankenhaus und Dialyse 7 km.

Preise: 1-Zimmer-App. pro Tag 55,- DM (max. 2 Pers.). 2-Zimmer-App. 55,- DM (max. 2 Pers.). 3-Zimmer-App. 60,- DM für 2 Personen, jede weitere Person 15,- DM.

Ferienwohnungen Gästehaus Sigrid Müller — 96231 Staffelstein

Bayern, Oberfranken, Oberes Maintal

Goethestraße 35, Tel. (09573) 7593, Fax: 7554, E-Mail: Mueller-Staffelstein@t-online.de. Vier Ferienwohnungen, davon eine Ferienwohnung für Rollstuhlfahrer geeignet. Parkplatz auf dem Grundstück.

Alle vier Ferienwohnungen sind freundlich eingerichtet, ausgestattet mit Farb-TV, Telefon und kompletter Küche. Jede Wohnung hat einen eigenen Balkon oder eine Terrasse in Süd-West-Lage mit Blick auf den Staffelberg. Garten mit Sitzecken und Liegewiese. Seiteneingang mit Rampe. Alle Türen im Haus sind mindestens 80 cm breit.

Geeignet für Senioren, Gehbehinderte, Kururlauber, Familien mit geistig Behinderten und für Rollstuhlfahrer für jeweils 2 bis 4 Personen. Für Rollstuhlfahrer mit Begleitperson günstig. Breite der Zimmertüren 83 cm, von Du/WC 82 cm. Freier Durchgang im Zimmer 120 cm; Bewegungsfreiraum im Schlafzimmer 160 x 340 cm, im Wohnraum 250 x 300 cm. Bettenhöhe 57 cm.

Bewegungsfreiraum in Bad / WC 120 x 190 cm, Dusche und Waschbecken unterfahrbar, Handlauf an der Dusche, Duschhocker vorhanden, Waschbeckenhöhe 85 cm, Freiraum vor dem WC 120 cm, links neben dem WC 100 cm, WC-Höhe 48 cm, klappbare Haltegriffe am WC.

Lage: Ortsmitte, Spielplatz 500 m; Bhf., rollstuhlgerechtes Thermalbad 1 km (siehe Seite 206); Freibad, Tennisplatz und Angeln 1,5 km; Arzt und Apotheke 200 m; Kuranwendungen 1 km; Umgebung überwiegend flach; Wanderwege ab Haus, flach bis hügelig. Auf Wunsch kostenlose Abholung mit dem PKW vom Bahnhof Staffelstein oder Lichtenfels.

Preise pro Tag für 2 Personen je nach Wohnungstyp zwischen 68-, DM und 98,- DM; jede weitere Person pro Tag 10,- DM, inklusive Endreinigung und Wäsche.

Ferienwohnungen Familie Eberth — 96231 Staffelstein OT Unterzettlitz

Bayern, Oberfranken, Oberes Maintal

Kellerstr. 6, Tel. + Fax: (09573) 1278. Neuerbautes Haus mit 2 komplett ausgestatteten Ferienwohnungen für 2-4 Personen, 70 qm, 2 getrennte Schlafzimmer, komplett ausgestattete Küche, Wohn-/Eßzimmer, Bad, sep.WC, Sat-TV, überdachte Terrasse, PKW-

Stellplätze, große Spiel- und Liegewiese, kinderfreundlich. Parkplatz und Eingang stufenlos.

Geeignet für Gehbehinderte und Rollstuhlfahrer mit Begleitung. Türbreite von Eingang, Zimmer und Bad/WC 87,5 m. Freiraum in Bad/WC (mit Badewanne) 140 x 180 cm. Freiraum links neben WC 140 cm, davor 100 cm. Keine unterfahrbare Dusche. Waschbecken unterfahrbar. Stabiler Haltegriff am WC vorhanden. Bettenhöhe 48 cm.

Lage: Ruhige Lage, nur 1,5 km von der Obermain-Therme Staffelstein (siehe Seite 198) sowie von der Stadtmitte entfernt. Rad- und Fußweg nach Staffelstein. Gute Ausflugsmöglichkeiten (Schloß Banz, Vierzehnheiligen, Staffelberg, Veitsberg). Arzt 1,5 km; Apotheke 2 km; See 3 km; Hallenbad 2,5 km; Freibad 8 km; Tennisplatz 2 km; Krankenhaus, Dialyse 12 km.
Preis für eine Ferienwohnung bei Belegung mit 2 Personen 50,- DM pro Tag.

Kurhotel an der Obermain-Therme — 96231 Staffelstein

Bayern, Oberfranken

Am Kurpark 7, Tel. (09573) 333-0, Fax: 333299. Hotel mit 113 Appartements, alle mit Bad, Balkon, Küche, Kühlschrank, TV, Telefon. Eingang, Restaurant, Aufzug stufenlos erreichbar. Türbreite vom Aufzug 80 cm (Tiefe 150 cm, Breite 110 cm).

Geeignet für Gehbehinderte und Rollstuhlfahrer (4 Zimmer mit Du/WC im Erdgeschoß). Türen von Zimmer und Bad/WC 82 cm breit, ohne Küche.

Lage: Das Kurhotel liegt direkt neben der rollstuhlgeeigneten Obermain Therme von Staffelstein (siehe Seite 198). Zum Kurmittelhaus sind es 150 m; Ortsmitte, Bahnhof, Bus und See 300 m; Apotheke und Tennisplatz 500 m; Tennishalle 3 km.

Preise inkl. Frühstück: EZ 118,- DM, DZ 168,- DM. Ab 3, 6, 13 Übernachtungen günstigere Preise.

Hotel Theresientor — 95315 Straubing

Bayern, Bayerischer Wald

Theresienplatz 41, Tel. (09421) 8490, Fax: 849100. Modernes und komfortables Hotel im Zentrum, 33 exklusiv ausgestattete Zimmer mit Farb-TV, Telefon, Radio, Klimaanlage, Bad/WC und Minibar.
Vom Parkplatz bis Eingang eine Rampe, stufenlos; Frühstücksraum, Restaurant und Zimmer (mit dem Aufzug) stufenlos erreichbar.

Geeignet für Gehbehinderte, Rollstuhlfahrer (1 Zimmer) und Familien mit geistig Behinderten. 1 Zimmer mit Du/WC rollstuhlgerecht: Zimmertür 92 cm, Tür von Du/WC 95 cm breit. Bewegungsfreiraum in Du/WC 300 x 300 cm; Freiraum links neben WC 60 cm, davor 250 cm. Dusche und Waschbecken unterfahrbar. Festinstallierter Duschsitz und stabile Haltegriffe an Dusche und WC vorhanden.

Lage: Im Zentrum von Straubing; Arzt und Apotheke im Haus; Bahnhof 1 km.

Zimmerpreise: EZ ab 119,. DM; DZ 189,- DM. Inkl. Frühstücksbuffet.

Gästehaus Ferienwohnungen „Ludwig Thoma" 83684 Tegernsee-Süd

Bayern, Oberbayern

Ludwig-Thoma-Weg 21, Telefon (08022) 92150, Fax: 9215-25, Internet: www.tegernsee.de/ludwig-thoma. Neuerbautes Gästehaus, Hotel garni, mit 14 komfortabel ausgestatteten Zimmern, Appartements und Ferienwohnungen von 30-105 qm für 1 bis 8 Personen, alle mit Kabel-Farb-TV, Direktwahltelefon, Zimmer-Safe, Radiowecker, Balkon oder Terrasse, Garten und Liegewiese, jeweils stufenlos erreichbar.

Geeignet für Senioren, Gehbehinderte, Rollstuhlfahrer, geistig Behinderte (nach Rücksprache), Kururlauber und Familien mit Kindern (auf Wunsch Kinderbetten, Hochstuhl und Babybadewanne für Kleinkinder), Türbreiten jeweils circa 100 cm. Alle Zimmer und Ferienwohnungen sind für Rollstuhlfahrer geeignet (!): Freiraum in Bad/Du/WC 150 x 150 cm. Freiraum links, rechts und vor dem WC ca. 100 cm; WC-Höhe ca. 45 cm; Dusche rollstuhlgerecht befahrbar - Duschwannen bodeneben eingelassen, mit Klappsitz. Waschbecken unterfahrbar (gültig für alle Badezimmer); teilweise mit Kippspiegel. Alle Kleiderschränke mit Schiebetüren. Befahrbare und möblierte Terrassen/Balkone.

Service: Betten auf Wunsch höhenverstellbar (45 bis 65 cm); auf Wunsch Allergikerbetten. Pflegedienst am Ort auf Anfrage bei: Ambulante Krankenpflege am Tegernsee, Kerstin Miesel, Tel. 08022-5552. Auflade- und Unterstellmöglichkeit für Elektrorollstühle, Abholung vom Bahnhof Tegernsee nach Absprache möglich. Leihfahrräder, Brötchendienst.

Lage: Ruhige Seelage; zum Zentrum 500 m; Arzt 200 m; Apotheke 400 m; Kuranwendungen, Seestrand, Spielplatz, Tennisplatz, Hallenbad und Freibad 500 m; Thermalbad 4 km; Bahnhof 3 km; Feriendialyse ca. 5 km; Überwiegend flache Umgebung.

Preise je nach Saison: EZ 75,- bis 110,- DM; DZ/App. 100,- bis 180,- DM inkl. Frühstück. Ferienwohnungen je nach Größe und Saison pro Tag 80,- bis 180,- DM, zuzüglich Endreinigung; Frühstück pro Tag 12,50 DM. Weitere Preise auf Anfrage. Besonders empfehlenswertes Haus.

Ferienhof Waldenmaier 83684 Tegernsee-Süd

Bayern, Oberbayern

Ludwig-Thoma-Weg 19, Tel. (08022) 24573, Fax: 9215-25. Ferienhof mit ländlich eingerichteten Zimmern (1 EZ, 3 DZ, 1 MBZ). Frühstücks- und Aufenthaltsraum mit Kabel-Farb-TV, Direktwahltelefon, Radio, etc. stufenlos erreichbar. Türbreiten 80 cm,

Etagendusche/WC 70 cm. Küchenbenutzung möglich.

Geeignet für Senioren, Gehbehinderte, Kururlauber und Familien, für Rollstuhlfahrer und geistig Behinderte nach Rücksprache. Alle Schränke mit Schiebetüren. Befahrbare und möblierte Terrassen und Balkone. Freiraum in Du/WC ca. 150 x 150 cm. Dusche schwellenlos unterfahrbar; festinstallierter Duschsitz, stabiler Duschhocker und stabile Haltegriffe an Dusche und WC vorhanden. Teilweise Kippspiegel. Höhenverstellbare Betten (45 bis 65 cm).

Service: Allergikerbetten nach Absprache. Pflegedienst am Ort auf Anfrage. Lade- und Unterstellmöglichkeiten für Elektrorollstühle.

Lage: Ruhige Lage in einer Sackgasse; Zentrum, Kuranwendungen, Seestrand, Spielplatz, Hallenbad, Tennisplatz, Freibad 500 m; Thermalbad 4 km; Apotheke 400 m; Bahnhof 3 km; Arzt 200 m; Feriendialyse ca. 5 km. Überwiegend flache Umgebung. Sauna, Solarium, Sport- und Fitnessraum, Kinderspielplatz und Leihfahrräder können im eigenen Gästehaus „Ludwig Thoma" mitbenutzt werden.
Zimmerpreise: EZ 30,- bis 42,50 DM; DZ 60,- bis 85,- DM; Mehrbettzimmer 70,- bis 100,- DM; Ferienwohnungen auf Anfrage.

Ferienwohnungen Ferienhof Winter

91177 Thalmässing OT Landersdorf

Bayern, Mittelfranken, Naturpark Altmühltal

Landersdorf 15, Familie Winter, Tel. (09173) 77983, Fax: 77985. 6 Ferienwohnungen am Bauernhof und in renoviertem Jurabauernhaus; 2 FeWos für Rollstuhlfahrer geeignet.

Wohnung I: Stufenlos erreichbar, die Türen 100 cm breit. Bewegungsfreiraum 160 x 180 cm, Freiraum links neben WC 68 cm, davor 160 cm. Dusche ebenerdig unterfahrbar. Festinstallierter Duschsitz sowie Haltegriffe an Dusche und WC vorhanden. Waschbecken mit ausziehbarem Wasserhahn und kippbarem Spiegel.

Heulager: die etwas andere Übernachtungsmöglichkeit, auch für Gruppen geeignet.

Gemütlicher Frühstücks- und Aufenthaltsraum mit Kachelofen und Klavier, Terrasse und großer Garten, Dampfbad. Geprüfter Baby- und Kinderbauernhof. Tischtennis, Dart, Kicker, Grill und vieles mehr. Vermittlung von Kutschenfahrten und Rundflügen.

Preise: Wohnungen von 55,- DM für 2 Pers. bis 125,- DM für 4 Pers. Hausprospekt kann angefordert werden.

Urlaub auf dem Bauernhof Pension „Rosi" 94136 Thyrnau

Bayern, Bayerischer Wald, Nähe Passau

Rosi und Matthias Bauer, Mitteröd 3, Tel. (08501) 1457, Fax: 343. Neuerbaute Pension, 7 Doppelzimmer, mit schönem Blick auf den Bayerischen Wald, umgeben von Wiesen und Wäldern, mit Pferde- und Ziegenhaltung. Terrasse, Liegewiese, Grillplatz und Tischtennis.

Gut geeignet für Familien mit Kindern: Kinderermäßigung 50%, Spielplatz, kein Durchgangsverkehr, eigenes beheiztes Schwimmbad. Reiterhof in der Nähe. Eingang, Frühstücksraum, 2 Zimmer, Terrasse und Außenanlage mit dem Rollstuhl schwellenlos sehr gut befahrbar. Hauseigenes Freibad mit Rampe.

Geeignet für Gehbehinderte (bis 14 Personen); für Rollstuhlfahrer 1 Zimmer mit Du/WC. Türbreite vom Zimmer und von Du/WC 100 cm. Freiraum in Du/WC 200 x 140 cm. Freiraum links neben WC 150 cm, rechts 80 cm, davor 130 cm. Waschbecken und Dusche unterfahrbar. Festinstallierter Duschsitz und stabile Haltegriffe an Du/WC. Ein zweites Zimmer ist für Rollstuhlfahrer bedingt geeignet.

Service: Abholservice vom Bahnhof. Einkaufsservice. Auf Wunsch Diabetikerkost. Herr Bauer ist hauptberuflich Krankenpfleger in der Dialyseabteilung; auf Wunsch Vermittlung eines Dialyseplatzes im Dialysezentrum, 12 km. Außerdem sind mehrere Pflegedienste in der Nähe.

Lage: Ortsmitte 100 m; Bus 500 m; Badesee, Tennisplatz 2 km; Einkaufen, Arzt, Apotheke, Kuranwendungen 3 km.
Preise: Übernachtung mit Frühstück 33,- bis 36,- DM.

Pension Lichtenauer Hof 94136 Thyrnau

Bayern, Bayerischer Wald, Nähe Passau

Zwölfling 3, Tel. (08501) 90030, Fax: 9003-123. Rustikal und freundlich eingerichtete Pension, eigenes Hallenbad, Spielplatz am Haus. 20 Zimmer und 6 Ferienwohnungen, alle mit Du/WC, zum Teil mit Balkon. Die Ferienwohnungen liegen ebenerdig im Erdgeschoß und sind stufenlos erreichbar.

Geeignet für Gehbehinderte, bedingt geeignet für Rollstuhlfahrer mit Begleitung. Fünf Ferienwohnungen und 2 Zimmer im EG, stufenlos erreichbar. Türbreiten der Zimmer 80 cm, von Bad/WC 70 cm. Raumgröße von Bad/WC 350 x 130 cm, Freiraum links und rechts neben WC 30 cm, davor 200 cm. Dusche nicht unterfahrbar, Waschbecken unterfahrbar. Keine Zusatzausstattung für Rollstuhlfahrer.

Lage: Ortsmitte 2 km; Bahnhof 12 km; Bus 400 m; Apotheke 3,5 km, Dialyse 15 km.
Preise: Übernachtung mit Frühstück ab 37,- DM, mit HP ab 50,- DM.

Ferienhof Stadler 94136 Thyrnau OT Satzbach

Bayern, Bayerischer Wald, Nähe Passau

Renate Stadler, Satzbach 23, Tel. (08501) 8174, Fax: (08501) 914302. Eine gemütlich eingerichtete, rollstuhlgerechte Ferienwohnung mit Wohnzimmer, Küchenzeile, 2 Schlafzimmern, Sat-TV, Du/WC, Fön und Terrasse. Auch der Frühstücksraum mit Wintergarten ist barrierefrei. Eine weitere Ferienwohnung und mehrere Zimmer mit Du/WC sind über Treppen zu erreichen.

Geeignet für Rollstuhlfahrer, Gehbehinderte und Familien mit geistig Behinderten. Türbreite der rollstuhlgerechten Fewo mit Du/WC 90 cm. Freiraum in Du/WC 170 x 170 cm. Freiraum links neben WC 30 cm, rechts 150 cm, davor 170 cm. Dusche und Waschbecken unterfahrbar. Festinstallierter Duschsitz und stabile Haltegriffe an Dusche und WC vorhanden.

Freizeitangebote in der Umgebung: Reiten, Baden, Wandern, Golf, Tennis, Angeln und Kegeln. Ausflüge ins nahegelegene Passau, nach Prag oder nach Linz.

Lage: Einkaufen, Arzt, Apotheke, Tennisplatz, Naturfreibad 2 km; für Rollstuhlfahrer geeignetes Freibad 10 km; Hallenbad, Krankenhaus, **Dialyse** 10 km. Am Haus flach, ansonsten Umgebung flach bis hügelig.
Preis für die rollstuhlgerechte Ferienwohnung 85,- DM pro Tag.

Bauernhof Georg Bindl 93492 Treffelstein OT Biberbach

Bayern, Oberpfalz, Bayerischer Wald

Biberbach 56, Tel. (09972) 8331. Bäuerlicher Betrieb, Einzelhof in ruhiger Südlage mit Milchviehhaltung, Schweinezucht und Forstwirtschaft. Kinderfreundlich. Ferienwohnungen mit ebenerdigem Zugang. Parkplatz, Eingang, Frühstücksraum, Garten und die Ferienwohnungen stufenlos erreichbar. Zimmertüren 90 cm breit.

Geeignet für Gehbehinderte, Rollstuhlfahrer und Familien mit geistig Behinderten. Es können kleine Gruppen bis 20 Personen aufgenommen werden. Zwei Ferienwohnungen mit je 60 qm für Rollstuhlfahrer geeignet. Freiraum in Du/WC 180 x 150 cm. Freiraum links neben WC 40 cm, rechts 100 cm, davor 150 cm. Waschbecken und Dusche unterfahrbar, festinstallierter Duschsitz und stabile Haltegriffe an Du/WC.

Lage: Zur Ortsmitte 400 m; Einkaufen 300 m; Badesee 2 km; Arzt, Freibad 5 km; Hallenbad und Krankenhaus 7 km.

Preis für die Ferienwohnung 75,- DM pro Tag.

Ferienwohnung Held / Schelenz — 91757 Treuchtlingen

Bayern, Naturpark Altmühltal

Fritz Held, Mühlstr. 27, Tel. (09142) 8449. Behindertengerechte Ferienwohnung für 2 Personen, zusätzliche Ferienwohnung für bis zu 7 Personen im Obergeschoß. Große Spiel- und Liegewiese neben dem Haus. Tiere: Katzen und Hund. Befestigter Freisitz, Schwimmbad, **behindertengerechte Sauna.** Eingang ebenerdig, Türbreite 100 cm. Türen in der Wohnung 100 bis 120 cm breit. Terrassentür 100 cm breit. Drehkippfenster mit tiefergelegten Griffen. Schlafzimmer mit Doppelbett, davon ein **Bett elektrisch höhenverstellbar.** Wohnküche mit unterfahrbarem Tisch, Küchenzeile, Sat-TV, 2 Schrankbetten vorhanden.

Geeignet für Gehbehinderte, Rollstuhlfahrer (2 Personen) und Familien und Gruppen mit geistig Behinderten (bis 9 Personen). Bad mit einer Größe von 7,5 qm komplett behindertengerecht ausgebaut; Bewegungsfreiraum 100 x 200 cm. Verstellbarer Duschsitz mit Hygieneöffnung und Armstützen rechts und links, hochklappbar, verlängerte Armatur. Erhöhtes WC mit Armstützen, hochklappbar. Freiraum vor dem WC 140 cm. Waschbecken mit verlängerter Armatur und ausziehbarer Handbrause; höhen- und seitenverstellbar. Liegewanne, Wannenlifter auf Wunsch.

Kostenloser Service: Abholservice vom Bahnhof, Einkaufsservice, Benutzung der Kneipp-Einrichtungen, Literatur, Video, Gespräche und Vorträge zum Thema Gesundheit.

Lage: Haus am Ortsrand vom Treuchtlinger Ortsteil Wettelsheim, sehr ruhig jedoch zentral gelegen. Spielplatz am Haus; zur Ortsmitte, Einkaufen 500 m; Bahnhof, Arzt, Apotheke, Krankenhaus, Freibad und Hallenbad 4 km; **Dialyse** 12 km.

Preis für die Wohnung pro Tag für 2 Personen 54,- DM, jede weitere Person 8,- DM.

Spezialangebote: Verwöhnwochenende, Streßabbau-Woche, Wellness-Woche, Entschlackungskuren all inclusive. Preise und genaue Beschreibung der Leistungen auf Anfrage.

Ferienbauernhof Gräbner — 91486 Uehlfeld OT Schornweisach

Bayern, Franken, Steigerwald

Herbert Gräbner, Schornweisach 93, Tel. (09163) 959311, Fax: 959312. Im Herzen des fränkischen Dorfes Schornweisach liegt der Vollerwerbsbauernhof mit einem Ferienhaus mit zwei komfortabel eingerichteten Ferienwohnungen.

Geeignet für Gehbehinderte und Rollstuhlfahrer. Eine Ferienwohnung im EG ist für Rollstuhlfahrer geeignet. Eingang stufenlos; Türbreiten der Zimmer und von Du/WC 90 cm; Freiraum in Du/WC 120 x 140 cm. Waschbecken und Dusche unterfahrbar;

Duschhocker und stabile Haltegriffe an Dusche und WC vorhanden.

Lage: Ortsmitte 100 m; Bus 200 m; Spielplatz und Einkaufen 300 m; Badesee 2 km; Arzt, Apotheke, Freibad 5 km; Hallenbad, Bahnhof und Krankenhaus 12 km.

Preis für die rollstuhlgerechte Ferienwohnung pro Tag 80,- DM; weitere Personen auf Anfrage. Auf Wunsch Abholdienst vom Bahnhof.

Aischgrundhof — 91486 Uehlfeld

Bayern, Franken, Steigerwald

Familie Schmidt, Voggendorf 11, Tel. (09163) 959612, Fax: 959614. Der Aischgrundhof verfügt über 3 Ferienwohnungen mit jeweils 2 Schlafzimmern. Pro Ferienwohnung 4 Betten zuzüglich 2 Zustellbetten. Parkplatz, Eingang, Frühstücksraum, Garten und die Innenräume sowie die Ferienwohnungen stufenlos erreichbar. Der Gastraum ist rollstuhlgängig und hat ein rollstuhlgeeignetes WC. Spielplatz am Haus.

Geeignet für Gehbehinderte, Rollstuhlfahrer und für Familien mit geistig Behinderten, jeweils für Gruppen bis 18 Personen. Gruppen mit Halbpension möglich. 2 Ferienwohnungen sind für Rollstuhlfahrer geeignet. Türbreiten der Zimmer und von Du/WC 98 cm. Freiraum in Du/WC 160 x 160 cm. Freiraum links neben WC 60 cm, rechts 120 cm, davor 140 cm. Dusche und Waschbecken unterfahrbar. Festinstallierter Duschsitz sowie stabile Haltegriffe an Dusche und WC vorhanden.

Freiraum links neben WC 60 cm, rechts 30 cm, davor 140 cm. Waschbecken und Duschen unterfahrbar. Festinstallierter Duschsitz sowie stabile Haltegriffe an Dusche und WC vorhanden. Die dritte Ferienwohnung ist für Rollstuhlfahrer bedingt geeignet; Türbreiten 98 cm, Freiraum 100 x 100 cm.

Lage: Ortsmitte und Einkaufen 800 m; Bus 100 m; Arzt und Apotheke 1 km; Tennisplatz und Badesee 2 km; Freibad, Hallenbad und Krankenhaus 8 km. Das Aischtal ist flach; ab 3 km hügelig; Teichlandschaft.

Preis pro Ferienwohnung und Tag bei Belegung mit 4 Personen 85,- DM; Mehrbelegung pro Tag und Person 5,- DM (insg. 7 Pers.). Zusätzlich buchbar: Halbpension 24,- DM pro Person/Tag, Vollpension 32,- DM pro Person/Tag inkl. Tischgetränke.

Holiday-Inn Garden Court München-Unterhaching — 82008 Unterhaching

Bayern (bei München)

Inselkammerstr. 7-9, Tel. (089) 66691-0, Fax: 66691-600. Hotel mit 281 komfortablen Zimmern mit Bad, Minibar, Safe, Kabel-TV, Selbstwahltelefon, Fax- und Modemanschluß. Behindertenparkplatz, Eingang, Frühstücksraum, Restaurant, Garten

und Zimmer (mit dem Aufzug) stufenlos erreichbar. Türbreite vom Aufzug 100 cm (Tiefe 203 cm, Breite 110 cm).
Geeignet für Rollstuhlfahrer und Familien mit geistig Behinderten. 4 Einzelzimmer rollstuhlgerecht. Türbreite der Zimmer und von Du/WC 93 cm. Freiraum in Du/WC 273 x 204 cm. Freiraum vor dem WC 150 cm; links und rechts Stützgriffe. Verstellbarer Kippspiegel und verstellbarer Waschsitz. Dusche schwellenlos unterfahrbar; festinstallierter Duschsitz und Duschhocker. Bettenhöhe 53 cm.
Lage: Zur Ortsmitte Unterhaching 500 m; S-Bahnhof, Einkaufen, Arzt, Apotheke 500 m; Krankenhaus 4 km.
Zimmerpreise: EZ 218,- bis 308,- DM; DZ 268,- bis 379,- DM. Frühstücksbuffet 26,- DM pro Person. Wochenendpreise auf Anfrage.

Landhaus „Au im Wald" — 83567 Unterreit

Bayern

Familie Henke-Wirtz, Au im Wald 1, Telefon (08073) 3853-0, Fax: 3853-13. Sehr schönes Anwesen, Landwirtschaft direkt nebenan. Sieben Ferienwohnungen für 2 bis 8 Personen (33 bis 95 qm). Eine Wohnung davon (54 qm, 4 Pers.) für Rollstuhlfahrer geeignet. Zusätzlich ein rollstuhlgerechtes Zweibettzimmer mit Bad im Erdgeschoß vorhanden. Alle Ferienwohnungen sind freundlich eingerichtet und mit Küche, Sat-TV und Telefon ausgestattet. Im EG großer Gewölberaum mit Kamin sowie eine Küche, die von Gruppen benutzt werden kann, vorhanden.

Auch beim Bau des Hallenbades im Haus wurden die Belange Behinderter berücksichtigt. Parkplatz, Eingang, Frühstücksraum, Aufenthaltsraum, Terrasse, Garten, Liegewiese, Sauna, Solarium und die Zimmer sind stufenlos erreichbar. Wassertemperatur vom hauseigenen Hallenbad 28 °C, vom Freibad 24 °C.

Geeignet für Gehbehinderte, Rollstuhlfahrer und Familien mit geistig Behinderten; jeweils für Gruppen bis 20 Personen. Alle Türen im EG sind für Rollstuhlfahrer breit genug. Türbreite der Zimmer 93 cm, von Du/WC 100 cm. Freiraum in Bad/WC 200 x 170 cm. Dusche schwellenlos unterfahrbar. Stabile Haltegriffe an Dusche und WC vorhanden. Bettenhöhe 56 cm. Mehrere Pflegedienste im Raum Wasserburg a. Inn vorhanden.

Lage: Zentrum, Einkaufen, Bus und Apotheke 5 km; Bahnhof Gars 4 km; Krankenhaus und Kuranwendungen 15 km; Wandern, Angeln, Spielplatz und

Grillplatz in unmittelbarer Nähe des Hauses; Tennisplatz 2 km; Tennishalle, Squash und Golf 15 km. Unmittelbar am Haus stehen nur Schotterwege als Spazier- und Wanderwege zur Verfügung.

Preis je nach Ferienwohnung, Personenzahl und Dauer des Aufenthaltes zwischen 65,- und 150,- DM, Bettwäsche, Handtücher und Strom sind darin enthalten. Endreinigung zwischen 30,- bis 60,- DM. Das Landhaus „Au im Wald" wurde von Lesern als "sehr gut" weiterempfohlen.

Ferien auf dem Bauernhof „Beim Michelbauern" — 92289 Ursensollen

Bayern, Oberpfalz

Familie Hans und Eva Meier, Stockau 3, Tel. und Fax: (09628) 1210. Urlaub auf dem Bauernhof in einem neuerbauten Gästehaus (Eröffnung Sommer 1995) mit zwei rollstuhlgerechten Ferienwohnungen im Erdgeschoß. Die Ferienwohnungen sind sehr gut ausgestattet.

Freundliche und aufmerksame junge Gastgeber mit vier Kindern, familiäre Atmosphäre. Kühe und Streicheltiere auf dem Hof, Sandkasten, Naturspielplatz. Liegewiese, Grillplatz, rollstuhlgerechter Tennisplatz. Parkplatz, Eingang und Tennisplatz mit Rampe stufenlos. Frühstücksraum und Garten stufenlos erreichbar.

Geeignet für Gehbehinderte und Rollstuhlfahrer: Zwei Ferienwohnungen mit ca. 55 qm im EG nach DIN 18025 rollstuhlgerecht gebaut. Türbreiten der Zimmer und von Du/WC 100 cm; Freiraum in Du/WC 140 x 140 cm; Dusche und Waschbecken unterfahrbar. Festinstallierter Duschsitz, stabile Haltegriffe an Du/WC und Waschbecken vorhanden.

Lage: Ruhige Lage, kein Durchgangsverkehr. Ortsmitte, Bus 500 m; Spielplatz und Tennisplatz vom Hof 100 m; Einkaufen, Arzt, Apotheke 3 km; Freibad 8 km; Bahnhof, Krankenhaus, **Dialysezentrum** 12 km. Feldwege flach bis hügelig.

Preis für eine Ferienwohnung pro Tag bei Belegung mit 2 Personen 86,- DM, mit 3 Pers. 92,- DM, mit 4-5 Pers. 100,- DM. Bei 7 Übernachtungen 5 % Rabatt. Die Benutzung von Solarium und Whirlpool ist für die Hausgäste kostenlos. Großes Frühstück pro Person 8,- DM, kleines Frühstück pro Person 5,- DM. Besonders kinderfreundlicher und empfehlenswerter Bauernhof.

Flair Hotel Winkler Bräustüberl — 92355 Velburg-Lengenfeld

Bayern, Ostbayern, Oberpfalz

St. Martin Straße 6, Tel. (09182) 170, Fax: 17110. Traditionsreicher, seit 1428 geführter Familienbetrieb mit 58 freundlich und komfortabel eingerichteten Zimmern mit Bad/Dusche mit WC, Radio, Telefon, Farb-TV und teilweise Minibar. 2 Behindertenparkplätze am Hotel.

Vom Parkplatz bis zum Eingang vom Hof stufenlos; Eingang vom Hof ebenfalls stufenlos; Frühstücksraum, Restaurants, hauseigenes Hallenbad und die Zimmer mit dem Aufzug stufenlos erreichbar. Türbreite vom Aufzug 80 cm (Tiefe 110 cm, Breite 100 cm). WC im öffentlichen Bereich rollstuhlgerecht.

Geeignet für Gehbehinderte (bis 20 Pers.), für Rollstuhlfahrer (2 DZ, 4 Pers.), Familien mit Behinderten und geistig Behinderten (16 Pers., 8 DZ als Familienzimmer mit Verbindungstüren). Türen der 2 rollstuhlgerechten Zimmer 100 cm breit, Du/WC 90 cm. Freiraum in Du/WC 100 x 100 cm; Freiraum links neben WC 90 cm, davor 100 cm. Dusche und Waschbecken unterfahrbar. Duschsitz für Rollstuhlfahrer zum Einhängen; Notruf und stabile Haltegriffe an Du/WC und Waschbecken vorhanden. Bettenhöhe 45 cm.

Lage: In der Ortsmitte; Einkaufen, Arzt, Apotheke 3 km; See 4 km; Freibad, Krankenhaus und **Dialyse** 15 km. Nähere Umgebung flach bis hügelig, wenig Verkehr.

Zimmerpreise: EZ 97,- bis 115,- DM; DZ 133,- bis 151,- DM, Dreibettzimmer 154,- bis 172,- DM; Zusatzbett 21,- DM; alle Preise inkl. Frühstücksbuffet.

Elgersheimer Hof — 97332 Volkach-Fahr

Bayern, Unterfranken, Volkacher Mainschleife

Elgersheimer Hof 1, Tel. + Fax: (09381) 9921. Ehemaliger Klosterhof mit 2 neuen, komfortablen Ferienwohnungen und einer behindertengerechten Ferienwohnung. Parkplatz und Eingang stufenlos, alle Türen mindestens 90 cm breit.

Großer Klostergarten, Ponys und Kleintiere, Ponykutschfahrten, Grillplatz.

Geeignet für Rollstuhlfahrer (1 Ferienwohnung bis 6 Personen, darunter 2 Rollstuhlfahrer), außerdem für Gehbehinderte und Familien mit geistig Behinderten (insg. 3 FeWos jeweils bis 6 Personen). Bettenhöhe 50 cm. Türbreite der Zimmer 90 cm, von Du/WC 100 cm. Bewegungsfreiraum in Du/WC 140 x 140 cm. Freiraum links neben WC 100 cm, davor 130 cm. Dusche schwellenlos, Waschbecken unterfahrbar.

Verstellbarer Kippspiegel, festinstallierter Duschsitz und stabile Haltegriffe an Dusche und WC vorhanden.

Lage: Der ehemalige Klosterhof liegt direkt an Wald und Wasser; ebene Fahrrad- und Wanderwege sowie Badesee und Wiesen direkt vor der Haustür. Zur Ortsmitte Volkach 3,5 km; Einkaufen, Arzt, Apotheke, Sozialstation, Krankenhaus, Freibad, Hallenbad und Tennisplatz 3,5 km (in Volkach). Bahnhof und Dialysestation 25 km. Empfehlenswerte Ausflugsziele: Würzburg, Nürnberg, Bamberg, Rothenburg, Freizeitland Grindlwald.

Preis für eine Ferienwohnung pro Tag 95,- DM bei Belegung mit 4 Personen, jede weitere Person 10,- DM pro Tag.

VdK Erholungshotel Karoli — 94065 Waldkirchen

Bayern

VdK-Straße 26, Tel. (08581) 9700, Fax: 970290. 76 moderne Gästezimmer mit Du/WC, Telefon, Radio, Kabel-TV, Balkon oder Terrasse. Über zwei Aufzüge sind alle Etagen bequem mit dem Rollstuhl erreichbar. Med. Abteilung für Massagen, med. Bäder, Fango, Elektrotherapie, Unterwassermassagen und Stangerbad im Haus. Sauna, Solarium und Gymnastik. Parkplatz, Eingang, Restaurant, Frühstücksraum, Garten, med. Abteilung und Zimmer stufenlos erreichbar.

Geeignet für Gehbehinderte, Rollstuhlfahrer und Familien mit geistig Behinderten. Gruppen jeweils bis 54 Personen. 11 Zimmer mit Du/WC sind rollstuhlgerecht. Türen der Zimmer und Du/WC 90 cm breit. Freiraum in Du/WC 140 x 140 cm. Freiraum vor dem WC 120 cm. Dusche und Waschbecken unterfahrbar. Duschhocker, Kippspiegel und Haltegriff an der Dusche vorhanden.

Lage: 620 m ü.d.M., oberhalb der Stadt Waldkirchen, mit schönem Blick über die Bergwelt des Bayerischen Waldes. Zur Ortsmitte 900 m; Einkaufen, Apotheke 900 m; Arzt 800 m; Krankenhaus 700 m; **Dialyse** 15 km; Freibad und Hallenbad 500 m.

Preis pro Person und Tag für VdK-Mitglieder inkl. Vollpension je nach Saison 69,- bis 74,- DM; EZ-Zuschlag 5,- DM. Nichtmitglieder-Zuschlag 10,- DM pro Tag.

Pension Krems — 91344 Waischenfeld

Bayern, Oberfranken, Fränkische Schweiz

Heroldsberg 17, Tel. (09202) 245. Pension in idyllischer Lage, umgeben von Wald und Wiesen. 15 Zimmer mit Sat-TV und Du/WC, Parkplatz direkt am Haus. Eingang, Restaurant, Café-Terrasse, Frühstücksraum und Liegewiese stufenlos erreichbar.
Geeignet für Gehbehinderte; nicht für Gruppen (!); nur bedingt geeignet für Rollstuhlfahrer mit Begleitung. 2 Zimmer und WC stufenlos erreichbar. Türbreiten von Eingang, Frühstücksraum, Zimmer und Bad/WC 90 cm. Bad/WC für Rollstuhlfahrer nicht befahrbar.
Lage: Zur Ortsmitte 2 km; Einkaufen, Bus, Arzt und Apotheke 2 km; Bahnhof 16 km; Krankenhaus 16 km; Freibad 3 km; Hallenbad 10 km; Spielplatz 2 km. Für Behinderte geeignete Wanderwege vorhanden. Waischenfeld für Rollstuhlfahrer über einen Behindertenwanderweg leicht erreichbar.
Zimmerpreise pro Tag inkl. Frühstück: EZ 37-, bis 41,- DM; DZ 82,- bis 100,- DM. HP 17,- DM, VP 23,- DM pro Person.

Ferienwohnungen Familie Pirkelmann — 91344 Waischenfeld

Bayern, Oberfranken, Fränkische Schweiz

Breitenlesau 4, Tel. (09202) 1388, E-Mail: pirkelmann.edmund@waischenfeld.de; Internet: www.waischenfeld.de/pirkelmann.

Drei neue Komfort-Ferienwohnungen, davon eine kindergerecht und eine behindertengerecht ausgestattet.

Alle Ferienwohnungen mit Telefon, Farb-TV und Radio ausgestattet. Großes Bad, 1 Schlafzimmer, Wohnküche komplett ausgestattet, evtl. als weiterer Schlafraum nutzbar. Parkplatz, Eingang, Garten und Zimmer stufenlos erreichbar. Terrasse vom Hof aus ebenfalls mit dem Rollstuhl befahrbar. Grillplatz im Hof; gute Kinderspielmöglichkeiten.

Geeignet für Gehbehinderte, Rollstuhlfahrer und Familien mit geistig Behinderten; insgesamt für 17 Gäste. Eine Ferienwohnung, 59 qm, für 4 Personen, ist absolut rollstuhlgerecht nach der DIN für behindertengerechtes Bauen. Sehr gut befahrbarer Fußboden, kein Teppich. Bettenhöhe 54 cm. Türbreite von Zimmer und Du/WC 95 cm. Du/WC vorbildlich rollstuhlgerecht. Freiraum in Du/WC 180 x 240 cm; Freiraum links neben WC 120 cm, rechts 160 cm, davor 110 cm. Waschbecken und Dusche unterfahrbar. Festinstallierter HEWI-Duschsitz sowie stabile Haltegriffe (links/rechts) an Du/WC und Waschbecken vorhanden.

Lage: Zur Ortsmitte 20 m; Bus, Einkaufen 100 m; Spielplatz 300 m; Arzt, Apotheke, Freibad, Tennisplatz 6 km; Hallenbad 12 km; Krankenhaus 23 km. Die Ferienwohnungen liegen mitten im 240 Einwohner zählenden Ort auf einer Höhenlage von 360 m, absolut ruhig. Von der Hofanlage aus ist man in wenigen Minuten inmitten der Felder, Wiesen, Wälder und Täler.

Preis für die rollstuhlgerechte Ferienwohnung Nr. 1 für 2 Personen pro Tag 65,- DM. Jede weitere Person 10,- DM pro Tag. Ferienwohnung Nr. 2 und 3 ebenfalls 65,- DM pro Tag. Ab 8 Übernachtungen Grundpreis jeweils 62,- DM.

Jugendbildungsstätte der KAB & CAJ e.V. — 93449 Waldmünchen

Bayern, Bayerischer Wald

Schloßhof 1, Tel. (09972) 9414-0, Fax: 9414-33, E-Mail: office@jugendbildungsstaette.org.

56 2-, 4-, und 6-Bettzimmer; insgesamt 150 Betten, davon 54 Betten für Rollstuhlfahrer geeignet.

7 Zimmer haben Du/WC, die übrigen Zimmer alle fl.w.u.k. Wasser. Seiteneingang stufenlos; Haupteingang 10 Stufen (je 16 cm), Rezeption, Speiseraum, Konferenzraum, Aufenthaltsraum, Garten und Aufzug (Innenmaße 154 x 108 cm) stufenlos erreichbar. Türen 90 cm breit. Sämtliche Gebäude wurden behindertengeeignet angelegt.

Freizeitangebote: Das Haus, ein ehemaliges Schloß, bietet folgende Freizeitmöglichkeiten: Tischtennis in Haus und Garten, Billardraum, Freiluftschach, Grillplatz im Garten und im rustikalen Schloßkeller, Volleyball- und Basketballplatz, Kickerkasten, Fotolabor, Bastelraum mit Töpfer- und Emailbrennofen. Nach Absprache stehen den Gästen außerdem folgende Räume zur Verfügung: 8 Tagungsräume/Konferenzräume für 15 bis 150 Personen, Meditationsraum mit Sakristei. Multimediacenter mit Internetanschluß.

Geeignet für Gehbehinderte und Rollstuhlfahrer (bis 50 P.); für Familien und Gruppen mit geistig Behinderten und für Kinder- und Jugendgruppen bis 150 Personen. 1 Badezimmer mit Du/WC speziell für Rollstuhlfahrer ausgestattet. Freiraum in Bad/WC 200 x 500 cm. Bewegungsfreiraum in Du/WC und in den 3 Behinderten-WCs für Rollstuhlfahrer 160 x 130 m. Abstand rechts neben WC 115 cm, davor 130 cm, WC-Höhe 46 cm. Dusche und Waschbecken unterfahrbar, Waschbecken-Höhe 94 cm, festinstallierter Duschsitz und Haltegriffe an Du/WC und Waschbecken vorhanden.

Lage: Ortsmitte, Einkaufen, Arzt, Apotheke und Spielplatz 300 m; See, Minigolf, Angeln und Wandern 2 km; Erlebnisbad "Aqua-Fit", Krankenhaus 1 km; Grillplatz am Haus. Umgebung hügelig.

Preise: Übernachtung mit Frühstück für Junioren bis 26 Jahre und für Familien 23,- DM, Vollpension 36,50 DM. Übernachtung/Frühstück für Senioren ab 27 Jahre 28,- DM, Vollpension 41,50 DM. Hausprospekt und ausführliche Preisliste für Junioren, Senioren, Kinder und Gruppenaufenthalte auf Anfrage.

Ferienhof Hieble — 87448 Waltenhofen

Bayern, Allgäu

Unterburg 15, Tel. (08303) 7634, Fax: (08303) 1382; Reservierungen und Anfragen unter Tel. (08303) 7455, E-Mail: Ferienhof-Hieble@t-online.de. Bauernhof mit vielen Tieren in schöner Alleinlage mit Blick auf die Allgäuer Berge. 3 Ferienwohnungen für je 4 Personen, davon 1 rollstuhlgeeignet. Eingang mit Rampe.

Geeignet für Gehbehinderte, Rollstuhlfahrer und Familien mit geistig Behinderten. 1 Ferienwohnung rollstuhlgeeignet: Türbreite von Eingang, Zimmer und Du/WC 90 cm. Freiraum in Du/WC 130 x 200 cm. Freiraum links neben WC 200 cm, davor 120 cm. Dusche und Waschbecken unterfahrbar. Festinstallierter Duschsitz und stabile Haltegriffe an Dusche und WC vorhanden.

Lage: Zur Ortsmitte mit Einkaufen, Arzt, Apotheke 3 km. Freibad, Hallenbad 12 km. Weg zum See (1,5 km) teils flach, teils etwas steiler. Seerundweg flach, Kieswege.

Preis für die Ferienwohnung je nach Saison 60,- bis 90,- DM.

„Haus der Familie" — 87448 Waltenhofen-Memhölz

Bayern, Allgäu

Schönstatt auf'm Berg 68, Tel. (08379) 9204-0, Fax: 9204-99. Träger: Josefswerk der Schönstattfamilie in der Diözese Augsburg, Raiffeisenstr. 8, 86695 Nordendorf. Anmeldungen können bei der Ferienstätte selbst vorgenommen werden.

Geeignet für Familien und Gruppen mit Geistig- und Körperbehinderten. Wegen der Hanglage nicht für Rollstuhlfahrer geeignet.

Lage: Bahnhof 11 km; Arzt und Apotheke 6 km; See 3 km; Krankenhaus 14 km. Umgebung hügelig.

Preise pro Person/Tag inkl. Vollpension je nach Zimmer 50,- bis 60,- DM, EZ-Zuschlag 12,- DM; HP-Nachlaß 8,- DM.

Ferienwohnung Schloßgut Inching — 85137 Walting

Bayern, Naturpark Altmühltal

Robert und Erika Böhm, Tel. (08426) 98166, Fax: 98168. Eine 4-Sterne-Ferienwohnung im Parterre, 100 qm, 1 Mehrbettzimmer, 1 Doppelzimmer, 1 Einzelzimmer, Kinderausstattung, Wohnzimmer, Eßküche, Bad, Waschmasch. und Trockner, sep. WC. Idyllisch gelegen mit stufenlosem Zugang zum alten Garten.

Geeignet für Gehbehinderte und Familien mit geistig Behinderten, bedingt geeignet für Rollstuhlfahrer, jeweils für 6 Personen. Türbreite der Zimmer 80 cm, vom Bad 85 cm. Großzügiges Badezimmer: Freiraum im Bad 230 x 180 cm. Freiraum vor dem WC 200 cm. Dusche nicht unterfahrbar (Schwelle 21 cm). Stabiler Duschhocker und stabile Haltegriffe an Dusche und WC vorhanden.
Lage: Ortsmitte, Bus 50 m; Krankenhaus 7 km; Arzt, Apotheke 8 km.
Preise und ausführlicher Prospekt auf Anfrage.

Urlaub auf dem Bauernhof
Ferienhof Birnbaum — 91746 Weidenbach

Bayern, Fränkisches Seenland

Familie Birnbaum, Weiherschneidbach 38, Tel. (09805) 7962, Fax: 7862. E-Mail: ferienhof-birnbaum@t-online.de; Internet: www.urlaubstip.de/bauernhof-birnbaum-franken. Sehr gemütlicher, familienferienfreundlicher Bauernhof mit DLG-Gütezeichen, in ruhiger Lage, umgeben von Wiesen, Wald und Feldern, mit großem Damhirschgehege direkt am Hof, Schafen, Kaninchen, Enten, Esel, usw.

4 komfortable Ferienwohnungen für bis zu 5 Personen. Davon sind 3 Wohnungen im EG behindertenfreundlich ausgestattet. Alle mit Küche (Geschirrspüler, Mikrowelle, Kaffeemaschine, Toaster), Telefon, TV-Anschluß und direktem Zugang zur Terrasse.

Waschmaschinen- und Trocknerbenutzung gegen Gebühr. Parkplatz, Eingang und großzügiger Aufenthaltsraum sind mit dem Rollstuhl problemlos befahrbar. Liegewiese, Grillplatz und Kinderspielplatz sind über eine Rampe bequem erreichbar.

Besonders geeignet für Gehbehinderte, Familien mit Rollstuhlfahrern und geistig Behinderten. Auch Gruppen sind willkommen. Alle drei Ferienwhg. im EG sind rollstuhlgeeignet, mit Türbreiten von 95 cm (auch in Du/WC). Freiraum in Du/WC 140 x 140 cm; Freiraum links neben WC 30 cm, rechts 135 cm, davor 150 cm. Dusche und Waschbecken unterfahrbar. Kippspiegel, Duschhocker und stabile Haltegriffe an Dusche und WC vorhanden. Bettenhöhe 47 oder 56 cm.

Lage: Einzelhoflage; Einkaufen, Arzt, Apotheke 1 km; Tennisplatz 800 m; Freibad, Hallenbad 8 km; Tennishalle, Krankenhaus, **Dialysezentrum** 10 km. Wege und Umgebung sind flach bis leicht hügelig. Nähere Ausflugsziele: Neues Fränkisches Seenland, Rothenburg, Dinkelsbühl, Ansbach und Nürnberg.

Preis pro Ferienwohnung für 4 Personen je nach Saison 65,- bis 95,- DM pro Tag. Preisermäßigung für Gruppen. Auf Wunsch auch Frühstück möglich; für Gruppen auch Halbpension.

Ferien auf dem Bauernhof
Peller-Hof

95163 Weißenstadt

Bayern, Fichtelgebirge

Familie Peller, Birk 17, Tel. (09253) 1278, Fax: 8698. Kinderfreundlicher Ferienhof in ruhiger, sonniger Lage, Gästehaus mit 7 Ferienwohnungen, davon 3 **rollstuhlgerechte Ferienwohnungen**, die alle mit Dusche, WC, Küche und TV ausgestattet sind, alle 3 mit Balkon.

Für die Kinder stehen ein großer Spielraum, Sandkasten, Tischtennis, eine überdachte Spielveranda und eine Schaukel zur Verfügung. Im Stall 40 Ochsen sowie drei Ziegen „Max", „Sally" und „Luzie". Parkplatz und Eingang sind stufenlos erreichbar. Eine kleine Gaststätte ist über einen befestigten Weg erreichbar.

Geeignet für Rollstuhlfahrer sind drei Ferienwohnungen jeweils für 4 bis 5 Personen, jede mit unterfahrbarer Küche. Türbreiten der Zimmer 90 cm; von Du/WC (Schiebetür) 90 cm. Freiraum in Du/WC 140 x 140 cm. Freiraum vor dem WC 140 cm. Dusche und Waschbecken unterfahrbar; festinstallierter Duschsitz. Am WC zwei festmontierte Stützgriffe, einer klappbar.

Lage: Ruhige Lage, umgeben von Wiesen und Wäldern. Arzt, Apotheke, Freibad, Weißenstädter See und Tennisplatz 5 km. Die Umgebung ist hügelig.

Freizeitmögtlichkeiten: Baden, Surfen, Bootfahren und Angeln am Weißenstädter See. Sehenswert die Aufführungen der Luisenburg-Festspiele in Wunsiedel, Deutschlands schönste Naturbühne (Spielplan 2000: Die Zauberflöte, Der Name der Rose, Die lustige Witwe, Der gestiefelte Kater, u.a.m.).

Preis für die Ferienwohnung I, II und III ab 2 Personen bis 60,- DM inkl. Nebenkosten; jede weitere Person 10,- DM. Kleinkinder unter 5 Jahren sind frei. Von Lesern empfohlener Ferienhof.

Klassik Hotel am Tor — 92637 Weiden

Bayern, Oberpfälzer Wald

Schlörplatz 1 a, Tel. (0961) 47470, Fax: 4747200. Hotel mit 40 Zimmern, alle mit Bad oder Du/WC, Radio, Sat-TV und Telefon. Parkplatz und Eingang stufenlos.

Geeignet für Rollstuhlfahrer: 1 Zimmer mit Du/WC im EG ist rollstuhlgerecht. Breite der Tür vom Zimmer und von Du/WC 95 cm. Freiraum in Du/WC 120 x 120 cm; Freiraum rechts neben WC 70 cm, davor 110 cm. Dusche und Waschbecken unterfahrbar. Festinstallierter Duschsitz und stabile Haltegriffe an Dusche und WC vorhanden; automatischer Lichtschalter.

Lage: Im Zentrum der Weidener Altstadt; Arzt 50 m; Apotheke 100 m; Dialysezentrum und Krankenhaus 500 m; Bahnhof 3 km; Hallenbad 4 km; Freibad 6 km.

Zimmerpreise pro Tag je nach Kategorie inkl. Frühstück: EZ 117,- bis 157,- DM; DZ 137,- bis 227,- DM.

Hotel Krone-Post
Minotel Werneck — 97440 Werneck

Bayern, Fränkisches Weinland

Balthasar Neumann Str. 1, Tel. (09722) 5090, Fax: 509199. Hotel mit 56 Zimmern mit Du/WC, TV, Telefon, Minibar. Parkplatz, Eingang, Frühstücksraum, Restaurant und Aufzug (Tiefe 140 cm, Breite 110 cm, Aufzugstür 90 cm) stufenlos erreichbar.

Geeignet für Gehbehinderte (bis 80 Personen), für Rollstuhlfahrer (2 Personen). Ein Zimmer mit Du/WC im EG ist rollstuhlgerecht. Türbreite von Zimmer und Du/WC 76 cm. Freiraum in Du/WC 120 x 120 cm; Freiraum links neben WC 35 cm, rechts und davor 120 cm. Dusche und Waschbecken unterfahrbar. Festinstallierter Duschsitz, stabile Haltegriffe an Du/WC sowie Kippspiegel vorhanden.

Lage: Ortsmitte, Krankenhaus 100 m; Einkaufen 200 m; Apotheke 300 m; Arzt 400 m; Hallenbad 600 m. Umgebung gut befahrbar; großer Schloßpark gegenüber.
Zimmerpreise pro Tag: EZ ab 95,- DM; DZ ab 135,- DM.

Haus Omert — 97353 Wiesentheid

Bayern, Steigerwald

Lothar Omert, F.A. Wolpertstr. 9, Tel. (09383) 7582. 55 qm große abgeschlossene, rollstuhlgängige Ferienwohnung mit eleganter Innenaustattung und ergonomisch ausgerüsteter Küche. Schlafraum, Wohnschlafraum, großzügiges Bad, Terrasse, Spielwiese, Partyraum und Sauna. Für Kindern gibt es Kinderbett und Spielkiste. Eingang, alle Wege ums Haus und Garten stufenlos erreichbar.

Geeignet für Gehbehinderte, bedingt geeignet für Rollstuhlfahrer. Türbreiten der Zimmer 95 cm, von Du/WC 81 cm. Freiraum in Bad/WC (ohne Dusche, mit Badewanne) 220 x 150 cm. Freiraum vor dem WC 220 cm (nicht seitlich anfahrbar).

Stabile Haltegriffe an WC und Waschbecken vorhanden.

Lage: Zur Ortsmitte 500 m; Arzt, Apotheke 400 m; Einkaufen 500 m; Freibad 2 km; Badeparadies „Geomaris", rollstuhlgeeignet, 10 km; nähere Umgebung flach.

Preis für die Ferienwohnung pro Tag für 2 Personen 68,- DM inkl. aller Nebenkosten; jede weitere Person pro Tag 12,- DM.

Dorint Hotel Würzburg — 97070 Würzburg

Bayern, Unterfranken

Eichstraße/Ludwigstraße, Tel. (0931) 3054-0, Fax: 3054-455. 159 Zimmer mit Bad oder Du/WC, TV, Radio, Telefon und Minibar. Restaurant, Lobby-Bar, 7 Tagungsräume für 12 bis 120 Personen. Eingang, Restaurant und Zimmer stufenlos erreichbar. Türbreite vom Aufzug 90 cm (Tiefe 200 cm, Breite 100 cm).
Geeignet für Gehbehinderte und Rollstuhlfahrer (1 Zimmer mit Du/WC). Türbreite vom Zimmer 93 cm, von Du/WC 69 cm. Freiraum in Du/WC 140 x 140 cm. Freiraum vor dem WC 100 cm. Dusche und Waschbecken unterfahrbar. Festinstallierter Duschsitz, stabile Haltegriffe an Du/WC und Waschbecken sowie Kippspiegel.

Lage: Zentrum und Bahnhof 500 m; Apotheke 100 m.

Preise: EZ 198,- bis 258,- DM; DZ 248,- bis 298,- DM; Zusatzbett 60 DM. Frühstück pro Person 25,- DM.

Familienferienstätte Zwiesel — 94227 Zwiesel

Bayern, Bayerischer Wald

Karl-Heroldstr. 9, Tel. (09922) 9175. Familienferienstätte der Arbeiterwohlfahrt mit 24 Ferienhäusern und 3 Appartements in einem Parkgelände mit großen Grünflächen und Kinderspielplatz.

Geeignet für Gehbehinderte (Gruppen bis 128 Pers.), Rollstuhlfahrer (Gruppen bis 42 Personen), Familien und Gruppen mit geistig Behinderten bis 128 Personen. Rollstuhlgerechte Ferienhäuser mit folgenden Maßen: Türbreiten der Zimmer und von Du/WC 120 x 120 cm; Freiraum in Du/WC 300 x 300 cm, Freiraum rechts neben und vor dem WC 200 cm. Dusche und Waschbecken unterfahrbar. Duschhocker und Kippspiegel sowie stabile Haltegriffe an Du/WC und Waschbecken vorhanden.

Lage: Zur Ortsmitte 1,5 km; Einkaufen 1 km; Arzt und Apotheke 1,5 km; Krankenhaus und **Dialyse** 2 km; Freibad und Hallenbad 500 m.

Preis für ein rollstuhlgerechtes Ferienhaus bis 6 Personen 100,- bis 105,- DM pro Tag inkl. Nebenkosten.

Anger Residenz — 94227 Zwiesel

Bayern, Bayerischer Wald

Gebäudestr. 16, Tel. (09922) 84200, Fax: 842040. Im Jahr 1995 neuerbautes stilvolles Haus der gehobenen Klasse inmitten des 8.000 qm großen Kurparks am Ortsrand der 12.000 Einwohnerstadt Zwiesel. Insgesamt 17 großzügige, im Landhausstil ausgestattete

Appartements (4 davon rollstuhlgeeignet im EG mit eigener Haustüre) für 4 bis 6 Personen. Parkplatz und Eingang stufenlos.

Geeignet für Gehbehinderte und Rollstuhlfahrer. 4 App. rollstuhlgeeignet. Türbreite der Zimmer und von Du/WC 86 cm. Freiraum in Du/WC 200 x 200 cm. Freiraum links und rechts neben WC 60 cm, davor 150 cm. Dusche unterfahrbar, Duschhocker vorhanden, keine Haltegriffe. Bettenhöhe 40 cm.

Lage: Zur Ortsmitte 500 m; Einkaufen, Arzt, Apotheke 100 m; Tennisplatz, Krankenhaus, Dialyse 500 m; Freibad, Hallenbad, Tennishalle 2,5 km.
Preise und Hausprospekt auf Anfrage.

Familien-Ferienhof Kroner — 94227 Zwiesel

Bayern, Bayerischer Wald

Peter und Mathilde Kroner, Zwieselberg 92, Tel. (09922) 6523, Fax: 6523. Internet: http://www.rollstuhl-urlaub.de. **Familien-, kinder- und behindertenfreundlicher Bauernhof.** Der Vollerwerbsbetrieb liegt in einem kleinen ruhigen Dorf, ohne Durchgangsverkehr, auf der Südseite vom 1,5 km entfernten Zwiesel.

Auf dem Hof gibt es Kühe, Kälber, Ziegen, Hühner, Katzen und Hasen. Brotbacken im uralten Steinbackofen. Das neuerbaute Ferienhaus mit vier Ferienwohnungen, davon **2 rollstuhlgerecht,** liegt direkt neben dem Bauernhof.

Die Wohnungen für jeweils 4 Personen haben ca. 60 qm, Sat-TV, 2 Schlafzimmer, Bad und Wohnküche und sind mit gemütlichen Vollholzmöbeln ausgestattet. Aufenthaltsraum, ein Spiel- und Freizeitzimmer. Parkplatz, Eingang, Aufenthaltsraum, Kuhstall, Garten, Spielzimmer und 2 Ferienwohnungen im Erdgeschoß stufenlos erreichbar.

Geeignet für Gehbehinderte, Rollstuhlfahrer (bis 8 Personen) und für Familien mit geistig Behinderten und **Gruppen** bis 16 Personen. Maße der 2 rollstuhlgerechten Ferienwohnungen: Türen der Zimmer und von Du/WC 92 cm breit. Freiraum in Du/WC von Whg. I 130 x 160 cm; Freiraum links und rechts neben WC 40 cm, davor 130 cm. Waschbecken und Dusche unterfahrbar. Festinstallierter Duschsitz und stabile Haltegriffe an Dusche und WC vorhanden. Bettenhöhe 42 cm.

Lage: Am Ortsrand von Zwiesel; Arzt und Apotheke 2 km; Bus 1 km; Einkaufen, Krankenhaus 1,5 km; Bahnhof, Freibad, Hallenbad, Tennishalle und Tennisplatz 3 km. Das Haus steht am Hang und das Gelände steigt zum Hauseingang hin an.
Service: Abholung vom Bahnhof. Fahrt in die Stadt zum Einkaufen.

Preis für eine Ferienwohnung für 4 Personen pro Tag 95,- DM; jede weitere Person 10,- DM pro Tag. Endreinigung 50,- DM.

Fürst Donnersmarck-Haus Ev. Rehabilitationszentrum für Körperbehinderte — 13465 Berlin

Wildkanzelweg 28, Tel. (030) 40606-0, Fax: 40169-14, E-Mail: post.fdh@fdst.de, Internet: www.fdst.de Das Ev. Rehabilitationszentrum für Körperbehinderte hat ein Gästehaus mit 13 Betten mit 3 EZ mit Balkon, 3 DZ mit Balkon und einem Dreibettzimmer.

Die Betten können auf 50 cm erhöht werden. Alle Schlafräume haben Warm- und Kaltwasserversorgung. Ein Bad und zwei Toiletten sind rollstuhlgerecht in Größe und Ausstattung. Es gibt eine große Küche als Eßraum mit unterfahrbarem Herd und Spüle, mit Spülmaschine, Kühlschrank und Backofen. Neben der Selbstversorgung ist auch Vollpension möglich. Ein Wirtschaftsraum mit Waschmaschine und Trockner ist vorhanden.

Alle Räume eignen sich zum Unterricht und Selbsthilfetraining. Für die Gäste ist ein großer Gemeinschaftsraum mit Fernseher und Radio vorhanden. Nach Absprache mit der Verwaltung stehen den Gästen auch weitere Räume zur Verfügung wie z.B. ein großer Konferenzraum, Filmvorführungsraum, Sportplatz, Turnhalle und Bewegungsbad. Das gesamte Haus ist rollstuhlgerecht.

Geeignet für Freizeitmaßnahmen sowohl für Gruppen mit behinderten Kindern, Jugendlichen und Erwachsenen, als auch (in geringem Umfang) für Einzelreisende, sofern sie sich selbst versorgen können. Ein pflegerischer und ärztlicher Dienst wird nicht angeboten.

Lage: Das Fürst Donnersmarck-Haus liegt im Norden Berlins, direkt am Wald, im Ortsteil Frohnau, einer Gartenstadt. Zum Zentrum Berlins ca. 20 km, mit dem Bus, S- und U-Bahn gut zu erreichen. Fahrzeit je nach Verkehrsdichte mit dem PKW ca. 30 Minuten, mit den öffentlichen Verkehrsmitteln ca. 1 Stunde. Abholung vom Bahnhof oder Flughafen für Rollstuhlfahrer durch Telebus möglich (Tel. 030 - 410200), rechtzeitig anmelden.

Preise: Übernachtung mit Frühstück pro Person für Gruppen 42,- DM (Änderungen vorbehalten).

Hotel Buchholz — 13127 Berlin

Bucher Str. 17, Tel. (030) 4749910, Fax: 474991199. Hotel mit 25 Zimmern mit Telefon, TV und Du/WC. Parkplatz, Eingang, Rezeption und Frühstücksraum sowie Zimmer im Erdgeschoß stufenlos erreichbar.

Geeignet für Rollstuhlfahrer. Ein Zimmer wurde nach der geltenden DIN behindertengerecht gebaut. Türbreite von Zimmer und Du/WC 94 cm; Freiraum in Du/WC 250 x 160 mm; Freiraum rechts neben WC 160 cm, davor 110 cm. Dusche und

Waschbecken unterfahrbar. Notruf, festinstallierter Duschsitz und stabile Haltegriffe an Du/WC und Waschbecken vorhanden.

Lage: Zum Zentrum und Bahnhof 10 km; Einkaufen 1 km; Bus 1,3 km; Apotheke 1,4 km; Arzt, Krankenhaus, **Dialysezentrum** 2 km.

Zimmerpreise: EZ 99,- bis 115,- DM; DZ 120,- bis 140,- DM inkl. Frühstück.

Hotel Albrechtshof — 10117 Berlin

Albrechtstr. 8, Tel. (030) 308860, Fax: 30886-100, E-Mail: albrechtshof-hotel@t-online.de, Internet: www.hotel-albrechts-hof.de. Hotel mit 107 Zimmern, alle mit Bad oder Du/WC, Handfön, Radio, TV, Minibar, Telefon, Fax- und PC-Anschluß.

5 Seminarräume für bis zu 140 Personen, 3 Restaurants. 10 Tiefgaragenplätze im Haus sowie 15 Parkplätze auf einem Parkplatz unweit des Hauses (Tiefgarage 22,- DM/ Nacht, Parkplatz 17,- DM/Nacht). Parkplatz, Eingang, Frühstücksraum, Restaurant und Aufzug (Tiefe 210 cm, Türbreite 100 cm) stufenlos erreichbar. Zimmer mit dem Aufzug erreichbar.

Geeignet für Gehbehinderte (30 Pers.), Rollstuhlfahrer (3 Zimmer) und für Familien mit geistig Behinderten (bis 20 Pers.). Türbreite der 3 rollstuhlgerechten Zimmer und von Du/WC 100 cm. Freiraum in Du/WC 145 x 180 cm. Freiraum links neben WC 145 cm, rechts 60 cm, davor 135 cm. Dusche und Waschbecken unterfahrbar. Notruf, Kippspiegel, festinstallierter Duschsitz und stabile Haltegriffe an Du/WC und Waschbecken vorhanden.

Lage: Im Zentrum Berlins, Nähe Brandenburger Tor. Bahnhof 200 m; Bus, Arzt, Krankenhaus, **Dialysezentrum** 500 m; Apotheke 400 m.

Zimmerpreise: EZ 220,- bis 320,- DM; DZ 280,- bis 380,- DM.

Hotel Mondial — 10707 Berlin

Kurfürstendamm 47, Tel. (030) 88411-0, Fax: 88411-150. First-Class-Hotel direkt im Zentrum mit 75 Zimmern. Alle Zimmer mit Bad/Dusche/WC, Telefon, Radio, Minibar und Kabel-TV, elektr. Hosenbügler und Haarfön.

Das Hotel verfügt außerdem über Restaurant, Bar, Boulevard-Terrasse, Tagungs- und Konferenzräume für bis zu 110 Personen sowie eine Parkgarage. Alle Einrichtungen des Hauses sind stufenlos erreichbar (rollstuhlgerechte Lifte). Das hauseigene Hallenschwimmbad ist ebenfalls behindertengerecht.

Geeignet für Rollstuhlfahrer und andere Behinderte. 22 Zimmer mit Bad/WC wurden speziell für Rollstuhlfahrer konzipiert und eingerichtet; Größe der Zimmer bis 44 qm.

Spezialeinrichtungen: Haltegriffe in den Bädern, teilw. höhenverstellbare Waschbecken, unterfahrbare Duschen, Mindestfreiraum in den Bädern 140 x 140 cm. Notrufvorrichtungen vorhanden.

Zimmerpreise: EZ ab 230,- DM, DZ ab 280,- DM inkl. Frühstück. Gruppen- und Wochenendtarife auf Anfrage.

Hotel Christophorus-Haus — 13587 Berlin

Im Evang. Johannesstift, Schönwalder Allee 26, Tel. (030) 33606-0, Fax: 33606-114; E-Mail: christophorus.berlin@t-online.de. Internet: www.vch.de/christophorus.berlin.

Das Haus verfügt über 98 freundlich und behaglich eingerichtete Gästezimmer, alle mit Blick ins Grüne, mit Dusche/WC, Selbstwahltelefon, Radio-Wecker und Kabel-TV. Behindertenparkplatz vor dem Haus.

Zu den Freizeiteinrichtungen zählen Sauna, Solarium, Mietfahrräder und Fernsehraum. Außerdem sind Tagungs- und Konferenzräume unterschiedlicher Größe mit Leinwand, Dia- und Overheadprojektor, Flipchart und Videoanlage vorhanden.

Geeignet für Rollstuhlfahrer. Der Eingang vom Hotel ist stufenlos. Das Hotel verfügt über zwei rollstuhlgerechte Hotelzimmer mit Bad/WC. Türbreiten der Zimmer 80 cm, von Du/WC 90 cm. Bettenhöhe 44 cm. Dusche und Waschbecken sind unterfahrbar. Festinstallierter Duschsitz, Duschhocker und stabiler Haltegriff am WC vorhanden. Außerdem Notruf im Badezimmer. Zusätzlich eine öffentliche behindertengerechte Toilette. Außerdem sieben zusätzliche behindertenfreundliche Zimmer. Pflegedienst auf Anfrage.

Lage: Bis Spandau 4 km, Berlin 16 km; Bushaltestelle 180 m; Apotheke 2 km; Hallenbad 200 m; Tennisplatz und Tennishalle 1 km.

Zimmerpreise inkl. Frühstück: Einzelzimmer 98,- bis 155,- DM, Doppelzimmer 188,- DM, Dreibettzimmer 228 DM, Zustellbett 48 DM; Kinder bis 10 Jahre im Doppelzimmer der Eltern frei.

Hotel Ibis Berlin Reinickendorf — 13407 Berlin-Reinickendorf

Alt-Reinickendorf 4-5, Tel. (030) 49883-0, Fax: 49883444. 116 moderne, freundlich eingerichtete Zimmer mit Du/WC, Telefon, Kabel-TV und Radio. Parkplatz, Eingang, Frühstücksraum, Restaurant und Aufzug (Tiefe 205 cm, Breite 112 cm) sowie Zimmer (mit dem Aufzug) stufenlos erreichbar.

Geeignet für Rollstuhlfahrer: 1 Zimmer speziell für Rollstuhlfahrer ausgestattet. Türbreite vom Zimmer und von Du/WC 93 cm. Freiraum in Du/WC 220 x 140 cm;

Freiraum links und rechts neben WC 30 cm, davor 80 cm. Dusche und Waschbecken unterfahrbar. Kippspiegel, festinstallierter Duschsitz sowie stabile Haltegriffe an Dusche und WC vorhanden.

Zimmerpreise: EZ und DZ 120,- DM; zu Messezeiten 185,- DM; Frühstück 15,- DM pro Person. Hund pro Tag 8,- DM, Garage 15,- DM. Gutes Preis-Leistungsverhältnis.

Crowne Plaza Berlin City Centre — 10787 Berlin

Nürnberger Str. 65, Tel. (030) 210070, Fax: 2132009. First-Class-Hotel mit 425 Zimmern und Suiten, im Zentrum der Stadt gelegen. Alle Zimmer klimatisiert, mit Bad-Dusch-Kombination, Telefon, Radio, Kabel-TV, Fax- und PC-Anschluß und Minibar. Eingang, Rezeption, Restaurant, Bierstube, Aufenthaltsraum, Aufzug sowie die Zimmer stufenlos erreichbar.

Geeignet für Rollstuhlfahrer. Das Hotel hat zwei rollstuhlgerechte Zimmer mit Bad/WC sowie eine behindertengerechte öffentliche Toilette. Alle Türen mindestens 73 cm breit.

Zimmerpreise: EZ 325,- bis 465,- DM; DZ 375,- DM bis 515,- DM.

Haus der Begegnung — 10717 Berlin

Kaiserswerther Verband „Haus der Begegnung", Landhausstr. 10, Tel. (030) 8600980, Fax 8611758. 37 gemütliche, große Zimmer mit Du/WC, Farb-TV, Telefon. Eingang, Frühstücksraum und Zimmer (mit dem Aufzug) stufenlos zu erreichen. Türbreite vom Aufzug 90 cm, Innenmaße 90 x 120 cm.

Geeignet für Gehbehinderte, bedingt geeignet für Rollstuhlfahrer mit Begleitung. Türbreiten der Zimmer 80 cm, von Du/WC 70 cm. Freiraum in Du/WC 70 x 100 cm, zum Drehen des Rollstuhls zu klein. Freiraum links neben WC 150 cm, vor dem WC 70 cm. Dusche nicht unterfahrbar, Waschbecken unterfahrbar, Duschhocker vorhanden. Es kamen bereits Rollstuhlfahrer als Gäste.

Lage: Wilmersdorf; Bahnhof 500 m; Bus 150 m; Apotheke 200 m.

Preise: Pro Person im EZ mit Frühstück 100,- DM; im DZ 70,- DM; im Dreibettzimmer 55,- DM pro Person. Gruppenpreise auf Anfrage.

SORAT-Hotel Humboldt-Mühle Berlin — 13507 Berlin

An der Mühle 5-9, Tel. (030) 439040, Fax: 43904444. 120 Komfortzimmer mit Bad/WC, Kabel-TV, Minibar, Direktwahltelefon und Fax-Anschluß. 7 Tagungsräume.

Eingang mit Rampe, Frühstücksraum, Restaurant und Zimmer mit dem Aufzug erreichbar. Tiefgarage hat keinen rollstuhlgerechten Zugang zum Hotel.

Geeignet für Gehbehinderte, Rollstuhlfahrer und Familien mit geistig Behinderten. 3 Zimmer rollstuhlgerecht. Türbreiten der Zimmer 95 cm, von Du/WC 85 cm.

Freiraum in Du/WC 140 x 140 cm. Freiraum links vom WC 130 cm, davor 135 cm. Dusche und Waschbecken unterfahrbar. Kippspiegel, Notruf, Einarm-Armatur und Haltegriff an der Dusche vorhanden.

Lage: Zum Stadtzentrum, Bahnhof 12 km; Arzt und Apotheke 500 m.

Zimmerpreise: EZ 205,- bis 315,- DM; DZ 255,- bis 365,- DM inkl. Frühstück.

Ferienhaus der Spastikerhilfe Berlin e.V. — 14055 Berlin-Charlottenburg

Kranzallee 36, Anmeldungen: Spastikerhilfe Berlin e.V., Prettauer Pfad 23-33, 12207 Berlin, Tel. (030) 81072-0, Fax: 8179553. Behindertengerechtes Ferienhaus, kleine Villa mit Sonnenterrasse und einem weitläufigen Garten. Idyllisch in einem grünen Viertel Charlottenburgs in unmittelbarer Nähe des Grunewalds. Ca. 15 Minuten mit dem Bus zur Stadtmitte Berlins.

Geeignet für Gehbehinderte, Rollstuhlfahrer, Familien und **Gruppen** mit geistig Behinderten, jeweils bis 10 Personen. Türbreiten der Zimmer und von Du/WC 118 cm. Freiraum in Du/WC 130 x 130 cm; Freiraum vor dem WC 100 cm. Dusche und Waschbecken unterfahrbar; festmontierter Duschsitz sowie stabile Haltegriffe an Du/WC vorhanden.

Insgesamt 10 Betten, zwei rollstuhlgerechte Doppelzimmer, zwei rollstuhlgerechte Dreibettzimmer, ein behindertengerechtes Duschbad mit WC und ein sep. WC. Komplett eingerichtete Küche mit Geschirrspüler und Waschmaschine sowie großzügigem Aufenthaltsraum mit TV.

Geeignet für **Selbstversorger.** Frühstück bzw. Abendbrot kann jedoch für 7,- DM pro Tag und Person zubereitet werden.

Lage: Berlin-Mitte, Bahnhof 12 km; Einkaufen und Arzt 3 km; Freibad 2 km; Apotheke 6 km; Krankenhaus 10 km.

Preise: Einzelperson pro Übernachtung EZ 100,- DM, Gruppen bis zu 6 Personen 60,- DM, Gruppen ab 7 Personen 40,- DM pro Person und Tag.
Preise zzgl. einer Endreinigungspauschale von 5,- DM pro Person.

Sorat Art'otel Berlin — 10719 Berlin

Joachimstaler Str. 29, Tel. (030) 884470, Fax: 88447700. 133 Zimmer mit modern-avantgardistischem Design, mit Kabel-TV, Pay-TV, Radio und Minibar. Eingang und Restaurant 1 Stufe; Frühstücksraum, Aufzug und Zimmer im EG stufenlos erreichbar.

Geeignet für Gehbehinderte und Rollstuhlfahrer. 4 rollstuhlgerechte Zimmer im EG. Türbreiten der Zimmer und von Du/WC 94 cm. Freiraum in Du/WC 220 x 140 cm. Freiraum links neben WC 40 cm, rechts 140 cm, davor 220 cm. Dusche und Waschbecken unterfahrbar. Stabile Haltegriffe an Du/WC und Waschbecken vorhanden.

Lage: Im Zentrum Berlins; Arzt und Apotheke 20 m; Einkaufen 100 m; Bahnhof 400 m.

Zimmerpreise: EZ 190,- bis 350,- DM; DZ 230,- bis 415,- DM.

Best Western Hotel President — 10787 Berlin

An der Urania 16-18, Tel. (030) 219030, Fax 2141200. 188 Zimmer mit Bad/Du/WC, TV, Minibar. 6 Veranstaltungsräume für 5 bis 120 Personen, Restaurant, Fitness-Center, Sauna, Dampfbad, hoteleigenes Parkdeck und Tiefgarage. Breite der Türen: Haupteingang 183 cm, Restaurant 93 cm, Aufzug 89 cm (Tiefe 205 cm, Breite 99 cm), alles stufenlos erreichbar.

Geeignet für Gehbehinderte, bedingt geeignet für Rollstuhlfahrer mit Begleitung. Es gibt keine speziell eingerichteten Zimmer für Rollstuhlfahrer, jedoch waren bereits Rollstuhlfahrer zu Gast. Alle Zimmer mit dem Aufzug erreichbar; Breite der Zimmertüren 90 cm; Breite der Türen zum Bad/WC 68 cm, Raumgröße vom Badezimmer 166 x 156 cm. Bad nicht rollstuhlgerecht.

Lage: Bahnhof 1 km; Bus 50 m; Apotheke 100 m.
Zimmerpreise: EZ 242,- bis 292,- DM; DZ 287,- bis 337,- DM.

Steigenberger Berlin — 10789 Berlin

Los-Angeles-Platz 1, Tel. (030) 21270, Fax: 2127117. First-Class-Hotel mit 397 Zimmern inkl. 11 Suiten, alle mit Bad/Du/WC, Telefon, Radio, Kabel-TV, Minibar, Safe, Internetzugang und schallisolierten Fenstern. 24-Stunden-Zimmerservice, Nichtraucherzimmer, Behindertenzimmer, 2 Restaurants, 3 Bars, Swimmingpool, Sauna, Solarium, Massage. Executive-Etage; 13 Bankett- und Tagungsräume, 1 Ballsaal für bis zu 600 Personen. Eingang, Restaurants und Aufzug stufenlos erreichbar. Türbreiten: Eingang, Restaurant und Aufzug 110 cm (Tiefe 115 cm, Breite 118 cm).

Geeignet für Gehbehinderte und Rollstuhlfahrer. 3 Zimmer mit Bad/WC sind speziell für Rollstuhlfahrer ausgestattet. Zusätzliche stabile Haltegriffe, tiefgelegte Waschbecken. Türen von Zimmer und Bad/WC 94 cm breit. Freiraum 110 x 210 cm, Freiraum links neben WC 100 cm, davor 120 cm.
Lage: Im Zentrum; Bahnhof 500 m; Bus und Apotheke 200 m.
Zimmerpreise: EZ 310,- bis 490,- DM; DZ 360,- bis 540,- DM.

Solitaire Hotel und Boardinghouse — 13156 Berlin

Hermann-Hesse-Str. 64, Tel. (030) 916010, Fax: 91601100. Hotel mit 60 Zimmern, Parkplätze vor dem Hotel, Eingang mit Rampe, Frühstücksraum, Restaurant und Zimmer mit dem Aufzug erreichbar. Türbreite vom Aufzug 120 cm (Tiefe 200 cm, Breite 135 cm).

Geeignet für Gehbehinderte und Rollstuhlfahrer. 3 Zimmer rollstuhlgerecht. Türbreiten der Zimmer und von Du/WC 100 cm. Freiraum in Du/WC 130 x 139 cm. Freiraum links und rechts neben WC 30 cm, davor 100 cm. Dusche und Waschbecken unterfahrbar. Festinstallierter Duschsitz und Haltegriff an der Dusche vorhanden.

Lage: Zur Stadtmitte, Arzt, Apotheke 500 m; Bahnhof 4 km; Krankenhaus 2 km.

Zimmerpreise: EZ 139,- DM, DZ 155,- DM. Wochenende: EZ 110,- DM, DZ 125,- DM inkl. Frühstück.

Hotel Adlon 10117 Berlin

Unter den Linden 77, Tel. (030) 2261-0, Fax: (030) 2261-2222. Luxus-Hotel mit 336 Zimmern und Suiten. Parkplatz (Aufzug/Tiefgarage), Eingang (Rampe), Frühstücksraum und Zimmer mit dem Aufzug stufenlos erreichbar. Türbreite vom Aufzug 109 cm (Tiefe 145 cm, Breite 150 cm).

Geeignet für Gehbehinderte und Rollstuhlfahrer: 2 Zimmer rollstuhlgerecht. Türbreite der Zimmer 82 cm, von Du/WC 84 cm. Freiraum in Du/WC 115 x 150 cm. Freiraum links neben WC 50 cm, rechts 54 cm, davor 110 cm. Dusche und Waschbecken unterfahrbar, höhenverstellbarer Duschsitz, Kippspiegel und stabile Haltegriffe an Dusche und WC vorhanden. Bettenhöhe 70 cm. Ortsansässiger Pflegedienst kann organisiert werden.

Lage: In der Stadtmitte Berlins, Bahnhof 1 km.

Zimmerpreise: Executive Categorie 390,-bis 540,- DM; weitere Zimmer und Suiten von 500,- bis 2000,- DM pro Tag.

Hotel ibis Berlin Mitte 10405 Berlin

Prenzlauer Allee 4, Tel. (030) 443330, Fax: (030) 44333111. Hotel mit 198 komfortablen Zimmern. Parkplatz (Aufzug/Tiefgarage), Eingang, Frühstücksraum und Zimmer mit dem Aufzug stufenlos erreichbar.

Geeignet für Gehbehinderte, Rollstuhlfahrer und Familien mit geistig Behinderten. 5 Zimmer rollstuhlgerecht. Türbreite der Zimmer 93 cm, von Du/WC 90 cm. Freiraum in Du/WC 140 x 130 cm. Freiraum links neben WC 30 cm, rechts 80 cm, davor 120 cm. Dusche und Waschbecken unterfahrbar, festinstallierter Duschsitz, Kippspiegel, Notruf und stabile Haltegriffe an Dusche und WC vorhanden. Bettenhöhe 50 cm.

Lage: Berlin Mitte, Bahnhof 1 km.

Zimmerpreise: EZ 139,- bis 195,- DM; DZ 159,- bis 195,- DM; Frühstücksbuffet 15,-DM pro Person. Tier pro Tag 8,- DM, Tiefgarage 11,- DM.

art'otel Berlin-Mitte 10179 Berlin

Wallstr. 70-73, Tel. (030) 24062-0, Fax: (030) 24062222, E-Mail: berlin@artotel.de. Modern eingerichtetes Komforthotel mit 109 Zimmern, Suiten und Appartements. Parkplatz, Eingang und Zimmer (mit dem Aufzug) stufenlos erreichbar.

Geeignet für Rollstuhlfahrer: 3 Zimmer. Türbreite der Zimmer und von Du/WC 80 cm. Freiraum in Du/WC 130 x 130 cm. Freiraum links neben WC 105 cm, rechts 80 cm, davor 140 cm. Dusche und Waschbecken unterfahrbar, festinstallierter Duschsitz, Notruf und stabile Haltegriffe an Dusche und WC vorhanden. Bettenhöhe 50 cm.

Lage: Berlin Mitte.

Zimmerpreise: EZ 235,- bis 335,- DM; DZ 275,- bis 375,- DM.

Privatquartier Jürgen Dietrich — 10963 Berlin

Großbeerenstr. 95, Tel. (030) 25299622, Fax: 25299623. 1 Zimmer als Privatquartier. Parkplatz, Eingang und Wohnung (mit dem Aufzug) stufenlos erreichbar. Türbreite vom Aufzug 90 cm (Tiefe 200 cm, Breite 100 cm).

Geeignet für Gehbehinderte, Rollstuhlfahrer und Familien mit geistig Behinderten bis maximal 4 Personen. Türbreite von Zimmer und Du/WC 90 cm. Freiraum in Du/WC 180 x 180 cm. Freiraum rechts neben WC 180 cm, davor 100 cm. Dusche und Waschbecken unterfahrbar. Personenlifter, festinstallierter Duschsitz, Kippspiegel, Notruf und stabile Haltegriffe an Dusche und WC vorhanden.

Lage: 10 Minuten zur S- und U-Bahn sowie zu 5 rollstuhlgerechten Buslinien.

Preis pro Person 50,- DM; für Selbstversorger. Stadtführung für Rollstuhlfahrer gegen Aufpreis möglich.

Hotel Mercure Berlin City Ost — 10247 Berlin

Frankfurter Allee 73 A, Tel. (030) 428310, Fax: 42831831. 116 komfortable Gästezimmer und 4 Suiten mit Bad/Du/WC, Klimaanlage, Telefon, Kabel-TV, Konferenzräume. Tiefgarage, Eingang, Frühstücksraum und Zimmer mit dem Aufzug stufenlos erreichbar. Türbreite vom Aufzug 90 cm (Tiefe 110 cm, Breite 225 cm).

Geeignet für Gehbehinderte, Rollstuhlfahrer und Familien mit geistig Behinderten. 1 Zimmer rollstuhlgerecht. Türbreite von Zimmer und Du/WC 94 cm. Freiraum in Du/WC 180 x 200 cm. Freiraum links neben WC 100 cm, rechts 15 cm, davor 120 cm. Dusche und Waschbecken unterfahrbar, festinstallierter Duschsitz, Notruf und stabile Haltegriffe an Dusche und WC vorhanden. Bettenhöhe 48 cm.

Lage: Zum Stadtzentrum 4 km; Bahnhof 2,5 km; Arzt 500 m; Apotheke 100 m.
Zimmerpreise: EZ 170 DM; DZ 215 DM. Frühstücksbuffet 23,- DM/Person.

Treff Hotel Hoppegarten Berlin — 15366 Dahlwitz-Hoppegarten (bei Berlin)

Berlin / Brandenburg, Berliner Ring

Köpenicker Str. 1, Tel. (03342) 3670, Fax: 367367. 160 komfortable Zimmer mit Bad/Du/WC, Sat-/Pay-TV, Telefon, Minibar und Radio. Parkplatz, Tiefgarage, Eingang, Frühstücksraum, Restaurant und die Zimmer mit dem Aufzug stufenlos erreichbar. Türbreite vom Aufzug 86 cm (Tiefe 210 cm, Breite 110 cm).

Geeignet für Gehbehinderte und Rollstuhlfahrer. 2 Zimmer rollstuhlgerecht.

Bewegungsfreiraum in Du/WC 140 x 140 cm. Freiraum links neben WC 70 cm, davor 160 cm. Dusche und Waschbecken unterfahrbar. Festinstallierter Duschsitz, Kippspiegel am Waschbecken, Notruf, Haltegriff an der Dusche vorhanden.

Lage: Das Hotel liegt an der Stadtgrenze Berlins und ist mit dem PKW über den Berliner Ring, Abfahrt Berlin Hellersdorf erreichbar.
Zimmerpreise: EZ 140,- bis 170,- DM; DZ 190,- bis 230,- DM.

Landgasthof und Pension "Zum Alten Fritz" — 16259 Altlewin

Brandenburg, Oderbruch

Dorfstr. 18, Tel. + Fax: (033452) 418. Kleiner, idyllisch gelegener Landgasthof mit 16 komfortabel ausgestatteten Zimmern (insg. 31 Betten) mit Du/WC, Telefon und TV. Parkplatz, Eingang, Frühstücksraum, Restaurant und Zimmer stufenlos erreichbar.

Geeignet für Gehbehinderte und Rollstuhlfahrer. 1 Zimmer rollstuhlgerecht. Türbreiten vom Zimmer und von Du/WC 100 cm. Freiraum in Du/WC 140 x 140 cm. Freiraum links neben WC 160 cm, davor 200 cm. Dusche und Waschbecken unterfahrbar. Behindertengerechter Duschhocker und stabile Haltegriffe an Du/WC und Waschbecken vorhanden.

Lage: Ruhige Dorfrandlage; Ortsmitte 5 km; Einkaufen, Arzt, Apotheke 5 km; Krankenhaus 10 km. Umgebung flach.

Zimmerpreise: EZ 85,- DM, DZ 110,- DM, Zusatzbett 36,- DM (Kinder 18,- DM).

Haus Dahmshöhe Bildungs- und Begegnungsstätte — 16798 Altthymen

Brandenburg, Mecklenburgische Seenplatte, Thymensee

Dahmshöher Weg 1, Tel. (033093) 32030, Fax: (033093) 32080. Bildungs- und Begegnungsstätte der Lebenshilfe e.V., Landesverband Brandenburg. 16 Zimmer, davon 3 DZ rollstuhlgerecht. Parkplatz, Eingang, Frühstücksraum, Speiseraum, Garten und 3 Zimmer im Erdgeschoß stufenlos erreichbar.

Geeignet für Gehbehinderte und Rollstuhlfahrer (3 Zimmer, insg. 6 Personen) und für Familien und Gruppen mit geistig Behinderten bis 40 Personen. Freiraum in Du/WC 160 x 160 cm. Freiraum links neben WC 120 cm, rechts 100 cm, davor 150 cm. Schwellenlose Dusche, Waschbecken unterfahrbar; Duschhocker und stabile Haltegriffe an Du/WC vorhanden.

Lage: Ruhige, idyllische Lage; wenige Minuten vom Thymensee entfernt (300 m). Ortsmitte, Einkaufen und Arzt 6 km.

Preise auf Anfrage.

Hotel Ambiente 19336 Bad Wilsnack

Brandenburg, Prignitz

Dr.-Wilhelm-Külz-Str. 5 a, Tel. (038791) 760, Fax: 76400. Modernes Hotel am Kurpark von Bad Wilsnack mit 58 komfortablen, geschmackvoll ausgestatteten Zimmern mit Kabel-TV, Fax, Telefon und Safe. Tagungsräume mit modernster Kommunikations- und Konferenztechnik. Sauna, Solarium, Whirl-Pool und Fitness. Parkplatz, Eingang stufenlos erreichbar; Frühstücksraum, Restaurant und die Zimmer mit dem Aufzug stufenlos erreichbar. Türbreite vom Aufzug 85cm (Tiefe 140 cm, Breite 110 cm).

Geeignet für Gehbehinderte, Rollstuhlfahrer und Familien für geistig Behinderte. 5 rollstuhlgerechte Zimmer. Türbreite der Zimmer und von Du/WC 90 cm. Freiraum in Du/WC 100 x 120 cm. Freiraum links neben WC 50 cm, rechts 80 cm, davor 90 cm. Dusche und Waschbecken unterfahrbar. Notruf, festinstallierter Duschsitz und stabile Haltegriffe an Dusche und WC vorhanden. Bettenhöhe 45 cm. Medizinische Versorgung durch angrenzende Kurklinik und Seniorenresidenz möglich.

Lage: Am Kurpark von Bad Wilsnack. Zur Ortsmitte mit Apotheke, Einkaufen und Bahnhof 500 m. Wege durch den Kurpark sind eben und befestigt.

Zimmerpreise: EZ 110,- bis 125,- DM; DZ 160,- bis 175,- DM. Zusatzbett 45,- DM. Alle Preise inkl. Frühstück.

Hotel Gasthof "Erbkrug" 19336 Bad Wilsnack / OT Groß-Lüben

Brandenburg, Naturschutzgebiet Elbtalaue

Dorfstr. 36, Tel. (038791) 2732, Fax: 2586. Familiengeführter Landgasthof, neu erbaut 1993, mit 20 komfortablen Zimmern, alle mit Du/WC, Fön, Telefon, Kabel-TV und Minibar. Mehrfach ausgezeichnet vom Land Brandenburg als „Bester Landgasthof der Pregnitz". Eingang, Frühstücksraum, Restaurant und 3 Zimmer im Erdgeschoß stufenlos erreichbar.

Geeignet für Gehbehinderte (10 Zimmer ebenerdig) und für Rollstuhlfahrer. 1 Zimmer nach DIN für behindertengerechtes Bauen.

Lage: Am Ortsrand von Bad Wilsnach; zur Ortsmitte 1,5 km; Einkaufen, Apotheke 1,5 km; Bahnhof, Arzt, Kuranwendungen 2 km; Freibad 3 km; Plattenburg (älteste Wasserburg Deutschlands) 10 km. Umgebung flach.

Zimmerpreise: EZ 70,- DM, im DZ 90,- DM, inkl. Frühstücksbuffet.

Flair Hotel „Am Lenné Park" 16356 Blumberg bei Berlin

Brandenburg

Kietz 2 a, Tel. (033394) 500, Fax: 50251. Komfortable Zimmer mit Du/WC, TV, Telefon mit Faxanschluß, Zimmerservice. Hauseigene Parkplätze für PKW und Bus. 2 Minuten Fußweg zum S-Bahnhof. Nachtbar, Sauna und Beautyfarm; Tagungsräume mit modernster Technik für 5 bis 50 Personen.

Parkplatz, Eingang, Frühstücksraum, Restaurant "Zum fleißigen Lieschen", Garten und die Zimmer im EG stufenlos erreichbar.

Geeignet für Rollstuhlfahrer und Familien mit geistig Behinderten. 2 Zimmer mit Du/WC rollstuhlgerecht nach DIN 18024/25. Bettenhöhe 46 cm. Türbreite der Zimmer und von Du/WC 93 cm. Bewegungsfreiraum in Du/WC 170 x 200 cm. Freiraum links neben WC 17 cm, rechts 105 cm, davor 85 cm. Dusche schwellenlos befahrbar, Waschbecken unterfahrbar. Notruf, Schminkspiegel, Fön, festinstallierter Duschsitz und stabile Haltegriffe an Dusche, WC und Waschbecken vorhanden. Häusliche und medizinische Krankenpflege.

Lage: Mitten im Grünen, nur 16 km zum Berliner Stadtzentrum. Erreichbar über die A 10 Berliner Ring, Abfahrt Berlin-Hohenschönhausen und B 158 Richtung Bad Freienwalde. Viele Wander- und Fahrradwege. Einkaufen, Bahnhof 300 m; Arzt 200 m; Apotheke 3 km; Tennisplatz, Tennishalle, Badesee 3 km; Hallenbad 5 km; Dialyse 7 km; Krankenhaus 10 km; Freibad 12 km. Umgebung flach.

Ausflugsziele: Berlin, Schorfheide, Kloster Chorin, Schiffshebewerk Nieder-Finow, Oderbruch und Märkische Schweiz.

Zimmerpreise: EZ 96,- bis 115,- DM; DZ 145,- bis 210,- DM.

SORAT Hotel Brandenburg — 14770 Brandenburg

Brandenburg, Havelland

Altstädtischer Markt 1, Tel. (03381) 5970, Fax: 597444. 88 komfortable Zimmer mit Du/WC, Telefon und TV. Eingang, Frühstücksraum, Restaurant, Konferenzzimmer (bis 80 Pers.) Aufzug und zwei Behindertenzimmer im EG stufenlos erreichbar.

Geeignet für Rollstuhlfahrer (2 Zimmer im EG). Die Zimmer sind nach der DIN für behindertengerechtes Bauen konzipiert worden. Türbreiten der Zimmer und von Du/WC 106 cm. Freiraum in Du/WC 140 x 160 cm. Freiraum links neben und vor dem WC 140 cm. Dusche und Waschbecken unterfahrbar. Notruf im Wohnraum und im Badezimmer. Kippspiegel über dem Waschbecken. Haltegriffe an Dusche und WC vorhanden. Bettenhöhe 52 cm.

Service: Abholservice vom Bahnhof; **Haus-zu-Haus-Fahrservice.** Verschiedene Pflegedienste im Angebot der Stadt Brandenburg stehen auf Anfrage zur Verfügung.

Lage: Mitten in der Altstadt, gegenüber dem Rathaus; Bahnhof 3 km. Flache Landschaft, aber unebenes Pflaster in der Altstadt.

Zimmerpreise inkl. Frühstück: EZ 180,- bis 230,- DM; DZ 210,- bis 260,- DM.

Ferienhaussiedlung am Chossewitzer See — 15848 Chossewitz

Brandenburg, Beeskower Land, Oelse-Schlaubetal

Weichensdorfer Str. 18, Tel. (033673) 5755, Fax: 5316. Die Ferienhaussiedlung mit 28 Ferienhäusern liegt mitten im Wald, nur 80 m vom Seeufer entfernt. 2 Kinderspielplätze, Sandkästen, Schaukeln, Wippen, Tischtennis, Volleyball, Grillplatz, Kiosk, Bootssteg mit Ruderbooten.

Geeignet für Gehbehinderte, Körperbehinderte und Familien mit geistig Behinderten. Für Rollstuhlfahrer nicht geeignet, weil Du/WC in den Ferienhäusern zu klein ist.

Lage: Zur Ortsmitte 800 m; Arzt, Apotheke 12 km; See 80 m; Spielplatz auf dem Gelände. Befestigte Geh- und Fahrradwege.

Preis pro Ferienhaus je nach Saison 50,- bis 78,- DM pro Tag.

Hotel Haus Chorin — 16230 Chorin

Brandenburg, Schorfheide Chorin, Amtssee

Neue Klosterallee 10, Tel. (033366) 447 und 500, Fax: 326. Das Hotel Haus Chorin liegt in völliger Ruhe und Abgeschiedenheit im eigenen Waldpark direkt am Amtssee. Im Hotel Haus Chorin stehen den Gästen 47 gemütlich und komfortabel eingerichtete Doppelzimmer, davon 2 behindertengerecht, sowie 16 Einzelzimmer zur Verfügung. Alle Zimmer haben Dusche, WC, TV und Telefon.

Neben dem Neubau stehen den Gäste noch drei Dependancen zur Verfügung: Haus am Wald, Haus am Berg und das Bauernhaus. Im Neubau sind Räumlichkeiten für Tagungen und Seminare für bis zu 230 Teilnehmer mit modernster Tagungs- und Kommunikationstechnik vorhanden.

Parkplatz und Eingang sind stufenlos erreichbar, Frühstücksraum, Restaurant und 2 rollstuhlgerechte Zimmer mit dem Aufzug erreichbar. Türbreite vom Aufzug 90 cm (Tiefe 140 cm, Breite 110 cm).

Geeignet für Gehbehinderte, Rollstuhlfahrer und Familien mit geistig oder körperlich Behinderten. 2 Doppelzimmer rollstuhlgerecht: Türbreiten der Zimmer und von Du/WC 94 cm. Freiraum rechts neben WC 170 cm, davor 110 cm. Dusche und Waschbecken unterfahrbar. Festinstallierter Duschsitz, höhen- und seitenverstellbares Waschbecken, Notruf und stabile Haltegriffe an WC vorhanden.

> Der Amtssee mit Blick zum Kloster Chorin

Lage: In völliger Ruhe und Abgeschiedenheit, im hauseigenen, herrlichen Waldpark direkt am Amtssee; Einzellage auf einem großen Seegrundstück, im Herzen des größten Biosphärenreservates Deutschlands, Schrofheide/Chorin, nicht weit von Berlin gelegen. Spielplatz am Haus; zur Ortsmitte 1,5 km; Arzt 1 km; Einkaufen, Bahnhof 1,5 km; Apotheke, Krankenhaus 10 km.

Zimmerpreise: EZ 95,- bis 115,- DM; DZ 132,- bis 149,- DM. Zusatzbett 34,- DM.

Holiday Inn Cottbus — 03046 Cottbus

Brandenburg, Spreewald

Berliner Straße, Tel. (0355) 3660, Fax: 366999. 193 Zimmer mit Du/WC, TV, Telefon. Parkplatz mit Rampe und Aufzug; Eingang, stufenlos. Frühstücksraum und Restaurant und Zimmer mit dem Aufzug stufenlos erreichbar. Türbreite vom Aufzug 89 cm (Tiefe 210 cm, Breite 110 cm).

Geeignet für Gehbehinderte, Rollstuhlfahrer und Familien mit geistig Behinderten. 1 Zimmer rollstuhlgerecht. Türbreite vom Zimmer 90 cm, von Du/WC 93 cm. Bewegungsfreiraum in Du/WC 140 x 140 cm. Freiraum links neben WC 125 cm, davor 170 cm. Dusche und Waschbecken unterfahrbar. Notruf, festinstallierter Duschsitz und stabile Haltegriffe an Du/WC und Waschbecken vorhanden.

Lage: Direkt im Zentrum, neben der Stadthalle. Bahnhof 1 km.

Zimmerpreise: EZ 150,- bis 190,- DM; DZ 240,- DM. Frühstück pro Person 25,- DM.

Radisson SAS Hotel Cottbus — 03048 Cottbus

Brandenburg, Spreewald

Vetschauer Str. 12, Tel. (0355) 47610, Fax: 4761900. Komfortables Hotel mit 241 elegant eingerichteten Zimmern. Tiefgarage (mit Aufzug), Eingang, Frühstücksraum, Restaurant, Hallenbad und die Zimmer mit dem Aufzug stufenlos erreichbar. Türbreite vom Aufzug 95 cm (Tiefe 140 cm, Breite 150 cm). Tagungsräume für 10 bis 420 Personen. Behinderten-Parkplatz direkt vor dem Hotel.

Geeignet für Gehbehinderte, Rollstuhlfahrer und Familien mit geistig Behinderten. 1 Zimmer rollstuhlgerecht: Türbreite vom Zimmer und von Du/WC 90 cm. Freiraum in Du/WC 120 x 200 cm. Freiraum links neben WC 70 cm, davor 200 cm. Dusche und Waschbecken unterfahrbar. Festinstallierter Duschsitz und Haltegriffe an Du/WC und Waschbecken vorhanden.

Lage: Zum Zentrum 1,5 km; Bahnhof 100 m; Arzt 1 km; Apotheke 50 m; Krankenhaus 1,5 km.

Zimmerpreise: EZ 205,- bis 265,- DM; DZ 268,- bis 328,- DM, inkl. Frühstück. Abholservice vom Bahnhof möglich.

Sol Inn Hotel Cottbus — 03058 Cottbus

Brandenburg, Spreewald

Am Seegraben, Tel. (0355) 58370, Fax: 5837444. Hotel mit 98 geschmackvoll und funktionell eingerichteten Zimmern mit Telefon, Faxanschluß, Sat-TV, Radio, Du/WC. Parkplatz, Eingang, Frühstücksraum, Restaurant und Zimmer im EG stufenlos erreichbar.

Geeignet für Gehbehinderte, Rollstuhlfahrer und Familien mit geistig Behinderten.

2 Zimmer rollstuhlgerecht. Türbreite der Zimmer und von Du/WC 94 cm. Freiraum in Du/WC 180 x 150 cm. Freiraum links neben WC 20 cm, rechts 150 cm, davor 110 cm. Dusche und Waschbecken unterfahrbar. Verstellbarer Kippspiegel, festinstallierter Duschsitz und stabile Haltegriffe an Dusche und WC vorhanden. Bettenhöhe 49 cm.

Lage: Im Gewerbegebiet "Am Seegraben", Nähe Einkaufspark, 4 km vom Stadtzentrum entfernt. Arzt, Apotheke 400 m; Krankenhaus 1,5 km.

Zimmerpreise: EZ und DZ 131,- DM; Frühstück 17,- DM pro Person. Preise am Wochenende: EZ und DZ 101,- DM pro Nacht.

Hotel Dorotheenhof — 03046 Cottbus

Brandenburg, Spreewald

Waisenstr. 19, Tel. (0355) 78380, Fax: 7838444. 62 modern und komfortabel ausgestattete Zimmer mit Du/WC, Telefon und TV. Tagungsräume für bis zu 40 Personen. Parkplatz, Eingang, Frühstücksraum, Restaurant, Garten und die Zimmer (mit dem Aufzug) stufenlos erreichbar. Türbreite vom Aufzug 90 cm (Tiefe 260 cm, Breite 110 cm).

Geeignet für Gehbehinderte, Rollstuhlfahrer und Familien mit geistig Behinderten; Gruppen bis 50 Personen. 2 Zimmer sind rollstuhlgerecht: Türbreiten der Zimmer und von Du/WC 90 cm. Freiraum in Du/WC 140 x 140 cm. Freiraum links und rechts neben WC 60 cm, davor 130 cm. Dusche und Waschbecken unterfahrbar. Duschhocker, Notruf und stabile Haltegriffe an Du/WC und Waschbecken vorhanden. Bettenhöhe 45 cm. 60 weitere Zimmer bedingt rollstuhlgeeignet, Du/WC groß genug.

Lage: Stadtmitte 1,5 km; Bahnhof 800 m; Apotheke 400 m; Arzt 1,5 km; Krankenhaus und Dialyse 2 km. Umgebung flach.

Zimmerpreise: EZ 105,- bis 145,- DM; DZ 150,- bis 200,- DM, inkl. Frühstück.

VCH-Hotel Villa Fontane — 16259 Falkenberg/Mark

Brandenburg, Märkisch-Oderland

Fontaneweg 4, Tel. (033458) 30380, Fax: (033458) 30381. Hübsches Hotel mit 8 sehr geschmackvoll und komfortabel eingerichteten Zimmern. Hoteleingang und zum Garten 2 Stufen.

Geeignet für Gehbehinderte und Familien mit geistig Behinderten; bedingt geeignet für Rollstuhlfahrer mit Begleitung. Türbreite der Zimmer 80 cm, der Badezimmer 60 und 70 cm. Freiraum in Du/WC 110 x 200 cm; links und rechts neben WC 35 cm (Haltegriff), davor 120 cm. Dusche nicht schwellenlos unterfahrbar; Duschhocker vorhanden. Bettenhöhe 50 cm. Das Personal des Hauses bietet Pflege- und Hilfeleistungen an.

Lage: Das Haus liegt am Hang; gepflasterte Wege, kleine Steigung mit dem Rollstuhl gut befahrbar. Falkenberg hat 2.000 Einwohner. Zur Ortsmitte mit Einkaufsmöglichkeiten 800 m; Arzt 400m; Apotheke 900 m, Bahnhof 1 km; Dialyse 6 km; Krankenhaus, Hallenbad (in Eberswalde) 15 km.

Zimmerpreise: EZ 70,- DM; DZ 100,- DM inkl. Frühstück.

Seehotel Luisenhof — 15306 Falkenhagen

Brandenburg, Oderbruch,Märkische Schweiz, Gabelsee

Am Gabelsee, Tel. (033603) 400, Fax: 40400. Modernes, komfortables, sehr schön am Gabelsee gelegenes Hotel mit 32 sehr gut und großzügig eingerichteten Zimmern. 2 Kegelbahnen, Sauna, Solarium, Fitness, Pool Billard, 2 Tennisplätze, Badestrand, Speiserestaurant mit Seeblick, 2 Konferenz- und Tagungsräume. Parkplatz, Eingang, Frühstücksraum, Restaurant, Garten, See und die Zimmer im EG stufenlos erreichbar.

Geeignet für Gehbehinderte, Rollstuhlfahrer und Familien mit geistig Behinderten. Gruppen bis 60 Personen willkommen. 1 Zimmer rollstuhlgerecht. Türbreite von Zimmer und Du/WC 100 cm. Freiraum in Du/WC 140 x 140 cm. Freiraum links neben WC 45 cm, rechts 80 cm, davor 110 cm. Dusche und Waschbecken unterfahrbar. Kippspiegel, Telefon im Bad, elektrischer Rolladen, festinstallierter Duschsitz und stabile Haltegriffe an Dusche und WC vorhanden. Bettenhöhe 50 cm.

Lage: Das Haus liegt im Landschafts- und Naturschutzgebiet direkt am Gabelsee. Zur Ortsmitte mit Einkaufen und Arzt 1 km. See und Tennisplatz 50 m; Bahnhof 15 km; Apotheke und Krankenhaus 18 km.

Zimmerpreise: EZ 98,- bis 105,- DM; DZ 135,- bis 155,- DM. Suite 195,- DM.

Gaststätte Pension „Zechliner Hof" — 16837 Flecken Zechlin

Brandenburg, Zechliner Seenkette

Inh. Familie Popp, Wittstocker Str. 5, Tel. + Fax: (0339237) 70237. Familiär geführte Pension mit 11 Doppelzimmern. Parkplatz, Eingang, Frühstücksraum, Restaurant und Zimmer im EG stufenlos erreichbar.

Geeignet für Gehbehinderte (12 Pers.), Rollstuhlfahrer (2 Pers.) und Familien mit geistig Behinderten (3-4 Pers.). 1 Zimmer nach DIN 18024 rollstuhlgerecht. Freiraum in Du/WC 140 x 140 cm. Dusche und Waschbecken unterfahrbar. Ausfahrbare Garderobe, Kippspiegel, Notruf, festinstallierter Duschsitz und stabile Haltegriffe an Dusche und WC vorhanden.

Lage: Wasser- und waldreiche Umgebung, Weg zum See (300 m) hügelig. Zur Ortsmitte 50 m; Einkaufen, Arzt 100 m; Freibad 2 km; Bahnhof, Apotheke 13 km;

Krankenhaus 20 km. **Zimmerpreise:** EZ 50,- bis 55,- DM; DZ 70,- bis 80,- DM; 2-Pers.-Appartement 85,- bis 95,- DM; 3 Pers. 100,- bis 110,- DM; 4 Pers. 120,- bis 130,- DM. Rollstuhlzimmer als EZ 60,- DM; mit 2 Personen 85,- DM. Alle Preise inkl. Frühstück. Haustier pro Tag 3,- DM. Halb- und Vollpension auf Anfrage möglich.

Landhotel Pagram — 15234 Frankfurt/Oder OT Pagram

Brandenburg

Bodenreformstr. 21, Tel. (0335) 413000, Fax: (0335) 6802174. Hotel etwas außerhalb von Frankfurt/Oder mit 14 Zimmern. Parkplatz, Eingang, Frühstücksraum, Restaurant, Garten und die Zimmer im EG stufenlos erreichbar.

Geeignet für Gehbehinderte, Rollstuhlfahrer und Familien mit geistig Behinderten. 2 Zimmer rollstuhlgerecht. Türbreite der Zimmer 90 cm, von Du/WC 93 cm. Freiraum in Du/WC 160 x 160 cm. Freiraum links neben WC 80 cm, rechts 100 cm, davor 165 cm. Dusche und Waschbecken unterfahrbar. Duschhocker und stabile Haltegriffe an Dusche und WC vorhanden.

Lage: im Dorf, ruhige Lage. Nach Frankfurt/Oder 5 km; Einkaufen, Hallenbad, Apotheke,Krankenhaus und Dialyse 5 km; Bahnhof 8 km.

Zimmerpreise: EZ 75,- DM; DZ 95,- DM.

Hotel KAISERHOF — 15517 Fürstenwalde

Brandenburg, Oder-Spree-Seengebiet

Eisenbahnstr. 144, Tel. (03361) 550-0, Fax: (03361) 550-175. Hotel mit 71 Zimmern. Parkplatz, Eingang, Restaurant, Lift stufenlos im Erdgeschoß erreichbar. Türbreite vom Aufzug 110 cm (Tiefe 250 cm, Breite 140 cm).

Geeignet für Rollstuhlfahrer, Familien mit geistig Behinderten, andere Behinderte: 1 Zimmer mit Du/WC rollstuhlgerecht; ansonsten Gruppen bis 70 Personen. Türen von Zimmer und Du/WC 100 cm breit. Bewegungsfreiraum in Du/WC 140 x 140 cm. Dusche schwellenlos unterfahrbar. Festinstallierter Duschsitz und Haltegriffe an Du/WC vorhanden. Pflegedienst kann bestellt werden.

Lage: Im Stadtzentrum, alles ebenerdig erreichbar. Einkaufen, Bahnhof 1 km; Arzt und Apotheke im Haus; Freibad, Hallenbad, Krankenhaus und Dialyse 3 km.

Zimmerpreise: EZ 140,- DM, DZ ab 170,- DM inkl. Frühstücksbuffet.

Motel *** und Restaurant „Zur Spreewälderin" — 15938 Golßen

Brandenburg, Spreewald, Niederlausitz

Luckauer Str. 18, Tel. (035452) 3870, Fax: 38799. 35 komfortable Doppelzimmer mit Bad/WC, TV, Telefon und Faxanschluß. 4 Familienstudios mit sep. Schlafzimmern für jeweils 6 Personen. Alle Zimmer sind im spreewaldtypischen Stil eingerichtet.

Klassische Möbel mit handgemalten Details. 4 Doppelzimmer sind rollstuhlgerecht. Restaurant mit 100 Plätzen und einer gemütlichen Kaminecke.
Im Sommer Kaffeeterrasse und Biergarten. Parkplatz, Eingang, Frühstücksraum, Restaurant, Garten und alle Zimmer stufenlos erreichbar. Hunde sind hier willkommen.

Geeignet für Gehbehinderte, Rollstuhlfahrer und Familien mit geistig Behinderten. 4 Doppelzimmer für Rollstuhlfahrer geeignet: Türbreiten der Zimmer 100 cm, von Du/WC 90 cm. Freiraum in Du/WC 150 x 150 cm. Freiraum rechts neben WC 80 bis 100 cm, davor 100 cm. Dusche und Waschbecken unterfahrbar. Festinstallierter Duschsitz und stabile Haltegriffe an Du/WC und Waschbecken vorhanden.

Freizeitangebote: Vermittlung von Kahnfahrten (Kahn für **Rollstuhlfahrer** in Lübben vorhanden), Kutschfahrten, Fahrradverleih, Folkloreabende im Haus. Das „Spreewaldzimmer" bietet Platz für Feiern und Seminare bis 60 Personen.

Lage: Verkehrsgünstig zu erreichen, ruhige Lage inmitten der Natur. Zur Ortsmitte 1 km; Arzt 500 m; Einkaufen, Apotheke 1 km; Bahnhof 2,5 km; Freibad 300 m; Spielplatz 500 m; Krankenhaus 17 km. Flache Landschaft.

Zimmerpreise: Pro Übernachtung, je nach Saison: EZ 84,- bis 99,- DM, DZ 126,- bis 144,- DM, Familienstudio für 4 Personen 220,- bis 230,- DM, für 6 Personen 320,- bis 350,- DM. Alle Preise inkl. Frühstück. Rabatt ab 3 Übernachtungen; Gruppenpreise auf Anfrage. Wettbewerbssieger „Brandenburger Gastlichkeit" in den Jahren 1995, 1996 und 1998.

Landhotel „Theodore F." — 14974 Gröben bei Ludwigsfelde

Brandenburg, Fläming

Dorfstr. 31, tel. (03378) 8618-0, Fax: 861822. Landhotel mit 8 Zimmern. Parkplatz, Eingang, Frühstücksraum, Restaurant, Garten und die Zimmer im EG stufenlos erreichbar.
Geeignet für Gehbehinderte, Rollstuhlfahrer und Familien mit geistig Behinderten. 2 Zimmer nach DIN 18024 rollstuhlgerecht. Türbreite der Zimmer und von Du/WC 90 cm. Freiraum in Du/WC 150 x 150 cm. Dusche und Waschbecken unterfahrbar. Notruf zur Rezeption. Festinstallierter Duschsitz und stabile Haltegriffe an Dusche und WC vorhanden. Bettenhöhe 50 cm.
Lage: Zur Dorfmitte 200 m; Spielplatz 100 m. Einkaufen, Bahnhof, Arzt, Apotheke, Krankenhaus, Hallenbad und Freibad 10 km.
Zimmerpreise: EZ 75,- DM; DZ 120,- DM; 3-Bett-Zi. 155,- DM, inkl. Frühstück.

Feriendorf Groß Väter See — 17268 Groß Dölln

Brandenburg, Schorfheide, Groß Väter See

Groß Väter 34, Tel. (039883) 216, Fax: 217. Feriendorf, Familienferienstätte, Tagungsstätte und Schullandheim, mitten im Wald am Groß Väter See gelegen, mit eigenem Strand mit Nichtschwimmerbereich. Träger ist die St. Elisabeth-Stiftung Berlin.

Ferienhäuser und Gruppenunterkünfte für jedermann, insgesamt 300 Betten.

Geeignet für Gehbehinderte, Körperbehinderte, Rollstuhlfahrer und geistig Behinderte, **sehr gut geeignet auch für Gruppen und Schulklassen,** etc. Jedes Jahr etwa 3500 Übernachtungen von geistig und körperlich behinderten Gästen bei ca. 50.000 Gesamtübernachtungen. 30 Ferienhäuser bedingt geeignet für Rollstuhlfahrer.

4 Ferienhäuser speziell für Rollstuhlfahrer geeignet. Türbreite dieser vier Ferienhäuser 100 cm, von Du/WC ebenfalls 100 cm. Freiraum in Du/WC 140 x 140 cm. Freiraum links neben WC 40 cm, rechts 140 cm, davor 110 cm. Dusche und Waschbecken unterfahrbar. Festinstallierter Duschsitz und stabile Haltegriffe an Dusche und WC vorhanden. Bettenhöhe 50 cm.

Freizeitangebote: Strand-, Wiesen- und Waldspielplätze, Liegewiese und Sportanlagen, Streichelzoo, Lagerfeuerplatz, Tischtennis im Freien, Freiluftschach, "Mensch-ärgere-dich-nicht" im Freien, Tischtennishalle, Bibliothek, Fernsehraum, Jugend- und Gemeinschaftsräume, Speisesäle, Andachtsraum, kostenlose PKW- und Busparkplätze. Weiterhin gegen Gebühr: Minigolf, Fahrrad- und Spielzeugverleih, Kegelbahnen im Saal, Sauna.

Lage: Das Feriendorf liegt in einem Waldgebiet des Biosphärenreservates Schorfheide direkt am Groß Väter See. Eine kleine Einkaufsmöglichkeit befindet sich in 4 km Entfernung in Groß Dölln, der nächste Supermarkt in ca. 20 km Entfernung. Daher ist Vollverpflegung im Feriendorf der Regelfall.

Preise für Ferienhäuser: Ferienhaus mit 3 Zimmern, Teeküche, WC bis 4 Personen 84,- DM pro Tag; mit 4 Zimmern bis 6 Personen 126,- DM pro Tag, mit 5 Zimmern bis 7 Personen 147,- DM pro Tag.

Preise für Vollverpflegung pro Tag und Person: Erwachsene 32,- DM; Kinder 6-13 Jahre 23,- DM, Kinder 1-5 Jahre 16,- DM; Kinder bis 1 Jahr frei. Nebenekosten: Endreinigung pro Zimmer einmalig 10,- DM, Bettwäsche bei Bedarf 8,- DM, Handtücher pro Stück 1,- DM.

Für Familien, Schulklassen und Gruppen ist dieses Feriendorf besonders empfehlenswert.

Hotel „Seegarten Grünheide" 15537 Grünheide

Brandenburg, Grünheider Wald - und Seengebiet

Am Schlangenluch 12, Tel. (03362) 79600, Fax: 796289. 36 komfortabel eingerichtete Zimmer und 2-Raum-Appartements mit Bad/WC, TV, Telefon, Minibar und Balkon. Gastronomie: Café mit 35 Sitzplätzen, Restaurant „Seegarten" mit 60 Sitzplätzen, Sommerterrasse mit 60 Sitzplätzen, Hotelbar mit 25 Plätzen.

Das Hotel hat außerdem eine Kegelbahn und einen Bootsverleih. Parkplatz stufenlos, Eingang mit Rampe, Frühstücksraum, Restaurant, Garten und die Zimmer im EG sind stufenlos erreichbar.

Geeignet für Gehbehinderte, Rollstuhlfahrer und Familien mit geistig Behinderten. **3 Zimmer rollstuhlgerecht.** Türbreite von Zimmer und Du/WC 120 cm. Freiraum in Du/WC 200 x 200 cm. Freiraum links neben WC 150 cm, rechts 100 cm. Dusche und Waschbecken unterfahrbar. Duschhocker und stabile Haltegriffe an Dusche und WC vorhanden. Pflegedienst kann über Sozialstation vor Ort angefordert werden.

Lage: Umgeben von Natur, nur 100 m vom See entfernt. Zur Ortsmitte 100 m; Einkaufen 200 m; Arzt und Apotheke 200 m; Spielplatz 20 m; Bahnhof 1 km; Krankenhaus 5 km.

Zimmerpreise inkl. Frühstück: EZ 80,- bis 115,- DM; DZ 130,- bis 170,-DM. 2-Raum-Appartement 205,- DM. Wochenendpreise (Freitag bis Sonntag): DZ für 2 Personen inkl. Frühstück 130,- DM.

Elsterhof 04924 Kauxdorf

Brandenburg, Lausitzer Heide

Hauptstr. 22, Tel. (035341) 12152, Fax: (035341) 12150, E-Mail: elsterhof@t-online.de. Erlebnisferien auf einem Öko-Bauernhof für Menschen mit Behinderungen. Betreiber: Kinderhof Kauxdorf e.V. Unterbringung in fünf **behindertengerechten Appartements**, Fußbodenheizung, Pflegebetten, Rausfallschutz, Inkontinenzmatratzen, Überwachungs-Phon.

Türbreiten 120 cm, Freiraum in DU/WC 120 x 129 cm, Freiraum links u. rechts vom WC 120 cm, davor 150 cm. Duschhocker, stabile Haltegriffe in Dusche und WC. Therapeutische Freizeiteinrichtungen, Warmwasserbewegungsbad mit erleichtertem Einstieg, Gymnastikbereich, Therapiegeräte, Sauna, Solarium, Dampfbad, Tiefenwärmekabine, therapeutisches Reiten. Großzügige Aufenthaltsräume, gemütliche Bauernstube mit TV, viele Tiere, Fahrradverleih.

Preise: ab 35,- DM pro Erwachsener, i.d.R. Selbstverpflegung, Vollpension möglich. Ausführliche Informationen auf Anfrage.

Ferienponyhof Schörfke — 19357 Klein-Warnow

Brandenburg, Prignitz

Dorothea und Eckhard Schörfke, Siedlung 5, Tel. (038788) 50813. Kinder- und behindertenfreundlicher Bauernhof mit 24 Pferden, Reitplatz, 2 Hunde, 4 Katzen, Kühe und Hühner. Volleyball, Spielplatz. Fahrradverleih kostenlos. 2 Ferienwhg. und 1 Ferienhaus für jeweils 4 bis 5 Personen, 65 qm, mit Schlaf-, Wohn- und Kinderzimmern, Dusche/WC und Kochnische.

Geeignet für Körperbehinderte und Familien und Gruppen mit geistig Behinderten bis maximal 14 Personen für Selbstversorger. Ab 10 Personen kann Mittagessen bestellt werden. Für Gehbehinderte bedingt geeignet, weil einige Treppen vorhanden sind; für Rollstuhlfahrer nicht geeignet.

Lage: Klein-Warnow ist ein Dorf mit ca. 100 Einwohnern und liegt zwischen Berlin und Hamburg.

Preise: Ferienwohnung für 2 Pers. 60,- DM, jede weitere Person zzgl. 5,- DM; Endreinigung ab 40,- DM. Reiten für Kinder und für behinderte Gäste frei; sonst 15,- DM pro Stunde. Kutschfahrten pro Person 5,- DM.

ACRON - LANDHAUS HOTEL Lübbenau-West — 03222 Lübbenau / Groß Beuchow

Brandenburg, Spreewald

LPG-Straße, Tel. + Fax: (03542) 8750, Fax: 875125. Hotel mit 90 Komfortzimmern mit Du/WC, TV und Telefon. Drei Konferenz- und Veranstaltungsräume mit professioneller Tagungstechnik für 10 bis 150 Personen. Restaurant mit Biergarten bis 100 Personen.

Geeignet für Gehbehinderte und Rollstuhlfahrer. Gruppen bis 15 Personen inkl. Begleitpersonen. **Zwei rollstuhlgerechte Zimmer:** Türbreiten der Zimmer und von Du/WC 80 cm. Freiraum in Du/WC 110 x 220 cm. Freiraum rechts neben WC 88 cm, davor 105 cm. Dusche und Waschbecken unterfahrbar. Duschhocker und stabile Haltegriffe an Du/WC und Waschbecken vorhanden. 88 Zimmer und 2 Suiten mit folgenden Maßen: Zimmertüren 81 cm breit, Türen von Bad/Du/WC 69 cm, Freiraum im Bad/WC 140 x 110 cm, vor dem WC 50 cm. Pflegedienst kann bei Bedarf angefordert werden.

Lage: Erreichbar über die BAB A 13, Abfahrt Lübbenau-West, nur wenige Minuten vom Spreewald mit seinen idyllischen Kahnfahrten entfernt. Zur Ortsmitte von Groß Beuchow 5 km; Bahnhof, Einkaufen, Arzt, Apotheke, Freibad und Hallenbad 5 km; Spielplatz am Haus; See 10 km; Krankenhaus 10 km.

Zimmerpreise pro Nach inkl. Frühstück: EZ-Standard 105,- bis 135,- DM; EZ-Komfort 135,- bis 165,- DM; DZ-Standard 150,- bis 170,- DM; DZ-Komfort 170,- bis 198,- DM, Appartement 198,- bis 229,- DM. Kinder bis zum 6. Lebensjahr im Zimmer der Eltern frei. Hund pro Tag 12,- DM.

Spreewald-Camping Lübben — 15904 Lübben / Spreewald

Brandenburg, Spreewald

Am Burglehn, Postfach 1420, Tel. (03546) 7053, im Winter Tel. (03546) 3335 oder 8874, Fax: 181815. Campingplatz mit 160 Stellplätzen.

Geeignet für Gehbehinderte, Rollstuhlfahrer und Familien mit geistig Behinderten. Die sanitären Anlagen sind rollstuhlgerecht: Tür 95 cm breit. Freiraum in Dusche/WC 170 x 350 cm. Freiraum links und rechts neben WC 50 cm, davor 170 cm. Stabile Haltegriffe an Dusche und WC vorhanden. Dusche und Waschbecken unterfahrbar.

Lage: auf ebenem Gelände direkt an der Spree am Stadtrand. Ausgebaute, befestigte Wege am Platz. Spielplatz auf dem Campingplatz. Zur Ortsmitte, Einkaufen 500 m; Arzt 700 m; Bahnhof 1 km; Krankenhaus 1,2 km; See 10 km.

Preise (Standgebühren) pro Tag: Wohnmobil 9,- DM, über 14 m Länge 14,- DM; Campingbus 7,- DM; Caravan oder großes Zelt 7,- DM, Kleinzelt 5,- DM; PKW 3,- DM. Erwachsene 8,- DM, Kinder 4-14 Jahre 4,50 DM. Strompauschale pro Tag 3,- DM; Hund 2,- DM; Transport- und Bootsanhänger 2,- DM.

Hotel-Pension Mönchsberg — 15374 Müncheberg-Gartenstadt

Brandenburg, Märkische Schweiz

Florastr. 25/c, Tel. (033432) 367, Fax: 505. Schöne, moderne Pension mit 10 großen, hell und freundlich eingerichteten Zimmern. Parkplatz, Eingang, Frühstücksraum, Restaurant, Garten, Terrasse und 2 rollstuhlgerechte Zimmer im Erdgeschoß stufenlos erreichbar.

Geeignet für Gehbehinderte. Bedingt geeignet für Rollstuhlfahrer. 2 rollstuhlgerechte Zimmer: Türbreiten der Zimmer und von Du/WC 82 cm. Dusche und Waschbecken unterfahrbar. Freiraum rechts neben WC 185 cm, davor 85 cm. Duschhocker vorhanden.

Lage: Zur Ortsmitte 2 km; Einkaufen 1,5 km; Bahnhof, Arzt, Apotheke 2 km; Freibad 8 km; Krankenhaus 20 km.

Zimmerpreise: EZ 85,- DM, DZ 130,- DM inkl. Frühstück. Bei mehrtägigem Aufenthalt Preisnachlaß nach Vereinbarung.

"Altes Kasino" Hotel am See — 16816 Neuruppin

Brandenburg, Ruppiner Land

Seeufer 11/12, Tel. (03391) 3059, Fax: 358684. Hotel mit 20 Zimmern, alle mit Du/WC, Radio, TV und Telefon. Parkplatz, Eingang, Frühstücksraum, Restaurant, Garten, Terrasse und 4 Zimmer im EG stufenlos erreichbar.

Geeignet für Gehbehinderte (4 DZ), Familien mit geistig Behinderten (6 Zimmer), nur mit Einschränkung für Rollstuhlfahrer, die kurzzeitig ihren Rollstuhl verlassen können, weil Bad/WC für Rollstuhl zu klein ist (Türbreite 65 cm, Freiraum 90 x 50 cm).

Lage: Zur Ortsmitte 300 m; Einkaufen 100 m; Arzt, Freibad 300 m; Hallenbad 800 m; Krankenhaus und Dialyse 1 km.

Zimmerpreise: EZ 75,- bis 150,- DM; DZ 100,- bis 195,- DM inkl. Frühstück.

Hotel Waldfrieden — 16816 Neuruppin

Brandenburg, Ruppiner Land, am Ruppiner See

Lindenallee 50, Tel. (03391) 3793, Fax: 3798. Hotel mit 23 freundlich eingerichteten Doppelzimmern, überwiegend mit Blick auf den See. Parkplatz, Eingang, Frühstücksraum, Restaurant, Garten und die Zimmer im EG stufenlos erreichbar. Alle Türen 100 cm breit.

Geeignet für Rollstuhlfahrer und Familien mit geistig Behinderten. 1 Zimmer rollstuhlgerecht. Bettenhöhe 50 cm. Türbreite vom Zimmer und von Du/WC 100 cm. Bewegungsfreiraum in Du/WC 140 x 140 cm. Freiraum links neben WC 80 cm, davor 200 cm. Kippspiegel, Notruf, unterfahrbare Dusche mit festinstalliertem Duschsitz, unterfahrbares Waschbecken und stabile Haltegriffe an Dusche, WC und Waschbecken vorhanden.

Lage: Idyllisch gelegen mitten in waldreicher Gegend, direkt am Ruppiner See. Zur Ortsmitte mit Einkaufen, Bahnhof, Arzt, Apotheke und Hallenbad 2 km; Krankenhaus 4 km; Dialyse 3 km.

Zimmerpreise: Doppelzimmer inkl. Frühstück 140,- bis 160,- DM.

Hotel & Restaurant „Am alten Rhin" — 16827 Neu-Alt Ruppin

Brandenburg, Ruppiner Land

Inh. Britta Krsynowski, Friedrich-Engels-Str. 12, Tel. (03391) 7650, Fax: 76515. Hotel im Zentrum der Stadt mit 40 individuell eingerichteten Zimmern. Parkplatz, Eingang, Frühstücksraum, Restaurant, Garten und Zimmer im EG stufenlos erreichbar.

Geeignet für Gehbehinderte, Rollstuhlfahrer und Familien mit geistig Behinderten. 1 Appartement rollstuhlgerecht. Türbreite der Zimmer und von Du/WC 1 m; Freiraum in Du/WC 140 x 140 cm. Freiraum links neben WC 40 cm, rechts 60 cm, davor 140 cm. Dusche und Waschbecken unterfahrbar. Festinstallierter Duschsitz und stabile Haltegriffe an Dusche und WC vorhanden. Bettenhöhe 60 cm.

Lage: Im Zentrum von Alt Ruppin; bis Neuruppin 4 km; Arzt und Apotheke im Haus.

Zimmerpreise: EZ 95,- bis 115,- DM; DZ 130,- bis 150,- DM für 2 Personen (d.h. pro Pers. 65,- bis 75,- DM); Dreibett-Zimmer (Preis für 3 Personen) 150,- bis 180,- DM (also pro Person 50,- bis 60,- DM); Vierbettzimmer 180,- bis 200,- DM (Preis für 4 Pers., also p.P. 45,- bis 50,- DM). Alle Preise inkl. Frühstück.

Spreewald-Park-Hotel — 15910 Niewitz OT Rickshausen

Brandenburg, Spreewald

Tel. (035474) 270, Fax: 27444, Internet: http//www.spreewald-park-hotel.de; E-Mail: info@spreewald-parkhotel.com. Hotel mit 100 Komfortzimmern und Suiten mit Bad, Dusche/WC, TV, Telefon, Radio, Minibar und teilw. Balkon. Bankett- und Konferenzsaal für bis zu 320 Personen. Parkplatz, Eingang, Frühstücksraum, Restaurant, Garten und Zimmer mit dem Aufzug stufenlos erreichbar. Türbreite vom Aufzug 100 cm (Tiefe 160 cm, Breite 140 cm).

Geeignet für Gehbehinderte, Rollstuhlfahrer und Familien mit geistig Behinderten. Gruppen bis 100 Personen. 2 Zimmer rollstuhlgerecht. Türbreite der Zimmer und von Du/WC 100 cm. Freiraum in Du/WC 200 x 200 cm. Freiraum links neben WC 100 cm, rechts 140 cm, davor 200 cm. Festinstallierter Duschsitz und stabile Haltegriffe an Dusche und WC vorhanden. Bettenhöhe 39 cm.

Lage: Zur Ortsmitte 1 km; Einkaufen, Bahnhof, Arzt, Apotheke, Krankenhaus in Lübben 6 km; Freibad, See 5 km. Erreichbar über die A 13 Berlin-Dresden, Abfahrt Freiwalde; Entfernung von der Abfahrt Freiwalde 1 km. Lübbenau 20 km; Berlin 75 km; Cottbus 50 km.

Zimmerpreise inkl. Frühstück: EZ 140,- DM; DZ 170,- DM. Am Wochenende (Freitag bis Sonntag): EZ 70,- DM; DZ 100,- DM. Gruppenpreise auf Anfrage.

Stadthotel Oranienburg — 16515 Oranienburg

Brandenburg

André-Pican-Str. 23, Tel. (03301) 6900, Fax: 690999. Vier-Sterne-Hotel mit 59 Zimmern. Parkplatz, Eingang, Frühstücksraum, Restaurant und Zimmer (mit dem Aufzug) stufenlos erreichbar.

Geeignet für Rollstuhlfahrer: 1 Doppelzimmer mit Du/WC. Bettenhöhe 50 cm. Türbreite vom Zimmer und von Du/WC 80 cm. Dusche schwellenlos, Waschbecken unterfahrbar. Notruf, festinstallierter Duschsitz und stabile Haltegriffe an Dusche und WC.

Lage: Zentrale Lage; Zur Ortsmitte 600 m; Einkaufen, Apotheke 400 m; Bahnhof 600 m; Krankenhaus 1,5 km. **Preise** auf Anfrage.

Best Western Parkhotel Potsdam — 12167 Potsdam

Brandenburg, Mittelmark

Forststr. 80, Tel. (0331) 98120, Fax: 9812100. Komforthotel mit 91 Zimmern. Parkplatz, Eingang, Frühstücksraum, Restaurant und Zimmer (mit dem Aufzug) stufenlos erreichbar. Türbreite vom Aufzug 90 cm (Tiefe 130 cm, Breite 90 cm).

Geeignet für Gehbehinderte, Rollstuhlfahrer und Familien mit geistig Behinderten. 1 Zimmer rollstuhlgerecht. Türbreite vom Zimmer und von Du/WC 80 cm. Freiraum in Du/WC 120 x 200 cm. Freiraum links neben WC 170 cm, davor 120 cm. Dusche unterfahrbar. Kippspiegel, Notruf, festinstallierter Duschsitz und stabile Haltegriffe an Dusche und WC vorhanden. Bettenhöhe 50 cm. Bei Bedarf kann Pflegedienst vermittelt werden.

Lage: Am Stadtrand von Potsdam (Wildpark West). Ebene Umgebung in der Nähe von Schloßpark Sanssouci und Universität. Zur Stadtmitte 3 km; Bahnhof, Apotheke 500 m; Einkaufen 2 km; Krankenhaus, Dialyse 4 km. **Preise** auf Anfrage.

Hoffbauer Stiftung "Häuschen mit Rampe"
Rollstuhlgerechtes
Freizeit- und Erholungshaus **14473 Potsdam-Hermannswerder**

Brandenburg, Havelseengebiet

Hermannswerder 2 b, Tel. (0331) 2313221, Fax: 2313220. Rollstuhlgerechtes Freizeit- und Erholungshaus (für Körperbehinderte), 27 Betten, 4 Aufbettungen; 9 EZ, 4 EZ mit Aufbettung, 4 DZ, 2 Dreibett-Zimmer. (Max. 31 Plätze).

Vorrangig **für Gruppen mit Behinderten** für Seminare, Freizeiten, etc., aber **auch für Einzelgäste.** Die Einrichtung ist rollstuhlgerecht. Parkplatz am Haus; Eingang mit Rampe, Essensraum, Gruppenräume, Terrasse, Garten und alle Zimmer stufenlos bzw. mit dem Aufzug erreichbar. Türbreiten: Eingang 110 cm, Essensraum 140 cm, Aufzugstür 130 cm (Tiefe 240 cm, Breite 130 cm).

Geeignet für Gehbehinderte, Rollstuhlfahrer und geistig Behinderte, jeweils für Gruppen bis zu 30 Personen. Alle Zimmer, Bäder und WC sind mit modernen technischen Hilfsmitteln rollstuhlgerecht ausgestattet. Bettenhöhe 50 cm. 2 manuell verstellbare Betten, 1 elektrisch höhenverstellbares Bett.

Zu jeweils 2 Zimmern gehört eine Naßzelle mit Du/Bad, Waschbecken (unterfahrbar) und WC. Freiräume links oder rechts neben WC 140 cm, davor 120 bis 150 cm. Festinstallierte Duschsitze, Duschhocker, Lifter, Duschrollstuhl, Griffleiter sowie stabile Haltegriffe an Dusche und WC sind vorhanden.

Lage: In ruhiger Lage auf einer Halbinsel gelegen mit guten Verbindungen auch für Rollstuhlfahrer mit Bus oder Fähre nach Potsdam und zur Berliner S-Bahn. Arzt, Post, Einkaufen, Café 500 m; Reitplatz 100 m. Boots- und Radtouren, Seenähe (200 m) mit Steg und Pavillion. Apotheke und Krankenhaus in der Ortsmitte, ca. 2 km. Auf Anfrage Abholung vom Bahnhof möglich. Gute Busanbindung vom Bahnhof; Busse mit absenkbarer Plattform alle 20-30 Minuten. Bushaltestelle 300 m vom Haus.

Preise: Pro Person und Tag inkl. 3 Mahlzeiten zwischen 63,- und 73,- DM. Pauschalpreise für Gruppen nach Vereinbarung.

Pflegehilfe kann vom Personal nicht geboten werden. Es ist aber möglich, Pflegeleistungen von Diakonie-Stationen zu vermitteln.

SOL INN HOTEL Potsdam-Michendorf

14552 Potsdam-Michendorf

Brandenburg

Potsdamer Str. 96, Tel. (033205) 780, Fax: 78444. 1998 modern und großzügig neuerbautes Hotel mit 126 Zimmern und drei Suiten. Fünf Konferenzräume für bis zu 420 Personen. Parkplatz, Eingang, Frühstücksraum, Restaurant, Terrasse und die Zimmer im EG stufenlos erreichbar. Türbreite vom Aufzug 90 cm (Tiefe 140 cm, Breite 105 cm).

Geeignet für Gehbehinderte, Rollstuhlfahrer und Familien mit geistig Behinderten. Gruppen 50 bis 100 Personen. Alle Zimmer mit Du/WC großzügig gebaut. 1 Zimmer speziell für Rollstuhlfahrer nach DIN 18024. Türbreite vom Zimmer und von Du/WC 105 cm. Freiraum in Du/WC 200 x 200 cm. Freiraum links neben WC 130 cm, rechts 30 cm, davor 130 cm. Dusche und Waschbecken unterfahrbar. Kippspiegel, festinstallierter Duschsitz und stabile Haltegriffe an Dusche und WC vorhanden. Bettenhöhe 50 cm. Pflegedienste in Potsdam können bei Bedarf bestellt werden.

Lage: Zentral am Berliner Ring gelegen, über die A 10 im Südwesten vor Berlin erreichbar. Zur Stadtmitte 2 km; Einkaufen, Arzt, Apotheke und Bahnhof 2 km. Krankenhaus 20 km.

Zimmerpreise: EZ 132,- DM; DZ 141,- DM; Suite 167,- DM. Am Wochenende EZ und DZ 99,- DM.

Jugendgästehaus „Siebenschläfer"

14473 Potsdam

Brandenburg

Lotte Pulewka Str. 43, Tel. + Fax: (0331) 741125, E-Mail: JGHPotsdam@aol.com, Internet: www.Potsdam.de. 19 Zimmer mit insg. 70 Betten. Parkplatz, Eingang, Frühstücksraum, Garten und Zimmer im EG stufenlos erreichbar.

Geeignet für Rollstuhlfahrer und Familien mit geistig Behinderten. 5 Zimmer rollstuhlgeeignet. Bettenhöhe 50 cm. 1 rollstuhlgerechtes Bad mit WC. Türbreite der Zimmer und vom Bad/WC 90 cm. Bewegungsfreiraum im Bad 400 x 180 cm. Freiraum rechts neben WC 120 cm, davor 180 cm. Dusche schwellenlos, Waschbecken unterfahrbar. Verstellbarer Kippspiegel, Duschhocker und stabile Haltegriffe an Dusche und WC vorhanden.

Lage: Zur Ortsmitte 1 km; Einkaufen, Arzt und Apotheke 200 m; Bahnhof, Krankenhaus 1 km; Hallenbad, Badesee 2 km; Dialyse 5 km.

Preis pro Person pro Tag inkl. Frühstück je nach Alter und Zimmerbelegung 25,- bis 38,50 DM.

Hotel ASCOT - BRISTOL
- das barrierefreie Hotel -

14480 Potsdam

Brandenburg, Potsdam

Asta-Nielsen-Str. 2, Tel. (0331) 6691-00, Fax: (0331) 6691200. Das Hotel ASCOT BRISTOL hat 94 Zimmer und befindet sich in der Landeshauptstadt Potsdam, vor den Toren Berlins. Zusätzlich werden Suiten und eine Komfort-Etage für längeres Wohnen angeboten, ebenso **19 behindertengerechte Zimmer nach DIN 18024**, Sauna und Solarium.

Die touristischen Angebote wie das Schloß Sanssouci, der Filmpark Babelsberg, Opern- und Ballett-Theater in Berlin, Spreewaldfahrten und Ausflüge nach Rheinsberg sind vom Hotel aus in angemessener Zeit und unkompliziert zu erreichen.

Im hoteleigenen Restaurant „Journal" können die Gäste die Brandenburgische Küche mit Geschmack und Ideen genießen. Eine gemütliche Bibliothek mit Kamin sorgt weiterhin für einen angenehmen Aufenthalt.

Das gesamte Haus ist barrierefrei gebaut und mit angenehmen Farben und Materialien gestaltet. Das Hotel verfügt weiter über Tagungsmöglichkeiten bis zu 120 Personen und einen Wintergarten.

Zimmerpreise: EZ 155,- bis 175,- DM; DZ 195,- bis 235,- DM. Wochenendpreise (nach Verfügbarkeit: EZ 145,- DM; DZ 185,- DM. Extrabett bis 12 Jahre kostenfrei, ab 12 Jahre 60,- DM. Haustier auf Anfrage 20,- DM pro Tag.

Seminaris Seehotel Potsdam

14471 Potsdam

Brandenburg, Potsdamer Havelseen

An der Pirschheide 40, Tel. (0331) 90900, Fax: 9090900. Tagungs-, Bildungs- und Businesshotel in allerbester Lage direkt am See, mit großem Schwimmbad, Finnischer Sauna, Wärmebecken, Solarium, Fitness, 19 Seminarräume mit modernster Technik. 225 modern und geschmackvoll ausgestattete Zimmer mit ISDN-Telefon, Fax- und PC-Modem-Anschluß, Sat-TV, Radio, Bad oder Dusche, WC, Fön, Minibar.

Parkplatz, Eingang, Frühstücksraum, Restaurant, Seeterrasse und Zimmer (mit dem

Aufzug) stufenlos erreichbar. Türbreite vom Aufzug 88 cm (Tiefe 90 cm, Breite 88 cm). Im hauseigenen Hallenbad 4 Stufen zum Becken.

Geeignet für Gehbehinderte, Rollstuhlfahrer und Familien mit geistig Behinderten. 1 Zimmer rollstuhlgerecht. Türbreite vom Zimmer und von Du/WC 92 cm. Freiraum in Du/WC 150 x 140 cm. Freiraum links neben WC 138 cm, rechts 20 cm, davor 200 cm. Dusche und Waschbecken unterfahrbar. Kippspiegel, Notruf, festinstallierter Duschsitz und stabile Haltegriffe an Dusche und WC vorhanden. Bettenhöhe 52 cm.

Lage: Waldgebiet, flache Wege. Strand und See vor dem Hotel. Bis zum Seestrand 4 Stufen. Zur Stadtmitte 5 km. Arzt, Apotheke 2 km; Einkaufen, Krankenhaus 5 km.

Zimmerpreise: EZ 175,- bis 190,- DM; DZ 240,- bis 260,- DM inkl. Frühstück. HP 31,- DM; VP 62,- DM.

Hotel Landhaus Geliti — 14542 Geltow (bei Potsdam)

Brandenburg, Kreis Potsdam, Potsdamer Wälder- und Seengebiet

Wentorfstr. 2, Tel. (03327) 5970 und 56080, Fax: 597100, Internet: http://geliti.hypermart.net. Im Landhausstil neuerbautes Hotel (1993 eröffnet) mit 41 komfortabel ausgestatteten Zimmern, alle mit Du/WC, Farb-TV, Minibar, Direktwahl-Telefon und Faxanschluß. Restaurant mit gutbürgerlicher Küche, Märkische Spezialitäten, Konferenz- und Seminarräume.

Geeignet für Rollstuhlfahrer bis 2 Personen, für Gehbehinderte bis 30 Personen. Ein Zimmer mit Du/WC rollstuhlgerecht. Türbreite von Zimmer und Du/WC 100 cm. Freiraum in Du/WC 350 x 100 cm; Freiraum rechts neben WC 130 cm, davor 100 cm. Waschbecken und Dusche unterfahrbar; festinstallierter Duschsitz, stabile Haltegriffe an Waschbecken, Dusche und WC.

Lage: Nach Potsdam 3,5 km; Ortsmitte von Geltow, Einkaufen, Arzt (macht auch Hausbesuche), Bus 300 m; Apotheke 3 km; Krankenhaus und Dialyse 10 km; See, Angeln, Wandern 75 m; Spielplatz 200 m; Freibad 1 km; Hallenbad 7 km. Gehbehinderte und Rollstuhlfahrer können einen kleinen Seestrand ohne Begleitung erreichen. Wege flach.

Service: Abholung vom Bahnhof Potsdam und Ausflugs- und Stadtrundfahrten mit dem hoteleigenen Kleinbus werden angeboten. Friseur und Massage im Haus. Arzt macht Hausbesuche. Spezielles Pflegebett auf Anfrage.

Zimmerpreise inkl. Frühstück: EZ 90,- bis 95,- DM; DZ 135,- bis 140,- DM; Appartement 235,- bis 240,- DM.

Wochenendarrangements (2 Übernachtungen, Fr.-So.): EZ 169,- DM; DZ 259,- DM, Appartement 389,- DM. Zuschlag für Halbpension 25,- DM, für Vollpension 45,- DM.

Hotel Uckermark — 17291 Prenzlau

Brandenburg, Uckermark

Friedrichstr. 2, Tel. (03984) 36400, Fax: 364299. Hotel mit 30 Zimmern. Parkplatz, Eingang, Frühstücksraum, Restaurant, Terrasse und Zimmer (mit dem Aufzug) stufenlos erreichbar. Türbreite vom Aufzug 80 cm (Tiefe 120 cm, Breite 80 cm).

Geeignet für Gehbehinderte, Rollstuhlfahrer und Familien mit geistig Behinderten. 2 Zimmer für Rollstuhlfahrer nach DIN 18024. Türbreite der Zimmer und von Du/WC 90 cm. Freiraum in Du/WC 180 x 220 cm. Freiraum links neben WC 180 cm, rechts 40 cm, davor 150 cm. Dusche und Waschbecken unterfahrbar. Verstellbarer Kippspiegel, Notruf, festinstallierter Duschsitz und stabile Haltegriffe an Dusche und WC vorhanden. Bettenhöhe 50 cm. Auf Wunsch kann Pflegedienst vermittelt werden.

Lage: Einkaufen 200 m; Arzt 100 ; Apotheke 150 m; Krankenhaus 800 m; Bahnhof, Freibad, See 600 m. **Preise** auf Anfrage.

Pension "Zum Ranziger See" — 15848 Ranzig

Brandenburg, Ranziger See

Hauptstr. 8, Tel. (03366) 23670 und 253338, Fax: (03366) 253321. Pension mit 4 Doppelzimmern und 3 Ferienwohnungen. Parkplatz, Eingang, Frühstücksraum, Garten und die Ferienwohnungen im Erdgeschoß stufenlos erreichbar.

Geeignet für Gehbehinderte und Familien mit geistig Behinderten; nur bedingt geeignet für Rollstuhlfahrer mit Begleitung. 3 Ferienwohnungen für jeweils 4 Personen im Erdgeschoß. Türbreiten: Eingang, Zimmer und Badezimmer 90 cm. Dusche/WC sehr eng, daher für Rollstuhlfahrern nur mit Hilfe nutzbar. Freiraum in Du/WC 100 x 100 cm, Freiraum links und rechts neben WC 80 cm, davor 100 cm. Dusche nicht unterfahrbar: Schwelle 15 cm, Duschhocker vorhanden, Waschbecken unterfahrbar.

Lage: Ortsmitte, Einkaufen 150 m; Bus 50 m; Badesee 200 m; Bahnhof, Arzt, Apotheke und Krankenhaus 7 km.

Preise: DZ für 2 Pers. 70,- DM; Ferienwhg. für 2 Personen 50,- DM, für 3 Pers. 75,-DM pro Nacht. Abholservice vom Bahnhof, Wäschedienst, Ausflugsfahrten. Auf Wunsch Pflegedienst.

Hotel garni „Zur Mühle" — 16278 Schmargendorf

Brandenburg, Uckermark

Am Mühlenberg 3, Tel. (03331) 26470, Fax: 264732. Hübsches kleines Hotel mit 12 Zimmern. Parkplatz, Eingang, Frühstücksraum, Garten und Zimmer im EG stufenlos erreichbar.

Geeignet für Gehbehinderte (8 Pers.), Rollstuhlfahrer und Familien mit geistig Behinderten. 1 Zimmer für Rollstuhlfahrer nach DIN 18024. Türbreite der Zimmer und von Du/WC 90 cm. Freiraum in Du/WC 140 x 140 cm. Freiraum links neben WC 60 cm, rechts 20 cm (Haltegriff), davor 110 cm. Dusche und Waschbecken unterfahrbar. Festinstallierter Duschsitz und stabile Haltegriffe an Dusche und WC vorhanden.

Bettenhöhe 58cm. **Lage:** Das Hotel liegt inSchmargendorf im Biosphärenreservat Schorfheide-Chorin, 70 km von Berlin-Mitte entfernt. Umgeben von Wäldern und Seen, nahe des Nationalparks „Unteres Odertal", unweit vom Kloster Chorin und dem Schiffshebewerk Niederfinow. Wege teils flach, teils hügelig. Zur Ortsmitte 500 m; Einkaufen, Bahnhof, Arzt, Apotheke, Krankenhaus 7 km.

Zimmerpreise: EZ 75,- bis 85,- DM; DZ 88,- bis 98,- DM.

Hotel-Restaurant Brandenburger Hof — 15306 Seelow

Brandenburg, Märkisches Oderland

Apfelstr. 1, Tel. (03346) 88990, Fax: 88992. Neuerbautes Haus mit 40 modern und komfortabel eingerichteten Zimmern mit Du/WC, TV, Schreibtisch, Telefon und Minibar. Parkplatz, Eingang, Frühstücksraum, Garten und Zimmer im EG stufenlos erreichbar.

Geeignet für Gehbehinderte (50 Pers.), Rollstuhlfahrer und Familien mit geistig Behinderten. 1 Zimmer rollstuhlgeeignet. Türbreite der Zimmer und von Du/WC 100 cm. Freiraum in Du/WC 100 x 100 cm. Freiraum links und rechts neben WC 50 cm, davor 100 cm. Waschbecken unterfahrbar. Festinstallierter Duschsitz vorhanden. Bettenhöhe 60 cm.

Lage: Seelow liegt im Osten des Landes Brandenburg, nur wenige Kilometer zur deutsch-polnischen Grenze bei Küstrin-Kietz. Seelow erreicht man über die B 1 von Berlin aus in Richtung Frankfurt (Oder); in Müncheberg in Richtung Seelow abbiegen.

Zur Ortsmitte mit Einkaufsmöglichkeiten und Apotheke 200 m; Arzt 500 m; Krankenhaus, Dialyse 500 m; See 5 km.

Zimmerpreise: EZ 90,- bis 120,- DM; DZ 140,- bis 160,- DM. Wochenendpreise auf Anfrage.

Courtyard by Mariott Berlin Teltow — 14513 Teltow

Brandenburg

Warthestr. 20, Tel. (03328) 400-0, Fax: (03328) 440-440. Komfortables Hotel mit 195 Gästezimmern mit Klimaanlage, Minibar, Kabel-TV, Radio, Telefon, Haartrockner. 14 Konferenzräume und ein Ballsaal.

Geeignet für Gehbehinderte, Rollstuhlfahrer und Familien mit geistig Behinderten. 2 Zimmer für Rollstuhlfahrer geeignet.

Lage: An der südlichen Peripherie Berlins bei Zehlendorf/Wannsee, mit guter Anbindung nach Berlin und Potsdam. Parkplatz, Eingang, Frühstücksraum, Restaurant, Garten und Zimmer stufenlos erreichbar. Türbreite vom Aufzug 86 cm (Tiefe 140 cm, Breite 140 cm).
Zimmerpreise: EZ und DZ 126,- bis 160,- DM. Frühstück 22,- DM pro Person.

Hotel Haus Thomsdorf — 17268 Thomsdorf

Brandenburg, Feldberger Seenplatte, Carwitzer See

Dorfstr. 17 a, Tel. (039889) 630, Fax: 63407. Hotel mit 42 Zimmern mit Seeblick. Parkplatz, Eingang, Restaurant, Frühstücksraum, Restaurant, Garten und Zimmer (teils im EG, teils mit Aufzug) stufenlos erreichbar. Türbreite vom Aufzug 90 cm (Tiefe 140 cm, Breite 105 cm). Hauseigenes Hallenbad mit 5 Stufen.

Geeignet für Gehbehinderte und Familien mit geistig Behinderten (jeweils **Gruppen bis 60 Personen** möglich), geeignet für **Rollstuhlfahrer** (15 Pers.). Türbreiten der Zimmer 85 cm, von Du/WC 70 cm. Freiraum in Du/WC 200 x 200 cm, Freiraum links neben und vor dem WC 140 cm. Dusche unterfahrbar mit Schwelle (5 cm); Waschbecken unterfahrbar. Duschhocker, Kippspiegel und stabile Haltegriffe an Du/WC und Waschbecken in einigen Badezimmern vorhanden.

Service / Pflegedienst: Das Haus wird ärztlich betreut. Der Verein zur Förderung und Erholung, Pflege und Betreuung Behinderter e.V. bietet einen umfangreichen Pflegeservice an. Versorgungsvertrag mit Pflegekassen. Fahrdienst zum Bahnhof Prenzlau auf Anfrage. Auch Haus-zu-Haus-Fahrservice.

Freizeitangebote: Hauseigene Boote, Ausflugsprogramme, Reiten, auch therapeutisches Reiten, Kutschfahrten. Am Haus eine Tauchschule mit umfangreichen Angeboten. Angelkarten sind an der Rezeption erhältlich.

Lage: Am Ortsrand von Thomsdorf. Thomsdorf liegt unmittelbar am Carwitzer See und hat ca. 150 Einwohner. Zur Ortsmitte 1 km; See 200 m; Einkaufen 3 km; Arzt und Apotheke 12 km. Umgebung hügelig, Wege teilweise nur bedingt mit Rollstuhl befahrbar.

Preis für Übernachtung mit Frühstück pro Person je nach Kategorie und Saison 48,- bis 98,- DM. Halbpension zzg. 16,- DM, Vollpension zzgl. 26,- DM. Ausführliche Preisliste, Hausprospekt und Pauschalangebote auf Anfrage.

Hotel Reuner — 15806 Zossen

Brandenburg, Landkreis Teltow-Fläming

Machnower Chaussee 1 a, Tel. (03377) 301370, Fax: 301371. Neuerbautes Hotel (Eröffnung Januar 1995). 17 Zimmer, 2 behinderten- und allergikergerechte Zimmer, mit Telefon, Faxanschluß, TV, Dusche, WC. Parkplatz mit Rampe; Eingang, Frühstücksraum, Restaurant, Garten und 2 Behindertenzimmer im EG stufenlos erreichbar. Spielplatz am Haus.

Geeignet für Gehbehinderte, Rollstuhlfahrer und Familien mit geistig Behinderten. 2 Zimmer rollstuhlgerecht. Türbreiten der Zimmer und von Du/WC 100 cm; Freiraum rechts neben WC 150 cm, davor 90 cm. Dusche und Waschbecken unterfahrbar. Duschhocker und stabile Haltegriffe an Du/WC und Waschbecken vorhanden; Notruf zur Rezeption.

Lage: Zur Ortsmitte, Bahnhof, Arzt, Apotheke 1 km; Bus 50 m; Einkaufen 800 m; Krankenhaus 2 km; Tennishalle 800 m; **Dialysezentrum** und Hallenbad 17 km.

Zimmerpreise: EZ 90,- DM, DZ 120,- DM. Ab 3 Übernachtungen EZ 110,- DM; DZ 130,- DM.

Haus am See — 16831 Zechliner Hütte

Brandenburg, Rheinsberger Seenkette, Schlabornsee

Zechliner Str. 5, Tel. (033921) 7690, Fax: 76919. Das Haus am See ist eine Einrichtung der Initiative Jugendarbeitslosigkeit Neuruppin e.V.. Dieser Verein widmet sich der Förderung arbeitsloser und benachteiligter Jugendlicher und bietet im Gastronomiebereich Ausbildungsplätze für diese Jugendlichen an. Das Haus am See verfügt über 25 Doppel-, 4 Einbett- und 1 behindertengerechtes Zimmer. Alle Zimmer mit Dusche und WC. Außerdem stehen Restaurant und Wintergarten den Gästen zur Verfügung. Für größere Veranstaltungen gibt es einen Saal für 60 bis 140 Personen. Zusätzliche zwei Räume mit kompletter Seminartechnik. Parkplatz, Eingang, Frühstücksraum, Restaurant, Garten (mit Rampe) und die Zimmer im EG sind stufenlos erreichbar.

Sehr gut geeignet für Gehbehinderte (bis 20 Pers.), Rollstuhlfahrer (3 Pers.) und Familien/Gruppen mit geistig Behinderten (bis 20 Pers.). **1 Zimmer ist rollstuhlgerecht.** Bettenhöhe 50 cm. Türbreite der Zimmer 100 cm, von Du/WC 93 cm. Freiraum in Du/WC 150 x 150 cm. Freiraum links neben WC 30 cm, rechts 50 cm, davor 140 cm.

Dusche und Waschbecken unterfahrbar, festinstallierter Duschsitz, kippbarer Spiegel, höhenverstellbares Waschbecken und stabile Haltegriffe an Dusche und WC vorhanden.

Lage: Das Haus am See befindet sich direkt am Schlabornsee im Zentrum von Zechlinerhütte, einem Erholungsort mit langjähriger Tradition. Guter Erreichbarkeit von Berlin oder Hamburg aus. Landschaft mit herrlichen Wasserflächen mit idealen Wander-, Radwander- und Wassersportmöglichkeiten. Unmittelbar neben dem Haus am See können Boote gemietet werden. Die Dampferanlegestelle befindet sich direkt vor dem Haus.

Entfernungen: Einkaufen 100 m; Bahnhof, Arzt, Apotheke 6 km; Badesee und

Spielplatz 300 m; Krankenhaus und Dialyse 35 km. Wege direkt am See flach; ansonsten flach bis hügelig.

Zimmerpreise: EZ 65,- bis 75,- DM; DZ 85,- bis 110,- DM. Hausprospekt und Preisliste auf Anfrage.

Holiday Inn Crowne Plaza — 28195 Bremen

Böttcherstr. 2, Tel. (0421) 36960, Fax 3696960. First-Class-Hotel mit 238 Gästezimmern und 8 Suiten mit Bad/Du/WC, Farb-TV mit Kabelanschluß, Radio, Telefon, teilweise Fax- und Datev-P-Anschluß, Minibar und Klimaanlage. Nichtraucher-, allergiker- und behindertengerechte Zimmer. Eingang mit Rampe, Rezeption, Restaurant, Aufzug und Zimmer über Aufzug (Innenmaße 125 cm x 135 cm) stufenlos erreichbar. Alle Türen mindestens 80 cm breit.

Geeignet für Rollstuhlfahrer, Gehbehinderte, Allergiker. 2 Zimmer mit Bad/WC speziell für Rollstuhlfahrer ausgestattet. Freiraum rechts neben und vor dem WC 110 cm. Dusche und Waschbecken unterfahrbar, festinstallierter Duschsitz, Notruf und stabile Haltegriffe an Dusche und WC vorhanden.

Lage: Im Stadtzentrum am Bremer Rathaus gelegen; Ortsmitte 100 m; Bahnhof 1,5 km; Bus 500 m; Apotheke 300 m; Hallenbad, Sauna, Solarium, Ruheraum, Kraftsportgeräte im Haus. Freibad 2,5 km; Tennisplatz und Tennishalle 3 km.

Zimmerpreise pro Tag: EZ 210,- bis 260,- DM; DZ 260,- bis 310,- DM exklusive.

Treff Überseehotel Bremen — 28199 Bremen

Bremen

Am Markt, Wachtstr. 27-29, Tel. (0421) 36010, Fax: 3601555. 124 komfortable Zimmer mit Du/WC, Kabel-TV, Telefon. Vom Parkplatz zum Eingang mit Rampe; Frühstücksraum, Restaurant und Zimmer (mit dem Aufzug) stufenlos erreichbar. Türbreite vom Aufzug 90 cm (Tiefe 99 cm, Breite 180 cm).

Geeignet für Gehbehinderte, Rollstuhlfahrer und Familien mit geistig Behinderten. 3 Zimmer rollstuhlgerecht. Freiraum in Du/WC 140 x 140 cm. Freiraum links neben WC 143 cm, rechts 31 cm, davor 81 cm. Dusche und Waschbecken unterfahrbar. Festinstallierter Duschsitz und stabile Haltegriffe an Dusche und WC vorhanden. Bettenhöhe 42 cm.

Lage: Im historischen Stadtzentrum, ruhige Lage am Rand der Fußgängerzone. Zur Stadtmitte 100 m, Einkaufen, Apotheke, Arzt, 100 m; Krankenhaus 5 km, Bhf. 3 km.

Zimmerpreise: EZ 150,- bis 200,- DM; DZ 200,- bis 260,- DM.

Queens Hotel Bremen — 28329 Bremen

Bremen

August-Bebel-Allee 4, Tel. (0421) 2387-0, Fax 234617. 144 komfortable Gästezimmer und 2 Suiten, alle mit Bad/WC und Kabel-TV, Telefon, Minibar. 7 Konferenzräume, Restaurant, Bar. Haupteingang mit Rampe; Restaurant und Zimmer (mit dem Aufzug) stufenlos erreichbar. Türbreite vom Aufzug 80 cm (Innenmaße 140 x 110 cm). 1 rollstuhlgerechtes WC neben dem Restaurant.

Geeignet für Rollstuhlfahrer. Das Haus verfügt über ein rollstuhlgerechtes Zimmer mit Bad und mit einer Verbindungstür zum Nebenzimmer. Freiraum im Bad 180 x 120 cm, große Freiräume zwischen den Zimmermöbeln. Dusche und Waschbecken unterfahrbar. Notruf, Kippspiegel und stabile Haltegriffe an Du/WC und Waschbecken.

Lage: Zur Stadtmitte und zum Bhf. 4 km; Bus 100 m; Apotheke 1 km; Spielplatz 1,5 km; Freibad 2,5 km; Hallenbad 2 km; See 3 km; Tennisplatz 10 km.

Zimmerpreise: EZ 130,- bis 210,- DM; DZ 170,- bis 260,- DM. Frühstück 23,- DM.

Hotel Ibis Bremen Altstadt — 28195 Bremen

Bremen

Faulenstr. 45, Tel. (0421) 3048-0, Fax: 3048-600. 110 Zimmern und 8 Studios mit Du/WC, TV, Telefon, Minibar. Eingang, Restaurant und Zimmer (mit dem Aufzug) stufenlos erreichbar. Türbreite vom Aufzug 80 cm (Tiefe 135 cm, Breite 105 cm).

Geeignet für Gehbehinderte und Rollstuhlfahrer (2 Zimmer). Freiraum in Du/WC 200 x 200 cm. Freiraum rechts neben WC 90 cm, davor 200 cm. Dusche und Waschbecken unterfahrbar. Stabile Haltegriffe an Dusche und WC vorhanden. Bettenhöhe 45 cm.

Lage: Zur Stadtmitte 800 m; Bahnhof 2 km; Apotheke 200 m.

Zimmerpreise: EZ und DZ 113,- DM; Zusatzbett 25,- DM. Frühstück 15,- DM p.P.

Hotel Ibis Bremen Ostertor — 28203 Bremen

Bremen

Rembertiring 51, Tel. (0421) 36970, Fax 3697109. 162 Zimmer mit Farb-TV, Dusche, WC und Telefon. Tagungs- und Seminarräume in mehreren Größen. Eingang und alle Einrichtungen im Haus stufenlos oder per Aufzug erreichbar. Alle Türen ca 80 cm breit.

Geeignet für Rollstuhlfahrer und Gehbehinderte. Zwei Zimmer für Rollstuhlfahrer geeignet; besonders große Freiräume zwischen den Möbeln; Freiraum in Bad/WC 140 x 140 cm.

Lage: Zentrum, Bahnhof und Einkaufen 800 m; Arzt und Apotheke 400 m.

Zimmerpreise: EZ und DZ 113,- DM, Frühstücksbuffet 15,- DM pro Person. Gutes Preis-Leistungsverhältnis.

Hotel Munte am Stadtwald — 28213 Bremen

Bremen

Parkallee 299, Tel. (0421) 22020, Fax: 219876, Internet: www.hotel-munte.de, E-Mail: info@hotel-munte.de. Hotel mit 134 Zimmern, 2 Suiten, komfortabel ausgestattet mit Du/Bad/WC, Radio, Sat- und Pay-TV, Minibar und Telefon. Veranstaltungsräume für bis zu 500 Personen. Parkplatz, Eingang, Frühstücksraum, Restaurant, hauseigenes Hallenbad und die Zimmer mit dem Aufzug stufenlos erreichbar. Türbreite vom Aufzug 80 cm (Tiefe 145 cm, Breite 105 cm).

Geeignet für Gehbehinderte, Rollstuhlfahrer und Familien mit geistig Behinderten. 8 Zimmer rollstuhlgeeignet. Freiraum in Du/WC 100 x 140 cm. Freiraum rechts neben WC 120 cm, davor 100 cm. Dusche und Waschbecken unterfahrbar. Keine zusätzlichen Hilfsmittel.

Lage: Zur Stadtmitte 3,5 km; Einkaufen, Arzt, Apotheke 2 km; Krankenhaus 4 km.

Zimmerpreise: EZ 169,- bis 240,- DM; DZ 199,- bis 270,- DM inkl. Frühstück.

Comfort Hotel Bremerhaven — 27572 Bremerhaven

Bremen

Am Schaufenster 7, Tel. (0471) 93200, Fax: (0471) 9320100. Hotel garni. Stilvoll konzipiertes Haus mit maritimer Umgebung im historischen Fischereihafen von Bremerhaven. 116 elegante Zimmer. Alle Zimmer verfügen über Dusche, WC, Haarfön, Kabel-TV, Selbstwahltelefon und Radio. Seminare, Tagungs- und Konferenzmöglichkeiten für 5 bis 50 Personen.

Parkplatz, Eingang, Frühstücksraum und Zimmer (mit dem Aufzug) stufenlos erreichbar. Türbreite vom Aufzug 92 cm (Tiefe 200 cm, Breite 110 cm).

Geeignet für Gehbehinderte, Rollstuhlfahrer und Familien mit geistig Behinderten. 3 Zimmer nach DIN 18024/25 rollstuhlgerecht. Freiraum in Du/WC 140 x 140 cm. Freiraum links und rechts neben WC 30 cm (Haltegriff), davor 85 cm. Dusche und Waschbecken unterfahrbar. Festinstallierter Duschsitz, verstellbarer Kippspiegel, Notruf und stabile Haltegriffe an Dusche und WC vorhanden.

Lage: Direkt am Wasser; ruhige Lage am historischen Fischereihafen, sowohl von der Autobahn als auch vom nahen Stadtzentrum leicht zu erreichen. Zur Stadtmitte 2 km; Einkaufen 100 m; Bahnhof 2 km; Arzt, Apotheke 1 km; Krankenhaus, Dialyse 3 km.

Zimmerpreise inkl. Frühstücksbuffet: EZ 135,- DM; DZ 170,- DM.

Hamburg Marriott Hotel — 20354 Hamburg

Hamburg

ABC Straße 52, Tel. (040) 35050, Fax: 3505-1777. Das Hotel verfügt über 277 Luxuszimmer, davon 10 Suiten, alle mit Direktwahltelefon, Anrufbeantworter, PC-Modem-Anschluß, Internet-Anschluß, Farb-TV, Klimaanlage, Minibar und Safe. Zimmerservice rund um die Uhr.

Tagungsmöglichkeiten: Ballsaal (3 Sektionen) 264 qm; 4 Tagungsräume bis 40 qm.

Haupteingang und Aufzug (Innenmaße 150 x 150 cm) stufenlos erreichbar. Parkgarage, Frühstücksraum, Restaurant, Pool mit Sauna und Solarium sowie Zimmer mit dem Aufzug stufenlos erreichbar. Türen mindestens 96 cm breit.

Geeignet für Gehbehinderte, Rollstuhlfahrer, Familien mit geistig Behinderten sowie für gehörgeschädigte Gäste. Für Rollstuhlfahrer sind 4 Zimmer mit Bad/WC (mit Badewanne, keine unterfahrbare Dusche) geeignet. Türbreiten der Zimmer und Badezimmer 93 cm. Freiraum in Bad/WC 150 x 150 cm. Freiraum links neben dem WC 50 cm, rechts 75 cm, davor 150 cm. Waschbecken unterfahrbar, stabile Haltegriffe an Dusche und WC vorhanden. Telefon neben dem WC.

Für Gehörgeschädigte gibt es ein spezielles Hilfssystem, das in jedem Zimmer installiert werden kann. Parallel zum Telefon wird eine Lichtglocke installiert, die bei jedem Klingeln des Telefons aufleuchtet. Außerdem ein Vibrationswecker sowie ein Infrarot-Übertragungsbügel für alle 43 Fernsehkanäle. Das Marriott Hotel Hamburg gehört damit zu den Pionieren auf diesem Gebiet in der Hotelbranche.

Lage: In der Stadtmitte von Hamburg, direkt am Gänsemarkt, inmitten von Einkaufspassagen und nahe dem Rathaus, der Oper sowie der Alster. Einkaufen, Bus, Apotheke 150 m; Arzt 500 m; Bahnhof 1 km; Krankenhaus 3 km.

Preise: Sonderpreise nach Verfügbarkeit; Normaltarif für EZ oder DZ 310,- bis 455,- DM, exklusive Frühstück.

Elysee Hamburg — 20148 Hamburg

Hamburg

Rothenbaumchaussee 10, Tel. (040) 414120; Fax: 41412733. 600 Betten, Parkplatz, Haupteingang, Restaurant, Veranstaltungsräume stufenlos erreichbar. Türbreiten: Haupteingang 200 cm, Restaurant 85 cm, Zimmer und Bad/WC 85 cm, Aufzug 110 cm (Innenmaße 140 x 190 cm).

Geeignet für Gehbehinderte und Rollstuhlfahrer. Ein Zimmer mit Bad/WC für Rollstuhlfahrer geeignet. Bad mit Badewanne, keine unterfahrbare Dusche. Geringer Freiraum (80 x 130 cm). Telefon und Spiegel am Waschbecken in Sitzhöhe. Haltegriffe am WC.

Lage: Zum Zentrum, Einkaufen 500 m; Apotheke 200 m; Krankenhaus 3 km.

Zimmerpreise: EZ 265,- DM; DZ 305,- DM.

Le Méridien Hamburg-Stillhorn 21109 Hamburg

Hamburg

Stillhorner Weg 40, Tel. (040) 75015-0, Fax: 75015-444. 146 Zimmer mit Bad/Du/WC, Telefon, Radio, Kabel-TV und Minibar. Behindertenparkplätze, Eingang, Bar, Restaurant, Konferenzraum und Aufzug stufenlos erreichbar.

Geeignet für Gehbehinderte und Rollstuhlfahrer. 1 Zimmer rollstuhlgerecht. Freiraum in Du/WC 140 x 140 cm. Freiraum vor dem WC 100 cm. Dusche und Waschbecken unterfahrbar, festinstallierter Duschsitz, stabile Haltegriffe an Du/WC und Waschbecken vorhanden.

Lage: Hamburg Zentrum 8 km; Apotheke 2 km; Arzt 3 km; Bahnhof 8 km.

Preise für Standardzimmer inkl. Frühstücksbuffet: EZ 209,- DM; DZ 259,- DM; Zusatzbett 49,- DM.

Hotel Helgoland 22525 Hamburg

Hamburg

Kieler Str. 177, Tel. (040) 857001, Fax: 8511445. 109 Zimmer mit Bad/Du/WC, Telefon, Radio, Kabel-TV. Parkplatz, Eingang, Rezeption, Restaurant und Aufzug stufenlos erreichbar. Aufzug eng, nur mit abmontierten Fußstützen befahrbar.

Geeignet für Gehbehinderte; nur bedingt geeignet für Rollstuhlfahrer mit Begleitung, geeignet für Familien mit geistig Behinderten. Türbreiten mindestens 80 cm, Bad/WC nur 68 cm. Freiraum in Bad/WC 140 x 140 cm. Dusche nicht unterfahrbar. Größe der Zimmer und Badezimmer unterschiedlich.

Lage: Zentrum 6 km; Bhf. 5 km; Bus 50 m; Apotheke 700 m.

Zimmerpreise: EZ 140,- bis 180,- DM; DZ 170,- bis 230,- DM; Zusatzbett 30,- DM. Frühstück inklusive. Am Wochenende EZ 140,- DM; DZ 170,- DM inkl. Frühstück.

Crowne Plaza Hamburg 22087 Hamburg

Hamburg

Graumannsweg 10, Tel. (040) 228060, Fax: 2208704. 285 Zimmer mit Bad/Du/WC, Telefon, Radio, TV. Parkplatz, Eingang, Aufzug (Innenmaße 140 x 180 cm) und ein Behindertenzimmer stufenlos erreichbar.

Geeignet für Rollstuhlfahrer: Türbreiten 100 cm. Bewegungsfreiraum im Bad/WC 140 x 140 cm. 1 Zimmer mit Bad/WC speziell für Rollstuhlfahrer. Türen von Zimmer und Du/WC 94 cm breit. Dusche unterfahrbar. Festinstallierter Duschsitz und stabile Haltegriffe an Dusche und WC vorhanden. Bettenhöhe 57 cm.

Lage: Zentrum 2 km; Bhf. 1,5 km; Arzt 20 m; Apotheke 500 m.

Zimmerpreise: EZ 275,- bis 420,-DM; DZ 295,- bis 420,- DM; Frühstück 16,- bis 29,- DM.

Hotel Ibis Hamburg Alster — 20099 Hamburg

Hamburg

Holzdamm 4-12/16, Tel. (040) 248290, Fax: 24829999. 165 Zimmer mit Du/WC, Telefon, Radio, TV, Klimaanlage. Parkplatz, Eingang, Restaurant, Aufzug (Tiefe 200 cm, Breite 90 cm) und Zimmer (mit dem Aufzug) stufenlos erreichbar. Alle Türen mindestens 80 cm breit.

Geeignet für Gehbehinderte, Rollstuhlfahrer und Familien mit geistig Behinderten. Gruppen jeweils auf Anfrage. 2 Zimmer mit Du/WC speziell für Rollstuhlfahrer. Freiraum in Bad/WC 120 x 140 cm. Freiraum links und rechts neben WC 80 cm, davor 120 cm. Dusche unterfahrbar. Duschhocker, stabile Haltegriffe an WC und Waschbecken sowie variabel verstellbarer Spiegel vorhanden.

Lage: Zentrum 1 km; Bahnhof , Bus 300 m; Apotheke und **Dialysezentrum** 500 m; Arzt 800 m; Freibad und Hallenbad 1,5 km.

Zimmerpreise: EZ und DZ 146,- bis 166,- DM; Frühstück 15,- DM p.P.

Novotel Hamburg-West — 22761 Hamburg

Hamburg

Albert-Einstein-Ring 2, Tel. (040) 89952-0, Fax: 89952333. 137 Zimmer mit Bad/Du/WC, Radio, TV, Telefon. Parkplatz, Eingang, Frühstücksraum & Restaurant und Aufzug (Tiefe 208 cm, Breite 101 cm) stufenlos erreichbar. Zimmer, Hallenbad und Veranstaltungsräume mit dem Aufzug erreichbar.

Geeignet für Gehbehinderte, Rollstuhlfahrer und Familien mit geistig Behinderten. 2 Zimmer mit Bad/WC (Badewanne, keine Dusche) speziell für Rollstuhlfahrer ausgestattet. Türbreiten von Zimmer und Bad 93 cm. Freiraum in Bad/WC 110 x 160 cm; Freiraum links neben WC 13 cm, rechts 110 cm; davor 84 cm. Stabile Haltegriffe an WC und Badewanne sowie verstellbarer Kippspiegel am Waschbecken vorhanden. Weitere 135 Zimmer für Gehbehinderte geeignet, für Rollstuhlfahrer bedingt geeignet (Türen 81 cm, Freiraum im Bad 110 x 160 cm).

Lage: Hamburg Zentrum und Bahnhof 8 km; Arzt 1 km; Apotheke, Krankenhaus 5 km.

Zimmerpreise: EZ 172,- bis 198,- DM; DZ 189,- bis 218,- DM; Frühstück 22,- DM pro Person.

InterCity Hotel Hamburg — 22765 Hamburg / Altona

Hamburg

Bahnhof Altona, Paul-Nevermann-Platz 17, Tel. (040) 380340, Fax: 38034999. Komfortables Hotel direkt am Bahnhof Altona mit 133 Zimmern, alle mit Du/WC, Radio, TV, Telefon. Eingang, Rezeption, Frühstücksraum, Restaurant und Aufzug (Tiefe 200 cm, Breite 100 cm) sowie Zimmer (mit dem Aufzug) stufenlos erreichbar.

Geeignet für Gehbehinderte (alle Zimmer) und für Rollstuhlfahrer (1 Zimmer). Das Zimmer für Rollstuhlfahrer wurde nach geltender DIN gebaut. Freiraum links neben WC 25 cm, rechts und davor 100 cm. Dusche und Waschbecken unterfahrbar. Festinstallierter Duschsitz, stabile Haltegriffe an Dusche, WC und Waschbecken sowie verstellbarer Spiegel vorhanden. Bettenhöhe 45 cm.

Lage: Bahnhof Altona 100 m; Bus 200 m; Apotheke 150 m; Stadtmitte 1 km.

Zimmerpreise: EZ 210,- DM; DZ 230,- DM inkl. Frühstücksbuffet. Sonderpreise und Wochenendtarife auf Anfrage. Zimmerausweis gilt als Freifahrschein für die öffentlichen Verkehrsmittel.

Jugendgästehaus Hamburg „Horner Rennbahn" — 22111 Hamburg

Hamburg

Rennbahnstr. 100, Tel. (040) 6511671, Fax: 6556516. Jugendherberge mit 8 Dreibettzimmern. Separates behindertengerechtes Bad/WC auf der Etage. Türen mindestens 85 cm breit. Dusche rollstuhlgerecht unterfahrbar.

Preis für Übernachtung mit Frühstück ab 35,- DM pro Person, Vollpension ab 50,- DM.

AquaSport Hotel am Olympiastützpunkt — 22049 Hamburg

Hamburg

Am Dulsbergbad 3, Tel. (040) 696542-0, Fax: (040) 696542-42. 17 gut ausgestattete Doppelzimmer mit Dusche, WC und Telefon. Parkplatz zum Eingang stufenlos. Haupteingang 1 Stufe. Frühstücksraum/Restaurant, Garten und die Zimmer im EG stufenlos erreichbar.

Geeignet für Gehbehinderte und Rollstuhlfahrer. 2 Zimmer rollstuhlgerecht. Freiraum in Du/WC 220 x 220 cm. Freiraum links neben WC 30 cm, rechts 150 cm, davor 120 cm. Dusche unterfahrbar (2 cm Schwelle); Waschbecken unterfahrbar. Notruf, festinstallierter Duschsitz und stabile Haltegriffe an Du/WC und Waschbecken vorhanden.

Lage: Direkt neben dem Olympia-Stützpunkt Hamburg gelegen, eingebettet zwischen Freibad und den Grünanlagen Dulsberg. Zur Stadtmitte 8,5 km; Einkaufen, Arzt, Apotheke 400m .

Preis pro Person im EZ 115,- DM, im DZ 68,- DM inkl. Frühstück. Mit HP im EZ 140,- DM, im DZ 93,- DM; mit VP im EZ 150,- DM, im DZ 103,- DM.

Pension Röhr — **34454 Bad Arolsen-Helsen**

Hessen, Waldeck

Prof.-Bier-Straße 59, Tel. (05691) 2193. 1 Einzelzimmer mit Du/WC, 1 Doppelzimmer mit Du/WC und 1 DZ mit Bad/WC. Tagesraum mit Teeküche, eigene Grill- und Sitzecke im Garten. Breite der Türen: Haupteingang 110 cm, Speiseraum 88 cm. Der Haupteingang (1 Stufe) kann über eine Rampe erreicht werden.

Geeignet für Rollstuhlfahrer. 1 Doppelzimmer im Erdgeschoß mit Dusche/WC geeignet. Breite der Zimmertüren 90 cm, Badezimmer speziell für Rollstuhlfahrer ausgestattet.

Lage: Zentrum 2 km; Bus 300 m; Apotheke 1 km; Kuranwendungen 2,5 km; Spielplatz 100 m; Hallenbad, Freibad, Tennishalle 2,5 km; See 5 km, Tennisplatz 300 m.

Preis pro Person inklusive Frühstück 26,- bis 36,- DM je nach Aufenthaltsdauer. Zustellbett für Kinder auf Anfrage.

Hotel Restaurant Schön
Weingut, Café, Konditorei — **65385 Assmanshausen am Rhein**

Hessen, Rheingau

Familie Schön, Rheinuferstr. 2-4, Tel. (06722) 2225, Fax: 2190. Hübsches, gemütliches Hotel am Rhein, seit Generationen von Familie Schön geführt. 30 behagliche Zimmer mit Bad/Dusche und WC, Sat-TV, Terrasse oder Balkon mit Rheinblick. Restaurant, Café, Weine aus eigenem Anbau, Weinproben.

Parkplatz vor dem Haus, Eingang, Frühstücksraum, Restaurant, Garten und die Zimmer (mit dem Aufzug) stufenlos erreichbar.

Geeignet für Gehbehinderte, Rollstuhlfahrer und Familien mit geistig Behinderten. 2 Zimmer rollstuhlgeeignet. Türbreite von Zimmer und Du/WC 85 cm. Freiraum in Du/WC 130 x 150 cm. Freiraum links neben WC 30 cm, rechts 130 cm, davor 170 cm. Dusche und Waschbecken unterfahrbar. Kein Duschsitz, keine Haltegriffe.

Lage: Unmittelbar am Rhein; flache Spazierwege. Zur Ortsmitte mit Einkaufen und Arzt 200 m; Bahnhof 100 m; Apotheke, Krankenhaus, Freibad 5 km.

Zimmerpreise: EZ 85,- bis 125,- DM; DZ 140,- bis 185,- DM; Appartement 240,- DM; Zusatzbett 40,- DM.

Hotel Waldschloß — **65520 Bad Camberg**

Hessen, Main-Taunus

An der Hochtaunusstraße, Tel. (06434) 6096 und 6098, Fax: 5896. 23 Zimmer, alle mit Bad/Du/WC, Telefon, Sat-TV und Minibar. Parkplatz, Eingang, Frühstücksraum, Restaurant, Garten, hauseigenes Freibad, Terrasse und Zimmer stufenlos erreichbar.

Gastraum mit stufenlosem Zugang zum Behinderten-WC.

Geeignet für Gehbehinderte (bis 50 Personen), für Rollstuhlfahrer und für Familien mit geistig Behinderten. 2 Zimmer mit Du/WC für Rollstuhlfahrer geeignet. Türbreiten der Zimmer und von Du/WC 100 cm; Freiraum links neben WC 100 cm, rechts 50 cm, davor 100 cm. Dusche nicht schwellenlos unterfahrbar, Waschbecken unterfahrbar. Duschsitz und stabile Haltegriffe an Dusche, WC und Waschbecken vorhanden; Kippspiegel über dem Waschbecken.

Lage: Am Rand des Stadtwaldes; umgeben von Wald und Wiesen. Ortsmitte Camberg 1,2 km; Arzt 1 km; Bus, Einkaufen, Hallenbad 1,2 km; Spielplatz, Tennisplatz, Apotheke und Kuranwendungen 1,5 km; Freibad 1,8 km; Krankenhaus 12 km.

Zimmerpreise: EZ 60,- bis 90,- DM; DZ 130,- bis 190,- DM inkl. Frühstück; HP zzgl. 28,- DM und VP zzgl. 48,- DM pro Person.

Romantik Hotel „Zum Stern" — 36251 Bad Hersfeld

Hessen, Waldhessen, Hessisches Bergland

Linggplatz 11, Tel. (06621) 1890, Fax: 189260. 6 Einzel- und 39 Doppelzimmer. Alle Zimmer mit Du/WC, Telefon, Radio, TV und Minibar ausgestattet. Parkplatz, Eingang, Frühstücksraum und Restaurant stufenlos erreichbar. Zum Aufzug eine Rampe; Türbreite vom Aufzug 96 cm (Tiefe 81 cm, Breite 98 cm). Zimmer mit dem Aufzug erreichbar.

Geeignet für Gehbehinderte, Rollstuhlfahrer (1 Zimmer) und Familien mit geistig Behinderten. Türbreite vom Zimmer mit Du/WC für Rollstuhlfahrer 84 cm. Freiraum in Du/WC 120 x 120 cm; Freiraum links neben WC 35 cm, rechts 75 cm, davor 140 cm. Dusche und Waschbecken unterfahrbar. Festinstallierter Duschsitz und stabile Haltegriffe an Dusche und WC vorhanden.

Lage: In der Ortsmitte von Bad Hersfeld; Apotheke 50 m; Einkaufen 400 m; Arzt 500 m; Bahnhof 2 km; Krankenhaus, **Dialysezentrum** und Freibad 5 km.

Zimmerpreise: EZ 100,- DM; DZ 180,- bis 270,- DM inkl. Frühstück. Zusatzbett im DZ 47,- DM. Zuschlag für HP pro Tag/Person 38,- DM, für VP 60,- DM.

Akzent-Hotel „Wenzel" — 36251 Bad Hersfeld

Hessen, Waldhessen, Hessisches Bergland

Nachtigallenstraße 3, Tel. (06621) 92200, Fax: 51116. 30 Zimmer mit Du/WC, Telefon, Radiowecker und Kabel-TV. Gesellschaftsräume für 12 bis 40 Personen. Spezialitätenküche, Konditorei, eigene Parkplätze. Haupteingang 3 Stufen (je 18 cm); Seiteneingang, Restaurant, Konferenzraum und Zimmer (mit dem Aufzug) stufenlos erreichbar, Aufzug jedoch sehr eng.

Geeignet für Gehbehinderte (bis 25 P), für Rollstuhlfahrer bedingt geeignet (schmaler Aufzug). Freiraum in Bad/WC 160 x 200 cm. Dusche nicht unterfahrbar: Schwelle 15 cm.

Lage: Zur Ortsmitte 500 m; Arzt 50 m; Bahnhof, Krankenhaus und Feriendialyse 1,2 km; Kuranwendungen 500 m. Umgebung flach bis hügelig, Weg zum See (800 m) flach.

Zimmerpreise: EZ 83,- bis 132,- DM; DZ 125,- bis 180,- DM; 2-Zimmer-Appartement 180,- bis 240,- DM.

Parkhotel garni Haus Schöneck *** — 34385 Bad Karlshafen

Hessen, Weserbergland

C.-D.-Stunzweg 10, Tel. (05672) 925010, Fax: 925011. 6 Ferienwohnungen (2-5 Pers.) und 18 Hotelzimmer mit Bad oder Dusche/WC, Minibar und TV. Parkplatz, Eingang, Frühstücksraum, Café, Garten und die Zimmer mit dem Aufzug stufenlos erreichbar. Türbreite vom Aufzug 80 cm (Tiefe 135 cm, Breite 105 cm).

Geeignet für Gehbehinderte und Familien mit geistig Behinderten; bedingt geeignet für Rollstuhlfahrer mit Begleitung: ein 2-Zi-Appartement. Türbreite vom Zimmer 81 cm, von Du/WC 98 cm. Freiraum in Du/WC 125 x 140 cm. Freiraum links neben WC 85 cm, rechts 35 cm, davor 125 cm. Dusche nicht unterfahrbar. Stabiler Haltegriff am WC; Waschtisch unterfahrbar; verstellbarer Kippspiegel. Bettenhöhe 45 cm.

Lage: Haus liegt am Hang; PKW ist ratsam. Das Haus liegt mitten in einem 5 ha großen Parkgelände, nur 8 Minuten Fußweg in die Stadtmitte (800 m). Einkaufen, Apotheke 400 m; Freibad, Bahnhof 1,2 km; Krankenhaus 1,5 km.

Preise: EZ 72,- DM; DZ 114,- bis 134,- DM; App. 174,- bis 209,- DM; Ferienwohnung 124,- bis 169,- DM pro Tag.

Appartementhof Margit — 64732 Bad König

Hessen, Odenwald

Schwimmbadstr. 8, Tel. (06063) 5080, Fax: 50880. 4 komfortable, hell und freundlich eingerichtete Appartements für jeweils 2 bis 3 Personen (im EG für Rollstuhlfahrer geeignet). Der Fußboden (Fliesen und Holzparkett) mit dem Rollstuhl gut befahrbar. Parkplatz und Eingang mit Rampe stufenlos erreichbar. Türen 90 cm breit.

Geeignet für Gehbehinderte, Rollstuhlfahrer (2 App. im EG) und Familien mit geistig Behinderten. Freiraum im Bad/WC 140 x 140 cm. Badewanne, keine unterfahrbare Dusche. Waschbecken unterfahrbar; stabiler Haltegriff am WC, Kippspiegel über dem Waschbecken.

Lage: In unmittelbarer Nähe vom Kurzentrum und Kurpark, in zentraler Lage von Bad König. Arzt, Einkaufen und Freibad 100 m; Hallenbad, Dialyse und Apotheke 150 m.

Preis für ein rollstuhlgeeignetes Appartement pro Tag 70,- bis 98,- DM bei Belegung mit 2 Personen; jede weitere Pers. zzgl. 10,- DM/Tag.

Hotel Salinenblick — 63619 Bad Orb

Hessen, Spessart

Leopold-Koch-Str. 21, Tel. (06052) 929-0, Fax: 92940. Hotel mit 25 geräumig und komfortabel ausgestatteten Zimmern mit Du/WC oder Bad/WC, Telefon und Kabel-TV. Hauseigene Küche und Konditorei, die vom Besitzer selbst geführt wird.

Neben Voll- und Halbpension mit Menuewahl am Mittag und Abend werden auch alle Formen der Diätverpflegung geboten. 2 Seminarräume mit moderner Tagungstechnik.

Parkplatz, Eingang, Frühstücksraum, Restaurant, Garten und Zimmer im EG stufenlos erreichbar. Türbreite vom Aufzug 80 cm (Tiefe 80 cm, Breite 100 cm, eng für Rollstuhlfahrer).

Geeignet für Gehbehinderte, bedingt geeignet für Rollstuhlfahrer mit Begleitung. Türbreiten der Zimmer und von Bad/WC 80 cm. Freiraum in Du/WC 80 x 100 cm, Freiraum links/rechts neben WC 60 cm, davor 90 cm. Keine Hilfsmittel, Dusche nicht unterfahrbar.

Lage: Zur Ortsmitte 500 m; Arzt 200 m; Apotheke, Hallenbad 300 m; Krankenhaus und Dialyse 500 m; Freibad 1 km.

Preis pro Person und Übernachtung je nach Zimmerkategorie und Saison inkl. Halbpension 72,- bis 118,- DM. Zuschlag für Vollpension 8,- DM pro Pers./Tag.

Ferienwohnungen "Haus Faust" — 36364 Bad Salzschlirf

Hessen, Rhön, Vogelsberg

Schlitzer Straße 11, Tel. (06648) 2238. Die Familie Faust bietet Ferienwohnungen für 3 bis 5 Personen an. Komplett eingerichtete Kochnische, Koch- und Bettnischen durch Vorhang vom Wohnraum getrennt, Zentralheizung, WC mit Dusche, Fernsehanschluß und Telefon. Zugang zum Haus ohne Stufen. Türen mindestens 100 cm breit.

Geeignet für Rollstuhlfahrer und Gehbehinderte. Rollstuhlgerechte Einrichtungen, Küche unterfahrbar. Türbreiten der Zimmer und von Du/WC 100 cm. Freiraum in Bad/WC 140 x 140 cm, Freiraum links neben WC 40 cm, davor 150 bis 200 cm. Dusche unterfahrbar, stabiler Haltegriff an Dusche vorhanden. Eigene Sonnenterrasse mit Gartenmöbeln und Markise, Balkon und ein herrlich angelegter Garten.

Lage: Zentrum, Arzt und Einkaufen 100 m; Bahnhof 1 km; Bus, Apotheke, Kuranwendungen und Spielplatz 500 m; Bewegungsbad, Thermalbad, Minigolf, Angeln und Hallenbad 200 m; Freibad 2 km; Wandern ab Haus; Tennisplatz und Tennishalle 1 km. Auf ebener Straße können Kurpark, Solebad und Geschäfte in 5 bis 10 Gehminuten erreicht werden. Kuranwendungen in Bad Salzschlirf.

Preise für die Ferienwohnungen: Je nach Größe zwischen 43,- bis 60,- DM pro Tag, inklusive Bett- und Küchenwäsche, Handtücher, Strom, Wasser und Heizung. Zuschlag für Halbpension 23,- DM. Frühstück, Halb- oder Vollpension möglich. Das Mittag- und Abendessen kann auch in der Wohnung serviert werden.

Appartements im Zentrum — 36364 Bad Salzschlirf

Hessen, Rhön, Vogelsberg

Bahnhofstraße 8, Tel. (06648) 93010, Fax: 930120. 6 Ferienwohnungen, 16 Betten. Parkplatz stufenlos. Alle Wohnungen mit Kabel-TV, Radio, Tel. u. Kochgelegenheit.

Geeignet für Rollstuhlfahrer. Eine Ferienwohnung im Parterre (44 qm) ist stufenlos erreichbar und rollstuhlgerecht eingerichtet. Türbreiten 100 cm, Dusche mit Rollstuhl unterfahrbar. Haltegriffe an Du/WC. Bettenhöhe 57 cm.

Lage: gegenüber vom Kurpark, im Zentrum. Kuranwendungen in den Fachkliniken. Bewegungstherapie im nahegelegenen Sole-Hallenbad.

Preise: das rollstuhlgerechte Appartement kostet 64,- DM pro Tag. Ausführliche Preisliste und Hausprospekt auf Anfrage.

Berggasthof Ahrenberg — 37242 Bad Sooden-Allendorf

Hessen, Werra-Meißner-Land

Familie Stöber, Tel. (05652) 95730, Fax: (05652) 1854, E-Mail: hotel@badsoodenallendorf.de, Internet: www.badsoodenallendorf.de.

25 liebevoll eingerichtete Zimmer mit komfortabler Ausstattung, Telefon, Farb-TV und Balkon. Gepflegtes Ambiente, gehobene und bewußt regionale Küche. Sonnenterrasse mit einmalig schönem Blick auf das romantische Werratal und das Städtchen Bad Sooden-Allendorf.

Parkplatz, Eingang, Frühstücksraum, Restaurant, Garten und Aufzug stufenlos erreichbar. Türbreite vom Aufzug 90 cm (Tiefe 154 cm, Breite 110 cm).

Geeignet für Rollstuhlfahrer: 2 Zimmer mit Du/WC rollstuhlgerecht. Bettenhöhe 50 cm. Türbreite der Zimmer und von Du/WC 95 cm. Bewegungsfreiraum in Du/WC 240 x 200 cm. Freiraum links neben WC 110 cm. Dusche schwellenlos, Waschbecken unterfahrbar. Notruf, festinstallierter Duschsitz und stabile Haltegriffe an WC und Waschbecken vorhanden.

Lage: Auf einer Anhöhe über Bad Sooden-Allendorf, fern von Verkehrslärm, umgeben von schönen Wäldern mit ausgedehnten, gepflegten Waldwegen. Umgebung hügelig.

Zimmerpreise: EZ 98,- DM, DZ 160,- DM inkl. Frühstück.

Hotel-Pension Goldbach 34537 Bad Wildungen

Hessen, Waldecker Land

Brunnenallee 18, Tel. (05621) 78930, Fax: 789310, E-Mail: Hotel.Goldbach@t-online.de. Liebevoll renovierte und geschmackvoll eingerichtete Villa mit 15 geräumigen Zimmern und Ferienwohnungen mit Dusche, WC, Kabel-TV, Sitzecke und Telefon. Parkplatz und Eingang stufenlos. Zum Frühstücksraum 5 Stufen.

Geeignet für Rollstuhlfahrer mit Begleitung („zum Frühstücksraum 5 Stufen" führen zu dieser Bewertung, jedoch Ferienwohnung rollstuhlgerecht), Gehbehinderte und Familien mit geistig Behinderten.

1 Ferienwohnung rollstuhlgerecht. Türbreite von Zimmer und Du/WC 100 cm. Freiraum in Du/WC 200 x 200 cm. Freiraum links neben WC 80 cm, rechts 150 cm, davor 300 cm. Dusche und Waschbecken unterfahrbar. Kippspiegel, Duschwandsitz und stabile Haltegriffe an Dusche und WC vorhanden.

Lage: Die Brunnenallee ist eine prächtige Kurpromenade in einem verkehrsberuhigten Bereich der Stadt. In unmittelbarer Nähe befinden sich Geschäfte, Cafés, Restaurants. In 5-10 Gehminuten Kliniken, Sanatorien, Freizeitzentrum Heloponte, Kurpark und Kurhaus. In ca. 15 Gehminuten: Golf, Tennis, Minigolf, Reiten und ein gut ausgebautes Wanderwegnetz.

Zimmerpreise: EZ 40,- bis 75,- DM; Ferienwohnung 60,- bis 95,- DM pro Tag. Besonders empfehlenswertes Haus.

"Alte Hofreite" Ferienwohnungen 34537 Bad Wildungen

Hessen, Waldeck

W. Kolbe, Unterm Rosengarten 5, Tel. (05621) 1505 + 5544, Fax: (05621) 72968.

3 Ferienwohnungen rollstuhlgerecht, komplett ausgestattete Küchenzeile, eigene Terrasse, Liegewiese, ländliche Idylle, sehr ruhig. Parkplatz und Eingang stufenlos.

Geeignet für Gehbehinderte, Rollstuhlfahrer und Familien mit geistig Behinderten.

Alle Türen 100 cm breit. Freiräume in Dusche/ WC 120 bzw. 140 cm. Freiraum rechts neben WC 100 cm, davor 150 cm. Dusche und Waschbecken unterfahrbar. Haltegriff an WC und niedrig installierter Spiegel vorhanden. Die Bettenhöhe kann bei Bedarf variable angepaßt werden. Pflegedienst kann über die Diakonie-/Sozialstation Bad Wildungen angefordert werden.

Lage: 1,5 km entfernt von Reinhardshausen mit größtem Skoliosezentrum Deutschlands (Sanatorium Wicker), ebene Kurparkanlage, Wandelhalle, Mineralbad, Kurarzt, Einkaufsmöglichkeiten, Restaurants und Cafés. **Dialysezentrum** und Kuranwendungen 1,5 km. Spielplätze, Tennisplatz, Tennishalle, Golfplatz 5 km entfernt. Wanderungen ab Haus mit Rollstuhl möglich.

Preis für eine Ferienwohnung je nach Anzahl der Personen 40,- bis 75,- DM pro Tag. Pauschalangebote auf Anfrage

Haus Fernblick — 34537 Bad Wildungen-Reinhardshausen

Hessen, Waldeck / Edersee

Fichtenstr. 17, Tel. (05621) 5988, Fax: (05621) 960079. Vier großzügige Ferienwohnungen mit Balkon sowie vier freundlich und helle Appartements mit Terrasse. Alle gemütlich eingerichteten Wohneinheiten verfügen über eine komplett eingerichtete Küchenzeile, ein modernes Duschbad, Kabel-TV und Direktwahltelefon. Hauseigener Parkplatz; geruhsame Wanderwege am nahegelegenen Wald.

Parkplatz, Eingang, Garten und die zwei rollstuhlgerechten Ferienwohnungen und drei rollstuhlgerechten Appartements im Erdgeschoß stufenlos erreichbar.

Geeignet für Rollstuhlfahrer: 2 FeWos und 3 Appartements. Bettenhöhe 50 cm. Türbreiten der Zimmer und von Du/WC 94 cm. Freiraum in Du/WC 120 x 160 cm. Freiraum links oder rechts neben WC 120 cm, davor 120 cm. Dusche schwellenlos, Waschbecken unterfahrbar. Haltegriff am WC.

Lage: In Waldnähe, Haus am Berghang gelegen, Umgebung hügelig. Zur Ortsmitte 400 m; Einkaufen, Arzt, Apotheke und Hallenbad 400 m; Dialysezentrum 500 m; Tennisplatz 600 m; Tennishalle, Krankenhaus 4 km; Freibad 5 km. Reinhardshausens weitläufige Kuranlagen sind gut zu erreichen.

Preise pro Tag/Übernachtung: Appartement, 31 qm bis 2 Personen 69,- DM; App. 36 qm bis 2 Pers. 77,- DM; Ferienwohnung 48 qm (1-4 Personen) - Preis für 2 Pers. 94,- DM, jede weitere Person zzgl. 15,- DM. Pauschalwoche Frühjahr/Herbst: Appartement 389,- DM, FeWo 508,- DM. Haustiere auf Anfrage.

Landgasthof Hotel Altenburg — 34596 Bad Zwesten

Hessen, Kurhessisches Bergland

Inhaber: Norbert Meise, Hardtstraße 1 a, Telefon: (05626) 8009-0 u. 99740, Fax: 8009-39. Hotel mit 46 Zimmern mit Du/WC, Telefon und TV. Kegelbahnen, Kaminrestaurant. Die Rezeption, Frühstücksraum, Restaurant stufenlos erreichbar.
Geeignet für Gehbehinderte und Rollstuhlfahrer. 1 Zimmer rollstuhlgerecht: Türbreite vom Zimmer und von Du/WC 100 cm. Freiraum in Du/WC 140 x 160 cm. Freiraum links neben WC 70 cm, rechts 100 cm, davor 80 cm. Dusche und Waschbecken unterfahrbar. Duschhocker und stabiler Haltegriff am WC, Gehgestell und Bettgalgen vorhanden. Bettenhöhe 54 cm.
Lage: Kurpark, Kurhaus mit Hallenbewegungsbad, Badeärzte, Massageabteilung, Moorhaus und Einkaufen 300 m. Wege eben (außer zum Kurhaus und zum Hallenbad).
Preise: Übernachtung mit Frühstück pro Person und Tag im DZ ab 58,- DM. Hausprospekt und ausführliche Preisliste auf Anfrage.

Hotel Sonnenblick — 36179 Bebra-Weiterode

Hessen, Waldhessen

Sonnenblick 1, Tel. (06622) 931-0, Fax: 931-100. Hotel in Waldlage mit 64 komfortablen Zimmern. Parkplatz mit Rampe; Eingang, Frühstücksraum, Restaurant, Zimmer (mit dem Aufzug) stufenlos erreichbar. Hauseigenes Hallenbad mit Whirlpool und Sauna nur über Stufen erreichbar.
Geeignet für Gehbehinderte (bis 100 Pers.), für Familien und Gruppen mit geistig Behinderten (mit Begleitung, bis 20 Personen), bedingt geeignet für Rollstuhlfahrer mit Begleitung (bis 30 Pers.). 16 Zimmer mit Du/WC mit folgenden Maßen: Türbreiten der Zimmer 88 cm, von Du/WC 80 cm. Freiraum in Du/WC 120 x 140 cm; Freiraum links neben WC 60 cm, rechts 20 cm, davor 80 cm. Dusche nicht unterfahrbar. Keine zusätzlichen Hilfsmittel. Bettenhöhe 45 cm.
Lage: Im Wald; Arzt, Apotheke 2 km; Freibad, See 3 km; Einkaufen, Bahnhof 4 km; Krankenhaus und **Dialysezentrum** 13 km.
Zimmerpreise pro Tag je nach Kategorie, inkl. Frühstücksbuffet: EZ 79,- bis 99,- DM; DZ 118,- bis 138,- DM, Zustellbett für Kinder 15,- bis 30,- DM.

„Haus Christa" — 69488 Birkenau

Hessen, Odenwald

Christa und Werner Steffan, Im Bettenklingen 1, Tel + Fax: (06201) 31922. Im Landhausstil gebaute und mit Kiefernmöbel eingerichtete 4-Sterne-Ferienwohnungen. Großes Schlafzimmer, Kinderzimmer, Bad, Dusche, Wohn- und Eßzimmer mit Kabel-TV und Radio, Küche und Flur. Parkplatz und Eingang stufenlos.
Geeignet für Gehbehinderte und Familien mit geistig Behinderten. Bedingt geeignet für Rollstuhlfahrer (1 Wohnung). Türbreiten der Zimmer 90 cm, von Bad/WC 80 cm. Freiraum in Bad/WC 200 x 150 cm. Freiraum vor dem WC 150 cm, nicht seitlich anfahrbar. Bad mit Badewanne, keine Dusche. Waschbecken unterfahrbar. Keine Hilfsmittel.
Lage: Am Waldrand, inmitten von Wiesen und Feldern; Spielplatz am Haus. Zur Ortsmitte 1 km; Einkaufen, Bahnhof, Arzt, Apotheke, Hallenbad 1 km; Freibad 1,5 km; Apotheke und Krankenhaus 3 km.
Preis für eine Ferienwohnung für 4 bis 5 Personen 75,- bis 95,- DM.

Landhotel Adler 35638 Biskirchen

Hessen, LahnDill, Westerwald

Am Hain 13, Tel. (06473) 92920, Fax: 929292. Familiär geführtes Haus mit 21 geräumigen Einzel- und Doppelzimmern, alle mit Du oder Bad/WC, Farb-TV, Minibar und Selbstwahltelefon und überwiegend mit Balkon ausgestattet. Das Landhotel Adler verfügt außerdem über zwei Seminarräume für 10 bis 45 Personen.

Parkplatz, Eingang und die Zimmer im EG sind stufenlos erreichbar. Frühstücksraum und Restaurant mit dem Aufzug stufenlos erreichbar. Türbreite vom Aufzug 90 cm (Tiefe 150 cm, Breite 110 cm).

Geeignet für Gehbehinderte und Rollstuhlfahrer. 2 Zimmer im EG sind nach DIN 18024/25 rollstuhlgerecht. Türbreite der Zimmer und Du/WC 90 cm. Freiraum in Du/WC 120 x 200 cm. Freiraum links neben WC 120 cm, rechts 40 cm, davor 60 cm. Dusche und Waschbecken unterfahrbar. Kippspiegel, Notruf, festinstallierter Duschsitz und stabile Haltegriffe an Dusche, Waschbecken und WC vorhanden. Bettenhöhe 60 cm. Ambulanter Pflegedienst im Nachbarort.

Lage: Biskirchen liegt an der Lahn, zwischen Westerwald und Taunus. Der Ort ist verkehrsgünstig an die B 49 angeschlossen, welche die A 3 und A 5 miteinander verbindet. Weg zum Hotel ansteigend, am Hotel teils flach. Zur Ortsmitte mit Einkaufsmöglichkeiten 600 m; Apotheke 400 m; Arzt, Tennisplatz und Tennishalle 1 km; Bahnhof 2 km; Krankenhaus, See 8 km; kleines Hallenbad im Ort; Hallenbad und Freibad 12 km.

Ausflüge / Freizeit: Schöne Bootstouren sind möglich. Wandern, Tennis, Minigolf, Planwagenfahrten. Besichtigung von Burgen, Schlössern, Limburger Dom, Goethehaus in Wetzlar, Bergbaumuseum in Oberbiel, usw.

Zimmerpreise: EZ 80,- bis 90,- DM; DZ 140,- bis 150,- DM.

Hotel Jagdschloß Kranichstein — 64289 Darmstadt

Hessen, Odenwald

Kranichsteiner Str. 261, Tel. (06151) 97790, Fax: 977920. Kleines luxuriöses Hotel mit 15 Zimmern und 5 Suiten. Parkplatz und Eingang stufenlos; Frühstücksraum und Restaurant mit Rampe; Zimmer mit dem Aufzug stufenlos erreichbar. Türbreite vom Aufzug 80 cm (Tiefe 120 cm, Breite 120 cm).

Geeignet für Gehbehinderte, Rollstuhlfahrer und Familien mit geistig Behinderten. 1 Zimmer rollstuhlgerecht. Türbreite vom Zimmer und von Du/WC 90 cm. Freiraum in Du/WC 130 x 140 cm. Freiraum links neben WC 160 cm, rechts 90 cm, davor 130 cm.

Dusche und Waschbecken unterfahrbar. Notruf, festinstallierter Duschsitz und stabile Haltegriffe an Dusche und WC vorhanden. Bettenhöhe 54 cm.

Lage: Zur Ortsmitte mit Einkaufsmöglichkeit 1 km; Bahnhof 6 km; Arzt, Apotheke, Krankenhaus 4 km. Leichte Steigung zum Hoteleingang, jedoch für Rollstuhlfahrer befahrbar.

Zimmerpreise: EZ 240,- bis 290,- DM; DZ 280,- bis 330,- DM. Suite 320,- bis 470,- DM.

Ferienhof Gerhard — 34519 Diemelsee

Hessen, Sauerland

Zollhaus, Tel. (05633) 314, Fax: 1813. Bauernhof mit 4 Gästezimmern mit fl. w+k Wasser.

Geeignet für Familien mit geistig Behinderten und andere Behinderte; für Gruppen bis 12 Personen. Für Rollstuhlfahrer und Gehbehinderte nicht geeignet. Bettenhöhe 38 bis 45 cm. Schwellenhöhe der Dusche 12 cm; behindertengerechter Duschhocker vorhanden.

Ruhige Lage am Wald mit Garten und Liegewiese. Fremdenzimmer mit Zentralheizung, gutbürgerliche Küche, eigene Hausschlachtung. Gelegenheit zum Reiten.

Familienerholung, Kinder sind herzlich willkommen. Zum Hof gehören Pferde, Kühe, Hunde, verschiedene Kleintiere.

Lage: Einzelhoflage, Bus und Einkaufen 2 km; Kindergarten, Arzt, Apotheke, Kuranwendungen, Freibad 5 km.

Preise: pro Person inkl. Halbpension pro Tag 35,- DM, inkl. Vollpension 45,- DM.

Blockhaus Rabe

34594 Edertal-Kleinen

Hessen, Waldecker Land, Ferienregion Edersee

W. Rabe, Heimbachstr. 18, Tel. (05623) 4689, Fax: (05623) 935254. Zwei Komfort-Ferienwohnungen im Finnischen Blockhaus. Ferienwohnung „Anika“ bis max. 5 Personen: Wohnraum, große Terrasse mit Sitzmöbeln, Du/WC, 2 Schlafräume, Küche mit Eßplatz, Zentralheizung und Kaminofen.

Ferienwohnung „Karin“ bis max. 6 Personen: Großer Wohnraum, Kaminofen, Eßecke, Küche, Spülmaschine, 1 Schlafz. mit Doppelbett, 1 kl. Kinderzimmer, 1 Bad mit WC, Telefon, TV. Am Haus große Wiese, in der Nähe ein Kinderspielplatz, Gartenmöbel, Grill, Babyplanschbecken. Parkplatz und Eingang stufenlos.

Geeignet für Gehbehinderte und Familien mit geistig Behinderten, bedingt geeignet für Rollstuhlfahrer mit Begleitung (2 Ferienwohnungen). Türbreiten der Zimmer und von Du/WC 80 cm. Du/WC nicht rollstuhlgerecht.

Lage: Im schönen Wesetal in der Ferienregion Edersee, am Ortsrand, nur wenige Schritte vom Waldschutzgebiet entfernt. Reha-Klinik in Bad Wildungen. Zur Ortsmitte 150 m; Einkaufen 150 m; Spielplatz 50 m; Bahnhof 3 km; Arzt, Apotheke, Krankenhaus, Dialyse, Freibad und Hallenbad 9 km.

Preise: Ab 65,- DM für 2 Personen, jede weitere Person 7,50 DM/Tag bei 1 Woche Aufenthalt. Ab 15. Juni 85,- DM/Tag; ab 20.12.-03.01.; Ostern, Pfingsten, Himmelfahrt ebenfalls Grundpreis 85,- DM; jeweils inkl. Bettwäsche. Strom nach Verbrauch. Bei Kurzaufenthalt Aufpreis.

Haus Erika
Ferienwohnungen

34549 Edertal

Hessen, Edersee, Waldecker Land

Hagebuttenweg 2, Tel. (05623) 2019 oder 2930. 5 Ferienwohnungen, 55 qm, für 2-5 Personen, modern und gemütlich eingerichtet. Parkplatz und Eingang stufenlos; Türbreite vom Eingang 95 cm.

Geeignet für Gehbehinderte und Rollstuhlfahrer. 1 Ferienwohnung rollstuhlgerecht. Türbreiten der Zimmer und von Du/WC 95 cm. Dusche und Waschbecken unterfahrbar. Festinstallierter Duschsitz und stabile Haltegriffe an Dusche und WC vorhanden. Bettenhöhe 50 cm.

Lage: Im Wohngebiet und in der Nähe des Wildparks; zur Ortsmitte 1 km; Spielplatz 200 m; zum Edersee 300 m; Arzt und Einkaufen 1 km; Apotheke 6 km. Am Edersee an der Sperrmauer (300 m) gibt es einen Aufzug für Rollstuhlfahrer zur Edersee-Schiffahrt.

Preis für eine Ferienwohnung pro Tag je nach Saison 89,- bis 98,- DM bei Belegung mit 2 Personen.

Jugendherberge Erbach — 64711 Erbach (Odw.)

Hessen, Odenwald

Eulbacher Str. 33, Tel. (06062) 3515, Fax: 62848. Jugendherberge mit 158 Betten in 33 Zimmern. Parkplatz, Eingang, Frühstücksraum, Terrasse, Aufzug (Tiefe 139 cm, Breite 106 cm, Türbreite 90 cm) sowie die Zimmer (mit dem Aufzug) stufenlos erreichbar.

Geeignet für Gehbehinderte, Rollstuhlfahrer und Familien mit geistig Behinderten. 6 Zimmer rollstuhlgeeignet: Türbreiten der Zimmer 78 cm, von Du/WC 87 cm. Freiraum in Du/WC 140 x 100 cm; Freiraum links neben WC 83 cm, rechts 20 cm, davor bis 140 cm. Dusche und Waschbecken unterfahrbar. Duschsitz sowie stabile Haltegriffe an Du/WC und Waschbecken vorhanden.

Lage: Die Herberge liegt oberhalb des Sportparks Erbach am nordöstlichen Stadtrand. Bus und Spielplatz 500 m; Freibad 800 m; Stadtmitte, Einkaufen, Arzt, Apotheke, Tennisplatz und Tennishalle 1 km; Hallenbad 1,2 km; Bahnhof und Krankenhaus 1,5 km. Umgebung flach.

Preise: Übernachtung mit Frühstück 23,50 bis 29,50 DM; mit HP 32,40 bis 37,40 DM; mit VP 38,- bis 43,- DM. Gruppenpreise auf Anfrage.

Pflegehotel „Lindenhof" — 37269 Eschwege

Hessen, Werratal

Friedrich-Wilhelm-Str. 26, Tel. (05651) 7460110, Fax: 7460130. Pflegehotel mit 19 Zimmern, Parkplatz, Eingang, Frühstücksraum, Garten, Zimmer und Badezimmer rollstuhlgerecht.

Das Pflegehotel Lindenhof in der romantischen Fachwerkstadt Eschwege im Werratal steht in diesem Jahr für Erholungs- und Urlaubsaufenthalte für Pflegebedürftige mit Angehörigen bzw. Betreuern zur Verfügung. Das Angebot richtet sich an Schädelhirnverletzte / ZNS-Geschädigte mit Angehörigen und für Gruppen mit Betreuungs- und Pflegepersonal.

Das um die Jahrhundertwende im spanischen Palazzostil erbaute und im Jahr 1997 total umgebaute Haus ist mit gehobenem Standard sehr großzügig eingerichtet und verfügt über 16 Einzelzimmer in verschiedener Größe und Gästezimmer. Im Haus befindet sich eine von den Krankenkassen zugelassene Gemeinschaftspraxis für ambulante Rehabilitation, die auf ärztliche Verordnung Krankengymnastik auf neurologischer Grundlage (Bobath, PNF), Ergotherapie, manuelle Lymphdrainage, klassische Massagen und physikalische Anwendungen während des Urlaubsaufenthaltes ermöglicht.

Für den Urlaubsaufenthalt im Pflegehotel Lindenhof stehen grundsätzlich 2 Möglichkeiten zur Verfügung:
- Man macht mit dem pflegebedürftigen Partner einen Erholungsurlaub, wie in einem

Hotel. Auf Wunsch stehen der ambulante Pflegedienst und die Therapieabteilung des Hauses zur Verfügung.

- Oder man macht mit dem pflegebedürftigen Partner einen Erholungsurlaub, für den zu pflegenden Partner einen Kurzzeitpflegeaufenthalt mit den entsprechenden Zuschüssen von der Pflegekasse, mit pflegerischer Vollversorgung.

Geeignet für Rollstuhlfahrer, Behinderte, insbesondere für schwerstpflegebedürftige Menschen und Schädelhirnverletzte, ZNS-Geschädigte, Patienten im Wachkoma. Alle Zimmer und Badezimmer sind voll rollstuhlgerecht ausgestattet.

Lage: Der Lindenhof liegt zentral im Stadtbereich und dennoch in ruhiger Lage. Für Rollstuhlfahrer ist die Umgebung des Lindenhofes und auch die Stadt Eschwege selbst kein Problem. Für Ausflüge in die nähere Umgebung steht der hauseigene Rollstuhlbus zur Verfügung. Zur Ortsmitte 1 km; Arzt 100 m; Apotheke 200 m; Einkaufen 400 m; Krankenhaus und Dialyse 1,5 km; Freibad und Hallenbad 2 km. Umgebung flach. Ergotherapie, Massage im Haus. Rollstuhlbus vorhanden.

Preise pro Person für Kurzzeitpflege und Hausprospekt auf Anfrage. Besonders empfehlenswertes Haus.

Philipp-Jakob-Spener-Haus — 60311 Frankfurt am Main

Hessen

Dominikanergasse 5, Tel. (069) 2165-1410, Fax: 2165-2415. Träger ist der Ev. Regionalverband Frankfurt am Main mit gleicher Anschrift wie das Hotel. 28 Einzel- und 8 Doppelzimmer, alle mit Bad oder Du/WC, TV und Telefon. 19 Tagungsräume sind vorhanden. Parkplatz, Eingang, Rezeption, Frühstücksraum, Aufzug und 4 Zimmer stufenlos erreichbar. Alle Türen im Haus mindestens 130 cm breit.

Geeignet für Rollstuhlfahrer und andere Behinderte. Türbreite der Zimmer 82 cm, von Du/WC 70 cm. Freiraum in Bad/WC 120 x 120 cm. 4 behindertengerechte Zimmer für Rollstuhlfahrer. Dusche unterfahrbar, stabile Haltegriffe an Dusche und WC vorhanden. Bettenhöhe 45 cm.

Lage: Im Zentrum, Straßenbahn 50 m; Apotheke 100 m; Krankenhaus 1,5 km; Freibad und Hallenbad 2 km.

Preise inklusive Frühstück: EZ 125,- DM; DZ 200,- DM; Zusatzbett 65,- DM. Preise zu Messezeiten: EZ 150,- DM; DZ 240,- DM; Zusatzbett 80,- DM.

Holiday Inn Frankfurt Conference Center — 60598 Frankfurt am Main

Hessen

Mailänderstraße 1, Tel. (069) 68020, Fax: 6802-333. 436 Zimmer mit TV, Video, Minibar, Telefon. Nichtraucheretage, 19 Konferenzräume für 10 bis 400 Personen. 400 Garagenplätze. Parkplatz, Eingang, Rezeption, Frühstücksraum, Restaurant, Sauna, Solarium, Aufzug und alle Zimmer stufenlos erreichbar. Innenmaße vom Aufzug 220 x 140 cm. Alle Türen mindestens 86 cm breit.

Geeignet für Gehbehinderte, bedingt geeignet für Rollstuhlfahrer (Abwertung, da keine unterfahrbare Dusche): 2 Zimmer mit Bad/WC. Dusche nicht schwellenlos unterfahrbar, festinstallierter Duschsitz vorhanden. Freiraum in Bad/WC 140 x 140 cm. Freiraum rechts neben WC 135 cm, davor 105 cm. Stabile Haltegriffe an Du/WC und Waschbecken vorhanden. Rasierspiegel in Sitzhöhe, Notruf im Bad. Bettenhöhe 63 cm.

Lage: Zentrum 2,5 km; Bhf. 3,5 km; Einkaufen und Apotheke 200 m.

Zimmerpreise: EZ 190,- bis 415,- DM; DZ 250,- bis 530,- DM. Frühstücksbuffet 32,-DM pro Person.

Sportschule des Landesportbundes Hessen — 60528 Frankfurt / Main

Hessen

Otto-Fleck-Schneise 4, Tel. (069) 6789-0 und 6789400, Fax: 6789273. Sportschule, Tagungs- und Kongreßzentrum und Gästehaus. 104 moderne Gästezimmer mit insg. 179 Betten. Neues Kommunikationszentrum mit 11 Tagungs- und Schulungsräumen mit modernster Technik. Mehrzweckraum für Bankett- und Sportveransaltungen. Große Sporthalle, Kegelbahnen, Tennis-Außenplätze und Fitneß-Center.

Parkplatz, Eingang, Frühstücksraum, Restaurant und die Zimmer im EG stufenlos erreichbar. Türbreite vom Aufzug 90 cm (Tiefe 140 cm, Breite 108 cm).

Geeignet für Gehbehinderte, Rollstuhlfahrer und Familien mit geistig Behinderten. 2 Zimmer rollstuhlgerecht. Türbreite der Zimmer 94 cm. Freiraum in Du/WC 140 x 240 cm. Freiraum links neben WC 150 cm, rechts 110 cm, davor 160 cm. Dusche und höhenverstellbares Waschbecken unterfahrbar. Festinstallierter Duschsitz, Kippspiegel, Notruf, und stabile Haltegriffe an Dusche und WC vorhanden. Bettenhöhe 50 cm.

Lage: Die Sportschule liegt ruhig mitten im Frankfurter Stadtwald, mit sehr guten Verkehrsanbindungen. Erreichbar mit dem PKW auf der A 3, Abfahrt Frankfurt Süd; dann der Beschilderung „Sportverbände" folgen.

Preis pro Person im EZ 98,- DM, im DZ 75,- DM inkl. Frühstück. Kostenfreie Nutzung der Sport- und Tagungsstätten nach Vereinbarung. Verpflegung im SB-Restaurant: Frühstücksbuffet 8,- DM, Mittagessen 15,- DM, Abendessen 10,- DM.

Haus der Jugend Jugendherberge, Gästehaus, Tagungsstätte — 60594 Frankfurt / Main

Hessen

Deutschherrnufer 12, Tel. (069) 6100150, Fax: 61001599. Das Haus der Jugend hat insg. 500 Betten. Im Gästehaus 140 Betten in 4-Bett-Zimmern mit fl. warm-u. kalt. wasser. Außerdem 16 Doppelzimmer für Gruppenleiter sowie weitere Appartements und Zimmer für Familien. Die Zimmer in der Jugendherberge haben jeweils 8 Betten.

Reservierter Behindertenparkplatz vor dem Haus. Eingang, Frühstücksraum/ Speiseraum und die Zimmer (teils im EG, teils im OG) stufenlos erreichbar. Türbreite vom Aufzug 90 cm (Tiefe 127 cm, Breite 100 cm).

Geeignet für Gehbehinderte und Familien/Gruppen mit geistig Behinderten

(Gruppengröße unbegrenzt); für Rollstuhlfahrer bis 15 Personen. 10 Zimmer für Rollstuhlfahrer geeignet. Türbreite der Zimmer und von Du/WC 81 cm. Freiraum im separaten Bad/Du/WC 200 x 400 cm. Freiraum links und rechts neben WC 100 cm, davor 121 cm. Dusche und Waschbecken unterfahrbar. Hebelift, Festinstallierter Duschsitz und stabile Haltegriffe an Dusche und WC vorhanden.

Lage: Im südlichen Stadtteil Sachsenhausen am Mainufer. Gleich hinter dem Haus beginnt das urige Kneipenviertel Alt Sachsenhausen. Die Innenstadt (ca. 2 km) ist zu Fuß gut erreichbar.

Preise inkl. Frühstück pro Person bis 19 Jahre 27,- DM, ab 20 Jahre 34,- DM. Halbpension in den 2 behindertengerechten Appartements pro Person 48,90 (als 5-Bett-Zi.) bis 78,90 DM (als EZ).

Lindner Congress Hotel Frankfurt — 65929 Frankfurt-Höchst

Hessen

Bolongarostr. 100, Tel. (069) 3300200, Fax: 33002999. 294 komfortable Gästezimmer und 30 Suiten mit Sat-TV, Telefon, Modem- und Faxanschluß. Tagungs-, Seminar- und Gruppenarbeitsräume für 10 bis 320 Personen. Parkplatz, Eingang, Frühstücksraum, Restaurant und die Zimmer (mit dem Aufzug) stufenlos erreichbar. Türbreite vom Aufzug 90 cm (Tiefe 130 cm, Breite 130 cm).

Geeignet für Gehbehinderte, Rollstuhlfahrer und Familien mit geistig Behinderten. 2 Zimmer rollstuhlgerecht. Türbreite von Zimmer und Du/WC 93 cm. Freiraum in Du/WC 220 x 140 cm. Freiraum links neben WC 40 cm, rechts 80 cm, davor 140 cm. Dusche und Waschbecken unterfahrbar. Festinstallierter Duschsitz, verstellbarer Kippspiegel und stabile Haltegriffe an Dusche und WC vorhanden. Bettenhöhe 45 cm.

Lage: 200 m von Fußgängerzone und Altstadt von Höchst. Bahnhof Höchst 800 m.

Zimmerpreise: EZ 195,- bis 450,- DM; DZ 250,- bis 490,- DM.

Steigenberger Airport Hotel Frankfurt — 60549 Frankfurt / Main Flughafen

Hessen

Unterschweinstiege 16, Tel. (069) 69750, Fax: 69752505. 420 komfortable Zimmer und Suiten mit Telefon, TV, Radio, Minibar und Safe. 30 Tagungs- und Konferenzräume für 2 bis 500 Personen. Parkplatz, Eingang, Frühstücksraum, Restaurant, Garten und die Zimmer (mit dem Aufzug) stufenlos erreichbar. Türbreite vom Aufzug 90 cm (Tiefe 131 cm, Breite 153 cm).

Geeignet für Gehbehinderte, Rollstuhlfahrer und Familien mit geistig Behinderten. 1 Zimmer rollstuhlgerecht. Türbreite vom Zimmer 81 cm, von Du/WC 93,5 cm. Freiraum in Du/WC 127 x 147 cm. Freiraum links neben WC 145 cm, rechts 17 cm, davor 127 cm. Dusche und Waschbecken unterfahrbar. Festinstallierter Duschsitz, Kippspiegel, Notruf und stabile Haltegriffe an Dusche und WC vorhanden. Bettenhöhe 46 cm.

Lage: Zentrale Lage am Flughafen Rhein-Main mit direktem Autobahnanschluß zum Frankfurter Kreuz (A 3 / A 5).

Zimmerpreise auf Anfrage.

Hotel Montana — 34302 Guxhagen

Hessen, Nähe Kassel

Ellenberger Str. 12, Tel. (05665) 9465-0, Fax: 9465-100. Drei-Sterne-Komfort, 38 Zimmer mit Du/WC, Sat-TV, Telefon, Fax- und Computeranschluß. Tagungsräume mit Konferenztechnik. Hoteleigener Parkplatz. Eingang, Rezeption, Frühstücksraum, Restaurant und Aufzug stufenlos erreichbar. Türbreite vom Aufzug 90 cm (Tiefe 110 cm, Breite 160 cm).

Geeignet für Rollstuhlfahrer, Blinde, Familien mit geistig Behinderten. Türbreite der Zimmer und von Du/WC 94 cm. Freiraum rechts und vor dem WC 90 cm. Dusche schwellenlos, Waschbecken unterfahrbar. Festinstallierter Duschsitz und stabile Haltegriffe an Dusche und WC vorhanden.

Lage: Zur Ortsmitte 1 km; Einkaufen, Arzt, Apotheke 1 km; Bahnhof 1,5 km; Krankenhaus, Dialyse 20 km.

Zimmerpreise: EZ 84,- DM, DZ 104,- DM, Appartement 104,- bis 124,- DM; Frühstücksbuffet 11,- DM pro Person.

Kolping-Familienferiendorf — 36358 Herbstein

Hessen, Naturpark "Hoher Vogelsberg"

Adolph-Kolping-Straße 22, Tel. (06643) 702-0, Fax: 702141. Das Feriendorf verfügt über 33 Ferienhäuser; 6 besonders behinderten- und rollstuhlgerecht eingerichtete Bungalows. Alle Einrichtungen für Rollstuhlfahrer zugänglich. Zu den Einrichtungen des Feriendorfes zählen Kinderspielplatz, Kinderspielzimmer, Bücherei, Tischtennis; **Kinderbetreuung in den Ferienzeiten.**

Geeignet für Senioren (**Gruppen** bis 130 Personen); Gehbehinderte und Rollstuhlfahrer (Gruppen bis 24 Personen); Kururlauber (Kuranwendungen, Kurmittelhaus in unmittelbarer Nähe); geistig Behinderte; Familien mit Behinderten, **Familienferientermine** auf Anfrage. Freiraum in Du/WC bei den behindertengerechten Bungalows 130 x 130 cm. Pflege- und hilfsbedürftige Urlauber können Kofferdienst, Fahrdienst sowie Hilfen bei der Programmgestaltung in Anspruch nehmen; Kosten je nach Umfang der Leistungen. Kostenfreie Abholung vom Bahnhof Lauterbach.

Lage: Im Naturpark "Hoher Vogelsberg", direkt am Wald mit Südhanglage. Herbstein ist ein anerkannter Luftkurort (430 m ü.d.M.). Freibad 6 km; Hallen- und Wellenbad 10 km; Sole- und Bewegungsbad 500 m; Bahnhof Lauterbach 12,5 km.

Preise pro Person inkl. Vollpension: Erwachsene 65,- DM; Kinder unter 3 Jahre frei; Kinder 3-6 Jahre 45% Ermäßigung; Kinder 7-11 Jahre 30% Ermäßigung; Kinder 12-17 Jahre 15% Ermäßigung. Ausführliche Preisliste und Prospekt auf Anfrage.

Gästehaus am Mühlenberg — 37235 Hessisch Lichtenau

Hessen, Werra-Meißner Land

Am Mühlenberg, Tel. (05602) 831100, Fax: 831970. Das Gästehaus am Mühlenberg wurde im Jahr 1998 in einem ehemaligen Schwesternwohnheim errichtet und befindet sich auf dem Gelände von Lichtenau e.V. - Orthopädische Klinik und Rehabilitationszentrum der Diakonie e.V. in Hessisch Lichtenau.

Acht modern und geschmackvoll eingerichtete Einzel- und Doppelzimmer mit Radio, TV, Telefon, kostenfreier Minibar und Du/WC stehen den Gästen zur Verfügung (auch für Angehörige von Patienten der Reha-Klinik). Alle Bereiche stufenlos und rollstuhlgängig.

Geeignet für Rollstuhlfahrer und andere Behinderte: Fünf Appartements mit behindertengerechtem Bad, unterfahrbarer Miniküche. Zweizimmer-App. mit sep. Küche gut geeignet für Familienurlaub. Elektrisch höhenverstellbare Betten. Türbreiten der Zimmer und von Du/WC 110 cm; Freiraum in Du/WC über 140 x 140 cm. Freiraum links und rechts neben WC mind. 140 cm, davor über 150 cm. Dusche schwellenlos, höhenverstellbares Waschbecken unterfahrbar, festinstallierter Duschsitz, Kippspiegel und stabile Haltegriffe an Dusche, WC und Waschbecken vorhanden.

Freizeit: Für Fitneß und Sport können die Einrichtungen des AOZ Reha Vit (Ambulantes Orthopädisches Zentrum) sowie das Schwimmbad der Orthopädischen Klinik gegen ein Entgeld genutzt werden. **Pflege:** Mobile Pflege kann sichergestellt werden.

Lage: Umgeben von einer waldreichen Landschaft, verkehrstechnisch gut über die B 7 sowie mit den Regional- und Nahverkehrsbussen erreichbar. Die Naturparks Meißner / Kaufunger Wald liegen in unmittelbarer Nähe. Umgebung hügelig mit gut ausgebauten Wegen, auch in den nahegelegenen Wäldern.

Zur Ortsmitte 2 km; Einkaufen, Apotheke 2 km; Arzt und Krankenhaus / Rehaklinik im Haus / auf dem Gelände; Busbahnhof 500 m.

Preise: Einzelzimmer mit Frühstück 85,- DM/Tag; Doppelzimmer für 2 Pers. inkl. Frühstück 130,- DM; Kinder bis 12 Jahre frei; Kinder 12-16 Jahre 30,- DM. Kleines Behindertenappartement für 1 Person 110,- DM; großes Behindertenappartement für 2 Personen 180,- DM inkl. Frühstück. Besonders empfehlenswerte Einrichtung.

Hotel „Zum Riesen" — 63450 Hanau

Hessen

Heumarkt 8, Tel. (06181) 250250, Fax: 250259. 39 Zimmer mit Bad oder Du/WC, Telefon, TV, Radio. Parkplatz, Eingang, Frühstücksraum und Zimmer (mit dem Aufzug) stufenlos erreichbar. Türbreite vom Aufzug 69,5 cm (Tiefe 108 cm, Breite 70 cm), nur für schmale Rollstühle geeignet.

Geeignet für Gehbehinderte, Familien mit geistig Behinderten; bedingt geeignet für

Rollstuhlfahrer mit Begleitung (1 Zimmer mit Du/WC). Türbreite von Du/WC 68 cm, Freiraum in Du/WC 220 x 200 cm. Freiraum links und vor dem WC 150 cm.
Lage: Zur Stadtmitte 200 m; Bahnhof 400 m; Einkaufen, Arzt 20 m; Apotheke 150 m.
Zimmerpreise: EZ 135,- bis 150,- DM; DZ 180,- bis 200,- DM inkl. Frühstück.

Hotel „Biebertal" — 36145 Hofbieber OT Langenbieber

Hessen, Rhön

Bahnhofstr. 16, Tel. (06657) 96020, Fax: 960260. Im Grünen gelegenes Hotel mit 30 Zimmern und 3 Ferienwohnungen, jeweils mit Du/WC, Telefon, Radio und TV. Kinderfreundlich, mit hauseigenen Ponys zum Reiten für Kinder; Spielplatz am Haus. Eigene Sporthalle für Tischtennis und Ballspiele.

Parkplatz, Eingang, Frühstücksraum, Restaurant, Garten und einige Zimmer im EG stufenlos erreichbar. Die übrigen Zimmer sind mit dem Aufzug stufenlos erreichbar. Türbreite vom Aufzug 70 cm (Tiefe 90 cm, Breite 95 cm).

Geeignet für Gehbehinderte, Familien mit geistig Behinderten und für Rollstuhlfahrer (1 Zimmer) mit folgenden Maßen: Türbreiten vom Zimmer 100 cm, von Du/WC 95 cm. Freiraum in Du/WC 100 x 120 cm. Freiraum vor dem WC 80 cm. Dusche und Waschbecken unterfahrbar. Duschhocker und stabile Haltegriffe an Du/WC und Waschbecken vorhanden.

Service: Abholung vom Bahnhof möglich. Hoteleigener Kleinbus vorhanden.

Lage: Zur Ortsmitte 200 m; Bus 200 m; Arzt 250 m; Freibad 1 km; Apotheke und Tennisplatz 2 km; Tennishalle 5 km; Krankenhaus und **Dialysezentrum** 12 km. Langenbieber ist ein anerkannter Erholungsort in einer waldreichen Umgebung.

Preise: Übernachtung mit Frühstück pro Person und Tag 50,- DM, mit Halbpension 62,- DM, VP 70,- DM. Ferienwohnung pro Tag bei Belegung mit 2 Personen 80,- DM, jede weitere Person zzgl. 15,- DM/Tag.

Ferienwohnung Josef Flügel — 36145 Hofbieber OT Niederbieber

Hessen, Rhön

Am Bürgerhaus 13 a, Tel. (06657) 7549. Eine Ferienwohnung; Parkplatz, Eingang, Garten und Zimmer stufenlos erreichbar.
Geeignet für Gehbehinderte und Familien mit geistig Behinderten; bedingt geeignet für Rollstuhlfahrer mit Begleitung. Freiraum in Du/WC 130 x 130 cm. Freiraum links neben WC 25 cm, rechts 40 cm, davor 80 cm. Dusche nicht unterfahrbar, Duschsitz und Haltegriffe nicht vorhanden. Waschbecken unterfahrbar.
Lage: Ortsmitte 500 m; Arzt 2 km; Apotheke, Freibad 3 km. Krankenhaus 11 km.
Preis für die Ferienwohnung 50,- DM pro Tag für 2 Pers.; jede weitere Pers. 5,- DM.

Privatpension August Krah — 36154 Hosenfeld / Blankenau

Hessen, Kreis Fulda, Vogelsberg

Am Hopperain 1, Tel. (06650) 1228. Pension mit 2 Ferienwohnungen (70 und 80 qm). Eingang 1 Stufe (15 cm). Ruhige Lage, große Liegewiese, Grillplatz, Parkplatz, Garage, zentrale Bäderlage, Tischtennis, TV, Spiele.

Geeignet für Gehbehinderte und Familien mit geistig Behinderten, bedingt geeignet für Rollstuhlfahrer. Türbreiten der Zimmer 88 cm, von Bad/WC 76 cm. Freiraum in Bad/WC (mit Badewanne) 140 x 140 cm. Freiraum rechts neben WC 100 cm, davor 140 cm. Dusche nicht unterfahrbar: Schwelle 15 cm. Keine zusätzlichen Hilfsmittel.

Lage: Zur Ortsmitte 200 m; Freibad 4 km; Bahnhof Fulda und Krankenhaus 18 km.

Preise: Preis der Ferienwohnungen für zwei Personen 50,- DM bzw. 55,- DM pro Tag, jede weitere Person zuzüglich 10,- DM; Übernachtung mit Frühstück 22,- DM.

InterCity Hotel Kassel — 34121 Kassel-Wilhelmshöhe

Hessen

Wilhelmshöher Allee 241, Tel. (0561) 93880, Fax: 9388666. 145 komfortable Zimmer mit Du/WC, Telefon, TV. Parkplatz, Eingang, Frühstücksraum, Restaurant und die Zimmer (mit dem Aufzug) stufenlos erreichbar. Türbreite vom Aufzug 86 cm (Tiefe 200 cm, Breite 86 cm).

Geeignet für Rollstuhlfahrer, Gehbehinderte, Familien mit geistig Behinderten. 1 Zimmer mit Du/WC rollstuhlgerecht. Türbreite vom Zimmer 100 cm, von Du/WC 120 cm. Bewegungsfreiraum in Du/WC 300 x 240 cm. Freiraum links neben WC 60 cm, rechts 120 cm, davor 100 cm. Dusche schwellenlos, Waschbecken unterfahrbar. Notruf, Kippspiegel, festinstallierter Duschsitz und stabile Haltegriffe an Dusche, WC und Waschbecken vorhanden.

Lage: im Wilhelmshöher Kurbezirk; 100 m zum ICE-Bahnhof Kassel; Stadtmitte, Einkaufen 1,5 km; Arzt, Apotheke 600 m; Krankenhaus, Dialyse 1 km.

Zimmerpreise: EZ 180,- bis 190,- DM; DZ 200,- bis 210,- DM für 2 Personen; Frühstücksbuffet zzgl. 20,- DM pro Person. Wochenendpreise: EZ 145,- bis 155,- DM; DZ 185,- bis 195,- DM inkl. Frühstücksbuffet.

Kurparkhotel Wilhelmshöhe — 34131 Kassel

Hessen

Wilhelmshöher Allee 336, Tel. (0561) 31890, Fax: 3189124. 87 komfortable und individuell ausgestattete Zimmer mit Bad/WC, Telefon, TV. Vom Parkplatz zum Eingang stufenlos. Frühstücksraum stufenlos, Restaurant (nur über Terrasse) stufenlos. Einige Zimmer im EG; Hallenbad und alle Zimmer mit dem Aufzug stufenlos erreichbar.

Geeignet für Gehbehinderte und Rollstuhlfahrer. 6 Zimmer rollstuhlgeeignet. Freiraum in Du/WC 100 x 100 cm, Freiraum links neben WC 100 cm, rechts 70 cm, davor 100 cm. Dusche und Waschbecken unterfahrbar. Duschhocker und stabile Haltegriffe an Dusche und WC vorhanden.

Lage: Im Grünen, unmittelbar am Kurpark; zur Ortsmitte 7 km; Einkaufen, Apotheke 200 m; Hallenbad im Haus; Freibad 1,5 km; Krankenhaus 4 km; Dialyse 8 km.

Zimmerpreise: EZ ab 150,- DM; DZ ab 220,- DM; Zusatzbett 50,- DM inkl. Frühstück. HP-Zuschlag 25,- DM; VP-Zuschlag 45,- DM pro Person.

Astron Hotel Frankfurt Airport — 65451 Kelsterbach (bei Frankfurt)

Hessen

Mörfelderstr. 113, Tel. (06107) 9380, Fax: 938100. Business-Class Hotel mit 154 Zimmern, alle mit Bad/Du/WC, Telefon, Radio, Sat-TV, Minibar. Eingang, Rezeption, Restaurant, Frühstücksraum und Aufzug stufenlos erreichbar. Türbreiten: Eingang 140 cm; Aufzug 89 cm (Innenmaße 210 x 100 cm).

Geeignet für Rollstuhlfahrer. Zwei Zimmer mit Bad/WC nach DIN 18024 für Rollstuhlfahrer ausgestattet. Freiraum in Bad/WC 160 x 160 cm; Freiraum rechts neben WC 35 cm, links 90 cm, davor 150 cm; Dusche unterfahrbar.

Lage: Unmittelbare Nähe zum Frankfurter Flughafen; Gewerbegebiet Süd Kelsterbach 2 km; Bhf., Apotheke, Freibad, Hallenbad 2 km; Tennisplatz 3 km.

Zimmerpreise: EZ/DZ 253,- bis 475,- DM. Zustellbett 30,- DM, Frühstück pro Person 25,- DM, Haustier 10,- DM. 1 bis 2 Kinder bis 16 Jahre im Zimmer der Eltern frei. Frühstück pro Kind bis 12 Jahre frei, darüber 25,- DM.

Jugendherberge Korbach — 34497 Korbach

Hessen, Waldecker Land

Enser Str. 9, Tel. (05631) 8360, Fax: 4835. Modern ausgestattete Jugendherberge. 22 Zimmer mit Etagenbetten und Naßzelle. Parkplatz, Eingang, Frühstücksraum und Zimmer im EG stufenlos erreichbar. Tagungsmöglichkeiten für 20 bis 80 Personen.

Geeignet für Gehbehinderte (bis 25 Personen), für Rollstuhlfahrer (bis 11 Personen) und für Familien und Gruppen mit geistig Behinderten (98 Personen inkl. Begleitung). 2 Zimmer für Rollstuhlfahrer geeignet. Freiraum in Du/WC 160 x 140 cm; Freiraum links neben WC 30 cm, rechts 70 cm, davor 140 cm. Dusche und Waschbecken unterfahrbar. Festinstallierter Duschsitz und stabile Haltegriffe an Dusche und WC vorhanden.

Lage: die Herberge liegt in direkter Innenstadtnähe in einer parkähnlichen Anlage. Ortsmitte, Einkaufen, Arzt 500 m; Krankenhaus 400 m; Apotheke 700 m; Bhh. 1,5 km.

Preise: Vollpension pro Person und Tag 41,- DM; Senioren ab 26 Jahren 46,- DM.

ETAP-Hotel — 35440 Linden

Hessen

Gottlieb-Daimler-Str. 8, Tel. (06403) 75373, Fax: 71457. Hotel mit 62 Zimmern, Parkplatz, Eingang, Frühstücksraum und Zimmer stufenlos erreichbar.

Geeignet für Gehbehinderte, Familien mit geistig Behinderten, bedingt geeignet für Rollstuhlfahrer (1 Zimmer): Bett von rechter Seite anfahrbar. Türbreite vom Zimmer und von Du/WC 82 cm. Freiraum in Du/WC 140 x 140 cm. Freiraum links und vor dem WC 100 cm. Dusche unterfahrbar, Waschbecken bedingt unterfahrbar. Festinstallierter Duschsitz sowie Haltegriff am WC vorhanden.

Lage: Im Gewerbegebiet, bei Giessen (3 km): 50 km von Frankfurt/Main entfernt. Umgebung hügelig, viel Wald. Zur Ortsmitte von Linden 1 km; Einkaufen 300 m; Apotheke 1 km; Bahnhof, Arzt, Krankenhaus, Dialyse 3 km.

Zimmerpreise: EZ 58,- bis 59,- DM; DZ 58,- bis 71,- DM.

VICTORIA Hotel & Restaurant — 63225 Langen

Hessen, Rhein-Main-Gebiet, Nähe Frankfurt und Darmstadt

Rheinstr. 25-29, Tel. (06103) 5050, Fax: 505-100. Hotel mit 100 Zimmern mit 3-Sterne-Komfort. 5 Veranstaltungsräume mit modernster Technik für 6 bis 36 Personen.

Parkplatz, Eingang, Frühstücksraum, Restaurant und Zimmer (mit dem Aufzug) stufenlos erreichbar. Türbreite vom Aufzug 100 cm (Tiefe 150 cm, Breite 200 cm).

Geeignet für Rollstuhlfahrer: 1 Zimmer mit Du/WC rollstuhlgerecht. Bettenhöhe 48 cm. Alle übrigen Zimmer für Gehbehinderte (Aufzug) geeignet. Türbreite vom Zimmer und von Du/WC 95 cm, Bewegungsfreiraum in Du/WC 200 x 180 cm. Freiraum links neben WC 40 cm, rechts 82 cm, davor 180 cm. Dusche schwellenlos, Waschbecken unterfahrbar. Festinstallierter Duschsitz und stabile Haltegriffe an Dusche, WC und Waschbecken. Verbindungstür zum Zimmer für Begleitperson.

Lage: Im Zentrum; Apotheke 100 m; Arzt 1 km; Krankenhaus 3 km.

Zimmerpreise: EZ und DZ je nach Kategorie 195,- bis 350,- DM. Frühstücksbuffet 26,- DM pro Person.

Autobahn-Rasthaus und Hotel Kassel-Ost — 34253 Lohfelden

Hessen

Bergshäuserstraße, Tel. (0561) 95980, Fax: 9598100. **Geeignet** für Zwischenübernachtungen bei Ferienfahrten. 90 Zimmer mit Radio, Pay-TV, Bad/Du/WC; Behinderten-WC im Haus, Massagepraxis. Haupteingang, Restaurant und Serviceeinrichtungen stufenlos erreichbar.

Geeignet für Rollstuhlfahrer. Ein Zimmer mit Bad/WC für zwei Rollstuhlfahrer geeignet und ausgestattet. Türen mindestens 83 cm breit, Freiraum in Bad/WC 140 x 200 cm, Dusche und Waschbecken unterfahrbar, Duschhocker vorhanden.

Zimmerpreise: EZ 91,- bis 96,- DM; DZ 146,- bis 150,- DM.

Hotel-Restaurant „Zur Krone" — 35792 Löhnberg

Hessen, Westerwald

Obertorstr. 1, Tel. (06471) 6070, Fax: 62107. Das renommierte Hotel mit 47 Zimmern und mit einem der besten Restaurants der Region ist seit über 150 Jahren ein Familienbetrieb. Alle Zimmer haben Kabel- TV, Telefon- und Faxanschluß. Mehrere Tagungsräume mit Tagungstechnik.

Parkplatz und Eingang stufenlos; Frühstücksraum, Restaurant, Garten und Zimmer im EG stufenlos erreichbar. Türbreite vom Aufzug 90 cm (Tiefe 200 cm, Breite 90 cm).

Geeignet für Gehbehinderte (bis 36 Personen), für Rollstuhlfahrer und für Familien mit geistig Behinderten. 1 Zimmer rollstuhlgerecht: Türbreiten von Zimmer und Du/WC 95 cm. Freiraum in Du/WC 170 x 150 cm; Freiraum links neben WC 140 cm, davor 150 cm. Dusche und Waschbecken unterfahrbar. Festinstallierter Duschsitz und stabile Haltegriffe an Du/WC und Waschbecken vorhanden. Bettenhöhe 44 cm.

Lage: Löhnberg liegt an der Lahn, umgeben von Wäldern und Parks. Viele Sehenswürdigkeiten: Weilburg mit Schloß, Kubacher Kristallhöhle; Wildpark, Tiergarten, Heimat- und Bergbaumuseum in Weilburg. Außerdem Freizeit- und Erlebnisbäder, Bade- und Surfseen, Angelmöglichkeiten, usw. rund um Löhnberg und Weilburg. Zur Ortsmitte 100 m; Apotheke 100 m; Arzt, Einkaufen 200 m; Bahnhof 400 m; Tennisplatz 500 m, Tennishalle, Hallenbad, Krankenhaus 4 km.

Preis pro Person je nach Größe und Ausstattung der Zimmer im EZ 49,- bis 95,- DM, im DZ 39,- bis 79,- DM. Kinder unter 10 Jahre 20,- bis 30,- DM.

SORAT Hotel Marburg — 35037 Marburg

Hessen

Pilgrimstein, Tel. (06421) 9180, Fax: 918444. Komfortables Hotel mit 146 Zimmern. Tiefgarage mit Aufzug, Eingang, Frühstücksraum, Restaurant und Zimmer (mit dem Aufzug) stufenlos erreichbar. Weg zum Aufzug 1 Rampe. Türbreite vom Aufzug 100 cm (Tiefe 140 cm, Breite 110 cm).

Geeignet für Gehbehinderte (250 Pers.), Rollstuhlfahrer (2 Pers.) und Familien/Gruppen mit geistig Behinderten (250 Pers.). 2 Zimmer rollstuhlgerecht. Türbreite von Zimmer und Du/WC 93 cm. Freiraum in Du/WC 160 x 160 cm. Freiraum links neben WC 80 cm, rechts 35 cm, davor 160 cm. Dusche und Waschbecken unterfahrbar. Duschhocker, Notruf und stabile Haltegriffe an Dusche und WC. Bettenhöhe 50 cm.

Lage: In der Stadtmitte; Bhf. 500 m; Arzt 100 m; Apotheke 10 m; Krankenhaus 1 km. **Preise** auf Anfrage.

Comfort Hotel Melsungen — 34212 Melsungen

Hessen

Am Bürstoß 2 A, Tel. (05661) 739-100, Fax: 739-299. 99 Zimmer mit Du/WC, Telefon und TV. Parkplatz, Eingang, Frühstücksraum und Zimmer im EG stufenlos erreichbar.

Geeignet für Rollstuhlfahrer. 2 Zimmer rollstuhlgerecht. Türbreiten der Zimmer 100 cm, von Du/WC 95 cm. Freiraum in Du/WC 170 x 180 cm. Freiraum rechts neben WC 100 cm, davor 100 cm. Dusche und Waschbecken unterfahrbar. Duschhocker und stabile Haltegriffe an Dusche und WC vorhanden. Bettenhöhe 45 cm.

Lage: Zur Ortsmitte 1 km; Bahnhof, Einkaufen, Arzt, Apotheke 1 km.
Zimmerpreise: EZ 119,- DM; DZ 139,- DM inkl. Frühstück.

Ferienwohnungen Peter — 36286 Neuenstein / Raboldshausen

Hessen, Waldhessen, Hessisches Bergland, Knüllgebirge

Ute und Werner Peter, An der Geis 3, Tel. (06677) 1339, Fax: 1346. Im Jahr 1995 neuerbaute Ferienwohnung am Waldrand, 80 qm groß, ein Schlafzimmer (4 Betten), ein Wohnzimmer (2 Klappbetten, Sat-TV), eine Küche (komplett eingerichtet), ein Badezimmer (Dusche & Badewanne), eine große Terrasse. Parkplatz und Eingang stufenlos erreichbar.

Geeignet für Gehbehinderte, Rollstuhlfahrer und Familien mit geistig Behinderten. 1 Ferienwohnung rollstuhlgeeignet. Türbreite der Zimmer und von Du/WC 100 cm. Dusche schwellenlos unterfahrbar, Waschbecken unterfahrbar. Festinstallierter Duschsitz vorhanden.

Lage: Das Haus liegt direkt am Waldrand; am Ortsrand von Raboldshausen. Eigener PKW empfehlenswert. Raboldshausen ist ein kleines Dorf inmitten herrlicher Wälder, trotzdem nicht weit von der Autobahn Kassel/Frankfurt gelegen. Innerhalb von 15 Min. erreicht man Bad Hersfeld. Ein Erlebnispark in 2 km Entfernung. Zur Ortsmitte 100 m; Einkaufen 150 m; Arzt 200 m; Spielplatz und Tennisplatz 200 m; Apotheke, Freibad 8 km; Hallenbad, Krankenhaus, Dialyse 16 km.

Preis für die Ferienwohnung pro Tag in der Vor- und Nachsaison für 8 Personen 50,-DM, jede weitere Person 5,- DM. In der Hauptsaison pro Tag für 4 Personen 70,- DM, jede weitere Person 5,- DM; zuzüglich Nebenkosten nach Verbrauch (Strom, Wasser, Heizung, Endreinigung). Haustier pro Woche 10,- DM. Bettwäsche auf Wunsch (pro Garnitur 6,- DM). Kinderbetten oder Zustellbetten auf Wunsch möglich.

Ferienhäuser Kraut — 36286 Neuenstein / Raboldshausen

Hessen, Waldhessen, Hessisches Bergland, Knüllgebirge

Wolfsschlucht 1, Tel. + Fax: (06677) 1304. 2 Ferienhäuser mit je 60 qm, 1 Wohnraum mit Eßecke und Sat-TV, 1 Schlafraum mit Doppelbett, 1 Schlafraum mit 1 Etagen- und 1 Einzelbett. 1 Küche voll eingerichtet, Dusche/WC, Abstellraum und überdachte Terrasse. Vom Parkplatz zum Eingang 1 Stufe; zum Garten 2 Stufen. Spiel- und Liegewiese, Kinderschauke und Sandkasten, Tischtennisraum.

Geeignet für Gehbehinderte, Familien mit Kindern, Familien mit geistig Behinderten. Nicht für Rollstuhlfahrer geeignet.

Lage: In unmittebarer Waldnähe am Ortsrand von Raboldshausen. Zur Ortsmitte mit Einkaufen 300 m; Tennisplatz 500 m; Arzt 700 m; Apotheke, Freibad 9 km.

Preis pro Tag für eine Ferienwohnung in der Vor- und Nachsaison ab 35,- DM; in der Hauptsaison 60,- DM. Strom und Gas nach Verbrauch, Endreinigung 30,- DM.

Micador Taunushotel — 65527 Niedernhausen

Hessen, Taunus

Zum Grauen Stein 1, Tel. (06127) 901-0, Fax: 901641. Hotel mit 187 Zimmern, alle mit Du/WC, TV, Radio, Minibar, Telefon und Fax-Anschluß. Parkplatz, Eingang und Aufzug (Tiefe 200 cm, Türbreite 80 cm) stufenlos erreichbar. Frühstücksraum, Restaurant und alle Zimmer im EG oder mit dem Aufzug stufenlos erreichbar.

Geeignet für Gehbehinderte (alle Zimmer) und für Rollstuhlfahrer: 3 Zimmer. Türbreite der Zimmer und von Du/WC 92 cm. Freiraum in Du/WC 120 x 120 cm; Freiraum links neben WC 10 cm, rechts 155 cm, davor 120 cm. Dusche und Waschbecken unterfahrbar, Duschhocker nicht vorhanden; Haltegriff nur am WC, Notruf vorhanden.

Lage: Direkt neben dem Rhein-Main-Theater; zur Ortsmitte 3 km; Einkaufen, Bus, Apotheke 3 km; Arzt, Freibad 4 km; Bahnhof, Tennisplatz 5 km.

Zimmerpreise inkl. Frühstück: EZ ab 170,- DM; DZ 220,- DM.

Hotel zum Stern — 36280 Oberaula

Hessen, Kurhessisches Bergland

Hersfelder Str. 1, Tel. (06628) 92020, Fax: 920235. Hotel, rustikal und gemütlich eingerichtet mit 64 Zimmern mit Du/WC, Telefon und TV. Eingang und Restaurant jeweils über eine Stufe erreichbar, alle Türen 100 cm breit.

Geeignet für Gehbehinderte, bedingt geeignet für Rollstuhlfahrer: Zwei Zimmer mit Du/WC. Türen der Zimmer und Du/WC 90 cm breit. Schiebetür zum Dusch/WC-Raum; Raumgröße von Dusche/WC 150 x 300 cm. Dusche nicht unterfahrbar.

Lage: Ortsmitte 50 m; Bus und Apotheke 200 m; Tennisplatz, Tennishalle und Squash 200 m; Spielplatz 300 m; Freibad 500 m. Hallenbad im Haus, nur über mehrere Stufen erreichbar.

Preis pro Person und Tag je nach Zimmerausstattung und Aufenthaltsdauer: Übernachtung mit Frühstück 62,- bis 105,- DM; HP 80,- bis 108,- DM, VP 87,- bis 115,- DM.

Mövenpick Hotel Oberursel — 61440 Oberursel

Hessen, Taunus

Zimmersmühlenweg 35, Tel. (06171) 5000, Fax: 500600. Hotel mit 158 komfortablen Zimmern. Parkplatz, Eingang, Frühstücksraum, Restaurant, Garten und die Zimmer (mit dem Aufzug) stufenlos erreichbar.

Geeignet für Gehbehinderte und Rollstuhlfahrer. 1 Zimmer rollstuhlgerecht nach DIN 18024. Dusche unterfahrbar. Stabile Haltegriffe an Dusche und WC vorhanden.

Lage: Zur Stadtmitte 5 km; Bahnhof, Apotheke 1 km; Einkaufen 500 m; Arzt 5 km.

Zimmerpreise: EZ 190,- DM; DZ 230,- DM. Wochenende (Fr.-So.): EZ / DZ 150,- DM.

Hotel Schwan — 65375 Oestrich-Winkel

Hessen, Rheingau

Rheinallee 5, Tel. (06723) 8090, Fax: 7820. Hotel mit 44 Zimmern, Parkplatz, Eingang, Frühstücksraum, Restaurant, Terrasse und die Zimmer (mit dem Aufzug) stufenlos erreichbar.

Geeignet für Gehbehinderte und Familien mit geistig Behinderten, bedingt geeignet für Rollstuhlfahrer mit Begleitung. Bad/WC nicht rollstuhlgeeignet. Türbreite der Zimmer und von Du/WC 80 cm. Badewanne, keine unterfahrbare Dusche, keine Hilfsmittel.

Lage: Zur Ortsmitte mit Einkaufen, Arzt, Apotheke 500 m; Weg am Rhein stufenlos erreichbar, aber nicht asphaltiert.
Zimmerpreise: EZ 145,- bis 165,- DM; DZ 205,- bis 245,-DM.

Arabella-Hotel am Büsing Palais — 63065 Offenbach

Hessen

Berliner Str. 111, Tel. (069) 82999-0, Fax: 82999-800. 221 Zimmer mit 3 Komfort- und Preiskategorien, alle mit Du/WC, TV, Telefon. 13 Veranstaltungsräume für bis zu 450 Personen. Von der Tiefgarage zum Eingang mit dem Aufzug; Haupteingang, Frühstücksraum, Restaurant stufenlos erreichbar. Das Hotel hat eine leicht ansteigende Auffahrt.

Geeignet für Gehbehinderte, bedingt geeignet für Rollstuhlfahrer mit Begleitung: 1 Zimmer im EG. Dusche nicht schwellenlos unterfahrbar. Türbreite von Zimmer und Du/WC 90 cm. Freiraum in Du/WC 150 x 150 cm. Freiraum rechts neben und vor dem WC 90 cm. Duschhocker und Haltegriffe an Du/WC vorhanden.

Lage: Zur Stadtmitte 500 m; Arzt und Apotheke 300 m; Krankenhaus 3 km, Bhf. 2 km.
Zimmerpreise: EZ 161,- bis 445,- DM; DZ 187,- bis 511,- DM inkl. Frühstück.

Ibis Hotel Frankfurt-Offenbach — 63067 Offenbach

Hessen

Kaiserleistr. 4, Tel. (069) 82904-0, Fax: (069) 82904-333. 131 komfortable Zimmer mit Du/WC, Telefon, TV. Eingang mit Rampe, Parkgarage und Frühstücksraum mit dem Aufzug (Tiefe 230 cm, Breite 90 cm) stufenlos erreichbar. Restaurant stufenlos, alle Zimmer mit dem Aufzug erreichbar.

Geeignet für Gehbehinderte (alle Zimmer); für Rollstuhlfahrer und für Familien mit geistig Behinderten 3 Zimmer: Türbreiten der Zimmer und von Du/WC 94 cm. Freiraum in Du/WC 200 x 90 cm. Freiraum links neben WC 95 cm, davor 92 cm. Dusche und Waschbecken unterfahrbar. Notruf, Kippspiegel, festinstallierter Duschsitz sowie Haltegriff an Dusche vorhanden.

Lage: Bus 5 m; Apotheke 2 km; Freibad und Hallenbad 4 km; Stadtmitte von Offenbach, Einkaufen und Bahnhof 5 km; Krankenhaus und **Dialysezentrum** 6 km.

Zimmerpreise: EZ und DZ 99,90 DM, während der Messezeiten 149,- DM. Frühstücksbuffet pro Person/Tag 15,- DM.

Autobahn Hotel Pfungstadt — 64319 Pfungstadt

Hessen, Bergstrasse, Odenwald

An der Autobahn A 67, Tel. (06157) 3031, Fax: 2426. 56 Zimmer, ruhig zur Waldseite gelegen, alle mit Du/WC. Parkplatz, Eingang, 2 Restaurants mit Bedienung, eine Cafeteria mit Selbstbedienung, Frühstücksraum, Garten und Zimmer stufenlos erreichbar. Behindertenparkplatz am Haus.

Geeignet für Gehbehinderte und Familien mit geistig Behinderten (fast alle Zimmer); geeignet **für Rollstuhlfahrer** (1 EZ, 2 DZ). Freiraum in Du/WC 140 x 140 cm. Freiraum links neben WC 105 cm, rechts 65 cm, davor 140 cm. Dusche schwellenlos, Waschbecken unterfahrbar. Kippspiegel, festinstallierter Duschsitz sowie stabile Haltegriffe am Behinderten-WC, Dusche und Waschbecken vorhanden. Bettenhöhe 45 cm.

Lage: An der BAB A 67, zwischen Mannheim und Darmstadt; Einkaufen, Arzt, Apotheke 3 km. Flaches, gut befahrbares Umfeld um das Hotel.

Zimmerpreise: EZ 98,- DM, DZ 156,- DM inkl. Frühstück.

Hofreite Hahl — 36163 Poppenhausen-Abtsroda

Hessen, Rhön

Brunngrabenstr. 3 + 3a, Tel. und Fax: (06658) 760, oder Tel.: (06685) 1240. Mehrere Ferienwohnungen, davon eine rollstuhlgerecht konzipiert, 65 qm, für max. 4-6 Personen. Parkplatz, Eingang, Garten und Terrasse stufenlos erreichbar. Kinderspielplatz und Kinderspielsachen am Haus.

Geeignet für Gehbehinderte, Rollstuhlfahrer und Familien mit geistig Behinderten. Türbreiten der Zimmer und von Du/WC 80 cm. Freiraum links neben WC und davor 100 cm. Dusche und Waschbecken unterfahrbar. Festinstallierter Duschsitz und stabile Haltegriffe an Du/WC und Waschbecken vorhanden. Bettenhöhe 43 cm.

Lage: Das Haus steht auf dem höchsten Punkt der Ortschaft mit schönem Blick auf die Berge der Rhön; direkt unterhalb der Wasserkuppe. Bus 400 m; See 4 km; Einkaufen, Arzt, Apotheke, Freibad 5 km; Hallenbad und Krankenhaus 7 km.

Preis für die Ferienwohnung pro Tag bei Belegung mit 2 Personen 65,- DM zzgl. NK (Strom, Wasser, Heizung); jede weitere Person 15,- DM/Tag.

Bauernhof Ritz — 36169 Rasdorf-Setzelbach

Hessen, Rhön

Siegfried und Elisabeth Ritz, Wiesenfelder Str. 19, Tel. (06651) 1207. Kinderfreundlicher Bauernhof mit Gästehaus für insgesamt 16 Pers. Parkplatz, Eingang, Frühstücksraum, Stall und die Zimmer im EG stufenlos erreichbar.

Geeignet für Gehbehinderte, Rollstuhlfahrer (4 Pers.) und Familien mit geistig Behinderten. 2 Zimmer mit Du/WC rollstuhlgerecht: Türbreiten der Zimmer und von Du/WC 95 cm. Freiraum in Du/WC 300 x 200 cm. Freiraum links neben WC 100 cm, davor 300 cm. Dusche und Waschbecken unterfahrbar. Festinstallierter Duschsitz sowie stabile Haltegriffe an Du/WC und Waschbecken vorhanden.

Lage: Der Hof liegt mitten im Ort. Zur Ortsmitte 100 m; Einkaufen 2 km; Arzt und Apotheke 3 km; Krankenhaus, Freibad und Hallenbad 12 km. **Preise** auf Anfrage.

Hotel „Landhaus Silbertanne" — 36199 Rotenburg a.d. Fulda

Hessen, Waldhessen

Am Wäldchen 2, Tel. (06623) 02200, Fax: (06623) 922099. 26 modern und individuell eingerichtete Zimmer, alle mit Bad oder Du/WC, Kabel-TV, Direktwahltelefon, Faxanschluß, teilw. Balkon/Loggia, Sitzecke, Safe und Minibar. Parkplatz, Eingang, Frühstücksraum, Restaurant und die Zimmer im EG stufenlos.

Geeignet für Gehbehinderte, bedingt geeignet Rollstuhlfahrer mit Begleitung, für Familien mit geistig Behinderten. 1 Zimmer mit Du/WC rollstuhlgängig. Bettenhöhe 47 cm. Türbreite vom Zimmer 86 cm, von Bad/WC 80 cm. Bewegungsfreiraum in

Bad/WC 150 x 150 cm. Badewanne, keine Dusche. Freiraum links neben WC 85 cm, davor 100 cm. Waschbecken unterfahrbar. Keine Haltegriffe.

Lage: Ruhige Südhanglage mit Blick auf die Altstadt. Verkehrsarme Seitenstrasse, da ruhiges Wohngebiet. Zur Ortsmitte 1,5 km; Einkaufen, Krankenhaus 1,5 km; Bahnhof 800 m; Arzt 1 km; Apotheke 1,2 km; Krankenhaus, Dialyse 1,5 km.

Preise: EZ 80,- bis 105,- DM; DZ 130,- bis 180,- DM, Zustellbett 30,- DM, Zuschlag für HP 25,- DM, VP 45,- DM. Kinder bis 6 Jahre frei, 6-12 Jahre 50% Preisnachlaß. Kurabgabe je nach Saison von der Kurwaltung.

Breuer's Rüdesheimer Schloss — 65385 Rüdesheim

Hessen, Rheingau

Steingasse 10, Tel. (06722) 90500, Fax: 47960. 4-Sterne-Hotel in der historischen Altstadt von Rüdesheim mit 21 Komfortzimmern. Parkplatz, Eingang, Frühstücksraum, Restaurant und Zimmer (mit dem Aufzug) stufenlos erreichbar. Türbreite vom Aufzug 80 cm (Tiefe 140 cm, Breite 110 cm).

Geeignet für Gehbehinderte und Rollstuhlfahrer. 1 Zimmer rollstuhlgerecht. Türbreite von Zimmer und Du/WC 90 cm. Freiraum in Du/WC 240 x 190 cm. Freiraum links neben WC 40 cm, rechts 30 cm (Haltegriff), davor 220 cm. Dusche und Waschbecken unterfahrbar. Duschhocker und stabile Haltegriffe an Dusche und WC vorhanden. Bettenhöhe 50 cm.

Lage: In der Ortsmitte; Bahnhof 300 m; Rheinufer 200 m; Einkaufen 500 m; Apotheke 600 m; Arzt und Krankenhaus 800 m.

Zimmerpreise inkl. Frühstück: EZ 150,- bis 195,- DM; DZ 180,- bis 260,- DM. Zusatzbett 50,- DM. Halbpension zzgl. 35,- DM, VP zzgl. 65,- DM.

Hotel Schön — 65385 Rüdesheim-Assmannshausen am Rhein

Hessen, Rheingau, Loreleytal

Rheinuferstr. 3-4, Tel. (06722) 9066600, Fax: 9066650. 25 freundlich und komfortabel eingerichtete Zimmer. Parkplatz, Eingang, Frühstücksraum, Restaurant, Garten, Laubenterrasse und die Zimmer (mit dem Aufzug) stufenlos erreichbar. Türbreite vom Aufzug 90 cm (Tiefe 140 cm, Breite 120 cm). Familieneigenes Weingut. Parkplatz direkt vor dem Haus.

Geeignet für Rollstuhlfahrer und Familien mit geistig Behinderten. 2 Zimmer mit Du/WC rollstuhlgerecht. Bettenhöhe 50 cm. Türbreite der Zimmer und von Du/WC 85 cm. Bewegungsfreiraum in Du/WC 160 x 140 cm. Freiraum links neben WC 100 cm, rechts 30 cm, davor 100 cm. Dusche schwellenlos, Waschbecken unterfahrbar, erhöhtes WC. Festinstallierter Duschsitz und stabile Haltegriffe an Dusche und WC vorhanden. Mobiler Pflegedienst in Assmannshausen vorhanden.

Lage: Direkt am Rheinufer. Wege am Ufer und auf der Höhe flach; Wege durch die Weinberge leicht ansteigend. Zur Ortsmitte 100 m; Bahnhof 100 m; Einkaufen 200 m; Arzt, Apotheke 500 m; Krankenhaus 5 km.

Zimmerpreise: EZ 95,- bis 125,- DM; DZ 145,- bis 185,- DM. Zuschlag für Halbpension ab 35,- DM pro Person. Besonders empfehlenswertes Hotel im Rheingau.

Bauernhof "Grundmühle"
Cornelia Elling — 35327 Ulrichstein-Helpershain

Hessen, Vogelsberg

Mühlweg 20, Tel. (06645) 7783, Fax: 8235. Bauernhof mit Kühen, Rindern, Pferden, Schweinen, Hühnern, Katzen und Hund. 2 Ferienwohnungen. Eingang stufenlos. **Geeignet** für Gehbehinderte und Familien mit geistig Behinderten, jeweils bis 4 Personen. 1 Ferienwohnung bedingt für Rollstuhlfahrer geeignet: Freiraum in Bad/WC 140 x 140 cm. Freiraum vor dem WC 100 cm. Keine unterfahrbare Dusche sondern Badewanne mit festinstalliertem Klappsitz. Waschbecken unterfahrbar.

Lage: Inmitten einer reizvollen Mittelgebirgslandschaft. Wege um den Ort größtenteils asphaltiert und befahrbar; teils hügelig. Zur Ortsmitte 400 m; Arzt, Apotheke, Thermalbad 13 km; **Dialysezentrum**, Freibad, Krankenhaus 14 km.
Preis pro Ferienwohnung 70,- DM pro Tag; Strom und Wasser nach Verbrauch.

Hotel-Café-Restaurant Henkenhof — 34508 Usseln

Hessen, Upland

Familie Bangert, Hochsauerlandstr. 23, Tel. (05632) 1817, Fax: 7748. 34 gemütlich und komfortabel eingerichtete Zimmer und 14 Ferienwohnungen, darunter 3 rollstuhlgerecht; mit Dusche, WC, Balkon und Sitzecke ausgestattet.

Außerdem stehen den Gästen schöne und große Aufenthaltsräume und ein rustikales Kaminzimmer zur Verfügung. Der Gesundheit und der individuellen Freizeitgestaltung dienen das Hallenbad, Sauna und Solarium sowie ein Fitness- und Tischtennisraum. Hauseigene Schlachtung; die anerkannt gute Küche bietet Sauerländer Spezialitäten und Hausmannskost.

Parkplatz, Eingang, Frühstücksraum, Restaurant, Hallenbad, Garten und die Zimmer (mit dem Aufzug) stufenlos erreichbar. Türbreite vom Aufzug 95 cm (Tiefe 180 cm, Breite 100 cm).

Geeignet für Gehbehinderte, Rollstuhlfahrer und Familien mit geistig Behinderten. 3 Ferienwohnungen rollstuhlgerecht. Türbreite der Zimmer und von Du/WC 90 cm. Freiraum in Du/WC 160 x 160 cm. Dusche und Waschbecken unterfahrbar. Duschhocker und stabiler Haltegriff am WC vorhanden.

Lage: Nahe zum Wald (250 m); ca. 150 m bis zu den Wanderwegen (flach bis hügelig). Zur Ortsmitte mit Einkaufsmöglichkeiten, Apotheke und Arzt 200 m; Hallenbad im Haus, Tennisplatz 150 m.

Preis pro Person im EZ 75,- DM, im DZ 65,- bis 70,- DM inkl. Frühstück. Zuschlag für HP 13,- DM, für VP 25,- DM pro Person. Rollstuhlgerechte Ferienwohnung pro Tag 100,- DM für 2 Personen (ab 7 Tage Aufenthalt); jede weitere Person 10,- DM. Kurtaxe 1,80 DM, Hund pro Tag 5,- DM. Hausprospekt und ausführliche Preisliste auf Anfrage.

Hotel Weyrich — 64720 Vielbrunn

Hessen, Odenwald

Limesstr. 5, Tel. (06066) 271, Fax: (06066) 1017. Ruhig gelegenes Haus mit 28 modernen Gästezimmern mit Du/WC und Balkon. Gutbürgerliche Küche mit Menü-Auswahl. Tagungsraum und Gesellschaftsraum für Familienfeiern und Festlichkeiten aller Art. Ganzjährig geöffnet.

Parkplatz, Eingang, Garten und hauseigenes Hallenbad stufenlos erreichbar. Frühstücksraum, Restaurant und die Zimmer mit dem Aufzug stufenlos erreichbar. Türbreite vom Aufzug 90 cm (Tiefe 130 cm, Breite 110 cm).

Geeignet für Gehbehinderte und Senioren (Gruppen bis 50 Personen), bedingt geeignet für Rollstuhlfahrer mit Begleitung. 28 Zimmer mit dem Aufzug stufenlos erreichbar. Bettenhöhe 53 cm. Türbreiten der Zimmer 80 cm, von Du/WC 68 cm. Bewegungsfreiraum in Du/WC 120 x 120 cm. Freiraum links neben WC 46 cm, rechts 16 cm, davor 120 cm. Dusche und Waschbecken nicht unterfahrbar. Pflegedienst in Bad König (9 km).

Lage: Ruhig gelegen in Vielbrunn, einem anerkannten Luftkurort im Odenwald (Nähe Bad König und Michelstadt). Zur Ortsmitte 200 m; Einkaufen 100 m; Freibad, Arzt 200 m; Apotheken-Zubringerdienst; Krankenhaus 14 km; Dialyse 14 km; Tennisplatz 3 km; Tennishalle 9 km. Umgebung hügelig.

Preis pro Person bei 1 Übernachtung 60,- DM inkl. Frühstück, ab 4 Übernachtungen 57,- DM. Preis inkl. Halbpension 62,- DM, inkl. Vollpension 67,- DM. Zuschlag für Einzelzimmer 5,- DM, Zuschlag für Hund 4,- DM. Benutzung des Hallenbades inklusive.

Ferien auf dem Bauernhof
Hof Schultze-Überhorst — 34516 Vöhl-Basdorf

Hessen, Waldecker Land

Lauterbacher Weg 3, Tel. (05635) 1561. Der Hof Schultze-Überhorst wurde 1963 als Aussiedlerhof gebaut und ist von landwirtschaftlichen Anbauflächen umgeben. Auf dem Hof gibt es Mutterkühe, Jungvieh, Hund, Katze und Kaninchen. Eine Ferienwohnung für 4 Personen mit einem Schlafraum, einem Wohn-Schlafraum, Küche, Du/WC. Liegewiese mit Gartenmöbeln, Kinderspielplatz, Grillplatz, Federball, Freiluftschach. Eingang 2 Stufen (Rampe vorhanden).

Geeignet für Gehbehinderte und Familien mit geistig Behinderten; nur bedingt geeignet für Rollstuhlfahrer mit Begleitung, da Du/WC nicht rollstuhlgerecht, eng, Türbreite 69 cm. Pflegedienst und Fahrdienst über Diakoniegesellschaft Waldeck-Frankenberg möglich (Tel. 05635 / 8600 oder 9220).

Lage: etwa 300 m vom Ort Vöhl-Basdorf entfernt; Bus, Edersee, Arzt, Apotheke, Kuranwendungen und Tennisplatz 3 km.
Preis für die Ferienwhg. 65,- DM pro Tag ab 4 Tage Aufenthalt. Strom nach Verbrauch.

Gästehaus Pension Eierdanz — 34516 Vöhl-Buchenberg

Hessen, Edersee

Kirchtalstr. 5, Tel. (05635) 334. Gästehaus mit insg. 34 Betten, 1 Ferienwohnung im Neubau rollstuhlgerecht. Parkplatz, Eingang und die Ferienwohnung (35 qm, für 2 bis 3 Personen) stufenlos erreichbar. Türbreiten der Zimmer und von Du/WC 100 cm. Freiraum in Du/WC 160 x 160 cm. Freiraum rechts neben WC 130 cm, davor 150 cm. Dusche und Waschbecken unterfahrbar. Stabiler Duschhocker und Haltegriff an der Dusche.

Lage: Ruhige Lage, flach, zum Wald (100 m) leicht ansteigend. Umgebung mit dem Rollstuhl gut befahrbar. Tennis- und Kinderspielplätze auf dem Grundstück. Zur Ortsmitte 100 m; Einkaufen, Hallenbad 3 km; Arzt 4 km; Freibad, Apotheke 8 km; Krankenhaus und Dialyse 17 km.

Preis für die Ferienwohnung proWoche 350,- DM bei Belegung mit 2 Personen zzgl. Endreinigung 30,- DM.

Yachthof Edersee — 34513 Waldeck-Nieder-Werbe

Hessen, Halbinsel Scheid

Halbinsel Scheid, Tel. (05634) 1712, Fax: 7162, Internet: www.dersee.com/touristikvermittlung. Appartementanlage direkt am See gelegen. Restaurant mit 1 Stufe. Tiefgarage, Rezeption, Yacht-Hof-Laden, Sauna, Dampfbad, Schiffahrt. Direkt vor dem Yacht-Hof zu Ausflugsfahrten mit dem Rollstuhl möglich.

Geeignet für Gehbehinderte und Rollstuhlfahrer. App. Wohn-Schlafraum, Schlafraum, Terrasse, Dusche/WC. Haltegriff an Dusche und WC.

Preis: Appartement ab 80,- DM für max. 5 Pers. zzgl. Nebenkosten.

Hotel Blankenfeld — 35578 Wetzlar

Hessen, Lahn-Dill-Kreis

Im Amtmann 20, Tel. (06441) 7870, Fax: 787200. 60 komfortable Zimmer, Tagungsmöglichkeiten für bis zu 60 Personen. Parkplatz, Eingang, Frühstücksraum, Restaurant und die Zimmer im EG stufenlos erreichbar. Türbreite vom Aufzug 90 cm (Tiefe 140 cm, Breite 110 cm). Marmor- und Fliesenboden im Hotel gut befahrbar; Zimmer mit Teppichbelag.

Geeignet für Gehbehinderte, Rollstuhlfahrer und Familien mit geistig Behinderten. Rollstuhlgerechte Zimmer vorhanden: Türbreiten der Zimmer und von Du/WC 94 cm. Freiraum in Du/WC 150 x 120 cm. Freiraum links neben WC 120 cm, davor 150 cm. Dusche und Waschbecken unterfahrbar. Festinstallierter Duschsitz und stabile Haltegriffe an Dusche und WC vorhanden.

Lage: Zur Ortsmitte 2 km; Hallenbad, Arzt 200 m; Apotheke, Krankenhaus 500 m; Einkaufen 1 km; Bahnhof 2 km. Leicht bergiges Gelände.

Zimmerpreise: EZ 100,- bis 130,- DM, DZ 150,- bis 170,- DM inkl. Frühstücksbuffet.

Hotel Mercure Wetzlar — 35578 Wetzlar

Hessen, Lahn-Dill-Kreis

Bergstr. 41, Tel. (06441) 4170, Fax: 42504. 144 Komfortzimmer mit Bad/Du/WC, TV, Radio, Minibar und Telefon. 11 Konferenz- und Veranstaltungsräume für bis zu 400 Personen. Haupteingang, Rezeption, Aufzug stufenlos erreichbar; Restaurant 2 Stufen. Türbreiten: Eingang 200 cm, Restaurant 90 cm, Aufzug 80 cm (Tiefe 210 cm, Breite 110 cm).

Geeignet für Gehbehinderte, bedingt geeignet für Rollstuhlfahrer: 7 Zimmer im EG, aber nicht speziell ausgestattet. Türbreiten von Zimmer und Bad 80 cm. Freiraum in Bad/WC 140 x 100 cm. Freiraum links und vor dem WC 100 cm. Bettenhöhe 60 cm.
Lage: Ortsmitte und Apotheke 800 m; Bus 300 m; Bahnhof 2,5 km.
Zimmerpreise: EZ 120,- bis 175,- DM; DZ 140,- bis 185,- DM; Frühstück 22,- DM pro Person.

Hotel Ibis Wiesbaden — 65183 Wiesbaden

Hessen

Mauritiusstraße 5-7, Tel. (0611) 16710, Fax: 1671750. Hotel mit komfortabel ausgestatteten Zimmern mit Du/WC, Radio, TV, Telefon. Eingang stufenlos, Türbreite 160 cm. Frühstücksraum mit dem Aufzug erreichbar. Türbreite vom Aufzug 89 cm (Tiefe 260 cm, Breite 140 cm).

Geeignet für Rollstuhlfahrer 1 Zimmer mit Du/WC: Tür vom Zimmer 110 cm breit, von Du/WC 140 cm. Freiraum in Du/WC 140 x 260 cm. Dusche und Waschbecken unterfahrbar. Festinstallierter Duschsitz und stabile Haltegriffe an Du/WC und Waschbecken vorhanden. Freiraum links neben WC 60 cm, rechts und davor 140 cm. Notruf in Du/WC. Behindertengerechtes WC außerdem im Frühstücks- und Konferenzbereich.

Lage: Arzt und Apotheke 200 m; Bahnhof 1,2 km. **Zimmerpreise:** EZ 114,90 DM, DZ 129,90 DM inkl. Frühstücksbuffet. Gutes Preis-Leistungsverhältnis.

Crowne Plaza Hotel — 65185 Wiesbaden

Hessen

Bahnhofstr. 10-12, Tel. (0611) 1620, Fax: 304599. 233 Zimmer, davon 3 Suiten, mit Bad/WC, Kabel-TV, Video, Radiowecker, Telefon mit Voicemail, Minibar, Safe, Bügeleisen, Bügelbrett, Klimaanlage. Eingang, Rezeption, Restaurant, Bar, Aufzug und Zimmer stufenlos erreichbar. Terrasse 1 Stufe; Sauna, Solarium, Hallenbad 3 Stufen. Innenmaße vom Aufzug 130 x 130 cm; 2. Aufzug 200 x 100 cm.

Geeignet für Gehbehinderte; für Rollstuhlfahrer 1 Zimmer mit Bad/WC. Türe von Zimmer und Bad 100 cm breit. Freiraum in Bad/WC 200 x 150 cm; Freiraum links neben WC und davor 150 cm. Dusche und Waschbecken unterfahrbar. Ein weiteres WC im Foyer rollstuhlgerecht.

Lage: Im Zentrum; Bahnhof 500 m; Arzt 10 m; Krankenhaus 2 km; Thermalbad, Kuranwendungen, **Dialysezentrum** 3 km.
Zimmerpreise: EZ 312,- bis 393,- DM; DZ 352,- bis 433,- DM. Frühstücksbuffet 33,-DM pro Person. Kinder bis 18 Jahre im Zimmer der Eltern frei.

Radisson SAS Schwarzer Bock Hotel — 65183 Wiesbaden

Hessen, Rheingau

Kranzplatz 12, Tel. (0611) 1550, Fax: 155-111. Elegantes First-Class-Hotel, seit dem Jahr 1486 ein Hotel mit Tradition. 1997 von Grund auf renoviert. Eigene Kur- und Bäderabteilung mit Bewegungsgymnastik, Fango, Sauna, Solarium, Massage mit med. Bademeister.

Geeignet für Gehbehinderte und Rollstuhlfahrer. 2 neue rollstuhlgerechte Zimmer mit Du/WC. Dusche und Waschbecken unterfahrbar. Duschhocker und stabile Haltegriffe an Dusche und WC vorhanden. **Lage:** Im Zentrum, Arzt 10 m; Bahnhof 1,5 km. **Zimmerpreise:** EZ 199,- bis 345,- DM; DZ 239,- bis 385,- DM. Zusatzbett 60,- DM.

Hotel Berghof — 34508 Willingen-Usseln

Hessen, Hochsauerland

Am Schneppelnberg 14, Tel. (05632) 949898, Fax: 949894. Familienfreundliches Ferien- und Tagungshotel mit gepflegtem Ambiente und behaglichem Komfort. Mit 26 gemütlichen und geräumigen Appartements, Suiten und Komfortzimmern. In jedem Zimmer eine bequeme Sitzecke und ein gut beleuchteter Schreibtisch. Die großen Appartements verfügen außerdem über komplett ausgestattete Koch-Bar.

Konferenz- und Seminarräume. Fitness-Oase mit Hallenbad, Massage-Sprudelbecken, finnische Sauna und Römisches Dampfbad.

Parkplatz, Eingang, Frühstücksraum, Restaurant, hauseigenes Hallenbad, Garten und die Zimmer (mit dem Aufzug) stufenlos erreichbar. Türbreite vom Aufzug 100 cm (Tiefe 150 cm, Breite 100 cm).

Geeignet für Gehbehinderte (bis 20 Pers.), Rollstuhlfahrer (bis 15 Pers.) und Familien mit geistig Behinderten (bis 30 Pers.). 3-5 Zimmer für Rollstuhlfahrer geeignet. Türbreite der Zimmer und von Bad/Du/WC 80 cm. Freiraum in Bad/Du/WC 120 x 160 cm. Freiraum links und rechts neben WC 50 cm, davor 120 cm. Dusche in einigen Badezimmern unterfahrbar; Waschbecken unterfahrbar. Duschhocker vorhanden. Bettenhöhe 50-55 cm. Pflegedienst kann über die Diakonie oder über privaten Pflegedienst bestellt werden.

Freizeit: Planwagen- und Schlittenfahrten, Grillabende, Wanderungen, Paragliden, Wellness-Programme, Spielabende, usw.

Lage: Das Hotel liegt in einer der schönsten deutschen Mittelgebirgslandschaften, zwischen dem Kneippkurort Willingen und dem heilklimatischen Kurort Usseln, umgeben von den höchsten Bergen des Hochsauerlandes.

Entfernungen: Zur Ortsmitte mit Einkaufen, Apotheke, Freibad 1 km; Arzt 800 m; Bahnhof 3 km; Tennisplatz 500 m.
Zimmerpreise: EZ oder Appartement als EZ 88,- bis 115,- DM; DZ 117,- bis 202,- DM

inkl. Frühstück; jede weitere Person im Zimmer/App. 35,- DM. Im Preis enthalten sind Hallenbadnutzung, Whirlpool, Sauna, Dampfbad und Solarium. Kinder im Zimmer der Eltern unter 4 Jahre frei, 4-12 J. 18,- DM; Kinderbett-Zustellung einmalig 25,- DM. Halbpension pro Person/Tag zzgl. 25,- DM (Kinder 4-12 J. 11,- DM); VP 35,- DM (Kinder 4-12 J. 21,- DM).

Hotel & Restaurant "Altes Rathaus" — 34466 Wolfhagen

Hessen, Naturpark Habichtswald

Kirchplatz 1, Tel. (05692) 8082. Komfortables Hotel mit 12 individuell eingerichteten Doppelzimmern mit Bad/Du/WC, TV, Radio, Telefon. Restaurant, Gesellschaftsraum für 60 Personen. Alle Einrichtungen stufenlos oder mit dem Aufzug erreichbar. Parkplätze, davon 1 Behindertenparkplatz, Eingang Schützeberger Straße stufenlos, Haupteingang 4 Stufen. Aufzugstür 85 cm breit (Tiefe 200 cm, Breite 100 cm).

Geeignet für Rollstuhlfahrer und Gehbehinderte. 1 Zimmer mit Du/WC ist rollstuhlgerecht. Zimmertür 95 cm, Badezimmertür 105 cm breit. Freiraum links neben WC 100 cm, rechts 30 cm, davor 120 cm. Dusche unterfahrbar, Duschstuhl vorhanden.

Lage: Ortsmitte, am Rand der Fußgängerzone; Bahnhof 3 km; Apotheke 500 m.

Zimmerpreise inkl. Frühstücksbuffet: EZ 90,- DM; DZ 110,- DM; Halbpension 35,- DM Aufpreis pro Person.

Ringhotel Bellevue — 35096 Wolfshausen

Hessen

Hauptstr. 30, Tel. (06421) 79090, Fax: 790915. 52 komfortable, modern und geschmackvoll eingerichtete Zimmer mit Du/WC, TV und Telefon. In der Komfortklasse auch mit Minibar, Faxanschluß und Zimmersafe. Parkplatz, Eingang, Frühstücksraum, Restaurant, Garten und Zimmer stufenlos erreichbar.

Geeignet für Gehbehinderte und Familien mit geistig Behinderten, bedingt geeignet für Rollstuhlfahrer mit Begleitung: 2 Zimmer. Türbreite der Zimmer und von Du/WC 94 cm. Bewegungsfreiraum in Du/WC 150 x 100 cm. Freiraum links und rechts neben WC 20 cm, davor 100 x 150 cm. Keine unterfahrbare Dusche, keine zusätzlichen Hilfsmittel.

Lage: Zur Ortsmitte 300 m; Arzt, Apotheke 5 km; Freibad 8 km. Hanglage, hügelig.

Zimmerpreise: EZ 119,- bis 170,- DM, DZ 170,- bis 260,- DM inkl. Frühstück.

Hotel am Markt — 17087 Altenreptow

Mecklenburg-Vorpommern, Mecklenburger Seenplatte

Am Marktplatz 1, Tel. (03961) 2582-0, Fax: 2582-99. Stilvoll eingerichtetes Hotel mitten im 750-jährigen Altenreptow mit 27 Zimmern, eine Suite, alle mit geschmackvoller Einrichtung. Dusche oder Bad/WC, Fön, Telefon, Kabel-TV-Anschluß und Radio. Parkplatz, Eingang (mit Rampe), Frühstücksraum, Restaurant und Zimmer (mit dem Aufzug) stufenlos erreichbar. Türbreite vom Aufzug 80 cm (Tiefe 148 cm, Breite 102 cm).

Geeignet für Gehbehinderte (bis 45 Pers.) und Rollstuhlfahrer. Ein Zimmer rollstuhlgeeignet. Türbreite von Zimmer und Bad/WC 95 cm. Freiraum in Bad/WC 140 x 140 cm. Freiraum links neben WC 20 cm, rechts 100 cm, davor 120 cm. Keine unterfahrbare Dusche sondern Badewanne mit Hängegriffen und festen Griffen an/über Badewanne. Waschbecken unterfahrbar, mit Kippspiegel. Bettenhöhe 40 cm.

Lage: In der Stadtmitte; Einkaufen 50 m; Bahnhof 500 m; Arzt, Krankenhaus 600 m.
Zimmerpreise: EZ 100,- DM; DZ 145,- DM inkl. Frühstück.

Hotel Vorpommern — 17389 Anklam

Mecklenburg-Vorpommern

Friedländer Landstr. 20 c, Tel. (03971) 29180, Fax: (03971) 291818. Hübsches, gepflegtes Hotel mit 29 komfortabel eingerichteten Zimmern mit 64 Betten, alle mit Kabel-TV, Telefon, Bad mit Du/Badewanne, WC, Fön. Parkplatz, Eingang, Frühstücksraum, Restaurant, Garten und die Zimmer im EG stufenlos erreichbar.

Geeignet für Rollstuhlfahrer und Gehbehinderte. 10 Zimmer ebenerdig mit 98 cm breiten Türen, 1 Zimmer rollstuhlgerecht. Türbreite vom Zimmer und von Du/WC 100 cm. Bettenhöhe 48 cm; Kopfteil höhenverstellbar. Bewegungsfreiraum in Du/WC 160 x 140 cm. Freiraum links neben WC 120 cm, davor 160 cm. Festinstallierter Duschsitz und stabile Haltegriffe an Dusche und WC vorhanden.

Lage: Anklam, die Kreisstadt Ostvorpommerns, liegt im Herzen Vorpommerns; Viele Ausflugsziele. Zur Ortsmitte 2 km; Einkaufen, Arzt, Apotheke 500 m; Krankenhaus, Tennisplatz, Tennishalle 1 km; Bahnhof, Hallenbad 3 km; See 7 km.

Ausflüge: In die Ueckermünder Heide mit ihrer interessanten Küste am Stettiner Haff, in das grenznahe Gebiet um Stettin in Polen, zur nahegelegenen Insel Usedom. Burgen und Schlösser, z.B. in Landskron, Müggenburg und Neetzow.

Zimmerpreise inkl. Frühstück: EZ 97,- DM; DZ 145,- DM; Mehrbettzimmer für 3 Personen 175,- DM, für 4 Personen 195,- DM. Ab 3 Übernachtungen 5% Ermäßigung, ab 5 Übernachtungen 10%. Zuschlag für Halbpension pro Person 25,- DM. Kinder bis 10 Jahre 30% Ermäßigung auf den Zimmerpreis.
Wochenendpreise (April, Mai, Juni, Sept., Okt.): EZ 89,- DM, DZ 119,- DM; November bis März EZ 79,- DM, DZ 109,- DM.

Ferienwohnungen „Villa Augusta" und „Sünnslag" — 23946 Ostseebad Boltenhagen

Mecklenburg-Vorpommern, Ostsee

Vermieter: Rolf A. Klapp, Leckringhäuser Str. 9, 34466 Wolfhagen, Tel. (05692) 2881, Mobil: (0161) 3643789, Fax: (05664) 949055.

Ostseebad Boltenhagen: Boltenhagen als anerkanntes Seeheilbad bietet Gesundheit auf Schritt und Tritt. Eine Fülle sportlicher Möglichkeiten, angeleitete Bewegungsübungen im Freien oder in der Halle, Kuranwendungen und vieles mehr. Boltenhagen bietet dem Kurgast beste Erholung und Betreuung durch Fachkräfte, die sich noch Zeit für die Anliegen der Kurgäste nehmen.

Die ausgedehnten Promenaden und die 290 m lange Seebrücke laden zum entspannenden Bummeln und Flanieren ein. Boltenhagen, das drittälteste Ostseebad Deutschlands, bietet den Gästen die Vorteile eines traditionsbewußten Urlaubsortes inmitten einer naturbelassenen Landschaft.

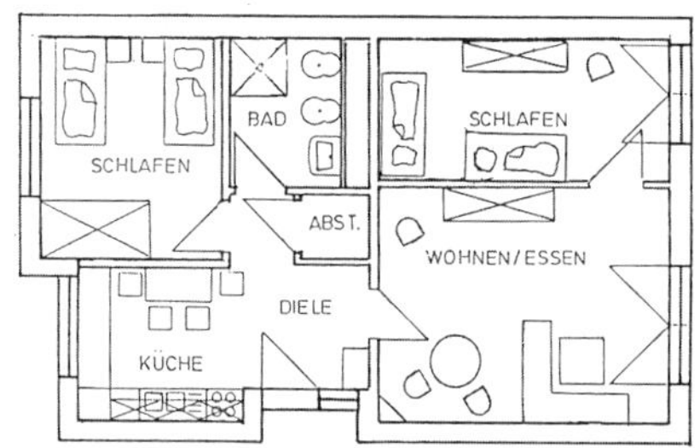

Ferienwohnung „Sünnslag" (6 Personen): 70 qm, 1 Schlafzimmer mit Doppelbett, 1 Schlafzimmer mit Etagenbetten, Bad mit WC, BD, Eßküche mit unterfahrbarer Arbeitsplatte. 2 x TV, Radio, Telefon, Waschmaschine, Hochstuhl, Kinderzustellbett, breiter Parkplatz, Terrasse 22 qm nach Süd-West mit angrenzender Rasenfläche. Die Wohnung befindet sich am Ende einer Sackgasse. Alles stufenlos. Türen mindestens 82 cm breit. Freiraum in Du/WC 140 x 240 cm. Dusche schwellenlos, Waschbecken unterfahrbar. Duschhocker, Strickleiter, Kippspiegel und stabile Haltegriffe an Dusche, WC und Waschbecken vorhanden. Bettenhöhe 50 cm.

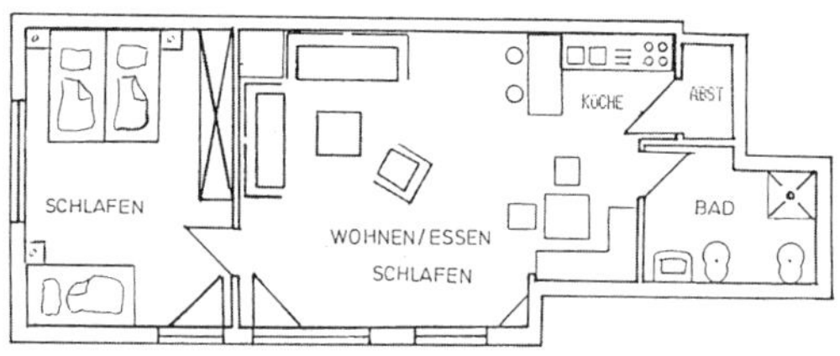

Ferienwohnung „Villa Augusta" (5 Personen): 60 qm, 1 Schlafzimmer mit 3 Betten. Die Wohnküche verfügt über 1 Ausziehsofa für 2 Personen, geräumige Küchenzeile mit unterfahrbarer Arbeitsplatte, Bad mit WC, BD, TV, Radio, Telefon, Waschmaschine, Hochstuhl, Kinderzustellbett, große Terrasse nach Süd-Ost. Die Wohnung befindet sich an der Straßenabgewandten Seite des Hauses im Ortskern. Ruhig aber sehr zentral gelegen. Alles stufenlos erreichbar.

Bewegungsfreiraum in Du/WC 165 x 150 cm. Freiraum rechts neben WC 85 cm, davor 150 cm. Dusche schwellenlos, Waschbecken unterfahrbar. Duschhocker, Strickleiter, Kippspiegel und stabile Haltegriffe an Dusche, WC und Waschbecken vorhanden. Bettenhöhe 50 cm.

Preis für eine Ferienwohnung je nach Saison 65,- bis 170,- DM pro Tag.

Trend Hotel — 19079 Banzkow / Schwerin

Mecklenburg-Vorpommern, Naturschutzgebiet Lewitz

Plater Str. 1, Tel. (03861) 7114 und 5000, Fax: 7334. Freundlich geführtes Haus mit liebevoller Gastfreundschaft auch gegenüber behinderten Gästen. 55 Zimmer und Appartements mit Bad/Du/WC, Telefon und TV. Parkplatz, Eingang, Frühstücksraum, Restaurant und Zimmer im EG sind stufenlos erreichbar. Türbreite vom Aufzug 100 cm (Tiefe 140 cm, Breite 110 cm).

Geeignet für Gehbehinderte, Rollstuhlfahrer und Familien mit geistig Behinderten. 2 Zimmer rollstuhlgerecht; alle Zimmer behindertenfreundlich. Türbreiten der Zimmer und von Du/WC 100 cm. Freiraum in Du/WC 140 x 140 cm. Dusche und Waschbecken unterfahrbar. Notruf, Kippspiegel, festinstallierter Duschsitz und stabile Haltegriffe an Du/WC und Waschbecken vorhanden. (1 öffentliche Dusche und WC behindertengerecht). Hilfsmittel für Rollstuhlfahrer, Gehörlose und Blinde werden auf Wunsch gerne zusätzlich organisiert.

Auszeichnung: Träger der Ehrenmedaille des DMSG-Landesverbandes Mecklenburg-Vorpommern e.V. für besonderen Service mit Herz für behinderte Gäste.

Lage: Ruhige Lage in Banzkow, einem idyllischen Ort. Flache Landschaft, viele Wiesen. 10 Autominuten bis Schwerin; Nähe der A 24, Abfahrt Ludwigslust. Kutschfahrten und Ausflüge können für Gruppen organisiert werden. Zur Ortsmitte 500 m; Einkaufen, Arzt, Solebad 500 m; Bahnhof, Apotheke 2 km; Freibad, Krankenhaus 11 km.

Zimmerpreise: EZ 75,- DM; DZ 110,- DM inkl. reichhaltiges Frühstücksbuffet. Rabatte bei längerem Aufenthalt und für Reisegruppen. Auf Anfrage Angebote für Tagungen, Kurzurlauberarrangements, Radtouren um Schwerin und Gruppenarrangements. Besonders empfehlenswertes Haus.

Ringhotel Lewitz-Mühle — 19079 Banzkow / Schwerin

Mecklenburg-Vorpommern, Naturschutzgebiet Lewitz

An der Lewitzmühle 40, Tel. (03861) 5050, Fax: 505444. Hotel mit 54 Zimmern mit Du/WC, Telefon und TV. Parkplatz, Eingang, Frühstücksraum, Restaurant und Zimmer im EG stufenlos erreichbar. Hauseigenes Hallenbad und Freibad mit dem Aufzug erreichbar. Türbreite vom Aufzug 100 cm (Tiefe 120 cm, Breite 110 cm).

Geeignet für Gehbehinderte, Rollstuhlfahrer und Familien mit geistig Behinderten. 2 Zimmer mit Du/WC rollstuhlgerecht. Türbreiten von Zimmer und Du/WC 100 cm. Freiraum in Du/WC 200 x 200 cm. Dusche und Waschbecken unterfahrbar. Notruf, festinstallierter Duschsitz und stabile Haltegriffe an Du/WC und Waschbecken vorhanden.

Lage: 13 km bis Schwerin; zur Ortsmitte von Banzkow 500 m; Apotheke 3,5 km; Arzt 500 m; Krankenhaus und Dialyse 2 km; Bahnhof 4 km. Umgebung flach.

Preise: EZ ab 115,- DM; DZ ab 170,- DM; Komfort-EZ ab 135,- DM; Komfort-DZ ab 180,- DM. Ferienwohnung ohne Frühstück ab 120,- DM.

Ferienhaus Gramm — 18211 Börgerende

Mecklenburg-Vorpommern, Ostsee

Vermieter: Martin Gramm, Jahnstr. 2, 69214 Eppelheim, Tel. (06221) 766444, Fax: 766460. Ein Ferienhaus in einer Doppelhaushälfte für 6 Personen an der Ostsee; Parkplatz und Eingang stufenlos.Wohnfläche 70 qm. Im EG 1 Wohnzimmer mit Schlafmöglichkeit und Eßzimmer; Küche, Terrasse, große Du/WC rollstuhlgerecht. Im 1. OG 2 weitere Schlafzimmer mit Du/WC.

Geeignet für Gehbehinderte, Rollstuhlfahrer und Familien mit geistig Behinderten. Türbreite der Zimmer 80 cm, von Du/WC 90 cm. Freiraum in Du/WC 150 x 150 cm. Freiraum links neben WC 130 cm, rechts 40 cm, davor 150 cm. Dusche und Waschbecken unterfahrbar. Festinstallierter Duschsitz und stabile Haltegriffe an Dusche und WC vorhanden.

Lage: Das Haus liegt am Ortsrand von Börgerende zwischen Bad Doberan und Warnemünde, 10 km westl. von Rostock. Entfernung zur Ortsmitte ca. 500 m; Entfernung zum Naturstrand 1 km. In Bad Doberan sind Kuranwendungen möglich. Ortsmitte und Einkaufen 500 m; Arzt 2 km; Bahnhof, Apotheke 5 km; Krankenhaus 12 km.
Preis pro Tag je nach Saison 80,- bis 130,- DM bei Belegung mit 4 Personen; jede weitere Person 15,- DM pro Tag.

Ferienwohnung Bärbel Schumann — 18375 Born

Mecklenburg-Vorpommern, Halbinsel Darß

Vermieter: Bärbel Schumann, Buchenstr. 2, 18375 Prerow, Tel. (038233) 69330, Fax: 69331. Doppelhaushälften, ebenerdige Wohnungen mit bester Ausstattung nach DIN 18024/25. Ruhiges großes Grundstück mit Wasserzugang, Fahrrad, Boote und Badestelle. Wandern auf flachen Wegen im Nationalpark. Gut geeignet für Rollstuhlfahrer. **Preis** pro Tag bei Belegung mit 2 Personen ab 78,- DM, ab 4 Personen ab 98,- DM. Zuschlag in der Hauptsaison 30,- DM pro Tag.

Hotel Marienhof — 17094 Burg Stargard

Mecklenburg-Vorpommern

Marie-Hager-Str. 1, Tel. (039603) 2550, Fax: 25531. 1994 erbautes Hotel mit 25 modernen, schön eingerichteten Zimmern. Haupteingang, beide Restaurants und 1 Zimmer im EG stufenlos erreichbar.

Geeignet für Gehbehinderte und Rollstuhlfahrer: 1 Zimmer mit Du/WC rollstuhlgerecht. Türen von Zimmer und Du/WC 93 cm breit. Dusche schwellenlos unterfahrbar. Festinstallierter Duschsitz und Haltegriffe an Dusche und WC vorhanden. Bewegungsfreiraum in Du/WC mehr als 140 x 140 cm.
Lage: Das Haus liegt auf einem Hügel. Die nähere Umgebung am Hotel ist flach. Der Ort selbst liegt in einem Tal. Zur Ortsmitte mit Arzt und Apotheke 500 m; Einkaufen 100 m; Bahnhof 1 km.
Preise: EZ 95,- bis 105,- DM; DZ 130,- bis 140,- DM inkl. Frühstück. Bei längerem Aufenthalt Preise auf Anfrage.

Gästehaus an den Seewiesen — 17166 Dahmen

Mecklenburg, Mecklenburger Schweiz, Malchiner See

Am Kanal 1, Tel. (03996) 120500. Fünf Appartements für je 2 Personen, Zusatzbett möglich, davon drei rollstuhlgerecht, alle mit Küche, Du/WC, TV und Telefon. Großer Gemeinschaftsraum mit Küche. Parkplatz/Eingang mit Rampe, Frühstücksraum stufenlos.

Geeignet für Rollstuhlfahrer (drei Appartements) und Familien mit geistig Behinderten (jeweils max. 6 Personen; je App. 2 Pers.). Bettenhöhe 40 cm. Türbreite der Zimmer und von Du/WC 94 cm. Bewegungsfreiraum in Du/WC 440 x 310 cm. Freiraum links neben WC 110 cm, rechts 200 cm, davor 240 cm. Dusche schwellenlos, Waschbecken unterfahrbar. Kippspiegel, festinstallierter Duschsitz und stabile Haltegriffe an Dusche und WC vorhanden. Ausgebildete Krankenpflegerin vor Ort.

Lage: Das Dorf Dahme liegt am Südufer des Malchiner Sees. Im Dorf gibt es zwei Gaststätten. Zur Ortsmitte 50 m; Einkaufen 50 m; Malchiner See 300 m; Arzt 6 km; Krankenhaus, Apotheke 16 km; Freibad 14 km, Ostsee 60 km. Wege im Ort und zum Seestrand flach.

Preis pro Appartement für 2 Personen 60,- DM pro Tag.

Hotel „Mecklenburger Mühle" — 23972 Dorf Mecklenburg

Mecklenburg-Vorpommern, Ostsee

An der Mühle, Tel. (03841) 3980, Fax: (03841) 398198. Im Fachwerkstil gebautes, schönes Hotel mit 38 geschmackvoll eingerichteten Zimmern und Appartements (17 bis 38 qm groß), alle mit Du/WC, TV, Telefon und Faxanschluß. Die Appartements zusätzlich mit einem Wohnraum und einer funktionell eingerichteten Pantry-Küche. Neu gestaltetes Restaurant auf drei Ebenen mit mecklenburgischen Spezialitäten. Räumlichkeiten für Seminare und Veranstaltungen. Parkplatz, Eingang, Frühstücksraum, Restaurant (Rampe) und die Zimmer im EG stufenlos erreichbar.

Geeignet für Rollstuhlfahrer (3 Personen), Familien mit geistig Behinderten: 2 Appartements. Bettenhöhe 43 cm. Türbreiten der Zimmer 88 cm, von Du/WC 85 cm. Bewegungsfreiraum in Du/WC 150 x 120 cm. Freiraum links neben WC 73 cm, rechts 30 cm, davor 103 cm. Dusche mit kleiner Schwelle, festinstallierter Duschsitz, verstellbarer Kippspiegel über Waschbecken, stabile Haltegriffe an Dusche und WC vorhanden.

Lage: Zur Ortsmitte 500 m; Einkaufen, Arzt, Apotheke 500 m; Krankenhaus, Dialyse 7 km. Ostseestrand 15 km. Wege flach und hügelig.

Zimmerpreise: EZ 90,- bis 95,- DM; DZ 130,- bis 135,- DM, Appartement bis 3 Personen 175,- bis 185,- DM, bis 4 Pers. 225,- bis 235,- DM. Alle Preise inkl. Frühstück. Kinder bis 12 J. frei. Haustiere 8,- DM.

Hotel Vogelgarten — 19073 Dümmer

Mecklenburg-Vorpommern, Mecklenburger Seenplatte, Dümmer See

Welziner Str. 1, Tel. (03869) 2222, Fax: 690055, Internet: www.hotel-vogelgarten.de. Hübsches Hotel im Landhausstil mit Fachwerk, 32 komfortable Zimmer. Fitnesstudio, integrierte Massageabteilung. Parkplatz, Eingang, Frühstücksraum, Restaurant, Garten und Zimmer im EG stufenlos erreichbar.

Geeignet für Rollstuhlfahrer und Familien mit geistig Behinderten. 2 Zimmer mit Du/WC rollstuhlgerecht. Bettenhöhe 50 cm. Türbreite der Zimmer und von Du/WC 80 cm. Bewegungsfreiraum in Du/WC 140 x 140 cm. Dusche schwellenlos, Waschbecken unterfahrbar. Kippspiegel, festinstallierter Duschsitz und stabile Haltegriffe an Dusche, WC und Waschbecken vorhanden.

Lage: Ruhige Ortsrandlage mit unverbaubarer Sicht auf den 208 ha großen Dümmer See (150 m). Zum Hotelgelände gehört ein kleiner Vogelpark und ein separates Café. Zur Ortsmitte 2 km; Einkaufen 2 km; Arzt 10 km. Umgebung flach.

Zimmerpreise: EZ 85,- bis 95,- DM, DZ 130,- bis 150,- DM für 2 Pers. inkl. Frühstück.

Hotel Stadt Eggesin — 17367 Eggesin

Mecklenburg-Vorpommern, Oder-Haff-Region

Stettiner Str. 47 B, Tel. (039779) 21800, Fax: 21805. Komfortables Hotel mit 42 DZ und 4 EZ, alle mit Du/WC, Minibar, TV und Telefon. Parkplatz direkt vor dem Hotel. Restaurant, Café und behindertengerechtes Zimmer im EG. Alle Türen mindestens 93 cm breit.

Geeignet für Rollstuhlfahrer: 2 Zimmer mit Du/WC. Türbreiten der Zimmer und von Du/WC 93 cm. Freiraum in Du/WC 91 x 110 cm. WC von vorne anfahrbar, Freiraum 91 cm. Dusche und Waschbecken unterfahrbar. Festinstallierter Duschsitz und stabiler Haltegriff an Dusche und WC vorhanden.
Lage: Am Ortsausgang; Ortsmitte 2 km; Bahnhof, Arzt, Apotheke 3 km; Krankenhaus und Stettiner Haff 10 km.
Zimmerpreise inkl. Frühstück: EZ 85,- bis 95,- DM; DZ 135,- bis 150,- DM..Ausführliche Preisliste auf Anfrage.

Hotel „Stettiner Hof" — 17498 Greifswald-Neuenkirchen

Mecklenburg-Vorpommern, Ostsee

Theodor-Körner-Str. 20, Tel. (03834) 899624, Fax: 899627. Hotel mit 23 Zimmern, Parkplatz, Eingang, Frühstücksraum, Restaurant, Garten und Zimmer im EG stufenlos erreichbar. **Geeignet** für Gehbehinderte, Rollstuhlfahrer und Familien mit geistig Behinderten. 1 Zimmer rollstuhlgerecht. Türbreiten von Zimmer und Du/WC 95 cm. Freiraum in Du/WC 170 x 300 cm. Freiraum links neben WC 80 cm, rechts und davor 90 cm. Dusche und Waschbecken unterfahrbar. Kippspiegel, Duschhocker und stabile Haltegriffe an WC und Waschbecken vorhanden. Bettenhöhe 40 cm.

Lage: Zur Stadtmitte 500 m; Arzt 250 m; Bahnhof 300 m; Einkaufen, Apotheke 500 m; Krankenhaus, Dialyse 2 km.
Zimmerpreise: EZ 80,- bis 130,- DM; DZ 120,- bis 160,- DM inkl. Frühstück.

Kolping-Familienferienstätte Salem — 17139 Gorschendorf-Salem

Mecklenburg-Vorpommern, Mecklenburger Schweiz, Kummerower See

Am Hafen 1, Tel. (03994) 2340, Fax: (03994) 2340. 42 3-Zimmer-Appartements mit Bad/Dusche und WC, davon 10 behindertengerechte Appartements für bis zu 40 Rollstuhlfahrer. Pantryküche im Appartement; einige Appartements können bei Bedarf vergrößert oder verkleinert werden. Mehrzweckhalle für bis zu 230 Personen und Konferenzräume von 12 bis 50 Personen. Gaststätte Arche Noah, ein Speisesaal für 160 Personen und ein Speiseraum für 60 Personen. Es gibt außerdem überall Rampen, jede Einrichtung und jeder Platz des Geländes ist bequem mit dem Rollstuhl zu erreichen.

Geeignet für Rollstuhlfahrer und Familien mit geistig Behinderten. 10 der insgesamt 42 Appartements sind behindertengerecht ausgestattet. Bettenhöhe 52 cm. Türbreiten der Appartements und von Du/WC 93 cm. Bewegungsfreiraum in Du/WC 140 x 140 cm. Freiraum links neben WC 110 x 130 cm, davor 100 x 160 cm. Dusche schwellenlos, Waschbecken unterfahrbar. Kippspiegel, festinstallierter Duschsitz und stabile Haltegriffe an Dusche und WC vorhanden.

Freizeit: Sauna, Fitnessraum, Kegelbahn, Spiel- und Kindergarten, Werk- und Bastelräume, Kleintheaterbühne, Segelschule, Fahrradverleih, Badestrände rund um den See, Leseräume, Zeltlagerplatz für Jugendgruppen, kleiner Einkaufsladen.

Lage: Am Kummerower See (300 m), zu erreichen über die A 19 bis zur Ausfahrt Güstrow, dann auf der B 104 in Richtung Teterow, weiter in Richtung Malchin; kurz vor Malchin links in Richtung Salem. Zur Ortsmitte 500 m; Einkaufen, Arzt, Apotheke 4 km; Bahnhof, Krankenhaus und Freibad 8 km.

Preise: Erwachsene inklusive Halbpension pro Tag 58,- DM, Vollpension 63,- DM pro Tag. Ermäßigungen: Kinder 12-17 Jahre 15%, Kinder 7-11 J. 30%, Kinder 3-6 Jahre 5%, Kinder von 0-2 Jahre frei.

Ferienpark Mirow — 17252 Granzow am See

Mecklenburg-Vorpommern, Mecklenburgische Seenplatte

Dorfstr. 1 a, Tel. (039833) 60-0, Fax: 60110. Ferienpark mit 200 Ferienhäusern mit jeweils 2-3 Schlafzimmern, Wohnzimmer, Küche, Du/WC, Radio und TV. Freizeitangebote: Reiten, Kutschfahrten, Fahrrad- und Bootsverleih; Kanukurse, Minigolf, Bolzplatz, Abenteuerspielplatz. Eingang je nach Ferienhaus 0 bis 2 Stufen; Restaurant, hauseigenes Freibad sowie Anlegestelle vom Fahrgastschiff stufenlos erreichbar.

Geeignet für Gehbehinderte, Rollstuhlfahrer und Familien mit geistig Behinderten. Türbreiten der Zimmer und von Du/WC 90 cm. Freiraum in Du/WC 120 x 200 cm; Freiraum vor dem WC 110 cm, WC seitlich anfahrbar. Dusche unterfahrbar.
Lage: Direkt am See (300 m); Bus 1 km; Arzt, Apotheke 4 km.
Preis pro Ferienhaus ab 85,- DM pro Tag.

Best Western Hotel Stadt Güstrow — 18273 Güstrow

Mecklenburg-Vorpommern, Mecklenburgische Seenplatte

Pferdemarkt 58, Tel. (03843) 7800, Fax: 780100. Komfortables Hotel mit 71 gut ausgestatteten Zimmern. Eingang 1 Stufe (12 cm). Zimmer im EG stufenlos erreichbar. Frühstücksraum, Restaurant mit dem Aufzug erreichbar. Türbreite vom Aufzug 90 cm (Tiefe 145 cm, Breite 115 cm).

Geeignet für Gehbehinderte, Rollstuhlfahrer und Familien mit geistig Behinderten. 1 Zimmer rollstuhlgerecht. Türbreiten vom Zimmer und von Du/WC 96 cm. Freiraum in Du/WC 265 x 255 cm. Freiraum links neben WC 145 cm, rechts 90 cm, davor 203 cm. Dusche und Waschbecken unterfahrbar. Festinstallierter Duschsitz und stabile Haltegriffe an Dusche und WC vorhanden.

Lage: Im Stadtzentrum; Apotheke 300 m; Arzt 500 m; Bahnhof, Krankenhaus, Dialyse 1 km; Freibad 3 km. Umgebung flach.
Zimmerpreise auf Anfrage.

Hotel „Kurhaus am Inselsee" — 18273 Güstrow

Mecklenburg-Vorpommern, Mecklenburgische Seenplatte

Heidberg 1, Tel. (03843) 850-0, Fax: 850100. Exklusives 4-Sterne-Hotel mit 24 Zimmern, alle mit Du/WC oder Bad/WC, Radio, Telefon, TV. Eingang 1 Stufe; Frühstücksraum, Restaurant, Garten und Aufzug (Tiefe 145 cm, Breite 112 cm) stufenlos erreichbar. Zimmer im EG oder mit dem Aufzug erreichbar. Alle Türen mindestens 92 cm breit.
Geeignet für Gehbehinderte, Rollstuhlfahrer und Familien mit geistig Behinderten; Gruppen bis maximal 10 Personen. 2 Zimmer mit Du/WC sind rollstuhlgerecht.

Freiraum in Du/WC 220 x 270 cm. Freiraum links neben WC 37 cm, rechts 147 cm, davor 220 cm. Dusche und Waschbecken unterfahrbar. Kippspiegel, festinstallierter Duschsitz sowie stabile Haltegriffe an Du/WC und Waschbecken vorhanden. Weitere 22 Zimmer mit Du/WC sind ausreichend groß für Rollstuhlfahrer; Freiraum in Du/WC 123 x 150 cm und 148 x 150 cm. Bettenhöhe 57,5 cm.

Lage: See 120 m; Ortsmitte, Arzt, Apotheke, **Dialysezentrum** und Krankenhaus 3 km; Bahnhof 4 km. Garten und nähere Umgebung mit dem Rollstuhl befahrbar.
Zimmerpreise: EZ ab 115,- DM; DZ ab 160,- DM.

Reiterhof am Steinberg — 19294 Karenz

Mecklenburg-Vorpommern

Grebser Str. 1, Tel. (038750) 20288. Reiterhof mit einer Ferienwohnung. Parkplatz, Eingang, Frühstücksraum und Garten stufenlos erreichbar.

Geeignet für Gehbehinderte, Rollstuhlfahrer und Familien mit geistig Behinderten. Türbreiten von Eingang, Zimmer und Du/WC 85 cm. Freiraum in Du/WC 160 x 160 cm. Freiraum links und rechts neben WC 100 cm, davor 160 cm. Dusche und Waschbecken unterfahrbar. Kippspiegel, festinstallierter Duschsitz sowie stabile Haltegriffe an Dusche und WC vorhanden.

Lage: Ortsmitte und Einkaufen 300 m; Bus 20 m; Bahnhof, Apotheke 5 km; Arzt 6 km; Freibad 8 km; Krankenhaus und **Dialysezentrum** 18 km. Umgebung flach, keine Steigungen. **Preis** für die Ferienwohnung pro Tag 60,- DM.

Hotel „Sembziner Hof" — 17192 Klink, OT Sembzin

Mecklenburg-Vorpommern, Mecklenburgische Seenplatte

Dorfstr. 13, Tel. (03991) 121990, Fax: 733204. Neues, modern eingerichtetes Hotel mit 32 Zimmern, alle mit Du/WC, TV, Radio und Telefon. Parkplatz stufenlos, Eingang mit Rampe, Frühstücksraum, Restaurant und die Zimmer im EG stufenlos erreichbar.

Geeignet für Gehbehinderte, Rollstuhlfahrer und Familien mit geistig Behinderten. 2 Zimmer rollstuhlgerecht. Türbreiten der Zimmer und von Du/WC 100 cm. Dusche und Waschbecken unterfahrbar, Duschhocker vorhanden.

Lage: Am Nordufer der Müritz, 400 m vom Ufer entfernt. Spielplatz am Haus; Hallenbad, Arzt 200 m; Apotheke 800 m; Krankenhaus und Dialyse 10 km.
Zimmerpreise je nach Saison pro Nacht: EZ 85 bis 120 DM, DZ 85 bis 160 DM inkl. Frühstück.

Ferienwohnungen Peter Eberbach — 17194 Klocksin

Mecklenburg-Vorpommern, Mecklenburgische Seenplatte

Vermieter: Peter Eberbach, Groß Eibel 26, 27321 Thedinghausen, Tel. (04204) 689097, Fax: 689098. 2 Ferienwohnungen mit je 70 qm, für je 1-6 Personen, mit Telefon, Sat-TV, Spülmaschine, Duschbad, Sauna, großer Garten, 2 Schlafräume,

Schlafsofa für 2 Personen im Wohnzimmer. Parkplatz und Eingang stufenlos. Eigenes Boot für Fahrten auf dem nahegelegenen See.

Geeignet für Gehbehinderte, Rollstuhlfahrer und Familien mit geistig Behinderten (1 FeWo im EG). Türbreite von Zimmer und Du/WC 100 cm. Freiraum in Du/WC 120 x 180 cm. Freiraum links neben WC 100 cm, davor 180 cm. Dusche und Waschbecken unterfahrbar. Festinstallierter Duschsitz, erhöhtes WC und stabile Haltegriffe an Dusche und WC vorhanden. Bettenhöhe 42 cm.

Lage: Zum See 600 m; zur Ortsmitte 50 m; Einkaufen 100 m; Bahnhof, Arzt 8 km.
Preis pro Wohnung und Tag je nach Saison und Belegung 60,- bis 135,- DM.

Haus Silvia
Ferienwohnungen Silvia Kamrath — 18225 Kühlungsborn

Mecklenburg-Vorpommern, Ostsee

Lindenstr. 8, Tel. (038293) 89220 und 7437, Fax: 892222 und 14052. 8 neuerbaute, komfortable 2- und 3-Raum-Ferienwohnungen. Ausstattung der 2-Raum-Wohnungen: Wohnküche, Schlafraum, Dusche/WC, TV und zum Teil Balkon.
Ausstattung der 3-Raum-Wohnungen: Wohnküche, 2 Schlafzimmer, Dusche/WC, TV und Balkon. Die Küchenzeilen in allen Wohnungen sind ausgestattet mit Geschirrspüler, Kühlschrank, Mikrowelle, kleinem Ceranfeld, Kaffeemaschine, Toaster und Wasserkocher. Parkplatz und Eingang stufenlos erreichbar. Eingangstür 94 cm breit.

Geeignet für Gehbehinderte (bis 24 Pers.), Rollstuhlfahrer (bis 6 Pers.) und Familien mit geistig Behinderten (bis 8 Pers.). 4 Ferienwohnungen sind rollstuhlgerecht. Alle Zimmertüren 110 cm breit. Dusche jeweils unterfahrbar, festinstallierter Duschsitz und stabile Haltegriffe an Dusche und WC vorhanden. Bettenhöhe 40 bis 49 cm; können bei Bedarf erhöht werden. Reparaturservice für Rollstühle kann organisiert werden.

Lage: Zum Strand 400 m, mit dem Rollstuhl gut erreichbar. Kühlungsborn hat einen rollstuhlgerechten Badesteg; es ist eine Schräge von etwa 50 m Länge mit einem leichten Anstieg zu bewältigen. Das Haus liegt direkt am Stadtwald (20 m); Wege am Haus gepflastert. Zur Ortsmitte 200 m; Tennisplatz, Arzt 100 m; Einkaufen 150 m; Sportplatz 400 m; Hallenbad 2 km; Bhf 400 m; Krankenhaus 20 km. Fahrradverleih 100 m.

Preise: 2-Raum-Wohnung (35 qm) pro Tag je nach Saison 60,- bis 105,- DM; 3-Raum-Whg. (50 qm) pro Tag 80,- bis 125,- DM. Wäschepaket (Bett-/Gebrauchsw.) 14,- DM.

Ferienwohnungen Sabine Dröse — 18225 Kühlungsborn

Mecklenburg-Vorpommern, Ostsee

Doberaner Str. 08, Tel. (038293) 17380, Fax: (038293) 14179. Die Anlage, die **ganzjährig nutzbar** ist, besteht aus drei Ferienhäusern, in denen eine 1-Raum-, drei 2-Raum und acht 3-Raumwohnungen mit hohem Wohnkomfort geschaffen wurden. Alle Wohnungen verfügen über Telefon, Radio und Sat-TV sowie moderner separater Küche mit Geschirrspüler, Mikrowelle, Kühlschrank und Kochfeld.

Zwei Dreiraumwohnungen (90 qm) und eine Dreiraumwohnung (130 qm) wurden entsprechend der DIN 18024/25 rollstuhlgerecht gebaut, d.h. stufenlos, ebenerdig gepflastert oder gefliest vom Parkplatz bis in den gesamten Wohnbereich. Alle Bäder mindestens 350 x 280 cm gross. Dusche unterfahrbar mit fest installiertem Duschsitz, stabile Haltegriffe an erhöhtem WC, Waschtisch und Dusche links und rechtsseitig vorhanden. Türbreite mindestens 98 cm, Haustür 110 cm. Vor den Wohnungen große rollstuhlbefahrbare Terrassen. Bei Bedarf Vermittlung von ambulanten Pflegedienst und Fahrdienst der AWO möglich.

Geeignet ist die Wohnanlage für Gehbehinderte, Rollstuhlfahrer und Familien mit geistig Behinderten. Generell erleben Behinderte und Nichtbehinderte zusammen ihren Urlaub in der Anlage, unternehmen oft zusammen Kutschfahrten, Grillabende, Haffrundfahrten über das Reriker Salzhaff, sitzen zusammen vor dem Streichelzoo, spielen Tischtennis oder toben auf dem Spielplatz. Weiterhin genutzt werden können Sportraum mit Kraftsportgeräten, Sauna, Solarium, Reiten auf geführten Pferden.

In der großen Rolliwohnung ist das Wohnzimmer ca. 60 qm groß und besitzt eine 3,6 m lange Esstafel, ideal für gemeinsame Zusammenkünfte von Gruppen. Nutzung von Verpflegungsleistungen, Frühstück 8,-DM und Halbpension 20,- DM ist möglich. Weiterhin ist in dieser Wohnung ein behindertengerechter Whirlpool eingebaut.

Gegen Gebühr: elektr. Pflegebett, Lifter, Duschrollstuhl, Galgen, Waschmaschine, Trockner.

Lage: Am Rand vom Kühlungsborn-Ost, Meer 400 m; Zentrum 300 m; Bahnhof 200 m; Supermarkt 250 m; Arzt und Apotheke 400 m; Rollibadestrand mit rollstuhlgerechtem Badesteg 800 m. Meerwasserschwimmhalle 3 km.

Übernachtungspreise: Sommersaison- und Feiertagsbelegung 45,- bis 150,- DM. Herbst-, Winter- und Frühjahrssaison 35,- bis 110,- DM inkl. Wäschepaket.

Hotel Heidehof - Das Hotel für Gäste mit Handicap - 18146 Markgrafenheide / Warnemünde

Mecklenburg-Vorpommern, Ostsee, Rostocker Heide

Warnemünder Str. 11, Tel. (0381) 609380, Fax: 669535. Im Juli 1996 eröffnetes, behindertengerechtes Hotel direkt an der Ostsee, mit 16 komfortabel ausgestatteten Zimmern, alle mit Dusche/Bad und WC, Hausnotruf, Farb-TV und Telefon.

Sämtliche zur Anlage gehörenden Gebäude sind ebenerdig angelegt und für Rollstuhlfahrer geeignet.

Getragen wird das Hotel Heidehof vom Verein „ohne Barrieren", der sich in Rostock für die Integration von Behinderten einsetzt. Parkplatz, Eingang, Frühstücksraum, Restaurant, Garten und die Zimmer sind stufenlos erreichbar. Alle Türen 100 bis 170 cm breit.

Geeignet für Gehbehinderte, Rollstuhlfahrer und Familien mit geistig Behinderten, jeweils auch für Gruppen bis 40 Personen. Alle 16 Zimmer rollstuhlgerecht. Freiraum in Du/WC 200 x 200 cm. Freiraum rechts neben WC 120 cm, davor 150 cm. Dusche und Waschbecken rollstuhlgerecht unterfahrbar. Festinstallierter Duschsitz und stabile Haltegriffe an Dusche und WC vorhanden.

Pflegedienst über Caritas Warnemünde, Tel. 0381-52526. Abholdienst Hotel, Tel. 0381-609380. Pflegebett, Rollstuhl, Wannenlifter, Toilettenstuhl im Hause.

Lage: Sehr schöne Einzellage, umgeben vom weißen Ostseestrand und von den Wäldern der Rostocker Heide. Zur Ortsmitte 300 m; Einkaufen 250 m; Arzt 300 m; Strand 1,2 km, mit dem Rollstuhl befahrbar (Gummimatten); Hallenbad 5 km; Krankenhaus 8 km; Dialyse 15 km.

Zimmerpreise: Sommer: EZ ab 100,- DM; DZ 120,- DM; Dreibett-Zi. 150,- DM; Zweizimmer-App. 190,- DM. Winter: EZ ab 60,- DM; DZ 89,- DM; Dreibett-Zi. 120,- DM; Zweizimmer-App. 170,- DM.

Sonderangebote auf Anfrage. Auf Wunsch auch Übernachtungen mit Vollpension. Auch für Gruppen mit Behinderten ein besonders empfehlenswertes Hotel.

Hotel Weinert garni — 17033 Neubrandenburg

Mecklenburg-Vorpommern, Mecklenburgische Seenplatte

Ziegelbergstr. 23, Tel. (0395) 581230, Fax: 5812311. 12 Einzelzimmer (davon 2 behindertengerecht) und 6 DZ, alle mit Du/WC, TV und Telefon. Parkplatz, Eingang, Frühstücksraum und Zimmer stufenlos erreichbar.

Geeignet für Gehbehinderte und Rollstuhlfahrer (2 EZ). Türbreiten der Zimmer und von Du/WC 83 cm. Freiraum in Du/WC 150 x 150 cm. Freiraum links oder rechts neben WC 140 cm, davor 80 cm. Dusche und Waschbecken unterfahrbar. Kippspiegel, festinstallierter Duschsitz und stabile Haltegriffe an Du/WC und Waschbecken. Bettenhöhe 45 cm.

Lage: Zur Stadtmitte 500 m; Arzt und Apotheke 100 m; Krankenhaus 400 m; Einkaufen 500 m; Bahnhof 2 km.

Zimmerpreise: EZ 80,- bis 98,- DM; DZ 100,- bis 130,- DM.

Hotel Hellfeld — 17039 Neubrandenburg OT Hellfeld

Mecklenburg-Vorpommern, Mecklenburgische Seenplatte

Hellfelderstr. 15, Tel. (0395) 429810, Fax: 42981140. Hotel mit 30 Zimmern. Parkplatz, Eingang, Frühstücksraum, Restaurant und Zimmer im EG stufenlos erreichbar.

Geeignet für Gehbehinderte und Rollstuhlfahrer. 1 Zimmer rollstuhlgerecht. Türbreite vom Zimmer 90 cm, von Du/WC 100 cm. Freiraum in Du/WC 180 x 180 cm. Freiraum links neben WC 40 cm, rechts 100 cm, davor 120 cm. Dusche und Waschbecken unterfahrbar. Festinstallierter Duschsitz, Kippspiegel und stabile Haltegriffe an Dusche und WC vorhanden. Bettenhöhe 50 cm.

Lage: Zur Ortsmitte 3 km; Einkaufen, Apotheke 2 km; Bahnhof, Arzt, Krankenhaus, Dialyse 3 km. Zufahrt zum Hotel hügelig; Umgebung flach.

Zimmerpreise: EZ 89,- bis 115,- DM; DZ 135,- bis 150,- DM.

Pension Seeluft — 18347 Niehagen / Ostseebad Ahrenshoop

Mecklenburg-Vorpommern, Ostsee

Hauptstr. 07, Tel. (038220) 6400, Fax: 64011. Im Jahr 1996 hübsche, neugebaute Pension mit 9 großen Doppelzimmern, gut ausgestattet, mit Telefon, Farb-TV und Du/WC. Parkplatz, Eingang Frühstücksraum und die Zimmer im EG stufenlos erreichbar.

Geeignet für Gehbehinderte, Rollstuhlfahrer und Familien mit geistig Behinderten. 1 Zimmer rollstuhlgerecht. Türbreite vom Zimmer und von Du/WC 100 cm. Freiraum in Du/WC 140 x 140 cm. Freiraum links neben WC 140 cm, davor 80 cm. Dusche und Waschbecken unterfahrbar. Festinstallierter Duschsitz, Kippspiegel und stabile Haltegriffe an Dusche und WC vorhanden. Bettenhöhe 50 cm.

Lage: Im Ortsteil Niehagen, südlicher Teil von Ahrenshoop. Zur Ortsmitte mit Einkaufsmöglichkeiten, Arzt und Apotheke 1 km. Die Umgebung und Wege sind flach. Ein Übergang für Rollstuhlfahrer an den Ostseestrand befindet sich direkt in Ahrenshoop an der Rehaklinik, die 2 km vom Haus entfernt liegt.
Preise: DZ ab 120,- DM inkl. Frühstück.

Pension Hesse — 18347 Ostseebad Dierhagen OT Dändorf

Mecklenburg-Vorpommern, Ostsee

Schulweg 4, Tel. (038226) 69314, Fax: 69316, Internet: www.pension-hesse.de, E-Mail: info@pension-hesse.de. Kleine Pension mit 8 Zimmern. Parkplatz, Eingang, Frühstücksraum, Garten und die Zimmer im EG stufenlos erreichbar.

Geeignet für Gehbehinderte und Familien mit geistig Behinderten. Bedingt geeignet für Rollstuhlfahrer mit Begleitung (2 Zimmer). Türbreite der Zimmer und von Du/WC 100 cm. Freiraum in Du/WC 120 x 120 cm. Dusche nicht unterfahrbar. Freiraum rechts neben WC 50 cm, links 30 cm, davor 130 cm.

Lage: Zum Strand 2,5 km; Strandzugänge über die Dünen ohne Stufen. In der Nähe ist ein mit Gummimatten ausgelegter Weg zum Wasser. Zur Ortsmitte mit Einkaufsmöglichkeiten und Arzt 2 km; Krankenhaus, Dialyse 3 km; Apotheke 8 km.
Zimmerpreise: EZ 45,- bis 75,- DM; DZ 90,- bis 150,- DM.

Ferienanlage Seeblick — 23948 Niendorf

Mecklenburg-Vorpommern, Ostsee

H. Marx, S. Ehrlich, Strandstraße, Tel. (038428) 222, Fax: 60828. 22 neue, gemütliche 2- bis 3-Zimmer-Ferienwohnungen (für je 4-5 Pers.) mit Du/WC. Küchenzeile, Farb-TV, Telefon und Terrasse, z.T. mit Meeresblick. Vom Parkplatz bis Eingang 1 Rampe.

Geeignet für Gehbehinderte, Rollstuhlfahrer und Familien mit geistig Behinderten. 1 Ferienwohnung rollstuhlgerecht. Türbreite der Zimmer und von Du/WC 100 cm. Freiraum in Du/WC 150 x 150 cm. Freiraum links neben WC 160 cm, rechts 30 cm, davor 100 cm. Dusche und Waschbecken unterfahrbar. Kein Duschsitz, keine Haltegriffe. Bettenhöhe 50 cm.

Lage: Zum Strand 100 m (Weg flach bis leicht hügelig, keine Stufen). Zur Ortsmitte 500 m; Einkaufen 2 km; Arzt, Apotheke 8 km; Bahnhof, Krankenhaus 12 km; Reiterhof 2,5 km; Golfplatz 4,5 km; Lübeck 35 km; Boltenhagen 12 km.

Preis für eine Ferienwohnung je nach Größe und Saison : 1-Zi-Whg. für 2-3 Pers. 46,- bis 85,- DM; 2-Zi-Whg. für 4-5 Pers. 65,- bis 130,- DM; bis 6 Pers. 75,- bis 150,- DM.

Pension „Am Peetscher See" 17253 Peetsch

Mecklenburg-Vorpommern, Mecklenburgische Seenplatte

Dorfstr. 23, Tel. (039833) 21315), Fax: 21329. im Jahr 1998 neuerbaute, sehr schön gelegene Pension mit 15 behaglich eingerichteten Doppelzimmern, zum Teil mit Seeblick und Balkon, alle mit TV, Telefon und Du/WC. Für Seminare und Feiern ein Raum für 40 Personen. Ein Fitnessraum mit Sauna und Solarium. Parkplatz, Eingang zur Gaststätte, Terrasse sowie Liege- und Spielwiese stufenlos erreichbar. Naturbadestrand mit Steg. Türbreite vom Aufzug 90 cm (Tiefe 140 cm, Breite 120 cm).

Geeignet für Rollstuhlfahrer: 2 Zimmer mit Du/WC. Bettenhöhe 45 cm. Türbreite der Zimmer und von Du/WC 100 cm. Bewegungsfreiraum in Du/WC 140 x 140 cm. Freiraum links neben WC 200 cm, rechts 50 cm, davor 140 cm. Dusche schwellenlos, Waschbecken unterfahrbar. Festinstallierter Duschsitz und stabile Haltegriffe an Dusche und WC vorhanden.
Lage: Zum See 200 m; Zur Ortsmitte 500 m; Einkaufen 500 m; Bahnhof 2,5 km; Arzt, Apotheke 3 km; Krankenhaus 25 km. Geh- und Radfahrwege nach Mirow 2,5 km; asphaltiert, flach. Zum Badestrand keine Stufen.
Preis für ein EZ 70,- bis 90,- DM, DZ 100,- bis 140,- DM.

Landhotel Hänsel 19205 Roggendorf

Mecklenburg-Vorpommern, Naturpark Schaalsee

Kneeser Str. 18, Tel. (038876) 20166, Fax: 20204. Gepflegtes, familiär geführtes Landhotel mit gemütlichen, rustikal eingerichteten Zimmern und mit ansprechenden, rustikal eingerichteten Gasträumen. Tagungsraum für 30 bis 150 Personen. Insgesamt 17 Zimmer mit Du/WC, Radio, TV und Telefon. Parkplatz, Eingang, Frühstücksraum, Restaurant und Zimmer im EG stufenlos erreichbar.
Geeignet für Gehbehinderte, Rollstuhlfahrer und Familien mit geistig Behinderten. 2 Zimmer rollstuhlgeeignet: Türbreiten der Zimmer und von Du/WC 95 cm. Freiraum in Du/WC 110 x 110 cm. Freiraum links und rechts neben WC 70 cm, davor 90 cm (etwas eng). Dusche und Waschbecken unterfahrbar. Duschhocker und stabiler Haltegriff am WC vorhanden.
Lage: Ortsmitte, Einkaufen 200 m; Arzt 20 m; Bus 300 m.
Zimmerpreise: EZ 75,- DM; DZ 100,- bis 120,- DM pro Tag. Zusatzbett 30,- DM.

InterCity Hotel 18055 Rostock

Mecklenburg-Vorpommern, Ostsee

Herweghstr. 51, Tel. (0381) 49500, Fax: 4950-999. 177 modern und freundlich eingerichtete Komfortzimmer mit Du/WC, TV, Telefon und Minibar. 6 Tagungsräume für bis zu 130 Personen. Parkplatz, Eingang, Restaurant, Frühstücksraum und Aufzug sowie Zimmer (mit dem Aufzug) stufenlos erreichbar.
Geeignet für Gehbehinderte (alle Zimmer). 1 Zimmer für Rollstuhlfahrer geeignet. Türbreite von Zimmer und Du/WC 93,5 cm. Freiraum in Du/WC 140 x 160 cm. Freiraum links neben WC 60 cm, rechts 120 cm, davor 195 cm. Waschbecken und Dusche unterfahrbar. Notruf, Kippspiegel über dem Waschbecken, festinstallierter Duschsitz sowie stabile Haltegriffe an Du/WC und Waschbecken vorhanden.
Lage: Zur Stadtmitte, Einkaufen 2 km; Bahnhof 50 m; Apotheke 1 km; Meer 10 km.
Zimmerpreise inkl. Frühstück: EZ 170,- bis 190,- DM; DZ 201,- bis 221,- DM. Wochenendpreise (Freitag bis Sonntag): EZ 138,- DM; DZ 158,- DM pro Tag.

Strand-Hotel Hübner — 18119 Rostock-Warnemünde

Mecklenburg-Vorpommern, Ostsee

Seestr. 12, Tel. (0381) 54340, Fax: 5434444. Parkplatz, Eingang, Frühstücksraum, Restaurant und Zimmer (mit dem Aufzug) stufenlos erreichbar. Türbreite vom Aufzug 100 cm (Tiefe 220 cm, Breite 110 cm).

Geeignet für Gehbehinderte und Rollstuhlfahrer. 2 Zimmer rollstuhlgerecht: Türbreite der Zimmer 110 cm, von Du/WC 120 cm. Freiraum in Du/WC 130 x 140 cm. Freiraum links neben WC 90 cm, rechts 100 cm, davor 150 cm. Dusche und Waschbecken unterfahrbar. Festinstallierter Duschsitz, Notruf, Haltegriffe an Du/WC und Waschbecken.

Lage: Direkt am Strand von Warnemünde mit Blick auf die Ostsee (keine Steigung). Zur Stadtmitte 1 km; Arzt 500 m; Einkaufen 100 m.
Zimmerpreise auf Anfrage.

Haus am Hövt — 18586 Ostseebad Göhren / Insel Rügen

Mecklenburg-Vorpommern, Ostsee, Insel Rügen

Hövststr. 8, Tel. (038308) 5570, Fax: 55710. Informationen und Buchungen bei: Kapitän Helmut Jupitz, Karlstr. 4, 24340 Eckernförde, Tel. (04351) 81313, Fax: (04351) 81113, E-Mail: info@hoevt.de; Internet: www.hoevt.de.

Das „Haus am Hövt" ist das östlichste Haus auf der Insel Rügen und wurde 1996 total saniert. Die 1-4-Zimmer-Wohnungen sind ausgestattet mit Küchenzeile oder Küche, Backofen mit 4 Herdplatten, Kühlschrank, teilw. mit Geschirrspülmaschine, Sat-TV, Telefon, Dusch- oder Wannenbad, überwiegend mit Balkon oder Terrasse. Parkplatz und Eingang sind stufenlos.

Geeignet für Gehbehinderte (bis 16 Pers.), für Rollstuhlfahrer bis (7 Pers). **7 Ferienwohnungen sind rollstuhlgerecht** (weitere bedingt rollstuhlgeeignet). Türbreite der Zimmer und von Du/WC 100 cm. Freiraum in Du/WC 140 x 160 cm. Freiraum links oder rechts neben WC 160 cm, davor 100 cm. Dusche und Waschbecken unterfahrbar. Festinstallierter Duschsitz und stabile Haltegriffe an Dusche und WC vorhanden.

Lage: Sehr ruhig am Ortsrand des Ostseebades Göhren gelegen, direkt am Biosphärenreservat. Zum Steilufer mit Treppen zum Strand nur wenige Meter; zum Nordstrand ca. 800 m durch den Wald. Die Waldwege direkt am Haus können in Begleitung mit einem Rollstuhl befahren werden. Der Südstrand ist mit dem Rollstuhl nicht zu erreichen.

Entfernungen: Zur Ortsmitte mit Einkaufsmöglichkeiten und Apotheke 800 m; Hallenbad 6 km; Bahnhof 1 km und 20 km.

Preis für ein rollstuhlgerechtes Appartement je nach Größe (35 bis 69 qm), Belegung (3 bis 6 Pers.) und Saison pro Tag 85,- bis 290,- DM. Im Preis inbegriffen ist die Nutzung von Waschmaschine und Trockner, Abstellraum für Fahrräder, Surfbretter, Tischtennisraum, etc. Ebenso im Preis enthalten sind Bettwäsche, Handtücher und Endreinigung.

Waldhotel Göhren — 18586 Ostseebad Göhren / Insel Rügen

Mecklenburg-Vorpommern, Ostsee, Insel Rügen

Waldstr. 7, Tel. (038308) 50500, Fax: 25380. Internet: http://www.wild-east.de/firmen/waldhotel. Komfortable, neu und geschmackvoll eingerichtete Zimmer mit Farb-TV, Radio, Minibar, Telefon, Bad mit Du/WC und Haartrockner.

Außerdem moderne Ferienwohnungen und Appartements für 2-6 Personen. Modernes Fitnesscenter mit Tauchbecken, Schwimmbad, römischem Dampfbad, Solarium, elektrische Massageliege und Sportgeräte wie Rudergerät mit Monitor, usw.

Zum Hotel gehört eine eigene Parkanlage mit altem Baumbestand. Gartenanlage mit Liegewiese, eigene Fahrräder. Parkplatz, Eingang, Frühstücksraum, Restaurant, Garten und Zimmer im EG sind stufenlos erreichbar.

Geeignet für Gehbehinderte und Familien mit geistig Behinderten; 3 Zimmer mit Du/WC bedingt geeignet für Rollstuhlfahrer mit Begleitung.

Lage: Nur 300 m vom Badestrand entfernt; Einkaufen 150 m; Bahnhof, Arzt, Apotheke, Spielplatz und Tennisplatz 200 m.
Preis pro Person und Tag im DZ 48,- bis 85,- DM.

Travel Charme Hotel „Nordperd" — 18586 Ostseebad Göhren / Insel Rügen

Mecklenburg-Vorpommern, Ostsee, Insel Rügen

Nordperdstr. 11, Tel. (038308) 70, Fax: (038308) 7160, Internet: www.tc-hotels.de, E-Mail: nordperd@tc-hotels.de. Hotel- und Villenensemble, sehr ruhig gelegen, mit 95 attraktiven Zimmern und Appartements, alle mit Dusche oder Bad/WC, Radio, Sat-TV, Telefon und Minibar, teilw. Balkon. Eingang, Rezeption stufenlos. Restaurant mit Rampe für Rollstuhlfahrer. Türbreite vom Aufzug 77 cm (Tiefe 135 cm, Breite 125 cm).

Geeignet für Rollstuhlfahrer. 2 Zimmer mit Du/WC rollstuhlgerecht. Türbreiten von Zimmer und von Du/WC 102 cm. Raumgröße von Du/WC ausreichend; Dusche unterfahrbar. 1 Zimmer mit Notrufsystem.

Lage: Ruhig gelegen auf einem Hochufer über der Ostsee mit Ausblick über Land und Meer. Ortsmitte 300 m; Apotheke 200 m; Strand und Bahnhof 500 m; Bus 400 m.

Zimmerpreise inkl. Frühstück: EZ 90,- bis 170,- DM; DZ 58,- bis 116,- DM. Zustellbett 40,- bis 50,- DM. App. mit Dusche oder Bad/WC 74,- bis 130,- DM.

Best Western Sporthotel „Tiet un Wiel" 18573 Samtens / Insel Rügen

Mecklenburg-Vorpommern, Ostsee, Insel Rügen

Bergener Str. 1, Tel. (038306) 222-0, Fax: 222-15. Das Sporthotel „Tiet un Wiel" liegt im Herzen der Insel Rügen. Es wurde im Mai 1998 eröffnet.

Das Hotel verfügt über 62 modern und komfortabel eingerichtete Zimmer, alle mit Bad/Dusche/WC, Sat-TV und Direktwahltelefon. Verschiedene Zimmertypen stehen zur Auswahl, einige sind behindertengerecht.

Parkplatz, Eingang, Frühstücksraum, Restaurant, Hallenbad, Garten und die Zimmer (mit dem Aufzug) stufenlos erreichbar. Bowling / Pub sind über 3 Stufen mit Hilfe erreichbar. Türbreite vom Aufzug 90 cm (Tiefe 140 cm, Breite 110 cm).

Geeignet für Gehbehinderte (bis 50 Pers.), Rollstuhlfahrer und Familien. 4 Zimmer sind rollstuhlgerecht nach DIN, zwei weitere Zimmer mit komplett rollstuhlgerechtem Bad. Türbreite der Zimmer und von Du/WC 97 cm. Freiraum in Du/WC 140 x 140 cm. Freiraum rechts neben WC 140 cm, davor 120 cm. Dusche und Waschbecken unterfahrbar. Duschhocker und stabile Haltegriffe an Dusche und WC vorhanden. Bettenhöhe 47 cm. 14 weitere Zimmer bedingt rollstuhlgeeignet.

Vielfältiges Angebot: Tennis, Squash, Badminton, Kegeln, Bowling, Fitness, Saunalandschaft, Tischtennis, Kletterwand, Billard und Dart sind vorhanden. Den Gästen steht außerdem ein neues 25-Meter-Schwimmbecken zur Verfügung. Massagen, Fitness und Wellness-Programme.

Regelmäßig finden Tanz- und Kulturveranstaltungen statt. Auf Wunsch werden Ausflüge von erfahrenen Reiseleitern organisiert.

Zwei separate Seminar- und Tagungsräume stehen für Schulungen, Seminare, Feiern usw. zur Verfügung. Außerdem eine große Mehrzweckhalle für 800 Gäste.

Lage: Zur Ortsmitte mit Einkaufsmöglichkeiten, Arzt und Apotheke 1 km; zur Ostsee 20 km; Krankenhaus 15 km. Umgebung flach.

Zimmerpreise pro Übernachtung inkl. Frühstück: EZ ab 90,- DM; DZ ab 140,- DM; Suite ab 180,- DM. Gruppenpreise auf Anfrage.

Appartementhaus Putbus

18581 Putbus / Insel Rügen

Mecklenburg-Vorpommern, Ostsee, Insel Rügen

Barbara Lüth, Bergerstr. 3 A, Tel. (038301) 8150, Fax: (038301) 81533. 16 Ein- bis Drei-Zimmer Appartements, alle mit kombiniertem Wohn- und Schlafraum, TV, Radio und Telefon; Pantryküche mit Kaffeemaschine und Toaster; Dusche, WC, Terrasse bzw. Balkon. Zur Gemeinschaftsnutzung stehen Waschmaschine, Trockner und Fax zur Verfügung. Eingang mit Rampe, Garten stufenlos erreichbar.

Geeignet für Gehbehinderte und Familien mit geistig Behinderten. Bedingt geeignet für Rollstuhlfahrer mit Begleitung (4 Appartements). Bettenhöhe 55 cm.

Türbreiten der Zimmer und von Du/WC 76 bis 80 cm. Bewegungsfreiraum in Du/WC 120 x 140 cm. Dusche nicht unterfahrbar, keine Hilfsmittel vorhanden.

Lage: Zur Ortsmitte 500 m; Einkaufen, Arzt, Apotheke 500 m; Krankenhaus, Tennisplatz 8 km; Ostsee 2,5 km.

Preis für ein 1-Zimmer-Appartement (35 qm) je nach Saison pro Tag 60,- bis 100,- DM; 2-Zi.-App. (45 qm) 90,- bis 145,- DM; 3-Zi.-App. (60 qm) 120,- bis 185,- DM.

Ferienhaus „Uns Schün“

18586 Middelhagen / Insel Rügen

Mecklenburg-Vorpommern, Ostsee, Insel Rügen

Dorfstr. 07, Tel. (038308) 5480, Fax: (038308) 54822. Im Jahr 1781 erbaute Fachwerkscheune, liebevoll restauriert, mit 6 exklusiven Ferienwohnungen über 2 Etagen, belegbar jeweils mit max. 6 Personen. Jeweils 2 separate Schlafzimmer, Seeblick, Terrasse, Grillplatz im Naturgarten und ein Abenteuerspielplatz. Parkplatz, Eingang, Restaurant und Garten stufenlos erreichbar.

Geeignet für Gehbehinderte und Familien mit geistig Behinderten, bedingt geeignet für Rollstuhlfahrer: 1 Ferienwohnung im EG. Bettenhöhe 68 cm. Türbreite der Zimmer 100 cm, von Du/WC 110 cm. Bewegungsfreiraum in Du/WC 120 x 160 cm. Freiraum links neben WC 40 cm, rechts 80 cm, davor 80 cm. Dusche schwellenlos, Waschbecken nicht unterfahrbar, Duschhocker vorhanden. Keine Haltegriffe vorhanden.

Lage: Zur Ostsee 2 km; Ortsmitte 200 m; Einkaufen, Bahnhof 3 km; Arzt, Apotheke 2 km. Flache Wege, Radwege für Rollstuhlfahrer geeignet, direkt bis zur Ostsee.

Preis für die rollstuhlgeeignete Ferienwohnung pro Tag je nach Saison 135,- bis 195,- DM.

Hof Kracht

18556 Putgarten / Rügen

Mecklenburg-Vorpommern, Ostsee, Insel Rügen

Anmeldung bei: Goorer Berg GmbH, Frau von Groote, Brandberg 6, 28790 Schwanewede, Tel. (04209) 919180, Fax: 919182. An der Nordspitze Rügens, unmittelbar an der Steilküste, liegt dieser in Ferienwohnungen umgebaute alte Bauernhof in Alleinlage am Ende einer Anliegerstraße. Alle Wohnungen sind komfortabel und gemütlich eingerichtet.

Das Haus besitzt einen großen Garten mit separaten Sitzecken, Ball- und Kinderspielplatz.

Geeignet für Gehbehinderte, Rollstuhlfahrer und Familien mit geistig Behinderten. **Ferienwohnung Typ „Svantevit" ist rollstuhlgerecht.** Sie liegt im Erdgeschoß und hat 45 qm Wohnfläche. Die Türen sind alle 96 cm breit; erhöhte Betten sind vorhanden. Bewegungsfreiraum im Bad 170 x 160 cm, Dusche unterfahrbar, Haltegriff an WC und Dusche vorhanden.

Eine weitere Wohnung **Typ „Bernstein"** mit Terrasse und 2 Schlafzimmern, ca. 85 qm groß, für 4 Personen, ist für Gehbehinderte und Familien mit geistig Behinderten geeignet; ebenso für Rollstuhlfahrer: Dusche unterfahrbar, Bewegungsfreiraum im Bad 120 x 120 cm.

Lage: Der Hof liegt ruhig in herrlicher Alleinlage. In Sichtweite liegen die Leuchttürme von Arkona. Der Autoabstellplatz befindet sich 8 m vor der Tür. Der Weg vom Parkplatz zur Haustür ist mit roten Klinkern verlegt, gut befahrbar. Eine Rampe führt zum Plateau vor der Tür. Hinter dem Haus ein Garten mit Sitzplatz und Sandkiste, Terrassentür. Auf einem befestigten Betonplattenweg kann man entlang der Steilküste spazierengehen und -fahren.

Preise: Der Wochenmietpreis für die „Svantevit" beträgt je nach Saison 490,- bis 1.190,- DM; für „Bernstein" 700,- bis 1.750,- DM. Weitere Informationen und Preise beim Vermieter.

Hotel Villa Granitz

18586 Baabe / Insel Rügen

Mecklenburg-Vorpommern, Ostsee, Insel Rügen

Birkenallee 17, Tel. (038303) 1410, Fax: 14144. Hotel im traditionellen Seebäderstil mit komfortablen Zimmern, 2 Behindertenzimmer mit Du/WC, Farb-TV, Radio, Telefon und Kühlschrank. Parkplatz, Eingang, Frühstücksraum, Garten und die Zimmer im EG stufenlos erreichbar.

Geeignet für Gehbehinderte und Rollstuhlfahrer (2 Zimmer): Freiraum in Du/WC 150 x 200 cm. Freiraum rechts neben WC 90 cm, davor 130 cm. Dusche und Waschbecken unterfahrbar. Haltegriffe an Du/WC und Waschbecken vorhanden.

Lage: Ruhige Lage, zum feinsandigen Strand 900 m. Zur Ortsmitte 250 m; Bahnhof 300 m; Spielplatz 500 m; Arzt 800 m; Apotheke, Hallenbad 2 km.

Preis pro Pers. je nach Saison und Zimmer/ Tag im DZ 65,- bis 75,- DM inkl. Frühstück.

Treff Hotel Rügen — 18528 Bergen / Insel Rügen

Mecklenburg-Vorpommern, Ostsee, Insel Rügen

Stralsunder Chaussee 1, Tel. (03838) 8150, Fax: (03838) 815500. 154 komfortable Zimmer. Parkplatz, Eingang, Frühstücksraum, Restaurant, Garten und Zimmer im EG stufenlos erreichbar.

Geeignet für Rollstuhlfahrer: 2 Zimmer mit Du/WC. Bettenhöhe 43 cm. Türbreite der Zimmer und von Du/WC 93 cm. Bewegungsfreiraum in Du/WC 220 x 150 cm. Freiraum links neben WC 130 cm, rechts 34 cm, davor 60 cm. Dusche schwellenlos, Waschbecken unterfahrbar. Kippspiegel, Notruf, festinstallierter Duschsitz und stabile Haltegriffe an Dusche und WC vorhanden. Pflegedienst kann auf Anfrage organisiert werden.

Lage: Zur Ortsmitte 1 km; Einkaufen, Arzt, Apotheke, Krankenhaus 1 km; Freibad, Hallenbad und die Ostsee 15 km.

Preis pro Person bei 7 Tagen Aufenthalt ab 497,- DM. Ausführliche Preise und zahlreiche Pauschalangebote auf Anfrage.

Radison SAS Hotel — 18609 Ostseebad Binz / Insel Rügen

Mecklenburg-Vorpommern, Ostsee, Insel Rügen

Strandpromenade 76, Tel. (038393) 60, Fax: (038393) 61500. 4-Sterne-Urlaubs- und Erholungshotel mit 116 Hotelzimmern und 134 Ferienappartements. Tagungsmöglichkeiten, Badelandschaft mit Sauna. Eigene Thermal-Sole-Quelle versorgt die gesamte Kurmittelabteilung, Anwendungen mit original Rügener Heilkreide. Parkplatz, Eingang, Frühstücksraum, Restaurant, Hallenbad, Kur- und Bäderabteilung und Zimmer/App. (mit dem Aufzug) stufenlos erreichbar.

Geeignet für Gehbehinderte (bis 100 Pers.), Rollstuhlfahrer (2 Zi.) und für Familien mit geistig Behinderten. 2 Zimmer rollstuhlgerecht. Türbreite der Zimmer und von Du/WC 80 cm. Freiraum in Du/WC 200 x 250 cm. Freiraum links neben WC 30 cm, rechts 200 cm, davor 250 cm. Dusche und Waschbecken unterfahrbar. Festinstallierter Duschsitz, Kippspiegel und stabile Haltegriffe an Dusche und WC vorhanden. Bettenhöhe 40 cm.

Service: Medizinische Versorgung und Pflege durch DRK im Ort möglich. Ebenso Pflegedienst und Rollstuhlverleih. Transfer vom Bahnhof (800 m) möglich.

Lage: Direkt an der Strandpromenade (20 m) mit neu gepflastertem Weg, gut befahrbar. Zur Ortsmitte 1,3 km; Einkaufen, Arzt, Apotheke 500 m; Krankenhaus und Dialyse 15 km.

Preis pro Person bei Unterkunft mit Frühstück im Hotelzimmer je nach Saison im DZ ab 125,- DM/Tag, im Appartement ab 70,- DM/Tag. Ausführliche Preisliste mit verschiedenen Sonderpreisen, Pauschalangeboten und Hausprospekt auf Anfrage.

Pension „Am Moor" — 18573 Dreschvitz / Insel Rügen

Mecklenburg-Vorpommern, Ostsee, Insel Rügen

Moorberg 4, Tel. (038306) 21063. Pension mit 4 Appartements für jeweils 4 bis 5 Personen. Alle App. mit 2 Schlafzimmern, 1 Wohnzimmer mit Miniküche, Du/WC, Radio, TV. Parkplatz, Eingang und Terrasse stufenlos erreichbar. Frühstücksraum mit Rampe.

Geeignet für Rollstuhlfahrer und Familien mit geistig Behinderten; für **Gruppen bis 18 Personen** inkl. 8 Rollstuhlfahrer. Alle 4 Appartements und die Badezimmer (Du/WC) sind rollstuhlgerecht. Gefliester Boden gut befahrbar. Türbreiten der Zimmer und von Du/WC 105 cm. Freiraum in Du/WC 150 x 150 cm. Freiraum rechts neben WC 200 cm, davor 150 cm. Dusche und Waschbecken unterfahrbar. Festinstallierter Duschsitz und stabile Haltegriffe an Du/WC und Waschbecken vorhanden. 2 höhenverstellbare Betten vorhanden. Privater Pflegedienst vor Ort.

Lage: Spielplatz am Haus; Strand 3 km. Zur Ortsmitte 100 m; Arzt 5 km; Einkaufen, Apotheke 6 km; Krankenhaus 15 km.

Preis pro Appartement für 2 Personen 80,- bis 100,- DM pro Tag, für 4 Personen 120,- bis 160,- DM. Gruppenpreise auf Anfrage. Abholung der Gäste vom Bahnhof möglich. Behinderte und Behindertengruppen sind besonders willkommen.

Ferienwohnung „Insel Rügen" — 18569 Gingst / Insel Rügen

Mecklenburg-Vorpommern, Ostsee, Insel Rügen

Haidhof 19 A. Vermieter: Gisela Koczian, Schollacker 23, 64658 Fürth, Tel. (06253) 932259 oder 932259, Fax: 932260. Eine Erdgeschoßwohnung, ca. 90 qm Wohnfläche, eine Dachgeschoßwohnung, ca. 70 qm Wohnfläche. Die EG-Wohnung verfügt über 1 Elternschlafzimmer, 2 Kinderzimmer, jeweils mit 2 Betten ausgestattet. Gitterbett, Reisebett, Kinderstühlchen kann zur Verfügung gestellt werden. Im Wohnzimmer eine Ausziehcouch für 2 weitere Schlafplätze. Kaminzimmer, große Wohnküche, Duschbad. Sat-TV; komplette Küche mit Spülmaschine und Mikrowelle. Eingang und Garten jeweils 1 Stufe (15 cm).

Geeignet für Gehbehinderte und Familien mit geistig Behinderten; bedingt geeignet für Rollstuhlfahrer mit Begleitung. (Ferienwohnung im EG für bis zu 7 Personen). Türbreite der Zimmer und von Du/WC 80 cm. Bewegungsfreiraum in Du/WC 140 x 140 cm. Freiraum links und rechts neben WC 30 cm, davor 100 cm. Dusche nicht unterfahrbar, Waschbecken unterfahrbar. Keine Hilfsmittel und Haltegriffe vorhanden.

Lage: Zur Ostsee 2 km; zur Ortsmitte 4 km; Einkaufen, Arzt, Apotheke 4 km; Hallenbad, Krankenhaus und Dialyse 15 km. Hof und Garten sind flach, ohne Stufen; Wege und Straßen eben und flach, asphaltiert bzw. Pflastersteine.

Preis für die Ferienwohnung im EG (max. 7 Pers.) in der Hauptsaison vom 1. Juni bis 15. September 1.250,- DM, in der Nebensaison 875,- DM pro Woche. Dachgeschoßwohnung (max 5 Pers.) je nach Saison 595,- bis 850,- DM.

Ferienwohnung Hinz — 18551 Sagard / Insel Rügen

Mecklenburg-Vorpommern, Ostsee, Insel Rügen

Andrea Hinz, Töpferberg 52 a, Tel. (038302) 3303. Eine Ferienwohnung, 40 qm groß, Parkplatz, Eingang und Zimmer stufenlos erreichbar.

Geeignet für Gehbehinderte, Rollstuhlfahrer und Familien mit geistig Behinderten. Türen von Zimmer und Du/WC 86 cm breit. Freiraum in Du/WC 125 x 130 cm. Freiraum vor dem WC 130 cm. Dusche schwellenlos unterfahrbar, Waschbecken ebenfalls unterfahrbar. Haltegriffe an Dusche und WC vorhanden. Bettenhöhe 43 cm.

Lage: ruhige Lage; Arzt und Einkaufsmöglichkeiten in unmittelbarer Nähe.

Preis für die Ferienwohnung je nach Saison pro Tag 60,- bis 85,- DM. Haustiere nach Absprache erlaubt.

Ferienwohnungen Landhaus am Teich — 18317 Saal

Mecklenburg-Vorpommern, Ostsee

Bahnhofstr. 3a, Tel. (038223) 30122. Neues Drei-Sterne-Haus mit 4 Ferienwohnungen, gute, solide Ausstattung, ruhige Lage auf einem über 3.000 qm großen Naturgrundstück am Dorfteich. Kleintierhaltung und Bioprodukte. Die Ferienwohnungen (2-3 Pers. und 3 bis 4 Pers.) haben jeweils 35 qm Wohnfläche, mit Bad/Du/WC, Nachtspeicherheizung, Waschmaschine, Trockner, Telefon, Sat-TV, Kochnische oder Küchenzeile mit Kühlschrank, Kaffeemaschine, Mikrowelle. Vom Parkplatz zum Eingang mit Rampe.

Geeignet für Gehbehinderte und Rollstuhlfahrer. 1 Ferienwohnung (Whg. Nr. II) ist rollstuhlgerecht. Türbreite der Zimmer 81 cm, von Du/WC 81 cm. Freiraum in Du/WC 150 x 160 cm. Freiraum links neben WC 25 cm, rechts 150 cm, davor 160 cm. Dusche und Waschbecken unterfahrbar. Duschhocker und stabile Haltegriffe an Dusche und WC vorhanden. Bettenhöhe 47 cm. Terrasse mit Rampe.

Lage: Zur Ortsmitte 500 m; Einkaufen 100 und 500 m; Arzt, Apotheke, Bodden 1 km; Krankenhaus 10 km; Hallenbad 15 km. Umgebung flach.

Preis für eine Ferienwhg. je nach Saison p. Tag 50,- bis 70,- DM. Endreinigung 40,- DM.

Crowne Plaza Schwerin — 19053 Schwerin

Mecklenburg-Vorpommern, Schweriner Land

Bleicher Ufer 23, Tel. (0385) 57550, Fax: 5755777. Luxuriöses Hotel mit 100 Zimmern, alle mit Bad oder Du/WC, Minibar, Radio, TV, Telefon, PC- und Faxanschluß. Parkplatz, Eingang, Frühstücksraum, Restaurant und Zimmer (mit dem Aufzug) stufenlos erreichbar. Türbreite vom Aufzug 90 cm (Tiefe 155 cm, Breite 135 cm).
Geeignet für Gehbehinderte, Rollstuhlfahrer und Familien mit geistig Behinderten. 1 Zimmer rollstuhlgerecht: Freiraum in Du/WC 220 x 265 cm, Freiraum rechts neben WC 245 cm, davor 170 cm. Dusche und Waschbecken unterfahrbar. Notruf, festinstallierter Duschsitz und stabile Haltegriffe an Du/WC vorhanden.
Lage: Direkt am Ostorfer Ufer; zur Stadtmitte 1 km; Einkaufen 100 m; Arzt und Apotheke 500 m; Bahnhof 1,2 km; Krankenhaus 3 km.
Zimmerpreise: EZ und DZ 198,- bis 250,- DM; Appartement 250,- bis 270,- DM pro Nacht. Frühstücksbuffet 23,- DM pro Person.

Hotel Neumühler Hof — 19057 Schwerin

Mecklenburg-Vorpommern, Schweriner Land

CH. und G. Kudnick, Neumühler Str. 45, Tel. (0385) 719361, Fax: 719361. Familiär geführtes Hotel in der Landeshauptstadt Mecklenburg-Vorpommerns mit 14 Zimmern, alle mit Du/WC, Telefon, TV, z.T. mit Kinderbetten und Terrasse. Parkplatz, Eingang, Frühstücksraum, Garten und die Zimmer im EG stufenlos erreichbar.

Geeignet für Rollstuhlfahrer und Familien mit geistig Behinderten. 1 Zimmer mit Du/WC rollstuhlgerecht. Bettenhöhe 55 cm. Türbreite vom Zimmer und von Du/WC 100 cm. Bewegungsfreiraum in Du/WC 180 x 180 cm. Freiraum links neben WC 50 cm, rechts 110 cm, davor 110 cm. Dusche schwellenlos, Waschbecken unterfahrbar. WC-Sitzerhöhung, stabiler Duschhocker und Haltegriffe an Dusche, WC und Waschbecken vorhanden.

Lage: 10 Min. vom Stadtzentrum (2,5 km) entfernt. Einkaufen, Arzt, Apotheke, Dialyse 2 km; See 1,5 km; Bahnhof 2,5 km; Krankenhaus 3 km. Umgebung flach.
Zimmerpreise: EZ 90,- bis 100,- DM; DZ 140,- DM.

Hotel Arte Schwerin — 19061 Schwerin-Krebsförden

Mecklenburg-Vorpommern, Schweriner Land

Dorfstr. 6, Tel. (0385) 63450, Fax: 6345-100. Exklusives Hotel mit 40 modern ausgestatteten Zimmern. Parkplatz, Eingang, Frühstücksraum, Restaurant, Garten und Zimmer im EG stufenlos erreichbar.
Geeignet für Gehbehinderte, Rollstuhlfahrer und Familien mit geistig Behinderten. 2 Zimmer rollstuhlgerecht: Türen von Zimmer und Du/WC 80 cm. Freiraum in Du/WC 200 x 110 cm. Freiraum links neben WC 90 cm, davor 100 cm. Dusche und Waschbecken unterfahrbar; festinstallierter Duschsitz, stabile Haltegriffe an Dusche und Waschbecken, verstellbarer Kippspiegel und Telefon vorhanden.
Lage: Ruhige Lage, nur wenige Autominuten von Schwerin entfernt, im dörflichen Stadtteil Krebsförden.
Zimmerpreise: EZ ab 169,- DM, DZ ab 200,- DM. Frühstücksbuffet 18,- DM p.P.

Landhotel Spornitz 19372 Spornitz

Mecklenburg-Vorpommern, Westmecklenburg

An der B 191, Tel. (038726) 880, Fax: (038726) 88490. Komfortables Hotel mit 70 modern und freundlich eingerichteten Einzel- und Doppelzimmern, alle mit Dusche/WC, Fön, Direktwahltelefon, Farb-TV mit Radio, Minibar. Das Hotel verfügt außerdem über Sauna, Fitnessbereich, Bibliothek, Atelier, 10 Leihfahrräder, Solarium (kostenpflichtig), Kinderspielzimmer, Nichtraucher-Zimmer und 90 kostenfreie Parkplätze. Das Restaurant bietet landestypische Spezialitäten.

7 klimatisierte Tagungsräume und 4 Gruppenarbeitsräume, alle mit Tageslicht und moderner Technik ausgestattet. Parkplatz, Eingang, Frühstücksraum, Restaurant und Zimmer (mit dem Aufzug) stufenlos erreichbar. Türbreite vom Aufzug 100 cm (Tiefe 140 cm, Breite 120 cm).

Geeignet für Gehbehinderte, Senioren, Familien mit Kindern, Rollstuhlfahrer und Familien mit geistig Behinderten. 1 Zimmer mit Du/WC rollstuhlgerecht. Bettenhöhe 55 cm. Türbreite vom Zimmer und von Du/WC 94 cm. Bewegungsfreiraum in Du/WC 160 x 160 cm. Freiraum links neben WC 20 cm, rechts 140 cm, davor 120 cm. Dusche schwellenlos, Waschbecken unterfahrbar. Kippspiegel, festinstallierter Duschsitz und stabile Haltegriffe an Dusche, WC und Waschbecken vorhanden.

Lage: Idealer Ausgangspunkt für Ausflüge und Wanderungen. Zur Ortsmitte, Bahnhof und Arzt 500 m; Einkaufen 900 m; Freibad 5 km; Apotheke 9 km; Krankenhaus, Tennishalle und Tennisplatz 10 km.

Zimmerpreise: EZ 135,- DM; DZ 165,- DM, Kinder bis 13 Jahre kostenlos, Kinder bis 16 Jahre 50%. Familienwochenendpreis DM 99,- pro Zimmer mit kostenfreiem zusätzlichen Zimmer für 2 Kinder bis 13 Jahre.

Ferienanlage „Zum Storchennest" 17406 Rankwitz-Reestow / Insel Usedom

Mecklenburg-Vorpommern, Insel Usedom, Lieper Winkel

LPG-Straße 3, Tel. (02943) 3514. Ferienanlage mit 11 Ferienwohnungen unterschiedlicher Größen, alle mit Balkon oder Terrasse, Telefon, TV, Spülmaschine, Komplettküche, Bad mit Du/WC. Fahrradvermietung, Kinderspielplatz.

Geeignet für Rollstuhlfahrer und Familien mit geistig Behinderten: Ferienwohnung Nr. 6 ist rollstuhlgeeignet. Eingang stufenlos (Rampe), Türbreite von Zimmer und Du/WC 100 cm. Bewegungsfreiraum in Du/WC 180 x 180 cm. Dusche schwellenlos, Waschbecken unterfahrbar. Duschhocker und stabile Haltegriffe an Dusche, WC und Waschbecken vorhanden.

Lage: Freie Lage, umgeben von Natur. Zur Ostsee 22 km; Zur Ortsmitte mit Einkaufen 25 km; Arzt, Apotheke 15 km; Freibad, Hallenbad 20 km. Umgebung flach.

Preis für die rollstuhlgeeignete Ferienwohnung (65 qm, 2-3 Pers.) je nach Saison 70,- bis 110,- DM pro Tag.

Wohnanlage Villa Viktoria — 17459 Seebad Kölpinsee / Insel Usedom

Mecklenburg-Vorpommern, Ostsee, Insel Usedom

Strandstr. 11, Tel. (038375) 237-0, Fax: 237-20, Internet: www.villa-viktoria.de. Ferienwohnanlage mit 22 komfortabel eingerichteten Ferienwohnungen, alle mit Du/WC, Kabel-TV und Telefon ausgestattet. Parkplatz, Eingang, Garten und 2 Ferienwohnungen im EG stufenlos erreichbar.

PKW-Stellplätze, Fahrradkeller, Waschmaschine und Trockner vorhanden. Außerdem Kinderspielplatz auf dem Hof.

Geeignet für Gehbehinderte und Rollstuhlfahrer: 2 Ferienwohnungen mit Du/WC sind nach DIN 18024 rollstuhlgerecht. Türen von Du/WC und Zimmer 85 cm breit. Bewegungsfreiraum in Dusche/WC 160 x 180 cm. Dusche schwellenlos unterfahrbar. Festinstallierter Duschsitz und stabile Haltegriffe an Dusche und WC vorhanden. Waschbecken unterfahrbar, verstellbarer Kippspiegel am Waschbecken. Bettenhöhe 45 cm.

Sport & Vergnügen: Fitness im Hause: Sauna, Hometrainer, Fahrrad. Fahrradverleih im Haus. Jollensegeln (Optimist, Windglider, Jollenkreuzer). Radwege 100 m vor dem Haus. Rund um die Insel ausgebaute Wanderwege. Schiffsausflüge z.B. ab Karlshagen und Swinemünde. Reitgelegenheit und Kremserfahrten.

Lage: Ruhige Lage in der Ortsmitte. Zum Strand 300 m; Arzt 600 m; Apotheke 2,5 km. Umgebung flach bis hügelig; Strandzugang flach.

Preise: Ferienwohnung bei Belegung mit 2 Personen ab 115,- bis 130,- DM zuzüglich Nebenkosten. Ausführliche Preisliste mit Hausprospekt auf Anfrage.

Gaststätte Pension „Bauernstube" — 17406 Morgenitz / Insel Usedom

Mecklenburg-Vorpommern, Ostsee, Insel Usedom

Familie R. Heinemann, Dorfstr. 32, Tel. + Fax: (038372) 70924. 5 Zimmer mit Du/WC, Radio, TV, Sitzecke, Kühlschrank, Kaffeemaschine. Parkplatz, Eingang, Frühstücksraum und Zimmer im EG stufenlos erreichbar.

Geeignet für Gehbehinderte, Familien mit geistig Behinderten; bedingt geeignet für Rollstuhlfahrer mit Begleitung; jeweils auch für Gruppen mit 10 bis 15 Personen. Türbreiten der Zimmer 90 cm, von Du/WC 80 cm. Freiraum in Du/WC 250 x 200 cm, Freiraum rechts neben WC 150 cm, davor 120 cm. Dusche nicht unterfahrbar, keine Haltegriffe.

Lage: Der Ort liegt in schöner, waldreicher Umgebung. Zum Achterwasser ca. 1,5 km, zur Ostsee ca. 15 Autominuten (15 km). Zur Ortsmitte 300 m; Spielplatz, See 1 km; Einkaufen, Arzt, Apotheke 8 km; Krankenhaus 15 km.
Preis pro Person und Übernachtung inkl. Frühstück 50,- DM.

Hotel-Restaurant Hanse-Kogge — 17459 Seebad Koserow / Insel Usedom

Mecklenburg-Vorpommern, Ostsee, Insel Usedom

Hauptstr. 22, Tel. (038375) 26066, Fax: 26077. Familiär geführtes Hotel mit 30 geräumigen Zimmern und Appartements, alle mit Du/WC, Telefon und Kabel-TV. Parkplatz, Eingang, Frühstücksraum, Restaurant, Garten und Zimmer im EG stufenlos erreichbar. **Eigene Kurabteilung** - zugelassen bei allen Krankenkassen. Neu: Kegelbahnen im Haus.

Geeignet für Gehbehinderte und Rollstuhlfahrer. 2 Zimmer mit Du/WC rollstuhlgerecht. Türbreiten von Zimmer und Du/WC 100 cm. Freiraum in Du/WC 200 x 200 cm. Dusche und Waschbecken unterfahrbar. Festinstallierter Duschsitz und stabile Haltegriffe an Du/WC und Waschbecken vorhanden. Feriendialyse.

Lage: Ruhige Lage mit Blick auf das Achterwasser und die vorgelagerten Wiesen und Wälder. 200 m zum Strand; zur Ortsmitte 100 m; Einkaufen 50 m; Bahnhof 1 km; Arzt und Apotheke 1 km.

Zimmerpreise: DZ ab 130,- DM inkl. Frühstücksbuffet. **Pauschalangebot:** 10 Tage mit Halbpension, **Abholung und Heimfahrt im Hotelbus** ab 800,- DM pro Person. Abholung möglich im Umkreis von ca. 600 km.

Hotel Zur Post — 17425 Seebad Bansin / Insel Usedom

Mecklenburg-Vorpommern, Ostsee, Insel Usedom

Seestr. 5, Tel. (038378) 560, Fax: 32314. Ein im Stil der um die Jahrhundertwende üblichen Seebäderarchitektur erbautes Hotel mit 63 überwiegend großen Zimmern mit Telefon, TV, Faxanschluß, Schreibtisch, Du/WC, Balkon oder Veranda. Parkplatz, Eingang, Frühstücksraum, Restaurant (mit Aufzug), Café und die Zimmer (mit dem Aufzug) stufenlos erreichbar. Türbreite vom Aufzug 90 cm (Tiefe 110 cm, Breite 160 cm).

Geeignet für Gehbehinderte, Rollstuhlfahrer und Familien mit geistig Behinderten. 1 Zimmer rollstuhlgerecht: Türbreiten vom Zimmer und von Du/WC 93 cm. Freiraum in Du/WC 130 x 130 cm. Freiraum rechts neben WC 80 cm. Dusche und Waschbecken unterfahrbar. Verstellbarer Kippspiegel, festinstallierter Duschsitz und stabile Haltegriffe an Du/WC und Waschbecken vorhanden. Bettenhöhe 53 cm.

Lage: In Strandnähe (150 m); Weg zum Strand flach, ohne Hindernisse. Zur Ortsmitte 500 m; Arzt, Apotheke 200 m; Einkaufen, Spielplatz, Tennisplatz 500 m; Krankenhaus 2 km.

Zimmerpreise: Im Klassikbau je nach Saison EZ 90 bis 130 DM; DZ 110 bis 185 DM. Im Neubau: EZ 90,- bis 110,- DM; DZ 145,- bis 195,- DM. HP-Zuschlag pro Person 25,- DM, VP 45,- DM.

Hohe Düne
Ferienappartements 17424 Seebad Heringsdorf / Insel Usedom

Mecklenburg-Vorpommern, Ostsee, Insel Usedom

Puschkinstr. 19, Einfahrt Delbrückstraße. Buchungen über Inge Axhausen, Beskidenstr. 18 c, 14129 Berlin, Tel. (030) 80402393, Fax und AB: 80402396.

9 Exklusive 4-Sterne-Ferienwohnungen in einer alten Villa auf einem 3.400 qm großem parkähnlichen Grundstück nahe Strand und Therme. Alle Wohnungen mit großen Terrassen / Balkonen, teilw. mit Seeblick, ausgestattet mit Telefon, Sat-TV, Stereo-Anlage, Küche mit Mikrowelle, Geschirrspüler, etc. Wasch- und Trockenautomat für die Gäste im Haus. Liegewiese sowie ein Parkplatz für jede FeWo. Vom Parkplatz bis Eingang mit Rampe (teilweise über 6%);

2 Appartements geeignet für Familien mit Gehbehinderten und Rollstuhlfahrern. Türen der Zimmer und von Du/WC 82 cm breit. Freiraum in Du/WC 140 x 140 cm, bzw. 120 x 150 cm. Freiraum links und rechts neben WC 50 cm, davor 160 cm. Dusche und Waschbecken unterfahrbar. Bettenhöhe 48 cm.

Lage: Ruhig; zum Strand 200 m; Erlebnisbad und Kuranwendungen 200 m; Zur Ortsmitte ca. 1 km; Einkaufsmöglichkeiten 100 m; Bahnhof, Arzt 500 m; Apotheke 1 km; Krankenhaus und Dialyse 2 km. Das Grundstück ist hügelig. Der Strand ist ohne Stufen zu erreichen.

Preis für eine Ferienwohnung pro Tag je nach Größe (43-97 qm), Belegung (2-6 Pers.) und Saison 90,- bis 200,- DM. Hausprospekt und ausführliche Preisliste kann angefordert werden.

Upstalsboom
Hotel Ostseestrand 17424 Seebad Heringsdorf / Insel Usedom

Mecklenburg-Vorpommern, Ostsee, Insel Usedom

Eichenweg 4-5, Tel. (0383) 630, Fax: 63444. Komfortables Hotel mit 102 geschmackvoll und vollständig ausgestatteten Zimmern. Hallenbad mit Sauna, Dampfbad und Solarium. Veranstaltungsräume mit modernster Tagungstechnik für bis zu 130 Personen. Kur- und Wellnessabteilung mit Physiotherapeuten. Parkplatz, Eingang, Frühstücksraum, Restaurant und Zimmer (teils im EG, teils mit dem Aufzug) stufenlos erreichbar. Türbreite vom Aufzug 120 cm (Tiefe 156 cm, Breite 190 cm).

Geeignet für Rollstuhlfahrer: 1 Zimmer. Türbreite vom Zimmer 95 cm, von Du/WC 90 cm. Freiraum in Du/WC 120 x 200 cm. Freiraum links neben WC 80 cm, rechts 50 cm, davor 100 cm. Dusche und Waschbecken unterfahrbar. Armstützen, Duschsitz und stabile Haltegriffe an Dusche und WC. Bettenhöhe 40 cm. **Lage:** Unmittelbar an der Strandpromenade. Strand 50 m; zur Ortsmitte 600 m; Einkaufen 300 m; Arzt 400 m; Apotheke 700 m. **Zimmerpreise**: EZ 125,- bis 199,- DM; DZ 176,- bis 328,- DM.

Familien-Campingplatz Pommernland — 17454 Zinnowitz / Insel Usedom

Mecklenburg-Vorpommern, Ostsee, Insel Usedom

Dr. Wachsmann-Str. 40, Tel. (038377) 40348, Fax: 40349. Der ganzjährig geöffnete Campingplatz umfaßt eine Fläche von 7,5 ha. Der gesamte Platz wird durch Dünen gegen Seewinde geschützt. Es gibt Stellplätze für Zelte, Wohnmobile, Caravane und Dauercamper. Außerdem können gemütliche Holzblockhäuser gemietet werden.

Geeignet für Gehbehinderte, Rollstuhlfahrer und Familien mit geistig Behinderten. Den Gästen stehen drei moderne Waschhäuser mit Dusch- und Waschkabinen und Kindereinrichtungen zur Verfügung. Ein **separater Sanitärraum ist speziell für Rollstuhlfahrer** ausgestattet; mit schwellenloser Dusche, stabilem Duschsitz, zusätzlich Duschhocker vorhanden, Haltegriff und Handlauf.

Zusätzlich sind **4 Ferienhäuser/Wohnungen rollstuhlgerecht.** Jeweils für 2-6 Gäste, alle mit Du/WC, Radio, TV und Kochecke. Türbreite der Zimmer und von Du/WC 90 cm. Freiraum in Du/WC 140 x 140 cm. Freiraum links neben WC 100 cm, davor 200 cm. Dusche und Waschbecken rollstuhlgerecht unterfahrbar. Duschhocker und stabiler Haltegriff am WC. Bettenhöhe 50-60 cm. Außerdem stehen den behinderten Gästen bei Bedarf folgende **Hilfsmittel** zur Verfügung: Hebegerät Dexta, Toilettenstühle, Toilettensitzerhöhungen mit Armlehnen.

Pflege/Betreuung: Physiotherapeutische Behandlung, Betreuung und Pflegedienst möglich (mit Pflegebett). **Abholservice** auf Wunsch möglich.

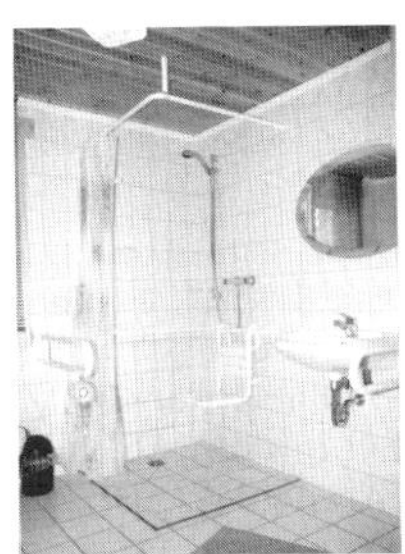

Lage: Der Naturcampingplatz liegt am westlichen Ortsrand des Seebades Zinnowitz. 5 Gehminuten durch die bewaldeten Dünen zum Strand (200 m). In der Höhe des Campingplatzes gibt es einen ausgedehnten FKK-Bereich. Wer es "textiler" wünscht, wandert ein paar Schritte in Richtung Seebrücke. 300 m vom Camp entfernt ein Meerwasserhallenbad. Einkaufsmöglichkeiten am Campingplatz. Zur Ortsmitte mit Apotheke und Bahnhof 600 m; Hallenbad 300 m.

Preise: Ein rollstuhlgerechtes Ferienhaus für 6 Personen kostet je nach Saison und Aufenthaltsdauer pro Tag 140,- bis 200,- DM. Blockhaus für 2 Pers. (nicht rollstuhlg.) 80,- bis 140,- DM; für 4 Pers. 120,- bis 180,- DM. Sonderangebote für Ferienwohnungen außerhalb der Saison. Ein Prospekt mit ausführlichen Preisen für Ferienhäuser/Wohnungen und Stellplätze kann angefordert werden.

Hotel „Warnemünder Hof" — 18119 Warnemünde-Dietrichshagen

Mecklenburg-Vorpommern, Ostsee

Stolteraaweg 8, Tel. (0381) 54300, Fax: 5430444. Reetgedecktes Hotel mit 92 komfortablen Zimmern mit Du/WC, Telefon und TV. Kinderspielplatz und Spielzimmer, Gartenterrasse und Liegewiese, Veranstaltungsräume bis 120 Personen. Parkplatz, Eingang, Frühstücksraum, Restaurant, Garten und Zimmer im EG stufenlos erreichbar.

Geeignet für Gehbehinderte, Rollstuhlfahrer und Familien mit geistig Behinderten. 1 Zimmer rollstuhlgerecht. Türbreiten vom Zimmer 93 cm, von Du/WC 90 cm. Freiraum in Du/WC 218 x 140 cm. Freiraum rechts neben WC 84 cm, davor 140 cm. Dusche unterfahrbar. Festinstallierter Duschsitz und stabile Haltegriffe an Du/WC und Waschbecken vorhanden.

Lage: Wenige Minuten (4 km) vom Warnemünder Strand entfernt; zur Ortsmitte 4 km; Arzt 2 km; Bahnhof, Einkaufen, Apotheke, Hallenbad 4 km; Krankenhaus 10 km.

Zimmerpreise: EZ 165,- bis 195,- DM; DZ 195,- bis 220,- DM; Behindertenzimmer 220,- DM pro Nacht, inkl. Frühstück. Zusatzbett 45,- DM. Hausprospekt auf Anfrage.

Haus am Schilf — 18375 Wieck a.d. Darß

Mecklenburg-Vorpommern, Ostsee, Darß

Jagdhaus 7 b, Tel. (038233) 6250, Fax: (038233) 62519. Im Jahr 1997 erbautes Haus mit 6 modern, behaglich und vollständig eingerichteten Ferienwohnungen, alle mit Sat-TV, Telefon, Terrasse bzw. Gartenplatz. Parkplatz und Eingang stufenlos.

Geeignet für Gehbehinderte, Rollstuhlfahrer und Familien mit geistig Behinderten. Eine Ferienwohnung rollstuhlgerecht. Türbreiten der Zimmer und von Du/WC 93 cm. Dusche schwellenlos, Waschbecken unterfahrbar. Kippspiegel, festinstallierter Duschsitz und stabile Haltegriffe an Dusche und WC vorhanden.

Lage: Am Rande des kleinen Fischerdorfes Wieck, in absolut ruhiger Lage, 500 m vom Bodden (Wasser zw. Festland und Halbinsel). Ostseestrand in 20 Minuten mit dem Rad erreichbar (5 km). Zur Ortsmitte 2 km; Einkaufen, Arzt 2 km; Apotheke, Freibad, Hallenbad 5 km; Krankenhaus 30 km. Die Umgebung ist flach.

Preis pro Appartement und Tag je nach Größe und Saison 80,- bis 150,- DM; Endreinigung 40,- bis 60,- DM. Haustiere nach Vereinbarung.

Hotel Altes Brauhaus — 23966 Wismar

Mecklenburg-Vorpommern, Ostsee

Lübsche Str. 37, Tel. (03841) 211416, Fax: 283223. 16 freundlich eingerichtete Zimmer in einem historischen Gebäude aus dem Jahr 1550, alle mit Du/WC, Radio, TV und Telefon. Parkplatz, Eingang, Frühstücksraum und 2 Zimmer im EG stufenlos erreichbar.

Geeignet für Gehbehinderte, Rollstuhlfahrer und Familien mit geistig Behinderten.

2 Zimmer rollstuhlgerecht. Türbreiten der Zimmer und von Du/WC 80 cm. Freiraum in Du/WC 300 x 250 cm. Freiraum rechts neben WC 65 cm, davor 60 cm. Dusche und höhenverstellbares Waschbecken unterfahrbar, Duschhocker und stabile Haltegriffe an Dusche und Waschbecken vorhanden.

Lage: Zur Stadtmitte und zum Hafen 500 m; Einkaufen, Arzt 200 m; Apotheke 500 m; Bahnhof 1 km; Krankenhaus 5 km.
Zimmerpreise: EZ 85,- bis 110,- DM; DZ 140,- bis 160,- DM inkl. Frühstück.

Ostsee-Landhaus — 18230 Zweedorf

Mecklenburg-Vorpommern, Ostsee

Ausbau 9, Tel. + Fax: (038294) 79199. 12 Ferienwohnungen unterschiedlicher Größe (für 2 bis 8 Personen), Neueröffnung 1.6.2000, davon 1 rollstuhlgerecht. Alle Wohnungen komplett ausgestattet mit Telefon, Sat-TV, Einbauküche. Auf Wunsch Frühstücksangebot; Grillhaus mit Terrasse, Münz-Waschmaschine mit Trockner. Eingang mit Rampe.

Geeignet für Rollstuhlfahrer: 1 Ferienwohnung. Türbreite von Zimmer und Du/WC 85 cm. Dusche schwellenlos, Waschbecken unterfahrbar. Festinstallierter Duschsitz und stabile Haltegriffe an Dusche und WC vorhanden.

Lage: Zur Ortsmitte 100 m; Spielplatz 50 m; Ostsee 3 km; Einkaufen, Apotheke, Hallenbad 5 km; Krankenhaus 20 km. Anfahrt: Von Wismar bzw. Rostock kommend auf der B 105 Richtung Neubukow. Dort der Beschilderung nach Kühlungsborn folgen; 5 km hinter Neubukow erreicht man Zweedorf.

Preis für die rollstuhlgerechte Ferienwohnung (2+2 Personen) 75,- bis 110,- DM pro Tag je nach Saison.

Pension Meeresrauschen — 18274 Ostseebad Zingst

Mecklenburg-Vorpommern, Ostsee

Seestr. 51, Tel. (038232) 1301, Fax: 80184. Innen und außen ein architektonisch sehr schönes kleines Hotel in bevorzugter Lage am Strand, mit 13 hell, komfortabel und freundlich ausgestatteten Zimmern, alle mit Du/WC, TV, Radio und Telefon. Parkplatz, Frühstücksraum, Restaurant, Garten und die Zimmer im EG stufenlos erreichbar.

Geeignet für Gehbehinderte und Familien mit geistig Behinderten, bedingt geeignet für Rollstuhlfahrer (2 Zimmer). Türbreite der Zimmer 82 cm, von Du/WC 70 cm. Freiraum in Du/WC 100 x 140 cm bzw. 140 x 140 cm. Freiraum rechts neben WC 50 cm, davor 100 cm. Dusche nicht unterfahrbar (Schwelle 20 cm). Bettenhöhe 48 cm.

Lage: Das Haus liegt direkt am Strand; ein stufenloser Zugang zum Strand über den

Deich ist nach 200 m möglich. zur Ortsmitte 600 m; Einkaufen 400 m; Arzt, Apotheke 800 m; Kurmittelhaus 1 km. Wege flach.

Zimmerpreise je nach Saison: EZ 80,- bis 100,- DM; DZ 120,- bis 150,- DM; Zusatzbett 20,- bis 30,- DM pro Nacht inkl. Frühstück.

Apartment-Anlage Hedder — 21385 Amelinghausen

Niedersachsen, Lüneburger Heide

Gärtnerweg 2, Tel. (04132) 8585, Fax 8055. Internet: www.rollstuhl-urlaub.de und www.amelinghausen.de. E-Mail: AAH-@amelinghausen.de.

12 großzügig konzipierte, in hellem Naturholz ausgestattete und möblierte Ferienwohnungen im Erdgeschoß für jeweils 2 bis 5 Personen.

Restaurant, Sauna (mit befahrbarer Dusche), Solarium, Kosmetik und physikalische Therapie im Haus. Tennisplatz direkt am Haus. Haupteingang, Rezeption und Restaurant sind mit Rampe erreichbar; Türbreiten jeweils 93 cm. **Pflegedienst** kann angeboten werden. Pflegebett vorhanden.

Geeignet für Gehbehinderte und für Rollstuhlfahrer mit Begleitung (12 Appartements), auch für Gruppen. Zimmertüren 81 cm breit, Türen von Du/WC 69 cm. Freiraum in Du/WC 100 x 300 cm. Freiraum links und rechts neben WC 35 cm, davor 100 cm. Waschbecken unterfahrbar. Dusche nicht schwellenlos unterfahrbar, Duschschwelle 25 cm. Duschhocker vorhanden. Bisherige Gruppen (z.B. 6 Rollifahrer und 12 Gehbehinderte) waren zufriedene Gäste.

Lage: Ortsmitte, Bus, Apotheke 500 m; Wiese und Spielplatz mit Rutsche, Schaukel und Sand 50 m vorm Haus; hauseigener Tennisplatz; Kuranwendungen 600 m; Tennishalle 1 km. Umgebung leicht hügelig, das Haus ist umgeben von Wald, Wiesen und Heide.

Preis pro Apartment für zwei Personen pro Tag je nach Apartment-Typ 62,- DM bis 84,- DM, für jede weitere Person zuzüglich 10,- DM. Halb- oder Vollpension kann ebenfalls gebucht werden. Hund pro Tag 2,- DM. Strom nach Verbrauch. Miete für TV pro Tag 5,- DM; für Einer-Kajak 20,- DM, Zweier-Kajak 30,- DM; Fahrrad 10,- bis 12,- DM; Tennisplatz je Stunde 10,- DM. Weitere Preise und Hausprospekt auf Anfrage.

Pension & Restaurant Waldesruh 29575 Altenmedingen

Niedersachsen

OT Bosteliwebeck 14, Tel. (05807) 9870-0, Fax: 9870-44. Seit 1954 als Familienbetrieb geführter 3-Sterne Pensions- und Restaurantbetrieb. Parkplatz, Eingang, Frühstücksraum, Restaurant, Garten und die Ferienwohnungen im EG stufenlos erreichbar.

Geeignet für Gehbehinderte und Rollstuhlfahrer (4 Ferienwohnungen). Türbreite der Zimmer und von Du/WC 80 cm. Freiraum in Du/WC 120 x 160 cm. Freiraum vor dem WC 140 cm. Dusche unterfahrbar. Festinstallierter Duschsitz und stabile Haltegriffe an Dusche und WC vorhanden. Bettenhöhe 50 cm. Alle Ferienwohnungen mit Farb-TV, Radiowecker und Selbstwahltelefon.

Auszeichnungen: Mehrfach ausgezeichnetes Restaurant mit heimischen Wild- und Saisonspezialitäten. Ausgezeichnet beim Wettbewerb „Gastlichkeit in Niedersachsen" 1991, 1993, 1995. Ausgezeichnet auch als „besonders kinderfreundlich".

Lage: Abseits der Straße, direkt am Wald, von Wiesen umgeben. Spielplatz direkt am Haus; Einkaufen 4,5 km; Arzt, Apotheke 7,5 km; Hallenbad 4,5 km; Krankenhaus 12 km.

Preis für eine behindertengerechte FeWo für 2-3 Personen: 1. bis vorletzter Tag 72,50 DM, letzter Tag inkl. Endreinigung 102,50 DM. Ferienwohnung für 2-4 Personen: 1. bis vorletzter Tag 75,- DM; letzter Tag inkl. Endreinigung 105,- DM. Frühstück 14,- DM; Halbpension im Restaurant 34,- DM; Vollpension 43,- DM. Frühstück für ein Kind bis 6 Jahre 7,- DM. Hausprospekt und Preisliste auf Anfrage.

Feriendorf Bad Bevensen 29549 Bad Bevensen

Niedersachsen, Lüneburger Heide

Alter Mühlenweg, Tel. (05821) 2422, Fax: 43022. Beim Bau dieses Feriendorfes wurde besonders an Schwerbehinderte gedacht.

Geeignet für Rollstuhlfahrer: 6 Ferienhäuser. Eingang stufenlos, Türbreite 94 cm, Zimmergröße 35 qm, Zimmer im Erdgeschoß. Betten und Badezimmer für Behinderte eingerichtet. Breite der Badezimmertür 94 cm; Raumgröße von Du/WC 8 qm; Freiraum im Bad 160 x 150 cm, Freiraum links neben WC 120 cm, rechts 90 cm. WC zum Teil mit Lifter. In 5 Häusern WC contergangerecht.

Lage: Unmittelbare Nähe des Seiten-Elbe-Kanals; Ortsmitte, Bhf., Bus, Arzt, Apotheke, Krankenhaus, Kuranwendungen, Freibad, Thermalbad, und Tennisplatz 1 km, Tennishalle 2 km.

Preise: Pro Haus und Tag (An- und Abreisetag ein Tag) 60,- DM.
Sonderpreise für Familien mit Kindern unter 18 Jahren: vom 1.11. bis 31.3. 40,- DM, vom 1.4. bis 31.05. und vom 1.10. bis 31.10. 50,- DM.

Senioren Residenz Dahlke — 29549 Bad Bevensen

Niedersachsen, Lüneburger Heide

Amselstieg 17-23, Tel. (05821) 5040, Fax: 504115. Die Senioren Residenz Dahlke verfügt neben 85 Appartements für Dauerbewohner und einer Pflegestation mit 22 Plätzen über **10 komfortabel eingerichtete, große Gästezimmer** (über 30 qm). Alle rollstuhlgerecht, alle mit TV, Durchwahltelefon, Minibar-Service, Balkon, Du/WC.

Geeignet für Senioren, die auf den Rollstuhl angewiesen oder gehbehindert sind. Parkplatz kostenfrei. Eingang, Halle/Lobby, Frühstücksraum, Bibliothek, Gymnastikraum, Bewegungsbad (mit Hublifter), Sonnenterrasse und Garten; alle Räumlichkeiten und Zimmer über Aufzug stufenlos erreichbar. Freiraum in Du/WC 200 x 110 cm. Dusche und Waschbecken unterfahrbar. Festinstallierter Duschklappsitz, stabile Haltegriffe an Dusche und WC. Schonkost und vegetarisches Essen wählbar.

Die Gäste können an allen Hausveranstaltungen kostenfrei teilnehmen: Gymnastik für Senioren, Wassergymnastik, Vorträge, Konzerte. Hausbustransfer kostenfrei 3 x wöchentlich in die Innenstadt und 2 x wöchentlich zum Kurpark (Kurpark nur i.d. Hauptsaison). **Kuranwendungen auch im Haus möglich.**

Elektrisch höhenverstellbare Pflegebetten vorhanden (DM 10,- / Tag). Anmietung von Toilettenstuhl / -sitz, Rollstuhl, Rollator möglich. Ladestation für Elektromobile im Haus.

Besonderer Service: Pflege und Betreuung durch hauseigenes qualifiziertes Pflegepersonal. Abrechnung über Sachleistung und/oder Kurzzeitpflege der Kassen möglich.

Lage: Ortsmitte 2 km; Apotheke 1 km (aber Zustellservice möglich); Kurhaus und Hallenbad 1,5 km; Freibad 2,5 km.

Zimmerpreise (Hauptsaison Mitte März bis Mitte Okt.)**: Einzelzimmer:** HP 126,- /130,- DM, VP 142,- / 146,- DM. **DZ:** HP 189,- / 197,- DM; VP 215,- / 223,- DM. Nebensaisonpreise (Mitte Oktober bis Mitte Dezember und Mitte Januar bis Mitte März) sowie Weihnachts-/Silvesterprogramm mit Preisen auf Anfrage.

Haus der Fürst Donnersmarck-Stiftung — 29549 Bad Bevensen

Niedersachsen, Lüneburger Heide

Alter Mühlenweg 7, Tel. (05821) 959-0. Fax: 959-160. Das Gästehaus ist für Körperbehinderte und Rollstuhlfahrer bestens geeignet. Ferienanlage mit 111 Betten, 53 Einzel- und 29 Doppelzimmer. Bettenhöhe 38 bis 48 cm. elektrisch verstellbare Pflegebetten vorhanden.

Alle Einrichtungen sind stufenlos erreichbar, Türbreiten mindestens 88 cm. Ärztliche Versorgung durch Hausarzt (auch Badearzt) und Fachärzte im Ort gewährleistet. Verordnete Badekuren können im Haus genommen werden. Praxen für physikalische Therapie und Krankengymnastik befinden sich im Haus.

Geeignet für Körperbehinderte, Rollstuhlfahrer, Familien und Kurgäste mit Behinderten Mitgliedern und Gruppen. Tagungsräume vorhanden. Pflege kann durch Pflegedienst vor Ort (bitte vorher bestellen) erbracht werden. Wer auf ständige Betreuung angewiesen ist, sollte eine eigene Begleitperson mitbringen.

Lage: Mitten in einer der schönsten Landschaften der Lüneburger Heide, dem Ilmenautal, direkt am Waldrand, nahe dem Elbe-Seitenkanal liegt das Gästehaus für Körperbehinderte. Ortsmitte 1,5 km; Bahnhof 2 km; Krankenhaus 3 km; Freibad, Thermalhallenbad und Kurzentrum 1,5 km; Einkaufen 500 m. Wandern ab Haus. Interessante Rahmenprogramme werden zu allen Reiseterminen angeboten.

Anreise: Von Berlin bis nach Bad Bevensen werden gemeinsame Anreisen mit behindertengerechten Fernreisebussen angeboten. Gruppen und Gäste aus anderen Orten können mit hauseigenen Behindertenbussen abgeholt werden. Abholservice vom Bahnhof.

Preise: In der Hauptsaison

Einzelzimmer 81,- bis 96,- DM inklusive Vollpension; im Zweibettzimmer 79,50 bis 86,50 DM pro Person inkl. Vollpension. Weitere Preise und Sonderarrangements auf Anfrage.

Hausprospekt, Anfragen und Anmeldungen bei der Fürst Donnersmarck-Stiftung, Kontaktbüro für Bad Bevensen, Blissestraße 12, 10713 Berlin, Tel. (030) 8211129, Fax (030) 8229803. Besonders empfehlenswerte Einrichtung.

Hotel-Pension Elfi — 29549 Bad Bevensen

Niedersachsen, Lüneburger Heide

Amselstieg 27, Tel. (05821) 1015, Fax: 478318. Persönlich geführtes Haus in bevorzugter ruhiger Lage im Kurviertel, direkt am Wald; kein Durchgangsverkehr. 15 Komfortzimmer mit Du/WC, Radio, Balkon, Gesundheitsbetten. Ein gemütlicher, rustikaler Frühstücksraum, Klub- und Fernsehraum (Kabel-TV), Freiterrasse, überdachte Terrasse und Fahrräder stehen den Gästen zur Verfügung. Parkplatz, Eingang, Frühstücksraum, Terrasse und Zimmer stufenlos erreichbar.

Geeignet für Senioren, Gehbehinderte, Familien und Kurgäste; bedingt geeignet für Rollstuhlfahrer. Alle Türen mindestens 80 cm breit; Ausnahme: Bad/WC 68 cm. Raumgröße Bad/WC 3,5 qm. Schwellenhöhe der Dusche 20 cm. Stabile Haltegriffe an Dusche und WC. Bettenhöhe 40 cm.

Lage: Ortsmitte und Apotheke 700 m; Einkaufen 400 m; Bhf. 1 km; Kuranwendungen und Bewegungsbad 100 m; Thermalbad 500 m.
Preise: Übernachtung mit Frühstück pro Person im Einzelzimmer 40,- bis 50,- DM, im DZ 30,- bis 45,- DM.

Hotel Haus Deutsch Krone — 49152 Bad Essen

Niedersachsen

Ludwigsweg 10, Tel. (05472) 4080, Fax: (05472) 408222. Hotel mit 78 Appartements, Kabel-TV, Telefon. Eingang, Restaurant stufenlos erreichbar.

Geeignet für Gehbehinderte, bedingt geeignet für Rollstuhlfahrer mit Begleitung: 3 Appartements, davon 2 Zweiraum-App., rollstuhlgerecht. Türen von Zimmer und Du/WC 69 cm breit. Bewegungsfreiraum in Du/WC 100 x 120 cm. Dusche mit Duschwanne. Duschsitz und stabile Haltegriffe an Dusche, WC und Waschbecken vorhanden.

Lage: Zur Ortsmitte 300 m; Arzt 50 m; Apotheke 100 m; Einkaufen 300 m.

Preise: EZ 89,- DM, DZ 139,- DM inkl. Frühstücksbuffet.

Haus „Am Taubenborn"*** — 37539 Bad Grund

Niedersachsen, Oberharz

Am Taubenborn 37. Verwaltung und Buchung über Jörg und Cornelia Müller, Bachstr. 11, 26180 Rastede, Tel. und Fax: (04402) 81858. Das mit drei Sternen klassifizierte Haus wurde Ende 1995 fertiggestellt und steht in Waldrandlage oberhalb einer typischen ehemaligen Bergarbeitersiedlung.

Alle drei Appartements sind weitgehend allergikerfreundlich ausgestattet. Jedes Appartement hat Telefon, Kabel-TV und Radio. Ein App. ist behindertenfreundlich.

Geeignet für Gehbehinderte und Familien mit geistig Behinderten, für Rollstuhlfahrer mit Begleitperson.

Eine Ferienwohnung (rollstuhlgeeignet, für 2-4 Personen) mit Terrasse kann vom Parkplatz aus über einen 1 m breiten Weg mit starkem Gefälle stufenlos erreicht werden. Hilfe durch Begleitperson eventuell erforderlich. Alle Türen im Appartement 100 cm breit. Wohnram 18,50 qm groß, ein Schlafzimmer 14 qm mit einem Doppelbett. Bettenhöhe 52 cm; Kopf- und Fußteil höhenverstellbar, 2 x Latexmatratzen 90 x 200 cm. Zusätzlicher Lichtschalter über dem Bett. Kleiderschrank mit Schiebetüren und Spiegel; Vollholzmöbel gelaugt und geölt.

Dusche/WC mit Bewegungsfreiraum von 110 x 230 cm. Freiraum links neben WC 110 cm, rechts 20 cm, davor 160 cm. Dusche unterfahrbar, höhenverstellbares Waschbecken unterfahrbar. Festinstallierter Duschsitz und stabile Haltegriffe an Dusche und WC vorhanden.

Lage: Zur Ortsmitte mit Einkaufsmöglichkeiten und Apotheke 2 km; Spielplatz 200 m; Freibad 600 m; Arzt 1,5 km; Bahnhof 12 km; Krankenhaus mit Dialysestation 13 km. Mobiler sozialer Pflegedienst ist vor Ort.

Preis für ein Appartement je nach Aufenthaltsdauer, z.B. App. 1 (behindertenfreundlich, 36 qm) 5-7 Übernachtungen 63,- DM pro Nacht für 2 Pers. inkl. Endreinigung. Weitere Informationen im Hausprospekt.

Ferienwohnung Heindorf — 38667 Bad Harzburg

Niedersachsen, Harz

Helga Heindorf, Herzog-Julius-Str. 62 a, Tel. (05322) 51515 und 3384. Ferienwhg. mit 2 Zimmern für 2-4 Pers. Küche, Du/WC, Parkplatz, Eingang und Garten stufenlos.
Geeignet für Gehbehinderte und Familien mit geistig Behinderten, bedingt geeignet für Rollstuhlfahrer mit Begleitung. Türbreite vom Eingang 90 cm, von den Zimmern 80 cm, von Bad/Du/WC 70 cm. Freiraum in Du/WC 80 x 100 cm, vor dem WC 80 cm. Für Rollstuhlfahrer nur mit Hilfe/Begleitung geeignet. Badewanne; Dusche nicht unterfahrbar. Keine Haltegriffe.
Lage: Zur Ortsmitte 300 m; Apotheke 100 m; Einkaufen, Arzt 300 m; Freibad und Hallenbad 1 km; Krankenhaus und Dialyse 2 km.
Preis für die Ferienwohnung 65,- DM pro Tag, Endreinigung 35,- DM.

Hotel im Kurpark — 49186 Bad Iburg

Niedersachsen, Teutoburger Wald

Philip-Sigismund Allee 4, Tel. (05403) 4010, Fax: 401444. Ruhige Einzel- und Doppelzimmer sowie Doppel-Appartements mit Balkon, Minibar und TV. Parkplatz, Eingang, Frühstücksraum, Restaurant, Garten und die Zimmer (mit dem Aufzug) stufenlos erreichbar. Türbreite vom Aufzug 110 cm (Tiefe 180 cm, Breite 120 cm).

Bedingt geeignet für Rollstuhlfahrer mit Begleitung: 1 Zimmer mit Du/WC. Türbreite des Zimmers 100 cm, von Du/WC 120 cm. Bewegungsfreiraum in Du/WC nicht angegeben. Dusche nicht schwellenlos; Waschbecken unterfahrbar. Duschhocker und stabile Haltegriffe an Dusche, WC und Waschbecken vorhanden.

Lage: Ruhige Lage am Südhang des Teutoburger Waldes. Zur Ortsmitte 1 km; Einkaufen, Apotheke 800 m.

Zimmerpreise: EZ 98,- DM, DZ 155,- DM, Zweiraum-App. 180,- DM inkl. Frühstücksbuffet.

Kneipp-Kurhaus Heikenberg — 37431 Bad Lauterberg

Niedersachsen, Harz

Heikenbergstr. 19-21, Tel. (05524) 857-0, Fax: 6741. Kurhaus; Kneippkuren und Bewegungstherapie im Haus. 60 Zimmer mit Bad oder Du/WC, Radio und TV ausgestattet. Parkplatz, Eingang (mit Rampe), Frühstücksraum und Restaurant sind stufenlos erreichbar. Zum Aufzug eine kleine Schwelle von 5 cm; zum hauseigenen Hallenbad 3 Stufen.

Geeignet für Kururlauber, Gehbehinderte und Rollstuhlfahrer; außerdem stauballergikergerechte Zimmer. 2 rollstuhlgerechte Zimmer mit Du/WC; 2 danebenliegende Zimmer mit Durchgangstür für Begleitpersonen. Türbreiten der Zimmer und von Du/WC 110 cm. Freiraum in Du/WC 140 x 140 cm; Freiraum rechts neben WC 150 cm, davor 105 cm. Dusche und Waschbecken unterfahrbar, Duschhocker und stabile Haltegriffe an Dusche, WC und Waschbecken vorhanden. Verstellbarer Kippspiegel über dem Waschbecken. Bettenhöhe 44 bis 49 cm. Höhenverstellbare Betten vorhanden.

Service: Abholung von Haus-zu-Haus und vom Bahnhof mit dem Hausbus auf Wunsch möglich.

Lage: Zur Ortsmitte 3 km; Bus, Bahnhof 500 m; Arzt kommt ins Haus; Kuranwendungen im Haus; Apotheke, Freibad, Tennisplatz und Tennishalle 2 km. Der Park ist mit dem Rollstuhl ohne Stufen zu erreichen.

Preis pro Behindertenzimmer je nach Kategorie 114,- bis 125,- DM pro Tag inkl. Vollpension. Ausführliche Preisliste auf Anfrage.

Pension Haus Mönter Meyer — 49196 Bad Laer

Niedersachsen, Osnabrücker Land, Teutoburger Wald

Winkelsettener Ring 7, Tel. (05424) 9176, Fax: 7547. Pension mit 64 Zimmern und 2 Ferienwhg. für 5-6 Personen. Parkplatz, Eingang, Frühstücksraum, Garten, Aufzug (Tiefe 140 cm, Breite 100 cm) sowie Zimmer im EG stufenlos erreichbar. Türen 100 cm breit. Für Kinder: Überdachte Spielscheune mit Sandkasten, Rutsche und Schaukel am Haus.

Geeignet für Gehbehinderte (100 Pers.), Familien mit geistig Behinderten sowie für Rollstuhlfahrer (15 Zimmer). Freiraum in Du/WC 120 x 120 cm; Freiraum links, rechts und vor dem WC 120 cm. Dusche und Waschbecken unterfahrbar. Festinstallierter Duschsitz, Kippspiegel, stabile Haltegriffe an Du/WC, Toilettenaufsätze und Toilettenstühle vorhanden.

Lage: Umgeben von mehreren Liegewiesen, einem Wildgehege mit Karpfenteich. Ortsmitte, Bus, Einkaufen, Arzt, Apotheke 1 km; Freibad, Hallenbad und Kuranwendungen 1,5 km; Bahnhof, Krankenhaus 8 km.

Preise: Übernachtung mit Frühstück im DZ 50,- DM; im EZ 65,- DM. Aufpreis für HP 6,- DM, für VP 12,- DM.

Hotel Pension Landhaus Cornelis — 26160 Bad Zwischenahn

Niedersachsen, Zwischenahner Meer, Ammerland

Hornbusch 13, Tel. (04403) 93170, Fax: 931710. Hotel-Pension mit komfortabler Ausstattung. 23 Betten. 4 DZ + 1 EZ im Erdgeschoß. 2 DZ mit Terrasse sind rollstuhlgeeignet. Alle Zimmer mit Dusche und WC, Radiowecker, Telefon, Farb-TV und Haarfön. Parkplatz/Garage, Eingang, Speiseraum, Gartenterrasse und Zimmer sind stufenlos erreichbar, zum Teil Senioren-Betten. Auf Wunsch Halbpension (abends) oder nach kl. Speisekarte.

Geeignet für (Kur-)Urlauber, Gehbehinderte und Rollstuhlfahrer. 2 DZ mit Terrasse rollstuhlgeeignet: Türbreiten von Eingang, Zimmer, Terrassentür und Bad 100 cm. Freiraum im Bad 120 x 200 cm. Freiräume neben dem WC in einem Bad 110 cm links und 20 cm rechts, in dem anderen Bad 20 cm links und 110 cm rechts. Dusche und Waschbecken unterfahrbar. Festinstallierter, variabler Duschsitz, Notruf und stabile Haltegriffe an Dusche, WC und Waschbecken vorhanden. Bettenhöhe 50 cm. Pflegedienst über örtliche Sozialstation kann bei Bedarf angefordert werden.

Lage: Zentral gelegen. Einrichtungen sind sehr günstig zu erreichen. Kurklinik 700 m, Einkaufen 200 m, Arzt 600 m, Apotheke 700 m, Krankenhaus 5 km, Wellenhallenbad 700 m, See 800 m, Bahnhof 1300 m, Bus 200 m. Umgebung flach und sehr gut befahrbar. Ebenerdige Wanderwege in unmittelbarer Umgebung.

Preis: Pro Person/Übernachtung 62,- bis 77,- DM inkl. Frühstücksbuffet.

Hotel Pension „Andrea" 26160 Bad Zwischenahn

Niedersachsen, Zwischenahner Meer, Ammerland

Wiefelsteder Str. 43, Tel. (04403) 4741, Fax: 4745. Hotel garni mit 28 Betten. 4 geschmackvoll, komfortabel und gemütlich eingerichtete Doppelzimmer mit Terrasse sind rollstuhlgerecht. Neu: Automatischer Türöffner.

Die Zimmer haben alle Telefon, Radio und TV. Hunde auf Anfrage. Parkplatz, Eingang, alle Einrichtungen und Zimmer stufenlos erreichbar.

Geeignet: Das gemütlich und freundlich geführte Haus ist für Rollstuhlfahrer sehr zu empfehlen. Bisher viele zufriedene Gäste. Pro Jahr kommen ca. 60 Rollstuhlfahrer als Gäste. 4 Zimmer rollstuhlgerecht. Türbreiten: Eingang, Zimmer sowie alle Einrichtungen und Bad/WC 100 cm. Tische im Frühstücksraum unterfahrbar. Freiraum in Bad/WC 195 x 195 cm, ein Bad mit 195 x 248 cm. Stabile Haltegriffe und rutschfeste Matten sind vorhanden; vier Duschen sind mit dem Rollstuhl unterfahrbar. Festinstallierter Duschsitz, Duschstuhl oder Toilettenstuhl vorhanden.

Lage: Zum Zentrum 2 km; Einkaufen und Arzt 1 km; Apotheke 2 km; Krankenhaus 6 km; Freibad 3 km; See 300 m; Angeln am See; Wandern ab Haus; Minigolf 8 Gehminuten; Tennis 500 m; Restaurant in unmittelbarer Nähe.

Bad Zwischenahn liegt in einer einzigartigen Erholungslandschaft im Herzen des Ammerlandes. Das Zwischenahner Meer ist von grünen Wäldern und weiten Wiesen umgeben, und liegt im milden Reizklima der nahen Nordsee.

Preis pro Nacht/Person: 65,- bis 85,- DM inklusive Frühstück je nach Aufenthaltsdauer. Zu einem geringen Preis kann auch Wäsche gewaschen werden. Zum Frühstück gibt es unter anderem selbstgemachte Marmelade und selbstgebackenes Brot. Besonders empfehlenswertes Haus.

Appartement „Am Seeufer" 26160 Bad Zwischenahn

Niedersachsen, Zwischenahner Meer, Ammerland

Edda u. Meinhard Löschen, Am Delf 37, Tel. (04403) 5426. Eine Ferienwohnung im Erdgeschoß eines Wohnhauses. Parkplatz und Eingang stufenlos. Geeignet für Gehbehinderte und Rollstuhlfahrer. Vermieterin ist selbst Rollstuhlfahrerin. Türbreite von Eingang und Zimmer 84 cm, von Du/WC (Schiebetür) 80 cm. Freiraum in Du/WC 140 x 140 cm. Freiraum rechts neben WC 100 cm, davor 140 cm. Dusche und Waschbecken unterfahrbar. Meyra-Duschstuhl, verstellbarer Kippspiegel und stabile Haltegriffe an Dusche und WC vorhanden. Bettenhöhe 54 cm; Lattenrost Kopf- und Fußteil verstellbar.

2 Pflegedienste vor Ort können bei Bedarf bestellt werden. Hausbesuche vom Arzt, Krankengymnastik möglich. Weitere Hilfsmittel können geliehen werden.

Lage: Direkt am See und Yachthafen. Gute Wandermöglichkeiten für Rollstuhlfahrer. Bürgersteige abgesenkt. Geschäfte und Restaurants größtenteils ebenerdig. Zur Ortsmitte 1,3 km; Bahnhof 1,6 km; Arzt, Apotheke 1 km; Einkaufen 400 m.

Preis in der Hauptsaison pro Tag für 2 Personen 85,- DM, in der Nebensaison 70,- DM.

Ferienwohnung Specht — 26160 Bad Zwischenahn

Niedersachsen, Zwischenahner Meer, Ammerland

Horst Specht, Kammakerweg 28, Tel. (04403) 5596. Liebevoll eingerichtete Ferienwohnung in Bad Zwischenahn für 2 Personen, Nichtraucher. Die Wohnung hat einen separaten Eingang, 65 qm Wohnfläche, zwei Südterrassen, Wohnzimmer, Schlafzimmer, Küchenzeile, Kabel-TV, Radio und Telefon. Die Kiefernholz-Bettgestelle lassen sich bei Bedarf von 48 cm auf 54 cm Sitzhöhe höher stellen. Sie sind mit Federholzrahmen ausgerüstet, deren Fußteil sich motorisch verstellen läßt.

Geeignet für Gehbehinderte (für Rollstuhlfahrer nur bedingt geeignet): Geräumiges Badezimmer mit Dusche und WC. In der nicht unterfahrbaren Dusche ist ein Klappsitz fest angebracht. Haltegriffe an Dusche und WC sind vorhanden. Im Eingangsbereich befindet sich eine Gästetoilette. Die Terrassen sind vollständig mit Gartenmöbeln bestückt. Garten mit Liegewiese, Sesseln und Liegen, Zeltpavillion. Er ist von der Schlafzimmerterrasse aus über eine grasbewachsene Schräge mit Handlauf zu erreichen.

Lage: Die Ferienwohnung liegt im Ortsteil Kayhausen in ruhiger ländlicher Umgebung in der Nähe des Zwischenahner Meeres und des Kayhauser Moores mit dem Naturschutzgebiet Engelsmeer. Die Umgebung ist flach und gut begeh- und befahrbar. Bad Zwischenahn ist 1 km entfernt. Gute Einkaufsmöglichkeiten; Spaziergänge im Strandpark am Seeufer.Vielfältiges Angebot an gastronomischen Betrieben.

Preis pro Tag für die Ferienwohnung inkl. aller Nebenkosten 70,- DM.

Aquantis-Apartmenthotel und Ferienwohnungen

26427 Bensersiel

Niedersachsen, Nordsee

Taddigshörn 200, Tel. (04971) 2020, Fax: 202-800. Ferienanlage mit Ferienwohnungen und Apartmenthotel mit 212 Apartments, 701Betten. Alle Apartments komfortabel und komplett ausgestattet mit Kochnische, Farb-TV, Dusche, WC und Balkon.

Parkplatz, Eingang und Einrichtungen des Hotels sind stufenlos erreichbar. Badelandschaft mit Kinderplanschbecken, Finnische Sauna, Dampfsauna. Tischtennisraum, Bücherei, qualifizierte Kinderbetreuung, Kegelbahn, **med. Bäderabteilung**.

Spezielle Apartments für Behinderte und Allergiker. Türbreiten in der Anlage zwischen 80 bis 200 cm, Aufzug 80 cm. Das hauseigene Hallenbad (Badelandschaft) mit 30 °C Wassertemperatur ist stufenlos erreichbar.

Geeignet für Rollstuhlfahrer, Gehbehinderte und Allergiker. Drei Einraum-Apartments wurden speziell für Rollstuhlfahrer eingerichtet (7 weitere ebenfalls rollstuhlgängig): Türbreiten der Zimmer 85 cm, von Du/WC 100 cm. Freiraum in Du/WC 185 x 112 cm. Freiraum rechts neben WC 100 cm, davor 72 cm. Dusche und Waschbecken unterfahrbar, festinstallierter Duschklappsitz, verstellbarer Kippspiegel über dem Waschbecken, stabile Haltegriffe an Dusche und WC vorhanden. Höhenverstellbare Pflegebetten mit E-Motor und Vorrichtung für Galgen.

Lage: Direkt am Nordseedeich; Ortsmitte, Freibad, Strand, Angeln und Spielplatz 300 m; Hallenbad und Kuranwendungen im Haus; Bahn, Apotheke (Apothekenservice von Mo.- bis Fr. im Haus), Krankenhaus und Tennis 4 km; Bus 1 km. Restaurant, Praxis eines Allgemein-Mediziners und Badearzt im Ort. Wege überwiegend flach, zum Deich steil.

Preise: Für Apartment A im Apartmenthotel (rollstuhlgeeignet) pro Nacht in der Hauptsaison (04.07. bis 24.08.) je nach Aufenthaltsdauer für 1 Person 121,- bis 129,- DM; für 2 Personen 152,- bis 165,- DM; jede weitere Person zzgl. 10,- DM/Tag (Belegung mit max. 4 Personen).

In den übrigen Zeiten (Neben- und Zwischensaison) kostet das Apartment bei Belegung mit einer Person 104,- bis 113,- DM; mit 2 Pers. 124,- bis 137,- DM; jede weitere Person (max. 4 Pers.) 10,- DM /Tag. Für weitere Informationen über Preise und Wohneinheiten bitte Hausprospekt anfordern. Das Apartmenthotel ist von Mitte März bis Ende Oktober geöffnet.

Hotel Helms 29303 Bergen

Niedersachsen, Lüneburger Heide

Altensalzkoth 7, Tel. (05054) 8182, Fax: 8180. 50 Zimmer mit Du/WC, Telefon und TV; 4 Restaurants, 2 Tagungsräume für bis zu 140 Personen. Hauseigene Waldgaststätte. Eingang und Restaurant stufenlos. Aufzug mit Rampe erreichbar; Aufzugstür 80 cm breit (Innenmaße 160 x 105 cm).

Geeignet für Rollstuhlfahrer. 2 DZ rollstuhlgerecht, mit dem Aufzug erreichbar. Breite der Zimmer- und Badezimmertüren 93 cm. Freiraum im Bad 120 x 140 cm; Abstand rechts neben dem WC 130 cm, vor dem WC 120 cm. Dusche und Waschbecken unterfahrbar. Kippspiegel, Duschsitz und Haltegriffe an Du/WC und Waschbecken.

Lage: Am Naturpark Südheide gelegen. Zur Ortsmitte und zum Bahnhof 14 km; Apotheke 5 km; Spielplatz 30 m; Freibad und Hallenbad 15 km.

Zimmerpreise inklusive Frühstück: EZ 84,- bis 99,- DM; DZ ab 135,- bis 178,- DM, Zusatzbett 32,50 DM. HP-Zuschlag 27,- DM pro Person.

Hotel-Restaurant Kohlmann 29303 Bergen

Niedersachsen, Lüneburger Heide

Lukenstr. 4 + 6, Tel. (05051) 9876-0, Fax: 9876-50. Hotel mit 22 Zimmern. Parkplatz, Eingang, Frühstücksraum, Restaurant, Garten und Zimmer im EG stufenlos erreichbar.

Geeignet für Gehbehinderte (4 DZ), Rollstuhlfahrer (1 DZ) und Familien mit geistig Behinderten (14 DZ). 1 Zimmer rollstuhlgerecht. Türbreite von Zimmer und Du/WC 100 cm. Freiraum in Du/WC 200 x 220 cm. Freiraum links neben WC 140 cm, rechts 40 cm, davor 145 cm. Dusche und Waschbecken rollstuhlgerecht unterfahrbar. Festinstallierter Duschsitz, Duschhocker, verstellbarer Kippspiegel und Haltegriff am WC vorhanden.

Lage: Ruhiges, unter Eichen gelegenes Haus. Zur Ortsmitte 500 m; Einkaufen, Arzt, Apotheke 100 m; Freibad, Hallenbad 500 m; Bahnhof 1 km; Krankenhaus, Dialyse 25 km. Grundstück und Umgebung eben. Restaurant und Bar ohne Stufen erreichbar.
Preise auf Anfrage.

Hotel Bracksiek 49143 Bissendorf-Schledehausen

Niedersachsen, Osnabrücker Land

Bergstr. 22, Tel. (05402) 9903-0, Fax: 9903-51. Hotel mit 30 Zimmern. Türbreiten: Eingang 120 cm; Rezeption und Restaurant 90 cm, Aufzug 100 cm (Tiefe 150 cm; Breite 150 cm).

Geeignet für Gehbehinderte und Rollstuhlfahrer. 2 Zimmer mit Bad/WC im Erdgeschoß für Rollstuhlfahrer befahrbar. Raumgröße von Bad/WC 12 qm; Bewegungsfreiraum 140 x 140 cm; Freiraum links neben WC 100 cm, rechts 20 cm, davor 300 cm. Dusche unterfahrbar. Stabile Haltegriffe an Dusche und WC vorhanden. Bettenhöhe 50 cm.

Lage: Im Zentrum; Apotheke 50 m; Bus 200 m; Bahnhof 16 km; Freibad 700 m.
Zimmerpreise: EZ 78,- bis 130,- DM; DZ 120,- bis 180,- DM.

Appartementhaus „Seestern“ 26757 Nordseebad Borkum / Nordseeinsel

Niedersachsen, Nordsee

Walter Plesse, Franz-Habich-Str. 2, Tel. (04922) 91250, Fax: 912525. Appartementhaus in der Ortsmitte von Borkum mit 6 Ferienhäusern für 2 bis 8 Personen, davon 4 für Rollstuhlfahrer geeignet, ebenerdig im Garten gelegen. Alle Wohnungen haben Telefon, Radio, Kabel-TV, eigene Terrasse und sind mit Fliesen- bzw. Korkfußböden ausgelegt.

Geeignet für Gehbehinderte, Rollstuhlfahrer und Familien mit geistig Behinderten. Gruppen bis 15 Personen. Die Ferienwohnungen haben eine Türbreite von 100 cm, ebenso Du/W, alles Schiebetüren. Bewegungsfreiraum in den Badezimmern mit Du/WC ca. 140 x 140 cm, alle unterschiedlich groß. Dusche schwellenlos unterfahrbar, Waschbecken unterfahrbar. Kippspiegel, festinstallierter Duschsitz oder Duschhocker sowie stabile Haltegriffe an Dusche und WC vorhanden. In 2 Wohnungen sind die Betten aus Stein gemauert, höher als normal; bei den anderen Wohnungen können die Betten nach Bedarf erhöht werden.

Hilfsmittel: 1 Krankenbett, 1 Krankenlift, normale Rollstühle, zusätzliche Toilettenerhöhungen, 1 Rollator, Dusch-/Toilettenstühl. 1 E-Rollstuhl kann gemietet werden. Bei Bedarf kann ein Pflegedienst bestellt werden.

Lage: In der Ortsmitte von Borkum, am Rande der Fußgängerzone; Einkaufsmöglichkeiten wie Bäcker, Lebensmittel, Getränke, Lokale und Imbiß befinden sich im

Umkreis von 100 m. Parkplätze direkt vor den Wohnungen. Die Hauptbadestrände erreicht man in ca. 8 Gehminuten. Zum Kurhaus und Wellenbad ca. 5 Gehminuten. Bahnhof, Apotheke 300 m; Arzt und Krankenhaus, Hallenbad, Spielplatz, Tennisplatz und Tennishalle 500 m; Meer 800 m. Umgebung flach.

Preise: Studio Nr. 1 für max. 3-4 Pers. 120,- bis 160,- DM pro Tag; Studio Nr. 2 für 5-6 Pers. 130,- bis 170,- DM; App.-Nr. 8 für max. 4 Pers. 120,- bis 150,- DM; App.-Nr. 9 (max. 4 Erw., 2 Ki.) 200,- bis 300,-DM. Außerhalb der Ferienzeiten Sonderkonditionen. Hausprospekt und ausführliche Preisliste auf Anfrage.

Im Laufe der Jahre waren über 100 Familien im Appartementhaus „Seestern" zu Gast - alle fühlten sich sehr wohl.

CVJM-Familienferienstätte „Haus Viktoria" — 26757 Borkum / Nordseeinsel

Niedersachsen, Nordseeinsel

Viktoriastr. 14, Tel. (04922) 3070, Fax 307333. Alle Zimmer großzügig und gemütlich ausgestattet mit Du/WC. Seminar- und Tagungsräumlichkeiten; hauseigener Kindergarten, Fernsehraum, Lesezimmer. Eingang, Einrichtungen und Zimmer sind stufenlos oder über eine Rampe erreichbar. Türen 80 bis 85 cm breit. Innenmaße vom Aufzug 120 x 200 cm.

Geeignet: Das Haus ist **für Familien und Gruppen** mit geistig Behinderten, Rollstuhlfahrern und anderen Körperbehinderten geeignet. **Geeignet auch für Mutter-Kind-Erholung.** 6 Gästezimmer sind rollstuhlgerecht eingerichtet, Dusche schwellenlos unterfahrbar, Haltegriffe vorhanden, rutschfeste Matten, Spiegel verstellbar.
Lage: Direkt am Hauptbadestrand, sehr schöne Lage; zur Ortsmitte 500 m.
Preise: Erwachsene 75,50 DM; Schüler, Studenten, Auszubildende bis 26 Jahre 60,- DM; Kinder 12 bis 17 Jahre 52,- DM; Kinder 5 bis 11 Jahre 35,- DM; Kinder 2 bis 4 Jahre 26,- DM; Kinder unter zwei Jahre (ohne Verpflegung) 8,- DM. Zuschlag für Einzelzimmer 20,- DM. Für Familienfreizeiten, die während der Oster- und Sommerferien angeboten werden, gelten andere Preise (bitte anfragen).

Harzhotel Regina — 38700 Braunlage

Niedersachsen, Harz

Familie Pescht, Bahnhofstr. 12, Tel. (05520) 93040, Fax: 1345. Hotel mit 24 Zimmern, alle mit Du/WC, Telefon und TV ausgestattet. Parkplatz und Eingang stufenlos, Frühstücksraum und Restaurant 1 Stufe, Türen 90 cm breit. Hauseigenes Hallenbad.

Geeignet für Gehbehinderte und Familien mit geistig Behinderten; bedingt geeignet für Rollstuhlfahrer mit Begleitung. 7 Zimmer im EG stufenlos erreichbar. Türbreiten der Zimmer 80 cm, der Badezimmer (teils Dusche, teils Badewanne) 70 cm. Freiraum im Bad/WC ca. 100 x 120 cm, vor dem WC 60 bis 100 cm, seitlich vom WC 30 bis 60 cm je nach Zimmer; nicht rollstuhlgerecht; keine Hilfsmittel.

Lage: Zur Ortsmitte 200 m; Einkaufen, Bus, Arzt 50 m; Apotheke 200 m.
Preis pro Person und Übernachtung inkl. Frühstück 78,- bis 90,- DM. Wochenpauschalen ab 222,- DM pro Person.

Wohnpark am Wall — 38100 Braunschweig

Niedersachsen

Echternstr. 46-49, Tel. (0531) 4804-0, Fax: 4804-543. Zur Anlage gehören 4 Gebäude mit 4 Etagen und 6 Aufzügen sowie eine Tiefgarage. Insgesamt 192 rollstuhlgerechte, komfortable Stiftswohnungen, davon **7 barrierefreie Gästeappartements** mit Du/WC, Kochnische, Balkon oder Terrasse, Telefon, Notrufsystem und Kabel-TV.

Das Haus bietet außerdem: Freizeitangebote, Sauna, Schwimmbad, Pflegebäder, Wasch-/Trockenräume, Musik-Café, Restaurant, Speiseraum, Pflegestation, Spielezimmer, und Bibliothek.

Alle Bereiche sind mit dem Aufzug stufenlos erreichbar. Haustiere dürfen mitgebracht werden. Zu den weiteren Einrichtungen der Anlage zählen Krankengymnastik/ Massage, Friseur, Fußpflege, Kiosk, Lebensmittelladen, Restaurant und Bank.

Geeignet für Gehbehinderte und Rollstuhlfahrer: **7 Gästeappartements sind rollstuhlgerecht.** Türbreite der Zimmer 85 cm, von Du/WC 82 cm. Freiraum in Du/WC 160 x 120 cm. Freiraum links neben WC 40 cm, rechts 130 cm, davor 120 cm. Dusche und Waschbecken unterfahrbar. Demontierbare Duschsitze, Notruf mit Schnur und stabile Haltegriffe an Dusche und WC vorhanden. Bettenhöhe 55-65 cm. **Ambulanter Dienst und stationäre Pflege im Haus.**

Lage: Die 1987 fertiggestellte Wohnanlage liegt in der City; Fußgängerzone vor der Tür. Eine Bushaltestelle befindet sich vor der Anlage. Angebote des täglichen Bedarfs stehen in der Einrichtung zur Verfügung. Die Wohnanlage ist umgeben von einem Park, ausgedehnten Grünflächen, einer Sportanlage und verkehrsberuhigten Straßen. Auf dem Grundstück Grünbereiche mit Teich- und Wasseranlagen, eine Gemeinschaftsterrasse, Japanischer Garten; im Sommer hat ein Gartencafé geöffnet.

Entfernungen: Ortsmitte 400 m; Einkaufen 30 m; Bahnhof 3 km; Arzt, Apotheke 100 m; Krankenhaus 1 km; Freibad und Hallenbad 500 m.

Zimmerpreise: EZ 125,- DM; DZ 170,- DM inkl. Frühstück.

Hotel Daub KG — 27432 Bremervörde

Niedersachsen, Vörder See

Bahnhofstr. 2, Tel. (04761) 3086, Fax: 2017. 43 Zimmer mit Du/WC, 7 Zimmer mit Bad/Du/WC. Alle Zimmer mit Radio, TV und Telefon. Eingang 3 Stufen (je 15 cm); Seiteneingang, Speiseraum, Restaurant, Konferenzraum und Zimmer stufenlos.
Geeignet für Gehbehinderte bis 16 Pers. und für Rollstuhlfahrer (4 Zimmer). Türen 90 cm breit. Freiraum in Bad/WC 120 x 120 cm. Dusche und Waschbecken unterfahrbar, Duschhocker vorhanden. Abstand vor dem WC 120 cm, Höhe vom WC 50 cm.
Lage: Zentrum 500 m; Bahnhof und Arzt 100 m; Bus 50 m; Apotheke 200 m; Freibad, Hallenbad, See, Spielplatz und Angeln 1 km; Wanderwege 150 m; Umgebung flach.
Zimmerpreise: EZ 77,- bis 89,- DM; DZ 130,- bis 140,- DM.

Ferien auf dem Bauernhof Thea Oorlog — 26831 Bunde

Niedersachsen, Südliches Ostfriesland

Kirchring 17 a, Tel. (04953) 466. Schöner Ferienbauernhof in ruhiger, kinderfreundlicher Alleinlage, ortsnah, aber ohne Autoverkehr; mit Streicheltieren, Kühen und Ponys. Kutschfahrten können organisiert werden. Spielplatz am Hof.

Drei neue, komplett ausgestattete Ferienwohnungen, 60 qm, 65 qm und 95 qm für 4 bis 6 Personen. Parkplatz, Eingang, Frühstücksraum und Zimmer stufenlos erreichbar. Türbreiten von Eingang und Frühstücksraum 94 cm.

Geeignet für Gehbehinderte, Rollstuhlfahrer und Familien mit geistig Behinderten; max. 14 Personen in 3 Ferienwohnungen insgesamt, davon 2-4 Rollstuhlfahrer. Eine rollstuhlgerechte Ferienwohnung mit 2 Schlafzimmern, 1 Wohnküche und Bad/WC. Freiraum in Du/WC 130 x 180 cm. Freiraum links neben WC 130 cm, rechts 20 cm, davor 40 cm. Dusche und Waschbecken unterfahrbar. Festinstallierter Duschsitz, stabile Haltegriffe an Du/WC und Waschbecken sowie herausziehbare Brause am Waschbecken vorhanden.

Lage: Ruhige Einzellage; Ortsmitte, Einkaufen, Bus 500 m; Apotheke 800 m; Arzt, Freibad, Hallenbad 1 km; Tennisplatz und Tennishalle 1,5 km; See und Krankenhaus 10 km. Flache Wege, im Ort zahlreiche behindertengerechte Ladeneingänge.

Preis für eine Ferienwohnung bei Belegung mit 4 Personen in der Hauptsaison 80,- DM pro Tag; in der Nebensaison 65,- DM. Ein Hausprospekt kann angefordert werden.

Hotel Ambiente GmbH — 31675 Bückeburg

Niedersachsen, Landkreis Schaumburg

Herminenstr. 11, Tel. (05722) 9670, Fax: 967444. Hotel mit 34 modern eingerichteten Zimmern, alle mit Bad oder Du/WC, Kabel-TV, Minibar, Telefon und Faxanschluß. Parkplatz, Eingang, Frühstücksraum, Restaurant, Garten und Zimmer im EG stufenlos erreichbar. **Geeignet** für Gehbehinderte, Rollstuhlfahrer und Familien mit geistig Behinderten. 2 Zimmer rollstuhlgerecht. Türbreiten der Zimmer und von Du/WC 100 cm. Freiraum in Du/WC 350 x 200 cm. Freiraum links neben WC 50 cm, rechts 60 cm, davor 160 cm. Dusche und Waschbecken unterfahrbar. Kippspiegel, Notruf, festinstallierter Duschsitz, Duschhocker und stabile Haltegriffe an Du/WC und Waschbecken vorhanden.

Lage: Zur Ortsmitte 300 m; Arzt und Krankenhaus 50 m; Einkaufen 200 m; Apotheke 300 m; Bahnhof 1,5 km.

Zimmerpreise inkl. Frühstück: EZ 138- bis 220,- DM; DZ 196.- bis 286.- DM. Zusatzbett 40,- DM. HP zzgl. 32,- DM; VP zzgl. 58,- DM.

Ferienhaus Almuth Groen — 26969 Roddens / Butjadingen

Niedersachsen, Halbinsel Butjadingen, Jadebusen, Nordsee

Roddenser Str. 15, Tel. (04736) 313, Fax: 470. Das Ferienhaus besteht aus 2 Wohnungen. 1 Wohnung ist behindertengerecht eingerichtet. Max. 8 Personen (Erw.); 4 Schlafräume, davon 3 im EG, 1 im 1. OG. Außerdem im EG: 1 Wohnzimmer, Telefon, TV, Küche mit Mikrowelle, Waschmaschine, Geschirrspüler, 1 Abstellraum und 2 Bäder.

Die Whg. im EG hat insg. 130 qm Wohnfläche. Großer Garten mit Sitzecke, Spielgeräte für Kinder. Parkplatz, Eingang und Zimmer im EG sind stufenlos erreichbar.

Geeignet für Gehbehinderte (bis 6 Personen), Rollstuhlfahrer und für Familien und Gruppen mit geistig Behinderten bis 10 Personen. Türbreiten der Zimmer 90 cm, vom Bad 100 cm. Freiraum im Bad 300 x 300 cm. Dusche und Waschbecken unterfahrbar. Freiraum links neben WC 160 cm, rechts 180 cm. Festinstallierter Duschsitz und stabile Haltegriffe an Dusche und WC vorhanden.

Lage: Ruhige Lage: zum Meer 400 m (Jadebusen), Nordsee 4 km. Zur Ortsmitte mit Einkaufen, Arzt, Apotheke, Hallenbad, 4,5 km; Freibad, Krankenhaus und Bahnhof 15 km.

Preis für die Wohnung in der Hauptsaison bei Belegung mit 4 Personen 110,- DM, jede weitere Person 10,- DM. In der Nebensaison 100,- DM, jede weitere Person 10,- DM. Endreinigung 60,- bis 100,- DM. Die Preise gelten für eine Aufenthaltsdauer ab 7 Tagen.

Fahrgastschiff Wega II — 26969 Burhave / Butjadingen

Niedersachsen, Halbinsel Butjadingen, Nordsee

Kapitän E. Hüttenmeister, Lerchenstr. 2, Tel. (04733) 513. Kapitän Hüttenmeister und seine Mannschaft zählen zu den behindertenfreundlichsten Seeleuten an der norddeutschen Küste. Obwohl das Schiff aufgrund seiner baulichen Beschaffenheit nicht rollstuhlgerecht ist, sind Familien oder Gruppen mit Behinderten, geistig Behinderten und Rollstuhlfahrern an Bord herzlich willkommen.

Die Mannschaft hilft, wenn Rollstühle an Deck oder in den Fahrgastraum getragen werden sollen. Von Anfang März bis Mitte November führt das Fahrgastschiff "Wega II" täglich Ausflugsfahrten durch das Wattenmeer, zu den Leuchttürmen oder nach Bremerhaven durch.

Ausflugs- und Charterhafen / An- und Ablegestelle ist der Hafen von Fedderwardersiel auf der Halbinsel Butjadingen (Nähe Tossens und Burhave). In der Hochsaison sollten sich Gruppen vorher bei Kapitän Hüttenmeister anmelden, damit genügend Plätze an Bord reserviert werden können.

Ferienwohnung „Rehbock" — 26409 Carolinensiel

Niedersachsen, Nordsee

Uferstraße 33. Vermittlung durch: E. Kober, Habichtshorst 3, 49434 Neuenkirchen, Tel. (05493) 1800 und 5800, Fax (05493) 5673. Parkplatz, Eingang, Einrichtungen und Zimmer sind stufenlos oder über eine Rampe zu erreichen; Türen rollstuhlgerecht.

Die Wohnung ist 60 qm groß, zuzüglich Gartenterrasse mit Garten. Sie ist mit Farb-TV ausgestattet und komplett eingerichtet. Lediglich Bettwäsche und Handtücher sind mitzubringen. Haustiere sind nicht gestattet. Die Ferienwohnung besteht aus großem

Wohn-Eßzimmer mit Einbauküche, einem Elternschlafzimmer, zwei kleinen Zimmern, Flur, Garderobe und **behindertengerechtem Badezimmer** (Türbreite ca. 82 cm, Größe 4,4 qm). Dusche schwellenlos unterfahrbar; stabile Haltegriffe an Dusche und WC vorhanden.

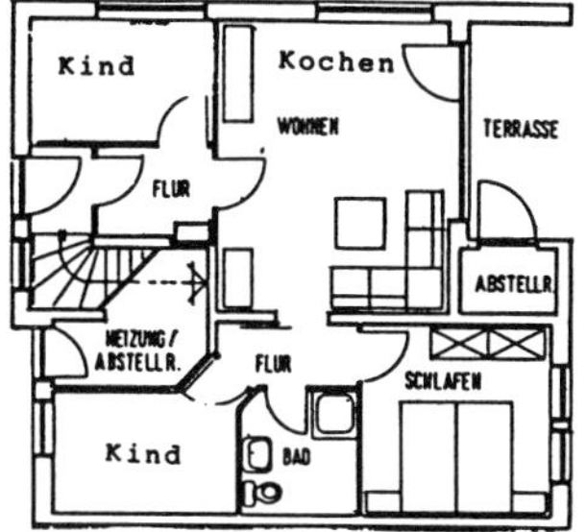

Geeignet für Senioren, Gehbehinderte, Rollstuhlfahrer, Kururlauber, Familien mit geistig Behinderten, jeweils 3 bis 5 Personen.

Lage: Zentral, ca. 150 m vom Kurhaus mit Schwimmbad und Spielplatz entfernt; zum Ortszentrum mit Apotheke, Arzt und Einkaufsmöglichkeiten ca. 350 m; zum Strand ca. 650 m, befestigt und flach, alles per Rollstuhl erreichbar.

Tagesmietpreise je nach Saison und Aufenthaltsdauer zwischen 90,- DM und 150,- DM pro Tag; ausführliche Preisliste mit Wochenendpauschalen auf Anfrage.

Ferienwohnungen "Urige Windmühle" — 26409 Carolinensiel

Niedersachsen, Nordsee

Anmeldung bei: Gabriele Encke, Finkenweg 8, 46284 Dorsten, Tel. (02362) 75152, Fax: 73933. Gemütliche Ferienwohnungen in der Mühle, ca. 50 bis 70 qm groß für 2 bis 6 Personen, mit Küchenbar, Wohnteil mit Doppelcouch und Farb-TV, Eßecke, 1 bis 3 Schlafzimmer, Bad mit Dusche und WC. Zwei ebenerdige Wohnungen im **Müllerhaus**, ausgestattet wie die Ferienwohnung in der Mühle (4-10 Pers.) mit separater Küche. Eigener Parkplatz, Liegewiese mit Gartenmöbeln, Sandkasten für Kinder. Auf Wunsch Kinderbetten und Kinderstühlchen.

Geeignet für Gehbehinderte, Senioren und Familien mit geistig Behinderten. Bedingt geeignet für Rollstuhlfahrer mit Begleitung; Du/WC nicht rollstuhlgeeignet. Türbreiten der Zimmer und von Du/WC 60 cm. Freiraum in Du/WC 80 x 120 cm; Freiraum rechts neben WC 60 cm, davor 60 cm. Dusche nicht unterfahrbar (Schwellenhöhe 25 cm).

Lage: 300 m zur Ortsmitte, 2 km zum Strand. Haustiere sind erlaubt.

Preis für Ferienwhg. mit 1 Schlafzimmer, für 2 Pers. je nach Saison 55,- bis 85,- DM pro Tag. Zweites Schlafzimmer 10,- DM/Tag, jede weitere Pers. pro Erw. 10,- DM/Tag, Kinder 5,- DM/Tag. Bettwäsche 10,- DM + 0,50 DM pro Tag. Haustier 10,- DM/Tag. Kinderbetten kostenlos. Endreinigung 70,- DM, ansonsten alle NK im Preis enthalten.

Ferienbauernhof Ingrid Knoop — 29223 Celle

Niedersachsen, Lüneburger Heide

Lachtehäuser Str. 28, Tel. (05141) 93 04 00, Fax: (05141) 930402. Bauernhof mit zwei komfortablen Ferienwohnungen in einem schönen Fachwerk-Bauernhaus, jeweils 55 qm groß, für je 2 bis 4 Personen, davon eine rollstuhlgerecht.

Der Hof ist vollbewirtschaftet, mit Milchkühen, kleinen Kälbern, Schweinen, freilaufenden Hühnern, Enten, Katzen und Kaninchen. Größere Kinder dürfen kostenlos Ponyreiten, gehen mit in den Stall, dürfen auf dem Trecker mitfahren oder spielen auf der Weide Fußball. Mitbringen eigener Haustiere nach Absprache. Parkplatz bis Eingang alles stufenlos, auch das Hofgelände ist mit dem Rollstuhl gut befahrbar.

Geeignet für Gehbehinderte, Rollstuhlfahrer und Familien mit geistig Behinderten. Tür vom Eingang 100 cm breit, Zimmertüren in der **rollstuhlgerechten Ferienwohnung** 100 cm breit, Schiebetür zum Bad 100 cm breit. Freiraum in Dusche/WC 140 x 140 cm, Freiraum rechts neben WC 200 cm, davor 100 cm. Waschbecken und Dusche rollstuhlgerecht unterfahrbar, festinstallierter Duschsitz vorhanden. Stabile Haltegriffe an Dusche und WC vorhanden. Die zweite Ferienwohnung ist für Gehbehinderte gut geeignet, für Rollstuhlfahrer nur mit Einschränkung geeignet.

Lage: Der Bauernhof liegt 2 km östlich vom Celler Stadtkern. Einkaufsmöglichkeiten 1 km; Bus 300 m; Bahnhof Celle 3,5 km; Arzt und Tennisplatz 1 km; Apotheke und Krankenhaus 1,5 km; Dialyse 4 km; Golfplatz in Garßen 3 km; der „Silbersee" ebenfalls in Garßen; Angeln an der Aller oder Lachte 2 km; Freibad und Hallenbad in Celle 3 km. Nur 1 km vom Hof entfernt beginnt ein Naturschutzgebiet, welches mit dem Rollstuhl gut erreichbar und befahrbar ist.

Preis für eine Ferienwohnung pro Tag bei Belegung mit 1 bis 2 Personen 85,- DM, jede weitere Person 10,- DM/Tag. Im Preis sind die Nebenkosten für Strom, Wasser, Heizung, Bettwäsche und Handtücher enthalten. Endreinigung 50,- DM.

Hotel Celler Tor Ringhotel Celle — 29229 Celle-Groß Hehlen

Niedersachsen, Lüneburger Heide

Scheuener Str. 2, Tel. (05141) 5900, Fax: 590490. 73 Zimmer mit Du/WC, Radio, Telefon und TV. Veranstaltungsräume für 25 bis 300 Pers., Badeparadies mit röm. Dampfbad, Sauna. Parkpl., Eingang, Restaurant, Frühstücksraum, Hallenbad u. Zimmer im EG stufenlos erreichbar. Aufzugstür 85 cm (Tiefe 140 cm, Breite 110 cm).

Geeignet für Gehbehinderte und Familien mit geistig Behinderten; bedingt geeignet für Rollstuhlfahrer (40 Zimmer). Türbreiten der Zimmer 80 cm, von Du/WC 68 bis 86 cm. Freiraum in Du/WC 120 x 120 cm. Freiraum links, rechts und vor dem WC 120 cm. Dusche nicht unterfahrbar, Waschbecken unterfahrbar. Keine weiteren Hilfsmittel.

Lage: Zur Stadtmitte 3 km; Arzt und Apotheke 50 m; Einkaufen, Krankenhaus, Dialyse 3 km; Freibad 4 km. Umgebung flach.

Zimmerpreise: EZ 167,- bis 295,- DM.

Hotel Restaurant „Wattenkieker" — 27476 Cuxhaven

Niedersachsen, Nordsee

Inh. Rausch, Am Sahlenburger Strand 27, Tel. (04721) 2000, Fax: 200200. Schönes, komfortables Hotel, direkt am Strand gelegen, mit großzügigen, komfortabel und geschmackvoll eingerichteten Zimmern. Parkplatz stufenlos, Eingang mit Rampe, Frühstücksraum und Restaurant stufenlos, Zimmer mit dem Aufzug stufenlos erreichbar. Türbreite vom Aufzug 90 cm (Tiefe 145 cm, Breite 110 cm).

Geeignet für Gehbehinderte und Rollstuhlfahrer. 1 Komfort-Zimmer nach DIN 18024/25 rollstuhlgerecht: Türbreiten 80 bis 95 cm. Freiraum in Du/WC 150 x 150 cm. Freiraum links neben WC 70 cm, rechts 38 cm, davor 100 cm. Dusche und höhenverstellbares Waschbecken unterfahrbar. Festinstallierter Duschsitz, Duschhocker, Kippspiegel und stabile Haltegriffe an Dusche und WC vorhanden. 3 weitere Zimmer sind für Rollstuhlfahrer bedingt geeignet, da die Badezimmer ausreichend groß sind.

Lage: Das Haus liegt direkt am Strand (50 m). Der Deich und der Strand sind ohne Stufen über Steigungen zu erreichen. Die Wege und die Umgebung sind flach. Die Wege im Wald und die Wanderwege am Meer sind fest. Die Wege in Feld und Heide sind teilweise sandig.

Entfernungen: Zur Ortsmitte 3 km; Arzt, Apotheke 2 km; Einkaufen und Freibad 100 m; Spielplatz 1 km; Krankenhaus 10 km; Tennisplatz und Tennishalle 6 km.

Preis für ein rollstuhlgerechtes Komfort-Doppelzimmer (34 qm groß) pro Tag 216,- DM inkl. Frühstück. Hausprospekt und ausführliche Preisliste auf Anfrage.

Landgasthof Rieger — 29488 Dangenstorf / Lübbow (bei Lüchow)

Niedersachsen, Hann. Wendland

Dörpstraat 33, Tel. (05883) 638, Fax: 1330. Landgasthof mit 11 Zimmern. Vom Parkplatz zum Eingang 1 Rampe. Frühstücksraum, Restaurant und Sauna mit Rampe. Alle Zimmer im EG.

Geeignet für Gehbehinderte, Rollstuhlfahrer und Familien mit geistig Behinderten. 1 Zimmer rollstuhlgerecht. Türbreite von Zimmer und Du/WC 100 cm. Freiraum in Du/WC 160 x 180 cm. Freiraum links neben WC 140 cm, davor 160 cm. Dusche und Waschbecken unterfahrbar. Duschhocker, verstellbarer Kippspiegel und stabile Haltegriffe an Dusche und WC vorhanden.

Lage: Zur Ortsmitte 500 m; Einkaufen, Apotheke, Bahnhof 6 km; Freibad, Hallenbad, Tennis, Krankenhaus, Dialyse 8 km. Umgebung flach; Wege befestigt, gut befahrbar.

Preis pro Person/Tag im DZ 45,- bis 75,- DM inkl. Frühstück.

Ferienhaus Witthus — 26340 Dangast

Niedersachsen, Nordsee, Jadebusen

Edo-Wiemken-Str. 27, Tel. (04453) 6309, Fax: (04453) 1680. Ferienhaus mit einem Zimmer mit 2 Betten im Erdgeschoß für Rollstuhlfahrer. Im Dachgeschoß 2 weitere Zimmer mit insgesamt 4 Betten. Eingang mit Rampe.

Geeignet für Rollstuhlfahrer und Familien mit geistig Behinderten. Bettenhöhe von zwei Betten 71 cm. Türbreite der Zimmer und von Du/WC 93 cm. Bewegungsfreiraum in Du/WC 110 x 290 cm. Freiraum links neben WC 130 cm, rechts 18 cm, davor 110 cm. Dusche schwellenlos, Waschbecken unterfahrbar. Festinstallierter Duschsitz, beleuchteter Kippspiegel über dem Waschbecken, stabile Haltegriffe an Dusche, WC und Waschbecken vorhanden.

Lage: Nur 500 m vom Meer entfernt; zur Ortsmitte 200 m; Einkaufen 400 m; Arzt, Spielplatz 300 m; Freibad und Hallenbad 500 m; Tennisplatz 100 m; Tennishalle, Apotheke, Krankenhaus 15 km. Wege in der Umgebung flach.

Preis für das Ferienhaus pro Tag: Januar bis 31.März 100,- DM; 1. April bis 17. Juni und 10. Sept. bis 4. Nov. 150,- DM; 18. Juni bis 9. Sept. 180,- DM.

Ferienhof Starmann „Zur Alten Molkerei" 49770 Dohren

Niedersachsen, Emsland, Hasetal

Mittelstr. 12, Tel. und Fax: (05962) 797. Kinderfreundlicher Ferienbauernhof mit 3 Ferienwohnungen. Parkplatz und Eingang stufenlos.
Geeignet für Gehbehinderte und Rollstuhlfahrer (2 Rollifahrer + 8 Begleitpersonen) und für Familien/Gruppen mit geistig Behinderten (20 Personen). 1 Ferienwohnung rollstuhlgerecht. Türbreite der Zimmer und von Du/WC 80 cm. Freiraum in Du/WC 140 x 140 cm. Freiraum links neben WC 30 cm, rechts 78 cm, davor 140 cm. Dusche und Waschbecken unterfahrbar. Duschhocker und stabiler Haltegriff am WC vorhanden. Bettenhöhe 43 cm. Kopf- und Fußteil höhenverstellbar. Ambulanter Pflegedienst kann bestellt werden.

Lage: Zur Ortsmitte mit Einkaufen 1 km; Arzt, Apotheke 6 km; Hallenbad, Krankenhaus 10 km; Freibad 13 km.
Preise: Bei Belegung mit 4 Personen 23,- DM pro Person und Tag.

Jugendgästehaus Duderstadt 37115 Duderstadt

Niedersachsen, Landkreis Göttingen, Südharz-Eichsfeld

Adenauerring 23, Tel. (05527) 9847-0, Fax: 9847-77, E-Mail: JGH@otto-computer.de. Jugendgästehaus mit 220 Betten. Parkplatz, Eingang, Zimmer, Frühstücks- und Speiseräume, Seminarräume, Bibliothek, Fernsehräume, Tischtennisraum, Waschküche mit Bügelgelegenheit, Kaminzimmer, Gartenterrasse, Cafeteria, Disco, Werkräume und Gymnastikraum - alles stufenlos erreichbar.

Sehr großes Außengelände mit Fußball, Basketball, Spielwiese, Grillplatz, Lagerfeuerstelle, eigener Zeltplatz (Sanitärräume auch stufenlos erreichbar).

Überdurchschnittlicher Service, freundliche, persönliche Atmosphäre, Betreuung bei Vorbereitung, Planung und Organisation der Reise und des Rahmenprogramms. Sonderkonditionen für die Gäste vom Jugendgästehaus in vielen Freizeiteinrichtungen der Stadt und der Umgebung. Transferservice auf Wunsch. Pflegedienste befinden sich in direkter Nachbarschaft.

Geeignet für Gehbehinderte, Rollstuhlfahrer (90 Personen) und für Familien mit geistig Behinderten (130 Personen). Alle Zimmer mit Du/WC ausgestattet. 32 Zimmer mit Du/WC sind rollstuhlgerecht. Türen der Zimmer und von Du/WC 94 cm breit. Freiraum in Du/WC 140 x 160 cm. Dusche und Waschbecken schwellenlos unterfahrbar, fester Duschsitz, stabile Haltegriffe an Du/WC, sowie Hängeleiter und Kippspiegel vorhanden.

Lage: Am Stadtrand der überaus behindertenfreundlichen Stadt Duderstadt mit Blick auf Wald und Wiesen. Einkaufen, Arzt, Apotheke 1,5 km; Freibad und Bus 1,5 km (Transferservice kostenlos); Hallenbad und Sauna 150 m; Tennisplatz, Squash,

Tennishalle und Sportplatz mit Tartanbahn 150 m; Krankenhaus 3 km; Feriendialyse 2 km; behindertengerechtes Spaßbad 4 km.

Preise: Übernachtung mit Frühstück 36,- DM. Gruppen mit Vollpension 49,- DM bis 57,- DM pro Person. Kinderermäßigung je nach Alter 20 bis 100 %. Haustiere auf Anfrage.

Ferienwohnungen „An der Stadtmauer" — 37115 Duderstadt

Niedersachsen, Landkreis Göttingen, Südharz

Anmeldung: Familie Dinges, Haberstr. 38, Tel. (05527) 941694, Fax: (05527) 941650.

Familie Dinges vermietet im Erdgeschoß ihres restaurierten Fachwerkhauses, am Südrand der historischen Altstadt von Duderstadt mit ihren über 500 Fachwerkgebäuden, 3 komplett eingerichtete Ferienwohnungen. Sie sind gut geeignet für Senioren und Gehbehinderte. Duderstadt ist für Rollstuhlfahrer gut geeignet. Es gibt ein für Rollstuhlfahrer sehr gut befahrbares Parkgelände. Die Stadt ist behindertenfreundlich.

Eine Wohnung ist nach DIN 18025 behindertengerecht ausgestattet und **für Rollstuhlfahrer sehr gut geeignet.**
Die Wohnung ist sehr gemütlich, rustikal eingerichtet. Zur Ausstattung zählen: eigener ISDN-Telefonanschluß, Eßtisch, mit Rollstuhl unterfahrbar. Betten auf Rollstuhlniveau. Farbfernseher mit Kabelanschluß. Rollstuhlgerechte Türen und Durchfahrten.

Im Sanitärbereich rutschfeste Bodenfliesen, **ebenerdig gefliester Duschbereich,** klappbarer Duschsitz mit Rundumlauf, WC mit Haltegriffen (eine Seite klappbar), unterfahrbares Waschbecken mit Haltegriffen, darüber ein **höhenverstellbarer Spiegel**.

Im gesamten Wohnbereich und über die gesamte Zufahrt ab Autoabstellplatz keine Schwelle höher als 2 cm! Offener Kamin. Eine Terrasse ist speziell für Rollstuhlfahrer gebaut und ausgestattet.

Die Wohnung liegt auf der Süd-Seite des Hauses. Von dort gelangt man als Rollstuhlfahrer problemlos in sämtliche Bereiche der Stadt, zu nahegelegenen Einkaufsmöglichkeiten und Sehenswürdigkeiten.

Die meisten Bürgersteigkanten sind an den Überwegen abgesenkt. Südlich des Grundstückes schließen sich eine ruhige Sackgasse (Hinter der Mauer) und der Grüngürtel mit Gärten an. Vor dem Haus gibt es einen für Rollstuhlfahrer reservierten Parkplatz. Eine Garage kann gemietet werden. Ein behindertengerechter, überdachter Carport mit Anschluß für E-Rollstühle und schwellenloser Zufahrt zur Wohnung befindet sich auf dem Grundstück.

In Verbindung mit der örtlichen Lebenshilfe-Vereinigung kann man nach Absprache den Fahrservice mit einem speziellen Fahrzeug in Anspruch nehmen.

Lage: Günstige, ruhige und sonnige Lage im historischen Zentrum; nur 100 m von der Fußgängerzone. Zentrum, Einkaufen, Bus, Arzt und Apotheke 200 m; Wanderwege 500 m; Angeln, Minigolf, Hallenbad, Freibad und Tennis 1 km; Erlebnisbad 3 km; Seestrand 8 km.

Wege überwiegend befestigt, Umgebung eben bis leicht hügelig. Es gibt zahlreiche Sehenswürdigkeiten und Ausflugsmöglichkeiten in der unmittelbaren und weiteren Umgebung. Die Wohnungen liegen sehr günstig zum historischen Stadtzentrum mit Fußgängerzone.

Preise pro Woche inklusive Endreinigung und Nebenkosten: Die Wohnung III (für Rollstuhlfahrer) kostet zwischen 550,- DM (2 Personen) und 695,- DM (6 Personen) in der Vorsaison und 650,- DM (2 Personen), beziehungsweise 795,- DM (6 Personen) in der Hochsaison.

Belegung: Wohnung I (bis 2 Personen) 270,- bis 390,- DM pro Woche; Wohnung II (bis 4 Personen) 370,- bis 595,- DM; Wohnung III 550,- bis 795,- DM (bis 4 Erwachsene plus 2 Kinder, maximal 2 Rollstuhlfahrer). Telefon und Garage werden extra berechnet.

Ein allgemeiner Hausprospekt, Preisliste und ein spezieller Prospekt der behindertengerechten Wohnung mit Grundrißskizze und Maßen werden auf Wunsch unverbindlich zugeschickt. Besonders empfehlenswertes Haus. Von Lesern sehr empfohlen.

Burghof 26427 Esens-Bensersiel

Niedersachsen, Nordsee, Ostfriesische Küste

Familie Bennmann, Im Burggrund 19, 26427 Esens (Bensersiel), Tel. (04971) 7550, Fax 5564. Ein im ostfriesischen Baustil bewahrter Bauernhof von 1868 (nicht mehr bewirtschaftet) in Esens, 4,5 km vom Nordseebad Bensersiel entfernt, mit 5 Doppelzimmern mit Du/WC, 4 davon rollstuhlgerecht.

Geeignet für Gehbehinderte, Rollstuhlfahrer und Familien mit geistig Behinderten. Der Eingang und **vier rollstuhlgerechte Zimmer** mit Du/WC sind ebenerdig. Alle Türen 100 cm breit. Bewegungsfreiraum in Du/WC 120 x 140 cm, Freiraum links neben dem WC 130 cm, davor 100 cm. Die Duschen und Waschbecken von vier Zimmern mit Du/WC sind unterfahrbar, stabile Haltegriffe, Duschhocker bzw. festinst. Duschsitze (klappbar) sind vorhanden. In zwei Zimmern sind für Rollstuhlfahrer erhöhte Betten vorhanden. Zu den Stammgästen vom kinder- und behindertenfreundlichen „Burghof" zählen inzwischen auch zahlreiche Rollstuhlfahrer und deren Familien.

Lage: Zur Ortsmitte von Esens sind es 500 m; dort sind Einkaufsläden, Arzt, Apotheke, Kuranwendungen und der Bahnhof vorhanden. Strand und Hallenbad 4 km. Ein Spielplatz befindet sich direkt am „Burghof". Die Stadtverwaltung von Esens hat alle Bürgersteige abgesenkt, so daß Rollifahrer recht gut spazierenfahren können.

Preise: Übernachtung mit Frühstück in der Hauptsaison pro Person / Tag im DZ 40,-DM, im EZ 45,- DM; in der Nebensaison im DZ 35,- DM, im EZ 40,- DM.

Jugendherberge Esens-Bensersiel 26426 Esens-Bensersiel

Niedersachsen, Nordsee, Ostfriesische Küste

Grashauser Flage 2, Tel. (04971) 3717, Fax: 659. 29 Zimmer. Parkplatz, Eingang, Frühstücksraum, Garten und Zimmer im EG stufenlos erreichbar.

Geeignet für Gehbehinderte (bis 70 Personen), Familien und Gruppen mit geistig Behinderten (bis 144 Personen) und für Rollstuhlfahrer (6 Personen). 2 Zimmer mit Du/WC für Rollstuhlfahrer geeignet. Türbreiten der Zimmer und von Du/WC 100 cm. Freiraum in Du/WC 140 x 140 cm. Freiraum links neben WC 80 cm, davor 100 cm. Dusche und Waschbecken unterfahrbar. Festinstallierter Duschsitz und stabile Haltegriffe an Du/WC und Waschbecken vorhanden.

Lage: Ortsausgang, Richtung Bensersiel; Einkaufen, Arzt, Apotheke, Kuranwendungen 3 km; Freibad, Hallenbad und Meer 4 km. Wege und Umgebung flach.

Preise auf Anfrage.

Ihr Verwöhnhotel Heide-Kröpke — 29690 Essel / Ostenholzer Moor

Niedersachsen, Essel

Tel. (05156) 979-0, Fax: (05167) 979291. Vier-Sterne-Hotel in ruhiger, landschaftlich schöner Umgebung. Stilvolles Restaurant, mit allem Komfort ausgestattete Zimmer und Suiten mit Bad/WC, TV, Radio, Telefon und Minibar. Gepflegte Außenanlage.

Für die Kinder gibt es Spielgeräte drinnen und draußen, außerdem Kutschwagenfahrten und Malwettbewerbe. Hauseigenes Hallenbad, Sauna, Whirlpool. Haupteingang, Rezeption, Restaurant und Aufzug stufenlos erreichbar. Türbreiten: Eingang und Restaurant 100 cm, Aufzug 80 cm (Tiefe 140 cm, Breite 110 cm).

Geeignet für Rollstuhlfahrer, Gehbehinderte und Senioren. 2 Zimmer mit Bad/WC sind für Rollstuhlfahrer ausgestattet. Türbreiten der Zimmer 100 cm, der Badezimmer mit WC 80 cm. Raumgröße von Bad/WC 310 x 200 cm; Freiraum links neben WC 80 cm, rechts 20 cm, davor 190 cm. Badezimmer mit Badewanne, keine unterfahrbare Dusche. Waschbecken unterfahrbar.

Lage: Einzellage umgeben von Natur; Hallenbad im Haus, Tennisplatz am Haus; Apotheke und Bahnhof 9 km.

Zimmerpreise inkl. Frühstück: EZ 150,- bis 160,- DM; DZ 195,- bis 230,- DM. Zusatzbett 65,- DM. Kinderermäßigung. Hausprospekt mit ausführlicher Preisliste und Arrangements auf Anfrage. Besonders empfehlenswertes Haus.

Ferienhof Margret Haschenburger — 26446 Friedeburg OT Horsten

Niedersachsen, Südliches Ostfriesland

Hohemoor 1, Tel. (04453) 2407. Ferienwohnung auf dem Bauernhof, 70 qm, mit Wohnschlafraum, Küche und Eßecke im EG; im OG Eltern- und Kinderschlafzimmer. Auf dem Hof gibt es Sandkasten, Schaukel, Tischtennis und Spielgeräte.

Geeignet für Gehbehinderte, Rollstuhlfahrer und Familien mit geistig Behinderten, jeweils bis 4 Personen. Türen von Eingang, Zimmer und Du/WC 100 cm breit. Freiraum in Du/WC 120 x 120 cm. Freiraum links neben WC 50 cm, davor 100 cm. Dusche unterfahrbar; stabile Haltegriffe an Du/WC vorhanden.

Lage: Ortsmitte 2 km; Arzt, Apotheke 1,5 km; Freibad 5 km; Meer 20 km.

Preis für die Ferienwohnung pro Tag 60,- bis 70,- DM.

Hof Bunkenburg — 26446 Friedeburg OT Marx

Niedersachsen, Ostfriesland, Nordsee

Gerriet Wilkens, Bunkenburg Nr. 1, Tel. (04465) 315, Fax: 8258. Vollbewirtschafteter Ferienhof mit Milchkühen, kleinen Kälbern, Katzen, 1 Hund, Hühnern, Kaninchen. Grünlandbetrieb mit 2 1/2 ha eigenem Wald. 4 Ferienwohnungen wurden liebevoll eingerichtet.

Die kleinen Whg. haben Wohnküche, 1 bzw. 2 Schlafzimmer, Du/WC und Flur. Die 2 großen Ferienwhg. haben 1 bis 3 Schlafzimmer, Wohnküche mit kompletter Einbauküchenzeile, Wohnschlafzimmer, Telefon, Waschmaschine 1 bzw. 2 x Du/WC. Parkplatz und Eingang stufenlos. Frühstücksraum 1 Stufe.

Geeignet für Gehbehinderte (4 Pers.), Rollstuhlfahrer (2 Pers.) und Familien mit geistig Behinderten (8 Pers.). 1 Ferienwohnung im EG rollstuhlgerecht. Türbreite der Zimmer und von Du/WC 100 cm. Freiraum in Du/WC 250 x 250 cm. Freiraum links neben WC 100 cm, rechts 150 cm, davor 300 cm. Dusche schwellenlos, Waschbecken unterfahrbar. Festinstallierter Duschsitz und stabile Haltegriffe an Dusche und WC vorhanden. 1 Pflegebett vorhanden.

Kinderfreundlich: Großer Sandhaufen, Tischfußball, Rutsche, Billard, Schaukel, Wippe, Torwand, Fahrräder und Kleinkinderfahrräder. Reiten auf dem Hof (2 Haflinger).

Lage: Hof Bunkenburg liegt mitten in Ostfriesland, zwischen Wilhelmshaven, Wittmund und Oldenburg. Reiten, Tennis und Waldschwimmbad gibt es in Friedeburg (3 km). Die Nordsee ist in einer halben Autostunde zu erreichen. Hallenbad in Wiesmoor 10 km. Zur Ortsmitte 700 m; Einkaufen, Arzt, Apotheke, Tennisplatz in Friedeburg 3 km; Bahnhof 15 km; Krankenhaus und Dialyse 20 km. Umgebung flach.

Preise: Eine Ferienwohnung kostet je nach Größe (50 bis 110 qm) pro Tag bei Belegung mit 2 Personen 75,- bis 90,- DM; jede weitere Person zzgl. 10,- DM pro Tag. Haustiere dürfen nach Absprache mitgebracht werden (kleine Hunde, Katzen).

Ferienhof Kleefeld — 26169 Friesoythe-Ellerbrock

Niedersachsen, Oldenburger Münsterland, Südliche Nordsee

Friesoyther Straße 38, Tel. (04491) 2026, Fax: (04491) 9180027. Urlaub auf dem Bauernhof mit DLG-Gütezeichen. Zwei Ferienwohnungen (je 50 qm) mit jeweils vier Betten und zwei Zusatz-Kinderbetten. Jede Wohnung verfügt über 1 Schlafzimmer, 1 Wohnschlafzimmer, Bad und Küche (ebenerdig), Telefon und Kabel-TV.

Außerdem drei Doppelzimmer mit Du/WC, Telefon und Radio sowie TV-Anschluß. Für die Gäste in den Doppelzimmern steht eine separate Küche und ein Aufenthaltsraum mit Kabel-TV zur gemeinsamen Nutzung zur Verfügung. Alle Eingänge und Zimmer sind stufenlos; alle mit Türbreite von 85 cm.

Geeignet für Senioren; sehr gut geeignet für Rollstuhlfahrer; Familien mit geistig Behinderten, für Gruppen bis 14 Personen. Alle Unterkünfte sind behindertenfreundlich eingerichtet. Bettenhöhe 47 cm; kann bei Bedarf individuell erhöht werden. Hilfsmittel beim WC; die Duschen sind schwellenlos unterfahrbar.

Die Ferienwohnung ist rollstuhlgerecht: Türen der Zimmer und von Du/WC 85 cm breit. Freiraum in Du/WC 140 x 140 cm. Dusche und Waschbecken schwellenlos unterfahrbar. Duschhocker und stabile Haltegriffe an Waschbecken und WC vorhanden. Angebote des Hauses: Hauseigener rollstuhlgerechter Tennisplatz, Reitpferd, Kinderspielplatz, offener Kamin, Spielraum, Fahrradverleih, selbstgebackenes Brot und Gemüse aus dem eigenen Garten, Grillabende.

Lage: Der Hof liegt im Erholungsgebiet Thülsfelder Talsperre, in der Nähe der Stadt Friesoythe (4 km) im Kreis Cloppenburg. Grillplatz, Spielplatz und Wandern am/ab Haus; Thülsfelder Talsperre 13 km; Bad Zwischenahn 27 km; Museumsdorf Cloppenburg 29 km; Nordsee 75 km. Umgebung flach, mit ausgebauten Radwegen, für Rollstuhlfahrer sehr gut geeignet. Dialyse-Möglichkeit im St.-Josephs-Stift in Cloppenburg (28 km).

Service: Abholung vom Bahnhof. Haus-zu-Haus-Fahrservice nach Absprache. Gästeführung für Gruppen. Örtlicher Pflegedienst auf Bestellung. Eigene Honigproduktion.

Preise: EZ ab 40,- DM; DZ ab 70,- DM inkl. Frühstück; auch Halbpension möglich. Ferienwohnung pro Tag ab 70,- DM.

Hotel Seeblick — 29471 Gartow

Niedersachsen, Wendland-Elbufer-Drawehn

Hauptstr. 36, Tel. (05846) 9600, Fax: 960-60. Komfortables Hotel mit 25 Zimmern mit Du/WC. Eingang mit Rampe, Frühstücksraum, Garten und Zimmer im EG stufenlos erreichbar.

Geeignet für Gehbehinderte und Familien mit geistig Behinderten, bedingt geeignet für Rollstuhlfahrer mit Begleitung (1 Zimmer). Bettenhöhe 50 cm. Türbreite vom

Zimmer 82 cm, von Du/WC 70 cm. Bewegungsfreiraum in Du/WC 80 x 95 cm. Freiraum links und rechts neben WC 25 cm, davor 80 cm. Dusche schwellenlos, Waschbecken unterfahrbar. Kippspiegel, festinstallierter Duschsitz und stabile Haltegriffe an Dusche, WC und Waschbecken.
Lage: Ortsmitte 100 m; Einkaufen 200 m; Arzt, Apotheke 100 m; Krankenhaus 25 km.
Zimmerpreise: EZ 95,- DM; DZ 140,- DM; Dreibett-Zi. 180,- DM.

Gifhorn Morada Hotel Skan-Tours — 38518 Gifhorn

Niedersachsen, Südheide

Isenbütteler Weg 56, Tel. (05371) 9300, Fax: 930-499. Komfortables Hotel mit 63 Zimmern, alle mit Du/WC oder Bad/WC, Kabel-TV, Pay-TV, Telefon und Minibar. Tagungsräume für 10 bis 120 Personen. Parkplatz, Eingang, Restaurant, Frühstücksraum, Garten, Sauna und Aufzug (Tiefe 140 cm, Türbreite 90 cm) sowie die Zimmer (mit dem Aufzug) stufenlos erreichbar. Alle Türen mindestens 90 cm breit.

Geeignet für Gehbehinderte (bis 30 Pers.), für Familien mit geistig Behinderten und für Rollstuhlfahrer (jeweils 2-4 Pers.). Ein Zimmer mit Du/WC rollstuhlgerecht. Freiraum in Du/WC 140 x 190 cm. Freiraum links neben WC 30 cm, rechts 100 cm, davor 140 cm. Waschbecken und Dusche unterfahrbar. Festinstallierter Duschsitz, stabile Haltegriffe an Du/WC und Waschbecken sowie Kippspiegel vorhanden.

Lage: Ortsmitte 2 km; Einkaufen, Arzt 50 m; Bahnhof 2 km, Apotheke 1 km; Krankenhaus 3 km.

Zimmerpreise: EZ 149,- DM; DZ 199,- DM. Wochenende: EZ 98,- DM; DZ 155,- DM.

Ferienwohnungen Röttger — 38518 Gifhorn

Niedersachsen, Südheide

Edeltraud Röttger, Kleimannsruh 1, Tel. (05371) 50221. Einfach ländlich oder komfortable Ferienwohnungen auf einem großen Waldgrundstück mit kleinem Teich. Vom Parkplatz zum Eingang mit Rampe.

Geeignet für Gehbehinderte und Rollstuhlfahrer: 1 Ferienwohnung. Türbreite der Zimmer und von Du/WC 94 cm. Freiraum in Du/WC 140 x 160 cm. Freiraum links neben WC 108 cm, rechts 35 cm, davor 140 cm. Dusche und Waschbecken unterfahrbar. Duschhocker, Kippspiegel, Schiene mit Strickleiter für WC und Wanne sowie stabile Haltegriffe am WC vorhanden. Bettenhöhe 48 cm.

Lage: Das Haus liegt in einem 7.000 qm großen Garten, vorwiegend Wald. Zur Ortsmitte 8 km Einkaufen 2,5 km; Arzt 500 m; Apotheke 4 km; Bahnhof, Dialyse 5 km; Krankenhaus 8 km.
Preis für die Ferienwohnung pro Tag 100,- DM, Endreinigung 60,- DM.

Ferienhaus Pape „Kiek mol rin" — 27442 Gnarrenburg

Niedersachsen, zwischen Nordsee und Lüneburger Heide

Familie Pape, Berliner Str. 6, Tel.: (04763) 1218, Fax: (04763) 7697. Internet: http:// www. rollstuhl-urlaub.de. Rollstuhlgerechtes Ferienhaus (Blockhaus) mit Farb-TV, Telefon, Kaffeemaschine und Mikrowelle. Vor dem Haus befindet sich ein Parkplatz, von dem aus ein gepflasterter Weg direkt auf die Terrasse (teilweise überdacht) mit der Eingangstür führt. Das Ferienhaus bietet Küche, Wohnraum, Dusche, WC, Schlafraum und ein kleines Kinderzimmer. Zusätzlich sind auf jeder Seite unter dem Dach je 2 Betten über Leitern zu erreichen. Parkplatz und Eingang stufenlos. Zum Frühstücksraum im Wohnhaus eine Rampe am Eingang.

Geeignet für Gehbehinderte und Familien mit geistig Behinderten; bedingt geeignet für Rollstuhlfahrer mit Begleitung (1 Blockhaus). Türbreite der Zimmer und von Du/WC 80 cm. Dusche mit 20 cm hoher Duschschwelle. Duschhocker vorhanden. Waschbecken unterfahrbar. Stabile Haltegriffe an Dusche und WC sowie niedriger Spiegel am Waschbecken. Bettenhöhe 45 cm. Bei Bedarf gibt es einen Pflegedienst im Ort.

Lage: Das Ferienhaus steht ca. 25 m hinter dem Wohnhaus. Die Gegend ist flach, für Rollstuhlfahrer gut befahrbar. Zur Ortsmitte mit Arzt 600 m; Einkaufen 200 m; Apotheke und Freibad 500 m; Spielplatz 100 m; Tennisplatz 300 m; Bahnhof, Krankenhaus, Dialyse 15 km.

Preis für das Blockhaus (Vermietung ab 1 Woche; Wochenwechsel jeweils Samstag) bei Belegung bis 2 Personen 80,- DM pro Tag; jede weitere Person 8,- DM pro Tag. Auf Wunsch Frühstück für 8,- DM pro Person/Tag. Hausprospekt wird auf Anfrage gerne zugeschickt.

Hotel Niedersächsischer Hof — 38640 Goslar

Niedersachsen, Harz

Klubgartenstr. 1-2, Tel. (05321) 3160, Fax: 316444. Hotel mit 63 komfortablen Zimmern, teilw. mit Balkon, 3 verschiedene Kategorien. Parkplatz zum Eingang mit Rampe; Frühstücksraum, Restaurant und die Zimmer im EG stufenlos erreichbar.

Geeignet für Gehbehinderte (50-60 Pers.), Rollstuhlfahrer (4 Pers.) und Familien mit geistig Behinderten. 2 Zimmer im EG rollstuhlgerecht. Türbreite der Zimmer und von Du/WC 95 cm. Freiraum in Du/WC 140 x 180 cm. Freiraum links neben WC 110 cm, rechts 35 cm, davor 160 cm. Dusche und Waschbecken unterfahrbar. Festinstallierter Duschsitz sowie stabile Haltegriffe an Dusche und WC; außerdem mehrere Notrufklingeln im Zimmer.

Lage: Im Stadtzentrum gegenüber dem Bahnhofsplatz; Arzt und Apotheke 50 m.

Zimmerpreise inkl. Frühstück: EZ 145, bis 175,- DM; DZ 199,- bis 239,- DM; Zusatzbett 70,- DM. HP zzgl. 35,- DM; VP 70,- DM.

Rentaco-Residenz
Senioren-Residenz Schwiecheldthaus — 38640 Goslar

Niedersachsen, Harz

Schwiecheldtstr. 8-10, Tel. (05321) 312-0, Fax: 312-4499. Die Wohnanlage wurde 1997 fertiggestellt und bietet großzügige und helle Gästeappartements für 1-2 Personen.

Alle Einrichtungen des Hauses wie Parkplatz, Eingang, Restaurant und Wohnungen sind stufenlos erreichbar, alle 4 Aufzüge des Hauses sind rollstuhlgerecht.

Der Gebäudekomplex verfügt über je drei Etagen in 3 miteinander verbundenen Gebäudeteilen, alle Wohnungen sind ausgestattet mit Dusche/WC, sep. Wohn- und Schlafräume, eingerichteter Küche oder Kitchenette, ISDN-Telefon und Kabelfernsehen.

Zu den Gemeinschaftseinrichtungen zählen Bibliothek, Restaurant, Cafeterrasse, Gymnastikräume, Veranstaltungs- und Kreativräume.

Das Haus ist geeignet für Gehbehinderte und Rollstuhlfahrer. Türbreiten in den Wohnungen 94 cm. Freiraum im Bad 120 x 140 cm. Freiraum links neben WC 20 cm, rechts 130 cm, davor 120 cm. Dusche und Waschtisch unterfahrbar, Duschsitz vorhanden. Tief angesetzter Spiegel am Waschbecken, Haltegriffe an Dusche und WC, Bettenhöhe ab 45 cm. Hauseigener ambulanter Pflegeservice.

Die Wohnanlage liegt inmitten des historischen Stadtkerns von Goslar (Weltkulturerbe der Unesco), in unmittelbarer Nähe von Fußgängerzone und Marktplatz.

Die Umgebung ist verkehrsberuhigt, das Haus jederzeit mit PKW erreichbar. Die Einrichtung ist fast vollständig von Grünanlagen umgeben. Der Innenhof lädt mit seiner gekonnten Synthese von Mittelalter und Moderne zum Verweilen ein.

Die Entfernung zur Ortsmitte beträgt 150 m; Apotheke und Einkaufen 100 m; Bahnhof 1,5 km; Krankenhaus 4 km.

Zimmerpreise inkl. Frühstück vom Buffet: EZ 90,- DM; DZ 140,- DM pro Tag. Aufpreis für VP 35,- DM pro Person/Tag.

Ferienhaus Buchwiese — 38644 Goslar-Hahnenklee

Niedersachsen, Harz, Oberharz

Familie Eggers, Langeliethstr. 18, Tel. (05325) 52962, Fax: 52963, E-Mail: Ferienhaus.Buchwiese@t-online.de. Internet: www.t-online.de/home/Ferienhaus.Buchwiese. Neues, modernes Ferienhaus am Ortsrand, direkt angrenzend an Wiese und Wald mit Balkon und großer Terrasse, Grillmöglichkeit.
Räumlichkeiten und Ausstattung: 1 Wohn-Schlafzimmer mit Doppelbettsofa und Schrankbett (2 Betten), Kabel-TV, Radio, Telefonanschluß, Sitzecke, Kinderspielecke. Eine Küche mit Eßecke und Küchenzeile (E-Herd, Geschirrspüler, Kühlgefrierschrank, Mikrowelle, Kaffeemaschine). 1 Schlafzimmer mit Doppelbett (zusätzl. Kleinkinderbett möglich). Abstellraum und Bad mit Du/WC. Gute Spielmöglichkeiten, z.B. Sandkasten, Schaukel, Klettergerüst. Rodeln auf der Buchwiese mit direktem Blickkontakt zum Haus. Parkplatz stufenlos, direkt vor dem Hauseingang; Eingang mit Rampe.
Geeignet für Gehbehinderte und Familien mit geistig Behinderten. Bedingt geeignet für Rollstuhlfahrer mit Begleitung. Türbreite der Zimmer und von Du/WC 95 cm. Freiraum in Du/WC 145 x 180 cm. Freiraum links neben WC 95 cm, rechts 125 cm, davor 145 cm. Dusche nicht unterfahrbar (Dusche 90 x 90 cm mit Eckeinstieg auf je 40 cm links und rechts zu öffnet, Kantenhöhe 34 cm, Hewi-Stützgriff über Eck, waagrecht). Hewi-Duschsitz könnte eingehängt werden. WC mit Hewi-Stützklappgriff rechts. Waschbecken bis 70 cm unterfahrbar.
Lage: Sonnige Lage, kein Verkehrslärm (Sackgassenende). Fußweg bis zum Ortskern, ca. 10 Minuten. In der Nähe ein für Rollstuhlfahrer geeigneter Wanderweg. Zur Ortsmitte mit Einkaufen, Arzt, Apotheke, Tennisplatz und Hallenbad 800 m; Freibad, See 2 km; Bahnhof, Krankenhaus 12 km.
Preis für das Ferienhaus pro Tag 95,- bis 140,- DM (je nach Belegung mit 2 bis 5 Personen). Alle Nebenkosten außer Kurtaxe, Endreinigung 50,- DM und Telefongebühren sind im Preis enthalten. Haustiere nach Absprache erlaubt.

Jugendherberge Goslar — 38644 Goslar

Niedersachsen, Harz

Rammelsberger Str. 25, Tel. (05321) 22240, Fax: 41376. Jugendherberge mit 180 Betten in 2- bis 8-Bett-Schlafräumen. Spielplatz am Haus. Eingang mit Rampe; Frühstücksraum und 2 Zimmer im EG stufenlos erreichbar.
Geeignet für Gehbehinderte und Rollstuhlfahrer (2 Zimmer mit Du/WC). Freiraum in Du/WC 200 x 220 cm. Freiraum links neben WC 160 cm, rechts 45 cm, davor 220 cm. Waschbecken und Dusche unterfahrbar. Festinstallierter Duschsitz sowie stabile Haltegriffe an Du/WC und Waschbecken vorhanden. **Lage:** Ortsmitte, Einkaufen, Arzt, Apotheke 3 km; Bus und See 1 km; Tennisplatz und Tennishalle 2 km; Freibad und Hallenbad 5 km. Umgebung hügelig; Rollstuhlfahrer brauchen teilweise Hilfe beim Fahren. **Preise:** ÜF 22,- bis 27,- DM; inkl. VP 31,90 bis 44,50 DM.

Hotel „Der Achtermann“ — 38640 Goslar

Niedersachsen, Harz

Rosentorstr. 20, Tel. (05321) 21001, Fax: 7000-999. Hotel mit 152 komfortablen Zimmern mit Dusche/Bad und WC, Radio, Kabel-TV, Selbstwähltelefon. 9 Konferenz- und Tagungsräume für 10 bis 900 Personen. Eingang mit Rampe über Café. Frühstücksraum, Restaurant und die Zimmer mit dem Aufzug erreichbar.

Geeignet für Rollstuhlfahrer und Familien mit geistig Behinderten. 1 Zimmer mit Du/WC rollstuhlgerecht. Bettenhöhe 49 cm. Türbreite vom Zimmer und Du/WC 102 cm. Bewegungsfreiraum in Du/WC 125 x 160 cm. Freiraum links neben WC 138 cm, rechts 135 cm, davor 125 cm. Dusche schwellenlos, Waschbecken unterfahrbar. Duschhocker und stabile Haltegriffe an Dusche, WC und Waschbecken vorhanden.

Lage: Ortsmitte 300 m; Einkaufen 50 m; Apotheke 30 m; Arzt 100 m; Bahnhof 200 m; Krankenhaus, Dialyse 2 km. Umgebung flach.
Zimmerpreise: EZ 179,- bis 219,- DM; DZ 269,- bis 309,- DM inkl. Frühstück. Während der Expo 2000 Messepreise (= höhere Preise).

Ferienhof Voss — 27404 Godenstedt

Niedersachsen, Lüneburger Heide

H. + E. Voss, Im Dorfe 1, Tel. (04281) 2812, Fax: 2918. Ferienhof mit 3 neuen Ferienwohnungen im separaten Haus, direkt auf dem Hofgelände, jeweils mit kompl. mod. Einbau-Küchenzeile, 1 Wohn-Schlafzimmer mit Sitz- und Eßecke, TV, 1-3 Schlafzimmern, Du/WC. Alle Zimmer im EG. Kinderbetten können gestellt werden. Haustiere nicht erlaubt.

Geeignet für Rollstuhlfahrer und Familien mit geistig Behinderten (bis 12 Personen). Alle 3 Ferienhäuser rollstuhlgeeignet. Bettenhöhe 40 bis 45 cm. Türbreiten der Zimmer 80 cm, von Du/WC 75 cm. Bewegungsfreiraum in Du/WC 150 x 150 cm. Freiraum vor dem WC 100 cm. Dusche schwellenlos, Waschbecken unterfahrbar. Duschhocker und stabile Haltegriffe an Dusche und WC vorhanden.

Freizeitmöglichkeiten: Große Spielwiese mit Sandhaufen für Kinder, Schaukel, großer Freizeitraum mit Tischtennis, Spielzeug. Mithilfe auf dem Hof möglich, z.B. mit dem Trecker Futter holen. Fahrräder können geliehen werden. Ponyreiten kostenlos.

Lage: Der Hof liegt mitten im kleinen Dorf Godenstadt, 5 km von Zeven entfernt, zentral zwischen Heide und Küste. Zur Ortsmitte 100 m; Einkaufen, Bahnhof, Arzt, Apotheke, Krankenhaus, Freibad, Hallenbad und Tennis 5 km. Umgebung flach, gute Radwege.

Preis pro Wohnung/Tag bei Belegung mit 2 Personen in der Nebensaison 60,- DM, in der Hauptsaison (15.6. bis 14.9.) 70,- DM; jede weitere Person zzgl. 5,- DM/Tag.

Der Gulfhof Tjaden — 26629 Großefehn

Niedersachsen, Ostfriesland

Gertrud Tjaden, Heerweg 26, Tel. + Fax: (04943) 3788. Vollbewirtschafteter ostfriesischer Bauernhof mit einem Ferienhaus im Garten. Zum Hof gehören Milchkühe, Kälber, Bullen und Getreideanbau. Das Ferienhaus (80 qm Wohnfläche) hat eine Terrasse zur Wiesenseite, Gartenmöbel, Grill, Liegewiese, Sandkasten, Spielgeräte und Streicheltiere. Im Erdgeschoß geräumiger Wohn-Eßraum, Küchenzeile, Kiefernmöbel, Schlafzimmer mit Doppelbett. Im OG 1 Zimmer mit 2 Betten und ein Mehrzweckraum. Parkplatz und Eingang stufenlos erreichbar.

Geeignet für Gehbehinderte und Rollstuhlfahrer. Türbreiten der Zimmer 98 cm, von Du/WC 86 cm. Freiraum in Du/WC 100 x 100 cm, Freiraum rechts neben WC 100 cm, davor 90 cm. Dusche und Waschbecken unterfahrbar. Stabile Haltegriffe an Dusche und WC vorhanden.

Lage: Der Hof liegt inmitten einer reizvollen Wallheckenlandschaft mit guten Spazier- und Radwanderwegen. Zur Ortsmitte 500 m; Einkaufen, Freibad 1 km; Arzt, Apotheke 3 km; Hallenbad, Krankenhaus 10 km. Wege in der Umgebung flach.

Preis für die Wohnung für 4 Personen pro Tag 80,- DM inkl. Nebenkosten. Bettwäsche wird gestellt. Waschmaschine kann mitbenutzt werden.

Bauernhof & Ferienwohnung Djuren — 26629 Großefehn / Moorlage

Niedersachsen, Ostfriesland

Elise Djuren, Moorlager Weg 24, Tel. (04943) 3884, Fax: 912263, Internet: www. djuren-online.de. Ferienwohnung, 70 qm, für 4 Personen mit Du/WC. Das Haus steht auf dem Gelände eines kleinen Bauernhofes mit eigenen Pferden, Reitplatz, Grillplatz, Kinderspielplatz. Hunde willkommen, da großer Hundezwinger vorhanden.

Geeignet für Gehbehinderte und Rollstuhlfahrer. Türen der Zimmer und von Du/WC 80 cm breit. Freiraum in Du/WC 120 x 250 cm; Freiraum rechts neben WC 90 cm, davor 140 cm. Dusche und Waschbecken unterfahrbar. Duschstuhl und stabile Haltegriffe an Dusche und WC vorhanden.

Lage: Einkaufen und Arzt 1 km; Apotheke 3 km; Bewegungsbad und Kuranwendungen 7 km; Krankenhaus 15 km; See 6 km; Freibad 5 km; Tennisplatz 3 km; Tennishalle 7 km.

Preis pro Tag für die Ferienwohnung 80,- DM.

Ferienwohnung Hollander — 26532 Großheide

Niedersachsen, Ostfriesland, Nordsee

Annemarie Hollander, Am Berumerfehnkanal 25, Tel. (04936) 1449. Separate Ferienwohnung (2 Zimmer mit Du/WC) im EG für 2 Personen. Zustellbett für Kind möglich. Eingerichtet mit Wohnküche, TV. Große Liege- und Spielwiese. Eingang stufenlos, Türen mindestens 83 cm breit. Bettenhöhe 50 cm.

Geeignet für Gehbehinderte und Rollstuhlfahrer. Türbreiten der Zimmer und von Du/WC 83 cm. Freiraum in Bad/WC 240 x 320 cm. Freiraum rechts neben WC 150 cm, davor 100 cm. Dusche und Waschbecken unterfahrbar, Duschhocker vorhanden.

Lage: 10 km von der Nordsee entfernt. Zur Ortsmitte 1 km; Einkaufen, Arzt, Wanderwege 1 km; Apotheke 3 km; Krankenhaus 8 km; Freibad, Hallenbad, Kuranwendungen, Angeln, Tennisplatz 4 km; Tennishalle 10 km; Reiten 5 km; Wellenbad 12 km; Grillmöglichkeit am Haus.

Preise: 2 Personen vom 01.06. bis 15.09. sowie an gesetzlichen Feiertagen 50,- DM pro Tag plus Stromkosten nach Verbrauch. In der Vor- und Nachsaison sowie für Kinder bis 10 Jahre 20 % Ermäßigung. Heizung und Bettwäsche ohne Mehrkosten.

Niedersachsen Hof — 27404 Gyhm-Sick

Niedersachsen, Südliche Nordsee

Familie Köhnken, Sick 13, Tel. (04286) 9400, Fax: 1400, E-Mail: info@niedersachsenhof.de, Internet: www.niedersachsenhof.de. In vierter Generation geführter Familienbetrieb mit 30 sehr komfortabel eingerichteten Zimmern (56 Betten). Seminar- und Tagungsräume mit moderner, umfassender Technik (Flip-Chart, Overhead, Mikro, TV, Videorecorder und -kamera, Fax und Kopierer. Sauna-Keller mit Felsgrotte, 2 Whirlpools, Solarium und Sauna. Hoteleigene Parkplätze. Eingang mit Rampe, Frühstücksraum, Restaurant und die Zimmer im EG stufenlos erreichbar.

Geeignet für Rollstuhlfahrer und Familien mit geistig Behinderten. 2 Zimmer mit Du/WC rollstuhlgeeignet. Bettenhöhe 50 cm. Türbreiten der Zimmer und von Du/WC 80 cm. Bewegungsfreiraum in Du/WC 130 x 145 cm. Freiraum links neben WC 100 cm; rechts 80 cm, davor 120 cm. Dusche schwellenlos, Waschbecken unterfahrbar. Festinstallierter Duschsitz und stabile Haltegriffe an Dusche und WC vorhanden.

Lage: Inmitten norddeutscher Moorlandschaft, unweit von der Lüneburger Heide. Zur Ortsmitte 1 km; Einkaufen 4 km; Arzt 1 km; Freibad 2 km; Hallenbad, Apotheke, Krankenhaus 10 km. Die Umgebung ist flach, mit ausgebauten Fuß- und Wanderwegen. Dorfidylle mit Landwirtschaft.
Zimmerpreise: EZ 68,- bis 85,- DM; DZ 113,- bis 135,- DM.

Akzent Hotel Garni Jugendstil — 31785 Hameln

Niedersachsen, Weserbergland

Wettorstr. 15, Tel. (05151) 95580, Fax: 955866, E-Mail: info@hotel-jugendstil.de, Internet: www.hotel-jugendstil.de.

Ein mit modernstem Komfort ausgestattetes Hotel Garni mit vier Einzel- und 15 Doppelzimmern, 1 Suite und 2 Appartements.

Bei der Restaurierung des im Jahre 1903 erbauten Hauses hat der Besitzer Ernst Deutsch die alten, an Decken und Wänden vorgefundenen Schmucktechniken in vorbildlicher Weise rekonstruiert und um weitere Motive ergänzt. Neben einem rollstuhlgerechten Zimmer ist auch der Innenbereich rollstuhlgängig. Türen in gemeinschaftlich genutzten Bereichen öffnen sich auf Knopfdruck automatisch. Alle Türen mindestens 93 cm breit.

Alle Zimmer sind mit Kabel-TV, Telefon, Radio, Safe, Faxanschluß und Minibar ausgestattet. Parkplatz, Eingang, Frühstücksraum, Garten und Aufzug (Tiefe 140 cm, Breite 110 cm, Tür 93 cm) sowie die Zimmer (mit Lift) sind stufenlos erreichbar.

Geeignet für Gehbehinderte, Rollstuhlfahrer und Familien mit geistig Behinderten. Ein Doppelzimmer mit Du/WC wurde vollständig rollstuhlgerecht ausgestattet. Türbreiten vom Zimmer und von Du/WC 92 cm. Bettenhöhe 58 cm. Elektrisch höhenverstellbares Bett vorhanden. Freiraum in Du/WC 140 x 140 cm. Freiraum links neben WC 130 cm, rechts 40 cm, davor 165 cm. Dusche und Waschbecken schwellenlos unterfahrbar. Telefon, festinstallierter Duschsitz sowie stabile Haltegriffe an Dusche, WC und Waschbecken vorhanden. Höhenverstellbares Waschbecken (Liftwaschbecken); Kippspiegel, Fön-Kosmetikspiegel in 105 cm Höhe.

Lage: Ruhige, verkehrsgünstige Lage. Gebührenfreie Parkplätze mit stufenlosem Zugang zum Hotel. Ortsmitte, Krankenhaus 300 m; Einkaufen, Bus, Arzt und Apotheke 70 m; **Dialysezentrum**, Kuranwendungen, Spielplatz und Tennishalle 800 m; Hallenbad 1 km; Freibad und Tennisplatz 1,5 km. Umgebung und Wege flach, Bürgersteige abgesenkt.

Zimmerpreise inkl. Frühstücksbuffet: Doppelzimmer pro Tag 190,- bis 249,- DM, Einzelzimmer 140,- bis 150,- DM. Zusatzbett inkl. Frühstück 50,- DM. Kinderbett und Haustiere auf Anfrage. Besonders empfehlenswertes Hotel.

Deichhof Leeshaus — 26736 Hamswehrum-Krummhörn

Niedersachsen, Kreis Aurich, Nordsee

Doris u. Peter Schöningh, Leeshauser Str. 14, Tel. (04923) 7111Fax: 990526, E-Mail: Schoeningh.deichhof-leeshaus@t-online.de. Der vollbewirtschaftete Bauernhof liegt außerhalb der Ortschaft Hamswehrum unmittelbar am Deich. Gute Wandermöglichkeiten mit dem Rollstuhl auf gut ausgebauten Straßen und Wegen am Deich und direkt am Meer entlang.

Für Kinder gute Spielmöglichkeiten: Schaukel, großer geschützter Sandkasten und überdachte Tischtennisplatte im Aufenthaltsraum. Zum Hof gehören Meerschweinchen, Katzen, Hühner und Schweine und die Ponies. Angler kommen am Deich und am hofeigenen Teich (1,5 ha) auf ihre Kosten. **Der Hof bietet 3 Ferienwohnungen,** wovon 2 ebenerdig erreichbar sind.

Geeignet für Gehbehinderte und Rollstuhlfahrer: Eine neue **Ferienwohnung „Fasanentreff"** (108 qm, 3 Schlafzimmer) ist rollstuhlgerecht und vom Parkplatz aus stufenlos erreichbar. Türen 94 cm breit. Badezimmer rollstuhlgerecht (Du/WC) mit einem ebenerdigen, unterfahrbaren Duschbereich und einem Bewegungsfreiraum von 120 x 130 cm. Freiraum links neben dem WC 180 cm, davor 130 cm. Duschhocker vorhanden, Waschbecken unterfahrbar. Kippbarer Kosmetikspiegel. Alarmsystem innerhalb der Wohnung „Fasanentreff". Außerdem voll eingerichtete Einbauküche auch mit Mikrowelle und Spülmaschine.

Neu: Das Angebot wurde außerdem mit einem sep. Doppelzimmer für Kurzurlauber mit unterfahrbarer Dusche erweitert; Türbreiten 86 bis 98 cm.

Pflege: Die ortsansässigen Pflegedienste können bei Bedarf bestellt werden.
In der neuen „Halle" wurde ein gemütlicher Aufenthaltsraum für Gruppen bis 25 Personen eingerichtet. Zur Ausstattung gehören eine kleine Theke und eine riesige Eckbank. Außerdem ein Behinderten-WC und eine voll eingerichtete Küche. Das Ambiente ist mit Fliesen und viel Holz bewußt rustikal gehalten. Zusätzlich werden Übernachtungen im **„Heuhotel"** angeboten.

Lage: Bis zur Ortsmitte 2,5 km; Arzt, Apotheke, Kuranwendungen, Hallenbad, Tennisplatz und Tennishalle 6 km; hauseigener Badesee 100 m; Meer 200 m; Spielplatz am Haus. 500 m vom Hof entfernt kann der Deich auf einer schrägen Straße mit dem Rollstuhl überquert werden. Der Weg über den Sommerdeich führt direkt ans Wasser und am Nationalpark Wattenmeer entlang. Ein Handbike für Ausflüge kann ausgeliehen werden. Besondere Attraktion: Vogelexpedition im Nationalpark „Niedersächsisches Wattenmeer".

Preis für die Ferienwohnung „Fasanentreff" (rollstuhlgerecht) pro Tag je nach Belegung (2 bis 6 Pers.) 80,- bis 125,- DM. Preisliste und Hausprospekt auf Anfrage. Besonders empfehlenswertes Haus.

Jugendherberge Hankensbüttel — 29386 Hankensbüttel

Nidersachsen, Lüneburger Heide, Südheide

Herbergseltern Heide und Eduard Rose, Helmrichsweg 24, Tel. (05832) 2500, Fax: 6596. Sehr schön gelegene Jugendherberge auf einem 16.000 qm großen, waldigen Gelände mit 30 Zimmern (142 Betten). Parkplatz stufenlos, Eingang mit Rampe. Frühstücksraum und 6 Zimmer im EG stufenlos erreichbar.

Geeignet für Gehbehinderte (bis 40 Pers.); für Rollstuhlfahrer (12 Pers.) und für Familien mit geistig Behinderten. Die Gemeinschaftsdusche ist rollstuhlgerecht. Freiraum 158 x 285 cm; Dusche unterfahrbar, Duschstuhl vorhanden, Haltegriff am WC.

Lage: Zur Ortsmitte mit Einkaufen, Freibad und Spielplatz 1 km; Arzt 400 m; Apotheke 800 m; Bahnhof 10 km; Krankenhaus 11 km.

Preise pro Person: Übernachtung/Frühstück 22,- DM (Kinder 3-5 Jahre 19,- DM); HP 30,70 DM (Kinder 3-5 J. 23,40 DM); VP 34,70 DM (Kinder 3-5 J. 24,90 DM).

Gästehaus Hannover — 30167 Hannover

Niedersachsen

Herrenhäuser Kirchweg 14, Tel. (0511) 970-1348, Fax: 9701810. Das Haus ist in allen Bereichen rollstuhlgerecht ausgestattet.

Geeignet für Rollstuhlfahrer und andere Behinderte. 10 DZ und 4 EZ mit rollstuhlgerechten Badezimmern (Du/WC). Türbreiten der Zimmer und von Du/WC 100 cm breit. Freiraum in Du/WC 160 x 160 cm. Freiraum links neben WC 160 cm, rechts 80 cm, davor 150 cm. Dusche und Waschbecken unterfahrbar. Festinstallierter Duschsitz, Kippspiegel und stabile Haltegriffe an Dusche und WC vorhanden.

Lage: Zur Stadtmitte und zum Bahnhof 4 km; Apotheke 300 m.

Zimmerpreise: EZ ab 85,- DM; DZ ab 150,- DM inkl. Frühstück.

Fora Hotel Hannover — 30163 Hannover

Niedersachsen

Großer Kolonnenweg 19, Tel. (0511) 6706-0, Fax 6706-111. Modernes Geschäfts- und Tagungshotel der 4-Sterne-Kategorie. 142 Zimmern, alle mit Bad/Du/WC, Telefon, Fax, TV, Minibar, Schreibtisch und Safe. Eingang, Rezeption, Restaurant, Tagungsräume, Tiefgarage (mit dem Aufzug) und der Aufzug stufenlos erreichbar. Türbreiten: Haupteingang und Restaurant 200 cm; Aufzugstür 90 cm (Tiefe 140 cm, Breite 130 cm).

Geeignet für Rollstuhlfahrer und Gehbehinderte. Ein Zimmer mit Du/WC ist speziell für Rollstuhlfahrer ausgestattet. Freiraum in Bad/WC 160 x 140 cm; Freiraum rechts neben WC 130 cm, davor 85 cm. Dusche und Waschbecken unterfahrbar. Verstellbarer Kippspiegel, Notruf in Bad und Zimmer.

Lage: Am Ortsrand; zur Ortsmitte und zum Bahnhof 5 km; Bus 600 m; Apotheke 1 km.

Zimmerpreise: EZ 235,- bis 275,- DM; DZ 275,- bis 315,- DM inkl. Frühstück. Am Wochenende EZ 138,- DM; DZ 168,- DM. Zu Messezeiten gelten höhere Preise.

Hotel Ibis Hannover — 30625 Hannover

Niedersachsen

Feodor-Lynen-Str. 1, Tel. (0511) 95670, Fax: 9567140. 96 freundlich eingerichtete Zimmer mit Du/WC, TV und Telefon. Parkplatz, Eingang, Frühstücksraum, Restaurant, Garten und Aufzug (Tiefe 135 cm, Breite 108 cm, Türbreite 75 cm) sowie die Zimmer (mit dem Aufzug) stufenlos erreichbar.

Geeignet für Gehbehinderte, Rollstuhlfahrer und Familien mit geistig Behinderten. 2 Zimmer mit Du/WC für Rollstuhlfahrer geeignet. Türbreiten von Zimmer und Du/WC 90 cm. Freiraum in Du/WC 95 x 120 cm; Freiraum links neben WC 85 cm, davor 88 cm. Dusche und Waschbecken unterfahrbar. Festinstallierter Duschsitz sowie stabile Haltegriffe an Du/WC und Waschbecken vorhanden.

Lage: Zur Ortsmitte und zum Bahnhof 6 km; Bus 600 m; Krankenhaus und **Dialysezentrum** 1 km; Arzt, Apotheke 2 km.

Zimmerpreise inkl. Frühstück: EZ 139,- DM; DZ 154,- DM (außerhalb von Messen).

Holiday Inn Crowne Plaza Hannover Airport — 30662 Hannover

Niedersachsen

Postfach 420249, Tel. (0511) 7707-0, Fax 737781. 211 schallisolierte Zimmer mit Bad/Du/WC, Sat-TV, Minibar. In den Business-Zimmern zusätzlich Schreibmaschine, Telefax, EDV-Anschluß. Mehrere Konferenzräume. 350 Parkplätze am Hotel. Kostenloser Bustransfer vom/zum Flughafen. Haupteingang, Rezeption, Restaurant, Aufzug und zwei Zimmer für Rollstuhlfahrer stufenlos erreichbar. Hallenbad, Solarium, Sauna mit dem Aufzug und 4 Stufen erreichbar. Türbreiten: Eingang 155 cm; Aufzug 105 cm (Tiefe 130 cm, Breite 105 cm); Hallenbad 85 cm.

Geeignet für Rollstuhlfahrer und Gehbehinderte. Zwei Zimmer mit Du/WC speziell für Rollstuhlfahrer eingerichtet: Türbreiten 97 cm; Freiraum in Du/WC 150 x 150 cm; Freiraum links neben WC 100 cm, rechts 50 cm, davor 100 cm. Dusche und Waschbecken unterfahrbar. Duschhocker, Haltegriffe an Dusche und WC vorhanden.

Lage: Flughafen 200 m; Stadt Hannover/Bahnhof 12 km; Krankenhaus 5 km.
Zimmerpreise: EZ 285,- DM; DZ 325,- DM. Zu Messezeiten gelten höhere Preise.

Hotel Mercure Messe Hannover — 30880 Hannover / Laatzen

Niedersachsen, Lüneburger Heide

Karlsruher Str. 8 a, Tel. (0511) 75730, Fax: 87573-555. Hotel mit 120 komfortablen Zimmern, darunter 54 mit Pantry-Küche. Alle mit Farb-TV, ISDN-, Fax- und Modem-Anschluß, Minibar, Bad/Dusche/WC und Klimaanlage. 7 Veranstaltungsräume für bis zu 150 Personen. Parkplatz, Eingang, Frühstücksraum, Restaurant, Garten und die

Zimmer (mit dem Aufzug) stufenlos erreichbar. Türbreite vom Aufzug 90 cm (Tiefe 210 cm, Breite 90 cm).

Geeignet für Gehbehinderte (100 Pers.); Familien/Gruppen mit geistig Behinderten (100 Pers.) und für Rollstuhlfahrer (2 Zi). Türbreite der rollstuhlgerechten Zimmer 110 cm, von Du/WC 100 cm. Freiraum in Du/WC 200 x 280 cm. Festinstallierter Duschsitz, Kippspiegel und stabile Haltegriffe an Dusche, WC und Waschbecken vorhanden. Bettenhöhe 50 cm.

Lage: Direkt am Messegelände (2 Minuten zu Fuß). Bahnhof 700 m. Zur Ortsmitte Laatzen 1 km; Bahnhof 700 m; Arzt, Apotheke 1 km; Krankenhaus 5 km.

Zimmerpreise inkl. Frühstück: Standard-EZ 189,- bis 389,- DM; Standard-DZ 228,- bis 476,- DM. Am Wochenende, außerhalb von Messezeiten: EZ 129,- DM; DZ 188,- DM.

Leine Hotel — 30982 Hannover OT Pattensen

Niedersachsen

Schöneberger Str. 43, Tel. (05101) 918-0, Fax. 13367. 49 EZ und 31 DZ, modern und komfortabel eingerichtet, alle mit Bad/Du/WC, Radio, TV, Telefon. Zwei Veranstaltungsräume für 10 bis 80 Personen. Türbreiten: Haupteingang, Speiseraum, Restaurant 100 cm; Aufzugstür 90 cm. Haupteingang 3 Stufen, Nebeneingang mit Rampe; Rezeption und Aufzug stufenlos erreichbar; Speiseraum/Restaurant mit dem Aufzug erreichbar.

Geeignet für Rollstuhlfahrer: 1 Zimmer mit Bad/WC im Erdgeschoß speziell für Rollstuhlfahrer ausgestattet. Zimmertür 90 cm, Badezimmertür 93 cm breit. Freiraum im Bad/WC 170 x 150 cm; Abstand rechts neben dem WC 106 cm, vor dem WC 92 cm. Dusche unterfahrbar; Stabile Haltegriffe an Du/WC vorhanden.

Lage: Ortsmitte und Apotheke ca. 1 km; Bus 300 m.

Zimmerpreise inkl. Frühstück: EZ 135,- DM bis 325,- DM; DZ 220,- DM bis 425,-DM. Am Wochenende: EZ 90,- DM; DZ 150,- DM.

Holiday Inn Hannover — 30659 Hannover

Niedersachsen

Oldenburger Allee 1, Tel. (0511) 6155-0, Fax: 6155-555. 150 komfortable Zimmer mit Du/WC, TV und Telefon. Parkplatz, Eingang, Frühstücksraum, Restaurant, Garten und Aufzug (Tiefe 200 cm, Breite 90 cm, Türbreite 90 cm) sowie die Zimmer (mit dem Aufzug) stufenlos erreichbar.

Geeignet für Gehbehinderte, Rollstuhlfahrer und Familien mit geistig Behinderten. 1 Zimmer mit Du/WC für Rollstuhlfahrer geeignet. Türbreite vom Zimmer 81 cm, von Du/WC 90 cm. Freiraum in Du/WC 220 x 220 cm. Freiraum links neben WC 81 cm, rechts 17 cm, davor 120 cm. Dusche und Waschbecken unterfahrbar. Duschhocker und stabile Haltegriffe an Dusche und WC vorhanden. **Lage:** Zur Stadtmitte und zum Bahnhof 8 km; Einkaufen, Apotheke 1 km; Arzt 2 km; Krankenhaus 3 km. Umgebung flach.

Zimmerpreise: EZ und DZ 199,- DM; Frühstück zzgl. 22,- DM pro Person. Die Preise haben zu Messezeiten und während der EXPO 2000 keine Gültigkeit.

Arabella Sheraton Pelikan Hotel — 30177 Hannover

Niedersachsen

Podbielskistr. 145, Tel. (0511) 9093-0, Fax: 9090-555. 139 Komfort-Zimmer mit Du/WC, TV und Telefon. Parkplatz, Eingang stufenlos. Frühstücksraum, Restaurant, und Zimmer mit dem Aufzug (Tiefe 300 cm, Breite 150 cm, Türbreite 120 cm) stufenlos erreichbar.

Geeignet für Rollstuhlfahrer und Familien mit geistig Behinderten. 2 Zimmer mit Du/WC für Rollstuhlfahrer geeignet. Bettenhöhe 60 cm. Türbreite der Zimmer und von Du/WC 96 cm. Freiraum in Du/WC 140 x 140 cm. Freiraum links und rechts neben WC 80 cm, davor 110 cm. Dusche und Waschbecken unterfahrbar. Notruf, festinstallierter Duschsitz und stabile Haltegriffe an Dusche und WC vorhanden.

Lage: Zur Stadtmitte 2,5 km; Einkaufen, Bahnhof 100 m; Apotheke 200 m; Arzt 2,5 km; Freibad, Hallenbad 10 km. Umgebung flach.

Zimmerpreise: Classic-Zimmer (EZ und DZ) ohne Frühstück 240,- DM pro Nacht. Preise zu Messezeiten und während der EXPO 2000 für das EZ 635,- DM, DZ 685,- DM.

Maritim Stadthotel Hannover — 30169 Hannover

Niedersachsen

Hildesheimerstr. 34-40, Tel. (0511) 98940, Fax: 9894900. 249 Standard-, Komfort- und Superior-Zimmer. Parkplatz, Eingang, Frühstücksraum, Restaurant, 3 Hallenbäder und die Zimmer (mit dem Aufzug; Tiefe 136 cm, Breite 190 cm, Türbreite 111 cm) stufenlos erreichbar.

Geeignet für Rollstuhlfahrer und Familien mit geistig Behinderten. 4 Zimmer mit Du/WC für Rollstuhlfahrer geeignet. Bettenhöhe 50 cm. Türbreite der Zimmer 81 cm, von Du/WC 100 cm. Freiraum in Du/WC 105 x 280 cm. Freiraum links neben WC 140 cm, davor 105 cm. Dusche und Waschbecken unterfahrbar. Festinstallierter Duschsitz vorhanden.

Lage: In der Stadtmitte; Einkaufen 500 m, Bahnhof 1,5 km; Arzt, Apotheke 200 m. Umgebung flach.

Zimmerpreise außerhalb der EXPO 2000): EZ 223,- bis 263,- DM; DZ 263,- bis 303,- DM. Frühstück 19,- DM. Wochenende: 165,- bis 225,- DM; DZ 209,- bis 289,- DM.

Hotel Freizeit Auefeld — 34346 Hann. Münden

Niedersachsen, Weserbergland

Hallenbadstr. 33, Tel. (05541) 7050, Fax: 1010. Modernes komfortables Hotel in sehr schöner, landschaftlich reizvoller Lage und zugleich mit sehr guter Verkehrsanbindung.

Für die **Tennisspieler** unter den **Rollstuhlfahrern sehr gut geeignet,** insbesondere für **Sportvereine und Sportgruppen**, denn neben sehr guten Tagungs- und Konferenzmöglichkeiten (6 Räume für Gruppen zwischen 12 und 60 Plätzen) bietet die Anlage 6 Hallentennisplätze und 2 Sandplätze im Freien, alle DTB-Turniergerecht. Außerdem 3 Squashcourts, 4 Kegelbahnen, 2 Bowlingbahnen und ein Fitnessgerätepark mit modernsten Geräten. Das Hallenbad ist nur 2 Gehminuten entfernt.

Parkplatz, Eingang, Frühstücksraum, Restaurant, Garten und Aufzug (Tiefe 200 cm, Breite 90 cm) stufenlos erreichbar. 14 Zimmer im EG, 34 Zimmer mit dem Aufzug erreichbar.

Geeignet für Gehbehinderte, Rollstuhlfahrer und Familien mit geistig Behinderten, **Gruppen mit Begleitung bis 50 Personen**; gut geeignet für Rollstuhlsportgruppen. 2 Zimmer haben behindertengerechte Du/WC mit folgenden Maßen: Türbreite der Zimmer 100 cm, Du/WC 90 cm. Freiraum links neben WC 45 cm, rechts 140 cm, davor 100 cm. Höhenverstellbares, unterfahrbares Waschbecken, Dusche unterfahrbar, festinstallierter Duschsitz, stabile Haltegriffe an Du/WC und Waschbecken. In zusätzlich 48 Zimmern sind Du/WC zwar ohne zusätzliche Hilfsmittel, aber mit dem Rollstuhl befahrbar: Türbreiten der Zimmer 100 cm, von Du/WC 90 cm, Freiraum in Du/WC 120 x 160 cm, Freiraum vor dem WC 120 cm.

Lage: Am Stadtrand, im Grünen gelegen; Tennisplatz am Haus, Tennishalle im Haus. Ortsmitte, Bahnhof, Apotheke und Krankenhaus 3 km; Arzt 1 km; Hallenbad 200 m; Freibad 5 km.

Zimmerpreise: EZ 120,- bis 135,- DM; DZ 158,- bis 180,- DM. Pauschalangebote und Gruppenpreise auf Anfrage. Auf Wunsch können Pflegedienst, Abholservice vom Bahnhof usw. reserviert und gebucht werden.
Auch für Sportgruppen besonders empfehlenswertes Hotel.

Ringhotel Sellhorn 21271 Hanstedt

Niedersachsen, Lüneburger Heide

Winsener Str. 23, Tel. (04184) 8010, Fax: 801333, Internet: http:/www.ringhotels.de. Gemütliches, familiär geführtes Hotel mit 56 geschmackvoll ausgestatteten Zimmern. Parkplatz, Eingang, Frühstücksraum, Restaurant, Hallenbad, Garten und die Zimmer (mit dem Aufzug) stufenlos erreichbar. Tagungräume für 4 bis 60 Personen.

Geeignet für Gehbehinderte, Rollstuhlfahrer und Familien mit geistig Behinderten. 2 Zimmer rollstuhlgerecht. Türbreite der Zimmer und von Du/WC 91 cm. Freiraum in Du/WC 130 x 190 cm. Freiraum links neben WC 30 cm, rechts 110 cm, davor 100 cm. Dusche und Waschbecken unterfahrbar. Festinstallierter Duschsitz, verstellbarer Kippspiegel und stabile Haltegriffe an Dusche und WC vorhanden. Bettenhöhe 48 cm. **Lage:** Zur Ortsmitte mit Einkaufsmöglichkeiten, Arzt und Apotheke 200 m. **Zimmerpreise:** EZ 137,- bis 169,- DM; DZ 178,- bis 222,- DM inkl. Frühstücksbuffet.

Hotel Meyers Gasthof 21698 Harsefeld

Niedersachsen, Stader Geest, Altes Land

Marktstr. 17-23, Tel. (04164) 81460, Fax: 3022. Das Hotel hat im Rahmen von Umbaumaßnahmen den Belangen von Rollstuhlfahrern besondere Beachtung geschenkt. Im Restaurant bzw. in der Gaststube ein zusätzliches rollstuhlgerechtes WC. Über den Flur des Hauses erreicht man auch das zum Haus gehörende Kino, alles ebenerdig und rollstuhlgängig. Zur Kegelbahn 2 Stufen.

Der Parkplatz ist stufenlos erreichbar; stufenloser Eingang vorhanden. Frühstücksraum und Restaurantbereich mit zusätzlichem Behinderten-WC, Verzehr-Kino und 12 Zimmer im EG (mit Du/WC, Telefon und Farb-TV) sind stufenlos erreichbar. Türen mindestens 80 cm breit.

Geeignet für Gehbehinderte (50 Personen), für Rollstuhlfahrer bis 21 Personen. 2 Zimmer mit unterfahrbaren Duschen mit festinstalliertem Duschsitz, so daß trotz der relativ kleinen Badezimmer ein ausreichender Bewegungsfreiraum vorhanden ist. Bettenhöhe 55 cm. Freiraum vor dem WC 80 cm; zusätzlich stabile Haltegriffe. Die übrigen Zimmer mit Du/WC sind rollstuhlgängig, aber nicht speziell ausgestattet.

Lage: Das Haus liegt im Ortskern, mit sehr guten Einkaufsmöglichkeiten. Unmittelbar hinter dem Haus der Klosterpark, für Rollstuhlfahrer gut befahrbar. Das Haus wurde auch vom Reichsbund Hamburg, Ortsgruppe Junge Mitglieder, getestet und empfohlen.

Zimmerpreise pro Übernachtung inkl. Frühstück: EZ 83,- und 108,- DM; DZ 130,- bis 180,- DM. Besonders empfehlenswertes Haus. Kommentar eines Rollifahrers: „Hier merkt man gar nicht, daß man behindert ist".

Akzent Hotel Restaurant „Zur Wasserburg" — 27243 Harpstedt

Niedersachsen, Naturpark Wildeshauser Geest

Amtsfreiheit 4, Tel. (04244) 93820, Fax: 938277. Hotel mit 30 Zimmern, alle mit Du/WC, Selbstwahltelefon, Kabel-TV und Safe. Parkplatz, Eingang, Frühstücksraum, Restaurant, Garten und die Zimmer im EG stufenlos erreichbar.
Geeignet für Gehbehinderte, Rollstuhlfahrer und Familien mit geistig Behinderten. Auch Gruppen willkommen. 1 Zimmer rollstuhlgerecht. Türbreite vom Zimmer 95 cm, von Du/WC 82 cm. Freiraum in Du/WC 240 x 200 cm. Freiraum links neben WC 40 cm, rechts 110 cm, davor 120 cm. Dusche und Waschbecken unterfahrbar. Duschhocker, Kippspiegel und stabile Haltegriffe an Dusche und WC vorhanden. Bettenhöhe 45 cm.

Lage: Viele befestigte Waldwanderwege in der Umgebung, flach. Zur Ortsmitte mit Einkaufsmöglichkeiten 300 m; Arzt 100 m; Apotheke 200 m; Freibad 500 m; Bahnhof 600 m; Krankenhaus 12 km.
Zimmerpreise: EZ 85,- bis 100,- DM; DZ 150,- bis 170,- DM.

Bauernhof Müller — 27404 Heeslingen OT Steddorf

Niedersachsen

Friedrich + Karin Müller, Auf der Brake 2, Tel. (04287) 212, Fax: 95033. Bauernhof, Einzelgehöft, abseits der Straße, mit Rindern, Schweinen, Ferkeln, Puten, Hühnern und Katzen. 2 Ferienwohnungen, jeweils 50 qm groß, für 2-5 Personen. Parkplatz und Eingang stufenlos. Viele Spielmöglichkeiten für Kinder.
Geeignet für Gehbehinderte und Familien mit geistig Behinderten. Bedingt geeignet für Rollstuhlfahrer mit Begleitung. Türbreite von Eingang und Zimmer 83 cm, von Du/WC 70 cm. Freiraum in Du/WC 125 x 125 cm. Freiraum links neben WC 110 cm, davor 50 cm (eng für Rollstuhlfahrer). Dusche nicht unterfahrbar. Keine Hilfsmittel.
Lage: Ruhig, abseits vom Straßenverkehr. Zur Ortsmitte 2 km; Einkaufen, Arzt, Apotheke und Freibad 5 km. Umgebung flach, viele Radwanderwege.
Preis für eine FeWo bei Beleg. mit 2 Pers. 60,- bis 70,- DM; jede weitere Pers. 5,- DM. Strom, Heizung, Bett- u. Tischwäsche, Geschirr- u. Handtücher inklusive.

Das „Weiße Haus" Behindertenhotel — 27711 Heilshorn bei Bremen

Niedersachsen

Sandbergweg 1, Tel. (04795) 333 und 7133, Fax: 7014. Es handelt sich um das erste und bisher einzige Hotel in Deutschland, welches ausschließlich geistig Behinderte und Lernbehinderte als Gäste aufnimmt und sich somit ganz auf diese Zielgruppe spezialisiert hat (nur bedingt für Rollstuhlfahrer geeignet). Das Haus verfügt über 12 Doppel- und 5 Einzelzimmer sowie 8 Appartements. Alle Zimmer bzw. Appartements sind mit Du/WC, TV und Telefon ausgestattet. 1 Pflegeraum ist rollstuhlgerecht.
Lage: 20 km von Bremen Stadtmitte entfernt und 7 km außerhalb von Heilshorn in einem Naturerholungsgebiet. Hallen-Spaßbad und Badesee in unmittelbarer Nähe.
Preise: Übernachtung mit Frühstück 45,- DM, mit VP 58,- DM. Für Gruppen 55,- DM pro Person inkl. VP.

„Ottenklaushof" 27412 Hepstedt

Niedersachsen, zwischen Heide und Nordsee

U. und H. Gerken, Am Brink 10, Tel. + Fax(04283) 312. Vollerwerbsbetrieb auf der Geest, am Rande des Teufelsmoores, mit Ackerbau, Ochsen- und Schweinemast. Pferdezucht und Pensionspferdehaltung. Das Backhaus wurde zu 2 Ferienwohnungen für 4-6 Personen (58 bis 63 qm) umgebaut, eine davon behindertengerecht. Zu jeder Wohnung gehören Wohnzimmer, separates Kinder- und Elternschlafzimmer, voll eingerichtete Küche mit Kühlschrank, E-Herd, Spülmaschine; Dusche und WC. Zusätzliche Abwechslung auf dem Hof: Reiten für klein und groß, Pferdeboxen für eigene Pferde, Fahrräder. Wer möchte, kann bei der Heuernte helfen. Spielplatz und viel Stroh zum „Höhlen bauen". Parkplatz, Eingang und Ferienwohnung stufenlos.

Geeignet für Rollstuhlfahrer und Familien mit geistig Behinderten (2 x 4-6 Personen;1-2 Rollstuhlfahrer). 1 Ferienwohnung rollstuhlgeeignet. Bewegungsfreiraum in Du/WC 140 x 140 cm. Freiraum links neben WC 150 cm. Dusche schwellenlos, Waschbecken unterfahrbar. Sonstige Hilfsmittel nicht vorhanden.

Lage: Hepstedt gehört zur Samtgemeinde Tarmstedt, hat ca. 900 Einwohner und ist überwiegend landwirtschaftlich geprägt. Der Hof in Ortsrandlage, umgeben von Natur. Asphaltierte Wege im Dorf und in der Feldmark. Flaches Land, Wald, Weiden, Moor, Ackerland.

Zur Ortsmitte 300 m; Einkaufen 300 m; Bahnhof Bremen 30 km; Arzt, Apotheke 4 km; Freibad 2 km; Hallenbad, See, Krankenhaus 16 km. Tennisplatz und Tennishalle 4 km;

Preis für die Ferienwohnung pro Tag 80,- DM, Endreinigung 50,- DM.

Hotel Heidehof Hermannsburg 29320 Hermannsburg

Niedersachsen, Lüneburger Heide, Südheide

Billingstr. 29, Tel. (05052) 970-0, Fax: 3332. Gepflegtes Hotel mit 102 komfortabel und modern ausgestatteten Zimmern, alle mit Du/WC, Kabel-TV, Radio, Telefon und Minibar. Bankettsaal für bis zu 250 Personen. Parkplatz, Eingang, Frühstücksraum, Restaurant, Hallenbad, Garten und die Zimmer im EG stufenlos erreichbar. Türbreite vom Aufzug 80 cm (Tiefe 140 cm, Breite 110 cm).

Geeignet für Gehbehinderte, Rollstuhlfahrer und Familien mit geistig Behinderten. 1 Zimmer rollstuhlgerecht. Türbreite von Zimmer und Du/WC 90 cm. Freiraum in Du/WC 140 x 140 cm. Freiraum links neben WC 100 cm, rechts 80 cm, davor 200 cm.

Dusche und Waschbecken unterfahrbar. Duschsitz, Kippspiegel, Notruf und stabile Haltegriffe an Dusche und WC vorhanden.

Lage: Zur Ortsmitte mit Einkaufen und Arzt 300 m; Apotheke 150 m.

Zimmerpreise: EZ 130,- DM; DZ 190,- bis 220,- DM. HP zzgl. 31,- DM; VP 62,- DM.

Haus am Wiesengrund — 26759 Hinte-Abbingwehr

Niedersachsen, Ostfriesland, Nordsee

Klosterweg 11, Tel. (04925) 451, Fax: 990377. Ferienhof in einem idyllischen Dorf in Ostfriesland. Kleintiere: Hühner, Enten, Damwild. Das Ferienhaus liegt in einem großen Garten mit Liegewiese, Sitzgruppen und Terrasse. Grillplatz direkt am Fischteich. Kinderspielplatz mit Schaukel, Wippe, Rutsche und Sandkasten.

Geeignet für Rollstuhlfahrer und Familien mit geistig Behinderten. 1 Ferienwohnung rollstuhlgeeignet, bestehend aus Wohnzimmer, Küchenzeile, 2 Schlafzimmer, Bad, Terrasse.

Lage: Einkaufen, Arzt 2,5 km; Apotheke 5 km; Freibad, Hallenbad 8 km; Krankenhaus, Dialyse 9 km; Nordsee 15 km; See 6 km; Tennisplatz und Tennishalle 5 km. Umgebung flach. In der Nähe liegt der Binnensee „Großes Meer".

Preis für die rollstuhlgeeignete Ferienwohnung (70 qm, 2-5 Pers.) in der Hauptsaison 100,- DM pro Tag, in der Nebensaison 70,- DM.

Sport- und Tagungshotel Novum — 26759 Hinte

Niedersachsen, Ostfriesland, Nordsee

Am Tennistreff 1, Tel. (04925) 92180, Fax: 921877. Vier-Sterne Hotel mit 33 Doppelzimmern, mit allen Annehmlichkeiten ausgestattet: Bad/Dusche/WC, Kabel-TV, Telefon, Radio, Minibar, Fön, Safe. Tagungs- und Konferenzräume, Schwimmbad, Sauna, Solarium.

Parkplatz, Eingang, Frühstücksraum, Restaurant, Garten, Hallenbad (Rampe) und die Zimmer (mit dem Aufzug) stufenlos erreichbar. Türbreite vom Aufzug 88 cm (Tiefe 136 cm, Breite 105 cm).

Geeignet für Rollstuhlfahrer: 1 Zimmer mit Du/WC. Bettenhöhe 47 cm. Türbreite vom Zimmer 90 cm, von Du/WC 93 cm. Bewegungsfreiraum in Du/WC 150 x 200 cm. Freiraum links neben WC 30 cm, rechts 90 cm, davor 200 cm. Dusche schwellenlos, Waschbecken unterfahrbar. Stabiler Duschhocker und stabiler Haltegriff am WC.

Lage: Zur Ortsmitte 500 m; Nordsee 15 km; Einkaufen, Apotheke 500 m; Arzt 1 km; Bahnhof, Krankenhaus, Dialyse, Freibad, Hallenbad 5 km.

Zimmerpreise: EZ 130,- bis 170,- DM; DZ 160,- bis 300,- DM inkl. Frühstück.

Hotel „Scholz“ — 29456 Hitzacker

Niedersachsen, Lüneburger Heide, Nationalpark Elbtalauen

Prof.-Borchling-Straße 2, Tel. (05862) 959-100, Fax: 959-222, Internet: www.hitzacker.de/Hotel-Scholz.

33 Zimmer mit Bad/Du/WC. Behindertengerechte Ausstattung der Räume. Alle Zimmer mit Radio, TV und Telefon. Parkplatz, Eingang, Rezeption, Restaurant, Café, Terrasse, Garten und Aufzug stufenlos erreichbar. Türen im Haus mindestens 80 cm breit.

Sehr gut geeignet für Senioren, Kururlauber (Gruppen bis 60 Personen) und für Gehbehinderte und Rollstuhlfahrer bis 20 Personen; geeignet auch für Familien mit geistig Behinderten. 12 Zimmer mit Badezimmer sind für Rollstuhlfahrer geeignet.

Freier Durchgang im Zimmer 110 cm, Bewegungsfreiraum in Bad/WC 150 x 120 cm. Freiraum rechts neben dem WC 130 cm, vor dem WC 102 cm, WC-Höhe 54 cm. Dusche und Waschbecken mit dem Rollstuhl unterfahrbar. Tiefergesetzter Spiegel, erhöhte Toilette. Waschbecken-Höhe 84 cm, Duschhocker auf Anfrage.

Lage: Zentrum, Einkaufen und Apotheke 1,5 km; Bhf. 2,5 km; Bus 1 km; Arzt, Tennisplatz 200 m; Krankenhaus 8 km; Kuranwendungen, Thermalbad, Angeln und Spielplatz 500 m; Freibad 2 km; Minigolf 800 m; Grillplatz 1 km; Wandern ab Haus. Umgebung teils flach, teils hügelig.

Preis für Übernachtung pro Person und Tag inklusive Frühstücksbuffet je nach Zimmerkategorie im EZ 89,- bis 199,- DM; im DZ 68,- bis 114,- DM. Halbpension zuzüglich 25,- DM, Vollpension zzgl. 36,- DM.

Parkhotel Hitzacker — 29456 Hitzacker

Niedersachsen, Lüneburger Heide

Am Kurpark 3, Tel. (05862) 8081, Fax: 8350. Hotel mit 90 Zimmern. Parkplatz, Eingang, Frühstücksraum, Restaurant, Hallenbad und die Zimmer (teils im EG, teils mit dem Aufzug) stufenlos erreichbar. Türbreite vom Aufzug 88 cm (Tiefe 140 cm, Breite 100 cm).

Geeignet für Gehbehinderte, Rollstuhlfahrer und Familien mit geistig Behinderten. 2 Zimmer im EG rollstuhlgerecht. Türbreite der Zimmer und von Du/WC 80 cm. Freiraum in Du/WC 130 x 120 cm. Freiraum links neben WC 100 cm, rechts 25 cm, davor 120 cm. Dusche und Waschbecken unterfahrbar. Festinstallierter Duschsitz, Kippspiegel und stabile Haltegriffe an Dusche und WC vorhanden. Bettenhöhe 43 cm.

Lage: Zur Ortsmitte 2 km; Arzt, Apotheke, Einkaufen 1 km; Bahnhof 3 km; Krankenhaus 10 km.
Preis pro Person im DZ 72,50 bis 105,- DM; im EZ 95,- bis 120,- DM.

Hotel Leuchtfeuer — 26434 Nordseeheilbad Horumersiel

Niedersachsen, Nordsee

Pommernweg 1, Tel. (04426) 9903-0, Fax: 9903110. Hotel mit 34 modernen Zimmern, Studios und Appartements, komfortabel ausgestattet mit bequemem Mobiliar. Fitneßbereich, Restaurant, Kosmetik/Friseur, Allergiegerechte Unterkünfte und Nichtraucherzimmer.

Das Hotel bietet außerdem Beauty, Sauna, Solarium, Whirlbad und Fitneß. Kompaktkuren und ambulante Reha-Abteilung mit erweiterter Physiotherapie in nächster Nähe. Sport: Surfen, Segeln, Reiten, Golf und über 200 km Rad- und Wanderwege.
Alle Einrichtungen und Zimmer des Hotel stufenlos oder mit dem Aufzug erreichbar. Türbreite vom Aufzug 120 cm (Tiefe 200 cm, Breite 140 cm).

Geeignet für Gehbehinderte und Rollstuhlfahrer (Gruppen bis 12 Personen). 6 Zimmer und 1 Ferienwohnung rollstuhlgerecht. Türbreite der Zimmer und von Du/WC 90 cm. Freiraum in Du/WC 180 x 190 cm. Freiraum rechts neben WC 110 cm, davor 60 cm. Dusche und Waschbecken unterfahrbar. Festinstallierter Duschsitz, Kippspiegel und stabile Haltegriffe an Dusche und WC vorhanden. Bettenhöhe 45 cm.

Lage: 500 m von der Nordsee entfernt. Apotheke 100 m; Hallenbad 200 m; Spielplatz, Freibad 300 m. Umgebung eben; Bordsteine sind abgesenkt.

Preise pro Person inkl. Frühstück im EZ 98,- DM, im DZ 78,- DM, im Studio mit 3 Personen 78,- DM, im Studio mit 4 Personen 58,- DM. Inkl. HP ab 83,- DM, inkl. VP ab 108,- DM. Hausprospekt und ausführliche Preisliste auf Anfrage.

Gästehaus Martina — 26434 Kurort Horumersiel

Niedersachsen, Nordsee

Heinrich-Tjarks-Str. 46. Reservierung Horumersiel: Tel. (04426) 991317, Fax: 991319. Reservierung in Sankt Augustin (Inh. der Wohnungen): Tel. (02241) 341942. Neuerbautes, stilvolles 5-Sterne-Gästehaus mit 6 exklusiven, großzügig geschnittenen und aufwendig eingerichteten Ferienwohnungen für 2-6 Personen mit 3 großen Zimmern, Küche, Bad/Du/WC. Parkplatz, Eingang (Rampe), Garten stufenlos erreichbar.

Geeignet für Rollstuhlfahrer und Familien mit geistig Behinderten: 1 Ferienwohnung rollstuhlgeeignet. Bettenhöhe 55 cm. Türbreite der Zimmer und von Du/WC 100 cm. Bewegungsfreiraum in Du/WC 120 cm. Freiraum links neben WC 25 cm, rechts 100 cm, davor 120 cm. Dusche schwellenlos, Waschbecken unterfahrbar. Festinstallierter Duschsitz und stabile Haltegriffe an Dusche, WC und Waschbecken.

Lage: Zur Ortsmitte 300 m; Einkaufen 300 m; Arzt, Apotheke 200 m; Freibad, Hallenbad 500 m; Nordsee 500 m; Krankenhaus, Dialyse 12 km.

Preis pro Wohnung in der Nebensaison 85,- DM pro Tag, in der Hauptsaison 100,- bis 130,- DM.

Katrin's Ferienhof — 26434 Hooksiel / Wangerland

Niedersachsen, Friesische Nordseeküste

Katrin Hobbie, Bei Wüppels 1, Tel. (04425) 81364, Fax: 81364. Ferienhof in ruhiger Einzellage mit 4 neuerbauten, komfortabel ausgestatteten Ferienwohnungen. Zum Hof gehören Ponys, Pferde, Ziegen, Schafe, Schweine, Katzen, Hund, Hühner, Enten, Gänse und Kaninchen. Parkplatz, Eingang, Garten, Stall, Spielscheune, Aufenthaltsraum und Zimmer stufenlos erreichbar.

Geeignet für Gehbehinderte und Familien mit geistig Behinderten; jede Ferienwohnung für 4 Personen. Bedingt geeignet für Rollstuhlfahrer mit Begleitung. Badezimmer nicht rollstuhlgerecht.

Lage: 500 m bis zum kleinen Dorf Wüppels. Der Badeort Hooksiel liegt 5 km entfernt. Arzt, Apotheke, Hallenbad und Nordseestrand 5 km. Umgebung flach; Deich vor dem Strand.

Preis für eine Ferienwohnung in der Nebensaison pro Tag 85,- bis 100,- DM, in der Hochsaison 120,- DM inkl. aller Nebenkosten.

„Huus an't Deep" und Ferienhaus „Imke" — 26736 Krummhörn-Greetsiel

Niedersachsen, Ostfriesland

„Huus an't Deep"

Sabine und Heiko Oltmanns, Edzard-Cirksena-Str. 45, Tel. (04926) 765 und 92100, Fax: (04926) 921092. Das „Huus an't Deep" bietet zwei komfortable Ferienwohnungen, ist ruhig gelegen und ca. 10 Minuten von Ortskern und Hafen entfernt. Beide Wohnungen haben je einen Gartenanteil mit Gartenmöbeln, Grillplatz, Liegewiese und Parkplatz. Sie sind mit Radio, Sat-TV und Telefon ausgestattet. Außerdem verfügt das Haus über einen eigenen Bootsanleger.

Die Erdgeschoßwohnung für 4 Pers. ist ca. 90 qm groß und ist behindertengerecht. Die Wohnung im OG hat 80 qm Wohnfläche. Beide Wohnungen haben jeweils zwei Schlafzimmer mit Kinderbett sowie einen hellen, freundlichen Wohnraum. Die großzügigen Einbauküchen sind den jeweiligen Wohnräumen direkt angegliedert. Parkplatz, Eingang und Zimmer sind stufenlos erreichbar. Alle Türen 100 cm breit.

Geeignet für Gehbehinderte (4 Pers.), Rollstuhlfahrer (2 Pers.) und Familien mit geistig Behinderten (4 Pers.). Türbreite der Zimmer und von Du/WC 100 cm. Freiraum in Du/WC 200 x 200 cm. Freiraum links neben WC 60 cm, rechts 200 cm, davor 200 cm. Dusche und Waschbecken unterfahrbar. Duschhocker, Duschtoilettenstuhl, Spiegel in Rollstuhlhöhe und stabile Haltegriffe an Dusche, Waschbecken und WC vorhanden. Höhenverstellbare Betten ebenfalls vorhanden.

Lage: Ruhig an einem Kanal gelegen (eigener Bootssteg). Zum Meer 1 km; Einkaufen 800 m; Arzt, Apotheke, Tennisplatz und Hallenbad 1 km.

Urlaub & Pflege: Zusätzlich wird für Pflegebedürftige und deren Angehörigen Urlaub mit ambulanter Pflege und Betreuung in einem privaten Haus angeboten. Informationen auf Anfrage.

Ferienhaus „Imke"

Im **Ferienhaus Imke** wird eine weitere rollstuhlgerechte Ferienwohnung für 2 Personen mit sep. Eingang und 65 qm Wohnfläche angeboten, bestehend aus Wohnzimmer, Schlafzimmer, Küche, Bad und Abstellraum, TV, Telefon und Spülmaschine.

Preise: Die rollstuhlgerechte Ferienwohnung für 4 Personen in „Huus an't Deep" kostet pro Tag 120,- DM inklusive Wasser, Strom, Bettwäsche und Endreinigung. Weitere Preise und Hausprospekt auf Anfrage.

Helenenhof — 26736 Krummhörn-Pewsum

Niedersachsen, Ostfriesland

G. und P. Bauer, Langer Weg 3, Tel. (04923) 7183 und 912001, Fax: 912006. Urlaub auf dem Bauernhof, schönes Anwesen mit Ackerbaubetrieb, Streicheltieren (Ponys, Esel, Hund, Katzen und Hühner).

Großer Garten mit altem Baumbestand. Für Kinder ein Spielplatz und eine Tischtennisplatte. Fahrräder werden den Gästen kostenlos zur Verfügung gestellt. Für die kleinen Gäste stehen Babybett und Hochstuhl bereit.

Die vier Ferienwohnungen haben eine ansprechende Möblierung und bieten hohen Komfort. **Eine Ferienwohnung ist rollstuhlgerecht,** mit 70 qm, Wohnküche, zwei Schlafzimmer, Bad und Abstellraum. Fußboden mit Kork ausgelegt. Telefon, Radio, TV, Südterrasse, Gartenmöbel. Eingang, Garten und Zimmer stufenlos erreichbar. Alle Türen 100 cm breit. Gegen Gebühr können Waschmaschine und Trockner benutzt werden.

Geeignet für Gehbehinderte (12 Personen), Rollstuhlfahrer (4 Pers.), Familien mit geistig Behinderten (16 Pers.) und für Allergiker (Korkfußboden, Allergikerbetten).

Die Türen der Zimmer und von Du/WC sind 100 cm breit. Freiraum in Du/WC 125 x 190 cm. Freiraum links neben WC 125 cm, rechts 50 cm, davor 110 cm. Dusche und Waschbecken unterfahrbar. Duschhocker und stabile Haltegriffe an Dusche und WC vorhanden.

Lage: Ruhige Lage, am Ortsrand von Pewsum, 15 km nördlich von Emden. Zur Nordsee (Wattenmeer) sind es 7 km. Kuranwendungen in Pewsum möglich. Ortsmitte, Einkaufen, Arzt, Apotheke, Hallenbad, Tennisplatz 1 km. Die Umgebung ist flach; viele asphaltierte Wege. Der Nordseedeich ist mit dem Rollstuhl gut zu überwinden (evtl. Schiebehilfe erforderlich).

Preis für die Ferienwohnung pro Tag je nach Saison 95,- bis 120,- DM inkl. Bettwäsche, Handtücher, Tischwäsche, Nebenkosten und Reinigung.

Best Western Hotel Frisia — 26789 Leer

Niedersachsen, Ostfriesland

Bahnhofsring 16-20, Tel. (0491) 9284-0, Fax: 9284-400. Neues Hotel mit 78 Zimmern, alle mit Bad/Dusche, WC, Kabel-TV, Radio, Minibar, Selbstwahltelefon, Safe, Faxanschluß, zum Teil mit Balkon oder Glaserker. Fitneßraum mit Sauna und Solarium, Frühstücksbuffet. Im Haus befinden sich 2 Restaurants.

Eingang, Frühstücksraum, Aufzug (Tiefe 130 cm, Tür 100 cm) und die Zimmer (mit dem Aufzug) stufenlos erreichbar. Die „öffentlichen" WC-Anlagen für die Bereiche Foyer, Hotelbar, etc. sind behindertengerecht ausgestattet und sind über den Aufzug erreichbar.

Geeignet für Gehbehinderte, Rollstuhlfahrer (8 Personen) und Familien mit geistig Behinderten. 2 Zimmer mit Du/WC rollstuhlgerecht. Türbreiten der Zimmer und von Du/WC 104 cm.

Freiraum in Du/WC 140 x 140 cm; Freiraum links neben WC 30 cm, rechts 150 cm, davor 50 cm. Dusche und Waschbecken unterfahrbar. Verstellbarer Kippspiegel über dem Waschbecken. Festinstallierter Duschklappsitz, Umsetzhilfe an der Dusche, stabile Haltegriffe an WC und Waschbecken vorhanden. 2 weitere Zimmer mit Du/WC ebenfalls rollstuhlgängig, aber ohne Hilfsmittel.

Lage: Mitten im Zentrum von Leer, gegenüber der Fußgängerzone. Bushaltestelle am Haus; Bahnhof, Einkaufen 100 m; Apotheke 200 m; Arzt 500 m; Krankenhaus 1,5 km; **Dialysezentrum**, Kuranwendungen, Freibad, Hallenbad 3 km; Tennisplatz und Tennishalle 5 km. Umgebung flach.

Zimmerpreise inkl. Frühstücksbuffet für die Behindertenzimmer als EZ 129,- bis 134,- DM, als DZ 158,- bis 168,- DM. Für Begleitpersonen sind Zimmer mit Verbindungstüren (104 cm breit) buchbar.

Ferienwohnungen Schulz — 29484 Langendorf

Niedersachsen, Elbufer-Drawehn, Wendland

Ilse Marie Schulz, Elbuferstr. 81, Tel. (05865) 287, Fax: (05865) 300. Auf dem vollbewirtschafteten Hof gibt es neben Bullenmast den Milchviehbetrieb und Kälberaufzucht. Die 2 Ferienwohnungen wurden komfortabel und stilvoll in der ehemaligen, komplett renovierten Scheune einer benachbarten Hofstelle (80 m vom Haupthaus entfernt) eingerichtet. Parkplatz und Eingang stufenlos, alle Türen 100 cm breit.

Geeignet für Gehbehinderte (3-4 Personen) und Rollstuhlfahrer (Ferienwohnung I für 2-4 Personen) sowie Familien mit geistig Behinderten. Es können auch beide Ferienwohnungen zusammen gemietet werden.

1 Ferienwohnung ist rollstuhlgerecht. Türbreite der Zimmer und von Du/WC 100 cm. Freiraum in Du/WC 140 x 140 cm. Freiraum links neben WC 140 cm, rechts 40 cm, davor 100 cm. Dusche und Waschbecken unterfahrbar. Festinstallierter Duschsitz, mobiler Haltegriff und stabiler Haltegriff an der Dusche vorhanden. Bettenhöhe 48 cm.

Freizeit: Terrasse zu jeder Ferienwohnung, Liegewiese hinterm Haus, Angeln in den eigenen Teichen und in der Elbe. Einige Bücher, Spielesammlung, Tischtennis, Grill. Fahrräder können am Hof ausgeliehen werden.

Lage: Der Hof liegt mitten in Langendorf, zwischen hügeligen Wäldern und Feldern des Wendlandes und üppigen Wiesen und Weiden am Elbdeich. Die Umgebung ist flach und ebenerdig, gute Radfahrwege, befestigte Wege zur Elbe und zum Elbdeich. Unweit der Wohnungen eine Gaststätte in Langendorf. Zur Ortsmitte 80 m; Spielplatz 50 m; Einkaufen in Quickborn 4 km und in Dannenberg 12 km; Tennisplatz, Freibad, Hallenbad, Bahnhof, Arzt, Apotheke und Krankenhaus in Dannenberg, 12 km.

Preis pro Wohnung und Nacht 70,- DM inkl. Nebenkosten. Beide Ferienwohnungen können auch zusammen für 120,- DM pro Tag gemietet werden. Zusätzlicher Service über Sanitätshaus Brunsmaier in Dannenberg möglich, z.B. Verleih von Rollstühlen, Pflegebett, usw.

Jugendherberge — 49811 Lingen

Niedersachsen, Emsland

Lengericher Str. 62, Tel. (0591) 973060, Fax: 76954. 40 Zimmer; Parkplatz, Eingang, Frühstücksraum und 13 Zimmer im EG stufenlos erreichbar.

Geeignet für Gehbehinderte (25 Personen), Rollstuhlfahrer (4 Personen) und Familien und Gruppen mit geistig Behinderten (40 Personen). 2 Zimmer mit Du/WC sind rollstuhlgerecht., Türbreiten 90 cm. Freiraum in Du/WC 155 x 160 cm. Dusche und Waschbecken unterfahrbar. Festinstallierter Duschsitz sowie stabile Haltegriffe an Du/WC und Waschbecken vorhanden.

Lage: Ortsmitte 3,5 km; Bus, Einkaufen, See 200 m; Apotheke 1,5 km; Bahnhof, Krankenhaus 4 km; Hallenbad 4,5 km; Freibad 6 km. **Preise:** ÜF ab 26,70 DM.

Ferien auf dem Bauernhof Hof am Kolk — 49624 Löningen

Niedersachsen, Oldenburgisches Münsterland, Hasetal

Wilhelm Meyer, Angelbeck 37, Tel. (05432) 4740, Fax: 58545. Vollbewirtschafteter großer Bauernhof unter schönen alten Eichen im Emsland, mit Kühen, Hühnern, Ponys, Pferd und Katzen. Gute Angelmöglichkeiten.

Für Familien mit Kindern besonders gut geeignet: Viele Spielgeräte, Schaukel, Sandhaufen, Karussell, Wippe, Seilbahn, Ponyreiten. Spielscheune mit Billard und Tischtennis. Kreativstübchen. Fahrräder, auch mit Kindersitz, werden kostenlos ausgeliehen. 5 Ferienwohnungen, davon 2 rollstuhlgeeignet. Flur, ein großer Wohnschlafraum, Schlafzimmer, Einbauküche mit Geschirrspüler, Gäste-WC, Bad mit Wanne, Dusche, WC. Parkplatz stufenlos; Eingang 1 Stufe mit Rampe.

Geeignet für Gehbehinderte, Rollstuhlfahrer und Familien mit geistig Behinderten. Zwei rollstuhlgeeignete Ferienwohnungen mit Hilfsmitteln im Bad: Freiraum in Bad/Du/WC 120 x 120 cm; Freiraum links neben WC 200 cm, rechts 30 cm, davor 150 cm. Dusche unterfahrbar, Waschbecken unterfahrbar.

Lage: Sehr schöne, ruhige Lage; Ortsmitte, Einkaufen, Bahnhof, Bus, Arzt, Apotheke; Krankenhaus, Kuranwendungen, Hallenbad, Tennisplatz und Tennishalle 2 km. See 500 m.

Preis für eine Ferienwohnung pro Tag 90,- bis 110,- DM inkl. Nebenkosten. Empfehlenswertes und behindertenfreundliches Haus.

Mövenpick Hotel Bergström — 21335 Lüneburg

Niedersachsen, Lüneburger Heide

Bei der Lüner Mühle, Tel. (04131) 308-0, Fax: 308499. First-Class-Hotel mit 100 Gästezimmer und 7 Suiten. mit Bad/Du/WC, TV, Minibar, Radio und Telefon. 16 moderne Tagungsräume für bis zu 160 Personen. Türbreiten: Haupteingang 113 cm, Restaurant 90 bzw 135 cm, Aufzugstür 90 cm (Tiefe 140 cm, Breite 170 cm), alles ist stufenlos erreichbar.

Geeignet für Gehbehinderte und für Rollstuhlfahrer. Ein Zimmer rollstuhlgeeignet, aber Tür zum Bad/WC eng (60 cm). Breite der Zimmertür 90 cm. Dusche unterfahrbar; festinstallierter Duschsitz und stabile Haltegriffe an Dusche und WC vorhanden.
Lage: Ortsmitte, Apotheke 500 m; Bhf. 2 km.

Zimmerpreise ohne Frühstück: EZ ab 200,-DM; DZ ab 260,- DM. Frühstück pro Person 23,- DM.

Hotel-Restaurant zum Lindenhof — 21406 Lüneburg-Melbeck

Niedersachsen, Lüneburger Heide

Uelzenerstr. 17, Tel. (04134) 274, Fax: (04134) 8723. Zwei-Sterne-Hotel; absolut ruhig gelegene Hotelzimmer mit Radio, TV, Dusche und WC. Parkplatz am Haus, Haupteingang, Rezeption, Speiseraum, Restaurant, Aufenthaltsraum stufenlos erreichbar.

Geeignet für Rollstuhlfahrer: drei Zimmer mit Du/WC, nach geltender DIN konzipiert und stufenlos erreichbar. Türbreiten der Zimmer 90 cm, von Du/WC 80 cm. Der freie Durchgang im Zimmer für einen Rollstuhlfahrer beträgt 82 cm. Bewegungsfreiraum in Du/WC 140 x 140 cm. Freiraum links neben dem WC 40 cm, rechts 140 cm, davor 100 cm. Höhe vom WC 49 cm. Dusche und Waschbecken unterfahrbar. Festinstallierter Duschsitz und stabile Haltegriffe an Dusche und WC vorhanden. Bettenhöhe 50 cm.

Lage: Der "Lindenhof" befindet sich direkt an der B 4 zwischen Lüneburg und Uelzen. Einkaufsmöglichkeiten 100 m; Bahnhof und Krankenhaus 10 km; Bus und Apotheke 200 m; Arzt 4 km; Hallenbad 9 km. Pflegedienst kann vom Gast beim DRK-Lüneburg gebucht werden.

Preise: Doppelzimmer mit Du/WC inkl. Frühstücksbuffet für zwei Personen 135,- DM; Einzelzimmer 85,- DM. Halbpension auf Anfrage.

Haus am Deich — 27632 Misselwarden / OT Altendeich

Niedersachsen, Nordsee

Altendeich 2. Anmeldungen beim Träger: Lebenshilfe Berlin gGmbH, Driesener Str. 18, 10439 Berlin, Tel. (030) 8330300, Fax: 833 9371. Einzel-, Doppel- und 3-Bettzimmer mit Waschbecken (fl. w + k Wasser); Duschen und Toiletten auf der Etage. Ein Speiseraum, 2 Aufenthaltsräume mit TV und Musikanlage. Sportplatz mit Volleyball-Netz, Tischtennis, Grill, Feuerstelle sowie weitere Spiel- und Sportgeräte.

Geeignet für Gruppen mit geistig Behinderten bis 25 Personen inkl. Betreuer. Alle übrigen Gäste sind ebenfalls willkommen.

Lage: Die Einrichtung liegt relativ einsam in Misselwarden, Ortsteil Altendeich in unmittelbarer Sichtweite zum Nordseedeich. Der Strand von Misselwarden ist nicht ausgebaut. Daher ruhiger Badeurlaub und Wattwanderungen möglich. Die beiden Nordseebäder Dorum und Wremen liegen 4 bis 5 km entfernt; jeweils mit kleinen Sandstränden, Wellenbad, Minigolf, Tennis- und Sportplätzen. Cuxhaven 35 km entfernt; südlich von Misselwarden liegt Bremerhaven (25 km).

Gruppenpreise (pro Person): Vollpension 42,- DM.

"Zur Silberfuchsbörse" 27632 Misselwarden / OT Engbüttel

Niedersachsen, Nordsee

Engbüttel 2. Anmeldungen beim Träger: Lebenshilfe Berlin gGmbH, Driesener Str. 18, 10439 Berlin, Tel. (030) 8330300, Fax: 833 9371. 13 Zimmer für bis zu 30 Personen, Einzel-, Doppel- und 3-Bettzimmer, Dusche/WC auf jeder Etage, Speise/Aufenthaltsräume, TV, Video, Sportplatz.

Geeignet: Vorwiegend für Gruppen von Menschen mit geistiger Behinderung mit Begleitung, bedingt rollstuhlgeeignet.

Lage: Relativ einsam im "Wurster Land" in Nähe der Nordseebäder Wremen und Dorum, nach Bremerhaven bzw. Cuxhaven jeweils ca. 25 km.

Gruppenpreise (pro Person): 22,- DM / Selbstversorgung, Waschmaschine/Trockner, Fahrräder, rollstuhlgerechter Bus gegen Gebühr.

Ferienwohnung Reinhardt 26802 Moormerland-Warsingsfehn

Niedersachsen, Ostfriesland, Südliche Nordsee

Christina Reinhardt, Dr. Warsing-Str. 28, Tel. (04954) 6995, Fax: (04954) 942467. Rollstuhlgerechte Komfort-Ferienwohnung, ebenerdig, 70 qm, Süd-Terrasse mit Gartenmöbeln, Grill. Großer Wohn-/Eßraum, integrierte Einbauküche. Komplettausstattung für 6 Personen. Telefon, Sat-Farb-TV, Videorecorder, Stereo-Anlage.

Schlafzimmer mit Drehfläche 150 x 150 cm, erhöhtes Doppelbett mit verstellbaren Lattenrosten, Bettgalgen. Radiowecker, Bettwäsche inklusive. Bequeme Ledergarnitur im Wohnzimmer, verwandelbar in ein Doppelbett. Elektrische Rolläden. Waschmaschine.

Geeignet für Rollstuhlfahrer. Parkplatz am Haus. Keine Stufen/Türschwellen, alle Türen 100 cm. Raumgröße Bad 520 x 190 cm; Freiraum 450 x 150 cm. Freiraum links neben dem erhöhten (Höhenreduzierungsrampe auf Wunsch) WC 20 cm, rechts 140 cm, davor 450 cm. Dusche befahrbar. Variabel einstellbarer Duschsitz. Waschbecken unterfahrbar. Verstellbarer Kipp-Spiegel, stabile Haltegriffe an Dusche, WC und Waschbecken. Fön, Hilfsmittelservice.

Lage: Sehr ruhig nähe Ortsmitte. Einkaufen, Restaurants, Bus 200 m; Spielplatz 300 m. Ortsmitte, Einkaufszentrum, Apotheke, Ärzte, Angeln 1,5 km. Bus 150 m; Angeln 1 km; Badesee 7 km; Frei- und Hallenbad, Dialyse/ Kreiskrankenhaus 12 km; Nordsee 30 km.

Preis pro Tag bis 4 Personen in der Vor-/Nachsaison 65,- DM, in der Hauptsaison 95,- DM. Fahrräder/Behindertendreirad-Verleih. Fahrradgarage. Keine Nebenkosten. Endreinigung 60,- DM. Es besteht für weitere Gäste die Möglichkeit der Anmietung der Dachgeschoßwohnung (2ZKDBad) für 4 Personen. Hausprospekt mit Foto/ Referenzen.

Regenbogen-Hof — 29459 Mützen

Niedersachsen, Wendland

Familie Graeff, Tel. (05844) 1792. Der Regenbogen-Hof ist ein sehr schöner, typisch wendländischer, behindertengerechter und umweltverträglicher Ferienhof in Norddeutschland in einer flachen bis sanft hügeligen Umgebung. Auf dem Hof gibt es Pferde (Reitgelegenheit), Hund, Schafe und Kaninchen. Sauna, Tischtennis, Töpferwerkstatt, Spiel-Teich und Disco-Möglichkeit.

Unterbringung in 1- bis 5-Bett-Zimmern, im Heu oder in mitgebrachten Zelten und Wohnmobilen; die vielfältige behindertengerechte Sanitärausstattung gewährleistet eine günstige **pflegerische Versorgung**.

Ein Kleinbus kann ausgeliehen werden. Bei langfristiger Planung veranstaltet der Hof zum Pauschalpreis geführte, organisierte Touren und Ausflüge. Prädikatsbetrieb „Ferien auf dem Lande".

Geeignet für Gehbehinderte, Rollstuhlfahrer und Familien mit geistig Behinderten und für **große Gruppen, besonders für junge Leute mit Kindern.** 3 Zimmer rollstuhlgerecht, andere bedingt rollstuhlgeeignet.

Lage: 3 km entfernt von Clenze, dem nächst größeren Ort, mit Freibad, Minigolf, Tennis, Kegelbahn. Kutsch- und Dampferfahrten können veranstaltet werden.

Preise für Übern. mit Frühstück: im Heu für Erw. 18,- DM, für Kinder 11,- DM. Im Zimmer für Erwachsene 35,- bis 64,- DM, für Kinder 20,- bis 45,- DM. Halbpension und Vollpension (auch veget.) möglich. Sehr preiswert! Eine ausführliche Preisliste, die genaue Beschreibung der Wohnsituation und weitere Informationen werden auf Anfrage gerne zugeschickt.

Ferienhaus Lieselotte — 26553 Neßmersiel

Niedersachsen, Ostfriesland, Neßmersiel, Nordsee

Vermieter: Reinhard & Petra Schindel, Raiffeisenstr. 15, 35510 Butzbach, Tel./Fax: (06033) 2263. Feriendoppelhaus in Strandnähe mit jeweils 4 Zimmern, ca. 90 qm, auf 2 Stockwerken. EG: Wohnzimmer, Sat-TV, Küche, Terrasse, Spielwiese und Parkplatz. **Geeignet** für Gehbehinderte, Rollstuhlfahrer und Familien mit geistig Behinderten, jeweils für 2-6 Pers. Türen der Zimmer und von Du/WC 100 cm breit. Dusche und Waschbecken unterfahrbar. Duschhocker und stabiler Haltegriff an Dusche vorhanden.

Lage: Ortsmitte, Einkaufen Neßmersiel 700 m; Seebad, Sandstrand und Hafen 1,7 km; Einkaufen in Dornum 7 km.
Preis pro Ferienhaushälfte je nach Saison pro Woche 480,- bis 1.085,- DM.

Ferienhaus „Deichmühle" — 26553 Neßmersiel

Niedersachsen, Ostfriesland, Südliche Nordsee

H. u. Ch. Maurer, Starenweg 2, Tel. (0208) 842712. Freistehendes Ferienhaus im ortstypischen Friesenhausstil für bis zu 8 Personen. Wohnzimmer, Einbauküche, 3 Schlafzimmer, Bad mit Du/WC. Parkplatz und Eingang stufenlos.

Geeignet für Gehbehinderte, Rollstuhlfahrer und Familien mit geistig Behinderten (max 8 Personen, davon 2 Behinderte). Türbreite der Zimmer und von Du/WC 82 cm. Freiraum in Du/WC 140 x 160 cm. Freiraum links neben WC 25 cm, rechts 50 cm, davor 150 cm. Dusche und Waschbecken unterfahrbar. Duschhocker mit Arm- und Rückenlehne, Einhebelarmaturen, verstellbarer Kippspiegel und stabile Haltegriffe an Du/WC und Waschbecken vorhanden. Bettenhöhe 56 cm, Kopf- und Fußteil verstellbar. Pflegedienst im Ort.

Lage: Ruhige, zentrale Lage; zum Strand 1,5 km, ca. 20-25 Minuten Fußweg. Zur Ortsmitte mit Einkaufen 300 m; Spielplatz 400 m; Tennisplatz, Arzt, Apotheke 5 km.
Preis für das Ferienhaus pro Tag 80,- bis 180,- DM je nach Saison u. Belegung.

Ferienwohnung auf dem Bauernhof * * * — 29643 Neuenkirchen

Niedersachsen, Lüneburger Heide

Dieter Küsel, Ilhorn 3, Tel. (05195) 1856, Fax: 5118. 6 Ferienwohnungen auf dem Bauernhof, davon 1 stufenlos.

Geeignet für Gehbehinderte (bis 8 Pers.), Rollstuhlfahrer (2-4 Pers.) und Familien mit geistig Behinderten (6 Familien). 1 Ferienwohnung rollstuhlgerecht. Türbreite von Eingang, Zimmer und Du/WC 100 cm. Freiraum in Du/WC 200 x 200 cm. Freiraum links neben WC 120 cm, rechts 40 cm, davor 120 cm. Dusche und Waschbecken unterfahrbar. Festinstallierter Duschsitz und stabile Haltegriffe an Dusche und WC vorhanden.

Lage: Das Haus liegt am Ortsrand eines kleines Dorfes in der Lüneburger Heide (Flachland). Zur Ortsmitte mit Arzt, Apotheke und Einkaufen 4 km; Freibad 3 km, Hallenbad, Krankenhaus 12 km.
Preis für eine Ferienwohnung pro Tag 60,- bis 85,- DM zzgl. 40,- DM Endreinigung.

Ferienhof Burghardt — 26506 Norden

Niedersachsen, Ostfriesland, Nordsee

Reinhard Burghardt, Leegelandweg 227, Tel. + Fax: (04931) 3432, Fax: 3447.

Urlaub auf dem Bauernhof, selbstbewirtschafteter Betrieb, Einzelhoflage, absolut ruhig, in der Marschenlandschaft gelegen.

Eine rollstuhlgerechte Ferienwohnung für 2 bis 5 Personen mit Radio, Telefon, TV, Küche, Geschirrspüler, Waschmaschine, Eßplatz, 2 Schlafzimmern, Bad, Terrasse und Garten. Parkplatz und Eingang stufenlos.

Geeignet für Gehbehinderte, Rollstuhlfahrer und Familien mit geistig Behinderten. Alle Türen 94 cm breit. Freiraum in Du/WC 200 x 200 cm. Freiraum rechts neben WC 150 cm, davor 140 cm. Festinstallierter Duschsitz, verstellbarer Kippspiegel über dem Waschbecken. Waschtischlift, stabile Haltegriffe an Du/WC und Waschbecken vorhanden. Bettenhöhe 50 cm; Kopf- und Fußteil verstellbar.

Lage: Schöne, absolut ruhige Einzellage; zur Ortsmitte 5 km; Bahnhof 4 km; Einkaufen, Arzt, Apotheke 4,5 km; Krankenhaus, Dialyse 6 km; Hallenbad 10 km; Freibad und Meer (Nordsee) 11 km.

Preis für die Ferienwohnung pro Tag je nach Saison 90,- bis 125,- DM inkl. Bettwäsche und Reinigung.

Ferienhof Osterwarf — 26506 Norden

Niedersachsen, Ostfriesland, Nordsee

Edith Martens, Osterwarfer Weg 5, Tel. (04931) 8639, Fax: 81933. Ferienhof mit 2 Ferienwohnungen und mehreren Gästezimmern, Eingang und Parkplatz stufenlos.

Geeignet für Gehbehinderte, Rollstuhlfahrer und Familien mit geistig Behinderten. 1 Ferienwohnung (Wohnzimmer, Kinderzimmer, Schlafzimmer, Küche, Bad) rollstuhlgerecht. Türbreiten der Zimmer und von Du/WC 100 cm. Dusche und Waschbecken unterfahrbar. Festinstallierter Duschsitz und stabile Haltegriffe an Du/WC und Waschbecken. Bettenhöhe 48-50 cm. Pflegedienst vor Ort kann bei Bedarf bestellt werden.

Lage: 250 m zur Nordsee. Deich und Wasser sind ohne Stufen zu erreichen. Zur Ortsmitte mit Einkaufen, Arzt, Apotheke, Freibad, Hallenbad 3 km; Bahnhof 4 km.
Preis pro Ferienwhg. und Tag je nach Saison 90,- bis 150,- DM.

Hanseatic Hotel — 26548 Norderney

Niedersachsen, Nordsee, Ostfriesische Inseln

Familie Kaufmann, Gartenstr. 47, Tel. (04932) 9360-0, Fax: 927033. 36 große, komfortable Zimmer mit Bad/Dusche, WC, Kabel-TV, Radio, Selbstwähltelefon, gemütliche Sitzgruppe, Schreibtisch, Garderobe und Balkon zur Süd-, Ost- oder Westseite. Außerdem Hallenbad, Sauna, Solarium, Massagen und Kosmetik-Studio im Haus.

Parkplatz, Eingang, Frühstücksraum und Zimmer stufenlos erreichbar. Türbreite vom Aufzug 85 cm (Tiefe 150 cm, Breite 110 cm. Das Hallenbad ist ständig auf 28 °C temperiert und kann täglich zu festgesetzten Zeiten genutzt werden.

Geeignet für Gehbehinderte, Senioren und Kurgäste; für Rollstuhlfahrer mit Begleitung. Freiraum in Du/WC 200 x 130 cm. Freiraum vor dem WC 130 cm. Dusche nicht unterfahrbar (Schwellenhöhe 32 cm), Waschbecken unterfahrbar, Duschhocker vorhanden, keine Haltegriffe. Bettenhöhe 52 cm.

Lage: Absolut ruhige Lage, am Kurzentrum gelegen; zur Ortsmitte 500 m; Einkaufen, Arzt, Krankenhaus 300 m; Strand 600 m; Freibad und Angeln 800 m; Minigolf 1,2 km.

Preis pro Tag für 2 Personen in großen Komfortzimmern je nach Zimmertyp und Saison 160,- bis 235,- DM bzw. 170,- bis 265,- DM. Für 3 Personen 190,- bis 300,- DM Für 4 Personen 205,- bis 330,- DM. Für 5 Personen 220,- bis 355,- DM.

Alle Preise jeweils inkl. Frühstück, Sauna- und Hallenbadnutzung. Hausprospekt und ausführliche Preisliste auf Anfrage.

Jugendherberge Northeim — 37154 Northeim

Niedersachsen, Vorharz

Brauereistr. 1, Tel. (05551) 8672, Fax: 911108. Jugendherberge mit 103 Betten in 21 Zimmern. Parkplatz, Eingang und Aufzug (Tiefe 155 cm, Türbreite 80,5 cm) stufenlos erreichbar. Frühstücksraum, Schlaf- und Gruppenräume mit dem Aufzug erreichbar. **Geeignet** für Gehbehinderte, Rollstuhlfahrer und Familien mit geistig Behinderten; Gruppen jeweils bis 40 Personen. 7 Zimmer für Rollstuhlfahrer geeignet. Du/WC sind auf der Etage. 1 WC und 1 Duschraum (3 Brausen) sind rollstuhlgerecht. Freiraum in Du/WC 150 x 150 cm. Freiraum links neben WC 30 cm, rechts 120 cm, davor 120 cm. Dusche und Waschbecken unterfahrbar. Festinstallierter Duschsitz, stabile Haltegriffe an Du/WC und Waschbecken sowie verschiebbare Strickleitern als Aufrichthilfe vorhanden. Vielfältige Freizeitmöglichkeiten. Fahrradverleih.

Lage: Sehr schöne Lage am Ende der Fußgängerzone in einem Park; Ortsmitte, Hallenbad 750 m; Einkaufen, Arzt, Apotheke und Spielplatz 500 m; Bus 1 km; Bahnhof 1,5 km; Krankenhaus, Freibad, Tennisplatz und Tennishalle 2 km.

Preise: Je nach Alter und Aufenthaltsdauer pro Person und Übernachtung 20,50 DM bis 33,- DM; Frühstück 6,50 DM; Mittag- und Abendessen 6,50 bis 9,- DM pro Mahlzeit. Hausprospekt und ausführliche Preisliste auf Anfrage.

Gästehaus Ehmen — 26506 Nordseebad Norddeich

Niedersachsen, Ostfriesland, Nordsee

Seegatweg 16-18, Tel. (04931) 8974. Mehrere 2 bis 6-Personen-Ferienwohnungen. 3 kleine Wohnungen (50 qm, 2 bis 3 Pers.) mit höhenverstellbaren Betten. Eingang: Über die Terrasse / Garten 1 Stufe; Parkplatz und Zimmer stufenlos erreichbar. Alle Türen mindestens 68 cm breit.

Geeignet für Einzelpersonen, Familien und **Gruppen** mit geistig Behinderten, Gehbehinderten, Schwerstbehinderten, Sehbehinderten und Blindengruppen; bedingt geeignet für Rollstuhlfahrer.

4 Wohnungen sind rollstuhlgeeignet: Türbreiten der Zimmer und von Du/WC 80 cm; Duschen und Waschbecken unterfahrbar. Festinstallierter Duschsitz, Duschstühle und Haltegriffe an Dusche und WC vorhanden. Behindertengruppen sind willkommen. Bettenhöhe ca 60 cm (variabel; manuell verstellbar auf gewünschte Höhe).

Lage: Ortsmitte, Einkaufen und Bhf. 2 km; Bus 500 m; Arzt und Apotheke 1 km; Kuranwendungen 800 m; Minigolf, Spielplatz 100 m; Nordseestrand 800 m; Tennis 500 m; Grillplatz am Haus.

Preise: Ferienwohnung für 2 bis 4 Personen, je nach Saison 65,- bis 95,- DM pro Tag, Endreinigung 50,- DM. Ferienwohnung mit 100 qm (1 Wohnraum, 3 bis 4 Schlafzimmer für 10 bis 12 Personen) 130,- bis 195,- DM. Preis für ein Ferienhaus für 12 Personen (4 Schlafzimmer, 4 WC, 4 Duschen, eine Badewanne) pro Tag 260,- bis 390,- DM. Frühstück 9,- DM pro Person, Mittagessen 10,- DM, Abendessen 9,- DM. Gäste, die mit der Bahn anreisen, werden kostenlos abgeholt. Haustiere sind willkommen. Mobiler Pflegedienst kann nach Bedarf 2-3 x täglich je nach Anforderung des Gastes kommen.

Hotel Ibis Osnabrück — 49078 Osnabrück

Niedersachsen

Blumenhallerweg 152, Tel. (0541) 40490, Fax: 41945. 96 freundlich eingerichtete Zimmer mit Du/WC, Farb-TV, Telefon. Konferenzräume in variablen Größen, Restaurant, Bar, zwei für Behinderte reservierte Parkplätze. Eingang und Aufzug stufenlos erreichbar; alle übrigen Einrichtungen über den Aufzug erreichbar. Türbreiten: Eingang 110 cm, Aufzug 90 cm (Tiefe 140 cm, Breite 140 cm).

Geeignet für Rollstuhlfahrer. 2 Zimmer mit Du/WC sind speziell für Rollstuhlfahrer ausgestattet. Freiraum in Du/WC 150 x 150 cm. Freiraum links neben WC 60 cm, rechts 130 cm, davor 140 cm. Dusche und Waschbecken unterfahrbar. Festinstallierter Duschsitz und stabile Haltegriffe an Dusche und WC vorhanden.

Lage: Ortsmitte 2 km; Bus 50 m; Bahnhof Osnabrück 3,5 km; Arzt, Apotheke 1 km; Krankenhaus 2,5 km.
Zimmerpreise: EZ und DZ 110,- DM; Frühstücksbuffet 15,- DM pro Person/Übernachtung. Haustier 8,- DM pro Tag. Gutes Preis-Leistungs-Verhältnis.

Jugendgästehaus Osnabrück — 49082 Osnabrück

Niedersachsen

Iburger Str. 183 A, Tel. (0541) 54284, Fax: 54294. 38 Zimmer. Eingang, Aufzug (Tiefe 140 cm, Breite 100 cm) und einige Zimmer im EG stufenlos erreichbar.

Geeignet für Gehbehinderte (bis 60 Pers.), für Rollstuhlfahrer (40 Pers.) und für Familien und Gruppen mit geistig Behinderten (142 Pers.). 4 Zimmer mit Du/WC rollstuhlgeeignet. Türbreiten der Zimmer 90 cm, von Du/WC 95 cm. Freiraum in Du/WC 170 x 170 cm. Freiraum links neben WC 60 cm, rechts 30 cm, davor 90 cm. Dusche und Waschbecken unterfahrbar. Festinstallierter Duschsitz, stabile Haltegriffe an Du/WC und Waschbecken.

Lage: Ortsmitte 250 m; Bus 150 m; Apotheke 800 m; Arzt 1 km; Freibad 1,2 km; Krankenhaus 2 km; Bahnhof 2,2 km.
Preise auf Anfrage.

Jugendherberge Otterndorf — 21762 Otterndorf

Niedersachsen, Unterelbe

Schleusenstr. 147, Tel. (04751) 3165, Fax: 4577. Parkplatz, Eingang und 17 Zimmer im Erdgeschoß stufenlos erreichbar. Alle Türen mindestens 95 cm breit.
Geeignet für Gehbehinderte (78 Personen), Rollstuhlfahrer (34 Personen) und für

Familien mit geistig Behinderten. 8 Zimmer im EG für Rollstuhlfahrer geeignet; Türen 98 cm breit. Separate Badezimmer mit folgenden Maßen: Freiraum in Du/WC 140 x 120 cm. Freiraum links neben WC 25 cm, rechts 75 cm, davor 100 cm. Dusche und Waschbecken unterfahrbar. Festinstallierter Duschsitz und stabile Haltegriffe an Dusche und WC vorhanden.

Lage: Ortsmitte, Einkaufen, Arzt, Apotheke, Bus 2 km; Spielplatz, Tennishalle und Meer 800 m (Deich ist mit dem Rollstuhl gut zu bewältigen und befahrbar); Bahnhof, Krankenhaus, Tennisplatz 2,5 km. Wege und Umgebung flach.

Preis pro Person inkl. Frühstück 22,- DM mit VP 37,50 DM.

Hotel Alte Werft — 26871 Papenburg

Niedersachsen, Nördliches Emsland

Ölmühlenweg 1, Tel. (04961) 920-0, Fax: 920-100. Hotel mit 48 Zimmern und Suiten, alle mit Du/WC, Schreibtisch, TV und Telefon. Parkplatz, Eingang und Zimmer im EG stufenlos erreichbar. Türbreite vom Aufzug 87 cm (Tiefe 210, Breite 90 cm).

Geeignet für Gehbehinderte, Rollstuhlfahrer, Familien mit geistig Behinderten. 1 Zimmer rollstuhlgerecht. Türbreite vom Zimmer 93 cm, von Du/WC 80 cm. Freiraum in Du/WC 140 x 140 cm. Festinstallierter Duschsitz, Kippspiegel, Haltegriffe.

Lage: Am Yachthafen; Ortsmitte 300 m; Arzt, Apotheke 200 m; Meer 2 km.

Zimmerpreise: EZ 140,- bis 178,- DM; DZ 205,- bis 246,- DM, inkl. Frühstück.

TARANGA Tagungszentrum — 27356 Rotenburg-Waffensen

Niedersachsen, zwischen Lüneburger Heide und Nordsee

Zum Glockenturm, Tel. (04268) 9305-00, Fax: 9305-90. Großzügige Hotelanlage und Urlaubspension mit 37 Gästezimmer, individuell eingerichtet mit eigenem Bad. Selbstwahltelefon, Kabelfernsehen und Internetanschluß. Eltern-Kind-Zimmer, Spielplatz, auf Wunsch Kinderbetreuung. Ca. 250.000 qm Grundstücksflächen für Outdoor-Training. Tagungs- und Seminarräume von 17 bis 140 qm.

Parkplatz, Eingang, Frühstücksraum, Restaurant, Garten, Tagungshaus und Zimmer im EG stufenlos erreichbar.

Geeignet für Rollstuhlfahrer. 4 Zimmer mit Du/WC rollstuhlgeeignet. Bettenhöhe 43 cm. Türbreite der Zimmer und von Du/WC 95 cm. Bewegungsfreiraum in Du/WC 200 x 125 cm. Freiraum links neben WC 40 cm, rechts und davor 80 cm. Dusche schwellenlos, Waschbecken unterfahrbar. Duschhocker und Haltegriff am Waschbecken vorhanden.

Lage: Im Länderdreieck zwischen Hamburg, Bremen und Hannover. Zur Ortsmitte 500 m; Einkaufen 500 m; Bahnhof 5 km; Arzt, Apotheke, Krankenhaus, Dialyse 6 km.

Zimmerpreise: EZ ab 90,- DM, DZ ab 120,- DM inkl. Frühstück.

Bamans' Hof
Landhaus

27356 Rotenburg / Unterstedt

Niedersachsen, Lüneburger Heide

Familie Ute Müller-Pott, Alte Dorfstr. 4, Tel. (04269) 5202, Fax: 6151, E-Mail: bamans-hof@gmx.de, Internet: www.bamans-hof.de.

Auf dem Ferienhof leben Pferde und Ponys, Rinder, Schafe, Tauben und Hühner, Kaninchen, Meerschweinchen, Hunde und Katzen.

Angeboten wird ein großer Bauerngarten mit Freisitz, Spielplatz und Tischtennisplatte. Im Haus stehen den Gästen Kaminzimmer, Frühstücks- und Fernsehzimmer zur Verfügung.

Geeignet für Senioren, Diabetiker, Gehbehinderte, Rollstuhlfahrer und Familien mit geistig Behinderten. Zwei Zimmer mit Du/WC sind rollstuhlgerecht. Dusche und Waschbecken unterfahrbar. Festinstallierter Duschsitz, Duschhocker und stabile Haltegriffe an Dusche und Waschbecken vorhanden. **Gruppen und Familien** sind herzlich willkommen.

Lage: Einkaufen 200 m; Bus und Zentrum 300 m; Bahnhof, Krankenhaus, Arzt, Schwimmbad, Museum, Fußgängerzone 4 km: Vogelpark und Windparks 20 bis 30 km. Nach Hamburg, Bremen, Worpswede, Celle, Verden oder Stade ist man in ca. 1 Stunde mit dem PKW; lohnenswert auch Rotenburg (4 km) mit Erlebnisbad und vielen Sehenswürdigkeiten.

Preise: Doppelzimmer mit Du/WC 80,- DM inklusive Frühstück. Halbpension 50,- DM pro Person, Vollpension 55,- DM pro Person. Einzelzimmerzuschlag 10,- DM. **Ein Hausprospekt wird auf Anfrage gerne zugeschickt.**

Ferienwohnung Schulz

29493 Schnackenburg OT Holtorf

Niedersachsen, Nationalpark Elbtalaue

Sabine Schulz, Holtorf Nr. 16, Tel. (05846) 1502. Ferienwohnung im EG eines reetgedeckten Fachwerkhauses, 87 qm, für 4-5 Personen, zwei Schlafzimmer, Wohnzimmer, Küche, Bad, eigener Garten. Parkplatz und Eingang stufenlos.

Geeignet für Gehbehinderte, bedingt geeignet für Rollstuhlfahrer mit Begleitung. Türbreiten der Zimmer 80 cm, von Du/WC 86 cm. Badewanne, keine unterfahrbare

Dusche. WC nicht vollständig seitlich anfahrbar, keine Haltegriffe. **Lage:** Mitten in einem Straßendorf in Elbnähe, Landwirtschaft. Einkaufen, Arzt, Apotheke, Hallenbad 4 km.
Preis bis 4 Pers. pro Tag 70,- DM; jede weitere Person 10,- DM/Tag. Nebenkostenpauschale einmalig 70,- DM.

Ferienhaus „Hof Winter" — 29348 Scharnhorst

Niedersachsen, Naturpark Südheide

Verwaltung und Buchung: Ruth Winter, Schützenweg 14, 29348 Scharnhorst, Tel. (05142) 2227. Ein Ferienhaus für bis zu 4-5 Personen. 64 qm Wohnfläche. Wohnraum mit Kochnische, TV, Terrasse. Eingang stufenlos. Türbreite von Eingang und Du/WC 120 cm, vom Schlafzimmer 100 cm. Dusche befahrbar, Waschbecken unterfahrbar. Bettenhöhe mit Matratze 50 cm. Im Dachausbau über eine schmale steile Treppe erreichbar zwei Betten, gemütliche Spiel und Leseecke.

Geeignet für Senioren, Gehbehinderte, Rollstuhlfahrer und Familien mit geistig behinderten Angehörigen. Durch den großen Teich für Familien mit Kleinkindern nicht so gut geeignet.

Lage: Am Rande des Naturparks Südheide, ruhige Ortsrandlage inmitten eines großzügig angelegten Gartens mit großem Fischteich, Möglichkeiten zum Angeln. Waldreiche Umgebung. Im Ort ein Dorfgasthaus, Bushaltestelle. Im 3 km entfernten Eschede: Bahnhof, Arzt, Apotheke, Einkaufen, Freibad, Massagepraxen, Zahnärzte und Heilpraktiker. Betreuung durch Haus- und Familienpflege auf Anfrage möglich. Wandern und Radfahren ab Ferienhaus.

Mietpreis: Haus pro Tag 95,- DM. Bettwäsche und Wasser sind im Preis enthalten. Strom wird nach Verbrauch abgerechnet. Endreinigung 45,- DM. Kinderbett und Hochstuhl vorhanden.

Feriendorf Schneverdingen 29640 Schneverdingen

Niedersachsen, Lüneburger Heide

Heberer Str. 100, Tel. + Fax: (05193) 3488. Träger des Feriendorfes ist der Verein Deutsches Erholungswerk e.V. 7 rollstuhlgerechte Ferienhäuser. Parkplatz und Eingang stufenlos.

Geeignet für Gehbehinderte, Rollstuhlfahrer und Familien mit Kindern, Familien mit geistig Behinderten, jeweils bis 5 Personen. Türbreite der Zimmer und von Du/WC 90 cm. Freiraum in Du/WC 200 cm. Freiraum links, rechts und vor dem WC 130 cm. Dusche und Waschbecken unterfahrbar. Festinstallierter Duschsitz und stabile Haltegriffe an Dusche und WC.

Lage: Am Naturschutzgebiet Pietzmoor, ebenerdige Wege und Umgebung. Zur Ortsmitte mit Einkaufen, Arzt, Apotheke, Krankenhaus, Dialyse und Bahnhof 2 km.

Preise auf Anfrage beim Deutschen Erholungswerk e.V., Postfach 13 02 62 in 20102 Hamburg, Tel. (040) 41345753, Fax: (040) 41345758.

Worthmannshof 29640 Schneverdingen-Wesseloh

Niedersachsen, Lüneburger Heide

Ilse Petersen, Otterer Mühlweg 13, Tel. (04265) 1471. Einzelhof, 2 km außerhalb von Wesseloh, einem kleinen Dorf am Westrand des Naturschutzgebietes Lüneburger Heide. Bewirtschafteter Hof mit Kaninchen, Katzen und Ponys. 4 neue Ferienwohnungen für 2-4 Personen in einem restaurierten Fachwerk-Ferienhaus. Parkplatz stufenlos erreichbar; Eingang mit Rampe. Für Kinder viel Platz zum Spielen, Sand, Schaukel und Spielsachen vorhanden. Ponyreiten für Kinder kostenlos.

Geeignet für Gehbehinderte und Familien mit geistig Behinderten, bedingt geeignet für Rollstuhlfahrer mit Begleitung. Türen von Eingang, Zimmer und Du/WC 100 cm breit. Dusche schwellenlos unterfahrbar, Waschbecken unterfahrbar. Stabile Haltegriffe an Du/WC und Waschbecken, aber kein Duschsitz oder Duschhocker.

Lage: Ruhige Lage. Zur Ortsmitte mit Tante-Emma-Laden 2 km; Einkaufen, Freibad 5 km; Bahnhof, Arzt, Apotheke 9 km.
Preis für eine FeWo je nach Größe und Belegung 65,- bis 90 DM pro Tag.

Hotel „Der Heide Treff" 29640 Schneverdingen

Niedersachsen, Lüneburger Heide

Osterwaldweg 55, Tel. (05193) 8080, Fax: 808404. Schönes Hotel mit 135 komfortablen Zimmern, Hallenbad, Tennishalle mit 4 Plätzen, Konferenz- und Veranstaltungsräume und Bankettsaal mit 700 qm Fläche, Wellness Center und 2 Kegelbahnen. Parkplatz, Eingang, Frühstücksraum, Restaurant, Hallenbad, Garten und die Zimmer im EG stufenlos erreichbar.

Geeignet für Gehbehinderte, Rollstuhlfahrer und Familien mit geistig Behinderten. Gruppen mit Behinderten willkommen; bisher gute Erfahrungen mit Behindertengruppen und Betreuern. 2 Zimmer sind rollstuhlgeeignet. Türbreite der Zimmer 78 cm, von Du/WC 80 cm. Freiraum in Du/WC 165 x 160 cm. Freiraum links neben WC 140 cm, rechts 20 cm, davor 90 cm. Dusche und Waschbecken unterfahrbar. Festinstallierter Duschsitz und stabile Haltegriffe an Du/WC und Waschbecken vorhanden. Notruf im Zimmer. Bettenhöhe 47 cm. Höhenverstellbare Betten vorhanden.

Lage: Ruhige, Einzellage, umgeben von Wald. Zur Ortsmitte, Einkaufen, Bahnhof, Arzt, Apotheke 1 km. Ebenerdig, direkt an rollstuhlgerechten Wanderwegen.

Zimmerpreise inkl. Frühstück: EZ 160,- DM; DZ 240,- DM, 3-Bett-Zi. 270,- DM. Inkl. Halbpension im EZ 195,- DM; im DZ 310,- DM, im 3-Bett-Zi. 375,- DM.

Ferienwohung Alber 29614 Soltau

Niedersachsen, Lüneburger Heide

Richard Alber, Eduard-Salfeld-Str. 9, Tel. (05191) 2359. 1 Appartement, rollstuhlgerecht, separater Eingang, Nichtraucher. Parkplatz, Eingang stufenlos.

Geeignet für Gehbehinderte und Rollstuhlfahrer, für 2 Personen. Türbreiten 100 cm. Freiraum in Du/WC 150 x 200 cm. Freiraum links neben WC 30 cm, rechts 40 cm (Haltegriffe), davor 120 cm. Dusche und Waschbecken unterfahrbar. Verstellbarer Kippspiegel, stabile Haltegriffe an Dusche, WC und Bidet. Bettenhöhe 48 cm, mit 2. Matratze 60 cm.

Lage: 200 m zum Wald; Nähe Therme (10 Minuten); zur Ortsmitte mit Einkaufen, Arzt, Apotheke 1 km.
Preis für die Ferienwohnung 70,- DM pro Tag, Endreinigung 30,- DM.

Forellenhof
Tagungs- und Ferienhotel 29614 Soltau

Niedersachsen, Lüneburger Heide

Harber Nr. 4, Tel. (05191) 606-0, Fax: (05191) 606-165. Schönes, ruhig gelegenes 3-Sterne-Hotel im ländlichen Stil, mit modernen Zimmern mit Du/WC, Kabel-TV, Telefon und Minibar. 5 Seminarräume für 10 bis 60 Personen. Parkplatz, Eingang, Frühstücksraum, Restaurant, Garten und die Zimmer im EG stufenlos erreichbar.

Geeignet für Gehbehinderte (bis 20 Pers.), Rollstuhlfahrer (2 Zi.) und für Familien/

Gruppen mit geistig Behinderten (bis 30 Pers.). 2 Zimmer rollstuhlgerecht. Türbreite der Zimmer und von Du/WC 110 cm. Freiraum in Du/WC 150 x 160 cm. Freiraum links neben WC 90 cm, rechts 30 cm, davor 150 cm. Dusche und Waschbecken unterfahrbar. Duschhocker und stabile Haltegriffe an Dusche und WC vorhanden. Bettenhöhe 60 cm.

Lage: Ruhige Lage, umgeben von Bäumen und Grünanlagen.
Zimmerpreise: EZ 105,-DM; DZ 159,- DM inkl. Frühstück.

Söhrenhof
Familie Winkelmann — 29614 Soltau OT Leitzingen

Niedersachsen, Lüneburger Heide

Tel. (05191) 5800, Fax: 18808, Internet: www.bauernhofferien.de/soehrenhof. Vollbewirtschafteter, gepflegter Einzelhof am Waldrand, 5 km westlich von Soltau, mit Schweinezucht und Ackerbau. Zum Hof gehören außerdem 2 Pferde, 4 Ponys, Katzen, Heidschnucken und ein Hund. Der Hof wurde 1997 als „**umweltfreundlich**" ausgezeichnet.

3 große, helle Ferienhäuser für jeweils 2 bis 8 Personen (insg. 20 Betten). Alle 3 Ferienhäuser mit 3 bis 4 Schlafzimmern, Wohnzimmer, Telefon, Sat-TV, Küche mit Geschirrspüler und Mikrowelle. Ein Raum mit Waschmaschine und Trockner.

Kindergerechtes Angebot: Kinderbetten, Hochstuhl, Wickeltisch, etc. können gestellt werden. Für Kinder außerdem 2 Spielplätze; einer für die ganz "Kleinen", einer für die "Größeren" mit Schaukel, Kinderhaus und Kinder-Fort. Reiten kostenlos, wenn selbst gesattelt wird. Parkplatz, Eingang, Garten, Terrasse und Zimmer stufenlos erreichbar. Alle Türen 100 cm breit.

Geeignet für Gehbehinderte (4 Pers.), für Rollstuhlfahrer (2 Pers.) und für Familien und **Gruppen** mit geistig Behinderten (**bis 20 Personen**). 1 Ferienhaus mit einem Zimmer und Du/WC im EG (die übrigen im OG) für Rollstuhlfahrer geeignet.

Freiraum in Du/WC 160 x 160 cm; Freiraum links neben WC 165 cm, davor 100 cm. Dusche und Waschbecken unterfahrbar. Duschhocker, stabiler Haltegriff am WC sowie höherer WC-Aufbau vorhanden. Bettenhöhe 58 cm.

Lage: Der Hof wird von 70 Hektar eigenem Wald umgeben; sehr ruhig, kein Verkehr; Sackgasse. Zur Ortsmitte, Einkaufen, Bahnhof 6 km; Bus 1 km; Arzt und Apotheke 5 km; Kuranwendungen, Freibad, Hallenbad 7 km; Krankenhaus und Tennisplatz 8 km. Wege bis an den Hof ohne Steigung.

Preis für die rollstuhlgerechte Ferienwohnung mit 110 qm je nach Saison ab 111,- DM pro Tag inkl. Bettwäsche und Nebenkosten. **Besonders empfehlenswerter Ferienhof.**

Röhrs Gasthof — 27367 Sottrun

Niedersachsen, Rand Lündeburger Heide

Bergstr. 18, Tel. (04264) 8340, Fax: 83444. Gasthof mit 31 Zimmern mit Bad oder Du/WC, Telefon, TV-Anschluß und Minibar. Parkplatz und Eingang stufenlos. Frühstücksraum, Gaststube 1 Stufe.

Geeignet für Gehbehinderte und Familien mit geistig Behinderten (Gruppen 35 bis 50 Personen). Bedingt geeignet für Rollstuhlfahrer mit Begleitung: 1 Zimmer. Türbreite von Zimmer und Du/WC 80 cm. Freiraum in Du/WC 280 x 170 cm. Freiraum rechts neben WC 110 cm, davor 100 cm. Dusche nicht unterfahrbar: Schwelle 34 cm. Festinstallierter Duschsitz und stabile Haltegriffe an Dusche und WC vorhanden. Bettenhöhe 55 cm.
Lage: Zur Ortsmitte, Einkaufen 500 m; Arzt, Apotheke 300 m; Krankenhaus 13 km. Umgebung flach.
Zimmerpreise: EZ 70,- bis 75,- DM; DZ 120,- bis 130,- DM.

Hotel Krone — 48480 Spelle

Niedersachsen, Emsland

Bernard-Krone-Str. 15, Tel. (05977) 93920, Fax: 939292. Hotel mit 28 Zimmern. Parkplatz, Eingang, Frühstücksraum, Restaurant, Aufzug (Tiefe 110 cm, Breite 155 cm) und die Zimmer im EG (oder mit dem Aufzug) stufenlos erreichbar.

Geeignet für Gehbehinderte, Rollstuhlfahrer und Familien mit geistig Behinderten. Ein Zimmer für Allergiker. Ein Zimmer mit Du/WC im EG rollstuhlgerecht. Türbreite vom Zimmer und von Du/WC 100 cm; Freiraum in Du/WC 150 x 200 cm. Freiraum links neben WC 120 cm, rechts 50 cm, davor 150 cm. Dusche und Waschbecken unterfahrbar. Festinstallierter Duschsitz und stabile Haltegriffe an Du/WC und Waschbecken vorhanden.

Lage: Zur Ortsmitte 1 km; Bus 100 m; Arzt, Apotheke 500 m; Krankenhaus 12 km.
Zimmerpreise: EZ 90,- DM; DZ 120,- DM; 3-Bett-Zimmer 140,- DM inkl. Frühstück.

Oskar-Heindrich-Jugendherberge — 28857 Syke

Niedersachsen

Nordwohlder Str. 59, Tel. (04242) 50314, Fax: 66346. Jugendherberge mit 33 Zimmern. Eingang, Frühstücksraum und 9 Zimmer im EG stufenlos erreichbar.
Geeignet für Gehbehinderte und Rollstuhlfahrer (bis 20 Personen), für Familien und Gruppen mit geistig Behinderten bis 40 Personen. 2 Zimmer mit Du/WC sind rollstuhlgerecht. Türbreiten der Zimmer und von Du/WC 100 cm. Freiraum in Gemeinschafts-Du/WC 180 x 170 cm. Freiraum rechts 150 cm, davor 200 cm. Dusche und Waschbecken unterfahrbar. Festinstallierter Duschsitz und stabile Haltegriffe an Du/WC und Waschbecken vorhanden. Bettenhöhe 45 cm.
Lage: Ortsmitte, Einkaufen, Apotheke, Freibad und Hallenbad 4 km; Bahnhof, Arzt 3 km; Krankenhaus 15 km.
Preise: Übernachtung mit Frühstück 23,90 DM, HP 33,- DM, VP 38,50 DM.

Hotel Hof Suderburg 29556 Suderburg

Niedersachsen, Südheide

In den Twieten 14, Tel. (05826) 9535-0, Fax: (05826) 953535, E-Mail: info@hof-suderburg.de, Internet: www.hof-suderburg.de. Neues Haus mit dem besonderen Flair in der Südheide. 34 Zimmer (27 qm) mit harmonisch abgestimmter Einrichtung, Radio, Sat- und Pay-TV, Telefon, Faxanschluß, Zimmersafe, Zimmergetränke, großzügige Bäder mit Dusche oder Badewanne, Handtuchwärmer und Fön. 2 Suiten (ca. 60 qm) mit Wohn- und Schlafraum, Bad mit Wanne und Dusche. Das gesamte Haus ist barrierefrei. Alle Bereiche im Innen- und Außenbereich sind stufenlos und befestigt. Hoteleigenes Restaurant mit landestypischer Küche. Seminar- und Tagungsräume mit moderner Technik.

Geeignet für Rollstuhlfahrer (2 Zimmer nach DIN 18024) und für Geh- und Sehbehinderte (Gruppen bis 50 Personen). 2 rollstuhlgerechte Zimmer mit Du/WC. Bettenhöhe 53 cm. Türbreite von Zimmer und Du/WC 95 cm. Bewegungsfreiraum in Du/WC 160 x 160 cm. Freiraum links neben WC 110 cm, rechts 30 cm, davor 160 cm. Dusche und Waschbecken unterfahrbar. Kippspiegel, festinstallierter Duschsitz und stabile Haltegriffe an Dusche, WC und Waschbecken vorhanden. Pflegedienst und Behindertenbetreuung können am Ort bestellt werden.

Lage: Ruhige Lage, Seitenstraße in Ortsmitte, Arzt, Apotheke, Pflegedienst, Einkaufszentrum 200 m; Banken 300 m; Sport- und Tennisplätze 1,5 km; Freibad im Hardausee 5 km; Landwirtschaftsmuseum Hösseringen 8 km; Wassererlebnispfad 2 km; Jod-Sole-Therme Bad Bevensen 30 km; Feriendialyse 12 km; Uelzen - historischer Stadtkern 12 km; Bahnhof (Hauptstrecke Hamburg-Hannover) 1 km.

Zimmerpreise: EZ 100,- bis 120,- D;M; DZ 150,- bis 180,- DM. Suite 250,- bis 300,- DM inkl. Frühstück; HP oder VP auf Anfrage. Wochenendprogramme, Gesundheitspauschalen für Gelenk- und Bandscheibenbeschwerden mit Institut für praktische Gesundheitspflege Dr. Spangler.

Romantische Ferienhäuser 21401 Thomasburg

Niedersachsen, Lüneburger Heide, bei Lüneburg

Ortsteil Wiecheln 1, Tel. (05859) 517, Fax: 457, Internet: www.romantik-fh.de. 2 Ferienhäuser in der Ostheide, 15 min. östlich von Lüneburg. Große Spiel- und Liegewiese, Tischtennis, Sandkasten. Eingang 1 Stufe.

Geeignet für Gehbehinderte, bedingt geeignet für Rollstuhlfahrer mit Begleitung. Bettenhöhe 45 cm. Türbreiten von Zimmer und Du/WC 82 cm. Bewegungsfreiraum in Du/WC 150 x 300 m; Freiraum links neben WC 200 cm, rechts 100 cm, davor 200 cm. Dusche und Waschbecken unterfahrbar. Kein Duschsitz (Gartenstuhl); stabile Haltegriffe an der Dusche.

Lage: Einkaufen, Arzt, Apotheke 7 km; Freibad 8 km; Hallenbad 20 km; Krankenhaus 23 km. **Preis** auf Anfrage.

„Alte Schmiede" 26969 Nordseebad Tossens

Niedersachsen, Nordsee, Habinsel Butjadingen

Dükerweg. Anmeldungen bei: Manfred u. Ruth Zeise, Oberneulander Heerstr. 33, 28355 Bremen, Tel. (0421) 253231, Fax: (0421) 253210. Die Alte Schmiede ist auf einem großen Grundstück mit einer Terrasse, Liegewiese und Grillplatz eingebettet. Für Freizeitmöglichkeiten steht außerdem zusätzlich ein großes Freizeithaus zur Verfügung.

Behaglich eingerichtetes Ferienhaus für bis zu 15 Personen mit 160 qm Wohnfläche. Im EG befinden sich Küche mit Spülmaschine, Eß- und Kaminzimmer mit Fernsehecke, vier Schlafräume mit insgesamt 6 Betten, ein Behinderten-WC, ein Bad mit behindertengerechter Dusche und Waschmaschine mit Trockner. Im EG außerdem ein Lagerraum mit Kühl- und Gefrierschrank sowie Tresor. In der 1. Etage sind weitere 4 Schlafzimmer für neun Personen sowie ein Bad mit Du/WC. Im Nebenhaus zusätzlich eine behindertengerechte Toilette und Dusche.

Das separate Freizeithaus mit ca. 70 qm ist **für Spiel, Hobby** und Feiern besonders gut geeignet; Tischtennisplatte und Tischfußballgerät vorhanden.

Geeignet für Gehbehinderte, Rollstuhlfahrer (2 Rollifahrer) und für Familien mit Kindern und geistig Behinderten. **Sehr gut geeignet für Gruppen bis 15 Personen** (darunter max. 2 Rollstuhlfahrer). Parkplatz und Eingang stufenlos. Türen der Zimmer und von Du/WC 80 cm breit. Freiraum in Du/WC 120 x 160 cm. Freiraum links neben WC 150 cm, davor 120 cm. Dusche und Waschbecken unterfahrbar. Duschstuhl und stabile Haltegriffe an Dusche und WC vorhanden. Bettenhöhe 45 cm. Pflegebetten können über Firma vor Ort geliehen werden.

Lage: Zum Meer 1 km. Das Haus liegt in der Nähe des Nordseebades Tossens. Den Strand erreicht man auf dem sehr gut ausgebauten Fuß- und Radweg in ca. 20 Minuten. Zur Ortsmitte von Tossens mit Arzt, Apotheke, Freibad, Spaßbad (bedingt rollstuhlfreundlich), Tennisplatz und Tennishalle 1,2 km. Die Wege sind flach.

Preis für das Haus pro Übernachtung ab 5 Tage Aufenthalt je nach Saison 260,- bis 315,- DM zzgl. Endreinigung von 150,- DM. Wochenendpreis 800,- DM inkl. Endreinigung. Zusatzservice auf Wunsch: Bettwäsche pro Bett 9,- DM, Waschmaschine/Trockner pro Waschgang 5,- DM. Kaminholz nach Absprache.

Haag's Hotel Niedersachsenhof 27283 Verden / Aller

Niedersachsen, Lüneburger Heide

Lindhooper Str. 97, Tel. (04231) 666-0, Fax: 64875. Familiär geführtes Hotel mit 82 komfortabel eingerichteten Zimmern mit Du/WC, Telefon und TV. 13 Tagungsräume für 10 bis 700 Personen. Parkplatz, Eingang, Frühstücksraum, Restaurant, Garten und Zimmer im EG stufenlos erreichbar. **Geeignet** für Gehbehinderte,

Rollstuhlfahrer und Familien mit geistig Behinderten. 2 Zimmer rollstuhlgerecht. Türbreiten der Zimmer 80 cm, von Du/WC 100 cm. Freiraum in Du/WC 140 x 140 cm. Freiraum rechts neben WC 50 cm, davor 100 cm. Dusche und Waschbecken unterfahrbar. Festinstallierter Duschsitz, Duschhocker und stabile Haltegriffe an Du/WC und Waschbecken vorhanden.

Lage: Zur Ortsmitte 2 km; Freibad, Hallenbad 500 m; Arzt 1 km; Bahnhof 1,5 km; Einkaufen, Apotheke, Krankenhaus, Dialyse 2 km.

Zimmerpreise: EZ 95,- bis 145,- DM; DZ 140,- bis 220,- DM; Zusatzbett 40,- DM, jeweils inkl. Frühstück.

Ferien-Hof Meinerdingen — 29664 Walsrode-Meinerdingen

Niedersachsen, Lüneburger Heide, Südheide

Familie Behrens-Sandvoss, Tel. (05161) 72002, Fax: 910477. Voll bewirtschafteter alter Heidehof unter großen Eichen am Rande eines Landschaftsschutzgebietes zwischen Walsrode und Fallingbostel. Zum Tierbestand gehören Sauen mit Ferkeln, Kaninchen, Heidschnucken, 3 Zwergziegen, das Pony „Max“ und ein kinderlieber Hund.

Insgesamt 7 Ferienwohnungen, davon 2 rollstuhlgeeignet. Die Wohnungen haben alle Kabel-TV, Kleinkinderausstattung, Gartenmöbel, Haushaltsräume mit Waschmaschine und Trockner. Haustiere dürfen auf Anfrage mitgenommen werden. Ein rustikaler Aufenthaltsraum im Bauernhaus mit getrennten WCs und Einbauküche wird von den Gästen gerne als Gemeinschaftsraum genutzt (bis 30 Personen).

Geeignet für Gehbehinderte, Rollstuhlfahrer und Familien mit geistig Behinderten. Gruppen bis 30 Personen möglich. Die Wohnungen wurden schon von Gruppen der Lebenshilfe und von Altenheimen bewohnt. Pro Wohnung 2 Rollstuhlfahrer möglich.

2 Wohnungen sind rollstuhlgerecht. Bettenhöhe 53 cm, Bodenfreiheit 17 cm: Türbreiten der Zimmer und von Du/WC 82 cm. Bewegungsfreiraum links und recht neben WC 20 bzw. 120 cm, davor 70 bzw. 90 cm. Dusche und Waschbecken unterfahrbar. Verstellbarer Kippspiegel, festinstallierter Duschsitz und stabile Haltegriffe an Dusche und WC vorhanden. Ambulante Pflegedienste können vor Ort bestellt werden.

Lage: Einzelhof; Einkaufen 2 km; Bahnhof, Arzt, Apotheke, Krankenhaus, Dialyse, Freibad, Hallenbad 4 km. Kutschfahrten im Nachbardorf. Flache Wege, gutes Wander- und Radfahrwegenetz.

Preis pro Tag 70,- bis 110,- DM je nach Größe der Wohnung.

Landidyll Forellenhof — 29664 Walsrode OT Hünzingen

Niedersachsen, Lüneburger Heide, Vogelparkregion

Familie Fuhrhop, Tel. (05161) 9700, Fax: 970123E-Mail: Forellenhof@landidyll.de, Internet: www.landidyll.de/Forellenhof. Idyllisch gelegenes Landhotel mit 64 komfortablen Zimmern, alle mit Dusche oder Bad/WC, Telefon und Sat-TV. Veranstaltungsräume für bis zu 450 Personen für Seminare und feierliche Anlässe. Parkplatz, Eingang, Frühstücksraum, Restaurant und 15 Zimmer im EG stufenlos erreichbar. Alle Türen mindestens 80 cm breit.

Geeignet für Gehbehinderte, Rollstuhlfahrer und Familien mit geistig Behinderten, jeweils für Gruppen bis 25 Personen inkl. Betreuer. 12 Zimmer mit Du/WC für Rollstuhlfahrer geeignet. Freiraum in Du/WC 95 x 114 cm oder 120 x 114 cm. Freiraum links neben WC 23 cm, rechts 26 cm, davor 110 cm. Dusche und Waschbecken unterfahrbar, Duschhocker vorhanden. Keine zusätzlichen Haltegriffe.

Lage: Ruhige Lage, umgeben von Wald und Wiesen. Arzt, Apotheke 3 km; Ortsmitte, Krankenhaus, Freibad, Hallenbad, Tennisplatz und Tennishalle 5 km; Bahnhof 6 km.

Preis pro Person und Übernachtung je nach Aufenthaltsdauer und Zimmerkategorie 90,- bis 135,- DM inkl. Frühstücksbuffet. Kinder bis 3 Jahre frei; bis 15 Jahre 50% im Zimmer der Eltern. Zuschlag für Halbpension 30,-DM pro Person/Tag, für Vollpension 45,- DM. Zustellbett inkl. Frühstück 50,- DM. Ausführliche Pauschalarrangements und Hausprospekt auf Anfrage.

Urlaub auf dem Bauernhof Familie Wehrhoff — 29664 Walsrode

Niedersachsen, Lüneburger Heide

Schneeheide 31, Tel. (05161) 71612, Fax: 71320. Auf dem Bauernhof gibt es Milchkühe, Kälber, Schweine, Hühner und Streicheltiere. Auf der Südseite liegen 5 neue gemütliche Ferienwohnungen für 2 bis 8 Personen. Gartenhäuser, Gartenmöbel, Grillplatz, Spielplatz, Tischtennis, usw. sind vorhanden.

Geeignet für Gehbehinderte, Rollstuhlfahrer und Familien mit geistig Behinderten (**Gruppen bis 15 Personen**). 1 Ferienwohnung rollstuhlgerecht. Türbreiten der Zimmer und von Du/WC 80 cm. Freiraum in Du/WC 140 x 140 cm. Freiraum rechts neben WC 140 cm, davor 100 cm. Dusche unterfahrbar, Waschbecken nicht unterfahrbar. Duschhocker und stabile Haltegriffe an Dusche und WC. Bettenhöhe 48 cm, Kleiderschrank mit Schiebetür.

Lage: Ruhige Einzelhoflage; Einkaufen, Arzt, Apotheke, Krankenhaus, Dialyse, Freibad und Hallenbad 4 km; See 6 km; Vogelpark Waldsrode 4 km.

Preis für die behindertengerechte Wohnung für 2-4 Personen 50,- bis 64,- DM. Weitere Preise auf Anfrage.

Hotel und Restaurant Luisenhöhe — 29652 Walsrode

Niedersachsen, Lüneburger Heide, Am Vogelpark Walsrode

Am Vogelpark Walsrode, Tel. (05161) 98620, Fax: 2387. 47 geräumige Komfortzimmer mit Dusche/Bad und WC, Telefon, Faxanschluß, Sat-TV und Minibar. Es stehen Veranstaltungsräume mit moderner Tagungstechnik für 10 bis 200 Personen zur Verfügung. Parkplatz, Eingang, Frühstücksraum, Restaurant, Garten und Zimmer (im EG sowie mit dem Aufzug) stufenlos erreichbar. Innenmaße vom Aufzug: Tiefe 140 cm, Breite 110 cm.

Geeignet für Gehbehinderte und Familien mit geistig Behinderten. 4 Zimmer mit Du/WC rollstuhlgängig, aber nicht rollstuhlgerecht, da Dusche nicht unterfahrbar ist und keine Haltegriffe vorhanden sind. Türbreite der Zimmer 95 cm, von Bad/Du/WC 70 cm. Freiraum im Bad 160 x 160 cm. Freiraum vor dem WC 160 cm.

Lage: In direkter Nachbarschaft zum größten Vogelpark der Welt. Direkte Anbindung an die A 7 und A 27; Abfahrt Fallingbostel bzw. Walsrode Süd oder West, der Ausschilderung Vogelpark folgen. Zur Ortsmitte, Bahnhof, Arzt, Apotheke, Krankenhaus, Dialysezentrum, Freibad, Hallenbad und Tennisplatz 1,5 km; Tennishalle 2 km.

Zimmerpreise inkl. Frühstück: EZ 150,- DM; DZ 185,- bis 198,- DM. Wochenendangebote, Ferien-Arrangements, HP 35,- DM, Kinderbett 25,- DM, Zustellbett 50,- DM, Hund 15,- DM.

Wolles Ferienwohnung — 29664 Walsrode OT Bockhorn

Niedersachsen, Lüneburger Heide

Friedesinchen Wolle, Alter Böstligerweg 26, Tel. (05162) 2693. Rollstuhlgerechtes Ferienhaus in ländlicher Idylle, 90 qm, für 5 Personen, Wohnzimmer mit 2 Betten und Schlafzimmer mit 3 Betten, Küche, Dusche/WC, Farb-TV, Telefon, Terrasse mit Gartenmöbeln.

Geeignet für Gehbehinderte, Rollstuhlfahrer und Familien mit geistig Behinderten. Türen alle 100 cm breit. Freiraum in Du/WC 120 x 160 cm. Freiraum links neben WC 100 cm, rechts 100 cm, davor 200 cm. Dusche und Waschbecken unterfahrbar, Duschhocker und stabile Haltegriffe an Du/WC und Waschbecken vorhanden. Bettenhöhe 56 cm.

Lage: Ruhige Lage; zur Ortsmitte 500 m; Einkaufen, Arzt, Freibad, See 3 km; Bahnhof, Apotheke, Hallenbad, Tennis 5 km; Krankenhaus 8 km; Dialyse 10 km. Umgebung flach.

Preis für das Ferienhaus pro Tag bei Belegung mit 3 Personen 70,- inklusive Bettwäsche, Handtücher, Heizung, Strom und Wasser. Jede weitere Person 10,- DM/ Tag. Endreinigung 50,- DM.

Ferienwohnungen Ehlers — 29664 Walsrode OT Schneeheide

Niedersachsen, Lüneburger Heide

Familie Ehlers, Schneede 31, Tel. (05161) 910030, Fax: 911566. Ferienhaus mit 3 Wohnungen, 1 bedingt rollstuhlgeeignet. Eigene Sauna, Solarium, Streicheltiere und Vogelpark.

Geeignet für Gehbehinderte und Familien mit geistig Behinderten, bedingt geeignet für Rollstuhlfahrer mit Begleitung. Türen alle 85 cm breit. Keine unterfahrbare Dusche; keine Haltegriffe.

Lage: Das Haus liegt im Dorf Schneeheide auf einem 4.000 qm großen Grundstück. Nach Walsrode 2,5 km. Einkaufen, Arzt, Freibad, Hallenbad 2,5 km; Apotheke 3 km.
Preis für die Ferienwohnung für 4 Personen pro Tag 90,- DM, Endreinigung 45,- DM.

Landhaus Wiarder-Hammrich — 26434 Wangerland-Horumersiel

Niedersachsen, Südliche Nordsee

Wiarder-Hammrich 1, Tel. (04463) 55101. Ehemaliger Bauernhof mit großem Garten und altem Baumbestand, Terrassen, umgeben von reizvoller Landschaft. Vielfältige Spielmöglichkeiten, eigener Reitplatz und eigenes Pony. Eine Ferienwohnung im Parterre, eine Ferienwohnung im 1. Stock. Parkplatz, Eingang und Garten stufenlos erreichbar. Alle Türen mindestens 80 cm breit.

Geeignet für Gehbehinderte, Rollstuhlfahrer, Familien mit Kindern, Familien mit geistig Behinderten, Hund erlaubt.

Die Ferienwohnung im Erdgeschoß ist rollstuhlgeeignet. Bettenhöhe 45 cm. Türbreite der Zimmer und von Dusche/WC mindestens 80 cm. Bewegungsfreiraum in Du/WC 120 x 300 cm. Freiraum links neben WC 65 cm, rechts 30 cm, davor 110 cm. Dusche schwellenlos, Waschbecken unterfahrbar. Festinstallierter Duschsitz und stabile Haltegriffe an Dusche und WC. Mehrere ambulante Pflegedienste am Ort.

Lage: Ehemalige Bauernhof mit ruhiger Lage und mit Blick über die Marsch und Windmühlen. Ebene Wege und Straßen, der Strand (3 km) für Rollstuhlfahrer problemlos erreichbar. Spielplatz am Haus. Ortsmitte, Einkaufen, Arzt, Apotheke, Freibad, Hallenbad, Nordseestrand, Tennisplatz und Tennishalle 3 km. Krankenhaus und Dialyse 15 km.

Preis für eine Ferienwohnung je nach Saison pro Tag 70,- bis 110,- DM.

Ferienhof Wilms
Ferien auf dem Bauernhof — 26434 Wangerland / Horumersiel-Schillig

Niedersachsen, Ostfriesische Nordsee

Ferienhof Willms Buchungsteam, Tel. (04426) 99255, Fax: (04426) 99256, Internet: www.ferienhof-willms.de.

Der Ferienhof Willms verfügt über 15 gut ausgestattete Ferienwohnungen sowie 2 Doppelzimmer in Horumsersiel- Schillig.

Drei sehr große Wohnungen sind ebenerdig angeordnet und als **bedingt rollstuhlgeeignet** anzusehen. Die Wohnungen verfügen über 2 bis 3 Schlafzimmer und sind mit dem Rollstuhl ohne Überwindung von Stufen erreichbar.

Zwei der Wohnungen liegen auf dem Ferienhof selbst mit einem Gelände von rund 12.000 qm. Eine Wohnung liegt in Schillig direkt am Deich.

Lage: Horumersiel und Schillig sind zwei Küstenbadeorte direkt an der Ostfriesischen Nordseeküste. Horumersiel verfügt als Nordseeheilbad über umfangreiche Kureinrichtungen. Die Häuser liegen unmittelbar in Strandnähe. Einkaufen, Apotheke 300 m; Arzt, Freibad, Hallenbad und Nordsee 500 m.

Freizeitmöglichkeiten: Der Strand, die Kureinrichtungen sowie der Ortskern sind auch im Rollstuhl innerhalb weniger Minuten zu erreichen. Von der Wangerland Touristik wird ein umfangreiches Freizeitprogramm angeboten.
Preise und Detailinformationen erhalten Sie vom Buchungsteam.

Gasthof „Zum Deichsgrafen" 26434 Wangerland / Minsen-Förrien

Niedersachsen, Ostfriesische Nordseeküste

Förriener-Loog 13, Tel. (04426) 99000, Fax: (04426) 990099. Familiär geführtes Haus in ruhiger Lage mit 25 ferienfreundlich eingerichteten Zimmern mit Du/WC, Telefon und Sat-TV, teilweise mit Balkon. Parkplatz, Eingang, Frühstücksraum, Restaurant und Zimmer im EG stufenlos erreichbar.

Geeignet für Gehbehinderte und Rollstuhlfahrer: 2 Zimmer rollstuhlgerecht. Türbreite der Zimmer und von Du/WC 100 cm. Freiraum in Du/WC 120 x 140 cm. Freiraum rechts neben WC 83 cm, davor 110 cm. Dusche und Waschbecken unterfahrbar. Festinstallierter Duschsitz und stabile Haltegriffe an Dusche und WC vorhanden. Bettenhöhe 39 cm.

Lage: Nordsee 3,5 km. Das Haus liegt auf der höchsten Wurft des Wangerlandes in der Nähe der friesischen Nordseebäder Horumersiel und Schillig. Einkaufen 800 m; Arzt, Apotheke 4 km.

Preis Pro Person inkl. Frühstück 43,- bis 66,50 DM. HP zzgl. 23,50 DM; VP zzgl. 38,- DM. Preise für Ferienwohnungen auf Anfrage.

Ferienwohnungen Gründer 26427 Werdum

Niedersachsen, Nordsee, Ostfriesland

Alte Schmiedestr. 6 + 13, Tel. (04973) 1354, Fax: (04973) 990049. In typisch ostfriesischer Umgebung insgesamt 10 moderne und gepflegte Ferienwohnungen für jung und alt, 5 Autominuten von der Küste entfernt. Eingang und Parkplatz stufenlos erreichbar.

Geeignet für Gehbehinderte Rollstuhlfahrer und geistig Behinderte. Auch für Gruppen gut geeignet, da mehrere Wohnungen ebenerdig mit Terrasse. 2 Wohnungen sind rollstuhlgerecht. Bettenhöhe 45 cm. Türbreite 88 cm, Bewegungsfreiraum in Dusche/WC 200 x 200 cm. Freiraum links neben WC 150 cm, davor 120 cm. Dusche unterfahrbar. Kippspiegel und stabile Haltegriffe an Dusche und WC vorhanden.

Lage: Ortsmitte, an verkehrsberuhigter Straße. Einkaufen 300 m; Arzt, Apotheke, Hallenbad und Nordsee 7 km.

Preis für eine Ferienwohnung je nach Größe 65,- bis 150,- DM. Außerhalb der Saison Sonderpreise nach Vereinbarung. Ein Hausprospekt wird auf Anfrage gerne geschickt.

Naturfreundehaus am Lönssee — 30900 Wedemark

Niedersachsen

Ortsteil Mellendorf, Tel. (05130) 3360. Träger: Touristenverein "Die Naturfreunde", Herm.-Löns-Str. 24, 30900 Wedemark, Tel. (05130) 3360, Fax: 582171. Ferien- und **Familienerholungsstätte mit 28 Zimmern** und 72 Betten. Großzügiges Gelände mit See, Wald und Wiesenflächen in landschaftlich reizvoller Umgebung. Die Anlage ist für Gruppen und für individuelle Einzelbesucher geeignet. Das Haus bietet wahlweise Übernachtung mit Frühstück oder Vollpension an. Nicht für Rollstuhlfahrer geeignet.

Lage: Ortsmitte 3 km; Einkaufen im Haus nur bedingt möglich (Kaffee und Kuchen, Eis, Getränke, Süßwaren); Bhf. 4 km; Arzt und Apotheke 4 km; Krankenhaus 10 km; Spielplatz, Wanderwege, Grillplatz 4 km; Freibad 3 km. Umgebung überwiegend flach.

Preis pro Person für Übernachtung mit Frühstück 32,- DM, mit Vollpension 53,- DM. Hausprospekt und Preisliste werden auf Anfrage zugeschickt.

Ferienhof „Sander" — 26655 Westerstede / Ihorst

Niedersachsen, Ammerland

Ihauser Straße 56, Tel. (04488) 72676, Fax: 1805. Zwei ländliche Ferienwohnungen für jeweils 2 bis 4 Personen, mit komplett eingerichteter Küchenzeile, Radio, Farb-TV und Telefon. Die Ferienwohnungen haben einen eigenen Eingang und sind stufenlos erreichbar.

Geeignet für 6 Gehbehinderte oder 3 Rollstuhlfahrer. Türbreiten: Haustür, Eingangstür 100 cm, Zimmertür 94 cm, Badezimmer 81 cm. Bewegungsfreiraum in Bad/WC 150 x 150 cm. Dusche und Waschbecken mit dem Rollstuhl unterfahrbar. Freiraum links vom WC und davor 100 cm, WC-Höhe 43 cm. Stabile Haltegriffe an Dusche und WC vorhanden. Bettenhöhe 48 cm.
Seniorengerechte Einrichtung, z.B. höhere Sitzmöbel. Bei Bedarf können sämtliche Hilfsmittel, Krankenpflegebett, usw. besorgt werden. Mehrere Pflegedienste vor Ort bei Bedarf abrufbar.

Lage: Ländlich ruhig im Ammerland mit seinem Rhododendronwaldpark, Vogelpark und den vielen Baumschulen. Naturbadesee und Surfsee 3 km; Bad Zwischenahn (bekanntes Moorheilbad) 18 km; zur Nordseeküste 35 km. Nächste Einkaufsmöglichkeit 1 km entfernt. Grillplatz, Spielplatz, Tischtennis und Fahrräder sind auf dem Hof vorhanden. Ammerland-Klinik mit Dialysestation 8 km entfernt.

Preis für eine Ferienwohnung ab 60,- DM täglich inklusive Nebenkosten. Ganzjährig geöffnet.

Hössensportzentrum Bezirkssportschule und Jugendherberge

26641 Westerstede

Niedersachsen, Ammerland

Jahnallee 1, Tel. (04488) 84690, Fax: (04488) 78317. Sehr schön gelegene Bezirkssportschule auf einem 14 ha großen Gebiet; Landesleistungszentrum für Handball, Basketball, Leichtathletik, Schwimmen und Turnen. Die gesamte Anlage ist behindertengerecht angelegt, einschließlich Sporthalle mit Tribüne für 800 Zuschauer, Turnhalle, Hallenbad und Freibad, und somit für Behindertensportgruppen ideal geeignet.

Das beheizte 50-m-Becken im Freibad (6 Bahnen) kann von einer Wärmehalle aus durch den Einschwimmkanal erreicht werden. Das Becken ist mit Sprungturm und Hubboden ausgestattet. Das Hallenbad ist ganzjährig geöffnet.

Für Lehrgänge (Seminare, Aus- und Fortbildung) finden Gruppen in zwei Lehrräumen und weiteren Aufenthaltsräumen optimale Bedingungen vor. Fotokopierer, Videokamera, OHP, TV/Video, Episkop, Diaprojektor und Sportbücherei sind vorhanden.

Geeignet für Gehbehinderte, Rollstuhlfahrer, geistig Behinderte und Familien sowie für Gruppen und Behindertensportgruppen bis zu 40 Personen. Die **16 Zimmer in der Bezirkssportschule sind behindertengerecht** (insgesamt 28 Betten). Eine Erweiterung auf 40 Betten ist möglich. Alle Zimmer mit Dusche und WC. Die gesamten Räumlichkeiten sind rollstuhlgerecht ausgestattet. Alle Bereiche sind stufenlos erreichbar, alle Türen mindestens 90 cm breit.

Preise: Übernachtung pro Person in der Sportschule 28,20 DM (Gäste außerhalb Niedersachsens zahlen 32,40 DM). Frühstück 7,70 DM, Mittagessen 11,80 DM, Abendessen 8,80 DM. Tagessätze für Gruppen aus Niedersachsen inklusive Vollpension 61,50 DM; für Gruppen aus anderen Bundesländern 78,50 DM pro Pers./Tag. Ausführliche Preisliste und ein informativer Hausprospekt auf Anfrage. **Besonders empfehlenswerte Anlage für Behindertengruppen, auch für Sportgruppen mit Behinderten.**

Hof Flottwedel

29649 Wietzendorf

Niedersachsen, Lüneburger Heide

Familie Winkelmann, OT Bockel 5, Tel. (05196) 358 oder 1520, Fax: 1895. Gemütlicher Ferienhof zwischen Nord- und Südheide, abseits der Straße, umgeben von schönen alten Bäumen, als Einzelhof in einem Waldgebiet. 4 hell und freundlich eingerichtete Ferienwohnungen mit 1 bis 3 Schlafzimmern für 2-6 Personen. Parkplatz und Eingang stufenlos.

Geeignet für Gehbehinderte (10 Pers.), Rollstuhlfahrer 1 bis 2 Pers.), Familien mit geistig Behinderten (**Gruppen bis 18 Personen**). **1 Ferienwohnung rollstuhlgerecht.**

Türbreite der Zimmer und von Du/WC 82 cm. Freiraum in Du/WC 140 x 140 cm. Freiraum links neben WC 42 cm, rechts 140 cm, davor 140 cm. Dusche und Waschbecken unterfahrbar. Duschhocker und stabile Haltegriffe an Du/WC vorhanden. Bettenhöhe 50 cm.

Lage: Ruhige Waldlage; zur Ortsmitte mit Einkaufen, Arzt, Apotheke und Tennisplatz 3 km; Krankenhaus, Freibad, Hallenbad 10 km. Umgebung flach.

Preis für eine Ferienwohnung je nach Größe und Saison 70,- bis 85,- DM bei Belegung mit 4 Personen; jede weitere Person 5,- DM. Pflegedienst der örtlichen Sozialstation kann auf Wunsch bestellt werden.

Ferienhof Garbert — 49849 Wilsum

Niedersachsen

Familie Garbert, Am Fertenbach 3, Tel. (05945) 678, Fax: 670, E-Mail: garbert@ferienhof.com, Internet: www.ferienhof.com. 150 Jahre altes, liebevoll restauriertes Bauernhaus in absoluter Alleinlage, unmittelbar an der niederländischen Grenze, mit 6 komplett ausgestatteten **Ferienwohnungen, 4 rollstuhlgerecht**, zwischen 60 und 80 qm. Die Wohnungen wurden vollständig renoviert und komfortabel und geschmackvoll eingerichtet. Jede Wohnung mit Einbauküche, Wohnraum mit Farb-TV Radio und Telefon, 1-2 Schlafzimmern und Bad/ WC. Parkplatz, Eingang, Garten und die Ferienwohnungen sind stufenlos erreichbar.

Für die Gäste stehen zur Verfügung: Großer Aufenthaltsraum, Grill, Terrasse, Liegewiese, Fahrradverleih, Angelmöglichkeiten, Waschmaschine.

Für die Kleinen: Baby- und Kleinkindausstattung. Spielplatz mit 100 qm großem Riesensandkasten mit Kletterturm und zwei Rutschen; drei Norwegerpferde „Vera", „Benjamin" und „Bianca". Kutschfahrten ab Hof können organisiert werden.

Geeignet für Gehbehinderte, Rollstuhlfahrer und Familien mit geistig Behinderten bis 26 Personen. **4 Ferienwohnungen sind für Rollstuhlfahrer geeignet.** Türbreiten der Zimmer 80 bis 100 cm, von Du/WC 100 cm. Freiraum in Du/WC 120 x 140 cm. Freiraum links neben WC 30 cm, rechts 90 cm, davor 150 cm. Dusche und Waschbecken unterfahrbar, Spiegel in Rollstuhlhöhe. Bettenhöhe 45 cm.

Lage: Traumhafte Alleinlage inmitten von Wiesen und Wäldern, 10.000 qm großes Hofgelände, 150 m von der Straße entfernt. Der Hof liegt an einem Bach, umgeben von Wäldern und Wiesen. Hofgelände ebenerdig; flache, waldreiche Umgebung. Auf dem Hof gibt es Ponys, Gänse, Enten, Hühner und einen Hofhund. Ortsmitte, Einkaufen, Bus 1,5 km; Badesee 500 m; Arzt, Apotheke, Freibad, Hallenbad, Tennisplatz und Tennishalle 7 km; Krankenhaus und Dialysezentrum 25 km.

Wochenpreise für eine Ferienwohnung je nach Größe und Saison 385,- bis 840,- DM. Ein ausführlicher Hausprospekt mit Preisliste kann angefordert werden.

Für Familien mit Kindern besonders empfehlenswert.

„Marienhof“ 26529 Wirdum

Niedersachsen, Nordsee

Elsbeth Damm, Marienhof 5, Tel. + Fax: (04920) 330. Der Marienhof ist ein vollbewirtschafteter Bauernhof und liegt im Nordseeküstenbereich zwischen Norden und Emden. Zum **Viehbestand** gehören Milchkühe, Kälber, Rinder, Bullen, Kaninchen, Pony und Hofhund.

2 gemütliche Ferienwohnungen, **1 FeWo rollstuhlgerecht** (75 qm), wurde 1998 fertiggestellt. Die Wohnungen sind hell und freundlich eingerichtet und verfügen jeweils über 2 Schlafzimmer, eine große Wohnküche mit moderner Einbauküchenzeile (komplett ausgestattet und mit Geschirrspüler) und mit großer Schiebetür, um in den Garten zu gelangen, Dusche/WC (rollstuhlgerecht), Telefon, Farb-TV.

Die Waschmaschine kann gegen geringe Gebühr benutzt werden. Alle Matratzenrahmen können am Kopf- und Fußteil verstellt werden. Bettwäsche und Handtücher werden gestellt. Es gibt einen großen **Garten** mit Terrasse, Gartenmöbeln, Schaukel, Sandkasten und Gartengrill. Türbreite vom Hauseingang und von allen Zimmern 98 cm; alle stufenlos erreichbar.

Geeignet für Senioren, Gehbehinderte, Rollstuhlfahrer, Familien mit geistig Behinderten. Raumgröße Du/WC 500 x 200 cm. Waschbecken unterfahrbar, Behinderten-WC, verstellbarer Kippspiegel, stabile Haltegriffe an WC (beidseitig) und Waschbecken. Dusche befahrbar mit stabilen Handläufen und Duschsitz. Freiraum links und vor dem WC 130 cm. Notruf in Du/WC und in beiden Schlafzimmern.

Lage: Ruhige Lage im grünen Flachland. Zur Ortsmitte mit Restaurant, Lebensmittelmarkt, Post, Tankstelle und Bus 3 km. Hallenbad, Minigolf, Tennis 10 km; Freibad, Krankenhaus und Dialyse 13 km; Arzt 3 km; Apotheke 4 km; Bahnhof 14 km; Kuranwendungen in Greetsiel 16 km; Ponyreiten und Angeln am Hof. Wer am Landleben interessiert ist, darf gerne mit in den Stall und beim Melken und Füttern zusehen oder auch helfen.

Preise pro Tag für 4 Personen in der Hauptsaison (15.06. bis 15.09.) 85,- DM, in der Vor- und Nachsaison 75,- DM. Preis unter bzw. über 4 Personen auf Anfrage. Evtl. wird Kurtaxe erhoben, ansonsten keine Nebenkosten. **Besonders empfehlenswerter Ferienhof**, gutes Preis-Leistungsverhältnis.

Ferienwohnung Cornelia Natterer — 21789 Wingst

Niedersachsen, Elbe-Weser-Dreieck

Wassermühle 8, Tel. (04778) 7681, Fax: 7683. Eine luxuriöse, barrierefreie, **rollstuhlgerechte Ferienwohnung** auf einer ca. 2.000 qm rollstuhlgerechten, parkähnlichen Anlage mit Kinderspielplatz mit Schaukel, Klettergerüsten, Sandkasten, Planschbecken, Rutsche, Kinderhaus, Gartentoilette, Apfelhof mit Bergziegen, Terrasse mit Grillkamin.

Ausstattung der Ferienwohnung: Wohnzimmer mit Sitzgarnitur, Eßzimmertisch, Schrankbett als 5. Bett, Schreibtisch mit Bücherecke im Wintergarten, TV, Video, Telefon, Notruf. Voll ausgestattete Küche mit elektrisch höhenverstellbarer Arbeitsplatte und Hängeschränken.

Rollstuhlgerechtes Bad: Rollstuhlgerechtes WC mit Haltegriffen, rollstuhlgerechte Dusche mit Klappsitz und Haltegriff; Badewanne verstellbar von Sitz- und Liegeposition, Seitenteil ist so zu öffnen, daß die einstellbare Sitzposition der Wanne und des Rollstuhls gleich hoch sind. Dusche mit festinstalliertem Duschsitz und rechtsseitigem Haltegriff. Vollwaschbecken und schwenkbares Handwaschbecken. Waschmaschine und Trockner. Automatische Schiebetür.

1. Schlafzimmer: 2 elektrisch verstellbare Pflegebetten mit Bettgalgen (Einzel- oder Doppelbettstellung möglich), elektrischer Rolladen (auch vom Bett aus bedienbar), automatische Tür, schwenkbarer Fernseher, Video, Telefon, Notruf. Hoyerlifter bei Bedarf. **2. Schlafzimmer** mit Ausziehbett (Einzelbett 90 x 200 cm; Doppelbett 170 x 200 cm) mit Waschsäule.

Service/Pflegedienst: Pflege und Betreuung (auch „Rund um die Uhr"-Pflege) kann durch die Gastgeber (beide mit langjähriger beruflicher Pflegeerfahrung) oder über freie soziale Dienste angeboten werden. Ein wichtiges Angebot z.B. für diejenigen, die selbst das ganze Jahr über ihre(n) Angehörige(n) betreuen und im Urlaub Entlastung und Erholung benötigen. Organisation von Krankengymnastik (Vorlaufzeit ca. 6 Wochen). Bei Bedarf kann man „Essen auf Rädern" beziehen.

Lage: In Wingst, einem staatl. anerkannten Luftkurort im Elbe-Weser-Dreieck, nahe der südlichen Nordsee. Wingst bietet viel Abwechslung: Babyzoo, Kurpark, Sport- und Spielpark, Wander-, Fahrrad- und Reitwegen in einem großen Waldgebiet mit dem Balksee und vielen Teichen. Ebbe und Flut an der Elbe, Oste oder Nordsee; Wattwandern.

Preis für die Ferienwohnung pro Tag für bis zu 4 Personen 150,- DM. Kinderbett 12,- DM täglich. Ab dem 11. Tag 10% Rabatt auf die Gesamtzeit. Im Preis sind Bettwäsche, Handtücher, Strom, Wasser, Heizung und Endreinigung enthalten. Pflegeleistungen werden in 15-Minuten-Einheiten á 8,- DM abgerechnet. **Besonders empfehlenswerte Ferienwohnung, sehr guter Service (Pflege).**

Hotel am Stadtpark — 26389 Wilhelmshaven

Niedersachsen

Friedrich-Paffrath-Str. 116, Tel. (04421) 9860, Fax: 986186. 69 große, modern und komfortabel eingerichtete Zimmer mit Bad/WC, Fön, Minibar, Kabel-TV, Telefon. Parkplatz, Eingang, Frühstücksraum, Restaurant, Hallenbad und Fitness (mit dem Aufzug), Garten und die Zimmer stufenlos erreichbar. Türbreite vom Aufzug 90 cm (Tiefe 210 cm, Breite 110 cm).

Geeignet für Rollstuhlfahrer und Familien mit geistig Behinderten. 1 Zimmer rollstuhlgerecht. Bettenhöhe 47 cm. Türbreite von Zimmer und Du/WC 90 cm. Bewegungsfreiraum in Du/WC 220 x 195 cm. Freiraum links neben WC 115 cm, rechts 60 cm, davor 134 cm. Dusche und Waschbecken unterfahrbar. Notruf, festinstallierter Duschsitz und stabile Haltegriffe an Dusche und WC.

Lage: Ruhige Lage im Grünen, verkehrsgünstig gelegen. Zur Stadtmitte 5 km; Bahnhof 6 km; Einkaufen, Arzt, Krankenhaus, Dialyse, Apotheke 1 km.

Zimmerpreise: EZ 159,- DM, am Wochenende (Fr-Mo.) 129,- DM, während der EXPO 2000 199,- DM. Doppelzimmer Mo-Fr. 199,- DM, Fr.-Mo. 169,- DM, während der EXPO 249,- DM.

Landhaus Dürkop — 38302 Wolfenbüttel

Niedersachsen, Harzvorland

Alter Weg 47, Tel. (05331) 7053, Fax: 72638. Hotel garni, 30 Zimmer mit Bad/Du/WC, Telefon, Radio und TV. Eingang, Frühstücksraum, Rezeption und 11 Zimmer im EG stufenlos erreichbar.

Geeignet für Gehbehinderte, Rollstuhlfahrer und Familien mit geistig Behinderten. 1 rollstuhlgerechtes Zimmer mit Du/WC. Türbreite vom Zimmer und von Du/WC 85 cm. Dusche und Waschbecken unterfahrbar. Rutschfeste Matten, festinstallierter Duschsitz und stabiler Haltegriff am WC vorhanden.

Lage: Ortsmitte 1 km; Bus 200 m; Krankenhaus, **Dialysezentrum** 400 m; Arzt, Apotheke 600 m; Bahnhof 2 km.

Zimmerpreise: EZ 99,- DM; DZ 160,- DM; Zusatzbett 40,- DM, inklusive Frühstück.

Parkhotel „Altes Kaffeehaus" — 38300 Wolfenbüttel

Niedersachsen, Harzvorland

Harztorwall 18, Tel. (05331) 8880, Fax: 888100. Hotel mit 76 Zimmern, alle mit Dusche oder Bad/WC, Telefon, Radio, TV und Faxanschluß. Restaurant mit 100 Sitzplätzen und behindertengerechten Sanitäranlagen. Eingang, Rezeption und Aufzug stufenlos erreichbar. Türbreiten: Eingang 110 cm, Aufzug 90 cm (Tiefe 140 cm, Breite 105 cm). Restaurant mit dem Aufzug erreichbar.

Geeignet für Gehbehinderte, bedingt geeignet für Rollstuhlfahrer mit Begleitung.

Badezimmer groß genug für Rollstuhlfahrer, aber keine spezielle Ausstattung für Behinderte. Türbreite der Zimmer und Badezimmer 85 cm. Freiraum in Bad/WC 140 x 140 cm; Freiraum links und rechts neben WC 90 cm, davor 50 cm. Betten mit Seniorenhöhe.
Lage: Ortsmitte und Apotheke 300 m; Bahnhof 1 km;
Zimmerpreise: EZ 130,- bis 160,- DM; DZ ab 180,- DM. Abholservice möglich.

Hotel Im Tannengrund — 38685 Wolfshagen im Harz

Niedersachsen, Harz

Am Borbergsbach 80, Tel. (05326) 9980, Fax: (05326) 998222. Ruhig gelegenes gemütliches Hotel mit 40 Ferienhäusern, Ferienwohnungen und Hotelzimmern mit Du/WC, Kabel-TV, Telefon und Radio. Räumlichkeiten für Familienfeiern, Tagungen und Feste. Parkplatz, Eingang stufenlos; Restaurant 500 m (2 Stufen), Behindertenzimmer im EG stufenlos erreichbar.

Geeignet für Rollstuhlfahrer (Appartement für 4 Personen), Familien und Gruppen mit Behinderten und geistig Behinderten (bis 50 Personen). 1 Appartement rollstuhlgerecht. Bettenhöhe 60 cm. Türbreite der Zimmer und von Du/WC 100 cm. Bewegungsfreiraum in Du/WC 120 x 160 cm. Dusche schwellenlos, kein Duschsitz. Waschbecken unterfahrbar, stabile Haltegriffe an Dusche, WC und Waschbecken.

Lage: Ruhige Lage am Ortsrand. Ortsmitte, Einkaufen, Arzt, Apotheke 1 km; Hallenbad 500 m (aber 25 Stufen); Freibad 700 m. Umgebung des Hauses hügelig. Gute Wander- und Wintersportmöglichkeiten.

Preis für das rollstuhlgerechte Appartement für 4 Personen 120,- DM. Pauschalangebote: z.B. pro Person und Tag inkl. Übernachtung, Frühstück, Halbpension 120,- DM pro Tag. Ausführliche Preisliste und Hausprospekt auf Anfrage.

Jugendgästehaus Wolfsburg — 38440 Wolfsburg

Niedersachsen

Lessingstr. 60, Tel. (05361) 13337, Fax: 16630. Jugendgästehaus mit 20 Zimmern mit 2-6 Betten. Parkplatz, Eingang, Frühstücksraum und Zimmer im EG stufenlos erreichbar.
Geeignet für Gehbehinderte, Rollstuhlfahrer und Familien mit geistig Behinderten. 2 Doppelzimmer mit einem rollstuhlgerechten Bad mit Du/WC im EG. Türbreite 93,5 cm. Freiraum in Du/WC 130 x 120 cm. Freiraum links und rechts neben WC 120 cm, davor 130 cm. Dusche und Waschbecken unterfahrbar. Festinstallierter Duschsitz und stabiler Haltegriff am WC vorhanden.

Lage: Zentrale Lage, nur wenige Minuten zum VW-Werk und in die Innenstadt.
Preise: Übernachtung mit Frühstück pro Person 24,- DM; inkl. HP 32,70 DM, inkl. VP 39,50 DM. Kinder von 3-5 Jahre ermäßigt. Jugendherbergsausweis erforderlich!

Landhäuser Nemitzer-Heide — 29497 Woltersdorf

Niedersachsen, Wendland, Elbufer-Drawehn, Lüneburger Heide

Marlies u. Karl Heinz Lorenz, Auf den Seemarken 3, Tel. (05841) 3700, Fax: 4796. Im Fachwerkstil neu errichtete Ferienhäuser (2 FH, 1 FeWo) mit jeglichem Komfort: Geschmackvoll mit Naturholzmöbel eingerichtet, rollstuhlgerecht, Sat-TV, ISDN-Telefon, Komplettausstattung mit Geschirrspüler, Wäschetrockner, Vierplattenkochherd, Waschmaschine, Whirlpool mit Massagedüsen, Südterrasse.

Geeignet für Gehbehinderte, Rollstuhlfahrer und Familien mit geistig Behinderten (jeweils 4 Personen pro Ferienwohnung). Parkplatz, Eingang, Sauna und Garten stufenlos erreichbar. 2 Ferienhäuser rollstuhlgerecht. Türbreite von Eingang, Zimmer und Du/WC 85 cm. Freiraum in Du/WC 190 x 290 cm. Freiraum links, rechts und vor dem WC 120 cm. Dusche und Waschbecken unterfahrbar. Duschhocker vorhanden. Bettenhöhe 44 cm.

Lage: Die Wohnungen befinden sich im Ortsteil Nemitz der Gemeinde Trebel, abseits der Durchgangsstraße, ideal für Urlaub mit Kindern. Zur Ortsmitte 200 m; Einkaufen auf dem Bauernhof; Arzt, Apotheke, Freibad, Hallenbad 15 km. Wege in der Umgebung flach, gut mit dem Rollstuhl befahrbar.

Preis für eine Ferienwohnung (ca. 30 qm) pro Tag für 2 Personen in der Nebensaison 80,- DM, in der Hauptsaison 125,- DM, Endreinigung 50,- DM. Ferienhaus mit 50 qm für 4 Personen in der Nebensaison 90,- DM, in der Hauptsaison 140,- DM, zzgl. Endreinigung 70,- DM. Im Preis sind Bettwäsche, Hand- u. Trockentücher, Strom, Heizung, Wasser, Waschmaschine, Trockner und Benutzung von Sauna und Whirlpool (an 2 Tagen) enthalten.

Jugendherberge Zeven — 27404 Zeven

Niedersachsen

Bademühlen Nr. 1, Tel. (04281) 2550, Fax: 80293. 10 Zimmer. Parkplatz, Eingang, Frühstücksraum, Garten, Seminarräume und Zimmer im EG stufenlos erreichbar.

Geeignet für Gehbehinderte, Rollstuhlfahrer und Familien mit geistig Behinderten. 2 Zimmer mit einem rollstuhlgerechten Gemeinschaftsbad mit Du/WC sind rollstuhlgerecht ausgestattet und auch mit dem E-Rollstuhl befahrbar.

Lage: Ortsmitte 5 km; Arzt, Apotheke, Freibad und Hallenbad 4 km.
Preise: ÜF für Junioren 23,30 DM, für Senioren ab 27 Jahren 28,20 DM.

Holiday Inn Garden Court Aachen 52070 Aachen

Nordrhein-Westfalen

Krefelder Straße 221, Tel. (02421) 1803-0, Fax 1803-444. 100 Gästezimmer, alle mit Minibar, Kabel-TV, Radio, Telefon. Konferenzraum für bis zu 35 Personen. Breite der Türen: Haupteingang 190 cm, Aufzugstür 80 cm (Innenmaße: Tiefe 110 cm, Breite 140 cm), alles stufenlos erreichbar.

Geeignet für Rollstuhlfahrer (1 Zimmer mit Bad/WC): Türbreite vom Zimmer 90 cm, vom Bad 95 cm. Freiraum im Bad 140 x 150 cm, Freiraum links neben WC 82 cm, davor 150 cm. Keine unterfahrbare Dusche; Badewanne. Haltegriff am WC.

Lage: Ortsmitte, Einkaufen und Bahnhof 3,5 km; Bus 200 m; Arzt, Apotheke 2 km.
Zimmerpreise: EZ und DZ 198,- bis 290,- DM, Frühstück 24,- DM pro Person.

Hotel Ibis Aachen Marschiertor 52064 Aachen

Nordrhein-Westfalen

Friedlandstr. 6-8, Tel. (0241) 47880, Fax: 4788110. 104 Zimmer mit Farb-TV, Dusche, WC und Telefon. Parkplatz, Eingang, Frühstücksraum, Restaurant und Zimmer stufenlos erreichbar. Türbreite vom Aufzug 90 cm (Tiefe 120 cm, Breite 100 cm).

Geeignet für Rollstuhlfahrer (2 Zimmer): Türbreite der Zimmer und von Du/WC 93 cm. Freiraum in Du/WC 150 x 200 cm, Freiraum vor dem WC 94 cm. Dusche und Waschbecken unterfahrbar. Festinstallierter Duschsitz und stabile Haltegriffe an Du/WC und Waschbecken vorhanden.

Lage: Ortsmitte und Bahnhof 500 m; Bus und Apotheke 200 m.
Zimmerpreise: EZ und DZ 103,- DM, Frühstück 15,- DM pro Person.

Hotel Ibis Aachen Normaluhr 52070 Aachen

Nordrhein-Westfalen

Zollernstr. 2, Tel. (0241) 51840, Fax: 5184-199, h1437@accor-hotels.com. 128 moderne, freundliche Zimmer mit Du/WC, TV und Telefon. 5 Konferenzräume für bis zu 130 Personen. Eingang, Frühstücksraum, Restaurant, Aufzug (Tiefe 210 cm, Breite 110 cm, Türbreite 80 cm) sowie die Zimmer (mit dem Aufzug) stufenlos erreichbar.

Geeignet für Rollstuhlfahrer: 2 Zimmer mit Du/WC. Türbreiten der Zimmer und von Du/WC 93 cm. Freiraum in Du/WC 250 x 160 cm. Freiraum links neben WC 25 cm, rechts 160 cm, davor 280 cm. Dusche und Waschbecken unterfahrbar. Festinstallierter Duschsitz und stabile Haltegriffe an Du/WC und Waschbecken vorhanden.

Lage: Im Stadtzentrum; Bahnhof 300 m; Bus und Apotheke 10 m. Umgebung flach.
Zimmerpreise: EZ und DZ 103,- DM; Frühstücksbuffet 15,- DM p.P.

Barler Ferienhof
Herbert Eilers **48683 Ahaus-Wüllen**

Nordrhein-Westfalen, Münsterland

Barle 7, Tel. (02561) 81383, Fax: 86422. 5 behindertengerechte Ferienwohnungen in einem alten, restaurierten Bauernhaus aus dem Jahre 1772, etwa 100 m von der Hofanlage entfernt.

Zum Ferienhof gehören Ponys, Hühner, Enten, Hund, Katze, Schweine und Rinder.

Die ganzjährig mietbaren Ferienwohnungen **eignen sich besonders gut** für Rollstuhlfahrer, Familien, Schulklassen und Senioren. Familie Eilers hat selbst einen Sohn als Rollstuhlfahrer und kennt die Schwierigkeiten, eine geeignete Ferienunterkunft zu finden. In den hochwertig ausgestatteten Wohnungen vermitteln die rustikalen, alten Eichenbalken eine gemütliche Atmosphäre.

Alle Türen sind mindestens 100 cm breit; Ein- und Zugänge stufenlos; **Zimmer und Badezimmer rollstuhlgerecht**; Badezimmer (Dusche, Waschbecken, WC) mit Bewegungsfreiraum für Rollstuhlfahrer von 250 x 250 cm (Idealmaße). Haltegriffe an Dusche, Waschbecken und WC vorhanden. Stabiler (abnehmbarer) Duschsitz vorhanden. Dusche mit dem Rollstuhl unterfahrbar. Badezimmer absolut rollstuhlgerecht eingerichtet. Seniorenbetten ebenfalls vorhanden.

Lage: Ortsmitte, Apotheke und Einkaufen 2,5 km; Bus 1,5 km; Krankenhaus, Bewegungsbad, Angeln 5 km; Bhf. 6 km; Freibad 3,5 km; Tennishalle 4 km; Spielplatz und Grillplatz am Hof. Feriendialyse in Ahaus (6 km).
Preise auf Anfrage

Ferienhof Rustemeier **48341 Altenberge**

Nordrhein-Westfalen, Münsterland

Entrup 169, Tel. (02505) 1285, Fax: 94298. Gepflegter Backsteinbauernhof mit schönen Stallungen. Angebote für Kinder: Reiten auf eigenem Reitplatz, Kutschfahrten, Teich, Schaukel, viele Tiere zum Streicheln und Füttern (Schweine, Rinder, Pferde, Ponys, Ziegen, Kaninchen). 4 Ferienwohnungen und 4 DZ. Parkplatz und Eingang stufenlos. Frühstücksraum mit Rampe.
Geeignet für Gehbehinderte (5 Pers.), Rollstuhlfahrer (4-5 Pers.) und Familien mit geistig Behinderten (Gruppen bis 20 Personen). 1 Ferienwohnung rollstuhlgerecht; sehr

gut ausgestattet. Türbreite von Zimmer und Du/WC 100 cm. Freiraum in Du/WC 140 x 150 cm. Freiraum links neben WC 100 cm, rechts 80 cm, davor 200 cm. Dusche und Waschbecken unterfahrbar. Festinstallierter Duschsitz, Kippspiegel und stabile Haltegriffe an Dusche und WC vorhanden.

Lage: 5 km vor Ort, sehr ruhige Lage, flach. Einkaufen, Arzt, Apotheke, Freibad, Hallenbad und Krankenhaus 5 km; Bahnhof, Tennis 4 km.

Preis für eine Ferienwohnung pro Tag bis 4 Personen 100,- DM, bis 5 Personen 110,- DM, bis 6 Personen 120,- DM. Strom nach Verbrauch.

Gräfliches Parkhotel — 33014 Bad Driburg

Nordrhein-Westfalen, Teutoburger Wald, Eggegebirge

Im Kurpark, Tel. (05253) 952-0, Fax: 952-204. Komfortables Hotel, Fachwerkbau, 86 komfortable Zimmer mit Dusche/Bad und WC, Radiowecker, TV, Minibar und Telefon. Haupteingang, Restaurant und Aufzug stufenlos erreichbar.

Geeignet für Gehbehinderte, bedingt geeignet für Rollstuhlfahrer mit Begleitung. 5 Zimmer im Erdgeschoß und im OG stufenlos erreichbar. Türen von Zimmer und Bad/WC 76 cm breit. Raumgröße von Bad/WC 260 x 150 cm; Freiraum vor dem WC 100 cm.

Lage: 200 m entfernt kurmedizinische Einrichtungen mit den Hauptindikationen Rheuma, Herz-Kreislauf, Leber/Galle und Frauenleiden. Eigene Sanatoriumsabteilung. Moor- und Bewegungsbäder. Ortsmitte, Bahnhof und Tennishalle 800 m; Tennisplatz 500 m; Bus und Apotheke 600 m; Freibad 1 km; Hallenbad 1,2 km.
Preise inkl. VP pro Person ab 162,- DM pro Tag im Einzelzimmer. Haustiere nicht gestattet. Prospekt und weitere Preise auf Anfrage.

Haus Friedrich — 33175 Bad Lippspringe

Nordrhein-Westfalen, Teutoburger Wald, Lippe

Friedrichstr. 13a, Tel. (05252) 4233 und 930777, Fax: 930475. Im Haus Friedrich befinden sich 4 gemütlich und modern eingerichtete Komfort-Ferienwohnungen für Nichtraucher mit privater Atmosphäre, sowie eine Mietwohnung und das Architekturbüro der Vermieter.

Geeignet für Gehbehinderte, Familien mit geistig Behinderten und bedingt geeignet für Rollstuhlfahrer mit Begleitung: 1 Ferienwohnung, 45 qm, für 2 Personen (Zustellbett möglich). Ausstattung: Selbstwähltelefon mit Gebührenzähler, Sat-TV, Wohnzimmer mit Küchenecke, Terrasse, Schlafzimmer, Du/WC, Abstellraum und Diele. Parkplatz und Eingang stufenlos. Türbreite von Zimmer und Du/WC 82 cm. Freiraum in Du/WC 200 x 90 cm. Freiraum links neben WC 150 cm, vor dem WC 103 cm. Dusche nicht schwellenlos unterfahrbar; Duschhocker vorhanden. Waschbecken unterfahrbar. Stabile Haltegriffe an Dusche und WC vorhanden. Bettenhöhe 50 cm. Im Ort gibt es mehrere Pflegedienste.
Lage: Haus Friedrich liegt zwischen dem Kaiser-Karls-Park und dem Arminiuspark,

nur 80 m von der Fußgängerzone entfernt. Zur Ortsmitte mit Arzt und Apotheke 100 m; Einkaufen 50 m; Freibad, Hallenbad, Krankenhaus 1 km; Spielplatz 150 m; Tennisplatz und Tennishalle 2 km. Der Ort und die Umgebung ist flach, ebenso die Einfahrt und Umgebung des Hauses.

Preis für die rollstuhlgerechte Ferienwohnung pro Tag 72,- DM. Sonderpreise vom 01.11. bis 31.03. Ermäßigung 10,- DM/Tag = 62,- DM. Garage (2,- DM/Tag). Waschmaschinen- und Trocknerbenutzung möglich. Nichtraucherwohnungen; Hunde nicht gestattet.

Ferienhaus Christa — 53902 Bad Münstereifel-Langscheid

Nordrhein-Westfalen, Eifel

Engertsweg 21, Tel. (02253) 7221, Fax: 8181. In einem idyllischen Ort an einem Wald gelegenes Ferienhaus für 3-4 Personen. Komfortabel eingerichtet, mit Wohn-Schlafraum, TV, Telefon, offenem Kamin, Küchenblock, Eßecke und Du/WC. Zum Haus gehört ein Garten mit Grill, Parkplatz am Haus. Eingang, Garten und Zimmer stufenlos erreichbar.

Geeignet für Gehbehinderte, Rollstuhlfahrer und Familien mit geistig Behinderten. Zimmer- und Badezimmertür 95 cm breit. Freiraum in Du/WC 190 x 190 cm. Freiraum links neben WC 160 cm, rechts 50 cm, davor 210 cm. Dusche und Waschbecken unterfahrbar.
Lage: Ortsmitte; Einkaufen, Arzt, Apotheke, Tennisplatz, Tennishalle 6 km; Kuranwendungen und Bahnhof 8 km.
Preis pro Tag für 2 Personen 75,- DM, jede weitere Person 15,- DM.

Hotel Café Oberfollmühle — 53902 Bad Münstereifel OT Eicherscheid

Nordrhein-Westfalen, Eifel

Ahrweilerstr. 41, Tel. (02253) 7904. 12 gemütlich eingerichtete Zimmer mit Du/WC und TV. Vom Parkplatz zum Eingang stufenlos (Rampe). Zu den Zimmern im EG 1 Stufe. Restaurant für 60 Personen.

Geeignet für Gehbehinderte, bedingt geeignet für Rollstuhlfahrer (2 Zimmer). Türbreiten der Zimmer 80 cm, von Du/WC 70 cm. Freiraum in Du/WC 115 x 115 cm, Freiraum vor dem WC 115 cm, nicht seitlich anfahrbar. Dusche nicht unterfahrbar, keine Haltegriffe.

Lage: Von Wiesen, Wäldern und Bergen (350 bis 588 m ü.d.M.) umgeben; am Ortsende von Eicherscheid, 3 km von Bad Münstereifel entfernt. Zur Ortsmitte 500 m; Einkaufen 500 m; Arzt, Apotheke 3 km.

Zimmerpreise: EZ 80,- DM; DZ 140,- bis 150,- DM inkl. Frühstück. Ab 3 Tage Aufenthalt: EZ mit VP 90,- DM; DZ mit VP 190,- bis 200,- DM.

Appartementhaus Meinert — 32545 Bad Oeynhausen

Nordrhein-Westfalen, Weserbergland

> *Haus in der Wielandstraße*

Wielandstr. 36 und Weserstr. 16 a, Tel. (05731) 91071. Die Parterrewohnungen dieser Appartementwohnungen sind **für Gehbehinderte** geeignet.

Appartements zur Selbstbewirtschaftung für 1 bis 4 Personen, zum Teil mit Terrasse, Küchen komplett ausgestattet. Dusche und WC, Haltegriffe und Hocker sind im Badezimmer vorhanden. Eine Matte für die Dusche kann gestellt werden. Fernsehanschlüsse; Fernseher kann gemietet oder mitgebracht werden. Liegewiese, Parkplatz, Unterstellmöglichkeit für Rollstühle.

Kinderfreundliches Haus. Ganzjährig geöffnet. Eingang und Parterrewohnungen sind stufenlos erreichbar. **Türbreiten:** Eingangstüren 82 bis 90 cm, Zimmertüren 70 bis 90 cm, Du/WC 68,5 cm. Freiraum in Du/WC 100 x 100 cm, je nach Wohnung verschieden.

Geeignet für Gehbehinderte und Senioren, bedingt geeignet für Rollstuhlfahrer, die nicht ständig auf den Rollstuhl angewiesen sind. Jedes Jahr kommen viele Behinderte als Gäste, die gut zurechtkommen. Für Behinderte und Senioren, die einen Kuraufenthalt wünschen (dieser kann auf Antrag eventuell von der Krankenkasse bezuschußt werden), ist dieses Haus bestens geeignet. In Bad Oeynhausen gibt es genügend Pflegedienste, die bei Bedarf bestellt werden können.

> *Haus in der Weserstraße*

Lage: Zentrum, Einkaufen, Speisegaststätten, Café, Ärzte, Apotheke, Kurpark und Badehäuser für die Kuranwendungen in unmittelbarer Nähe. IC-Bahnhof 500 m; Post 300 m; Bus 100 m; Krankenhaus, **Herz- und Diabeteszentrum (auch für Kinder)** und andere Kliniken und Sanatorien ca. 200 m; Kindertagesstätte ca. 300 m; Dialysezentrum (**Feriendialyse**; alle modernen Dialyseverfahren) 600 m; Institut für Manualtherapie und **traditionelle chinesische Medizin** 400 m.

Kur- und Freizeiteinrichtungen: Thermal-Sole Bewegungszentrum „Die Bali Therme", Gesundheits- und Erlebnisbad mit 8 unterschiedlichen Becken von 30 °C bis 34 °C, davon 2 Schwimmbecken im Freien, behindertengerecht, Fitness-Studio, große Saunalandschaft mit mehreren Saunen, usw., ca 200 m entfernt. Hallenbad und 2 beheizte Freibäder ca. 500 m; Kur- und Landschaftspark in unmittelbarer Nähe. Minigolf, Spielplatz, Fahrradverleih, Freiluft-Schach, Tennis 200 m; Angeln 500 m; Grillplatz 3 km; Gardierwerk (Saline) 1,5 km.

Preise je nach Größe der Appartements pro Tag 55,- bis 140,- DM. Bei weiteren Fragen wenden Sie sich vertrauensvoll an Frau Meinert.

Empfehlenswertes, freundlich geführtes Haus. Eine Besichtigung der Appartements ist nach Absprache möglich. Im Jahr 2000 ist in Bad Oeynhausen die Landesgartenschau „Aqua Magica“ und in Hannover, ca. 75 km entfernt, die EXPO 2000, welche mit der Bahn (Bad Oeynhausen hat IC-Verbindung) direkt zu erreichen ist; auch über die A 2.

Europa Congresshotel Bad Oeynhausen — 32545 Bad Oeynhausen

Nordrhein-Westfalen, Weserbergland

Morsbachallee 1, Tel. (05731) 2570, Fax: 257444. Hotel mit 130 Zimmern, 18 Suiten, mit Bad/Du/WC. Parkplatz, Eingang, Frühstücksraum, Restaurant und die Zimmer (mit dem Aufzug) stufenlos erreichbar.

Geeignet für Gehbehinderte, Rollstuhlfahrer und Familien mit geistig Behinderten. 2 Zimmer rollstuhlgerecht. Türbreite der Zimmer und von Du/WC 93 cm. Freiraum in Du/WC 200 x 180 cm, Freiraum links neben WC 40 cm, rechts 90 cm, davor 200 cm. Duschhocker, Kippspiegel, Notruf und stabile Haltegriffe an Dusche und WC.

Lage: Direkt am Kurpark von Bad Oeynhausen.

Zimmerpreise: EZ 155,- bis 185 DM; DZ 195,- bis 235,- DM; Frühstück p.P. 21,- DM.

Pension zum Mönchsgarten — 37688 Beverungen - Wehrden

Nordrhein-Westfalen, Weserbergland

Mönchsgarten 2, Tel. (05273) 36036, Fax: 360393. 20 Zimmer mit Du/WC, Telefon, eigene Massagepraxis im Haus, Behindertenbus mit 35 Sitzplätzen. Eingang, Speiseraum und Hallenbad stufenlos erreichbar. Zimmer mit dem Aufzug erreichbar.

Geeignet für Senioren, Gehbehinderte und Rollstuhlfahrer (Gruppen bis 36 Personen); Familien mit geistig Behinderten. **7 Zimmer mit Du/WC sind rollstuhlgerecht.** Türbreiten der Zimmer und von Du/WC 95 cm. Freiraum in Du/WC 140 x 140 cm; Freiraum links neben WC 80 cm, rechts 80 cm, davor 120 cm. Waschbecken und Duschen unterfahrbar. Verstellbare Kippspiegel und stabile Haltegriffe an Du/WC und Waschbecken vorhanden. In 13 weiteren Duschen jeweils eine Schwelle von 20 cm. Bettenhöhe 50 cm.

Zahlreiche Hilfsmittel vorhanden: Bettgalgen, Toilettenaufsatz, Toilettenstuhl, Heuerlifter; Rollstuhlverleih. Anmietung von Pflegebetten möglich. Auf Anfrage Pflegedienstvermittlung. Das hauseigene Hallenbad ist mit Hebelifter ausgestattet. Zahlreiche Rollstuhlfahrer zählen zu den Stammgästen dieser Pension. Langjährige

Zusammenarbeit mit verschiedenen Behindertenorganisationen. Hauseigener, rollstuhlgerechter Bus mit Hebebühne mit max. 7 Rollstuhlfahrern und 20 Sitzplätzen für An- und Abreise sowie Rundfahrten vorhanden.

Preis pro Person mit Frühstück im EZ 64,- DM; im DZ 58,- bis 68,- DM, im Dreibettzimmer 56,- DM. Preis pro Person/Tag inkl. Vollpension im EZ 74,- DM, im DZ 69,50 bis 76,- DM, im Dreibettzimmer 66,- DM. Besonders empfehlenswertes Haus.

Europa Comforthotel Bielefeld — 33602 Bielefeld

Nordrhein-Westfalen

Niederwall 31-35, Tel. (0521) 52530, Fax: 5253444. Hotel mit 150 komfortablen Zimmern mit Bad/Du/WC, Minibar, Telefon, TV und Fax-Anschluß. 3 Tagungsräume. Parkplatz, Eingang, Frühstücksraum, Restaurant und die Zimmer (alles mit dem Aufzug) stufenlos erreichbar. Türbreite vom Aufzug 90 cm (Tiefe 220 cm, Breite 110 cm).

Geeignet für Gehbehinderte, Rollstuhlfahrer und Familien mit geistig Behinderten. 2 Zimmer rollstuhlgerecht. Türbreite der Zimmer und von Du/WC 101 cm. Freiraum in Du/WC 190 x 170 cm, Freiraum links neben WC 40 cm, rechts 90 cm, davor 200 cm. Kippspiegel, Notruf und stabile Haltegriffe an Dusche und WC.

Lage: In der Stadtmitte; Bahnhof 1,5 km; Arzt 50 m, Apotheke 70 m, Krankenhaus 2 km. Sämtliche öffentliche Gebäude sind ohne Stufen zu erreichen.

Zimmerpreise: EZ ab 195,- DM; DZ ab 245,- DM inkl Frühstücksbuffet. Wochenende: EZ 139,- DM; DZ 159,- DM.

NOVOTEL Bielefeld Johannisberg — 33615 Bielefeld

Nordrhein-Westfalen

Am Johannisberg 5, Tel. (0521) 96180, Fax: 9618333. Hotel mit 118 komfortablen Zimmern mit Bad/WC, Minibar, Telefon, Kabel-TV. Tagungs- und Seminarräume. Parkplatz, Eingang, Frühstücksraum, Restaurant, Freibad, Garten und die Zimmer (mit dem Aufzug) stufenlos erreichbar.

Geeignet für Gehbehinderte, Rollstuhlfahrer und Familien mit geistig Behinderten (Gruppen bis 40 Personen). 2 Zimmer rollstuhlgeeignet. Bettenhöhe 50 cm. Türbreite der Zimmer und von Du/WC 105 cm. Freiraum in Du/WC 120 x 163 cm. Bad mit Badewanne, keine unterfahrbare Dusche. Waschbecken unterfahrbar. Stabile Haltegriffe an Badewanne und WC.

Lage: Zur Stadtmitte mit Einkaufen, Arzt, Apotheke und Krankenhaus 3 km. Spielplatz, Garten und Swimmingpool auf dem Hotelgrundstück.

Zimmerpreise: EZ 152,- bis 192,- DM; DZ 195,- bis 245,- DM pro Nacht.

Quality Hotel Bielefeld — 33689 Bielefeld-Sennestadt

Nordrhein-Westfalen

Alte Verler Str. 2, Tel. (05205)9360, Fax: 93500. Hotel mit 85 komfortablen Zimmern mit Bad/Du/WC, Minibar, Telefon, Kabel-TV und Fax-Anschluß. 6 Tagungsräume für 2 bis 80 Personen. Parkplatz, Eingang, Frühstücksraum, Restaurant und die Zimmer (mit dem Aufzug) stufenlos erreichbar.
Geeignet für Gehbehinderte, Rollstuhlfahrer und Familien mit geistig Behinderten. 3 Zimmer rollstuhlgeeignet. Bettenhöhe 50 cm. Türbreite der Zimmer und von Du/WC 120 cm. Freiraum in Du/WC 100 x 100 cm. Dusche und Waschbecken unterfahrbar. Festinstallierter Duschsitz und stabile Haltegriffe an Dusche und WC.

Lage: Nähe Autobahnanschluß, zu erreichen über die A 2, Abfahrt Bielefeld Sennestedt. Bahnhof 15 km; Arzt , Apotheke 3 km, Krankenhaus 10 km.

Zimmerpreise: EZ 125,- DM; DZ 158,- DM pro Nacht inkl Frühstücksbuffet.

Mövenpick Hotel Bielefeld — 33602 Bielefeld

Nordrhein-Westfalen

Am Bahnhof 3, Tel. (0521) 5282-0, Fax: 5282-100. 162 Komfortzimmer. Tiefgarage bis Rezeption stufenlos, Haupteingang von der Straße aus ebenfalls stufenlos. Frühstücksraum und Restaurant mit Rampe.

Geeignetfür Gehbehinderte und Familien mit geistig Behinderten; bedingt geeignet für Rollstuhlfahrer (1 Zimmer). Türbreite vom Zimmer 79 cm, von Du/WC 91 cm. Freiraum im Bad 200 x 160 cm, links neben WC 94 cm, davor 120 cm. Dusche nicht unterfahrbar, keine zusätzlichen Hilfsmittel.

Lage: Im Zentrum von Bielefeld; direkt am Bahnhof.
Zimmerpreise: EZ ab 190,- DM; DZ ab 255,- DM. Frühstücksbuffet 23,- DM pro Person.

Novotel Bochum — 44791 Bochum

Nordrhein-Westfalen

Stadionring 22, Tel. (0234) 5064-0, Fax: 5064-555. 119 komfortable Zimmer mit Bad/Du/WC, mit Kabel-TV, Radio, Telefon. Tagungsräume vorhanden. Eingang, Rezeption, Restaurant und Aufzug stufenlos erreichbar. **Geeignet** für Rollstuhlfahrer: 2 Zimmer mit Bad/WC im Erdgeschoß sind für Rollstuhlfahrer ausgestattet. Türbreite der Zimmer und von Bad/WC 100 cm. Freiraum in Bad/WC 200 x 200 cm. Badewanne, keine Dusche. Freiraum rechts neben WC 150 cm, davor 120 cm. Bettenhöhe 45 cm.

Lage: Zentrum und Bahnhof 4 km; Bus 1 km; Apotheke 1,5 km.
Zimmerpreise: EZ 171,- DM; DZ 201,- DM; Kinder unter 16 Jahren im Zimmer der Eltern frei. Hund 15,- DM. Frühstück pro Person 23,- DM.

Avalon Hotel Bochum 44791 Bochum

Nordrhein-Westfalen

Kohlleppelsweg 45, Tel. (0234) 92590, Fax: 9259-625. 108 komfortable Zimmer mit Bad/Du/WC, mit Sat-TV, Radio, Telefon und Minibar. 5 Tagungsräume mit 150 Plätzen und moderner Tagungstechnik. Eingang, Rezeption, Frühstücksraum, Restaurant, Garten und die Zimmer (im EG und mit dem Aufzug) stufenlos erreichbar. Türbreite vom Aufzug 100 cm (Tiefe 140 cm, Breite 90 cm).

Geeignet für Rollstuhlfahrer und Familien mit geistig Behinderten: 2 Zimmer mit Du/WC sind für Rollstuhlfahrer ausgestattet. Freiraum in Du/WC 300 x 210 cm. Freiraum links neben WC 102 cm, rechts 73 cm, davor 150 cm. Dusche und Waschbecken unterfahrbar. Notruf, festinstallierter Duschsitz und stabile Haltegriffe an Dusche, WC und Waschbecken.

Lage: Zentrum und Bahnhof 6 km; Einkaufen, Apotheke 1 km; Arzt 2 km; Krankenhaus 5 km, Dialyse 7 km.

Zimmerpreise: EZ 210,- DM, DZ 260,- DM. Frühstück pro Person 23,- DM.

Jugendgästehaus Bonn-Venusberg 53127 Bonn

Nordrhein-Westfalen

Haager Weg 42, Tel. (0228) 289970, Fax: 2899714, eMail: jgh-bonn@t-online.de. Jugendgästehaus mit gutem Komfort, 48 Vierbettzimmer und 32 Zweibettzimmer mit Du/WC. Parkplatz, Eingang, Frühstücksraum und Aufzug (Tiefe 140 cm, Breite 120 cm) stufenlos erreichbar. Seminarräume für 6 bis 120 Personen.

Geeignet für Gehbehinderte, für Rollstuhlfahrer (Gruppen bis 80 Personen) und für Familien und Gruppen mit geistig Behinderten (bis 249 Personen). Mehrere 2-Bett- und 4-Bettzimmer mit Du/WC sind rollstuhlgerecht. Türbreiten der Zimmer und von Du/WC 96,5 cm. Freiraum in Du/WC 120 x 120 cm. Freiraum links neben WC 80 cm, rechts 90 cm, davor 140 cm. Dusche und Waschbecken unterfahrbar. Festinstallierter Duschsitz, Duschhocker und stabile Haltegriffe an Du/WC und Waschbecken vorhanden.

Lage: Ca. 5 km vom Stadtzentrum und Bahnhof entfernt; Arzt 100 m; Einkaufen, Apotheke, Krankenhaus und **Dialysezentrum** 400 m.

Preise: Übernachtung mit Frühstück pro Person und Tag 39,- DM, Mittag- oder Abendessen 8,50 DM bis 10,- DM.

Hotel Ibis Bonn 53119 Bonn

Nordrhein-Westfalen

Vorgebirgsstr. 33, Tel. (0228) 72660, Fax: 7266405. Komfortables Hotel mit 147 Zimmern, alle mit Du/WC, Radio, TV und Telefon. Parkplatz, Eingang, Restaurant, Konferenzraum und Aufzug stufenlos erreichbar. Alle Türen mindestens 75 cm breit.
Geeignet für Rollstuhlfahrer. 2 rollstuhlgerechte Zimmer. Türbreiten der Zimmer

80 cm, von Du/WC 75 cm. Zum Bad eine kleine Schwelle von ca. 3 cm Höhe. Dusche schwellenlos unterfahrbar, festmontierter Duschsitz, Haltegriffe an Dusche und WC; Waschbecken unterfahrbar. Bettenhöhe 53 cm.

Lage: Stadtzentrum, Einkaufen, Arzt und Apotheke 1 km; Bahnhof 2 km.

Zimmerpreise: EZ und DZ 99,90 DM. Frühstücksbuffet pro Person 15,- DM; Kinder bis 12 Jahre im Zimmer der Eltern frei.

Holiday Inn — 53111 Bonn

Nordrhein-Westfalen

Berliner Freiheit, Tel. (0228) 72690, Fax: 7269700. 252 komfortable Zimmer mit Bad/Du/WC, mit Sat-TV, Radio, Telefon und Minibar. 21 Tagungsräume für insgesamt 250 Personen. Tiefgarage mit Aufzug; Eingang mit Rampe, Rezeption, Frühstücksraum, Restaurant und die Zimmer mit dem Aufzug stufenlos erreichbar. Türbreite vom Aufzug 90 cm (Tiefe 130 cm, Breite 110 cm).

Geeignet für Rollstuhlfahrer und Familien mit geistig Behinderten: 8 Zimmer mit Du/WC sind für Rollstuhlfahrer ausgestattet. Türbreite von Zimmer und Du/WC 81 cm. Freiraum in Du/WC 140 x 120 cm. Freiraum links neben WC 100 cm, rechts 25 cm, davor 115 cm. Dusche und Waschbecken unterfahrbar. Notruf, Duschhocker und stabiler Haltegriff am WC.

Lage: Im Zentrum; Bhf. 1,5 km; Einkaufen, Arzt, Apotheke 500 m; Krankenhaus 1,5 km.

Zimmerpreise: EZ 309,- DM, DZ 388,- DM. Am Wochenende EZ 197,- DM; DZ 225,- DM. Alle Preise inkl. Frühstück.

Gustav-Heinemann-Haus — 53119 Bonn-Tannenbusch

Nordrhein-Westfalen

Waldenburger Ring 44, Tel. (0228) 6683-0. Das Haus ist rollstuhlgerecht gebaut worden und verfügt über fünf rollstuhlgerechte Doppelzimmer. Hallenbad, Sauna, Solarium stehen zur Verfügung.

Geeignet für Rollstuhlfahrer, Gehbehinderte und geistig Behinderte. 5 Doppelzimmer mit Du/WC rollstuhlgerecht: Türbreiten der Zimmer 92 cm, von Du/WC 86 cm. Freiraum in Du/WC 247 x 170 cm. Freiraum links neben WC 95 cm, rechts und vor dem WC 110 cm. Dusche und Waschbecken unterfahrbar. Duschhocker, Kippspiegel und stabile Haltegriffe an Du/WC und Waschbecken vorhanden.

Lage: Bonn-Tannenbusch.

Zimmerpreise: EZ 60,- DM; DZ 90,- DM.

„Schloß Gehrden“ Familienferien- und Bildungsstätte — 33034 Brakel-Gehrden

Nordrhein-Westfalen, Eggegebirge

Tel. (05648) 226, Fax: (05648) 1287, Internet: www.familienbund-pb.de. Die Gäste dieser Einrichtung wohnen in einem sehr schönen alten Schloß, zum größten Teil mit alten, antiken Möbeln ausgestattet. Alle 56 Gästezimmer (1-, 2- und Mehrbettzimmer) sind sehr individuell eingerichtet.

Das Haus bietet verschiedene Tagungs- und Aufenthaltsräume, Spielzimmer, Bibliothek, Meditationsraum und eine Säuglingspflegeeinrichtung.

Im Außenbereich befinden sich 2 Spielplätze, ein herrlicher Schloßpark, Grillplatz und ein Freizeithaus mit historischem Außenbackofen.

Der überwiegende Teil des Hauses ist für Rollstuhlfahrer geeignet, darunter 11 Zimmer (max. 20 Rollstuhlfahrer) ohne Du/WC. Auf jeder Etage befinden sich Toiletten und Duschkabinen sowie ein behindertengerechtes Bad.

Vom Parkplatz zum Eingang mit Rampe; Zum Garten mit Rampe; Frühstücksraum stufenlos. Zimmer im EG oder mit dem Aufzug erreichbar. Türbreite vom Aufzug 90 cm (Tiefe 140 cm, Breite 105 cm).

Geeignet für Gehbehinderte, Senioren, Rollstuhlfahrer sowie Familien und Gruppen mit anderen Behinderten, z.B. Urlaubsgruppen von Heimen und Behinderteneinrichtungen. Alle Gruppen sind herzlich willkommen. 120 Betten insgesamt; 2 Pflegebetten vorhanden. Mobiler Pflegedienst kann beim Caritasverband Brakel bestellt werden.

Rollstuhlgerechte Badezimmer mit folgenden Maßen: Türbreiten 92 cm; Bewegungsfreiraum 110 x 135 cm. Freiraum links neben WC 25 cm, rechts und davor 90 cm. Dusche und Waschbecken unterfahrbar. Festinstallierter Duschsitz und stabile Haltegriffe an Dusche und WC vorhanden.

Für Kinder stehen das Spielzimmer und zwei Spielplätze zur Verfügung.

Bildungs- und Erholungsangebote: Das „Familienerholungswerk“ und der „Familienbund der Deutschen Katholiken im Erzbistum Paderborn“ bieten für Menschen aller Altersgruppen Erholungs- und Freizeitmaßnahmen auf „Schloß Gehrden“ an, darunter auch Erholungsmaßnahmen für Familien mit Kindern. Ein ausführliches Programm kann angefordert werden.

Angebote am Ort: Sportplatz, Minigolf, Tennisplätze, Kegelbahnen, Reiten. Sehenswürdigkeiten wie Hermannsdenkmal, Freilichtmuseum Detmold, Vogelpark, usw. als Ausflugsziele in die nähere Umgebung.

Preise pro Person und Übernachtung inkl. Vollpension: Erwachsene und Jugendliche ab 16 Jahren 62,- DM; Kinder 8-15 Jahre 49,- DM; Kinder 4-7 Jahre 45,- DM; Kinder 1-3 Jahre 30,- DM; Kinder bis 1 Jahr frei. Einzelzimmer-Zuschlag 13,- DM.

Holiday Inn Crowne Plaza Dortmund 44139 Dortmund

Nordrhein-Westfalen, Ruhrgebiet

An der Buschmühle 1, Tel. (0231) 10860, Fax: 1086-777. 195 vollausgestattete Zimmer und Suiten, 19 Tagungsräume für bis zu 400 Personen. Parkplatz, Eingang, Frühstücksraum, Restaurant stufenlos; Hallenbad und Zimmer mit dem Aufzug erreichbar. Türbreite vom Aufzug 90 cm (Tiefe 125 cm, Breite 110 cm).

Geeignet für Gehbehinderte, Rollstuhlfahrer und Familien mit geistig Behinderten. 1 Zimmer rollstuhlgerecht. Türbreite vom Zimmer 90 cm, von Du/WC 80 cm. Freiraum in Du/WC 110 x 170 cm. Dusche und Waschbecken unterfahrbar. Festinstallierter Duschsitz, Notruf und stabile Haltegriffe an Dusche und WC vorhanden.
Lage: Zur Stadtmitte 3 km; Arzt, Apotheke 200 m; Bahnhof 3 km; Einkaufen und Krankenhaus 2 km.
Zimmerpreise: EZ 270,- bis 370,- DM; DZ 320,- bis 420,- DM. Frühstück 28,- DM pro Person. Sommer- und Wochenendpreise auf Anfrage.

Parkhotel Westfalenhallen 44139 Dortmund

Nordrhein-Westfalen, Ruhrgebiet

Strobelallee 41, Tel. (0231) 1204-245, Fax: 1204-555. 142 Zimmer, 2 Suiten, alle mit Du/WC, Telefon, Kabel-TV, Radio, Minibar, Hosenbügler. Parkplatz, Eingang, Frühstücksraum, Restaurant und Zimmer (mit dem Aufzug) stufenlos erreichbar. Zum Hallenbad mit dem Aufzug und 3 Stufen. Türbreite vom Aufzug 88 cm, (Tiefe 210 cm, Breite 110 cm). Kongreßzentrum neben dem Hotel mit Tagungsmöglichkeiten.

Geeignet für Gehbehinderte, Rollstuhlfahrer und Familien mit geistig Behinderten. 2 Zimmer rollstuhlgerecht. Türbreiten der Zimmer und von Du/WC 115 cm. Freiraum in Du/WC 140 x 140 cm. Links und rechts neben WC Haltegriffe; Freiraum vor dem WC 140 cm. Dusche und Waschbecken unterfahrbar. Notruf, festinstallierter Duschsitz und stabile Haltegriffe an Du/WC und Waschbecken vorhanden.
Lage: Zum Zentrum 2 km; Einkaufen 2 km, Arzt, Apotheke, Krankenhaus, Dialyse 2 km; Bahnhof 3 km.
Zimmerpreise: EZ 159,- bis 209,- DM; DZ 219,- bis 279,- DM, inkl. Frühstücksbuffet.

Holiday Inn Dortmund Römischer Kaiser 44135 Dortmund

Nordrhein-Westfalen, Ruhrgebiet

Olpe 2, Tel. (0231) 543200, Fax: 574354. Vier-Sterne-Hotel mit 118 Zimmern und 8 Suiten, ausgestattet mit Bad/Du/WC, Radio, Kabel-TV, Telefon und Minibar. Tagungsräume für 5 bis 300 Personen. Nichtraucher-Etage und Behindertenzimmer.

Geeignet für Rollstuhlfahrer sind zwei mit den Aufzügen erreichbare Zimmer mit extrabreiten Türen. Im Badezimmer zusätzliche Haltegriffe, festinstallierter Duschsitz, unterfahrbare Dusche, niedrige Armaturen. Tür-Fernbedienung; Verbindungstüre zum Nebenzimmer für Begleitperson. 2 Restaurants im Haus mit einer schrägen Auffahrt (feste Rampe) stufenlos erreichbar.
Zimmerpreise: EZ 218,- bis 238,- DM; DZ 268,- bis 318,- DM. Frühstücksbuffet pro Person 24,- DM; Garage 20,- DM.

Bauernhof Pension „Waldmühle" — 32694 Dörentrup-Hillentrup

Nordrhein-Westfalen, Teutoburger Wald

Christian Frevert, Waldmühlenweg 1, Tel. (05265) 262, Fax: 6597. Der Bauernhof (mit DLG-Gütezeichen) befindet sich in ruhiger Lage direkt am Wald und ist seit dem Jahre 1600 im Familienbesitz. Bewirtschaftet werden 120 Morgen Acker, Weiden und Wald. Zum Hof gehören Pferde, Rinder, Schweine und Kleinvieh. Ponyreiten wird angeboten. Spielplatz am Haus.

Den Gästen steht außerdem ein Hallenbad (10 x 5 m, 27 °C) mit Jetstream, Sauna und Solarium zur Verfügung. Außerdem ein großer Garten mit Liegewiese und Kneipptretbecken.

Der Bauernhof verfügt über Einzel-, Doppel- und Mehrbettzimmer mit Du/WC. Parkplatz, Eingang, Frühstücksraum, Garten und 4 Zimmer im EG stufenlos erreichbar. Zum hauseigenen Hallenbad 6 Stufen.

Geeignet für Gehbehinderte (bis 35 Personen), für Rollstuhlfahrer (4 Personen) und für Familien mit geistig Behinderten. **1 Zimmer mit Du/WC ist rollstuhlgerecht.** Türbreiten vom Zimmer und von Du/WC 100 cm. Dusche und Waschbecken unterfahrbar. Festinstallierter Duschsitz sowie stabile Haltegriffe an Du/WC und Waschbecken vorhanden. Bettenhöhe 48 cm. Zusätzlich 3 Zimmer sind für Rollstuhlfahrer bedingt geeignet, weil die Badezimmer nicht rollstuhlgerecht sind.

Lage: Ruhige Waldrandlage; Ortsmitte, Einkaufen, Bus 100 m; Arzt 1,5 km; Apotheke, Kuranwendungen, Freibad 2 km; Bahnhof, Krankenhaus 8 km. Örtlicher Pflegedienst.

Preis pro Tag für Erwachsene inkl. Vollpension 67,- DM; für Kinder von 2 bis 7 Jahre 40,- DM; für Kinder von 8 bis 12 Jahre 47,- DM. EZ-Zuschlag 10,- DM.

Hotel Ibis Duisburg — 47051 Duisburg

Nordrhein-Westfalen

Mercatorstr. 15, Tel. (0203) 300050, Fax: 340088. 93 Zimmer mit Du/WC, Telefon und TV. Eingang, Frühstücksraum und die Zimmer (mit dem Aufzug) stufenlos erreichbar. Türbreite vom Aufzug 75 cm.

Geeignet für Rollstuhlfahrer: 1 Zimmer mit Du/WC für Rollstuhlfahrer ausgestattet. Türbreite von Zimmer und Du/WC 80 cm. Freiraum in Du/WC 120 x 70 cm, Freiraum links neben WC 70 cm, rechts 120 cm, davor 100 cm. Dusche und Waschbecken unterfahrbar. Duschhocker und Haltegriff an Dusche vorhanden.

Lage: Am Bahnhof; Zentrum 500 m; Apotheke 100 m; Arzt 500 m.

Zimmerpreise: Während der Messezeiten EZ und DZ 155,- DM, sonst 109,- DM pro Zimmer. Frühstück 15,- DM pro Person und Tag. Empfehlenswertes Stadthotel: Gutes Preis-Leistungsverhältnis.

Hotel Ibis Hauptbahnhof — 40210 Düsseldorf

Nordrhein-Westfalen

Konrad-Adenauer-Platz 14, Tel. (0211) 16720, Fax 1672101. 166 Zimmer mit Kabel-TV, Du/WC und Telefon. Eingang, Frühstücksraum und Zimmer (mit dem Aufzug) stufenlos erreichbar.

Geeignet für Rollstuhlfahrer: 2 Zimmer mit Du/WC sind rollstuhlgerecht. Türbreite vom Zimmer und von Du/WC 93 cm. Freiraum in Du/WC 120 x 240 cm. Dusche und Waschbecken unterfahrbar. Duschhocker und stabile Haltegriffe an Du/WC und Waschbecken vorhanden.

Lage: Im Zentrum, direkt am Hauptbahnhof.
Zimmerpreise: EZ und DZ 130,- DM pro Tag; zu Messezeiten, 183,- DM. Frühstück 15,- DM pro Person. Empfehlenswertes Stadthotel: Preis + Leistung gut.

Hotel Ibis Am Handelszentrum — 40227 Düsseldorf

Nordrhein-Westfalen

Ludwig Erhard Allee 2, Tel. (0211) 77010, Fax 7701716. 146 Zimmer mit Kabel-TV, Du/WC und Telefon. Eingang, Frühstücksraum, Restaurant und Zimmer (mit dem Aufzug) stufenlos erreichbar. Türbreite vom Aufzug 80 cm (Tiefe 200 cm, Breite 100 cm).

Geeignet für Rollstuhlfahrer: 1 Zimmer mit Du/WC. Türbreite vom Zimmer und von Du/WC 80 cm. Freiraum links neben WC 140 cm, rechts 130 cm, davor 150 cm. Dusche und Waschbecken unterfahrbar. Festinstallierter Duschsitz und stabile Haltegriffe an Dusche und WC vorhanden.

Lage: Zentrum 2 km; Einkaufen, Arzt 500 m; Apotheke 150 m; Krankenhaus 2 km.
Zimmerpreise: EZ und DZ 169,- DM pro Tag. Frühstück 15,- DM pro Person.

Dorint Hotel Düsseldorf — 40210 Düsseldorf

Nordrhein-Westfalen

Stresemannplatz 1, Tel. (0211) 35540, Fax: 354120. 3-Sterne-Hotel mit 162 Zimmern mit Bad/Du/WC, Radio, Kabel-TV, Minibar und Telefon. Haupteingang 1 Stufe, Rampe im Garageneingang; Rezeption, Restaurant und Aufzug stufenlos erreichbar. Behindertengerechtes WC im öffentlichen Bereich. Innenmaße vom Aufzug 200 x 110 cm. Türen mindestens 90 cm breit.

Geeignet für Rollstuhlfahrer: 1 Zimmer mit Du/WC speziell für Rollstuhlfahrer ausgestattet. Türbreite vom Zimmer und Du/WC 90 cm. Freiraum in Du/WC 100 x 80 cm; Freiraum rechts neben WC 60 cm, davor 115 cm. Dusche und Waschbecken unterfahrbar. Duschhocker, Kippspiegel und stabile Haltegriffe an Du/WC und Waschbecken vorhanden.

Lage: Zur Ortsmitte und Apotheke 500 m; Bahnhof und Bus 300 m.

Preise pro Zimmer und Nacht inklusive Frühstück: EZ 285,- bis 435,- DM; DZ 363,- bis 563,- DM; Extrabett 55,- DM. Während Messezeiten gelten höhere Preise.

relexa hotel Airport Düsseldorf Ratingen — 40880 Düsseldorf-Ratingen

Nordrhein-Westfalen

Berliner Straße 95-97, Tel. (02102) 458-0, Fax: 458-599. Komfortables Hotel mit 168 Zimmern. Parkplatz, Eingang, Frühstücksraum, Restaurant, Garten und Zimmer stufenlos erreichbar. Türbreite vom Aufzug 100 cm (Tiefe 200 cm, Breite 140 cm).

Geeignet für Rollstuhlfahrer und Familien mit geistig Behinderten. 2 Zimmer mit Du/WC rollstuhlgeeignet. Bettenhöhe 55 cm. Türbreite von Zimmer und Du/WC 85 cm. Bewegungsfreiraum in Du/WC 140 x 140 cm. Freiraum links neben WC 100 cm, davor 140 cm. Dusche und Waschbecken unterfahrbar. Duschhocker und stabiler Haltegriff an der Dusche vorhanden.

Lage: Stadtmitte Ratingen 5 km; Einkaufen, Arzt, Apotheke 1 km; Krankenhaus, Dialyse 5 km.

Zimmerpreise „Economy“: EZ 235,- DM, DZ 285,- DM; Messezeiten 460,- bis 510,- DM. Am Wochenende EZ 140,- DM, DZ 160,- DM außerhalb von Messezeiten.

Radisson SAS Hotel Düsseldorf — 40474 Düsseldorf

Nordrhein-Westfalen

Karl-Arnold-Platz 5, Tel. (0211) 45530, Fax: (0211) 4553-110. 309 komfortable Einzel- und Doppelzimmer mit Du/WC, TV, Telefon, Klimaanlage und Minibar. Konferenzräume für 10 bis 800 Personen. Parkplatz, Eingang, Restaurant und Zimmer (mit dem Aufzug) stufenlos erreichbar. Türbreiten: Eingang 160 cm, Restaurant 130 cm, Aufzug 110 cm (Tiefe 110 cm, Breite 180 cm).

Geeignet für Rollstuhlfahrer, Gehbehinderte, Familien mit geistig Behinderten. 2 rollstuhlfreundliche Zimmer mit Bad/Du/WC, extrabreite Türen. Freiraum in Bad/WC 150 x 150 cm.

Lage: Zentrum 3 km; Bahnhof 5 km; Bus und Arzt 300 m; Apotheke 1 km; Krankenhaus 3 km.

Zimmerpreise: EZ 195,- bis 575,- DM; DZ 235,- bis 575,- DM.

Holiday Inn Düsseldorf Airport — 40880 Düsseldorf-Ratingen

Nordrhein-Westfalen

Broichhofstr. 3, Tel. (02102) 456-0, Fax: 456-444. 199 komfortable Zimmer mit Bad/Du/WC, Klimaanlage, Telefon, Kabel-TV, Video, Radio und teilweise Modemanschluß. Tagungsräume für bis zu 250 Personen, hauseigener Innen- und Außenpool, Sauna, Solarium. Haupteingang mit Rampe, alle übrigen Einrichtungen stufenlos erreichbar; zur Sauna 1 Stufe. Eingangstür 94 cm breit.

Geeignet für Rollstuhlfahrer: 2 Zimmer mit Bad/Du/WC behindertengerecht ausgestattet. Freiraum in Bad/WC 130 x 120 cm. Badezimmertür 82 cm breit.

Lage: Unmittelbare Nähe zum Flughafen Düsseldorf; Zentrum 14 km; Einkaufen, Apotheke 1 km; **Dialysezentrum** 14 km.

Zimmerpreise: EZ und DZ ab 250,- DM pro Tag. Frühstück 26,- DM pro Person.

Novotel Düsseldorf Ratingen — 40885 Düsseldorf-Ratingen

Nordrhein-Westfalen

Lintorfer Weg 75, Tel. (02102-1870, Fax: 18418. Hotel mit 116 komfortablen Zimmern. Parkplatz, Eingang, Restaurant, Außenschwimmbad, Garten und Behindertenzimmer im EG stufenlos erreichbar. Türbreite vom Aufzug 85 cm (Tiefe 90 cm, Breite 110 cm).

Geeignet für Rollstuhlfahrer und Familien mit geistig Behinderten. 2 Zimmer rollstuhlgeeignet. Bettenhöhe 45 cm. Türbreite der Zimmer und von Bad/WC 80 cm. Bewegungsfreiraum in Bad/WC 140 x 140 cm. Freiraum links und vor dem WC 95 cm. Bad mit Badewanne; Badewanneneinstieghilfe vorhanden. Haltegriff an WC vorhanden, Waschbecken unterfahrbar.

Lage: Stadtmitte Ratingen 2 km; Einkaufen, Arzt, Apotheke 2 km; Krankenhaus 4 km.

Zimmerpreise: EZ 167,- bis 380,- DM; DZ 187,- bis 380,- DM zzgl. 23,- DM Frühstück pro Person.

Urlaub auf dem Bauernhof Pension Harkotten — 48282 Emsdetten

Nordrhein-Westfalen, Münsterland

Hollingen 19, Nordwalder Straße, Tel. (02572) 7157, Fax: (02572) 97057. Bauernhof mit Rindern, Pferden, Ponys und Streicheltieren. 2 Ferienwohnungen und 12 Gästezimmer.

Geeignet für Gehbehinderte, Rollstuhlfahrer und Familien mit geistig Behinderten; auch für **Gruppen** mit Behinderten, die in den 12 Zimmern (50 Betten) und zusätzlich in 2 rollstuhlgerechten Ferienwohnungen untergebracht werden können. Zimmertüren 80 cm breit. Bewegungsfreiraum in Du/WC 130 x 300 cm. Dusche unterfahrbar, Haltegriffe an Dusche, Waschbecken und WC.

Lage: Zur Ortsmitte von Emsdetten mit Bhf., Krankenhaus, Arzt und Hallenbad 4 km; Freibad, Warmwasserbäder 3 km; Spielplatz und Grillplatz am Haus; Wandern ab Haus möglich; Seestrand 1 km. Umgebung flach. Feriendialyse Dr. Korte in Emsdetten 3 km. Planwagenfahrten, Ponyreiten für Kinder und andere Aktivitäten.

Preise: ÜF 44,- DM; HP 52,- DM; VP 58,- DM pro Person. Kinder bis zu 50 % Ermäßigung. Preis für eine Ferienwohnung 170,- DM pro Tag, inkl. Strom- und Heizungskosten.

Ferienwohnung Barbara Kemper — 59889 Eslohe OT Lochtrop

Nordrhein-Westfalen, Sauerland

Lochtrop 5 a, Tel. u. Fax: (02971) 86756. 4 komfortabel und geschmackvoll eingerichtete Ferienwohnungen für 6 bis 9 Personen, mit Küche, Du/WC, TV, Kaffeemaschine, Waschmaschine, 2 bis 4 Schlafzimmern mit Doppel- und Etagenbetten. Parkplatz, Eingang und 1 Ferienwohnung im EG stufenlos.

Geeignet für Gehbehinderte und für Familien mit geistig Behinderten; bedingt geeignet für Rollstuhlfahrer. Gruppen bis 27 Personen. 1 Ferienwohnung rollstuhlgängig: Türbreiten der Zimmer 84 cm, von Du/WC 80 cm. Freiraum in Du/WC 160 x 200 cm. Freiraum rechts neben WC 85 cm, davor 110 cm. Dusche nicht unterfahrbar. Keine Haltegriffe oder Hilfsmittel.

Lage: Das Haus liegt im Ortsteil Lochtrop sehr ruhig am Waldrand.
Einkaufen und Restaurant 3 km; zur Ortsmitte 200 m; Arzt, Apotheke, Hallenbad und Freibad 5 km; Krankenhaus 15 km.

Preis für eine Ferienwohnung je nach Größe 85,- bis 180,- DM pro Tag inkl. Nebenkosten ab 3 Tage Aufenthalt.

Ferienhaus „Homertblick" — 59889 Eslohe

Nordrhein-Westfalen, Sauerland

Marita Schulte, Brackenweg 38, Tel. (02973) 97890, Fax: 978918. Das Ferienhaus Homertblick liegt am Ortsrand von Eslohe direkt am Wald mit Panoramablick über den Luftkurort und die Berge Homert.

4 komplett eingerichtete Ferienwohnungen mit jeweils 53 qm; 3 Wohnungen für 4 Personen, 1 Wohnung für 6 Personen geeignet. Alle mit Sat-TV, Telefon, Terrasse, Balkon und Gartenmöbel. Eingang zur Ferienwohnung 1 Stufe mit Rampe.

Geeignet für Gehbehinderte und Familien mit geistig Behinderten, bedingt geeignet für Rollstuhlfahrer mit Begleitung. Türbreite der Zimmer und von Du/WC 80 cm. Badezimmer mit Badewanne; für Rollstuhl eng. Freiraum im Bad 70 x 180 cm, Freiraum vor dem WC 80 cm.

Lage: Ruhige Lage am Ortsrand; zur Ortsmitte 1 km; Arzt, Apotheke, Freibad, Hallenbad 1 km; zum Hennesee (Rudern, Schwimmen, Surfen) 10 km. 2 Pflegedienste vor Ort.

Preis für eine Ferienwohnung pro Tag je nach Saison 45,- bis 70,- DM zzgl. Nebenkosten. Zugreisende können vom Bahnhof abgeholt werden.

Reiterhof-Café
Pension Gut Habbecke — 59889 Eslohe-Wenholthausen

Nordrhein-Westfalen, Sauerland

Familie Bücker, Gut Habbecke, Tel. + Fax: (02973) 1436. Von Wiesen und Wäldern umgebene Ferienhof-Pension in Einzellage. Behagliche, mit Dusche und WC ausgestattete Gästezimmer sowie Ferienwohnung für bis zu 5 Personen.

Mehrere rustikal eingerichtete Aufenthaltsräume. Gutbürgerliche Küche mit Produkten aus eigener Landwirtschaft und Schlachtung.

Freibad mit Liegewiese und Spielplatz am Haus, Reithallennnutzung in unmittelbarer Hausnähe, Sauna und Solarium. Gemütliches Haus- und Gartencafé mit Kaffee und Kuchen aus eigener Herstellung.

Geeignet für Gehbehinderte. **Besonders gut geeignet für geistig behinderte Kinder** und Erwachsene. Bedingt geeignet für Rollstuhlfahrer (Bad/WC bedingt rollstuhlgeeignet). 1 Ferienwohnung und 1 DZ im EG stufenlos erreichbar.

Lage: Sehr schöne Einzellage direkt am Wald, nur 800 m vom staatl. anerkannten Erholungsort Wentholthausen entfernt. Zur Ortsmitte 1 km; Einkaufen, Arzt 1 km; Apotheke, Freibad, Hallenbad 5 km, Krankenhaus und Dialyse 16 km.

Preis pro Person und Tag für Erwachsene: Übernachtung mit Frühstück 40,- DM, mit Halbpension 55,- DM, mit Vollpension 65,- DM. Hund 5,- DM. **Kinderermäßigung** auf Anfrage, dem Alter entsprechend. Preis für die Ferienwohnung: mit 2 Personen 65,- DM, mit 3 Pers. 75,- DM, mit 4 Pers. 90,- DM; jede weitere Person zzgl. 10,- DM.

Hotel Essener Hof — 45127 Essen

Nordrhein-Westfalen, Ruhrgebiet

Teichstr. 2, Tel. (0201) 2425-0, Fax: 2425-751. Hotel mit 130 komfortabel und individuell eingerichteten Zimmern und Appartements mit Bad/Du und WC, Kabel-TV, Telefon, Radio und Safe. Tagungsmöglichkeiten für bis zu 100 Personen. Eingang 1 Stufe. Frühstücksraum, Restaurant und die Zimmer (mit dem Aufzug) stufenlos erreichbar. Türbreite vom Aufzug 78 cm (Tiefe 120 cm, Breite 90 cm).

Geeignet für Gehbehinderte, Rollstuhlfahrer und Familien mit geistig Behinderten. 1 Zimmer rollstuhlgerecht. Türbreite von Zimmer und Du/WC 93 cm. Freiraum in Du/WC 250 x 250 cm. Freiraum rechts neben WC 120 cm, davor 95 cm. Dusche und Waschbecken unterfahrbar. Festinstallierter Duschsitz, Telefon im Bad, stabile Haltegriffe an Du/WC und Waschbecken vorhanden.

Lage: Zentrale Lage mitten in der Stadt. **Preise:** EZ/DZ 225,- DM.

Hotel Ibis Essen — 45127 Essen

Nordrhein-Westfalen, Ruhrgebiet

Hollestraße 50, Tel. (0201) 24280, Fax: 2428600. Hotel mit 290 Betten. Komfortable Zimmer, alle mit Du/WC, Telefon und TV. Eingang, Restaurant, Aufzug stufenlos erreichbar. Innenmaße vom Aufzug: 200 x 80 cm.

Geeignet für Rollstuhlfahrer (1 Zimmer): Türbreite von Zimmer und Du/WC 81 cm. Freiraum in Bad/WC 180 x 200 cm, Freiraum rechts neben WC 120 cm. Dusche unterfahrbar. Dusche ohne Haltegriffe; Haltegriff am WC. Bettenhöhe 53 cm.

Lage: Zentrum, Einkaufen und Bahnhof 200 m.
Zimmerpreise: EZ und DZ 119,- bis 155,- DM. Frühstück pro Person 15,- DM.

Holiday Inn Essen City Centre — 45127 Essen

Nordrhein-Westfalen, Ruhrgebiet

Frohnhauser Str. 6, Tel. (0201) 24070, Fax: 2407240. Im Juni 1996 eröffnet. 168 Zimmer mit Du/WC, Minibar, Radio, TV, Telefon- und Faxanschluß. Garage, Eingang, Frühstücksraum, Restaurant und Zimmer (mit dem Aufzug) stufenlos erreichbar. Türbreite vom Aufzug 80 cm (Tiefe 200 cm, Breite 90 cm).

Geeignet für Gehbehinderte, Rollstuhlfahrer und Familien mit geistig Behinderten. 1 Zimmer rollstuhlgerecht. Türbreiten vom Zimmer und von Du/WC 94 cm. Freiraum in Du/WC 240 x 210 cm. Freiraum links neben WC 175 cm, davor 159 cm. Dusche und Waschbecken unterfahrbar. Notruf, verstellbarer Kippspiegel, festinstallierter Duschsitz und stabile Haltegriffe an Dusche und WC vorhanden. Bettenhöhe 70 cm.

Lage: Zur Stadtmitte 500 m; Bhf. 1 km; Arzt, Apotheke 500 m; Krankenhaus 2 km.

Zimmerpreise: EZ ab 231,- DM; DZ ab 257,- DM pro Nacht inkl. Frühstück. Wochenendpreise auf Anfrage.

Hotel Appartement am Brauhaus — 45359 Essen

Nordrhein-Westfalen, Ruhrgebiet

Am Brauhaus 16-32, Tel. (0201) 676809, Fax: 680848. 25 Appartements, 4 davon für Rollstuhlfahrer geeignet, auch andere Behinderte willkommen. Bettenhöhe 50 cm. Türbreite von Zimmer und Du/WC 80 cm. Bewegungsfreiraum in Du/WC 140 x 140 cm. Freiraum links neben WC 140 cm, rechts 50 cm, davor 100 cm. Dusche und Waschbecken unterfahrbar. Festinstallierter Duschsitz und stabile Haltegriffe an Dusche, WC und Waschbecken.
Lage: In der Stadtmitte, 200 m vom Bahnhof entfernt.
Preis pro Appartement: EZ ab 65,- DM; DZ ab 95,- DM.

Mövenpick Hotel Essen — 45127 Essen

Nordrhein-Westfalen, Ruhrgebiet

Am Hauptbahnhof 2, Tel. (0201) 17080, Fax: 1708173. 202 komfortable Zimmer mit Bad/Du/WC, Telefon, Radio, Kabel-TV und Minibar. Konferenz-, Seminar- und Bankettträume für bis zu 100 Personen. Eingang, Einrichtungen und Zimmer stufenlos oder mit dem Aufzug zu erreichen. Innenmaße vom Aufzug: Tiefe 140 cm, Breite 80 cm.
Geeignet für Rollstuhlfahrer: 1 Zimmer gut geeignet. Alle Türen mindestens 80 cm breit. Freiraum in Bad/WC 200 x 210 cm.
Lage: Direkt am Hauptbahnhof Essen, Zentrum; Arzt und Apotheke 50 m.
Zimmerpreise: EZ ab 220,- DM; DZ ab 285,- DM.

Ferienwohnungen „Haus Eichholz" DYNAMIS-betreutes Reisen — 32699 Extertal-Bösingfeld

Nordrhein-Westfalen, Teutoburger Wald, Weserbergland

Ferienwohnungen: Auf den Stücken 13 in Extertal-Bösingfeld. Anmeldungen bei: DYNAMIS-betreutes Reisen, Tel. (05262) 99166, Fax 99167. DYNAMIS-betreutes Reisen bietet 5 Ferienwohnungen an, **davon 3 absolut rollstuhlgerecht.** Die Leitung des Hauses liegt bei Manfred und Christine Kistel, die beide aus Pflegeberufen kommen. 40 Rollstuhlfahrer zählen jedes Jahr zu den zufriedenen Urlaubsgästen.

Besonders gut geeignet für Einzelreisende, Gruppen, Senioren, Rollstuhlfahrer, Rheumatiker, Dialyse-Patienten und für Familien oder Gruppen mit geistig Behinderten. **Hilfs- und Pflegebedürftige**, die nicht alleine zurechtkommen, können Hilfe im Haus in Anspruch nehmen. Pflegeleistungen können durch die Sozialstation erbracht und abgerechnet werden.

Wohnung I mit 50 qm für bis zu 4 Personen, mit Küche, Schlafzimmer, Wohnzimmer, Flur und Badezimmer mit unterfahrbarer Dusche.
Wohnung III mit 45 qm für 2/3 Personen, mit Wohn-Schlafzimmer, Küche, Flur und Badezimmer mit unterfahrbarer Dusche.
Wohnung V: 40 qm für 2 Personen, mit Wohnschlafzimmer, Flur, Küche und Bad mit unterfahrbarer Dusche.

Die Wohnungen I, III und V liegen im EG und sind stufenlos erreichbar. Alle Türen sind mindestens 100 cm breit. Bewegungsfreiraum im Bad 300 x 140 cm. Dusche und Waschbecken mit stabilen Haltegriffen. Festinstallierte, abklappbare Haltegriffe an den Toiletten. Dusche schwellenlos unterfahrbar (Bodenabsenkung im Duschbereich ohne Kanten). Alle Zimmer können bei Bedarf mit Pflegebetten ausgestattet werden. Pflegehilfsmittel können gestellt werden.

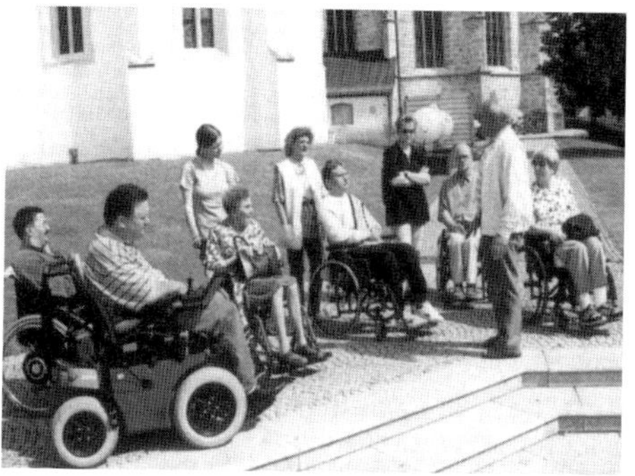

Wohnung II (im 1. Stock) 65 qm, Küche, Wohnzimmer, 2 Schlafzimmer, Flur und Bad. **Wohnung II A**: Einzelzimmer mit Bad; ideal für Begleitperson. **Wohnung IV** (1. Stock) 40 qm, Küche, Wohnzimmer, Schlafzimmer, Flur und Bad.

Frühstücks- und Tagesraum: rustikale Bauerndeele mit Kachelofen, für 20 Personen, stufenlos erreichbar.

Lage: Extertal-Bösingfeld liegt am Fuße des „Hohen Asch" (371 m), umgeben von großen Laub- und Nadelwäldern, zwischen dem Schaumburger Land, dem Weserbergland und dem Teutoburger Wald. Dieses Gebiet zählt zu den schönsten und abwechslungsreichsten Urlaubsgebieten Deutschlands. Am Haus befinden sich 3 Terrassen, Grillplatz, Liegewiese und ein Parkplatz.

Entfernungen: Ortsmitte 1 km, mit Geschäften, Ärzten, Apotheke usw.; Hallenbad, Freibad und Tennisanlage ca. 2 km. Der Wald beginnt ca. 50 m vom Haus entfernt. Wellenbad, auch für Rollstuhlfahrer in Bad Pyrmont (20 km). Feriendialyse in Barntrup (10 km). Bahnhöfe in Rinteln (15 km) und Hameln (20 km).

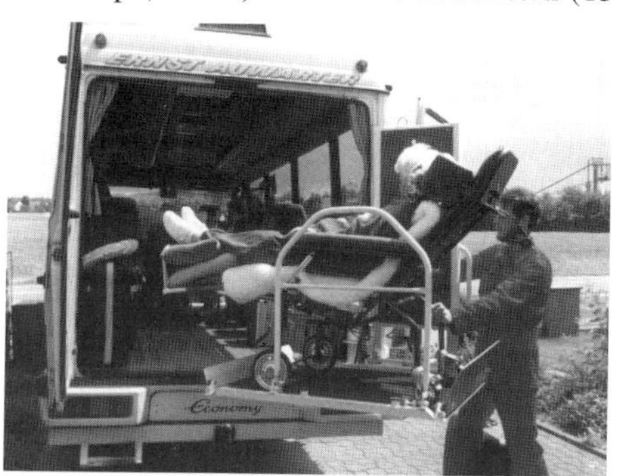

Preise: Auf Anfrage, entsprechend der gewünschten Leistungen.

Service: An- und Abreise in einem dem Bedürfnis des Gastes / der Gäste entsprechenden Fahrzeug (auch Krankenfahrzeuge und Fahrzeuge für bis zu 12 Rollstuhlfahrer. DYNAMIS-Reisen organisiert seit 1995 Reisen für Menschen mit und ohne Handicap und ist einer der wenigen Reiseveranstalter in Deutschland, die ein Rundum-Reisepaket auch für Schwerstbehinderte und Pflegebedürftige bis Pflegestufe 3 anbietet. Die Mitarbeiter kommen überwiegend aus Pflegeberufen. Auch individuelle Ausflugsprogramme können mit den Reisenden vor Ort organisiert werden.

Bauernhof Familie Laurenz
Margrets Bauernlädchen
Ferienwohnungen

48599 Gronau

Nordrhein-Westfalen, Münsterland

Am Fürstenbusch 20, Tel. (02562) 3100, Fax: 97264. Ferienbauernhof direkt am Waldrand. Fünf komfortable Ferienwohnungen mit schönen, hellen, gemütlichen Räumen, bequemen Betten in jeweils 2 Schlafzimmern, ein gepflegtes Bad, eine eigene Diele, ein Abstellraum und eine gut ausgestattete Küche. Außerdem TV, Gästetelefon, Waschmaschine, Trockner und ein eigener Garten mit Gartenmöbeln. **Für Kinder:** Viele Spielmöglichkeiten, Spielplatz, Treckerfahren, Ponyreiten.

Geeignet für Gehbehinderte, Rollstuhlfahrer und Familien mit geistig Behinderten; (Gruppen bis 16 Personen). Parkplatz, Eingang, Frühstücksraum, Café, Garten und die Wohnungen stufenlos erreichbar. Die Wohnungen sind ebenerdig und alle für Rollstuhlfahrer geeignet; eine Ferienwohnung ist speziell rollstuhlgerecht.

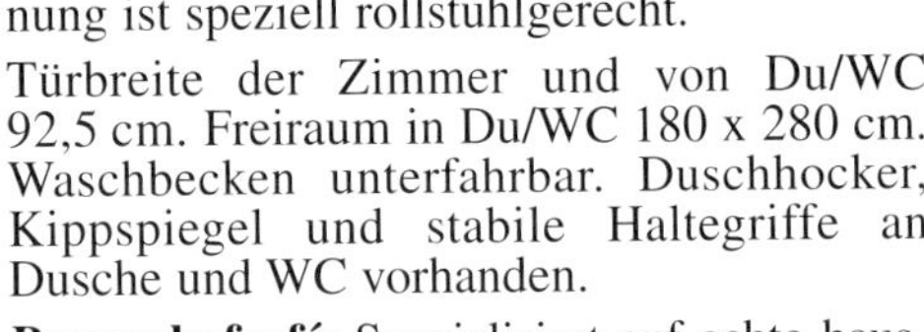

Türbreite der Zimmer und von Du/WC 92,5 cm. Freiraum in Du/WC 180 x 280 cm. Waschbecken unterfahrbar. Duschhocker, Kippspiegel und stabile Haltegriffe an Dusche und WC vorhanden.

Bauernhofcafé: Spezialisiert auf echte hausgemachte Kuchen und Torten. Außerdem deftige Schinken- und Wurstplatten.

Bauernlädchen: Echte hausgemachte, schmackhafte Spezialitäten, frisch vom Bauernhof, z.B. luftgetrockneter Schinken, Mettwurst, Eier aus Bodenhaltung, Milch, Säfte, Liköre, Honig, Brot usw. Alle Erzeugnisse ohne jegliche Zusätze nach alten Rezepten.

Lage: Idyllische Waldlage, inmitten eines der schönsten Erholungs- und Naturschutzgebiete gelegen, direkt am Dreiländereck, nahe der holländischen Grenze. Einkaufen auf dem Hof. Arzt, Apotheke, Tennisplatz und Tennishalle 2,5 km. Der Ferienhof und die Umgebung sind ebenerdig, befestigte Wege.

Preis für eine Ferienwohnung bei Belegung mit 2 Personen pro Tag 98,- DM; bei Belegung mit 4 Personen 115,- DM. Jede weitere Person pro Tag zzgl. 12,- DM. Alle Preise inkl. Strom, Wasser, Heizkosten, Bettwäsche und Endreinigung. Eigenes Pferd (12,- bis 18,- DM pro Tag) oder eigener Hund (6,- bis 10,- DM) darf mitgebracht werden. 1999 zum **beliebtesten Ferienhof in NRW** von den Lesern von „Raus aufs Land" gewählt.

Hotel garni „Buerer Hof" — 45894 Gelsenkirchen

Nordrhein-Westfalen

Hagenstr. 4, Tel. (0209) 93343-00, Fax: 93343-50. Hotel im Stadtkern von Gelsenkirchen-Buer, mit 24 geräumig und geschmackvoll eingerichteten Zimmern mit Bad/Dusche, WC, Fön, Farb-TV, Minibar und Telefon. 18 hoteleigene Parkplätze vor dem Haus und Tiefgarage. Parkplätze, Eingang, Frühstücksraum und die Zimmer (teils im EG, teils mit dem Aufzug) stufenlos erreichbar. Türbreite vom Aufzug 80 cm (Tiefe 126 cm, Breite 112 cm).

Geeignet für Gehbehinderte, bedingt geeignet für Rollstuhlfahrer: 3 Zimmer. Türbreite der Zimmer 82 cm, der Badezimmer 72 cm. Bad mit Badewanne, Dusche nicht unterfahrbar. Freiraum links neben WC 110 cm, rechts 25 cm, davor 50 cm. Waschbecken unterfahrbar. Bettenhöhe 45 cm.

Lage: Mitten im Stadtkern, nur 2 Minuten von der A-2 und der B-224 entfernt. Bahnhof 8 km; Einkaufen 200 m; Arzt, Apotheke 100 m; Krankenhaus 500 m.

Zimmerpreise: EZ 146,- DM; DZ 186,- DM, großes Doppelzimmer „XL" 216,- DM. Wochenendpreise: EZ 119,- DM; DZ 159,- DM; großes Doppelzimmer „XL" 189,- DM. Zusätzliche Person im „XL"-Zimmer 35,- DM. Alle Preise inkl. Frühstücksbuffet.

InterCity Hotel Gelsenkirchen — 45879 Gelsenkirchen

Nordrhein-Westfalen

Ringstr. 1-3, Tel. (0209) 92550, Fax: 9255999. 135 Zimmer mit Duschbad, Fön, Minibar, Kabel-TV, Arbeitsecke, Faxanschluß und Telefon. 4 Tagungsräume für je 30 bis 40 Personen. Parkplatz, Eingang, Frühstücksraum, Restaurant und die Zimmer (mit dem Aufzug) stufenlos erreichbar. Türbreite vom Aufzug 90 cm (Tiefe 210 cm, Breite 110 cm).

Geeignet für Gehbehinderte, Rollstuhlfahrer und Familien mit geistig Behinderten. 1 Zimmer rollstuhlgerecht. Türbreite vom Zimmer und von Du/WC 105 cm. Freiraum in Du/WC 110 x 100 cm. Dusche und Waschbecken unterfahrbar. Festinstallierter Duschsitz, Kippspiegel, Notruf und stabile Haltegriffe an WC und Waschbecken vorhanden. Bettenhöhe 45 cm.

Lage: Zur Ortsmitte, Bahnhof und Einkaufen 100 m; Arzt, Krankenhaus 3 km, Apotheke 400 m.

Zimmerpreise: EZ 119,- bis 180,- DM; DZ 139,- bis 180,- DM. Frühstücksbuffet 20,- DM pro Person.

CM Cityclass Hotel Savoy — 42781 Haan

Nordrhein-Westfalen, Rheinland

Neuer Markt 23, Tel. (02129) 922-0, Fax: 922-299. Hotel garni mit 120 Betten. Parkplatz, Eingang, Rezeption, Frühstücksraum, Aufenthaltsraum, Terrasse, Park, Aufzug und Zimmer stufenlos erreichbar. Solarium 1 Stufe. Alle Türen für Rollstuhlfahrer ausreichend breit.

Geeignet für Gehbehinderte, bedingt geeignet für Rollstuhlfahrer (1 Zimmer): Freiraum zwischen Bett und Möbel 130 cm. Bad/WC: Türbreite 120 cm; Freiraum 150 x 170 cm, Freiraum links und rechts neben WC 150 cm; keine zusätzlichen Hilfsmittel.

Lage: Im Zentrum; Bahnhof 1,3 km; Bus 200 m; Arzt und Apotheke 20 m; Krankenhaus 2 km.
Zimmerpreise: EZ 160,- bis 235,- DM; DZ 230,- bis 335,- DM.

Hotel-Restaurant „Alte Mark“ — 59071 Hamm

Nordrhein-Westfalen

Alte Soester Str. 28, Tel. (02381) 980560, Fax: 9805690. Familiär geführtes Gasthaus mit 16 Hotelzimmern, einem Restaurant mit 60 Sitzplätzen und Tagungsräumen. Parkplatz und Eingang stufenlos; Restaurant 1 Stufe. Zimmer mit dem Aufzug erreichbar. Türbreite vom Aufzug 80 cm (Tiefe 210 cm, Breite 110 cm).

Geeignet für Rollstuhlfahrer, Familien mit geistig Behinderten, andere Behinderte. 1 Zimmer mit Du/WC rollstuhlgeeignet. Bettenhöhe 50 cm. Bewegungsfreiraum 190 x 260 cm. Freiraum links neben WC 180 cm, rechts 20 cm, davor 120 cm. Dusche und Waschbecken unterfahrbar. Kein Duschsitz vorhanden. Stabiler Haltegriff am WC.

Lage: Idyllisch gelegen am historischen Kirchplatz „Mark“. Das Stadtzentrum von Hamm und der Maximilianpark sind in 5 Autominuten zu erreichen. Zur Ortsmitte 3 km; Einkaufen, Arzt, Apotheke 1 km; Bahnhof, Dialyse 3 km; Krankenhaus 500 m. Umgebung flach. Mobiler Pflegedienst vor Ort vorhanden.

Zimmerpreise: EZ 85,- bis 95,- DM; DZ 145,- bis 165,- DM.

Queens Hotel Hamm — 59065 Hamm

Nordrhein-Westfalen

Neue Bahnhofstr. 3, Tel: (02381) 9192-0, Fax: 9192-833. Komforthotel mit 263 Betten, alle Zimmer mit Bad/Du/WC, Telefon, TV, Minibar, Radio. Eigenes Hallenschwimmbad. Parkplatz, Eingang, Restaurant und Zimmer sind stufenlos oder mit dem Aufzug erreichbar.

Geeignet für Rollstuhlfahrer. Zwei Zimmer mit Bad/WC sind speziell für Rollstuhlfahrer eingerichtet. Freiraum in Bad/WC 210 x 120 cm.

Lage: Ortsmitte, Einkaufen, Arzt und Apotheke ca. 500 m; Bahnhof und Krankenhaus 0,5 km; Bus 200 m.
Zimmerpreise: EZ 199,- DM; DZ 246,- DM; Frühstück inklusive. Wochenendpreise auf Anfrage.

Hotel Parkblick Bad Meinberg — 32805 Horn-Bad Meinberg

Nordrhein-Westfalen, Teutoburger Wald

Parkstr. 63, Tel. (05234) 9090, Fax: 909150. First-Class-Hotel mit 78 Zimmern und Suiten mit Du/WC, Radio, TV, Telefon, Minibar und Balkon. 2 Restaurants, Hallenbad, Sauna, eigene Badeabteilung mit Massagen und Kneippanwendungen. Eingang und alle Bereiche stufenlos oder mit dem Aufzug erreichbar.

Geeignet für Kururlauber, Gehbehinderte und Rollstuhlfahrer. 2 Zimmer mit Du/WC rollstuhlgerecht. Türen der Zimmer und von Du/WC 94 cm breit. Freiraum 120 x 240 cm. Freiraum rechts neben WC 80 cm, davor 120 cm. Dusche und Waschbecken unterfahrbar. Haltegriffe am WC vorhanden.

Lage: In der Ortsmitte; Apotheke 50 m; Kuranwendungen im Haus.

Zimmerpreise: EZ 130,- bis 170,- DM; DZ 180,- bis 220,- DM inkl. Frühstück. Zuschlag für HP 35,- DM/Person, VP 49,- DM. Prospekt auf Anfrage.

Kurhaus „Zum Stern" — 32805 Horn-Bad Meinberg

Nordrhein-Westfalen, Teutoburger Wald

Brunnenstr. 84, Tel. (05234) 9050, Fax: 905300. Hotel mit 130 Gästezimmern mit Bad oder Du/WC, Telefon und TV. Hallenbad mit Sauna und Dampfbad. Parkplatz und Tiefgarage, Haupteingang und Garten stufenlos erreichbar. Frühstücksraum, Restaurant, Hallenbad und die Zimmer mit dem Aufzug erreichbar. Türbreite vom Aufzug 90 cm (Tiefe 140 cm, Breite 100 cm).

Geeignet für Rollstuhlfahrer und Familien mit geistig Behinderten. 4 Zimmer mit Du/WC rollstuhlgerecht. Bettenhöhe 40 cm. Türbreite von Zimmer und Du/WC 90 cm. Bewegungsfreiraum in Du/WC 140 x 140 cm. Freiraum rechts und vor dem WC 140 cm. Dusche und Waschbecken unterfahrbar. Festinstallierter Duschsitz und stabile Haltegriffe an Dusche, WC und Waschbecken vorhanden. Pflegedienst vorhanden: Be- und Entkleiden, Körperpflege, usw. Medizische Versorgung (Spritzen, Verbände, etc.).

Lage: Direkt am Kurpark in der Ortsmitte. Wege meist eben.

Zimmerpreise: EZ 135,- bis 145,- DM. DZ 185,- bis 195,- DM inkl. Frühstück.

Silence-Landhotel Kallbach — 52393 Hürthgenwald-Simonskall

Nordrhein-Westfalen, Eifel

Tel. (02429) 94440, Fax: 2069. Komfortables Hotel mit 45 Zimmern, alle mit Bad oder Du/WC, Radio, Farb-TV und Telefon. Haupteingang mit Rampe. Türbreite vom Aufzug 70 cm (Tiefe 90 cm, Breite 95 cm).

Geeignet für Gehbehinderte und Rollstuhlfahrer. 2 Zimmer rollstuhlgerecht mit Türbreiten von 100 cm. Freiraum in Du/WC 200 x 200 cm. Dusche und Waschbecken unterfahrbar. Verstellbarer Kippspiegel, festinstallierter Duschsitz und stabile Haltegriffe an Du/WC und Waschbecken vorhanden.

Lage: Bus 2 km; Apotheke, Freibad, Tennisplatz 6 km; Tennishalle 8 km; Bahnhof 20 km.

Zimmerpreise: EZ 115,-bis 125,- DM; DZ 170,- bis 190,- DM.

Haus Hammerstein — 42499 Hückeswagen

Nordrhein-Westfalen, Bergisches Land, Wuppertalsperre

Tel. (02192) 91616, Fax: 916188. Bildungs- und Erholungsstätte der Lebenshilfe für geistig Behinderte, Landesverband NW e.V., Abtstraße 21 in 50354 Hürth, Tel. (02233) 93245-0, Fax: 9324510.

Die Erholungsstätte verfügt über 56 Betten in 4 Dreibett-, 3 Vierbett-, 14 Doppelzimmern und 7 Einzelzimmern. Die räumliche Aufteilung des Hauses ermöglicht es, größeren bzw. mehreren Familien separate Familientrakte zur Verfügung zu stellen.

Das Haus bietet außerdem 3 Tagungsräume, Freizeitangebote wie Werk- und Bastelraum, Ruhe-, Lese- und Fernsehraum, Spiel-, Musik- und Bewegungsraum mit ausreichend Spielmaterialien für Kinder und Erwachsene, Kleine Sporthalle, Tischtennis, Fußballkicker, Poolbillard, Kegelbahn und Sauna.

Geeignet für Familien und Gruppen mit geistig behinderten Menschen (auch Rollstuhlfahrer). **5 Zimmer sind rollstuhlgerecht**: Türbreite der Zimmer und von Du/WC 110 cm; Dusche und Waschbecken unterfahrbar, Duschsitz und stabile Haltegriffe an Dusche und WC vorhanden.

Lage: Haus Hammerstein liegt unmittelbar an der Wuppertalsperre im Bergischen Land. Hallenbad, Kegelbahnen und Tennis ca. 6 km. Am Haus: Spielfeld, Grillplatz, Ruder- und Tretboote zur kostenlosen Nutzung.
Preise auf Anfrage.

Ferienhaus Wersborg — 49479 Ibbenbüren

Nordrhein-Westfalen, Teutoburger Wald

Wersborgweg 100, Tel. (05451) 7035, Fax: 6085. Freistehendes, von Wiesen und Wald umgebenes Fachwerkhäuschen, 350 qm Wohnfläche für 20 Personen, mit komplett eingerichteter Küche, Geschirrspüler, Kamin, Theke, 7 Schlafzimmern, Radio, Farb-TV, Terrasse, Feuerstellen-Grill. Gute Spielmöglichkeiten für Kinder.

Geeignet Rollstuhlfahrer, Gehbehinderte und Familien mit geistig Behinderten, für Behindertengruppen **bis 20 Personen**. Eingang stufenlos. Türbreiten der Zimmer im EG 80 cm, von Du/WC 100 cm. Freiraum vor dem WC 140 cm. Dusche unterfahrbar, Duschsitz vorhanden.

Lage: Am Wald, sehr ruhig; zur Ortsmitte 4 km; Einkaufen 2 km; Bahnhof, Arzt, Apotheke, Krankenhaus, Hallenbad 3 km; Freibad 4 km.

Preis pro Tag für das Ferienhaus 340,- DM zzgl. Strom, Heizung, Wasser; Endreinigung 140,- DM.

Hotel „An der Isenburg" — 58636 Iserlohn

Nordrhein-Westfalen, Sauerland

Theodor-Heuss-Ring 54, Tel. (02371) 26451, Fax: 26454. Modernes und komfortables, privat geführtes Hotel mit 36 Zimmern, alle mit Bad/Du/WC, Radio, Kabel-TV, Telefon und Schreibtisch. Parkplatz, Eingang und Zimmer (mit dem Aufzug) stufenlos erreichbar. Restaurant stufenlos, Frühstücksraum nur über 18 Stufen erreichbar.

Geeignet für Gehbehinderte und Familien mit geistig Behinderten. 1 Zimmer rollstuhlgerecht: Türbreite vom Zimmer 93 cm, von Du/WC 94 cm. Freiraum in Du/WC 259 x 155 cm. Freiraum links neben WC 238 cm, rechts 41 cm, davor 124 cm. Dusche und Waschbecken unterfahrbar. Duschrollstuhl und stabile Haltegriffe an Dusche und WC vorhanden. Bettenhöhe 54 cm.

Lage: In der Stadtmitte von Iserlohn an der Fußgängerzone; Bahnhof und Krankenhaus 2 km; Einkaufen 200 m; Arzt und Apotheke 1 km.

Zimmerpreise: EZ 160,- bis 180,- DM; DZ 195,- bis 235,- DM; Zusatzbett 55,- DM, inklusive Frühstück.

Holiday Inn Kamen / Unna — 59174 Kamen

Nordrhein-Westfalen

Kamen Karree 213, Tel. (02307) 960-0, Fax: 969-666. Hotel mit 93 Zimmern, Parkplatz, Eingang, Frühstücksraum, Restaurant, Sauna, Solarium und die Zimmer (mit dem Aufzug) stufenlos erreichbar.

Geeignet für Gehbehinderte, Rollstuhlfahrer und Familien mit geistig Behinderten. 1 Zimmer rollstuhlgerecht. Türbreite vom Zimmer 90 cm, von Du/WC 93 cm. Freiraum in Du/WC 160 x 160 cm, Freiraum links neben WC 67 cm, rechts 90 cm, davor 120 cm. Dusche und Waschbecken unterfahrbar. Festinstallierter Duschsitz, verstellbarer Kippspiegel, Notruf, Fönhilfe und stabile Haltegriffe an Du/WC und Waschbecken vorhanden. Bettenhöhe 50 cm.

Lage: Zur Stadtmitte mit Bahnhof, Arzt, Apotheke 4 km; Krankenhaus, Dialyse 6 km. Flache Wege in unmittelbarer Umgebung.

Zimmerpreise: EZ 179,- DM; DZ 199,- DM. Wochenendpreis EZ/DZ: 125,- DM/Tag.

Hotel Cleve — 47533 Kleve

Nordrhein-Westfalen

Tichelstr. 11, Tel. (02821) 7170, Fax: 717100. Komfortables und vielseitiges Hotel mit 118 Zimmern, alle mit Bad, TV, Video, Radio, Telefon und Minibar. Mehrere Tagungsräume mit Technik, Sauna- und Badeparadies. Parkplatz, Eingang, Frühstücksraum, Restaurant, Badeparadies (Hallenbad mit Sauna; mit dem Aufzug) und die Zimmer (mit dem Aufzug) stufenlos erreichbar. **Geeignet** für Gehbehinderte und Rollstuhlfahrer (**Gruppen** bis 12 Personen). 2 Zimmer sind rollstuhlgerecht. Türbreite der Zimmer und von Du/WC 94 cm. Freiraum in Du/WC 180 x 160 cm. Freiraum links neben WC 105 cm, rechts 65 cm, davor 160 cm. Dusche und Waschbecken unterfahrbar. Festinstallierter Duschsitz, Kippspiegel, Notruf und stabile Haltegriffe an Dusche, WC und Waschbecken vorhanden.

Lage: Zur Stadtmitte und zum Bahnhof 3 km; Einkaufen, Apotheke 2 km; Arzt 1 km; Krankenhaus, Dialyse 5 km. Sauna- und Badeparadies sowie Multisportanlage direkt am Hotel.

Zimmerpreise: EZ 155,- DM; DZ 210,- DM, inkl. Frühstück und Nutzung der Bade- und Saunalandschaft.

Hotel Schwermer *** — 57399 Kirchhundem-Heinsberg

Nordrhein-Westfalen, Sauerland, Rothaargebirge

Talstraße 60 und Bergstraße 4, Tel. (02723) 7638 und 7639, Fax: 73300. Drei-Sterne Hotel mit 25 Gästezimmern mit Du/WC, bzw. Bad/WC, zum Teil mit Radiowecker, TV, Minibar und Whirlpool. 1 Hochzeits-Romantikzimmer.

Hauseigene gute Küche, verschiedene Tagungsräume mit modernster Technik für 20, 40 und 80 Personen; Räumlichkeiten für Familienfeiern. Westfälische Tenne für 40 bis 200 Personen, hoteleigene Planwagen, 2 Bundeskegelbahnen.

Seit 1996 wird außerdem Schlafen im Heu für bis zu 40 Personen angeboten. Eingang, Restaurant, Garten, 7 Zimmer im EG stufenlos erreichbar.

Geeignet für Senioren (bis 40 Personen), Gehbehinderte (**Gruppen** bis 18 Personen), Familien mit geistig Behinderten und für Rollstuhlfahrer in Begleitung (2 Personen). Türbreiten: Eingang 150 cm, Zimmer 80 bis 90 cm; Bad/WC 60 cm; Freiraum in Bad/WC 140 x 140 cm. 1 Zimmer mit Badezimmer und Whirlpool bedingt für Rollstuhlfahrer geeignet.

Lage: In der Ortsmitte; Arzt 40 m; Bahnhof Altenhundem 12 km; Grillplatz 500 m; Apotheke 6 km; Krankenhaus 15 km; Freibad 5 km; Hallenbad 10 km; 24 km zu den Karl-May Festspielen in Elspe; 4 km zum Panoramapark Sauerland. Umgebung hügelig; Tallage 450 m auf 700 m ansteigend.

Preise pro Person je nach Zimmer und Zimmergröße: Übernachtung mit Frühstück 60 ,- bis 77,- DM (im rollstuhlgeeigneten Zimmer); mit Halbpension 75,- bis 92,- DM; Vollpension 85,- bis 102,- DM. Gruppenpreise während der NRW-Ferien und zu anderen Terminen auf Anfrage. Sonderpreise und Veranstaltungen im Panoramapark Sauerland.

Hotel Imperial — 50823 Köln

Nordrhein-Westfalen, Stadtteil Ehrenfeld

Barthelstr. 93, Tel. 0221) 517057, Fax: 520993. Hotel mit 35 luxuriös ausgestatteten Zimmern. Parkplatz und Eingang mit Rampe; Frühstücksraum, Restaurant und die Zimmer (mit dem Aufzug) stufenlos erreichbar. Türbreite vom Aufzug 80 cm (Tiefe 110 cm, Breite 90 cm).

Geeignet für Rollstuhlfahrer: 2 Zimmer rollstuhlgerecht. Türbreite der Zimmer 98 cm, von Du/WC 76 cm. Freiraum in Du/WC 260 x 180 cm. Freiraum rechts neben WC 170 cm, davor 110 cm. Badewanne mit Wannenlifter. Stabile Haltegriffe an Wanne und WC.

Lage: Im Stadtteil Ehrenfeld; Stadtmitte und Bahnhof 2 km; Arzt und Krankenhaus 1 km; Apotheke 500 m.

Zimmerpreise: EZ ab 180,- DM; DZ ab 260,- DM inkl. Frühstück.

Hyatt Regency Köln — 50579 Köln

Nordrhein-Westfalen

Am Kennedy Ufer 2, Tel. (0221) 8281234, Fax: 8281370. Luxushotel mit 305 Zimmern und Suiten. Alle Bereiche stufenlos erreichbar, großer Aufzug.

Geeignet für Gehbehinderte und Rollstuhlfahrer. 3 Zimmer rollstuhlgerecht. Türbreite der Zimmer 80 cm, von Bad/Du/WC 100 cm. Freiraum im Bad 280 x 160 cm. Dusche und Waschbecken unterfahrbar. Festinstallierter Duschsitz, Notruf, Kippspiegel und stabile Haltegriffe an Dusche, WC und Waschbecken vorhanden. Bettenhöhe 60 cm.

Lage: Im Stadtzentrum von Köln; Bahnhof 500 m; Apotheke 800 m; Arzt, Krankenhaus 1 km.

Zimmerpreise: EZ 270,- bis 595,- DM; DZ 310,- bis 635,- DM. Frühstück pro Person zzgl. 32,- DM.

Crowne Plaza Köln — 50674 Köln

Nordrhein-Westfalen

Habsburgerring 9-13, Tel. (0221) 228-0, Fax: 251206. 301 Zimmer und Suiten. Schwimmbad, Sauna, Fitneßcenter. 7 Konferenzräume für bis zu 400 Personen. Eingang, Rezeption, Bar, Garten und Aufzug stufenlos erreichbar; die übrigen Einrichtungen einschließlich Tiefgarage und Hallenbad mit dem Aufzug erreichbar. Alle Türen mindestens 90 cm breit; Ausnahme: Sauna 72 cm, Solarium und Hallenbad 80 cm.

Geeignet für Rollstuhlfahrer: 1 Zimmer mit Bad/WC ist speziell für Rollstuhlfahrer konzipiert. Freiraum im Bad 140 x 200 cm, vor dem WC 120 x 120 m; Freiraum rechts neben WC 75 cm, links Stützgriff, vor dem WC 120 cm. Dusche mit Duschsitz rollstuhlgerecht unterfahrbar. Notrufanlage.

Lage: Innenstadt von Köln; Einkaufen, Arzt, Apotheke in unmittelbarer Nähe; Bahnhof, Kölner Dom, Krankenhaus, **Dialysezentrum** 2 km.

Zimmerpreise: EZ 196,- bis 585,- DM; DZ 224,- bis 615,- DM.

Kosmos Hotel 51065 Köln

Nordrhein-Westfalen

Waldecker Str. 11-15, Tel. (0221) 67090, Fax: 6709321. Hotel mit 161 modernen, schallisolierten Zimmern mit Bad/Du/WC, TV, Radio, Telefon und Minibar. Mehrere Konferenzräume bis 150 Personen. Haupteingang, Rezeption, Restaurant und Aufzug stufenlos erreichbar. Türbreite vom Aufzug 90 cm (Innenmaße 90 x 210 cm).

Geeignet für Gehbehinderte und Rollstuhlfahrer (4 Zimmer mit Bad). Türbreite der Zimmer 82 cm, von Bad/WC 70 cm. Freiraum in Bad/WC 105 x 165 cm; Freiraum links neben WC 165 cm, davor 105 cm. Dusche und Waschbecken unterfahrbar. Stabile Haltegriffe an Du/WC vorhanden.

Lage: Im Stadtzentrum. **Preise** inkl. Frühstücksbuffet: EZ 179,- bis 336,- DM; DZ 247,- bis 420,- DM je nach Größe und Ausstattung.

Tagungs- und Gästehaus St. Georg 50677 Köln

Nordrhein-Westfalen

Rolandstr. 61, Tel. (0221) 937020-0, Fax: 937020-11. Moderne und funktionsgerechte Einzel-, Doppel- und Mehrbettzimmer, mit Du/WC und Telefon. 7 Tagungsräume für 15 bis 100 Personen. Seiteneingang stufenlos; Haupteingang 8 Stufen.

Geeignet für Rollstuhlfahrer, Gehbehinderte und geistig Behinderte, auch für Gruppen. 2 Gästezimmer rollstuhlgerecht: Türbreiten 80 cm, Freiraum 130 x 180 cm, Dusche unterfahrbar, Haltegriffe an Du/WC und Waschbecken. Bettenhöhe 53 cm.

Lage: Bhf. 3 km; Einkaufen und Apotheke 300 m; Arzt 500 m; Krankenhaus 1 km. **Zimmerpreise:** EZ ab 65,- DM; DZ ab 110,- DM.

Dorint-Kongess-Hotel Köln 50667 Köln

Nordrhein-Westfalen

Helenenstr. 14, Tel. (0221) 2750, Fax: (0221) 275-1301. Komfortables Hotel mit 284 Zimmern. Tiefgarage (mit Aufzug), Eingang, Frühstücksraum, Restaurant, Hallenbad (Rampe) und die Zimmer (mit dem Aufzug) stufenlos erreichbar. Türbreite vom Aufzug 114 cm (Tiefe 133 cm, Breite 183 cm).

Geeignet für Rollstuhlfahrer: 2 Zimmer mit Du/WC. Bettenhöhe 46 cm. Türbreite der Zimmer 90 cm, von Du/WC 93 cm. Bewegungsfreiraum in Du/WC 140 x 200 cm. Freiraum rechts neben WC 145 cm, davor 120 cm. Dusche und Waschbecken unterfahrbar. Festinstallierter Duschsitz, Kippspiegel und stabile Haltegriffe an Dusche, WC und Waschbecken vorhanden.

Lage: Stadtmitte 500 m; Bahnhof 1 km; Einkaufen, Apotheke 500 m; Krankenhaus 2 km.

Zimmerpreise: EZ und DZ ab 290,- DM exklusive Frühstück.

Dorint Sport & Country Hotel — 47802 Krefeld

Nordrhein-Westfalen, Niederrhein

Elfrather Weg 5, Tel. (02151) 956-0, Fax: 956100. 158 Zimmer, Parkplatz, Eingang, Frühstücksraum, Restaurant, Hallenbad (mit Aufzug) und Zimmer (mit Aufzug) stufenlos erreichbar. Türbreite vom Aufzug 92 cm (Tiefe 135 cm, Breite 92 cm).

Geeignet für Gehbehinderte, Rollstuhlfahrer und Familien mit geistig Behinderten. 3 Zimmer rollstuhlgerecht: Türbreite von Zimmer und Du/WC 85 cm. Freiraum in Du/WC 120 x 190 cm. Freiraum vor dem WC 120 cm (seitlich Haltegriffe). Dusche und Waschbecken unterfahrbar. Notruf, festinstallierter Duschsitz und stabile Haltegriffe an Du/WC und Waschbecken.

Lage: Ruhige Stadtrandlage direkt neben Golfplatz, ländliches Flachland; zur Ortsmitte 3 km; Einkaufen, Arzt, Apotheke 23 km; Krankenhaus 10 km; Dialyse12 km.
Zimmerpreise: EZ 225,- bis 275,- DM; DZ 270,- bis 350,- DM.

Hotel-Restaurant „Im Borke" — 32657 Lemgo-Kirchheide

Nordrhein-Westfalen, Ostwestfalen-Lippe

Salzufler Str. 132, Tel. (05266) 1691, Fax: 1231. Schönes, gepflegtes Hotel und Gästehaus in einem großen parkähnlichen Garten. 37 Zimmer mit Du/WC, Telefon, TV, Balkon oder Loggia. Hoteleingang und Restaurant mit Rampe. Türbreite vom Aufzug 80 cm (Tiefe 140 cm, Breite 110 cm).

Geeignet für Gehbehinderte und Familien mit geistig Behinderten. Bedingt geeignet für Rollstuhlfahrer mit Begleitung, 26 Zimmer ebenerdig. Türbreite der Zimmer 80 cm, der Badezimmer 70 cm. Freiraum im Bad/WC 120 x 120 cm, Freiraum vor dem WC 135 cm, rechts 40 cm. Keine Haltegriffe, keine unterfahrbare Dusche.

Lage: Ruhige Lage; Einkaufen 50 m; Arzt 1 km; Freibad 400 m.
Zimmerpreise: EZ 75,- bis 85,- DM; DZ 130,- bis 140,- DM.

Ferienwohnungen Willi Grobbel — 57368 Lennestadt-Milchenbach

Nordrhein-Westfalen, Südliches Sauerland, Rothaargebirge

Teichweg 1, Tel. (02972) 7430. Sehr schön gelegene Ferienwohnung für 2 bis 6 Personen mit Wohn-Eßzimmer, Schlafzimmer, Kinderschlafzimmer, Küche, Bad/WC, Telefonanschluß. Separater Eingang, Terrasse und Garten 1 Stufe.

Geeignet für Gehbehinderte und Familien mit geistig Behinderten; für Rollstuhlfahrer nicht geeignet.

Lage: Schönes Haus, ruhige Lage, kein Durchgangsverkehr. Kinderspielplatz mit Wasserplanschbecken am Haus. Arzt, Apotheke, Kuranwendungen, Freibad, Minigolf, Tennis und Angeln 4 km; Lebensmittelwagen hält am Haus; Wanderwege 100 m vom Haus entfernt; Umgebung hügelig.

Preis für die Ferienwohnung 55,- bis 65,- DM pro Tag bei Belegung mit 2 Personen; jede weitere Person zzgl. 10,- DM/Tag. inkl. Nebenkosten. Frühstück auf Wunsch pro Person 10,- DM.

Welcome Hotel Lippe Residenz — 59555 Lippstadt

Nordrhein-Westfalen, Sauerland / Münsterland

Lipper Tor 1, Tel. (02941) 989-0, Fax: 989529E-Mail: info@lippe-residenz.de, Internet: www.lippe-residenz.de. First-Class-Hotel mit 80 großzügigen Zimmern, alle ausgestattet mit Bad/Du/ WC, Radio, Farb-TV, Hausvideo, Selbstwahltelefon, Safe und Minibar. Erstklassiger Tagungskomfort in klimatisierten Räumen für bis zu 170 Personen. Gute Spezialitätenküche.

Parkplatz, Eingang, Restaurant, Frühstücksraum durch den Restauranteingang und die Zimmer (mit dem Aufzug) stufenlos erreichbar. Türbreite vom Aufzug 140 cm (Tiefe 136 cm, Breite 175 cm).

Geeignet für Gehbehinderte und Rollstuhlfahrer (bis 4 Pers.). Gruppen auf Anfrage. Türbreite der Zimmer 90 cm, von Du/WC 93 cm. Freiraum in Du/WC 200 x 110 cm. Freiraum links neben WC 15 cm, rechts 125 cm, davor 110 cm. Dusche und Waschbecken unterfahrbar. Duschhocker, verstellbarer Kippspiegel und stabile Haltegriffe an Dusche und WC vorhanden. Bettenhöhe 45 cm.

Lage: Zur Stadtmitte mit Einkaufen und Apotheke 200 m; flache Gegend; Park direkt im Anschluß an das Hotel (auf der anderen Straßenseite). Bahnhof 2 km; Arzt 50 m; Krankenhaus 1,5 km.

Zimmerpreise inklusive Frühstück: EZ 175,- DM; DZ 260,- DM. Am Wochenende: EZ 110,- DM; DZ 160,- DM. Champagnernacht in Lippstadt von Freitag bis Samstag oder Samstag bis Sonntag: Übernachtung im DZ mit Frühstücksbuffet, Champagner-Cocktail und 4-Gang-Menue nur 112,- DM pro Person.

Ferienwohnung Reimann — 49536 Lienen

Nordrhein-Westfalen, Teutoburger Wald, Münsterland

Hans-Ulrich-Reimann, Zum Herzfeld 4, Tel. (05483) 1758. 1 Ferienwohnung für 2 Personen auf einem Bauernhof (ruhender Betrieb). Zustellbett für 1 Kind möglich. Eingang stufenlos.
Geeignet für Gehbehinderte, Rollstuhlfahrer und Familien mit geistig Behinderten. Türbreite der Zimmer 92 cm, von Du/WC 81 cm. Freiraum in Du/WC 200 x 200 cm. Freiraum links und rechts neben WC 50 cm, davor 200 cm. Dusche und Waschbecken sind unterfahrbar. Haltegriff am WC, Duschhocker vorhanden.
Lage: Inmitten der Münsterländischen Parklandschaft, ruhig, direkt an einem Fahrradwanderweg des Münsterlandes. Zur Ortsmitte 3 km; Einkaufen 1,5 km; Freibad, Hallenbad, Apotheke 3 km; Arzt 4 km; Krankenhaus 10 km.

Service: Abholservice und Haus-zu-Haus-Fahrservice. Pflegedienst kann bei Bedarf organisiert werden. **Preis** für die Ferienwohnung pro Tag 60,- DM.

Ringhotel Am Stadtpark — 44532 Lünen

Nordrhein-Westfalen

Kurt-Schumacher-Str. 43, Tel. (02306) 20100, Fax: 201055. Konferenz- und Sporthotel mit 70 komfortablen Zimmern mit Radio, Kabel-TV, Minibar, Fön und Zimmersafe. Restaurant mit 150 Sitzplätzen, Tagungs- und Veranstaltungssaal für bis zu 400 Personen. Parkplatz, Eingang, Frühstücksraum, Hallenbad (mit dem Aufzug) und die Zimmer (mit dem Aufzug) stufenlos erreichbar. Türbreite vom Aufzug 80 cm (Tiefe 210 cm, Breite 110 cm).

Geeignet für Gehbehinderte, Rollstuhlfahrer und Familien mit geistig Behinderten. 2 Zimmer rollstuhlgerecht. Türbreite der Zimmer und Badezimmer 80 cm. Freiraum in Du/WC 180 x 170 cm. Freiraum links neben WC 110 cm, rechts 30 cm, davor 120 cm. Dusche und Waschbecken unterfahrbar. Duschhocker und stabile Haltegriffe an Dusche und WC vorhanden. Bettenhöhe 50 cm.

Lage: Am Stadtpark, Umgebung flach. Stadtzentrum mit Bahnhof, Arzt, Apotheke 1 km; Krankenhaus 2 km.

Zimmerpreise: EZ 145,- bis 173,- DM; DZ 170,- bis 198,- DM.

Hotel ZweiLinden — 53340 Meckenheim

Nordrhein-Westfalen, Eifel, Ahr

Merlerstr. 1, Telefon: (02225) 9420-0, Fax: (02225) 9420-40. Hotel garni mit gepflegter, angenehmer Atmosphäre und mit 18 modern eingerichteten Zimmern und einer Suite, ausgestattet mit Du/WC, Kabel-TV, Telefon, Minibar, Terrasse. Parkplätze direkt am Haus, stufenlos. Großer Innenhof mit Garten. Eingang, Frühstücksraum und Zimmer stufenlos erreichbar

Geeignet für Gehbehinderte, Rollstuhlfahrer und Familien mit geistig Behinderten, jeweils bis 4 Personen. Zwei Doppelzimmer mit Du/WC sind speziell für Rollstuhlfahrer konzipiert. Türbreiten der Zimmer und von Du/WC 100 cm. Freiraum in Du/WC 140 x 150 cm. Freiraum links neben WC 30 cm, rechts 40 cm, davor 160 cm. Dusche und Waschbecken unterfahrbar. Duschrollstuhl und stabile Haltegriffe an Du/WC und Waschbecken vorhanden.

Lage: Ruhig gelegen; Einkaufen 10 m; Apotheke 30 m; Arzt 200 m; Bahnhof 300 m; Freibad, Hallenbad, Krankenhaus 4 km; Dialysezentrum 8 km. Gute Verkehrsanbindungen in die Eifel, nach Bonn, Köln, Bad Neuenahr und Aachen.

Zimmerpreise inklusive Frühstücksbuffet: EZ 110,- DM; DZ 150,- DM, Dreibettzimmer 200,- DM, Kinderbett auf Wunsch, Hunde erlaubt.

Margarethenhof — 53894 Mechernich-Firmenich

Nordrhein-Westfalen, Eifel, Naturpark Nordeifel

Toni Schröder, Virnicher Str. 3, Tel. (02256) 7126, Fax: 950526. Internet: www.eifel-online.de/ Landurlaub. E-Mail: Landurlaub @eifel-onlinde.de. Ehemaliger Bauernhof (Fachwerk) mit drei rustikalen Ferienwohnungen, zwei davon im EG, in einer ehemaligen Bauernhofanlage mit 3.000 qm Grundstück, im Landhausstil ausgestattet.

Wohnung A für 4 Personen, Wohnung B für 6 Personen. Parkplatz Eingang mit Rampe, Grillhütte und Sauna stufenlos erreichbar.

Geeignet für Gehbehinderte, Rollstuhlfahrer und Familien mit geistig Behinderten. FeWo im EG rollstuhlgerecht. Türbreite der Zimmer 100 cm, von Du/WC 92 cm. Raumgröße vom Bad 9 qm; Freiraum 150 x 150 cm. Freiraum links neben WC 70 cm, rechts 50 cm, davor 140 cm. Dusche und Waschbecken unterfahrbar. Rutschfeste Bodenfliesen, festinstallierter Duschsitz, zusätzlicher Hocker und stabile Haltegriffe an Dusche, WC und Waschbecken vorhanden. Bettenhöhe 50 cm.

Lage: Ruhig, aber verkehrsgünstig. 3 km von der A 1 entfernt. Dorflage; 50 m zur Dorfmitte; Einkaufen 1 km; Bahnhof, Arzt 2 km; Apotheke 3 km. Ausflüge: Burg Satzvey mit den berühmten Ritterspielen, Kommern mit Freilichtmuseum und Wildpark, Phantasialand, Bad Münstereifel, Monschau, usw. Gut befestigte, ebenerdige Spazierwege. Viele Burgen und Talsperren. Zwei mobile Altenpflegestationen vor Ort.

Preis für die Ferienwohnung „Typ A" pro Tag 67,- DM für 2 Personen; für „Typ B" 80,- DM; jede weitere Person 10,- DM pro Tag, Kinder 5-15 Jahre 5,- DM, Kinder bis 4 Jahre frei. Strom je kwh 0,60 DM, Endreinigung 40,- DM für Typ A, für Typ B 50,- DM. Täglich Brötchenservice. Fahrräder stehen kostenlos zur Verfügung. Zertifiziert mit dem DLG-Qualitäts-Prüfzeichen „Landurlaub".

Jugendherberge Meinerzhagen — 58540 Meinerzhagen

Nordrhein-Westfalen

Bergstr. 1, Tel. (02354) 2280, Fax: 14341. Jugendherberge mit 27 Zimmern (2- bis 8-Bettzimmer). Vom Parkplatz zum Eingang mit Rampe stufenlos; Frühstücksraum und Zimmer stufenlos erreichbar. Türbreiten von Eingang und Frühstücksraum 80 cm.

Geeignet für Gehbehinderte (26 Personen), Rollstuhlfahrer (10 Personen) und für Familien und Gruppen mit geistig Behinderten. 5 Zimmer sind rollstuhlgerecht ausgestattet mit unterfahrbarem Waschbecken, Dusche/WC rollstuhlgerecht in separatem

Waschraum, Freiraum in Du/WC 130 x 150 cm. Duschhocker und stabiler Haltegriff am WC vorhanden.

Lage: Das Haus liegt am Hang, Mittelgebirgslandschaft, Wege hügelig. Ortsmitte, Tennishalle 1,5 km; Einkaufen, Bus 400 m; Freibad 500 m; Spielplatz 800 m; Apotheke 1 km; Arzt 1,2 km; Tennisplatz 2 km; Krankenhaus 17 km.

Preise pro Übernachtung je nach Alter inkl. Frühstück 24,50 bis 29,50 DM, Mittagessen 8,30 DM, Abendessen 7,10 DM.

Caritas Familienferienstätte Küstelberg — 59964 Medebach-Küstelberg

Nordrhein-Westfalen, Hochsauerland, Rothaargebirge

Tel. (02981) 6521, Fax: 81212. Träger der Familienferienstätte ist der Caritasverband für die Stadt Bottrop e.V., Paßstr. 2, 46236 Bottrop, Tel. (02041) 690259, Fax: (02041) 690266.

Die 10 zweckmäßig eingerichteten Ferienhäuser bieten jeweils 6 Personen Platz. Hinzu kommt jeweils ein Kinderbett. Jedes Haus hat circa 70 qm Wohnfläche mit Diele, Garderobe, Bad/WC, Wohn- und Eßraum und Küche.

Geeignet für Familien, Seminargruppen, und Gruppen mit Geistig- und Körperbehinderten (**Gruppen bis 61 Personen**). Nicht geeignet für Rollstuhlfahrer. Während der Schulferien in Nordrhein-Westfalen stehen die Häuser vorrangig **kinderreichen Familien** mit schulpflichtigen Kindern zur Verfügung. Außerhalb der Schulferien können aber auch andere Gruppen, Familien, Einzelpersonen, Senioren, Jugendgruppen, Behindertengruppen etc. die Häuser buchen.

Aktivitäten: Für Kinder gibt es einen großzügig angelegten Kinderspielplatz sowie Ponys. Im Winter Skilanglauf; für Kinder Rodeln. Schlepplift in der Nähe vorhanden.

Lage: Dorfrandlage; zum Bus 300 m; Bäcker ca. 500 m; Einkaufen in Medebach oder Winterberg 8 km; Bahnhof, Arzt, Apotheke, Krankenhaus, Bewegungsbad, Minigolf, Tischtennis, Tennishalle, Hallenbad, Freibad und Spaßbad 8 km. Spielplatz am Haus, Wanderwege ab Haus. Umgebung flach bis hügelig.

Preise: Tagespreise pro Haus für bis zu 6 Personen 72,- DM; Endreinigung 30,- DM; Verpflegung: Mittagessen für Kinder je nach Alter 7,- bis 9,- DM; Kinder ab 12 Jahre und Erwachsene 13,- DM. Teil- und Vollverpflegung möglich. Nebenkosten pro Person und Tag 3,- DM. Bettwäsche pro Person 10,- DM; Insolvenzversicherung pro Person 1,- DM. Weitere Preise auf Anfrage.

Matthias-Claudius-Haus — 59872 Meschede-Eversberg

Nordrhein-Westfalen, Hochsauerland

Telefon (0291) 5499-0, Fax: 5499-99, E-Mail: mch-info@t-online.de, Internet: www.diakonie-hsk-soest.de/tagung.htm. Evang. Familienferienstätte am Ortsrand von Eversberg, mitten im Naturpark „Arnsberger Wald", ideal für Familien und Gruppen.
38 Einzel-, Doppel- und Mehrbettzimmer und Appartements. Insgesamt bietet das Matthias-Claudius-Haus maximal 100 Gästen Unterkunft.
Im Haus bedindet sich ein Sportraum, geeignet für Gymnastik, Tanz und Spiel. Tischtennisplatten und andere Sportgeräte vorhanden. Desweiteren vier unterschiedlich große Gruppenräume; Medien für Schulungszwecke stehen zur Verfügung. Außerdem eine große Außenanlage mit Kinderspielplatz, Tretbecken, Sportwiese, Lagerfeuer- und Grillplatz, Ruhezone mit Sitzbänken und ein kleiner Streichelzoo mit Schafen, Ziegen und Kaninchen gehören ebenfalls zum Haus.
Geeignet für Familien und Gruppen mit geistig Behinderten, Rollstuhlfahrern und Körperbehinderten. 12 Zimmer rollstuhlgerecht mit insgesamt 30 Betten. Freiraum in Bad/WC 100 x 200 cm. Freiraum links oder rechts neben WC 90 cm, davor 120 cm. Dusche und Waschbecken unterfahrbar. Verstellbarer Kippspiegel, Notruf, festinstallierter Duschsitz und stabile Haltegriffe an Dusche, WC und Waschbecken.
Lage: Einkaufen 2 bis 4 km; Bus 1 km; Bhf., Hallenbad, Freibad 6 km. Die Umgebung lädt zu ausgiebigen Wanderungen ein. Im Winter führt eine Langlaufloipe am Haus vorbei.

Preis pro Person inklusive Vollpension: Erwachsene ab 18 Jahre 55,- DM; Jugendliche 14 bis 17 Jahre 49,- DM; Kinder 4 bis 13 Jahre 39,90 DM; Kinder 1 bis 3 Jahre 29,- DM; Säuglinge 15,- DM. Einzelzimmerzuschlag 13,- DM. Zuschlag für Bettwäsche und 2 Handtücher einmalig 8,- DM.

Hennedamm-Hotel — 59872 Meschede

Nordrhein-Westfalen, Hochsauerland

Am Stadtpark 6, Tel. (0291) 99600, Fax: 996060. Von Wald umgebenes Hotel, 35 komfortable, geschmackvoll eingerichtete Zimmer mit Du/WC, Telefon, TV. Hauseigenes Hallenbad, Konferenz- und Tagungsräume, gute Küche. Restaurant mit Panoramablick.
Geeignet für Rollstuhlfahrer mit Begleitung und Familien mit geistig Behinderten. 3 Zimmer im EG. Türbreite von Zimmer und Du/ WC 88 cm. Freiraum in Du/WC 150 x 120 cm. Freiraum links neben WC 150 cm, davor 100 cm. Dusche schwellenlos unterfahrbar; festinstallierter Duschsitz vorhanden.
Lage: Ruhige Einzellage; von Wald umgeben, in unmittelbarer Nähe am Hennesee; zur Ortsmitte 800 m; Einkaufen, Arzt, Apotheke 800 m.
Preis pro Person im EZ 95,- bis 150,- DM, im DZ pro Person 85,- bis 105,- DM inkl. Frühstück.

Welcome Hotel Hennesee Residenz — 59872 Meschede

Nordrhein-Westfalen, Hochauserland, Hennesee

Berghausen 14, Tel. (0291) 2000-0, Fax: (0291) 2000-100, E-Mail: info@hennesee-residenz.de, Internet: www.hennesee-resindenz.de.

Neues, wunderschön am Hennesee gelegenes Hotel (Eröffnung im Juni 2000) mit 117 Zimmern, 250 Betten und 11 Urlaubsappartements. Das Hotel verfügt außerdem über Hotelbar "Kajüte", Bier-Pub "Klabautermann", Relex-Wellness-Bereich mit Sauna, Solarium, Caldarium und Whirlpool, Power-Fitness-Bereich, Panorama-Biergarten am Strand, Kegelbahn, 8 Tagungsräume mit Technik und 4 Säle bis 300 Personen.

Parkplatz, Eingang und Zimmer stufenlos erreichbar. Frühstücksraum und Restaurant mit dem Aufzug erreichbar (Türbreite 90 cm).

Geeignet für Rollstuhlfahrer: 2 Zimmer mit Du/WC rollstuhlgerecht. Türbreite der Zimmer und von Du/WC 90 cm. Dusche und Waschbecken unterfahrbar.

Lage: Direkt am Ufer des Hennesees, am Rande der Stadt Meschede, eingebettet von den Bergen des Hochsauerlandes.

Zimmerpreise: EZ 175,- DM, DZ 260,- DM inkl. Frühstück.

Holiday Inn Minden — 32423 Minden

Nordrhein-Westfalen

Lindenstr. 52, Tel. (0571) 87060, Fax: 8706160. 101 komfortable Gästezimmer mit Du/WC, TV, Radio, Telefon und Minibar. Parkplatz, Eingang, Frühstücksraum, Restaurant und Zimmer stufenlos erreichbar.

Geeignet für Gehbehinderte, Rollstuhlfahrer und Familien mit geistig Behinderten. 1 Zimmer rollstuhlgerecht: Dusche und Waschbecken unterfahrbar. Festinstallierter Duschsitz, Notruf, stabile Haltegriffe an Du/WC und Waschbecken.

Lage: Im Zentrum nahe der Altstadt; Bahnhof 1,2 km; Arzt, Apotheke 500 m; Krankenhaus 300 m.
Zimmerpreise: EZ 195,- DM, DZ 225,- DM. Frühstücksbuffet 22,- DM pro Person.

DRK Freizeit- und Schulungsheim für Behinderte in der Begegnungsstätte — 49497 Mettingen

Nordrhein-Westfalen, Tecklenburger Land

Träger: DRK Ortsverein Mettingen e.V., Nierenburger Str. 35, Tel. (05452) 3899, Fax: 98135. Das Haus liegt in ruhiger Lage unmittelbar zum Ortskern. Es steht vorrangig Behinderten und deren pflegenden Betreuern zur Verfügung (**Gruppen bis 20 Personen**).

Alle Räume des Hauses sind behindertengerecht eingerichtet und bieten Übernachtungsmöglichkeiten für 20 Personen in 2-, 3- und 4-Bett-Zimmern. Im Erdgeschoß sind vorhanden: eine ca. 200 qm große Deele mit Bühne, eine Kaminecke, Handarbeitsraum, gruppenfunktionale Küche, Zweitküche für Behinderte, Gesellschaftsraum, Besprechungszimmer, Büroraum und Sanitärräume. Für die Gruppenarbeit steht eine umfangreiche Medienausstattung zur Verfügung. Überdachter Grillplatz vorhanden; Grillen bei jedem Wetter möglich.

Sehr gut geeignet für Rollstuhlfahrer, Körperbehinderte, andere Behinderte; für **Gruppen- und Klassenfahrten**, Wochenendveranstaltungen, **Bildungsseminare** und **Ferienfreizeiten**. Im Obergeschoß (mit Aufzug erreichbar) befinden sich u.a. 2 Duschräume und ein Badezimmer für Rollstuhlfahrer/Behinderte mit Toiletten. WC mit stabilen Klappstützgriffen; Badewanne mit Lifter; Duschstuhl usw. sind vorhanden.

Bewegungsbad in der Westfälischen Schule für Körperbehinderte. Im Bedarfsfall steht ein **rollstuhlgerechter Kleinbus** mit Hebebühne zur Verfügung (Kosten je Kilometer ohne Fahrer 1,- DM). Im Ort bestehen außerdem zahlreiche **Freizeitangebote** wie Planwagenfahrten, Fahrradverleih, Tennis, Kegelbahnen, Bogenschießen, Minigolf und vieles mehr. Einkaufsmöglichkeiten im ca. 300 m entfernten Ortskern.

Preise: Unterkunft pro Person und Tag ohne Verpflegung für Gruppen bis 13 Personen 39,- DM, für Gruppen ab 14 Personen 37,- DM. Unterkunft mit Verpflegung je nach Beteiligung der Hausgäste 51,- bis 55,- DM.
Für Gruppen, Schulklassen, Ferienfreizeiten, etc. ein **besonders empfehlenswertes Haus.**

ACHAT Hotel Monheim am Rhein — 40790 Monheim am Rhein

Nordrhein-Westfalen, Rheinland

Delitzscher Str. 1, Tel. (02173) 33038-0, 33038-999. Hotel und Apartmenthaus mit 85 Hotelzimmern und 45 Apartments mit Küche (für Langzeitgäste). Parkplatz, Eingang, Frühstücksraum, Restaurant und Zimmer/Apartments (teils im EG, teils mit dem Aufzug) stufenlos erreichbar. Türbreite vom Aufzug 110 cm (Tiefe 140 cm, Breite 110 cm).
Geeignet für Gehbehinderte, Rollstuhlfahrer und Familien mit geistig Behinderten. 1 Zimmer rollstuhlgerecht. Türbreite vom Zimmer 100 cm, von Du/WC 90 cm. Freiraum in Du/WC 230 x 300 cm. Freiraum rechts neben WC 100 cm, davor 150 cm.

Dusche und Waschbecken unterfahrbar. Festinstallierter Duschsitz, Notruf, verstellbarer Kippspiegel und stabile Haltegriffe an Dusche, WC und Waschbecken vorhanden. Bettenhöhe 54 cm.

Lage: Zur Ortsmitte mit Einkaufen, Arzt und Apotheke 1 km. Bahnhof 3 km; Krankenhaus 2 km.

Zimmerpreise: EZ 132,- DM; DZ 171,- DM; am Wochenende EZ 88,- DM; DZ 108,- DM inkl. Frühstücksbuffet.

Parkhotel Schloss Hohenfeld — 48161 Münster

Nordrhein-Westfalen, Münsterland

Dingbängerweg 400, Tel. (02534) 8080, Fax: 7114. Hotel in sehr schöner Lage im Grünen, vom hauseigenen Park umgeben; kinder- und familienfreundlich. 97 komfortable Zimmer mit Du/WC, Telefon, Radio und Minibar. Eingang, Restaurant und Aufzug stufenlos erreichbar. Türbreiten: Eingang, Rezeption und Restaurant 170 cm; Aufzugstür 87 cm (Tiefe 205 cm, Breite 200 cm).

Geeignet für Rollstuhlfahrer. 1 Zimmer speziell für Rollstuhlfahrer ausgestattet. Türbreite vom Zimmer 93 cm, vom Badezimmer 80 cm. Freiraum in Bad/WC ca. 170 x 280 cm; Freiraum links neben WC 86 cm, rechts 158 cm, davor 120 cm.

Lage: Ortsmitte 6 km; Bahnhof 7 km; Apotheke 3 km.

Zimmerpreise inkl. Frühstück: EZ 175,- DM; DZ 245,- DM. Wochenendpauschalen, Gruppen- und Tagungspreise auf Anfrage.

Mövenpick Hotel — 48149 Münster

Nordrhein-Westfalen, Münsterland

Kardinal-von-Galen-Ring 65, Tel. (0251) 89020, Fax: 8902616. 215 Zimmer und 7 Suiten mit Bad/Du/WC, TV, Telefon. Parkplatz, Eingang, Restaurant, Tagungsräume und Zimmer stufenlos erreichbar. Innenmaße vom Aufzug 180 x 130 cm.

Geeignet für Rollstuhlfahrer. 2 Zimmer mit Bad/WC speziell für Rollstuhlfahrer ausgestattet. Türbreiten 96 cm, Freiraum in Bad/WC 150 x 110 cm.

Lage: Ruhige Lage im Grünen am Aasee; Zentrum 3 km; Bus, Einkaufen, Arzt, Apotheke, Krankenhaus 1 km; Aasee 200 m.

Zimmerpreise: EZ 225,- DM; DZ 265,- DM; Kinder bis 16 Jahre im Zimmer der Eltern frei. Frühstück pro Person 23,- DM. Wochenende: EZ 158,- DM; DZ 198,- DM.

Dorint Hotel Münster — 48143 Münster

Nordrhein-Westfalen, Münsterland

Engelstr. 39, Tel. (0251) 4171-0, Fax: 4171-100. 156 Komfortzimmer mit Bad oder Du/WC, Telefon, Kabel-TV, Video und Minibar. Eingang Achtermannstraße (Aufzug) stufenlos; Frühstücksraum, Restaurant und Zimmer mit dem Aufzug erreichbar. Türbreite vom Aufzug 95 cm (Tiefe 170 cm, Breite 125 cm). **Geeignet** für

Gehbehinderte, Rollstuhlfahrer und Familien mit geistig Behinderten. 1 Zimmer rollstuhlgerecht. Türbreiten vom Zimmer und Du/WC 95 cm. Dusche und Waschbecken unterfahrbar. Notruf, Kippspiegel, festinstallierter Duschsitz und Haltegriff an Dusche vorhanden. **Lage:** Zum Zentrum 600 m; Bahnhof 200 m. Umgebung flach. **Zimmerpreise:** EZ 160.- bis 310,- DM; DZ 189,- bis 370,- DM. Frühstücksbuffet pro Person 25,- DM.

Margarethenhof — 48485 Neuenkirchen

Nordrhein-Westfalen, Münsterland, Kreis Steinfurt

Familie Germann, Rote Erde 12, Tel. (05973) 3453, Fax: (05973) 96394, Internet: www.urlaub-auf-dem-bauernhof.de. Kinder- und familienfreundlicher Bauernhof mit Kühen, Kälbern, Schweinen und Ferkeln. **Angebot für Kinder:** Viele Spielgeräte, Mitfahren auf dem Traktor, Reitkurse. Im Pferdestall warten Reitpferde, Ponys und Schmuseshettys auf Streicheleinheiten und Bewegung.

3 Ferienwohnungen, 1 Appartement und 2 Gästezimmer. Die gemütlich, mit zeitgemäßem Komfort und Flair eingerichteten Ferienwohnungen wurden 1995 in einem ehemals landwirtschaftlich genutzten Gebäude errichtet und haben Telefon, TV und Radio. Parkplatz, Eingang und Frühstücksraum sind stufenlos erreichbar.

Geeignet für Gehbehinderte (5 Pers.), Rollstuhlfahrer (3 Pers.) und Familien mit geistig Behinderten (Gruppen ca. 20-25 Personen). **1 Ferienwohnung rollstuhlgerecht:** Türbreite der Zimmer und von Du/WC 100 cm. Freiraum in Du/WC 120 x 170 cm. Freiraum links neben WC 50 cm, rechts 120 cm, davor 150 cm. Dusche und Waschbecken unterfahrbar. Festinstallierter Duschsitz, Kippspiegel und stabile Haltegriffe an Dusche und WC vorhanden.

Service: Brötchenservice, hofeigene Produkte wie Honig, Marmelade, Eier, Milch, Schinken, etc. Fahrradverleih. Waschmaschine und Trockner.

Lage: Im nördlichen Münsterland. Hallenbäder 5 km; Tiergarten Zooschule Rheine 9 km; Steinfurt mit Wasserschloß und Bootsverleih auf dem Bagno-See 8 km. Einkaufen, Arzt 5 km; Apotheke 6 km; Krankenhaus 8 km.

Preis für die rollstuhlgerechte Ferienwohnung „Kannenstock" für 4 Personen (60 qm) pro Nacht 100,- DM. Jede weitere Person 12,- DM pro Nacht. Preis inkl. Strom, Heizkosten, Bettwäsche und Endreinigung. Appartement „Entenhorst" für 2 Pers. (32 qm) 65,- DM. 2 weitere Ferienwohnungen mit je 80 qm für jeweils 115,- DM pro Nacht.
Ab dem Jahr 2000 Heuhotel mit ca. 35 Schlafplätzen und separaten Sanitäranlagen. **Preise für Heuhotel:** Erwachsene ab 18 Jahre: Übernachtung mit Frühstück 25,- DM, HP 43,- DM, VP 57,- DM; Jugendliche bis 18 J.: ÜF 21,- DM, HP 39,- DM, VP 49,- DM; Kinder bis 16 J.: ÜF 18,- DM, HP 30,- DM, VP 38,- DM; Kinder bis 12 J.: ÜF 15,- DM, HP 27,- DM, VP 31,- DM; Kinder bis 6 J.: ÜF 15,- DM, HP 20,- DM und VP 25,- DM.

Holiday Inn Düsseldorf-Neuss 41460 Neuss

Nordrhein-Westfalen

Anton-Kux-Str. 1, Tel. (02131) 184-0, Fax: 184184, E-Mail: Neuss@holiday-inn-hotel.de. Hotel mit 220 komfortablen Zimmern, Appartements und Suiten.
Parkplatz, Eingang, Frühstücksraum, Restaurant und Zimmer (im EG oder mit dem Aufzug) stufenlos erreichbar.

Geeignet für Gehbehinderte, Rollstuhlfahrer und Familien mit geistig Behinderten. Gruppen bis 350 Personen, darunter 2 Rollstuhlfahrer. 1 Zimmer rollstuhlgerecht. Türbreite vom Zimmer und von Du/WC 80 cm, Freiraum in Du/WC 140 x 140 cm. Freiraum links neben WC 140 cm, davor 120 cm. Dusche und Waschbecken unterfahrbar. Festinstallierter Duschsitz, Duschhocker und stabile Haltegriffe an Dusche und WC vorhanden.

Lage: Zur Stadtmitte 2 km; Einkaufen, Arzt, Apotheke, Krankenhaus, Dialyse 1 km; Bahnhof 2 km. Wege am Haus eben, mit dem Rollstuhl gut befahrbar.

Zimmerpreise: Standardzimmer pro Tag ab 205,- DM, Appartement ab 290,- DM, Suite ab 340,- DM. Wochenendangebote auf Anfrage.

Hotel-Restaurant Café Stimbergpark 45739 Oer-Erkenschwick

Nordrhein-Westfalen,

Am Stimbergpark 78, Tel. (02368) 984-0, Fax: 58206. Hotel mit 92 Zimmern mit Du/Bad, WC, TV und Telefon. Seminar- und Gesellschaftsräume für 10 bis 450 Personen. Parkplatz, Eingang, Frühstücksraum, Restaurant, Café, Terrasse und die Zimmer im EG stufenlos erreichbar.

Geeignet für Gehbehinderte, Rollstuhlfahrer und Familien mit geistig Behinderten. 2 Zimmer rollstuhlgeeignet. Dusche und Waschbecken unterfahrbar. Duschhocker, verstellbarer Kippspiegel, Notruf und stabiler Haltegriff am WC vorhanden. Bei Bedarf kann ein Pflegedienst bestellt werden.

Lage: Ruhige, waldreiche Lage am Südrand des Naturparks "Hohe Mark". Erreichbar über die A 43 Recklinghausen Richtung Münster, Abfahrt Oer-Erkenschwick oder über die A 2 Oberhausen/Hamm, Ausfahrt Henrichenburg. Freibad am Haus stufenlos erreichbar. Umgebung hügelig. Zur Ortsmitte mit Einkaufen und Arzt 3 km; Apotheke 2 km; Krankenhaus, Bahnhof 6 km.

Zimmerpreise inkl. Frühstück: EZ 110,- DM; DZ 140,- bis 160,- DM; Zusatzbett 40,- DM; Babybett 20,- DM; Haustier 6,- DM.

Bielefelder Naturfreundehaus — 33813 Oerlinghausen

Nordrhein-Westfalen, Teutoburger Wald

Welschenweg 111, Tel. (05202) 2394, Fax: (0521) 320686.
11 Zimmer, 29 Betten. Schlichte, aber gemütliche Ausstattung der Zimmer, mit fl. Warm- und Kaltwasser. Das Haus ist ein zünftiger Wanderstützpunkt in waldreicher Umgebung. Es wird umweltbewußt und kinderfreundlich geführt. Es verfügt außerdem über moderne Küchen, so daß sich die Gäste selbst verpflegen.
Geeignet für Familien mit geistig Behinderten; auch Körperbehinderte können aufgenommen werden. Besonders gut geeignet für **Kinder- und Jugendgruppen** mit Behinderten. Für Rollstuhlfahrer und Gehbehinderte nicht geeignet; das Haus ist nicht rollstuhlgerecht.
Lage: Durch seine Lage am südlichen Tönsberg, ca. 30 Gehminuten vom Ortsrand Oerlinghausen entfernt, ist es ein idealer Standort für Kindergruppen und Schulklassen, Jugendgruppen und Erwachsene, Einzelwanderer und Familien. Zu Fuß, per Fahrrad und auch mit öffentlichen und privaten Verkehrsmitteln ergeben sich vielfältige Möglichkeiten für Ausflüge. Wanderwege ab Haus. Waldsportplatz, Tischtennis und Wassertretstelle am Haus; Wege befestigt, teils unbefestigt, teils eben und teils hügelig.
Entfernungen: Ortsmitte, Apotheke, Arzt 3 km; Bus 2 km; Bhf. 6 km (Abholdienst möglich); Krankenhaus, Sanatorium, Kuranwendungen, Bewegungsbad, Thermalbad 15 km; Freibad 2 km; Hallenbad 8 km.
Preise: für Erwachsene ab 27 Jahre 23,- DM, für Jugendliche 20,- DM, für Kinder von 3 bis 6 Jahre 10,- DM, Kinder bis 2 Jahre frei.

Gästehaus Lange — 32469 Petershagen

Nordrhein-Westfalen, Weserbergland

Döhrener Str. 41, Tel. (05705) 95900, Fax: 95902. Gästehaus mit 11 Zimmern. Parkplatz, Eingang, Frühstücksraum und Zimmer im EG stufenlos erreichbar.

Geeignet für Gehbehinderte (bis 15 Pers.), Rollstuhlfahrer (bis 6 Pers.) und Familien/Gruppen mit geistig Behinderten (bis 15 Personen). 3 Zimmer rollstuhlgerecht. Türbreite der Zimmer und von Du/WC 88 cm. Freiraum in Du/WC 130 x 200 cm. Freiraum links neben WC 35 cm, rechts 125 cm, davor 200 cm. Dusche und Waschbecken unterfahrbar. Festinstallierter Duschsitz und stabile Haltegriffe an Dusche und WC vorhanden. Pflegedienst kann über die örtliche Diakonie-Pflegestation bestellt werden.

Lage: Flachland, unmittelbar an der Storchen- und Mühlenroute gelegen. Zur Ortsmitte mit Einkaufen 500 m; Arzt 600 m; Apotheke 3 km; Bahnhof 18 km; Krankenhaus 19 km.

Zimmerpreise inkl. Frühstück: EZ 60,- bis 100 DM; DZ 100,- bis 160,- DM. Senioren-Angebote, Wochenend-Arrangements.

Ferienhof Meyer — 32469 Petershagen

Nordrhein-Westfalen, Teutoburger Wald, Weserbergland

Ringstr. 98, Tel. (05707) 93020, Fax: 930230. Ferienhof mit 6 komfortablen Appartements, 4 Doppelzimmer und 4 Einzelzimmer mit Du/WC, Telefon und TV-Anschluß. Passende Räume für Tagungen und Seminare vorhanden. Parkplatz und Eingang stufenlos.

Geeignet für Gehbehinderte (bis 18 Personen), Rollstuhlfahrer (bis 4 Pers.) und Familien mit geistig Behinderten (bis 20 Pers.). 1 Appartement und 1 DZ sind rollstuhlgerecht. Türbreite der Zimmer 80 cm, von Du/WC 80 bis 85 cm. Freiraum in Du/WC 190 x 200 cm. Freiraum rechts neben und vor dem WC 140 cm. Dusche und Waschbecken unterfahrbar. Festinstallierter Duschsitz und stabile Haltegriffe an Dusche und WC vorhanden.

> Blick in den Frühstücksraum

Freizeitangebote: Überdachte Terrasse, Grillplatz, große Liegewiese mit Spielgeräten, Rasenvolleyball, Tischtennis, Leihfahrräder. Freilaufende zahme Tiere (Schweine, Kühe, Ziegen, Katzen und Hunde). Kutsch- und Planwagenfahrten können organisiert werden.

Ausflugsziele: Museum im Ort: Glasbrennturm Gernheim. Schloß Petershagen und Bückeburg, Heringsfängermuseum, Wilhelm-Busch-Geburtshaus, Scheunenviertel Schlüsselburg, Kaiser-Wilhelm Denkmal, Freizeitpark “Pott’s Park”, Dinosaurierpark Münchehagen, Tierpark Ströhen mit berühmtem Arabergestüt, Badesee und Freibad Lahde, Steinhuder Meer, Dümmer See.

Lage: Zur Ortsmitte 200 m; Einkaufen 150 m; Arzt, Apotheke 5 km; Freibad 8 km; Hallenbad und Krankenhaus 15 km. Umgebung und Wege sind flach.

Zimmerpreise: EZ 50,- bis 55,- DM; DZ 80,- bis 90,- DM; Appartement 80,- bis 90,- DM inkl. Endreinigung.

Johanniter Jugendwerk Bildungs- und Freizeitstätte — 51580 Reichshof-Odenspiel

Nordrhein-Westfalen, Oberbergisches Land

Rehwinkel 2, Tel. (02297) 1311, Fax: 7259. Die Jugendbildungs- und Freizeitstätte befindet sich in dem kleinen Ort Odenspiel auf einem über 5.000 qm großen Areal. Das Haus ist ein im typisch oberbergischen Stil gehaltener ehemaliger Landgasthof.

Anfang 1996 wurde das Haus einer grundlegenden Renovierung unterzogen. Für die stilgerechte und gemütliche Atmosphäre in Zimmern, Seminar- und Speiseräumen sorgt zum großen Teil die Neueinrichtung mit freundlichen Kiefernmöbeln.

Unterbringung: In der Bildungsstätte gibt es 33 Zimmer mit insg. 57 Betten, darunter 14 Einzelzimmer. Diese sind teilweise mit Duschkabinen ausgestattet. Desweiteren stehen 10 Etagenduschen zur Verfügung. Kein Lift.
Verpflegung: Die Verpflegung umfaßt 4 Mahlzeiten täglich. Vegetarische Kost und Diätkost sind nach vorheriger Absprache möglich.

Geeignet für Familien und Gruppen mit Gehbehinderten, Körperbehinderten und geistig Behinderten; jeweils bis 57 Personen. Nicht für Rollstuhlfahrer geeignet. Behinderte Gäste sind in dem Haus herzlich willkommen.

Freizeit: Neben den Freizeiteinrichtungen der näheren Umgebung, insbesondere dem großen Spaßfreibad in Eckenhagen, bietet auch das Haus mit Gartenschach, Tischtennis, Grillplätzen, Leihfahrrädern, Billard, Fußballkicker sowie den Möglichkeiten eines 5.000 qm großen Areals viele Möglichkeiten der Entspannung.

Preis pro Person und Tag inkl. Vollpension bei 4 Mahlzeiten 65,- DM; inkl. Bettwäsche und Handtücher. Gruppenermäßigung.

CAJ-Jugendfreizeit- und Bildungsstätte — 48369 Saerbeck

Nordrhein-Westfalen, Münsterland

Westladbergern 81, Tel. (02574) 98586, Fax: 98587. Jugendfreizeit- und Bildungsstätte mit 19 Einzel- und 4-Bett-Zimmern. Vollverpflegung, Selbstversorgung möglich, vollausgestattete Küche. Parkplatz, Eingang, Speiseraum, Garten und die Zimmer (mit dem Aufzug) stufenlos erreichbar. Türbreite vom Aufzug 90 cm (Tiefe 100 cm, Breite 140 cm).

Geeignet für Gehbehinderte, Rollstuhlfahrer und Familien/Gruppen mit geistig Behinderten, für Jugend- und Freizeitgruppen und Schulklassen.

Freizeitmöglichkeiten: Tischtennis, Basketball- und Volleyballfeld, Fussballplatz, Kicker, Grill- und Lagerfeuerplatz. In der Nähe gibt es Badeseen, Hallenbad, Kegelbahn und ein Wildgehege. Außerdem CAJ-Werkstatt und mehrere Gruppen- und Tagungsräume mit modernen Medien.

Preis für Übernachtung pro Person 19,50 DM; Kinder bis 2 Jahre frei; 3 bis 12 Jahre 11,- DM (Aufschlag für Einzelübernachtungen 4,- DM). Zelten auf Anfrage. Preise für Verpflegung: Frühstück 4,80 DM, Mittagessen 7,90 DM, Kaffee 2,50 DM, Kaffee und Kuchen 4,70 DM, Abendessen 5,30 DM.

Urlaub auf dem Bauernhof Alfons und Ingrid Gildehaus — 48369 Saerbeck

Nordrhein-Westfalen, Münsterland

Middendorf 27, Tel. (02574) 98822, Fax: 98824. Ferienhof und Pension mit 6 Zimmern mit Telefon, teilweise mit Du/WC, insgesamt 14 Betten, 2 Etagenduschen und WC; Frühstücks- und Aufenthaltsraum mit Radio und Farb-TV. Für Kinder Tischtennis, Schaukel, Turnstange, Sandkasten und Kleintiere.

Geeignet für Gehbehinderte, Rollstuhlfahrer, Dialysepatienten (Dialyse 8 km), Familien mit geistig Behinderten und andere Behinderte. Auch **Behindertengruppen** sind willkommen.

Zwei Zimmer im EG und ein Aufenthaltsraum sind mit dem Rollstuhl befahrbar (Türbreite 80 cm), nicht mit E-Rollstuhl. 1 Doppelzimmer rollstuhlgerecht. Bettenhöhe 45-48 cm. Dusche und Waschbecken unterfahrbar. Festinstallierter Duschsitz und stabile Haltegriffe an Dusche und WC vorhanden. Hauseingang 1 Stufe mit Rampe.

Lage: Ruhige Lage; Bus 700 m; Ortsmitte und Apotheke 2,5 km; Bahnhof und Hallenbad 7 km; Freibad 3 km; Tennishalle 5 km; Minigolf, **Dialysezentrum** 8 km.

Preis pro Person: Übernachtung mit Frühstück ab 35,- DM; mit Halbpension ab 48,- DM; mit Vollpension auf Anfrage. Kinderermäßigung.

Ferienwohnung Heinz Grewe — 57392 Schmallenberg-Bödefeld

Nordrhein-Westfalen, Schmallenberger Sauerland

Freiheitstr. 11, Tel. (02977) 612. Eine Ferienwohnung; Eingang eine Stufe mit Rampe. **Geeignet** für Gehbehinderte und Familien mit geistig Behinderten. Bedingt geeignet für Rollstuhlfahrer mit Begleitung (Abwertung, da keine rollstuhlgerechte Dusche). Türbreite der Zimmer und von Du/WC 100 cm. Bewegungsfreiraum in Du/WC 150 x 150 cm. Freiraum links neben WC 150 cm, rechts und davor 100 cm. Keine Haltegriffe oder Hilfsmittel im Bad vorhanden.

Lage: Zur Ortsmitte mit Einkaufen 1 km; Arzt 500 m; Apotheke 800 m; Freibad, Hallenbad und Tennisplatz 1 km; Krankenhaus, Dialyse 12 km. Umgebung hügelig; Anstieg 1,5 km bis zum Haus hoch; ca. 80 m zu einem ebenen Weg.

Preis pro Übernachtung / Person 20,- DM.

Kurhotel Elfriede am Kurpark — 57392 Schmallenberg-Bad Fredeburg

Nordrhein-Westfalen, Hochsauerland

Am Kurhaus 6, Tel. (02974) 9611-0, Fax: 961160. Kurhotel mit 28 Zimmern mit Dusche/WC, 1 Zimmer mit Bad/WC. Alle Einzel- und Doppelzimmer haben außerdem Durchwahltelefon, TV, überwiegend mit Balkon. Behindertenparkplätze am Haus.

Diätküche, Diabetes-Diät. Durchführung von original Kneipp- und Schrothkuren. Eingang, Café-Restaurant, Solarium, Terrasse, Garten und Aufzug stufenlos erreichbar. Speiseraum, **Massage- und Bäderabteilung** und größtenteils die Zimmer mit dem Aufzug zu erreichen. **Praktischer Arzt / Badearzt im Haus.**

Türbreiten: Eingang 100 cm; Speiseraum 80 und 87 cm; Restaurant und Aufenthaltsraum 87 cm; Solarium 70 cm; Aufzug 80 cm (Tiefe 100 cm, Breite 100 cm).

Geeignet für Senioren, Gehbehinderte und Kurgäste (**Gruppen** bis 50 Personen möglich). Für Rollstuhlfahrer bedingt geeignet. Breite der Zimmertüren 80 cm, vom Badezimmer 70 cm. Raumgrößen von Bad/WC verschieden: 150 x 180 cm und 170 x 230 cm. Freiraum vor dem WC 65 bis 100 cm. Zum Teil klappbare, festmontierte Duschsitze und Haltegriffe in den Duschen und Wannen vorhanden.

Lage: Zentral, aber Nebenstraße; Einkaufen, Apotheke 100 m; Arzt im Haus, Bahnhof 22 km; Krankenhaus 300 m; Tennisplatz 400 m; Minigolf und Spielplatz 300 m; Kurhaus und Kurpark 50 m. Bahnstationen: Bestwig 22 km; Lennestadt-Althundem 22 km. Wege zum Ort (Arzt, Einkaufen, Apotheke) flach; Wanderwege und Kurpark flach bis steil. Massage und medizinische Bäderabteilung im Haus, Zulassung aller Krankenkassen.

Besonderer Service: Das Hotel hat einen **Hol- und Bringservice** eingerichtet. Die Gäste werden auf Wunsch innerhalb Deutschlands (ausgenommen die Nord- und Ostseeinseln) von zu Hause abgeholt und nach der Kur oder nach dem Urlaub wieder nach Hause gebracht. Eine ausführliche Preisliste wird auf Anfrage zugeschickt.

Preise pro Person und Tag: Übernachtung mit Frühstück ab 68,- DM, mit Halbpension ab 86,- DM, mit Vollpension ab 96,- DM.

Ferienparadies Landgasthof Leissetal — 57392 Schmallenberg-Ebbinghof

Nordrhein-Westfalen, Hochsauerland

Familie Johannes Tigges, Telefon: (02972) 97550, Fax: 975513, E-Mail: Leissetal@t-online.de, Internet: www.Leissetal.de. Landgasthof (Gasthof, Pension, Appartements), sehr schöne Lage, umgeben von Wiesen und Wäldern im Feriengebiet Schmallenberger Sauerland.

Gepflegte und rustikale Einrichtung des Hauses und der Appartements/Gästezimmer. Einzel-, Doppelzimmer und Appartements mit unterschiedlichen Größen und mit insgesamt 50 Betten, jeweils mit Sat-TV und Selbstwahltelefon. Gemütliche Aufenthaltsräume, TV-Raum, Café, gepflegte Parkanlagen, hauseigener Tennisplatz.

Eingang, Parkplatz, Aufenthaltsraum, Terrasse, Sauna, Frühstücksraum, Eßzimmer und Zimmer im Erdgeschoß stufenlos erreichbar. Alle Türen mindestens 80 cm breit.

Geeignet für Senioren, Kurgäste, Gehbehinderte, Familien mit geistig Behinderten, Rollstuhlfahrer und für **Gruppen**. Sehr gut geeignet für Familien mit Kindern. Hofeigener Ferienkindergarten.

2 Appartements rollstuhlgerecht: Raumgröße von Du/WC circa 8 qm; Freiraum in Du/WC 120 x 240 cm; Freiraum rechts neben WC 160 cm, davor 80 cm. Dusche unterfahrbar, ausklappbarer, festinstallierter Duschsitz für Rollstuhlfahrer. Zwei weitere Appartements sind für Rollstuhlfahrer mit Einschränkung geeignet. Bei Familie Tigges sind regelmäßig Rollstuhlfahrer zu Gast.

Service: Transfer mit Kleinbus und **Haus-zu-Haus Fahrservice** am Sonntag, z.B. aus Köln, Essen oder Münster für 98,- DM pro Person und Fahrt. Auskunft Gästeinfor-

mation, Poststr. 7, 57392 Schmallenberg, Tel. (02972) 97400. **Lage:** Unmittelbare Nähe zum Wald; Reitplatz, Tennisplatz, Tretbecken, Gartenschach, Spielplatz und Grillplatz direkt am Haus.
Ortsmitte, Einkaufen, Kurpark, Krankenhaus, Sanatorium, Moor- und Warmwasserbäder, Bewegungs- und Thermalbad, Kneippanwendungen, Arzt, Apotheke, Hallenbad und Freibad sowie Angeln in Bad Fredeburg (2 km); Bus 50 m; Bahnhof 20 km; Tennishalle 3 km; Wandern ab Haus; Wege befestigt, Umgebung hügelig. **Neu:** Geh- und Radweg nach Bad Fredeburg.

Preise: Umfangreiche Preisliste für preiswerte Urlaubsaufenthalte, z.B. Übernachtung mit Halbpension ab 74,- DM, kann angefordert werden. Besonders empfehlenswerter Landgasthof.

Gasthof „Zur Schmitte" — 57392 Schmallenberg-Westernbödefeld

Nordrhein-Westfalen, Hochsauerland

Familie Gödde, Am Roh 2, Tel. (02977) 268, Fax: (02977) 709091. Familiär und freundlich geführtes Haus; Gasthof, Restaurant und Café mit 15 Zimmern, alle mit Du/WC, Telefon, auf Wunsch mit TV. Gutbürgerliche Küche.

Hauseigener Tennisplatz, Sauna, Sonnenbank, Tretbecken, Grillplatz, Liegewiese, Parkplatz, Garage und Tagungsraum.

Parkplatz, Eingang, Frühstücksraum, Restaurant, Garten, Sauna, Aufzug (Tiefe 135 cm, Türbreite 100 cm) und die Zimmer (mit dem Aufzug) stufenlos erreichbar.

Geeignet für Gehbehinderte und Familien mit geistig Behinderten, bedingt geeignet für Rollstuhlfahrer (10 Zimmer), die regelmäßig zu den Gästen zählen und bisher immer gut zurechtgekommen sind. Türbreiten der Zimmer 82 cm, von Du/WC 72 cm. Freiraum in Du/WC 120 x 140 cm oder 120 x 120 cm. Freiraum links und rechts neben WC 30 cm, davor 100 bis 120 cm. Dusche nicht unterfahrbar, Duschhocker vorhanden, Waschbecken unterfahrbar. Pflegedienst vor Ort kann bei Bedarf organisiert werden.

Lage: Sehr schöne, ruhige Einzellage am Ortsrand von Westernbödefeld, umgeben von Wiesen und Wäldern. Bus 20 m; Spielplatz 30 m; Arzt, Einkaufen, Hallenbad 2 km; Apotheke 6 km; Krankenhaus, Kuranwendungen, Freibad 11 km. Umgebung und einige Spazierwege flach.

Preise pro Person ab 4 Tage Aufenthalt: Übernachtung mit Frühstück 40,- bis 50,- DM (für 1 Nacht 40,- bis 55-, DM). Übernachtung inklusive Vollpension pro Person je nach Zimmer 55,- bis 75,- DM, bei HP 5,- DM Abzug. Hunde nach Vereinbarung 8,- DM pro Tag. Auf Wunsch Abholung vom Bahnhof in Meschede oder Bestwig.

Tietmeyer Hotel zum Rathaus — 48624 Schöppingen

Nordrhein-Westfalen, Münsterland

Hauptstr. 50-52, Tel. (02555) 938750, Fax: 938751. 4-Sterne-Hotel mit 18 Zimmern und Suiten, alle mit Du/WC, Fön, Telefon, Schreibtisch, Farb-TV, Radiowecker. Räume für Gesellschaften, Tagungen und Seminare für 10 bis 150 Personen. Parkplatz, Eingang, Frühstücksraum, Restaurant und Zimmer (mit dem Aufzug) stufenlos erreichbar. Türbreite vom Aufzug 90 cm (Tiefe 100 cm, Breite 100 cm).

Geeignet für Gehbehinderte, Rollstuhlfahrer und Familien mit geistig Behinderten. 6 Zimmer sind rollstuhlgerecht. Türbreite der Zimmer 90 und 100 cm, von Du/WC 90 cm. Freiraum in Bad/Du/WC 150 x 200 cm. Waschbecken unterfahrbar., Dusche nicht schwellenlos unterfahrbar: Schwelle 2 cm. Duschhocker vorhanden, keine Haltegriffe.
Lage: In der Ortsmitte; Einkaufen 50 m; Apotheke 300 m; Arzt 400 m.
Pauschalangebote: 1 Übernachtung mit Abendmenue für 99,- DM pro Person. 2 Übernachtungen im DZ (Fr.-So.) mit HP ab 199,50 DM. Ausführliche Preise auf Anfrage.

Kranz Park Hotel — 53721 Siegburg

Nordrhein-Westfalen, Rheinland

Mühlenstr. 32-44, Tel. (02241) 5470, Fax: 547-444, Internet: www.kranzpark hotel.com, E-Mail: reception@kranzparkhotel.de. Hotel mit 70 Zimmern, Parkplatz, Eingang, Frühstücksraum, Restaurant, Garten und die Zimmer (mit dem Aufzug) stufenlos erreichbar. Türbreite vom Aufzug 80 cm (Tiefe 150 cm, Breite 110 cm).

Geeignet für Gehbehinderte und Rollstuhlfahrer. 2 Zimmer rollstuhlgerecht: Türbreiten der Zimmer und von Du/WC 100 cm. Freiraum in Du/WC 160 x 160 cm. Freiraum links neben WC 60 cm, davor 180 cm. Dusche und Waschbecken unterfahrbar, festinstallierter Duschsitz und Haltegriff am WC vorhanden. Bettenhöhe 50 cm.

Lage: In der Innenstadt; Bahnhof, Einkaufen 500 m; Arzt 400 m; Apotheke 700 m; Krankenhaus 1,2 km; Freibad und Hallenbad 2,5 km.
Preise auf Anfrage.

Hotel Am Häusling garni — 57074 Siegen

Nordrhein-Westfalen, Siegerland

Melanchthonstr. 10, Tel. (0271) 337120, Fax: 3307878. 10 Zimmer mit Du/WC, Telefon, Radio und TV. Eingang und Zimmer stufenlos erreichbar. Zum Frühstücksraum nur über Stufen.

Geeignet für Gehbehinderte und Familien mit geistig Behinderten, bedingt geeignet für Rollstuhlfahrer mit Begleitung (3 Zimmer im EG). Türbreiten der Zimmer und von Du/WC 82 cm. Freiraum in Du/WC 140 x 140 cm. Freiraum links und vor dem WC 100 cm. Dusche nicht unterfahrbar: Schwelle 10 cm, keine Haltegriffe oder Hilfsmittel.

Lage: Zum Zentrum 1 km; Einkaufen 200 m; Arzt, Apotheke 300 m; Bahnhof 2 km.
Zimmerpreise: EZ 100,- DM; DZ 130,- DM inkl. Frühstück.

Hanse Hotel Soest — 59494 Soest

Nordrhein-Westfalen, Sauerland

Siegmund-Schultze-Weg 100, Tel. (02921) 70900, Fax: 709075. Komfortables Hotel mit 25 Doppel- und 20 Einzelzimmern mit Du/WC, Telefon, TV, eigener Parkplatz und Tiefgarage. Tagungsräume für 5 bis 50 Personen. Haupteingang und Restaurant stufenlos erreichbar, Türen 180 cm breit.

Geeignet für Gehbehinderte und bedingt geeignet für Rollstuhlfahrer (3 EZ, 8 DZ im EG). Zimmertür 80 cm breit, zum Bad/WC nur 68 cm. Freiraum im Bad ca. 150 x 150 cm; Freiraum links neben WC 80 cm, rechts 120 cm, davor 20 cm; keine zusätzlichen Haltegriffe oder Hilfsmittel vorhanden.

Lage: 500 m von der Autobahnabfahrt A 44 Soest-Möhnesee; ruhige Lage.
Zimmerpreise inklusive Frühstücksbuffet: EZ ab 95,- DM; DZ 160,- bis 180,- DM.

Sunderland Hotel — 59846 Sundern

Nordrhein-Westfalen, Hochsauerland

Rathausplatz 2, Tel. (02933) 987-0, Fax: (02933) 987-111. Komfortables Hotel mit 55 modern und geschmackvoll eingerichteten Zimmern mit Bad/Du/WC, Farb-TV, Schreibtisch, Telefon, Anschluß für Fax und PC, Minibar. Sehr gute Küche. Saunaparadies, Dampfbad, Massage, Ganzheitskosmetik, Hairstyling.
Parkplatz, Eingang, Frühstücksraum und Restaurant stufenlos erreichbar. Sauna und die Zimmer mit dem Aufzug erreichbar. Türbreite vom Aufzug 90 cm (Tiefe 150 cm, Breite 106 cm).
Geeignet für Rollstuhlfahrer: 1 Zimmer mit Du/WC. Bettenhöhe 47 cm. Türbreite vom Zimmer 90 cm; von Du/WC 100 cm. Bewegungsfreiraum in Du/WC 150 x 150 cm. Freiraum links und rechts neben WC 30 cm; davor 130 cm. Dusche und Waschbecken unterfahrbar. Festinstallierter Duschsitz, Kippspiegel, Notruf, elektr. verstellbare Vorhänge und stabile Haltegriffe an Dusche und WC vorhanden. Mobiler Pflegedienst im Ort ansässig.
Lage: In derOrtsmitte; Einkaufen, Apotheke 300 m; Arzt 400 m; Bahnhof und Krankenhaus 11 km. Umgebung bergig und und bewaldet, viele steile Straßen und Wege.
Zimmer- und Appartementpreise inkl. Frühstücksbuffet: EZ ab 145,- bis 165,- DM, DZ 195,- bis 210,- DM. Suite 210,- bis 299 DM. Zusatzbett 69,- DM.

Landhaus Pension Upmeyer — 49545 Tecklenburg-Brochterbeck

Nordrhein-Westfalen, Tecklenburger Land, Münsterland

Dorfstr. 49, Tel. (05455) 1491, Fax: 7291. Schöner Bauernhof, mit gepflegter Außenanlage, kinderfreundlich, mit 9 modern eingerichteten Zimmern mit Dusche und WC. Große Wiese mit Spielplatz, Tischtennis, Basketball, Ponyreiten, Streicheltiere. Parkplatz, Eingang, Frühstücksraum stufenlos.

Geeignet für Gehbehinderte, Rollstuhlfahrer und Familien mit geistig Behinderten.

2 Zimmer im EG für Rollstuhlfahrer, gemeinsame Etagendusche mit WC. Türbreiten der Zimmer und von Du/WC 82 cm. Freiraum in Du/WC 115 x 400 cm. Freiraum links neben WC 350 cm, davor 100 cm. Dusche nicht schwellenlos unterfahrbar; Haltegriffe an Dusche und WC vorhanden.

Lage: Am Ortsrand von Brochterbeck; zur Ortsmitte 600 m; Einkaufen 500 m; Hallenbad 200 m; Freibad 5 km; Arzt 1,2 km; Apotheke 1 km; Krankenhaus 7 km.

Preise: Übernachtung mit Frühstück im DZ 45,- bis 49,- DM, HP 15,- DM extra, EZ-Zuschlag 10 DM. Kinderermäßigung: bis 5 Jahre 40 %, 6 bis 10 Jahre 25 %. November bis Februar 10 % Rabatt.

Jugendbildungsstätte Tecklenburg Haus „Von der Becke" — 49545 Tecklenburg

Nordrhein-Westfalen, Tecklenburger Land, Münsterland

Sonnenwinkel 1, Tel. (05482) 68133 und 68131, Fax: 68160. Modernes, freundlich eingerichtetes Haus mit Zwei- und Dreibett-Zimmern für insgesamt 80 Personen. Alle Zimmer verfügen über fl. w + k Wasser, zum größten Teil zusätzlich mit Dusche und WC.

Für Schulungs- und Gruppenarbeiten stehen 7 Seminarräume für 15 bis 100 Personen zur Verfügung. Werkräume für Holz- und Tonarbeiten sowie Drucktechniken, ein Ton-Videostudio, ein Fotolabor mit Kameras und **Computerraum mit Internet-Zugang.**

Außerdem stehen den Gästen zur Verfügung: Meditations- und Andachtsraum, Kaminhalle, Bistroraum mit kleiner Teeküche, Discoraum mit offenem Kamin, Sportplatz, Kletterwand, Spielwiese, Tischtennis, Kicker, Billard, TV-Sat-Anlage und Grillplätze.

Die hauseigene Küche sorgt für bis zu 4 Mahlzeiten am Tag. Haupteingang, Speiseraum und Aufzug stufenlos erreichbar. Alle Türen mindestens 80 cm breit; Zimmer mit dem Aufzug erreichbar (Tiefe 110 cm, Türbreite 80 cm).

Geeignet für Rollstuhlfahrer (bis 4 Personen), andere Behinderte und **Gruppen**. Zwei Zimmer (4 Betten) mit Bad/WC sind rollstuhlgerecht ausgestattet (1. OG, Aufzug). Dusche schwellenlos unterfahrbar; stabile Haltegriffe an Dusche und WC vorhanden. Bettenhöhe 45 cm. Pflegeleistungen können über Diakoniestation des Diakonischen Werkes bestellt werden.

Lage: Am Ortseingang; Apotheke 2 km; Bahnhof 12 km; Bus 50 m; Spielplatz am Haus; Freibad und Tennisplatz 4 km; Hallen- bzw. Wellenbad in Ibbenbüren, 10 km.

Preise pro Person und Tag inkl. Vollpension (3 Mahlzeiten): Erwachsene ab 18 Jahre 49,- DM; Jugendliche 13 bis 17 Jahre 42,- DM; Kinder 6 bis 12 Jahre 38,- DM; Kinder von 2 bis 5 Jahre 28,- DM. Ausführliche Preisliste, Ferienpreise und Informationen auf Anfrage.

Ringhotel Teutoburger Wald — 49545 Tecklenburg-Brochterbeck

Nordrhein-Westfalen, Teutoburger Wald, Münsterland

Im Bocketal 2, Tel. (05455) 93000, Fax: 930070. Hotel mit 44 Zimmern mit Du/WC, Telefon, Farb-TV und Minibar. 4 Tagungsräume mit moderner Technik für 10 bis 100 Personen. Parkplatz, Eingang, Frühstücksraum, Restaurant, Garten, hauseigenes Hallenbad und die Zimmer (mit dem Aufzug) stufenlos erreichbar. Türbreite vom Aufzug 90 cm (Tiefe 160 cm, Breite 110 cm).
Geeignet für Gehbehinderte (bis 80 Pers.), Rollstuhlfahrer (4 Pers.) und Familien mit geistig Behinderten. 2 Zimmer rollstuhlgeeignet. Türbreite von Zimmer und Du/WC 80 cm. Freiraum in Du/WC 140 x 140 cm. Freiraum vor dem WC 140 cm. Haltegriffe am WC. Dusche nicht schwellenlos unterfahrbar, Waschbecken unterfahrbar. Festinstallierter Duschsitz und Haltegriff an der Dusche. Bettenhöhe 55 cm.
Lage: Zur Ortsmitte 500 m; Arzt, Apotheke 1 km; Bahnhof, Krankenhaus, Dialyse 7 km. Umgebung im Ort leicht hügelig; Richtung Münsterland flach; im Teutoburger Wald steil. **Zimmerpreise:** EZ 100,- bis 130,- DM; DZ 140,- bis 200,- DM.

Quality Hotel Köln Airport — 53844 Troisdorf

Nordrhein-Westfalen, Rheinland, Nähe Flughafen Köln-Bonn

Larstr. 1, Tel. (02241) 9979, Fax: (02241) 997288. Geschäftsreise-Hotel mit 88 Gästezimmern mit Klimaanlage, Telefon, Sat-TV, Minibar und Du/WC. Parkplatz, Eingang, Frühstücksraum, Restaurant und de Zimmer stufenlos erreichbar. Türbreite vom Aufzug 90 cm (Breite 140 cm, Tiefe 160 cm).

Geeignet für Rollstuhlfahrer, Gehbehinderte und Familien mit geistig Behinderten. 2 Zimmer mit Bad/WC rollstuhlgeeignet. Bettenhöhe 60 cm. Türbreite von Zimmer und Bad/WC 94 cm. Bewegungsfreiraum in Bad/WC 110 x 200 cm. Freiraum links neben WC 86 cm, rechts 20 cm, davor 140 cm. Bad mit Badewanne, keine unterfahrbare Dusche. Waschbecken unterfahrbar. Stabiler Haltegriff am WC.

Lage: Zur Ortsmitte von Troisdorf 1 km; Einkaufen, Arzt, Apotheke, Krankenhaus und Dialyse 1 km. Umgebung flach. **Zimmerpreise:** EZ 150,- DM; DZ 200,- DM.

Ringhotel Katharinen Hof — 59423 Unna

Nordrhein-Westfalen, zwischen Sauerland und Münsterland

Bahnhofstr. 49, Tel. (02303) 9200, Fax: 920444. Hotel mit 70 großen, komfortablen Zimmern mit Radio, Kabel-TV, Minibar. Parkplatz und Eingang stufenlos. Frühstücksraum, Restaurant und Zimmer mit dem Aufzug stufenlos erreichbar. Türbreite vom Aufzug 90 cm (Tiefe 220 cm, Breite 110 cm).

Geeignet für Gehbehinderte (bis 20 Pers.), Rollstuhlfahrer (1 Zi.) und Familien mit geistig Behinderten. 1 Zimmer rollstuhlgerecht. Türbreite von Zimmer und Du/WC 94 cm. Freiraum in Du/WC 140 x 190 cm. Freiraum links neben WC 70 cm, davor 140 cm. Dusche und Waschbecken unterfahrbar. Duschhocker, Notruf an WC und Waschbecken und Haltegriff am WC vorhanden. Bettenhöhe 48 cm.
Lage: Im Zentrum von Unna; Bahnhof 20 m; Arzt 50 m; Apotheke 60 m.
Zimmerpreise inkl. Frühstück: EZ 148,- bis 165,- DM; DZ 190,- bis 198,- DM. Am Wochenende: EZ 130,- bis 150,- DM; DZ 170,- bis 180,- DM.

Warnsing's Ferienhof — 46342 Velen

Nordrhein-Westfalen, Münsterland

Fischerdiek 123, Tel. (02863) 1286, Mobil-Telefon: 0170-3127489, Fax: (02863) 4062, E-Mail: Warnsing@tonline.de, Internet: www.warnsing.de.

Bildschöner Ferienbauernhof mit DLG-Gütezeichen und in landschaftlich schöner Lage. Das gesamte Anwesen ist ausgesprochen gepflegt. Rustikale und komfortable Einrichtung. Parkplatz, Eingang, Frühstücksraum, Garten und Aufzug stufenlos erreichbar.

6 rollstuhlgerechte Ferienwohnungen im EG oder mit dem Treppenlift stufenlos erreichbar. Für die Gäste steht außerdem das neue Café "Gute Stube" (auch mit Gartencafé) für bis zu 80 Personen zur Verfügung, für Rollstuhlfahrer ebenfalls stufenlos und bei den Gästen sehr beliebt.

Sehr gut geeignet für Gehbehinderte, Rollstuhlfahrer und Familien mit geistig Behinderten. Auch **Gruppen** mit Behinderten sind willkommen. Türbreiten der 6 Ferienwohnungen 100 cm, von Du/WC 86 cm. Die Badezimmer (Du/WC) sind nach **DIN 18025 rollstuhlgerecht** ausgestattet. Freiraum in Du/WC 200 x 300 cm; Freiraum links und rechts neben WC 50 cm, davor 150 cm. Dusche und Waschbecken unterfahrbar. Festinstallierter Duschsitz sowie stabile Haltegriffe an Du/WC vorhanden.

Lage: Der Hof liegt an einem eigenen kleinen See (Ruderboote vorhanden). Für die Gäste stehen Fahrräder zur Verfügung, für Kinder ein Spielplatz direkt am Hof. Ortsmitte, Einkaufen, Bus, Apotheke 3,5 km; Arzt, Freibad, Tennishalle 3 km;

Hallenbad 15 km; Bahnhof 16 km; Krankenhaus 17 km.
Preise pro Tag: Ferienwohnung ab 4 Übernachtungen (bis 4 Pers.) 110,- DM, unter 4 Übernachtungen 120,- DM; jede weitere Person 15,- DM.
Übernachtung mit Frühstück ab 4 Übernachtungen 50,- DM; EZ-Zuschlag 10,- DM. Planwagenfahrten bis 30 Personen, auch für Rollstuhlfahrer, Preis auf Anfrage. Rollfiets (Fahrrad-Rollstuhlkombination) kann geliehen werden (25,- DM pro Tag). Hausprospekt und ausführliche Preisliste sowie Gruppenpreise auf Anfrage. Besonders empfehlenswerter Ferienhof.

Queens Parkhotel Velbert — 42549 Velbert

Nordrhein-Westfalen

Günther-Weisenborn-Str. 7, Tel. (02051) 492-0, Fax: 492-177. First-Class-Hotel mit 81 Zimmern mit Telefon, Radio, TV, Minibar. Parkplatz, Eingang, Restaurant und die Zimmer im EG stufenlos erreichbar.

Geeignet für Rollstuhlfahrer: 2 Zimmer mit Du/WC. Bettenhöhe 46 cm. Türbreite der Zimmer 93 cm. Freiraum rechts neben WC 132 cm, davor 100 cm. Dusche und Waschbecken unterfahrbar. Festinstallierter Duschsitz, Kippspiegel und stabile Haltegriffe an Dusche, WC und Waschbecken vorhanden.

Lage: Ruhige Lage, großer hoteleigener Park, der an den städt. Herminghaus Park anschließt. Zur Stadtmitte mit Einkaufsmögl., Arzt, Apotheke 2 km; Freibad, Hallenbad 1,5 km; Krankenhaus, Dialyse 10 km.

Zimmerpreise: EZ 177,- bis 292,- DM; DZ 217,- bis 332,- DM. Frühstück 22,- DM pro Person.

Ringhotel Mersch — 48231 Warendorf

Nordrhein-Westfalen, Münsterland

Dreibrückenstr. 66-68, Tel. (02581) 6373-0, Fax: 6373-40. 24 Zimmer mit Bad/WC oder Du/WC, Telefon, Radio, TV, Minibar. Eingang 2 Stufen mit Rampe. Restaurant mit dem Aufzug, Speiseraum und 10 Zimmer im Erdgeschoß stufenlos erreichbar. Türbreite vom Aufzug 70 cm (Innenmaße 80 x 100 cm).

Geeignet für Gehbehinderte (Gruppen bis 47 Personen); für Familien mit geistig Behinderten; bedingt geeignet für Rollstuhlfahrer (14 Zimmer, Gruppen bis 27 Personen). Türbreiten der Zimmer 81 cm, der Badezimmer (Badewanne und Dusche) 70 cm. Freiraum in Bad/WC 120 x 130 cm, Freiraum vor dem WC 130 cm, Duschschwelle 28 cm. Duschhocker vorhanden; keine zusätzlichen Haltegriffe oder Hilfsmittel.

Lage: Ortsmitte 1 km; Bhf. 2 km; Arzt, Apotheke 100 m; Feriendialyse 1 km.
Zimmerpreise inkl. Frühstück: EZ 120,- bis 135,- DM; DZ 170,- bis 195,- DM.

Gästehaus Volmarstein — 58300 Wetter

Nordrhein-Westfalen

Am Hensberg 1, Tel. (02335) 969790, Fax: 969796. Das Gästehaus liegt in ruhiger Umgebung auf einem Gelände der Evang. Stiftung Volmarstein. 4 gemütlich und rustikal eingerichtete Gästezimmer, alle mit Telefon und TV, teils mit Du/WC, teils Bad auf dem Flur. Eingang 1 Stufe, Frühstücksraum stufenlos, zum Garten 3 Stufen.

Geeignet für Gehbehinderte und Familien mit geistig Behinderten, bedingt geeignet für Rollstuhlfahrer mit Begleitung. Türbreiten der Zimmer 80 cm, von Du/WC 70 cm. Freiraum in Du/WC 100 x 300 cm, vor dem WC 90 cm, nicht seitlich anfahrbar. Dusche nicht unterfahrbar, keine Haltegriffe.

Lage: Zur Ortsmitte 500 m; Arzt und Krankenhaus 100 m; Einkaufen 200 m; Bahnhof 2 km. Wege hügelig bis steil.

Zimmerpreise je nach Zimmerkategorie: EZ 70,- bis 80,- DM; DZ 100,- bis 130,- DM inkl. Frühstück.

Ferienpark Am Fichtenweg — 59955 Winterberg

Nordrhein-Westfalen, Hochsauerland

Am Fichtenweg 26 - 32, Tel. (02981) 92420, Fax: 924292. Vier komfortable Appartementhäuser, alle Einrichtungen des Hauses stufenlos erreichbar. Die 20 Appartements im EG sind komfortabel eingerichtet, mit Doppelklappbett, Dusche/Bad/WC, Kochnische, Terrasse oder Balkon und Telefon.

Geeignet für Gehbehinderte und Familien mit geistig Behinderten; geeignet für Rollstuhlfahrer (20 Appartements), jedoch Badezimmer mit Badewanne und Dusche, Dusche nicht unterfahrbar. Türbreiten der Zimmer 100 cm, der Badezimmer 80 cm. Freiraum in Bad/WC 130 x 180 cm; Freiraum links neben WC 100 cm, davor 120 cm. Stabile Haltegriffe an Badewanne und Dusche. Waschbecken unterfahrbar. Festinstallierte Duschsitze, Duschhocker, WC-Erhöhungen. Bettenhöhe 50 cm.
Lage: Direkt am Hochwald, ruhige Lage; Bahnhof und Krankenhaus 2 km; Arzt 800 m; Freibad und Hallenbad 300 m.
Preise: für ein Appartement je nach Größe (2-4 Pers.) 70,- bis 120,- DM pro Tag.

Berghotel Astenkrone — 59955 Winterberg-Altastenberg

Nordrhein-Westfalen, Hochsauerland

Astenstr. 24, Tel. (02981) 8090, Fax: 809198. Komfortables Hotel mit 28 Doppel- und 8 Einzelzimmern, 4 Suiten, alle mit TV, Radio, Telefon, Terrasse oder Balkon. Hauseigenes Schwimmbad. Sauna, Solarium, Whirlpool, Kegelbahn. Eingang, Restaurant, Aufzug stufenlos erreichbar. Türbreiten: Eingang 85 cm, Restaurant 130 cm, Aufzug 90 cm.

Geeignet für Gehbehinderte und Rollstuhlfahrer. Ein Zimmer mit Bad/WC speziell für Rollstuhlfahrer ausgestattet, über Aufzug erreichbar. Türbreiten von Zimmer und Bad/WC 90 cm. Freiraum in Bad/WC 250 x 165 cm; Freiraum links neben WC

110 cm, davor 200 cm. Dusche nicht unterfahrbar. Stabile Haltegriffe an Dusche und WC vorhanden. Bettenhöhe 40 cm.

Lage: Das Hotel liegt in Altastenberg, 4 km von Winterberg entfernt.
Zimmerpreise: EZ 140,- bis 190,- DM; DZ 230,- bis 350,- DM, Suiten ab 390,- DM.

Hotel „Haus Mühlengrund" — 59955 Winterberg

Nordrhein-Westfalen, Hochsauerland

Nuhnetalstr. 114, Tel. (02981) 584, Fax: 908339. Hotel mit 11 Zimmern. Parkplatz, Eingang, Restaurant, Frühstücksraum, Garten und Zimmer im EG stufenlos erreichbar.

Geeignet für Gehbehinderte und Familien mit geistig Behinderten; bedingt geeignet für Rollstuhlfahrer mit Begleitung: 2 Zimmer. Türbreite der Zimmer und von Du/WC 80 cm. Freiraum in Du/WC 140 x 140 cm. Freiraum links und rechts neben WC 20 cm, davor 200 cm. Badewanne; keine unterfahrbare Dusche, Duschschwelle 10 cm. Duschhocker und stabiler Haltegriff am WC. Bettenhöhe 50 cm.

Lage: Umgebung und Wege hügelig; hauseigene Parkanlage ist eben. Zur Ortsmitte 200 m; Arzt 300 m; Apotheke, Krankenhaus, Bahnhof 5 km.
Preis pro Person: Übernachtung mit Frühstück 48,- DM, mit HP 68,- DM, mit VP 78,- DM.

Hotel Hessenhof — 59942 Winterberg

Nordrhein-Westfalen, Hochsauerland

Familie Robert Braun, Tel. (02981) 9300, Fax: 930200, Internet: www.hotel-hessenhof.de, E-Mail: info@hotel-hessenhof.de. Hotel mitten in Winterberg mit 46 Zimmern. Parkplatz und Eingang stufenlos, Zimmer mit dem Aufzug erreichbar. Türbreite vom Aufzug 80 cm (Tiefe 100 cm, Breite 110 cm).

Geeignet für Gehbehinderte und Rollstuhlfahrer. 1 Zimmer rollstuhlgeeignet. Türbreite von Zimmer und Du/WC 80 cm. Freiraum in Du/WC 220 x 220 cm. Dusche unterfahrbar, Waschbecken nicht unterfahrbar. Duschhocker vorhanden. Bettenhöhe 50 cm.

Lage: In der Ortsmitte, Nähe Kurpark. Einkaufen 50 m; Bahnhof 300 m; Arzt 200 m; Apotheke 100 m; Krankenhaus 400 m.

Preis pro Person und Tag im DZ mit Frühstück 70,- bis 82,- DM, mit HP 90,- bis 105,- DM, mit VP 100,- bis 125,- DM.

Ferienwohnung Am Kapellchen 53498 Bad Breisig

Rheinland-Pfalz, Eifel, Ahr

M. Reifferscheid-Wahl, Rheineckerstr. 25, Tel. + Fax: (02633) 97969. Gemütliche, komfortable Ferienwohnung, 85 qm, Nichtraucher, separater Eingang. 2 Schlafzimmer, 1 Wohn/Esszimmer. Großes Bad mit Badewanne, befahrbarer Dusche und unterfahrbarem Waschbecken.

Geeignet für Gehbehinderte, Senioren, Rollstuhlfahrer und Familien mit geistig Behinderten (jeweils bis 6 Personen). Bettenhöhe 45 cm. Türbreite von Zimmer und Bad/WC 98 cm. Bewegungsfreiraum in Bad/WC 118 x 300 cm. Freiraum links neben WC 40 cm, davor 120 cm. Dusche unterfahrbar, Duschhocker vorhanden.

Lage: Das Haus liegt im Süden von Bad Breisig, ruhig aber verkehrsgünstig. Zur Ortsmitte 2,5 km; Arzt 1,5 km; Einkaufen 2,5 km; Apotheke, Freibad, Hallenbad 2 km.

Preis für die FeWo pro Tag für 2 Pers.: 1. Tag 95,- DM, Folgetag 70,- DM. Jede weitere Person 15,- DM.

Kurklinik Klement 53474 Bad Neuenahr

Rheinland-Pfalz

Fam. Schneider, Mittelstr. 84 - 89, Telefon (02641) 9498-0, Fax: 1864. Staatlich anerkannt nach § 111 **beihilfefähig.**

Einzel- und Doppelzimmer (Dusche, WC, Telefon, Sat-TV), überwiegend Balkon mit Süd-Seite, Aufenthaltsräume für Raucher und Nichtraucher, Lifte, Dachterrasse, Solarium, hauseigenes Hallenbad (31 °C). Eingang mit Rampe, Parkplatz, Einrichtungen und Zimmer stufenlos erreichbar. Türbreiten: Eingang 100 cm, Zimmer 100 cm, Bad/WC bis 120 cm.

Geeignet für Rollstuhlfahrer, Gehbehinderte, Senioren und **Kurgäste**. Auch für **Pflegebedürftige** (alle Pflegeklassen; vorher anmelden). Türbreite der Zimmer 100 cm, von Du/WC 110 cm. Dusche und Waschbecken unterfahrbar. Stabile Haltegriffe an Dusche und WC. Duschhocker, rutschfeste Matten für die Dusche. Notrufanlage, Bettgalgen, eigene Rollstühle, erhöhte Betten, etc. vorhanden.

Indikationen: Diabetes, Übergewicht, Magen- und Darm-Stoffwechsel, degenerativ-rheumatische Erkrankungen, Bandscheibenschäden, Gelenkverschleiß, Folgeerkrankungen, Nachbehandlung nach Unfällen und Operationen; **AHB und Reha**, Diät, alle Kassen. **Kein Kurzwang**.

Lage: Zentrum und Krankenhaus 500 m; Bus, Tennishalle und Minigolf 300 m; Arztpraxis, Apotheke und Kuranwendungen im Haus. Bewegungsbad 31 °C im Haus. Wege befestigt, örtliche Umgebung flach.

Preise: Hausprospekt und **günstige Pauschalangebote** können angefordert werden; Übernachtung wahlweise mit Frühstücksbuffet, Halb- oder Vollpension.

Giffels Goldener Anker — 53474 Bad Neuenahr

Rheinland-Pfalz

Mittelstraße 14, Telefon: (02641) 804-0, Fax: (02641) 804-400, BTX *482722214.

80 Komfortzimmer, teilweise mit Balkon und Terrasse; alle mit Selbstwähltelefon, Farb-TV mit Video und Safe. Aufenthaltsräume, Bibliothek, Sonnenterrasse, 2 Lifte (rollstuhlgeeignet), Parkplatz, Garagen. Eingang zum Hotel, alle Zimmer und Einrichtungen stufenlos erreichbar. Zum Haus gehört eine große Gartenanlage mit Freizeitspielen, Wintergarten und Palmengarten. Direkte Lage zu allen Kureinrichtungen, alles stufenlos erreichbar.

Geeignet für Rollstuhlfahrer (bis 30 Personen); Familien mit geistig Behinderten. Besonders gut geeignet für Senioren, Gehbehinderte und Kurgäste (45 bis 70 Personen).

Rutschfeste Badewannen und Duschen. Klappsitze in den Duschen. Haltegriffe in der Badewanne, bzw. in der Dusche. Auf Wunsch kann das Bett durch eine zweite Matratze erhöht werden (Bettenhöhe 65 cm). 2 höhenverstellbare Betten vorhanden. Zimmer- und Toilettentüren mindestens 80 cm breit; Freiraum in Bad/WC 100 x 120 cm. Aufzugstüren 65 cm breit, Tiefe vom Aufzug 110 cm.

Angebote des Hauses: Alle Diäten; RAL-Diätgütezeichen. Sauna und Solarium, Erlebnisbad mit medizinischer Kur- und Bäderabteilung im Haus. Ärztliche Betreuung im Hause. **Pflegedienst** auf Wunsch durch das DRK, durch Schüler oder andere. Auf Wunsch können Gäste vom Bahnhof Bad Neuenahr abgeholt werden (15,- DM). Außerdem werden Haus-zu-Haus Service mit Oldtimer (Tür 76 cm) und Rundfahrten angeboten. Hallenbad-Service (Schwimmhilfe).

Zimmerpreise inkl. Frühstück: EZ mit Du/Bad/WC 119,- bis 175,- DM, DZ mit Du/Bad/WC 190,- bis 285,- DM, Suite/Appartement 250,- bis 385,- DM. Zuschlag für HP 35,- DM, für VP 65,- DM. Hunde und Haustiere nach Absprache 7,50 DM. Aufpreis für Diätkost pro Tag 5,- DM.

Ferienwohnung Weiland — 57632 Berg / Flammersfeld (Westerwald)

Rheinland-Pfalz, Westerwald

Vermieter: Jürgen Weiland, Dorfstr. 24 B, 22946 Brunsbek, Tel. (04107) 9295, Fax: 9795. Drei großzügige und komfortable Appartements, neu gestaltet in einem alten herrschaftlichen Bauernhaus.

Große parkähnliche Wiesenanlage mit altem Baumbestand und Grillplatz. Jedes Appartement verfügt über Wohnzimmer bzw. Wohnküche, Schlafzimmer, Bad oder Du/WC, Sat-TV, Stereoanlage und Telefon. Parkplatz 10 m vorm Haus.

Eine Ferienwohnung rollstuhlgerecht: Eingang stufenlos erreichbar. Türbreiten 80 cm. Bettenhöhe 40 cm, kann bei Bedarf erhöht werden. Freiraum in Du/WC 200 x 150 cm. Freiraum links neben WC 190 cm, davor 100 cm. Dusche und Waschbecken unterfahrbar. Stabiler Duschsitz zum Einhängen und stabile Haltegriffe an Du/WC und Waschbecken vorhanden.
Lage: Einkaufen, Arzt, Apotheke, Freibad 5 km; Bahnhof und Krankenhaus 10 km.

Preis pro Ferienwohnung und Tag 70,- DM bei Belegung mit 2 Personen; jede weitere Person 10,- DM pro Tag.

Hotel- und Restaurant „Zum Kurfürsten" — 54470 Bernkastel-Kues

Rheinland-Pfalz, Mosel

Amselweg 1, Tel. (06531) 96770, Fax: 4625. Stilvolles Hotel mit 25 individuell ausgestatteten Zimmern und 3 Ferienwohnungen. Parkplatz, Eingang, Frühstücksraum, Restaurant mit behindertengerechtem WC, Garten, große Café-Freiterrasse, Zimmer und Ferienwohnung stufenlos erreichbar.
Geeignet für Gehbehinderte (22 Pers.), Rollstuhlfahrer und Familien mit geistig Behinderten. 1 Zimmer rollstuhlgerecht. Türbreite vom Eingang 100 cm. Freiraum in Du/WC 160 x 140 cm. Freiraum rechts neben dem WC 150 cm, davor 120 cm. Dusche und Waschbecken unterfahrbar. Erhöhter WC-Sitz, festinstallierter Duschsitz und stabile Haltegriffe an Du/WC und Waschbecken vorhanden.

Lage: Zur Ortsmitte 2,5 km; Einkaufen 200 m; Arzt 1 km; Freibad 2 km; Hallenbad, Apotheke, Krankenhaus 2,5 km.
Preise: Preiswerte & attraktive Pauschalangebote. Preis-/Leistungsverhältnis sehr gut. Empfehlenswertes Haus.

Ferienhaus Gönen — 54608 Bleialf

Rheinland-Pfalz, Schnee-Eifel

Ewald und Anneliese Gönen, Auf dem Kellerpesch 4, Tel. (06555) 93073 und 93074, Fax: 93075, Internet: http://www.die-eifel.de/ferienhaus/goenen.

Neu erbautes Ferienhaus in zentraler jedoch ruhiger Ortslage mit Blick über Berge und Wälder.

Drei der vier Ferienwohnungen für jeweils 2-6 Personen, je 60 qm, wurden behindertengerecht gebaut. 2 Schlafzimmer, großzügige Wohnküche mit Eßecke und Schlafcouch, Bad mit Du/WC, Sat-TV, Radio. Auf Wunsch Kinderbett und Kinderhochstuhl. Kleiner Spielplatz direkt am Haus. Fahrräder mit Kindersitz stehen den Gästen zur Verfügung. In 3 Wohnungen ist eine Waschmaschine vorhanden, alle 4 Wohnungen haben Telefon.

Außerdem stehen zur Verfügung: Gartengrill, Gartenmöbel mit Sonnenschirm, Liegewiese, Fahrräder, Kinderräder, Kindersitze, Kinderspielplatz mit Schaukeln und Sandkasten. Im Winter Langlaufloipen, Rodelbahn und Abfahrtspisten im nahegelegenen Wintersportzentrum „Schwarzer Mann".

Geeignet für Gehbehinderte, Rollstuhlfahrer und Familien mit geistig Behinderten (je Ferienwohnung für bis zu 6 Personen). **Drei Ferienwohnungen sind rollstuhlgerecht.** Eingang stufenlos. Türbreite von Eingang, Zimmer und Du/WC 92 cm. Freiraum in Du/WC 120 x 120 cm. Freiraum rechts neben WC 40 cm, davor 120 cm. Dusche und Waschbecken unterfahrbar. Festinstallierter Duschsitz, Duschhocker und stabile Haltegriffe an Du/WC und Waschbecken vorhanden. Abholservice vom Bahnhof.

Lage: Bleialf (500 m Seehöhe) liegt inmitten des deutschbelgischen Naturparks in typischer Mittelgebirgslandschaft. Das Haus liegt in ruhiger Ortsrandlage. Zur Ortsmitte mit Einkaufen, Arzt, Kuranwendungen und Massagepraxis 200 m; Freibad und Hallenbad 300 m; Minigolf und Bus 400 m; Apotheke 500 m; häusliche Alten- und Krankenpflege 3 km (kommt bei Bedarf ins Haus);Tennisplatz 5 km; Krankenhaus 15 km.

Preis pro Tag bei Belegung mit 2 Pers. je nach Saison 50,- bis 55,- DM, jede weitere Person 7,- DM pro Tag. Haustiere pro Tag 6,- DM, Strom und Wasser nach Verbrauch.

Bellevue-Rheinhotel * * * *
- Best Western - 56154 Boppard

Rheinland-Pfalz, Mittelrhein, im Tal der Loreley

Rheinallee 41 - 42, Tel. (06742) 1020, Fax: 102602, E-Mail: info@bellevue.bestwestern.de, Internet: www.bestwestern.com/de/bellevuerheinhotel. Schönes Vier-Sterne-Hotel am Rhein mit 95 komfortabel eingerichteten Zimmern. 53 Zimmer mit Bad/Du/WC, 42 Zimmer mit Du/WC; alle mit Telefon, Radio und Farb-TV.

Seiteneingang stufenlos; Haupteingang 5 Stufen (je 15 cm); hauseigenes Hallenbad 4 Stufen. Speiseraum, Bar, sowie die Zimmer mit dem Aufzug stufenlos erreichbar.

Geeignet für Gehbehinderte und Kururlauber; für Rollstuhlfahrer in Begleitung nur bedingt geeignet.

Lage: Am Rhein; Ortsmitte und Apotheke 50 m; Bhf. 250 m; Spielplatz und Tennisplatz 500 m.

Zimmerpreise: Einzelzimmer ab 108,- DM, Doppelzimmer ab 146,- DM pro Nacht; Frühstücksbuffet 18,- DM pro Person. Sonderrabatte im Winter bis 50 %.

Park-Restaurant-Hotel Ebertor 56154 Boppard

Rheinland-Pfalz, Mittelrhein, im Tal der Loreley

Heerstraße 172, Tel. (06742) 807-0, Fax: 807-100. Hotel mit 65 Zimmern mit Du/WC, 3 Zimmer im Erdgeschoß; Nebeneingang 3 Stufen, Haupteingang 9 Stufen, Rezeption, Speiseraum und Restaurant über Seiteneingang stufenlos erreichbar.

Geeignet für Gehbehinderte, Rollstuhlfahrer und Familien mit geistig Behinderten.

1 Zimmer mit Du/WC rollstuhlgerecht: Türbreite vom Zimmer 85 cm, von Du/WC 93 cm. Freiraum in Du/WC 300 x 140 cm. Freiraum links neben und vor dem WC 120 cm. Dusche und Waschbecken unterfahrbar. Festinstallierter Duschsitz und stabiler Haltegriff am WC vorhanden.

Lage: Ortsmitte, Einkaufen und Apotheke 400 m; Bhf. 50 m.

Preis pro Person im DZ mit Du/WC ab 46,- DM. Auf Wunsch Abholung vom Bahnhof Boppard.

Ferienwohnung Sandig — 56859 Bullay

Rheinland-Pfalz, Mosel

U. + R. Sandig, Gartenstr. 3, Tel. (06542) 21315, Fax: 900810. Eine Ferienwohnung (65 qm) mit 2 Doppelschlafzimmern, 1 Wohn-Esszimmer mit Doppelschlafcouch, Sat-TV und Küche. Bad mit Badewanne, Dusche, WC.

Geeignet für Gehbehinderte und Familien mit geistig Behinderten. Bedingt geeignet für Rollstuhlfahrer mit Begleitung. Türbreite vom Eingang 90 cm, Zimmertüren 85 cm breit, vom Bad 82 cm. Freiraum in Du/WC 150 x 150 cm. Freiraum links neben WC 30 cm, rechts 50 cm, davor 100 cm. Dusche nicht unterfahrbar. Haltegriff für Einstieg in Badewanne und am WC.

Lage: Zur Ortsmitte, Arzt 400 m; Einkaufen, Bahnhof 250 m; Apotheke, Freibad 2 km; Krankenhaus, Hallenbad 4 km.
Preis pro Tag 50,- bis 70,- DM, zzgl. Endreinigung. Auf Wunsch Abholservice vom Bahnhof.

Ferienwohnung Irmgard Heinz — 54570 Densborn

Rheinland-Pfalz, Eifel, Vulkaneifel

Schlierbachstraße 20, Tel. u. Fax: (06594) 548. Ferienwohnung in einem umwaldeten Dorf am Kyllfluß, zwischen Gerolstein und Kyllburg gelegen, für 2-4 Personen, 84 qm. Wohnzimmer mit Sat-TV, 2 Schlafzimmer, komplette Küche, Bad, alles stufenlos erreichbar.

Geeignet für Senioren und Gehbehinderte; bedingt geeignet für Rollstuhlfahrer. Türbreiten der Zimmer 82 cm, von Bad/WC 70 cm. Freiraum in Bad/WC 113 x 300 cm. Waschbecken unterfahrbar, Dusche nicht unterfahrbar.

Lage: Zur Ortsmitte 500 m; Bahnhof 600 m; Einkaufen 350 m; Arzt 400 m; Hallenbad 13 km.

Preis für die Ferienwohnung pro Tag 45,- bis 65,- DM zzgl. 40,- DM Endreinigung, zzgl. Stromkosten.

Hotel Gutshof Ziegelhütte — 67480 Edenkoben

Rheinland-Pfalz, Deutsche Weinstraße, Pfälzer Wald

Luitpoldstr. 79, Tel. (06323) 1551 + 7051, Fax: 81108. 3-Sterne-Hotel mit 15 Zimmern. Parkplatz, großer Garten und Eingang stufenlos. Frühstücksraum und Restaurant 2 Stufen mit Rampe.

Geeignet für Gehbehinderte, Familien mit geistig Behinderten, bedingt geeignet für Rollstuhlfahrer mit Begleitung: 1 Zimmer. Türbreite von Zimmer und Bad/WC 100 cm. Freiraum in Bad/WC 120 x 120 cm. Freiraum links und neben dem WC 100 cm. Dusche nicht unterfahrbar, keine Hilfsmittel. Waschbecken unterfahrbar. Bettenhöhe 50 cm.

Lage: Zur Ortsmitte mit Arzt und Apotheke 1 km; Bahnhof 100 m; Krankenhaus 10 km. **Zimmerpreise** pro Person je nach Saison: EZ 70,- bis 85,- DM; DZ 45,- bis 60,- DM, inkl. Frühstück.

Familienferienstätte „Haus Marienberge" 57581 Elkhausen

Rheinland-Pfalz, Westerwald

Tel. (02742) 6029, Fax: 8590, E-Mail: elkhausen@aol.com. 16 DZ und 7 EZ mit Du/WC, 6 DZ und 6 EZ mit WC, weitere 20 Zimmer einfach, ohne Bad. Parkplatz, Eingang, Frühstücksraum, Aufenthaltsräume, Garten und 16 Zimmer im EG stufenlos erreichbar. Tierpark und eigene Landwirtschaft.

Geeignet für Gehbehinderte (bis 30 Pers.), für Rollstuhlfahrer (4 Pers.) und für Familien und Gruppen mit geistig Behinderten (bis 60 Pers.). Ein Zimmer mit Du/WC rollstuhlgerecht. Türbreite vom Zimmer und von Du/WC 87 cm. Freiraum in Du/WC 140 x 140 cm. Freiraum rechts vom WC 90 cm, davor 130 cm. Dusche und Waschbecken unterfahrbar. Festinstallierter Duschsitz und Haltegriff am WC.

Lage: Mittelgebirgslandschaft mit hügeligen Wanderwegen. Ortsmitte und Bus 1 km; Arzt kommt regelmäßig ins Haus; Apotheke, Krankenhaus 6 km; Freibad und Hallenbad 7 km.
Preis pro Person im DZ 51,- bis 59,- DM inkl. Vollpension.

Naturfreundehaus Elmstein 67471 Elmstein

Rheinland-Pfalz, Naturpark Pfälzer Wald

Esthaler Str. 63-67, Tel. (06328) 229, Fax: 569. Das Ferienheim liegt inmitten ausgedehnter Naturlandschaften im Naturpark Pfälzer Wald. Gästehaus mit 4 EZ, 3 Dreibettzimmern und 12 DZ. Alle 19 Zimmer mit Dusche und WC.
Geeignet für Familien, Kinder und Gruppen mit geistig Behinderten, Sehbehinderten und Blinden (Gruppen bis 80 Personen). Für Körperbehinderte und mit Einschränkung für Rollstuhlfahrer geeignet. Freiraum in Du/WC 130 x 120 cm, Freiraum vor dem WC 120 cm. Dusche nicht unterfahrbar, Waschbecken unterfahrbar. Kippspiegel am Waschbecken. Haltegriff am WC.
Lage: Zentrum, Arzt, Apotheke 2,5 km; Einkaufen 1,5 km; Bahnhof 16 km; Bus 2 km; Minigolf 2,5 km; Grillplatz und Spielplatz am Haus; Wandern ab Haus; Hallenbad 11 km; Freibad 6 km. Die Umgebung ist flach bis hügelig.
Preise: Ausführliche Preisliste auf Anfrage.

Ferienwohnung Freimuth 56821 Ellenz-Poltersdorf

Rheinland-Pfalz, Mosel

Weingartenstr. 12, Tel. (02673) 900270. Eine Ferienwohnung für 2-3 Personen, Nichtraucher. Schlaf- und Wohnraum mit Küchenzeile; Schrankbett. Parkplatz, Eingang stufenlos.
Geeignet für Gehbehinderte, bedingt geeignet für Rollstuhlfahrer mit Begleitung. Bettenhöhe 50 cm. Türbreite der Zimmer und von Du/WC 93 cm. Bewegungsfreiraum in Du/WC 100 x 100 cm. Freiraum links und rechts neben WC 40 cm, davor 100 cm. Dusche und Waschbecken unterfahrbar. Duschsitz und stabile Haltegriffe an Dusche und WC vorhanden.
Lage: Zur Ortsmitte 500 m; Einkaufen 600 m; Freibad 500 m; Bahnhof, Arzt, Apotheke, Krankenhaus, Hallenbad 10 km. **Preis** pro Tag 75,- DM. Endrein. 40,- DM.

Ferienappartementhaus „Auf dem roten Fels" — 66957 Eppenbrunn

Rheinland-Pfalz

Vermieter: Ehepaar Dr. Koschwitz, In der Kleindell 3, Tel. (06335) 7784 und 1777. Zwei Appartements für jeweils 2 bis 4 Personen sind speziell für Rollstuhlfahrer ausgestattet worden. Aufzugstür 80 cm breit, Appartementtür 100 cm breit. Bad/WC mit Haltegriffen, Klappsitz, Kippspiegel, Dusche schwellenlos unterfahrbar. Rollstuhlgeeignete Kücheneinrichtung.

Lage: Waldnähe, Ortsrand, Hanglage, daher nur für PKW-Urlauber zu empfehlen. Freizeitmöglichkeiten in Eppenbrunn: Minigolf, kleines Hallenbad, Kegelbahnen, Tennishalle und Tennisplatz, Wanderwege.

Preis pro Appartement und Tag für 2 Pers. 60,- DM, für 4 Pers. 75,- DM. Frühstück pro Pers. / Tag 10,- DM. Abholung vom Bahnhof Pirmasens möglich.

Weingut Pension Haus Sonnenschein — 56814 Ernst / Mosel

Rheinland-Pfalz, Mosel

Familie Göbel, Klosterstr. 12, Tel. (02671/ 7444, Fax: 7445. Urlaub direkt beim Winzer; Weingut mit langer Tradition. Familiengeführte Pension mit herrlichem Blick auf die Mosellandschaft. 20 Zimmer mit Du/WC, Safe, Balkon, auf Wunsch mit TV. Großer Parkplatz, Sonnenterrasse, Liegewiese. Grillabende sowie Weinproben in der Weinstube - 30 verschiedene offene Weine. Parkplatz, Eingang, Frühstücksraum, Restaurant und Zimmer im EG stufenlos erreichbar. Zum Garten 5 Stufen.

Geeignet für Gehbehinderte (bis 10 Pers.); Familien mit geistig Behinderten. Bedingt geeignet für Rollstuhlfahrer mit Begleitung (4 Pers.): 1 Zimmer. Türbreite vom Zimmer 80 cm, von Du/WC 70 cm. Freiraum in Du/WC 100 x 100 cm. Freiraum links neben WC 80 cm, davor 60 cm. Dusche nicht unterfahrbar. Bettenhöhe 60 cm.

Lage: Zur Ortsmitte 500 m; Bahnhof, Arzt, Apotheke, Krankenhaus, Dialyse, Freibad, Hallenbad 5 km.Wanderwege entlang der Weinberge flach bis hügelig.

Preis pro Person je nach Saison im DZ 46,- bis 58,- DM inkl. Frühstück. Halbpension (Abendessen) zuzüglich 17,- DM. Kinderermäßigung: 0-2 Jahre 100%; 3-7 Jahre 70%; 8-12 Jahre 50%; 13-15 Jahre 25%.

Ferienwohungen „Zur Hammermühle" 56459 Gemünden

Rheinland-Pfalz, Westerwald

Familie Rudolph, Hammermühle, Tel. (02663) 4352, Fax: 919539, E-Mail: Hammer muehle@t-online.de. Drei Ferienwohnungen, Parkplatz und Eingang stufenlos.

Geeignet für Gehbehinderte und Rollstuhlfahrer. 1 Appartement rollstuhlgerecht. Türbreite von Zimmer und Du/WC 94 cm. Freiraum in Du/WC 200 x 200 cm. Freiraum links neben WC 35 cm, rechts 90 cm, davor 200 cm. Duche und Waschbecken unterfahrbar. Festinstallierter Duschsitz und stabile Haltegriffe an Dusche, WC und Waschbecken vorhanden. Bettenhöhe 60 cm.

Lage: Zur Ortsmitte, Einkaufen 1 km; Arzt, Apotheke Bahnhof, Freibad 2 km.
Preis für eine Ferienwohnung je nach Belegung (2-6 Pers.) 75,- bis 95,- DM pro Tag.

Landhaus Müllenborn 54568 Gerolstein-Müllenborn

Rheinland-Pfalz, Vulkaneifel

Auf dem Sand 45, Tel. (06591) 9588-0, Fax: 958877. 19 Zimmer und Appartements mit Du/WC, Telefon, TV, Minibar. Parkplatz, Eingang, Frühstücksraum, Garten und Zimmer im EG stufenlos erreichbar.

Geeignet für Gehbehinderte, bedingt geeignet für Rollstuhlfahrer mit Begleitung (1 Zimmer). Türbreite von Zimmer und Du/WC 80 cm. Freiraum in Du/WC 285 x 200 cm. Freiraum links neben WC 115 cm, davor 120 cm. Badewanne; Dusche nicht schwellenlos unterfahrbar, Waschbecken unterfahrbar. Haltegriffe an Du/WC und Waschbecken.

Lage: Schöne Einzellage umgeben von Wiesen und Wald, sehr ruhig. Einkaufen, Freibad, Hallenbad, Krankenhaus und Dialyse 5 km; Arzt, Apotheke 4 km.
Zimmerpreise: EZ 125,- DM; DZ 198,- DM inkl. Frühstücksbuffet.

Heilbachsee - Gran Dorado Group 56767 Gunderath

Rheinland-Pfalz, Vulkaneifel

Am Kurberg, Tel. (02657) 8090, Fax: 1460. Bungalowpark mit 460 Ferienhäusern, alle ausgestattet mit Bad/WC oder Du/WC, Telefon und TV. Parkplatz am Bungalow. Bungalowanlage mit subtropischem Badeparadies, Restaurants, Bars, Diskothek, Geschäfte, Sportcenter, Waschsalon etc.; alles stufenlos erreichbar. Rollstuhlverleih vorhanden.

Geeignet für Rollstuhlfahrer: 10 Bungalows sind nach Angaben der Ferienparkleitung speziell für Rollstuhlfahrer ausgestattet. Türbreiten von Zimmer und Du/WC 89 cm, Dusche schwellenlos unterfahrbar. Haltegriffe an Dusche und WC vorhanden. Betthöhe 44 cm.
Preise auf Anfrage.

Hotel Restaurant Beyer — 54411 Hermeskeil

Rheinland-Pfalz, Hunsrück, Hochwald

Saarstraße 95, Tel. (06503) 7227 + 8687. 15 Zimmer mit Du/WC, Radio, Telefon und TV. Seiteneingang stufenlos, Haupteingang 3 Stufen. Restaurant, Garten, Aufzug und Zimmer stufenlos erreichbar.

Geeignet für Gehbehinderte, bedingt geeignet für Rollstuhlfahrer mit Begleitung. Türbreiten von Zimmer und Du/WC 85 cm. Freiraum in Du/WC 140 x 140 cm, Freiraum rechts neben WC 80 cm, links 100 cm. Dusche nicht schwellenlos unterfahrbar (Schwelle 7 cm). Waschbecken unterfahrbar. Keine Haltegriffe an Dusche und WC. Badewannenlift, Toilettenwagen, 3 Rollstühle.

Lage: Am Ortsausgang von Hermeskeil; Ortsmitte mit Arzt, Apotheke 1 km.
Zimmerpreise: EZ 65,- bis 75,- DM; DZ 55,- bis 80 DM inkl. Frühstück.

Gasthof Dörsbachhöhe * * * — 56368 Herold

Rheinland-Pfalz, Taunus

Familie Jahn, Lahnstr. 5, Tel. (06486) 911800, Fax: 911801. 3 Ferienwohnungen und 7 Zimmer. Eingang, Frühstücksraum und Restaurant 1 Stufe.

Geeignet für Gehbehinderte, Rollstuhlfahrer und Familien mit geistig Behinderten. 1 Zimmer rollstuhlgerecht. Freiraum in Du/WC 130 x 200 cm; Freiraum rechts neben WC 200 cm, davor 90 cm. Dusche und Waschbecken unterfahrbar. Haltegriff an der Dusche. Duschhocker vorhanden. Bettenhöhe 50 cm, Türbreiten 100 cm. Spielplatz und Spielwiese am Haus.

Lage: Herold ist ein kleiner Ort am Rande des Taunus mit 370 Einwohnern. Umgebung hügelig.
Preis für die Ferienwohnung pro Tag ab 60,- DM.

Sporthotel Zugbrücke Grenzau — 56203 Höhr-Grenzhausen

Rheinland-Pfalz, Westerwald

Am Brexbach, Tel. (02624) 1050, Fax: 105462. 300 Betten; Einzel- und Doppelzimmer mit Bad/WC, Telefon, Radio, Kabel-TV, Minibar. Hallenbad, Sauna, Minigolf, Tischtennis. Parkplatz, Eingang, Einrichtungen und Zimmer stufenlos erreichbar. Türen im Haus mindestens 80 cm breit. Innenmaße vom Aufzug 110 x 100 cm.

Geeignet für Gehbehinderte, nur bedingt geeignet für Rollstuhlfahrer mit Begleitung (128 Zimmer), auch für Gruppen. Türbreite der Zimmer 80 cm, und von Du/WC 68 cm. Freiraum im Bad/WC unterschiedlich: 80 x 75 bis 120 x 140 cm. WC nicht seitlich anfahrbar. Dusche nicht unterfahrbar, Waschbecken z.T. unterfahrbar; verstellbare Spiegel. Bettenhöhe 43-46 cm. Behindertengerechte Toilette im öffentlichen Bereich. Rollstuhlsportler(Rollstuhltischtennis), auch Gruppen, waren hier schon zu Gast.

Zimmerpreise inkl. Frühstücksbuffet: EZ 159,- DM, DZ 219,- DM. Pauschalangebote auf Anfrage.

Ferienhof Klaus Christmann — 54472 Hochscheid

Rheinland-Pfalz, Hunsrück

Römerstraße 22, Tel. (06536) 8406, Fax: 941290. Sehr schöner Ferienbauernhof mit fünf Ferienwohnungen für jeweils 2 bis 6 Personen, Zusatzbett kann aufgestellt werden. Die Ferienquartiere sind AvD anerkannt.

Geeignet für Rollstuhlfahrer. Wohnraum, Schlafraum, Duschbad mit unterfahrbarem Waschbecken, Stütz- bzw. Klappgriffe vorhanden. Unterfahrbare Dusche mit Duschklappsitz. Eingang und Zimmer stufenlos erreichbar, alle Türen mindestens 82 cm breit. Bettenhöhe 50 cm, kann auf 60 cm erhöht werden. Sehr schöne Anlage mit Spielplatz und Spielwiese für Kinder.

Lage: Der Hof mit seinen Ferienhäusern liegt mitten im Hunsrück in Hochscheid, einem kleinen Ort mit 200 Einwohnern, umgeben von ausgedehnten Hochwäldern mit viel Wald und artenreicher Flora. Gute Wintersportmöglichkeiten für Rodeln, Langlauf und Abfahrtslauf.

Preis für die rollstuhlgerechte Wohnung (für 2 Personen) für die 1. Woche 380,- DM, Verlängerungswoche 350,- DM. Die übrigen Ferienwohnungen sind für 4 bis 6 Personen geeignet und kosten je nach Größe 488,- bis 565,- DM pro Woche; die Verlängerungswoche 448,- bis 525,- DM. Bei Aufenthalt unter einer Woche 25 % Aufpreis; Gas wird nach Verbrauch abgerechnet. Besonders empfehlenswerter Ferienhof.

Höhenhof — 55469 Holzbach

Rheinland-Pfalz, Hunsrück

Familie Harald und Renate Geiß, Tel. (06761) 6290, Fax: 14732. Kinderfreundlicher Ferienbauernhof mit Pferden, Kühen, Ziegen, Hühner, Gänse, Kaninchen, Katzen und Hunden. Planwagenfahrten, Voltigieren, Kinderreiten. Parkplatz, Eingang, Frühstücksraum, Garten, Kuhstall und Ferienwohnung im EG stufenlos.

Geeignet für Gehbehinderte und Familien mit geistig Behinderten; bedingt geeignet für Rollstuhlfahrer mit Begleitung: 1 FeWo. Türbreite von Zimmer und Du/WC 100 cm. Freiraum in Du/WC 90 x 190 cm. Dusche und Waschbecken unterfahrbar. Duschsitz und stabile Haltegriffe an Du/WC. Bettenhöhe variabel (60-80 cm).

Lage: Einzellage direkt am Waldrand mit Fernblick auf die Hunsrückhöhen. Simmern 5 km entfernt mit Freizeitbad und Tennisplätzen. Erreichbar über die A 61, Abfahrt Rheinböllen und weiter über die B 50 Richtung Simmern und Richtung Gemünden.

Preis für eine Ferienwohnung pro Tag in der Nebensaison 70,- DM, in der Hauptsaison 100,- DM pro Tag.

Familienferiendorf Hübingen — 56412 Hübingen

Rheinland-Pfalz, Westerwald

Tel. (06439) 7001, Fax: (06439) 6682. 36 Ferienhäuser auf einem 5 ha großen Gelände. Kinderspielplätze, Kinder- und Jugendhaus, Kindergarten. Eingang mit Rampe; Rezeption und Restaurant sind stufenlos erreichbar.

Geeignet für Familien und Gruppen mit Behinderten. In den Schulferien werden bevorzugt Familien mit schulpflichtigen Kindern aufgenommen. Bedingt für Rollstuhlfahrer geeignet (bitte Rücksprache halten). In 14 Häusern gibt es Badezimmer, die für Rollstuhlfahrer geeignet sind. Türen von Bad/WC 80 cm breit, Freiraum 200 x 140 cm, Abstand links neben WC 140 cm, rechts 30 cm, davor 115 cm.

Lage: Ortsmitte 600 m; Bahnhof 10 km; Bus 800 m; Apotheke 8 km; Spielplatz 200 m; Freibad, Hallenbad und Tennishalle 10 km; Tennisplatz 1 km.

Preise für Behindertenerholung inkl. VP für Betreuer, Erwachsene und Jugendliche 62,50 DM. VP-Preise für Kinder: 10 bis 13 Jahre 52,50 DM; 7 bis 9 Jahre 47,50 DM; 3 bis 6 Jahre 41,50 DM; bis 2 Jahre 33,00 DM.

Landal GreenParks Hochwald — 54427 Kell am See

Rheinland-Pfalz, Hunsrück, Hochwald

Römerstr. 1, Tel. (06589) 91470, Fax: (06589) 914750. Großflächig angelegter Ferien- und Bungalowpark mit großzügigem Freizeitangebot: Hallenbad mit Hot-Whirl-Pool und Kinderbecken, Minigolf, Fahrradvermietung, Bowling-/Kegelbahnen, Café-Restaurant, Sport- und Spielplätze, Tennishalle, Tischtennis, Volleyballplatz und überdachter Spielplatz.

Geeignet für Rollstuhlfahrer. Zwei Ferienbungalows vom Typ C (Haus Nr. 90 und 91) speziell für Rollstuhlfahrer geeignet. Eingang mit Rampe, Türen 95 cm breit. Badezimmer für Rollstuhlfahrer ausgestattet. Besonders kinderfreundliche Anlage mit Animationsprogramm und Miniclub, auch außerhalb der üblichen Ferienzeiten. Das Mitbringen von Hunden ist gestattet.

Lage: In der Nähe von Trier, umgeben von Wäldern und einem Stausee. Spielplatz und See 50 m; im Ferienpark. Zahlreiche Sport-, Wander- und Wassersportmöglichkeiten.
Preise und ein ausführlicher Katalog auf Anfrage.

Haus Sonneck
Reiterhof - Ferienwohnungen — 53539 Kelberg-Rothenbach

Rheinland-Pfalz, Vulkaneifel

Talstr. 2, Tel. (02692) 295, Fax: (02692) 8375. Haus Sonneck bietet den Komfort eines gepflegten Hauses in einer schönen Landschaft inmitten der Vulkaneifel.

Zum Angebot gehören Sauna, Solarium, Wasch- Trockenraum, Aufenthaltsraum, Grillplatz, Spielplatz, Reiten und Planwagenfahrten. Speziell für Kinder gibt es Pferde, Ponys, Kühe, Rinder, Hunde, Katzen, Kaninchen, Meerschweinchen, Ziegen und Dammwild.

Die großzügigen Ferienwohnungen (30-100 qm) verfügen über Sat-TV, Radio, Komplettküchen mit Kaffeemaschine, Spülmaschine, Kühlschrank, Wasserkocher und Herd mit Backofen. Alle Ferienwohnungen haben Balkon oder Terrasse mit herrlicher Fernsicht.

Geeignet für Gehbehinderte, Rollstuhlfahrer und Familien mit geistig Behinderten. Vier Ferienwohnungen sind rollstuhlgerecht. Bettenhöhe 47 cm. Türbreite der Zimmer und von Dusche/WC 98 cm.

Bewegungsfreiraum in Du/WC 150 x 150 cm. Freiraum links neben WC 120 cm, rechts 30 cm, davor 150 cm. Dusche und Waschbecken unterfahrbar. HEWI-Duschsitz und Haltegriffe an Dusche und WC.

Lage: Inmitten der Vulkaneifel, gesundes Mittelgebirgsklima, für Wanderungen ein idealer Ausgangspunkt. Zur Ortsmitte 100 m; Einkaufen, Arzt, Apotheke, Freibad 3 km; Hallenbad 15 km; Bahnhof, Krankenhaus, Dialyse 17 km.

Ausflugsziele: Nürburgring 4 km; Adler- und Wolfspark Kasselburg bei Pelm/Gerolstein; Maare (Naturschutzgebiete) laden ein zum Angeln, Bootfahrten, Schwimmen, Wandern, Segeln und Surfen.

Preis für eine Ferienwohnung je nach Größe (2-10 Personen) 75,- bis 105,- DM pro Tag.

Hotel St. Michael — 54427 Kell am See

Rheinland-Pfalz, Hunsrück, Hochwald

Kirchstraße 3, Tel. (06589) 9155-0, Fax: 9155-50. Sehr schönes Hotel mit 36 individuell und geschmackvoll eingerichteten Zimmern mit Du/WC und 6 Zimmern mit Bad/Du/WC, Balkon, Zimmertelefon, Radio und TV. Außerordentlich schöne und geschmackvolle Ausstattung aller Räumlichkeiten! Die Zimmer sind im Barockstil eingerichtet (Ludwig XIV). Das Hotel ist für Familienfeiern, Konferenzen und Tagungen gut geeignet. Das Haus hat außerdem eine eigene Fleischerei, eigene Schlachtung.

Alle Zimmer sind bequem mit einem rollstuhlgerechten Lift erreichbar. Rollstuhlrampen sind vorhanden für die Außenanlagen, Hotelpark. Alle Türen mindestens 80 cm breit.

Geeignet für Senioren, Kururlauber und Gehbehinderte bis 60 Personen, für Rollstuhlfahrer bis 20 Personen. Türbreite der Zimmer 80 cm, der Badezimmer 78 cm. Geräumige Badezimmer, für Rollstuhlfahrer groß genug. Duschschwelle 15 cm, Festinstallierter Duschsitz vorhanden, Waschbecken unterfahrbar. Stabile Haltegriffe an Waschbecken, Dusche, Badewanne und WC. Bettenhöhe 60 cm.

Lage: In der Ortsmitte; Arzt 50 m; Einkaufen 500 m; Bushaltestelle am Haus; Kuranwendungen, Freibad, Hallen- und Warmwasserbad, See, Minigolf, Tennishalle, Angeln und Segelflugplatz 2 km; Tennisplatz 1 km; Park 300 m; Spielplatz 500 m; Grillplatz am Haus. Der Park kann mit dem Rollstuhl alleine erreicht werden.

Preise ab 1 Woche Aufenthalt: Halbpension pro Person 85,- DM, Vollpension 95,- DM. Weitere Preise für Sonderarrangements auf Anfrage. Abholung vom Bahnhof Trier gegen eine Gebühr von circa 50,- DM möglich.

Ferienwohnung Frings — 54578 Kerpen

Rheinland-Pfalz, Eifel, Vulkaneifel

Anmeldung: Schulstr. 13 , Tel. (06593) 8317, Fax: (06593) 9663. Eine Ferienwohnung für 4 Personen; mit Radio, TV, Schlafzimmer mit 2 Betten, Wohnzimmer (27,5 qm) mit 2 Schlafstellen, 1 Küche, Dusche, WC.

Geeignet für Gehbehinderte, bedingt geeignet für Rollstuhlfahrer. Die Ferienwohnung liegt im Parterre. Breite der Türen: Eingang, und Terrasse 85 cm, die übrigen Türen 81 cm, alles stufenlos erreichbar. Raumgröße vom Badezimmer 220 x 220 cm; Abstand links neben dem WC 30 cm, rechts 80 cm, vor dem WC 125 cm. Dusche nicht unterfahrbar: Schwelle 29 cm.

Lage: Ortsmitte, Bus 200 m; Minigolf, Spielplatz, Tennisplatz 500 m; Tennishalle, Arzt, Apotheke 5 km; Krankenhaus 15 km.
Preis der Ferienwohnung für 2 Personen pro Tag ab 50,- DM zzgl. Nebenkosten, jede weitere Person 7,- DM/Tag.

Ferienhaus „Felschbachtal" — 54578 Kerpen

Rheinland-Pfalz, Eifel, Vulkaneifel

Familie Schepp, Schulstr. 26, Tel. (06593) 526, Fax 9371. 6 komfortable und geräumige Ferienhäuser mit jeweils 103 qm Wohnfläche, jeweils 4 Schlafzimmern, Küche mit Spülmaschine für Selbstversorger, Sat-TV, Hunde erlaubt. Stufenlos erreichbarer Parkplatz direkt am Haus; Weg sehr gut mit dem Rollstuhl befahrbar. Überdachte Terrasse mit Gartenmöbeln. Breite des Haupteingangs: 86 cm, stufenlos erreichbar.

Geeignet jeweils für Senioren und Familien mit geistig Behinderten (8 P.), Gehbehinderte und Rollstuhlfahrer bis 4 Personen. 2 Zimmer im Erdgeschoß stufenlos erreichbar. Betten können auf Wunsch erhöht werden. Türbreiten von Zimmer und Bad 100 cm. Raumgröße vom Bad 216 x 260 cm; Abstand links neben dem WC 70 cm, rechts 100 cm, davor 150 cm. WC-Höhe 44 cm, WC-Erhöhung vorhanden. Höhe des Waschbeckens 70 cm. Dusche und Waschbecken unterfahrbar. Variable Haltegriffe, die an der Dusche und an den Waschgelegenheiten einsetzbar sind. Ein mobiler Hilfsdienst leiht bei Bedarf gegen Gebühr weitere Hilfsmittel aus. Bettenhöhe 69 cm.

Lage: Zur Ortsmitte 0,5 km; Bus 350 m; Arzt, Apotheke und Tennishalle 5 km; Tennisplatz, Spielplatz, See und Minigolf 800 m; Krankenhaus 15 km. Grillplatz am Haus. Ausflüge an den Stausee, nach Hillesheim, Gerolstein und Stadtkyll (Spaßbad) bieten sich an.

Preis bei Belegung mit 3 Personen je nach Saison 51,- bis 83,- DM pro Tag, jede weitere Person zzgl. 13,- DM pro Tag. Kinder bis 2 Jahre frei. Kinderstuhl und Reisebetten können kostenlos reserviert werden.

Theresienhof — 55481 Kirchberg

Rheinland-Pfalz, Hunsrück

B.u.R. Hilgert, Tel. (06763) 3754, Fax: 960455. Vollbewirtschafteter Bauernhof mit 5 neuen Ferienwohnungen. Parkplatz, Eingang, Frühstücksraum, Restaurant, Garten und 2 Ferienwohnungen im EG stufenlos erreichbar.
Geeignet für Gehbehinderte (bis 25 Pers.), Rollstuhlfahrer (bis 10 Pers.), Familien/Gruppen mit geistig Behinderten (bis 25 Personen). 2 Ferienwohnungen roll-

stuhlgerecht. Türen von Eingang, Zimmer und Du/WC 100 cm. Freiraum in Du/WC 400 x 200 cm. Freiraum links, rechts und neben dem WC 150 cm. Dusche und Waschbecken unterfahrbar. Festinstallierter Duschsitz und Haltegriff an der Dusche.

Für Kinder: Reiten, Traktorfahren, Tiere füttern, Kutschfahrten, mit Katzen schmusen, Angeln und Floßfahrten am Weiher, Tischtennis.

Lage: Ruhige Ortsrandlage. Zur Ortsmitte 500 m; Einkaufen, Arzt und Apotheke 400 m; Freibad, Hallenbad 500 m.

Preis für eine Ferienwohnung pro Tag 70,- bis 95,- DM; zzgl. Nebenkosten nach Verbrauch.

Hotel Ibis Koblenz — 56068 Koblenz

Rheinland-Pfalz

Rizzastr. 42, Tel. (0261) 30240, Fax: 3024240, E-Mail: h1831@accor-hotels.com. Hotel mit 106 Zimmern mit Du/WC, Telefon, TV. Eingang stufenlos; Tiefgarage, Frühstücksraum, Restaurant und die Zimmer mit dem Aufzug stufenlos erreichbar. Türbreite vom Aufzug 89 cm (Tiefe 210 cm, Breite 107 cm).

Geeignet für Gehbehinderte, Rollstuhlfahrer und Familien mit geistig Behinderten. 4 Zimmer rollstuhlgerecht. Türbreite der Zimmer und von Du/WC 94,5 cm. Freiraum in Du/WC 211 x 100 cm. Freiraum vor dem WC 90 cm. Festinstallierter Duschsitz, verstellbarer Kippspiegel, Notruf und stabile Haltegriffe an Dusche und WC vorhanden.

Lage: In der Innenstadt; zum Bahnhof 400 m; Einkaufen 300 m; Apotheke 200 m.
Zimmerpreise: EZ und DZ 114,- DM. Frühstück pro Person 15,- DM. Sehr gutes Preis-Leistungsverhältnis.

Hotel „Im Stüffje" — 56068 Koblenz

Rheinland-Pfalz

Familie Senn, Hohenzollernstr. 5-7, Tel. (0261) 91522-0, Fax: 91522-44, Internet: www.handicap-hotel.de. Hotel mit 10 rollstuhlgerechten Zimmern.

Geeignet für Rollstuhlfahrer (Gruppen bis 20 Personen). Alle 10 Zimmer mit Du/WC rollstuhlgerecht. Türen von allen Zimmern und Badezimmern mit Du/WC 110 cm breit. Freiraum in Du/WC 140 x 140 cm. Freiraum links und rechts neben WC 200 cm, davor 160 cm. Alle Duschen und Waschbecken rollstuhlgerecht unterfahrbar. Festinstallierte Duschsitze und stabile Haltegriffe an Duschen und Toiletten. Kippspiegel, Notruf, alle Handwaschbecken mit ausziehbarer Handbrause.
Lage: Zur Ortsmitte und zum Bahnhof 800 m.
Preise auf Anfrage.

Hotel Mercure Koblenz — 56068 Koblenz

Rheinland-Pfalz

Julius-Wegeler Str. 6, Tel. (0261) 136-0, Fax: 1361199. First-Class Hotel mit 168 Zimmern mit Bad oder Du/WC, TV und Telefon.

Geeignet für Rollstuhlfahrer. Zwei Zimmer sind für Rollstuhlfahrer/Behinderte geeignet. Eingang, Restaurant, Aufzug und Zimmer stufenlos erreichbar. Türen 80 cm breit, Innenmaße vom Aufzug 140 x 110 cm. Freiraum in Bad/WC 150 x 150 cm, Dusche schwellenlos unterfahrbar, Dusche mit Halterung und Duschsitz.

Lage: Zentrum 500 m; Bhf. 1,5 km; Einkaufen, Arzt, Apotheke und Krankenhaus 1 km; Arztbesuche im Haus; Umgebung überwiegend flach.

Zimmerpreise: EZ 157,- DM bis 245,- DM; DZ 155,- DM bis 299,- DM, Frühstücksbuffet DM 22,- pro Person.

Parkhotel Landau — 76829 Landau

Rheinland-Pfalz

Mahlastr. 1, Tel. (06341) 1450, Fax: (06341) 145444. 4-Sterne-Hotel mit 78 Doppelzimmern mit Du/Bad/WC, Durchwahltelefon, Radiowecker, Farb-TV, Minibar und Faxanschluß. Zwei Restaurants mit Behinderten-WC, Erlebnis-Hallenschwimmbad mit Pool-Bar, zwei Saunen, Dampfbad und Solarien. Behindertenparkplätze direkt am Haus. Eingang, Restaurant und Aufzug stufenlos erreichbar. Türbreite vom Aufzug 90 cm (Tiefe 250 cm, Breite 90 cm).

Geeignet für Gehbehinderte und Rollstuhlfahrer. Drei Einzelzimmer mit Bad/WC sind speziell für Rollstuhlfahrer ausgestattet. Türen von Zimmer und Bad 90 cm breit. Freiraum in Bad/WC 200 x 140 cm; Freiraum rechts neben WC 140 cm, davor 140 cm.

Lage: Mitten in der Stadt Landau, direkt am Schwanenweiher und direkt am Park. Ortsmitte 600 m; Bahnhof und Bus 300 m; Apotheke 150 m; Freibad, Tennisplatz und Tennishalle 2 km.

Zimmerpreise inkl. Frühstücksbuffet: EZ 150,- DM; DZ 200,- bis 250,- DM. Zustellbett 40,- DM; öffentliche Tiefgarage 10,- DM. Halbpension (3-Gang Menü) 30,- DM pro Person. Vollpension (2 x 3-Gang-Menü) 60,- DM pro Person.

Haus am Wald — 55758 Langweiler

Rheinland-Pfalz, Hunsrück, Deutsche Edelsteinstraße

M. Heuser, Am Forsthaus 2, Tel. (06786) 2468, Fax: 987476. Besonders schön gelegenes Haus direkt am Waldrand, 6.000 qm Grundstück mit Spiel- und Liegewiese, Gartenmöbeln und Liegestühlen, Kinderspielplatz, Tischtennis, Basketball. In der näheren Umgebung viele lohnende Ausflugsziele (Edelstein-Region, Weinanbaugebiete Mosel und Nahe).

Geeignet für Gehbehinderte und Rollstuhlfahrer. 1 Ferienwohnung für 2 bis 3 Personen rollstuhlgerecht. Türbreite der Zimmer 100 cm, von Du/WC 90 cm. Freiraum in Du/WC 140 x 140 cm. Freiraum rechts neben WC 100 cm, davor 140 cm. Dusche mit niedrigem Einstieg, festinstallierter Klappsitz und Haltegriff. Waschbecken unterfahrbar. Haltegriff am WC. Eine weitere Ferienwohnung für Gehbehinderte geeignet.

Lage: Ruhige Lage direkt am Wald, schöner Ausblick, flache Straßen. Zur Ortsmitte 600 m; Einkaufen 1 km; Arzt, Apotheke, Freibad 8 km; Bahnhof, Krankenhaus 15 km.

Preis für eine Ferienwohnung für 4 Personen pro Tag 80,- DM inkl. Nebenkosten. Rollstuhlgerechte FeWo für 2-3 Personen 52,- bis 58,- DM pro Tag.

Lautersheimer Gutshof — 67308 Lautersheim

Rheinland-Pfalz, Pfalz

Familie Bauer, Göllheimer Str. 8, Tel. (06351) 1328-60, Fax: (06351) 1328-83. Urlaub auf dem Bauernhof mit großen und kleinen Tieren, mehr als 20 Pferden und Ponys, Reitmöglichkeiten für Kinder und Erwachsene. Reitunterricht (pro Stunde 16,- DM) auf dem Reitplatz, bei schlechter Witterung in der Halle. Unterbringung in insgesamt 7 Appartements und Ferienwohnungen.

Die Ferienwohnungen sind alle komplett ausgestattet mit Kochecke, Dusche/WC, TV und Telefon. Kinderbett und Hochstuhl stehen bei Bedarf kostenlos zur Verfügung.

Parkplatz, Eingang, Frühstücksraum, Garten, Pferdestall und ein Appartement im EG stufenlos erreichbar. Alle Türen ausreichend breit.

Geeignet für Gehbehinderte und Rollstuhlfahrer (1 App.) und für Familien/Gruppen mit geistig Behinderten (bis 30 Personen). 1 Appertement im EG rollstuhlgerecht.

Türbreite 80 cm, Freiraum in Du/WC 200 x 200 cm. Dusche und Waschbecken unterfahrbar. Festinstallierter Duschsitz, Kippspiegel über dem Waschbecken und stabile Haltegriffe an Dusche, WC und Waschbecken vorhanden.

Aktivitäten: Reiten, Kutschfahrten, Schwimmen, Kegeln, Minigolf, Radtouren, Segelfliegen, Bootsfahrten, Angeln. Für fortgeschrittene Reiter werden Ausritte ins Gelände angeboten.

Lage: Der Hof liegt am Ortsrand des 600 Einwohner zählenden Dorfes. Die Umgebung ist eben; der Ort selbst liegt auf einer Anhöhe, idyllisch zwischen der Deutschen Weinstraße und dem Donnersberg, mit 687 m die höchste Erhebung des Pfälzer Waldes. Bäckerei, Metzgerei und Lebensmittelgeschäft sind zu Fuß zu erreichen.

Preis für das rollstuhlgerechte Appartement für 2 Personen 75,- DM pro Tag. Zustellbett möglich. Appartements im 1. OG bis 4 Personen 95,- DM pro Tag. Handtücher und Bettwäsche auf Wunsch (11,- DM pro Bett). Verpflegung auf Wunsch: Frühstück vom Buffet 10,- DM pro Person. Abendessen warm 16,- DM, Abendessen kalt 10,- DM pro Person. Kinder pro Lebensjahr 1,- DM für Frühstück und 1,50 DM für Abendessen. Haustiere dürfen nach Absprache mitgebracht werden (Hund/Katze 10,- DM) Für Pensionspferde werden DM 15,- pro Tag berechnet.

Haus Geiben — 54619 Leidenborn

Rheinland-Pfalz, Südeifel

M. Hauptstr. 22, Tel. (06559) 343. Gemütliche, modern eingerichtete Ferienwohnung mit zwei Schlafzimmern, Küche, Wohnzimmer und Bad. Außerdem ein Zwei-Personen-Appartement. Im Haus stehen den Gästen Tischtennis, Minibillard und Gesellschaftsspiele zur Verfügung. Auf dem geräumigen Gelände befindet sich ein Kinderspielplatz, gemütliche Sitzecke, Liegewiese, ein Planschbecken und ein Gartengrill. Am Eingang 1 Stufe (kann mit Rampe überbrückt werden).

Geeignet für Rollstuhlfahrer und Familien mit geistig Behinderten (maximal 16 Personen). Das Appartement ist für Rollstuhlfahrer geeignet. Bettenhöhe 50 cm. Türbreite der Zimmer 82 cm, von Du/WC 95 cm. Bewegungsfreiraum in Du/WC 150 x 210 cm. Freiraum links neben WC 140 cm, davor 150 cm. Dusche und Waschbecken unterfahrbar. Duschhocker und stabile Haltegriffe an Dusche und WC vorhanden. Pflegehilfe kann über Caritas oder privaten Pflegedienst vermittelt werden.

Lage: In einem idyllischen kleinen Bauerndorf. Zur Ortsmitte 100 m; Einkaufen 3 km; Arzt, Apotheke 10 km; Freibad und Hallenbad 15 km; Krankenhaus 20 km. Hof und Spielplatz flach; Weg zur Straße etwas ansteigend.

Preis für die Ferienwohnung für 4-5 Personen 70,- DM pro Tag, für das 2-Personen-Appartement 50,- DM pro Tag. Tiere auf Anfrage 5,- DM/Tag.

"Haus Wiesengrund" 54587 Lissendorf

Rheinland-Pfalz, Eifel, Vulkaneifel

Waldweg 26, Tel. (06597) 2559, Fax: 4045. Haus Wiesengrund beherbergt seit 26 Jahren Rollstuhlfahrer, körperlich und geistig Behinderte, Senioren und Gruppen mit Behinderten. Für Familien mit Kindern ebenfalls sehr gut geeignet; großes, weitläufiges Grundstück.

10 Ferienbungalows, insgesamt 78 Betten. Alle Häuser mit Telefon, Spülmaschine und TV-Sat-Empfang. Parkplatz, Eingang, alle Einrichtungen, Garten und Terrasse stufenlos erreichbar. Spielwiese mit dem Rollstuhl erreichbar. Alle Türen sind 86 cm breit. Zur Ferienhausanlage gehören Schafe, Gänse, Hühner, Katzen und ein lieber ruhiger Schäferhund.

Die Häuser sind **für Rollstuhlfahrer** geplant und gebaut. 7 Bungalows vom Typ I, davon 5 rollstuhlgerecht, 63 qm, mit 2 Schlafzimmern, 6 Betten. 2 Bungalows vom Typ II mit 81 qm, rollstuhlgerecht, mit 3 Schlafzimmern, 10 Betten. Ein Bungalow vom Typ III, rollstuhlgerecht, 194 qm, mit 5 Schlafzimmern, 16 Betten.

Geeignet für Rollstuhlfahrer, Körperbehinderte und geistig Behinderte, auch für Gruppen. Alles rollstuhlgerecht (außer Küche im großen Ferienhaus Typ III). Ausreichender Freiraum in den Bädern; unterfahrbare, abgesenkte Duschen, Duschhocker vorhanden. Waschbecken unterfahrbar (Höhe 83 cm). Freiraum vor und neben dem WC ausreichend; WC-Höhe 40 bis 42 cm. Haltegriffe in den Duschen und Stützgriffe an den Toiletten. Seniorenbetten vorhanden.

Lage: Ruhige Ortsrandlage. Arzt, Apotheke, Bäckerei, Lebensmittel- und Zeitschriftengeschäft, 2 Banken, Post und Speiselokale im Ort. Kein Durchgangsverkehr. Freibad und Tennishalle 12 km; Hallenbad 6 km; Krankenhaus 15 km; Grillplatz 50 bis 100 m; Tennisplatz 2 km; Angeln 3 km; Wandern ab Haus.

Umgebung hügelig. Abholung vom Bahnhof in Lissendorf oder Jünkerath.
Preise: Wochenpreise gestaffelt nach Personenzahl, Jahreszeit, Haustyp und Größe pro Haus von 337,- DM bis 2.650,- DM. Ausführliche Unterlagen und Preisliste werden auf Anfrage unverbindlich zugeschickt.

Landal GreenParks Sonnenberg — 54340 Leiwen

Rheinland-Pfalz, Mosel

Tel. (06507) 936-90, Fax: (06507) 936-936. Hoch über dem Weindorf Leiwen, in unmittelbarer Nähe der Mosel und Trier gelegen, mit komplett ausgestatteten Bungalows. Erlebnishallenbad, Restaurant, Sport- und Spielplätze, Bowlingbahn, etc. Parkplatz, Eingang zum Bungalow, Restaurant und Hallenbad stufenlos.
Geeignet für Rollstuhlfahrer und andere Behinderte: 2 Bungalows sind rollstuhlgeeignet. Bettenhöhe 53 cm. Türbreite der Zimmer 95 cm, von Du/WC 100 cm. Freiraum in Du/WC 160 x 160 cm. Freiraum links neben WC 40 cm, rechts 160 cm, davor 140 cm. Dusche und Waschbecken unterfahrbar. Festinstallierter Duschsitz und stabiler Haltegriff am WC. Umgebung der Bungalows hügelig. Ausführlicher Katalog und Preise auf Anfrage.

Hotel + Residenz Immenhof — 67487 Maikammer

Rheinland-Pfalz, Südliche Weinstraße

Familie Freudenstein, Immengartenstr. 26, Tel. (06321) 9550, Fax: 955200. Im Landhausstil erbautes Hotel in ruhiger Lage. Angeschlossene Residenz mit Hallenbad, Sauna, Lift und Tiefgarage.
Die 34 großen komfortablen Hotelzimmer sind alle mit Du/WC, Selbstwahltelefon, Farb-TV, Radio und Minibar ausgestattet. Im Haus befinden sich außerdem Sauna, Solarium, Fitneßraum und Kegelbahn. Parkplatz, Eingang, Frühstücksraum, Restaurant und 9 Zimmer im Erdgeschoß stufenlos erreichbar. Zur Terrasse 2 Stufen.

Geeignet für Gehbehinderte und Rollstuhlfahrer. 9 DZ stufenlos erreichbar, 1 Zimmer mit Du/WC rollstuhlgerecht. Türbreite vom Zimmer 95 cm. Freiraum in Du/WC 193 x 128 cm. WC mit Toilettenaufsatz; Freiraum links neben WC 56 cm, rechts 128 cm, davor 100 cm. Dusche und Waschbecken unterfahrbar. Festinstallierter Duschsitz und stabiler Haltegriff an der Dusche vorhanden.

Lage: Ortsmitte 300 m; Spielplatz am Haus; Hallenbad in der angeschlossenen Residenz (10 m); Einkaufen, Bus, Freibad, Tennisplatz und Tennishalle 100 m; Apotheke 300 m; Krankenhaus 5 km.
Zimmerpreise inkl. Frühstück: EZ 93,- bis 108,- DM; DZ 140,- bis 170,- DM. Zusatzbett im DZ 35,- DM; Aufpreis für Halbpension 28,- DM pro Person; Hund pro Tag 10,- DM, Sauna kostenlos.

Hotel Ibis Mainz — 55116 Mainz

Rheinland-Pfalz

Holzhofstr. 2, Tel. (06131) 2470, Fax: 234126. Hotel mit 144 modernen Zimmern, alle mit Du/WC, Klimaanlage, Telefon und TV. Eingang mit Rampe; Frühstücksraum und Restaurant stufenlos, Zimmer mit dem Aufzug stufenlos erreichbar. Türbreite vom Aufzug 80 cm (Tiefe 206 cm, Breite 102 cm).

Geeignet für Gehbehinderte, Rollstuhlfahrer und Familien mit geistig Behinderten, auch für Gruppen. 2 Zimmer rollstuhlgerecht. Freiraum in Du/WC 110 x 216 cm. Freiraum rechts neben WC 94 cm, davor 93 cm. Dusche und Waschbecken unterfahrbar. Festinstallierter Duschsitz und stabile Haltegriffe an Dusche und WC vorhanden.

Lage: Stadtmitte; Bahnhof 100 m; Einkaufen 300 m; Arzt 50 m; Apotheke 500 m; Krankenhaus und Dialyse 1 km.

Zimmerpreise: EZ und DZ 124,- bis 154,- DM. Frühstück 15,- DM pro Person. Gutes Preis-Leistungsverhältnis.

Günnewig Bristol Hotel — 55130 Mainz

Rheinland-Pfalz

Friedrich-Ebert-Str. 20, Tel. (06131) 8060, Fax: 806100. 75 Zimmer mit Bad oder Du/WC, Telefon, Radio, TV und Minibar. Hallenschwimmbad (8 x 12 m), Sauna. Tagungs- und Konferenzräume. Hunde erlaubt. Parkplatz, Eingang, Rezeption, Restaurant, Aufzug und Zimmer stufenlos erreichbar. Türbreiten: Eingang 99 cm, Aufzug 90 cm (Innenmaße 190 x 90 cm).

Geeignet für Gehbehinderte bis 100 Personen; bedingt geeignet für Rollstuhlfahrer mit Begleitung; geeignet für Familien mit geistig Behinderten. Türbreiten in Zimmer und Badezimmer 75 cm. Freiraum in Bad/WC 100 x 150 cm. Freiraum vor dem WC 100 cm. Haltegriffe an der Wand (Badewanne), rutschfeste Matten. Keine spezielle Ausstattung für Rollstuhlfahrer.

Zimmerpreise inkl. Frühstück: EZ 195,- bis 255,- DM; DZ 230,- bis 320,- DM.

Hotel Alina garni — 55252 Mainz-Kastel

(Hessen, bei Mainz)

Wiesbadener Str. 124, Tel. (06134) 2950, Fax: 69312. Hotel mit 35 Zimmern mit Du/WC, TV und Telefon. Parkplatz, Eingang, Rezeption, Restaurant, Aufzug und zwei Behindertenzimmer stufenlos erreichbar.

Geeignet für Gehbehinderte und Rollstuhlfahrer. Zwei Zimmer mit Du/WC im EG speziell für Rollstuhlfahrer ausgestattet. Türbreite vom Zimmer 92 cm, von Du/WC 80 cm. Freiraum in Du/WC 160 x 160 cm. Dusche unterfahrbar. Freiraum links neben WC 155 cm, rechts 22 cm, davor 90 cm.

Lage: Zentrale Lage zwischen Wiesbaden-Biebrich (2 km) und Mainz-Kastel (2 km), nähe Landesgrenze Rheinland-Pfalz / Hessen.
Zimmerpreise inklusive Frühstück: EZ 119,- DM; DZ 159,- DM.

Hyatt Regency Mainz — 55116 Mainz

Rheinland-Pfalz

Malakoff-Terrasse 1, Tel. (06131) 731234, Fax: 731235. Luxuriöses Hotel mit 268 Zimmern und Suiten. Tiefgarage mit Aufzug. Eingang, Restaurant, Frühstücksraum und Zimmer (mit dem Aufzug) stufenlos erreichbar. Türbreite vom Aufzug 110 cm (Tiefe 156 cm, Breite 156 cm).

Geeignet für Gehbehinderte, Rollstuhlfahrer und Familien mit geistig Behinderten. 1 Zimmer rollstuhlgerecht. Türbreite vom Zimmer 86 cm, von Du/WC 90 cm. Freiraum in Du/WC 223 x 165 cm. Freiraum links neben WC 100 cm, davor 223 cm. Dusche und Waschbecken unterfahrbar. Festinstallierter Duschsitz und stabiler Haltegriff am WC vorhanden.

Lage: Zur Stadtmitte Mainz und zum Bahnhof Mainz-Süd 0,5 km; Arzt und Apotheke 200 m. **Zimmerpreise:** EZ ab 255,- DM; DZ ab 295,- DM. Zusatzbett 50,- DM.

Kapellenhof Manderscheid — 54531 Manderscheid

Rheinland-Pfalz, Eifel

Günter Krämer, Tel. (06572) 4408, Fax: (06572) 92785. Der Hof ist umgeben von Wald und Wiesen, inmitten einer herrlichen Naturlandschaft, mit Kühen, Kälbern, Pferden, Schweinen, Kaninchen, Hühnern und Hofhund. Drei Vier-Sterne-Ferienwohnungen (60 bis 80 qm) mit Sat-TV, Telefon, Küche, Bad, Balkon oder Terrasse. DLG-Gütezeichen. Spielplatz am Haus.

Geeignet für Rollstuhlfahrer: 1 Ferienwohnung. Parkplatz und Eingang stufenlos. Türbreite der Zimmer und von Du/WC 100 cm. Bewegungsfreiraum in Du/WC 140 x 140 cm. Freiraum links neben WC 90 cm, rechts 30 cm, davor 120 cm. Dusche und Waschbecken unterfahrbar. Haltegriff am WC. Mobile Pflegehilfe vor Ort.

Lage: Der Kapellenhof liegt als Einzelhof 1 km außerhalb von Manderscheid, zehn Minuten von der Autobahn A 1/48 (Abfahrt Manderscheid) entfernt. Einkaufen, Freibad 1 km; Hallenbad, Arzt, Apotheke 1,65 km.

Preis für eine Ferienwohnung 65,- bis 70,- DM pro Tag bei Belegung mit 2 Personen; jede weitere Person 10,- DM pro Tag. Endreinigung 40,- DM.

Seehotel Maria Laach — 56653 Maria Laach

Rheinland-Pfalz, Eifel, Laacher See

Tel. (02652) 5840, Fax: 584522. Schönes und komfortables Hotel, neben der Benediktinerabtei Maria Laach im Naturschutzgebiet am Laacher See gelegen. 65 moderne Zimmer, alle mit Du/WC oder Bad/WC, Fön, Telefon, Sat-TV, Schreibtisch. Hallenbad mit Wintergarten, Sauna, Solarium, Dampfbad. Parkplatz und Eingang mit Rampe, Frühstücksraum, Restaurant, Hallenbad und die Zimmer mit dem Aufzug stufenlos erreichbar.

Geeignet für Gehbehinderte, Rollstuhlfahrer und Familien mit geistig Behinderten. 2 Doppelzimmer rollstuhlgerecht. Türbreiten der Zimmer und von Du/WC 81 cm. Freiraum in Du/WC 130 x 145 cm. Freiraum links neben WC 210 cm, davor 110 cm.

Dusche und Waschbecken unterfahrbar. Festinstallierter Duschsitz und stabile Haltegriffe an Du/WC und Waschbecken. Spiegel bis Waschtischoberkante.
Lage: Ruhige Lage im Naturschutzgebiet. Zur A61, Ausfahrt Mendig/Maria Laach 2 km.
Zimmerpreise: EZ 150,- bis 190,- DM; DZ 240,- bis 320,- DM. Wochenend- und Pauschalarrangements auf Anfrage.

Hotel Hansa — 56743 Mendig

Rheinland-Pfalz, Laacher See

***- Komfort verliehen durch Hotel- und Gaststättenverband - Fremdenverkehrsverband Rheinland-Pfalz

Laacher Seestraße 11, Tel. (02652) 97080, Fax: 970813. 42 Betten, große geräumige Gästezimmer, alle mit Du oder Bad/WC, Direktwahltelefon, Sat-TV, Radiowecker, Fax- und Modemanschluß, Safe. Die Familienzimmer haben zusätzlich eine Minibar. Überdachter Hoteleingang, Biergarten, Restaurant, Frühstücksraum, Hotelhalle sowie 2 rollstuhlgerechte große Zimmer stufenlos erreichbar.

Alle Türen mindestens 80 cm breit. Freiraum in Du/WC 140 x 150 cm, gr. Sanitärraum mit ebenerdiger Dusche, Klappsitz & Haltestangen, erhöhtes WC mit Haltegriffen, Waschbecken unterfahrbar. Handbrause, Haltegriffe, Festtastentelefon, rutschfeste Fliesen.
Lage: Zum Zentrum, Arzt und Apotheke 1 km; Bahnhof 2 km; Bus 20 m; Laacher See 3 km; Freibad 200 m; Hoteleigener 18-Bahnen Minigolfplatz; Wandern, Angeln und Bootsverleih Laacher See 2 km; Tennis 2 km. Wege befestigt, Umgebung flach bis hügelig.
Zimmerpreise: EZ ab 75,- DM; DZ ab 130,- DM inkl. Frühstücksbuffet. Sonderpreise ab 1 Woche Aufenthalt. Halbpension auf Anfrage. Referenzen: Hotel der ADZ (Deutsche Zentrale für Tourismus), All Season/VTB Belgien, ADAC & ANWB-Niederlande sowie Diners-Club.

Hotel-Restaurant Sewenig — 56254 Müden / Mosel

Rheinland-Pfalz, Kreis Cochem/Zell, Mosel

Moselweinstr. 82, Tel. (02672) 1334, Fax 1730. An der Mosel gelegenes Hotel mit Restaurant und Weingut, 30 Komfortzimmern mit Du/WC und TV, insg. 60 Betten. Konferenz- und Tagungsräume mit moderner Tagungstechnik für bis zu 120 Personen. Eigener Fahrradverleih. Seiteneingang stufenlos (Haupteingang 8 Stufen), Parkplatz, Einrichtungen und 12 Zimmer stufenlos erreichbar. In einem Neubau außerdem komfortable Ferienwohnungen, ebenerdig zu erreichen.

Geeignet für Gehbehinderte, bedingt geeignet für Rollstuhlfahrer (5 Personen, Badezimmer sind groß genug), geeignet für Familien mit geistig Behinderten; Gruppen bis 50 Personen. Türen mindestens 70 cm breit. Freiraum in Bad/WC 140 x 140 cm,

Haltegriffe vorhanden, Waschbecken unterfahrbar, rutschfeste Matten.
Lage: An der Mosel, nur durch die Uferstraße getrennt, zum Bhf. 250 m; Zentrum 300 m; Cochem 16 km, Koblenz 34 km.
Preis pro Person: ÜF 55,- bis 65,- DM; HP 75,- bis 85,- DM; VP 80,- bis 95,- DM.

Erlebnis Bauernhof Monika Begon

54608 Mützenich / Schweiler

Rheinland-Pfalz, Eifel

Hauptstr. 21, Tel. (06555) 8079, Fax: (06555) 931234, E-Mail: EdmundBegon@t-online.de. Kinderfreundlicher Erlebnis-Bauernhof mit Kühen, Kälbern, Katzen usw. Komfort-Ferienhaus und gemütliche Ferienwohnungen in einem kleinen idyllischen Eifeldorf gelegen. Ferienwohnung I mit 42 qm Größe für 2 bis 4 Personen, Ferienwohnung II für 2-5 Personen (45 qm).

Das behindertengerechte Ferienhaus für 2 bis 8 Personen bietet im EG komplett ausgestattete Küche, Wohnzimmer, Du/WC, Doppelschlafzimmer und große Diele mit Garderobe; im Dachgeschoß 2 sep. Schlafzimmer mit je 3 Betten und ein sep. WC.

Geeignet für Gehbehinderte (Gruppen bis 16 Personen bei Belegung Ferienhaus/erienwohnungen), Rollstuhlfahrer und Familien mit geistig Behinderten. 1 Ferienhaus rollstuhlgerecht: Türbreite der Zimmer und von Du/WC 80 cm. Freiraum in Du/WC 150 x 160 cm. Freiraum links neben WC 150 cm, rechts Haltegriff, davor 150 cm. Dusche und Waschbecken unterfahrbar. Festinstallierter Duschsitz und stabile Haltegriffe an Dusche und WC vorhanden. Parkplatz, Eingang und Garten stufenlos. Bettenhöhe 40 cm.

Außerdem stehen den Gäste folgende Einrichtungen zur Verfügung: Parkplatz, Spiel- und Liegewiese, Tischtennisplatte, Spielplatz, Grillgelegenheit, Kutschfahrten mit dem Traktor, Kinderhochstuhl.

Lage: Landschaftlich schöne und waldreiche Umgebung. Im benachbarten Ort Bleialf (3 km) gibt es Einkaufsmöglichkeiten, Post, Bank, Ärzte, Apotheke und viel Gastronomie. Freibad und Hallenbad 3 km; Krankenhaus 20 km. Wege hügelig; nach 1 km Autofahrt flache, geteerte Feldwege.

Preis für das rollstuhlgerechte Ferienhaus je nach Belegung (2 bis 8 Personen) in der Hauptsaison 95,- bis 115,- DM pro Tag, in der Nebensaison 55,- bis 109,- DM. Preis für eine Ferienwohnung je nach Belegung (2-4 Personen bzw. 2-5 Personen) pro Tag in der Hauptsaison 63,- bis 74,- DM, in der Nebensaison 50,- bis 72,- DM. Zuzüglich Nebenkosten für Wasser, Strom, Heizung, Haustiere und Endreinigung. Gruppenermäßigung ab 12 Personen in der Vor- und Nachsaison.

DRK-Feriendorf GmbH, Rhein-Lahn 56355 Nastätten

Rheinland-Pfalz, Rhein-Lahn

Telefon (06772) 1691, Internet: http://www.loreley.com/hotels/feriendorf/index.htm. E-Mail: DRK-Rhein-Lahn@t-online.de. Feriendorf mit Ferienhäusern und einem **Appartementhaus** mit 15 Doppel- bzw. Dreibettzimmern. Parkplatz und Eingang vom Appartementhaus stufenlos erreichbar. Speiseräume, Aufenthaltsräume und Zimmer mit dem **Aufzug** (Tiefe 250 cm, Breite 120 cm, Türbreite 100 cm) stufenlos erreichbar. Alle Türen 100 cm breit. Selbstverpflegung ist möglich in den großzügigen Aufenthaltsräumen mit kleiner Küchenausstattung.

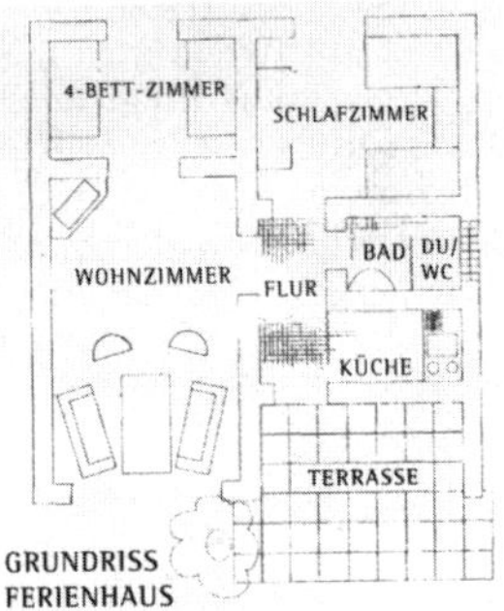

Geeignet für Gehbehinderte (45 Personen), Rollstuhlfahrer (30 Personen) sowie Familien und Gruppen mit geistig Behinderten (45 Personen).

15 Zimmer mit Du/WC sind rollstuhlgerecht gebaut.

Freiraum in Du/WC 140 x 140 cm. Freiraum links neben WC 150 cm, rechts 40 cm, davor 100 cm. Duschen und Waschbecken sind unterfahrbar. Haltegriffe an den Duschen vorhanden.

Ferienhäuser: 10 zur Zeit neu renovierte Ferienhäuser stehen zur Verfügung. Die Belegung ist für 4 Personen vorgesehen. Je nach Altersstruktur der Gruppen (Kinder/Jugendliche) können auch bis zu 6 Personen je Haus aufgenommen werden.

Die Häuser sind mit Dusche oder Bad/WC, einem Zweibettzimmer, einem 4-Bettzimmer und einem Aufenthaltsraum mit kleiner Küche ausgestattet. Eine Unterbringung

für Rollstuhlfahrer ist in den Ferienhäusern nur bedingt möglich (besser in den rollstuhlgerechten Zimmern), ansonsten aber für leicht körperlich und/oder geistig Behinderte und Familien durchaus empfehlenswert.

Ausstattung und Lage der Anlage: Hallenbad im Haus, Sauna. Solarium, Streichelzoo, Campingplatz, Kleingolfanlage, ausreichende Parkmöglichkeiten. Zur Ortsmitte mit Ärzten, Apotheken, Krankenhaus und Einkaufsmöglichkeiten ca. 2,5 km, zur Bushaltestelle und zum Freibad ca. 500 m. Die Umgebung ist hügelig, befestigte Straße erlauben jedoch problemlosen Einsatz von Rollstühlen; ebener Verlauf der Wege in Tallage.

Preise: Je **Ferienhaus** pro Tag 80,- DM. Bei Unterbringung im **Appartementhaus:** Übernachtung pro Person 22,- DM. Kinder bis 11 Jahre erhalten 30% Ermäßigung bei Unterbringung im Appartementhaus.

Verpflegungsleistungen: Frühstück pro Person 7,- DM, Halbpension 18,- DM und Vollpension 25,- DM. Ausführliche Preisliste auf Anfrage. Für Familien mit Kindern und für Gruppen besonders empfehlenswerte Anlage.

Ferienwohnung „An der Weinstraße" 67435 Neustadt an der Weinstraße

Rheinland-Pfalz, Weinstraße

Brigitte und Siegfried Hinzke, Ruländerweg 5, Tel. (06321) 60555. Ein Appartement (in der Waldstraße) für 2 Personen (zusätzliche Schlafmöglichkeit vorhanden), nahe dem Zentrum und zum Wald. 35 qm Wohnfläche mit 1 Wohn-Schlafzimmer, Duschbad mit WC, Einbauküche mit Mikrowelle, Toaster, Kaffeemaschine und Wasserkocher. Sep. Eingang, ebenerdig. Neue komfortable Ausstattung mit Kabel-TV und Radio.

Geeignet für Rollstuhlfahrer/Behinderte: Eingang stufenlos (Schwelle 2 cm). Türbreiten mind. 80 cm; Spüle und Arbeitsplatte in der Küche unterfahrbar; Kühlschrank in Arbeitsplattenhöhe, Mikrowelle hängend in Augenhöhe. Bad mit unterfahrbarer Dusche mit HEWI-Geländer, Duschhocker, Umsetzhilfe (HEWI) am WC, niedriger Spiegel.

Lage: Die Ferienwohnung liegt auf der „Hambacher Höhe", einer bevorzugten Wohngegend Neustadts, in einer ruhigen Wohnanlage. Im Verlauf der Waldstraße kommt man zu Fuß, vorbei an Weinbergen, in etwa 10 Minuten direkt in den Pfälzer Wald. Ebenfalls in 5 Minuten ist man am Bahnhof bzw. im Fußgängerbereich der Stadt.

Preis für das Appartement pro Tag ab 4 Übernachtungen 65,- DM für 2 Personen; sonst 75,- DM. Alle Nebenkosten inklusive. In Neustadt gibt es einen ständigen Fahrdienst für Behinderte vom CeBeeF (Tel. 06321/15510).

Gästehaus Warsberger Weinhof — 54347 Neumagen-Dhron / Mosel

Rheinland-Pfalz, Mittelmosel

Klaus u. Sylvia Krebs, Römerstr. 98, Tel. (06507) 9258-0, Fax: 9258-20. Neuerbautes Gästehaus mit 1 Einzelzimmer, 4 Doppelzimmern und 4 Appartements, mit Telefon, Sat-TV, Kaffeemaschine, Wasserkocher und Minibar. Parkplatz, Eingang und Frühstücksraum stufenlos.

Geeignet für Gehbehinderte und Rollstuhlfahrer. 1 Appartement rollstuhlgerecht. Alle Türen 101 cm breit. Freiraum in Du/WC 200 x 200 cm. Freiraum links neben WC 50 cm, rechts 30 cm (Haltegriff), davor 100 cm. Dusche und Waschbecken unterfahrbar. Festinstallierter Duschsitz und stabile Haltegriffe an Dusche und WC vorhanden. Bettenhöhe 50 cm.

Lage: In der Ortsmitte. Einkaufen 200 m; Arzt, Apotheke 1 km. Wege zur Mosel und in die Weinberge leicht ansteigend bis steil.

Preis für das rollstuhlgerechte Appartement für 2 Personen pro Tag 110,- DM. Brötchen-Service auf Wunsch. Frühstück 10,- DM/Person.

Christliches Erholungsheim „Westerwald" — 56479 Rehe

Rheinland Pfalz, Oberer Westerwald

Heimstraße, Telefon (02644) 5050, Fax: (02644) 505500.

Erholungsheim mit neu gestaltetem Haupthaus mit mehreren Aufzügen, durchgängig für Rollstuhlfahrer geeignet. 100 Zimmer, zum Teil mit Dusche und WC. Aufenthaltsräume, Gruppenräume, Kaminzimmer und Cafeteria. Hallenbad, Sauna, Kneippanlagen, Bäderabteilung für alle medizinischen Bäder, Massagen etc., Kleingolfanlage, Kinderspielplätze, Tischtennisräume, Fußball-, Volleyball- und Netzballfeld. Haupteingang, Rezeption und Aufzug sind stufenlos erreichbar. Es gibt keine speziell für Rollstuhlfahrer geeigneten Zimmer, aber es waren bereits Rollstuhlfahrer zu Gast. Der Bau rollstuhlgerechter Zimmer ist geplant.

Service: Für **Kinder** ab 5 Jahren wird während der Hauptferienzeit Betreuung angeboten. Abholung der Gäste vom Bahnhof möglich. Für Pflegedienste besteht Kontakt zur Sozialstation in Rennerod. Ein Pflegebett steht zur Verfügung.

Lage: Eingebettet zwischen Wiesen und Wäldern, sehr schöne Lage im Westerwald,

600 m ü.M. Ortsmitte 1 km; Bahnhof 17 km; Apotheke 5 km; Freibad 17 km; See 2 km; Tennisplatz 7 km; Tennishalle 12 km.
Preis pro Person und Tag inkl. Vollpension bei Unterbringung im Doppelzimmer für Erwachsene 54,- bis 66,- DM, Jugendliche 14-18 Jahre 43,20 bis 52,80 DM; Kinder 8 bis 13 Jahre 37,80 bis 46,20 DM; Kinder 2-7 Jahre 27,- bis 33,- DM; Kinder bis 2 Jahre 7,- DM. Familienrabatte: 2 Kinder = 5% auf den Gesamtpreis, 3 Kinder 10% und 4 Kinder 20% auf den Gesamtpreis. Hausprospekt und ausführliche Preisliste auf Anfrage.

Ferienhaus Christa — 76857 Rinntal

Rheinland Pfalz

Sportplatzstr. 55, Tel. (06346) 928002, Fax: (06346) 928001. Drei Ferienwohnungen für 2-5 Personen mit Schlafzimmer, Kinderschlafzimmer, Wohnzimmer, Gästezimmer, Küche, Dusche oder Bad mit WC, Garagen, großer Garten. Parkplatz und Eingang stufenlos.

Geeignet für Gehbehinderte und Familien mit geistig Behinderten, bedingt geeignet für Rollstuhlfahrer mit Begleitung. Türbreiten der Zimmer und von Bad bzw. Du/WC 95 cm. Freiraum in Du/WC 200 x 200 cm. Freiraum links neben WC 80 cm, rechts 50 cm, davor 250 cm. Dusche nicht unterfahrbar, Waschbecken unterfahrbar, keine Haltegriffe oder Hilfsmittel vorhanden.

Lage: An einem bewaldeten, ruhigen und sonnigen Südhang, direkt am Ortsrand von Rinnthal, ohne Durchgangsverkehr. Waldreiches, hügeliges Gelände. Zur Ortsmitte 5 km; Einkaufen 2 km; Arzt, Apotheke, Krankenhaus, Dialyse 5 km. Freibad 4 km; Hallenbad 20 km.

Preis für eine Ferienwohnung bei Belegung mit 2 Personen 68,- DM pro Tag; jede weitere Person zzgl. 8,- DM. Garage pro Woche 8,- DM.

Hotel-Restaurant „Landsknecht" — 56329 St. Goar am Rhein

Rheinland-Pfalz, Mittelrhein

Familie Nickenig, An der Rheinuferstraße, Tel. (06741) 2011, Fax: 7499. Gemütliches, direkt am Rhein gelegenes Hotel mit 14 geschmackvoll eingerichteten Zimmern mit Du/WC, Telefon und TV. Parkplatz am Haus. Eingang 2 Stufen mit Rampe; Frühstücksraum, Restaurant und 5 Zimmer im EG stufenlos erreichbar.

Geeignet für Gehbehinderte und Familien mit geistig Behinderten, bedingt geeignet für Rollstuhlfahrer mit Begleitung. Türbreiten der Zimmer 90 cm, von Du/WC 70 cm. Freiraum in Du/WC 120 x 126 cm, Freiraum vor dem WC 120 cm, nicht seitlich anfahrbar. Dusche nicht unterfahrbar, Duschhocker und Haltegriff an der Dusche.

Lage: Direkt am Rhein, eigener Hotelpark, Wege flach; zur Ortsmitte 2 km; Einkaufen, Bahnhof, Arzt, Apotheke 2 Km, Freibad 3 km; Krankenhaus 6 km.

Zimmerpreise: EZ 105-, bis 140,- DM; DZ 135,- bis 180,- DM. Hausprospekt, ausführliche Preise und Pauschalangebote auf Anfrage.

Ferienwohnung Mühle Maus — 56346 St. Goarshausen

Rheinland-Pfalz, Loreley Kreis

Am Nochern-Bach 7; Vermieterin: Rosel Maus, Am Heckelchen 6, Tel. (0170) 2848337, Fax: (06771) 290035. Eine Ferienwohnung (bis 7 Pers., 130 qm), ein Appartement für 2 Pers. (30 qm). Parkplatz/Eingang 1 Rampe, alle Türen 90 cm breit.

Geeignet für Gehbehinderte und Familien mit geistig Behinderten. Bedingt geeignet für Rollstuhlfahrer mit Begleitung. Türbreite der Zimmer und von Bad/WC 98 cm. Freiraum in Bad/WC 140 x 120 cm. Freiraum links neben WC 80 cm, davor 120 cm. Badewanne, keine unterfahrbare Dusche. Waschbecken unterfahrbar. Keine Haltegriff und Hilfsmittel.

Lage: Zur Ortsmitte 800 m; Einkaufen 100 m; Bahnhof 700 m; Arzt und Apotheke 800 m; Krankenhaus 12 km.
Preis für eine Ferienwohnung ab 60,- DM pro Tag für 2 Pers.; jede weitere Person 15,- DM pro Tag.

Hotel „Haus am Weinberg" — 67487 St. Martin

Rheinland-Pfalz, Südliche Weinstraße

Oberst-Barrett-Str. 1, Tel. (06323) 9450, Fax: 81111. Hotel mit 70 Zimmern. Vom Parkplatz zum Eingang mit Rampe; Hoteleingang über das Restaurant stufenlos. Hallenbad und Zimmer mit dem Aufzug stufenlos erreichbar.Türbreite vom Aufzug 90 cm (Tiefe 140 cm, Breite 110 cm).

Geeignet für Rollstuhlfahrer: 2 Zimmer rollstuhlgerecht. Türen von Zimmer und Du/WC 95 cm breit. Freiraum in Du/WC 130 x 130 cm. Freiraum links neben WC 130 cm, rechts 110 cm, davor 100 cm. Dusche und Waschbecken unterfahrbar. Festinstallierter Duschsitz und stabile Haltegriffe an Dusche und WC vorhanden.

Lage: Zur Ortsmitte mit Einkaufen 1 km; Arzt, Apotheke 3 km; Bahnhof, Krankenhaus 14 km. **Zimmerpreise:** EZ und DZ 98,- bis 165,- DM

Bildungs- und Freizeitstätte Heilsbach — 66996 Schönau

Rheinland-Pfalz

Tel. (06393) 8020, Fax: 802288. 25 Doppelzimmer, 5 Mehrbettzimmer, insgesamt 80 Betten. Zimmer stufenlos erreichbar. Alle Türen 100 cm breit. Innenmaße vom Aufzug 130 x 230 cm. Hausbibliothek, Töpferei, Werkraum, Fahrradverleih, Sporthalle.

Geeignet für Gruppen mit geistig Behinderten, Körperbehinderten und Rollstuhlfahrern bis 50 Personen. 6 Zimmer mit Du/WC rollstuhlgerecht: Türbreiten der Zimmer und von Du/WC 100 cm; Freiraum in Bad/WC 200 x 200 cm. Freiraum links neben WC 140 cm, davor 160 cm. Dusche und Waschbecken unterfahrbar.

Festinstallierter Duschsitz und stabile Haltegriffe an Du/WC und Waschbecken vorhanden.

Lage: Schöne Einzellage, umgeben von Wald und Wiesen. Zentrum, Einkaufen und Arzt 2,5 km; Abenteuerspielplatz, Fußballplatz, Freibad (mit Behinderteneinstieg) und Tennisplatz am Haus.

Preise für Vollpension pro Tag: Erwachsene 63,50 DM im Doppelzimmer; Kinder 7 bis 14 Jahre 42,50 DM; jeweils ab drei Tage Aufenthalt.

"Schweigener Hof" — 76889 Schweigen

Rheinland-Pfalz, Südliche Weinstraße

Familie Storz, Hauptstr. 2, Tel. (06342) 9250, (06342) Fax: 925-255. Schönes, familiär und persönlich geführtes Haus mit 35 modernen und geräumigen Gästezimmern, alle mit Du/WC, Durchwahltelefon, Radio, Farb-TV mit Sat-Empfang und Minibar, teilweise mit Balkon und Fernsicht in die Rheinebene oder ins nahe Elsaß. Für Feste und Tagungen stehen Nebenräume zur Verfügung.

Im Restaurant kocht der Chef persönlich. Eigene Bundeskegelbahn. Hausgemachte Wurst- und Fleischwaren sind eine Spezialität des Hauses. Parkplatz vor dem Haus eben, sehr gut erreichbar für Rollstuhlfahrer. Eingang, Frühstücksraum, Restaurant, Garten und die Zimmer (mit dem Aufzug) stufenlos erreichbar.

Geeignet für Gehbehinderte (50 Pers.), Rollstuhlfahrer und Familien mit geistig Behinderten. 1 Zimmer rollstuhlgerecht. Türbreiten von Zimmer und Du/WC 89 cm. Freiraum in Du/WC 130 x 160 cm. Freiraum rechts neben und vor dem WC 120 cm. Duschschwelle 8 cm; Waschbecken unterfahrbar. Festinstallierter Duschsitz und stabile Haltegriffe an Du/WC und Waschbecken vorhanden.

Lage: Der "Schweigener Hof" befindet sich nur 100 m südlich des Weintores, Richtung Weißenburg. Guter Ausgangspunkt für Wanderungen und für Ausflüge ins nahegelegene Elsaß. Sehr schöne Landschaft. Zur Ortsmitte, Arzt und Apotheke 500 m; Einkaufen 300 m; Freibad 2 km; Bahnhof (Abholservice), Krankenhaus 8 km.

Zimmerpreise je nach Kategorie für Übernachtung mit Frühstück: EZ 59,- bis 98,- DM; DZ 89,- bis 178,- DM für 2 Personen. HP-Zuschlag 25,- DM pro Person, VP 38,- DM.
Besonders empfehlenswertes Haus.

Hotel Haus Grefen — 54338 Schweich / Mosel

Rheinland-Pfalz, Mosel

Familie Grefen, Brückenstr. 31, Tel. (06502) 92400, Fax: 924040. Hotel-Restaurant mit 50 Betten, 5 Gästezimmer und Appartements, alle mit Du/WC, Telefon, teilw. TV. Gästegarten, Liegewiese und eigene Parkplätze. Parkplatz, Eingang und Garten mit Rampe stufenlos; Frühstücksraum, Restaurant und Zimmer im EG stufenlos erreichbar. Kegelbahn, Räumlichkeiten für Konferenzen und Familienfeiern.

Geeignet für Gehbehinderte, Rollstuhlfahrer und Familien mit geistig Behinderten. Ein Appartement mit Du/WC ist rollstuhlgerecht. Türbreiten vom Zimmer und von Du/WC 94 cm. Freiraum in Du/WC 150 x 150 cm. Freiraum links und rechts neben WC 50 cm, davor 150 cm. Dusche und Waschbecken unterfahrbar. Festinstallierter Duschsitz, stabile Haltegriffe an Du/WC und Waschbecken sowie absenkbarer Spiegel vorhanden.

Lage: Zur Ortsmitte, Einkaufen, Erlebnisbad 1 km; Apotheke 20 m; Arzt 40 m; Bahnhof 3 km; Krankenhaus 8 km; Umgebung flach.

Preis für ein Doppelzimmer für 2 Personen pro Tag 150,- DM inkl. Frühstück; ohne Frühstück 120,- DM.

Hotel-Restaurant „Bergschlößchen" — 55469 Simmern

Rheinland-Pfalz, Hunsrück

Tel. (06761) 900-0, Fax: 900-100. Schönes Hotel, umgeben von Wald, gemütlich-rustikales Restaurant mit Blick auf Wald und Natur. Sehr gute internationale und regionale Küche, Wildspezialitäten.

22 elegante, mit allem Komfort ausgestattete Gästezimmer mit Du/WC, Farb-TV und Selbstwahltelefon, zum Teil mit Südbalkon. Bundeskegelbahnen, Liegewiese und eine große Sonnenterrasse, hauseigene Parkplätze und Garagen. Stilvoller Rahmen für Familienfeiern. Konferenzräume mit moderner Tagungstechnik. Parkplatz, Eingang, Frühstücksraum, Restaurant, Aufzug und Zimmer sind stufenlos erreichbar. Türbreiten 80 cm. Innenmaße vom Aufzug 110 x 150 cm.

Geeignet für Gehbehinderte, bedingt geeignet für Rollstuhlfahrer. Freiraum in Du/WC 110 x 110 cm. Freiraum zwischen Bett/Möbel 200 cm.

Lage: Inmitten der Natur, abseits vom Verkehr, sehr ruhige Lage mit Blick über die Kreisstadt Simmern. Einkaufen und Arzt 1 km.

Zimmerpreise inklusive Frühstück: EZ ab 85,- DM; DZ ab 140,- DM. HP-Zuschlag 25,- DM, VP 40,- DM pro Person. Kinderermäßigung. Empfehlenswertes Hotel mit einer angenehmen Atmosphäre.

Appartementanlage Wawer — 54589 Stadtkyll

Rheinland-Pfalz, Vulkaneifel

Wirftstraße 7 - 13, Tel. und Fax: (06597) 606. Komfort-Anlage mit Ferienappartements (im Bungalowstil) für jeweils 2 bis 6 Personen. Rustikaler Stil mit separatem Schlafraum (Kinderbett vorhanden), Wohnraum mit Farb-TV, Radio und Telefon; Kochnische, Dusche, WC. Alle Appartements mit Balkon und Blick ins Wildgehege. Parkplatz stufenlos erreichbar. Haupteingang, Seiteneingang, Aufenthaltsraum, Terrasse und Tür zum Garten, Badezimmer und die übrigen Zimmer stufenlos erreichbar. Alle Türen im Haus mindestens 98 cm breit.

Geeignet: Die Ferienwohnungen sind wegen der behindertengerechten Gestaltung für **Rollstuhlfahrer, Gehbehinderte, Senioren und Gruppen von Altenheimen besonders gut geeignet**. Außerdem geeignet für Familien mit geistig Behinderten. Raumgröße von Bad/WC 263 x 200 cm; Haltegriffe an Dusche und WC vorhanden; Dusche kann ohne Schwelle unterfahren werden, Duschhocker vorhanden; Tür vom Badezimmer geht nach außen auf. Bisherige Rollstuhlfahrer als Gäste waren sehr zufrieden. Pflege- und hilfsbedürftige Urlauber können sich an die Sozialstation in Gerolstein wenden.

Lage: Zur Ortsmitte von Stadtkyll mit Einkaufsmöglichkeiten 300 m; Hallenbad, Angeln, Tennisplatz, Tennishalle und großer Abenteuer-Spielplatz 500 m; Hallenbad für Rollstuhlfahrer geeignet 5 km; Apotheke, Minigolf und Freibad von Stadtkyll 800 m; Arzt 1 km; Bhf. 4 km; Bus 300 m. Grillplatz und Wanderwege am/ab Haus. Wanderwege flach bis hügelig; sonstige Wege ebenfalls flach bis hügelig und befestigt.

Preise: Appartement Typ I in der Hauptsaison 75,- DM, in der Nebensaison 58,- DM pro Tag; Ferienhaustyp II in der Hauptsaison 95,- DM, in der Nebensaison 68,- DM pro

Tag. Endreinigung Typ I 45,- DM, Typ II 50,- DM.
Spezielle Angebote für Seniorenheime und Behinderteneinrichtungen: Ab 12 Personen 28,50 DM pro Tag und Person (4 Appartements als Frühstücksraum, Aufenthaltsraum, 5 Schlafräume, 4 Badezimmer, einschließlich Bettwäsche, Tischwäsche und Handtücher). Möglichkeit für Mittag- bzw. Abendessen im 50 m entfernten, gutbürgerlichen Restaurant mit wechselndem Mittagstisch 12,- DM täglich, einschließlich 1 Getränk (Diätkost ohne Aufpreis).

Haus „Seeidylle" — 56459 Stahlhofen am Wiesensee

Rheinland-Pfalz, Westerwald, Westerburger Land

Im Wiesengrund 12 c. Vermieter: Klaus Müller, Marienberger Str. 9, 56470 Bad Marienberg, Tel. (02661) 949512, Fax: (02661) 949511. Das Haus „Seeidylle" hat 90 qm Wohnfläche auf 2 Etagen, belegbar mit max. 5 Personen. Durch „offenes Wohnen", offenen Kamin und Blick zum Wiesensee bietet das Haus ein anspruchsvolles Ambiente. Eingangsbereich mit Gäste-WC, Vorratsraum, Küche mit Waschmaschine, Wäschetrockner, Geschirrspüler. Wohnraum mit Sat-TV, Stereoanlage, CD-Player. Die untere Etage kann über eine Treppe oder mit dem Rollstuhllift erreicht werden Dort befinden sich Bad mit Dusche/WC und 2 Schlafzimmer. Terrasse mit Gartenmöbeln und Blick auf den See. Im ganzen Haus, außer im Küchen- und Kaminbereich, ist Teppichboden vorhanden. Von der Straße ist das Haus ohne Stufen erreichbar. Der Weg führt durch den Garten in die untere Etage, von dort mit dem Lift in die obere Etage.

Geeignet für Gehbehinderte und Familien mit geistig Behinderten; bedingt geeignet für Rollstuhlfahrer mit Begleitung (aber Speziallift für Rollstuhlfahrer an der Treppe vorhanden). Türbreite der Zimmer und von Bad/Du/WC 90 cm. Keine unterfahrbare Dusche, keine Hilfsmittel im Bad vorhanden.

Lage: Zum Wiesensee 1 km; zur Ortsmitte mit Einkaufsmögl., Bahnhof, Apotheke, Freibad 3,5 km; Spielplatz 200 m; Hallenbad 8 km. Im Nachbarort Pottum ein Yachthafen für Segelboote. Am Wiesensee und Umgebung sehr gute Wander- und Radfahrmöglichkeiten.

Preis für das Ferienhaus pro Tag 90,- DM inkl. Strom, Wasser, Heizung. Endreinigung 30,- DM. Bettwäsche kann gegen Gebühr gestellt werden. Garage 15,- DM pro Woche.

Bauernhof-Pension Gretenhof — 55487 Sohren

Rheinland-Pfalz, Hunsrück

Siegfried Wüllenweber, Telefon (06543) 2648, Fax: 2724. Erlebnis-Bauernhof, direkt am Wald gelegen, mit Pferden, Schweinen, Rindern, Ziegen, Schafen, Hunden, Katzen. Kinderspielplatz, viele Spielgeräte. Reiten für Anfänger und Fortgeschrittene. Vier

Ferienwohnungen mit Bad/Du/WC. Preisträger "Familienferien in Deutschland". **Geeignet** für Gehbehinderte bis 12 Personen, Familien mit geistig Behinderten, bedingt geeignet für Rollstuhlfahrer mit Begleitung. (1 Ferienwohnung). Eingang stufenlos, Zimmertür 83 cm, Bad/WC-Türe 83 cm breit. Freiraum in Bad/WC 75 x 100 cm, Freiraum vor dem WC 100 cm, rechts neben WC 75 cm. Abwechslungsreiches Programm für Gruppenreisende, wie Behinderte, Schulklassen, Kindergärten, usw.

Lage: Ruhige Lage am Wald, Einzelhof; Ortsmitte, Arzt, Apotheke, Spielplatz, Grillplatz, Tennisplatz und Angeln 1 km; Freibad 10 km; Bahnhof 20 km.

Preis für eine Ferienwohnung ab 90,- DM pro Tag bei Belegung mit 3 Personen; jede weitere Person 15,- DM/Tag.

Ferienwohnung Margit Junk — 54597 Steffeln

Rheinland-Pfalz, Vulkaneifel

Kapellenweg 6, Tel. (06593) 9373. Die Gemeinde Steffeln mit 620 Einwohnern ist ein idyllischer Ort in der westlichen Vulkaneifel, ca. 500 m hoch gelegen.

Die komplett neu ausgestattete, komfortable Ferienwohnung ist 73 qm groß und hat einen separaten Eingang.

Großes gemütliches Wohnzimmer mit Sitz- und Eßecke und komplett eingerichteter Küche, zwei Schlafräume mit 2-3 Betten, Bad mit Wanne, Dusche, WC, Kinderbett und Hochstuhl, Waschmaschine, Telefon und TV-Anschluß. Parkplatz stufenlos, Eingang mit Rampe (5 cm Differenz).

Geeignet für Gehbehinderte, Senioren, Familien mit geistig Behinderten; bedingt geeignet für Rollstuhlfahrer mit Begleitung. Türbreite vom Badezimmer 70 cm. Keine Behindertenhilfsmittel im Bad.

Pflege: Vermieterin bietet Pflege + Hilfen an; sie ist selbst Krankenschwester mit langjähriger Erfahrung, auch in der amb. Pflege. Auf Wunsch steht auch ein Pflegedienst, z.B. Caritas, zur Verfügung.

Lage: Ruhige Ortsrandlage, direkt am befestigten Wanderweg in flacher bis hügeliger Umgebung, geeignet für lange Spazierwege, auch im Rollstuhl. Zur Ortsmitte mit Einkaufsmögl. 300 m; Bahnhof, Arzt, Apotheke 5 km; Freibad, Hallenbad, Tennisplatz und Tennishalle 8 km; Krankenhaus 13 km.

Ausflugs- und Freizeitmöglichkeiten in der Umgebung: Hallenbad, beheiztes Waldfreibad, Spießbratenhütte, Eisenmuseum in Jünkerath, Erlebnisbad „Vulkamar" in Stadtkyll, Wildparks in Pelm und Daun, Geopfad und Naturkundemuseum in Gerolstein. Ausgedehnte Laub- und Nadelwälder laden zum Wandern ein.

Preis für die Ferienwohnung bis 2 Pers. am 1. Tag 90,- DM, jeder weitere Tag 60,- DM, jede weitere Person zzgl. 10,- DM/Tag, Kinder bis 2 Jahre frei, Haustier 5,- DM/Tag. In der Nebensaison Ermäßigung ab 1 Woche Aufenthalt. Im Preis enthalten Tischwäsche, Bettwäsche, Handtücher, Strom, Wasser, Heizung und Endreinigung.

Ramada Hotel Trier — 54290 Trier

Rheinland-Pfalz, Mosel

Kaiserstr. 29, Tel. (0651) 9495-0, Fax: 9495-666. Hotel mit 122 Zimmern, 5 Suiten, 3 Appartements, alle mit Bad/Du/WC, Radio, TV, Telefon, Minibar. Angrenzend an die Europahalle Trier mit 12 Seminarräume für 12 bis 1.200 Personen. Parkplatz, Eingang, Rezeption, Restaurant, Frühstücksraum und alle Zimmer (mit dem Aufzug) stufenlos erreichbar. Alle Türen im Haus 100 cm breit. Innenmaße vom Aufzug 160 x 130 cm.
Geeignet für Gehbehinderte und Rollstuhlfahrer: 1 Zimmer mit Bad/WC speziell für Rollstuhlfahrer eingerichtet.
Lage: Zentrum, Einkaufen, Arzt 500 m; Bhf. 1,5 km; Apotheke 300 m; Krankenhaus 1 km.
Zimmerpreise: EZ 138,- bis 150,- DM; DZ 158,- bis 190,- DM; Frühstücksbuffet 20,- DM pro Person.

Ferienweingut Hermann Schmidt — 54349 Trittenheim

Rheinland-Pfalz, Mosel

Moselweinstr. 43, Tel. (06507) 2630. Gästehaus mit 4 Ferienwohnungen, davon 2 im Parterre. Hauseingang 3 Stufen mit Rampe.
Geeignet für Gehbehinderte, bedingt geeignet für Rollstuhlfahrer mit Begleitung; Zimmertür 80 cm breit, Eingang der Ferienwohnung 80 cm, Badezimmertür 70 cm; Freiraum im Badezimmer 150 x 130 cm; Abstand links und rechts neben dem WC 20 cm, vor dem WC 150 cm. Rollstuhlfahrer mit Begleitung waren bereits mehrmals zu Gast.
Lage: ruhige Lage; Ortsmitte und Bus 200 m; Tennisplatz 1 km.
Preis für eine Ferienwohnung 60,- bis 120,- DM pro Tag; auf Wunsch auch Frühstück.

Ferienhäuser Christine Encke — 56766 Ulmen

Rheinland-Pfalz, Eifel

Mehrere Ferienhäuser ,"Am Rothbaum" und "Sonnenberg"; Verwaltung und Buchung bei: Christine Encke, Finkenweg 8, 46284 Dorsten, Tel. (02362) 75152, Fax: 73933. Ferienhäuser für 2 bis 10 Personen, 60 bis 110 qm, großer Wohnraum mit komplett eingerichteter Küchenbar, Eßecke, Wohnteil mit offenem Kamin bzw. Kaminofen, TV, Terrasse.

Geeignet für Gehbehinderte, Familien mit geistig Behinderten, bedingt geeignet für Rollstuhlfahrer mit Begleitung. Eingang stufenlos, Türen 86 cm breit, von den Badezimmern nur 60 cm. Freiraum in Du/WC 80 x 120 cm. Dusche und Waschbecken nicht unterfahrbar. Keine Haltegriffe.

Lage: ruhige Ortsrandlage in einem großzügig angelegten Ferienhausgelände, 400 m ü.d.M. Waldreiche Umgebung. Einkaufen, Bhf., Arzt, Apotheke, Freibad 2 km; Krankenhaus 20 km; Hallenbad 6 km; Wandern ab Haus. Wege und Umgebung hügelig. **Mietpreis** für ein Haus pro Tag für 2 Personen je nach Saison 60,- bis 120,- DM. Jede weitere Person zuzüglich 10,- DM, Kinder 5,- DM pro Tag. Kaminholz, Garage, Haustier jeweils 10,- DM pro Tag, Bettwäsche pro Bett jeweils 10,- DM und 0,50 DM pro Tag. Endreinigung 70,- DM. Kinderbetten kostenlos. Sonstige Nebenkosten sind im Preis enthalten.

Weingut Pension Schmidtburger Hof — 55627 Weiler bei Monzingen

Rheinland-Pfalz, Naheland

Hauptstr. 20, Tel. (06754) 452, Fax: 8473. Weingut und Pension, sehr gepflegt und rustikal eingerichtet, mit 8 Doppelzimmern, 1 Ferienwohnung. Parkplatz stufenlos, Eingang 1 Stufe mit Rampe; Frühstücksraum, Restaurant und 3 Zimmer im EG stufenlos erreichbar. Türen von Eingang, Frühstücksraum und Restaurant 90 cm breit.

Geeignet für Gehbehinderte, Rollstuhlfahrer und Familien mit geistig Behinderten. 1 Ferienwohnung rollstuhlgerecht: Türbreiten der Zimmer und von Du/WC 100 cm. Freiraum in Du/WC 100 x 100 cm. Dusche und Waschbecken unterfahrbar. Festinstallierter Duschsitz und stabile Haltegriffe an Dusche und WC vorhanden. Für Allergiker wird Spezialkost geboten. Alle Zimmer ohne Teppichböden.

Lage: Einkaufen 100 m; Bus 300 m; Arzt 3 km; Apotheke 4 km; Freibad, Hallenbad, Bahnhof 7 km; Krankenhaus 9 km. Unmittelbare Umgebung am Haus flach, weitere Umgebung (Wanderwege) hügelig.

Preise: Übernachtung mit Frühstück im DZ pro Person 37,- bis 49,- DM; HP 15,- DM, Haustier nach Absprache 5 DM. Preis für Ferienwohnung auf Anfrage.

Jugendgästehaus Eifelblick — 54298 Welschbillig

Rheinland-Pfalz, Südeifel

In Träg 18, Tel. (06506) 99026, Fax: 99027. Jugendgästehaus mit Unterbringung im Appartementgebäude mit 105 Betten (Einzel- und Mehrbettzimmer). Parkplatz, Eingang, Speiseraum, Garten, Disco, Kegelbahn und die Zimmer im EG stufenlos erreichbar.

Geeignet für Gehbehinderte, Behinderte, Familien mit geistig Behinderten, **Gruppen bis 100 Personen** (darunter 10 Rollstuhlfahrer). 3 Zimmer rollstuhlgerecht. Türbreite der Zimmer und von Du/WC 80 cm. Freiraum in Du/WC 200 x 200 cm. Freiraum links und vor dem WC 70 cm. Dusche und Waschbecken unterfahrbar. Duschhocker und stabile Haltegriffe an Dusche, WC und Waschbecken vorhanden.

Lage: Auf einem 45.000 qm großen Gelände, Alleinlage, in waldreicher, landschaftlich reizvoller Gegend. Das Haus liegt auf einer Anhöhe am Ortsrand. Zur Ortsmitte mit Einkaufen, Arzt, Apotheke 2 km; Hallenbad, Krankenhaus, 12 km; Freibad 7 km.

Preis für Übernachtung pro Person im 1-2 Bett-Zimmer 28,- bis 30,- DM; im Mehrbettzimmer 18,- bis 23,- DM. Frühstück pro Person 6,50 bis 8,- DM; warme Mahlzeit und Abendessen 10,- DM.

Weinhotel St. Michael — 54487 Wintrich / Mosel

Rheinland-Pfalz, Mittelmosel

Moselweinstr. 4, Tel. (06534) 233, Fax: (06534) 1284. Hotel-Weingut mit 400-jähriger Tradition und 19 Gästezimmern. Weingut im Hause mit Edelobstbrennerei. Parkplatz und Eingang stufenlos.

Geeignet für Gehbehinderte, Rollstuhlfahrer und Familien mit geistig Behinderten. 1 Doppelzimmer im EG ist rollstuhlgerecht. Bettenhöhe 45 cm. Türbreite vom Zimmer 100 cm, von Du/WC 120 cm. Bewegungsfreiraum in Du/WC 120 x 180 cm. Freiraum links neben WC 40 cm, rechts 100 cm, davor 90 cm. Dusche und Waschbecken unterfahrbar. Festinstallierter Duschsitz und stabile Haltegriffe an Dusche und WC vorhanden.

Lage: Am Ortsrand mit Blick zur Mosel. Zur Ortsmitte mit Einkaufsmöglichkeiten 300 m; Arzt, Apotheke 5 km; Freibad, Hallenbad, Krankenhaus 10 km.

Preis pro Person inkl. Frühstück 60,- bis 80,- DM; inkl. HP 80,- bis 90,- DM; inkl. VP 90,- bis 100,- DM. Pauschalangebot für eine Woche Halbpension 555,- DM.

Asgard-Hotel — 67547 Worms

Rheinland-Pfalz, Rheinhessen

Speyerer Straße, Ecke Gutleutstraße, Tel. (06241) 86080, Fax: 8608100. 69 hell, komfortabel und geschmackvoll eingerichtete Zimmer mit Du/WC, Kabel-TV, Telefon, Modem-Anschluß und Minibar. 30 Zimmer mit Pantryküche für Selbstversorgung. Parkplatz, Eingang, Frühstücksraum, Restaurant und Zimmer im EG stufenlos erreichbar.

Geeignet für Gehbehinderte, Rollstuhlfahrer und Familien mit geistig Behinderten. Türbreiten der Zimmer und von Du/WC 90 cm. Freiraum in Du/WC 160 x 160 cm. Freiraum links neben WC 190 cm, davor 100 cm. Dusche und Waschbecken unterfahrbar. Festinstallierter Duschsitz und stabile Haltegriffe an Dusche und WC vorhanden.

Lage: Zur Stadtmitte 1,2 km; Arzt, Apotheke 1 km; Bahnhof 2,5 km.
Zimmerpreise: EZ 126,- bis 146,- DM; DZ 162,- bis 182,- DM.

Ferienhaus Meiser — 66629 Freisen

Saarland

Manfred Meiser, Rückweilerstr. 13 a, Tel.+ Fax: (06852) 81085. Große Ferienwohnung mit 4 Zimmern und Bad für 6-10 Personen. Parkplatz und Eingang stufenlos.

Geeignet für Gehbehinderte, Familien mit geistig Behinderten, bedingt geeignet für Rollstuhlfahrer mit Begleitung; Gruppen bis 10 Personen. Türbreite der Zimmer und vom Bad 85 cm. Bewegungsfreiraum im Bad 140 x 140 xm. Freiraum links neben WC 100 cm, rechts 20 cm, davor 70 cm. Dusche nicht unterfahrbar..

Lage: Zur Ortsmitte 250 m; Einkaufen 100 m; Spielplatz 150 m; Apotheke 200 m; Arzt 250 m; Freibad, Hallenbad 3 km. Umgebung des Ferienhauses und die Wege flach.

Preis für die Ferienwohnung pro Tag 50,- bis 400,- DM je nach Personenzahl.

Ferienwohnung Marita Born — 66663 Merzig-Brotdorf

Saarland

Zum Markenberg 11, Tel. (06861) 75194. Eine Ferienwohnung für 2-3 Erwachsene, weitläufig, großzügig und modern eingerichtet. Küche, Wohnzimmer, Schlafzimmer, Bad/ Dusche/WC, Parkplatz vor dem separaten Eingang, Gartensitzplatz, stufenlos erreichbar.

Geeignet für Gehbehinderte, Familien mit geistig Behinderten und andere Behinderte; bedingt geeignet für Rollstuhlfahrer mit Begleitung. Bettenhöhe 50 cm. Alle Türen ca. 90 cm breit. Bewegungsfreiraum im Bad/WC 140 x 140 cm. Freiraum links neben WC 40 cm, rechts 100 cm, davor 200 cm. Keine schwellenlose Dusche. Duschhocker kann bei Bedarf besorgt werden. Waschbecken unterfahrbar. Keine Haltegriffe an Dusche und WC.

Leistungen: Bettwäsche und Handtuchwechsel, Heizung, TV, Kinderbett; Haustiere möglich. Brötchendienst oder Frühstück nach Absprache. Die Vermieterin ist im Pflegedienst tätig; auf Wunsch kann daher Hilfe geboten werden.

Lage: Ruhige Waldrandlage, 1 km zur Ortsmitte mit Einkaufsmöglichkeiten, Arzt und Apotheke. Alle Wege in der Umgebung sind gut mit dem Rollstuhl zu befahren.

Preise: 60,- DM für 2 Personen, jeder weiterer Erwachsener 10,- DM mehr; Kinder und Jugendliche nach Absprache.

Ferienwohnung Heisel — 66693 Mettlach-Nohn

Saarland

Familie Heisel, Scheffelstr. 28, Tel. (06868) 1072. Ferienwohnung für 3 Personen, bestehend aus Wohn- und Eßzimmer, vollständig für Rollstuhlfahrer unterfahrbare Küchenzeile, Sat-TV, Telefon, Sitzecke (Bettcouch), Schlafzimmer mit 2 Betten, auf Wunsch zusätzliches Kinderbett. Ein weiteres Zweibettzimmer mit Dusche/WC kann dazu gemietet werden. Parkplatz und Eingang stufenlos.

Geeignet für Rollstuhlfahrer und Familien mit geistig Behinderten. Bettenhöhe 55 cm; Türbreiten der Zimmer und von Du/WC 95 cm. Bewegungsfreiraum in Du/WC 140 x 160 cm. Freiraum links neben WC 150 cm, rechts 65 cm, davor 160 cm. Dusche unterfahrbar (Schwelle 5 cm); Waschbecken unterfahrbar. Kippspiegel, Notruf, festinstallierter Duschsitz und stabile Haltegriffe an Dusche und WC vorhanden. Küchenzeile unterfahrbar. Pflegedienst kann beauftragt werden.

Lage: Zur Ortsmitte mit Einkaufsmögl. 500 m; Arzt, Apotheke 3 km; Freibad 10 km; Arzt, Krankenhaus und Dialyse 12 km. 2 km zum Saarradweg. Flaches Gelände entlang des Flusses, sonst hügelig. Landschaft mit viel Wald.
Preis für die Ferienwohnung 55,- bis 65,- DM pro Tag; zusätzliches Gästezimmer 45,- DM pro Tag.

Caritas (cts) Bildungs- und Erholungshaus Schöffenshof — 66625 Luftkurort Neunkirchen/Nahe

Saarland, Naturpark Saar-Hunsrück

Am Schöffenshof, Tel. (06852) 90220, Fax: (06852) 902233. Haus in ruhiger Lage mit insgesamt 20 gemütlich eingerichteten Zimmern, alle neu renoviert mit Du/WC, Sat-TV und Telefon ausgestattet. Weiterhin verfügt das Haus über einen modernen Tagungsraum, rustikalen Gastraum, Lift, Parkplätze, Sonnenterrasse und Liegewiese ausgestattet. Die Küche ist abwechslungsreich und außerdem Diät- und Schonkost.

Lage: ruhig, mitten im Naturpark Saar-Hunsrück, einer reizvollen Landschaft. Wanderwege, Freizeitzentrum mit Minigolfanlage ca. 300 m entfernt. Zum Bostalsee und dem Hallenbad sind es etwa 1,5 km. Arzt, Apotheke und Einkaufsmöglichkeiten befinden sich unmittelbarer Nähe (100 bis 200 m).

Spezialangebote für Senioren und für „pflegende Angehörige" - **Urlaub von der Pflege**; Urlaub in Kombination mit pflegerischer und sozialer Betreuung; Kurzzeitpflege im Caritas Seniorenzentrum „Haus am See" welches in ca. 3 Gehminuten zu erreichen ist. Eine Kostenbeteiligung durch die Pflegekasse ist nach SGB XI auf Antrag möglich.

Preise: EZ ab 60,- DM, DZ ab 90,- DM inkl. Frühstücksbuffet.
Besonders empfehlenswerte Einrichtung.

Hotel Saarbrücken Continental — 66111 Saarbrücken

Saarland

Dudweilerstr. 35, Tel. (0681) 379890, Fax: 37989333. 48 Zimmer mit Bad/Du/WC, Farb-TV, Minibar und Selbstwahltelefon. Haupteingang, Rezeption, Restaurant und Zimmer mit dem Aufzug stufenlos erreichbar. Türbreiten: Eingang und Rezeption 250 cm, Restaurant 150 cm, Aufzug 110 cm (Tiefe 150 cm, Breite 120 cm).

Geeignet für Gehbehinderte und Rollstuhlfahrer. Vier Zimmer mit Bad/WC und Badewanne für Rollstuhlfahrer geeignet, aber nicht speziell ausgestattet. Türbreiten von Zimmer und Bad 130 cm; Freiraum in Bad/WC 150 x 200 cm; Freiraum links neben WC 100 cm, rechts 30 cm, davor 200 cm.

Lage: Im Stadtzentrum; Apotheke 100 m; Bahnhof 700 m; Bus 20 m; Hallenbad 400 m; Tennisplatz und Tennishalle 2 km; Freibad 3 km.

Zimmerpreise: EZ 95,- DM; DZ 140,- DM. Wochenendpreise: EZ 69,- DM, DZ 98,-DM inkl. Frühstück.

Novotel Saarbrücken — 66117 Saarbrücken

Saarland

Zinzingerstr. 9, Tel. (0681) 58630, Fax: 5863300. 99 Zimmer mit Bad/Du/WC, Telefon und TV. Parkplatz, Eingang, Frühstücksraum, Restaurant und Zimmer im EG stufenlos erreichbar.

Geeignet für Gehbehinderte, Rollstuhlfahrer und Familien mit geistig Behinderten. 2 Zimmer für Rollstuhlfahrer geeignet, jedoch Dusche nicht unterfahrbar, in Badewanne integriert. Türbreiten der Zimmer 110 cm, von Bad/WC 88 cm. Freiraum in Bad/WC 160 x 156 cm, Freiraum rechts neben WC 102 cm, davor 83 cm. Haltegriff am WC.

Lage: Direkt an der französischen Grenze; ca. 3 km zum Zentrum; Arzt und Apotheke 1,5 km; Bahnhof und Krankenhaus 3 km.

Zimmerpreise: EZ 162,- DM; DZ 199,- DM pro Nacht inkl. Frühstücksbuffet.

City-Hotel Saarbrücken — 66111 Saarbrücken

Saarland

Richard-Wagner-Str. 67, Tel. (0681) 34088, Fax: 32035. 43 komfortable, großzügige Gästezimmer mit Bad oder Du/WC, Minibar, Telefon, Farb-TV. Parkplatz und Eingang stufenlos, Frühstücksraum und Zimmer mit dem Aufzug stufenlos erreichbar. Türbreite vom Aufzug 130 cm (Tiefe 180 cm, Breite 180 cm).

Geeignet für Gehbehinderte und Familien mit geistig Behinderten. Bedingt geeignet für Rollstuhfahrer (5 Zimmer); Gruppen 20 bis 40 Personen. Türbreiten der Zimmer 100 cm, der Badezimmer 90 cm. Freiraum im Bad/Du/WC 140 x 140 cm. Freiraum links und rechts neben WC 50 cm, davor 150 cm. Dusche nicht unterfahrbar. Keine Haltegriffe.

Lage: Im Zentrum; Einkaufen, Arzt, Apotheke 100 m; Bahnhof 300 m; Krankenhaus und Dialyse 2 km.

Zimmerpreise: EZ 105,- bis 125,- DM; DZ 140,- bis 180,- DM inkl. Frühstücksbuffet.

Hotel Waldhaus — 09573 Augustusburg

Sachsen, Erzgebirge

Familie Spindler, Am Kurplatz 7, Tel. (037291) 20317, Fax: (037291) 6425. Sehr schönes, villenartiges kleines Hotel in reizvoller Lage unterhalb des Schlosses Augustusburg. Gutbürgerliche Küche, geschmackvolle, gemütliche Inneneinrichtung.

Für Reisegesellschaften, Vereine und Familienfestlichkeiten stehen ein Gesellschaftsraum mit 50 Sitzplätzen und der Wintergarten mit 30 Sitzplätzen zur Verfügung.

17 komfortabel ausgestattete Zimmer mit Bad/Du/WC, Kabel-TV, Radio, Telefon und Minibar. Parkplatz und Eingang (langgezogene Rampe, rollstuhlgerecht), Frühstücksraum, Restaurant, Garten, Aufzug (Tiefe 75 cm, Türbreite 72 cm) und die Zimmer (mit dem Aufzug) stufenlos erreichbar.

Geeignet für Gehbehinderte, bedingt geeignet für Rollstuhlfahrer (1 Zimmer). Türbreite von Zimmer und Badezimmer 70 bis 80 cm. Freiraum in Du/WC 120 x 120 cm. Freiraum links und rechts neben WC 30 cm, davor 100 cm. Dusche nicht unterfahrbar (Schwellenhöhe 20 cm), Waschbecken unterfahrbar.

Lage: Ortsmitte, Einkaufen, Apotheke und Bus 2 km; Bahnhof 8 km. Nähere Umgebung des Hauses flach; weitere Umgebung hügelig.

Zimmerpreise inkl. Frühstück: EZ 85,- bis 100,- DM; DZ 120,- bis 140,- DM; Dreibettzimmer 165,- DM.

Parkhotel Helene — 08645 Bad Elster

Sachsen, Vogtland

Parkstr. 33, Tel. (037437) 500, Fax: 5099. Direkt am Albert-Park gelegenes 3-Sterne Komforthotel, seit 30 Jahren im Familienbesitz. 25 Zimmer mit Du/Bad/WC, Telefon, Kabel-TV und teilweise mit Balkon; Sauna und Solarium vorhanden. Parkplatz, Eingang, Restaurant, Aufzug (Tiefe 118 cm, Breite 110 cm) und Zimmer (mit dem Aufzug) stufenlos erreichbar.

Geeignet für Gehbehinderte, Rollstuhlfahrer und Familien mit geistig Behinderten. 1 Zimmer rollstuhlgerecht. Türbreite von Zimmer und Du/WC 80 cm. Freiraum in Du/WC 150 x 150 cm. Freiraum vor dem WC 100 cm. Dusche und Waschbecken unterfahrbar. Verstellbarer Kippspiegel, festinstallierter Duschsitz und stabile Haltegriffe an Du/WC und Waschbecken vorhanden.

Lage: Ortsmitte, Apotheke, Kuranwendungen 500 m; Bus 100 m; Einkaufen 250 m; Arzt und Hallenbad 400 m; Tennisplatz 800 m; Krankenhaus 5,5 km; Freibad 2 km.

Preis pro Person und Übernachtung inkl. Frühstück im EZ 70,- bis 95,- DM, im DZ 55,- bis 70,- DM.

Park Hotel Haus Sendig — 01814 Bad Schandau

Sachsen, Elbsandsteingebirge

Rudolf-Sendig-Str. 12, Tel. (035022) 520, Fax: 52215. Vier-Sterne Hotel mit 31 Komfortzimmern. Parkplatz, Eingang, Frühstücksraum, Restaurant, Garten, Terrasse und die Zimmer mit dem Aufzug stufenlos erreichbar. Türbreite vom Aufzug 100 cm (Tiefe 200 cm, Breite 140 cm).

Geeignet für Gehbehinderte (20 Personen), Rollstuhlfahrer und Familien mit geistig Behinderten. 1 Zimmer rollstuhlgerecht. Türbreite vom Zimmer und von Du/WC 100 cm. Freiraum in Du/WC 200 x 140 cm. Freiraum links neben WC 120 cm, davor 140 cm. Dusche und Waschbecken unterfahrbar. Festinstallierter Duschsitz, Kippspiegel und stabile Haltegriffe an Dusche, WC und Waschbecken vorhanden. Pflegedienst kann bei Bedarf bestellt werden.

Lage: Zur Ortsmitte mit Einkaufen und Arzt 300 m; Apotheke 400 m; Bahnhof 1 km. **Preis** pro Person für Übernachtung mit Frühstück in der Nebensaison im EZ ab 81,- DM, im DZ ab 56,- DM. In der Hauptsaison im EZ ab 126,- DM, im DZ ab 86,- DM.

Spree Hotel Bautzen — 02625 Bautzen

Sachsen, Oberlausitz

An den Steinbrüchen, Tel. (03591) 21300, Fax: 213010. Hotel mit 81 Zimmern. Parkplatz, Eingang, Frühstücksraum, Restaurant und Zimmer (mit dem Aufzug) stufenlos erreichbar. Türbreite vom Aufzug 90 cm (Tiefe 210 cm, Breite 100 cm).

Geeignet für Gehbehinderte und Rollstuhlfahrer. 2 Zimmer rollstuhlgerecht. Türbreite der Zimmer und von Du/WC 93 cm. Freiraum in Du/WC 120 x 150 cm. Freiraum links neben WC 110 cm, davor 140 cm. Dusche und Waschbecken unterfahrbar. Festinstallierter Duschsitz und stabile Haltegriffe an Du/WC und Waschbecken vorhanden. Bettenhöhe 50 cm.

Lage: Zur Ortsmitte 4 km; Arzt, Apotheke 1,5 km; Krankenhaus 3 km.

Zimmerpreise: EZ 105,- bis 125,- DM; DZ 150,- bis 160,- DM; Appartement 170,- bis 230,- DM.

Akzenthotel Bautzen — 02625 Bautzen

Sachsen, Oberlausitz

Wilthener Str. 32, Tel. (03591) 355700, Fax: 355705. Neues Hotel in Bautzen mit 19 modernen, komfortablen Zimmern mit Du/WC; Telefon, Sat-TV und Schreibtisch. Parkplatz, Eingang, Frühstücksraum, Restaurant, Terrasse und die Zimmer im EG stufenlos zugänglich. Veranstaltungssaal für Feste und Seminare.

Geeignet für Gehbehinderte, Rollstuhlfahrer und Familien mit geistig Behinderten. 1 Zimmer rollstuhlgerecht. Türbreite vom Zimmer und von Du/WC 100 cm. Freiraum in Du/WC 200 x 200 cm. Dusche und Waschbecken unterfahrbar. Festinstallierter Duschsitz, Kippspiegel und stabile Haltegriffe an Dusche, WC und Waschbecken vorhanden. Berührungslose Armaturen am WC und Waschbecken. Das Behindertenzimmer hat Terrassentür; PKW kann direkt davor geparkt werden. Im Restaurantbereich ein Behinderten-WC.

Lage: Sehr gute Stadtlage; zur Ortsmitte 1,2 km; Einkaufen und Bahnhof 500 m; Arzt 200 m; Apotheke 1,2 km; Krankenhaus 2 km.

Zimmerpreise inkl. Frühstück: EZ ab 95,- DM; DZ 120,- bis 140,- DM; Zusatzbett 50,- DM. Empfehlenswertes Stadthotel.

Hotel Strupix — 09618 Brand-Erbisdorf

Sachsen, Erzgebirge

Großhartmannsdorfer Str. 06, Tel. (037322) 8844 und 8700, Fax: 87020. Familienhotel im Jugendstil mit 16 Zimmern, eingerichtet mit Stilmöbeln, übergroßen Betten, Telefon, TV, Schreibtisch, großen Badezimmern. Parkplatz, Eingang, Frühstücksraum, Restaurant und Zimmer im EG stufenlos erreichbar.

Geeignet für Gehbehinderte und Rollstuhlfahrer. 1 Zimmer rollstuhlgerecht: Türbreite von Zimmer und Du/WC 100 cm. Freiraum in Du/WC 200 x 200 cm. Freiraum rechts neben WC 130 cm, davor 240 cm. Dusche und Waschbecken unterfahrbar. Festinstallierter Duschsitz und stabile Haltegriffe an Dusche und WC vorhanden.

Lage: Zur Ortsmitte 500 m; Einkaufen 100 m; Arzt 300 m; Apotheke 500 m; Bahnhof 900 m; Freibad 1 km; Krankenhaus 4 km.
Zimmerpreise: EZ 90,- DM; DZ 155,- DM inkl. Frühstücksbuffet. Wochenend- und Urlaubsangebote auf Anfrage.

Hotel „Alte Spinnerei" — 09217 Burgstädt

Sachsen, Burgen- und Heideland

Chemnitzer Str. 89-91, Tel. (03724) 688-0, Fax: 688-100. First-Class-Hotel mit 145 Zimmern. Parkplatz, Eingang, Frühstücksraum, Restaurant und Zimmer (mit dem Aufzug) EG stufenlos erreichbar. Türbreite vom Aufzug 120 cm (Tiefe 210 cm, Breite 105 cm).

Geeignet für Gehbehinderte und Rollstuhlfahrer. 1 Zimmer mit Du/WC rollstuhlgerecht. Dusche und Waschbecken unterfahrbar. Festinstallierter Duschsitz und stabile Haltegriffe an Dusche und WC vorhanden.

Lage: Zur Ortsmitte mit Einkaufen und Arzt 1 km; Bahnhof, Apotheke 2 km.
Zimmerpreise: EZ 150,- DM; DZ 180,- DM Am Wochenende: EZ 140,- DM; DZ 160,- DM.

Günnewig Hotel „Chemnitzer Hof" — 09111 Chemnitz

Sachsen, Erzgebirge

Theaterplatz 4, Tel. (0371) 6840, Fax: 6762587. Vornehmes, im Stil der 20er Jahre sorgfältig renoviertes Hotel mit 98 komfortablen, stilvoll eingerichteten Zimmern mit Bad/Du/WC, Telefon, TV und Schreibtisch. Eingang stufenlos, Frühstücksraum und Restaurant 3 Stufen mit Rampe, Zimmer mit dem Aufzug stufenlos erreichbar.

Türbreite vom Aufzug 90 cm (Tiefe 140 cm, Breite 160 cm).

Geeignet für Gehbehinderte und Rollstuhlfahrer. 1 Zimmer rollstuhlgerecht. Türbreite vom Zimmer und von Du/WC 80 cm. Freiraum in Du/WC 160 x 120 cm. Freiraum links neben WC 120 cm, davor 160 cm. Dusche und Waschbecken unterfahrbar. Festinstallierter Duschsitz und stabile Haltegriffe an Dusche und WC vorhanden.

Lage: Zur Ortsmitte 300 m; Apotheke 30 m; Bahnhof 300 m; Freibad, Krankenhaus, Dialyse 3 km; Hallenbad 500 m.
Zimmerpreise: EZ je nach Kategorie 149,- bis 199,- DM, DZ 185,- bis 268,- DM.

Dorint Parkhotel Chemnitz — 09112 Chemnitz

Sachsen, Erzgebirge

Deubners Weg 12, Tel. (0371) 3807-0, Fax: 3807-100. 187 Zimmer mit Bad/WC, Fön, Telefon, Minibar und Schreibtisch. Ein behindertengerechtes WC im Restaurantbereich. Parkplatz, Eingang, Frühstücksraum, Restaurant und Zimmer (mit dem Aufzug) stufenlos erreichbar. Türbreite vom Aufzug 100 cm (Tiefe 200 cm, Breite 110 cm).

Geeignet für Gehbehinderte, Rollstuhlfahrer und Familien mit geistig Behinderten. 1 Zimmer rollstuhlgerecht. Türbreite vom Zimmer und von Du/WC 90 cm. Freiraum in Du/WC 140 x 140 cm. Freiraum links neben WC 120 cm, davor 160 cm. Dusche und Waschbecken unterfahrbar. Festinstallierter Duschsitz und stabile Haltegriffe an Dusche und WC vorhanden. Notrufanlage neben WC und neben Bett, Verbindungstür zum Nebenzimmer.

Lage: Einkaufen, Apotheke 500 m; Bahnhof, Arzt 800 m; Krankenhaus 2,5 km.
Zimmerpreise auf Anfrage.

Regenbogenhof Rudelswalde — 08451 Crimmitschau

Sachsen

Westbergstr. 120, Tel. (03762) 42580, Fax: (03762) 42586. Bauernhof als Urlaubs- und Begegnungsstätte für Kinder, Jugendliche. Erwachsene, Seminargruppen und Familientreffen mit und ohne Behinderungen. Tiere zum Streicheln auf dem Hof, Reiten, Catcar-Fahren, Tischtennis, Fußball, Radfahren, Kutschfahrten. Urlaub für Kinder ohne Eltern möglich. Zehn Ein- bis Dreibett-Zimmer, teilw. mit Du/WC.

Geeignet für Rollstuhlfahrer, Familien mit geistig Behinderten. 3 rollstuhlgerechte Zimmer. Türbreite von Zimmer und Du/WC 98 cm. Freiraum in Du/WC 140 x 140 cm. Freiraum links neben WC 80 cm, rechts 100 cm, davor 140 cm. Dusche und Waschbecken unterfahrbar. Notruf, Duschhocker und stabile Haltegriffe an WC und Waschbecken vorhanden. 1 Pflegebett mit Gitter vorhanden.

Lage: Zur Ortsmitte 2,5 km; Einkaufen, Arzt 1 km; Apotheke 1,5 km; Bahnhof, Freibad 3 km; Krankenhaus 10 km, Dialyse 15 km. Hügeliges Vorgebirgsland, teilweise befestigte Wege. Talsperre 8 km entfernt; Strand ohne Stufen.

Preise: Übernachtung mit Frühstück 35,- DM, mit HP 43,- DM. Kinder bis 14 J. ÜF 25,- DM, mit HP 36,- DM.

Hotel Mercure Elbpromenade — 01157 Dresden

Sachsen

Hamburger Str. 64-68, Tel. (0351) 42520, Fax: 4252420. Hotel mit 103 modern eingerichteten Zimmern, davon 13 Appartements auf einer Business Etage. Alle Zimmer sind komfortabel und freundlich ausgestattet mit Bad/WC, SAT- und Pay-TV, Radio, Direktwahltelefon, Minibar, Haarfön, Kosmetikspiegel und Schreibtisch.

Vier klimatisierte Räume für maximal 200 Personen mit viel Tageslicht.

Parkplatz stufenlos, Eingang 1 Stufe, Frühstücksraum, Restaurant und die Zimmer (mit dem Aufzug) stufenlos erreichbar. Türbreite vom Aufzug 90 cm (Tiefe 140 cm, Breite 105 cm).

Geeignet für Gehbehinderte (30 Pers.), Rollstuhlfahrer und Familien mit geistig Behinderten (30 Pers.). 1 Zimmer rollstuhlgerecht. Türbreite der Zimmer und von Du/WC 93 cm. Freiraum in Du/WC 130 x 130 cm. Freiraum links neben WC 30 cm, rechts 120 cm, davor 120 cm. Dusche und Waschbecken unterfahrbar. Festinstallierter Duschsitz und stabile Haltegriffe an Dusche und WC vorhanden.

Lage: Direkt am Elbufer der Hamburger Straße, dem Hauptzubringer zur Dresdner Altstadt. Zur Stadtmitte 4 km; Einkaufen 500 m; Bahnhof 4 km.
Zimmerpreise: EZ 99,- bis 139,- DM; DZ ab 129,- bis 159,- DM inkl. Frühstück.

Astron-Hotel Dresden — 01097 Dresden

Sachsen

Hansastr. 43, Tel. (0351) 84240, Fax: 8424200. 269 komfortable und geräumige Zimmer mit Du/WC, Telefon und TV. Parkplatz, Eingang, Frühstücksraum, Restaurant, Terrasse und die Zimmer (mit dem Aufzug) stufenlos erreichbar. Türbreite vom Aufzug 100 cm (Tiefe 150 cm, Breite 140 cm).

Geeignet für Gehbehinderte, Rollstuhlfahrer und Familien mit geistig Behinderten. 2 rollstuhlgerechte Zimmer. Türbreiten der Zimmer 93 cm, von Du/WC 82 cm. Freiraum in Du/WC 160 x 160 cm. Freiraum links neben WC 160 cm, davor 110 cm. Dusche und Waschbecken unterfahrbar. Kippspiegel, Duschhocker und Haltegriff am WC vorhanden.

Lage: Zur Stadtmitte 4 km; Bahnhof 200 m; Einkaufen 100 m; Arzt und Apotheke 2 km; Krankenhaus 7 km.
Zimmerpreise: EZ ab 145,- DM; DZ ab 168,- DM.

Ringhotel Residenz Alt Dresden 01157 Dresden

Sachsen

Mobschatzer Str. 29, Tel. (0351) 4281-0, Fax: 4281-988, E-Mail: ResidenzAltDresden@ringhotels.de, Internet: www.elbflorenz.de/residenz. Hotel mit 215 komfortabel eingerichteten Zimmern, Suiten und Appartements, alle mit Bad/Du/WC, Telefon, Radio, Sat-TV, Pay-TV und Minibar ausgestattet. Außerdem Fitnessbereich, Sauna, Dampfbad, Sportgeräte. Acht Veranstaltungsräume mit Tagungstechnik für bis zu 120 Personen. Parkplatz vor dem Haus.

Eingang, Rezeption, 2 Restaurants und Aufzug stufenlos erreichbar. 60 Parkplätze und 60 weitere Tiefgaragenplätze. Ein behindertengerechtes WC im Restaurantbereich. Türbreiten: Eingang, Restaurant 98 cm, Aufzug 80 cm (Tiefe 200 cm, Breite 100 cm).

Geeignet für Rollstuhlfahrer. Drei Zimmer mit Du/WC sind speziell für Rollstuhlfahrer ausgestattet.

Lage: Stadtmitte und Bahnhof 5 km; Bus und Straßenbahn 200 m; Apotheke 300 m. Erreichbar über die Autobahnabfahrt (BAB 4) Dresden-Altstadt, Meißner Landstraße (B 6) in Richtung "Stadtzentrum", bei Aral-Tankstelle an der Ampelkreuzung halbrechts Richtung Pirna/Prag, dann 1. Straße rechts.

Zimmerpreise inkl. Frühstück: EZ 175,- bis 185,- DM; DZ 185,- bis 210,- DM. Langzeitrabatte, Pauschalarrangements, Gruppenpreise auf Anfrage.

Best Westen Airport Hotel Dresden 01109 Dresden

Sachsen

Karl-Marx-Str. 25, Tel. (0351) 88330, Fax: 8833-333. 100 Zimmer und Suiten mit Bad/Du/WC, Fön, Schreibtisch, Telefon, Fax- und Modemanschluß, Sitzecke, Sat-TV, Radio und Minibar. Parkplatz, Eingang, Frühstücksraum, Restaurant und die Zimmer (mit dem Aufzug) stufenlos erreichbar. Türbreite vom Aufzug 80 cm (Tiefe 140 cm, Breite 103 cm).

Geeignet für Gehbehinderte, Rollstuhlfahrer und Familien mit geistig Behinderten. 2 Zimmer rollstuhlgerecht. Türbreiten der Zimmer und von Du/WC 95 cm. Freiraum in Du/WC 280 x 260 cm. Freiraum rechts neben WC 85 cm, davor 200 cm. Dusche und Waschbecken unterfahrbar. Festinstallierter Duschsitz und stabile Haltegriffe an Du/WC und Waschbecken vorhanden.

Lage: Nähe Flughafen; zum Stadtzentrum 8 km; Arzt 50 m; Bahnhof 7 km.
Zimmerpreise: EZ 120,- bis 195,- DM; DZ 150,- bis 265,- DM.

The Westin Bellevue Dresden — 01097 Dresden

Sachsen

Große Meißner Str. 15, Tel. (0351) 805-0, Fax: 805-1609. 339 exklusive Zimmer und Suiten. Parkplatz, Eingang, Restaurant stufenlos erreichbar. Zimmer mit dem Aufzug stufenlos erreichbar. Türbreite vom Aufzug 85 cm, Tiefe 110 cm.

Geeignet für Gehbehinderte und Rollstuhlfahrer. 3 Zimmer rollstuhlgerecht. Freiraum in Du/WC 140 x 250 cm. Dusche und Waschbecken unterfahrbar. Festinstallierter Duschsitz, Duschhocker und stabile Haltegriffe an Dusche und WC vorhanden.

Lage: In der Stadtmitte mit Park am Elbufer; Bahnhof und Apotheke 1 km.
Zimmerpreise: EZ 219,- bis 410,- DM; DZ 219,- bis 450,- DM, Frühstück 30,- DM p.P.

art ´otel dresden — 01067 Dresden

Sachsen

Ostra-Allee 33, Tel. (0351) 49220, Fax: 4922778. Modernes Hotel mit 174 Zimmern. Parkplatz, Eingang, Restaurant stufenlos erreichbar. Zimmer mit dem Aufzug stufenlos erreichbar. Türbreite vom Aufzug 128 cm, Tiefe 280 cm, Breite 148 cm.

Geeignet für Gehbehinderte, Rollstuhlfahrer und Familien mit geistig Behinderten. 2 Zimmer rollstuhlgerecht. Türbreite der Zimmer 80 cm, von Du/WC 74 cm. Freiraum in Du/WC 150 x 200 cm. Freiraum rechts neben WC 100 cm, davor 203 cm. Dusche und Waschbecken unterfahrbar. Festinstallierter Duschsitz und stabile Haltegriffe an Dusche und WC.

Lage: In der Stadtmitte von Dresden; zum Bahnhof 1 km.

Zimmerpreise inkl. Frühstück: EZ 210,- bis 255,- DM; DZ 250,- bis 295,- DM.

Holiday Inn Dresden — 01099 Dresden

Sachsen

Stauffenbergallee 25 a, Tel. (0351) 81510, Fax: 8151333. Hotel mit 119 Zimmern. Parkplatz, Tiefgarage, Eingang, Frühstücksraum, Restaurant, Sauna, Fitness-Raum, Solarium, Indoor-Pool und Massagepraxis stufenlos erreichbar. Zimmer mit dem Aufzug stufenlos erreichbar.

Geeignet für Gehbehinderte, Rollstuhlfahrer und Familien mit geistig Behinderten. 2 Zimmer rollstuhlgerecht. Türbreite der Zimmer 100 cm, von Du/WC 95 cm. Freiraum in Du/WC 140 x 140 cm. Freiraum links neben WC 145 cm, rechts 80 cm, davor 135 cm. Dusche und Waschbecken unterfahrbar. Kippspiegel, Notruf, festinstallierter Duschsitz und stabile Haltegriffe an Dusche und WC.

Lage: Im Zentrum; Bahnhof 1 km, Apotheke 250 m.

Zimmerpreise: EZ 145,- bis 200,- DM; DZ 165,- bis 240,- DM.

COMFORT Hotel Dresden — 01097 Dresden

Sachsen

Buchenstr. 10, Tel. (0351) 8151800, Fax: (0351) 8151333. 3-Sterne-Hotel mit 77 Zimmern und Suiten. Parkplatz, Tiefgarage, Eingang, Frühstücksraum stufenlos erreichbar. Zimmer, Sauna, Solarium mit dem Aufzug stufenlos erreichbar. Keine Stufen zum benachbarten Schwimmbad mit Massagepraxis.

Geeignet für Gehbehinderte, Rollstuhlfahrer und Familien mit geistig Behinderten. 1 Zimmer rollstuhlgerecht. Türbreiten 100 cm, von Du/WC 95 cm. Freiraum in Du/WC 130 x 210 cm. Dusche und Waschbecken unterfahrbar. Kippspiegel, Notruf, festinstallierter Duschsitz und stabile Haltegriffe an Dusche und WC.

Lage: In der Dresdner-Neustadt; 10 Minuten zur historischen Altstadt; Bahnhof Dresden-Neustadt 1 km; Apotheke 250 m.

Zimmerpreise: Einzelzimmer ab 130,- DM; Doppelzimmer ab 160,- DM.

Europa Comforthotel Dresden — 01099 Dresden

Sachsen

Melanchthonstr. 2, Tel. (0351) 80610, Fax: 8061444. Hotel mit 132 Zimmern. Parkplatz, Tiefgarage, Eingang, Frühstücksraum und die Zimmer (mit dem Aufzug) stufenlos erreichbar. Türbreite vom Aufzug 90 cm (Tiefe 210 cm, Breite 110 cm). **Geeignet** für Gehbehinderte, Rollstuhlfahrer und Familien mit geistig Behinderten. 2 Zimmer rollstuhlgerecht. Türbreite der Zimmer und von Du/WC 95 cm. Freiraum in Du/WC 140 x 140 cm. Freiraum links neben WC 200 cm, rechts 90 cm, davor 100 cm. Dusche und Waschbecken unterfahrbar. Kippspiegel, Notruf, festinstallierter Duschsitz und stabile Haltegriffe an Dusche und WC.

Lage: Stadtmitte von Dresden; Bahnhof, Einkaufen, Arzt 1 km.

Zimmerpreise: EZ 150,- bis 170,- DM; DZ 176,- bis 196,- DM. Frühstücksbuffet 19,- DM pro Person.

Romantik Hotel Pattis — 01157 Dresden

Sachsen

Merbitzer Str. 53, Tel. (0351) 42550, Fax: 4255255. Hotel mit 47 Zimmern. Tiefgarage mit dem Aufzug; Eingang, Frühstücksraum, Restaurant und die Zimmer (mit dem Aufzug) stufenlos erreichbar. Türbreite vom Aufzug 100 cm (Tiefe 100 cm, Breite 170 cm).

Geeignet für Gehbehinderte (80 Pers.), Rollstuhlfahrer und Familien mit geistig Behinderten (80 Pers.). 1 Appartement rollstuhlgerecht. Türbreite der Zimmer und von Du/WC 100 cm. Freiraum in Du/WC 300 x 250 cm. Freiraum links neben WC 100 cm, davor 200 cm. Dusche und Waschbecken unterfahrbar. Notruf, festinstallierter Duschsitz und stabile Haltegriffe an Dusche und WC vorhanden.

Lage: Zur Stadtmitte und zum Bahnhof 4 km.
Zimmerpreise auf Anfrage.

Kempinski Hotel Taschenbergpalais Dresden — 01067 Dresden

Sachsen

Taschenberg 3, Tel. (0351) 4912-0, Fax: 4912812. Luxus-Hotel mit 213 Zimmern und Suiten mit bester Ausstattung. Parkplatz Eingang, Frühstücksraum, Restaurant und die Zimmer (mit dem Aufzug) stufenlos erreichbar. Türbreite vom Aufzug 105 cm (Tiefe 130 cm, Breite 145cm).

Geeignet für Gehbehinderte und Rollstuhlfahrer. 1 Zimmer rollstuhlgerecht. Türbreite vom Zimmer 80 cm, von Du/WC 90 cm. Freiraum in Du/WC 140 x 310 cm. Freiraum links neben WC 58 cm, davor 310 cm. Dusche und Waschbecken unterfahrbar. Notruf, festinstallierter Duschsitz und stabile Haltegriffe an WC und Waschbecken vorhanden. Bettenhöhe 45 cm.

Lage: Im Stadtzentrum von Dresden. Bahnhof 2 km.
Zimmerpreise: EZ ab 390,- DM; DZ ab 450,- DM. Wochenende: EZ 295,- DM; DZ 355,- DM.

Achat Hotel Dresden — 01069 Dresden

Sachsen

Budapester Str. 34, Tel. (0351) 473800, Fax: 47380999. Hotel mit 160 Zimmern. Parkplatz Eingang, Frühstücksraum, Restarant und die Zimmer (im EG oder mit dem Aufzug) stufenlos erreichbar. Türbreite vom Aufzug 90 cm (Tiefe 200 cm, Breite 100 cm).

Geeignet für Gehbehinderte (30 Pers.), Rollstuhlfahrer und Familien mit geistig Behinderten: 2 Zimmer rollstuhlgerecht. Türbreite der Zimmer und von Du/WC 95 cm. Freiraum in Du/WC 220 x 140 cm. Freiraum links neben WC 120 cm, rechts 140 cm, davor 140 cm. Dusche und Waschbecken unterfahrbar. Kippspiegel, Notruf, festinstallierter Duschsitz, stabile Haltegriffe an Dusche und WC vorhanden. Bettenhöhe 45 cm.

Lage: In der Stadtmitte; Bahnhof, Arzt, Apotheke 1 km.

Zimmerpreise: EZ ab 98,- DM; DZ ab 128,- DM. Wochenendpreise auf Anfrage.

Hotel Coventry — 01237 Dresden-Reick

Sachsen

Hülßestr. 1, Tel. (0351) 2826-0, Fax: 2816310. Hotel mit 54 Zimmern, alle mit Dusche, Bad, WC, Minibar, Telefon, TV und Video ausgestattet. Parkplatz und Eingang mit Rampe stufenlos; Frühstücksraum, Restaurant und Aufzug stufenlos erreichbar.

Geeignet für Gehbehinderte, Rollstuhlfahrer und Familien mit geistig Behinderten. Ein Zimmer mit Dusche/WC nach DIN 18025 rollstuhlgerecht. Türbreite vom Zimmer und von Du/WC 85 cm. Freiraum in Du/WC 140 x 140 cm. Dusche und Waschbecken unterfahrbar. Festinstallierter Duschsitz und stabile Haltegriffe an Dusche und WC.

Lage: Ortsmitte, Bahnhof 2,5 km; Apotheke 200 m; Arzt 500 m; Krankenhaus 2 km.

Zimmerpreise: EZ ab 135,- DM; DZ ab 165,- DM.

Dorint Hotel Dresden — 01069 Dresden

Sachsen

Grunaer Str. 14, Tel. (0351) 4915-0, Fax: 4915-100. 244 Zimmer mit Du/WC, Telefon und TV. Eingang und Restaurant im EG stufenlos; Frühstücksraum, Hallenbad und Zimmer mit dem Aufzug stufenlos erreichbar. Türbreite vom Aufzug 110 cm (Tiefe 150 cm, Breite 180 cm).

Geeignet für Gehbehinderte und Rollstuhlfahrer. 1 Zimmer rollstuhlgerecht. Türbreite vom Zimmer 78 cm, von Du/WC 83 cm. Freiraum in Du/WC 134 x 160 cm. Freiraum rechts neben WC 90 cm, davor 135 cm. Dusche und Waschbecken unterfahrbar. Duschhocker und stabile Haltegriffe an Dusche und WC vorhanden.

Lage: Im Zentrum; Bahnhof 1 km; Arzt 100 m; Apotheke 0,5 km; Krankenhaus und Dialyse 2 km.

Zimmerpreise: EZ 205,- bis 270,- DM; DZ 230,- bis 295,- DM. Zusatzbett 60,- DM.

Hotel-Pension „Am Südwesthang" — 01187 Dresden

Sachsen

Südwesthang 8, Tel. (0351) 4126950, Fax: 4162669. Pension mit 12 Doppelzimmern. Parkplatz, Eingang, Frühstücksraum und 5 Zimmer im EG stufenlos erreichbar.

Geeignet für Gehbehinderte (3 Doppelzimmer), bedingt geeignet für Rollstuhlfahrer mit Begleitung (2 DZ). Türbreiten der Zimmer und von Du/WC 95 cm. Freiraum in Du/WC 100 x 100 cm. Freiraum links und rechts neben WC 50 cm, davor 100 cm. Dusche nicht unterfahrbar: Schwelle 12 cm, Duschhocker vorhanden, Waschbecken unterfahrbar, Haltegriff am WC vorhanden. Bettenhöhe 45 cm.

Lage: Dresden City 5 km; Bus 300 m; Einkaufen 500 m; Arzt, Apotheke 2 km; Krankenhaus und Dialysezentrum 4 km. Umgebung hügelig, zur City abfallend.
Zimmerpreise: EZ 85,- bis 110,- DM; DZ 120,- bis 140,- DM.

Hotel Quintessenz — 01108 Dresden

Sachsen

Hohenbusch Markt 1, Tel. (0351) 882440, Fax: 8824444. 75 Gästezimmer und Appartements. Parkplatz, Eingang, Frühstücksraum und Zimmer mit dem Aufzug stufenlos erreichbar. Türbreite vom Aufzug 90 cm (Tiefe 145 cm, Breite 110 cm).

Geeignet für Gehbehinderte, Rollstuhlfahrer und Familien mit geistig Behinderten. Ein Zimmer mit Dusche/WC nach DIN 18025 rollstuhlgerecht. Türbreite vom Zimmer und von Du/WC 94 cm. Freiraum in Du/WC 250 x 178 cm. Dusche und Waschbecken unterfahrbar. Kippspiegel, festinstallierter Duschsitz und stabile Haltegriffe an Dusche und WC vorhanden.

Lage: Zur Stadtmitte von Dresden 8 km; Bahnhof 10 km, Flughafen 2 km..

Zimmerpreise: EZ 107,- DM; DZ 123,- bis 143,- DM; Zusatzbett 20,- DM; Frühstücksbuffet pro Person 18,- DM.

Gaststätte und Pension Unkersdorfer Hof — 01462 Dresden-Unkersdorf

Sachsen

Hauptstr. 3, Tel. (035204) 98040, Fax: (035204) 98042. 35 Zimmer, alle mit Du/WC, Telefon und TV, 2 Gasträume, Wintergarten und Biergarten. Sauna, Sommer-Swimmingpool mit Liegewiese.
Geeignet für Rollstuhlfahrer: 1 Zimmer im EG mit Du/WC. Bettenhöhe 50 cm. Türen ausreichend breit. Du/WC sehr groß. Dusche und Waschbecken unterfahrbar. Festinstallierter Duschsitz und stabile Haltegriffe an Dusche, WC und Waschbecken vorhanden.
Lage: Im Ortsteil Unkersdorf; Einkaufen 4 km; Apotheke 3 km; Bahnhof, Apotheke 5 km; Krankenhaus 10 km.
Zimmerpreise: EZ 65,- bis 80,- DM; DZ 90,- bis 120,- DM; Dreibett-Zimmer 140,- DM; Vierbettzimmer 160,- DM inklusive Frühstück; Appartement 100,- DM.

Hotel Kreischaer Hof — 01731 Kreischa *(bei Dresden)*

Sachsen, Sächsische Schweiz

Alte Str. 4, Tel. und Fax: (035206) 22051. Schön gelegenes, freundlich und modern eingerichtetes Hotel mit 49 komfortablen Zimmern (Einzel- oder Doppelzimmer, auch Zustellbett möglich), alle mit Du/WC, Sat-TV, Selbstwahltelefon, viele auch mit Balkon. Konferenzräume bis zu 45 Personen mit moderner Tagungstechnik für Seminare und Tagungen.
Parkplatz, Eingang, Frühstücksraum, Restaurant, Garten, 18 Zimmer im EG (übrige Zimmer mit dem Aufzug) stufenlos erreichbar. Türbreite vom Aufzug 95 cm (Tiefe 135 cm, Breite 105 cm).

Geeignet für Gehbehinderte (Gruppen bis 50 Pers.), für Rollstuhlfahrer mit Begleitung (Gruppen bis 20 Rollstuhlfahrer zzgl. Begleitung) und für Familien mit geistig Behinderten. Maße der Zimmer: Türbreiten der Zimmer 69 cm, der Badezimmer (Du/WC) 90 cm. Duschen unterfahrbar, Waschbecken nicht unterfahrbar, Duschhocker vorhanden. Freiraum in Du/WC 130 x 150 cm. Freiraum rechts neben WC 100 cm, davor 80 cm.

Lage: ruhig im Grünen gelegen, am Rande der Landeshauptstadt Dresden; 15 km zum Zentrum Dresdens; zur Ortsmitte Kreischa 400 m; Bahnhof 6 km; Einkaufen 400 m; Arzt 500 m; Apotheke 1 km; Krankenhaus und Dialyse 8 km.

Zimmerpreise: EZ 85,- bis 95,- DM; DZ 100,- bis 130,- DM, Zustellbett 30,- DM, Kinder bis 6 Jahre frei, Kinder bis 14 Jahre im Zimmer der Eltern 20,- DM. Alle Preise inkl. Frühstück. Wochenendpreise und Gruppenpreise auf Anfrage.
Besonders empfehlenswertes Hotel.

Rollstuhlgerechte Pension BRITTA — 01445 Radebeul-Lindenau *(bei Dresden)*

Sachsen, Großraum Dresden

Regine Mende, Buchholzweg 15, Tel. (0351) 8389999. Zwei rollstuhlgerechte Doppelzimmer mit Du/WC, Sat-TV und Telefon. Parkplatz, Eingang, Speiseraum, Terrasse, Garten, Aufenthaltsraum und Zimmer sind stufenlos erreichbar. Türbreiten: Eingang 86 cm, Speiseraum 96 cm, Terrasse und Garten 98 cm.

Geeignet für Rollstuhlfahrer, Gehbehinderte und Familien mit geistig Behinderten. Pflegedienst für pflegebedürftige Gäste kann auf Anfrage vermittelt werden. Zwei Zimmer sind nach DIN 18024 rollstuhlgerecht mit allen erforderlichen Hilfsmitteln ausgestattet. Türbreiten der Zimmer und Badezimmer 95 cm. Freiraum in Du/WC 260 x 150 cm und 260 x 100 cm; Abstand links oder rechts neben WC 150 cm, davor 100 cm. Waschbecken und Dusche unterfahrbar. Kippspiegel über dem Waschbecken, Notruf, festinstallierter Duschsitz und stabile Haltegriffe an Du/WC und Waschbecken vorhanden. WC-Sitzerhöhung und individuelle Hilfsmittel bei Bedarf. Bettenhöhe 50 cm; höhenverstellbar.

Lage: Nach Dresden circa 12 km; Ortsmitte Radebeul 3 km; Einkaufen 500 m; Spielplatz und Bus 200 m; Bahnhof und Apotheke 2,5 km; Arzt 1,5 km; Krankenhaus 2 km; Tennisplatz 100 m; Freibad und Minigolf 300 m. Schmalspur-Eisenbahn 500 m-besonders empfehlenswert, obgleich nicht rollstuhlgerecht. **Dialysezentrum** 16 km. Wege hügelig; für Rollstuhlfahrer gut ausgebaut. Barrierefreie Gaststätte "Zur Welle" im Bilz-Bad in näherer Umgebung (ca. 300 m).

Preis pro Person inklusive Frühstück 55,- DM; für Rollifahrer pro Tag 10,- DM Ermäßigung. Bei Einzelbelegung im DZ 70,- bis 80,- DM. Auf Wunsch Abholservice vom Bahnhof Dresden und Flughafen Dresden Klotzsche.

Astron Hotel Dresden-Kesseldorf — 01723 Kesselsdorf *(bei Dresden)*

Sachsen

Zschoner Ring 6, Tel. (035204) 4590, Fax: 459113. 126 behaglich eingerichtete klimatisierte Zimmer mit Bad oder Du/WC, Fön, Telefon, Minibar, Farb-TV und Radio. Parkplatz, Eingang, Frühstücksraum, Restaurant und Zimmer (mit dem Aufzug) stufenlos erreichbar. Türbreite vom Aufzug 90 cm (Tiefe 140 cm, Breite 110 cm).

Geeignet für Gehbehinderte (30 Pers.), Rollstuhlfahrer (max. 20 Pers.) und Familien mit geistig Behinderten. 2 Zimmer sind rollstuhlgerecht, bei den übrigen 63 Zimmern Freiraum in Du/WC unterschiedlich, meist ausreichend. Maße für 2 rollstuhlgerechte Zimmer: Türbreiten der Zimmer 94 cm, von Du/WC 90 cm. Freiraum in Du/WC 100 x 210 cm. Freiraum vor dem WC 105 cm. Dusche und Waschbecken unterfahrbar. Festinstallierter Duschsitz und stabile Haltegriffe an Du/WC vorhanden.

Lage: Zur Stadtmitte und HBF Dresden 10 km; Einkaufen 500 m; Apotheke 5 km; Krankenhaus 7 km.

Zimmerpreise: EZ 123,- bis 146,- DM; DZ 146,- bis 186,- DM. Nebensaison- und Gruppenpreise auf Anfrage.

Hotel garni Sonnenhof 01468 Moritzburg OT Reichenberg *(bei Dresden)*

Sachsen, Sächsisches Elbland

August-Bebel-Str. 69, Tel. (0351) 8305527, Fax: 8305469. Hübsches, gepflegtes 3-Sterne-Hotel mit 17 komfortblen Zimmern mit Du/WC, Sat-TV, Telefon und Minibar. Parkplatz stufenlos, Eingang mit Rampe, Frühstücksraum und Zimmer im EG stufenlos erreichbar.

Geeignet für Gehbehinderte, Rollstuhlfahrer und Familien mit geistig Behinderten. 1 Zimmer rollstuhlgerecht. Türbreite von Zimmer und Du/WC 95 cm. Freiraum in Du/WC 200 x 250 cm. Freiraum links neben WC 30 cm, rechts 120 cm, davor 110 cm. Dusche und Waschbecken unterfahrbar. Duschhocker und stabile Haltegriffe an Dusche, WC und Waschbecken vorhanden. Bettenhöhe 48 cm.

Lage: Inmitten des alten Dorfkerns von Reichenberg, am Dorfteich, neben dem Pfarrhaus. Einkaufen 500 m; Arzt, Freibad 2 km; Apotheke 2,5 km; Krankenhaus 3 km; Bahnhof 4 km; Hallenbad 5 km.

Zimmerpreise inkl. Frühstück: EZ 90,- bis 110,- DM; DZ 130,- bis 160,- DM.

Hotel Ellefelder Hof 08236 Ellefeld

Sachsen, Naturpark Erzgebirge-Vogtland

Marktplatz 1 a, Tel. (03745) 78150, Fax: 5240. Hotel mit angenehm freundlicher Ausstattung. 24 komfortabel und geschmackvoll eingerichtete Zimmer mit Du/WC, Telefon und Farb-TV. Parkplatz 1 Stufe (kleiner Bordstein). Eingang, Frühstücksraum, Restaurant und Zimmer im EG stufenlos erreichbar. Türbreite vom Aufzug 90 cm (Tiefe 140 cm, Breite 100 cm).

Geeignet für Gehbehinderte (45 Pers.) und Rollstuhlfahrer. 1 Zimmer rollstuhlgerecht. Türbreite vom Zimmer 90 cm, von Du/WC 80 cm. Freiraum in Du/WC 140 x 135 cm. Freiraum rechts neben WC 100 cm, davor 130 cm. Dusche und Waschbecken unterfahrbar. Duschhocker und stabile Haltegriffe an Du/WC und Waschbecken vorhanden.

Lage: Mittelgebirgsregion mit waldreicher Landschaft, hügelige Wege; Wanderwege teils für Rollstuhlfahrer nutzbar. Zur Ortsmitte 200 m; Einkaufen 100 m; Apotheke 700 m; Arzt 1 km; Bahnhof 1,5 km.

Preis pro Person im EZ 85,- DM, im DZ 70,- DM. Wochenendpauschalen auf Anfrage.

Best Western Solar Parkhotel Dresden-Freital — 01705 Freital-Wurgwitz

Sachsen, Großraum Dresden

Pesterwitzer Str. 8, Tel. (0351) 65660, Fax: 6502951. Komfortables Hotel mit 5 Konferenzräumen und 70 Zimmern, alle mit Sat-TV, Telefon und Minibar. Eingang, Restaurant und Zimmer (mit dem Aufzug) stufenlos erreichbar. Türbreite vom Aufzug 100 cm; Innenmaße 200 x 100 cm.
Geeignet für Rollstuhlfahrer. Ein Zimmer rollstuhlgerecht. Türbreite von Zimmer und Badezimmer 95 cm. Freiraum in Du/WC 180 x 180 cm. Freiraum links neben WC 80 cm, rechts 60 cm, davor 150 cm. Dusche und Waschbecken unterfahrbar. Festinstallierter Duschsitz und stabile Haltegriffe an Du/WC und Waschbecken.
Lage: Ruhige Lage; Ortsmitte von Freital 2 km; Apotheke 2 km; Bahnhof 2,5 km; Hallenbad 6 km. Nach Dresden circa 30 Autominuten.
Zimmerpreise: EZ 126,- bis 169,- DM; DZ 130,- bis 188,- DM. Zusatzbett 50,- DM. Kinder bis 10 Jahre im Zimmer der Eltern frei. 3 Personen, drei Nächte im DZ mit Zustellbett 333,- DM. Pauschal- und Wochenendangebote auf Anfrage.

Ferienhaus „Pöhlablick" — 09456 Geyersdorf / Annaberg-Buchholz

Sachsen, Erzgebirge

Familie Bieniek, Plattenthalstr. 11, Tel. (03733) 52130, Fax: (03733) 52165, Internet: www.annaberg-buchholz.de.

Rollstuhlgerechte Ferienwohnung für 3 Personen und ein Ferienhaus für 4 Personen. Ferienwohnung und Ferienhaus sind gemütlich eingerichtet, ausgestattet mit Telefon, Radio/TV, Küchenzeile mit Eßecke, Schlafbereich (Aufbettung möglich). Spielplatz am Haus.

Die Ferienwohnung ist **ge**[illegible]ehbehinderte, Rollstuhlfahrer und Familien mit geistig Behinderten. **Rollstuhlgerechte Ferienwohnung**: Eingang stufenlos, Türbreiten der Zimmer 100 cm, von Du/WC 90 cm. Freiraum in Du/WC 120 x 150 cm. Freiraum rechts neben und vor dem WC 100 cm. Dusche und Waschbecken unterfahrbar. Verstellbarer Kippspiegel, festinstallierter Duschsitz und stabile Haltegriffe an Du/WC und Waschbecken vorhanden.

Lage: Von der Veranda an der Südseite Blick auf eine ländlich geprägte Flußlandschaft; ebene Wanderwege vorhanden. Zur Ortsmitte 1,5 km; Einkaufen, Freibad 500 m; Arzt, Apotheke 2 km; Dialysezentrum im Ort; Thermalbad Wiesenbad 3 km; Bahnhof, Krankenhaus 4 km. **Ausflugsziele:** Annaberg-Buchholz, Burg Scharfenstein, Burg Wolkenstein, Museum Mauersberg, Erlebnisbäder Marienberg und Geyer.Karlsbad 50 km.

Preis für die rollstuhlgerechte Ferienwohnung pro Tag ab 55,- DM; Endreinigung 30,- DM; Heizkostenzuschlag 5,- DM pro Tag. Preis für das Ferienhaus für 4 Personen ab 60,- DM. Bäcker und Bauer bringen frische Ware direkt ins Haus. Hausprospekt.

Sorat Hotel Görlitz — 02826 Görlitz

Sachsen, Niederschlesische Oberlausitz

Struvestr. 1 am Marienplatz, Tel. (03581) 406577, Fax: 406579. Komfortables, stilvolles Hotel mit 46 Zimmern, alle mit Du/Bad/WC, Telefon, TV und Minibar. Parkplatz und Eingang 1 Stufe. Frühstücksraum, Restaurant und die Zimmer (mit dem Aufzug, Tiefe 140 cm, Breite 110 cm) stufenlos erreichbar.

Geeignet für Gehbehinderte und Rollstuhlfahrer (bis 6 Personen). 3 Zimmer mit Du/WC nach DIN 18024 rollstuhlgerecht. Türbreiten von Zimmer und Du/WC 100 cm. Freiraum in Du/WC 120 x 120 cm. Freiraum links neben WC 95 cm, rechts 30 cm, davor 95 cm. Dusche und Waschbecken unterfahrbar. Festinstallierter Duschsitz und stabile Haltegriffe an Du/WC und Waschbecken vorhanden. Bettenhöhe 50 cm.

Lage: In der Stadtmitte von Görlitz; Altstadt mit Kopfsteinpflaster. Einkaufen 10 m; Apotheke 30 m; Krankenhaus 3 km.

Zimmerpreise: EZ 150,- bis 190,- DM; DZ 190,- bis 230,- DM inkl. Frühstück.

Spanischer Hof Gröditz — 01609 Gröditz

Sachsen, Sächsisches Elbland

Hauptstr. 15, Tel. (035263) 440, Fax: 44444. Sehr schönes, stilvolles First-Class-Hotel mit 47 geschmackvoll, komfortabel und individuell eingerichteten Zimmern mit Bad/Dusche/WC, Kabel-TV, Radio, Telefon. Konferenzräume für 2 bis 150 Personen. Wellnessbereich, Saunen, Solarium, Beauty und Massage. **Gastronomie** für bis zu 250 Personen, zwei Restaurants.
Parkplatz, Eingang, Frühstücksraum, Restaurants und die Zimmer im EG stufenlos erreichbar. Wellness-Bereich mit dem Aufzug stufenlos erreichbar. Türbreite vom Aufzug 90 cm (Tiefe 140 cm, Breite 133 cm).

Geeignet für Gehbehinderte (alle Zimmer), Rollstuhlfahrer (1 Zimmer) und für Familien mit geistig Behin-derten (alle Zimmer). Türbreite vom rollstuhlgerechten Zimmer 106 cm, von Dusche/WC 93 cm. Freiraum in Du/WC 200 x 120 cm. Freiraum links und rechts neben WC (Haltegriff) 40 cm, davor 107 cm. Dusche und Waschbecken unterfahrbar. Kippspiegel, Notruf im Bad und festinstallierter Duschsitz und stabile Haltegriffe an Dusche und WC vorhanden.

Entfernungen: Teich- und Waldlandschaft Röderaue 8 km; Meißen 20 km; Dresden 45 km. Mit dem PKW erreichbar über die A 13 von Dresden aus kommend, Abfahrt Thiendorf, Richtung Großenhain (B 98), Gröditz (B 101). Von Berlin aus kommend (auf der A 13) Abfahrt Ruhland, Richtung Gröditz (B 169).

Zimmerpreise inkl. Frühstück: Behindertenzimmer 98,- DM, Betreuerzimmer 58,- DM. EZ 98,- bis 128,- DM, DZ 138,- bis 178,- DM. EZ-Suite 128,- bis 233,- DM; DZ-Suite 178,- bis 248,- DM.

Erholungszentrum Waldpark Grünheide e.V. — 08209 Grünheide

Sachsen, Vogtland, Erzgebirge

Rautenkranzerstr. 5, Tel. (03744) 83730. Internet: www.kiez.cm. E-Mail: Waldpark-Vogtland@t-online.de. Erholungszentrum mit insgesamt 70 Betten. Parkplatz, Eingang, Speisesaal und die Zimmer stufenlos erreichbar. Großer Spielplatz auf dem Gelände.

Geeignet für Gehbehinderte (bis 70 Pers.), für Rollstuhlfahrer (Gruppen bis 45 Pers.) und für Familien und Gruppen mit geistig Behinderten (bis 70 Pers.). 9 Zimmer mit Du/WC rollstuhlgerecht. Türbreiten der Zimmer und von Du/WC 83 cm. Freiraum in Du/WC 260 x 180 cm. Dusche und Waschbecken unterfahrbar. Festinstallierte Duschsitze oder Duschhocker und stabile Haltegriffe an Dusche und WC vorhanden.

Lage: Umgeben von Natur; Einkaufsmöglichkeiten im Ferienpark. Freibad, Hallenbad und Sauna 3 km.

Preise: Übernachtung pro Person 17,- DM, Frühstück 5,50 DM, Mittagessen 6,- DM, Abendessen 5,50 DM.

Schloßhotel Althörnitz * * * — 02763 Hörnitz-Zittau

Sachsen, Zittauer Gebirge

Zittauerstr. 9, Tel. (03583) 5500, Fax: 550200. Schloßhotel mit historischen und modernen, bildschön eingerichteten Zimmern und Suiten mit Bad/Dusche, WC, Fön, Farb-TV, Telefon, Radio und Minibar. Im Schloß Tagungsräume für 10-60 Personen mit moderner Technik.
Parkplatz, Eingang, Restaurant, Garten und die Zimmer (teils im EG, teils mit dem Aufzug) stufenlos erreichbar. Türbreite vom Aufzug 90 cm; Innenmaße 195 x 115 cm.
Geeignet für Gehbehinderte, Rollstuhlfahrer und Familien mit geistig Behinderten. Ein Zimmer rollstuhlgerecht. Türbreite von Zimmer und Du/WC 95 cm. Freiraum in Du/WC 250 x 105 cm. Freiraum links neben WC 45 cm, rechts 95 cm, davor 105 cm. Dusche und Waschbecken unterfahrbar. Festinstallierter Duschsitz, verstellbarer Kippspiegel und stabiler Haltegriff am WC vorhanden.

Lage: Zur Ortsmitte 500 m; Arzt 100 m; Bahnhof, Krankenhaus 5 km.

Zimmerpreise: EZ ab 100,- DM; DZ ab 160,- DM. Am Wochenende (Fr.-Mo.): EZ ab 90,- DM; DZ ab 130 DM.

Hotel „Zum Marschall Duroc" — 02829 Holtendorf / Görlitz

Sachsen, Oberlausitz-Niederschlesien

Girbigsdorfer Str. 3, Tel. (03581) 7344, Fax: 734222. Neues, schön gelegenes Hotel mit 52 komfortablen Zimmern mit Du/WC TV, Telefon. Eingang, Restaurant und Zimmer (mit dem Aufzug) stufenlos erreichbar. Türbreite vom Aufzug 90 cm; Innenmaße 195 x 115 cm.

Geeignet für Rollstuhlfahrer. Ein Zimmer rollstuhlgerecht. Türbreite vom Zimmer 90 cm, von Du/WC 95 cm. Freiraum in Du/WC 140 x 160 cm. Freiraum links neben

WC 20 cm, rechts 120 cm, davor 130 cm. Dusche und Waschbecken unterfahrbar. Festinstallierter Duschsitz, verstellbarer Kippspiegel, Notruf und stabile Haltegriffe an Du/WC und Waschbecken vorhanden. Auf Wunsch kann ein Pflegedienst vermittelt werden.

Lage: Verkehrsgünstig an der B 6 gelegen; guter Ausgangspunkt für Ausflüge ins Zittauer Gebirge, Iser- oder Riesengebirge. Zur Ortsmitte, Bahnhof, Einkaufen 5 km; Apotheke, Krankenhaus, Dialyse 3 km; Arzt 100 m. Flache Umgebung.

Zimmerpreise inkl. Frühstück: EZ 115,- DM; DZ 165,- DM. Am Wochenende: EZ 100,- DM; DZ 140,- DM. Abholservice vom Bahnhof auf Wunsch möglich.

Restaurant-Pension „Gockescher Hahn" — 08543 Jocketa

Sachsen, Vogtländische Schweiz

R. Friedemann, Bergstr. 3, Tel. (037439) 77257. Pension mit 7 Zimmern. Parkplatz, Eingang, Frühstücksraum, Restaurant und die Zimmer im EG stufenlos erreichbar. **Geeignet** für Gehbehinderte, Rollstuhlfahrer und Familien mit geistig Behinderten. Türbreite von Zimmer und Du/WC 90 cm. Freiraum in Du/WC 140 x 140 cm. Freiraum rechts neben WC 150 cm, davor 120 cm. Dusche und Waschbecken unterfahrbar. Festinstallierter Duschsitz und stabile Haltegriffe an Du/WC und Waschbecken vorhanden.

Lage: Zur Ortsmitte, Bahnhof 300 m; Arzt, Apotheke 200 m.

Zimmerpreise inkl. Frühstück: EZ 60,- DM, DZ 90,- DM.

Ausflugsgaststätte und Hotel „Gondelfahrt" — 02796 Kurort Jonsdorf

Sachsen, Zittauer Gebirge, Oberlausitz

Familie Peter Schwerdtner, Großschönauer Str. 38, Tel. (035844) 7360, Fax: 73659. Schön gelegene Ausflugsgaststätte mit Hotelneubau, 35 Zimmer mit Du/WC, TV, Radio, Telefon. Parkplatz stufenlos, Eingang 2 Stufen. Frühstücksraum, hauseigenes Hallenbad mit Sauna, Restaurant und die Zimmer im EG stufenlos erreichbar.

Geeignet für Gehbehinderte, Rollstuhlfahrer und Familien mit geistig Behinderten. 1 Zimmer rollstuhlgerecht. Türbreite von Zimmer und Du/WC 93 cm. Freiraum in Du/WC 180 x 150 cm. Freiraum rechts neben WC 160 cm, davor 110 cm. Dusche und Waschbecken unterfahrbar. Festinstallierter Duschsitz, verstellbarer Kippspiegel und stabile Haltegriffe an Dusche und WC vorhanden.

Lage: Idyllische Lage direkt am Fuße des Nonnenfelsens; beliebtes Ausflugsziel und Ausgangspunkt für Wanderungen. Zur Ortsmitte, Arzt, Einkaufen, Apotheke 1 km; Bahnhof 1,5 km; Krankenhaus 10 km.

Zimmerpreise inkl. Frühstück: EZ 85,- DM; DZ 130,- DM.

Hotel „Grundmühle" — 01814 Krippen

Sachsen, Sächsische Schweiz

Friedrich-Gottlob-Keller-Straße 69, Telefon (035028) 80718, Fax: 80420. Von Natur und Wald umgebenes Hotel mit 40 Zimmern mit Bad/Du/WC. Parkplatz, Eingang, Frühstücksraum und Restaurant stufenlos erreichbar. Zugang zu den 2 Rollstuhlzimmern ebenerdig ohne Stufen.

Geeignet für Gehbehinderte bis 30 Personen, für Rollstuhlfahrer bis 4 Personen. 2 Zimmer mit Du/WC sind rollstuhlgerecht. Türbreiten der Zimmer 100 cm, von Du/WC 90 cm. Freiraum in Du/WC 206 x 180 cm. Freiraum links neben WC 50 cm, davor 150 cm. Dusche und Waschbecken unterfahrbar. Verstellbarer Kippspiegel über dem Waschbecken. Festinstallierter Duschsitz und stabiler Haltegriff am WC vorhanden.

Lage: Das Hotel liegt im Tal, sehr ruhig, Wege bis zur Elbe ohne Steigung. Zur Ortsmitte 300 m; Arzt 200 m; Einkaufen 300 m; Bahnhof 1 km; Freibad 5 km; Hallenbad und Krankenhaus 20 km.

Preis pro Person im EZ 95,- DM, im DZ 67,- DM, Zustellbett 45,- DM. 2. Januar bis 15. März und 1. Nov. bis 20. Dez. 49,- DM pro Person im DZ. Alle Preise inkl. Frühstücksbuffet.

Hotel Merseburger Hof — 04177 Leipzig

Sachsen

Merseburger Str. 107, Tel. (0341) 4774462, Fax: 4774413. Hotel mit 50 modernen Gästezimmern mit Du/WC, Telefon und Minibar. Parkplatz am Haus, Eingang, Frühstücksraum, Restaurant und die Zimmer (mit dem Aufzug) stufenlos erreichbar.

Geeignet für Gehbehinderte, Rollstuhlfahrer und Familien mit geistig Behinderten. 2 rollstuhlgerechte Zimmer: Türbreiten der Zimmer und von Du/WC 100 cm. Freiraum in Du/WC 170 x 240 cm. Freiraum links neben WC 120 cm, davor 180 cm. Dusche und Waschbecken unterfahrbar. Kippspiegel über dem Waschbecken, festinstallierter Duschsitz und stabile Haltegriffe an Du/WC und Waschbecken vorhanden.

Lage: Stadtmitte Leipzig 3,5 km; 15 Minuten vom Messegelände entfernt; Apotheke 40 m; Arzt 60 m; Krankenhaus 1,5 km; Bahnhof 3,5 km.

Zimmerpreise gültig für Behinderte: 114,- bis 148,- DM; DZ 178,- bis 198,- DM. Wochenendpreise: EZ 99,- DM, DZ 128,- DM.

TREFF HOTEL Leipzig — 04329 Leipzig

Sachsen

Schongauer Str. 39, Tel. (0341) 2540, Fax: (0341) 2541550. Neues Hotel mit 291 Komfortzimmern der 4-Sterne-Kategorie mit Telefon, Telefaxanschluß, Modemanschluß, Sat-TV, Radio, Hotelvideo, Klimaanlage, Minibar, Bad/Dusche, Fön und WC.

Den Mittelpunkt des Hauses bildet der Konferenzbereich mit 18 multifunktionalen Räumen für max. 850 Personen. Gastronomie: Restaurant „Tiffany" mit Wintergarten, „Leipziger TREFF-Bar" und der Tanzbar.

Parkplatz, Eingang, Restaurants, Frühstücksraum, Freizeitbereich und die Zimmer (teils im EG, teils mit dem Aufzug) stufenlos erreichbar. Türbreite vom Aufzug 90 cm (Tiefe 200 cm, Breite 105 cm).

Geeignet für Gehbehinderte, Rollstuhlfahrer und Familien mit geistig Behinderten. **5 Zimmer rolltuhlgerecht.** Türbreite der Zimmer 90 cm, von Du/WC 79 cm. Dusche und Waschbecken unterfahrbar. Festinstallierter Duschsitz, Kippspiegel und stabile Haltegriffe an Dusche, WC und Waschbecken vorhanden.

Lage: Nur unweit vom neuen Leipziger Messegelände. Zur Stadtmitte und zum Bahnhof 6 km; Einkaufen, Apotheke 1 km; Arzt 2 km; Krankenhaus 4 km, Dialyse 6 km.

Zimmerpreise inkl. Frühstück: EZ 129,- bis 249,- DM; DZ 179,- bis 299,- DM. Kinder bis 3 Jahre frei; 4-14 Jahre 60,- DM im Zimmer der Eltern inkl. Frühstück. Zuschlag für Halbpension 30,- DM. Preiswerte Wochenendpauschalen: (Fr.-So.) mit 2 Übernachtungen inkl. Frühstück im EZ 298,- DM; im DZ 248,- DM. Hausprospekt und ausführliche Preisliste auf Anfrage.

Dorint Hotel Leipzig — 04103 Leipzig

Sachsen

Stephanstr. 6, Tel. (0341) 9779-0, Fax: 9779-100. First-Class-Hotel mit 177 modern ausgestatteten Zimmern und Suiten. Parkplatz, Tiefgarage (mit Aufzug), Eingang, Frühstücksraum, Restaurant und die Zimmer (mit dem Aufzug) stufenlos erreichbar. Türbreite vom Aufzug 89 cm (Tiefe 200 cm, Breite 100 cm).

Geeignet für Gehbehinderte, Rollstuhlfahrer und Familien mit geistig Behinderten. 1 Zimmer rollstuhlgerecht. Freiraum in Du/WC 180 x 140 cm. Freiraum links und rechts neben WC 80 cm, vor dem WC 140 cm. Dusche und Waschbecken unterfahrbar. Festinstallierter Duschsitz, Notruf an der Dusche und stabile Haltegriffe an Du/WC und Waschbecken vorhanden.

Lage: Im Zentrum; Bahnhof 800 m; Einkaufen 400 m; Krankenhaus 300 m.

Zimmerpreise: EZ und DZ 171,- bis 281,- DM. Frühstücksbuffet 22,- DM pro Person.

Atlanta Park Inn International Hotel — 04445 Leipzig-Wachau

Sachsen

Südring 21, Tel. (034297) 84-0, Fax: 84-999. Modernes Hotel mit 191 Zimmern. Rollstuhlgängiger Eingang, Gastronomie und Aufzüge stufenlos erreichbar. Türbreite vom Aufzug 90 cm.

Geeignet für Rollstuhlfahrer: Ein Zimmer mit Du/WC ist behindertengerecht gestaltet. Breite der Türen vom Zimmer und von Du/WC 90 cm. Dusche und Waschbecken unterfahrbar. Stabile Haltegriffe an Dusche und WC vorhanden.

Lage: Ortsmitte und Bahnhof 6,5 km; Bus 300 m; Apotheke 100 m.
Zimmerpreise: EZ 130,- bis 180,- DM; DZ 150,- bis 200,- DM inkl. Frühstück.

Seaside Hotel Leipzig — 04109 Leipzig

Sachsen

Richard-Wagner-Str. 7, Tel. (0341) 98520, Fax: 9852750. Exklusives Hotel mit 288 Zimmern, Suiten und Appartements. Konferenzräume für 20 bis 140 Personen. Parkplatz und Eingang stufenlos. Frühstücksraum, Restaurant und Zimmer mit dem Aufzug stufenlos erreichbar. Türbreite vom Aufzug 90 cm (Tiefe 140 cm, Breite 110 cm).

Geeignet für Gehbehinderte, Rollstuhlfahrer und Familien mit geistig Behinderten. 2 Zimmer rollstuhlgerecht. Türbreiten der Zimmer 95 cm, von Du/WC 90 cm. Freiraum in Du/WC 180 x 160 cm. Freiraum links neben WC 60 cm, rechts 100 cm, davor 160 cm. Dusche und Waschbecken unterfahrbar. Notruf, festinstallierter Duschsitz und stabile Haltegriffe an Du/WC und Waschbecken.

Lage: In der Stadtmitte; Bahnhof und Arzt 300 m; Apotheke 500 m; Krankenhaus und Dialyse 4 km.
Zimmerpreise: EZ 195,- bis 230,- DM; DZ 233,- bis 268,- DM.

Hotel im Sachsenpark — 04356 Leipzig / Messe

Sachsen

Walter-Köhn-Str. 3, Tel. (0341) 5252-0, Fax: 5252-528. 112 Zimmer mit Telefon, TV, Radio und Klimaanlage. Parkplatz, Eingang, Restaurant und Aufzug stufenlos. Türbreite vom Aufzug 90 cm (Tiefe 200 cm, Breite 190 cm).

Geeignet für Rollstuhlfahrer. 2 Zimmer mit Du/WC speziell für Rollstuhlfahrer ausgestattet.

Lage: Direkt an der A 14 Halle/Dresden, über die Abfahrten "Leipzig Mitte / Bad Düben" oder "Leipzig Messegelände" erreichbar, ebenso über die B 2. Zum Flughafen Leipzig/Halle ca. 12 km, zum Hauptbahnhof und Stadtzentrum Leipzig 7 km. Das neue Messegelände liegt unmittelbar neben dem Hotel.

Zimmerpreise: EZ 139,- bis 249,- DM; DZ 158,- bis 298,- DM.

Hotel Lengenfelder Hof — 08485 Lengenfeld

Sachsen, Vogtland

Auerbacher Str. 2, Tel. (037606) 8770, Fax: 2243. Hotel mit 39 Zimmern. Parkplatz, Eingang, Frühstücksraum, Restaurant und die Zimmer (mit dem Aufzug) stufenlos erreichbar.

Geeignet für Gehbehinderte und Familien mit geistig Behinderten. Bedingt geeignet für Rollstuhlfahrer mit Begleitung: 2 Zimmer mit Du/WC. Türbreite der Zimmer und von Du/WC 90 cm. Bewegungsfreiraum in Du/WC 150 x 140 cm. Freiraum links und rechts neben WC 50 cm, davor 140 cm. Dusche nicht schwellenlos unterfahrbar, kein Duschsitz. Waschbecken unterfahrbar, mit Kippspiegel. Stabiler Haltegriff an WC und Waschbecken.

Lage: In der Ortsmitte von Lengenfeld, Arzt und Apotheke 10 m; Bahnhof 500 m; Krankenhaus 7 km.

Zimmerpreise: EZ 75,- bis 95,- DM; DZ 110,- bis 125,- DM inkl. Frühstück.

Landgasthaus Hotel „Jägerheim" — 01665 Löbsal

Sachsen, Diesbar-Seußlitz

Nr. 1, Tel. + Fax: (035267) 50758, Fax: (035267) 54777. Das Landgasthaus bietet neben einer gemütlichen Gaststätte mit sächsischer Küche, einer schönen Gartenterrasse, eine rollstuhlgerechte Ferienwohnung für 2 Personen und 17 Gästezimmer, gemütlich und rustikal eingerichtet; Zusatzbett möglich. Eingang stufenlos, Türbreite vom Eingang 83 cm. Alle Zimmer sind mit Du/WC, Farb-TV und zum Teil mit Balkon ausgestattet.

Geeignet für Gehbehinderte und Rollstuhlfahrer. Türbreiten der Zimmer und von Du/WC 93 cm. Freiraum in Du/WC 160 x 160 cm. Freiraum links neben WC 140 cm, rechts 30 cm, davor 240 cm. Dusche und Waschbecken unterfahrbar. Verstellbarer Kippspiegel, festinstallierter Duschsitz und stabile Haltegriffe an Du/WC und Waschbecken vorhanden. Bettenhöhe 50 cm.

Lage: Umgebung etwas hügelig mit Wanderwegen durch Wälder und Weinberge. Ortsmitte 50 m; Einkaufen, Bus 1 km; Arzt, See, Freibad 4 km; Apotheke, Krankenhaus und Hallenbad 13 km.

Preis für die Ferienwohnung pro Tag 60,- bis 100,- DM. Zimmerpreise: EZ 60,- DM; DZ 100,- DM. Ab 3 Übernachtungen Rabatt. Alle Preise inkl. Frühstück.
Von Lesern wiederholt gelobtes Haus.

Kavalierhaus Hotel - Restaurant - Bistro — 04827 Machern

Sachsen, Sächsisches Burgen- und Heideland

Schlossplatz 2, Tel. (034292) 8090, Fax: (034292) 80933, Internet: www.kavalierhaus.de. Hotel mit insgesamt 49 modern und individuell eingerichteten Zimmern, 2 Appartements mit kleiner Küche. Alle mit Du/WC, Bad/WC, Radio, Sat-TV, Telefon, Minibar und Zimmertresor ausgestattet. Parkplatz, Eingang, Restaurant, Garten, Terrasse und 3 Zimmer im EG sind stufenlos erreichbar.

Geeignet für Gehbehinderte und Rollstuhlfahrer. 3 Zimmer im Erdgeschoß sind nach DIN rollstuhlgerecht ausgestattet, an zwei dieser Zimmer kann je ein Einzelzimmer für Begleitpersonen angeschlossen werden. Türen 94 cm breit. Bettenhöhe 45 cm, 47 cm und 53 cm. Bewegungsfreiraum in Du/WC 140 x 140 cm. Freiraum links neben WC 160 cm, rechts 30 cm, davor 95 cm. Waschbecken unterfahrbar, Dusche schwellenlos unterfahrbar. Stabiler Duschhocker, Haltegriffe an Dusche und WC sowie Kippspiegel vorhanden. Ein hauseigener Rollstuhl steht zur Verfügung.

Lage: Sehr ruhige Lage im Ortskern, angrenzend an Schloß und Park (35 ha englischer Landschaftsgarten). Arzt, Apotheke, Bank, Spielplatz, Einkaufsmöglichkeit sind einen Steinwurf entfernt. Tennisplatz und S-Bahn 800 m. Hallenbad und Badesee 3 km.

Zimmerpreise: EZ 95,- bis 115,- DM; DZ 150,- bis 160,- DM inklusive reichhaltigem Frühstücksbuffet.

Wochenendpauschale: Freitag bis Sonntag oder Samstag bis Montag 165,- DM pro Person im Doppelzimmer (2 x Übernachtung, 2 x Frühstück, 1 x Halbpension). EZ-Zuschlag 30,- DM pro Tag. Kinderermäßigung von 50% bis 100%. Haustiere auf Anfrage. Abholung vom Bahnhof möglich.

Advena Park Hotel — 04420 Markranstädt

Sachsen, Landkreis Leipzig

Krakauer Str. 49, Tel. (034205) 600, Fax: 60200. Modernes Hotel mit 60 Zimmern, alle mit Du/WC, Telefon, TV. Drei Veranstaltungsräume. Eingang, Restaurant stufenlos erreichbar. Türbreite vom Aufzug 100 cm (Tiefe 130 cm, Breite 100 cm).
Geeignet für Rollstuhlfahrer (2 Zimmer mit Du/WC rollstuhlgerecht). Dusche schwel-

lenlos unterfahrbar. Telefon im Bad, erhöhtes WC, verstellbarer Spiegel am Waschtisch. Durchgang zum Nebenzimmer für Begleitperson.
Lage: Ortsmitte und Bus 300 m; Bahnhof 400 m; Apotheke 800 m; Spielplatz 50 m; See 4 km.
Zimmerpreise inkl. Frühstücksbuffet: EZ ab 135,- DM; DZ 185,- DM. Am Wochenende EZ 99,- DM, DZ 119,- DM nach Verfügbarkeit.

Hotel Andree — 01662 Meißen

Sachsen

Ferdinandstr. 2, Tel. (03521) 7550, Fax: 755130. Hotel mit 86 Einzel- und Doppelzimmern und Suiten sowie 1 spezielles Behindertenzimmer, 3 Gesellschaftsräume und eine Terrasse. Alle Etagen sind über einen Lift zu erreichen. Die komfortablen Zimmer sind ausgestattet mit Bad/Dusche/WC, Direktwahltelefon und Farbfernseher. Kinder sind herzlich willkommen.

Die 3 Gesellschaftsräume mit 15 bis 45 Plätzen eignen sich z.B. für Schulungen, Seminare und Familienfeiern. Ausreichende Parkmöglichkeiten für PKW und Busse direkt am Haus.
Eingang, Parkplatz, Frühstücksraum, Restaurant und Garten stufenlos erreichbar. Zimmer mit dem Aufzug erreichbar. Türbreite vom Aufzug 90 cm (Tiefe 230 cm, Breite 110 cm).

Geeignet für Gehbehinderte, Rollstuhlfahrer, Familien mit Behinderten und geistig Behinderten; Gruppen bis 170 Personen. **1 Zimmer rollstuhlgerecht**: Freiraum in Du/WC 300 x 200 cm. Freiraum rechts neben WC 80 cm, davor 200 cm. Dusche und Waschbecken unterfahrbar. Festinstallierter Duschsitz, Kippspiegel, Notruf und stabile Haltegriffe an Du/WC und Waschbecken vorhanden.

Lage: Zentral und doch ruhig mitten in Meißen gelegen. Bahnhof, Einkaufen, Arzt, Apotheke und Krankenhaus 500 m.

Zimmerpreise inkl. Frühstück: EZ 98,- bis 130,- DM; DZ 140,- bis 190,- DM; Dreibettzimmer 240,- DM; Suiten 210,- bis 260,- DM. Alle Preise inkl. Frühstück. Zuschlag für Halbpension pro Person 25,- DM; Zuschlag für Vollpension 45,- DM. Angebote für Gruppen auf Anfrage.

Parkhotel Neustadt — 01844 Neustadt / Sachsen

Sachsen, Sächsische Schweiz

Johann-Sebastian-Bach-Str. 20, Tel. (03596) 5620, Fax: 562500, E-Mail: ParkhotelNeustadt@t-online.de. Schön gelegenes 3-Sterne-Hotel mit 52 komfortabel eingerichteten Zimmern mit Bad/Du/WC, Selbstwahltelefon, Faxanschluß, Sat-TV, Minibar, Radio, handgearbeitete Holzeinbaumöbel und Schreibtisch.

Parkplatz, Eingang, Frühstücksraum, Restaurant und die Zimmer (mit dem Aufzug) stufenlos erreichbar. Türbreite vom Aufzug 85 cm (Tiefe 150 cm, Breite 90 cm).

Geeignet für Gehbehinderte (98 Pers.), Rollstuhlfahrer (2 Pers.) und Familien/ Gruppen mit geistig Behinderten (52 Pers.). 2 Zimmer rollstuhlgeeignet. Türbreite der Zimmer und von Bad/WC 120 cm. Freiraum in Bad/WC 140 x 130 cm. Freiraum links neben WC 110 cm, rechts 130 cm, davor 150 cm. Badewanne mit Wannenlifter, Dusche nicht unterfahrbar. Waschbecken unterfahrbar. Festinstallierter Duschsitz.

Lage: Zur Ortsmitte mit Einkaufen, Apotheke 500 m; Arzt 200 m. Umgebung mit dem Rollstuhl gut befahrbar. Erlebnisbad „monte mare“ und Sauna am Haus ebenfalls rollstuhlgeeignet. Ausflugsziele: Nationalpark Sächsische Schweiz, Dresden, Meißen, Moritzburg, Bautzen, Erzgebirge. Lausitz, Spreewald, Tschechien, Polen u.v.m.

Zimmerpreise: EZ 99,- DM; DZ 124,- bis 158,- DM inkl. Frühstück. Kinder bis 5 Jahre im Zimmer der Eltern frei. HP-Zuschlag ab 19,- DM, VP ab 36,- DM pro Person. Spezialarrangements sowie günstige Angebote für Familien und Gruppen auf Anfrage.

Best Western Hotel „Birkenhof" — 09484 Oberwiesenthal

Sachsen, Erzgebirge

Vierenstr. 18. Tel. (037348) 14-0, Fax: 14-444. 4-Sterne-Hotel mit 185 Zimmern mit Bad/Dusche/WC, Radio, TV, Telefon, Faxanschluß, Minibar und Safe. Parkplatz und Garten mit Rampe erreichbar. Eingang, Frühstücksraum, Restaurant und Zimmer (mit dem Aufzug) stufenlos erreichbar.

Geeignet für Gehbehinderte, Rollstuhlfahrer und Familien mit geistig Behinderten. 4 Zimmer mit Du/WC sind nach DIN 18024 rollstuhlgerecht. Türbreite der Zimmer und von Du/WC 120 cm. Freiraum in Du/WC 120 x 120 cm. Freiraum links und vor dem WC 120 cm. Dusche und Waschbecken unterfahrbar. Notruf, festinstallierter Duschsitz und stabile Haltegriffe an Du/WC und Waschbecken vorhanden.

Lage: Zum Zentrum, Bus, Arzt, Apotheke 1 km; Krankenhaus und Dialyse 15 km.

Zimmerpreise: EZ 125,- DM; DZ 195,- DM, Appartement 250,- DM.

PANORAMA Ringhotel Oberwiesenthal — 09484 Oberwiesenthal

Sachsen, Erzgebirge

Vierenstr. 11, Tel. (037348) 780, Fax: 78100. Komfortables, geschmackvoll eingerichtetes Hotel mit schöner Lage und herrlichem Ausblick.

124 Zimmer und Suiten, davon 25 Zimmer mit Balkon, alle mit Bad/Dusche, WC, Fön, Farb-TV mit Video, Minibar und Telefon ausgestattet.

Das Haus verfügt über 300 Plätze in drei Restaurants, Terrasse, Bar, Gesundheitszentrum mit Schwimmbad, Whirlpool, Sauna, Solarium, Massagen, Shop, Friseurstudio, Kinderspielraum, Billardzimmer und 18-Bahnen-Minigolfanlage. Tennis-Bowling-Kegel-Fitness-Center mit Bistro.

Geeignet für Rollstuhlfahrer. Eingang mit Rampe stufenlos; Restaurant und Aufzug stufenlos erreichbar. Türbreiten: Eingang und Restaurant 180 cm; Aufzug 90 cm (Tiefe 210 cm, Breite 110 cm).

Fünf Suiten mit großen Badezimmern mit Du/WC rollstuhlgerecht, mit dem Aufzug erreichbar. Türbreiten der Zimmer 101 cm, vom Bad 77 cm. Dusche mit dem Rollstuhl unterfahrbar. Alle Räumlichkeiten des Hotels sind mit dem Rollstuhl problemlos erreichbar, mit Ausnahme des Gesundheitszentrums; das Personal ist dort jedoch behilflich. Es kamen schon mehrfach Rollstuhlfahrer als Gäste.

Lage: Am Südhang des Fichtelberges mit Blick auf Oberwiesenthal. In der Nähe eine Schmalspur-Bimmelbahn, Skisprungschanze, Seilschwebebahn, zahlreiche Wander- und Wintersportmöglichkeiten.
Zur Ortsmitte, Apotheke und zum Tennisplatz 1 km; Bahnhof und Bus 800 m; Freibad 400 m.

Zimmerpreise: EZ 100,- bis 150,- DM; DZ 150,- bis 200,- DM, Suite 160,- bis 270,- DM. Zusatzbett in den Suiten 50,- DM. Im Preis enthalten: Frühstück, Sauna-, Schwimmbad- und Whirlpool-Nutzung. Wochenpauschalen und Hausprospekte auf Anfrage. Kinderermäßigung, Haustiere erlaubt, Parkplatz, Garagen.

Hotel garni „Altdeutsche Bierstube" — 08606 Oelsnitz

Sachsen, Vogtland

Feldstr. 9, Tel. (037421) 22248, Fax: 27664. 21 geschmackvoll, hell und freundlich ausgestattete Zimmer mit Du/WC, Telefon und TV. Parkplatz, Eingang, Restaurant und Zimmer im EG stufenlos erreichbar.
Geeignet für Gehbehinderte, Rollstuhlfahrer und Familien mit geistig Behinderten. 1 Zimmer mit Du/WC rollstuhlgerecht. Türbreite vom Zimmer und von Du/WC 100 cm. Freiraum in Du/WC 140 x 300 cm. Freiraum vor dem WC 140 cm. Dusche und Waschbecken unterfahrbar. Verstellbarer Kippspiegel über einem stufenlos ver-

stellbaren Waschbecken. Festinstallierter Duschsitz und stabile Haltegriffe an Dusche und WC.

Lage: Circa 200 m vom Stadtzentrum entfernt in einer Seitenstraße. Einkaufen 100 m; Arzt 250 m; Apotheke 300 m; Krankenhaus 1 km.

Zimmerpreise: EZ 80,- DM; DZ 120,- bis 170,- DM. Zustellbett 35,- DM, Kinderbett 15,- DM. Alle Preise inkl. Frühstücksbuffet. Wochenendpreise auf Anfrage.

Ferienwohnung Sabine Meusel — 02785 Olbersdorf

Sachsen, Oberlausitz

Ernst-May-Str. 17, Tel. (03583) 690167. Sehr große Ferienwohnung, bestehend aus 6 Räumen, für 6 Personen in zentraler Lage, mit 3 Schlafräumen. Parkplatz am Haus, separater Eingang.

Geeignet für Gehbehinderte, Rollstuhlfahrer und Familien mit geistig Behinderten bis max. 6 Personen. Behindertengerechte Ausstattung. Betreuung nach Vereinbarung möglich. Türbreiten der Zimmer und von Du/WC 90 cm. Freiraum in Du/WC 140 x 140 cm. Freiraum links neben WC 100 cm, rechts 146 cm, davor 140 cm. Dusche und Waschbecken unterfahrbar. Duschsitz und stabile Haltegriffe an Dusche und WC vorhanden. Bettenhöhe 55 cm.

Lage: Umgebung hügelig, nur 750 m bis zum Wald. Ortsmitte und Einkaufen 400 m; Arzt 50 m, Arztpraxen für Rollstuhlfahrer leicht zugänglich; Apotheke 200 m; Bus und Bahnhof 300 m; Freibad 800 m.

Preis für die Ferienwohnung pro Tag bei Belegung mit 2 Personen 60,- DM, jede weitere Person 7,50 DM pro Tag. Endreinigung 30,- DM.

Holiday Inn Garden Court — 08523 Plauen

Sachsen, Vogtland

Tel. (03741) 2520, Fax: 25210. Parkplatz, Eingang, Frühstücksraum, Restaurant und die Zimmer (mit dem Aufzug) stufenlos erreichbar. Türbreite vom Aufzug 90 cm (Tiefe 140 cm, Breite 105 cm). Tiefgaragenparkplatz für Behinderte vorhanden.

Geeignet für Gehbehinderte, Rollstuhlfahrer und Familien mit geistig Behinderten. 1 Zimmer rollstuhlgerecht. Türbreite vom Zimmer 95 cm, von Du/WC 80 cm. Dusche unterfahrbar. Kippspiegel und stabile Haltegriffe an Dusche und WC vorhanden.

Lage: Zur Ortsmitte, Einkaufen 500 m; Arzt, Apotheke 300 m; Bahnhof, Krankenhaus 1 km.
Zimmerpreise: EZ 149,- DM; DZ 189,- DM. Wochenendpreise: EZ 120,- DM; DZ 150,- DM.

Hotel-Gasthaus „Zur Linde" — 01920 Panschwitz-Kuckau OT Lehndorf

Sachsen

Bautzener Str. 1, Tel. (035796) 96328, Fax: 96023. Kleines, familiär geführtes Gasthaus auf dem Lande mit insgesamt 14 Zimmern mit Du, WC, TV und Telefon. 8 Zimmer in ruhiger Lage und zu ebener Erde.
Geeignet für Gehbehinderte, Familien mit geistig Behinderten; bedingt geeignet für Rollstuhlfahrer mit Begleitung. Behindertengruppen- und Vereine sind willkommen; ca. bis 28 Personen möglich. Die gesamte Anlage auch mit Biergarten ist rollstuhlgängig, ebenso 8 Zimmer, ebenerdig erreichbar. Maße von einem rollstuhlgeeigneten Zimmer: Türbreite vom Zimmer 81 cm, von Du/WC 69 cm. Bewegungsfreiraum in Du/WC 90 x 120 cm. Dusche schwellenlos unterfahrbar, Waschbecken unterfahrbar. Duschhocker vorhanden. Keine Haltegriffe an Dusche und WC. Bettenhöhe 48 cm.

Lage: Im Herzen der sorbisch-katholischen Lausitz, Kloster St. Marienstern Panschwitz-Kuckau 3 km. Autobahnanschluß Uhyst a.T. 3 km. In der näheren Umgebung: Wallfahrtsort Rosenthal, sorbischer Friedhof in Rabnitz, Saurierpark Kleinwelka und Bautzen. Zur Ortsmitte 100 m; Einkaufen, Arzt, Apotheke, Freibad 3 km; Umgebung leicht hügelig; alles mit Rollstuhl befahrbar.
Preise: EZ 70,- DM; DZ 110,- DM. Wochenendpauschale: Anreise Freitag, Abreise Sonntag, 2 Übernachtungen mit Halbpension EZ 160,- DM, DZ 260,- DM.

Alten- und Pflegeheim Wernsdorf — 09509 Pockau OT Wernsdorf

Sachsen, Erzgebirge

Huthaer Weg 11, Tel. (037367) 9580, Fax: 31432. Die Pension ist Bestandteil eines Alten- und Pflegeheimes mit eigenem Eingang im Nebengebäude. Appartement: 2 Schlafzimmer, 1 Küche, 1 Wohnstube. Eingang stufenlos.
Geeignet für Rollstuhlfahrer, Pflegebedürftige und Familien mit geistig Behinderten. 1 Appartement mit 2 Zimmern, 3 Normalbetten und 1 Pflegebett rollstuhlgeeignet. Türbreite vom Zimmer 90 cm, von Du/WC 80 cm. Bewegungsfreiraum in Du/WC 120 x 180 cm. Freiraum rechts neben WC 120 cm, davor 100 cm. Dusche und Waschbecken unterfahrbar, Duschhocker und Haltegriff an Dusche vorhanden.
Lage: Ruhige Lage mit Parklandschaft. Zur Ortsmitte mit Einkaufen 200 m; Arzt und Pflegemöglichkeit im Haus. **Preis** für 4 Pers. mit Frühstück pro Nach 65,- DM. Mittag- und Abendessen im Heim möglich.

Pension und Gaststätte „Rätzensbrettmühle" 09496 Pobershau

Sachsen, Mittleres Erzgebirge

Brettmühlenweg 8, Tel. und Fax: (03735) 23515, Fax: 23517. Freundliche und familiär geführte Pension mit 8 Zimmern mit Du/WC, TV und Telefon. Parkplatz und Eingang mit Rampe. Frühstücksraum, Restaurant und 1 Zimmer im EG stufenlos erreichbar. Türbreiten: Eingang 95 cm, Frühstücksraum und Restaurant 85 cm.

Geeignet für Rollstuhlfahrer: 1 rollstuhlgerechtes Zimmer. Türbreite vom Zimmer 90 cm, von Du/WC 85 cm. Freiraum in Du/WC 120 x 130 cm. Freiraum links neben WC 120 cm, rechts 50 cm, davor 120 cm. Dusche und Waschbecken unterfahrbar. Festinstallierter Duschsitz und stabile Haltegriffe an Dusche und WC vorhanden.

Lage: Mitten im Wald, sehr ruhige Lage. Wege und Umgebung flach bis leicht hügelig. Ortsmitte, Arzt 3 km; Freibad 1 km; Bus 1,5 km; Einkaufen 2 km; Bahnhof, Apotheke, Krankenhaus und Hallenbad 7 km.

Preis pro Person und Tag inkl. Frühstück im DZ 36,- bis 39,50 DM; im EZ 55,- DM, Zusatzbett 12,- DM. Aufpreis für Halbpension für Erwachsene 14,- DM.

Martinshof Rothenburg Diakoniewerk 02929 Rothenburg /Oberlausitz

Sachsen, Obere Lausitz, Lausitz-Neißetal

Mühlgasse 10, Tel. (035891) 380, Fax: (035891) 38110. Der Martinshof, eine aus mehreren Gebäuden bestehende Einrichtung unter Trägerschaft des Diakoniewerkes, liegt in der Neißeaue am Rande von Rothenburg Oberlausitz. Hier leben und arbeiten geistig und mehrfach behinderte Menschen, alte Menschen und Kinder, Sozialpädagogen und Zivildienstleistende der Diakonie. Die rollstuhlgerechten Gästezimmer befinden sich im Wichern-Haus. Acht bis zehn Gäste können hier beherbergt werden.

Geeignet für Rollstuhlfahrer und andere Behinderte. Alle Zimmer sind komfortabel und behindertenfreundlich eingerichtet (4 Einzel- und 2 Doppelzimmer). Türbreiten der Zimmer und von Du/WC 94 cm. Bewegungsfreiraum in Du/WC 220 x 250 cm. Freiraum links neben WC 35 cm, rechts 150 cm, davor 130 cm. Verstellbarer Kippspiegel, fahrbarer Duschstuhl und stabile Haltegriffe an WC und Waschbecken vorhanden. Für größere **Gruppen** stehen zusätzliche Gästezimmer im Brüderhaus zur Verfügung.

Lage: Umgeben von Wäldern in einer schönen Heide- und Teichlandschaft. Zur Ortsmitte 300 m; Einkaufen 500 m; Arzt und Apotheke 300 m; Hallenbad in der Einrichtung; Freibad 14 km.

Preise: EZ 60,- DM; DZ 120,- DM inkl. Frühstück pro Nacht.

Ferienhaus Rosemarie — 09526 Rübenau

Sachsen, Erzgebirge

Olbernhauer Str. 68, Tel. (037366) 6134. Ferienhaus mit 3 Ferienwohnungen, eine Wohnung rollstuhlgerecht. 2 Zimmer, Küche, Bad/WC. Türen 82 cm breit und schwellenlos. Bad und WC mit Haltegriffe, Badewanne mit Wannenlift und Drehteller. Bewegungsfreiraum im Bad 360 x 140 cm.

Lage: Die Wege sind hügelig, zum Teil auch steil. Am Grundstück fließt ein Gebirgsbach, eigener Kinderspielplatz und große Liegewiese mit Wald. Ortsmitte, Einkaufen 2,5 km. Arzt 2 km; Freibad, Apotheke, Krankenhaus 10 km.

Preis pro Person 23,20 DM.

EC-Jugendschulungs- und Erholungsheim — 09435 Scharfenstein

Sachsen, Erzgebirge

Hofgasse 32, Tel. (03725) 77260, Fax: (03725) 77260. 9 Zimmer, insg. 26 Betten. Parkplatz, Eingang, Frühstücksraum und Zimmer im EG stufenlos erreichbar.

Geeignet für Gehbehinderte, Familien und Gruppen mit geistig Behinderten, Kinder und Jugendgruppen; 1 Zimmer mit Du/WC für Rollstuhlfahrer geeignet. Bettenhöhe 40 cm. Türbreite vom Zimmer und von Du/WC 93 cm. Bewegungsfreiraum in Du/WC 120 x 160 cm. Freiraum links neben WC 25 cm, rechts 115 cm, davor 100 cm. Dusche und Waschbecken unterfahrbar. Festinstallierter Duschsitz, verstellbarer Kippspiegel und stabile Haltegriffe an Dusche und WC vorhanden.

Lage: Zur Ortsmitte 100 m; Einkaufen 50 m; Bahnhof 100 m; Arzt 700 m; Apotheke 3 km; Krankenhaus, Freibad 10 km. Umgebung hügelig. Preise auf Anfrage.

Hotel Neustädter Hof — 08340 Schwarzenberg

Sachsen, Erzgebirge

Grünhainer Str. 24, Tel. (03774) 1250, Fax: 125500. Komfortables Hotel mit 75 modern und freundlich ausgestatteten Zimmern mit Du/WC, Fön, Sitzecke, Minibar, Radio, Farb-TV, Telefon, PC- und Faxanschluß. Restaurant und ein angeschlossener Biergarten. Parkplatz stufenlos, Eingang 2 Stufen mit Rampe, Frühstücksraum, Restaurant und Zimmer (mit dem Aufzug) stufenlos erreichbar. Türbreite vom Aufzug 100 cm (Tiefe 135 cm, Breite 130 cm).

Geeignet für Gehbehinderte und Rollstuhlfahrer. 1 Zimmer mit Du/WC rollstuhlgerecht. Türbreite vom Zimmer und von Du/WC 95 cm. Freiraum in Du/WC 120 x 160 cm. Freiraum links neben WC 100 cm. Dusche und Waschbecken unterfahrbar.

Festinstallierter Duschsitz und stabile Haltegriffe an Dusche und WC vorhanden.

Lage: Zur Ortsmitte 800 m; Einkaufen, Arzt, Apotheke 200 m; Bahnhof 800 m; Krankenhaus 1 km; Freibad 5 km.

Zimmerpreise: EZ 100,- bis 115,- DM; DZ 149,- bis 179,- DM, Suite 199,- bis 230,-DM. Zusatzbett 50,- DM, Kinderbett kostenlos. Alle Preise inkl. Frühstücksbuffet. Wochenendpreise und Gruppenpreise auf Anfrage.

Begegnungs- und Bildungsstätte der Evang.-meth. Kirche — 09481 Scheibenberg

Sachsen, Kreis Annaberg

Silberstr. 61, Tel. (037349) 8329, Fax: 8102. Ferienheim auf einer parkähnlichen Anlage mit Liegewiese, Spielplatz und Möglichkeiten für diverse Ballspiele. 21 Ein-, Zwei- und Mehrbettzimmer mit Kalt- und Warmwasser. Duschen und WC auf den Etagen, 3 Appartements mit Dusche bzw. Bad und WC.

Der große, parkähnliche Garten bietet vielfältige Erholungs- und Spielmöglichkeiten (Liegewiese, Spielplatz für Kinder, Ballspiele, Volleyball, Minigolf, Tischtennis u.a.).

Geeignet für Körperbehinderte, Familien und **Gruppen** mit geistig Behinderten bis max. 50 Personen. Behinderte sind willkommen, aber das Haus ist nur bedingt für Gehbehinderte und nicht für Rollstuhlfahrer geeignet.

Lage: Scheibenberg ist eine alte Bergstadt mit Tradition. Sie liegt in reizvoller Umgebung im Oberen Erzgebirge. Im Sommer viele Möglichkeiten zum Wandern und Radfahren. Durch die Höhenlage im Winter ideale Voraussetzungen für den Wintersport.

Preis pro Person und Tag inkl. Frühstück für Erwachsene ab 21,- DM, für Jugendliche ab 18,- DM, für Kinder bis 12 J. ab 13,- DM.
Preise inkl. Vollpension für Erwachsene im EZ 49,- DM, im DZ 44,- DM, im Mehrbettzimmer 38,- DM. Kinder bis 1 Jahr frei. Kinder bis 5 Jahre 17,- DM, bis 12 Jahre 28,- DM, Jugendliche bis 18 Jahre im EZ 44,- DM, im DZ 38,- DM, im MZ 33,00 DM. Ausführliche Preisliste (Preise für Appartements, für ÜF, für Übernachtung im Gartenhaus) und ein Hausprospekt können angefordert werden.

Burghotel Stolpen — 01833 Stolpen

Sachsen, Sächsische Schweiz

Familie Kleinstäuber, Schloßstr. 12, Tel. (035973) 26234, Fax: 27912, Internet: www.burghotel-stolpen.de. Neuerbautes Hotel am Fuße der Burg Stolpen mit 44 Zimmern in ruhiger Lage mit Du/WC, TV und Telefon.

Eingang Burgseite, Frühstücksraum, Restaurant, Kräutergarten und Zimmer im EG alles stufenlos. Fahrstuhl im Haus. Alle Zimmertüren 75 cm breit, Türen zur Naßzelle bei den normalen Zimmern 55 cm.

Geeignet für Gehbehinderte, Rollstuhlfahrer und Familien mit geistig Behinderten. 1 Zimmer mit Du/WC rollstuhlgerecht. Türbreite vom Zimmer und von Du/WC 90 cm. Freiraum in Du/WC 140 x 140 cm. Dusche und Waschbecken unterfahrbar. Festinstallierter Duschsitz, Kippspiegel und stabile Haltegriffe an Dusche und WC vorhanden. Bettenhöhe 50 cm.

Lage: An der Burg Stolpen. Zur Ortsmitte mit Einkaufen, Arzt, Apotheke 150 m; Bahnhof Stolpen 1 km; unmittelbar am Stadtpark mit Spielplatz.

Zimmerpreise inkl. Frühstück: EZ 95,- DM; DZ 135,- bis 150,- DM; 3-Bett-Zimmer 195,- DM. Zuschlag für HP 20,- DM; VP 35,- DM pro Person. Kinderermäßigung. Haustiere gerne gesehen.

Comfort-Hotel Leipzig-Taucha — 04425 Taucha *(bei Leipzig)*

Sachsen

Leipziger Str. 125, Tel. (034298) 397-100, Fax: 397-299. Hotel mit 103 Zimmern mit Du/WC, Telefon und TV. Parkplatz, Eingang, Frühstücksraum und 2 rollstuhlgerechte Zimmer im EG stufenlos erreichbar.

Geeignet für Rollstuhlfahrer (2 Zimmer) und Familien mit geistig Behinderten. Türbreiten der Zimmer und von Du/WC 93,5 cm. Freiraum in Du/WC 180 x 180 cm. Freiraum links oder rechts vom WC 115 cm, davor 100 cm. Dusche und Waschbecken unterfahrbar. Notruf und stabile Haltegriffe an Du/WC und Waschbecken.

Lage: Zur Ortsmitte von Taucha 500 m; Einkaufen 300 m; Arzt und Apotheke 500 m; Leipzig Hauptbahnhof 6 km.
Zimmerpreise: EZ 112,- DM; DZ 138,- DM inkl. Frühstück.

Hotel und Restaurant „Zur Lochmühle" — 09322 Tauscha / Penig

Sachsen, Sächsisches Burgen- und Heideland

Lochmühle 1, Tel. (037381) 80246, Fax: 82023. Hotel mit 22 Zimmern. Parkplatz, Eingang, Frühstücksraum, Restaurant, Sauna, Wintergarten, Terrasse und 7 Zimmer im EG stufenlos erreichbar. Zum hauseigenen Freibad 2 Stufen.

Geeignet für Gehbehinderte und Familien mit geistig Behinderten. Bedingt geeignet für Rollstuhlfahrer (7 Zimmer). Türbreiten der Zimmer 82 cm, von Du/WC 71 cm. Freiraum in Du/WC 100 x 100 cm, Freiraum links und rechts neben WC 40 cm, davor 100 cm. Dusche nicht unterfahrbar, keine Haltegriffe vorhanden.
Lage: Bahnhof, Arzt, Apotheke 4 km; Einkaufen 3 km; Krankenhaus 7 km.
Zimmerpreise: EZ 45,- bis 95,- DM; DZ 68,- bis 145,- DM.

Wald- und Sporthotel Weinböhla — 01689 Weinböhla

Sachsen

Forststr. 66, Tel. (035243) 410, Fax: 41418 und 41419. Neues, freundliches 4-Sterne Business-Hotel in einem ruhigen, wunderschönen Landschaftsschutzgebiet mit anspruchsvollem Komfort, individuellem Service und freundlichem Flair.

114 komfortable Zimmer mit Dusche, WC, Schreibtisch, Direktwahltelefon, Radio, TV und Blick ins Grüne. Der Außen- und Innenbereich ist mit dem Rollstuhl problemlos befahrbar. 7 Veranstaltungsräume für bis zu 400 Personen. Zur aktiven Erholung stehen 4 Indoor- und 4 Outdoortennisplätze, 4 Bundeskegelbahnen, Sauna, Dampfbad, Beauty-Studio, Reiten, Schießen und Indoor-Golf zur Verfügung. Desweiteren: Parkplatz, Eingang, Restaurant, Matchballbar, Sommerterrasse und alle Zimmer stufenlos erreichbar (im EG oder mit dem Aufzug). Türbreite vom Aufzug 85 cm (Tiefe 140 cm, Breite 105 cm).

Geeignet für Gehbehinderte und Familien mit geistig Behinderten; bedingt geeignet für Rollstuhlfahrer mit Begleitung. Türbreiten der Zimmer 80 cm, der Badezimmer (Du/WC) 69 cm. Freiräume im Bad unterschiedlich, ca 100 x 100 cm. Freiraum am WC eng, Duschen teils unterfahrbar, teils nicht unterfahrbar (Schwellenhöhe 5 cm) und teilweise keine Haltegriffe.
Lage: Zwischen Dresden, Meißen und Moritzburg; die Entfernung nach Dresden beträgt ca. 20 Autominuten. Einkaufen 1 km; Freibad im Ort; Bahnhof, Arzt, Apotheke 2 km; Krankenhaus 7 km.

Zimmerpreise inkl. Frühstück: EZ 145,- DM; DZ 185,- bis 225,- DM; Junior-Suite 195,- bis 255,- DM; Zusatzbett 60,- DM; Kinder bis 10 Jahre 100% Emäßigung. Aufpreis für HP 26,- DM, für VP 45,- DM pro Person/Tag. Ausführlicher Prospekt mit Wochenend-, Kultur-, Sport- und Beautyarrangements und Gruppenpreise auf Anfrage.

Hotel „Alter Weber" — 02733 Weigsdorf-Köblitz

Sachsen, Oberlausitz

Hauptstr. 13, Tel. (035877) 25236, Fax: 28246. Gemütlich, rustikal und modern eingerichtetes 3-Sterne-Hotel (ehemalige Weberei, jetzt Ferien-, Konferenz- und Schulungshotel) mit 43 Zimmern mit Du/WC, Telefon, TV. Parkplatz und Eingang stufenlos, Frühstücksraum/Restaurant 1 Stufe. Hauseigenes Hallenbad (mit Aufzug) und die Zimmer (teils im EG, teils mit dem Aufzug) stufenlos erreichbar. Türbreite vom Aufzug 80 cm (Tiefe 140 cm, Breite 110 cm).

Geeignet für Gehbehinderte, Rollstuhlfahrer und Familien mit geistig Behinderten. 3 Zimmer mit Du/WC rollstuhlgerecht. Türbreite vom Zimmer und von Du/WC 94 cm. Freiraum in Du/WC 160 x 160 cm. Freiraum links neben WC 40 cm, rechts 150 cm, davor 160 cm. Dusche und Waschbecken unterfahrbar. Festinstallierter Duschsitz, Notruf und stabile Haltegriffe an Dusche, Waschbecken und WC vorhanden. Bettenhöhe 48 cm.

Lage: In einem der schönsten Täler des Oberlausitzer Berglandes, zu Füßen der Berge „Czorneboh" und „Bieleboh".
Preis pro Person inkl. Frühstück im EZ 89,- DM, im behindertengerechten DZ 65,- DM.

Ferienhof „Zur Vogtlandwiese" — 08606 Zaulsdorf

Sachsen, Vogtland

Am Anger 2, Tel. (037421) 29377, Fax: 20136. Ehemaliger Dreiseitbauernhof, 1996 total saniert und neu aufgebaut, mit DLG-Prüfzeichen. Drei Ferienwohnungen, stilvoll möbliert und ausgestattet mit Telefon, Radio, Sat-TV, Eßgruppe und Küchenzeile.
Geeignet für Gehbehinderte und Familien mit geistig Behinderten, bedingt geeignet für Rollstuhlfahrer: 3 Ferienwohnungen. 1 FeWo stufenlos, 2 mit Rampe. Türbreite der Zimmer 80 cm, von Du/WC 70 cm. Freiraum in Du/WC 160 x 160 cm. Freiraum links neben WC 24 cm, rechts 100 cm, davor 160 cm. Keine unterfahrbare Dusche, abgesenkte Badewanne.
Lage: Zur Ortsmitte mit Einkaufen, Bahnhof, Arzt, Apotheke 2 km; Freibad 3 km; Hallenbad, Krankenhaus, Dialyse 10 km.
Preis für eine rollstuhlgeeignete Ferienwohnung bis 4 Personen (50 qm) in der Nebensaison pro Tag 65,- DM, in der Hauptsaison 90,- DM.

Evangelisches Rüstzeitheim „Meißner Land" — 01665 Zehren

Sachsen, Elbtal

Bergstr. 11, Tel. (035247) 50010, Fax: 50015. Von Natur umgebenes Selbstverpflegerhaus, ideal auch für Kinder- und Jugendgruppen, auch mit geistig Behinderten und Blinden, bis 25 Personen, darunter bis zu drei Rollstuhlfahrer. 1 Zimmer rollstuhlgerecht. Türbreite von Zimmer und Du/WC 80 cm. Bewegungsfreiraum in Du/WC 140 x 140 cm. Dusche und Waschbecken unterfahrbar. Duschhocker und stabile Haltegriffe an Dusche, WC und Waschbecken vorhanden. Ausführliche Preise auf Anfrage. Kinder ab 11,- DM, Erw. ab 18,- DM.

Hotel-Restaurant „Zur Schlackenmühle" — 06543 Alterode

Sachsen-Anhalt, Südharz

Schlackenmühle 1, Tel. (034742) 9520; Fax: 95224. Kleines Hotel mit 10 Zimmern mit Du/WC, Telefon und TV, direkt an einer Waldlichtung im Landschaftsschutzgebiet Einetal. Parkplatz, Eingang, Frühstücksraum und Zimmer stufenlos erreichbar.
Geeignet für Gehbehinderte und Rollstuhlfahrer. 1 DZ mit Du/WC rollstuhlgerecht. Türbreite vom Zimmer 130 cm, von Du/WC 120 cm. Freiraum in Du/WC 150 x 150 cm. Freiraum rechts neben WC 60 cm, davor 150 cm. Dusche und höhenverstellbares Waschbecken unterfahrbar. Kippspiegel, festinstallierter Duschsitz und stabile Haltegriffe an Du/WC und Waschbecken vorhanden.
Lage: Ruhige Lage am Wald. Zur Ortsmitte 45 km; Einkaufen 2 km; Apotheke 15 km.
Preis pro Person und Übernachtung im EZ 80,- DM; im DZ 55,- DM. Kinder 6 bis 14 Jahre 30,- DM. Frühstück 9,50 DM pro Person.

Integrationsdorf Arendsee — 39619 Arendsee

Sachsen-Anhalt, Altmark

Harper Weg 3, Tel. (039384) 98090, Fax: 27795, E-Mail: familien-ida@t-online.de. Familienerholungsstätte mit 15 Ferienhäusern und einer Gesamtkapazität von 170 Betten (davon 36 rollstuhlgerecht). Alle Zimmer sind modern eingerichtet und mit Du/WC, Radio und TV- Anschluß ausgestattet. Parkplatz, Rezeption, Speisesaal und Ferienhäuser sind stufenlos erreichbar.

Geeignet für Gehbehinderte und Rollstuhlfahrer (auch für Gruppen geeignet). Das Erdgeschoß in 9 Ferienhäusern ist nach DIN 18024 rollstuhlgerecht ausgestattet. Hauseingangstür und Zimmertüren, sowie die Terrassentür sind 90 bis 110 cm breit, die Dusche ist schwellenlos unterfahrbar, festinstallierte Haltegriffe an Dusche und WC vorhanden. Bewegungsfreiraum in allen Räumen mindestens 120 cm. Pflegebetten sind in begrenzter Anzahl vorhanden.

Lage: Ruhige Lage am Stadtrand umgeben von Wald. Zur Ortsmitte 2 km, Spielhaus für die Kinder im Gelände, Kremserfahrten, Dampferfahrten, Arzt und Apotheke 2 km, Tischtennis, Kegelbahn, Sauna, Fahrradausleihe, Volleyball- und Fußballplatz, Badesee 300 m.

Preise: Ferienwohnung 2 Personen 75,- bis 95,- DM; Haus 4 Personen 100,- bis 180,- DM; Haus 6 Personen 150,- bis 255,- DM; Haus 12 Personen 440,- bis 500,- DM. Aufbettung jeweilsmöglich. Einzelbettvermietung 30,- bis 50,- DM.
Vollverpflegung für Erwachsene pro Tag 25,- DM; Kinder 0 - 2 Jahre frei; 3 - 5 Jahre 12,- DM; 6 - 12 Jahre 17,- DM. Haustiere können mitgebracht werden und kosten pauschal 30,- DM.
Service: Getränkeverkauf im Objekt; kostenloser Hol- und Bringdienst mit hauseigenem rollstuhlgerechten Kleinbus vom Bahnhof Arendsee, Wittenberge oder Salzwedel. Der Bus kann auch für den Eigenbedarf während des Aufenthaltes gemietet werden.

Jugendherberge Bernburg — 06406 Bernburg

Sachsen-Anhalt

Krumbholzallee 2, Tel. (03471) 352027, Fax: 352027. Jugendherberge mit 65 Betten in Ein- bis Mehrbettzimmern. Parkplatz, Eingang, Frühstücksraum, Garten und die Zimmer im EG stufenlos erreichbar.

Geeignet für Gehbehinderte (30 Pers.), Rollstuhlfahrer (1 Pers.) und Familien mit geistig Behinderten. 1 Zimmer rollstuhlgerecht. Türbreite vom Zimmer und von Du/WC 94 cm. Freiraum in Du/WC 170 x 200 cm. Freiraum links neben WC 42 cm, rechts 176 cm, davor 210 cm. Dusche und Waschbecken unterfahrbar. Festinstallierter Duschsitz, Kippspiegel, Notruf und stabile Haltegriffe an Dusche, Waschbecken und WC vorhanden.

Lage: Im Naherholungsgebiet „Krumbholz", unweit des Tierparks am Ortsausgang in Richtung Aschersleben. Zur Ortsmitte 2,5 km; Einkaufen, Arzt, Apotheke 1 km; Freibad 8 km; Hallenbad 2,5 km.
Preis pro Person für Übernachtung mit Frühstück 24,- DM, inkl. Vollpension 39,- DM.

Kurhotel Fürstenhof — 38889 Blankenburg

Sachsen-Anhalt, Harz

Mauerstr. 9, Tel. (03944) 90440, Fax: 9044299. Stilvoll elegantes Kurhotel mit 40 De-Luxe-Zimmern, alle mit Bad, Telefon, Radiowecker, Minibar, TV. Bankett- und Festsaal für 300 Personen, 2 Tagungsräume bis 100 Personen. Parkplatz, Eingang (Tiefgarage mit Aufzug bis zum Empfang), Frühstücksraum, Restaurant und die Zimmer (mit dem Aufzug) stufenlos erreichbar. Zum Garten 5 Stufen.

Geeignet für Gehbehinderte, Rollstuhlfahrer und Familien mit geistig Behinderten. 2 DZ mit Bad/WC rollstuhlgerecht. Türbreiten der Zimmer und Badezimmer 93 cm. Freiraum im Bad/WC 230 x 240 cm. Freiraum rechts neben und vor dem WC 160 cm. Badewanne mit Greifhilfe (keine unterfahrbare Dusche). Festinstallierter Wannenklappsitz, Notruf, und stabile Haltegriffe an WC und Waschbecken vorhanden.
Lage: Ortsmitte 500 m; Apotheke 100 m; Arzt, Krankenhaus 200 m; Einkaufen 500 m; Bahnhof 1 km; Hallenbad 15 km.

Preis pro Person inkl. Halbpension je nach Saison im EZ 115,- bis 125,- DM; im DZ 75,- bis 95,- DM. Zuschlag für VP 20,- DM pro Tag.

Holiday Inn Garden Court Brehna — 06796 Brehna

Sachsen-Anhalt

Otto-Lilienthal-Str. 6, Tel. (034954) 61600, Fax: 61500. Hotel mit 153 komfortablen Zimmern. Parkplatz, Eingang, Frühstücksraum, Restaurant, Bar und die Zimmer (teils im EG, teils mit dem Aufzug) stufenlos erreichbar. Türbreite vom Aufzug 91 cm (Tiefe 143 cm, Breite 109 cm).

Geeignet für Gehbehinderte (183 Pers.), Rollstuhlfahrer und Familien mit geistig Behinderten (183 Pers.). 2 Zimmer rollstuhlgerecht. Türbreite der Zimmer 82 cm, von

Du/WC 88 cm. Freiraum in Du/WC 190 x 140 cm. Freiraum links neben WC 70 cm, rechts 45 cm, davor 140 cm. Dusche und Waschbecken unterfahrbar. Verstellbarer Kippspiegel, Notruf, festinstallierter Duschsitz und stabile Haltegriffe an Dusche und WC vorhanden. Bettenhöhe 46 cm.

Lage: Zur Ortsmitte mit Bahnhof, Einkaufen, Arzt und Apotheke 2 km; Krankenhaus 1 km. Umgebung flach.
Zimmerpreise inkl. Frühstück: EZ 125,- DM; DZ 150,- DM.

ETAP Hotel Dessau — 06842 Dessau-Mildensee

Sachsen-Anhalt

Sollnitzer Allee 4, Tel. (0340) 210690, Fax: 2160830. Hotel mit 63 Zimmern. Parkplatz, Eingang, Frühstücksraum und die Zimmer (teils im EG, teils mit dem Aufzug) stufenlos erreichbar.

Geeignet für Rollstuhlfahrer und Familien mit geistig Behinderten. 1 Zimmer rollstuhlgerecht. Türbreite vom Zimmer und von Du/WC 80 cm. Bewegungsfreiraum in Du/WC 140 x 140 cm. Freiraum links neben WC 25 cm, rechts 125 cm, davor 90 cm. Dusche und Waschbecken unterfahrbar. Festinstallierter Duschsitz und stabile Haltegriffe an Dusche und WC vorhanden. Bettenhöhe 53 cm.

Lage: Zur Ortsmitte 4 km; Einkaufen, Apotheke 500 m; Freibad / Badesee 2 km; Krankenhaus 6 km. Flache Umgebung.
Zimmerpreise: EZ 49,- DM; DZ 61,- DM. Frühstücksbuffet 8,90 DM pro Person. Gutes Preis-Leistungs-Verhältnis.

Romantik Parkhotel „Unter den Linden" — 38820 Halberstadt

Sachsen-Anhalt, Vorharz

Klamrothstr. 2, Tel. (03941) 600077, Fax: 600078. Schönes und stilvoll eingerichtetes Haus mit 46 großen Zimmern mit Bad/Dusche, WC, TV und Telefon. Parkplatz, Eingang stufenlos. Frühstücksraum, Restaurant und die Zimmer mit dem Aufzug stufenlos erreichbar. Türbreite vom Aufzug 80 cm (Tiefe 140 cm, Breite 95 cm).

Geeignet für Gehbehinderte (20 Pers.), Rollstuhlfahrer und Familien mit geistig Behinderten. 1 Zimmer rollstuhlgerecht. Türbreite vom Zimmer 80 cm, von Du/WC 70 cm. Freiraum in Du/WC 120 x 200 cm. Freiraum links neben WC 220 cm, davor 140 cm. Dusche und Waschbecken unterfahrbar. Festinstallierter Duschsitz und stabile Haltegriffe an Du/WC und Waschbecken vorhanden.

Lage: Zur Ortsmitte 500 m; Arzt und Apotheke 150 m; Krankenhaus 1,5 km; Bahnhof 500 m; Hallenbad 1,5 km.
Zimmerpreise: EZ 150,- bis 165,- DM; DZ 210,- bis 240,- DM inkl. Frühstücksbuffet.

Treff Hansa Hotel Halle — 06188 Halle-Peißen

Sachsen-Anhalt

Hansaplatz 1, Tel. (0345) 5647-0, Fax: 5647-550. 301 elegante Komfortzimmer, 16 Tagungsräume für bis zu 650 Personen. Parkplatz, Frühstücksraum, Restaurant, Atrium und Zimmer im EG stufenlos erreichbar. Türbreite vom Aufzug 110 cm (Tiefe 150 cm, Breite 120 cm).

Geeignet für Gehbehinderte, Rollstuhlfahrer und Familien mit geistig Behinderten. 2 Zimmer rollstuhlgerecht: Türbreiten der Zimmer und von Du/WC 93 cm. Freiraum in Du/WC 215 x 200 cm. Freiraum rechts neben WC 90 cm, davor 130 cm. Dusche und Waschbecken unterfahrbar. Festinstallierter Duschsitz, Notruf, Kippspiegel und stabile Haltegriffe an Du/WC und Waschbecken vorhanden.

Lage: Unmittelbar am Autobahnknotenpunkt A 9 und A 14, am Ortsrand von Halle. Zum Stadtzentrum 8 km; Einkaufen, Arzt, Apotheke 1 km; Bahnhof 12 km.

Zimmerpreise: EZ 150,- bis 199,- DM; DZ 198,- bis 247,- DM inkl. Frühstück. Kinder 4 bis 14 Jahre 35,- DM im Zimmer der Eltern.

Dorint Hotel Charlottenhof Halle — 06108 Halle

Sachsen-Anhalt

Dorotheenstr. 12, Tel. (0345) 29230, Fax: 2923100, E-Mail: Info.LEJHAL@dorint.com, Internet: www.dorint.de/halle. First-Class-Hotel mit 166 vollklimatisierten, komfortablen Zimmern. 11 variable Konferenz-, Seminar- und Veranstaltungsräume mit modernster Tagungstechnik. Freizeitclub DORIPOOL mit Sauna, Dampfbad, Fitnessraum, Bistro und Sonnenterrasse mit Whirlpool im Freien.

Von der Tiefgarage zur Rezeption mit dem Aufzug. Eingang, Frühstücksraum, Restaurant und die Zimmer (mit dem Aufzug) stufenlos erreichbar. Türbreite vom Aufzug 110 cm (Tiefe 215 cm, Breite 110 cm).

Geeignet für Gehbehinderte (20 Pers.), Rollstuhlfahrer und Familien mit geistig Behinderten. 1 Zimmer rollstuhlgerecht. Türbreite vom Zimmer 90 cm, von Du/WC 93 cm. Freiraum in Du/WC 140 x 140 cm. Freiraum links neben WC 160 cm, rechts 100 cm, davor 120 cm. Dusche und Waschbecken unterfahrbar. Festinstallierter Duschsitz, Notruf, verstellbarer Kippspiegel und stabile Haltegriffe an Dusche, WC und Waschbecken vorhanden. Bettenhöhe 47 cm.

Lage: Zur Stadtmitte 400 m; Einkaufen, Apotheke 10 m; Bahnhof 200 m; Arzt 50 m, Krankenhaus 300 m.

Zimmerpreise: EZ und DZ 189,- bis 224,- DM; Suite 295,- bis 425,- DM; Frühstücksbuffet pro Person 23,- DM; Zusatzbett 50,- DM, Aufpreis für HP 39,50 DM pro Person, für VP 76,50 DM. Haustiere 10,- DM. Kinder bis 6 Jahre kostenfrei, 7 bis 11 Jahre im Zimmer der Eltern 35,- DM.

Steigenberger Esprix Hotel — 06122 Halle

Sachsen-Anhalt

Neustädter Passage 5, Tel. (0345) 69310, Fax: 6931626. Hotel mit 186 Zimmern. Parkplatz, Eingang, Frühstücksraum, Restaurant und die Zimmer (mit dem Aufzug) stufenlos erreichbar. Türbreite vom Aufzug 90 cm (Tiefe 210 cm, Breite 107 cm).
Geeignet für Gehbehinderte (alle Zimmer), Rollstuhlfahrer (1 Zi.) und für Familien mit geistig Behinderten. 1 Zimmer mit Du/WC rollstuhlgerecht. Türbreite von Zimmer und Du/WC 93 cm. Freiraum in Du/WC 170 x 110 cm. Freiraum vor dem WC 110 cm. Dusche und Waschbecken unterfahrbar. Großer Spiegel bis Waschtischkante, festinstallierter Duschsitz und stabile Haltegriffe an Dusche und WC vorhanden.
Lage: Zur Stadtmitte 5 km; Einkaufen 200 m; Arzt und Krankenhaus 400 m; **Zimmerpreise** je nach Kategorie: EZ 127,- bis 166,- DM; DZ 157,- bis 217,- DM.

Waldhotel „Am Ilsestein" — 38871 Ilsenburg

Sachsen-Anhalt, Harz, Nationalpark Hochharz

Ilsetal 09, Tel. (039452) 9520, Fax: 95266. Das familienfreundliche Waldhotel verfügt über 29 Doppelzimmer mit Du/WC, 15 Familienzimmer mit je 4 Betten und 9 behindertengerechte Zimmer.
Alle Zimmer mit Du/WC, Farb-TV, Telefon. Ein Restaurant mit 130 Sitzplätzen. 80 Tagungsplätze. Das Hotel bietet außerdem Spielzimmer, Kinderanimation, Babykrabbelraum, Playstation mit Spielen, Tischtennisraum, Fitness und Schwimmbecken. Haustiere dürfen mitgebracht werden.

Parkplatz, Eingang, Frühstücksraum, Restaurant, hauseigenes Hallenbad, Garten und die Zimmer (mit dem Aufzug) stufenlos erreichbar. Türbreite vom Aufzug 90 cm (Tiefe 140 cm, Breite 100 cm).
Geeignet für Gehbehinderte (25 Pers.), Rollstuhlfahrer und Familien mit geistig Behinderten. 9 Zimmer rollstuhlgerecht. Türbreite der Zimmer 90 cm, von Du/WC 95 cm. Freiraum in Du/WC 200 x 140 cm. Freiraum links neben WC 100 cm, rechts 15 cm, davor 90 cm (unterschiedliche Badezimmeraufteilungen). Dusche und Waschbecken unterfahrbar. Festinstallierter Duschsitz und stabile Haltegriffe an Dusche und WC vorhanden. Bettenhöhe 45 cm.

Lage: Das Hotel liegt idyllisch inmitten von Wäldern am kleinen Flüßchen Ilse mit Blick zum Ilsestein, am Nationalpark Hochharz. Wege flach in Richtung Ilsetal/Stadt; vom Hotel bis zu den Ilsefällen (berühmte Wasserfälle) leichter Anstieg; gut ausgebautes Wegenetz.
Entfernungen: Zur Ortsmitte mit Einkaufen, Arzt, Apotheke und Tennisplatz 2 km; Freibad 1,5 km; Krankenhaus, Dialyse 10 km.

Preis pro Person im EZ 75,- bis 110,- DM, im DZ 60,- bis 80,- DM. Familienappartements: Übernachtung mit Frühstück bei 2 Personen ab 120,- DM, 3 Personen 160,- DM, 4 Pers. 200,- DM. Zuschlag für Halbpension 20,- DM, Vollpension 35,- DM. Haustier pro Tag 8,- DM. Hausprospekt und ausführliche Preisliste auf Anfrage.
Abholservice bis 250 km gegen geringe Bezahlung möglich (km = 0,80 DM).

„Ferienhaus am Brocken" 38871 Ilsenburg

Sachsen

Ilsetal 17. Anschrift des Vermieters: Monika Riese, Schöne Aussicht 31, 33181 Wünnenberg, Tel. (02953) 8548, Fax: 7976. Ferienhaus mit insgesamt 7 Wohnungen unterschiedlicher Größe, davon 2 Wohnungen rollstuhlgeeignet.
Geeignet für Gehbehinderte und Rollstuhlfahrer: 2 Wohnungen mit jeweils 2 Schlafräumen (3-Bettzimmer rollstuhlgeeignet), 2-Bett-Zimmer nicht rollstuhlgeeignet. Alle Türen 80 cm breit. Dusche schwellenlos unterfahrbar. Stabiler Duschhocker und Haltegriffe an Dusche vorhanden. Bewegungsfreiraum in Du/WC 90 x 150 cm.
Preise: ab 70,- DM/Tag für 2 Personen; jede weitere Pers. zzgl. 10,- DM/Tag.

Flair-Hotel Mansfelder Hof 06295 Lutherstadt Eisleben

Sachsen-Anhalt, Südharz

Hallesche Str. 33, Tel. (03475) 669-0, Fax: 669221. 32 modern eingerichtete Zimmer mit Du/WC, Fön, Sat-TV, Radio und Telefon. 3 Konferenzräume für 12 bis 200 Personen. Parkplatz, Eingang, Frühstücksraum, Restaurant, Garten, Gartenlokal und Zimmer im EG stufenlos erreichbar. Türbreite vom Aufzug 90 cm (Tiefe 120 cm, Breite 110 cm).

Geeignet für Gehbehinderte, Rollstuhlfahrer und Familien mit geistig Behinderten. 1 Zimmer rollstuhlgerecht. Türbreite vom Zimmer 90 cm, von Du/WC 100 cm. Freiraum in Du/WC 200 x 200 cm. Freiraum rechts neben WC 100 cm, davor 200 cm. Dusche und Waschbecken unterfahrbar. Verstellbarer Kippspiegel, festinstallierter Duschsitz und stabile Haltegriffe an Du/WC und Waschbecken vorhanden.

Lage: Zur Ortsmitte 300 m; Arzt 100 m; Einkaufen 200 m; Freibad 300 m; Hallenbad 1 km; Apotheke 400 m; Krankenhaus 1,5 km. Wege flach.
Zimmerpreise: EZ 85,- bis 95,- DM; DZ 145,- DM inkl. Frühstück.

Wittenberg Park Inn 06886 Lutherstadt Wittenberg

Sachsen-Anhalt, Südharz

Neustraße 7-10, Tel. (03491) 4610, Fax: 461200. 171 großzügig und elegant eingerichtete Zimmer und Suiten, ausgestattet mit Bad/Dusche, WC, Kabel-TV, Radio, Telefon und Minibar. Sehr gut ausgestattete Konferenzräume in verschiedenen Größen. Parkplatz, Eingang, Frühstücksraum, Restaurant, Aufzug (Tiefe 140 cm, Türbreite 90 cm) und Zimmer (mit dem Aufzug) stufenlos erreichbar.

Geeignet für Gehbehinderte, Rollstuhlfahrer und Familien mit geistig Behinderten. 2 Zimmer rollstuhlgerecht. Türbreite der Zimmer und von Du/WC 90 cm. Freiraum in Du/WC 150 x 120 cm. Freiraum links und rechts neben WC 20 cm (Haltegriff), davor 100 cm. Dusche nicht schwellenlos, Waschbecken unterfahrbar. Festinstallierter

Duschsitz und stabile Haltegriffe an Dusche und WC vorhanden. Verstellbarer Kippspiegel und schwenkbare Mischbatteriegriffe.

Lage: Ortsmitte, Apotheke 300 m; Bahnhof, Arzt 1 km; Krankenhaus 2 km.
Zimmerpreise inkl. Frühstück: EZ 135,- bis 155,- DM; DZ 165-, bis 185,- DM.

Classik Hotel Magdeburg — 39171 Magdeburg

Sachsen-Anhalt

Leipziger Chaussee 13, Tel. (0391) 62900, Fax: 6290519. 109 Komfortzimmer mit Dusche/Bad, WC, Fön, Telefon, Faxanschluß, Sat-TV, Radio und Minibar. 8 Veranstaltungsräume. Parkplatz, Eingang, Frühstücksraum, Restaurant und Zimmer im EG stufenlos erreichbar. Türbreite vom Aufzug 93 cm (Tiefe 143 cm, Breite 105 cm).

Geeignet für Gehbehinderte und Rollstuhlfahrer. 1 Zimmer rollstuhlgerecht. Freiraum in Du/WC 140 x 140 cm. Dusche und Waschbecken unterfahrbar; Kippspiegel und stabile Haltegriffe an Dusche und Waschbecken vorhanden.

Lage: Nähe Magdeburger Flugplatz (1 km); Stadtmitte 6 km; Einkaufen, Apotheke 3 km; Krankenhaus 4 km; Bahnhof 8 km.

Zimmerpreise inkl. Frühstücksbuffet: EZ 100,- DM; DZ 120,- DM; Zusatzbett 50,- DM.

InterCity Hotel Magdeburg — 39126 Magdeburg

Sachsen-Anhalt

Bahnhofstr. 69, Tel. (0391) 59620, Fax: 5962-499. 175 Zimmer mit Du/WC, Telefon und TV. Parkplatz, Eingang, Frühstücksraum, Restaurant und die Zimmer (mit dem Aufzug) stufenlos erreichbar.
Geeignet für Gehbehinderte, Rollstuhlfahrer und Familien mit geistig Behinderten. 1 Zimmer rollstuhlgerecht. Freiraum in Du/WC 140 x 140 cm. Dusche und Waschbecken unterfahrbar. Festinstallierter Duschsitz und stabile Haltegriffe an Du/WC und Waschbecken vorhanden.
Lage: Zum Bahnhof 100 m; zur Stadtmitte, Einkaufen, Arzt, Apotheke 100 m.
Zimmerpreise: EZ 128,- bis 195,- DM; DZ 156,- bis 215,- DM; Frühstück 18,- DM pro Person.

Treff Hansa Hotel Magdeburg — 39116 Magdeburg

Sachsen-Anhalt

Hansapark 2, Tel. (0391) 63630, Fax: 6363550. Tagungs- und Freizeithotel mit 243 Hotelzimmern mit Bad/Dusche und WC, Fön, Telefon, Faxanschluß, Sat-TV, Video, Radio und Minibar. 9 Tagungsräume mit Technik. Lagunenschwimmbad mit Sauna-Landschaft, Dampfbad, Whirlpools (4 Stufen). Parkplatz, Eingang, Frühstücksraum, Restaurant und die Zimmer (mit Aufzug) stufenlos erreichbar.

Geeignet für Gehbehinderte, Rollstuhlfahrer und Familien mit geistig Behinderten.

3 Zimmer rollstuhlgerecht. Türbreiten der Zimmer 90 cm, von Du/WC 94 cm. Freiraum in Du/WC 190 x 190 cm. Freiraum links neben WC 140 cm, davor 140 cm. Dusche und Waschbecken unterfahrbar. Kippspiegel, festinstallierter Duschsitz und stabile Haltegriffe an Dusche und WC vorhanden.

Lage: Zur Stadtmitte 6 km; Bahnhof 5 km; Arzt, Apotheke 2 km; Krankenhaus, Dialyse 4 km.
Zimmerpreise: EZ 169,- bis 205,- DM; DZ 219,- bis 255,- DM pro Nacht inkl. Frühstück. Am Wochenende: EZ 120,- DM; DZ 170,- DM.

Jugendgästehaus und Jugendherberge „Magdeburger Hof" — 39104 Magdeburg

Sachsen-Anhalt

Leiterstr. 10, Tel. (0391) 532101, Fax: (0391) 532102. Jugendgästehaus und Jugendherberge mit 63 Zimmern. Parkplatz und Eingang stufenlos, Frühstücksraum und die Zimmer mit dem Aufzug erreichbar. Türbreite vom Aufzug 90 cm (Tiefe 200 cm, Breite 90 cm).
Geeignet für Rollstuhlfahrer (12 Personen) und Familien und Gruppen mit Behinderten und geistig Behinderten (240 Betten insgesamt). 4 Zimmer rollstuhlgerecht. Bettenhöhe 48 cm. Türbreiten der Zimmer und von Du/WC 94 cm. Bewegungsfreiraum in Du/WC 170 x 120 cm. Freiraum links neben WC 170 cm, rechts 120 cm, davor 130 cm. Dusche und Waschbecken unterfahrbar. Festinstallierter Duschsitz und stabile Haltegriffe an Dusche und WC.
Lage: Zur Ortsmitte mit Einkaufen, Arzt, Apotheke 200 m; Bahnhof 500 m.
Preis pro Person für Übernachtung inkl. Frühstück im Mehrbettzimmer 34,- DM, im DZ 39,- DM, im EZ 44,- DM.

Hotel Kaiserhof — 06618 Naumburg

Sachsen-Anhalt

Bahnhofstr. 35-37, Tel. (03445) 2440, Fax: 244100. Modernes Hotel mit 80 Komfortzimmern mit Du/WC, Sat- und Pay-TV, Radio, Wecker, Direktwahltelefon, Faxanschluß und Fön. Kostenlose Parkplätze, Eingang, Frühstücksraum, Restaurant, Tagungsraum für 80 Personen und Zimmer (mit dem Aufzug) stufenlos erreichbar. Türbreite vom Aufzug 90 cm (Tiefe 137 cm, Breite 106 cm).

Geeignet für Gehbehinderte, Rollstuhlfahrer und Familien mit geistig Behinderten. 2 Zimmer rollstuhlgerecht. Türbreiten der Zimmer und von Du/WC 80 cm. Freiraum in Du/WC 277 x 236 cm. Freiraum links und rechts neben WC 20 cm (Haltegriff), davor 140 cm. Dusche und Waschbecken unterfahrbar. Kippspiegel, Duschhocker und stabile Haltegriffe an Dusche, Waschbecken und WC vorhanden.

Lage: Zur Stadtmitte 3 km; Einkaufen 150 m; Bhf 250 m; Arzt 400 m; Apotheke 3 km.
Zimmerpreise inkl. Frühstücksbuffet: EZ 89,- bis 109,- DM; DZ 135,- bis 155,- DM.

Parkhotel — 06909 Pretzsch

Sachsen-Anhalt, Naturpark Dübener Heide

Goetheallee 3, Tel. (034926) 5680, Fax: 56866. 42 Zimmer mit Du/WC, Radio, TV und Telefon. Seminar- und Tagungsräume. Parkplatz, Eingang, Frühstücksraum, Restaurant und 1 Zimmer stufenlos erreichbar.

Geeignet für Gehbehinderte und Rollstuhlfahrer (1 Zimmer). Türbreite vom Zimmer und von Du/WC 80 cm. Freiraum in Du/WC 120 x 300 cm. Freiraum links und rechts neben WC 100 cm, davor 90 cm. Dusche und Waschbecken unterfahrbar. Duschsitz und stabile Haltegriffe an Dusche und WC vorhanden.

Lage: Ortsmitte, Einkaufen 1 km; Arzt, Apotheke 500 m; Bhf. 1,5 km; Freibad 6 km. **Zimmerpreise** inkl. Frühstück: EZ 90,- DM; DZ 120,- DM, Zusatzbett 30,- DM.

ACRON Hotel Quedlinburg — 06484 Quedlinburg

Sachsen-Anhalt, Harz

Oeringerstr. 7, Tel. (03946) 77020, Fax: 770230. ACRON ist ein budgetfreundliches Hotel für Privat- und Geschäftsreisende. 64 komfortable Gästezimmer mit jeweils 2 Betten (Größe 90 x 210 cm), Duschbad/WC, Schreibtisch, Farb-TV, Nichtraucher/Raucherzimmer, Halle mit offenem Kamin, Hallenbar, Frühstücksraum und Veranstaltungsraum für 5-20 Personen. Ausreichende Parkplätze für PKWs und Reisebusse.

Geeignet für Gehbehinderte (Gruppen bis 60 Personen), Rollstuhlfahrer (4 Pers.) und Familien mit geistig Behinderten. Parkplatz, Eingang und Frühstücksraum stufenlos. 2 Zimmer rollstuhlgerecht: Türbreite der Zimmer und von Du/WC 92 cm. Freiraum in Du/WC 150 x 150 cm. Dusche und Waschbecken unterfahrbar. Duschhocker, Kippspiegel, Notruf und stabile Haltegriffe an WC und Waschbecken vorhanden. Bettenhöhe 50 cm.

Lage: Ruhig gelegen in einem Wohngebiet, fast alles ebenerdig. Zur Ortsmitte 1 km; Einkaufen 10 m; Krankenhaus, Arzt, Dialyse 600 m; Apotheke 1,5 km; Freibad 1 km. Umgebung flach.

Zimmerpreise: EZ 69,- bis 79,- DM; DZ 89,- DM. Frühstücksbuffet 10,- DM pro Person. Hund pro Tag 12,- DM. Gutes Preis-Leistungs-Verhältnis.

Ringhotel Schlossmühle — 06484 Quedlinburg

Sachsen-Anhalt, Harz

Kaiser-Otto-Str. 28, Tel. (03946) 7870, Fax: (03946) 787499, E-Mail: QLBSM@aol.com, Internet: www.schlossmuehle.de. Im Neubau wie im historischen Altbau befinden sich 71 geschmackvoll eingerichtete Doppel- und Einzelzimmer, 5 Suiten und 2 behindertengerechte Zimmer. Alle Zimmer mit Bad/Dusche, WC, Fön, Farb-TV, Radio, Selbstwahltelefon und Faxanschluß.

Für Tagungen und Seminare 3 technisch hochmodern ausgestattete Konferenzräume für insgesamt 100 Personen. Mehrere Restaurants mit regionalen und internationalen Spezialitäten, Whirlpool, Fitnessgeräte und Brain-Light-Entspannungsoase.

Parkplätze, Eingang, Frühstücksraum, Restaurant, Tagungsräume und die Zimmer (mit dem Aufzug) stufenlos erreichbar. Türbreite vom Aufzug 90 cm (Tiefe 140 cm, Breite 100 cm).

Geeignet für Gehbehinderte (Gruppen bis 120 Personen), Rollstuhlfahrer (4 Pers.) und Familien mit geistig Behinderten (bis 120 Pers.). 2 Zimmer rollstuhlgerecht. Türbreiten der Zimmer und von Du/WC 95 cm. Freiraum in Du/WC 90 x 220 cm. Dusche und Waschbecken unterfahrbar. Festinstallierter Duschsitz und stabile Haltegriffe an Dusche, Waschbecken und WC vorhanden.

Lage: Quedlinburg liegt am Nordrand des Harzes, in einer reizvollen Hügellandschaft am Ufer des Bode, eine knappe Autostunde von Braunschweig, Magdeburg oder Halle entfernt. Das Hotel liegt im mittelalterlichen Stadtkern.

Entfernungen: Einkaufen, Arzt, Apotheke 1 km; Bahnhof 1,5 km; Krankenhaus, Dialyse 2 km. Umgebung flach.

Zimmerpreise inkl. Frühstücksbuffet: EZ behindertengerecht 140,- DM; DZ behindertengerecht 190,- DM. Kinder bis 6 Jahre im Zimmer der Eltern kostenfrei. Haustier pro Nacht 10,- DM.

Best Hotel — 39291 Schopsdorf

Sachsen-Anhalt, Jerichower Land

Heidestr. 10, Tel. (03921) 9260, Fax: 926253. Komfortables Hotel in unmittelbarer Nähe der A 2 (Magdeburg-Berlin), ruhige Lage, mit 74 großen Zimmern mit Du/WC, Telefon, TV und Minibar. Parkplatz, Eingang, Frühstücksraum, Restaurant, Garten und die Zimmer im EG stufenlos erreichbar. Türbreite vom Aufzug 90 cm (Tiefe 160 cm, Breite 120 cm). Für Seminare, Tagungen und Konferenzen oder Festlichkeiten stehen modern ausgestattete Räume und professionelle Kommunikations- und Präsentationstechnik zur Verfügung. Außerdem zwei Tennisplätze.

Geeignet für Gehbehinderte, Rollstuhlfahrer und Familien mit geistig Behinderten. 2 Zimmer rollstuhlgerecht. Türbreiten der Zimmer 91 cm, von Du/WC 94 cm. Freiraum in Du/WC 120 x 120 cm; Freiraum vor dem WC 133 cm (daneben Haltegriffe). Dusche und Waschbecken unterfahrbar. Notruf, Kippspiegel, festinstallierter Duschsitz und stabile Haltegriffe an Dusche und WC vorhanden.

Lage: Erreichbar über die A 2 Magdeburg - Berlin, Abfahrt Ziesar. Zur Ortsmitte 2 km; Einkaufen, Bahnhof, Arzt, Apotheke 5 km.

Zimmerpreise inkl. Frühstück: EZ 85,- bis 99,- DM; DZ 130,- bis 160,- DM.

Haus Einkehr
Pension und Seelsorgeheim — 06774 Schwemsal

Sachsen-Anhalt, Dübener Heide

Inh. Gottfried Weihe, Bitterfelder Str. 20, Tel. (034243) 52119, Fax: 52140. Kleines gemütliches, mit viel Holz eingerichtetes Haus mit 10 Zimmern mit 19 Betten, alle mit Radio und Telefon, 5 mit TV. Das Haus ist christlich geprägt. Gruppen willkommen. Für Seminare können Räume zur Verfügung gestellt werden. Parkplatz, Eingang, Frühstücksraum, Garten und Zimmer im EG stufenlos erreichbar.

Geeignet für Rollstuhlfahrer, Familien mit geistig Behinderten, andere Behinderte. 1 rollstuhlgerechtes Zimmer mit Du/WC. Türbreite vom Zimmer und von Du/WC 94 cm. Bewgeungsfreiraum in Du/WC 125 x 180 cm. Freiraum links neben WC 70 cm, davor 140 cm. Dusche und Waschbecken unterfahrbar. Duschhocker und stabiler Haltegriff am WC vorhanden.

Lage: In der Ortsmitte; Einkaufen 50 m; Apotheke, Krankenhaus 4 km. Sehr waldreiche, flache Umgebung.

Zimmerpreise: EZ 45,- DM; DZ 70,- bis 80,- DM inkl. Frühstück.

Pension „Zur Altstadt" — 39590 Tangermünde

Sachsen-Anhalt, Altmark

Familie Kühne, Lange Str. 40, Tel. (039322) 2518 oder 98500, Fax: 98555. 17 Zimmer mit Du/WC, Telefon und TV. Parkplatz, Eingang, Frühstücksraum und Garten stufenlos erreichbar.

Geeignet für Gehbehinderte, Rollstuhlfahrer und Familien mit geistig Behinderten. 1 Zimmer für 2 bis 3 Personen rollstuhlgerecht. Türbreite vom Zimmer 106 cm, von Du/WC 90 cm. Freiraum in Du/WC 180 x 180 cm. Freiraum links neben WC 180 cm, rechts 150 cm, davor 180 cm. Dusche und Waschbecken unterfahrbar. Festinstallierter Duschsitz, Kippspiegel, Notruf und stabile Haltegriffe an Dusche, WC und Waschbecken vorhanden.

Lage: In der Ortsmitte; Arzt, Apotheke, Krankenhaus 200 m; Bahnhof 500 m; Freibad 1 km; Hallenbad 200 m.

Zimmerpreise: EZ 60,- bis 70,- DM; DZ 90,- bis 120,- DM; rollstuhlgerechtes Zimmer 100,- DM inkl. Frühstück.

Hotel Landhaus „Wörlitzer Hof“ — 06786 Wörlitz

Sachsen-Anhalt

Markt 96, Tel. (034905) 411-0, Fax: (034905) 411-22. Ihre erste Adresse am Landschaftsgarten Wörlitz. Romantisches, traditionsreiches Hotel mit 50 gemütlich eingerichteten Zimmern mit Du/WC, teilweise Bäder, Telefon und TV. Bestens geeignet für Gehbehinderte und Rollstuhlfahrer. Gesamtanlage rollstuhlgerecht.

Für Seminarveranstaltungen und Familienfeiern steht die neue Tagungsvilla mit 150 Plätzen, das stimmungsvolle Luisenzimmer mit 55 Plätzen und das gemütlich eingerichtete Restaurant mit 65 Plätzen, sowie das Arcadencafe am historischen Markt zur Verfügung.

Parkplatz, Eingang, Frühstücksraum, Restaurant, Garten, Aufzug (Tiefe 110 cm, Breite 140 cm) und die Zimmer (mit dem Aufzug) sind stufenlos erreichbar.

Geeignet für Rollstuhlfahrer. Zwei Zimmer sind rollstuhlgerecht nach DIN 18024. Türbreiten der Zimmer 110 cm, von Du/WC 95 cm. Freiraum in Du/WC 250 x 350 cm. Freiraum links neben WC 200 cm, rechts 100 cm, davor 200 cm. Dusche und Waschbecken unterfahrbar. Haltegriffe an Dusche und WC vorhanden. Pflegedienst kann bei Bedarf angefordert werden.

Lage: Das Hotel liegt direkt am Schloßgarten, dem See und der St. Petri Kirche Wörlitz. Rollstuhlgerechter Plan für die Gartenanlagen. Ortsmitte, Apotheke 500 m; Einkaufen 200 m; Bushaltestelle 400 m; Arzt 700 m (kommt auf Anfrage ins Haus); Krankenhaus 5 km.

Ausflüge: Gondelpartie (auch für Rollstuhlfahrer mit mechan. Rollstuhl) auf dem Wörlitzer See, Kutschfahrt in der Elbauenlandschaft, Fahrt zur Bauhausstadt Dessau, Lutherstadt Wittenberg, Dübener Heide, Elberregion Fläming.

Zimmerpreise: EZ ab 125,- DM, DZ ab 175,- DM, Zusatzbett Erw. 45,- DM, behindertengerechtes EZ mit Zusatzbett 160,- DM inkl. reichhaltigem Frühstücksbuffet. HP 25,- DM (3-Gang Menü), Vollpension 40,- DM (1 Tellergericht, Salat vom Buffet und 1 3-Gang-Menü), Vegetarische Küche.

Harzhotel „Fünf Linden” — 06536 Wickerode

Sachsen-Anhalt, Harz

Schulplatz 94, Tel. (034651) 350, Fax: 35101. 35 Zimmer mit Du/WC, Telefon und TV. Parkplatz, Eingang, Frühstücksraum, Restaurant, Garten, Terrasse und Zimmer im EG stufenlos erreichbar.

Geeignet für Gehbehinderte, Rollstuhlfahrer und Familien mit geistig Behinderten.

2 Zimmer rollstuhlgerecht. Elektrisch verstellbares Bett vorhanden. Türbreiten der Zimmer und von Du/WC 100 cm. Freiraum in Du/WC 140 x 140 cm. Dusche und Waschbecken unterfahrbar. Festinstallierter Duschsitz und stabile Haltegriffe an Dusche und WC vorhanden.
Lage: Ruhige, dörfliche Lage in einer idyllischen Ferienregion im Südharz; Dorfmitte 100 m; Einkaufen 50 m; Bahnhof 1 km; Arzt und Apotheke 5 km; Freibad, Hallenbad, Krankenhaus 15 km. Umgebung teils flach, teils leicht hügelig.

Zimmerpreise: EZ 95,- DM; DZ 125,- DM inkl. Frühstück. HP-Zuschlag 25,- DM pro Person. Pauschalangebote auf Anfrage.

BIG-Reisehotel Wolfen — 06766 Wolfen

Sachsen-Anhalt, Anhalt-Wittenberg

Damaschkestr. 8, Tel. (03494) 45091, Fax: 45095, E-Mail: BIG-Hotel@t-online.de. Hotel mit 53 Zimmern mit Du/WC, Telefon, TV und Schreibtisch. Vom Parkplatz zum Eingang eine Rampe. Frühstücksraum, Restaurant und die Zimmer mit dem Aufzug erreichbar. Türbreite vom Aufzug 90 cm (Tiefe 140 cm, Breite 110 cm).

Geeignet für Gehbehinderte, Rollstuhlfahrer und Familien mit geistig Behinderten. 1 Zimmer rollstuhlgerecht. Türbreiten von Zimmer und Bad/WC 95 cm. Freiraum in Bad/WC 180 x 180 cm. Freiraum links neben WC 150 cm, rechts 60 cm, davor 180 cm. Waschbecken unterfahrbar. Bad mit Badewanne, keine unterfahrbare Dusche. Stabile Verstellbarer Kippspiegel und Haltegriffe an WC und Waschbecken vorhanden. Bettenhöhe 50 cm. Schrank mit ausklappbarer Kleiderstange.

Lage: Zur Ortsmitte, Einkaufen und Arzt 1 km; Apotheke, Krankenhaus 500 m.
Zimmerpreise: EZ 100,- DM; DZ 130,- DM. Am Wochenende: EZ 70,- DM; DZ 90,- DM.

Golden Tulip Hotel Gutsmann — 24576 Bad Bramstedt

Schleswig-Holstein, Kreis Segeberg

Birkenweg 14, Tel. (04192) 5080, Fax: 508159. Hotel mit 137 Komfort-Zimmern, 28° Schwimmbad, Sauna, Whirpool, Solarium Fitness, Kegelbahn, Dart, Billard, Tischtennis und Gruppen- und Seminarräume für 10 bis 250 Personen.
Parkplatz, Frühstücksraum, Restaurant, Garten, Hallenbad und Zimmer (mit dem Aufzug) stufenlos erreichbar. Türbreite vom Aufzug 80 cm (Tiefe 205 cm, Breite 105 cm).

Geeignet für Gehbehinderte und Rollstuhlfahrer. 4 Zimmer rollstuhlgerecht. Türbreite der Zimmer und von Du/WC 94 cm. Freiraum in Du/WC 140 x 200 cm. Dusche und Waschbecken unterfahrbar. Duschhocker, Kippspiegel und stabile Haltegriffe an Du/WC und Waschbecken vorhanden. Bettenhöhe 51 cm.

Lage: Mitten im Kurgebiet von Bad Bramstedt. Zur Ortsmitte, Apotheke 1,5 km; Bahnhof 50 m; Einkaufen 150 m; Arzt 500 m; Freibad 2 km.
Zimmerpreise: EZ 150,- bis 220,- DM; DZ 210,- bis 250,- DM.

Haus „Auetal" — 23714 Bad Malente-Gremsmühlen

Schleswig Holstein, Holsteinische Schweiz

Monika Oesinghaus, Luisensteig 3, Tel. (04523) 990610. Neu eingerichtete Einraum-Ferienwohnung für 2 Personen, 64 qm Wohnfläche, Küche, Bad und WC (rollstuhlgeeignet). Außerdem eine 2-Raum-FeWo für 4 Pers., nicht rollstuhlgerecht. Beide Ferienwohnungen mit Telefon, TV, Terrasse, Gartengrill, Liegewiese, Parkplatz. Ruder- und Paddelboote vorhanden.

Geeignet für Rollstuhlfahrer: Die 1-Raum-Whg. ist rollstuhlgeeignet. Bettenhöhe 54 cm. Türbreite der Zimmer und von Du/WC 80 cm. Freiraum in Du/WC 250 x 350 cm. Freiraum links neben WC 50 cm, rechts 200 cm, davor 250 cm. Dusche und Waschbecken unterfahrbar. Duschhocker vorhanden. Keine Haltegriffe.

Lage: Zur Ortsmitte 600 m; Einkaufen, Apotheke 200 m; Arzt 30 m; Krankenhaus 500 m; Dialyse 300 m; Freibad 1 km; Spielplatz 600 m. Umgebung flach bis hügelig.

Preis für die rollstuhlgeeignete FeWo je nach Saison 65,- bis 80,- DM pro Tag.

Jugendherberge Bad Oldesloe — 23843 Bad Oldesloe

Schleswig-Holstein

Konrad-Adenauer-Ring 2, Tel. (04531) 5945, Fax: 67574. Parkplatz, Eingang, Frühstücksraum, Garten und 8 Zimmer im EG stufenlos erreichbar.

Geeignet für Gehbehinderte, Rollstuhlfahrer und Familien mit geistig Behinderten, jeweils auch für Gruppen bis 30 Personen. Im Erdgeschoß befinden sich behindertengerechte Toiletten und Waschraum. Der Bewegungsfreiraum für Rollstuhlfahrer beträgt circa 95 x 180 cm. Freiraum rechts neben WC 75 cm, davor 95 cm. Dusche und Waschbecken unterfahrbar, Haltegriffe an WC und Dusche vorhanden.

Lage: Ortsmitte, Einkaufen und Arzt 500 m; Apotheke, Krankenhaus 200 m; Hallenbad am Haus; Freibad, See, Tennisplatz und Tennishalle 2 km.
Preis pro Person: Übernachtung mit Frühstück 22,- DM; inkl. Vollpension 37,50 DM.

Ferienappartement Ursula Sparr — 23909 Bäk

Schleswig-Holstein

Mechower Str. 24, Tel. (04541) 4086. Ein Ferienappartement, ca. 25 qm, speziell für Rollstuhlfahrer gebaut, für 2 Personen mit Kleinkind. 1 Doppelbett, 1 Kinderbett, Kabel-TV, Kochmöglichkeit, Kühlschrank, Handtücher und Bettwäsche. Hunde gestattet. Gartenbenutzung. PKW-Abstellplatz vorhanden. Eingang stufenlos. Türbreiten: Eingang 100 cm, Bad 81 cm. Freiraum im Bad 120 x 120 cm, Freiraum vor dem erhöhten WC 120 cm, links und rechts 50 cm. Dusche unterfahrbar.

Lage: Stadtmitte Ratzeburg 3,5 km; Einkaufen, Arzt, Apotheke 3 km; Ratzeburger See 2 km; Hallenbad 3,5 km; Freibad 1 km. Geteerte Wege, hügelige Landschaft.
Preis für die Ferienwohnung pro Tag 50,- DM; Vermietung ab 3 Tage Aufenthalt.

Ferienwohnung Sühlsen — 25791 Barkenholm

Schleswig-Holstein, Nordsee

Otto und Helene Sühlsen, Berg 8, Tel. (04836) 360. Ferienwohnung für 2 Personen (Kinderzustellbett möglich), Familienanschluß. Parkplatz, Eingang stufenlos.
Geeignet für Gehbehinderte und Rollstuhlfahrer. Freiraum in Du/WC 200 x 200 cm. Dusche und Waschbecken unterfahrbar. Freiraum rechts neben WC 120 cm, davor 250 cm. Duschhocker, niedriger Spiegel und stabile Haltegriffe an Dusche und WC vorhanden. Bei Bedarf kann ein Pflegedienst vermittelt werden.
Lage: 25 km zur Nordsee (Büsum). Ruhige Lage am Ende der Straße. Zur Ortsmitte mit Einkaufen 2 km; Bahnhof, Arzt, Apotheke 10 km; Freibad, Hallenbad 11 km; Krankenhaus, Dialyse 12 km. Umgebung flach.
Preis pro Person 15,- DM

Ferienwohnung Petersen — 25852 Bordelum

Schleswig-Holstein, Nordfriesland, Nationalpark Wattenmeer, Nordsee

Dorfstr. 69, Tel. (04671) 1576, Fax: 6376. Drei neue Ferienwohnungen, angebaut an ein Landhaus auf 5.000 qm großem Grundstück. Parkplatz und Eingang stufenlos.

Geeignet für Gehbehinderte (2 Fewos) und für Rollstuhlfahrer (1 Ferienwohnung). Türbreite der Ferienwohnung für Rollstuhlfahrer: Zimmer 90 cm, Du/WC 90 cm. Freiraum in Du/WC 120 x 120 cm. Freiraum rechts neben dem WC 150 cm, davor 100 cm. Dusche und Waschbecken unterfahrbar. Duschhocker und stabile Haltegriffe an Dusche und WC vorhanden.

Lage: Ortsmitte, Freibad, Spielplatz 500 m; Einkaufen 1 km; Bahnhof, Arzt, Apotheke, Hallenbad, Tennishalle 4 km; Tennisplatz 5 km; Nordsee 7 km. Umgebung flach, gute Spazierwege.
Preis für die rollstuhlgerechte Ferienwohnung pro Tag 65,- bis 110,- DM.

Ferienwohnung Eva-Maria Scholz — 24864 Brodersby

Schleswig-Holstein, Ferienregion Schlei, Ostsee

Groß-Brodersbyerweg 11-13, Tel. (04622) 1027, Fax 1562. Eine Ferienwohnung, ebenerdig, ca. 65 qm, für max. 6 Personen. Wohnzimmer mit Doppelbettcouch, Schlafzimmer mit 4 Schlafplätzen, 2 Betten, 53 cm hoch, Kinderzustellbett möglich. Küche mit Eßplatz, E-Herd, Kühlschrank, Kaffeemaschine, Toaster, Waschmaschine, Farb-TV, Radio und Telefon. Parkplatz und Eingang stufenlos erreichbar. Türbreite vom Eingang 100 cm, von den Zimmern 80 cm.

Geeignet für Gehbehinderte, Rollstuhlfahrer und Familien mit geistig Behinderten. Türbreite von Du/WC 80 cm. Freiraum links neben WC 50 cm, rechts 85 cm, davor 90 cm. Dusche und Waschbecken unterfahrbar. Duschhocker und stabile Haltegriffe an Dusche und WC vorhanden. Deckenhaken über dem erhöhten WC. Bettenhöhe 55 cm. Sauna rollstuhlgerecht. Möglichkeit zum Erwerb von Motor- und Segelbootführerschein auch für Rollstuhlfahrer.

Lage: Am Dorfrand; 500 m bis zur Schlei; Ortsmitte, Einkaufen 500 m; Bäcker, Kaufmann, Friseur, Post und Bank im Dorf; Badestrand 2 km; Spielplatz am Haus; Apothekenservice frei Haus; Bus 100 m; Arzt 1,5 km; Ostsee 16 km; Freibad 2,5 km; Hallenbad, Krankenhaus und Feriendialyse in Schleswig 14 km.

Preis für die Ferienwohnung pro Tag in der Nebensaison 80,- DM, in der Hauptsaison 95,- DM zzgl. Strom. Bettwäsche und Handtücher 12,- DM pro Person.

Ferienhaus Lieselotte — 35510 Butzbach

Schleswig-Holstein, Ostfriesland, Neßmersiel, Nordsee

Raiffeisenstr. 15, Tel. und Fax: (06033) 2263. Feriendoppelhaus in Strandnähe mit 3 Schlafzimmern, Wohnzimmer, 1 Kinderbett, Hochstuhl, Küche, 2 Bädern, Terrasse, Sat-TV und Radio. Jede Haushälfte ca. 90 qm Wohnfläche. Parkplatz, Eingang, Garten stufenlos erreichbar.

Geeignet für Gehbehinderte, Rollstuhlfahrer und Familien mit geistig Behinderten; jeweils für 6 Personen. 1 Ferienwohnung rollstuhlgerecht: Türbreite der Zimmer und von Du/WC 90 cm. Dusche und Waschbecken unterfahrbar. Duschhocker und stabiler Haltegriff an Dusche vorhanden.

Lage: Ruhige Lage, Strandnähe. Zur Ortsmitte 400 m; Einkaufen 350 m; Bahnhof 250 m; Arzt, Apotheke 5 km; Freibad und Hallenbad 10 km; Krankenhaus 17 km.

Preis pro Ferienhaushälfte je nach Saison pro Woche 450,- bis 1.120,- DM; pro Tag 65,- bis 160,- DM inkl. Strom, Wasser und Heizung.

Haus „Südwind" — 25761 Büsum, Nordseeheilbad

Schleswig-Holstein, Nordsee

Familie Harksen, Lärchenweg 8, Tel./Fax: (04834) 6912 und Tel. 0173-2070889, E-Mail: a.harksen@t-online.de. Haus „Südwind" liegt in einer sehr ruhigen Nebenstraße Büsums unweit des Hafens und des Zentrums. 8 gemütlich und komfortabel eingerichtete Appartements mit Balkon oder Terrasse, Telefon, Sat-TV und kompletter Kücheneinrichtung, großer Garten, Liegestühle und Sandkiste. Schwelle zur Terrasse 10 cm; Rampe zum Treppenhaus.

Die Appartements (**4 App. für Rollstuhlfahrer geeignet**) bestehen aus Wohnraum mit Schrankbetten, Sitzgruppe, Kochnische sowie separatem Schlafraum mit Senioren-Einzelbetten (teilweise mit Duomat). Haustiere nicht möglich. Münzwaschmaschine im Haus.

Geeignet für Senioren, Gehbehinderte und Rollstuhlfahrer; 4 Wohnungen im EG rollstuhlgerecht. Türbreiten der Zimmer 80 cm, von Du/WC 80 bis 90 cm. Freiraum in Du/WC 150 x 140 cm, vor dem WC 120 x 100 cm. Freiraum links oder rechts neben WC 80 cm. Duschen und Waschbecken unterfahrbar. Duschhocker und stabile Haltegriffe an Dusche und WC vorhanden. Teilweise erhöhtes WC.

Preise für 2-Raum-App. pro Übernachtung vom 11.01. bis 19.03. 55,- DM; 20.03. bis 14.06. 78,- DM; 15.06. bis 10.09. 110,- DM; 11.09. bis 31.10. 78,- DM; 31.10. bis 20.12. 55,- DM inkl. aller Nebenkosten, exkl. Kurtaxe. Mindestaufenthalt 1 Woche. Bettwäsche inkl. Handtücher 18,- DM, Kinderbett und Hochstuhl kostenlos. Hausprospekt auf Anfrage.

Appartement-Haus „Jasmin" — 25761 Büsum, Nordseeheilbad

Schleswig-Holstein, Nordsee

Joachim Höber, Föhrer Weg 9, Tel. (04834) 936204, Fax: (04834) 936204. Das Haus liegt 200 m vom Sand- und Surf-Strand entfernt und hat 7 modern eingerichtete Appartements mit Balkon, Terrasse, Liegewiese, Gartengrill, Schaukel und Sandkiste. Die Appartements sind mit Farb-TV, Elektroherd, Kühlschrank, Kaffeemaschine und Geschirr ausgestattet. Parkplatz, Eingang, Einrichtungen und Zimmer sind stufenlos erreichbar. Alle Türen 100 cm breit.

Sehr gut geeignet für Rollstuhlfahrer und Gehbehinderte. Es sind 3 rollstuhlgerechte Wohnungen im Haus "Jasmin" vorhanden. Ein 1-Raum-Appartement mit Terrasse und zwei 2-Raum-Appartements mit Terrasse liegen im Erdgeschoß. Die Badezimmer sind rollstuhlgerecht ausgestattet, die Duschen sind schwellenlos. Behinderten-WC, stabile Haltegriffe für WC und Dusche. Freiraum in Bad/WC 120 x 120 cm.

Lage: Einkaufen 500 m; Bhf., Kuranwendungen, Bewegungs- und Hallenbad 1,2 km; Bus, Zentrum, Arzt und Apotheke 1 km; Krankenhaus 20 km; Meeresstrand und Spielplatz 200 m; Grillplatz am Haus; Wanderwege 200 m; Tennisplatz 600 m. Einkaufen 50 m. Alle Wege sind befestigt und flach.

Preise inklusive Nebenkosten (Strom, Wasser, Endreinigung): 1-Raum-Appartement bis 2 Personen je nach Saison zwischen 39,- DM bis 78,- DM pro Tag; für ein 2-Raum-Appartement für 4 Personen 61,- bis 118,- DM pro Tag je nach Saison. Bettwäsche mit 2 Handtüchern und ein Badetuch 15,- DM. Kinderbetten werden kostenlos aufgebaut. Fahrräder können gemietet werden, pro Woche für 30,- DM.

Haus "Anni" — 25761 Büsum, Nordseeheilbad

Schleswig-Holstein, Nordsee

Gerda Höber, Landweg 37, Tel. (04834) 936204. 3-Raum-Ferienwohnung für 4 Personen, mit Seniorenbetten, Telefon und Farb-TV. Türen 80 bis 100 cm breit. 800 m zum Zentrum, 1 km zum Strand, Einkaufen in der Nähe.

Geeignet für Senioren, Gehbehinderte, Rollstuhlfahrer und Kurgäste. Rollstuhlgerechtes Bad, Dusche ohne Schwellen, höhenverstellbares Waschbecken, Haltegriffe an Du und WC, herausnehmbarer Duschsitz.

Preise pro Tag inklusive Nebenkosten (Strom, Wasser, Endreinigung) je nach Saison für 4 Personen 50,- bis 107,- DM. Bettwäsche mit 2 Handtüchern und ein Badetuch 15,- DM. Telefon pro Einheit 0,25 DM. Kinderbetten werden kostenlos aufgebaut. Fahrräder können gemietet werden, pro Woche für 30,- DM.

Hotel-Pension Hauschild — 25761 Büsum

Schleswig-Holstein, Nordsee

Leoni Schuschel, Nordpiep 6, Tel. (04834) 9710, Fax: 97144. Hübsche Pension mit gepflegter Gartenanlage und 19 gemütlichen, modern ausgestatteten Komfortzimmern mit Dusche oder Bad/WC, Telefon, Farb-TV, Minikühlschrank; überwiegend mit Balkon. Parkplatz stufenlos, Eingang und Garten mit Rampe, Zimmer im EG stufenlos.

Geeignet für Gehbehinderte und Rollstuhlfahrer (8 Pers.) und Familien mit geistig Behinderten (41 Pers.). **4 Zimmer rollstuhlgerecht.** Türbreite der Zimmer und von Du/WC 100 cm. Freiraum in Du/WC 180 x 140 cm. Freiraum links neben WC 30 cm, rechts 80 cm, davor 110 cm. Dusche und Waschbecken unterfahrbar. Verstellbarer Kippspiegel, **Closomat Toilettensystem,** festinstallierter Duschsitz und stabile Haltegriffe an Dusche und WC. Elektrisch höhenverstellbare Betten vorhanden.
Lage: In ruhiger Wohnlage im neuen Kurviertel von Büsum. Nur wenige Gehminuten zum Strand (300 m. Zur Ortsmitte mit Einkaufen und Hallenbad 1 km. Bahnhof 800 m; Arzt, Apotheke 300 m. Umgebung flach; Weg zum Strand über den Deich.
Preis pro Person/Tag inkl. Frühstück je nach Saison im EZ 61,- bis 87,- DM, im DZ 47,- bis 76,- DM. Aufpreis für Halbpension pro Person/Tag 20,- DM. Kinderermäßigung bei Zustellbett im Elternzimmer: bis 3 Jahre 50%, 3-11 Jahre 30%. Haustiere (nach Absprache) 5,- DM.

Appel's Gasthof Seeblick — 24326 Dersau

Schleswig-Holstein, Holsteinische Schweiz, Plöner See

Familie Appel, Dorfstr. 65, Tel. (04526) 30030, Fax: 300398. Gasthof mit Stammhaus und neuem Gästehaus. 28 Zimmer mit Du/WC, Telefon, TV, Radiowecker und Fön, teilweise mit Terrasse. Weite Aussicht über den See bis Plön. Für Kinder: Kinderbetten, Wickelauflage, Hochstühle, Flaschenwärmer, Spiele, Streicheltiere und Pony. Parkplatz, Eingang, Restaurant, Frühstücksraum, Garten, Kaffee-Garten stufenlos.

Geeignet für Gehbehinderte, Rollstuhlfahrer und Familien mit geistig Behinderten. 2 Zimmer rollstuhlgerecht: Türbreiten der Zimmer und von Du/WC 95 cm. Freiraum in Du/WC 200 x 170 cm. Freiraum links neben WC 110 cm, davor 200 cm. Dusche und Waschbecken unterfahrbar. Tiefgesetzter Spiegel, Duschhocker und stabile Haltegriffe an Du/WC (beidseitig, 1 x klappbar) und Waschbecken. WC-Höhe 48 cm. Bettenhöhe 51 cm; Fuß- und Kopfende höhenverstellbar. Schiebetürenschrank im Zimmer.
Lage: Am See (zum Ufer 100 m); Einkaufen 200 m; Bahnhof, Arzt, Apotheke 4 km; Hallenbad 6 km; Ostsee 40 km.
Zimmerpreise im Gästehaus: EZ 80,- bis 85,- DM; DZ 120,- bis 150,- DM. Zustellbett 35,-DM, inkl. Frühstück. HP-Zuschlag pro Person 20,- DM, VP 30,- DM.

Flair Hotel „Zur Mühle am See" — 24326 Dersau

Schleswig-Holstein, Holsteinische Schweiz

Dorfstr. 47, Tel. (04526) 3050, Fax: 305205. Das traditionelle Hotel- und Pensionshaus ist ganzjährig geöffnet und bietet Unterkunftsmöglichkeiten im Haupthaus, in den Gästehäusern am See und im Haus Mühlenwirt. Insgesamt 34 Zimmer mit 67 Betten. Für Tagungen und Feiern 4 Gasträume für 20 bis 180 Personen. Parkplatz, Eingang, Frühstücksraum, Restaurant und die Zimmer im EG stufenlos erreichbar.
Geeignet für Rollstuhlfahrer und Familien mit geistig Behinderten. 3 Zimmer mit Du/WC rollstuhlgerecht. Türbreiten der Zimmer und von Du/WC 85 cm. Bewegungsfreiraum in Du/WC 150 x 150 cm. Freiraum links neben WC 50 cm, rechts 100 cm. Festinstallierter Duschsitz, Notruf und stabile Haltegriffe an Du/WC. Bettenhöhe 50 cm.
Lage: Das Haus liegt stufenlos direkt am See. Wanderwege vorhanden, Bootsrundfahrten möglich. Zur Ortsmitte 300 m; Arzt 100 m; Einkaufen 400 m; Bahnhof, Apotheke 4 km; Spielplatz am Haus; Krankenhaus 25 km.
Zimmerpreise: EZ 70,- bis 90,- DM; DZ 120,- bis 160,- DM. HP-Zuschlag 25,- DM. Zusatzbett mit Frühstück 35,- DM. Hund (auf Anfrage) 6,- DM.

Ferienwohnungen „Seepark" — 23747 Dahme, Ostseebad

Schleswig-Holstein, Ostsee

Am Kampland 30, Tel. (04364) 8253 oder (05545) 1859. In Dahme-Süd liegt die Ferienanlage „Seepark", eine parkähnliche Anlage mit Blumenbeeten, Büschen und Bäumen in absolut ruhiger Lage, ohne Durchgangsverkehr.
1 geräumige Ferienwohnung, ebenerdig mit separater, windgeschützter Südterrasse und Gartenmöbeln. Die Wohnung bietet 4 Erwachsenen und einem Kind Platz. Sat-TV, Küche mit 4-Plattenkochmulde, Kühlschrank, Mikrowelle, Toaster und Kaffeemaschine. Im Außenbereich eine Wäschespinne, Grillplatz, Fahrräder gegen geringe Leihgebühr, im Mai und Sept. Fahrräder und Bettwäsche frei. Die Ferienwohnung ist mit einer Rampe über die Terrasse erreichbar. Am vorderen Eingang drei Stufen mit Handläufen.
Geeignet für Gehbehinderte und für Rollstuhlfahrer mit Begleitung. Bewegungsfreiraum im Bad (mit Badewanne mit Duschbrett) ein Bewegungsfreiraum von 106 x 97 cm. Freiraum rechts neben WC (mit Toilettenaufsatz) 106 cm. Toilettenstuhl vorhanden. Waschbecken unterfahrbar.
Lage: Zum Ostseestrand 200 m; Spielplatz 300 m; Ortsmitte, Einkaufen 600 m; Arzt 250 m; Apotheke 900 m; Tennisplatz 1,1 km; Freibad und Hallenbad 1,5 km. Alle Wege bis zum Strand flach.
Der Tagesmietpreis ergibt sich aus dem Grundpreis, der Jahreszeit und der Personenzahl. Grundpreis pro Tag in der Hauptsaison 98,-DM. In der Nebensaison (01.09. bis 15.06.) Grundpreis 73,- DM/Tag. Jeder Erwachsene/Jugendliche zahlt 10,- DM pro Tag, jedes Kind 5,- DM. Freier Eintritt ins Meerwasser-Hallenschwimmbad.

Stadthotel Eckernförde — 24340 Eckernförde, Ostseebad

Schleswig-Holstein, Ostsee

Am Exer 3, Tel. (04351) 7278-0, Fax: (04351) 7278-178. Hotel mit 65 Zimmern, ein Zimmer speziell für Rollstuhlfahrer eingerichtet. Das Hotel verfügt über Hausbar, Sauna, Solarium, Konferenzräume, 10 Nichtraucherzimmer und 2 Personenaufzüge. Alle Zimmer sind ausgestattet mit Telefon, Kabel-TV und Minibar.

Geeignet für Gehbehinderte, Rollstuhlfahrer und Familien mit geistig Behinderten. Außerdem gibt es einige **Allergiker-Zimmer**. Alle Einrichtungen des Hauses sind stufenlos erreichbar. Innenmaße vom Aufzug 280 x 110 cm. Türbreite im rollstuhlgerechten Zimmer 82 cm, Dusche unterfahrbar. Türbreiten und Größen der übrigen Zimmer verschieden, je nach Kategorie. Bettenhöhe 48 cm.

Lage: Direkt am Strand, Promenade liegt dazwischen. An einigen Stellen gibt es einen Weg, der bis zum Wasser führt. Der Strand ist eben. Einkaufen, Ortsmitte und Apotheke 50 m; Bhf. 200 m; Bus 150 m; Arzt 100 m; Wellen- und Hallenbad 150 m; Spielplatz 100 m.

Zimmerpreise pro Tag inkl. Frühstücksbuffet je nach Kategorie der Zimmer und Saison: EZ 132,- bis 205,- DM; DZ 175,- bis 255,- DM; Suiten 300,- bis 370,- DM. Für die dritte Person im Zimmer werden 40,- DM zusätzlich berechnet. Kinderbettstellgebühr einmalig 20,- DM. Hausprospekt mit Preisliste auf Anfrage.

Hotel Seelust — 24340 Eckernförde, Ostseebad

Schleswig-Holstein, Ostsee

Preußerstr. 3, Tel. (04351) 7279-0, Fax: 7279-179. Direkt an der Ostsee gelegenes Strandhotel mit eigenem Sandstrand. Insgesamt 28 Doppelzimmer und 4 Einzelzimmer, alle mit Meerblick und hell, freundlich und komfortabel ausgestattet mit Dusche/Bad, WC, überwiegend mit Telefon, Radio und Kabel-TV. Sehr schön gestaltete Empfangshalle und stilvoll ausgestattetes Restaurant. Parkplatz, Eingang, Frühstücksraum, Restaurant, Zimmer und Strand stufenlos erreichbar.

Geeignet für Gehbehinderte, Rollstuhlfahrer und Familien mit geistig Behinderten. Gruppen auf Anfrage. 1 Zimmer mit Du/WC nach DIN 18024 rollstuhlgerecht. Türbreite vom Zimmer 98 cm, von Du/WC 86 cm. Freiraum in Du/WC 300 x 300 cm. Dusche und Waschbecken unterfahrbar. Duschhocker und stabile Haltegriffe an Du/WC und Waschbecken vorhanden.

Lage: Das Hotel liegt direkt am Strand; 10 m zum Meer und an den Kurpark angrenzend. 300 m zum Meerwasserwellenbad, 600 m zur Innenstadt, Altstadt und zum Bahnhof. Einkaufen, Arzt und Apotheke circa 700 m; Tennisplatz und Tennishalle 3 km; Krankenhaus 5 km.

Zimmerpreise je nach Kategorie und Saison pro Tag inkl. Frühstück: EZ 120,- bis 200,- DM; DZ 160,- bis 250,- DM, Zustellbett 40,- DM.

Ferienwohnungen Sigrid Möller — 25924 Emmelsbüll

Schleswig-Holstein, Nordsee

Sigrid Möller, Rundwarfer Weg 3, Tel. (04665) 494. 2 Ferienwohnungen und 2 Blockhäuser, jeweils 1 FeWo und ein Blockhaus ebenerdig; für 3-5 Personen je nach Größe. **Geeignet** für Rollstuhlfahrer, geistig Behinderte und andere Behinderte. Türbreite der Zimmer und von Du/WC 86 cm. Freiraum in Du/WC 120 x 150 cm. Freiraum rechts neben WC 80 cm, davor 100 cm. Dusche und Waschbecken unterfahrbar. Kein Duschsitz vorhanden. Stabile Haltegriffe an Dusche und WC.

Lage: Ruhige Lage, kein Durchgangsverkehr. Zur Ortsmitte, Einkaufen 1,5 km; Nordsee 4 km; Freibad 10 km; Hallenbad 13 km; Arzt, Apotheke, Krankenhaus 12 km.

Preis für eine Ferienwohnung oder Blockhaus je nach Größe und Saison 46,- bis 75,- DM. Endreinigung: jeweils 1 Tagessatz.

Ferienhof Wehrend — 24321 Engelau

Schleswig-Holstein, Ostsee

Vorbek 4, Tel. (04381) 400455, Fax: 400440. Sehr schöner, reedgedeckter Ferienhof mit 30 Betten, 3 Ferienwohnungen, davon 1 FeWo rollstuhlgerecht. Den Gästen stehen ein Ess- und Aufenthaltsraum, Terrasse, Liegewiese, Grillplatz und Kinderspielplatz zur Verfügung. Auf dem Hof gibt es viele Tiere (Rindvieh, Schweine, Geflügel, Ponys, Hund, Katzen usw.). Parkplatz, Eingang, Frühstücksraum und Garten stufenlos erreichbar.

Geeignet für Rollstuhlfahrer, Senioren, Familien mit geistig Behinderten und andere Behinderte. Gruppen bis 30 Personen. 1 Wohnung rollstuhlgerecht. Türbreite der Zimmer und von Du/WC 100 cm. Bewegungsfreiraum in Du/WC 210 x 230 cm. Freiraum links neben WC 50 cm, rechts 130 cm, davor 160 cm. Dusche und Waschbecken unterfahrbar. Duschhocker und stabile Haltegriffe an Dusche und WC. Bettenhöhe 45 cm.

Lage: Engelau liegt inmitten des Ostholsteinischen Hügellandes, umgeben von Wiesen, Weiden und Wald, abseits des Verkehrs. Der Selenter See ist in 5 Autominuten erreichbar (Baden, Rudern, Segeln); zur Ostsee 10 km; Ortsmitte 1 km; Arzt, Apotheke, Tennis 5 km; Hallenbad, Krankenhaus 15 km.

Preis für eine Ferienwohnung je nach Saison 90,- bis 100,- DM. Unterbringung in Gästezimmern pro Person inkl. Frühstück ab 30,- DM, HP ab 45,- DM, VP ab 56,- DM. Kinderbett 10,- bis 12,- DM.

Seeschloß am Kellersee — 23701 Eutin

Schleswig-Holstein, Holsteinische Schweiz, Eutiner See

Leonhard-Boldt-Str. 19, Tel. (04521) 8050, Fax: 805520. Sehr schönes Hotel, Tagungs- und Erholungszentrum, auf einem großen Parkgrundstück direkt am See gelegen. 57 Zimmer und 3 Ferienhäuser. Tagungsmöglichkeiten für bis zu 120 Personen. Die meisten Zimmer mit Du/WC und Telefon. Parkplatz mit Rampe. Eingang über Cafeteria stufenlos, Haupteingang 3 Stufen. Frühstücksraum, Restaurant und Aufzug

(Tiefe 100 cm, Türbreite 80 cm) und die Zimmer (mit dem Aufzug) stufenlos erreichbar.
Geeignet für Gehbehinderte (10 Personen), Rollstuhlfahrer (2 Personen) und für Familien mit geistig Behinderten (5 Personen). 1Zimmer rollstuhlgerecht: Mit E-Motor höhenverstellbarer Betteneinsatz. Türbreiten von Zimmer und Du/WC 78-80 cm. Freiraum in Du/WC 120 x 120 cm. Freiraum rechts neben WC 100 cm, davor 120 cm. Dusche und Waschbecken unterfahrbar. Duschhocker und stabile Haltegriffe an Dusche und WC vorhanden.

Lage: Direkt am Kellersee. Spielplatz auf dem Gelände. Ortsmitte, Apotheke, Kuranwendungen, Freibad und Tennisplatz 3 km; Bus 500 m; Einkaufen 800 m; Arzt 1 km; Hallenbad 2,5 km; Krankenhaus und Dialyse 3,5 km.

Preis pro Person ab 3 Tage Aufenthalt inkl. Vollpension für Erwachsene im EZ 72,- bis 95,- DM, im DZ 67,- bis 90,- DM; Kinder pro Tag je nach Alter 25 % bis 50 %. Zustellbett auf Anfrage.

Gruppenhaus „Wachtelberg-Baude" — 23769 Gahlendorf / Insel Fehmarn

Schleswig-Holstein, Ostseeinsel

Fam. D. &. J. Bruhm, Tel. (04371) 1450, Fax: 4282. Ein 160 qm großes Selbstversorgerhaus für **Gruppen bis 18 Personen**. Seit 1996 werden hier Gruppenreisen und Ferienfreizeiten mit betreuten Behinderten durchgeführt. Stufenloses ebenerdiges Haus mit 7 Schlafzimmern, 4 rollstuhlgerechte Dusch/WC-Räume, Aufenthaltsraum, Frühstücks- und Fernsehraum, Waschküche und Selbstversorgerküche. Terrasse, Liegewiese, Ballspielplatz, Zeltplatz und eine Tenne (80 qm).

Außerdem wird ein Ferienhaus (40 qm), 30 m vom Gruppenhaus entfernt, zusätzlich vermietet (bis 4 Pers., nicht rollstuhlgerecht, (98,- bis 100,- DM pro Tag).

Geeignet für geistig Behinderte, Geh- und Mehrfachbehinderte und Rollstuhlfahrer, Gruppen bis 18 Personen.
Preis pro Tag 230,- bis 442,- DM je nach Saison zzgl. Nebenkosten.

Ferienhof Lafrenz — 23769 Albertsdorf / Insel Fehmarn

Schleswig-Holstein, Ostseeinsel

Haus Nr. 9, Tel. (04371) 4283, Fax: 4283. Gepflegter Ferienhof, sehr schöne Lage, 5 Ferienwohnungen für jeweils 4 Personen. Parkplatz, Eingang, Garten und Zimmer stufenlos erreichbar.

Geeignet für Gehbehinderte und Rollstuhlfahrer. Eine Ferienwohnung rollstuhlgerecht nach DIN 18024. Türbreiten der Zimmer 80 cm, von Du/WC 93 cm. Freiraum in Du/WC 140 x 140 cm. Freiraum rechts neben WC 100 cm, davor 100 cm. Dusche und Waschbecken unterfahrbar. Festinstallierter Duschsitz, Kippspiegel und stabile Haltegriffe an WC und Dusche vorhanden. Bettenhöhe 43 cm; Kleiderschränke mit Schiebetüren.

Lage: Zum Strand (Naturstrand) circa 800 m; Einkaufen, Arzt 3 km; Bus 1 km; Apotheke, Krankenhaus, Dialyse, Kuranwendungen, Hallenbad, Tennisplatz und Tennishalle 5 km. Wege und Umgebung flach.
Preis für eine Ferienwohnung pro Tag je nach Saison 95,- bis 120,- DM.

Hotel „Intersol" — 23769 Burg / Insel Fehmarn

Schleswig-Holstein, Ostseeinsel

Südstrandpromenade, Telefon: (04371) 8653, Fax: 3765.

Damit sich auch Rollstuhlfahrer in diesem Hotel wohlfühlen, wurden folgende Annehmlichkeiten geschaffen: Hotel mit 44 Zimmern, zum Teil voll **rollstuhlgerecht**, zum Teil rollstuhlgeeignet.

Zimmer mit Balkon, Radio, TV, Telefon und Kühlschrank. Parkplatz, Eingang, Einrichtungen, Haus und Zimmer stufenlos erreichbar. Hoteleingangstür 93 cm breit, Fahrstuhltür 81 cm, Innenraum vom Aufzug 110 x 210 cm.

Besonders gut geeignet für Rollstuhlfahrer, Körperbehinderte, Senioren, alle herzlich willkommen. Zimmer mit Bad/WC. Badezimmer: Türbreite 82 cm, Freiraum 250 x 300 cm, Waschbecken unterfahrbar, Badewanne mit Duschsitz. WC und Badewanne mit Haltegriffen, WC-Sitz erhöhbar. Schwellenhöhe von Dusche 10 cm; festinstallierter Duschsitz. Der Balkon ist vom Zimmer aus über eine Rampe befahrbar. Bettenhöhe 50 cm; können erhöht werden.

Für Rollstuhlfahrer wird ein zimmergebundener Parkplatz direkt vor dem Eingang bereitgehalten.

Lage: Direkt am Strand, nur 15 m; Bus 100 m; Zentrum 3 km; Bhf. 13 km; Apotheke und Krankenhaus 3 km; Kuranwendungen 50 m. Das Restaurant "Bürgerstube" sowie die gemütliche Bierbar "Schifferklause" liegen ebenerdig und sind gut erreichbar. Aus den "Bürgerstuben" gelangt man mühelos auf die Terrasse und auf die Promenade. Von dort aus bis zum Wasser führt ein neugebauter **Holzsteg, speziell für Rollstuhlfahrer** angefertigt. Pflegedienst bei Bedarf vor Ort.

Preise pro Zimmer/Tag, zzgl. Frühstück oder HP je nach Kategorie und Saison: Doppelzimmer für Rollstuhlfahrer „Südstrand" 159,- bis 229,- DM; rollstuhlgerechtes Doppelzimmer „Fehmarn" 179,- bis 249,- inklusive ortsüblicher Kurtaxe. Ausführliche Preisliste für Tages- und Wochenaufenthalte, Kinderermäßigung, Sparpreise für Familien, Kuraufenthalte, etc. auf Anfrage. Abholservice vom Bahnhof. Besonders empfehlenswertes Hotel. Weiteres Hotel vom Inhaber Rainer Betz siehe auf Seite 53, Hotel Klosterpost in Maulbronn (Baden-Württemberg).

Evangelisches Freizeitheim Martini — 23769 Albertsdorf / Insel Fehmarn

Schleswig-Holstein, Ostseeinsel

Albertsdorf 29, Tel. (04371) 87212, Fax: (04371) 869519. Anmeldungen sind beim Träger vorzunehmen: Ev. Freizeitwerk Martini e.V., Pellaweg 4, 33617 Bielefeld, Tel. (0521) 152565, Di. 16.00 bis 18.00 Uhr.

Jugend- und Familienfreizeitheim mit insgesamt 37 Zimmern (Ein-, Zwei- und Dreibettzimmer), 73 Betten. Alle Zimmer mit Du/WC. Liegewiese, Terrasse, Tischtennisraum, Kinderspielzimmer, Sauna, Leseraum mit Bibliothek, Seminarraum, Tages-, Kamin-, Fernsehraum, kleiner Gesprächs- und Andachtsraum. Fahrradverleih, Kleinbusverleih. Schachanlage, Kinderspielplatz mit Geräten, Sportplatz, Tischtennis. Ausreichend Parkplätze vorhanden. Vollverpflegung mit 4 Mahlzeiten, Diät möglich, Baby-Küche.

Geeignet für Gehbehinderte, Rollstuhlfahrer, Familien und **Gruppen** mit körperlich/geistig Behinderten. 5 rollstuhlgerechte Zweibettzimmer (teilweise mit Kombiliege), mit Behinderten-WC und Dusche mit festinstalliertem Duschsitz; Waschbecken (unterfahrbar), Handgriffe vorhanden. Dusch-Rollstühle stehen zur Verfügung. Räumlichkeiten, Duschen und WC entsprechen den Vorschriften für behindertengerechte Unterkünfte. Belegung für Nichtbehinderte bis zu 73 Personen.

Lage: Ruhige Lage am Ortsrand von Albertsdorf, inmitten grüner Wiesen und Kornfelder. Zum Meer (Naturstrand, Orther Bucht) ca. 900 m. Gute Einkaufsmöglichkeiten in Burg ca. 6 km und Landkirchen ca. 4 km. Meerwasserwellenschwimmbad ca. 13 km. Zum Fährhafen und Bahnhof Puttgarden ca. 10 km (Tagesausflüge nach Dänemark). **Preise** und weitere Informationen auf Anfrage.

Ferienwohnungen Silke Blanck — 23769 Bojendorf / Insel Fehmarn

Schleswig-Holstein, Ostseeinsel

Dorfstr. 19, Tel. (04372) 395, Fax: 1860. Fünf neue Komfortferienwohnungen für 2 bis 5 Personen, eine für Rollstuhlfahrer geeignet, mit Du/WC, Farb-TV, Küchenzeile mit Geschirrspüler. Waschmaschine und Trockner können im Haus mitbenutzt werden gegen Gebühr. Spielplatz und Grillplatz am Haus. Auf Wunsch Kinderbett und Hochstuhl. Parkplatz und Eingang stufenlos.

Geeignet für Gehbehinderte, Rollstuhlfahrer und Familien mit geistig Behinderten. Eine Ferienwohnung für 4 Personen ist rollstuhlgerecht. Freiraum in Du/WC 170 x 180 cm. Freiraum links neben WC 25 cm, rechts 110 cm, davor 180 cm. Dusche und Waschbecken unterfahrbar. Festinstallierter Duschsitz und stabile Haltegriffe an

Dusche und WC vorhanden. Haken an der Decke vor dem WC.

Lage: Ostseestrand 500 m; Bus 100 m; Kuranwendungen 1 km; Einkaufen, Arzt, Apotheke 3 km; Tennisplatz 5 km; Krankenhaus und Dialyse 12 km.
Preise auf Anfrage.

Ferienhof Marquardt — 23769 Westfehmarn / Insel Fehmarn

Schleswig-Holstein, Ostseeinsel

Wenkendorf 34, Tel. (04372) 205, Fax: (04372) 298. Ferienbauernhof mit großer Gartenanlage, Terrassen, Liegewiese, Sonnenliegen.

Hausbar, Infomappen, Münztelefon, Grillabende, Brötchenservice, selbstgebackene Kuchen, Torten und selbstgemachte Marmelade.

7 neu eingerichtete Ferienwohnungen, 50 bis 160 qm groß, mit 2 bis 4 Schlafräumen.

Parkplatz stufenlos, Eingang eine Stufe mit Rampe.

Geeignet für Gehbehinderte und Rollstuhlfahrer (bis 14 Personen) und für Familien und Gruppen mit geistig Behinderten (bis 30 Personen). 2 Ferienwohnungen rollstuhlgeeignet. Türbreiten der Zimmer 92 cm, von Du/WC 78 cm. Du/WC schwellenlos unterfahrbar, festinstallierter Dusch-Klappsitz und Haltegriffe in der Dusche. Freiraum in Du/WC 120 x 120 cm. Freiraum links und rechts neben WC 60 cm, davor 120 cm. Dusche und Waschbecken nicht unterfahrbar. Bettenhöhe 40-45 cm.

Angebote für Kinder: Viele Tiere, Strohspielschuppen, Kinderbetten und Hochstühle, Sandkasten, Spielgeräte, Kinderhaus, Super-Trampolin, Tischtennis, Billard, Super-Taifun, täglich Ponyreiten, Schaukelpferd und Bollerwagen, Fahrradverleih.

Service: Abholservice vom Bahnhof, Brötchendienst, Lieferung von Abendessen (warm); häusliche Krankenpflege kann bei Bedarf angefordert werden.

Lage: Zum Strand 1,5 km; Ortsmitte; Einkaufen, Arzt, Apotheke, Kuranwendungen 5 km; Tennisplatz 4 km; Tennishalle 12 km; Krankenhaus und Dialyse 13 km. Umgebung flach.

Preis pro Ferienwohnung je nach Größe und Saison 90,- bis 220,- DM pro Tag.

Europa Comforthotel — 24937 Flensburg

Schleswig-Holstein, Flensburger Förde, Ostsee

Norderhofenden 6-9, Tel. (0461) 84110, Fax: 8411299. 91 komfortable und elegante Zimmer und 4 Suiten mit Bad/Du/WC, Kabel-TV, Tel. und Minibar. Parkplatz und Eingang mit Rampe; Frühstücksraum und Zimmer (mit Aufzug) stufenlos erreichbar.

Geeignet für Gehbehinderte, Rollstuhlfahrer und Familien mit geistig Behinderten. 2 Zimmer mit Du/WC rollstuhlgerecht. Türbreite der Zimmer 80 cm, von Du/WC 85 cm. Freiraum in Du/WC 140 x 120 cm. Freiraum rechts neben WC 80 cm, davor 220 cm. Dusche und Waschbecken unterfahrbar. Festinstallierter Duschsitz, verstellbarer Kippspiegel, Notruftelefon, Leiter am WC, stabile Haltegriffe an Du/WC und Waschbecken vorhanden.

Lage: Stadtzentrum 100 m; Restaurant 50 m; Einkaufen 100 m; Apotheke 300 m; Arzt 500 m; Bahnhof, Krankenhaus, Dialyse 2,5 km; Ostsee 15 km.
Zimmerpreise: EZ 147,- DM; DZ 194,- DM inkl. Frühstücksbuffet.

Ferienbauernhof Schröder — 25718 Friedrichskoog

Schleswig-Holstein, Nordsee

Parallelweg 5, Tel. (04854) 306, Fax: (04854) 907027. Bauernhof, voll bewirtschaftet, mit einem parkähnlichen Garten und mit einem **rollstuhlgerechten Ferienhaus** (60 qm) für Familien mit Rollstuhlfahrern.

Kinderfreundlich mit zwei Kinderbetten, ein Hochstuhl, viel Spielzeug, Bücher. Eingang und Terrasse stufenlos. Spielplatz am Haus.

Geeignet für Rollstuhlfahrer, Gehbehinderte und **Allergiker** (Tiere dürfen in der Wohnung nicht gehalten werden). Türbreiten: Eingang 93 cm, Zimmertüren 88 bis 93 cm, Bad/WC 93 cm. Zimmer unterschiedlicher Größe vom 11 bis 28 qm. Raumgröße Bad/WC 270 x 220 cm; Bewegungsfreiraum in Bad/WC 110 x 140 cm. Freiraum links neben WC 140 cm, rechts 37 cm, davor 200 cm; WC-Sitzhöhe 44 cm. Dusche schwellenlos, Duschhocker vorhanden; Waschbecken unterfahrbar, Waschbeckenhöhe 86 cm.

1 kleine Ferienwohnung (34 qm) befindet sich im 1. Stock des Bauernhauses und wird von leicht Gehbehinderten gern genutzt (Wohnraum, Schlafraum, Küche und Bad).

Service: Waschmaschine und Trockner im Ferienhaus. Pflegebett kann bei Bedarf von der Diakonie gemietet werden. Abholung vom Bahnhof Heide möglich.

Lage: Nordseestrand 1 km; Bus, Minigolf, Tennisplatz 2 km; Ortsmitte 4,5 km; Einkaufen 3 km; Arzt 1 km; Apotheke 4 km; Bahnhof 20 km; Kurmittelhaus mit rollstuhlgerechtem Solebad 1,5 km. Hallenbad 17 km; Krankenhaus 25 km.

Preis für das Ferienhaus pro Tag je nach Saison 70,- bis 98,- DM. Strom pro KW 0,40 DM. Bettwäsche und Handtücher inklusive.

Strandwohnung Elisabeth Schröder — 25718 Friedrichskoog

Schleswig-Holstein, Nordsee

Parallelweg 5, Tel. (04854) 306, Fax: (04854) 907027. Neue **rollstuhlgerechte Ferienwohnung** für 3 Personen mit überdachter Südterrasse, Fußbodenheizung in Bad und Eßplatz.
Eingang stufenlos. Türbreiten: Eingang 93 cm; Terrasse, Zimmer und Dusche/WC 85 cm. Freiraum in Du/WC 150 x 120 cm. Freiraum links neben WC 120 cm, rechts 30 cm, davor 90 cm. Dusche und Waschbecken unterfahrbar. Duschhocker und stabile Haltegriffe an Dusche und WC vorhanden. 29 qm Wohnraum mit einem Schlafplatz, 12 qm Schlafraum (2 Pers.), Bad und Flur. Abstellraum für Fahrräder und Rollstuhlzubehör. Waschmaschine in der Wohnung. Wohnung **für Hausstauballergiker** ausgestattet.

Lage: zum Deich 200 m, zum Rollstuhlübergang ca. 700 m. Ortsmitte 4,5 km. Bus, Minigolf, Tennisplatz 2 km; Einkaufen 3 km; Arzt 1 km; Apotheke 4 km; Bahnhof 20 km; Kurmittelhaus mit rollstuhlgerechtem Solebad 1,5 km. Hallenbad 17 km; Krankenhaus 25 km.
Preis für die Ferienwohnung pro Tag je nach Saison 70,- bis 98,- DM. Bettwäsche und Handtücher inklusive. Tagstrom pro KW 0,30 DM, Nachtrom 0,15 DM.

Ferienhof Feil — 25718 Friedrichskoog

Schleswig-Holstein, Nordsee

Parallelweg 7, Tel. (04854) 427, Fax: 9192. Ferienhof mit 5 Ferienwohnungen (eine rollstuhlgerecht) für jeweils 2-6 Personen, alle mit vollständiger Küche, Farb-TV sowie Wohnzimmer und 1 bis 2 Schlafzimmern. Kinderbetten, Hochstühle oder Zusatzliegen können dazugestellt werden.
Außenbereich: Garten, Hofplatz, Sandkiste, Schaukel, Tischtennis, Kinderfahrräder, Bollerwagen, Spiele, Bücher. Parkplatz und Eingang 1 Stufe mit Rampe.

Geeignet für Gehbehinderte, Rollstuhlfahrer, Allergiker und Familien mit geistig Behinderten. 1 Ferienwohnung rollstuhlgerecht: Türbreiten von Eingang, Zimmer und Du/WC 100 cm. Freiraum in Du/WC 280 x 250 cm. Dusche und Waschbecken unterfahrbar. behindertengerechter Duschhocker, WC-Aufsatz und stabile Haltegriffe an Dusche und WC.

Lage: Ruhige Lage, kinderfreundlich. Zum Strand 800 m; zum Kurmittelhaus 1,7 km; zur Ortsmitte 4 km; Arzt, Hallenbad 1,5 km; Apotheke 4 km.
Preis für behindertengerechte Wohnung pro Tag je nach Saison 60,- bis 110,- DM inkl. aller Nebenkosten.

Ferienhof Grothusen — 25718 Friedrichskoog

Schleswig-Holstein, Nordsee

Wilm Lucht, Hauptstr. 18, Tel. (04854) 803, Fax: (04854) 9413. Gepflegter Bauernhof mit zwei modernen, geräumigen Ferienwohnungen, ausgestattet mit Küche/ Kochnische, Duschbad/WC und mit wohnlichem Komfort. Für Kinder Spielmöglichkeiten (Schaukel, Sandkasten, Tiere, etc.), für Erwachsene ein gepflegter großer Ruhegarten und ein reetgedecktes Gartenhaus. Für Ausflüge stehen Fahrräder zur Verfügung.

Geeignet für Gehbehinderte und Rollstuhlfahrer. Eine Wohnung mit zwei Zimmern ist für Rollstuhlfahrer geeignet. Türbreite der Zimmer und von Du/WC 80 cm. Freiraum in Du/WC 300 x 250 cm. Freiraum links neben WC 20 cm, rechts 80 cm, davor 200 cm. Dusche nicht schwellenlos unterfahrbar, Duschhocker vorhanden. Waschbecken unterfahrbar. Stabile Haltegriffe an Du/WC und Waschbecken sowie Toiletten-Aufstehhilfe vorhanden.

Die Drei-Zimmer-Wohnung mit Wintergarten ist für Gehbehinderte und Rollstuhlfahrer ebenfalls geeignet. Türbreiten 80 cm, Freiraum in Du/WC 350 x 250 cm; groß genug für Rollstuhlfahrer, jedoch keine zusätzlichen Hilfsmittel.

Lage: Ortsmitte 2 km; Bus 300 m; Einkaufen, Arzt 1,5 km; Apotheke 2,5 km; Kuranwendungen 4 km; Nordsee 5 km; Krankenhaus 25 km.

Preis für die Zwei-Zimmer-Wohnung je nach Saison 60,- bis 80,- DM, für die Drei-Zimmer-Wohnung in der Nebensaison 80,- DM, in der Hauptsaison 100,- DM.

Jugendherberge Geesthacht — 21502 Geesthacht

Schleswig-Holstein, Oberelbe, Lauenburgische Seen

Berliner Str. 117, Tel. (04152) 2356, Fax: 77918. 29 Zimmer. Parkplatz, Eingang, Frühstücksraum, Speiseraum und Zimmer im EG stufenlos erreichbar.

Geeignet für insg. 26 Gehbehinderte, 20 Rollstuhlfahrer, Familien und Gruppen mit geistig Behinderten; Gruppen sind willkommen. Unterbringung der Rollstuhlfahrer in

11 Zimmern möglich. Türbreiten der Zimmer 80 cm, von den rollstuhlgerechten Duschen/WC 92 cm. Bewegungsfreiraum in Du/WC 160 x 200 cm. Freiraum links neben WC 130 cm, davor 150 cm. Dusche und Waschbecken unterfahrbar. Festinstallierter Duschsitz, Notruf und stabile Haltegriffe an Dusche und WC vorhanden. **Lage:** Zur Ortsmitte 2 km; Einkaufen 700 m; Krankenhaus 1 km; Arzt, Apotheke 2 km; Freibad 4,5 km.

Preise: Übernachtung mit Frühstück für Kinder und Jugendliche bis 26 Jahre 22,- DM, Erwachsene ab 27 Jahre 27,- DM. Mittag- oder Abendessen 8,- DM. Ausführliche Preise auf Anfrage.

Gästehaus Bartsch — 24960 Glücksburg-Holsnis

Schleswig-Holstein, Ostsee, Dänische Grenze

Ziegeleiweg 3, Tel. (04631) 8690, Fax: 623780, Internet: www.holsnis.de. Sehr schönes Gästehaus, direkt an der Ostsee gelegen, mit 7 großen Ferienwohnungen.

Auf dem weitläufigen Gelände finden Groß und Klein Raum zum Erholen und Toben. Den Gästen stehen Spielplatz, Liegewiese, Bolzplatz, Wiese, Wald und Ponykoppel zur Verfügung.

Parkplatz, Eingang, Strand, und 2 rollstuhlgeeignete Ferienwohnungen stufenlos erreichbar.

Geeignet für Rollstuhlfahrer und Familien und Gruppen mit geistig und körperlich Behinderten. Seit vielen Jahren kommen **Behindertengruppen** der Lebenshilfe. 2 Ferienwohnungen sind rollstuhlgerecht. Bettenhöhe 50 cm. Türbreiten der Zimmer und von Du/WC 82 cm. Bewegungsfreiraum in Du/WC 120 x 180 cm. Freiraum neben WC 90 cm, davor 90 cm (FeWo 1) und 130 cm (FeWo 2). Dusche und Waschbecken unterfahrbar. Duschhocker und stabile Haltegriffe an Dusche und WC vorhanden.

Lage: Das Grundstück grenzt direkt an die Promenade (leichte Steigung) und den Strand mit seiner breiten Flachwasserzone. In der Nähe befinden sich Surf-Schule, FKK-Strand, Fischräucherei, Minigolf, Restaurants, Imbiß, Reiterhof, Golfplatz und Yachthafen. Zur Ortsmitte 5 km; Einkaufen 3 km; Arzt, Apotheke, Hallenbad 6 km; Bahnhof, Krankenhaus, Dialyse 18 km.

Preis für die rollstuhlgerechte Ferienwohnung (45 qm) in der Nebensaison 80,- DM, in der Hochsaison 110,- DM. Endreinigung 50,- DM. Bettwäsche 15,- DM pro Garnitur. Kurtaxe 1,50 DM pro Tag/Person über 18 Jahre. Angelboot 50,- bis 80,- DM pro Tag.

Ferienbauernhof Annette Johannsen — 24395 Gelting

Schleswig-Holstein, Ostsee

Bleicherfeld, Tel. (04643) 2804, Fax: 2614, Internet: www.gelting.de/bleicherfeld.htm. Rollstuhlgeeignete Ferienwohnung auf dem Bauernhof im EG, mit Rampe (1 Stufe) erreichbar. 3 Zimmer, Flur, Bad, Küche. Türbreiten 71 bis 86 cm.

Geeignet für Rollstuhlfahrer mit Begleitung: Bewegungsfreiraum in Du/WC 120 x 120 cm. Freiraum rechts neben WC 100 cm, davor 124 cm. WC-Höhe 42 cm. Dusche schwellenlos unterfahrbar, Waschbecken (Höhe 68 cm) unterfahrbar. Duschhocker und stabiler Haltegriff an der Dusche vorhanden.

Lage: Zur Ortsmitte 1 km; Einkaufen, Arzt, Apotheke 1,5 km; Hallenbad und Ostsee 5 km. **Preis** für die Wohnung pro Tag 75,- bis 85,- DM.

Hotel Landhaus Langbehn — 23743 Grömitz (Ostseebad)

Schleswig-Holstein, Ostsee

Neustädter Str. 43, Tel. (04562) 1850, Fax: 18599, E-Mail: Landhaus.Langbehn@t-online.de. Stilvolles, neuerrichtetes Landhaus, eingebettet in einer parkähnlichen Gartenanlage.

40 komfortable Zimmer mit Bad/WC oder Du/ WC, Terrasse oder Balkon, Farb-TV, Radio, Telefon. Raucher- und Nichtraucherzimmer. Konferenz- und Besprechungsräume, Restaurant, Bar, offener Kamin. Haupteingang, Restaurant und Zimmer stufenlos erreichbar.

Geeignet für Gehbehinderte, Senioren, Kururlauber und Rollstuhlfahrer. Ein Zimmer mit Bad/WC speziell für Rollstuhlfahrer ausgestattet. Türen zum Zimmer und Bad/WC 93 cm breit. Raumgröße von Bad/WC 220 x 210 cm; Freiraum 140 x 140 cm. Dusche unterfahrbar. Duschhocker und stabile Haltegriffe an Dusche und WC vorhanden.

Lage: 10 Minuten Fußweg zum Sandstrand (1,5 km); Ortsmitte, Tennisplatz, Tennishalle und Hallenbad 1 km; Kuranwendungen 1,5 km; Bus und Apotheke 500 m; Freibad 2 km.

Preise pro Person und Tag je nach Saison inkl. Frühstück im DZ 80,- bis 125,- DM; EZ-Zuschlag 20,- bis 40,- DM pro Tag. 1 Woche pro Person inkl. Frühstück 525,- bis 805,- DM. Zustellbett 30,- bis 45,- DM inkl. Frühstück. Kinder bis 4 Jahre frei. Zuschlag für Halbpension pro Person und Tag 20,- DM, für eine Woche 105,- DM. Weitere Preise auf Anfrage.

Strandhotel Hohwacht * * * — 24321 Hohwacht (Ostseeheilbad)

Schleswig-Holstein, Hohwachter Bucht, Ostsee

Strandstr. 10, Tel. (04381) 6091 und 6092, Fax: 6093. Hotel mit 40 komfortabel und gemütlich eingerichteten Zimmern. Parkplatz stufenlos; Eingang, Frühstücksraum und Restaurant mit Rampe erreichbar.

Geeignet für Gehbehinderte (12 Personen) und Rollstuhlfahrer. 2 rollstuhlgerechte Zimmer mit Du/WC im EG. Türbreiten der Zimmer und von Du/WC 93 cm. Freiraum in Du/WC 150 x 160 cm. Freiraum rechts neben WC 210 cm, davor 140 cm. Dusche und Waschbecken unterfahrbar. Duschhocker und stabile Haltegriffe an Du/WC und Waschbecken vorhanden.

Lage: Zum Strand 50 m, stufenlos erreichbar; Spielplatz 100 m; Einkaufen 200 m Ortsmitte 400 m; Tennisplatz, Kuranwendungen 500 m; Arzt, Apotheke 8 km.

Preis pro Person und Tag inkl. Frühstück im rollstuhlgerechten Zimmer je nach Saison 60,- bis 76,- DM.

Gästehaus Petersen — 25813 Husum / Schwesing

Schleswig-Holstein, Nordfriesland

Sergeantenweg 4, Tel. (04841) 9607-0, Fax: 9607-99. Neues Gästehaus, familiär geführt, in einem kleinen, ruhigen Dorf vor den Toren Husums mit 7 Appartements, davon 3 rollstuhlgeeignet und **allergikergerecht** gebaut.

Die Appartements für 2 Personen (Zustellbetten möglich) haben Wohn- und Schlafzimmer, Kochnische, Du/WC, Terrasse oder Balkon, Telefon, Safe und TV. Aktivitäten & Ausflüge: Baden, Wattwandern, Deichspaziergänge, Museen, Ausflüge zu den Inseln und Halligen.

Preis pro Appartement/Tag 90,- bis 100,- DM inkl. Nebenkosten. Auch Gruppen sind willkommen. Auf Wunsch Frühstück oder Brötchenservice. Nähere Informationen bei Frau Petersen.

Naturfreundehaus Karl-Volkert-Heim — 24217 Kalifornien / Schönberg

Schleswig-Holstein, Ostsee

Deichweg 1, Tel. (04344) 1342, Fax: 4394. 33 Zimmer mit insgesamt 96 Betten. 14 Zimmer mit Du/WC, 19 Zimmer mit fließend warm/kalt Wasser, Etagendusche und WC.

Geeignet für Familien und Gruppen mit körperlich und geistig Behinderten bis 90 Personen, nicht geeignet für Rollstuhlfahrer.

Lage: Direkt an der Ostsee, Strand 50 m; Schönberg 5 km; Einkaufen 100 m; Spielplatz, Tennisplatz, Freibad 1 km.

Preis für Übernachtung inklusive Vollpension für Erwachsene pro Tag 52,- bis 62,- DM; Kinder je nach Alter 22,- bis 54,- DM.

Ferienwohnung Frauke Jochimsen **** 24376 Kappeln

Schleswig-Holstein, Schlei, Ostsee

Vermieterin: Frauke Jochimsen, Loitmarktfeld 3, Tel. und Fax: (04642) 81934, Mobil: 0171-2704906. Zwei Komfort-Ferienwohnungen in einem ehemaligen Bauernhaus, Eine Ferienwohnung und ein Ferienzimmer in einem Ferienhaus. (Einzellage, sehr ruhig) auf einem 3.000 qm großen Grundstück. Großer Bauerngarten mit Teich. Alle Wohnungen liegen im Erdgeschoß und sind stufenlos erreichbar.

Ausgezeichnet nach den Richtlinien des Deutschen Fremdenverkehrs-Verbandes **mit vier Sternen.**

Zwei Ferienwohnungen und das Ferienzimmer sind rollstuhlgerecht ausgestattet. Die Wohnungen verfügen über Wohnküche (eine Küchenzeile ist behindertengerecht), Schlafzimmer, Kinderzimmer und Terrasse. Türen 86 cm breit. Nicht auf den Rollstuhl angewiesene Gäste können die andere Wohnung mieten.

Geeignet für Behinderte und Behinderungen jeglicher Art, für Familien oder kleine Gruppen. Je Wohnung ist ein Bett mit einem hydraulischen Heberahmen mit Aufrichtevorrichtung ausgestattet und in jede Lage einzustellen.

Alle Türen sind 86 cm breit. Freiräume in Dusche/WC:

1.) 140 x 240 cm; links neben WC 40 cm, rechts 100 cm, davor 160 cm.

2.) 200 x 250 cm; links neben WC 140 cm, rechts 40 cm, davor 200 cm.

3.) 140 x 100 cm; links neben WC 120 cm, rechts 40 cm, davor 100 cm.

Dusche und Waschbecken unterfahrbar. Duschstuhl, Toilettenstuhl und Rollstuhl vorhanden. Haltegriffe an Dusche und WC. Der Haltegriff am WC kann hochgeklappt werden. Tief angebrachte Spiegel.

Lage: Zur Stadt 2,5 km; Praxis für Krankengymnastik in Kappeln, alle Kassen; kommt auch ins Haus. Dialyse in Damp 25 km; Tennisplatz 300 m; Bus 500 m; Einkaufen und Fitneßcenter 600 m; Sportplatz 300 m; Apotheke 2 km; Tennishalle und Krankenhaus 3 km; **Ostsee 6 km**; Freibad 15 km; Kuranwendungen und Hallenbad 25 km (Aqua-Tropicana und Wellenbad). Umgebung flach. Außerdem wird **heilpädagogisches Reiten** angeboten.

Preise: Ferienwohnung in der Hauptsaison 85,- bis 96,- DM, in der Nebensaison 75,- bis 82,- DM. Ferienzimmer in der Hauptsaison 60,- DM, in der Nebensaison 40,- DM. Gruppenpreise auf Anfrage.

Hotel „Pfahlershof" 25774 Karolinenkoog

Schleswig-Holstein, Nordsee

Koogstr. 15-17, Tel. (04882) 65000, Fax: 650060. Der „Pfahlershof" liegt inmitten grüner Wiesen zwischen den Deichen des Karolinenkoogs. Aus einem der ältesten Höfe im Koog entwickelte sich das heutige Sporthotel. Es bietet 50 Doppelzimmer mit Du/WC, Sat-TV und Radiowecker. Kleines Hallenbad, Freibad, Sauna, Solarium, Kinderspielplatz, Wasseroase, Tischtennis, Bolzplatz, Liegewiese, Freigrill, Schach und Pool-Billard. Parkplatz, Eingang, Frühstücksraum, Restaurant und 46 Zimmer im EG sind stufenlos erreichbar.

Geeignet für Gehbehinderte (bis 50 Pers.), Rollstuhlfahrer und Familien mit geistig Behinderten. 2 Zimmer rollstuhlgerecht. Türbreiten der Zimmer und von Du/WC 80 cm. Freiraum in Du/WC 120 x 140 cm. Freiraum links neben WC 60 cm, rechts 80 cm, davor 100 cm. Dusche und Waschbecken unterfahrbar. Duschhocker vorhanden.

Lage: Sehr ruhige Einzellage; zur Ortsmitte, Einkaufen, Bahnhof, Arzt, Apotheke, Krankenhaus und Nordseestrand 4 km. Umgebung flach.

Zimmerpreise: EZ 80,- DM; DZ 130,- DM inkl. Frühstück. Halbpension: 3-Gänge-Menü am Mittag oder Abend pro Person 17,50 DM. Vollpension nach Absprache. Hausprospekt, ausführliche Preisliste und Gruppenpreise auf Anfrage.

Hotel-Pension Altenholz 24161 Kiel-Altenholz-Klausdorf

Schleswig-Holstein, Ostsee

Kronsberg 18, Tel. (0431) 32961-0, Fax: 3296120. Gemütlich eingerichtete, gepflegte Pension mit geschmackvoll eingerichteten, 9 komfortablen Zimmern, alle mit Bad oder Du/WC, Telefon, Radio und Kabel-TV ausgestattet. Parkplatz am Haus, Eingang, Frühstücksraum und Zimmer im EG stufenlos erreichbar.

Geeignet für Gehbehinderte und Rollstuhlfahrer. 1 Zimmer rollstuhlgerecht: Türbreite vom Zimmer und von Du/WC 82 cm. Freiraum in Du/WC 140 x 140 cm. Dusche und Waschbecken unterfahrbar. Kippspiegel, festinstallierter Duschsitz und stabile Haltegriffe an Dusche und WC vorhanden.

Lage: Ruhige Lage am Stadtrand von Kiel; Kieler Bahnhof 10 km; Einkaufen, Apotheke 1 km; Arzt 1 km; Krankenhaus 4 km.

Zimmerpreise: EZ 70,- bis 90,- DM; DZ 114,- bis 134,- DM; 3-Bett-Zimmer 148,- bis 158,- DM inkl. Frühstücksbuffet.

Hotel Birke 24109 Kiel

Schleswig-Holstein, Ostsee

Martenshofweg 8, Tel. (0431) 5331-0, Fax: 5331-333. Internet: http://www.hotel-birke.de. E-Mail: info@hotel-birke.de.

Komfortables, familiengeführtes Hotel zwischen Wald und Hafen gelegen, im landestypischen Klinkerbau. 59 Zimmer mit Du/WC, Telefon, Radio, Farb-TV und Minibar. Restaurant im Fachwerkhaus nebenan. Gesellschafts- und Tagungsräume für bis zu 120 Personen. Hunde erlaubt. Stufenlos erreichbarer Parkplatz. Eingang, Rezeption, Speiseraum, Konferenzraum, Fitneßraum, Sauna, Solarium und Terrasse stufenlos oder mit behindertengerechtem Aufzug erreichbar. Türbreiten: Alle Türen und die Türen zu den 4 rollstuhlgerechten Zimmern und Badezimmern 100 cm breit.

Geeignet für Gehbehinderte und Rollstuhlfahrer. 4 Zimmer mit Du/WC sind rollstuhlgerecht ausgestattet. Bewegungsfreiraum in Du/WC 140 x 140 cm; Freiraum links neben WC 150 cm, vor dem WC 150 cm. Dusche nicht schwellenlos unterfahrbar, Duschhocker vorhanden, Waschbecken unterfahrbar; zusätzliche Haltegriffe vorhanden.

Lage: Zum Zentrum und zum Bahnhof 5 km; Einkaufen 1 km; Bus 100 m; Arzt 500 m; Apotheke 700 m; Krankenhaus 1,5 km; Tennishalle 1 km.

Zimmerpreise inkl. Frühstücksbuffet: Einzelzimmer 160,- bis 220,- DM, Doppelzimmer 190,- bis 295,- DM. Zustellbett für Kinder im Zimmer der Eltern 25,- DM. Hausprospekt, Preisliste und Arrangementpreise auf Anfrage. Das Hotel hat vom Reichsbund e.V. eine Auszeichnung für die behindertengerechten Zimmer erhalten.

InterCityHotel Kiel 24114 Kiel

Schleswig-Holstein, Ostsee

Kaistr. 54-56, Tel. (0431) 66430, Fax: 6643499. 124 Komfortzimmer mit Dusche/WC, Minibar, Kabel-TV, Telefon. Eingang, Restaurant, Konferenzräume für bis zu 80 Personen stufenlos erreichbar. Türbreite vom Aufzug 95 cm.

Geeignet für Rollstuhlfahrer. 1 Zimmer mit sehr geräumigem Bad/Du/WC speziell für Rollstuhlfahrer ausgestattet. Türbreiten von Zimmer und Bad 95 cm. Dusche und

Waschbecken unterfahrbar. Notruf, festinstallierter Duschsitz und stabile Haltegriffe an Dusche und WC vorhanden.
Lage: Direkt am Hauptbahnhof, gegenüber vom Kieler Hafen.
Zimmerpreise: EZ 190,- bis 220,- DM; DZ 230,- bis 260,- DM inkl. Frühstück.

Hotel Olympia — 24159 Kiel-Schilksee

Schleswig-Holstein

Drachenbahn 20. Vermietung über: Landesverband für Körper- und Mehrfachbehinderte Schleswig-Holstein e.V., Villenweg 18, 24119 Kronshagen, Tel. (0431) 589818, Fax: 588213. Die neu renovierten und modern eingerichteten Appartements für 4 bis 5 Personen sind 47 qm groß, behindertengerecht ausgestattet und bestehen aus einem Wohnraum mit sep. Schlafnische, einem Kinderschlafzimmer mit höhenverstellbarem Bett sowie einem Einzelbett (Pflegebett) bzw. Etagenbett, Telefon, Radio und TV. Bewegungsfreiraum in Du/WC 110 x 110 cm. Dusche und Waschbecken unterfahrbar. Festinstallierter Duschsitz, Kippspiegel und stabile Haltegriffe an Dusche und WC.
Lage: Das Hotel liegt direkt im Olympia-Zentrum in Kiel-Schilksee mit Blick auf die Ostsee und auf das Schleswig-Holsteinische Hinterland.
Preis für ein Appartement je nach Saison pro Tag 65,- bis 75,- DM.

Steigenberger Hotel Conti Hansa — 24103 Kiel

Schleswig-Holstein, Ostsee

Schloßgarten 7, Tel. (0431) 51150, Fax: 5115444. 167 Komfortzimmer mit Bad/WC, TV, Radio, Telefon, Minibar. Türbreiten: Eingang, Restaurant 200 cm; Aufzug 100 cm (Innenmaße 100 x 200 cm).
Geeignet für Rollstuhlfahrer. Zwei Zimmer mit Bad/WC speziell für Rollstuhlfahrer. Türbreite der Zimmer und von Bad/WC 100 cm.
Lage: Stadtmitte, direkt am Schloßgarten, gegenüber vom Ostsee- und Schwedenkai; Bahnhof ca. 1 km; Apotheke 300 m.
Zimmerpreise: EZ 250,- bis 300,- DM; DZ 300,- bis 350,- DM.

Ferienhaus auf dem Bauernhof Ilse Brüning — 24644 Loop

Schleswig-Holstein, Naturpark Westensee

Höllenkamp 1, Tel. (04322) 9398. Ferienhaus auf dem Bauernhof (Einzelhof am Waldrand) mit 4 Zimmern, 7 Betten. Farb-TV, Waschmaschine. Parkplatz direkt am Haus. Rampe zum Eingang (eine Stufe) vorhanden; Zimmer stufenlos erreichbar.

Geeignet für Gehbehinderte und Familien mit geistig Behinderten; bedingt geeignet für Rollstuhlfahrer mit Begleitung. Türbreiten: Eingang 96 cm, Zimmer 80 cm, Badezimmer 65 cm. Freiraum im Badezimmer 170 x 105 cm; Freiraum vor dem WC 104 cm. Badewanne vorhanden; Dusche nicht schwellenlos unterfahrbar: Schwelle 1 cm; Haltegriff an Dusche vorhanden.
Lage: Einzelhof am Wald; Ortsmitte, Einkaufen, Bus 500 m; Bahnhof 3 km; Arzt, Apotheke, See 4 km; Hallenbad, Krankenhaus 10 km. Umgebung flach.
Preis für das Ferienhaus je nach Personenzahl und Saison 70,- bis 130,- DM pro Tag.

Ferienwohnung „Beckhuus" — 25926 Ladelund

Schleswig-Holstein, zwischen Nord- und Ostsee

Familie Markussen, Beckhuuser Weg 2, Tel. (04666) 834, Fax: 1085. Große, gemütliche Ferienwohnung im bewirtschafteten Bauernhof, mit 3 Doppelzimmern, Küche, Wohnzimmer, 2 Bäder, Radio, Sat-TV, Telefon, 2 Kinderbetten vorhanden.

Auf dem Bauernhof werden Zuchtsauen mit ihren Ferkeln das ganze Jahr über draußen in Hütten gehalten. Es gibt noch Pferde, 1 Pony, ein paar Rinder, Hund, Katzen, Geflügel etc. auf dem Hof. Carport, Terrasse mit großem Garten, alles stufenlos erreichbar.

Geeignet für Gehbehinderte und Rollstuhlfahrer. Türen alle mindestens 82 cm breit. Duschbad schwellenlos, nach DIN 18024 rollstuhlgerecht eingerichtet; Bewegungsfreiraum 380 x 225 cm.

Lage: Sehr ruhige Alleinlage, zwischen Nord- und Ostsee, dicht an der dänischen Grenze, mit Blick auf Wald und Wiesen. Bis zum Dorf, Arzt, Apotheke und SPAR-Markt sind es 2,5 km. Ein Naturschwimmbad ist 2 km entfernt.

Preis: für 4 Personen 100,- DM/Tag; jede weitere Person 15,- DM/Tag. Kinder unter 2 Jahre frei. Haustiere nur auf Anfrage. Hausprospekt.

Motel zur Lohmühle — 23554 Lübeck

Schleswig-Holstein, Ostsee

Bei der Lohmühle 54, Tel. (0451) 471769, Fax: 471717. Komfortables und freundlich geführtes Motel mit 32 geräumig und freundlich ausgestatteten Zimmern mit Du/WC, Telefon, Kabel-TV, Hosenbügler und Fön. Parkplatz, Eingang, Frühstücksraum, Restaurant und die Zimmer stufenlos erreichbar.

Geeignet für Gehbehinderte und Familien mit geistig Behinderten; bedingt geeignet für Rollstuhlfahrer (8 Zimmer). Türbreiten der Zimmer 90 cm, von Du/WC 85 cm. Freiraum in Du/WC 200 x 200 cm. Freiraum links und rechts neben WC 40 cm, davor 120 cm. Dusche nicht unterfahrbar, keine Haltegriffe; Du/WC groß genug für Rollstuhlfahrer.

Lage: Erreichbar über die BAB A 1 (Hamburg-Travemünde-Puttgarden), 500 m von der Abfahrt Lübeck-Mitte entfernt. Stadtmitte 3 km; Einkaufen, Apotheke, Hallenbad 1 km; Freibad, Bahnhof 2 km; Krankenhaus 10 km.
Zimmerpreise: EZ 95,- bis 105,- DM; DZ 135,- bis 155,- DM inkl. Frühstück.

Radison SAS Hotel Lübeck — 23554 Lübeck

Schleswig-Holstein, Ostsee

Willy-Brandt-Allee 6, Tel. (0451) 142-0, Fax: 142-2222. 224 Zimmer mit Bad/WC, Fön, Radio, TV, Telefon, Minibar und Klimaanlage. Hoteleingang, Aufzüge, Restaurants und Bar sind bequem zu erreichen.

Geeignet für Rollstuhlfahrer. Zwei behindertengerechte Zimmer mit jeweils einer Verbindungstür zum angrenzenden Zimmer, so daß der direkte Zugang zur Begleitperson möglich ist. Türbreiten der Zimmer und von Du/WC 90 cm. Freiraum in Du/WC 300 x 150 cm. Freiraum links neben WC 120 cm, rechts 60 cm, davor 120 cm. Dusche und Waschbecken unterfahrbar. Festinstallierter Duschsitz, Notruf und stabile Haltegriffe an Dusche und WC vorhanden.
Lage: Direkt neben der Musik- und Kongresshalle.
Zimmerpreise: EZ ab 190,- DM; DZ ab 240,- DM. Frühstücksbuffet 26,- DM. Wochenendpreise auf Anfrage.

Mövenpick Hotel — 23554 Lübeck

Schleswig-Holstein, Ostsee

Beim Holstentor, Tel. (0451) 15040, Fax: 1504111. 197 komfortable Zimmer (davon 25 Suiten) mit Bad/Du/WC, Farb-TV, Radio, Selbstwahltelefon, Minibar. Seminar-, Tagungs- und Bankettträume für 10 bis 600 Personen. Hauseigener Parkplatz und Restaurant.
Geeignet für Gehbehinderte und Rollstuhlfahrer. 1 Zimmer mit Bad/WC speziell für Rollstuhlfahrer konzipiert. Alle Türen ausreichend breit. Aufzugstür 1,80 m.
Lage: Ortsmitte 500 m; Bahnhof 200 m; Bus 100 m; Apotheke 300 m; Ostsee 23 km.
Zimmerpreise: EZ 160,- bis 210,- DM; DZ 190,- bis 250,- DM. Frühstücksbuffet 23,- DM. Seminar- und Spezialpreise auf Anfrage.

Holiday Inn Lübeck — 23568 Lübeck

Schleswig-Holstein, Ostsee

Travemünder Allee 3, Tel. (0451) 37060, Fax: 3706666. 156 Zimmer, 3 Suiten, 10 Tagungsräume (für bis zu 220 Personen). Eingang Restaurant und Zimmer stufenlos oder mit dem Aufzug (Breite 90 cm, Tiefe 130 cm) erreichbar. Alle Türen mindestens 80 cm breit.
Geeignet für Rollstuhlfahrer und Gehbehinderte. Ein spezielles Behindertenzimmer mit Bad/WC. Raumgröße von Bad/WC 200 x 250 cm. Weitere 14 Zimmer mit Bad/WC ebenfalls für Rollstuhlfahrer (bedingt) geeignet, da Bewegungsfreiraum im Bad nur 80 x 110 cm.
Lage: Ortsmitte 500 m; Bahnhof 1,5 km; Bus 30 m; Apotheke 250 m; Hallenbad im Haus; Freibad 1,5 km; Tennisplatz und Tennishalle 500 m; Ostsee 17 km.
Zimmerpreise: EZ 185,- bis 495,- DM; DZ 194,- bis 520,- DM. Frühstücksbuffet 28,- DM. Wochenend- und Spezialtarife auf Anfrage.

Rucksack-Hotel 23552 Lübeck

Schleswig-Holstein, Ostsee

Familie Wulf, Kanalstr. 70, Ecke Glockengießerstraße, Tel. (0451) 706892, Fax: 7073429. Im Jahr 1991 wurde dieses erste Rucksack-Hotel in Deutschland eröffnet. Das Angebot dieses Familienbetriebes richtet sich an Einzelreisende, Familien (Kinderermäßigung), kleinere Gruppen bis ca. 28 Personen und an Rollstuhlfahrer. Freundlich gestaltete Mehrbettzimmer mit 4 bis 10 Betten. Parkplatz, Eingang, Frühstücksraum und 2 Zimmer im EG sind stufenlos erreichbar.

Geeignet für Gehbehinderte, Rollstuhlfahrer und Familien mit geistig Behinderten. **Gruppen bis 28 Personen** inkl. 5 Rollstuhlfahrer. 2 Zimmer mit Dusche/WC sind nach DIN 18024 rollstuhlgerecht. Freiraum links neben WC 180 cm, rechts 45 cm, davor 106 cm. Dusche und Waschbecken unterfahrbar. Duschhocker und stabiler Haltegriff am WC vorhanden. Bettenhöhe 50,- DM.

Lage: Ortsmitte 600 m; Einkaufen, Arzt, Apotheke 300 m; Freibad 500 m; Tennisplatz 600 m; Hallenbad 1 km; Bahnhof 2 km; Krankenhaus 4 km. Umgebung vom Haus flach, zur Stadt leicht ansteigend.

Preis pro Person und Übernachtung im Zimmer mit behindertengerechtem Bad im 2-Bettzimmer 40,- DM, im 4-Bettzimmer 34,- DM, in den übrigen 4- bis 10-Bettzimmern 24,- bis 30,- DM.

Haus Godewind 29994 Medelby

Schleswig-Holstein, Nordsee, Nationalpark „Schleswig-Holsteinisches Wattenmeer"

Magda Witt, Am Stangacker 3, Tel. (04605) 486, Fax: 1368, E-Mail: magda.witt@t-online.de, Internet: www.haus-godewind.de. Sehr schönes, im Jahr 1994 erbautes, Ferienhaus mit 8 komfortablen, liebevoll im skandinavischen Stil eingerichteten Ferienwohnungen. Parkplatz und Eingang stufenlos.

Geeignet für Gehbehinderte und Rollstuhlfahrer. 3 Ferienwohnungen rollstuhlgerecht. Breite Türen, Dusche und Waschbecken unterfahrbar. Festinstallierter Duschsitz und stabiler Haltegriff an der Dusche vorhanden.

Lage: 400 m vom Nationalpark „Schleswig-Holsteinisches Wattenmeer" entfernt, ca. 500 m zum Strand. Zur Ortsmitte ca. 1 km; Bahnhof, Arzt, Apotheke, Hallenbad, Freibad 11 km. Spielplatz am Haus.
Preis pro Ferienwohnung je nach Größe und Saison pro Tag 60,- bis 140,- DM.

Hotel und Restaurant „Bärenkrug" — 24113 Molfsee (bei Kiel)

Schleswig-Holstein, Ostsee

Hamburger Chaussee 10, Tel. (04347) 71200, Fax: 712013. Familiär und freundlich geführtes Haus mit 23 komfortablen, ruhigen Zimmern mit Du/WC, Telefon und Kabel-TV, teilw. mit Terrasse, Balkon, Kamin oder Seeblick. Parkplatz, Eingang, Frühstücksraum, Restaurant, Garten und Zimmer im EG stufenlos erreichbar.

Geeignet für Gehbehinderte und Familien mit geistig Behinderten, bedingt geeignet für Rollstuhlfahrer mit Begleitung. Bad groß, aber keine Hilfsmittel vorhanden. Türbreiten der Zimmer und von Du/WC 105 cm. Freiraum in Du/WC 180 x 140 cm. Freiraum rechts neben WC 70 cm, davor 110 cm. Dusche nicht schwellenlos unterfahrbar, Duschhocker vorhanden, Waschbecken unterfahrbar. Keine zusätzlichen Haltegriffe.

Lage: Zur Ortsmitte 500 m; Hallenbad 100 m; Einkaufen, Arzt, Apotheke 2 km; Freibad 5 km; Krankenhaus 10 km; Ostsee 20 km.

Zimmerpreise: EZ 90,- bis 110,- DM; DZ 160,- bis 180,- DM inkl. Frühstück.

Hotel Prisma — 24537 Neumünster

Schleswig-Holstein

Max-Johannsen-Brücke 1, Telefon (04321) 9040, Fax: 904444. Hotel mit 97 Zimmern, 170 Betten. Alle Zimmer mit Dusche/Bad, WC, Telefon, Radio, TV und Minibar. Gesellschafts- und Tagungsräume für bis zu 160 Personen. Sauna, Solarium, Fahrstühle, 80 eigene Parkplätze, Garagen, Bistro und Restaurant.Parkplatz, Eingang, Frühstücksraum, Restaurant, Garten, behindertengerechter Aufzug und die Zimmer (mit dem Aufzug) stufenlos erreichbar. Alle Türen 100 cm breit.

Geeignet für Gehbehinderte und Familien mit geistig Behinderten (jeweils auch für **Gruppen bis 170 Personen**) und für Rollstuhlfahrer (10 Personen). Zwei Zimmer mit Du/WC sind speziell für Rollstuhlfahrer ausgestattet. Türen 100 cm breit. Freiraum in Du/WC 260 x 227 cm. Freiraum rechts neben WC 90 cm, davor 162 cm. Badewanne; Dusche mit festinstalliertem Duschsitz, Duschtasse nicht schwellenlos unterfahrbar (Einstiegshöhe 40 cm). Waschbecken unterfahrbar, Kippspiegel am Waschbecken, stabile Haltegriffe an Dusche, WC und Waschbecken. Bettenhöhe 60 cm. Zusätzlich 8 Zimmer für Rollstuhlfahrer bedingt geeignet.

Lage: Ortsmitte, Bahnhof 1 km; Bus 100 m; Arzt, Apotheke 500 m; Tennisplatz 800 m; Tennishalle, Freibad, Krankenhaus und Dialyse 2 km. Umgebung flach.

Zimmerpreise: EZ von 142,- bis 195,- DM; DZ von 172,- bis 260,- DM. Kinder unter 6 Jahre kostenlos, Kinder 6 bis 12 Jahre im Extrabett 40,- DM. Empfehlenswertes, behindertenfreundliches Hotel.

Ferienwohnung Raketin — 23730 Neustadt-Rettin

Schleswig-Holstein, Ostsee

Familie Brüggemann, Hauptstr. 68, Tel. (04561) 7217, Fax: 716899. Zwei Ferienwohnungen, Typ A, 75 qm, behindertengerecht, mit Wohnzimmer/Eßecke, Doppelbettcouch, Sat-TV, 2 Schlafzimmer, zusätzliches Kinderbett, Duschbad/WC, Einbauküche, Terrasse, Grill, großer Garten.
Geeignet für Rollstuhlfahrer und Familien mit geistig Behinderten. Türbreiten von FeWo Typ A 80 cm. Bettenhöhe 44 cm. Bewegungsfreiraum 149 x 120 cm, Dusche und Waschbecken unterfahrbar. Duschhocker und stabiler Haltegriff am WC.
Lage: In der Ortsmitte, 200 m vom Strand entfernt (mit dem Rollstuhl Strandpromenade gut erreichbar). Einkaufen 200 m; Bahnhof, Arzt, Apotheke und Krankenhaus 5 km. Preise auf Anfrage.

Erholungs- und Ferienstätte „Tagungshaus Nindorf" e.V. — 24594 Nindorf

Schleswig-Holstein, Naturpark Aukrug

Osterree 1, Tel. (04871) 1518, Fax: 7385. Das Tagungshaus liegt im Erdgeschoß und ist auf der gesamten Grundfläche schwellenlos für Rollstuhlfahrer befahrbar. Alle Türen mindestens 90 cm breit. Von 6 Bädern sind 5 ohne Einschränkung rollstuhlgerecht. In der Küche sind alle wichtigen Bereiche vom Rollstuhl aus erreichbar. Es stehen zusätzlich 2 Gruppenräume (50 qm) und 1 Bewegungsraum mit Bühne und Kamin (120 qm) zur Verfügung. Auch alle Spielgeräte im Außenbereich sind über gepflasterte Wege anfahrbar.
Geeignet nur für Gruppen ab 12 Personen mit Rollstuhlfahrern und anderen Behinderten, insbesondere für Behindertenfreizeiten, Kindergartenfreizeiten, Familienfreizeiten, Seminare, Tagungen usw. 3 Zimmer mit 5 Betten, 2 Zimmer mit 4 Betten, 1 Dreibett- und 1 Zweibett-Zimmer.
Preis pro Übernachtung /Person bei Selbstverpflegung 22,- DM. Vollpension für Erwachsene und Jugendliche 57,- DM; Vorschulkinder 43,- DM. Hausprospekt und ausführliche Preisliste auf Anfrage.
Für Gruppen besonders empfehlenswertes Haus.

Best Western Hotel Schmöker Hof — 22844 Norderstedt (bei Hamburg)

Schleswig-Holstein

Oststr. 18, Tel. (040) 526070, Fax: 5262231. Hotel mit 122 komfortablen Zimmern und Suiten, mit Bad/Du/WC, Kabel-TV, Minibar, Telefon. Tagungsräume für 5 bis 200 Personen. Alle Einrichtungen des Hauses stufenlos oder mit dem Aufzug erreichbar.
Geeignet für Gehbehinderte und Rollstuhlfahrer. 4 Zimmer mit Bad/WC sind für Rollstuhlfahrer ausgestattet, davon 3 Zimmer mit Verbindungstür für die Begleitperson. Türbreiten von Zimmern und Badezimmern 80 cm. Freiraum in Bad/WC 180 x 180 cm; Freiraum links neben WC 80 cm, davor 200 cm. Dusche schwellenlos unterfahrbar, Waschbecken unterfahrbar, Duschhocker vorhanden.
Lage: Ortsmitte 5 km; Hamburg Hauptbahnhof 20 km; Bus 200 m.
Zimmerpreise inkl. Frühstücksbuffet: EZ 165,- bis 175,- DM; DZ 195,- bis 225,- DM.

Hof Blutbuche — 25704 Nordermeldorf

Schleswig-Holstein, Nordsee

Marga Maaßen, Hauptstr. 27, Tel. (04832) 2110, Fax: 5259. Der vollbewirtschaftete Bauernhof bietet interessante Einblicke in die Landwirtschaft. 5 Ferienwohnungen und 2 Zimmer. Komfortable Ferienwohnungen im EG bis 6 Personen, 100 qm, mit Wohnraum mit Sat-TV, Telefon, 2 Schlafzimmer, Küchenzeile, Dusche/WC und Terrasse mit Gartenmöbeln. Parkplatz und Eingang stufenlos.

Geeignet für Rollstuhlfahrer mit Begleitung: 3 Ferienwohnungen. Türbreiten der Zimmer und von Du/WC 80 cm. Bewegungsfreiraum in Du/WC 350 x 340 cm. Dusche nicht schwellenlos unterfahrbar, Duschhocker und stabile Haltegriffe an Dusche, WC und Waschbecken vorhanden. Bettenhöhe 65 cm.

Freizeitangebote: Für Kinder gibt es Ponys und Pferde zum Reiten, Kaninchen, Rinder, Geflügel und Katzen zum Streicheln und Liebhaben. Großer Kinderspielplatz mit Turngeräten, Tischtennis, Ballspiele, Fahrräder. Schöner Garten mit Gartenmöbeln, Strandkörben und Grillplatz. Wattlaufen an der See, Baden, Wandern auf dem Seedeich.

Lage: 6 km von der Nordsee entfernt. Zur Ortsmitte 200 m; Einkaufen, Freibad, Hallenbad, Tennishalle 5 km; Bahnhof, Arzt, Apotheke 6 km; Krankenhaus, Dialyse 12 km.

Preis für die große Wohnung (100 qm/4 Personen) in der Hauptsaison 110,- DM pro Tag.

Ferienbauernhof Hans Adolf und Margot Boie — 25704 Nordermeldorf / OT Barsfleth

Schleswig-Holstein, Dithmarschen

Hauptstr. 25, Tel. (04832) 7997, Fax: (04832) 555854. Bewirtschafteter Bauernhof mit 4 Wohnungen im Parterre. Alle Wohnungen sind neuzeitlich und gemütlich eingerichtet. Sie verfügen über zwei Schlafräume, Wohnraum und Küche, Dusche und WC. Kinderbetten können bei Bedarf hinzugestellt werden. Die Wohnungen im Parterre haben überdachte Sitzecke mit Blick zur Hausweide. Zum Ferienbauernhof gehören Schafe, Kälber, Ponys und Enten; außerdem eigener Gemüseanbau. Spielecke mit Schaukeln und Sandhaufen. Rund ums Haus feste Plattenwege, für Rollstuhlfahrer gut befahrbar.

Geeignet für Rollstuhlfahrer: 3 Ferienwohnungen für jeweils 4 Personen im Parterre sind **speziell für Rollstuhlfahrer** eingerichtet. Alle Türen mindestens 1 m breit, teils noch breiter. Betten und Toiletten sind erhöht; Bettenhöhe 52 cm. Freiraum in Du/WC

120 x 180 cm. Freiraum rechts neben WC 150 cm, links Haltegriff, davor 120 cm. Dusche und Waschbecken unterfahrbar. Tiefhängender Spiegel, festinstallierter Duschsitz und stabile Haltegriffe an Dusche und WC vorhanden. Überdachte Gartenlaube mit Kamin und Tischtennis. Heukränze binden. Gemütliche „Pharisäer"-Abende finden in der Laube am Kamin statt.

Lage: Im Ortskern von Barsfleth; Nordsee mit Nordermeldorfer Badestrand 5 km; Badeort Büsum mit Kuranwendungen 15 km; Stadt Melkdorf mit Sehenswürdigkeiten 5 km; Bus 50 m; Apotheke, Freibad, Hallenbad, Tennisplatz und Tennishalle 5 km; Bahnhof 6 km; Dialyse 16 km. Umgebung überwiegend flach.

Preis pro Ferienwohnung und Tag in der Hauptsaison (15.6. bis 10.9.) bei Belegung mit 4 Personen 90,- bis 95,- DM; jede weitere Person zzgl. 10,- DM/Tag. In der Vor- und Nachsaison 75,- bis 80,- DM, inklusive Nebenkosten. Ein Hausprospekt wird auf Anfrage gerne zugeschickt.

Johann Alfred Thormählen — 25845 Nordstrand

Schleswig-Holstein, Nordfriesland, Nordsee

Alter Koog Chaussee 6, Tel. (04842) 212, Fax: 1635. Landwirtschaftlicher Betrieb (Ackerbau), ruhige Einzellage auf einer Warft. 6 komfortable Ferienwohnungen, davon 2 rollstuhlgerecht im EG.

Die rollstuhlgerechten Ferienwohnungen sind jeweils 60 qm groß, mit separatem Eingang, 1 Wohnzimmer mit Schlafcouch, Küche, 2 Schlafzimmer und Duschbad. Fußboden- und Zentralheizung. Der Fußboden ist durchgehend gefliest, ohne Schwellen. Farb-TV, Radio, Telefon und Terrasse. Garten, Tischtennisplatte, Kinderspielplatz, Kinderbett und Kinderhochstuhl vorhanden. Parkplatz vor der Ferienwohnung.

Geeignet für Gehbehinderte, Rollstuhlfahrer, **Allergiker** und Familien mit geistig Behinderten. Parkplatz und Eingang stufenlos. Türbreiten: Eingang, Zimmer und Du/WC 98 cm. Freiraum in Du/WC 200 x 300 cm. Freiraum links neben WC 150 cm, davor 250 cm. Erhöhtes WC, Dusche und Waschbecken unterfahrbar. Haltegriffe vorhanden. Bettenhöhe 39 cm, kann um 16 cm erhöht werden. Bei Bedarf kann Pflegedienst angefordert werden. Elektrorollstuhl, Galgen usw. kann gegen Mietpreis besorgt werden.

Lage: Zum Strand (Nordsee) 1 km; Einkaufen, Arzt, Apotheke, Kuranwendungen, Hallenbad und Tennisplatz 1 km; Bushaltestelle am Haus; Krankenhaus 20 km.

Preis für eine Ferienwohnung pro Tag bei Belegung mit 2 Personen in der Hauptsaison 100,- DM, in der Nebensaison 80,- DM; jede weitere Person zuzüglich 10,- DM.

Ferienhäuser Elke Hansen — 25845 Nordstrand

Schleswig-Holstein, Nordfriesland, Nordsee

Trendermarschweg 3, Tel. + Fax: (04842) 419. 3 komplett ausgestattete Ferienhäuser, ruhige Lage in einem großen Garten, in Deichnähe. Jedes Ferienhaus mit jeweils 2 Schlafzimmern mit insges. 4 Betten, Wohnzimmer, Küche, Dusche/ WC und eigene Sonnenterrasse. Kinderbetten können zugestellt werden. Parkplatz 10 m vor dem Haus, Eingang stufenlos. 2 Häuser mit Kamin.

Für die Kleinen steht außerdem ein Spielplatz mit Schaukel und Sandkiste zur Verfügung.

Geeignet für Gehbehinderte, Rollstuhlfahrer und Familien mit geistig Behinderten. Alle Ferienhäuser sind rollstuhlgerecht. Türbreite von Eingang, Zimmer und Du/WC 90 cm. Freiraum in Du/WC 110 x 150 cm. Freiraum rechts neben WC 70 cm, davor 90 cm. Dusche und Waschbecken unterfahrbar. Festinstallierter Duschsitz, Duschhocker und stabile Haltegriffe an Du/WC und Waschbecken vorhanden. Höhenverstellbare Betten vorhanden.

Lage: Die Ferienhäuser liegen 900 m vom Seedeich entfernt. Es gibt Wege die zum oder über den Deich führen. Zur Ortsmitte, Einkaufen 3 km; Arzt und Apotheke 4 km; Hallenbad 6 km; Krankenhaus 25 km. Pflegedienst vor Ort, kann bei Bedarf bestellt werden. **Preis** auf Anfrage, Hausprospekt vorhanden.

Krabben Kate — 25845 Nordstrand

Schleswig-Holstein, Nordsee, Nordseeinsel

Kiefhuck 14. Vermieter: Wolfgang Horn, Postfach 1102, 25801 Husum, Tel. (04841) 4471. Ferienhaus mit 8 Zimmern. Parkplatz, Eingang und Zimmer stufenlos erreichbar.

Geeignet für Rollstuhlfahrer, Gehbehinderte, Familien mit geistig Behinderten und Gruppen bis max. 20 Personen, darunter 4 Rollstuhlfahrer. Bettenhöhe 50 cm. Türbreite der Zimmer und von Du/WC 80 cm. Dusche und Waschbecken unterfahrbar. Stabile Haltegriffe an Dusche und WC vorhanden.

Lage: Auf der Insel Nordstrand; flaches Land, gleich hinter dem Seedeich, direkt im Naturschutzgebiet Wattenmeer. Ruhige Lage. Die See ist stufenlos mit dem Rollstuhl erreichbar. Zur Ortsmitte 3,5 km; Nordsee 200 m; Hallenbad 2 km; Einkaufen 3,5 km; Arzt, Apotheke 4 km; Krankenhaus, Dialyse 12 km.

Preis für das Haus mit 15 Personen pro Tag 315,- DM, jede weitere Person 9,50 DM.

Ferienwohnung Cordes — 25845 Nordstrand

Schleswig-Holstein, Nordsee

Anne Cordes, Alter Koog Chaussee 16, Tel. (04842) 602. Ferienwohnung auf einem ehemaligen Bauernhof (Resthof), 60 qm, für 4 Personen, eingerichtet mit Wohnschlafraum, Einbauküche, Sat-TV. Spielmöglichkeiten für Kinder. Parkplatz und Eingang stufenlos.

Geeignet für Gehbehinderte, Rollstuhlfahrer und Familien mit geistig Behinderten. Türbreite von Zimmer und Du/WC 98 cm. Freiraum in Du/WC 120 x 120 cm. Freiraum links neben WC 110 cm, rechts 25 cm, davor 100 cm. Dusche ebenerdig befahrbar.

Lage: 200 m vom Deich entfernt; Restaurants, Kurmittelhaus, und Hafen in unmittelbarer Nähe.

Preis für die Ferienwohnung pro Tag je nach Saison 80,- bis 90,- DM inkl. aller Nebenkosten mit Handtücher und Bettwäsche.

Hof Ulrich — 23626 Offendorf - Ratekau

Schleswig-Holstein, Ostholstein, Lübecker Bucht, Ostsee

Seekamp 3, Tel. (04504) 3610 und 715665, Fax: 5430. Bewirtschafteter Bauernhof mit 70 ha Ackerland. Sechs Komfort-Ferienwohnungen für 2 bis 6 Personen und ein gemütliches Blockhaus für 2 bis 4 Personen. Die Wohnungen und das Haus sind im nordischen Kiefernstil eingerichtet, zum Teil behindertengerecht. Auf dem Hof sind Hühner, Katzen, Hunde und zwei Ponys.

Geeignet für Gehbehinderte, Rollstuhlfahrer und andere Behinderte. Zwei Ferienwohnungen mit Du/WC sind rollstuhlgerecht. Zimmertüren und Badezimmertüren 100 cm breit. Freiraum in Bad/WC 200 x 200 cm; Abstand links neben WC 80 cm, rechts 100 cm, vor dem WC 200 cm. Dusche und Waschbecken unterfahrbar, Duschhocker und stabiler Haltegriff an der Dusche vorhanden.

Lage: Im Naturschutzgebiet des Hemmelsdorfer Sees. Badeanstalt mit DLRG-Aufsicht und großer Kinderspielplatz im Dorf. Ortsmitte, Bus, See, Spielplatz, Freibad 200 m; Apotheke 2 km; Tennisplatz und Tennishalle 4 km; Bahnhof, Thermalbad, Ostsee 8 km; Dialyse 10 km. Umgebung überwiegend flach, teils etwas hügelig.

Preise inkl. Heizung, Strom, Wasser und Bettwäsche: 2 Ferienwohnungen für 2 bis 6 Personen mit jeweils 43 qm 115,- DM pro Tag. 4 Ferienwohnungen für 2 bis 4 Personen (davon 2 für Rollstuhlfahrer) für 100,- DM pro Tag. Blockhaus 115,- DM pro Tag. Selbstwahltelefon 0,45 DM/Einheit; Waschmaschinennutzung nach Verbrauch.

Römerhof

25870 Oldenswort

Schleswig-Holstein, Halbinsel Eiderstedt, Nordsee

Norma und Hans-Peter Römer Hansen, Norderweg 2, Tel. und Fax: (04864) 483. Urlaub auf dem Lande an der Nordsee in Schleswig-Holstein auf dem „Römerhof". Ruhe und Erholung, Einzelhoflage, 4 barrierefreie Wohnungen mit 65 qm, 25 qm Terrasse halbüberdacht. Unterfahrbare Dusche für **Rollstuhlfahrer**, Telefon, Sat-TV, Radio, Spielplatz mit Schaukel, Rutsche, Wippe, Sandkasten.

Tiere: 2 Pferde, Schafe, Hühner, Gänse und Enten. Haustiere nach Absprache. Ein Hausprospekt kann angefordert werden.

Preise: Ferienwohnung pro Tag in der Vorsaison 85,- bis 100,- DM, in der Hauptsaison (Juli-August) 125,- DM.

„Haus am Storchennest" Urlaub auf dem Bauernhof

24790 Ostenfeld

Schleswig-Holstein, Naturpark Westensee

Ilse Poggendorf, Dorfstr. 9, Schmeeredder, Tel. (04331) 91567, Fax: 92643. Landwirtschaftlicher Vollerwerbsbetrieb (Ackerbau, Milchvieh, Schweine, Streicheltiere) auf einem Bauernhof am Naturpark Westensee.

Drei große Ferienwohnungen, ein großzügiges Ferienhaus (rollstuhlgerecht). Kinderbetten; auf Wunsch Zimmer mit Frühstück. Bettwäsche und Handtücher werden gestellt. Fernseher und Telefon vorhanden.

Benutzung von Waschmaschine und Wäschetrockner möglich.

Großer Garten, Spielplatz, Grillgeräte und Tischtennis; Fahrräder gegen Gebühr.

Geeignet für Gehbehinderte, Rollstuhlfahrer, jeweils für Familien, **nicht für Gruppen.** Zimmer im Erdgeschoß stufenlos erreichbar. Großes Badezimmer mit Badewanne, Dusche und WC. Waschbecken unterfahrbar, Duschhocker vorhanden.

Lage: Das Haus liegt auf einem 2.000 qm großen, ebenen Grundstück. Bus 200 m; Badesee 1 km; Reiterhöfe und Streichelzoo in der Nähe; Einkaufen 5 km; Gasthof 3 km; Nord-Ostsee-Kanal 3 km; Arzt 4 km; Apotheke 5 km; Freibad, Hallenbad, Krankenhaus und **Dialysezentrum** 7 km; Ostsee 25 km; Nordsee 70 km.

Preis pro Tag bis 100,- DM bei Belegung mit 2 Personen. Weitere Informationen und Preise auf Anfrage.

Hof „Landblick" 25836 Poppenbüll

Schleswig-Holstein, Eiderstedt

Bärbel + Hanke Peters, Deicheck 1, Tel. + Fax: (04865) 1295. Vollbewirtschafteter, kinderfreundlicher Bauernhof in ruhiger, idyllischer Lage mit Kleintieren, Pony, kleiner Spielplatz. Ferienwohnungen im Nebenhaus des Bauernhofes. 45 bis 65 qm für 2-6 Personen.

Geeignet für Gehbehinderte, Rollstuhlfahrer und Familien mit geistig Behinderten. Die rollstuhlgerechte Ferienwohnung für 2-4 Pers. hat Wohnküche mit Schlafsofa (140 x 200 cm Liegefläche) und 1 Schlafzimmer mit Doppelbett. Eingang stufenlos. Türbreiten von Zimmer und Du/WC 86 cm. Freiraum in Du/WC 120 x 140 cm. Freiraum links und vor dem WC 100 cm, rechts 140 cm. Dusche und Waschbecken unterfahrbar. Duschhocker und Haltegriff an Dusche vorhanden.

Lage: Zum Strand 5 km; Umgebung flach; zum Strand ist der Deich zu überwinden. Ortsmitte, Einkaufen, Bahnhof, Arzt, Apotheke, Tennisplatz 7 km; Bus 300 m; Kuranwendungen, Hallenbad 12 km; Freibad, Krankenhaus 20 km.

Preis für die rollstuhlgerechte Ferienwohnung pro Tag 65,- bis 95,- DM. Bettwäsche 10,- DM pro Person.

Hotel Rosenheim 24223 Raisdorf / Bei Kiel

Schleswig-Holstein

Preetzer Str. 1, Tel. (04307) 8380, Fax: 838111. Hotel mit stilvollem Ambiente und mit 40 geschmackvoll und modern eingerichteten Zimmern mit Dusche, WC, Fön, Kabel-TV und Telefon. Parkplatz, Eingang, Frühstücksraum, Restaurant, Garten und die Zimmer im EG stufenlos erreichbar. Türbreite vom Aufzug 90 cm (Tiefe 140 cm, Breite 100 cm).
Geeignet für Rollstuhlfahrer: 1 Zimmer mit Du/WC. Bettenhöhe 45 cm. Bewegungsfreiraum in Du/WC 140 x 140 cm. Freiraum links neben WC 35 cm, rechts 120 cm, davor 80 cm. Dusche und Waschbecken unterfahrbar. Kippspiegel, Notruf, festinstallierter Duschsitz und stabile Haltegriffe an Dusche und WC vorhanden.
Lage: Ruhige Ortsrandlage der kleinen Ortschaft Raisdorf bei Kiel. Zur Ortsmitte 1 km; Einkaufen, Arzt, Apotheke 1 km; Freibad 1,5 km; Hallenbad, Krankenhaus 5 km.
Zimmerpreise: EZ 80,- bis 110,- DM; DZ 155,- bis 180,- DM. Zusatzbett 40,- DM. Halbpension pro Person zzgl. 20,- DM.

Jugendherberge Rendsburg 24768 Rendsburg

Schleswig-Holstein, Binnenland

Rotenhöfer Weg 48, Tel. (04331) 71205, Fax: 75521. Parkplatz, Eingang, Frühstücksraum, Garten und Zimmer stufenlos erreichbar. Türen mindestens 93 cm breit. **Geeignet** für Gehbehinderte, Rollstuhlfahrer und Familien mit geistig

Behinderten; jeweils auch für Gruppen bis 30 Personen. Türbreiten der Zimmer 80 bis 93 cm, von Du/WC 93 cm. Freiraum in Du/WC 120 x 200 cm. Freiraum links neben WC 120 cm, davor 90 cm. Dusche unterfahrbar, Duschhocker und Haltegriffe an Dusche und WC vorhanden.
Lage: Am Ortsrand; Arzt, Apotheke 2 km; Hallenbad und Freibad 3 km. Einkaufen, Krankenhaus, Bahnhof 5 km. Die Umgebung ist flach.
Preis für Übernachtung/Frühstück p.Pers. 22,- DM, inkl. VP 37,50 DM.

Ferienhof Severin — 25764 Reinsbüttel bei Büsum

Schleswig-Holstein, Nordsee

Ferienhof Severin•Reinsbüttel bei Büsum

Familie Severin, Reinsbüttler Weide 2, Tel. (04833) 2225, Fax: 42069. Der Ferienhof liegt abseits der Straße inmitten von Feldern und Wiesen. Die Ferienwohnungen sind im bäuerlichen Stil und sehr gemütlich eingerichtet.

Außerdem stehen Waschmaschine, Trockner, Bügelbrett, Bügeleisen, Hobbyraum mit Tischtennis und ein Grillplatz zur Verfügung.
Für die Kleinen: Kinderspielplatz mit großer Sandkiste, Schaukel, Hunde, Katzen, ein Pony, Federvieh und Kaninchen.
Geeignet für Rollstuhlfahrer. Zwei 4-Zimmer-Appartements für bis zu 6 Personen mit jeweils 65 qm Wohnfläche sind rollstuhlgerecht. Sie haben je 2 Schlafzimmer, 1 Kinderzimmer, Wohnküche mit Geschirrspüler, Eßecke, Couch, Sessel, Farb-TV, große Südlagen-Sonnenterrasse. Eingang stufenlos, Türen von Eingang, Zimmer und Du/WC 100 cm breit. Freiraum in Du/WC 180 x 180 cm, Freiraum links neben dem WC 40 cm, davor 150 cm. Dusche und Waschbecken unterfahrbar. Verstellbarer Kippspiegel am Waschbecken, stabiler Duschhocker und stabile Haltegriffe an Dusche und WC vorhanden. Bettenhöhe 50 cm.

Lage: Sehr ruhige Einzellage; zur Nordsee 6 km; zur Ortsmitte 600 m; Bahnhof 800 m; Arzt, Apotheke und Tennisplatz 4 km; Tennishalle und Freibad 5 km; Hallenbad 6 km; Krankenhaus und Dialyse 15 km.

Preis für ein 4-Zimmer-Appartement (65 qm) je nach Saison 80,- bis 110,- DM pro Tag. Bettwäsche pro Garnitur und Wechsel 15,- DM, Endreinigung 70,- DM.

Pension Brügmann — 24214 Schinkel

Schleswig-Holstein, Nord-Ostsee-Kanal

Hauptstr. 16, Tel. (04346) 9997, Fax: 9422. 9 modern eingerichtete Zimmer mit Du/WC, Telefon und TV. Clubraum und Saal für 30 bis 100 Personen für Tagungen und Feiern. Parkplatz, Eingang, Frühstücksraum und Restaurant im Nebengebäude stufenlos erreichbar.

Geeignet für Rollstuhlfahrer: 1 Zimmer mit Du/WC. Bettenhöhe 50 cm. Türbreite vom Zimmer 90 cm, von Du/WC 95 cm. Freiraum links neben WC 45 cm, davor 110 cm. Dusche und Waschbecken unterfahrbar. Verstellbarer Kippspiegel, festinstallierter Duschsitz und stabile Haltegriffe an Dusche, WC und Waschbecken vorhanden.

Lage: Ruhige Lage, ländliche Umgebung. Wege in der Umgebung flach. Einkaufen, Apotheke 7 km; Arzt 1 km; Ostsee, Hallenbad, Krankenhaus und Dialyse 17 km.

Zimmerpreise: EZ 60,- bis 75,- DM; DZ 100,- bis 120,- DM.

Ferienwohnung Ute Klindt — 24217 Schönberg bei Kiel, Ostseebad

Schleswig-Holstein, Ostsee

Strandstraße 201, Tel. (04344) 9235. Sehr schön gelegener Ferienhof mit einer 80 qm großen, rollstuhlgerechten Ferienwohnung für 6 Personen. Zwei Schlafzimmer, ein Wohnzimmer mit zwei Kippcouchen, Esszimmer mit TV, Küche, Telefon, Terrasse und große Diele. Parkplatz, Eingang, Garten und Zimmer stufenlos erreichbar.

Geeignet für Gehbehinderte und Rollstuhlfahrer. Türbreiten der Zimmer und von Bad/Du/WC 81 cm. Freiraum im Bad 230 x 180 cm. Links und rechts neben dem WC Haltegriffe. Dusche und Waschbecken unterfahrbar.

Kippspiegel, Duschrollstuhl, Haken über der Badewanne und über dem WC für Strickleiter vorhanden. Haken auch in einem Schlafzimmer. Zusätzlich WC-Raum.

Lage: Zum Strand 2 km; Weg zum Strand und der Strandbereich für Rollstuhlfahrer sehr gut zu bewältigen: langgezogene Auffahrt auf die Deichkrone, Matten bis zum Wasser in der Nähe des DLRG-Hauses. Zur Ortsmitte 2 km; Einkaufen, Arzt, Apotheke, Kuranwendungen und Spielplatz 2 km; Bushaltestelle 100 m; Tennisplatz und Tennishalle 1 km; Krankenhaus 10 km. Pflegedienst kann bei Bedarf über Sozialstation Schönberg angefordert werden.

Preis für die Wohnung in der Hauptsaison (15.6. - 31.8.) pro Tag 150,- DM, in der Nebensaison 100,- bis 120,- DM inkl. Handtücher, Waschmaschine und Endreinigung. Bettwäsche nach Vereinbarung. Weitere Informationen auf Anfrage.

Ferien auf dem Bauernhof Hans Christian Andresen GbR — 25917 Sprakebüll

Schleswig-Holstein, Nordfriesland

Birgit & Hans-Christian Andresen, Hauptstr. 32, Tel. (04662) 2258, Fax: 70128. Bauernhof am Waldrand mit Kühen, Kälbern, Schweinen, 2 Pferden, 2 Hunden, Katzen und Ziegen; kinderfreundlich, Haustiere erlaubt.

Zwei neuerbaute, rollstuhlgerechte Ferienhäuser (1995 + 1997). Jeweils mit 2 Schlafzimmern, ein großes Wohnzimmer mit Küchenzeile, Geschirrspüler, Waschmaschine, und Eßecke, Du/WC, Sauna, Kleinkinderausstattung, Telefon, TV, Kaminofen und Abstellraum. Parkplatz, Eingang, Garten und Zimmer sind stufenlos erreichbar. Alle Türen 100 cm breit. Die Sauna in Haus II ist mit dem Rolli einfahrbar. Haus II Baujahr 2000 fertig.

Geeignet für Gehbehinderte, Rollstuhlfahrer und Familien mit geistig Behinderten. Türbreiten der Zimmer und von Du/WC 100 cm. Freiraum in Du/WC 230 x 300 cm. Freiraum links neben WC 200 cm, davor 140 cm. Dusche und Waschbecken unterfahrbar. Kippspiegel, Duschhocker und stabile Haltegriffe an Du/WC und Waschbecken vorhanden.

Lage: Am Waldrand gelegen, Umgebung flach. Ortsmitte, Bus 2 km; Einkaufen, Arzt, Freibad, Golfplatz 6 km; Apotheke 8 km; Hallenbad, Tennisplatz, Tennishalle 9 km; Krankenhaus und Dialysezentrum 20 km; Nordseeküste 25 km.

Der Ferienhof ist Ausgangspunkt für Tagestouren zur Nord- und Ostsee, Dänemark (Röm, Legoland, Löwenpark, Sommerland-Süd, Ribe), Flensburger Förde, Sylt, Föhr und die Halligen.

Preis für ein Ferienhaus pro Tag in der Hochsaison 140,- DM, in der Nebensaison 120 ,- DM, inklusive Bett- und Tischwäsche und Handtücher; zzgl. Strom. Milch vom Hof und Kaminholz gratis. Neue Tischtennisplatte und 2 neue Kettcars. Rauchen im Haus nicht gestattet.

Urlaub auf dem Bauernhof Christa Kindt

23744 Schönwalde / Mönchneversdorf

Schleswig-Holstein, Ostsee

Zum Eichholz 2, Tel. (04528) 324, Fax: 9869. Ein Bauernhof, ein ca. 30 Hektar großer Grünlandbetrieb, liegt am Ende eines kleinen Dorfes. Zum Hof gehören Kühe, Kälber, mehrere Ponys zum kostenlosen Reiten, Hund und Katzen. Kinderfreundlich. 4 Ferienhäuser für je 6 Personen.
Geeignet für Gehbehinderte, Rollstuhlfahrer und für Familien mit geistig Behinderten. Vier Ferienhäuser sind rollstuhlgerecht. Parkplatz, Eingang und Zimmer stufenlos erreichbar. Türbreiten der Zimmer und von Du/WC 80 bis 100 cm. Freiraum in Du/WC 120 x 130 cm. Freiraum rechts oder links und vor dem WC 120 cm. Dusche und Waschbecken unterfahrbar. Festinstallierter Duschsitz (oder Duschhocker) und stabile Haltegriffe an Du/WC und Waschbecken in den Badezimmern vorhanden.
Lage: Am Ortsrand; zur Ortsmitte, Einkaufen und Apotheke 5 km; Spielplatz am Hof; Freibad, Hallenbad, Ostsee 15 km.
Preis pro Ferienhaus und Tag in der Hochsaison 150,- DM, Nebensaison 90,- bis 110,- DM, im Winter 50,- bis 60,- DM, zuzüglich Energiekosten.

„Haus am Klev" Kreisjugendheim St. Michaelisdonn

25693 St. Michaelisdonn

Schleswig-Holstein, Dithmarschen, Nordsee

Am Sportplatz 1, Tel. (04853) 923, Fax: 8576. Jugendheim mit 21 Zimmern mit insg. 70 Betten. Den Gästen stehen 12 Vierbettzimmer, 3 Dreibettzimmer, 6 Zweibettzimmer und ein Einbettzimmer zur Verfügung. Alle Zimmer mit eigenem Waschbecken, die Duschen und WCs befinden sich auf den Etagen. Außerdem 2 Tagesräume mit jeweils 36 Plätzen, die sich zu einem großen Tagesraum verbinden lassen. Parkplatz, Eingang, Frühstücksraum, Garten und 4 Zimmer stufenlos erreichbar. Türen mindestens 80 cm breit.
Geeignet für Gehbehinderte, Rollstuhlfahrer und Familien mit geistig Behinderten; jeweils auch **Gruppen bis 16 Personen**. Türbreite der Zimmer 88 cm, von Du/WC 92 cm. Rollstuhlgerechte Dusche/WC vorhanden. Dusche unterfahrbar, Duschhocker vorhanden. Stabile Haltegriffe an Dusche, WC und Waschbecken vorhanden. Schwenkbare Strickleiter.
Lage: St. Michaelisdonn ist ein ländlicher Ort mit ca. 3.300 Einwohnern und liegt ca. 100 km nordwestlich von Hamburg im Kreis Dithmarschen. Die Nordsee liegt ca. 10 km entfernt, der Nord-Ostsee-Kanal 9 km. Die Jugendherberge liegt in der Ortsmitte von Michaelisdonn; Einkaufen 700 m; Arzt 150 m; Bahnhof, Freibad 500 m; Tennisplatz 600 m; Krankenhaus, Hallenbad 15 km. Umgebung ist flach.

Preise: Übernachtung mit Frühstück für Junioren, Familien mit Kindern unter 18 Jahre 22,- DM pro Person. Vollpension je nach Aufenthaltsdauer bei 2 Übernachtungen 37,50 DM, ab 11 Übernachtungen 31,10 DM. Senioren zahlen in allen Preisgruppen einen gleichen Mehrpreis von 5,- DM. Preise für Gruppen-, Familien- und Kindergartengruppen auf Anfrage. Empfehlenswert für Tagungen, Seminare, Familienfreizeiten, usw.

Kölfhamm Hotel — 25826 St. Peter-Ording

Schleswig-Holstein, Nordfriesland, Nordsee

Kölfhamm 6, Tel. (04863) 9950, Fax: 99545. Direkt am Deich liegendes, im Juni 1994 eröffnetes Hotel mit 25 hell, freundlich und komfortabel ausgestatteten Zimmern, alle mit Du/WC, gemütlicher Sitzgruppe, kleinem Schreibtisch, Radio, TV und Direktwahltelefon.

Die Zimmer im EG sind rollstuhlgerecht. Der Konferenzraum bietet 25 Personen Platz. Außerdem Café-Terrasse, Kinderspielplatz, Gartenanlage mit Liegemöglichkeiten. Das gemütliche, geschmackvoll eingerichtete Restaurant bietet ca. 100 Personen Platz.

Parkplatz, Eingang, Frühstücksraum, Restaurant, Garten und die Zimmer im EG sind stufenlos erreichbar. Wege um das Hotel, Garten und Liegewiesen auf Plattenwegen gut befahrbar.

Geeignet für Gehbehinderte (10 Pers.), Rollstuhlfahrer (5 Pers.) und Familien mit geistig Behinderten (10 Pers.) 5 Zimmer mit Du/WC sind rollstuhlbefahrbar, das integrierte Bad ist jedoch nicht rollstuhlgerecht. Es steht aber ein separates rollstuhlgerechtes Badezimmer mit Dusche/WC zur Verfügung. Die Türbreite des Badezimmers beträgt 95 cm. Freiraum in Du/WC 160 x 160 cm. Freiraum rechts neben WC 80 cm, davor 150 cm. Dusche und Waschbecken unterfahrbar. Kippspiegel, festinstallierter Duschsitz und Duschhocker sowie stabile Haltegriffe an Dusche und Waschbecken vorhanden.

Lage: Das Hotel liegt direkt am Deich, der mit dem Rollstuhl auf einer Rampe überfahren werden kann. Hinter dem Deich beginnt der Strand, der aus festem Sand besteht; nach längerer Trockenheit jedoch pulvriger Sand. Die Wasserlinie ist etwa 800 m vom Deich entfernt. In etwa 500 m Entfernung vom Hotel führt eine Holzbrücke über den Strand, die etwa 300 m vor dem Wasser endet.
Zur Ortsmitte sind es 800 m; Einkaufen 300 m; Bahnhof 600 m; Apotheke, Hallenbad 800 m; Tennisplatz 500 m; Tennishalle 1 km; Krankenhaus 25 km.

Preise pro Person und Übernachtung im Frühjahr/Herbst pro Tag 80,- bis 110,- DM bei Unterbringung im DZ, im EZ 120,- DM; im Sommer 90,- bis 120,- DM; im Winter 70,- bis 100 DM, jeweils inklusive Frühstücksbuffet. HP-Zuschlag pro Person und Tag 30,- DM. Zusatzbett 60,- DM, Kinderbett 25,- DM. Wochenpauschale: 1 Woche inkl. Frühstück pro Person im Doppelzimmer 455,- DM, im EZ 555,- DM. Preis inkl. Halbpension pro Person und Woche im DZ 635,- DM, im EZ 725,- DM. Hausprospekt und ausführliche Preisliste auf Anfrage.

Ferienwohnungen Lippert — 24972 Steinberg

Schleswig-Holstein, Ostsee

Steinbergholz 29, Tel. (04632) 1635, Fax: (04632) 871784.

Reetdachhaus mit insgesamt 3 Ferienwohnungen. Das alte ehemalige Bauernhaus wurde 1998 komplett renoviert und die Wohnungen wurden modern und im Stil des Hauses eingerichtet. Sie sind mit Du/WC, Sat-TV, Telefon ausgestattet. Bettwäsche und Handtücher sind vorhanden.

Parkplatz, Eingang, Terrasse, Garten und 2 Wohnungen sind stufenlos erreichbar. Bei Ankunft der Gäste wird Einkaufsservice geboten und während des Aufenthaltes eine Kutschfahrt durch die herrliche Landschaft sowie Waldführungen.

Geeignet für Gehbehinderte und Rollstuhlfahrer: 1 Ferienwohnung für 2 Personen im Erdgeschoß ist rollstuhlgerecht ausgestattet. Die Türen haben eine Mindestbreite von 80 cm, die Dusche ist schwellenlos unterfahrbar, festinstallierter Duschsitz und Haltegriffe an Dusche und WC sind vorhanden. Das Waschbecken ist unterfahrbar und mit verstellbarem Kippspiegel ausgestattet. Bewegungsfreiraum in Du/WC 150 x 150 cm. Die Spüle und der E-Herd in der Küche sind unterfahrbar. Diese Wohnung ist mit der anderen ebenerdigen Wohnung verbindbar und würde dann Platz für bis zu 6 Personen bieten.

Lage: Ruhige dörfliche Lage mit Blick auf den Garten und auf Wiesen und Felder. Zur Ostsee 800 m; Spielplatz am Haus; Ortsmitte, Apotheke und Einkaufszentrum 5 km; Arzt 1,5 km; Kuranwendungen 10 km; Hallenbad 20 km.

Preise: Hauptsaison 120,- DM pro Tag, Nebensaison ab 100,- DM. Haustiere auf Anfrage. Abholung vom Bahnhof Flensburg oder Süderbrarup ist möglich.

Ferien-Bauernhof Annegret Thomsen — 24395 Stenderup / Gelting

Schleswig-Holstein, Ostsee

Stenderup 7 und Lehbekwiese (Gelting), Tel. (04643) 2237, Fax: (04643) 2207. Vollbewirtschafteter Hof mit Pferden, Ponys, Schweinen, Katzen, Kaninchen, Tauben, Zwerghühnern, Pfauen, Schafen und Ziegen. Appartements mit Vollpension, Bettwäsche und Handtücher werden gestellt. 2 Appartements sind rollstuhlgerecht. Türbreiten: Hauseingang 82 und 91 cm, Badtüren 81 cm. Waschmaschine und Trockner sind vorhanden. Kaminecke, Wintergarten, Fernsehraum und eine rustikale Hausbar.

Lage: Zur Ostsee 3 km; Ortsmitte 3 km; Bahnhof 23 km; Spielplatz, Bus 500 m; Apotheke, Tennisplatz, Minigolf 3 km; Tennishalle 12 km. **Vollpensionspreis** pro Person und Tag 58,- bis 80,- DM

‚Lehbekwiese" - ein idyllisch gelegener, reetgedeckter Bauernhof mit direktem Privatweg zur Geltinger Bucht (400 m), mit rollstuhlgerechten Ferienwohnungen.

Tiere sind wie auf dem Hof in Stenderup vorhanden, ebenso Waschmaschine und Trockner und Aufenthaltsraum mit Bar.
6 Ferienwohnungen, davon 3 rollstuhlgerecht eingerichtet (ca. 50-80 qm), jeweils mit 2 Schlafräumen, Wohnküche, Dusche/WC. Türbreiten: Hauseingang 100 cm (1 Stufe), Zimmertüren 98 cm, Badtüren 89 cm.

Preise: Ferienwohnungen je nach Größe und Saison 60,- bis 175,- DM pro Tag.

Der Familie gehört außerdem das 3 km entfernte „Landhaus Ostseeblick" mit Hotelzimmern und Appartements, einige davon rollstuhlgerecht, mit hauseigenem Schwimmbad, Sauna, Kosmetik, Massage, Kuranwendungen, 400 m zum Ostseestrand.

Ferien auf dem Solberg — 24996 Sterup

Schleswig-Holstein, Flensburger Förde

Friedlinde Koberg, Tel. (04637) 331, Fax: 963388. Ferienwohnung im EG mit Wohnbereich inkl. Küche, Eßplatz, Sitzecke mit Schlafsofa, Radio, Sat-TV, Schlafzimmer mit 2 Doppelbetten. Terrasse, großer Garten mit Schaukel, Sandkasten. **Geeignet** für Rollstuhlfahrer mit Begleitung und Familien mit geistig Behinderten (4 bis 6 Personen). Türbreite der Zimmer und von Du/WC 94 cm. Bewegungsfreiraum in Du/WC 140 x 140 cm. Freiraum links neben WC 130 cm, rechts 30 cm, davor bis 130 cm. Dusche und Waschbecken unterfahrbar. Festinstallierter Duschsitz und stabile Haltegriffe an Dusche und WC. Pflege durch Sozialstation Ostangeln möglich.
Lage: Zur Ortsmitte 2 km; Einkaufen, Arzt 2 km; Apotheke 5 km; Meer 8 km; Freibad 10 km; Hallenbad 8 km. Landschaft hügelig.
Preis für eine Ferienwohnung je nach Saison 60,- bis 70,- DM pro Tag.

Haus Lieselotte — 25980 Hörnum / Sylt

Schleswig-Holstein, Nordseeinsel

Vermietung: Landesverband für Körper- und Mehrfachbehinderte Schleswig-Holstein e.V., Villenweg 18, 24119 Kronshagen, Tel. (0431) 589818, Fax: 588213. Eine kleine Ferienwohnung inmitten von Dünen, die aus zwei kleinen separaten Appartements und einem Gemeinschaftsraum bestehen. Haus Lieselotte wurde im Winter 1997/98 von Grund auf renoviert und neu ausgestattet.

Geeignet für Rollstuhlfahrer und Schwerstmehrfachbehinderte mit Begleitung. Die Appartements bestehen aus je einem Wohn-/Schlafraum, einem kleinen Schlafraum mit höhenverstellbarem Bett sowie einem Einzelbett bzw. Etagenbett, einer voll ausgestatteten Küche sowie einem behindertengerechten Duschbad und bieten Platz für 4 bis 5 Personen. Türbreiten 80 cm. Bewegungsfreiraum in Du/WC 140 x 140 cm. Dusche und Waschbecken unterfahrbar. Festinstallierter Duschsitz und stabile Haltegriffe an Dusche und WC vorhanden. In jeder Wohnung 1 Pflegebett.
Preise für 1 Appartement je nach Saison und Größe 55,- bis 75,- DM pro Tag.

Haus „Klaar Kimmig" — 25980 Morsum / Sylt

Schleswig-Holstein, Nordseeinsel

Serkwai 7. Vermieter: Ingrid Krickel, Demminer Str. 14, 30916 Isernhagen, Tel. (0511) 776243, Fax: 9734608. Freistehendes, 1988 erbautes Haus mit vier Ferienwohnungen, 1 Fewo rollstuhlgerecht, für 2-4 Personen. Jede Whg. mit Kabel-TV, Radio, Küche mit Geschirrspüler. Parkplatz stufenlos, Eingang 1 Stufe.
Geeignet für Gehbehinderte, Rollstuhlfahrer und Familien mit geistig Behinderten. 1 Fewo rollstuhlgerecht. Türbreite von Eingang, Zimmer und Du/WC 80 cm. Freiraum in Du/WC 140 x 140 cm. Freiraum rechts neben WC 60 cm, davor 110 cm. Dusche und Waschbecken unterfahrbar. Duschhocker und stabiler Haltegriff an Dusche vorhanden.
Lage: Ruhige Einzellage. Zum Weststrand von Rantum oder Westerland ca. 14 km. Zur Ortsmitte von Morsum 300 m; Arzt, Apotheke und Freibad in Keitum, 10 km.
Preis pro Ferienwohnung und Tag je nach Saison 100,- bis 140,- DM bei Belegung mit 2 Personen, jede weitere Person zzgl. 10,- DM pro Tag.

Ferienwohnung Annegret Kohn — 25980 Tinnum / Sylt

Schleswig-Holstein, Nordseeinsel

Am Grenzkrug 14, Tel. (04651) 23965. Rollstuhlgeeignete Ferienwohnung für bis zu 4 Personen. Parkplatz, Eingang stufenlos.
Geeignet für Gehbehinderte und Rollstuhlfahrer. Türbreite von Eingang, Zimmer und Du/WC 90 cm. Freiraum in Du/WC 160 x 350 cm. Freiraum vor dem WC 120 cm. Dusche und Waschbecken unterfahrbar. Kippspiegel, festinstallierter Duschsitz und stabile Haltegriffe an Du/WC vorhanden.
Lage: Zum Strand 3 km; zur Ortsmitte von Tinnum 2 km; Bahnhof, Arzt 1 km; Einkaufen, Apotheke 2 km; Krankenhaus, Hallenbad 4 km; Dialyse 6 km. Umgebung flach, Strand über rollstuhlgeeignete Wege erreichbar.
Preis für die Ferienwohnung pro Tag 100,- DM bei Belegung mit 2 Personen, jede weitere Person zzgl. 20,- DM pro Tag.

Haus Osterode IV — 25980 Westerland / Sylt

Schleswig-Holstein, Nordseeinsel

Krause, Sjipwai-Nord 63, Tel. + Fax: (04651) 25798. Eine Ferienwohnung für 4 Personen mit sep. Eingang in einem Bungalow im nördlichen Stadtteil Westerlands. Insg. 63 qm, mit Wohnzimmer, 2 Schlafzimmern, Küche, Dusche, Kabel-TV, Telefon und Terrasse. Eingang stufenlos.
Geeignet für Gehbehinderte und Rollstuhlfahrer. Türbreiten: Eingang 80 cm, Zimmer und Du/WC 80 cm. Freiraum in Du/WC 160 x 160 cm. Freiraum rechts neben WC 250 cm, davor 90 cm. Dusche und Waschbecken unterfahrbar. Kippspiegel, festinstallierter Duschsitz und stabile Haltegriffe an Du/WC und Waschbecken vorhanden. Sessel im Wohnzimmer mit Aufstehhilfe.
Lage: Ruhige Lage, ca. 950 m vom Badestrand und ca. 2 km vom Zentrum entfernt. Asphaltierte Straße bis auf Düne mit Meeresblick, Holztreppe zum Badestrand. Anliegerstraße nicht asphaltiert.
Preis für die Ferienwohnung pro Tag vom 15.05. bis 30.09. und Weihnachten/Silvester 150,- DM, in der übrigen Zeit 130,- DM. Haustiere sind nicht gestattet.

Jugendherberge Tönning — 25832 Tönning

Schleswig-Holstein, Eiderstedt, Nordsee

Badallee 28, Tel. (04861) 1280, Fax: 5956. Parkplatz, Eingang, Frühstücksraum und 12 Zimmer im EG stufenlos erreichbar.
Geeignet für Gehbehinderte, Rollstuhlfahrer und Familien mit geistig Behinderten. Alle Türen mindestens 93 cm breit. Ein behindertengerechtes Bad mit unterfahrbarer Dusche und Waschbecken. Duschsitz und Haltegriffe an Dusche und WC vorhanden. Freiraum im Bad 170 x 140 cm.
Lage: Ortsmitte, Einkaufen, Arzt, Apotheke 1 km; Tennisplatz 200 m; Freibad, Spielplatz 300 m; Bus, Bahnhof 500 m; Krankenhaus 800 m; Nordseestrand 8 km. Umgebung flach, die Deichkrone ist durch langgezogene Auffahrt gut erreichbar.
Preis für Übernachtung mit Frühstück pro Person 23,- DM, inkl. VP 38,50 DM. Senioren ab 27 Jahre Mehrpreis von 5,- DM.

Ferienwohnung Hof Jörtle — 24896 Treia-Jörtle

Schleswig-Holstein, zwischen Nord- und Ostsee

Hanna Christiansen, Goosholzerstr. 49, Tel. (04626) 818. 2 Ferienwohnungen für je 4 Personen, ebenerdig, ca. 50 qm, in einem alten Bauernhaus.
Geeignet für Gehbehinderte und Familien mit geistig Behinderten. Bedingt geeignet für Rollstuhlfahrer. Türbreiten der Zimmer 88 bis 95 cm; Türbreite von Du/WC in Whg. II 72 cm. Freiraum in Du/WC in Whg, II 209 x 190 cm. Dusche nicht unterfahrbar: erhöhte, gekachelte Sitzfläche in der Dusche; Haltegriffe und Haltestange an Dusche/WC. Pflegedienst über DRK und Gemeindeschwester möglich.
Lage: Nordsee 20 km; Ostsee 37 km. Der Hof liegt ca 1,5 km von Treia entfernt. Arzt, Einkaufen, Apotheke ca. 2 km.
Preis für eine Ferienwohnung pro Tag je nach Saison 55,- bis 65,- DM bei 4 Personen; jede weitere Person zzgl. 5,- DM pro Tag. Endreinigung 30,- DM.

Pension Hof Ulstrup

24999 Ulstrup / Wees

Schleswig-Holstein, Ostsee

Blixberg 2, Tel. (04631) 3177, Fax: (04631) 3177, Gästetelefon: (04631) 3188. Ferien an der Ostsee in einem alten, stilgerecht renovierten Reetdach-Bauernhaus. Der 180 Jahre alte Hof liegt zentral in einem Feriengebiet, 1,8 km von Glücksburg/Ostsee entfernt.

Der Hof ist in zwei Wohnbereiche aufgeteilt. 1. Wohnbereich mit vier Apartments und maximal 16 Betten. 2. Wohnbereich mit drei Apartments und max. 14 Betten. Alle Apartments sind mit Dusche und WC ausgestattet. In drei Apartments sind vollwertige Küchen vorhanden. Der Hof ist ebenerdig, keine Stufen, Duschwanne, o.ä. In jedem Wohnbereich sind rollstuhlgerechte Appartements vorhanden.

Eine große Diele mit Kamin wird als Gemeinschafts- und Speiseraum genutzt. Ein zweiter großer Aufenthaltsraum, eine große extra Küche für Selbstversorger, Telefon, Waschmaschine, Terrasse mit Grillplatz, sowie große Liegewiese sind vorhanden. Das Feriengebiet bietet den Gästen viele Aktivitäten. Die Frei- und Kurstrände sind zwischen 1,8 und 4 km vom Hof entfernt.

Wandern, Radfahren und Baden in der Ostsee oder im Seewasser-Wellenbad. Planwagenfahrten, Hochseeangeln, Boots- und Schifffahrten nach Dänemark, sowie viele interessante Ausflüge zu Schlössern, Freilichtmuseum und Wikinger-Siedlung bieten sich an.

Preis pro Person für Selbstversorger 27,- DM, mit Halbpension 43,- DM.

Haus Tomswung — 25821 Vollstedt

Schleswig-Holstein, Nordfriesland

Ole Landstraat 3, Tel. (04671) 1883, Fax: (04671) 932352. Zwei Ferienwohnungen, davon eine im EG rollstuhlgerecht. Eingang, Frühstücksraum, Garten und Sauna stufenlos erreichbar.

Ausstattung der rollstuhlgeeigneten Wohnung: Wohnzimmer mit Sitzecke, Sat-TV, Kaminofen. 2 Schlafzimmer: Doppelbett, Etagenbett, Kinderbett. Vollausgestattete Küche, Dusche/WC, Garten.

Geeignet für Rollstuhlfahrer (4 Personen in FeWo im EG) und für Familien mit geistig Behinderten (zusätzlich 2. FeWo für 6 Personen); **Gruppen bis 10 Personen** willkommen. Bettenhöhe 60 cm. Türbreite von Zimmer und Du/WC 100 cm; Bewegungsfreiraum in Du/WC 125 x 380 cm. Freiraum links neben WC 85 cm, rechts 170 cm, Davor 125 cm. Dusche und Waschbecken unterfahrbar. Waschbecken höhen- und seitenverstellbar. Höhenverstellbarer Duschsitz sowie stabile Haltegriffe an Dusche, WC und Waschbecken vorhanden.

Lage: Der Ort Frelsdorf liegt ca. 1 km von der Ferienwohnung entfernt und hat ca. 1000 Einwohner, mit Kaufmann, Bäcker Banken und Gastwirtschaft. Husum und Flensburg sind schnell mit dem Auto erreichbar. Baden in der nahegelegenen Nordsee (5 km). Bahnhof, Arzt, Apotheke und Tennis 5 km. Die Umgebung des Hauses ist flach, der Garten, Grillplatz und Spielgeräte für Kinder stufenlos erreichbar.

Preis für die Ferienwohnung je nach Saison 70,- bis 90,- DM pro Tag inkl. Strom, Wasser und Endreinigung. Bettwäsche und Handtücher 10,- DM pro Woche. Der Preis für das ganze Haus (also beide Ferienwohnungen zusammen) beträgt pro Tag 250,- DM in der Hauptsaison und 210,- DM in der Nebensaison. Hunde auf Anfrage. Pferde können untergebracht werden.

Bauernhof Gertrud Truelsen — 24392 Wagersrott

Schleswig-Holstein, Ostsee

Gertrud Truelsen, Toft, Tel. (04641) 516 und 7347, Fax: 7347. Vollbewirtschafteter Hof in schöner Einzellage.

Geeignet für Familien mit einem Rollstuhlfahrer: 1 Ferienwohnung, 75 qm, für 4 bis 6 Personen, 2 Bäder, 1 Bad rollstuhlgerecht. Eingang mit Rampe, Türen von Zimmer und Du/WC 100 cm breit. Freiraum in Du/WC 140 x 160 cm. Freiraum links neben WC 160 cm, davor 140 cm. Dusche und Waschbecken unterfahrbar. Duschhocker und stabile Haltegriffe an Dusche und WC vorhanden.

Lage: Einkaufen, Bahnhof, Arzt, Apotheke und Freibad in Süderbrarup ca. 5 km. Zur Ostseeküste ca. 15 km; Krankenhaus 12 km.

Preis für Übernachtung mit Frühstück 30,- bis 35,- DM. Ferienwohnung pro Tag 80,- DM zzgl. Nebenkosten.

Ferien auf dem Bauernhof Familie Alwin Blink — 23795 Weede-Söhren

Schleswig-Holstein, Kreis Segeberg

Lindenstr. 34, Tel. + Fax: (04553) 320. Kindergerechter Ferienbauernhof mit Ziegen, Kalb, Geflügel, Schweinen, Kaninchen, Hund, Katzen, 1 Pferd und 4 Ponys zum Reiten und für Kutschfahrten. 3 Ferienwohnungen für 4, 5 und 7 Personen. Eingang, Frühstücksraum, hauseigenes Hallenbad, Spielraum und Stall je 1 Stufe. Türbreite vom Frühstücksraum 75 cm. Alle übrigen Türen mindestens 85 cm breit.

Geeignet für Gehbehinderte, Rollstuhlfahrer und Familien mit geistig Behinderten, jeweils bis 16 Personen. 2 Ferienwohnungen rollstuhlgerecht. Türbreiten der Zimmer und von Du/WC 85 cm. Freiraum in Du/WC 140 x 140 cm. Freiraum links, rechts und vor dem WC 100 cm. Dusche und Waschbecken unterfahrbar. Duschhocker und stabile Haltegriffe an Dusche und WC vorhanden. Bettenhöhe 50 cm.

Lage: Am Dorfrand; Spielplatz und Tennisplatz am Haus; Hallenbad im Haus. Einkaufen, Arzt 1,5 km; Bahnhof, Apotheke, Krankenhaus, Kuranwendungen, Freibad und Badesee 9 km. Das Hofgelände ist flach, keine Steigungen.
Preis für eine Ferienwohnung pro Tag 62,- bis 85,- DM zzgl. Nebenkosten.

Ferienhof Lamp — 24235 Wendtorf / Kiel

Schleswig-Holstein, Ostsee

Dorfstr. 22, Tel. (04343) 9234, Fax: 9392. Der Ferienhof liegt in ruhiger, schöner Natur nur wenige Minuten vom Ostseestrand entfernt.

Die großzügige Anlage bietet kleinen und großen Gästen die Möglichkeit, bei Spiel und Sport die richtige Urlaubsfreude zu erleben. **Kinder und Menschen mit Behinderungen sind herzlich willkommen.**

Der Ferienhof bietet Pensionsbetrieb, komplett, freundlich und modern eingerichtete Ferienwohnungen und ein Ferienhaus. Das Wohnhaus für Gruppen bietet maximal 25 Personen Platz in Zwei- bis Vierbettzimmern mit Du/WC. Das Ferienheim bietet Platz für Gruppen bis 50 Personen. Das Ferienhaus ist über die Terrasse stufenlos erreichbar und hat eine Küche, Du/WC, ein Zweibett-Zimmer, ein Wohnschlafzimmer sowie im Obergeschoß drei Zweibettzimmer mit Du/WC.
Geeignet für Gehbehinderte und Rollstuhlfahrer. **Gruppen bis 50 Personen.** Insgesamt sind 4 Zimmer der Anlage im EG stufenlos erreichbar. Zwei Bäder mit WC haben eine Türbreite von 100 cm, für Rollstuhlfahrer geeignet, Dusche unterfahrbar.
Lage: Zur Ostsee 1 km; Ortsmitte, Bus, Spielplatz, Tennisplatz 500 m; Einkaufen im Ort; Minigolf und Angeln 1 km; Grillplatz 100 m; Arzt, Apotheke, Hallenbad 6 km; Krankenhaus 20 km; Sanatorium 8 km.
Preis für das Ferienhaus (8 bis 10 Personen) pro Tag 200,- DM bei Selbstversorgung; Vollpension 48,- DM pro Tag/Person; Ferienwohnung 50,- bis 80,- DM pro Tag.

Strandhotel — 23758 Weissenhäuser Strand

Schleswig-Holstein, Ostsee

Seestr. 1, Tel. (04361) 552771. Hotelanlage direkt hinter den Dünen. Eingang und Zimmer stufenlos erreichbar. Türbreiten: Aufzug 80 cm (Tiefe 114 cm), Zimmer 82 cm, Bad/WC 81 cm.
Geeignet für Gehbehinderte und Rollstuhlfahrer: 6 Zimmer mit Bad/WC im Hotel, 8 Ferienwohnungen im Ferienpark. Freiraum in Du/WC 140 x 140 cm. Freiraum links und vor dem WC 90 cm. Dusche und Waschbecken unterfahrbar. Festinstallierte Duschsitze, teils Duschhocker, stabile Haltegriffe an Du/WC und Waschbecken vorhanden.
Lage: Ostseestrand 100 m; Arzt, Kuranwendungen und Hallenbad im Haus; Zentrum, Einkaufen 200 m; Bahnhof 6 km.
Preise auf Anfrage.

Ferienhof „Siekedieks" — 25842 West-Bargum

Schleswig-Holstein, Nordsee

Am Kanal 2, Tel. (04672) 333. Ferienwohnung auf dem Bauernhof in ruhiger Alleinlage, ca. 100 qm groß, Wohnzimmer mit 2er Schrankbett, Schlafzimmer mit 3 Betten, Flur, Bad/WC mit Waschmaschine, komplette Einbauküche. Eingang mit Rampe stufenlos.
Geeignet (nur für Nichtraucher) für Allergiker, Gehbehinderte, Rollstuhlfahrer und Familien mit geistig Behinderten. Türbreite von Eingang, Zimmer und Du/WC 95 cm. Freiraum in Du/WC 160 x 260 cm. Freiraum links und rechts neben WC 100 cm, davor 160 cm. Duschhocker und stabile Haltegriffe an Dusche, WC und Waschbecken vorhanden. Bettenhöhe 45 bis 50 cm.

Lage: Direkt an der Soholmer Au (Angelmöglichkeit). Zur Ortsmitte 1 km; Bahnhof 2 km; Einkaufen, Arzt, Apotheke 3 km; Hallenbad, Freibad 8 km; Krankenhaus 15 km.
Preis für die Ferienwohnung pro Tag 80,- DM.

Ferienwohnung Dräger — 25779 Wiemerstedt

Schleswig-Holstein, Dithmarschen

Heidemarie und Holger Dräger, Waldweg 5, Tel. (04836) 1562, Fax: 8488. 2 Ferienwohnungen (30 und 70 qm), die kleine Ferienwohnung mit 2 Räumen, Küche und Bad im EG **nach DIN rollstuhlgeeignet**. Türbreite von Zimmer und Du/WC 82 cm. Bewegungsfreiraum in Du/WC 127 x 155 cm. Freiraum links neben WC 100 cm, rechts 32 cm, davor 155 cm. Dusche und Waschbecken unterfahrbar. Duschhocker,

Kippspiegel, Notruf und stabile Haltegriffe an Dusche, WC und Waschbecken vorhanden. Bettenhöhe 52 cm. Hilfestellung durch prof. Pflegedienst möglich.

Lage: In einem kleinen Ort mit 160 Einwohnern, zwischen Marsch und Geest an der Broklandschaft. Gut ausgebaute Wirtschaftswege, flach. Wald, Moor- und Weidelandschaft. Zur Ortsmitte 200 m; Arzt, Apotheke 4 km; Baden und Angeln 300 m; Freibad 4 km; Hallenbad 10 km.

Preis für die rollstuhlgerechte FeWo (1-2 Personen) 65,- bis 75,- DM/Tag. FeWo für 2-6 Pers. 75,- bis 90,- DM pro Tag.

Ferienhof Gellhorn — 24217 Wisch

Schleswig-Holstein, Ostsee

Friederike v. Gellhorn, Moor 7, Tel. (04344) 1246, Fax: 6300.

Ferien an der Ostsee - Ferien auf dem Lande. Der Ferienhof ist geeignet für kleine und große **Gruppen bis 25 Personen** mit geistig Behinderten, Rollstuhlfahrern und deren Angehörige.

Auf dem Ferienhof gibt es Haflinger (geeignet für **Behindertenreiten**), Ponys, Esel, Pferdekutsche, ein Vierrad, Fahrräder, ein Dreirad und eine Tischtennisplatte. Drachensteigen auf dem Hof und am Strand möglich. Lagerfeuer, Grillen (auch bei Regenwetter) und ein extra Raum zum Feiern. Eine Sauna kann von den Gästen genutzt werden. Ein neunsitziger Kleinbus steht zur Verfügung.

4 Zimmer mit Du/WC sind rollstuhlgerecht. Türbreite vom Bad mit Badewanne, Dusche und WC 90 cm. Freiraum im Bad 140 x 140 cm. Dusche und Waschbecken unterfahrbar. Haltegriffe an Du/WC und Waschbecken vorhanden. Pflegebett auf Wunsch. **Gruppen** verschiedener Größen (bis 25 Pers.). mit geistig Behinderten, Rollstuhlfahrern sowie Familien mit Kindern sind herzlich willkommen.

Lage: Wisch liegt 2 km von der Ostsee entfernt, in der Nähe von Kiel. Der Deich ist asphaltiert und gut befahrbar für Rollstuhlfahrer. Zur Ortsmitte mit Einkaufsmöglichkeiten 800 m; Arzt, Apotheke, Tennisplatz und Tennishalle 3 km; Hallenbad 12 km; Krankenhaus und Dialysezentrum 20 km. Viele Ausflugsmöglichkeiten, z.B. nach Laboe, Schiffsfahrten auf der Ostsee oder auf den Seen der Holsteinischen Schweiz.

Preise auf Anfrage. Vollpension möglich, die Zeiten für die Mahlzeiten können individuell abgesprochen werden.

Jugendherberge Wittdün — 25940 Wittdün / Insel Amrum

Schleswig-Holstein, Nordseeinsel

Mittelstr. 1, Tel. (04682) 2010, Fax: 1747. Eingang, Frühstücksraum, Terrasse und Zimmer stufenlos mit dem Aufzug (Tiefe 180 cm, Türbreite 80 cm) erreichbar.
Geeignet für Gehbehinderte (30 Personen) und Familien mit geistig Behinderten. Bedingt geeignet für Rollstuhlfahrer (15 Zimmer). Türbreiten der Zimmer und von Du/WC 93 cm. Freiraum in Du/WC 140 x 140 cm. Freiraum links neben WC 140 cm, davor 150 cm. Dusche nicht unterfahrbar, keine zusätzlichen Hilfsmittel.
Lage: Strand 100 m, stufenlos circa 300 m; Ortsmitte, Einkaufen 200 m.
Preis für Übernachtung mit Frühstück pro Person 24,- DM, inkl. VP 39,50 DM. Senioren ab 27 Jahre zahlen einen Mehrpreis von 5,- DM.

Ferienhof Antje und Peter Messer — 24409 Wittkiel

Schleswig-Holstein, Ostsee, Angeln

Hof Stenneshöh, Tel. (04642) 2948, Fax: 3883. Bauernhof, gepflegte Anlage, 1 Ferienhaus für 8 Personen, eine Ferienwohnung für 7 Personen.
Geeignet für Rollstuhlfahrer und Familien mit geistig Behinderten. Türbreiten der Zimmer und von Du/WC 80 cm. Bewegungsfreiraum in Du/WC 200 x 180 cm. Freiraum rechts neben WC 180 cm, davor 150 cm. Dusche und Waschbecken unterfahrbar. Duschhocker und stabile Haltegriffe an Dusche und WC vorhanden.
Lage: Zur Ortsmitte mit Einkaufen, Arzt, Apotheke und Krankenhaus 4 km; zur Ostsee 10 km; Hallenbad 15 km.
Preis für das Ferienhaus pro Tag 180,- bis 230,- DM, Ferienwohnung 125,- bis 150,- DM.

Ferienwohnung Kurt Reinold — 25856 Wobbenbüll

Schleswig-Holstein, Nordfriesland, Nordsee

Dorfstr. 31, Tel. (04846) 693303, Fax: 693305. Zwei Ferienhäuser; Parkplatz, Eingang, Garten stufenlos erreichbar.
Geeignet für Rollstuhlfahrer, Familien mit geistig Behinderte, andere Behinderte. Alle Türen 100 cm breit. Bewegungsfreiraum in Du/WC 200 x 300 cm. Freiraum links neben WC 220 cm, rechts 30 cm, davor 120 cm. Dusche und Waschbecken unterfahrbar. Festinstallierter Duschsitz und stabile Haltegriffe an Dusche und WC vorhanden.
Preise auf Anfrage.

Ferienwohnung Fuchs — 25938 Wyk auf Föhr / Insel Föhr

Schleswig-Holstein, Nordseeinsel

Vermieterin: Jutta Fuchs, Alban-Berg-Weg 19, 50829 Köln, Tel. (0221) 501203 oder (04681) 4626. Rollstuhlgerechte Ferienwohnung in ruhiger Wohnlage nahe am Strand, geeignet für 2-4 Personen. Wohnzimmer, Farb-TV, Telefon, 2 Schlafzimmer, Küche, Du/WC, Garten, Terrasse, Gartenmöbel, Sandkasten und Schaukel.
Geeignet für Gehbehinderte, Rollstuhlfahrer und Familien mit geistig Behinderten. Das Haus wurde 1987 nach DIN rollstuhlgerecht gebaut. Dusche und Waschbecken unterfahrbar, festinstallierter Duschsitz, alles ebenerdig erreichbar.
Lage: Zum Strand 600 m; Einkaufen, Arzt 1 km; Hallenbad 2 km; Fähre 4 km.
Preis pro Tag in der Hauptsaison 180,- DM, Nebensaison 100,- bis 125,- DM.

Hotel Altenburger Hof — 04600 Altenburg

Thüringen, Osterland

Schmöllnsche Landstr. 8, Tel. (03447) 5840, Fax: 584499, E-Mail: Hotel@altenburger-hof.de, Internet: www.altenburger-hof.de. Vier-Sterne-Hotel mit 145 Zimmern, alle mit Du/WC, Telefon, Faxanschluß, TV, Radio, Schreibtisch und Safe. Das Hotel bietet außerdem Sauna, Solarium Whirlpools und Dampfbad.

Parkplatz, Eingang, Frühstücksraum, Garten und Aufzug (Tiefe 180 cm, Breite 120 cm) stufenlos erreichbar. Restaurant und Zimmer mit dem Aufzug erreichbar. 6 Konferenzräume mit Tageslicht und modernster Technik für Tagungen und Veranstaltungen für bis zu 150 Personen.

Geeignet für Rollstuhlfahrer: 2 Zimmer mit Du/WC rollstuhlgerecht. Türbreiten der Zimmer und von Du/WC 100 cm. Freiraum in Du/WC 320 x 200 cm. Freiraum links neben WC 80 cm, rechts 60 cm, davor 180 cm. Dusche und Waschbecken unterfahrbar. Duschsitz und stabile Haltegriffe an Du/WC und Waschbecken vorhanden.

Lage: Zentrale und verkehrsgünstige Lage in der Stadt Altenburg. Ortsmitte, Einkaufen, Apotheke 1 km; Bahnhof, Arzt, Krankenhaus, Dialysezentrum 3 km. Umgebung flach.

Zimmerpreise pro Tag inkl. Frühstück: EZ 78,- bis 95,- DM; DZ 118,- bis 155,- DM; Zusatzbett inkl. Frühstück 45,- DM; Babybett 25,- DM.

Hotel 2 Länder — 99510 Apolda

Thüringen, Weimarer Land

Erfurter Str. 31, Tel. (03644) 50220, Fax: 5022-40. 36 komplett und komfortabel ausgestattete Zimmer und Familienappartements mit großen Badezimmern, Minibar, teils Kühlschrank, TV, Radio und Fax mit ISDN-Anschluß. Tagungsmöglichkeiten für bis zu 40 Personen. Parkplatz, Eingang, Frühstücksraum und Restaurant stufenlos erreichbar.

Geeignet für Gehbehinderte und Rollstuhlfahrer. 1 Zimmer rollstuhlgerecht. Türbreite vom Zimmer und von Du/WC 90 cm. Freiraum in Du/WC 200 x 100 cm. Freiraum links neben WC 150 cm, davor 80 cm. Dusche und Waschbecken unterfahrbar. Duschhocker vorhanden.

Lage: Zur Ortsmitte und Einkaufen 700 m; Arzt 300 m; Apotheke 500 m; Krankenhaus 1 km; Bahnhof 2 km. Umgebung flach.

Zimmerpreise: EZ 95,- DM; DZ 120,- DM; Dreibettzimmer 140,- DM; Appartement 130,- DM. Am Wochenende: EZ 85,- DM; DZ 110,- DM; Dreibett-Zimmer 135,- DM, Appartement 115,- DM.

Hotel Weinhaus Eberitzsch — 07422 Bad Blankenburg

Thüringen, Schwarzatal

Schwarzburger Str. 19, Tel. (036741) 2335, Fax: 2427. Familienbetrieb mit 35 komfortabel eingerichteten Zimmern, Sauna, Solarium, Liegewiese, Biergarten und Wintergarten. Hoteleigener Kinderspielplatz. Angeboten werden Grillabende, Gartenpartys, Weinproben, Tanzabende, Bankette und Pirschgänge. Parkplatz bis Eingang stufenlos. Eingang mit 6 flachen, breiten Stufen. Innerhalb des Hauses sind Frühstücksraum, Restaurant und Zimmer im EG ohne Stufen erreichbar.

Geeignet für Gehbehinderte (bis 20 Personen) und Familien mit geistig Behinderten (bis 30 Personen). Bedingt geeignet für Rollstuhlfahrer mit Begleitung (bis 10 Personen). Einige Zimmer behindertengeeignet. Zimmertür 88 cm breit, von Dusche/WC 80 cm. Duschschwelle 6 cm. Sauna und Solarium für Gehbehinderte gut erreichbar.

Lage: Inmitten einer der landschaftlich reizvollsten Gebiete zwischen Saale und Schwarzatal, nahe Saalfeld und Bad Blankenburg.

Zimmerpreise: EZ 90,- DM; DZ 130,- DM inkl. Frühstück.

Reiterhof — 36448 Bad Liebenstein

Thüringen, Thüringer Wald

Barchfelder Str. 45, Tel. (036961) 72083, Fax: 32860. Reiterhof, Gestut, Pension und Gaststätte „Kutscherklause“. Der Reiterhof bietet Ferien für alle Altersgruppen. Tagesritte durch den Thüringer Wald, Unterricht im Dressur- und Springreiten, Kutschfahrten durch die reizvolle Landschaft um Bad Liebenstein. Auch Urlauber, bei denen Reiten nicht im Vordergrund steht, sind herzlich willkommen. Unterbringung in modern eingerichteten Zimmern mit Du/WC, Telefon, Radio und Kabel-TV.

Geeignet für Rollstuhlfahrer (2 Pers.) und Familien mit geistig Behinderten (3 bis 6 Pers.). 1 Zimmer rollstuhlgerecht. Türbreite vom Zimmer und von Du/WC 95 cm. Bewegungsfreiraum in Du/WC 120 x 140 cm. Freiraum links neben WC 30 cm, rechts 22 cm, davor 110 cm. Festinstallierter Duschsitz, Notruf und stabile Haltegriffe an

Dusche und WC vorhanden. Mobile Altenpflege möglich.
Lage: Zur Ortsmitte 400 m; Einkaufen 200 m; Arzt 300 m; Apotheke 400 m; Hallenbad 500 m. Umgebung hügelig. Wanderwege gut ausgebaut, auch für Rollstuhlfahrer.

Preise: Übernachtung mit Frühstück pro Person im DZ 45,- DM, Kinder bis 12 Jahre 25,- DM. EZ-Zuschlag 10,- DM, HP-Zuschlag 12,- DM, VP 22,- DM. Für Kinder bis 14 Jahre HP-Zuschlag 6,- DM, VP 12,- DM. Schnupperwochenden zum Kennenlernen: Freitag-Sonntag, 1 Stunde Reitunterricht und 2 mal 2 Stunden Ausritt inkl. Übernachten/Frühstück für 165,- DM. Reiturlaub für Anfänger (Kinder bis 14 Jahre) Montag bis Samstag einschließlich Reitstunden, Übernachtungen und Vollpension 340,- DM. Ausführliche Preisliste auf Anfrage.

Hotel-Restaurant Waldschlößchen — 98599 Brotterode

Thüringen, Thüringer Wald

Gehegsweg 12, Tel. (036840) 32263, Fax: 32127. Familiäres Waldhotel mit Restaurant bis 130 Personen, Café und Sonnenterrasse. 22 freundlich eingerichtete Gästezimmer mit insgesamt 44 Betten (2 rollstuhlgerecht ausgestattete DZ). Alle Zimmer mit Du/WC, Sat.TV, Telefonanschluß, teilw. Balkon. Tagungsräume, Freizeitbereich mit Sauna, Whirlpoolwannen, Solarium und Kneippanlage. Restaurant bis 130 Personen.

Im Ergeschoß des neuen Bettenhauses wurden zwei neue Doppelzimmer rollstuhlgerecht ausgestattet. Der Zugang ist sowohl zum Bettenhaus wie auch zum Restaurantbereich für Rollstuhlfahrer einfach zu erreichen. Parkplatz, Eingang, Frühstücksraum, Restaurant, Garten und die Zimmer im EG stufenlos erreichbar.
Geeignet für Gehbehinderte (Gruppen bis 43 Personen) und für Rollstuhlfahrer (2 Doppelzimmer rollstuhlgerecht). Bewegungsfreiraum in Du/WC 140 x 160 cm. Freiraum links neben WC 130 cm, rechts 30 cm (im 2. Zimmer umgekehrt). Dusche und Waschbecken unterfahrbar. Festinstallierter Duschsitz und stabile Haltegriffe an Dusche und WC vorhanden.

Freitzeitmöglichkeiten: Reittouristik, Rennsteigtouren, gute Angelmöglichkeiten Boots- und Forellenteiche.

Lage: Das Hotel liegt ruhig und idyllisch inmitten des Thüringer Waldes, in der Nähe des „Rennsteiges", dem bekanntesten Wanderweg Thüringens. Historische Städte wie Eisenach, Gotha, Weimar oder Erfurt sind mit dem PKW in kurzer Zeit erreichbar. Wandern mit dem Rollstuhl ab Haus möglich.

Preis pro Person im EZ 75,- DM, im DZ 48,- DM; Halbpensionszuschlag pro Person 18,- DM, Zuschlag für Vollpension 35,- DM pro Person. Kinderermäßigung bis 10 Jahre 50%, bis 12 Jahre 30%, jeweils bei Unterbringung im Zimmer der Eltern.

Hotel Haus Hainstein — 99817 Eisenach

Thüringen, Thüringer Wald

Tel. (03691) 2420, Fax: 242109. Stilvoll modernisiertes Haus mit gepflegtem Ambiente, 67 Komfortzimmer mit Du/WC, Telefon und Farb-TV. Foyer und Konferenzräume für 10 bis 100 Personen. Parkplatz, Eingang, Frühstücksraum, Restaurant, Garten und die Zimmer (mit dem Aufzug) stufenlos erreichbar. Türbreite vom Aufzug 140 cm (Tiefe 160 cm, Breite 150 cm).

Geeignet für Gehbehinderte (bis 40 Pers.) und Rollstuhlfahrer. 1 Zimmer rollstuhlgerecht. Türbreite von Zimmer und Du/WC 120 cm. Freiraum in Du/WC 140 x 160 cm. Freiraum links neben WC 80 cm, rechts 60 cm, davor 120 cm. Dusche und Waschbecken unterfahrbar. Notruf, Kippspiegel, festinstallierter Duschsitz und stabile Haltegriffe an Dusche und WC. Bettenhöhe 60 cm.

Lage: Zur Stadtmitte, Bahnhof 1,5 km; Einkaufen, Arzt 500 m; Apotheke 1 km; Krankenhaus und Dialyse 3 km.

Zimmerpreise inkl. Frühstücksbuffet: EZ 80,- bis 95,- DM; DZ 130,- bis 150,- DM. Zustellbett 30,- DM, für Kinder 20,- DM. Kirchliche Gruppen erhalten ca. 20% Preisnachlaß.

Schlosshotel Eisenach — 99817 Eisenach

Thüringen, Thüringer Wald

Markt 10, Tel. (03691) 214260, Fax: 214259. Das Schloßhotel steht im Zentrum von Eisenach. 43 große, komfortable Zimmer mit Bad/Du/WC, Telefon, Radio, Farb-TV, Minibar und Schreibtisch. Parkplatz, Eingang, Frühstücksraum, Restaurant und Zimmer im EG stufenlos erreichbar.

Geeignet für Gehbehinderte, Rollstuhlfahrer und Familien mit geistig Behinderten. 1 Zimmer rollstuhlgerecht, bei weiteren 42 Zimmern sind die Türen 1 m breit, die Badezimmer ausreichend groß. Maße vom rollstuhlgerechten Zimmer: Türbreite vom Zimmer und von Du/WC 100 cm. Freiraum in Du/WC 200 x 350 cm. Freiraum links und rechts neben WC 150 cm, davor 200 cm. Dusche und Waschbecken unterfahrbar. Festinstallierter Duschsitz und stabile Haltegriffe an Du/WC und Waschbecken vorhanden.

Lage: Im Zentrum zwischen Marktplatz und Lutherhaus. Bahnhof 1,5 km; Einkaufen, Arzt, Apotheke 200 m; Krankenhaus 1,5 km; Freibad und Hallenbad 2 km.

Zimmerpreise: Behindertenzimmer als DZ 190,- DM, ab 4 Übernachtungen 160,- DM, am Wochenende 160,- DM; als EZ 130,- bis 150,- DM.

Comfort Hotel Eisenach — 99819 Eisenach-Stockhausen

Thüringen, Thüringer Wald

Am Grundbach 1, Tel. (036920) 82100, Fax: 82299. Hotel mit 99 Zimmern mit Schreibtisch, Sat-TV und Telefon. Parkplatz, Eingang, Frühstücksraum, Bistro und die Zimmer im EG stufenlos erreichbar.

Geeignet für Gehbehinderte, Rollstuhlfahrer und Familien mit geistig Behinderten. 2 Zimmer rollstuhlgerecht. Türbreite der Zimmer und von Du/WC 90 cm. Freiraum in

Du/WC 200 x 200 cm. Dusche und Waschbecken unterfahrbar. Stabile Haltegriffe an Dusche und WC sowie Notruf am Bett vorhanden. Bettenhöhe 40 cm.

Lage: Zur Stadtmitte 2 km; Einkaufen, Apotheke 3 km; Bahnhof 5 km; Arzt, Krankenhaus 4 km. **Zimmerpreise**: EZ 59,- DM; DZ 74,- DM; inkl. Frühstück.

Courtyard by Marriott — 99817 Eisenach-Stedtfeld

Thüringen, Thüringer Wald

Weinbergstr. 5, Tel. (03691) 815-0, Fax: 815-100. Komfortables Hotel mit 138 Zimmern. Parkplatz, Eingang, Frühstücksraum, Restaurant, Biergarten und die Zimmer (mit dem Aufzug) stufenlos erreichbar. Türbreite vom Aufzug 100 cm (Tiefe 200 cm, Breite 120 cm).

Geeignet für Gehbehinderte (bis 120 Pers.), Rollstuhlfahrer und Familien mit geistig Behinderten. 1 Zimmer rollstuhlgerecht. Türbreite vom Zimmer und von Du/WC 170 cm. Freiraum in Du/WC ausreichend. Dusche und Waschbecken unterfahrbar. Festinstallierter Duschsitz und stabile Haltegriffe an Dusche, WC und Waschbecken vorhanden. Bettenhöhe 80 cm.

Lage: Direkt am Waldrand; Umgebung hügelig bis steil. Zur Stadtmitte mit Bahnhof und Einkaufsmöglichkeiten 4,5 km; Apotheke 4 km; Krankenhaus 3,5 km.
Preise: ab 69,50 DM pro Person im DZ.

Hotel Ibis Erfurt — 99084 Erfurt

Thüringen

Barfüßerstr. 9, Tel. (0361) 6641-0, Fax: 6641-111. Hotel mit 105 komfortabel und freundlich ausgestatteten Zimmern mit Du/WC, Telefon und TV. Eingang, Frühstücksraum, Restaurant, Garten, Aufzug (Tiefe 140 cm, Breite 100 cm) und Zimmer (mit dem Aufzug) stufenlos erreichbar.
Geeignet für Gehbehinderte (alle Zimmer), für Rollstuhlfahrer (3 Zimmer) und für Familien mit geistig Behinderten. 3 Zimmer mit Du/WC rollstuhlgerecht. Türbreiten der Zimmer und von Du/WC 93 cm. Freiraum in Du/WC 100 x 130 cm, Freiraum links und rechts neben WC 20 cm (Haltegriffe), vor dem WC 90 cm. Dusche und Waschbecken unterfahrbar. Festinstallierter Duschsitz und stabile Haltegriffe an Dusche und WC sowie Alarmvorrichtung vorhanden.
Lage: In der Stadtmitte; Arzt, Apotheke in unmittelbarer Nähe; Bahnhof 1 km; Krankenhaus, Dialyse 3 km.
Zimmerpreise: EZ und DZ 120,- DM. Frühstück 15,- DM pro Person. Last-Minute-Angebote am Wochenende.

Hotel Linder Hof — 99198 Erfurt-Linderbach

Thüringen

Straße des Friedens 12, Telefon (0361) 44180, Fax: 416333. Hotel mit 52 komfortabel und geschmackvoll eingerichteten Zimmern mit Bad/Du/WC, Kabel-TV und Selbstwahltelefon mit Faxanschluß. 3 Konferenzräume für bis zu 90 Personen. Eingang, Rezeption, Restaurant und Aufzug stufenlos erreichbar. Türbreiten: Eingang und Rezeption 89 cm, Restaurant 94 cm, Aufzug 80 cm (Tiefe 139 cm, Breite 108 cm). **Geeignet** für Rollstuhlfahrer. Ein Zimmer mit Du/WC ist speziell für Rollstuhlfahrer ausgestattet und mit dem Aufzug erreichbar. Türbreiten von Zimmer und Du/WC 94 cm; Dusche unterfahrbar. Freiraum in Du/WC 200 x 126 cm; Freiraum links neben WC 200 cm, rechts 100 cm. Festinstallierter Duschsitz und stabile Haltegriffe an Du/WC.

Lage: Ortsmitte Linderbach 100 m; Stadtmitte Erfurt 4 km; Bahnhof, Apotheke 4 km; **Zimmerpreise** inkl. Frühstücksbuffet: EZ 148,- DM; DZ 186,- DM. Wochenendpreise: EZ 118,- DM; DZ 156,- DM.

Hotel Zumnorde Am Anger — 99084 Erfurt

Thüringen

Anger 50/51, Hoteleingang Weitergasse 26, Tel. (0361) 56800, Fax: 5680400.
Das 4-Sterne-Hotel „Zumnorde Am Anger" liegt im Herzen der Erfurter Altstadt.

Das komfortable Haus verfügt über 50 geräumige, modern und geschmackvoll ausgestattete Zimmer und Suiten, alle mit Bad/Dusche, WC, Fön, Sat-TV, Telefon, Faxanschluß, Minibar und extragroße Betten (2,20 m lang!). Tagungsmöglichkeiten für 5 bis 60 Personen mit modernster Tagungstechnik.

Das Hotel bietet den Gästen außerdem ein Restaurant und Bierhaus „Zumnorde" mit einer behindertenfreundlichen Toilette. Restaurant und Bierhaus „Zumnorde" sind über die Straße schwellenlos zu erreichen.

Hauseigene Tiefgarage, mit dem Aufzug stufenlos bis zum Empfang. Der Hoteleingang ist von der Straße (Bürgersteig) aus absolut schwellenlos erreichbar. Frühstücksraum und Garten stufenlos, die Zimmer mit dem Aufzug stufenlos erreichbar. Das gesamte Hotel mit dem Rollstuhl sehr gut befahrbar.

Geeignet für Gehbehinderte (bis 40 Pers.), Rollstuhlfahrer und Familien mit geistig Behinderten. **1 Zimmer rollstuhlgerecht.** Türbreite von Zimmer und Du/WC 93 cm. Freiraum in Du/WC 120 x 200 cm. Freiraum links neben WC 140 cm, davor 100 cm. Dusche und Waschbecken unterfahrbar. Kippspiegel am absenkbaren Waschbecken, Notruf, festinstallierter Duschsitz und stabile Haltegriffe an Dusche und WC vorhanden.
Lage: Beste Lage im Zentrum in der Fußgängerzone, wenige Minuten zum Dom, zur Krämerbrücke, Andreasviertel und zum Fischmarkt. Bahnhof 500 m; Apotheke 50 m; Krankenhaus und Dialyse 2 km.

Zimmerpreise: EZ 190,- bis 210,- DM; DZ 230,- bis 250,- DM; Suite 300,- DM. Preise für Langzeitgäste, Gruppen- und Wochenendpreise auf Anfrage.

Bildungs- und Begegnungsstätte "Am Luisenpark" Erfurt

99092 Erfurt

Thüringen

Winzerstr. 21. Anmeldungen und Fragen bitte richten an: Lebenshilfe Erfurt e.V., Ansprechpartner Herr Lehmann, Ottostr. 10, 99092 Erfurt, Tel. (0361) 2250731, Fax: 2250949.

Mit der Eröffnung der Bildungs- und Erlebnisstätte "Am Luisenpark" kann die Lebenshilfe Erfurt e.V. ein hervorragendes Angebot zur Durchführung von Erholungs- und Bildungsreisen **für Menschen mit geistiger Behinderung** unterbreiten. Die 1998 vollständig sanierte Villa bietet Einzelreisenden, Familien und Gruppen bis max. 40 Personen sehr gute Aufenthaltsmöglichkeiten mit höchstem Komfort.

Den Gästen stehen 1-4 Bettzimmer zur Verfügung, alle mit Du/WC. Für Familien stehen Familienappartements mit sep. Wohn- und Schlafräumen, Miniküchen und Bad zur Verfügung. In allen Etagen gibt es Aufenthaltsräume zur Gestaltung gemeinsamer Aktivitäten.

Sehr gut geeignet für Einzelreisende, Familien und Gruppen mit geistig Behinderten **(Gruppen bis 40 Pers.)**, Rollstuhlfahrer (bis 9 Pers.) und andere Behinderte (40 Pers.).

Parkplatz und Eingang stufenlos. Zwei Etagen sind rollstuhlgerecht ausgebaut und mit dem Aufzug miteinander verbunden. Türbreite vom Aufzug 96 cm, (Tiefe 140 cm, Breite 110 cm). **4 Zimmer rollstuhlgerecht.** Türbreite der Zimmer und von Du/WC 96 cm. 1 Badezimmer nach DIN 18024 rollstuhlgerecht. Freiraum in Du/WC 140 x 140 cm. Freiraum links neben WC 120 cm, rechts 30 cm, davor 130 cm. Dusche und Waschbecken unterfahrbar. Duschhocker und stabile Haltegriffe an Dusche und WC vorhanden. 1 höhenverstellbares Bett vorhanden.

Für Pflegebedürftige: Betreuung des behinderten Angehörigen kann nach individuellen Wünschen der Familie durch Mitarbeiter des **Familienentlastenden Dienstes** der Lebenshilfe Erfurt sichergestellt werden. Bei Verhinderung der Pflegepersonen kann der zu betreuende Angehörige tage- oder wochenweise von Mitarbeitern der Lebenshilfe Erfurt betreut werden. Abrechnung über die Pflegekassen.

Freizeit- und Bildungsangebote: Im Außengelände Sportplatz mit Fußball, Volleyball, Tischtennis; Spielplatz, Grillmöglichkeit. Im Haus Freizeit- und Aufenthaltsräume mit Spiel- und Bastelmaterialien und Disco. Durchführung von Bildungsveranstaltungen für Menschen mit Behinderungen. Fort- und Weiterbildungen anderer Träger. Im Freizeithaus der Lebenshilfe Erfurt e.V., 1,5 km entfernt, bieten

Mitarbeiter der Lebenshilfe Erfurt organisierte Angebote wie Töpfern, Malen und Kochen an.

Fahrdienst: Tages- und Ausflugsfahrten sind mit dem Fahrdienst der Lebenshilfe Erfurt e.V. möglich. Abholung der Gruppe vom Wohnort und Betreuung vor Ort ebenfalls möglich.

Lage: Die Begegnungsstätte befindet sich in einem 11.000 qm großen, parkähnlichen Gelände in unmittelbarer Nähe des historischen Stadtzentrums von Erfurt. Zur Stadtmitte 2 km; Einkaufen, Krankenhaus, Dialyse 1,5 km; Arzt, Apotheke 500 m; Freibad 100 m; Hallenbad, Bahnhof 2 km. Die Wege in der Umgebung sind flach, mit dem Rollstuhl größtenteils ohne Hilfe befahrbar.

Preis für Unterkunft mit Vollverpflegung pro Tag für Erwachsene und Jugendliche ab 13 Jahre 54,- DM. Alleinbelegung des Hauses für Gruppen ab 35 Personen möglich. Kosten für Familienentlastender Dienst: Einsatzpauschale pro Tag 10,- DM zuzüglich pro Betreuungsstunde 5,- DM. **Besonders empfehlenswerte Einrichtung.**

InterCityHotel Erfurt — 99084 Erfurt

Thüringen

Willy-Brandt-Platz 11, Tel. (0361) 56000, Fax: 5600999. 161 komfortable Zimmer mit Du/WC, Telefon, Minibar und TV. 5 Tagungsräume für bis zu 100 Personen. Parkplatz, Eingang, Frühstücksraum, Restaurant und Zimmer (mit dem Aufzug; Tiefe 220 cm, Türbreite 90 cm) stufenlos erreichbar.

Geeignet für Gehbehinderte (alle Zimmer), Rollstuhlfahrer und Familien mit geistig Behinderten. 1 Zimmer speziell für Rollstuhlfahrer. Türbreiten vom Zimmer 80 cm, von Du/WC 98 cm. Freiraum in Du/WC 100 x 200 cm. Freiraum links und rechts neben WC 20 cm (Haltegriffe), davor 100 cm. Dusche und Waschbecken unterfahrbar. Verstellbarer Kippspiegel, festinstallierter Duschsitz und stabile Haltegriffe an Du/WC und Waschbecken vorhanden.

Lage: Direkt neben dem Bahnhof, im Zentrum. Bus 50 m; Arzt und Apotheke 250 m; Krankenhaus 3 km.

Zimmerpreise inkl. Frühstück: EZ 180,- bis 200,- DM; DZ 230,- bis 250,- DM.

Dorint Hotel Erfurt — 99084 Erfurt

Thüringen

Meienbergstr. 26/27, Tel. (0361) 5949-0, Fax: 5949100. Hotel mit 142 Zimmern, Parkplatz, Eingang, Frühstücksraum, Restaurant und die Zimmer (mit dem Aufzug) stufenlos erreichbar. Türbreite vom Aufzug 90 cm (Tiefe 140 cm, Breite 130 cm).

Geeignet für Gehbehinderte, Rollstuhlfahrer und Familien mit geistig Behinderten. 1 rollstuhlgerechtes Zimmer. Türbreite vom Zimmer und von Du/WC 93 cm. Freiraum in Du/WC 170 x 155 cm. Freiraum links neben WC 110 cm, davor 155 cm. Dusche und Waschbecken unterfahrbar. Festinstallierter Duschsitz, Notruf und stabile Haltegriffe an Du/WC und Waschbecken vorhanden. Bettenhöhe 49 cm.

Lage: Stadtmitte Erfurt. Bahnhof 800 m; Einkaufen 200 m; Arzt, Apotheke 300 m; Krankenhaus, Dialyse 5 km.

Zimmerpreise: EZ 195,- bis 255,- DM; DZ 215,- bis 275,- DM; Frühstück 25,- DM pro Person.

Comfort Hotel Erfurt 99198 Erfurt

Thüringen

Über dem Feldgarten 9, Tel. (0361) 4412100, Fax: 4412299. 3-Sterne-Hotel mit 100 Zimmern mit Du/WC, Schreibtisch, Telefon, Fax-Anschluß und Sat-TV. Parkplatz, Eingang, Frühstücksraum und die Zimmer (mit dem Aufzug) stufenlos erreichbar. Türbreite vom Aufzug 90 cm (Tiefe 210 cm, Breite 103 cm).

Geeignet für Gehbehinderte, Rollstuhlfahrer und Familien mit geistig Behinderten. 2 rollstuhlgerechte Zimmer. Türbreite der Zimmer und von Du/WC 94 cm. Freiraum in Du/WC 200 x 200 cm. Freiraum links neben WC 35 cm, rechts 130 cm, davor 60 cm. Dusche und Waschbecken unterfahrbar. Festinstallierter Duschsitz, Kippspiegel und stabile Haltegriffe an Du/WC und Waschbecken vorhanden. Bettenhöhe 46 cm.

Lage: Zur Stadtmitte 4 km; Einkaufen 1,5 km; Bahnhof, Arzt, Apotheke 4 km; Krankenhaus 7 km.

Zimmerpreise inkl. Frühstück: EZ 79,- DM; DZ 98,- DM.

Hotel- und Berggasthof „Tanzbuche" 99894 Friedrichroda

Thüringen, Thüringer Wald, Rennsteig

Auf dem Höhenberg, Tel. (03623) 369900, Fax: 369943. Schönes gemütliches Hotel mit Alleinlage auf einem Bergplateau mitten im Thüringer Wald, direkt am berühmten Rennsteig, 702 m.ü.M. 28 gemütlich und komfortabel eingerichtete Zimmer mit Du/WC, Sat-TV, Eckradio und Telefon. Parkplatz, Frühstücksraum, Restaurant und Zimmer im EG stufenlos; Eingang über die Terrasse stufenlos (Haupteingang 7 Stufen).

Geeignet für Gehbehinderte (20 Pers.), Rollstuhlfahrer (2 Pers.) und Familien mit geistig Behinderten. 1 Zimmer rollstuhlgerecht. Türbreite vom Zimmer und von Du/WC 95 cm. Freiraum in Du/WC 140 x 140 cm. Freiraum links neben WC 140 cm, rechts 63 cm, davor 100 cm. Dusche und Waschbecken unterfahrbar. Festinstallierter Duschsitz und stabile Haltegriffe an Du/WC und Waschbecken vorhanden. Bettenhöhe 45 cm.

Lage: Sehr ruhige Lage auf einem Berg; unmittelbare Umgebung des Hotels auf dem Plateau flach, ansonsten hügelig. Zur Ortsmitte mit Bahnhof, Einkaufen, Arzt, Apotheke, Freibad und Hallenbad 7 km; Krankenhaus 8 km.

Preis pro Person im rollstuhlgerechten DZ-Appartement inkl. Frühstück 55,- DM.

Hotel Daheim 98559 Gehlberg

Thüringen, Rennsteig

Ritterstr. 16, Tel. (036845) 50239, Fax: 51091. Sehr schön gelegenes Höhenhotel mit 20 großzügigen Zimmern mit Du/WC, TV und Telefon. Schöne Außenterrasse mit Waldblick. Parkplatz, Eingang, Frühstücksraum, Restaurant und die Zimmer (mit dem Aufzug) stufenlos erreichbar. Türbreite vom Aufzug 90 cm (Tiefe 140 cm, Breite 110 cm).

Geeignet für Rollstuhlfahrer mit Begleitung, Gruppen bis 18 Personen. 10 Zimmer bedingt rollstuhlgeeignet. Türbreite der Zimmer und von Du/WC 90 cm. Bewegungsfreiraum in Du/WC 250 x 250 cm. Freiraum links neben WC 80 cm, davor 140 cm.

Dusche unterfahrbar, Waschbecken nicht unterfahrbar, keine Haltegriffe oder Hilfsmittel im Bad.

Lage: Gehlberg, auf 700 m Höhe gelegen, ist umrahmt von Almwiesen und großen Wäldern. Das Hotel liegt am Ortsausgang. Die Wege sind teils flach, teils hügelig und steil. Gute Wintersportmöglichkeiten.
Zimmerpreise: EZ 70,- DM, DZ 100,- bis 120,- DM inkl. Frühstück.

Turmhotel Gotha — 99867 Gotha

Thüringen, Thüringer Wald

Am Luftschiffhafen 2, Tel. (03621) 7160, Fax: 716430. 104 Zimmer und Suiten mit Bad oder Du/WC, Fön, Schmink- bzw. Rasierspiegel, Schreibtisch, Direktwahltelefon und TV.

Sechs moderne Veranstaltungsräume (55 bis 176 qm groß) mit Tageslicht für Seminare, Tagungen, Konferenzen und Feiern. Moderne Tagungstechnik steht zur Verfügung.

Parkplatz, Eingang mit Rampe, Frühstücksraum, Restaurant, Garten und Zimmer im EG stufenlos, Tagungsräume mit dem Aufzug erreichbar. Türbreite vom Aufzug 90 cm (Tiefe 140 cm, Breite 120 cm).

Geeignet für Gehbehinderte, Rollstuhlfahrer und Familien mit geistig Behinderten. **2 Zimmer mit Du/WC rollstuhlgerecht**. Türbreiten der Zimmer 90 cm, von Du/WC 80 cm. Freiraum in Du/WC 140 x 140 cm. Dusche und Waschbecken unterfahrbar. Festinstallierter Duschsitz und stabile Haltegriffe an Dusche und WC vorhanden.

Service: Wäscheservice, kostenlose Abholung vom Bahnhof, hauseigener Kleinbus, Rent a Car, Rahmenprogramm für Tagungen und Konferenzen, Programme für Bus- und Gruppenreisen (z.B. Ausfahrten in den Thüringer Wald), Folkloreabende, Grillabende, usw. Auf Wunsch kann Pflegedienst vor Ort angefordert werden.

Lage: Zur Stadtmitte 5 km. Nur 2 km von der A 4 entfernt, gut erreichbar. Einkaufen 200 m; Apotheke 500 m; Bahnhof 2 km; Krankenhaus 2,5 km.

Zimmerpreise inkl. Frühstück: EZ ab 120,- DM; DZ ab 135,- DM; Junior-Suite ab 175,- DM; Extrabett ab 50,- DM. Wochenendarrangements ab 2 Übernachtungen: EZ ab 99,- DM; DZ ab 119,- DM.

Dorint Hotel Gera — 07545 Gera

Thüringen, Ostthüringen

Berliner Str. 38, Tel. (0365) 43440, Fax: 4344100. Geschäftsreise- und Tagungshotel mit 280 modern und elegant ausgestatteten Zimmern mit Du/WC, Telefon, TV und Schreibtisch. 11 Tagungsräume für 10 bis 300 Personen. Parkplatz, Eingang, Frühstücksraum, Restaurant stufenlos; Hallenbad und die Zimmer mit dem Aufzug stufenlos erreichbar. Türbreite vom Aufzug 90 cm (Tiefe 229 cm, Breite 107 cm). **Geeignet** für Gehbehinderte, Rollstuhlfahrer und Familien mit geistig Behinderten. 1 rollstuhlgerechtes Zimmer. Türbreite vom Zimmer und von Du/WC 94 cm. Freiraum in Du/WC 176 x 177 cm. Freiraum vor dem WC 210 cm. Dusche und Waschbecken unterfahrbar. Festinstallierter Duschsitz und stabiler Haltegriff an der Dusche vorhanden.

Lage: Zur Stadtmitte 1 km; Einkaufen, Apotheke 800 m; Bahnhof 750 m; Arzt 200 m; Krankenhaus 5 km; Dialyse 1,5 km. Wege in der Umgebung flach.
Preise pro Person inkl. Frühstück im EZ 199,- DM, im DZ 110,- DM. HP-Zuschlag pro Person/Tag 30,- DM. Gruppenpreise auf Anfrage.

Ferienhaus „Auf der Heide" — 99976 Hildebrandshausen

Thüringen, Eichsfeld

Familie Stöcker, Auf der Heide 1, Tel. + Fax: (036027) 71030. Ferienhaus/Ferienwohnung, Parkplatz und Eingang stufenlos.

Geeignet für Gehbehinderte und Familien mit geistig Behinderten; bedingt geeignet für Rollstuhlfahrer. Türbreite von Zimmer und Du/WC 90 cm. Freiraum in Du/WC 120 x 170 cm. Freiraum links neben WC 60 cm, rechts 70 cm, davor 120 cm. Dusche und Waschbecken unterfahrbar. Duschhocker und Notrufklingel vorhanden. Keine zusätzlichen Haltegriffe.

Lage: Zwischen 2 Dörfern im Tal gelegen. Wanderwege nicht rollstuhlgeeignet. Asphaltstraße zum Dorf (1 km). Einkaufen, Arzt, Apotheke, Freibad, Krankenhaus 1 km.
Preise auf Anfrage.

Holiday Inn Jena — 07747 Jena

Thüringen, Saaletal

Otto-Militzer-Str. 1-3, Tel. (03641) 3010, Fax: 334575. 172 komfortable Zimmer mit Du/WC, Telefon, Kabel-TV, Radio, Hosenbügler und Fön. Parkplatz und Eingang stufenlos. Frühstücksraum, Restaurant und die Zimmer mit dem Aufzug stufenlos erreichbar.

Geeignet für Gehbehinderte, Rollstuhlfahrer und Familien mit geistig Behinderten. 1 Zimmer rollstuhlgerecht. Türbreite vom Zimmer 81 cm, von Du/WC 96 cm. Freiraum in Du/WC 130 x 120 cm. Dusche und Waschbecken unterfahrbar. Notruf, festinstallierter Duschsitz und stabile Haltegriffe an Du/WC und Waschbecken vorhanden.

Lage: Ruhige Lage im Stadtteil Lobeda-Ost. Zur Stadtmitte und zum Bahnhof 6 km; Einkaufen, Arzt, Apotheke 1 km; Krankenhaus und Dialyse 3 km.

Zimmerpreise: EZ 120,- DM; DZ 150,- DM inkl. Frühstücksbuffet. Gruppenpreis: 50,- DM pro Person im DZ inkl. Frühstück.

Hotel Schwarzer Bär — 07743 Jena

Thüringen, Saaletal

Lutherplatz 2, Tel. (03641) 4060, Fax: 406113. Traditionsreiches Hotel unter familiärer Leitung, mit 66 geräumigen, komfortabel und individuell eingerichteten Zimmern, alle mit Du/WC, Farb-TV, Telefon und Minibar. Parkplatz, Eingang, Frühstücksraum stufenlos; 6 verschiedene Restaurants (teilw. mit 1-3 Stufen). Zimmer mit dem Aufzug stufenlos erreichbar. Türbreite vom Aufzug 78 cm (Tiefe 110 cm, Breite 120 cm).

Geeignet für Gehbehinderte, Rollstuhlfahrer und Familien mit geistig Behinderten. 2 Zimmer rollstuhlgerecht. Türbreiten der Zimmer und von Du/WC 84 cm. Freiraum in Du/WC 140 x 280 cm. Dusche und Waschbecken unterfahrbar. Festinstallierter Duschsitz und stabile Haltegriffe an Du/WC und Waschbecken vorhanden.

Lage: Zur Stadtmitte 500 m; Bahnhof 1 km; Einkaufen 200 m; Arzt und Apotheke 300 m; Krankenhaus 1 km.

Zimmerpreise: Behindertengerechtes EZ 140,- DM; DZ 200,- DM. Am Wochenende EZ 120,- DM; DZ 160,- DM.

Jembo Park — 07745 Jena

Thüringen, Saaletal

Rudolstädter Str. 93, Tel. (03641) 6850, Fax: 685299. Motel, Bowling, Gästezimmer und Bungalows auf einem 15.000 qm großen Gelände. Moderne Bowlinganlage mit 8 Bahnen. Insgesamt 106 Betten in komfortablen Zimmern und Bungalows, ausgestattet mit Bad oder Dusche, WC, TV und Telefon. Konferenzräume für bis zu 150 Teilnehmer. Parkplatz und Eingang vom Haupthaus stufenlos, Restaurant/Frühstücksraum mit dem Aufzug, Zimmer im EG stufenlos erreichbar. Türbreite vom Aufzug 90 cm (Tiefe 150 cm, Breite 110 cm).

Geeignet für Gehbehinderte, Rollstuhlfahrer und Familien mit geistig Behinderten. Es kommen regelmäßig Rollstuhlfahrer als Gäste. Zimmer und Bad unterschiedlich groß, ein speziell rollstuhlgerechtes Zimmer mit Du/WC. Türbreite vom Zimmer 95 cm, von Du/WC 93 cm. Freiraum in Du/WC 120 x 140 cm. Freiraum links neben WC 115 cm, davor 140 cm. Dusche und Waschbecken unterfahrbar. Duschhocker, Kippspiegel und stabile Haltegriffe an Du/WC und Waschbecken vorhanden.

Lage: 2 Minuten von der Autobahnabfahrt Jena-Göschwitz an der B 88. Zur Stadtmitte 4,5 km; Bahnhof 800 m; Einkaufen 1 km; Apotheke und Krankenhaus 1,5 km; Freibad 3 km.

Preise: EZ 79,- DM; DZ 99,- DM, Bungalow für 2 Personen 99,- DM pro Tag. Frühstück 4,50 bis 15,- DM pro Person nach Wahl.

Steigenberger Maxx Hotel — 07747 Jena-Lobeda

Thüringen

Stauffenbergerstr. 59, Tel. (03641) 300-0, Fax: 300-888, Internet: www.steigenberger.com. Sehr komfortables Hotel mit der Atmosphäre des Amerikas der 30er, 40er und 50er Jahre. 220 Zimmer mit Du/WC, Haarfön, Minibar, großer Schreibtisch, Rattansessel, Ventilator, Durchwahltelefon, Farb-TV, Pay-TV und Radio.

Restaurant mit Wintergarten-Restaurant und Sonnenterrasse; American-Bar; separates behindertengerechtes WC im öffentlichen Bereich.

8 Tagungsräume bis maximal 162 Personen, alle mit Tageslicht und mit modernster Tagungstechnik ausgestattet: 4 klimatisierte Tagungsräume ebenerdig; 4 Tagungsräume „over the top" in der 8 Etage (mit dem Aufzug erreichbar) mit Terrasse und herrlichem Blick über Jena.

Von der Tiefgarage mit 200 Stellplätzen gelangt man stufenlos mit dem Aufzug zur Rezeption. Hoteleingang stufenlos. Frühstücksraum und Restaurant 3 Stufen. Garten stufenlos erreichbar. 3 verschiedenen Saunen mit angrenzendem Japanischen Garten, Solarium, Fitneßbereich und Kosmetik-Studio stufenlos erreichbar. Massagen können auf Wunsch verabreicht werden.

Die Zimmer sind mit dem Aufzug ebenfalls stufenlos erreichbar. Türbreite vom Aufzug 100 cm. Innenmaße: Tiefe 150 cm, Breite 100 cm.

Geeignet für Gehbehinderte (**Gruppen bis 50 Personen**), Rollstuhlfahrer und Familien mit geistig Behinderten. **2 Zimmer sind rollstuhlgerecht**: Türbreite der Zimmer 80 cm, von Du/WC 92 cm. Freiraum in Du/WC 235 x 235 cm. Freiraum links neben WC 100 cm, rechts 60 cm, davor 190 cm. Dusche und Waschbecken unterfahrbar. Festinstallierter Duschsitz und stabiler Haltegriff am WC vorhanden. Bettenhöhe 47 cm. Bei Bedarf kann Pflegedienst vor Ort bestellt werden.

Anreise: Mit dem PKW von Berlin oder München aus über die A 9 und ab Hermsdorfer Kreuz in Richtung Erfurt/Frankfurt a.M. über die A 4; Autobahnausfahrt „Jena-Lobeda", danach noch 2 km (Zufahrt zum Hotel ist beschildert). Mit der Bahn: IC-Verbindung Berlin-München sowie Frankfurt-Dresden. Vom Bahnhof bis zum Hotel 8 km. Mit dem Flugzeug: Flughafen Erfurt; 45 km vom Steigenberger Maxx entfernt.

Lage: Zur Stadtmitte 6 km; Bahnhof 8 km; Einkaufen, Arzt, Apotheke, Hallenbad 300 m; Freibad 7 km; Krankenhaus, Dialyse 1,5 km. Vor dem Hotel Wohngebiet mit gut ausgebautem Straßensystem; hinterm Hotel angrenzender Saaleradwanderweg, hügelig.

Zimmerpreise: EZ 130,- bis 219,- DM; DZ 156,- bis 238,- DM. **Gruppenpreise:** 50,- DM pro Person ab einer Gruppengröße von 15 Personen. Tiefgarage gebührenpflichtig. Die Nutzung von Sauna und Fitneßbereich sowie die Nutzung des öffentlichen Personennahverkehrs (ÖPNV) sind im Zimmerpreis enthalten.

Flair Hotel Jena — 07751 Jena-Zöllnitz

Thüringen

Ilmnitzer Landstr. 3, Tel. (03641) 7676, Fax: 767767. 113 komfortable Zimmer mit Du/WC, Telefon und TV. Parkplatz, Eingang, Frühstücksraum und die Zimmer (mit dem Aufzug) stufenlos erreichbar. Zum Restaurant 3 Stufen ohne Rampe (!). Türbreite vom Aufzug 90 cm (Tiefe 140 cm, Breite 103 cm).
Geeignet für Rollstuhlfahrer (aber Restaurant 3 Stufen); für Familien mit geistig Behinderten. 1 Zimmer mit Du/WC rollstuhlgeeignet: Bettenhöhe 70 cm. Türbreite vom Zimmer und von Du/WC 100 cm. Bewegungsfreiraum in Du/WC 200 x 240 cm. Freiraum links neben WC 120 cm, rechts 90 cm, davor 120 cm. Dusche und Waschbecken unterfahrbar. Notruf, Kippspiegel, spezielle Haltegriffe an der Badewanne, festinstallierter Duschsitz und stabile Haltegriffe an Dusche und WC vorhanden.
Lage: Zur Stadtmitte 3 km; Einkaufen 800 m; Arzt, Apotheke, Krankenhaus, Dialyse 1 km. Die Wege um das Hotel sind flach. Jenaer Nahverkehr für Hotelgäste kostenlos.
Zimmerpreise: EZ 119,- DM, DZ 149,- DM für 2 Pers. inkl. Frühstück.

Hotel Esplanade Jena — 07743 Jena

Thüringen, Saaletal

Carl-Zeiss-Platz 4, Tel. (03641) 8000, Fax: 800150, E-Mail: Jena@Esplanade.de, Internet: www.top-hotels.de/esplanade. 179 luxuriös eingerichtete Zimmer und Suiten mit Bad, Telefon, Fax- und Modem-Anschluß, Kabel-TV, Radio, Minibar, Klimaanlage. Tagungsräume für bis zu 1050 Personen.

Von der videoüberwachten Tiefgarage mit dem Aufzug zum Empfang. Haupteingang stufenlos (autom. Drehtür mit Rollstuhleinstellung oder Doppeltür). Von der Empfangshalle aus sind Frühstücksraum, Restaurant Rotonda, Bar B 12, Pressecafé und Besuchertoiletten stufenlos erreichbar Die Zimmern sind mit den Panorama-Glasaufzügen erreichbar: tiefergesetzte Bedienelemente, auch in Blindenschrift, Türbreite 99 cm. Innenmaße: Tiefe 160 cm, Breite 140 cm.

1 Doppelzimmer für **Rollstuhlfahrer:** Türbreite vom Zimmer und Bad/WC 90 cm. Bad mit Badewanne; Waschbecken mit verstellbarem Kippspiegel ist unterfahrbar. Stabiler Haltegriff am WC. Freiraum im Bad 167 x 200 cm; vor dem WC 130 cm. Weitere Hilfsmittel können vom Personal bei einem ortsansässigen Sanitätshaus zum Selbstkostenpreis besorgt werden.

Lage: Direkt im Stadtzentrum; Einkaufen, Arzt, Apotheke und Krankenhaus in unmittelbarer Nähe.

Zimmerpreise je nach Kategorie inkl. Frühstück: EZ 215,- bis 275,- DM; DZ 245,- bis 305,- DM. Am Wochenende EZ 160,- bis 220,- DM; DZ 190,- bis 250,- DM. Zusatzbett 30,- DM.

Jugendherberge Mühlhausen — 99974 Mühlhausen

Thüringen

Auf dem Tonberg 1, Tel. und Fax: (03601) 813318, Fax: 813320. Jugendherberge am Stadtrand von Mühlhausen, Eingang, Frühstücksraum, Zimmer stufenlos erreichbar. **Geeignet** für Gehbehinderte, Rollstuhlfahrer und Familien mit geistig Behinderten. 1 Zimmer mit Du/WC rollstuhlgerecht. Türbreite vom Zimmer 90 cm, von Du/WC 100 cm. Freiraum in Du/WC 180 x 130 cm. Freiraum links neben WC 90 cm, rechts 40 cm, davor 190 cm. Dusche mit festinstalliertem Duschsitz unterfahrbar. Haltegriffe an Du/WC und Notruf am WC vorhanden. Bettenhöhe 40 cm.

Lage: Am Waldrand; Einkaufen, Arzt, Apotheke, Freibad 3 km.
Preise: Übernachtung für Jugendliche 15,- DM, Senioren 24,- DM pro Tag; Frühstück 6,- DM, Abendessen 6,- DM, Mittagessen 8,- DM. Bettwäsche 7,- DM pro Woche.

Aktiv-Pension — 98559 Oberhof

Thüringen, Thüringer Wald, Rennsteig

Gabriele Albrecht, Gräfenrodaer Str. 19, Tel. (036842) 27770, Fax: 277744. Pension mit 8 modern eingerichteten Einzel- und Doppelzimmern und zwei Ferienwohnungen. Alle Zimmer mit Du/WC, Kabel-TV, und Telefon. Die Ferienwohnungen können von 2 bis 3 Personen genutzt werden. Kombinierte Wohn-/Schlafräume mit jeweils einer vollständig eingerichteten Küche. Parkplatz, Eingang, Frühstücksraum und die Zimmer im EG stufenlos erreichbar.

Geeignet für Gehbehinderte und Rollstuhlfahrer, Gruppen bis 8 Personen. 2 Zimmer und die beiden Ferienwohnungen (nach DIN 18025) sind rollstuhlgerecht. Türen von Eingang, Zimmer und Du/WC 90 cm breit. Die Badezimmer mit Du/WC haben verschiedene Größen; alle groß genug für Rollstuhlfahrer. Dusche und Waschbecken unterfahrbar, Kippspiegel und stabile Haltegriffe an Dusche, WC und Waschbecken sind vorhanden. Bettenhöhe 45 cm.

Lage: Die Gegend ist ein Wandergebiet (Rennsteig) mit festen, für Rollstuhlfahrer geeigneten Wanderwegen mit Parkplätzen. Rollstuhlgerechte Ausflugsziele: Rennsteigthermen, Spaßbad 100 m; Rennsteiggarten 1,4 km; Glasbläserwerkstatt 700 m; Meeresaquarium 8 km. Von den Gaststätte im Ort können 8 über Rampe oder 1 Stufe erreicht werden. Ein Pflegedienst bei Bedarf im Ort. Zur Ortsmitte und zum Arzt 300 m; Einkaufen 200 m; Apotheke 250 m; Hallenbad 100 m; Freibad und Krankenhaus 8 km.

Zimmerpreise: Doppelzimmer für 2 Personen inklusive Frühstück 76,- bis 84,- DM. Ferienwohnung pro Tag 75,- bis 95,- DM.

Feriendorf „Am Ungerstiegel" 98739 Piesau am Rennsteig

Thüringen, Südlicher Thüringer Wald, Rennsteig

Inh. Ehrfried Sorge, Oberer Mittelberg 24, Tel. (036701) 6840, Fax: 68438, E-Mail: fedo-Piesau@t-online.de, Internet: www.behindertenverband-erfurt.de. Die Anlage besteht derzeit aus 5 Holzblockhäusern und einem Nebengebäude mit Sauna und Solarium. Die Häuser sind barrierefrei, senioren- und behindertenfreundlich ausgestattet. Zu der Ferienanlage gehören Spielplatz, Liegewiese, Grillplatz und Gartenmöbel.

Die Häuser haben eine Gesamtwohnfläche von 77 qm nach DIN, die auf 2 Etagen aufgeteilt sind. Der untere Wohnbereich bietet einen Schlafraum mit 2 Betten, Wohn- und Kochbereich sowie eine Eßecke. Über den Betten und im Sanitärbereich/WC im EG können hausseits Strickleitern und Toilettensitzerhöhung angebracht werden.

Das Dachgeschoß ist als großer Schlaf-Wohnraum konzipiert. Barrierefreie Gaststätte auch für Gruppen und Vereinsreisende geeignet, für das Jahr 2000 in Planung. In der Regel können die Hauser von 1 - 6 Personen belegt werden. Weitere Aufbettungen sind möglich.

Grundausstattung: barrierefrei, rollstuhlgeeignet, behindertenfreundlich, Parkplatz und Eingang stufenlos. Türen vom Eingang, Zimmer, Sanitärbereich im EG 95 cm breit. Freiraum in Du/WC ca. 180 x 160 cm. Freiraum links und rechts neben WC ca. 65 cm, davor ca. 160 cm. Duschhocker, Kippspiegel, stabile Haltegriffe in Dusche und am WC vorhanden.

Der Kochbereich bietet die Möglichkeit einer kompletten Selbstversorgung. Eine evtl. Kranken- und häusliche Plegeversorgung kann bei Bedarf organisiert werden, muß jedoch direkt mit den Kostenträgern abgerechnet werden. Haustiere auf Anfrage möglich.

Lage: Das Feriendorf liegt in idyllischer Waldrandlage etwas außerhalb des Ortes u. ist über eine gut ausgebaute Straße sicher zu erreichen. Zur Ortsmitte 600 m; Einkaufen, Apotheke, Arzt 2,5 km; Spielplatz 100 m; Freibad 4 Km; Hallenbad, Krankenhaus 8 km; zum Rennsteig, Nürnberger Skiwanderweg ab Feriendorf ca. 2,0 km.

Aktivitäten: Wanderungen entlang des Rennsteigs, Fahrrad u. Skiverleih, Skilanglauf im Winter (ca. 38 km, gespurte Skiwanderwege). Abfahrtslauf in der Nachbargemeinde Ernstthal am Rennsteig möglich. Pferdeschlitten- und Kutschfahrten können organisiert werden. Grillabende mit „kanadischem Holzofen", je nach Witterung im Angebot.

Geeignet: für Rollstuhlfahrer, Gehbehinderte, Diabetiker und Familien mit geistig Behinderten.

Pauschalangebote möglich, Preise auf Anfrage. **Von-Haus-zu-Haus-Transfer** mit Kleinbus, Tagesausflüge, Städtetouren im Thüringer Wald, Tagesfahrten nach

Tschechien. Wochenendausflüge, Vereinsfeiern, Sämtliche Angebote über alle vier Jahreszeiten möglich. Frühstück möglich .
Zu bundesweiten Ferienzeiten berechnen wir in der Regel je Erwachsenen einen Grundpreis von 39,00 DM, Kinder bis 6 J. frei und von 6 - 12 Jahren 1/2 Preis, mindestens jedoch 135,00 DM Nacht / Haus, bei ca. 7 Übern. Bei Reisezeiten außerhalb von Ferienzeiten sind Nebensaisonpreise möglich. Endreinigung 55,- DM sowie pauschalierte Nebenkosten 26,00 DM je angefangenen Kubikmeter Kaltwasserabnahme je Haus. Persönliches Angebot und Prospekte werden auf Anfrage gerne zugeschickt.

Islandpferde-Ferienhof „Landhaus Lenk" — 99518 Rannstedt

Thüringen, Weimarer Land

Familie Lenk, Am Teich 6, Tel. und Fax: (036463) 40258. 300 Jahre alter Landhof.
Geeignet für Gehbehinderte und Rollstuhlfahrer. Die beiden Appartements "Efeulaube" und "Rosenzimmer" sind rollstuhlgerecht; für 2 Personen. Türbreiten der Zimmer und von Du/WC 100 cm. Freiraum in Du/WC 140 x 140 cm. Freiraum vor dem WC 180 cm. Dusche und Waschbecken unterfahrbar. Festinstallierter Duschsitz und stabile Haltegriffe an Du/WC und Waschbecken vorhanden.
Lage: Ruhige Lage, inmitten der Natur. Apotheke 4 km; Arzt 500 m.
Preise: ab 70,- DM pro Übernachtung.

Panoramahotel am Marienturm — 07407 Rudolstadt

Thüringen, Thüringer Saalebogen

Familie Neumann, Marienturm 1 , Telefon (03672) 43270, Fax: 432785. Das komfortable Hotel liegt hoch über dem Saaletal, mit herrlichem Panoramablick auf die Heidecksburg und das historische Rudolstadt. 29 individuell und geschmackvoll eingerichtete Gästezimmer mit allem Komfort. Dusche/WC oder Badewanne/WC, Minibar, Fernseher und Telefonanlage. Sauna, Solarium. Für Seminare und Tagungen steht ein mit modernster Technik ausgestatteter Konferenzraum zur Verfügung.

Parkplatz, Eingang, Frühstücksraum, Restaurant, Terrasse und Garten sind jeweils mit Rampe stufenlos erreichbar.

Geeignet für Gehbehinderte (bis 40 Pers.), Rollstuhlfahrer (2 DZ) und Familien mit geistig Behinderten. 2 Zimmer mit Du/WC rollstuhlgerecht. Türbreiten der Zimmer und von Du/WC 100 cm. Freiraum in Du/WC 140 x 140 cm. Dusche und Waschbecken unterfahrbar. Duschhocker, Kippspiegel über dem Waschbecken und stabile Haltegriffe an Dusche, WC und Waschbecken vorhanden.

Lage: Ruhige und schöne Panoramalage; zur Ortsmitte von Rudolstadt 1,5 km; Hallenbad 500 m; Einkaufen, Freibad, Arzt, Krankenhaus 1 km; Apotheke 1,5 km. Schöne Wandermöglichkeiten; Weg zur Ortsmitte mit dem PKW zu empfehlen; Shuttle-Service möglich; spezielle Programme für Behinderte vorhanden.

Zimmerpreise: EZ 98,- DM; DZ 155,- DM. HP-Zuschlag pro Person 25,- DM. Kinderermäßigung: bis 12 Jahre im Zimmer der Eltern frei. Ab 5 Übernachtungen: Ü/F/HP pro Person/Tag 75,- DM.

Hotel Tanne mit Restaurant Lutherstube — 07318 Saalfeld

Thüringen, Thüringer Wald

Saalstr. 35-37, Tel. (03671) 513210, Fax: 826400. Das Hotel liegt im Herzen von Saalfeld und wurde 1994 fertiggestellt. Es verfügt über 64 Zimmer mit Du/WC, Sat-TV und Telefon. Parkplatz, Eingang stufenlos; Frühstücksraum und die Zimmer mit dem Aufzug stufenlos erreichbar. Türbreite vom Aufzug 80 cm (Tiefe 120 cm, Breite 100 cm).

Geeignet für Gehbehinderte (10 Pers.), Rollstuhlfahrer (2 Pers.) und Familien mit geistig Behinderten (10 Personen). 1 Zimmer mit Du/WC rollstuhlgerecht. Türbreite von Zimmer und Du/WC 100 cm. Freiraum in Du/WC 200 x 150 cm. Freiraum links neben WC 80 cm, rechts 100 cm, davor 180 cm. Dusche und Waschbecken unterfahrbar. Duschhocker und stabile Haltegriffe an Dusche und WC vorhanden.

Lage: Zur Ortsmitte 300 m; Einkaufen 100 m; Apotheke 200 m; Arzt 300 m; Bahnhof 500 m; Krankenhaus, Dialyse, Hallenbad 2 km; Freibad 3 km.

Zimmerpreise je nach Kategorie inkl. Frühstücksbuffet: EZ 69,- bis 105,- DM; DZ 110,- bis 135,- DM; Dreibettzimmer 160,- DM. Sauna, Solarium und Fitneßraum stehen den Gästen kostenlos zur Verfügung.

Ferienappartementhaus Baumgärtner — 98711 Schmiedefeld-Rennsteig

Thüringen, Thüringer Wald, Rennsteig

Familie Baumgärtner, Ilmenauerstr. 22 a, Tel. (036782) 65990, Fax: (036782) 65998. Drei Ferienwohnungen, mit separatem Eingang, für 2 bis 5 Personen, mit kompletter Küchenausstattung, Du/WC, Radio, TV, Telefon, Gartenterrasse, Spiel- und Liegewiese, Sauna, Solarium, Pool, Kinderspielplatz und Grillplatz. Parkplatz direkt am Haus. In einer Wohnung Haustier möglich.

Geeignet: Eine Wohnung ist rollstuhlgerecht: Türbreiten 100 cm, stufenlos erreichbar, Freiraum in Du/WC 150 x 150 cm, Dusche unterfahrbar; Duschsitz, Haltegriffe. Zwei Wohnungen für Gehbehinderte und Familien mit geistig Behinderten, bedingt für Rollstuhlfahrer mit Begleitung geeignet; Türbreiten 85 cm, Freiraum Du/WC 120 x 80 cm, Dusche nicht unterfahrbar.

Lage: Zum Haus gehört eine Gartenanlage mit direktem Anschluß an das Wandergebiet Rennsteig. Im Winter gespurte Loipen. Zur Ortsmitte, Einkaufen, Ärzte, Apotheke, Tennisplatz, Kurwege, Natur- und Waldsportpfad, Bushaltestelle und Bahnhof 500 m; Freibad 3 km; Hallenbad, Rennsteigtherme und Krankenhaus 13 km.

Preis für eine Ferienwohnung pro Tag 45,- bis 80,- DM. Getränke- und Brötchenservice auf Wunsch.

Hotel-Restaurant Jägerklause — 98574 Schmalkalden

Thüringen, Thüringer Wald

Pfaffenbach 45, Tel. (03683) 600143, Fax: 604513. Inmitten von Grün umgebener, sehr gemütlich und geschmackvoll eingerichteter Gasthof mit insgesamt 66 Betten. Alle Zimmer mit Du/WC, Radio und TV ausgestattet. Reitmöglichkeiten beim nahegelegenen Reiterhof, Kutschfahrten möglich. Parkplatz, Eingang, Frühstücksraum, Restaurant und Aufzug (Tiefe 100 cm, Breite 110 cm) stufenlos erreichbar.

Geeignet für Gehbehinderte und Rollstuhlfahrer (2 Zimmer). Türbreiten der Zimmer und von Du/WC 100 cm. Freiraum in Du/WC 100 x 120 cm. Dusche und Waschbecken unterfahrbar. Festinstallierter Duschsitz und stabile Haltegriffe an WC und Waschbecken vorhanden.

Lage: Ortsmitte, Arzt, Apotheke, Krankenhaus 1,5 km; Einkaufen 150 m; Bus 500 m; Spielplatz 1 km; Bahnhof 2 km; Freibad 2,5 km; Tennisplatz 3 km. Umgebung leicht hügelig.
Zimmerpreise inklusive Frühstück: Einzelzimmer bis 80,- DM; Doppelzimmer 120,- bis 130,- DM.

Hotel garni Haus Vaterland — 99326 Stadtilm

Thüringen, Thüringer Wald

Annelore Maulhardt, Bahnhofstr. 14, (gegenüber der Post), Tel. und Fax: (03629) 3399. Freundlich geführtes Hotel mit 8 Zimmern, alle mit Du/WC und TV. Parkplatz und Garage am Haus; Eingang 1 Stufe, Frühstücksraum 2 Stufen. Idyllischer Innenhof, Grillmöglichkeit, Küchenbenutzung.

Geeignet für Gehbehinderte, Rollstuhlfahrer und Familien mit geistig Behinderten. 1 Zimmer mit Du/WC ist rollstuhlgerecht. Türbreite vom Zimmer 84 cm, von Du/WC 90 cm. Freiraum in Du/WC 130 x 130 cm. Freiraum links neben WC 50 cm (Haltestange rechts), vor dem WC 160 cm. Dusche unterfahrbar, festinstallierter Duschsitz und Kippspiegel über dem Waschbecken vorhanden. Pflegedienst kann vom Hotel oder über die örtliche AWO angeboten werden.

Lage: Zur Ortsmitte 100 m; Bahnhof 1,2 km; Einkaufen ab 30 m; Freibad, Arzt, Apotheke 100 m; Krankenhaus 16 km.
Zimmerpreise: EZ 50,- bis 70,- DM; DZ 90,- bis 120,- DM. Abholserivce und Fahrservice auf Wunsch möglich.

Ringberg Resort Hotel — 98527 Suhl

Thüringen, Thüringer Wald

Ringberg 10, Tel. (03681) 389-0, Fax: 389-890. Auf dem Gipfel des Ringberges über Suhl gelegenes Hotel mit 290 geräumigen und gut ausgestatteten Zimmern mit einzigartigem Ausblick auf den Thüringer Wald und die Stadt Suhl. Familiengerecht, mit Kinderfreizeitclub, neues Hallenbad, Seminar- und Konferenzräume, Disco, Tanz, Volksmusik. Sehr gute Wandermöglichkeiten. Im Winter nordischer und alpiner Wintersport. Eingang, Frühstücksraum, Restaurant und die Zimmer (mit dem Aufzug) stufenlos erreichbar. Türbreite vom Aufzug 116 cm (Tiefe 120 cm, Breite 180 cm).

Geeignet für Gehbehinderte, Rollstuhlfahrer und Familien mit geistig Behinderten. 4 Zimmer rollstuhlgerecht: Türbreite der Zimmer und von Du/WC 93 cm. Freiraum in Du/WC 140 x 160 cm. Freiraum rechts neben WC 210 cm, davor 90 cm. Dusche und Waschbecken unterfahrbar. Duschhocker und stabile Haltegriffe an Dusche und WC vorhanden.

Lage: Auf dem Gipfel des 750 m hohen Ringbergs, über der Stadt Suhl, mitten im Wald gelegen. Nähere Umgebung des Hotels steil. Zur Stadt mit Einkaufen, Arzt und Apotheke 5 km; Bahnhof 7 km; Krankenhaus und Dialyse 6 km.

Zimmerpreise inkl. Frühstück: EZ ab 135,- DM; DZ ab 165,- DM; Kinder bis 6 Jahre im Zimmer der Eltern frei. Kinder ab 7 Jahre 75% Ermäßigung. Ausführliche Preisliste mit Pauschalangeboten, Wochenendpauschalen, Angebote für Familien sowie Hausprospekt auf Anfrage.

Europa Congresshotel Suhl — 98527 Suhl

Thüringen, Thüringer Wald

Friedrich-König-Str. 1, Tel. (03681) 7100, Fax: 710333. Businesshotel mit 133 Komfortzimmern. Parkplatz, Eingang, Frühstücksraum, Restaurant, Hallenbad am Hotel und die Zimmer (mit dem Aufzug) stufenlos erreichbar. Türbreite vom Aufzug 100 cm (Tiefe 146 cm, Breite 132 cm.

Geeignet für Gehbehinderte, Rollstuhlfahrer und Familien mit geistig Behinderten. 6 Zimmer rollstuhlgerecht: Türbreite der Zimmer und von Du/WC 95 cm. Freiraum in Du/WC 160 x 320 cm. Freiraum rechts neben WC 320 cm, davor 240 cm. Dusche und Waschbecken unterfahrbar. Notruf, Duschhocker und stabile Haltegriffe an Dusche, WC und Waschbecken vorhanden. Bettenhöhe 45 cm.

Lage: In der Stadtmitte von Suhl; Einkaufen, Apotheke 100 m; Bahnhof, Arzt 250 m; Krankenhaus, Dialyse 2 km. Hallenbad am Hotel.

Zimmerpreise: EZ 150,- DM; DZ 180,- DM.

Ferienwohnungen Haus Neuland — 99891 Tabarz

Thüringen, Thüringer Wald

Gisela Neuland, Zimmerbergstr. 11, Tel.: (036259) 58157, Fax: 60405. Villa mit großem Garten und altem Baumbestand, mit 4 neuen Ferienwohnungen, davon **1 FeWo für Rollstuhlfahrer geeignet**. Ferienwohnung im EG mit Terrasse und Garten, vom Parkplatz aus stufenlos erreichbar. Wohn- und Schlafzimmer, Küche und Bad. Alles nach DIN 18024 rollstuhlgerecht. Türen 94 cm breit. Bewegungsfreiraum in Du/WC 150 x 150 cm. Dusche schwellenlos unterfahrbar. Festinstallierter Duschsitz und Haltegriffe an Dusche und WC vorhanden.

Lage: Ruhige Lage; Zur Ortsmitte, Apotheke 150 m; Spielplatz, Einkaufen, Arzt 100 m; Bahnhof 300 m; Freibad 400 m; Krankenhaus 4 km. Spazierwege in Wald und Wiesen teilweise flach.

Preis für die rollstuhlgerechte Ferienwohnung ab 90,- DM pro Tag.

Hotel-Holzland-Gasthof „Zur Kanone" — 07639 Tautenhain

Thüringen, Eisenberg, Holzland

Inh. Stefan Sörgel, Tel. (036601) 40511, Fax: 40515, Internet: www.zur-kanone.de. Am Rande des idyllischen Mühltales gelegener Waldgasthof, seit 5 Generationen als Familienbetrieb geführt, mit 29 komfortabel und gemütlich eingerichteten Zimmern mit Du/WC, Minibar, Telefon und Sat-TV. Parkplatz direkt vorm Haus. Eingang, Restaurant und 6 Doppelzimmer stufenlos erreichbar.

Geeignet für Gehbehinderte und Rollstuhlfahrer. 1 Zimmer mit Du/WC speziell für Rollstuhlfahrer gebaut, mit erhöhtem Bett und extrabreiten Türen. Freiraum in Du/WC 180 x 180 cm. Dusche unterfahrbar, Haltegriffe vorhanden.

Lage: Gut erreichbar über das Hermsdorfer Kreuz (BAB München-Berlin, Frankfurt-Dresden). Im 4 km entfernten Nachbarort Bad Klosterlausnitz befindet sich eine neuerbaute Reha-Klinik. Ortsmitte von Tautenhain 500 m; Bus 50 m; Kuranwendungen, Erlebnisbad und Apotheke 4 km; Bahnhof 5 km; Krankenhaus 12 km.

Zimmerpreise inkl. Frühstück: EZ 80,- DM; DZ 120,- DM. Kinder unter 6 Jahre im Zimmer der Eltern frei. Für Kinder von 6 bis 12 Jahren ermäßigen sich die Zimmerpreise um 50%.

Wochenendpreise: EZ 75,- DM; DZ 105,- DM. Pauschalangebote auf Anfrage.

Kath. Landvolkshochschule und Familienferienstätte — 37318 Uder

Thüringen, Eichsfeld

Eichenweg 2, Tel. (036083) 42311, Fax: 42312. Familienferienstätte am Ortsrand von Uder. Einzel- und Doppelzimmer in 12 Bungalows, davon 4 rollstuhlgerecht. Speisesaal, Seminarraum, Kinderclub und Kindergartenraum, Spielplatz mit Kletterhaus.

Geeignet für Gehbehinderte (81 Pers.), Rollstuhlfahrer (18 Pers.) und Familien und Gruppen mit Behinderten und geistig Behinderten bis 81 Personen.

4 Bungalows sind rollstuhlgerecht. Türbreiten der Zimmer und von Du/WC 95 cm. Freiraum in Du/WC 120 x 160 cm. Freiraum rechts neben WC 113 cm, davor 160 cm. Dusche und Waschbecken unterfahrbar. 3 x festinstallierter Duschsitz, 8 x feste Duschhocker vorhanden. Teilweise mit Kippspiegel über dem Waschbecken. Stabile Haltegriffe an Du/WC und Waschbecken vorhanden. Bettenhöhe 55 cm. Pflegedienst über Sozialstation auf Anfrage möglich. Abholservice vom Bahnhof.

Lage: Ruhige Ortsrandlage, umgeben von Wiesen und Wald. Zur Ortsmitte und Einkaufen 300 m; Arzt, Apotheke 200 m; Freibad 400 m; Bahnhof 1,5 km; Hallenbad, Krankenhaus und Dialyse 5 km.

Preise: Übernachtung mit Frühstück im DZ 30,- bis 47,- DM pro Person. Vollpension 48,- bis 69,- DM. Ausführliche Preise mit Urlaubsangeboten für Familien auf Anfrage.

Hübner's Hotel „Am Stadtpark" — 99423 Weimar

Thüringen

Amalienstr. 19, Tel. (3643) 24830, Fax: 511720. Hotel mit 12 behaglich eingerichteten Zimmern, 24 Betten, alle Zimmer mit Du/WC, Telefon und TV. Parkplatz direkt am Haus. Eingang, Frühstücksraum, Restaurant und Zimmer im EG sind stufenlos erreichbar.

Geeignet für Gehbehinderte, Rollstuhlfahrer und Familien mit geistig Behinderten. Ein Zimmer nach DIN 18024 rollstuhlgerecht. Türbreite vom Zimmer und von Du/WC 95 cm. Freiraum in Du/WC 200 x 200 cm. Freiraum links neben WC 150 cm, rechts 30 cm, davor 80 cm. Dusche und Waschbecken unterfahrbar. Notruf, Kippspiegel über dem Waschbecken, festinstallierter Duschsitz und stabile Haltegriffe an Du/WC und Waschbecken vorhanden.

Lage: Im Stadtzentrum; Bus 50 m; Arzt und Krankenhaus 1,5 km; Apotheke 300 m; Bahnhof 3,5 km. Umgebung flach.

Zimmerpreise inkl. Frühstück: Von Sonntag bis Donnerstag EZ 115,- DM; DZ 165,- DM. Freitag und Samstag: EZ 90,- DM; DZ 150,- DM. Zusatzbett 50,- DM.

TOP Hotel Dorotheenhof Weimar — 99427 Weimar-Schöndorf

Thüringen

Dorotheenhof 1, Tel. (03643) 459-0, Fax: 459-200, E-Mail: info@dorotheenhof.com, Internet: http://www.dorotheenhof.com. Im eigenen Park mit Bäumen umgebenes Hotel mit 60 Zimmern, alle mit Bad/Du, WC, Fön, Farb-TV, Telefon und Minibar ausgestattet.

Tagungsräume für 6 bis 80 Personen. Parkplatz, Eingang, Restaurant (gleichzeitig Frühstücksraum), Sauna und Solarium, Tagungsräume sowie die Zimmer (mit dem Aufzug) und der Park stufenlos erreichbar. Türbreite vom Aufzug 90 cm (Tiefe 140 cm, Breite 110 cm).

Geeignet für Gehbehinderte und Rollstuhlfahrer mit Begleitung. 1 Zimmer rollstuhlgeeignet mit Verbindungstür zu einem Einzelzimmer. Türbreite vom Zimmer und von Du/WC 95 cm. Freiraum in Du/WC 140 x 140 cm. Freiraum links neben WC 70 cm, davor 123 cm. Dusche nicht schwellenlos unterfahrbar (Schwelle 27 cm); festinstallierter Duschsitz und stabile Haltegriffe an Dusche, WC und Waschbecken vorhanden.

Lage: Ruhige Einzellage in einem großen Park; zur Ortsmitte 4 km; Einkaufen, Apotheke und Arzt 500 m; Bahnhof 2,5 km; Krankenhaus 3,5 km; Freibad und Hallenbad 4 km.

Zimmerpreise: EZ 120,- bis 165,- DM; DZ 160,- bis 260- DM; Zusatzbett 40,- DM. Ein Kind bis zu 6 Jahren wohnt im Zimmer der Eltern kostenfrei.

Dorint Hotel Weimar — 99423 Weimar

Thüringen

Beethovenplatz 1/2, Tel. (03643) 872-0, Fax: 872-100. Tagungs- und Businesshotel mit 143 erstklassig ausgestatteten Zimmern. Mehrere Seminar-, Konferenz- und Tagungsräume mit perfekter Tagungstechnik. Tiefgarage (Aufzug), Eingang, Rezeption, Frühstücksraum Restaurant (Rampe) und die Zimmer (mit dem Aufzug) stufenlos erreichbar. Türbreite vom Aufzug 90 cm (Tiefe 200 cm, Breite 95 cm).

Geeignet für Gehbehinderte, Rollstuhlfahrer und Familien mit geistig Behinderten. 1 Zimmer rollstuhlgerecht. Türbreite vom Zimmer 90 cm, von Du/WC 82 cm. Bewegungsfreiraum in Du/WC 190 x 200 cm. Freiraum rechts neben WC 90 cm, davor 130 cm. Dusche und Waschbecken unterfahrbar. Festinstallierter Duschsitz, Notruf im Bad und stabile Haltegriffe an Dusche, WC und Waschbecken vorhanden. Bettenhöhe 46 cm.

Lage: Im Zentrum von Weimar; Einkaufen, Arzt 300 m; Apotheke 250 m; Bahnhof, Krankenhaus, Dialyse 1,5 km.

Preise für Standard-Zimmer: EZ 265,- DM; DZ 295,- DM. Komfortzimmer: EZ 280,- DM; DZ 310,- DM. Kinder 2-11 Jahre im Zimmer der Eltern 50,- DM.

Pension „Alter Zausel" 99423 Weimar

Thüringen

Carl-von-Ossietky-Str. 13, Tel. (03643) 902216, Fax: 902216. Kleine Pension mit 5 Zimmern. Parkplatz, Eingang, Frühstücksraum und Zimmer im EG stufenlos erreichbar.
Geeignet für Gehbehinderte und Familien mit geistig Behinderten. Bedingt geeignet für Rollstuhlfahrer (1-2 Zimmer). Türbreite der Zimmer 120 cm, von Du/WC 80 cm. Freiraum in Du/WC 100 x 200 cm. Freiraum links und rechts neben WC 40 cm, davor 120 cm. Dusche und Waschbecken unterfahrbar. Duschhocker und stabile Haltegriffe an Dusche, WC und Waschbecken vorhanden. Bettenhöhe 44 cm.
Lage: Zur Stadtmitte 2 km; Bahnhof 1,5 km; Einkaufen 100 m; Arzt 500 m; Apotheke, Krankenhaus 1 km. Umgebung flach.
Preis pro Person im EZ 70,- bis 85,- DM; im DZ 45,- bis 60,- DM, im Mehrbettzimmer 30,- bis 50,- DM.

InterCity Hotel Weimar 99423 Weimar

Thüringen

Carl-August-Allee 17, Tel. (03643) 234-0, Fax: 234444. 143 Zimmer mit Du/WC, Telefon, Faxanschluß, Minibar und Kabel-TV. Parkplatz und Eingang mit Rampe; Frühstücksraum, Restaurant und die Zimmer (mit dem Aufzug) stufenlos erreichbar. Türbreite vom Aufzug 90 cm (Tiefe 220 cm, Breite 105 cm).
Geeignet für Gehbehinderte, Rollstuhlfahrer und Familien mit geistig Behinderten. 1 Zimmer mit Du/WC rollstuhlgerecht. Freiraum in Du/WC 130 x 170 cm. Dusche und Waschbecken unterfahrbar. Festinstallierter Duschsitz und stabile Haltegriffe an Du/WC und Waschbecken.
Lage: Am Bahnhof; zur Stadtmitte 1 km; Arzt, Apotheke 10 m; Krankenhaus 1 km.
Zimmerpreise: EZ 140,- bis 200,- DM; DZ 160,- bis 220,- DM inkl. Frühstück.

Treff Hotel Weimar-Legefeld 99438 Weimar-Legefeld

Thüringen

Kastanienallee 1, Tel. (03643) 8030, Fax: 803500. Modernes, komfortables Hotel mit angenehmer Innenarchitektur und 194 eleganten Zimmern mit Du/WC, Fön, Schreibtisch, Selbstwahltelefon, Sat-TV, Hotelvideo, Radio, Minibar und teilweise Balkon. 9 Tagungsräume für bis zu 350 Personen mit modernster Tagungstechnik.

Parkplatz, Eingang, Frühstücksraum, Restaurant, hauseigenes Hallenbad und die Zimmer (mit dem Aufzug) stufenlos erreichbar. Aufzug groß genug für Rollstuhlfahrer.
Geeignet für Gehbehinderte, Rollstuhlfahrer und Familien mit geistig Behinderten. 3 Zimmer mit Du/WC rollstuhlgerecht. Freiraum links neben WC 120 cm, rechts 25 cm, davor 190 cm. Dusche und Waschbecken unterfahrbar. Festinstallierter Duschsitz, verstellbarer Kippspiegel, Notruf, Hebelarmatur und stabile Haltegriffe an Dusche, WC und Waschbecken vorhanden.
Lage: Zur Stadtmitte 7 km; Bahnhof 9 km; Arzt 3 km; Apotheke, Krankenhaus, Freibad 6 km; Hallenbad im Haus. Umgebung rollstuhlgerecht.
Zimmerpreise: EZ 165,- bis 195,- DM; DZ 195,- bis 225,- DM. Hotelprospekt mit zahlreichen Pauschalangeboten auf Anfrage.

Hotel Ibis Weimar — 99427 Weimar

Thüringen

Ernst-Busse-Str. 4, Tel. (03643) 4550, Fax: 455888. 91 moderne, freundliche Zimmer mit Du/WC, Radio, Sat-TV und Telefon. Parkplatz zum Eingang mit Rampe; Frühstücksraum, Restaurant und Zimmer (mit dem Aufzug) stufenlos erreichbar. Türbreite vom Aufzug 90 cm (Tiefe 210 cm, Breite 115 cm).
Geeignet für Gehbehinderte, Rollstuhlfahrer und Familien mit geistig Behinderten. 2 Zimmer rollstuhlgerecht. Türbreiten von Zimmer und Du/WC 80 cm. Freiraum in Du/WC 180 x 260 cm. Freiraum links neben WC 190 cm, davor 115 cm. Dusche und Waschbecken unterfahrbar. Duschsitz und Haltegriff an der Dusche vorhanden.
Zimmerpreise: EZ und 99,- bis 120,- DM; Frühstück pro Person 15,- DM.

Hotel „Drei Rosen" — 37339 Worbis

Thüringen, Eichsfeld

Regina und Hans-Peter Faßbinder, Bergstraße 1, Tel. (036074) 9760, Fax: 97666. Das Hotel liegt in dem kleinen Städtchen Worbis, am Rande des Ohmgebirges, zwischen Harz und Thüringer Wald. Kinder- und behindertenfreundliches Hotel mit insgesamt 31 komfortablen und sehr geschmackvoll eingerichteten Doppel- und 11 Einzelzimmern. Parkplatz (1 Bordstein), Eingang, Frühstücksraum, Restaurant und die Zimmer (mit dem Aufzug) stufenlos erreichbar.
Geeignet für Gehbehinderte, Rollstuhlfahrer und Familien mit geistig Behinderten. **Gruppen** mit Begleitung bis ca. 20 Personen. Ein Zimmer mit Du/WC rollstuhlgerecht. Türbreite vom Zimmer und von Du/WC 90 cm. Vorbildlich rollstuhlgerechtes Badezimmer: Freiraum in Du/WC 300 x 140 cm. Dusche und Waschbecken unterfahrbar. Festinstallierter Duschsitz, Kippspiegel, höhenverstellbares Waschbecken und stabile Haltegriffe an Dusche, WC und Waschbecken vorhanden. Weitere 20 Zimmer haben Türbreiten von 80 cm und Freiräume in Du/WC von 100 x 130 cm; für Rollstuhlfahrer ebenfalls zugänglich. Bettenhöhe 50 cm.

Lage: Worbis ist von Wäldern und Wiesen umgeben. Auf den Berghöhen liegen im Umkreis zahlreiche alte Burgen und Klöster. Das Hotel liegt in der schönen Innenstadt von Worbis; Einkaufen 150 m, Apotheke 200 m; Bahnhof 300 m; Krankenhaus 500 m; Hallenbad 700 m; Freibad 8 km. Ausflugsziele in der näheren Umgebung: Burg Bodenstein 5 km; Leinefelde 5 km; Bad Heiligenstadt 15 km; Burg Gleichenstein 22 km; Duderstadt 15 km.

Zimmerpreise inkl. Frühstück: EZ 98,- DM; DZ 148,- DM inkl. Frühstück. Preise am Wochenende: EZ 88,- DM; DZ 128,- DM. Der Aufpreis für Halbpension beträgt 17,80 DM, für Vollpension 28,- DM pro Person. Wochenendpauschale zum Kennenlernen von Freitag bis Sonntag inkl. Frühstück und zwei Abendessen 255,- DM pro Person. Weitere Informationen bei Regina und Hans-Peter Faßbinder.
Besonders empfehlenswertes Hotel.

Landgasthof „Zum Kurfürsten" — 07619 Weizdorf

Thüringen, Ostthüringer Holzland

Ortsstraße Nr. 1, Tel. (036694) 22881, Fax: 21227. Landgasthof mit 3 Zimmern. Parkplatz, Eingang, Frühstücksraum und Restaurant stufenlos erreichbar.
Geeignet für Rollstuhlfahrer und andere Behinderte (1-3 Personen): 1 Zimmer mit Du/WC rollstuhlgerecht: Bettenhöhe 55 cm. Türbreite von Zimmer und Du/WC 105 cm. Bewegungsfreiraum in Du/WC 150 x 160 cm. Freiraum rechts neben WC 140 cm, davor 160 cm. Dusche und Waschbecken unterfahrbar. Festinstallierter Duschsitz und stabiler Haltegriff an der Dusche vorhanden.
Zimmerpreise: EZ ab 50,- DM, DZ ab 90,- DM.

Pension Müller — 07570 Wünschendorf

Thüringen

Pösneck 12, Tel. (036603) 8400, Fax: 84010. Gemütliche, gepflegte Pension in ländlicher Umgebung mit 10 freundlich eingerichteten Zimmern mit Farb-TV, Telefon, Minibar und Balkon. Parkplatz und Eingang sind stufenlos, Weg leicht ansteigend aber sehr gut befahrbar. Frühstücksraum und Zimmer im EG stufenlos.

Geeignet für Gehbehinderte und Rollstuhlfahrer. 1 Zimmer rollstuhlgerecht. Türbreite vom Zimmer und von Du/WC 93 cm. Freiraum in Du/WC 180 x 180 cm. Freiraum links neben WC 75 cm, rechts 60 cm. Dusche und Waschbecken unterfahrbar. Duschhocker vorhanden.

Lage: Ortsrandlage, von Wiesen und Wald umgeben. Zur Ortsmitte 4 km; Bahnhof, Einkaufen, Apotheke 4 km; Krankenhaus 7 km. Umgebung leicht hügelig.
Zimmerpreise: EZ 70,- DM; DZ 100,- DM inkl. Frühstück.

Ortsverzeichnis

Im nachfolgenden Ortsverzeichnis wird hinter den aufgeführten Orts- und Städtenamen in gesetzter Klammer abgekürzt auf das zugehörige Bundesland hingewiesen.

Hier die Bedeutung der verwendeten Abkürzungen für die Bundesländer:

BW	=	Baden-Württemberg
BY	=	Bayern
BE	=	Berlin
BB	=	Brandenburg
HB	=	Bremen
HH	=	Hamburg
HE	=	Hessen
MV	=	Mecklenburg-Vorpommern
NI	=	Niedersachsen
NW	=	Nordrhein-Westfalen
RP	=	Rheinland-Pfalz
SL	=	Saarland
SN	=	Sachsen
ST	=	Sachsen-Anhalt
SH	=	Schleswig-Holstein
TH	=	Thüringen

A

B

C

D

E

F

G

H

I

J

K

L

M

Q

R

S

T

U

V

W

Z

Abkürzungen

Auf einige Abkürzungen konnte auch in diesem Nachschlagewerk nicht verzichtet werden. Zum besseren Verständnis hier die Erläuterungen:

Bhf	=	Bahnhof
Fax	=	Telefax
EZ	=	Einzelzimmer
DZ	=	Doppelzimmer
Du	=	Dusche
HP	=	Halbpension
J	=	Jahre
Mobil	=	Mobiltelefon/Handy
p.P.	=	pro Person
VP	=	Vollpension
ÜF	=	Übernachtung mit Frühstück
zzgl.	=	zuzüglich

Häuser mit Pflege & Betreuung

Die hier aufgeführten Häuser bieten Pflege und Betreuung für Behinderte und Pflegebedürftige während des Urlaubs an. Einige Häuser bieten sogar Pflege und Betreuung rund um die Uhr an, damit Angehörige, die das ganze Jahr über die Pflege ausüben, während des Urlaubs entlastet werden.

Ausführlichere Informationen sind dem Text zu entnehmen (siehe Seitenhinweis rechte Spalte). Vorherige Absprachen über den erforderlichen Umfang der Pflegeleistungen sollten sehr rechtzeitig mit den Häusern abgesprochen werden. Ebenso wichtig ist die rechtzeitige Absprache mit den zuständigen Kostenträgern, z.B. mit der zuständigen Pflegekasse, wegen der Kostenübernahme für die Pflegeleistungen am Urlaubsort.

Über diese Auflistung hinaus weisen zusätzlich zahlreiche Unterkünfte in diesem Buch auf ortsansässige, mobile Pflegedienste hin, die bei Bedarf bestellt werden können.

Baden-Württemberg

Kurzzeitheim Michelbach	Michelbach-Aglasterhausen	S. 18
Seniorendienste Bad Wimpfen	Bad Wimpfen	S. 23
Pflegehotel Schloß Bad Wurzach	Bad Wurzach	S. 24
Pflege-Pension "Wohnen am Kreisel"	Haslach	S. 39
Freizeithaus Janicek	Seefeld-Besenfeld	S. 70
Feldner Mühle	Villingen-Schwenningen	S. 78

Bayern

Freizeitheim St. Elisabeth	Altötting	S. 90
Viktoria Appartements	Oberstdorf-Rubi	S. 171

Brandenburg

Hotel Haus Thomsdorf	Thomasdorf	S. 253

Hessen

Pflegehotel "Lindenhof"	Eschwege	S. 278

Niedersachsen

Senioren Residenz Dahlke	Bad Bevensen	S. 337
Wohnpark am Wall	Braunschweig	S. 349
Rentaco-Residenz	Goslar	S. 366
"Huus an't Deep"	Krummhörn-Greetsiel	S. 385
Ferienwohnung Cornelia Natterer	Wingst	S. 417

HANDICAPPED-Kurier
DAS REISE- UND NACHRICHTENMAGAZIN FÜR ROLLSTUHLFAHRER UND ANDERE BEHINDERTE
SPORT: TAUCHEN FÜR BEHINDERTE
HANDICAPPED-Kuri
MOBILITÄT, REISEN, FREIZEIT & NACHRICHTEN
DAS MAGAZIN FÜR ROLLSTUHLFAHRER / BEHINDERTE
Nr. 5/98
HANDICAPPED-Kurier
Nr. 3/99